TVöD

dtv

Schnellübersicht

TVöD

Tarifrecht öffentlicher Dienst

Textausgabe mit
einer Einführung von
Rechtsanwalt Andreas Winter, Potsdam

9. Auflage
Stand: 1. Mai 2021

dtv

www.dtv.de
www.beck.de

Sonderausgabe
dtv Verlagsgesellschaft mbH & Co. KG,
Tumblingerstraße 21, 80337 München

Gesamtherstellung: Druckerei C. H. Beck, Nördlingen
(Adresse der Druckerei: Wilhelmstraße 9, 80801 München)
Umschlagtypographie auf der Grundlage
der Gestaltung von Celestino Piatti

ISBN 978-3-423-53097-2 (dtv)
ISBN 978-3-406-77401-0 (C. H. Beck)

Inhaltsverzeichnis

Abkürzungen

Abs.	Absatz
ADO	Allgemeine Dienstordnung für Angestellte im öffentlichen Dienst
ÄndTV	Änderungstarifvertrag
Anm.	Anmerkung
Art.	Artikel
ATZ	Altersteilzeit
AVG	Angestelltenversicherungsgesetz
BAG	Bundesarbeitsgericht
BAT	Bundes-Angestelltentarifvertrag
BBesG	Bundesbesoldungsgesetz
BGB	Bürgerliches Gesetzbuch
BGBl.	Bundesgesetzblatt
BhV	Beihilfevorschriften
BMI	Bundesminister des Innern
BPersVG	Bundespersonalvertretungsgesetz
BRRG	Beamtenrechtsrahmengesetz
Buchst.	Buchstabe
BUrlG	Bundesurlaubsgesetz
bzw.	beziehungsweise
DAG	Deutsche Angestellten-Gewerkschaft
d.h.	das heißt
EStG	Einkommensteuergesetz
ev.	eventuell
ff.	folgende
GewO	Gewerbeordnung
GG	Grundgesetz
GMBl.	Gemeinsames Ministerialblatt
HGB	Handelsgesetzbuch
i.d.F.	in der Fassung
KAV	Kommunaler Arbeitgeberverband
Nr.	Nummer
RTV	Rahmentarifvertrag
s.	siehe
S.	Seite
sog.	sogenannte
SR	Sonderregelung
StGB	Strafgesetzbuch
TV	Tarifvertrag
TVG	Tarifvertragsgesetz
TVAöD	Tarifvertrag für die Auszubildenden des öffentlichen Dienstes

Abkürzungen

TVöD	Tarifvertrag für den öffentlichen Dienst
TVPöD	Tarifvertrag für Praktikantinnen/Praktikanten des öffentlichen Dienstes
u.a.	unter anderem
Unterabs.	Unterabsatz
usw.	und so weiter
u.U.	unter Umständen
VBL	Versorgungsanstalt des Bundes und der Länder
ver.di	Vereinigte Dienstleistungsgewerkschaft
Verg.Gr.	Vergütungsgruppe
v.H.	vom Hundert
VKA	Vereinigung kommunaler Arbeitgeberverbände
zB	zum Beispiel
ZPO	Zivilprozessordnung

Einführung

von Rechtsanwalt Andreas Winter, Potsdam

I. Einleitung

Der Tarifvertrag für den Öffentlichen Dienst (TVöD) hat zum Inkrafttreten am 1. Oktober 2005 für die Arbeitsverhältnisse im Bereich des Bundes sowie der 16 kommunalen Arbeitgeberverbände in Deutschland eine Zäsur und einen Systemwechsel bedeutet. Bis zum Inkrafttreten des TVöD galten bei Bund und Kommunen unterschiedliche Manteltarifverträge mit jeweils ergänzenden Regelungen bspw. zum Entgeltsystem getrennt für Angestellte und Arbeiter (BAT und MTArb beim Bund bzw. BMT-G in den Kommunen) sowie getrennt nach den Tarifgebieten West und Ost (BAT-O, MTArb-O und BMTG-O). Den im Zeitpunkt des Systemwechsels vorhandenen Beschäftigten sichert das Überleitungs- und Übergangstarifrecht (TVÜ-Bund bzw. TVÜ-VKA) bestandserhaltende Ansprüche auf abgelöste und entfallende Vergütungsbestandteile (z.B. kinder- und ehegattenbezogene Entgeltbestandteile, Zulagen, Zuschläge, Strukturausgleiche). Mit dem TVöD wurde insbesondere die formale Unterscheidung in Angestellte und Arbeiter überwunden.

Eine Vereinheitlichung bzw. die weitgehende Angleichung der tariflichen Arbeitsbedingungen ist ebenso im Verhältnis der Tarifgebiete West und Ost erreicht. Die monatlichen Tabellenentgelte bestehen seit spätestens 2010 in einheitlicher Höhe. Die jährliche Sonderzahlung ist seit 2020 im Bundesbereich angeglichen und wird im kommunalen Bereich ab dem Kalenderjahr 2022 an das Westniveau heranreichen. Für die Anpassung auch der regelmäßigen Wochenarbeitszeit an das Westniveau beansprucht der kommunale Bereich im Tarifgebiet Ost einen Angleichungszeitraum noch bis zum Jahr 2025. Im Ergebnis der Einkommensrunde 2020 reduziert sich die aktuell noch um eine Stunde längere regelmäßige Wochenarbeitszeit der Beschäftigten außerhalb der Krankenhäuser in zwei Stufen von jeweils einer halben Stunde jeweils zum Januar 2022 und 2023 auf die im Tarifgebiet West gültigen 39 Stunden. Die im Tarifgebiet West gültigen 38,5 Stunden für die Krankenhausbeschäftigten werden im Tarifgebiet Ost erst zum Januar 2025 erreicht. Hierfür sind drei Stufen von jeweils einer halben Stunde Reduzierung jeweils zum Januar 2023, 2024 sowie 2025 vereinbart. Beim Bund beträgt die regelmäßige Wochenarbeitszeit bereits einheitlich 39 Stunden. Ungeachtet der jedenfalls zeitnah bevorstehenden vollständigen Angleichung wesentlicher Tarifregelungen bleiben einige besondere Bestimmungen auf das Tarifgebiet West begrenzt. Diese sind der besondere und altersabhängige Kündigungsschutz, die betriebliche Altersversorgung (Zusatzversorgung) und die Einschränkung der Befristung von Arbeitsverträgen.

Das Eingruppierungsrecht zum TVöD ist beim Bund (TV EntgO Bund zum 1. Januar 2014) bzw. im kommunalen Bereich (Entgeltordnung in Anlage 1 zum 1. Januar 2017) erst nach weiteren mehrjährigen Verhandlungen vollständig in Kraft gesetzt worden.

Insgesamt sind dem neugestalteten Tarifrecht in Gestalt von TVöD mit dem Allgemeinen Teil sowie den Besonderen Teilen und den beiden Entgeltordnungen mehrjährige Reformarbeiten vorausgegangen, deren wesentliche Zielstellung zunächst die Ablösung des in 40 Jahren zunehmend komplexen und unübersichtlichen Tarifrechts im BAT war. Mit dem TVöD wird der Erhalt eines funktionierenden Flächentarifvertrages ermöglicht. Die Tarifverträge gewähren einen einheitlichen Mantel und bieten zugleich für die besonderen Bedürfnisse verschiedener Sparten spezielle Lösungen. Inhaltlich verhandelt wurde der TVöD in vier Arbeitsgruppen zu jeweils allgemeinen Themen (Mantel, Arbeitszeit, Entgelt und Eingruppierung) sowie in fünf besonderen bzw. branchenbezogenen Arbeitsgruppen (Allgemeine Verwaltung, Krankenhäuser, Sparkassen, Flughäfen und Entsorgung), in denen jeweils Arbeitgebervertreter und Vertreter der Gewerkschaften paritätisch vertreten waren. Eine Lenkungsgruppe mit Vertretern aus der Spitzenebene beider Tarifvertragsparteien auf Arbeitgeber- wie auf Gewerkschaftsseite hat den gesamten Verhandlungsprozess inhaltlich gesteuert und nach über zwei Jahren zum Abschluss geführt. Der TVöD hat einen Allgemeinen Teil sowie getrennt für den Bundes- bzw. den kommunalen Bereich einen weiteren Besonderen Teil Verwaltung. Für die Kommunen gelten im Besonderen Teil weitere Spartenregelungen für Krankenhäuser, Pflege- und Betreuungseinrichtungen, Sparkassen, Flughäfen und Entsorgungsbetriebe.

Der TVöD selbst soll den Ansprüchen an ein modernes, leistungsgerechtes, flexibles und einheitliches Tarifrecht für die Beschäftigten im öffentlichen Dienst besser gerecht werden. Wesentliche Reforminhalte waren unter anderem eine Lösung vom beamtenrechtlichen Alimentationsprinzip, Kunden- und Spartenorientierung, Leistungsorientierung bzw. die Schaffung von Leistungsanreizen, Qualifizierung, Flexibilisierung der Arbeitszeit bei Zeitsouveränität der Beschäftigten, Vereinfachung, Deregulierung und Transparenz. Das bisherige im Angestelltenbereich beim Bund an Lebensaltersstufen orientierte Entgeltsystem wurde abgeschafft ebenso wie sämtliche familienbezogenen Entgeltbestandteile im BAT sowie Bewährungs- und Zeit- bzw. Fallgruppenaufstiege nach der BAT-Vergütungsordnung. Unter dem Schlagwort einer Neugestaltung der Tarifverträge für den öffentlichen Dienst waren ab Mitte 2003 konkrete Verhandlungen zwischen den Gewerkschaften ver.di und dbb einerseits und den Arbeitgebern von Bund, Ländern (ohne Berlin) und Gemeinden andererseits aufgenommen worden. Der Grundstein für diese umfassenden Verhandlungen war in der Tarifrunde 2003 mit der sog. Potsdamer Prozessvereinbarung über eine grundlegende Modernisierung des Tarifsystems gelegt worden. Im Jahr 2004 schieden die Länder aus der anfänglichen Verhandlungsgemeinschaft mit dem Bund und den Kommunen aus und erzielten mit den Gewerkschaften des öffentlichen Dienstes ver.di und dbb am 12. Oktober 2006 (TV-L, gilt seit 2013 auch in Berlin) bzw. am 1. September 2009 (Hessen) jeweils eigenständig neugestaltete Tarifverträge. Diese entsprechen dem TVöD weitgehend.

Die ursprüngliche Entgelttabelle zum TVöD hat durch 14 der insgesamt 15 Entgeltgruppen (Ausnahme Entgeltgruppe 1 bzw. EG 1 sowie die übrigen Stufen 1) weitgehend die Beträge der abgelösten Vergütungs- und Lohntabellen unter der Annahme einer entsprechenden beruflichen Entwicklung widergespiegelt. Die Stufe 1 bemaß ursprünglich 90% des Betrages der Stufe 2. Diese Lösung war Ausfluss der für den Reformprozess vereinbarten kostenneutralen Ablösung des bisherigen Tarifrechts. In der EG 9 führte dies zu einer besonderen Regelung jeweils für Beschäftigte des vergleichsweise mittleren Dienstes bzw. für Zuordnungen aus der höchsten Einreihung der Arbeiter nach dem Lohngruppenverzeichnis. Beiden Beschäftigtengruppen blieb die ursprünglich höchste Stufe 5 der zugeordneten EG 9 anfangs verwehrt. Insgesamt bestand in der Entgelttabelle zum TVöD zunächst strukturell die Trennung in unterschiedliche Eingruppierungsniveaus auf Grundlage der Vergütungsordnung zum BAT fort und insbesondere eine Besserstellung von bisherigen BAT-Karrieren ab dem vergleichsweise gehobenen Dienst. Daher wurden neueingestellte Beschäftigte desvergleichsweise mittleren Dienstes bis zum Inkrafttreten der neuen Entgeltordnungen zum TVöD lediglich aus dem BAT-Grundmerkmal einer Entgeltgruppe zugeordnet und die höhere Zuordnung aus dem BAT-Aufstieg blieb versagt. Hingegen berücksichtigte die Zuordnung zu der Entgeltgruppe ab dem vergleichsweise gehobenen Dienst auch einen BAT-Aufstieg. Mit den Entgeltordnungen beim Bund zum Jahr 2014 bzw. für die Kommunen zum Jahr 2017 ist einmal die Besonderheit der sog. kleinen EG 9 (keine Endstufe) entfallen und sind zum anderen mit den Entgeltgruppen EG 9a, 9b und 9c (erst seit März 2018 auch im Bundesbereich) eigenständige Eingruppierungen ausgebracht.

Strukturmerkmal der beiden Entgeltordnungen zum TVöD ist die Wahrung der bisherigen BAT-Aufstiege für neuen Eingruppierungen. Somit sind die neuen bzw. alten Tätigkeitsmerkmale mit längstens einem 6-jährigen BAT-Aufstieg nunmehr in der vergleichsweise höheren Entgeltgruppe verortet. Beim Bund besteht seit März 2016 zudem ab der heutigen EG 9a und höher erstmals ebenso die Stufe 6 in der Entgelttabelle.

Mit der Tarifeinigung in der Einkommensrunde 2020 mit Bund und VKA, die eine Mindestlaufzeit von 28 Monaten hat bzw. die Entgeltregelungen zum TVöD erstmals zum 31. Dezember 2022 wieder kündbar werden lässt, liegt der TVöD aktuell in der Fassung folgender Änderungstarifverträge vor:

Nr. 18 zum TVöD – Allgemeiner Teil,
Nr. 27 zum TVöD – Besonderer Teil Verwaltung (BT-V),
Nr. 15 zum TVöD – Besonderer Teil Pflege- und Betreuungseinrichtungen (BT-B),
Nr. 12 zum TVöD – Besonderer Teil Krankenhäuser (BT-K),
Nr. 7 zum TVöD – Besonderer Teil Sparkassen (BT-S),
Nr. 4 zum TVöD – Besonderer Teil Flughäfen (BT-F),
Nr. 3 zum TVöD – Besonderer Teil Entsorgung (BT-E).

II. Überblick über das Tarifrecht

Die nachfolgenden Ausführungen geben die wichtigsten Inhalte des Tarifrechts wieder und sollen einen schnellen und ersten Überblick über das Tarifrecht im öffentlichen Dienst verschaffen.

1. Allgemeines

Der TVöD ist am 1. Oktober 2005 in Kraft getreten. Der TVöD – Allgemeiner Teil – und ein TVöD – Besonderer Teil Verwaltung (BT-V), Krankenhäuser (BT-K), Pflege- und Betreuungseinrichtungen (BT-B), Sparkassen (BT-S), Flughäfen (BT-F) oder Entsorgung (BT-E) bilden im Zusammenhang das Tarifrecht für den jeweiligen Dienstleistungsbereich. Für die Beschäftigten eines Bereiches oder einer Sparte besteht der TVöD damit aus zwei Teilen bzw. zwei rechtlich selbstständigen Tarifverträgen:

Der **Allgemeine Teil** enthält Regelungen, die für alle Bereiche und Sparten des öffentlichen Dienstes bei Bund und den Kommunen einheitlich gelten. Hierzu zählen bspw. allgemeine Arbeitsbedingungen, Arbeitszeit, Eingruppierungssystematik, Jahressonderzahlung, Urlaubsdauer, Entgelt im Krankheitsfall und Ausschlussfristen.

Ein **Besonderer Teil** enthält zusätzliche bzw. vom Allgemeinen Teil abweichende Bestimmungen für den jeweiligen Bereich bzw. Sparte: Allgemeine Verwaltung (BT-V), Pflege- und Betreuungseinrichtung (BT-B), Krankenhäuser (BT-K), Sparkassen (BT-S), Flughäfen (BT-F) und Entsorgung (BT-E).

Die in der kommunalen Praxis benutzten sog. durchgeschriebenen Fassungen von TVöD – AT und einem TVöD – BT regeln nicht das Verhältnis der Tarifvertragsparteien als Normgeber zueinander (Innenverhältnis). Sie sind nicht die Grundlage für Tarifverhandlungen oder Kündigungen, denn Allgemeiner Teil und die Besonderen Teile bleiben rechtlich selbstständige Tarifverträge. Die durchgeschriebenen Fassungen enthalten ausschließlich Rechtsnormen für die Anwendungsebene im Außenverhältnis (Arbeitgeber, Beschäftigte, Gerichte etc.). Jeder durchgeschriebenen Fassung wird eine Legende angefügt, aus der sich die Entsprechungen der Regelungen des jeweiligen Besonderen Teils zu den Bestimmungen des TVöD – Allgemeiner Teil – ergeben.

2. Einzelheiten zu allgemeinen Vorschriften des TVöD

2.1. Geltungsbereich (§ 1)

Der TVöD gilt für alle Beschäftigten bei Bund und Kommunen, die Mitglied in einem der 16 kommunalen Arbeitgeberverbände sind. Grundsätzlich bzw. ab 2025 nur noch bei wenigen Ausnahmen (bspw. Kündigungsschutz und Befristung von Arbeitsverträgen) erfolgt keine Unterscheidung in Tarifgebiete West bzw. Ost.

Der TVöD führt in § 1 Abs. 2 eine Liste mit Beschäftigten auf, die ausdrücklich aus dem Geltungsbereich ausgenommen sind.

Im kommunalen Bereich gilt der TVöD nicht für die Arbeitnehmer, für die der Tarifvertrag Versorgungsbetriebe (TV-V), der Tarifvertrag Wasserwirtschaft NW (TV-WW NW) oder ein Tarifvertrag Nahverkehr (TV-N) gilt.

2.2. Arbeitsvertrag, Nebenabreden (§ 2)

Die Voraussetzungen über den Abschluss eines Arbeitsvertrages finden sich in §§ 2ff. Der TVöD sieht die Schriftform vor. Nebenabreden müssen für ihre Wirksamkeit schriftlich vereinbart werden. Gekündigt werden können Nebenabreden, wenn dies schriftlich im Arbeitsvertrag vereinbart ist. Die Probezeit beträgt einheitlich sechs Monate.

2.3. Allgemeine Arbeitsbedingungen (§ 3)

Der besondere Akt des Gelöbnisses wurde im TVöD nicht mehr aufgenommen. An dessen Stelle ist für Beschäftigte des Bundes und anderer Arbeitgeber, in deren Aufgabenbereichen hoheitliche Tätigkeiten wahrgenommen werden, das Bekenntnis zur freiheitlich-demokratischen Grundordnung im Sinne des Grundgesetzes getreten (§ 41 TVöD-BT-V).

Die Beschäftigten haben über Angelegenheiten, deren Geheimhaltung gesetzlich oder durch den Arbeitgeber angeordnet ist, Stillschweigen zu bewahren;

dies gilt auch über das Arbeitsverhältnis hinaus. Belohnungen, Geschenke oder sonstige Vergünstigungen dürfen nicht angenommen werden. Eine Ausnahme besteht nur dann, wenn der Arbeitgeber zustimmt. Werden derartige Vergünstigungen durch einen Dritten angeboten, hat sie der Beschäftigte unverzüglich anzuzeigen.

Nebentätigkeiten gegen Entgelt müssen Beschäftigte ihrem Arbeitgeber rechtzeitig vorher schriftlich anzeigen. Eine Nebentätigkeit ist entgeltlich, wenn entweder eine Geldleistung oder ein sonstiger Vermögensvorteil gewährt wird. Unentgeltliche Nebentätigkeiten sind anzeigefrei. Die Untersagung der Nebentätigkeit ist nur möglich, wenn die arbeitsvertraglichen Pflichten des Beschäftigten oder die Interessen des Arbeitgebers beeinträchtigt werden.

Bei begründeter Veranlassung ist es möglich, eine ärztliche Untersuchung durchführen zu lassen. Die Untersuchung kann bspw. bei einem Betriebsarzt oder einem anderen Arzt, auf den sich die Betriebsparteien geeinigt haben, durchgeführt werden. Die Kosten hierfür hat der Arbeitgeber zu zahlen. Eine Einstellungsuntersuchung ist im TVöD nicht geregelt.

Die Beschäftigten haben Anspruch auf Einsicht in ihre vollständigen Personalakten. Im Weiteren finden für Beschäftigte von Bund und Kommunen die allgemeinen arbeitsrechtlichen Grundsätze Anwendung. So ist für Arbeitnehmer im Betriebsverfassungsgesetz (§ 82 BetrVG) das Recht eingeräumt, in Angelegenheiten, die ihre Person treffen, gehört zu werden.

Zum Schadensersatz besteht nach § 3 TVöD eine unterschiedliche Regelung der Schadenshaftung: Diese ist bei den **Kommunen** bei dienstlich oder betrieblich veranlassten Tätigkeiten auf Vorsatz oder grobe Fahrlässigkeit begrenzt. Für die Arbeitnehmer des **Bundes** finden die für die Beamten des Bundes geltenden Bestimmungen Anwendung.

Die Vorschriften zur Abordnung und Versetzung nebst der Zuweisungsmöglichkeiten zu einem Dritten sind aufgeführt in § 4 TVöD.

Versetzung ist die Zuweisung einer auf Dauer bestimmten Beschäftigung bei einer anderen Dienststelle oder einem anderen Betrieb desselben Arbeitgebers unter Fortsetzung des bestehenden Arbeitsverhältnisses. Die Versetzung ist somit eine dauerhafte Maßnahme. Bei der Abordnung handelt es sich hingegen um eine zeitlich befristete Beschäftigung bei einer anderen Dienststelle oder einem anderen Betrieb desselben oder eines anderen Arbeitgebers unter Fortsetzung des bestehenden Arbeitsverhältnisses. Die Abordnung setzt den Wechsel der Dienststelle bzw. des Betriebs, nicht aber des Arbeitgebers voraus. Der abgeordnete Beschäftigte bleibt Arbeitnehmer der entsendenden Dienststelle bzw. des entsendenden Betriebs.

Im TVöD geschaffen wurde die sog. Personalgestellung. Werden Aufgaben der Beschäftigten zu einem Dritten verlagert, ist auf Verlangen des Arbeitgebers bei weiter bestehendem Arbeitsverhältnis die arbeitsvertraglich geschuldete Arbeitsleistung bei dem Dritten zu erbringen. Die Modalitäten der Personalgestellung werden dabei zwischen dem Arbeitgeber und dem Dritten vertraglich geregelt.

2.4. Führung auf Zeit und auf Probe (§§ 31, 32)

Die Regelungen zur Führung auf Probe bzw. zur Führung auf Zeit dienen der Verbesserung der Führungsqualität. Eine Führungsposition setzt in beiden Fällen Tätigkeiten voraus, die mindestens der EG 10 zugeordnet werden und mit Weisungsbefugnis ausgestattet sind und des Weiteren vor Übertragung vom

Arbeitgeber ausdrücklich als Führungsposition auf Probe/Zeit bezeichnet worden sind. Auf Probe können Führungspositionen bis zu einer Gesamtdauer von zwei Jahren übertragen werden, wobei innerhalb dieser Gesamtdauer eine höchstens zweimalige Verlängerung möglich ist. Im Falle der Bewährung wird die Führungsfunktion auf Dauer übertragen.

Die Führung auf Zeit ist hingegen nicht auf eine dauerhafte Übertragung der Führungsposition ausgelegt. Der TVöD ermöglicht eine Übertragung von Führungsaufgaben auf Zeit in der EG 10 bis 12, befristet auf vier Jahre mit Verlängerungsmöglichkeiten bis zu einer Gesamtdauer von acht Jahren. Ab der EG 13 ist eine Befristung bis zu einer Gesamtdauer von zwölf Jahren möglich. Wird einem bereits bei demselben Arbeitgeber Beschäftigten eine Führung auf Zeit übertragen, erhält er für die Dauer der Übertragung eine Zulage in Höhe des Unterschiedsbetrages zwischen den Entgelten nach der bisherigen Entgeltgruppe und dem sich bei einer Höhergruppierung ergebenden Entgelt. Darüber hinaus wird eine weitere Zulage in Höhe von 75% des Unterschiedsbetrages zwischen den Entgelten, die den übertragenen Funktionen entsprechen und der nächsthöheren Entgeltgruppe gewährt.

2.5. Qualifizierung (§ 5)

Beschäftigte haben einen Anspruch auf ein jährliches Gespräch zur beruflichen Fort- und Weiterbildung. Ziel ist die einvernehmliche Feststellung, welcher Bedarf an Qualifizierung besteht. Ein Anspruch der Beschäftigten auf eine Weiterbildungsmaßnahme besteht hingegen nicht. Wird eine Qualifizierung auf Veranlassung des Arbeitgebers durchgeführt, hat dieser grundsätzlich die Kosten zu tragen.

2.6. Entgeltfortzahlung im Krankheitsfall (§ 22)

Bei Arbeitsunfähigkeit wird für alle Beschäftigten für die Dauer von bis zu sechs Wochen das Arbeitsentgelt fortgezahlt. Danach zahlt der Arbeitgeber einen Krankengeldzuschuss, dessen Dauer von der Beschäftigungszeit abhängt. Dabei erhalten Arbeitnehmer, die mehr als ein Jahr beschäftigt sind, einen Krankengeldzuschuss bis zur 13. Woche. Bei einer Beschäftigungszeit von mehr als drei Jahren wird er bis zur 39. Woche gezahlt. Die Bezugsdauer des Krankengeldzuschusses von 26 Wochen nach BAT ist somit verlängert worden.

Die Höhe des Krankengeldzuschusses berechnet sich für in der gesetzlichen Krankenkasse Versicherte wie bisher nach der Differenz zwischen den tatsächlichen Barleistungen des Sozialversicherungsträgers (**Brutto**krankengeld) und dem durchschnittlichen individuellen Nettoentgelt. Entsprechend verhält es sich bei freiwillig in der gesetzlichen Krankenversicherung Versicherten, wobei deren Gesamtkranken- und Pflegeversicherungsbeitrag abzüglich Arbeitgeberzuschuss bei der Berechnung des Bruttokrankengeldes zu berücksichtigen ist. Für Beschäftigte, die wegen Übersteigens der Jahresarbeitsentgeltgrenze nicht der Versicherungspflicht in der gesetzlichen Krankenversicherung unterliegen, ist bei der Berechnung des Krankengeldzuschusses der Krankengeldhöchstsatz, der bei Pflichtversicherung in der gesetzlichen Krankenversicherung zustünde, zugrunde zu legen. Das fiktiv berechnete Krankengeld ist entsprechend § 24 Abs. 2 zeitanteilig umzurechnen.

Die entfallene **Übergangsregelung des § 71 BAT** (Tarifbereich West) erfasst weiterhin Beschäftigte mit einer Einstellung vor Juli 1994. Diesen Beschäftigten wird nach den Vorschriften des jeweiligen TVÜ ein Krankengeldzuschuss gewährt, der sich aus der Differenz zwischen dem **Netto**krankengeld und dem durchschnittlichen individuellen Nettoentgelt errechnet.

Bestand bislang nach BAT im Krankheitsfall außerdem ein Anspruch auf Beihilfeleistungen vom Arbeitgeber, gilt dieser Anspruch fort.

2.7. Jahressonderzahlung (§ 21)

Nach TVöD haben alle Beschäftigten Anspruch auf eine nach Entgeltgruppen prozentual gestaffelte Jahressonderzahlung, die mit dem Entgelt für November gezahlt wird unter der Voraussetzung, dass jeweils am 1. Dezember ein Arbeitsverhältnis besteht. Bezugsgröße für die Jahressonderzahlung ist das in den Kalendermonaten Juli, August und September durchschnittlich gezahlte Entgelt.

Nachdem **im kommunalen Bereich** in Umsetzung der Tarifeinigungen in den Einkommensrunden 2016 und 2018 das Einfrieren der Jahressonderzahlung bis zum Jahr 2018 auf dem materiellen Niveau des Jahres 2015 bewirkt wurde und die Angleichung im Tarifgebiet Ost an West schrittweise für alle EG bis zum Jahr 2022 erfolgen sollte, ist durch die Einkommensrunde 2020 eine weitere Modifikation erfolgt. Danach wird im Tarifgebiet West in den EG 1 bis 8 der Prozentsatz der Jahressonderzahlung ab dem Jahr 2022 um 5 % erhöht, während diese Erhöhung im Tarifgebiet Ost bzw. die volle Angleichung auch in den EG 1 bis 8 erst ab dem Kalenderjahr 2023 wirksam wird. Die nach Entgeltgruppen gestaffelte Jahressonderzahlung beträgt somit vor bzw. ab dem Jahr 2023 folgende Prozentwerte bezogen auf das als Bezugsgröße durchschnittlich gezahlte Entgelt:

in den Entgelt gruppen	im Tarifgebiet West im Kalenderjahr		im Tarifgebiet Ost im Kalenderjahr		ab 2023
	2021	2022	2021	2022	
1 bis 8	79,51%	84,51%	74,74%	81,51%	84,51 %
9a bis 12	70,28%		66,06%	70,28 %	70,28 %
13 bis 15	51,78%		48,67%	51,78 %	51,78 %

Im **Bundesbereich** besteht der jeweilige Prozentwert je Entgeltgruppe seit dem Kalenderjahr 2020 einheitlich wie folgt, nachdem zuvor im Ergebnis der Einkommensrunde 2016 im Tarifgebiet Ost die Angleichung der Jahressonderzahlung an das Westniveau in fünf gleichen Schritten ab 2016 umgesetzt wurde:

in den Entgelt gruppen	ab 2020
1 bis 8	90%
9a bis 12	80%
13 bis 15	60%

2.8. Erholungsurlaub, Sonderurlaub, Zusatzurlaub (§§ 26ff.)

Die Dauer des Erholungsurlaubs ist in § 26 Abs. 1 TVöD geregelt. Nachdem das BAG zur ursprünglich altersabhängigen Staffelung eine Diskriminierung wegen des Alters festgestellt hatte, traten im TVöD ab dem Urlaubsjahr 2014 die Neuregelungen zur Urlaubsdauer in Kraft: Bei einer Verteilung der Arbeitszeit auf fünf Tage in der Woche beträgt der Urlaubsanspruch in jedem Kalenderjahr 30 Tage. Bei einer anderen Arbeitszeitverteilung (zB 6-Tage-Woche oder 4-Tage-Woche) erhöht oder vermindert sich der Urlaubsanspruch entsprechend.

Im Falle der Übertragung muss der Erholungsurlaub bis zum 31. März des folgenden Kalenderjahres genommen werden. Ist dies wegen Arbeitsunfähigkeit oder aus betrieblichen/dienstlichen Gründen nicht möglich, verlängert sich die Frist bis zum 31. Mai.

Inwieweit tariflicher Urlaub nach § 26 TVöD bei Krankheit, Arbeitsunfähigkeit oder Erwerbsminderung verfällt bzw. gekürzt werden kann, ergibt sich aus der Rechtsprechung. Seit dem BAG Urteil vom 24.3.2009 (9 AZR 983/07) ist ständige Rechtsprechung, dass der gesetzliche Urlaubsanspruch bei dauerhafter Arbeitsunfähigkeit bis zum Ende des Übertragungszeitraums nicht erlischt und bei Beendigung des Arbeitsverhältnisses abzugelten ist. Dies gilt auch für den Zusatzurlaub von schwerbehinderten Menschen. Im Fall der andauernden Krankheit des schwerbehinderten Arbeitnehmers ist auch der Zusatzurlaub bei Beendigung des Arbeitsverhältnisses abzugelten (BAG 23.3.2010 – 9 AZR 128/09).

Uneinheitlich war lange Zeit die Rechtsprechung zur Frage, ob zwischen gesetzlichem Urlaub und Mehrurlaub nach Tarifrecht unterschieden werden dürfe. Das BAG hat mit Urteil vom 22.5.2012 (9 AZR 575/10) die Frage dahingehend entschieden, dass der den gesetzlichen Mindesturlaub übersteigende tarifliche Mehrurlaub nach Tarifrecht bei fortdauernder Arbeitsunfähigkeit am Ende des zweiten Übertragunszeitraumes (31.5. des Folgejahres s. o.) verfällt. In § 26 TVöD werde schließlich deutlich differenziert zwischen dem gesetzlichen und dem übergesetzlichen tariflichen Urlaub.

Das Entgelt wird während des Urlaubs in Höhe des Entgelts gemäß § 21 gezahlt. Bei Vorliegen eines wichtigen Grundes kann unter Verzicht auf die Fortzahlung des Entgelts Sonderurlaub gewährt werden.

Für die Beschäftigten im kommunalen Krankenhausbereich wurde der Zusatzurlaub bei ständiger Wechselschichtarbeit im Rahmen des § 55 TVöD – Besonderer Teil Krankenhäuser (BT-K) jeweils zum Januar 2019, 2020 und 2021 um jeweils einen zusätzlichen Urlaubstag bei entsprechender Veränderung der Höchstgrenzen angehoben.

2.9. Befristung von Arbeitsverhältnissen (§ 30)

Einschränkende Regelungen für den Abschluss von befristeten Arbeitsverträgen finden sich in § 30 TVöD. Diese Maßgaben erfassen jedoch nur Beschäftigte, auf die die Vorschriften des Tarifgebiets West Anwendung finden und deren Tätigkeit vor dem 1.1.2005 der Rentenversicherung der Angestellten unterlegen hätte. Für sie gelten vorrangig die in § 30 Abs. 2–5 genannten tariflichen Besonderheiten. So sind bspw. kalendermäßig befristete Arbeitsverträge mit Sachgrund nur zulässig, wenn die Dauer des einzelnen Vertrages fünf Jahre nicht übersteigt. Des Weiteren soll ein befristeter Arbeitsvertrag ohne Sachgrund zwölf Monate nicht überschreiten und die Vertragsdauer muss mindestens sechs Monate betragen.

Für Arbeiter in den Tarifgebieten Ost und West sowie für Angestellte im Tarifgebiet Ost gelten allein die Regelungen des TzBfG bzw. sonstige allgemeine Vorschriften über befristete Arbeitsverträge.

2.10. Beendigung des Arbeitsverhältnisses (§§ 33, 34)

In § 33 ist die Beendigung des Arbeitsverhältnisses ohne Kündigung geregelt; sie erfasst eine Vertragsbeendigung aufgrund Erreichens der Altersgrenze, wegen verminderter Erwerbsfähigkeit sowie im gegenseitigen Einvernehmen.

Die Tarifvorschrift des § 34 regelt die Kündigungsfristen und führt die sogenannte Unkündbarkeit auch weiterhin auf. Die Beschäftigten im Tarifgebiet West können nach 15 Jahren Beschäftigungszeit und 40 Lebensjahren die Unkündbarkeit erreichen. § 14 Abs. 3 TVÜ-VKA erweitert den Bestandsschutz für den Bereich des BMT-G. Eine Kündigung ist in Fällen der Unkündbarkeit nur noch aus einem wichtigen Grund möglich. Für Beschäftigte im Tarifgebiet Ost findet diese Regelung auch weiterhin keine Anwendung.

Ansonsten gelten die allgemeinen gesetzlichen Regelungen bspw. zur Schriftform oder zum allgemeinen Kündigungsschutz. Die früher im Tarifrecht eigenständige Regelung zur außerordentlichen Kündigung ist abgeschafft worden. Auch hier gelten die gesetzlichen Regelungen (§ 626 BGB).

3. Arbeitszeit (§§ 6 ff.)

Die regelmäßige wöchentliche Arbeitszeit ist bei Bund und den Kommunen unterschiedlich geregelt: Im Bereich des Bundes und im Bereich der Kommunen (West) gilt die 39-Stunden-Woche bzw. in den Krankenhäusern (West mit Ausnahme von Baden-Württemberg) die 38,5-Stunden-Woche. Im Bereich der ostdeutschen Kommunen wird die aktuelle 40-Stunden-Woche spätestens zum Jahr 2025 abgeschafft und das Niveau in West erreicht. Hierbei erfolgt die Angleichung an die 39-Stunden-Woche in zwei Schritten von jeweils einer halben Stunde zum Januar 2022 und zum Januar 2023. Die 38,5-Stunden-Woche für die Beschäftigten ostdeutscher Krankenhäuser wird durch drei Schritte von jeweils einer halben Stunde ab Januar 2023 sowie Januar 2024 und bis zum Januar 2025 erreicht. Für die Berechnung der regelmäßigen wöchentlichen Arbeitszeit ist ein Zeitraum von bis zu einem Jahr zu Grunde zu legen.

3.1. Arbeitszeitkorridor und Rahmenarbeitszeit (§ 6 Abs. 6, Abs. 7)

Den Anforderungen des Arbeitgebers nach einer bedarfsgerechten Arbeitszeitgestaltung und die Ansprüche der Beschäftigten an eine erhöhte Arbeitszeitsouveränität soll der TVöD unter anderem durch die Instrumente Arbeitszeitkorridor bzw. Rahmenarbeitszeit bei jeweils zwingend eingeräumten Arbeitszeitkonten gerecht werden. Durch Betriebs- oder Dienstvereinbarung kann ein wöchentlicher Arbeitszeitkorridor von bis zu 45 Stunden eingerichtet werden. Die in dieser Zeit geleisteten zusätzlichen Arbeitsstunden sind dann keine zuschlagspflichtigen Überstunden, sondern sie sind grundsätzlich innerhalb eines Jahres auszugleichen.

Auch die Einrichtung einer Rahmenarbeitszeit setzt eine Betriebs- oder Dienstvereinbarung voraus, welche in der Zeit von 6.00 Uhr bis 20.00 Uhr eine tägliche Rahmenzeit von bis zu zwölf Stunden vorsehen kann. Wie beim Arbeitszeitkorridor sind die innerhalb dieser Rahmenzeit geleisteten zusätzlichen Arbeitsstunden keine zuschlagspflichtigen Überstunden, sondern sie sind innerhalb eines Jahres auszugleichen. Arbeitszeit, die über den vereinbarten Korridor oder Rahmen hinausgeht, ist dahingegen auch weiterhin zuschlagspflichtig. Arbeitszeitkorridor und Rahmenarbeitszeit können nur alternativ vereinbart werden. Wird durch Betriebs- oder Dienstvereinbarung von den vorgenannten Instrumentarien Gebrauch gemacht, ist zwingend ein Arbeitszeitkonto (§ 10) einzurichten.

Bei Wechselschicht- und Schichtarbeit ist die Einrichtung eines Arbeitszeitkorridors oder einer Rahmenarbeitszeit nicht möglich.

3.2. Überstunden (§ 7 Abs. 7 und 8)

Wird weder ein Arbeitszeitkorridor noch eine Rahmenarbeitszeit vereinbart, fallen zuschlagspflichtige Überstunden an, wenn sie vom Arbeitgeber angeordnet wurden, über die dienstplanmäßig bzw. betriebsüblich festgesetzten Arbeitsstunden hinausgehen und kein Ausgleich bis zum Ende der folgenden Kalenderwoche erfolgt.

Bei Wechselschicht- und Schichtarbeit sind Überstunden gegeben, wenn sie angeordnet sind und über die im Schichtplan festgelegten täglichen Arbeitsstunden einschließlich der im Schichtplan vorgesehenen, die bezogen auf die regelmäßige wöchentliche Arbeitszeit nicht ausgeglichen werden, hinausgehen.

3.3. Ausgleich für Sonderformen der Arbeit (§ 8)

Für geleistete Überstunden erhalten die Beschäftigten Zeitzuschläge. Diese sind je nach Entgeltgruppe gestaffelt. Beschäftigte in den EG 1 bis 9b erhalten einen Zeitzuschlag in Höhe von 30%, in den EG 9c bis 15 in Höhe von 15% des auf eine Stunde entfallenden Anteils des Tabellenentgelts der Stufe 3 der jeweiligen Entgeltgruppe.

Bei Überstunden richtet sich das Entgelt für die tatsächliche Arbeitsleistung nach der jeweiligen Entgeltgruppe und der individuellen Stufe, höchstens jedoch nach der Stufe 4.

Für Nachtarbeit (21 Uhr bis 6 Uhr) wird unter Einschluss auch der Beschäftigten im kommunalen Krankenhausbereich ein Zeitzuschlag von 20% gewährt. Für Arbeit an Samstagen zwischen 13 Uhr bis 21 Uhr, soweit diese nicht im Rahmen von Wechselschicht- oder Schichtarbeit anfällt, beträgt der Zeitzuschlag 20% pro Stunde, für Sonntagsarbeit 25% und für die Arbeit an Feiertagen 35% pro Stunde. Im Ergebnis der Einkommensrunde 2020 ist der Samstagszuschlag für die Beschäftigten im Geltungsbereich des BT-K und des BT-B ab 1. März 2021 auf einheitlich 20 % festgelegt bzw. erhöht worden. Die Wechselschichtzulage beträgt 105,00 Euro monatlich (im Geltungsbereich des BT-K und des BT-B ab 1. März 2021 155,00 Euro), bei nicht ständiger Wechselschichtarbeit 0,63 Euro pro Stunde (im Geltungsbereich des BT-K und des BT-B ab 1. März 2021 0,93 Euro pro Stunde). Die Schichtzulage beträgt 40,00 Euro monatlich, bei nicht ständiger Schichtarbeit 0,24 Euro pro Stunde.

Bei bestehendem Arbeitszeitkonto und soweit dienstliche Verhältnisse es zulassen, können Zeitzuschläge im Verhältnis 1:1 in Zeit umgewandelt und ausgeglichen oder auf das Arbeitszeitkonto gebucht werden.

3.4. Bereitschaftsdienst und Rufbereitschaft (§ 7 Abs. 3 und 4)

Bereitschaftsdienst leistet, wer sich auf Anordnung des Arbeitgebers außerhalb der regelmäßigen Arbeitszeit an einer vom Arbeitgeber bestimmten Stelle aufhält, um im Bedarfsfall die Arbeit aufzunehmen. Im Bereich der Krankenhäuser bestehen Sonderregelungen zu Bereitschaftsdienst und Rufbereitschaft. Die Möglichkeit, die Arbeitszeit erheblich zu verlängern, wenn Zeiten von Arbeitsbereitschaft enthalten waren, existiert in dieser Form nicht mehr.

Rufbereitschaft liegt vor, wenn sich der Beschäftigte auf Anordnung des Arbeitgebers außerhalb der regelmäßigen Arbeitszeit an einer dem Arbeitgeber anzuzeigenden Stelle aufhält, um im Bedarfsfall die Arbeit aufzunehmen. Unter Berücksichtigung der bisherigen Rechtsprechung ist die Rufbereitschaft auch dann nicht ausgeschlossen, wenn der Arbeitnehmer auf Anordnung des Arbeitgebers per Mobiltelefon erreichbar sein muss.

Für die Rufbereitschaft wird unabhängig von der tatsächlichen Arbeitszeit eine tägliche Pauschale je Entgeltgruppe bezahlt. Sie beträgt für die Tage Montag bis Freitag das Zweifache, für Wochenenden sowie für Feiertage das Vierfache des tariflichen Stundenentgelts.

Zu beachten ist dabei die Rundungsregelung für Arbeit in der Rufbereitschaft. Für die Arbeitsleistung innerhalb der Rufbereitschaft **außerhalb des Aufenthaltsortes** wird die Zeit jeder einzelnen Inanspruchnahme einschließlich der hierfür erforderlichen Wegezeiten jeweils auf eine volle Stunde gerundet und mit dem Entgelt für Überstunden sowie mit etwaigen Zeitzuschlägen bezahlt. Wird die Arbeitsleistung innerhalb der Rufbereitschaft **am Aufenthaltsort** telefonisch (bspw. in Form einer Auskunft) oder mittels technischer Einrichtungen erbracht, wird die Summe dieser Arbeitsleistungen auf die nächste volle Stunde gerundet und mit dem Entgelt für Überstunden sowie mit etwaigen Zeitzuschlägen bezahlt.

Das Entgelt für Bereitschaftsdienst wird landesbezirklich geregelt. Bis zum Inkrafttreten einer tariflichen Regelung finden die beim Arbeitgeber jeweils geltenden Bestimmungen weiter Anwendung.

4. Entgelt (§§ 12 ff.)

Mit Einführung des TVöD wurden die bisherigen Lebensalters- und Lohnstufen und die familienbezogenen Entgeltbestandteile abgeschafft. Entsprechendes gilt für die Bewährungs-, Zeit- und Tätigkeitsaufstiege. Die Bezahlung ist durch die auf Berufserfahrung aufbauende Systematik der Entgelttabelle bestimmt. Für vorhandene Beschäftigte sichert eine Vielzahl von **Besitzstands- und Ausgleichsregelungen** das bisherige Einkommen.

4.1. Tabellenstruktur (§§ 16, 17)

Die in der Einkommensrunde 2018 mit abschließender Wirkung zum März 2020 grundlegend überarbeitete Entgelttabelle zum TVöD ist verstärkt orientiert am Fachkräftebedarf (überproportionale Anhebung der Stufe 1), an motivierenden Höhergruppierungen in die entsprechende Stufe auch der höheren Entgeltgruppe (vertikaler Aufbau) und einer gerechteren Spreizung der Entgelte bei Stufenaufstiegen (horizontaler Aufbau). Die Entgelttabelle zum TVöD hat 15 Entgeltgruppen mit regulär jeweils sechs Stufen, deren ansteigendes Entgelt ansteigende Stufenlaufzeiten zugrunde liegen (Besonderheit in EG 1). Der Aufstieg in die Stufe 2 erfolgt nach einem Jahr in Stufe 1, wenn nicht bereits bei der Neueinstellung eine einschlägige Berufserfahrung oder die Anerkennung förderlicher Zeiten beim neuen Arbeitgeber zu einer höheren Einstufung führen. Ab der Stufe 3 bestehen Entwicklungsstufen. Damit ist der Stufenaufstieg neben dem reinen Zeitablauf auch von den Leistungen des Beschäftigten abhängig. Liegen sie erheblich über dem Durchschnitt, kann ein schnellerer Aufstieg und damit früher ein höheres Tabellenentgelt erreicht werden. Zusätzliche Leistungsanreize in Form von Prämien und Zulagen ergänzen die leistungsorientierte Bezahlung.

Mit der niedrigsten Eingruppierung in die EG 1 sieht der TVöD ein Instrument für die öffentlichen Arbeitgeber vor, um im Wettbewerb mit privaten Anbietern gegenüber Tätigkeiten, die weder eine Vorbildung noch irgendeine Einarbeitung voraussetzen, bestehen zu können. Zudem verfügt der TVöD mit einer Ausgestaltungsmöglichkeit der EG 1–4 über ein weiteres flexibles Gestaltungselement. Diese Entgeltgruppen spiegeln Tätigkeiten von un- bzw. angelerntem Personal in den vom Wettbewerb besonders betroffenen Bereichen des öffentlichen Dienstes wider. Zur Stärkung der Konkurrenzfähigkeit öffentlicher Dienstleistungen kann für die EG 1–4 eine Fixierung auf mindestens den Startbetrag der EG 1 erfolgen. Voraussetzung dafür ist ein entsprechender landesbezirklicher Tarifvertrag.

Anknüpfungspunkt für das Durchlaufen der horizontalen Stufen ist die Beschäftigungszeit bei demselben Arbeitgeber. Neueinsteiger ohne Berufserfahrung werden in die Stufe 1 der jeweiligen Entgeltgruppe eingruppiert. Bei mindestens 3-jähriger einschlägiger Berufserfahrung erfolgt die Einstufung in der Regel in die Stufe 3. Unabhängig davon kann der Arbeitgeber bei Neueinstellungen zur Deckung des Personalbedarfs Zeiten einer vorherigen beruflichen Tätigkeit ganz oder teilweise für die Stufenzuordnung berücksichtigen, wenn diese Tätigkeit für die vorgesehene Tätigkeit förderlich ist.

Im Bereich des TVöD wurden die Vorschriften zur Stufenzuordnung bei einem **Arbeitgeberwechsel** nachgebessert. Erfolgt die Einstellung eines Beschäftigten unmittelbar im Anschluss an ein Arbeitsverhältnis im öffentlichen Dienst oder zu einem Arbeitgeber, der einen dem TVöD vergleichbaren Tarifvertrag anwendet, kann die in dem vorhergehenden Arbeitsverhältnis erworbene Stufe ganz oder teilweise berücksichtigt werden. Weitere Ergänzungen finden sich in § 17 TVÜ Bund/VKA. Danach kann bei Arbeitgeberwechsel die bisherige Entgeltgruppe, die aufgrund Besitzstandsregelungen gewährt wurde, erhalten bleiben.

4.2. Sozial- und Erziehungsdienst nach Anlage C zum TVöD (VKA)

Für Beschäftigte im Sozial- und Erziehungsdienst wurde mit Wirkung zum 1. November 2009 eine eigenständige Entgelttabelle S vereinbart. Die Tabelle beginnt mit der neu eingefügten EG S 2 und steigt an bis EG 18. Die Verweildauer in den Stufen unterscheidet sich in Teilen den Regelungen der Entgelttabelle zum TVöD. Die neue Entgelttabelle S wird als Anlage C (VKA) zum TVöD geführt. Die am 31. Oktober 2009 vorhandenen Beschäftigten wurden durch § 28a TVÜ-VKA in die Anlage C (VKA) übergeleitet.

Des Weiteren wurde für die Beschäftigten im Sozial- und Erziehungsdienst ein Tarifvertrag zum Gesundheitsschutz vereinbart. Es besteht ein individueller Anspruch auf die Durchführung einer Gefährdungsbeurteilung des Arbeitsplatzes.

4.3. Pflegebeschäftigte nach Anlage P zum TVöD (VKA)

Für Beschäftigte im Pflegedienst besteht seit dem 1. Januar 2017 eine eigenständige Entgelttabelle P. Die neue Entgelttabelle P wird als Anlage E (VKA) zum TVöD geführt. Die am 31. Dezember 2016 vorhandenen Pflegedienstbeschäftigten wurden durch § 29d TVÜ-VKA in die Anlage E zum BT-K bzw. BT-B (VKA) übergeleitet.

4.4. Überleitung und Besitzstand (TVÜ-Bund/TVÜ-VKA)

Die Überleitung und der Besitzstand für die am 1. Oktober 2005 bereits vorhandenen Beschäftigten bei Bund und Kommunen wurden auf der Grundlage der Tarifverträge zur Überleitung in den TVöD (TVÜ-Bund/TVÜ-VKA) vorgenommen. Zunächst wurde die bisherige Lohn- und Vergütungsgruppe einer der EG 2–15 zugeordnet. Eine Eingruppierung in die EG 1 erfolgte für die Bestandsbeschäftigten nicht. Aufgrund der bisherigen Unterscheidung zwischen Arbeiter und Angestellten sind die Überleitungs- und Besitzstandsregelungen nicht identisch.

4.4.1. Überleitung Angestellte

Bei den bisherigen Angestellten erfolgte die Überleitung in zugeordnete Entgeltgruppe betragsmäßig. Dazu wurde das Vergleichsentgelt auf der Grundlage der im September 2005 (TVöD) erhaltenen Bezüge gebildet. Hierzu war die Grundvergütung, je nach Familienstand der Ortszuschlag der Stufe 1, 1/2 oder 2 und die allgemeine Zulage zu berücksichtigen (§ 5 TVÜ-Bund/TVÜ-VKA). Je nach Höhe des Vergleichsentgelts wurde der Beschäftigte einer individuellen Zwischenstufe zwischen den Beträgen einer niedrigeren und einer höheren Stufe zugeordnet oder hatte mit einem die höchste Stufe übersteigenden Betrag sogleich eine individuelle Endstufe erreicht. Diese individuelle Endstufe wird bei Linearerhöhungen dynamisch im selben Umfang (Prozentsatz) erhöht, wie die übrigen Stufen. Zum 1. Oktober 2007 sind alle Angestellten, die zwei Jahre zuvor einer individuellen Zwischenstufe zugeordnet waren, in die nächsthöhere reguläre Stufe aufgerückt.

4.4.2. Überleitung Arbeiter

Die Stufenzuordnung der bisherigen Arbeiter erfolgte primär anhand der Beschäftigungszeit. Sie wurden somit der Stufe zugeordnet, die sie erreicht hätten, wenn der TVöD bzw. TV-L schon zu Beginn ihrer Beschäftigungszeit gegolten hätte. Blieb das auf diese Weise ermittelte Entgelt hinter dem Tabellenlohn im September 2005 zurück, wurde der höhere Tabellenlohn weiter gezahlt bis der Beschäftigte im Rahmen seiner Gesamtbeschäftigungszeit in die nächsthöhere Stufe der neuen Entgelttabelle aufrückte. Es erfolgte in diesen Fällen somit kein automatisches Aufsteigen in die jeweils nächsthöhere Stufe zum 1. Oktober 2007.

4.4.3 Besitzstand Kinder

In den TVöD übergeleitete Beschäftigte erhalten für Kinder, die bis zum 31. Dezember 2005 geboren wurden, den kinderbezogenen Teil des früheren Ortszuschlags weitergezahlt. Die Besitzstandszulage setzt voraus, dass Kindergeld ununterbrochen bezogen wird. Wird die Zahlung wegen Grundwehrdienst, Zivildienst oder Wehrübungen sowie bei Ableistung eines freiwilligen sozialen oder ökologischen Jahres unterbrochen, ist dies unschädlich. Die Besitzstandszulage wird dynamisiert, dh sie nimmt an den linearen Erhöhungen teil. Sie beträgt für jedes zu berücksichtigende Kind bis März 2020 noch124,20 Euro bzw. ab April 2021 erhöhte 125,94 Euro sowie ab April 2022 nochmals angehobene 128,21 Euro monatlich bei Vollzeit.

4.5. Allgemeine Erhöhung der Entgelte

Die Entgelte der Beschäftigten bei Bund und Kommunen werden durch die Ergebnisse der Einkommensrunde 2020 nach der Anhebung zum 1. April 2021 um 1,4 % bei mindestens 50 ,00 Euro mehr weiterhin zum 1. April 2022 um 1,8 % angehoben. Im Geltungsbereich des TVöD – BT-S für die Beschäftigten der Sparkassen sowie nach dem TV-V für die Versorgungsbetriebe bestehen davon abweichende Regelungen.

5. Leistungsentgelt und Leistungsanreiz (§§ 18, 18a)

Neben den leistungsorientierten Stufenaufstiegen gemäß §§ 16 und 17 TVöD bietet § 18 TVöD durch Leistungszulagen und die Leistungsprämie weitere individuelle Leistungsanreize. Der Einstieg in die leistungsorientierte Bezahlung erfolgte im Jahre 2007 zunächst in Höhe von 1% der Entgeltsumme der Arbeitnehmer des jeweiligen Arbeitgebers bezogen auf das Vorjahr. Vereinbart war ursprünglich eine Zielgröße im Volumen von 8% der Entgeltsumme der Tarifbeschäftigten des jeweiligen Arbeitgebers, die insgesamt erreicht werden soll.

Im **kommunalen Bereich** beträgt das Volumen für das Leistungsentgelt seit 2013 bereits 2%. Im Ergebnis der Einkommensrunde 2020 ist zum September 2020 mit Ausnahme der Sparkassen nach TVöD – BT-S für alle Bereiche und Sparten des öffentlichen Dienstes durch § 18a TVöD ein System eingeführt worden, mit dem alternativ zur Leistungszulage und zur Leistungsprämie das tarifliche Volumen durch Betriebs- oder einvernehmliche Dienstvereinbarung ganz oder teilweise für alternative Entgeltanreize verwendet werden kann.

Die Einführung des alternativen Entgeltanreiz-Systems nach § 18a TVöD erfordert in Dienststellen bzw. Betrieben, bei denen ein Personal- bzw. Betriebsrat besteht, den Abschluss einer Dienst- bzw. Betriebsvereinbarung. Ohne den Abschluss einer Dienst- bzw. Betriebsvereinbarung verbleibt es bei den Regelungen zur leistungsorientierten Bezahlung nach § 18 TVöD. Dies bedeutet, dass das Leistungsbudget nach § 18 Abs. 3 TVöD entweder als Leistungsentgelt auf der Grundlage eines betrieblichen Systems oder als tarifliche Pauschalzahlung in Höhe von 6 Prozent des September-Tabellenentgelts auszuzahlen ist.

Mittels des alternativen Entgeltanreiz-Systems können Maßnahmen zur Verbesserung der Arbeitsplatzattraktivität, der Gesundheitsförderung und der Nachhaltigkeit eingesetzt werden (z. B. für Zuschüsse für Fitnessstudios, Sonderzahlungen, Fahrkostenzuschüsse für ÖPNV/Job-Ticket, Sachbezüge, Kita-Zuschüsse oder Wertgutscheine).

In der Einkommensrunde 2020 wurden außerdem die zwischen 2007 und dem 25. Oktober 2020 bestehenden Betriebs- und Dienstvereinbarungen mit pauschaler oder undifferenzierter Verteilung (sog. Gießkanne) als vereinbar mit der ursprünglichen Zielsetzung des § 18 TVöD (VKA) erklärt.

Im **Bereich des Bundes** wurde die leistungsorientierte Bezahlung zum 1. Januar 2014 neu geregelt. Danach kann jährlich ein Gesamtvolumen von bis zu 1% der ständigen Monatsentgelte des Vorjahres für die Leistungsbezahlung zur Verfügung gestellt werden. Die Umsetzung richtet sich weiterhin nach dem unveränderten LeistungsTV-Bund.

6. TV Fahrrad-Leasing

Die Möglichkeit zum Fahrrad-Leasing wurde erstmals in der Einkommensrunde 2020 vereinbart. Mit den kommunalen Arbeitgeberverbänden (VKA) wurde dazu der sog. Tarifvertrag Fahrrad-Leasing abgeschlossen. Zu beachten ist insbesondere beim sog. Fahrrad-Leasing per Entgeltumwandlung, dass hierbei die Rentenansprüche gemindert werden. Außerdem ergeben sich niedrigere Anwartschaften in der Zusatzversorgung und bei den Lohnersatzleistungen. Diese werden letztlich von der Höhe des steuer- und damit sozialversicherungspflichtigen Bruttoentgelts bemessen, das sich durch die Entgeltumwandlung entsprechend reduziert. Nach derzeitigem Stand ist die Entgeltumwandlung zum Zwecke des Fahrrad-Leasings nach einer Auskunft des Bundesfinanzministeriums steuerlich privilegiert. Das bedeutet, dass auf den umgewandelten Teil des Entgelts keine Einkommenssteuer und keine Sozialversicherungsbeiträge entfallen bzw. gezahlt werden müssen.

7. Corona-Sonderzahlung

Zur Abmilderung der Belastungen durch die pandemische Corona-Krise können Arbeitgeber den Beschäftigten in der Zeit zwischen März 2020 und Juni 2021 Beihilfen und Unterstützungen bis zu einem Betrag von 1.500,00 Euro steuerfrei in Form von Zuschüssen und Sachbezügen zukommen lassen. Voraussetzung ist, dass die Beihilfen und Unterstützungen zusätzlich zum ohnehin geschuldeten Arbeitslohn geleistet werden. Der TV Corona-Sonderzahlung 2020 mit dem Bund und den kommunalen Arbeitgeberverbänden setzt dies in 2020 gegenüber den nach TVöD Beschäftigten durch eine einmalige Corona-Sonderzahlung um für die EG 1 bis 8 i.H.v. 600,00 Euro, für die EG 9a bis 12 i.H.v. 400,00 Euro und für die EG 13 bis 15 i.H.v. 300,00 Euro. Die einmalige Corona-Sonderzahlung ist bei der Bemessung sonstiger Leistungen nicht zu berücksichtigen.

8. Öffentlicher Gesundheitsdienst

Die Beschäftigten des öffentlichen Gesundheitsdienstes sind Teil der öffentlichen Verwaltung und unterliegen den allgemeinen Regelungen des TVöD und einigen besonderen Regelungen des TVöD - BT-V (Besonderer Teil Verwaltung). Im Rahmen der Einkommensrunde 2020 wurde für den Bereich des öffentlichen Gesundheitsdienstes ein separater Tarifvertrag über eine Corona-Sonderprämie geschlossen.

Der Tarifvertrag über eine Corona-Sonderprämie Öffentlicher Gesundheitsdienst (TV Corona-Sonderprämie ÖGD) vom 25. Oktober 2020 trat zum 1. September 2020 in Kraft und regelt den Anspruch auf jährliche Einmalzahlungen in 2021 und 2022. Danach erhalten Personen, die in den Zeiträumen vom 1. März 2020 bis zum 28. Februar 2021 und vom 1. März 2021 bis zum 28. Februar 2022 für mindestens einen Monat überwiegend zur Bewältigung der Corona-Pandemie in einem Gesundheitsamt bzw. einer Gesundheitsbehörde eingesetzt sind, mit dem Entgelt für den Monat Mai 2021 bzw. für den Monat Mai 2022 eine Einmalzahlung. Die Corona-Sonderprämie ÖGD beträgt für jeden Monat, in dem die Person überwiegend zur Bewältigung der Corona-Pandemie eingesetzt wurde, pauschal 50,00 Euro. Ein Zusammenhang mit der Pandemie-Bewältigung besteht bei Tätigkeiten wie beispielsweise der Meldung von Testergebnissen an die auf das Corona-Virus getesteten Personen, der Nachverfolgung von Infektionsketten, dem Erstellen von Quarantäneverfügungen, Beratungsleistungen einschließlich Bürgertelefon, Erstellung und Anpassung von Hygieneplänen sowie Kontaktieren und Informieren von Erkrankten. Diese Aufzählung ist nicht abschließend und soll lediglich die Anwendbarkeit in der Praxis vereinfachen. Zur Berechnung der Anspruchshöhe werden für den jeweiligen Jahreszeitraum alle Arbeitstage addiert, an denen die Person eine Arbeitsleistung zur Bewältigung der Corona-Pandemie tatsächlich erbracht hat. Bei einer Verteilung der wöchentlichen Arbeitszeit auf fünf Tage in der Woche ist ein überwiegender Einsatz zur Bewältigung der Corona-Pandemie in einem Monat bei 15 Arbeitstagen erreicht. Bei anderer Verteilung der wöchentlichen Arbeitszeit verändert sich die Zahl der erforderlichen Arbeitstage entsprechend. Verbleiben bei der Gesamtberechnung für die jeweiligen Jahreszeiträume zum Schluss in Summe jeweils weniger als 15, aber mehr als acht Arbeitstage, besteht ein Anspruch auf eine zusätzliche Prämie in Höhe von 50,00 Euro. Hiernach kann höchstens ein Betrag von 600,00 Euro für jeden der beiden Jahreszeiträume gewährt werden. Personen, die zum Zeitpunkt der Auszahlung aus dem Arbeitsverhältnis ausgeschieden sind, müssen die Corona-Sonderprämie ÖGD bis zum 31. August 2021 bzw. bis zum 31. August 2022 in Textform bei dem Arbeitgeber geltend machen. Der Anspruch besteht unabhängig davon, ob die Person vorübergehend oder dauerhaft in einem Gesundheitsamt bzw. einer Gesundheitsbehörde eingesetzt ist. Auch Bundestarifbeschäftigte, die zur Unterstützung bei der Bewältigung der Corona-Pandemie eingesetzt sind, können Anspruch auf eine Corona-Sonderprämie ÖGD haben. Die Einmalzahlung wird in Fällen von Teilzeitarbeit zeitratierlich gezahlt und wird bei der Bemessung sonstiger Leistungen nicht berücksichtigt. Soweit die Corona-Sonderprämie ÖGD einkommenssteuerpflichtig ist, ist sie zusatzversorgungsversorgungspflichtiges Entgelt.

Das ärztliche und zahnärztliche Personal der Entgeltgruppe 15 nach Teil B Abschnitt II Ziffer 1 der Anlage 1 – Entgeltordnung (VKA) zum TVöD erhält ab dem 1. März 2021 eine monatliche Zulage von 300,00 Euro. Die Zulage erhalten, wobei hier der Begriff Ärzte auch Zahnärzte einschließt, neben den Fachärzten auch Ärzte, denen mindestens fünf weitere Ärzte durch ausdrückliche Anordnung ständig unterstellt sind. Die monatliche Zulage ist ausgebracht in Nr. 3 von § 57 (VKA) TVöD – BT-V, der Sonderregelungen für das ärztliche Personal aufführt, das nicht unter den Geltungsbereich des TVöD – BT-K oder des TVöD – BT-B fällt. Diese Regelungen erfasst somit unter anderem das ärztliche Personal in den der öffentlichen Verwaltung zugeordneten Gesundheitsämtern. Bisher regelte die Norm lediglich eine abweichende Stufenregelung für das fachärztliche Personal. Durch Einführung der monatlichen Zulage, die nicht nur die Fachärzte bzw. Fachzahnärzte erhalten, erweitert sich somit auch der tatsächliche Geltungsbereich des § 57 (VKA) TVöD – BT-V über das fachärztliche Personal der Entgeltgruppe 15 hinaus.

Bereits in Umsetzung der Tarifeinigung in der Einkommensrunde 2016 wurde für das fachärztliche Personal des öffentlichen Gesundheitsdienstes der Entfall der zwingenden Einstufung in die Stufe 1 erreicht. Der Tarifabschluss

2020 beinhaltet nun eine weitere Verbesserung der Stufenregelung für das fachärztliche Personal in der Entgeltgruppe 15 Fallgruppe 1 nach Teil B Abschnitt II Ziffer 1 der Anlage 1 – Entgeltordnung (VKA) zum TVöD. Die Beschränkung durch die bisherige Endstufe 5 ist für Fachärzte bzw. für Fachzahnärzte in der öffentlichen Verwaltung zum 1. November 2020 nicht länger wirksam. Hierdurch eröffnet sich die Stufe 6 in der Entgeltgruppe 15 nunmehr auch für das einschlägige fachärztliche Personal nach der allgemeinen Stufenregelung in § 16 (VKA) Absatz 1 TVöD – Allgemeiner Teil. Für den Stufenaufstieg wird die bereits zurückgelegte Stufenlaufzeit angerechnet, sodass der Stufenaufstieg in die Stufe 6 ab dem 1. November 2020 erfolgen kann.

9. Eingruppierung

9.1. Entgeltordnung zum TVöD Bund

Zum 1. Januar 2014 ist für die Beschäftigten des Bundes eine neue Entgeltordnung in Kraft getreten. Aufgrund veränderter Ausbildungsberufe, Berufsbilder und Anforderungsprofile im öffentlichen Dienst mussten die teilweise überholten Tätigkeitsmerkmale und Zulagenregelungen modernisiert werden. Der Grundsatz der Tarifautomatik aus § 22 BAT ist dabei unverändert geblieben und in § 12 TVöD übernommen worden. Danach sind die Beschäftigten in der Entgeltgruppe eingruppiert, deren Tätigkeitsmerkmale die gesamte nicht nur vorübergehend auszuübende Tätigkeit entspricht. Danach ist bei der Feststellung der Eingruppierung weiterhin auf willkürfrei gebildete Arbeitsvorgänge abzustellen.

Der **Arbeitsvorgang** umfasst als tarifliche Bewertungsgrundlage und unteilbare Bewertungseinheit alle Handlungen der Beschäftigten, die für die ordnungsgemäße Aufgabenerledigung auf der Stelle dauerhaft auszuüben sind. Er hat insbesondere Klammerwirkung für sämtliche in Kette auszuführenden Arbeitsschritte. Dabei ist eine Herauslösung organisatorisch und tatsächlich abtrennbarer Arbeitsleistungen für die Bewertung unbeachtlich, solange diese Arbeitsleistungen keinem anderen Beschäftigten übertragen sind. Seit 2015 ist nach ständiger Rechtsprechung des BAG zu beachten, dass die tarifliche Wertigkeit der verschiedenen Einzeltätigkeiten auf einer Stelle bei der Bestimmung der Arbeitsvorgänge außer Betracht bleibt. Erst nachdem der Arbeitsvorgang bestimmt wurde, kann auch die Bewertung anhand des konkreten Tätigkeitsmerkmals erfolgen. Diese Rechtsprechung wendet das BAG konsequent auf aktuelle Fälle der Eingruppierung von Geschäftsstellenverwaltern sowie von Beschäftigten in Serviceeinheiten von Gerichten und Staatsanwaltschaften an. Danach bestimmt sich der Arbeitsvorgang ausnahmslos auch bei Geschäftsstellenverwalterinnen und -verwaltern (Urteil vom 28. Februar 2018, Aktenzeichen 4 AZR 816/16) sowie bei Beschäftigten in Serviceeinheiten von Gerichten und Staatsanwaltschaften (Urteile vom 9. September 2020, Aktenzeichen 4 AZR 195/20 und 4 AZR 196/20) ohne Rücksicht auf die unterschiedliche tarifliche Wertigkeit von Einzeltätigkeiten. Erst wird der Arbeitsvorgang gebildet, anschließend wird dieser anhand der Tätigkeitsmerkmale der Entgeltordnung überprüft. Damit ist der Arbeitsvorgang entweder ganz oder gar nicht durch die Anforderung eines Tätigkeitsmerkmals ausgefüllt. Auch soweit ein Tätigkeitsmerkmal für eine Anforderung ein Zeitmaß unterhalb des Regelzeitmaßes von mindestens der Hälfte vorsieht, kommt es nicht auf den zeitlichen Anfall der

Einzeltätigkeit wie zum Beispiel der „schwierigen Tätigkeit" an, sondern auf den zeitlichen Umfang des Arbeitsvorgangs, der diese Einzeltätigkeit erfordert. Maßgeblich ist also letztlich die tatsächliche Arbeitsorganisation durch den Arbeitgeber. Die Bildung und der zeitliche Umfang eines Arbeitsvorgangs hängen ab von den einzubeziehenden Einzeltätigkeiten. Diese Feststellungen hat der Arbeitgeber pflichtgemäß zu treffen. Dieser Vorgang ergibt frei von Ermessen die Eingruppierung der Beschäftigten in eine Entgeltgruppe und ist wiederum durch die Arbeitsgerichte voll nachprüfbar. Mit den beiden Urteilen vom 9. September 2020 hat das BAG insbesondere seine Rechtsprechung von 2018 bestätigt.

Schließlich liegen für einschlägig Beschäftigte in der Justizverwaltung Beispiele für „schwierige" Tätigkeiten in den Protokollerklärungen vor. Dabei kommt es jedoch in zeitlicher Hinsicht nicht darauf an, ob die höher bewerteten „schwierigen" Tätigkeiten selbst zeitlich mindestens hälftig oder in dem gestaffelten geringeren zeitlichen Maß von mindestens einem Drittel oder einem Fünftel an der Gesamttätigkeit anfallen. Vielmehr genügt es, dass die höheren Anforderungen durch „schwierige" Tätigkeiten in rechtlich nicht ganz unerheblichem Ausmaß anfallen. Gefordert ist also auch hier der Bezug auf den Arbeitsvorgang und inhaltlich, dass ohne diese Tätigkeiten kein sinnvoll verwertbares Arbeitsergebnis zustande kommt. Im Fall der Geschäftsstellenverwaltung beim Bundesverwaltungsgericht entfallen neun Prozent der Gesamttätigkeit auf „schwierige" Tätigkeiten im Tarifsinne. Das reicht, um mit dem einheitlichen großen Arbeitsvorgang die Eingruppierung der Bundesbeschäftigten in die EG 9a festzustellen.

In der Einkommensrunde 2020 haben der Bund und die kommunalen Arbeitgeber ihre grundsätzlichen Bedenken gegen die Rechtsprechung des BAG zum Arbeitsvorgang vorgetragen und Änderungen der einschlägigen Tarifnorm in § 12 TVöD vorgeschlagen. Dabei wurden neben den Eingruppierungen von Justizbeschäftigten weitere Sachverhalte problematisiert wie beispielsweise im kommunalen Vollstreckungsaußendienst oder in der Sachbearbeitung Vollstreckung im Innendienst eines Hauptzollamtes. Dem fachlichen Austausch, der im Oktober 2020 begleitend zu den Verhandlungen in der Einkommensrunde 2020 in Potsdam stattfand, folgten in der abgeschlossenen Tarifrunde zum TVöD jedoch keinerlei Erklärungen oder Absichten beispielsweise zum Thema Arbeitsvorgang. Der in ständiger Rechtsprechung durch das BAG ausgeurteilte Rechtsbegriff des Arbeitsvorgangs ist im Bereich des TVöD vielmehr unangetastet geblieben und insbesondere nicht Gegenstand der jüngsten Tarifeinigung vom 25. Oktober 2020.

Die Tätigkeitsmerkmale, die insgesamt in der Anlage 1 zum TV EntgO Bund ausgebracht sind, wurden gegenüber der ersetzten BAT-Vergütungsordnung bzw. gegenüber dem Lohngruppenverzeichnis zum MTArb reduziert und die Unterscheidung zwischen Arbeiter- und Angestelltenbereich wurde aufgehoben. Der TV EntgO Bund ist in vier Abschnitte und zwei Anlagen gegliedert. Abschnitt 1 enthält Allgemeines und Abschnitt 2 Voraussetzungen in der Person. In Abschnitt 3 werden die Zulagen geregelt. Die Anlage 1 zum TV EntgO Bund ist in sechs Teile gegliedert. Im Teil I sind die allgemeinen Tätigkeitsmerkmale für den Verwaltungsdienst enthalten. Im Teil II die Tätigkeitsmerkmale für körperlich/handwerklich geprägte Tätigkeiten. Im Teil III sind die Tätigkeitsmerkmale für besondere Beschäftigtengruppen enthalten. Die besonderen Tätigkeitsmerkmale im Bereich BMVg enthält Teil IV. Die besonderen Tätigkeitsmerkmale im Bereich BMVI enthält Teil V und besondere Tätigkeitsmerkmale im Bereich BMI sind in Teil VI enthalten. Anlage 2 enthält Richtlinien verwaltungseigener Prüfungen. Das Übergangsrecht zur Eingruppierung und Zulagenregelungen im TVÜ-Bund wurde aufgehoben. Die EG 9 wird entzerrt in EG 9a und EG 9b.

Zum März 2018 wurde in die Entgeltordnung beim Bund außerdem die EG 9c aufgenommen bzw. die bisherige EG 9b vereinzelt entsprechend höher bewertet. Die neuen Tätigkeitsmerkmale gelten für Beschäftigte, deren Tätigkeit sich nicht länger bloß durch eine Fallgruppe aus der EG 9b heraushebt. Die Fälle einer höheren Eingruppierung aufgrund der Aufwertung von Tätigkeitsmerkmalen in der Anlage 1 zum TV EntgO Bund betreffen die EG 9c in

Teil I Allgemeine Merkmale für den Verwaltungsdienst,
Teil III Abschnitt 2 Beschäftigte in Archiven, Bibliotheken, Büchereien, Museen und anderen wissenschaftlichen Anstalten,
Teil III Abschnitt 13 Beschäftigte im Forstdienst,
Teil III Abschnitt 40 Beschäftigte in der Steuerverwaltung,
Teil IV Abschnitt 25.1 Beschäftigte in der Pflege,
Teil IV Abschnitt 25.3 Lehrkräfte in der Pflege,
Teil V Abschnitt 2.3 Beschäftigte an Land im nautischen Bereich.

In der Entgeltordnung für den Bund wurde der bisherige Aufbau der Eingruppierung mit Tätigkeiten in der Allgemeinen Verwaltung beibehalten. Insbesondere sind die weitgehend ausgeurteilten unbestimmten Rechtsbegriffe der BAT-Vergütungsordnung weiter anwendbar. Nach Anlage 1 Teil 1 gilt die EG 1 für Beschäftigte mit einfachsten Tätigkeiten. Beschäftigte im Büro, Buchhalterei, sonstigen Innendienst und im Außendienst mit einfachen Tätigkeiten sind der EG 2 zugeordnet. Schwierige Tätigkeiten werden in der EG 4 Fallgruppe 1 verlangt, während in EG 4 Fallgruppe 2 mindestens zu einem Viertel gründliche Fachkenntnisse vorausgesetzt werden. Ab EG 7 werden zusätzlich zu den gründlichen, vielseitigen Fachkenntnissen auch selbständige Leistungen gefordert. In zeitlicher Hinsicht ist jedoch nicht erforderlich, dass diese Leistungen in einem Arbeitsvorgang im Umfang von 50% (Regelzeitmaß) der auszuübenden Tätigkeiten anfallen müssen. Dies ist erst für die EG 9a gefordert. Für die EG 7 genügt ein erster Arbeitsvorgang mit dem Regelzeitmaß, wobei das Arbeitsergebnis gründliche und vielseitige Fachkenntnisse voraussetzt, und zusätzlich ein zweiter Arbeitsvorgang im zeitlichen Umfang von wenigstens 20%, zu dessen Erledigung außerdem selbständige Leistungen vorauszusetzen sind. Für die EG 8 erhöht sich der zweite Arbeitsvorgang auf wenigstens 33,3% der Arbeitszeit. In EG 9b müssen die selbständigen Leistungen zu den gründlichen und umfassenden Fachkenntnissen hinzutreten. Bei der Bestimmung der Tätigkeitsmerkmale kann weiterhin die Rechtsprechung zum BAT herangezogen werden. Die Tätigkeitsmerkmale bauen aufeinander auf.

Für die bereits vor dem 1. Januar 2014 beim Bund Beschäftigten gilt, dass die Überleitung unter Beibehaltung der bisherigen Entgeltgruppe einschließlich bestehender Zulagen erfolgt. Wenn sich nach dem TV EntgO Bund eine höhere Entgeltgruppe als bisher ergab, war für die Höhergruppierung ein fristgemäßer Antrag gestellt werden. Die tarifliche Antragsfrist betrug ein Jahr. Die Tarifautomatik bleibt bei einem verfristeten Antrag und der weiter unverändert auszuübenden Tätigkeit insoweit außer Kraft (§ 25 TV EntgO Bund). Für nähere Einzelheiten ist auf die Literatur zum Eingruppierungsrecht zu verweisen.

9.2. Kommunen

Zum 1. Januar 2017 ist eine neue Entgeltordnung für die Kommunen in Kraft getreten. Diese Entgeltordnung ist in Anlage 1 – VKA an den TVöD angebunden und nimmt keine grundsätzlich vom Bund abweichenden Regelungen bzw. Wertigkeitsentscheidungen vor. Die Entgeltordnung VKA ist untergliedert in einen Allgemeinen Teil und einen Besonderen Teil. Im Allgemeinen Teil sind die allgemeinen Tätigkeitsmerkmale (EG 1, EG 2 bis 9a mit handwerklichen Tätigkeiten, EG 2 bis 12 in Tätigkeiten in der allgemeinen Verwaltung, EG 13 bis 15) und außerdem spezielle Tätigkeitsmerkmale (zB Meister, Techniker, Ingenieure und Beschäftigte in der Informations- und Kommunikationstechnik, IKT) mit Geltung auch für den Besonderen Teil aufgeführt bzw. insoweit in der Verortung vor die Klammer gezogen. Dies bedeutet, dass für Beschäftigte in der IT z.B. als Administrator unabhängig von der organisatorischen Einbindung immer die IT-spezifischen Tätigkeitsmerkmale im Allgemeinen Teil A Abschnitt II Ziffer 2 der Entgeltordnung Anwendung finden. Im Besonderen Teil der Entgeltordnung finden sich Tätigkeitsmerkmale für eine Vielzahl von Berufsgruppen wie bspw. für die Beschäftigten im Sozial- und Erziehungsdienst oder in Gesundheitsberufen.

Im Übrigen gelten die Ausführungen zur Entgeltordnung beim Bund sinngemäß.

Die Grundsätze der Eingruppierung sind im Weiteren sehr umfangreich, sodass deren Darstellung im Rahmen dieser Einleitung nicht möglich ist. Zur Vertiefung wird auf die diesbezügliche im Verlag C. H. BECK erschienene Literatur verwiesen.

1a. Tarifvertrag zur Überleitung der Beschäftigten des Bundes in den TVöD und zur Regelung des Übergangsrechts (TVÜ-Bund)

Vom 13. September 2005[1)]

zuletzt geänd. durch ÄndTV Nr. 14 v. 25.10.2020

Zwischen

der Bundesrepublik Deutschland, vertreten durch das Bundesministerium des Innern, einerseits

und

[den vertragsschließenden Gewerkschaften][2)], andererseits

wird Folgendes vereinbart:

Inhaltsverzeichnis

[1)] Die Tarifvertragsparteien haben mit Datum vom 24. November 2005 rückwirkend zum Zeitpunkt des In-Kraft-Tretens redaktionelle Änderungen vereinbart; diese Fassung berücksichtigt die dort getroffenen Vereinbarungen.

[2)] Mit den Gewerkschaften ver.di und dbb tarifunion wurden jeweils gleich lautende Tarifverträge geschlossen.

1. Abschnitt. Allgemeine Vorschriften

§ 1 Geltungsbereich. (1) [1]Dieser Tarifvertrag gilt für Angestellte, Arbeiterinnen und Arbeiter, deren Arbeitsverhältnis zum Bund über den 30. September 2005 hinaus fortbesteht, und die am 1. Oktober 2005 unter den Geltungsbereich des Tarifvertrages für den öffentlichen Dienst (TVöD) fallen, für die Dauer des ununterbrochen fortbestehenden Arbeitsverhältnisses. [2]Dieser Tarifvertrag gilt ferner für die unter § 19 Abs. 2 fallenden Beschäftigten.

Protokollerklärung zu Absatz 1 Satz 1:
Unterbrechungen von bis zu einem Monat sind unschädlich.

(2) Nur soweit nachfolgend ausdrücklich bestimmt, gelten die Vorschriften dieses Tarifvertrages auch für Beschäftigte, deren Arbeitsverhältnis zum Bund nach dem 30. September 2005 beginnt und die unter den Geltungsbereich des TVöD fallen.

(3) *(aufgehoben)*

(4) Die Bestimmungen des TVöD gelten, soweit dieser Tarifvertrag keine abweichenden Regelungen trifft.

§ 2 Ersetzung bisheriger Tarifverträge durch den TVöD. (1) [1]Der TVöD ersetzt in Verbindung mit diesem Tarifvertrag für den Bereich des Bundes die in Anlage 1 TVÜ-Bund Teil A und Anlage 1 TVÜ-Bund Teil B aufgeführten Tarifverträge (einschließlich Anlagen) bzw. Tarifvertragsregelungen, soweit im TVöD, in diesem Tarifvertrag oder in den Anlagen nicht ausdrücklich etwas anderes bestimmt ist. [2]Die Ersetzung erfolgt mit Wirkung vom 1. Oktober 2005, soweit kein abweichender Termin bestimmt ist.

Protokollerklärung zu Absatz 1:
[1]Die noch abschließend zu verhandelnde Anlage 1 TVÜ-Bund Teil B (Negativliste) enthält – über die Anlage 1 TVÜ-Bund Teil A hinaus – die Tarifverträge bzw. die Tarifvertragsregelungen, die am 1. Oktober 2005 ohne Nachwirkung außer Kraft treten. [2]Ist für diese Tarifvorschriften in der Negativliste ein abweichender Zeitpunkt für das Außerkrafttreten bzw. eine vorübergehende Fortgeltung vereinbart, beschränkt sich die Fortgeltung dieser Tarifverträge auf deren bisherigen Geltungsbereich (Arbeiter/Angestellte; Tarifgebiet Ost/Tarifgebiet West usw.).

(2) Im Übrigen werden solche Tarifvertragsregelungen mit Wirkung vom 1. Oktober 2005 ersetzt, die

– materiell in Widerspruch zu Regelungen des TVöD bzw. dieses Tarifvertrages stehen,
– einen Regelungsinhalt haben, der nach dem Willen der Tarifvertragsparteien durch den TVöD bzw. diesen Tarifvertrag ersetzt oder aufgehoben worden ist, oder
– zusammen mit dem TVöD bzw. diesem Tarifvertrag zu Doppelleistungen führen würden.

(3) [1] Die in der Anlage 1 TVÜ-Bund Teil C aufgeführten Tarifverträge und Tarifvertragsregelungen gelten fort, soweit im TVöD, in diesem Tarifvertrag oder in den Anlagen nicht ausdrücklich etwas anderes bestimmt ist. [2] Die Fortgeltung erfasst auch Beschäftigte im Sinne des § 1 Abs. 2.

Protokollerklärung zu Absatz 3:

Die Fortgeltung dieser Tarifverträge beschränkt sich auf den bisherigen Geltungsbereich (Arbeiter/Angestellte; Tarifgebiet Ost/Tarifgebiet West usw.).

(4) Soweit in nicht ersetzten Tarifverträgen und Tarifvertragsregelungen auf Vorschriften verwiesen wird, die aufgehoben oder ersetzt worden sind, gelten an deren Stelle bis zu einer redaktionellen Anpassung die Regelungen des TVöD bzw. dieses Tarifvertrages entsprechend.

2. Abschnitt. Überleitungsregelungen

§ 3 Überleitung in den TVöD. Die von § 1 Abs. 1 erfassten Beschäftigten werden am 1. Oktober 2005 gemäß den nachfolgenden Regelungen in den TVöD übergeleitet.

§ 4 Zuordnung der Vergütungs- und Lohngruppen. (1) Für die Überleitung der Beschäftigten wird ihre Vergütungs- bzw. Lohngruppe (§ 22 BAT/BAT-O bzw. entsprechende Regelungen für Arbeiterinnen und Arbeiter bzw. besondere tarifvertragliche Vorschriften für bestimmte Berufsgruppen) nach der Anlage 2 TVÜ-Bund den Entgeltgruppen des TVöD zugeordnet.

(2) Beschäftigte, die im Oktober 2005 bei Fortgeltung des bisherigen Tarifrechts die Voraussetzungen für einen Bewährungs-, Fallgruppen- oder Tätigkeitsaufstieg erfüllt hätten, werden für die Überleitung so behandelt, als wären sie bereits im September 2005 höhergruppiert bzw. höher eingereiht worden.

(3) Beschäftigte, die im Oktober 2005 bei Fortgeltung des bisherigen Tarifrechts in eine niedrigere Vergütungs- bzw. Lohngruppe eingruppiert bzw. eingereiht worden wären, werden für die Überleitung so behandelt, als wären sie bereits im September 2005 herabgruppiert bzw. niedriger eingereiht worden.

§ 5 Vergleichsentgelt. (1) Für die Zuordnung zu den Stufen der Entgelttabelle des TVöD wird für die Beschäftigten nach § 4 ein Vergleichsentgelt auf der Grundlage der im September 2005 erhaltenen Bezüge gemäß den Absätzen 2 bis 7 gebildet.

(2) [1] Bei Beschäftigten aus dem Geltungsbereich des BAT/BAT-O setzt sich das Vergleichsentgelt aus Grundvergütung, allgemeiner Zulage und Ortszuschlag der Stufe 1 oder 2 zusammen. [2] Ist auch eine andere Person im Sinne von § 29 Abschn. B Abs. 5 BAT/BAT-O ortszuschlagsberechtigt oder nach beamtenrechtlichen Grundsätzen familienzuschlagsberechtigt, wird nur die Stu-

fe 1 zugrunde gelegt; findet der TVöD am 1. Oktober 2005 auch auf die andere Person Anwendung, geht der jeweils individuell zustehende Teil des Unterschiedsbetrages zwischen den Stufen 1 und 2 des Ortszuschlags in das Vergleichsentgelt ein. [3] Ferner fließen im September 2005 tarifvertraglich zustehende Funktionszulagen insoweit in das Vergleichsentgelt ein, als sie nach dem TVöD nicht mehr vorgesehen sind. [4] Erhalten Beschäftigte eine Gesamtvergütung (§ 30 BAT/BAT-O), bildet diese das Vergleichsentgelt. [5] Bei Lehrkräften im Sinne der Vorbemerkung Nr. 5 zu allen Vergütungsgruppen der Anlage 1a zum BAT/BAT-O wird die Zulage nach § 2 Absatz 3 des Tarifvertrages über Zulagen an Angestellte in das Vergleichsentgelt eingerechnet. [6] Abweichend von Satz 5 wird bei Lehrkräften, die am 30. September 2005 einen Anspruch auf die Zulage nach dem Erlass des Bundesministeriums der Verteidigung vom 31. März 1998 – PSZ II 4 (S II 3) – Az 18-20-02 haben, die Zulage nach § 2 Abs. 2 Buchst. c des Tarifvertrages über Zulagen an Angestellte, und bei Lehrkräften, die einen arbeitsvertraglichen Anspruch auf Zahlung einer allgemeinen Zulage wie die unter die Anlage 1a zum BAT/BAT-O fallenden Angestellten haben, diese Zulage in das Vergleichsentgelt eingerechnet.

Protokollerklärung zu Absatz 2 Satz 2:

1. *Findet der TVöD am 1. Oktober 2005 für beide Beschäftigte Anwendung und hat einer der beiden im September 2005 keine Bezüge erhalten wegen Elternzeit, Wehr- oder Zivildienstes, unbezahlten Sonderurlaubs aufgrund von Familienpflichten im Sinne des § 4 Abs. 2 BGleiG vom 30. November 2001 (BGBl. I S. 3234), Sonderurlaubs, bei dem der Arbeitgeber vor Antritt ein dienstliches oder betriebliches Interesse an der Beurlaubung anerkannt hat, Bezuges einer Rente auf Zeit wegen verminderter Erwerbsfähigkeit oder wegen Ablaufs der Krankenbezugsfristen, erhält die/der andere Beschäftigte zusätzlich zu ihrem/seinem Entgelt den Differenzbetrag zwischen dem ihr/ihm im September 2005 individuell zustehenden Teil des Unterschiedsbetrages zwischen der Stufe 1 und 2 des Ortszuschlags und dem vollen Unterschiedsbetrag als Besitzstandszulage.*
2. *Hat die andere ortszuschlagsberechtigte oder nach beamtenrechtlichen Grundsätzen familienzuschlagsberechtigte Person im September 2005 aus den in Nr. 1 genannten Gründen keine Bezüge erhalten, erhält die/der in den TVöD übergeleitete Beschäftigte zusätzlich zu ihrem/seinem Entgelt den vollen Unterschiedsbetrag zwischen der Stufe 1 und der Stufe 2 des Ortszuschlags als Besitzstandszulage.*
3. *[1] Ist die andere ortszuschlagsberechtigte oder familienzuschlagsberechtigte Person im September 2005 aus dem öffentlichen Dienst ausgeschieden, ist das Tabellenentgelt ab dem 1. Juli 2008 auf Antrag neu zu ermitteln. [2] Basis ist dabei die Stufenzuordnung nach § 6 Abs. 1 Satz 2, die sich zum 1. Oktober 2007 ergeben hätte, wenn das Vergleichsentgelt unter Berücksichtigung der Stufe 2 des Ortszuschlags gebildet worden wäre.*
4. *[1] Die Besitzstandszulage nach den Nrn. 1 und 2 oder das neu ermittelte Tabellenentgelt nach Nr. 3 wird auf einen bis zum 30. September 2008 zu stellenden schriftlichen Antrag (Ausschlussfrist) vom 1. Juli 2008 an gezahlt. [2] Ist eine entsprechende Leistung bis zum 31. März 2008 schriftlich geltend gemacht worden, erfolgt die Zahlung vom 1. Juni 2008 an.*
5. *[1] In den Fällen der Nrn. 1 und 2 wird bei Stufensteigerungen und Höhergruppierungen der Unterschiedsbetrag zum bisherigen Entgelt auf die Besitzstandszulage angerechnet. [2] Die/Der Beschäftigte hat das Vorliegen der Voraussetzungen der*

Nrn. 1 und 2 nachzuweisen und Änderungen anzuzeigen. [3] Die Besitzstandszulage nach den Nrn. 1 und 2 entfällt mit Ablauf des Monats, in dem die/der andere Beschäftigte die Arbeit wieder aufnimmt.

Protokollerklärung zu Absatz 2 Satz 3:
(aufgehoben)

(3) [1] Bei Beschäftigten aus dem Geltungsbereich des MTArb/MTArb-O wird der Monatstabellenlohn als Vergleichsentgelt zugrunde gelegt. [2] Absatz 2 Satz 3 gilt entsprechend. [3] Erhalten Beschäftigte Lohn nach § 23 Abs. 1 MTArb/MTArb-O, bildet dieser das Vergleichsentgelt.

(4) [1] Beschäftigte, die im Oktober 2005 bei Fortgeltung des bisherigen Rechts die Grundvergütung bzw. den Monatstabellenlohn der nächsthöheren Lebensalters- bzw. Lohnstufe erhalten hätten, werden für die Bemessung des Vergleichsentgelts so behandelt, als wäre der Stufenaufstieg bereits im September 2005 erfolgt. [2] § 4 Abs. 2 und 3 gilt bei der Bemessung des Vergleichsentgelts entsprechend.

(5) Bei Teilzeitbeschäftigten wird das Vergleichsentgelt auf der Grundlage eines vergleichbaren Vollzeitbeschäftigten bestimmt.

(6) Für Beschäftigte, die nicht für alle Tage im September 2005 oder für keinen Tag dieses Monats Bezüge erhalten, wird das Vergleichsentgelt so bestimmt, als hätten sie für alle Tage dieses Monats Bezüge erhalten; in den Fällen des § 27 Abschn. A Abs. 7 und Abschn. B Abs. 3 Unterabs. 4 BAT/BAT-O bzw. der entsprechenden Regelungen für Arbeiterinnen und Arbeiter werden die Beschäftigten für das Vergleichsentgelt so gestellt, als hätten sie am 1. September 2005 die Arbeit wieder aufgenommen.

(7) Abweichend von den Absätzen 2 bis 6 wird bei Beschäftigten, die gemäß § 27 Abschn. A Abs. 8 oder Abschn. B Abs. 7 BAT/BAT-O bzw. den entsprechenden Regelungen für Arbeiterinnen und Arbeiter den Unterschiedsbetrag zwischen der Grundvergütung bzw. dem Monatstabellenlohn ihrer bisherigen zur nächsthöheren Lebensalters- bzw. Lohnstufe im September 2005 nur zur Hälfte erhalten, für die Bestimmung des Vergleichsentgelts die volle Grundvergütung bzw. der volle Monatstabellenlohn aus der nächsthöheren Lebensalters- bzw. Lohnstufe zugrunde gelegt.

§ 6 Stufenzuordnung der Angestellten. (1) [1] Beschäftigte aus dem Geltungsbereich des BAT/BAT-O werden einer ihrem Vergleichsentgelt entsprechenden individuellen Zwischenstufe der gemäß § 4 bestimmten Entgeltgruppe zugeordnet. [2] Zum 1. Oktober 2007 steigen diese Beschäftigten in die dem Betrag nach nächsthöhere reguläre Stufe ihrer Entgeltgruppe auf. [3] Der weitere Stufenaufstieg richtet sich nach den Regelungen des TVöD.

(2) [1] Werden Beschäftigte vor dem 1. Oktober 2007 höhergruppiert (nach § 8 Abs. 1 und 3 1. Alternative, § 9 Abs. 3 Buchst. a oder aufgrund Übertragung einer mit einer höheren Entgeltgruppe bewerteten Tätigkeit), so erhalten sie in der höheren Entgeltgruppe Tabellenentgelt nach der regulären Stufe, deren Betrag mindestens der individuellen Zwischenstufe entspricht, jedoch nicht weniger als das Tabellenentgelt der Stufe 2; der weitere Stufenaufstieg richtet sich nach den Regelungen des TVöD. [2] In den Fällen des Satzes 1 gilt § 17 Abs. 4 Satz 2 TVöD entsprechend. [3] Werden Beschäftigte vor dem 1. Oktober 2007 herabgruppiert, werden sie in der niedrigeren Entgeltgruppe derjenigen individuellen Zwischenstufe zugeordnet, die sich bei Herab-

gruppierung im September 2005 ergeben hätte; der weitere Stufenaufstieg richtet sich nach Absatz 1 Satz 2 und 3.

(3) [1] Liegt das Vergleichsentgelt über der höchsten Stufe der gemäß § 4 bestimmten Entgeltgruppe, werden die Beschäftigten abweichend von Absatz 1 einer dem Vergleichsentgelt entsprechenden individuellen Endstufe zugeordnet; bei Lehrkräften im Sinne der Vorbemerkung Nr. 5 zu allen Vergütungsgruppen der Anlage 1a zum BAT/BAT-O gilt dabei die Entgelttabelle des TVöD (Bund) mit den Maßgaben des § 19 Abs. 2a. [2] Das Entgelt aus der individuellen Endstufe gilt als Tabellenentgelt im Sinne des § 15 TVöD. [3] Bei einer Höhergruppierung aus einer individuellen Endstufe werden die Beschäftigten entsprechend § 17 Abs. 5 TVöD der Endstufe der höheren Entgeltgruppe zugeordnet. [4] Beträgt das Tabellenentgelt nach Satz 3 weniger als die Summe aus dem Entgelt der bisherigen individuellen Endstufe zuzüglich 2 v.H. der Endstufe der höheren Entgeltgruppe, wird die/der Beschäftigte in der höheren Entgeltgruppe erneut einer individuellen Endstufe zugeordnet. [5] Das Entgelt der neuen individuellen Endstufe wird dabei festgesetzt auf die Summe aus dem Entgelt der bisherigen individuellen Endstufe zuzüglich 2 v.H. des Tabellenentgelts der Endstufe der höheren Entgeltgruppe. [6] Der Betrag der individuellen Endstufe verändert sich um denselben Vomhundertsatz bzw. in demselben Umfang wie die höchste Stufe der jeweiligen Entgeltgruppe.

Protokollerklärung zu Absatz 3:
(aufgehoben)

Protokollerklärung zu Absatz 3 Satz 6:

[1] Für die Veränderung der Beträge der individuellen Endstufen ab 1. April 2021 und ab 1. April 2022 gelten folgende Prozentsätze:

Entgeltgruppe	***ab 1. April 2021***	***ab 1. April 2022***
15	*1,40%*	*1,80%*
14	*1,40%*	*1,80%*
13	*1,40%*	*1,80%*
12	*1,40%*	*1,80%*
11	*1,40%*	*1,80%*
10	*1,40%*	*1,80%*
9c	*1,40%*	*1,80%*
9b	*1,40%*	*1,80%*
9a	*1,40%*	*1,80%*
8	*1,44%*	*1,80%*
7	*1,51%*	*1,80%*
6	*1,56%*	*1,80%*
5	*1,62%*	*1,80%*
4	*1,71%*	*1,80%*
3	*1,77%*	*1,80%*
2	*1,81%*	*1,80%*
1	*2,34%*	*1,80%*

[2] Die Beträge der individuellen Endstufen der Entgeltgruppen 2Ü und 15Ü erhöhen sich abweichend von Satz 1 um folgende Prozentsätze: in der Entgeltgruppe 2Ü ab

1. April 2021 um 1,85 Prozent und ab 1. April 2022 um weitere 1,80 Prozent sowie in der Entgeltgruppe 15Ü ab 1. April 2021 um 1,40 Prozent und ab 1. April 2022 um weitere 1,80 Prozent.

(4) [1] Beschäftigte, deren Vergleichsentgelt niedriger ist als das Tabellenentgelt in der Stufe 2, werden abweichend von Absatz 1 der Stufe 2 zugeordnet. [2] Der weitere Stufenaufstieg richtet sich nach den Regelungen des TVöD. [3] Abweichend von Satz 1 werden Beschäftigte, denen am 30. September 2005 eine in der Allgemeinen Vergütungsordnung (Anlage 1a) durch die Eingruppierung in Vergütungsgruppe Va BAT/BAT-O mit Aufstieg nach IVb und IVa BAT/BAT-O abgebildete Tätigkeit übertragen ist, der Stufe 1 der Entgeltgruppe 10 zugeordnet.

§ 7 Stufenzuordnung der Arbeiterinnen und Arbeiter. (1) [1] Beschäftigte aus dem Geltungsbereich des MTArb/MTArb-O werden entsprechend ihrer Beschäftigungszeit nach § 6 MTArb/MTArb-O der Stufe der gemäß § 4 bestimmten Entgeltgruppe zugeordnet, die sie erreicht hätten, wenn die Entgelttabelle des TVöD bereits seit Beginn ihrer Beschäftigungszeit gegolten hätte; Stufe 1 ist hierbei ausnahmslos mit einem Jahr zu berücksichtigen. [2] Der weitere Stufenaufstieg richtet sich nach den Regelungen des TVöD.

(2) § 6 Abs. 3 und Abs. 4 Satz 1 und 2 gilt für Beschäftigte gemäß Absatz 1 entsprechend.

(3) [1] Ist das Tabellenentgelt nach Absatz 1 Satz 1 niedriger als das Vergleichsentgelt, werden die Beschäftigten einer dem Vergleichsentgelt entsprechenden individuellen Zwischenstufe zugeordnet. [2] Der Aufstieg aus der individuellen Zwischenstufe in die dem Betrag nach nächsthöhere reguläre Stufe ihrer Entgeltgruppe findet zu dem Zeitpunkt statt, zu dem sie gemäß Absatz 1 Satz 1 die Voraussetzungen für diesen Stufenaufstieg aufgrund der Beschäftigungszeit erfüllt haben. [3] § 6 Abs. 3 Satz 4 gilt entsprechend.

(4) [1] Werden Beschäftigte während ihrer Verweildauer in der individuellen Zwischenstufe höhergruppiert, erhalten sie in der höheren Entgeltgruppe Tabellenentgelt nach der regulären Stufe, deren Betrag mindestens der individuellen Zwischenstufe entspricht, jedoch nicht weniger als das Tabellenentgelt der Stufe 2; der weitere Stufenaufstieg richtet sich nach den Regelungen des TVöD. [2] § 17 Abs. 4 Satz 2 TVöD gilt entsprechend. [3] Werden Beschäftigte während ihrer Verweildauer in der individuellen Zwischenstufe herabgruppiert, erfolgt die Stufenzuordnung in der niedrigeren Entgeltgruppe, als sei die niedrigere Einreihung bereits im September 2005 erfolgt; der weitere Stufenaufstieg richtet sich bei Zuordnung zu einer individuellen Zwischenstufe nach Absatz 3 Satz 2, ansonsten nach Absatz 1 Satz 2.

3. Abschnitt. Besitzstandsregelungen

§ 8 Bewährungs- und Fallgruppenaufstiege. (1) [1] Aus dem Geltungsbereich des BAT/BAT-O in eine der Entgeltgruppen 3, 5, 6 oder 8 übergeleitete Beschäftigte, die am 1. Oktober 2005 bei Fortgeltung des bisherigen Tarifrechts die für eine Höhergruppierung erforderliche Zeit der Bewährung oder Tätigkeit zur Hälfte erfüllt haben, sind zu dem Zeitpunkt, zu dem sie nach bisherigem Recht höhergruppiert wären, in die nächsthöhere Entgeltgruppe des TVöD eingruppiert. [2] Abweichend von Satz 1 erfolgt die Höhergruppierung in die Entgeltgruppe 5, wenn die Beschäftigten aus der Vergütungsgruppe

VIII BAT/BAT-O mit ausstehendem Aufstieg nach Vergütungsgruppe VII BAT/BAT-O übergeleitet worden sind; sie erfolgt in die Entgeltgruppe 8, wenn die Beschäftigten aus der Vergütungsgruppe VIb BAT/BAT-O mit ausstehendem Aufstieg nach Vergütungsgruppe Vc BAT/BAT-O übergeleitet worden sind. [3]Voraussetzung für die Höhergruppierung nach Satz 1 und 2 ist, dass

- zum individuellen Aufstiegszeitpunkt keine Anhaltspunkte vorliegen, die bei Fortgeltung des bisherigen Rechts einer Höhergruppierung entgegengestanden hätten, und
- bis zum individuellen Aufstiegszeitpunkt nach Satz 1 weiterhin eine Tätigkeit auszuüben ist, die diesen Aufstieg ermöglicht hätte.

[4]Die Sätze 1 bis 3 gelten nicht in den Fällen des § 4 Abs. 2. [5]Erfolgt die Höhergruppierung vor dem 1. Oktober 2007, gilt – gegebenenfalls unter Berücksichtigung des Satzes 2 – § 6 Abs. 2 Satz 1 und 2 entsprechend.

(2) [1]Aus dem Geltungsbereich des BAT/BAT-O in eine der Entgeltgruppen 2 sowie 9 bis 15 übergeleitete Beschäftigte, die am 1. Oktober 2005 bei Fortgeltung des bisherigen Tarifrechts die für eine Höhergruppierung erforderliche Zeit der Bewährung oder Tätigkeit zur Hälfte erfüllt haben und in der Zeit zwischen dem 1. November 2005 und dem 30. September 2007 höhergruppiert wären, erhalten ab dem Zeitpunkt, zu dem sie nach bisherigem Recht höhergruppiert wären, in ihrer bisherigen Entgeltgruppe Entgelt nach derjenigen individuellen Zwischen- bzw. Endstufe, die sich ergeben hätte, wenn sich ihr Vergleichsentgelt (§ 5) nach der Vergütung aufgrund der Höhergruppierung bestimmt hätte. [2]Voraussetzung für diesen Stufenaufstieg ist, dass

- zum individuellen Aufstiegszeitpunkt keine Anhaltspunkte vorliegen, die bei Fortgeltung des bisherigen Rechts einer Höhergruppierung entgegengestanden hätten, und
- bis zum individuellen Aufstiegszeitpunkt nach Satz 1 weiterhin eine Tätigkeit auszuüben ist, die diesen Aufstieg ermöglicht hätte.

[3]Ein etwaiger Strukturausgleich wird ab dem individuellen Aufstiegszeitpunkt nicht mehr gezahlt. [4]Der weitere Stufenaufstieg richtet sich bei Zuordnung zu einer individuellen Zwischenstufe nach § 6 Abs. 1. [5]§ 4 Abs. 2 bleibt unberührt. [6]§ 6 Abs. 3 Sätze 2 bis 6 gelten entsprechend.

(3) [1]Abweichend von Absatz 1 Satz 1 und Absatz 2 Satz 1 gelten die Absätze 1 bzw. 2 auf schriftlichen Antrag entsprechend für übergeleitete Beschäftigte, die bei Fortgeltung des BAT/BAT-O bis spätestens zum 31. Dezember 2013 wegen Erfüllung der erforderlichen Zeit der Bewährung oder Tätigkeit höhergruppiert worden wären, unabhängig davon, ob die Hälfte der erforderlichen Bewährungs- oder Tätigkeitszeit am Stichtag erfüllt ist. [2]In den Fällen des Absatzes 2 Satz 1 erhalten Beschäftigte, die in der Zeit zwischen dem 1. Oktober 2007 und dem 31. Dezember 2013 bei Fortgeltung des BAT/BAT-O höhergruppiert worden wären, in ihrer bisherigen Entgeltgruppe Entgelt nach derjenigen individuellen Zwischen- oder Endstufe, die sich aus der Summe des bisherigen Tabellenentgelts und dem nach Absatz 2 ermittelten Höhergruppierungsgewinn nach bisherigem Recht ergibt; die Stufenlaufzeit bleibt hiervon unberührt. [3]Bei Beschäftigten mit individueller Endstufe erhöht sich in diesen Fällen ihre individuelle Endstufe um den nach bisherigem Recht

ermittelten Höhergruppierungsgewinn. [4]§ 6 Abs. 3 Sätze 2 bis 6 gelten entsprechend.

Protokollerklärungen zu Absatz 3:

1. *Wäre die/der Beschäftigte bei Fortgeltung des BAT/BAT-O in der Zeit vom 1. Oktober 2007 bis 31. Dezember 2007 wegen Erfüllung der Voraussetzungen des Absatzes 3 höhergruppiert worden, findet Absatz 3 auf schriftlichen Antrag vom 1. Januar 2008 an Anwendung.*
2. *Die individuelle Zwischenstufe verändert sich bei allgemeinen Entgeltanpassungen um den von den Tarifvertragsparteien für die jeweilige Entgeltgruppe festgelegten Vomhundertsatz; sie erhöht sich am 1. April 2021 um 1,40 Prozent, mindestens aber um 50,00 Euro, und am 1. April 2022 um weitere 1,80 Prozent.*

(4) [1]Ist bei einer Lehrkraft, die gemäß Nr. 5 der Vorbemerkungen zu allen Vergütungsgruppen nicht unter die Anlage 1a zum BAT fällt, eine Höhergruppierung nur vom Ablauf einer Bewährungszeit und von der Bewährung abhängig und ist am Stichtag die Hälfte der Mindestzeitdauer für einen solchen Aufstieg erfüllt oder wäre unabhängig von der Erfüllung der Hälfte der Mindestzeitdauer am Stichtag die Lehrkraft bei Fortgeltung des BAT/BAT-O bis spätestens zum 31. Dezember 2009 wegen Erfüllung der erforderlichen Zeit der Bewährung höhergruppiert, erfolgt in den Fällen der Absätze 1 und 3 unter den weiteren dort genannten Voraussetzungen zum individuellen Aufstiegszeitpunkt der Aufstieg in die nächsthöhere Entgeltgruppe. [2]Absatz 1 Satz 2 und Höhergruppierungsmöglichkeiten durch entsprechende Anwendung beamtenrechtlicher Regelungen bleiben unberührt. [3]Im Fall der Absätze 2 und 3 gilt Satz 1 mit der Maßgabe, dass anstelle der Höhergruppierung eine Neuberechnung des Vergleichsentgelts/Entgelts der individuellen Zwischen- bzw. Endstufe nach Absatz 2 beziehungsweise Absatz 3 Satz 2 und 3 erfolgt.

§ 9 Vergütungsgruppenzulagen. (1) Aus dem Geltungsbereich des BAT/BAT-O übergeleitete Beschäftigte, denen am 30. September 2005 nach der Vergütungsordnung zum BAT/BAT-O eine Vergütungsgruppenzulage zusteht, erhalten in der Entgeltgruppe, in die sie übergeleitet werden, eine Besitzstandszulage in Höhe ihrer bisherigen Vergütungsgruppenzulage.

(2) [1]Aus dem Geltungsbereich des BAT/BAT-O übergeleitete Beschäftigte, die bei Fortgeltung des bisherigen Rechts nach dem 30. September 2005 eine Vergütungsgruppenzulage ohne vorausgehenden Fallgruppenaufstieg erreicht hätten, erhalten ab dem Zeitpunkt, zu dem ihnen die Zulage nach bisherigem Recht zugestanden hätte, eine Besitzstandszulage. [2]Die Höhe der Besitzstandszulage bemisst sich nach dem Betrag, der als Vergütungsgruppenzulage zu zahlen gewesen wäre, wenn diese bereits am 30. September 2005 zugestanden hätte. [3]Voraussetzung ist, dass

- am 1. Oktober 2005 die für die Vergütungsgruppenzulage erforderliche Zeit der Bewährung oder Tätigkeit nach Maßgabe des § 23b Abschn. A BAT/BAT-O zur Hälfte erfüllt ist,
- zu diesem Zeitpunkt keine Anhaltspunkte vorliegen, die bei Fortgeltung des bisherigen Rechts der Vergütungsgruppenzulage entgegengestanden hätten und
- bis zum individuellen Zeitpunkt nach Satz 1 weiterhin eine Tätigkeit auszuüben ist, die zu der Vergütungsgruppenzulage geführt hätte.

(2a) [1] Absatz 2 gilt auf schriftlichen Antrag entsprechend für übergeleitete Beschäftigte, die bei Fortgeltung des BAT/BAT-O bis spätestens zum 31. Dezember 2013 wegen Erfüllung der erforderlichen Zeit der Bewährung oder Tätigkeit die Voraussetzungen der Vergütungsgruppenzulage erfüllt hätten, unabhängig davon, ob die Hälfte der erforderlichen Zeit der Bewährung oder Tätigkeit am Stichtag erfüllt ist. [2] Die Protokollerklärung zu § 8 Abs. 3 gilt entsprechend.

(3) [1] Für aus dem Geltungsbereich des BAT/BAT-O übergeleitete Beschäftigte, die bei Fortgeltung des bisherigen Rechts nach dem 30. September 2005 im Anschluss an einen Fallgruppenaufstieg eine Vergütungsgruppenzulage erreicht hätten, gilt Folgendes:

a) [1] In eine der Entgeltgruppen 3, 5, 6 oder 8 übergeleitete Beschäftigte, die den Fallgruppenaufstieg am 30. September 2005 noch nicht erreicht haben, sind zu dem Zeitpunkt, zu dem sie nach bisherigem Recht höhergruppiert worden wären, in die nächsthöhere Entgeltgruppe des TVöD eingruppiert; § 8 Abs. 1 Satz 2 bis 5 gilt entsprechend. [2] Eine Besitzstandszulage für eine Vergütungsgruppenzulage steht nicht zu.

b) [1] Ist ein der Vergütungsgruppenzulage vorausgehender Fallgruppenaufstieg am 30. September 2005 bereits erfolgt, gilt Absatz 2 mit der Maßgabe, dass am 1. Oktober 2005 die Hälfte der Gesamtzeit für den Anspruch auf die Vergütungsgruppenzulage einschließlich der Zeit für den vorausgehenden Aufstieg zurückgelegt sein muss oder die Vergütungsgruppenzulage bei Fortgeltung des bisherigen Rechts bis zum 31. Dezember 2013 erworben worden wäre. [2] Im Fall des Satzes 1 2. Alternative wird die Vergütungsgruppenzulage auf schriftlichen Antrag gewährt. [3] Die Protokollerklärung zu § 8 Abs. 3 gilt entsprechend.

c) [1] Wäre im Fall des Buchstaben a nach bisherigem Recht der Fallgruppenaufstieg spätestens am 30. September 2007 erreicht worden, gilt Absatz 2 mit der Maßgabe, dass am 1. Oktober 2007 die Hälfte der Gesamtzeit für den Anspruch auf die Vergütungsgruppenzulage einschließlich der Zeit für den vorausgehenden Aufstieg erreicht worden sein muss und die Vergütungsgruppenzulage bei Fortgeltung des bisherigen Rechts bis zum 31. Dezember 2013 erworben worden wäre. [2] Die Protokollerklärung zu § 8 Abs. 3 gilt entsprechend.

(4) [1] Die Besitzstandszulage nach den Absätzen 1, 2 und 3 Buchst. b wird so lange gezahlt, wie die anspruchsbegründende Tätigkeit ununterbrochen ausgeübt wird und die sonstigen Voraussetzungen für die Vergütungsgruppenzulage nach bisherigem Recht weiterhin bestehen. [2] Sie verändert sich bei allgemeinen Entgeltanpassungen um den von den Tarifvertragsparteien für die jeweilige Entgeltgruppe festgelegten Vomhundertsatz. [3] Daneben steht ein weiterer Anspruch auf eine Entgeltgruppenzulage nach dem Tarifvertrag über die Entgeltordnung des Bundes nicht zu.

Protokollerklärungen zu Absatz 4 Sätze 1 und 2:

1. *[1] Unterbrechungen wegen Elternzeit, Wehr- oder Zivildienstes, Sonderurlaubs, bei dem der Arbeitgeber vor Antritt ein dienstliches oder betriebliches Interesse an der Beurlaubung anerkannt hat, Bezuges einer Rente auf Zeit wegen verminderter Erwerbsfähigkeit oder wegen Ablaufs der Krankenbezugsfristen sowie wegen vorübergehender Übertragung einer höherwertigen Tätigkeit sind unschädlich. [2] Bis zum 30. April 2015 sind Unterbrechungen wegen unbezahlten Sonderurlaubs aufgrund*

von Familienpflichten im Sinne des § 4 Abs. 2 BGleiG vom 30. November 2001 (BGBl. I S. 3234), das zuletzt durch Artikel 15 Absatz 54 des Gesetzes vom 5. Februar 2009 (BGBl. I S. 160) geändert worden ist, unschädlich. [3] Ab dem 1. Mai 2015 sind Unterbrechungen wegen unbezahlten Sonderurlaubs aufgrund von Familien- und Pflegeaufgaben im Sinne des § 3 Nummer 6 und 7 BGleiG vom 24. April 2015 (BGBl. I S. 642, 643) in der jeweils geltenden Fassung unschädlich. [4] In den Fällen, in denen eine Unterbrechung aus den in Satz 1 oder 2 genannten Gründen nach dem 30. September 2005 und vor dem 1. Juli 2008 endet, wird eine Besitzstandszulage nach § 9 Abs. 1, 2 oder 3 Buchst. b oder c vom 1. Juli 2008 an gezahlt, wenn bis zum 30. September 2008 ein entsprechender schriftlicher Antrag (Ausschlussfrist) gestellt worden ist. [5] Ist eine entsprechende Leistung bis zum 31. März 2008 schriftlich geltend gemacht worden, erfolgt die Zahlung vom 1. Juni 2008 an.

2. *Die Besitzstandszulage erhöht sich am 1. April 2021 um 1,40 Prozent und am 1. April 2022 um weitere 1,80 Prozent.*

§ 10 Fortführung vorübergehend übertragener höherwertiger Tätigkeit. [1] Beschäftigte, denen am 30. September 2005 eine Zulage nach § 24 BAT/BAT-O zusteht, erhalten nach Überleitung in den TVöD eine Besitzstandszulage in Höhe ihrer bisherigen Zulage, solange sie die anspruchsbegründende Tätigkeit weiterhin ausüben und die Zulage nach bisherigem Recht zu zahlen wäre. [2] Wird die anspruchsbegründende Tätigkeit über den 30. September 2007 hinaus beibehalten, finden mit Wirkung ab dem 1. Oktober 2007 die Regelungen des TVöD über die vorübergehende Übertragung einer höherwertigen Tätigkeit Anwendung. [3] Für eine vor dem 1. Oktober 2005 vorübergehend übertragene höherwertige Tätigkeit, für die am 30. September 2005 wegen der zeitlichen Voraussetzungen des § 24 Abs. 1 bzw. 2 BAT/BAT-O noch keine Zulage gezahlt wird, gilt Satz 1 und 2 ab dem Zeitpunkt entsprechend, zu dem nach bisherigem Recht die Zulage zu zahlen gewesen wäre. [4] Sätze 1 bis 3 gelten in den Fällen des § 9 MTArb/MTArb-O entsprechend; bei Vertretung einer Arbeiterin/eines Arbeiters bemisst sich die Zulage nach dem Unterschiedsbetrag zwischen dem Lohn nach § 9 Abs. 2 Buchst. a MTArb/MTArb-O und dem im September 2005 ohne Zulage zustehenden Lohn. [5] Sätze 1 bis 4 gelten bei besonderen tarifvertraglichen Vorschriften über die vorübergehende Übertragung höherwertiger Tätigkeiten entsprechend. [6] Ist Beschäftigten, die eine Besitzstandszulage nach Satz 1 erhalten, die anspruchsbegründende Tätigkeit bis zum 30. September 2007 dauerhaft übertragen worden, erhalten sie eine persönliche Zulage. [7] Die Zulage nach Satz 6 wird für die Dauer der Wahrnehmung dieser Tätigkeit auf einen bis zum 30. September 2008 zu stellenden schriftlichen Antrag (Ausschlussfrist) der/des Beschäftigten vom 1. Juli 2008 an gezahlt. [8] Die Höhe der Zulage bemisst sich nach dem Unterschiedsbetrag zwischen dem am 1. Oktober 2005 nach § 6 oder § 7 zustehenden Tabellenentgelt oder Entgelt nach einer individuellen Zwischen- oder Endstufe einschließlich der Besitzstandszulage nach Satz 1 und dem Tabellenentgelt nach der Höhergruppierung. [9] Allgemeine Entgeltanpassungen, Erhöhungen des Entgelts durch Stufenaufstiege und Höhergruppierungen sowie Zulagen gemäß § 14 Abs. 3 TVöD sind auf die persönliche Zulage in voller Höhe anzurechnen.

§ 11 Kinderbezogene Entgeltbestandteile. (1) [1] Für im September 2005 zu berücksichtigende Kinder werden die kinderbezogenen Entgeltbestandteile des BAT/BAT-O oder MTArb/MTArb-O in der für September 2005 zustehenden Höhe als Besitzstandszulage fortgezahlt, solange für diese Kinder Kindergeld nach dem Einkommensteuergesetz (EStG) oder nach dem Bundeskindergeldgesetz (BKGG) ununterbrochen gezahlt wird oder ohne Berücksichtigung des § 64 oder § 65 EStG oder des § 3 oder § 4 BKGG gezahlt würde. [2]Die Besitzstandszulage entfällt ab dem Zeitpunkt, zu dem einer anderen Person, die im öffentlichen Dienst steht oder auf Grund einer Tätigkeit im öffentlichen Dienst nach beamtenrechtlichen Grundsätzen oder nach einer Ruhelohnordnung versorgungsberechtigt ist, für ein Kind, für welches die Besitzstandszulage gewährt wird, das Kindergeld gezahlt wird; die Änderung der Kindergeldberechtigung hat die/der Beschäftigte dem Arbeitgeber unverzüglich schriftlich anzuzeigen. [3]Unterbrechungen wegen Ableistung von Grundwehrdienst, Zivildienst oder Wehrübungen sowie die Ableistung eines freiwilligen sozialen oder ökologischen Jahres sind unschädlich; soweit die unschädliche Unterbrechung bereits im Monat September 2005 vorliegt, wird die Besitzstandszulage ab dem Zeitpunkt des Wiederauflebens der Kindergeldzahlung gewährt.

Protokollerklärung zu Absatz 1:

1. *[1] Die Unterbrechung der Entgeltzahlung im September 2005 wegen Elternzeit, Wehr- oder Zivildienstes, unbezahlten Sonderurlaubs aufgrund von Familienpflichten im Sinne des § 4 Abs. 2 BGleiG vom 30. November 2001 (BGBl. I S. 3234), Sonderurlaubs, bei dem der Arbeitgeber vor Antritt ein dienstliches oder betriebliches Interesse an der Beurlaubung anerkannt hat, Bezuges einer Rente auf Zeit wegen verminderter Erwerbsfähigkeit oder wegen des Ablaufs der Krankenbezugsfristen ist für das Entstehen des Anspruchs auf die Besitzstandszulage unschädlich. [2] Für die Höhe der Besitzstandszulage nach Satz 1 gilt § 5 Abs. 6 entsprechend.*
2. *Ist die andere Person im September 2005 aus dem öffentlichen Dienst ausgeschieden und entfiel aus diesem Grund der kinderbezogene Entgeltbestandteil, entsteht der Anspruch auf die Besitzstandszulage bei dem in den TVöD übergeleiteten Beschäftigten.*
3. *[1] Beschäftigte mit mehr als zwei Kindern, die im September 2005 für das dritte und jedes weitere Kind keinen kinderbezogenen Entgeltanteil erhalten haben, weil sie nicht zum Kindergeldberechtigten bestimmt waren, haben Anspruch auf die Besitzstandszulage für das dritte und jedes weitere Kind, sofern und solange sie für diese Kinder Kindergeld erhalten, wenn sie bis zum 30. September 2008 einen Berechtigtenwechsel beim Kindergeld zu ihren Gunsten vornehmen und der Beschäftigungsumfang der kindergeldberechtigten anderen Person am 30. September 2005 30 Wochenstunden nicht überstieg. [2] Die Höhe der Besitzstandszulage ist so zu bemessen, als hätte die/der Beschäftigte bereits im September 2005 Anspruch auf Kindergeld gehabt.*
4. *[1] Bei Tod der/des Kindergeldberechtigten wird ein Anspruch nach Absatz 1 für den anderen in den TVöD übergeleiteten Beschäftigten auch nach dem 1. Oktober 2005 begründet. [2] Die Höhe der Besitzstandszulage ist so zu bemessen, als hätte sie/er bereits im September 2005 Anspruch auf Kindergeld gehabt.*
5. *[1] Endet eine Unterbrechung aus den in Nr. 1 Satz 1 genannten Gründen vor dem 1. Juli 2008, wird die Besitzstandszulage vom 1. Juli 2008 an gezahlt, wenn bis zum 30. September 2008 ein entsprechender schriftlicher Antrag (Ausschlussfrist) gestellt worden ist. [2] Wird die Arbeit nach dem 30. Juni 2008 wieder aufgenom-*

men oder erfolgt die Unterbrechung aus den in Nr. 1 Satz 1 genannten Gründen nach dem 30. Juni 2008, wird die Besitzstandszulage nach Wiederaufnahme der Arbeit auf schriftlichen Antrag gezahlt. [3] In den Fällen der Nrn. 2 und 3 wird die Besitzstandszulage auf einen bis zum 30. September 2008 zu stellenden schriftlichen Antrag (Ausschlussfrist) vom 1. Juli 2008 an gezahlt. [4] Ist eine den Nrn. 1 bis 3 entsprechende Leistung bis zum 31. März 2008 schriftlich geltend gemacht worden, erfolgt die Zahlung vom 1. Juni 2008 an. [5] In den Fällen der Nr. 4 wird die Besitzstandszulage auf schriftlichen Antrag ab dem ersten Tag des Monats, der dem Sterbemonat folgt, frühestens jedoch ab dem 1. Juli 2008, gezahlt. [6] Die/der Beschäftigte hat das Vorliegen der Voraussetzungen der Nrn. 1 bis 4 nachzuweisen und Änderungen anzuzeigen.

(2) [1] § 24 Abs. 2 TVöD ist anzuwenden. [2] Die Besitzstandszulage nach Absatz 1 Satz 1 verändert sich bei allgemeinen Entgeltanpassungen um den von den Tarifvertragsparteien für die jeweilige Entgeltgruppe festgelegten Vomhundertsatz. [3] Ansprüche nach Absatz 1 können für Kinder ab dem vollendeten 16. Lebensjahr durch Vereinbarung mit der/dem Beschäftigten abgefunden werden.

Protokollerklärung zu Absatz 2 Satz 2:

Der Betrag der Besitzstandszulage erhöht sich am 1. April 2021 um 1,40 Prozent und am 1. April 2022 um weitere 1,80 Prozent.

(3) Die Absätze 1 und 2 gelten entsprechend für

a) zwischen dem 1. Oktober 2005 und dem 31. Dezember 2005 geborene Kinder der übergeleiteten Beschäftigten,
b) die Kinder von bis zum 31. Dezember 2005 in ein Arbeitsverhältnis übernommenen Auszubildenden, Schülerinnen/Schüler in der Gesundheits- und Krankenpflege, Gesundheits- und Kinderkrankenpflege und in der Entbindungspflege sowie Praktikantinnen und Praktikanten aus tarifvertraglich geregelten Beschäftigungsverhältnissen, soweit diese Kinder vor dem 1. Januar 2006 geboren sind.

§ 12 Strukturausgleich. (1) [1] Aus dem Geltungsbereich des BAT/BAT-O übergeleitete Beschäftigte erhalten ausschließlich in den in Anlage 3 TVÜ-Bund aufgeführten Fällen zusätzlich zu ihrem monatlichen Entgelt einen nicht dynamischen Strukturausgleich. [2] Maßgeblicher Stichtag für die anspruchsbegründenden Voraussetzungen (Vergütungsgruppe, Lebensalterstufe, Ortszuschlag, Aufstiegszeiten) ist der 1. Oktober 2005, sofern in Anlage 3 TVÜ-Bund nicht ausdrücklich etwas anderes geregelt ist.

(2) Die Zahlung des Strukturausgleichs beginnt im Oktober 2007, sofern in Anlage 3 TVÜ-Bund nicht etwas anderes bestimmt ist.

(3) *(aufgehoben)*

(4) Bei Teilzeitbeschäftigung steht der Strukturausgleich anteilig zu (§ 24 Abs. 2 TVöD).

Protokollerklärung zu Absatz 4:

Bei späteren Veränderungen der individuellen regelmäßigen wöchentlichen Arbeitszeit der/des Beschäftigten ändert sich der Strukturausgleich entsprechend.

(5) [1] Bei Höhergruppierungen wird der Unterschiedsbetrag zum bisherigen Entgelt auf den Strukturausgleich angerechnet. [2] Dies gilt auch, wenn eine Höhergruppierung aufgrund der Überleitung in den Tarifvertrag über die

Entgeltordnung des Bundes gemäß § 26 erfolgt. [3] Für die Dauer der vorübergehenden Übertragung einer höherwertigen Tätigkeit wird die Zulage nach § 14 Abs. 3 TVöD auf den Strukturausgleich angerechnet. [4] Entsprechendes gilt für die Zulage in den Fällen der Übertragung einer Führungsposition auf Probe nach § 31 TVöD und auf Zeit nach § 32 TVöD. [5] Für Beschäftigte in einer der Entgeltgruppen 9a bis 15 wird bei Erreichen der Stufe 6 auch der Unterschiedsbetrag zwischen Stufe 5 und Stufe 6 auf den Strukturausgleich angerechnet; dies gilt auch in den Fällen des § 29.

Protokollerklärung zu Absatz 5:

Eine Überleitung in die Entgeltgruppen 9a, 9b oder 14 gemäß § 27 gilt nicht als Höhergruppierung.

(6) Einzelvertraglich kann der Strukturausgleich abgefunden werden.

Protokollerklärung zu § 12:

Aus dem Geltungsbereich des BAT/BAT-O übergeleitete Lehrkräfte des Bundes erhalten rückwirkend (ab dem 1. Oktober 2007 beziehungsweise den Zeitpunkten der Anlage 3 TVÜ-Bund) entsprechend den Voraussetzungen und Bedingungen des § 12 i.V.m. der Anlage 3 TVÜ-Bund einen Strukturausgleich. Aufgrund des rückwirkenden Überleitungszeitpunkts zum 1. Oktober 2005 kommt es damit für Spalte 2 der Anlage 3 TVÜ-Bund auf den Zeitpunkt des In-Kraft-Tretens des TVÜ-Bund an.

§ 13 Entgeltfortzahlung im Krankheitsfall. (1) [1] Bei Beschäftigten, für die bis zum 30. September 2005 § 71 BAT gegolten hat, wird abweichend von § 22 Abs. 2 TVöD für die Dauer des über den 30. September 2005 hinaus ununterbrochen fortbestehenden Arbeitsverhältnisses der Krankengeldzuschuss in Höhe des Unterschiedsbetrages zwischen dem festgesetzten Nettokrankengeld oder der entsprechenden gesetzlichen Nettoleistung und dem Nettoentgelt (§ 22 Abs. 2 Satz 2 und 3 TVöD) gezahlt. [2] Nettokrankengeld ist das um die Arbeitnehmeranteile zur Sozialversicherung reduzierte Krankengeld. [3] Für Beschäftigte, die nicht der Versicherungspflicht in der gesetzlichen Krankenversicherung unterliegen, ist bei der Berechnung des Krankengeldzuschusses der Höchstsatz des Nettokrankengeldes, der bei Pflichtversicherung in der gesetzlichen Krankenversicherung zustünde, zugrunde zu legen.

(2) (aufgehoben)

Protokollerklärung zu § 13:

[1] Soweit Beschäftigte, deren Arbeitsverhältnis mit dem Bund vor dem 1. August 1998 begründet worden ist, Anspruch auf Beihilfe im Krankheitsfall haben, besteht dieser nach den bisher geltenden Regelungen des Bundes zur Gewährung von Beihilfen an Arbeitnehmerinnen und Arbeitnehmer fort. [2] Änderungen der Beihilfevorschriften für die Beamtinnen und Beamten des Bundes kommen zur Anwendung.

§ 14 Beschäftigungszeit. (1) [1] Für die Dauer des über den 30. September 2005 hinaus fortbestehenden Arbeitsverhältnisses werden die vor dem 1. Oktober 2005 nach Maßgabe der jeweiligen tarifrechtlichen Vorschriften anerkannten Beschäftigungszeiten als Beschäftigungszeit im Sinne des § 34 Abs. 3 TVöD berücksichtigt. [2] Abweichend von Satz 1 bleiben bei § 34 Abs. 2 TVöD für Beschäftigte Zeiten, die vor dem 3. Oktober 1990 im Beitrittsgebiet (Art. 3 des Einigungsvertrages vom 31. August 1990) zurückgelegt worden sind, bei der Beschäftigungszeit unberücksichtigt.

(2) Für die Anwendung des § 23 Abs. 2 TVöD werden die bis zum 30. September 2005 zurückgelegten Zeiten, die nach Maßgabe
– des BAT anerkannte Dienstzeit,
– des BAT-O bzw. MTArb-O anerkannte Beschäftigungszeit,
– des MTArb anerkannte Jubiläumszeit
sind, als Beschäftigungszeit im Sinne des § 34 Abs. 3 TVöD berücksichtigt.

§ 15 Urlaub. (1, 2) (aufgehoben)

(3) § 49 Abs. 1 und 2 MTArb/MTArb-O i.V.m. dem Tarifvertrag über Zusatzurlaub für gesundheitsgefährdende Arbeiten für Arbeiter des Bundes gelten bis zum In-Kraft-Treten eines entsprechenden Tarifvertrags des Bundes fort.

§ 16 Abgeltung. [1]Durch Vereinbarung mit der/dem Beschäftigten können Entgeltbestandteile aus Besitzständen, ausgenommen für Vergütungsgruppenzulagen, pauschaliert bzw. abgefunden werden. [2]§ 11 Abs. 2 Satz 3 und § 12 Abs. 6 bleiben unberührt.

§ 16a Leistungsgeminderte Beschäftigte. (1) [1]§§ 25 und 37 MTArb/MTArb-O finden auf Beschäftigte, die nach Tätigkeitsmerkmalen eingruppiert sind, welche im Anhang zu Nrn. 21, 22 und 23 der Anlage 1 Teil B aufgelistet sind, entsprechend Anwendung, und zwar auch auf Beschäftigte im Sinne des § 1 Abs. 2. [2]Bei der Anwendung der nach Satz 1 fortgeltenden Bestimmungen wird § 37 MTArb/MTArb-O auch auf die Zulage für Vorarbeiterinnen und Vorarbeiter sowie Vorhandwerkerinnen und Vorhandwerker nach § 15 Tarifvertrag über die Entgeltordnung des Bundes und die Ausbildungszulage nach § 16 Tarifvertrag über die Entgeltordnung des Bundes angewendet. [3]§ 56 BAT/BAT-O findet auf Beschäftigte, die nicht nach Tätigkeitsmerkmalen eingruppiert sind, welche im Anhang zu Nrn. 21, 22 und 23 der Anlage 1 Teil B aufgelistet sind, entsprechend Anwendung, und zwar auch auf Beschäftigte im Sinne des § 1 Abs. 2. [4]Für die Beschäftigten nach Satz 3, für die die Regelungen des Tarifgebiets West Anwendung finden, bleibt § 55 Abs. 2 Unterabs. 2 Satz 2 BAT in seinem bisherigen Geltungsbereich unberührt.

(2) Die in Absatz 1 genannten Regelungen des MTArb/MTArb-O und BAT/BAT-O ergeben sich aus dem Anhang zu § 16a.

4. Abschnitt. Sonstige vom TVöD abweichende oder ihn ergänzende Bestimmungen

§ 17 Eingruppierung. (1)–(6) *(aufgehoben)*

(7) In den Fällen des § 16 (Bund) Abs. 3 TVöD kann die Eingruppierung unter Anwendung der Anlage 2 TVÜ-Bund in der bis zum 31. Dezember 2013 geltenden Fassung in die in dem unmittelbar vorhergehenden Arbeitsverhältnis gemäß § 4 Abs. 1 i.V.m. Anlage 2 TVÜ-Bund in der bis zum 31. Dezember 2013 geltenden Fassung, § 8 Abs. 1 und 3 oder durch vergleichbare Regelungen erworbene Entgeltgruppe erfolgen, sofern das unmittelbar vorhergehende Arbeitsverhältnis vor dem 1. Oktober 2005 begründet worden ist.

Protokollerklärung zu Abs. 7:
Im vorhergehenden Arbeitsverhältnis noch nicht vollzogene Bewährungs-, Tätigkeits- oder Zeitaufstiege werden in dem neuen Arbeitsverhältnis nicht weitergeführt.

§ 18 Vorübergehende Übertragung einer höherwertigen Tätigkeit nach dem 30. September 2005. (1) *(aufgehoben)*

(2) Wird aus dem Geltungsbereich des MTArb/MTArb-O übergeleiteten Beschäftigten nach dem 30. September 2005 erstmalig außerhalb von § 10 eine höherwertige Tätigkeit vorübergehend übertragen, gelten bis zum In-Kraft-Treten eines Tarifvertrages über eine persönliche Zulage die bisherigen Regelungen des MTArb/MTArb-O mit der Maßgabe entsprechend, dass sich die Höhe der Zulage nach dem TVöD richtet.

(3) *(aufgehoben)*

§ 19 Entgeltgruppen 2 Ü und 15 Ü. (1) Für Beschäftigte, die in die Entgeltgruppe 2Ü übergeleitet worden sind, oder zwischen dem 1. Oktober 2005 und dem 31. Dezember 2013 in die Lohngruppe 1 mit Aufstieg nach 2 und 2a oder in die Lohngruppe 2 mit Aufstieg nach 2a eingestellt und der Entgeltgruppe 2Ü zugeordnet worden sind, gelten folgende besondere Tabellenwerte, soweit sich aus den Regelungen im 5. Abschnitt nichts anderes ergibt:

	Stufe 1	Stufe 2	Stufe 3	Stufe 4	Stufe 5	Stufe 6
gültig ab 1. April 2021	2.221,61 €	2.443,99 €	2.523,88 €	2.630,40 €	2.703,60 €	2.758,23 €
gültig ab 1. April 2022	2.261,60 €	2.487,98 €	2.569,31 €	2.677,75 €	2.752,26 €	2.807,88 €

(2) [1] Übergeleitete Beschäftigte der Vergütungsgruppe I zum BAT/BAT-O unterliegen dem TVöD. [2] Sie werden in die Entgeltgruppe 15 Ü übergeleitet. [3] Für sie gelten folgende Tabellenwerte:

	Stufe 1	Stufe 2	Stufe 3	Stufe 4	Stufe 5
gültig ab 1. April 2021	6.014,42 €	6.674,99 €	7.300,76 €	7.717,96 €	7.815,30 €
gültig ab 1. April 2022	6.122,68 €	6.795,14 €	7.432,17 €	7.856,88 €	7.955,98 €

[4] Die Verweildauer in den Stufen 2 bis 5 beträgt jeweils fünf Jahre. [5] § 6 Abs. 4 findet keine Anwendung.

§§ 20, 21 *(aufgehoben)*

§ 22 Bereitschaftszeiten. [1] Nr. 3 SR 2r BAT/BAT-O für Hausmeister und entsprechende Tarifregelungen für Beschäftigtengruppen mit Bereitschaftszeiten innerhalb ihrer regelmäßigen Arbeitszeit gelten fort. [2] Dem Anhang zu § 9 TVöD widersprechende Regelungen zur Arbeitszeit sind bis zum 31. Dezember 2005 entsprechend anzupassen.

§ 23 Sonderregelungen für besondere Berufsgruppen. Die Überleitungs-, Übergangs- und Besitzstandsregelungen für besondere Berufsgruppen im Bereich des Bundes ergeben sich aus der Anlage 5 TVÜ-Bund.

5. Abschnitt. Überleitung in den TV EntgO Bund am 1. Januar 2014

§ 24 Grundsatz. [1] Für die in den TVöD übergeleiteten Beschäftigten (§ 1 Abs. 1) sowie für die zwischen dem Inkrafttreten des TVöD und dem 31. Dezember 2013 beim Bund neu eingestellten Beschäftigten (§ 1 Abs. 2), deren Arbeitsverhältnis zum Bund über den 31. Dezember 2013 hinaus fortbesteht und die am 1. Januar 2014 unter den Geltungsbereich des TVöD fallen, gelten ab dem 1. Januar 2014 für Eingruppierungen § 12 (Bund) und § 13 (Bund) TVöD in Verbindung mit dem Tarifvertrag über die Entgeltordnung des Bundes (TV EntgO Bund). [2] Diese Beschäftigten sind zum 1. Januar 2014 gemäß den Regelungen dieses Abschnitts in den TV EntgO Bund übergeleitet.

§ 25 Besitzstandsregelungen. (1) Die Überleitung erfolgt unter Beibehaltung der bisherigen Entgeltgruppe für die Dauer der unverändert auszuübenden Tätigkeit.

Protokollerklärung zu Absatz 1:

[1] Die vorläufige Zuordnung zu der Entgeltgruppe des TVöD nach der Anlage 2 oder 4 TVÜ-Bund in der bis zum 31. Dezember 2013 geltenden Fassung gilt als Eingruppierung. [2] Eine Überprüfung und Neufeststellung der Eingruppierungen findet aufgrund der Überleitung in den TV EntgO Bund nicht statt.

(2) Hängt die Eingruppierung nach § 12 (Bund) und § 13 (Bund) TVöD in Verbindung mit dem TV EntgO Bund von der Zeit einer Tätigkeit oder Berufsausübung ab, wird die vor dem 1. Januar 2014 zurückgelegte Zeit so berücksichtigt, wie sie zu berücksichtigen wäre, wenn § 12 (Bund) und § 13 (Bund) TVöD sowie der TV EntgO Bund bereits seit dem Beginn des Arbeitsverhältnisses gegolten hätten.

(3) Beschäftigte, denen am 31. Dezember 2013 eine persönliche Besitzstandszulage nach der Protokollerklärung zu § 5 Abs. 2 Satz 3 oder eine persönliche Zulage nach § 17 Abs. 6 in der bis zum 31. Dezember 2013 geltenden Fassung (entfallene Techniker-, Meister- oder Programmiererzulage) zugestanden hat, erhalten eine Besitzstandszulage in Höhe ihrer bisherigen Zulage, solange die anspruchsbegründende Tätigkeit unverändert auszuüben ist.

(4) [1] Soweit an die Tätigkeit in der bisherigen Entgeltgruppe besondere Entgeltbestandteile geknüpft waren und diese in dem TV EntgO Bund in geringerer Höhe entsprechend vereinbart sind, wird die hieraus am 1. Januar 2014 bestehende Differenz unter den bisherigen Voraussetzungen als Besitzstandszulage so lange gezahlt, wie die anspruchsbegründende Tätigkeit unverändert auszuüben ist und die sonstigen Voraussetzungen für den besonderen Entgeltbestandteil nach bisherigem Recht weiterhin bestehen. [2] Dies gilt entsprechend, wenn besondere Entgeltbestandteile im TV EntgO Bund nicht mehr vereinbart sind. [3] Die Differenz verändert sich bei allgemeinen Entgeltanpassungen um den von den Tarifvertragsparteien für die jeweilige Entgeltgruppe festgelegten Vomhundertsatz.

Protokollerklärung zu Absatz 4 Satz 3:

Der Differenzbetrag erhöht sich am 1. April 2021 um 1,40 Prozent und am 1. April 2022 um weitere 1,80 Prozent.

§ 26 Höhergruppierungen. (1) [1]Ergibt sich nach dem TV EntgO Bund eine höhere Entgeltgruppe, sind die Beschäftigten auf Antrag in der Entgeltgruppe eingruppiert, die sich nach § 12 (Bund) TVöD ergibt. [2]Der Antrag kann nur bis zum 30. Juni 2015 gestellt werden (Ausschlussfrist) und wirkt auf den 1. Januar 2014 zurück; nach dem Inkrafttreten des TV EntgO Bund eingetretene Änderungen der Stufenzuordnung in der bisherigen Entgeltgruppe bleiben bei der Stufenzuordnung nach Absatz 2 bis 5 unberücksichtigt. [3]Ruht das Arbeitsverhältnis am 1. Januar 2014, beginnt die Frist von einem Jahr mit der Wiederaufnahme der Tätigkeit; der Antrag wirkt auf den 1. Januar 2014 zurück.

(2) [1]Die Stufenzuordnung in der höheren Entgeltgruppe richtet sich nach den Regelungen für Höhergruppierungen (§ 17 Abs. 4 TVöD in der bis zum 28. Februar 2014 geltenden Fassung). [2]War die/der Beschäftigte in der bisherigen Entgeltgruppe der Stufe 1 zugeordnet, wird sie/er abweichend von Satz 1 der Stufe 1 der höheren Entgeltgruppe zugeordnet; die bisher in Stufe 1 verbrachte Zeit wird angerechnet.

(3) [1]Sind Beschäftigte, die eine Besitzstandszulage nach § 9 (Vergütungsgruppenzulagen) erhalten, auf Antrag nach Absatz 1 höhergruppiert, entfällt die Besitzstandszulage rückwirkend ab dem 1. Januar 2014. [2]Abweichend von Absatz 2 Satz 1 wird für die Anwendung des § 17 Abs. 4 Satz 1 und 2 TVöD zu dem jeweiligen bisherigen Tabellenentgelt die wegfallende Zulage hinzugerechnet und anschließend der Unterschiedsbetrag ermittelt. [3]§ 25 Abs. 4 findet keine Anwendung.

(4) [1]Sind Beschäftigte, die eine Besitzstandszulage nach § 25 Abs. 3 (Techniker-, Meister- oder Programmiererzulage) erhalten, auf Antrag nach Absatz 1 höhergruppiert, entfällt die Besitzstandszulage rückwirkend ab dem 1. Januar 2014. [2]Ergibt sich durch die Höhergruppierung die Zuordnung zu einer niedrigeren Stufe als in der bisherigen Entgeltgruppe, wird abweichend von Absatz 2 Satz 1 die in der bisherigen Stufe zurückgelegte Stufenlaufzeit auf die Stufenlaufzeit in der höheren Entgeltgruppe angerechnet. [3]Ist dadurch am Tag der Höhergruppierung in der höheren Entgeltgruppe die Stufenlaufzeit zum Erreichen der nächsthöheren Stufe erfüllt, beginnt in dieser nächsthöheren Stufe die Stufenlaufzeit von Neuem. [4]§ 25 Abs. 4 findet keine Anwendung.

(5) [1]Sind Beschäftigte, die eine Besitzstandszulage nach § 9 (Vergütungsgruppenzulagen) und eine Besitzstandszulage nach § 25 Abs. 3 (Techniker-, Meister- oder Programmiererzulage) erhalten, auf Antrag nach Absatz 1 höhergruppiert, entfallen beide Besitzstandszulagen rückwirkend ab dem 1. Januar 2014. [2]Abweichend von Absatz 2 Satz 1 werden für die Anwendung des § 17 Abs. 4 Satz 1 und 2 TVöD zu dem jeweiligen bisherigen Tabellenentgelt die beiden wegfallenden Besitzstandszulagen hinzugerechnet und anschließend der Unterschiedsbetrag ermittelt. [3]Ergibt sich durch die Höhergruppierung die Zuordnung zu einer niedrigeren Stufe als in der bisherigen Entgeltgruppe, wird abweichend von Absatz 2 Satz 1 die in der bisherigen Stufe zurückgelegte Stufenlaufzeit auf die Stufenlaufzeit in der höheren Entgeltgruppe angerechnet. [4]Ist dadurch am Tag der Höhergruppierung in der höheren Entgeltgruppe die Stufenlaufzeit zum Erreichen der nächsthöheren Stufe erfüllt, beginnt in dieser nächsthöheren Stufe die Stufenlaufzeit von Neuem. [5]§ 25 Abs. 4 findet keine Anwendung.

§ 27 Besondere Überleitungsregelungen. (1) Beschäftigte mit einem Anspruch auf die bisherige Zulage nach § 17 Abs. 8 in der bis zum 31. Dezember 2013 geltenden Fassung sind stufengleich und unter Beibehaltung der in ihrer Stufe zurückgelegten Stufenlaufzeit in die Entgeltgruppe 14 übergeleitet.

(2) Beschäftigte der Entgeltgruppe 9, für die keine besonderen Stufenregelungen gelten, sind stufengleich und unter Beibehaltung der in ihrer Stufe zurückgelegten Stufenlaufzeit in die Entgeltgruppe 9b übergeleitet.

(3) [1] Beschäftigte der Entgeltgruppe 9, für die gemäß des Anhangs zu § 16 (Bund) TVöD in der bis zum 31. Dezember 2013 geltenden Fassung besondere Stufenregelungen gelten, sind unter Beibehaltung der in ihrer Stufe zurückgelegten Stufenlaufzeit in die Stufe der Entgeltgruppe 9a übergeleitet, deren Betrag dem Betrag ihrer bisherigen Stufe entspricht. [2] Ist dadurch am Tag der Überleitung in die Entgeltgruppe 9a die Stufenlaufzeit zum Erreichen der nächsthöheren Stufe erfüllt, beginnt in dieser nächsthöheren Stufe die Stufenlaufzeit von Neuem. [3] Im Falle der sich aus Satz 2 ergebenden Zuordnung zu der Stufe 3 wird die zwei Jahre übersteigende Stufenlaufzeit auf die Stufenlaufzeit in der Stufe 3 angerechnet. [4] In Stufe 1 oder 2 übergeleitete Beschäftigte, die am 31. Dezember 2013 nach einem Tätigkeitsmerkmal der Lohngruppe 9 des Tarifvertrags über das Lohngruppenverzeichnisses des Bundes zum MTArb in Verbindung mit § 17 TVÜ-Bund und der Anlage 4 zum TVÜ-Bund in der bis zum 31. Dezember 2013 geltenden Fassung oder in Verbindung mit § 4 Abs. 1 und der Anlage 2 zum TVÜ-Bund in der bis zum 31. Dezember 2013 geltenden Fassung in Entgeltgruppe 9 TVöD eingruppiert waren und für die gemäß § 16 (Bund) Abs. 4 Satz 2 TVöD in der bis zum 31. Dezember 2013 geltenden Fassung abweichende Stufenlaufzeiten und Endstufen galten, erreichen nach Ablauf der Stufenlaufzeit in Stufe 2 die Stufe 4; die Stufenlaufzeit in Stufe 4 zum Erreichen der Stufe 5 beträgt sieben Jahre. [5] Für die in Entgeltgruppe 9a übergeleiteten Beschäftigten bemessen sich für die Dauer der Eingruppierung in Entgeltgruppe 9a die Zeitzuschläge gemäß § 8 Abs. 1 Satz 2 TVöD nach dem auf eine Stunde entfallenden Anteil des Tabellenentgelts der Stufe 4, und bei Überstunden richtet sich das Entgelt für die tatsächliche Arbeitsleistung abweichend von der Protokollerklärung nach § 8 Abs. 1 Satz 1 TVöD nach der individuellen Stufe, höchstens jedoch nach der Stufe 5.

Protokollerklärung zu Absatz 2 und 3:
Die Zuordnung zu einer individuellen Zwischen- oder Endstufe bleibt unberührt.

(4) Ergibt sich nach dem TV EntgO Bund für Tätigkeitsmerkmale der Entgeltgruppe 2 oder der Entgeltgruppe 3 erstmalig die Stufe 6, ist die/der Beschäftigte auf Antrag der Stufe 6 zugeordnet, wenn die fünfjährige Stufenlaufzeit in der Stufe 5 erfüllt ist.

(5) [1] In Entgeltgruppe 2Ü eingruppierte Beschäftigte mit Zuordnung zur Stufe 6 werden auf Antrag in Entgeltgruppe 2 eingruppiert und der Stufe 6 dieser Entgeltgruppe zugeordnet. [2] Die Eingruppierung in Entgeltgruppe 2 erfolgt individuell mit Beginn des Monats, in dem der Antrag gestellt worden ist, frühestens aber zum Zeitpunkt des Erreichens der Stufe 6 in der Entgeltgruppe 2Ü.

§ 28 Entgeltgruppenzulagen. Ergibt sich nach dem TV EntgO Bund erstmalig der Anspruch auf eine Entgeltgruppenzulage, steht den Beschäftigten auf Antrag die Zulage zu; § 26 Abs. 1 Satz 2 und 3 gilt entsprechend.

6. Abschnitt. Weitere Überleitungsregelungen

§ 29 Zuordnung zur Stufe 6 in den Entgeltgruppen 9a bis 15 am 1. März 2016. [1]Am 29. Februar 2016 in eine der Entgeltgruppen 9a bis 15 eingruppierte Beschäftigte mit Zuordnung zur Stufe 5 und einer zu diesem Zeitpunkt in Stufe 5 absolvierten Stufenlaufzeit von mindestens fünf Jahren sind am 1. März 2016 der Stufe 6 ihrer Entgeltgruppe zugeordnet; entsprechendes gilt für Beschäftigte in einer individuellen Endstufe. [2]Ist das Tabellenentgelt der Stufe 6 niedriger als der Betrag der individuellen Endstufe, wird die/der Beschäftigte erneut einer individuellen Endstufe unter Beibehaltung der bisherigen Entgelthöhe zugeordnet. [3]§ 6 Abs. 3 Sätze 2 bis 6 gelten entsprechend. [4]Für Beschäftigte in der Entgeltgruppe 9b wird die vor dem 1. Januar 2014 in der Stufe 5 der Entgeltgruppe 9 absolvierte Stufenlaufzeit angerechnet. [5]Für Beschäftigte in der Entgeltgruppe 9a wird die vor dem 1. Januar 2014 in der Stufe 4 der Entgeltgruppe 9 absolvierte Stufenlaufzeit angerechnet.

§ 29a Überleitung Pflegekräfte in die P-Tabelle am 1. März 2018.

(1) [1]Die unter die Anlage E (Bund) zum TVöD – BT-V in der bis zum 28. Februar 2018 gültigen Fassung fallenden Beschäftigten sind stufengleich und unter Mitnahme der in ihrer Stufe zurückgelegten Stufenlaufzeit von der Entgeltgruppe Kr. in die Entgeltgruppe P der Anlage E (Bund) zum TVöD – BT-V in der ab 1. März 2018 geltenden Fassung wie folgt übergeleitet:

Kr. 12a	P 16
Kr. 11b	P 15
Kr. 11a	P 14
Kr. 10a	P 13
Kr. 9d	P 12
Kr. 9c	P 11
Kr. 9b	P 10
Kr. 9a	P 9
Kr. 8a	P 8
Kr. 7a	P 7
Kr. 4a	P 6
Kr. 3a	P 5

[2]Aus der Stufe 1 der Entgeltgruppen Kr. 7a und Kr. 8a erfolgt die Überleitung in die Stufe 2 der Entgeltgruppe P 7 bzw. P 8 der Anlage E (Bund) zum TVöD – BT-V unter Mitnahme der in der Stufe 1 zurückgelegten Stufenlaufzeit. [3]Erfolgt die Überleitung aus der Stufe 2 der Entgeltgruppen Kr. 7a oder Kr. 8a, wird die Stufenlaufzeit der Stufe 1 auf die Stufenlaufzeit der Stufe 2 der Entgeltgruppe P 7 bzw. P 8 der Anlage E (Bund) zum TVöD – BT-V angerechnet. [4]Ist durch eine Verkürzung der Stufenlaufzeit in der Anlage E (Bund) zum TVöD – BT-V am 1. März 2018 die Stufenlaufzeit zum Erreichen der nächsthöheren Stufe der jeweiligen Entgeltgruppe erfüllt, beginnt in dieser nächsthöheren Stufe die Stufenlaufzeit neu. [5]Haben am 28. Februar 2018 einer der Entgeltgruppen Kr. 9a bis Kr. 11a der Anlage E (Bund) zum TVöD – BT-V in der bis zum 28. Februar 2018 gültigen Fassung zugeordnete Beschäftigte in der Stufe 5 ihrer Entgeltgruppe eine Stufenlaufzeit von mindestens fünf Jahren

zurückgelegt, erfolgt die Zuordnung zu der Stufe 6 der Entgeltgruppe der Anlage E (Bund) zum TVöD – BT-V in der ab dem 1. März 2018 geltenden Fassung, in die sie gemäß Satz 1 übergeleitet werden.

(2) [1] Ergibt sich nach den Tätigkeitsmerkmalen des Teils IV Abschnitt 25 der Anlage 1 zum TV EntgO Bund (Entgeltordnung) in der ab dem 1. März 2018 geltenden Fassung eine höhere Entgeltgruppe, sind die Beschäftigten auf Antrag in der Entgeltgruppe eingruppiert, die sich nach § 12 (Bund) TVöD ergibt. [2] Der Antrag kann nur bis zum 28. Februar 2019 gestellt werden (Ausschlussfrist) und wirkt auf den 1. März 2018 zurück; nach dem 28. Februar 2018 eingetretene Änderungen der Stufenzuordnung in der bisherigen Entgeltgruppe bleiben bei der Stufenzuordnung unberücksichtigt. [3] Ruht das Arbeitsverhältnis am 1. März 2018, beginnt die Frist von einem Jahr mit der Wiederaufnahme der Tätigkeit; der Antrag wirkt auf den 1. März 2018 zurück.

(3) [1] Beschäftigte, die nach Absatz 2 aus den Stufen 3, 4 oder 5 der Entgeltgruppe P 7 in die Entgeltgruppe P 8 höhergruppiert werden, erhalten zusätzlich zu ihrem Tabellenentgelt der Entgeltgruppe P 8

– für die Dauer des Verbleibs in der Stufe 2 der Entgeltgruppe P 8 bei Höhergruppierung aus der Stufe 3 der Entgeltgruppe P 7,
– für die Dauer des Verbleibs in der Stufe 4 der Entgeltgruppe P 8 bei Höhergruppierung aus der Stufe 4 der Entgeltgruppe P 7,
– für die Dauer des Verbleibs in der Stufe 5 der Entgeltgruppe P 8 bei Höhergruppierung aus der Stufe 5 der Entgeltgruppe P 7

eine monatliche Zulage in Höhe von 90 Euro, sofern und solange sie nach der Vorbemerkung Nr. 4 des Teils IV Abschnitt 25 der Anlage 1 zum TV EntgO Bund (Entgeltordnung) in der bis zum 28. Februar 2018 gültigen Fassung einen Anspruch auf eine monatliche Zulage gehabt hätten. [2] Für die Dauer des Verbleibs in der Stufe 5 im Anschluss an die Stufenlaufzeit der Stufe 4 der Entgeltgruppe P 8 bei Höhergruppierung aus der Stufe 4 der Entgeltgruppe P 7 erhalten die Beschäftigten unter den sonstigen Voraussetzungen des Satzes 1 eine monatliche Zulage in Höhe von 45 Euro.

(4) Beschäftigte, die am 28. Februar 2018 in der Entgeltgruppe Kr. 7a einer der Stufen 4 bis 6 oder einer individuellen Zwischen- oder Endstufe oberhalb der Stufe 4 der Anlage E (Bund) zum TVöD – BT-V in der bis zum 28. Februar 2018 gültigen Fassung bzw. in der Entgeltgruppe Kr. 8a den Stufen 5 oder 6 oder einer individuellen Zwischen- oder Endstufe oberhalb der Stufe 5 der Anlage E (Bund) zum TVöD – BT-V in der bis zum 28. Februar 2018 gültigen Fassung zugeordnet waren, erhalten solange ihr Bereitschaftsdienstentgelt nach dem Stand vom 28. Februar 2018, bis das Bereitschaftsdienstentgelt nach der Anlage C (Bund) zum TVöD – BT-V dieses übersteigt.

§ 29b Höhergruppierung auf Antrag am 1. März 2018 für bestimmte Beschäftigtengruppen. (1) [1] Ergibt sich nach den Tätigkeitsmerkmalen der Anlage 1 zum TV EntgO Bund (Entgeltordnung) in der ab dem 1. März 2018 geltenden Fassung die Entgeltgruppe 9c, sind die Beschäftigten auf Antrag in dieser Entgeltgruppe eingruppiert. [2] Der Antrag kann nur bis zum 28. Februar 2019 gestellt werden (Ausschlussfrist) und wirkt auf den 1. März 2018 zurück; nach dem 28. Februar 2018 eingetretene Änderungen der Stufenzuordnung in der bisherigen Entgeltgruppe bleiben bei der Stufenzuordnung unberücksichtigt. [3] Ruht das Arbeitsverhältnis am 1. März 2018, beginnt die Frist von einem

Jahr mit der Wiederaufnahme der Tätigkeit; der Antrag wirkt auf den 1. März 2018 zurück.

(2) [1] Ergibt sich nach den Tätigkeitsmerkmalen des Teils III Abschnitt 21 der Anlage 1 zum TV EntgO Bund (Entgeltordnung) in der ab dem 1. März 2018 geltenden Fassung eine höhere Entgeltgruppe, sind die Beschäftigten auf Antrag in der Entgeltgruppe eingruppiert, die sich nach § 12 (Bund) TVöD ergibt. [2] Absatz 1 Satz 2 und 3 gelten entsprechend.

(3) [1] Ergibt sich nach den Tätigkeitsmerkmalen des Teils IV Abschnitt 14 der Anlage 1 zum TV EntgO Bund (Entgeltordnung) in der ab dem 1. März 2018 geltenden Fassung die Entgeltgruppe 3, sind die Beschäftigten auf Antrag in dieser Entgeltgruppe eingruppiert. [2] Absatz 1 Satz 2 und 3 gelten entsprechend.

7. Abschnitt. Übergangs- und Schlussvorschrift

§ 30 Inkrafttreten, Laufzeit. (1) Dieser Tarifvertrag tritt am 1. Oktober 2005 in Kraft.

(2) [1] Der Tarifvertrag kann ohne Einhaltung einer Frist jederzeit schriftlich gekündigt werden. [2] Die §§ 18 und 19 können ohne Einhaltung einer Frist, jedoch nur insgesamt, schriftlich gekündigt werden; die Nachwirkung dieser Vorschriften wird ausgeschlossen.

Niederschriftserklärungen

1. *Zu § 2 Abs. 1:*
   Die Tarifvertragsparteien gehen davon aus, dass der TVöD und der diesen ergänzende TVÜ-Bund das bisherige Tarifrecht auch dann ersetzen, wenn arbeitsvertragliche Bezugnahmen nicht ausdrücklich den Fall der ersetzenden Regelung beinhalten.
2. *Zu § 2 Abs. 2:*
   Mit Abschluss der Verhandlungen über die Anlage 1 TVÜ-Bund Teil B heben die Tarifvertragsparteien § 2 Absatz 2 auf.
3. *Zu § 8 Abs. 2:*
   Die Neuberechnung des Vergleichsentgelts führt nicht zu einem Wechsel der Entgeltgruppe.
4. *Zu § 8 Abs. 1 Satz 3 und Abs. 2 Satz 2 sowie § 9 Abs. 2 bis 4:*
   Eine missbräuchliche Entziehung der Tätigkeit mit dem ausschließlichen Ziel, eine Höhergruppierung bzw. eine Besitzstandszulage zu verhindern, ist nicht zulässig.
5. *Zu § 10:*
   Die Tarifvertragsparteien stellen klar, dass die vertretungsweise Übertragung einer höherwertigen Tätigkeit ein Unterfall der vorübergehenden Übertragung einer höherwertigen Tätigkeit ist.
6. *Zu § 12:*
   1. *[1] Die Tarifvertragsparteien sind sich angesichts der Fülle der denkbaren Fallgestaltungen bewusst, dass die Festlegung der Strukturausgleiche je nach individueller Fallgestaltung in Einzelfällen sowohl zu überproportional positiven Folgen als auch zu Härten führen kann. [2] Sie nehmen diese Verwerfungen im Interesse einer für eine Vielzahl von Fallgestaltungen angestrebten Abmilderung von Exspektanzverlusten hin.*
   2. *[1] Die Tarifvertragsparteien erkennen unbeschadet der Niederschriftserklärung Nr. 1 an, dass die Strukturausgleiche in einem Zusammenhang mit der zukünftigen*

Entgeltordnung stehen. [2] Die Tarifvertragsparteien werden nach einer Vereinbarung der Entgeltordnung zum TVöD, rechtzeitig vor Ablauf des 30. September 2007 prüfen, ob und in welchem Umfang sie neben den bereits verbindlich vereinbarten Fällen, in denen Strukturausgleichsbeträge festgelegt sind, für einen Zeitraum bis längstens Ende 2014 in weiteren Fällen Regelungen, die auch in der Begrenzung der Zuwächse aus Strukturausgleichen bestehen können, vornehmen müssen. [3] Sollten zusätzliche Strukturausgleiche vereinbart werden, sind die sich daraus ergebenden Kostenwirkungen in der Entgeltrunde 2008 zu berücksichtigen.

7. *Zu § 17 Abs. 8:*
   (aufgehoben)
8. *Zu § 18:*
   1. *[1] Abweichend von der Grundsatzregelung des TVöD über eine persönliche Zulage bei vorübergehender Übertragung einer höherwertigen Tätigkeit ist durch einen Tarifvertrag für den Bund im Rahmen eines Katalogs, der die hierfür in Frage kommenden Tätigkeiten aufführt, zu bestimmen, dass die Voraussetzung für die Zahlung einer persönlichen Zulage bereits erfüllt ist, wenn die vorübergehend übertragene Tätigkeit mindestens drei Arbeitstage angedauert hat und die/der Beschäftigte ab dem ersten Tag der Vertretung in Anspruch genommen ist. [2] Der Tarifvertrag soll spätestens am 1. Juli 2007 in Kraft treten.*
   2. *Die Niederschriftserklärung zu § 10 gilt entsprechend.*
9. *Zu § 19 Abs. 2a:*
   (aufgehoben)
10. *Zu § 20:*
    (aufgehoben)
11. *Zu § 24 Abs. 1:*
    (aufgehoben)
12. *Zu § 26 Abs. 3 Satz 2:*
    Die Tarifvertragsparteien sind sich einig, dass im Falle einer Höhergruppierung über mehr als eine Entgeltgruppe die Besitzstandszulage nach § 9 (Vergütungsgruppenzulagen) nur in der Ausgangsentgeltgruppe dem Tabellenentgelt hinzugerechnet wird.
13. *Zu § 26 Abs. 4 und 5:*
    Die Tarifvertragsparteien sind sich einig, dass im Falle einer Höhergruppierung über mehr als eine Entgeltgruppe die Mitnahme der Stufenlaufzeit nur bei der ersten dazwischenliegenden Entgeltgruppe nach § 17 Abs. 4 Satz 3 Halbsatz 1 erfolgt.
14. *Zu § 26 Abs. 5 Satz 2:*
    Die Tarifvertragsparteien sind sich einig, dass im Falle einer Höhergruppierung über mehr als eine Entgeltgruppe die Besitzstandszulagen nach § 9 (Vergütungsgruppenzulagen) und nach § 25 Abs. 3 (Techniker-, Meister- oder Programmiererzulage) nur in der Ausgangsentgeltgruppe dem Tabellenentgelt hinzugerechnet werden.

Anhang zu § 16a

Die in § 16a in Bezug genommenen Tarifvorschriften lauten wie folgt:

„**§ 25 MTArb/MTArb-O. Nicht voll leistungsfähige Arbeiter.** (1) [1] Mit dem Arbeiter, der bei seiner Einstellung nach amtsärztlichem Gutachten mehr als 20 v.H. erwerbsbeschränkt ist und infolgedessen die ihm zu übertragende Arbeit nicht voll auszuführen vermag, kann entsprechend dem Grad seiner

Leistungsfähigkeit ein geminderter Lohn vereinbart werden. [2]Der Arbeiter soll aber möglichst auf einem Arbeitsplatz verwendet werden, auf dem er die Leistung eines voll leistungsfähigen Arbeiters erbringen kann.

(2) Ist nach Absatz 1 Satz 1 ein geminderter Lohn vereinbart worden, besteht bei Änderung der Leistungsfähigkeit für den Arbeitgeber und den Arbeiter ein Anspruch auf Neufestsetzung des Lohnes.

(3) Absatz 1 gilt nicht für den Arbeiter, dessen Leistungsfähigkeit durch Ereignisse im Sinne von § 1 des Bundesversorgungsgesetzes oder von § 1 des Bundesgesetzes zur Entschädigung für Opfer der nationalsozialistischen Verfolgung gemindert ist.

§ 37 MTArb/MTArb-O. Sicherung des Lohnstandes bei Leistungsminderung. (1) [1]Ist der Arbeiter, der eine mindestens einjährige Beschäftigungszeit zurückgelegt hat, infolge eines Unfalls, den er in Ausübung oder infolge seiner Arbeit ohne Vorsatz oder grobe Fahrlässigkeit erlitten hat, in seiner Lohngruppe nicht mehr voll leistungsfähig und wird er deshalb in einer niedrigeren Lohngruppe weiterbeschäftigt, wird der Unterschiedsbetrag zwischen dem jeweiligen Monatstabellenlohn der bisherigen und der neuen Lohngruppe als persönliche Zulage gewährt. [2]Lohnzuschläge nach § 29, die der Arbeiter bei Eintritt der Leistungsminderung mindestens fünf Jahre für mindestens drei Viertel der regelmäßigen Arbeitszeit bezogen hat, erhält er in der zuletzt bezogenen Höhe weiter. [3]Dies gilt unter den Voraussetzungen des Satzes 2 auch für Lohnzuschläge nach § 29, die in einem Pauschalzuschlag oder in einem Gesamtpauschallohn gemäß § 30 Abs. 6 enthalten sind. [4]Lohnzuschläge nach § 29, die der Arbeiter in der niedrigeren Lohngruppe erhält, werden nur insoweit gezahlt, als sie über die Lohnzuschläge nach Satz 2 hinausgehen.
Das Gleiche gilt bei einer Berufskrankheit im Sinne des § 9 SGB VII nach einer mindestens zweijährigen Beschäftigungszeit[1)].

Protokollnotiz zu Absatz 1 Unterabs. 1 Satz 2:
Ein Lohnzuschlag gilt auch dann als gewährt, wenn der Arbeiter den Lohnzuschlag vorübergehend wegen Arbeitsunfähigkeit, Erholungsurlaubs oder Arbeitsbefreiung nicht erhalten hat.

(2) Absatz 1 gilt entsprechend

a) für Arbeiter nach zehnjähriger Beschäftigungszeit[1)], wenn die Leistungsminderung durch eine Gesundheitsschädigung hervorgerufen wurde, die durch fortwirkende schädliche Einflüsse der Arbeit eingetreten ist,

b) für mindestens 53 Jahre alte Arbeiter nach fünfzehnjähriger Beschäftigungszeit[1)], wenn die Leistungsminderung durch Abnahme der körperlichen Kräfte und Fähigkeiten infolge langjähriger Arbeit verursacht ist,

c) für mindestens 50 Jahre alte Arbeiter nach zwanzigjähriger Beschäftigungszeit[1)], wenn die Leistungsminderung durch Abnahme der körperlichen Kräfte und Fähigkeiten infolge langjähriger Arbeit verursacht ist,

d) für Arbeiter nach funfundzwanzigjahriger Beschaftigungszeit[1)], wenn die Leistungsminderung durch Abnahme der korperlichen Krafte und Fahigkeiten infolge langjahriger Arbeit verursacht ist.

[1)] Im Bereich des MTArb-O: Beschäftigungszeit (§ 6 – ohne die nach Nr. 3 der Übergangsvorschriften zu § 6 berücksichtigten Zeiten)

Wenn der Arbeiter erst in den letzten zwei Jahren vor Eintritt der Leistungsminderung in seine Lohngruppe aufgerückt war, erhält er den jeweiligen Monatstabellenlohn der Lohngruppe, in der er vorher war.

Protokollnotiz zu Absatz 2 Unterabs. 1:

Ist streitig, ob der erforderliche Ursachenzusammenhang vorliegt, soll auf Verlangen die Stellungnahme eines Arztes des beiderseitigen Vertrauens eingeholt werden. Ist kein anderer Kostenträger zuständig, trägt die Kosten der Arbeitgeber, wenn der Anspruch auf Lohnsicherung endgültig zuerkannt ist; anderenfalls trägt sie der Arbeiter.

§ 56 BAT/BAT-O. Ausgleichszulage bei Arbeitsunfall und Berufskrankheit. [1] Ist der Angestellte infolge eines Unfalls, den er nach mindestens einjähriger ununterbrochener Beschäftigung bei demselben Arbeitgeber in Ausübung oder infolge seiner Arbeit ohne Vorsatz oder grobe Fahrlässigkeit erlitten hat, in seiner bisherigen Vergütungsgruppe nicht mehr voll leistungsfähig und wird er deshalb in einer niedrigeren Vergütungsgruppe weiterbeschäftigt, so erhält er eine Ausgleichszulage in Höhe des Unterschiedsbetrages zwischen der ihm in der neuen Vergütungsgruppe jeweils zustehenden Grundvergütung zuzüglich der allgemeinen Zulage und der Grundvergütung zuzüglich der allgemeinen Zulage, die er in der verlassenen Vergütungsgruppe zuletzt bezogen hat. [2] Das Gleiche gilt bei einer Berufskrankheit im Sinne des § 9 SGB VII nach mindestens dreijähriger ununterbrochener Beschäftigung."

Anlage 1

Teil A

1. Bundes-Angestelltentarifvertrag (BAT) vom 23. Februar 1961, zuletzt geändert durch den 78. Tarifvertrag zur Änderung des Bundes-Angestelltentarifvertrages vom 31. Januar 2003
2. Tarifvertrag zur Anpassung des Tarifrechts – Manteltarifliche Vorschriften – (BAT-O) vom 10. Dezember 1990, zuletzt geändert durch den Änderungstarifvertrag Nr. 13 vom 31. Januar 2003 zum Tarifvertrag zur Anpassung des Tarifrechts – Manteltarifliche Vorschriften – (BAT-O)
3. Manteltarifvertrag für Arbeiterinnen und Arbeiter des Bundes und der Länder (MTArb) vom 6. Dezember 1995, zuletzt geändert durch den Änderungstarifvertrag Nr. 4 vom 31. Januar 2003 zum Manteltarifvertrag für Arbeiterinnen und Arbeiter des Bundes und der Länder (MTArb)
4. Tarifvertrag zur Anpassung des Tarifrechts für Arbeiter an den MTArb – (MTArb-O) vom 10. Dezember 1990, zuletzt geändert durch den Änderungstarifvertrag Nr. 11 vom 31. Januar 2003 zum Tarifvertrag zur Anpassung des Tarifrechts für Arbeiter an den MTArb – (MTArb-O)

Teil B

Vorbemerkungen:

1. Die nachfolgende Liste ist noch nicht abschließend. Sobald die Verhandlungen der Tarifvertragsparteien zu Anlage 1 TVÜ-Bund Teil B abgeschlossen sind, ersetzt die Neufassung diese Anlage.

2. [1] Die Nrn. 21, 22 und 23 gelten für Beschäftigte, die nach Tätigkeitsmerkmalen eingruppiert sind, welche im Anhang zu Nrn. 21, 22 und 23 aufgelistet sind. [2] Die Nrn. 19 und 20 gelten für Beschäftigte, die nicht nach Tätigkeitsmerkmalen eingruppiert sind, welche im Anhang zu Nrn. 21, 22 und 23 aufgelistet sind. [3] Die Bestimmung des persönlichen Geltungsbereichs in den Sätzen 1 und 2 gilt weder als eine tarifliche Neuregelung der Erschwerniszuschläge gemäß § 19 TVöD im Sinne der Nrn. 19 bis 23 noch als Inkrafttreten eines entsprechenden Tarifvertrages im Sinne des § 19 Abs. 5 Satz 2 TVöD.
3. [1] Arbeiterinnen und Arbeiter der Wasser- und Schifffahrtsverwaltung des Bundes im Sinne der Anlage 2 Satz 3 Buchstabe a des Tarifvertrags über die betriebliche Altersversorgung der Beschäftigten des öffentlichen Dienstes (Tarifvertrag Altersversorgung – ATV) sind die Beschäftigten der Wasser- und Schifffahrtsverwaltung des Bundes, die nach Tätigkeitsmerkmalen eingruppiert sind, welche im Anhang zu Nrn. 21, 22 und 23 aufgelistet sind; dies gilt nicht für Beschäftigte des Bundesamtes für Seeschifffahrt und Hydrographie. [2] Die bei der betrieblichen Altersversorgung im Rahmen der Pflichtversicherung am 31. Dezember 2013 bestehende Zuordnung von Beschäftigten der Wasser- und Schifffahrtsverwaltung des Bundes zu einer Zusatzversorgungseinrichtung des öffentlichen Dienstes bleibt ungeachtet der Veränderung der für sie maßgeblichen Tätigkeitsmerkmale für die Dauer der unverändert auszuübenden Tätigkeit bestehen.
4. Soweit einzelne Tarifvertragsregelungen vorübergehend fortgelten, erstreckt sich die Fortgeltung auch auf Beschäftigte i.S.d. § 1 Abs. 2 TVÜ-Bund.

1.	Tarifvertrag zu § 71 BAT betreffend Besitzstandswahrung vom 23. Februar 1961
2.	Tarifvertrag über die Regelung der Arbeitsbedingungen der Kapitäne und der Besatzungsmitglieder der Fischereischutzboote und der Fischereiforschungsschiffe des Bundes vom 11. Januar 1972
3.	Tarifvertrag über eine Zuwendung für Kapitäne und Besatzungsmitglieder der Fischereischutzboote und Fischereiforschungsschiffe des Bundes vom 31. Januar 1974
4.	Tarifvertrag für die Angestellten der Wasser- und Schifffahrtsverwaltung des Bundes auf Laderaumsaugbaggern vom 22. März 1978
5.	Tarifvertrag für die Arbeiter der Wasser- und Schifffahrtsverwaltung des Bundes auf Laderaumsaugbaggern vom 22. März 1978
6.	Festlegung des Gerichtsstandes bei Arbeitsrechtsstreitigkeiten zwischen dem Bund und den Angestellten des Deutschen Wetterdienstes, Tarifvertrag vom 2. September 1964
7.	Vergütungstarifvertrag Nr. 35 zum BAT für den Bereich des Bundes vom 31. Januar 2003
8.	Vergütungstarifvertrag Nr. 7 zum BAT-O für den Bereich des Bundes vom 31. Januar 2003, mit Ausnahme des § 3 Abs. 1 der für die Tabellenentgelte der Anlage B – Bund nach § 15 Abs. 2 Satz 2 TVöD i.V.m. der Anlage 2 zu § 4 Abs. 1 und der Anlage 4 zu § 17 Abs. 7 TVÜ-Bund fortgilt
9.	Monatslohntarifvertrag Nr. 5 zum MTArb vom 31. Januar 2003
10.	Monatslohntarifvertrag Nr. 7 zum MTArb-O vom 31. Januar 2003, mit Ausnahme des § 3 Abs. 1, der für die Tabellenentgelte der Anlage B – Bund nach § 15 Abs. 2 Satz 2 TVöD i.V.m. der Anlage 2 zu § 4 Abs. 1 und der Anlage 4 zu § 17 Abs. 7 TVÜ-Bund fortgilt
11.	Tarifvertrag über das Lohngruppenverzeichnis des Bundes zum MTArb (TV LohngrV) vom 11. Juli 1966
12.	Tarifvertrag über das Lohngruppenverzeichnis des Bundes zum MTArb-O (TV Lohngruppen-O-Bund) vom 8. Mai 1991
13.	Tarifvertrag über die Ausführung von Arbeiten im Leistungslohnverfahren im Bereich der SR 2 g des Abschnitts A der Anlage 2 MTArb vom 16. November 1971

14.	Tarifvertrag zur Überleitung der Arbeiter der Zoll- und Verbrauchssteuerverwaltung und der Bundesvermögensverwaltung der Oberfinanzdirektion Berlin sowie der Bundesmonopolverwaltung für Branntwein in das Tarifrecht des Bundes vom 18. September 1991
15.	Tarifvertrag über die Eingruppierung der Angestellten in den Warenfachabteilungen und bei den Außenstellen der Einfuhr- und Vorratsstellen, der Einfuhrstelle für Zucker und der Mühlenstelle vom 8. Dezember 1966
16.	Tarifvertrag über Zusatzurlaub für gesundheitsgefährdende Arbeiten für Arbeiter des Bundes vom 26. Juli 1960
17.	Tarifvertrag über Zulagen an Angestellte (Bund) vom 17. Mai 1982, mit Ausnahme der §§ 6a, 9 und 10
18.	Tarifvertrag über Zulagen an Angestellte (TV Zulagen Ang-O) (Bund) vom 8. Mai 1991, mit Ausnahme – des Eingangssatzes des § 1 Abs. 1, – des § 1 Abs. 1 Nr. 1, 1. Halbsatz entsprechend Nr. 20, – des § 1 Abs. 1 Nr. 2 entsprechend Nr. 17 und – des § 1 Abs. 1 Nr. 4, 5 und 7
19.	Tarifvertrag über die Gewährung von Zulagen gemäß § 33 Abs. 1 Buchst. c BAT vom 11. Januar 1962 – Fortgeltung bis zum Inkrafttreten einer tariflichen Neuregelung der Erschwerniszuschläge gemäß § 19 TVöD
20.	Tarifvertrag über die Gewährung von Zulagen gemäß § 33 Abs. 1 Buchst. c BAT-O (TV Zulagen zu § 33 BAT-O) vom 8. Mai 1991 – Fortgeltung bis zum Inkrafttreten einer tariflichen Neureglung der Erschwerniszuschläge gemäß § 19 TVöD
21.	Tarifvertrag über Lohnzuschläge gemäß § 29 MTArb für Arbeiter des Bundes (LohnzuschlagsTV) vom 9. Mai 1969 – Fortgeltung bis zum Inkrafttreten einer tariflichen Neuregelung der Erschwerniszuschläge gemäß § 19 TVöD
22.	Tarifvertrag über Taucherzuschläge für Arbeiter des Bundes vom 13. September 1973 – Fortgeltung bis zum Inkrafttreten einer tariflichen Neuregelung der Erschwerniszuschläge gemäß § 19 TVöD
23.	Tarifvertrag über Lohnzuschläge gemäß § 29 MTArb-O und über Taucherzuschläge für Arbeiter des Bundes im Geltungsbereich des MTArb-O (TV Lohnzuschläge-O-Bund) vom 8. Mai 1991 – Fortgeltung bis zum Inkrafttreten einer tariflichen Neuregelung der Erschwerniszuschläge gemäß § 19 TVöD
24.	Tarifvertrag über vermögenswirksame Leistungen an Angestellte vom 17. Dezember 1970
25.	Tarifvertrag über vermögenswirksame Leistungen an Angestellte (TV VL Ang-O) vom 8. Mai 1991
26.	Tarifvertrag über vermögenswirksame Leistungen an Arbeiter (Bund) vom 17. Dezember 1970
27.	Tarifvertrag über vermögenswirksame Leistungen an Arbeiter (TV VL Arb-O) vom 8. Mai 1991
28.	Tarifvertrag über eine Zuwendung für Angestellte vom 12. Oktober 1973
29.	Tarifvertrag über eine Zuwendung für Angestellte (TV Zuwendung Ang-O) vom 10. Dezember 1990
30.	Tarifvertrag über eine Zuwendung für Arbeiter des Bundes und der Länder vom 12. Oktober 1973
31.	Tarifvertrag über eine Zuwendung für Arbeiter (TV Zuwendung Arb-O) vom 10. Dezember 1990
32.	Tarifvertrag über ein Urlaubsgeld für Angestellte vom 16. März 1977
33.	Tarifvertrag über ein Urlaubsgeld für Angestellte (TV Urlaubsgeld Ang-O) vom 10. Dezember 1990
34.	Tarifvertrag über ein Urlaubsgeld für Arbeiter vom 16. März 1977

35.	Tarifvertrag über ein Urlaubsgeld für Arbeiter (TV Urlaubsgeld Arb-O) vom 10. Dezember 1990
36.	Beihilfetarifvertrag, TV vom 15. Juni 1959
37.	Tarifvertrag über die Gewährung von Beihilfen an Arbeiter, Lehrlinge und Anlernlinge des Bundes vom 15. Juni 1959
38.	Tarifvertrag zur Regelung der Rechtsverhältnisse der Ärzte/Ärztinnen im Praktikum vom 10. April 1987
39.	Tarifvertrag zur Regelung der Rechtsverhältnisse der Ärzte/Ärztinnen im Praktikum (Mantel-TV AiP-O) vom 5. März 1991
40.	Entgelttarifvertrag Nr. 12 für Ärzte/Ärztinnen im Praktikum vom 31. Januar 2003
41.	Entgelttarifvertrag Nr. 7 für Ärzte/Ärztinnen im Praktikum (Ost) vom 31. Januar 2003
42.	Tarifvertrag über vermögenswirksame Leistungen an Ärzte/Ärztinnen im Praktikum vom 10. April 1987
43.	Tarifvertrag über eine Zuwendung für Ärzte/Ärztinnen im Praktikum vom 10. April 1987
44.	Tarifvertrag über eine Zuwendung für Ärzte/Ärztinnen im Praktikum (TV Zuwendung AiP-O) vom 5. März 1991
45.	Tarifvertrag über ein Urlaubsgeld für Ärzte/Ärztinnen im Praktikum vom 10. April 1987
46.	Tarifvertrag über ein Urlaubsgeld für Ärzte/Ärztinnen im Praktikum (TV Urlaubsgeld AiP-O) vom 5. März 1991
47.	Tarifvertrag über die Erhöhung der Löhne und Gehälter für Beschäftigte im öffentlichen Dienst vom 4. September 1990
48.	Tarifvertrag über die Eingruppierung der Angestellten des Bundesverbandes für den Selbstschutz vom 15. November 1978
49.	Tarifvertrag über eine Zulage an Arbeiter bei der Bundesanstalt für Flugsicherung vom 20. September 1990
50.	Tarifvertrag über eine Zulage an Arbeiter beim Bundesausfuhramt vom 15. April 1992
51.	Tarifvertrag über eine Zulage für Angestellte mit Aufgaben nach dem Asylverfahrensgesetz (TV Zulage Asyl Ang-O) vom 3. Mai 1993
52.	Tarifvertrag über eine Zulage an Auszubildende (TV-Zulage Azubi-O) vom 5. März 1991
53.	Vereinbarung über die Schaffung zusätzlicher Ausbildungsplätze im öffentlichen Dienst vom 17. Juli 1996
54.	Tarifvertrag über die Versorgung der Arbeitnehmer des Bundes und der Länder sowie von Arbeitnehmern kommunaler Verwaltungen und Betriebe (Versorgungs-TV) vom 4. November 1966

Anhang zu Nrn. 21, 22 und 23

Tätigkeitsmerkmale der Entgeltordnung:

1. Teil II
2. Teil III
   Abschnitt 4, Abschnitt 9, Abschnitt 10, Abschnitt 19, Abschnitt 22, Abschnitt 23, Abschnitt 29, Abschnitt 31 Entgeltgruppen 3 und 4, Abschnitt 33, Abschnitt 37, Abschnitt 38, Abschnitt 39, Abschnitt 44, Abschnitt 45 Entgeltgruppe 3, Entgeltgruppe 4, Entgeltgruppe 5 Fallgruppe 2 und Entgeltgruppe 6 Fallgruppe 2, Abschnitt 47, Abschnitt 48 Entgeltgruppe 8.
3. Teil IV
   a) Abschnitt 1 Entgeltgruppen 3 bis 7, Entgeltgruppe 8 Fallgruppen 1 bis 3 und Entgeltgruppe 9a,
   b) Abschnitte 4 bis 6
   c) Abschnitt 8 Entgeltgruppen 5 und 6,
   d) Abschnitte 12 und 13,
   e) Abschnitt 14 Entgeltgruppe 2 und Entgeltgruppe 3 Fallgruppe 1,
   f) Abschnitte 15 bis 19,

g) Abschnitte 21 und 22,
h) Abschnitt 23 Entgeltgruppen 3 und 5, Entgeltgruppe 6 Fallgruppen 2 bis 8, Entgeltgruppe 7 Fallgruppen 4 bis 8, Entgeltgruppe 8 Fallgruppen 4 bis 9,
i) Abschnitt 26 Entgeltgruppe 9a Fallgruppe 2,
j) Abschnitt 28,
k) Abschnitt 30,
l) Abschnitt 31 Entgeltgruppen 5 bis 8,
m) Abschnitt 32 Entgeltgruppe 4 und Entgeltgruppe 5 Fallgruppe 2.

4. Teil V
   a) Abschnitt 1
      aa) Unterabschnitt 1 Entgeltgruppen 4 bis 7, Entgeltgruppe 8 Fallgruppen 1, 2 und 5 bis 11 und Entgeltgruppe 9a,
      bb) Unterabschnitt 2 Entgeltgruppen 4 bis 6, Entgeltgruppe 7 Fallgruppe 2 und Entgeltgruppe 8 Fallgruppe 2,
      cc) Unterabschnitt 3 Entgeltgruppe 6 Fallgruppe 2,
   b) Abschnitt 2 Unterabschnitt 1 Entgeltgruppen 3 bis 7, Entgeltgruppe 8 Fallgruppen 3 und 5 bis 9 und Entgeltgruppe 9a und Unterabschnitt 2,
   c) Abschnitt 3 Entgeltgruppen 3 bis 8 und Entgeltgruppe 9a Fallgruppen 1 und 3,
   d) Abschnitt 4 Unterabschnitt 1 Entgeltgruppen 4 bis 7 und Entgeltgruppe 8 Fallgruppen 3 bis 8.
5. Teil VI

Teil C

Vorbemerkung:

Die in dieser Anlage aufgeführten Tarifverträge sind in der jeweils geltenden Fassung zitiert.

1.	Tarifvertrag für Arbeitnehmer des Bundes über die Arbeitsbedingungen bei besonderen Verwendungen im Ausland (AuslandsV-TV) vom 9. November 1993
2.	Tarifvertrag zur Regelung der Arbeitsbedingungen der bei Auslandsvertretungen der Bundesrepublik Deutschland beschäftigten nicht entsandten Arbeitnehmer – Tarifvertrag Arbeitnehmer Ausland (TV AN Ausland) vom 30. November 2001
3.	*(aufgehoben)*
4.	*(aufgehoben)*
5.	Tarifvertrag über den Rationalisierungsschutz für Angestellte (RatSchTV Ang) vom 9. Januar 1987
6.	Tarifvertrag über den Rationalisierungsschutz für Arbeiter des Bundes und der Länder (RatSchTV Arb) vom 9. Januar 1987
7.	Tarifvertrag zur Ergänzung der Lohn- und Vergütungssicherung in bestimmten Bereichen des Bundes vom 9. Januar 1987
8.	*(aufgehoben)*
9.	Tarifvertrag über sozialverträgliche Begleitmaßnahmen im Zusammenhang mit der Umgestaltung der Bundeswehr vom 18. Juli 2001
10.	Tarifvertrag über die Geltung des Tarifvertrages über sozialverträgliche Begleitmaßnahmen im Zusammenhang mit der Umgestaltung der Bundeswehr vom 18. Juli für die Fernleitungs-Betriebsgesellschaft mbH vom 15. Januar 2002
11.	Tarifvertrag über Begleitmaßnahmen im Zusammenhang mit dem Beschluss des deutschen Bundestages vom 20. Juni 1991 zur Vollendung der Einheit Deutschlands (UmzugsTV) vom 24. Juni 1996

12.	Tarifvertrag zur Regelung der Altersteilzeitarbeit (TV ATZ) vom 5. Mai 1998
13.	Tarifvertrag über die betriebliche Altersversorgung der Beschäftigten des öffentlichen Dienstes (Tarifvertrag Altersversorgung – ATV) vom 1. März 2002
14.	Tarifvertrag über den Geltungsbereich der für den öffentlichen Dienst in der Bundesrepublik Deutschland bestehenden Tarifverträge vom 1. August 1990
15.	Tarifvertrag zur Übernahme von Tarifverträgen vom 12. Mai 1975
16.	Tarifvertrag über Zulagen an Angestellte bei obersten Bundesbehörden vom 4. November 1971
17.	Tarifvertrag über Zulagen an Arbeiter bei obersten Bundesbehörden oder bei obersten Landesbehörden vom 4. November 1971
18.	Tarifvertrag über Zulagen an Angestellte bei den Sicherheitsdiensten des Bundes vom 21. Juni 1977
19.	Tarifvertrag über eine Zulage für Angestellte beim Bundesamt für Sicherheit in der Informationstechnik vom 14. Dezember 1990
20.	Tarifvertrag über Zulagen an Arbeiter bei den Sicherheitsdiensten des Bundes vom 21. Juni 1977
21.	Tarifvertrag über eine Zulage für Arbeiter beim Bundesamt für Sicherheit in der Informationstechnik vom 14. Dezember 1990
22.	Tarifvertrag über Zulagen an Arbeiter des Bundes im Geltungsbereich des MTArb-O (TV Zulagen Arb-O-Bund) vom 8. Mai 1991
23.	Tarifvertrag über die Ausführung von Arbeiten im Leistungslohnverfahren im Bereich der SR 2a des Abschnitts A der Anlage 2 MTArb (Gedingerichtlinien) vom 1. April 1964
24.	*(aufgehoben)*

Anlage 2. *(aufgehoben)*

Anlage 3
Strukturausgleiche für Angestellte (Bund)

Angestellte, deren Ortszuschlag sich nach § 29 Abschnitt B Abs. 5 BAT/BAT-O bemisst, erhalten den entsprechenden Anteil, in jedem Fall aber die Hälfte des Strukturausgleichs für Verheiratete.

Soweit nicht anders ausgewiesen, beginnt die Zahlung des Strukturausgleichs am 1. Oktober 2007. Die Angabe „nach … Jahren" bedeutet, dass die Zahlung nach den genannten Jahren ab dem In-Kraft-Treten des TVöD beginnt; so wird z.B. bei dem Merkmal „nach 4 Jahren" der Zahlungsbeginn auf den 1. Oktober 2009 festgelegt, wobei die Auszahlung eines Strukturausgleichs mit den jeweiligen Monatsbezügen erfolgt. Die Dauer der Zahlung ist ebenfalls angegeben; dabei bedeutet „dauerhaft" die Zahlung während der Zeit des Arbeitsverhältnisses.

Ist die Zahlung „für" eine bestimmte Zahl von Jahren angegeben, ist der Bezug auf diesen Zeitraum begrenzt (z.B. „für 5 Jahre" bedeutet Beginn der Zahlung im Oktober 2007 und Ende der Zahlung mit Ablauf September 2012). Eine Ausnahme besteht dann, wenn das Ende des Zahlungszeitraumes nicht mit einem Stufenaufstieg in der jeweiligen Entgeltgruppe zeitlich zusammenfällt; in diesen Fällen wird der Strukturausgleich bis zum nächsten Stufenaufstieg fortgezahlt. Diese Ausnahmeregelung gilt nicht, wenn der Stufenaufstieg in die Endstufe erfolgt; in diesen Fällen bleibt es bei der festgelegten Dauer.

Entgelt-gruppe	Vergütungs-gruppe bei In-Kraft-Treten TVÜ	Aufstieg	Ortszuschlag Stufe 1, 2 bei In-Kraft-Treten TVÜ	Lebens-altersstufe bei In-Kraft-Treten TVÜ	Höhe Ausgleichsbetrag	Dauer
2	X	IX b nach 2 Jahren	OZ 2	23	40 €	für 4 Jahre
2	X	IX b nach 2 Jahren	OZ 2	29	30 €	dauerhaft
2	X	IX b nach 2 Jahren	OZ 2	31	30 €	dauerhaft
2	X	IX b nach 2 Jahren	OZ 2	33	30 €	dauerhaft
2	X	IX b nach 2 Jahren	OZ 2	35	20 €	dauerhaft
3	VIII	ohne	OZ 2	25	35 €	nach 4 Jahren dauerhaft
3	VIII	ohne	OZ 2	27	35 €	dauerhaft
3	VIII	ohne	OZ 2	29	35 €	nach 4 Jahren dauerhaft
3	VIII	ohne	OZ 2	31	35 €	dauerhaft
3	VIII	ohne	OZ 2	33	35 €	dauerhaft
3	VIII	ohne	OZ 2	35	35 €	dauerhaft
3	VIII	ohne	OZ 2	37	20 €	dauerhaft
6	VI b	ohne	OZ 2	29	50 €	dauerhaft
6	VI b	ohne	OZ 2	31	50 €	dauerhaft
6	VI b	ohne	OZ 2	33	50 €	dauerhaft
6	VI b	ohne	OZ 2	35	50 €	dauerhaft
6	VI b	ohne	OZ 2	37	50 €	dauerhaft
6	VI b	ohne	OZ 2	39	50 €	dauerhaft
8	V c	ohne	OZ 2	37	40 €	dauerhaft
8	V c	ohne	OZ 2	39	40 €	dauerhaft
9	V b	ohne	OZ 1	29	60 €	für 12 Jahre
9	V b	ohne	OZ 1	31	60 €	nach 4 Jahren für 7 Jahre
9	V b	ohne	OZ 1	33	60 €	für 7 Jahre
9	V b	ohne	OZ 2	27	90 €	nach 4 Jahren für 7 Jahre
9	V b	ohne	OZ 2	29	90 €	für 7 Jahre
9	V b	ohne	OZ 2	35	20 €	nach 4 Jahren dauerhaft
9	V b	ohne	OZ 2	37	40 €	nach 4 Jahren dauerhaft
9	V b	ohne	OZ 2	39	40 €	dauerhaft
9	V b	ohne	OZ 2	41	40 €	dauerhaft
9	V b	IV b nach 6 Jahren	OZ 1	29	50 €	für 3 Jahre
9	V b	IV b nach 2, 3, 4, 6 Jahren	OZ 1	35	60 €	für 4 Jahre
9	V b	IV b nach 2, 3, 4, 6 Jahren	OZ 2	31	50 €	für 4 Jahre
9	V b	IV b nach 2, 3, 4, 6 Jahren	OZ 2	37	60 €	dauerhaft
9	V b	IV b nach 2, 3, 4, 6 Jahren	OZ 2	39	60 €	dauerhaft

Entgelt-gruppe	Vergütungs-gruppe bei In-Kraft-Treten TVÜ	Aufstieg	Ortszuschlag Stufe 1, 2	Lebens-altersstufe	Höhe Aus-gleichsbetrag	Dauer
			bei In-Kraft-Treten TVÜ			
9	V b	IV b nach 2, 3, 4, 6 Jahren	OZ 2	41	60 €	dauerhaft
9	IV b	ohne	OZ 1	35	60 €	für 4 Jahre
9	IV b	ohne	OZ 2	31	50 €	für 4 Jahre
9	IV b	ohne	OZ 2	37	60 €	dauerhaft
9	IV b	ohne	OZ 2	39	60 €	dauerhaft
9	IV b	ohne	OZ 2	41	60 €	dauerhaft
10	IV b	IV a nach 2, 4, 6 Jahren	OZ 1	35	40 €	für 4 Jahre
10	IV b	IV a nach 2, 4, 6 Jahren	OZ 1	41	30 €	dauerhaft
10	IV b	IV a nach 2, 4, 6 Jahren	OZ 1	43	30 €	dauerhaft
10	IV b	IV a nach 6 Jahren	OZ 2	29	70 €	für 7 Jahre
10	IV b	IV a nach 2, 4, 6 Jahren	OZ 2	37	60 €	nach 4 Jahren dauerhaft
10	IV b	IV a nach 2, 4, 6 Jahren	OZ 2	39	60 €	dauerhaft
10	IV b	IV a nach 2, 4, 6 Jahren	OZ 2	41	85 €	dauerhaft
10	IV b	IV a nach 2, 4, 6 Jahren	OZ 2	43	60 €	dauerhaft
10	IV a	ohne	OZ 1	35	40 €	für 4 Jahre
10	IV a	ohne	OZ 1	41	30 €	dauerhaft
10	IV a	ohne	OZ 1	43	30 €	dauerhaft
10	IV a	ohne	OZ 2	37	60 €	nach 4 Jahren dauerhaft
10	IV a	ohne	OZ 2	39	60 €	dauerhaft
10	IV a	ohne	OZ 2	41	85 €	dauerhaft
10	IV a	ohne	OZ 2	43	60 €	dauerhaft
11	IV a	III nach 4, 6, 8 Jahren	OZ 1	41	40 €	dauerhaft
11	IV a	III nach 4, 6, 8 Jahren	OZ 1	43	40 €	dauerhaft
11	IV a	III nach 4, 6, 8 Jahren	OZ 2	37	70 €	nach 4 Jahren dauerhaft
11	IV a	III nach 4, 6, 8 Jahren	OZ 2	39	70 €	dauerhaft
11	IV a	III nach 4, 6, 8 Jahren	OZ 2	41	85 €	dauerhaft
11	IV a	III nach 4, 6, 8 Jahren	OZ 2	43	70 €	dauerhaft
11	III	ohne	OZ 1	41	40 €	nach 4 Jahren dauerhaft
11	III	ohne	OZ 1	43	40 €	dauerhaft
11	III	ohne	OZ 2	37	70 €	nach 4 Jahren dauerhaft
11	III	ohne	OZ 2	39	70 €	dauerhaft
11	III	ohne	OZ 2	41	85 €	dauerhaft
11	III	ohne	OZ 2	43	70 €	dauerhaft

Entgelt-gruppe	Vergütungs-gruppe bei In-Kraft-Treten TVÜ	Aufstieg	Ortszuschlag Stufe 1, 2	Lebens-altersstufe	Höhe Aus-gleichsbetrag	Dauer
			bei In-Kraft-Treten TVÜ			
11	II b	ohne	OZ 1	31	60 €	nach 4 Jahren für 2 Jahre*)
11	II b	ohne	OZ 1	39	60 €	nach 4 Jahren dauerhaft*)
11	II b	ohne	OZ 1	41	80 €	dauerhaft*)
11	II b	ohne	OZ 2	29	60 €	nach 4 Jahren für 2 Jahre*)
11	II b	ohne	OZ 2	35	80 €	nach 4 Jahren dauerhaft*)
11	II b	ohne	OZ 2	37	100 €	nach 4 Jahren dauerhaft*)
11	II b	ohne	OZ 2	39	110 €	dauerhaft*)
11	II b	ohne	OZ 2	41	80 €	dauerhaft*)
12	III	II a nach 10 Jahren	OZ 1	33	95 €	für 5 Jahre
12	III	II a nach 10 Jahren	OZ 1	35	95 €	für 4 Jahre
12	III	II a nach 10 Jahren	OZ 1	39	50 €	nach 4 Jahren dauerhaft
12	III	II a nach 10 Jahren	OZ 1	41	50 €	dauerhaft
12	III	II a nach 10 Jahren	OZ 1	43	50 €	dauerhaft
12	III	II a nach 10 Jahren	OZ 2	33	100 €	für 4 Jahre
12	III	II a nach 10 Jahren	OZ 2	37	100 €	nach 4 Jahren dauerhaft
12	III	II a nach 10 Jahren	OZ 2	39	100 €	dauerhaft
12	III	II a nach 10 Jahren	OZ 2	41	100 €	dauerhaft
12	III	II a nach 10 Jahren	OZ 2	43	85 €	dauerhaft
12	III	II a nach 8 Jahren	OZ 1	35	95 €	für 4 Jahre
12	III	II a nach 8 Jahren	OZ 1	39	50 €	nach 4 Jahren dauerhaft
12	III	II a nach 8 Jahren	OZ 1	41	50 €	dauerhaft
12	III	II a nach 8 Jahren	OZ 1	43	50 €	dauerhaft
12	III	II a nach 8 Jahren	OZ 2	31	100 €	für 5 Jahre
12	III	II a nach 8 Jahren	OZ 2	33	100 €	für 4 Jahre
12	III	II a nach 8 Jahren	OZ 2	37	100 €	nach 4 Jahren dauerhaft

*) **Amtl. Anm.:** Der Strukturausgleich wird rückwirkend, jedoch frühestens ab dem 1. Februar 2008 geleistet.

Entgelt-gruppe	Vergütungs-gruppe bei In-Kraft-Treten TVÜ	Aufstieg	Ortszuschlag Stufe 1, 2	Lebens-altersstufe	Höhe Ausgleichsbetrag	Dauer
			bei In-Kraft-Treten TVÜ			
12	III	II a nach 8 Jahren	OZ 2	39	100 €	dauerhaft
12	III	II a nach 8 Jahren	OZ 2	41	100 €	dauerhaft
12	III	II a nach 8 Jahren	OZ 2	43	85 €	dauerhaft
12	III	II a nach 5 Jahren	OZ 1	29	100 €	für 3 Jahre
12	III	II a nach 5 u. 6 Jahren	OZ 1	35	95 €	für 4 Jahre
12	III	II a nach 5 u. 6 Jahren	OZ 1	39	50 €	nach 4 Jahren dauerhaft
12	III	II a nach 5 u. 6 Jahren	OZ 1	41	50 €	dauerhaft
12	III	II a nach 5 u. 6 Jahren	OZ 1	43	50 €	dauerhaft
12	III	II a nach 5 u. 6 Jahren	OZ 2	33	100 €	für 4 Jahre
12	III	II a nach 5 u. 6 Jahren	OZ 2	37	100 €	nach 4 Jahren dauerhaft
12	III	II a nach 5 u. 6 Jahren	OZ 2	39	100 €	dauerhaft
12	III	II a nach 5 u. 6 Jahren	OZ 2	41	100 €	dauerhaft
12	III	II a nach 5 u. 6 Jahren	OZ 2	43	85 €	dauerhaft
13	II a	ohne	OZ 2	39	60 €	nach 4 Jahren dauerhaft
13	II a	ohne	OZ 2	41	60 €	dauerhaft
13	II a	ohne	OZ 2	43	60 €	dauerhaft
14	II a	I b nach 15 Jahren	OZ 1	39	80 €	dauerhaft
14	II a	I b nach 15 Jahren	OZ 1	41	80 €	dauerhaft
14	II a	I b nach 15 Jahren	OZ 1	43	80 €	dauerhaft
14	II a	I b nach 15 Jahren	OZ 1	45	60 €	dauerhaft
14	II a	I b nach 15 Jahren	OZ 2	37	110 €	dauerhaft
14	II a	I b nach 15 Jahren	OZ 2	39	110 €	dauerhaft
14	II a	I b nach 15 Jahren	OZ 2	41	110 €	dauerhaft
14	II a	I b nach 15 Jahren	OZ 2	43	110 €	dauerhaft
14	II a	I b nach 15 Jahren	OZ 2	45	60 €	dauerhaft
14	II a	I b nach 5 u. 6 Jahren	OZ 1	31	100 €	für 3 Jahre
14	II a	I b nach 5 u. 6 Jahren	OZ 1	35	100 €	für 4 Jahre

Entgelt-gruppe	Vergütungs-gruppe bei In-Kraft-Treten TVÜ	Aufstieg	Ortszuschlag Stufe 1, 2	Lebens-altersstufe	Höhe Aus-gleichsbetrag	Dauer
			bei In-Kraft-Treten TVÜ			
14	II a	I b nach 5 u. 6 Jahren	OZ 1	41	80 €	nach 4 Jahren dauerhaft
14	II a	I b nach 5 u. 6 Jahren	OZ 1	43	80 €	dauerhaft
14	II a	I b nach 5 u. 6 Jahren	OZ 1	45	60 €	dauerhaft
14	II a	I b nach 5 u. 6 Jahren	OZ 2	31	110 €	für 7 Jahre
14	II a	I b nach 5 u. 6 Jahren	OZ 2	33	50 €	für 4 Jahre
14	II a	I b nach 5 u. 6 Jahren	OZ 2	39	110 €	nach 4 Jahren dauerhaft
14	II a	I b nach 5 u. 6 Jahren	OZ 2	41	110 €	dauerhaft
14	II a	I b nach 5 u. 6 Jahren	OZ 2	43	110 €	dauerhaft
14	II a	I b nach 5 u. 6 Jahren	OZ 2	45	60 €	dauerhaft
14	II a	I b nach 11 Jahren	OZ 1	33	50 €	nach 4 Jahren für 5 Jahre
14	II a	I b nach 11 Jahren	OZ 1	35	50 €	für 5 Jahre
14	II a	I b nach 11 Jahren	OZ 1	37	80 €	für 4 Jahre
14	II a	I b nach 11 Jahren	OZ 1	41	80 €	nach 4 Jahren dauerhaft
14	II a	I b nach 11 Jahren	OZ 1	43	80 €	dauerhaft
14	II a	I b nach 11 Jahren	OZ 1	45	60 €	dauerhaft
14	II a	I b nach 11 Jahren	OZ 2	35	110 €	nach 3 Jahren für 3 Jahre
14	II a	I b nach 11 Jahren	OZ 2	37	110 €	dauerhaft
14	II a	I b nach 11 Jahren	OZ 2	39	110 €	nach 4 Jahren dauerhaft
14	II a	I b nach 11 Jahren	OZ 2	41	110 €	dauerhaft
14	II a	I b nach 11 Jahren	OZ 2	43	110 €	dauerhaft
14	II a	I b nach 11 Jahren	OZ 2	45	60 €	dauerhaft
14	I b	ohne	OZ 1	35	100 €	für 4 Jahre
14	I b	ohne	OZ 1	41	80 €	nach 4 Jahren dauerhaft
14	I b	ohne	OZ 1	43	80 €	dauerhaft
14	I b	ohne	OZ 1	45	60 €	dauerhaft
14	I b	ohne	OZ 2	33	50 €	für 4 Jahre
14	I b	ohne	OZ 2	39	110 €	nach 4 Jahren dauerhaft
14	I b	ohne	OZ 2	41	110 €	dauerhaft

Entgeltgruppe	Vergütungsgruppe bei In-Kraft-Treten TVÜ	Aufstieg	Ortszuschlag Stufe 1, 2	Lebensaltersstufe	Höhe Ausgleichsbetrag	Dauer
			bei In-Kraft-Treten TVÜ			
14	I b	ohne	OZ 2	43	110 €	dauerhaft
14	I b	ohne	OZ 2	45	60 €	dauerhaft
15	I a	ohne	OZ 1	39	110 €	für 4 Jahre
15	I a	ohne	OZ 1	43	50 €	dauerhaft
15	I a	ohne	OZ 1	45	50 €	dauerhaft
15	I a	ohne	OZ 2	37	110 €	für 4 Jahre
15	I a	ohne	OZ 2	41	50 €	dauerhaft
15	I a	ohne	OZ 2	43	50 €	dauerhaft
15	I a	ohne	OZ 2	45	50 €	dauerhaft
15	I b	I a nach 8 Jahren	OZ 1	39	110 €	für 4 Jahre
15	I b	I a nach 8 Jahren	OZ 1	43	50 €	dauerhaft
15	I b	I a nach 8 Jahren	OZ 1	45	50 €	dauerhaft
15	I b	I a nach 8 Jahren	OZ 2	37	110 €	für 4 Jahre
15	I b	I a nach 8 Jahren	OZ 2	41	50 €	dauerhaft
15	I b	I a nach 8 Jahren	OZ 2	43	50 €	dauerhaft
15	I b	I a nach 8 Jahren	OZ 2	45	50 €	dauerhaft
15	I b	I a nach 4 Jahren	OZ 1	39	110 €	für 4 Jahre
15	I b	I a nach 4 Jahren	OZ 1	43	50 €	dauerhaft
15	I b	I a nach 4 Jahren	OZ 1	45	50 €	dauerhaft
15	I b	I a nach 4 Jahren	OZ 2	37	110 €	für 4 Jahre
15	I b	I a nach 4 Jahren	OZ 2	41	50 €	dauerhaft
15	I b	I a nach 4 Jahren	OZ 2	43	50 €	dauerhaft
15	I b	I a nach 4 Jahren	OZ 2	45	50 €	dauerhaft
15 Ü	I	ohne	OZ 2	43	50 €	dauerhaft
15 Ü	I	ohne	OZ 2	45	50 €	dauerhaft

Anlage 4. *(aufgehoben)*

Anlage 5 zu § 23 TVÜ-Bund

1. Übergangsregelung zu § 45 Nr. 7 TVöD:
   a) [1]Bis zum In-Kraft-Treten eines Tarifvertrags über eine persönliche Zulage nach § 14 gilt die in § 18 Abs. 2 i.V.m. § 9 Abs. 1 MTArb/MTArb-O genannte Frist von 30 Tagen nicht für zu einer Auslandsdienststelle entsandten Beschäftigte, die vor dem 1. Januar 2005 der

Rentenversicherung der Arbeiter unterlegen hätten. [2]Diese Beschäftigten sind verpflichtet,

- während des Heimaturlaubs,
- in anderen Fällen Beschäftigte oder Beamtinnen/Beamte bis zur Dauer von drei Monaten

zu vertreten. [3]§ 18 Abs. 2 i.V.m. § 9 Abs. 2 MTArb/MTArb-O finden für diesen Zeitraum keine Anwendung.

b) [1]Bei Änderungen infolge der Zuordnung zu den neuen Entgeltgruppen bei ins Ausland entsandten Beschäftigten, die unter die Sonderregelungen für Beschäftigte, die zu Auslandsdienstorten des Bundes entsandt sind, fallen, bemisst sich die Höhe der Auslandsbezüge bis zur nächsten Versetzung nach der bis zum 30. September 2005 geltenden Rechtslage. [2]Ergeben sich nach altem Recht höhere Auslandsbezüge als nach neuem Recht, erhalten Beschäftigte eine abbaubare persönliche Zulage in Höhe des Unterschiedsbetrags zwischen den Auslandsbezügen, die sich nach dem bis zum 30. September 2005 geltenden Recht ergeben hätten, und dem ab 1. Oktober 2005 zu zahlenden Auslandsentgelt. [3]Die persönliche Zulage entfällt bei einer Höhergruppierung. [4]Allgemeine Entgeltanpassungen werden auf die persönliche Zulage angerechnet.

2. Übergangsregelung für Personen, denen am 30. September 2005 nach den Sonderregelungen für die Angestellten im Bereich des Bundesministeriums der Verteidigung (SR 2 e I BAT) sowie nach dem Tarifvertrag über einen sozialverträglichen Personalabbau im Bereich des Bundesministers der Verteidigung vom 30. November 1991 (SOPA) eine Übergangsversorgung zugestanden hat:
Nr. 9a der SR 2e I BAT gilt weiter.

3. Übergangs- und Überleitungsregelung zu § 46 Sonderregelungen für die Beschäftigten im Bereich des Bundesministeriums der Verteidigung:

a) Die SR 2b Nr. 10 Abs. 3 MTArb/MTArb-O und SR 2e II Nr. 9 Abs. 1 und 3 BAT/BAT-O gelten bis zum In-Kraft-Treten einer ablösenden tarifvertraglichen Regelung fort.

b) Für Beschäftigte im Pflegedienst ergeben sich die Strukturausgleichsbeträge aus Anlage 2 Abschnitt II TVÜ-VKA; im Übrigen gilt § 12 TVÜ-Bund.

(c) *(aufgehoben)*

4. Regelung für Beschäftigte, die unter den Geltungsbereich der ehemaligen SR 2 h BAT fallen:
[1]Für Beschäftigte des Luftfahrt-Bundesamtes, die auf Grund von § 1 des Gesetzes zur Übernahme der Beamten und Arbeitnehmer bei der Bundesanstalt für Flugsicherung (Artikel 7 des Zehnten Gesetzes zur Änderung des Luftverkehrsgesetzes vom 23. Juli 1992) Aufgaben der Flugsicherung wahrnehmen, gelten die Sonderregelungen 2h BAT für den Bereich des Bundes in der bis zum 31. Dezember 2001 geltenden Fassung für die Dauer des fortbestehenden Arbeitsverhältnisses weiter. [2]Teil III Abschn. C der Anlage 1a zum BAT gilt fort. [3]Diese Beschäftigten werden zum Zwecke der Berechnung ihres Tabellenentgelts so gestellt, als wären sie in den TVöD übergeleitet worden.

5. Übergangsregelung für die Beschäftigten auf Fischereischutzbooten und Fischereiforschungsfahrzeugen einschließlich der Ärzte und Heilgehilfen im Bereich des Bundesministeriums für Verbraucherschutz, Ernährung und Landwirtschaft:
[1] Beschäftigte auf Fischereischutzbooten und Fischereiforschungsfahrzeugen einschließlich der Ärzte und Heilgehilfen, jedoch ohne die auf diesen Fahrzeugen eingesetzten Beschäftigten des Deutschen Wetterdienstes, werden vom Geltungsbereich des TVöD und TVÜ-Bund vorläufig ausgenommen. [2] Für die Beschäftigten, für die die Regelungen des Tarifgebiets West Anwendung finden, gelten der Tarifvertrag zur Regelung der Arbeitsbedingungen und der Besatzungsmitglieder der Fischereischutzboote und Fischereiforschungsfahrzeuge vom 11. Januar 1972 in der Fassung vom 13. März 1987 und der Tarifvertrag über eine Zuwendung für Kapitäne und Besatzungsmitglieder der Fischereischutzboote und Fischereiforschungsschiffe des Bundes vom 31. Januar 1974 vorläufig weiter. [3] Die Tarifvertragsparteien stimmen darüber ein, dass die Beschäftigten nach Satz 1 in den TVöD übergeleitet werden sollen. [4] Die Tarifverhandlungen sollen spätestens nach In-Kraft-Treten der Entgeltordnung aufgenommen werden.

6. Übergangsregelung für Beschäftigte im Bereich des Bundesministeriums der Finanzen:

a) Für Arbeiterinnen und Arbeiter des Bundes bei der Bundesmonopolverwaltung für Branntwein, deren dortiges Arbeitsverhältnis über den 30. September 2005 hinaus fortbesteht, und die zum 1. Oktober 2005 unter den Geltungsbereich des TVöD fallen, gelten für die Dauer des ununterbrochen fortbestehenden Arbeitsverhältnisses die tarifvertraglichen Bestimmungen der Nr. 5 und 7 der Sonderregelung 2g MTArb/MTArb-O sowie der Tarifvertrag über die Ausführung von Arbeiten im Leistungslohnverfahren im Bereich der SR 2g des Abschnitts A der Anlage 2 MTArb vom 16. November 1971 weiter.

b) Für Arbeiterinnen und Arbeiter des Bundes im Geltungsbereich des Tarifvertrags zur Überleitung der Arbeiter der Zoll- und Verbrauchssteuerverwaltung und der Bundesvermögensverwaltung der Oberfinanzdirektion Berlin sowie der Bundesmonopolverwaltung für Branntwein in das Tarifrecht des Bundes vom 18. September 1991, deren Arbeitsverhältnis zum Bund über den 30. September 2005 hinaus fortbesteht, und die zum 1. Oktober 2005 unter den Geltungsbereich des TVöD fallen, gelten für die Dauer des ununterbrochen fortbestehenden Arbeitsverhältnisses die tarifvertraglichen Bestimmungen des vorgenannten Überleitungstarifvertrags weiter.

(c) Für Beschäftigte der Bundesmonopolverwaltung für Branntwein, für die bis zum 31. Dezember 2013 das Sonderverzeichnis 2g zum TV Lohngruppenverzeichnis Bund gegolten hat und deren dortiges Beschäftigungsverhältnis über den 31. Dezember 2013 hinaus fortbesteht, gelten für die Dauer des ununterbrochen fortbestehenden Beschäftigungsverhältnisses für Eingruppierungen nach dem 31. Dezember 2013 bis zum Ablauf des Bundesmonopoles für Branntwein die folgenden Tätigkeitsmerkmale:

Entgelt-gruppe	Fall-gruppe	Tätigkeitsmerkmal
3	1	Beschäftigte in Brennspiritus-Abfüll- und -Verpackungslinien.
3	2	Füller.
3	3	Rangierarbeiter.
3	4	Fahrer von nicht zum öffentlichen Verkehr zugelassenen Gabelstaplern.
3	5	Maschinenführer in Brennspiritus-Abfüll- und -Verpackungslinien.
3	6	Beschäftigte als Mitfahrer bei der Brennspiritus-Auslieferung mit Inkassotätigkeiten.
4	1	Beschäftigte bei einer Außenabteilung der Verwertungsstelle, die Personen- und Warenkontrollen an Betriebsein- und -ausgängen durchführen.
4	2	Diesellokführer.
4	3	Fahrer von nicht zum öffentlichen Verkehr zugelassenen Gabelstaplern mit einer Hubkraft ab 1t, die auch brennbare Flüssigkeiten transportieren.
5	1	Füller mit einschlägiger abgeschlossener dreijähriger Berufsausbildung.
5	2	Maschinenführer in Brennspiritus-Abfüll- und -Verpackungslinien mit einschlägiger dreijähriger Berufsausbildung.
6	1	Rangierer mit Rangierleiterprüfung.
8	1	Beschäftigte mit einschlägiger abgeschlossener dreijähriger Berufsausbildung, die als Apparateführer in einer Reinigungsanstalt tätig sind.
8	2	Beschäftigte mit einschlägiger abgeschlossener dreijähriger Berufsausbildung als Erste Gehilfen des Meisters in einer Reinigungsanstalt oder in einem Lagerbetrieb, denen die Vertretung des Meisters obliegt. Protokollerklärung: Für die Vertretung des Meisters wird keine Zulage nach § 14 TVöD gezahlt.
9a	1	Beschäftigte mit einschlägiger abgeschlossener dreijähriger Berufsausbildung als Apparateführer in einer Reinigungsanstalt, die Verfahrensanlagen im Druckstufenverbund mit Prozessleitsystem (zentrale Mess-, Steuer- und Regeltechnik) führen, warten, instand halten und die Steuerung der Anlagen den jeweiligen Produktionsvorgaben anpassen.
9a	2	Beschäftigte mit einschlägiger abgeschlossener dreijähriger Berufsausbildung in einer Reinigungsanstalt mit Verfahrensanlagen im Druckstufenverbund und Prozessleitsystem (zentrale Mess-, Steuer- und Regeltechnik), die besonders schwierige Prüf-, Wartungs- und Instandsetzungsarbeiten durchführen sowie Programmfehler feststellen und beseitigen.

7.–9. *(aufgehoben)*

10. Für die Eingruppierung der Beschäftigten im Sozial- und Erziehungsdienst im Sinne des § 1 Abs. 1 und 2 gilt Folgendes:

   a) [1]Die Beschäftigten, deren Arbeitsverhältnis zum Bund über den 31. Dezember 2013 hinaus fortbesteht, und die am 1. Januar 2014 unter den Geltungsbereich des TVöD fallen, bleiben für die Dauer der unverändert auszuübenden Tätigkeit in der bisherigen Entgeltgruppe eingruppiert. [2]Die Protokollerklärung zu § 25 Abs. 1 gilt entsprechend. [3]§§ 8 und 9 bleiben unberührt.

b) Für Eingruppierungen nach dem 31. Dezember 2013 gelten die folgenden Tätigkeitsmerkmale.

c) [1] Die Beschäftigten erhalten für die Dauer der Ausübung ihrer Tätigkeit eine Zulage in Höhe von 130 Euro monatlich. [2] § 24 Abs. 2 TVöD gilt entsprechend.

Abschnitt 1: Leiter von Kindertagesstätten

Vorbemerkungen

1. Kindertagesstätten im Sinne der Tätigkeitsmerkmale dieses Unterabschnitts sind Krippen, Kindergärten, Horte, Kinderbetreuungsstuben und Kinderhäuser.
2. Der Ermittlung der Durchschnittsbelegung ist für das jeweilige Kalenderjahr grundsätzlich die Zahl der vom 1. Oktober bis 31. Dezember des vorangegangenen Kalenderjahres vergebenen, je Tag gleichzeitig belegbaren Plätze zugrunde zu legen.

Entgelt-gruppe	Fall-gruppe	Tätigkeitsmerkmal
11		Leiter von Kindertagesstätten mit einer Durchschnittsbelegung von mindestens 180 Plätzen.
10	1	Leiter von Kindertagesstätten mit einer Durchschnittsbelegung von mindestens 130 Plätzen.
10	2	Beschäftigte, die durch ausdrückliche Anordnung als ständige Vertreter von Leitern von Kindertagesstätten mit einer Durchschnittsbelegung von mindestens 180 Plätzen bestellt sind.
10	3	Leiter von Kindertagesstätten mit einer Durchschnittsbelegung von mindestens 100 Plätzen.
10	4	Beschäftigte, die durch ausdrückliche Anordnung als ständige Vertreter von Leitern von Kindertagesstätten mit einer Durchschnittsbelegung von mindestens 130 Plätzen bestellt sind.
9b	1	Leiter von Kindertagesstätten mit einer Durchschnittsbelegung von mindestens 70 Plätzen.
9b	2	Beschäftigte, die durch ausdrückliche Anordnung als ständige Vertreter von Leitern von Kindertagesstätten mit einer Durchschnittsbelegung von mindestens 100 Plätzen bestellt sind.
9b	3	Leiter von Kindertagesstätten mit einer Durchschnittsbelegung von mindestens 40 Plätzen.
9b	4	Beschäftigte, die durch ausdrückliche Anordnung als ständige Vertreter von Leitern von Kindertagesstätten mit einer Durchschnittsbelegung von mindestens 70 Plätzen bestellt sind.
8	1	Leiter von Kindertagesstätten.
8	2	Beschäftigte, die durch ausdrückliche Anordnung als ständige Vertreter von Leitern von Kindertagesstätten mit einer Durchschnittsbelegung von mindestens 40 Plätzen bestellt sind.

Abschnitt 2: Sozialarbeiter/Sozialpädagogen, Heilpädagogen

Entgelt-gruppe	Fall-gruppe	Tätigkeitsmerkmal
12		Sozialarbeiter/Sozialpädagogen mit staatlicher Anerkennung und entsprechender Tätigkeit sowie sonstige Beschäftigte, die aufgrund gleichwertiger Fähigkeiten und ihrer Erfahrungen entsprechende Tätigkeiten ausüben, deren Tätigkeit sich durch das Maß der damit verbundenen Verantwortung erheblich aus der Entgeltgruppe 11 heraushebt.
11		Sozialarbeiter/Sozialpädagogen mit staatlicher Anerkennung und entsprechender Tätigkeit sowie sonstige Beschäftigte, die aufgrund gleichwertiger Fähigkeiten und ihrer Erfahrungen entsprechende Tätigkeiten ausüben, deren Tätigkeit sich durch besondere Schwierigkeit und Bedeutung aus der Entgeltgruppe 9b Fallgruppe 1 heraushebt.

Entgelt-gruppe	Fall-gruppe	Tätigkeitsmerkmal
10		Sozialarbeiter/Sozialpädagogen mit staatlicher Anerkennung und entsprechender Tätigkeit sowie sonstige Beschäftigte, die aufgrund gleichwertiger Fähigkeiten und ihrer Erfahrungen entsprechende Tätigkeiten ausüben, deren Tätigkeit sich mindestens zu einem Drittel durch besondere Schwierigkeit und Bedeutung aus der Entgeltgruppe 9b Fallgruppe 1 heraushebt.
9b	1	Sozialarbeiter/Sozialpädagogen mit staatlicher Anerkennung und entsprechender Tätigkeit sowie sonstige Beschäftigte, die aufgrund gleichwertiger Fähigkeiten und ihrer Erfahrungen entsprechende Tätigkeiten ausüben, mit schwierigen Tätigkeiten. (Hierzu Protokollerklärung)
9b	2	Sozialarbeiter/Sozialpädagogen mit staatlicher Anerkennung und entsprechender Tätigkeit sowie sonstige Beschäftigte, die aufgrund gleichwertiger Fähigkeiten und ihrer Erfahrungen entsprechende Tätigkeiten ausüben.
8		Heilpädagogen mit staatlicher Anerkennung und entsprechender Tätigkeit.
8		Beschäftigte in der Tätigkeit von Sozialarbeitern/Sozialpädagogen mit staatlicher Anerkennung.

Protokollerklärung:
Schwierige Tätigkeiten sind z.B. die

a) Beratung von Suchtmittel-Abhängigen,
b) Beratung von HIV-Infizierten oder an AIDS erkrankten Personen,
c) Koordinierung der Arbeiten mehrerer Beschäftigter mindestens der Entgeltgruppe 9a.

Abschnitt 3: Erzieherinnen, Kinderpflegerinnen

Entgelt-gruppe	Fallgrup-pe	Tätigkeitsmerkmal
9a		Erzieherinnen mit staatlicher Anerkennung und entsprechender Tätigkeit sowie sonstige Beschäftigte, die aufgrund gleichwertiger Fähigkeiten und ihrer Erfahrungen entsprechende Tätigkeiten ausüben, mit fachlich koordinierenden Aufgaben für mindestens drei Beschäftigte mindestens der Entgeltgruppe 8 Fallgruppe 1. (Hierzu Protokollerklärungen Nrn. 1 und 2)
8	1	Erzieherinnen mit staatlicher Anerkennung und entsprechender Tätigkeit sowie sonstige Beschäftigte, die aufgrund gleichwertiger Fähigkeiten und ihrer Erfahrungen entsprechende Tätigkeiten ausüben, mit besonders schwierigen fachlichen Tätigkeiten. (Hierzu Protokollerklärungen Nrn. 1, 2 und 3)
8	2	Erzieherinnen mit staatlicher Anerkennung und entsprechender Tätigkeit sowie sonstige Beschäftigte, die aufgrund gleichwertiger Fähigkeiten und ihrer Erfahrungen entsprechende Tätigkeiten ausüben, in Schulkindergärten, Vorklassen oder Vermittlungsgruppen für nicht schulpflichtige Kinder. (Hierzu Protokollerklärungen Nrn. 2 und 4)
6		Erzieherinnen mit staatlicher Anerkennung und entsprechender Tätigkeit sowie sonstige Beschäftigte, die aufgrund gleichwertiger Fähigkeiten und ihrer Erfahrungen entsprechende Tätigkeiten ausüben. (Hierzu Protokollerklärungen Nrn. 1 und 2)
5	1	Kinderpflegerinnen mit staatlicher Anerkennung oder mit staatlicher Prüfung und entsprechender Tätigkeit sowie sonstige Beschäftigte, die aufgrund gleichwertiger Fähigkeiten und ihrer Erfahrungen entsprechende Tätigkeiten ausüben, mit schwierigen fachlichen Tätigkeiten. (Hierzu Protokollerklärung Nr. 5)

Entgelt-gruppe	Fallgrup-pe	Tätigkeitsmerkmal
5	2	Beschäftigte in der Tätigkeit von Erzieherinnen mit staatlicher Anerkennung. (Hierzu Protokollerklärung Nr. 1)
3		Kinderpflegerinnen mit staatlicher Anerkennung oder mit staatlicher Prüfung und entsprechender Tätigkeit sowie sonstige Beschäftigte, die aufgrund gleichwertiger Fähigkeiten und ihrer Erfahrungen entsprechende Tätigkeiten ausüben.
2		Beschäftigte in der Tätigkeit von Kinderpflegerinnen mit staatlicher Anerkennung.

Protokollerklärungen:

1. Als entsprechende Tätigkeit von Erzieherinnen gilt auch die Betreuung von über 18-jährigen Personen (z.B. in Einrichtungen für behinderte Menschen im Sinne des § 2 SGB IX oder für Obdachlose).
2. Nach diesem Tätigkeitsmerkmal eingruppiert sind auch
   a) Kindergärtnerinnen und Hortnerinnen mit staatlicher Anerkennung oder staatlicher Prüfung,
   b) Gesundheits- und Kinderkrankenpflegerinnen, die in Kinderkrippen tätig sind.
3. Besonders schwierige fachliche Tätigkeiten sind z.B. die
   a) Tätigkeiten in Integrationsgruppen (Erziehungsgruppen, denen besondere Aufgaben in der gemeinsamen Förderung behinderter und nicht behinderter Kinder zugewiesen sind) mit einem Anteil von mindestens einem Drittel von behinderten Kindern im Sinne des § 2 SGB IX in Einrichtungen der Kindertagesbetreuung,
   b) Tätigkeiten in Gruppen von behinderten Menschen im Sinne des § 2 SGB IX oder von Kindern und/oder Jugendlichen mit wesentlichen Erziehungsschwierigkeiten,
   c) Tätigkeiten in Jugendzentren/Häusern der offenen Tür,
   d) Tätigkeiten in geschlossenen (gesicherten) Gruppen,
   e) fachlichen Koordinierungstätigkeiten für mindestens vier Beschäftigte mindestens der Entgeltgruppe 6,
   f) Tätigkeiten einer Facherzieherin mit einrichtungsübergreifenden Aufgaben.
4. Die Tätigkeit setzt voraus, dass überwiegend Kinder, die im nächsten Schuljahr schulpflichtig werden, nach einem speziellen pädagogischen Konzept gezielt auf die Schule vorbereitet werden.
5. Schwierige fachliche Tätigkeiten sind z.B.
   a) Tätigkeiten in Einrichtungen für behinderte Menschen im Sinne des § 2 SGB IX und in psychiatrischen Kliniken,
   b) allein verantwortliche Betreuung von Gruppen z.B. in Randzeiten,
   c) Tätigkeiten in Integrationsgruppen (Erziehungsgruppen, denen besondere Aufgaben in der gemeinsamen Förderung behinderter und nicht behinderter Kinder zugewiesen sind) mit einem Anteil von mindestens einem Drittel von behinderten Kindern im Sinne des § 2 SGB IX in Einrichtungen der Kindertagesbetreuung,
   d) Tätigkeiten in Gruppen von behinderten Menschen im Sinne des § 2 SGB IX oder in Gruppen von Kindern und/oder Jugendlichen mit wesentlichen Erziehungsschwierigkeiten,
   e) Tätigkeiten in geschlossenen (gesicherten) Gruppen.

11. Übergangsregelung für Beschäftigte mit besonderen körperlich/handwerklich geprägten Tätigkeiten:

Für Beschäftigte im Sinne des § 1 Abs. 1 und 2, die eines der nachstehend aufgeführten Tätigkeitsmerkmale erfüllen, gilt Folgendes:

a) [1]Die Beschäftigten, deren Arbeitsverhältnis zum Bund über den 31. Dezember 2013 hinaus fortbesteht, und die am 1. Januar 2014 unter den Geltungsbereich des TVöD fallen, bleiben für die Dauer der unverändert auszuübenden Tätigkeit in der bisherigen Entgeltgruppe eingruppiert. [2]Die Protokollerklärung zu § 25 Abs. 1 gilt entsprechend.

b) [1]Für Eingruppierungen nach dem 31. Dezember 2013 gelten für Beschäftigte mit körperlich/handwerklich geprägten Tätigkeiten bis zu einer Neuregelung die folgenden Tätigkeitsmerkmale. [2]§ 2 Abs. 3 Tarifvertrag über die Entgeltordnung des Bundes gilt entsprechend.

Entgelt-gruppe	Fall-gruppe	Tätigkeitsmerkmal
9a	1	Beschäftigte mit körperlich/handwerklich geprägten Tätigkeiten mit abgeschlossener einschlägiger Berufsausbildung in einem anerkannten Ausbildungsberuf mit einer Ausbildungsdauer von mindestens dreieinhalb Jahren, die als Bediener von CNC-gesteuerten Maschinen komplizierte Werkstücke aus verschiedenen Materialien herstellen und dafür selbstständig nach Fertigungsunterlagen Arbeitsablaufprogramme ergänzen, Maschinenprogramme eingeben, testen und fahren sowie Programmfehler feststellen und beseitigen.
9a	2	Beschäftigte mit körperlich/handwerklich geprägten Tätigkeiten mit abgeschlossener einschlägiger Berufsausbildung in einem anerkannten Ausbildungsberuf mit einer Ausbildungsdauer von mindestens dreieinhalb Jahren, die bei Einsatz von Laserschneidtechnik und Lasergraviertechnik selbstständig Arbeitsablaufprogramme ergänzen, eingeben, testen und fahren sowie Programmfehler feststellen und beseitigen.
8	1	Beschäftigte der Entgeltgruppe 6 als Werkzeugmacher für die Anfertigung und Unterhaltung komplizierter Werkzeuge.
8	2	Bohrwerkdreher mit abgeschlossener einschlägiger Berufsausbildung in einem anerkannten Ausbildungsberuf mit einer Ausbildungsdauer von mindestens drei Jahren an Bohrwerken, die mehrere Arbeitsgänge gleichzeitig erledigen, wenn sie die erforderlichen Werkzeuge selbst einstellen.
7	1	Beschäftigte der Entgeltgruppe 6 als Werkzeugmacher für die Anfertigung und Unterhaltung von Werkzeugen.
7	2	Beschäftigte mit körperlich/handwerklich geprägten Tätigkeiten mit abgeschlossener einschlägiger Berufsausbildung in einem anerkannten Ausbildungsberuf mit einer Ausbildungsdauer von mindestens drei Jahren als Einrichter. Protokollerklärung: Einrichter sind Beschäftigte, die Werkzeuge schleifen und Maschinen einzurichten haben.
6		Beschäftigte mit körperlich/handwerklich geprägten Tätigkeiten mit abgeschlossener einschlägiger Berufsausbildung in einem anerkannten Ausbildungsberuf mit einer Ausbildungsdauer von mindestens drei Jahren als Werkzeugmacher.

12. Für Hausmeister des Auswärtigen Amtes, die mit einer Tätigkeit der Lohngruppe 4 Fallgruppe 5.6 des Lohngruppenverzeichnisses des Bundes zum MTArb und mit einer Zuordnung zur Entgeltgruppe 5 gemäß dem fünften Abschnitt in den TV EntgO Bund übergeleitet werden und die der Rotation unterliegen, gilt abweichend von Teil III Abschnitt 23 der Anlage 1 TV EntgO Bund, dass sie bei nach dem 31. Dezember 2013 veranlassten Arbeitsplatzwechseln und erneuter Übertragung der Tätigkeit als Hausmeister in Entgeltgruppe 5 eingruppiert sind, sofern die neu übertragene Tätigkeit bei Fortgeltung des bis zum 31. Dezember 2013 geltenden Eingruppierungsrechts zur Zuordnung zur Entgeltgruppe 5 geführt hätte.

1b. Tarifvertrag zur Überleitung der Beschäftigten der kommunalen Arbeitgeber in den TVöD und zur Regelung des Übergangsrechts (TVÜ-VKA)

Vom 13. September 2005[1)]

zuletzt geänd. durch ÄndTV Nr. 17 v. 25.10.2020

Zwischen

der Vereinigung der kommunalen Arbeitgeberverbände, vertreten durch den Vorstand, einerseits

und

[den vertragsschließenden Gewerkschaften][2)], andererseits

wird Folgendes vereinbart:

Inhaltsübersicht[3)]

---

1) Die Tarifvertragsparteien haben mit Datum vom 24. November 2005 rückwirkend zum Zeitpunkt des Inkrafttretens redaktionelle Änderungen vereinbart; diese Fassung berücksichtigt die dort getroffenen Vereinbarungen.

2) Mit den Gewerkschaften ver.di und dbb tarifunion wurden jeweils gleich lautende Tarifverträge geschlossen.

3) Inhaltsübersicht redaktionell eingefügt.

Abschnitt I. Allgemeine Vorschriften

§ 1 Geltungsbereich (1) [1]Dieser Tarifvertrag gilt für Angestellte, Arbeiterinnen und Arbeiter, deren Arbeitsverhältnis zu einem tarifgebundenen Arbeitgeber, der Mitglied eines Mitgliedverbandes der Vereinigung der kommunalen Arbeitgeberverbände (VKA) ist, über den 30. September 2005 hinaus fortbesteht, und die am 1. Oktober 2005 unter den Geltungsbereich des Tarifvertrages für den öffentlichen Dienst (TVöD) fallen, für die Dauer des ununterbrochen fortbestehenden Arbeitsverhältnisses. [2]Dieser Tarifvertrag gilt ferner für die unter § 19 Abs. 2 fallenden Beschäftigten.

Protokollerklärung zu Absatz 1 Satz 1:

Unterbrechungen von bis zu einem Monat sind unschädlich.

Protokollerklärung zu Absatz 1:

Tritt ein Arbeitgeber erst nach dem 30. September 2005 einem der Mitgliedverbände der VKA als ordentliches Mitglied bei und hat derselbe Arbeitgeber vor dem 1. September 2002 einem Mitgliedverband der VKA als ordentliches Mitglied angehört, so ist Absatz 1 mit der Maßgabe anzuwenden, dass an die Stelle des 30. September 2005 das Datum tritt, welches dem Tag der Wiederbegründung der Verbandsmitgliedschaft vorausgeht, während das Datum des Wirksamwerdens der Verbandsmitgliedschaft den 1. Oktober 2005 ersetzt.

(2) Nur soweit nachfolgend ausdrücklich bestimmt, gelten die Vorschriften dieses Tarifvertrages auch für Beschäftigte, deren Arbeitsverhältnis zu einem Arbeitgeber im Sinne des Absatzes 1 nach dem 30. September 2005 beginnt und die unter den Geltungsbereich des TVöD fallen.

(3) Die Bestimmungen des TVöD gelten, soweit dieser Tarifvertrag keine abweichenden Regelungen trifft.

§ 2 Ablösung bisheriger Tarifverträge durch den TVöD. (1) [1]Der TVöD ersetzt in Verbindung mit diesem Tarifvertrag bei tarifgebundenen Arbeitgebern, die Mitglied eines Mitgliedverbandes der VKA sind, den

- Bundes-Angestelltentarifvertrag (BAT) vom 23. Februar 1961,
- Tarifvertrag zur Anpassung des Tarifrechts – Manteltarifliche Vorschriften – (BAT-O) vom 10. Dezember 1990,
- Tarifvertrag zur Anpassung des Tarifrechts – Manteltarifliche Vorschriften – (BAT-Ostdeutsche Sparkassen) vom 21. Januar 1991,
- Bundesmanteltarifvertrag für Arbeiter gemeindlicher Verwaltungen und Betriebe – BMT-G II – vom 31. Januar 1962,
- Tarifvertrag zur Anpassung des Tarifrechts – Manteltarifliche Vorschriften für Arbeiter gemeindlicher Verwaltungen und Betriebe – (BMT-G-O) vom 10. Dezember 1990,
- Tarifvertrag über die Anwendung von Tarifverträgen auf Arbeiter (TV Arbeiter-Ostdeutsche Sparkassen) vom 25. Oktober 1990

sowie die diese Tarifverträge ergänzenden Tarifverträge der VKA, soweit in diesem Tarifvertrag oder im TVöD nicht ausdrücklich etwas anderes bestimmt ist. [2]Die Ersetzung erfolgt mit Wirkung vom 1. Oktober 2005, soweit kein abweichender Termin bestimmt ist.

Protokollerklärung zu Absatz 1:

Von der ersetzenden Wirkung werden von der VKA abgeschlossene ergänzende Tarifverträge nicht erfasst, soweit diese anstelle landesbezirklicher Regelungen vereinbart sind.

(2) [1]Die von den Mitgliedverbänden der VKA abgeschlossenen Tarifverträge sind durch die landesbezirklichen Tarifvertragsparteien hinsichtlich ihrer Weitergeltung zu prüfen und bei Bedarf bis zum 31. Dezember 2006 an den TVöD anzupassen; die landesbezirklichen Tarifvertragsparteien können diese Frist verlängern. [2]Das Recht zur Kündigung der in Satz 1 genannten Tarifverträge bleibt unberührt.

Protokollerklärung zu Absatz 2:

Entsprechendes gilt hinsichtlich der von der VKA abgeschlossenen Tarifverträge, soweit diese anstelle landesbezirklicher Regelungen vereinbart sind.

(3) [1]Sind in Tarifverträgen nach Absatz 2 Satz 1 Vereinbarungen zur Beschäftigungssicherung/Sanierung und/oder Steigerung der Wettbewerbsfähigkeit getroffen, findet ab dem 1. Oktober 2005 der TVöD unter Berücksichtigung der materiellen Wirkungsgleichheit dieser Tarifverträge Anwendung. [2]In diesen Fällen ist durch die landesbezirklichen Tarifvertragsparteien baldmöglichst die redaktionelle Anpassung der in Satz 1 genannten Tarifverträge vorzunehmen. [3]Bis dahin wird auf der Grundlage der bis zum 30. September 2005 gültigen Tarifregelungen weiter gezahlt. [4]Die Überleitung in den TVöD erfolgt auf der Grundlage des Rechtsstandes vom 30. September 2005. [5]Familienbezogene Entgeltbestandteile richten sich ab 1. Oktober 2005 nach diesem Tarifvertrag.

Protokollerklärung zu Absatz 3:

[1]Der Rahmentarifvertrag vom 13. Oktober 1998 zur Erhaltung der Wettbewerbsfähigkeit der deutschen Verkehrsflughäfen und zur Sicherung der Arbeitsplätze (Fassung vom 28. November 2002) wird in seinen Wirkungen nicht verändert. [2]Er bleibt mit gleichem materiellen Inhalt und gleichen Laufzeiten als Rechtsgrundlage bestehen.

[3] Beschäftigte in Unternehmen, für die Anwendungstarifverträge zum Rahmentarifvertrag nach Satz 1 vereinbart worden sind, werden zum 1. Oktober 2005 übergeleitet. [4] Die tatsächliche personalwirtschaftliche Überleitung – einschließlich individueller Nachberechnungen – erfolgt zu dem Zeitpunkt, zu dem die Verständigung über den angepassten Anwendungstarifvertrag erzielt ist.

(4) Absatz 1 gilt nicht für Beschäftigte in Versorgungsbetrieben, Nahverkehrsbetrieben und für Beschäftigte in Wasserwirtschaftsverbänden in Nordrhein-Westfalen, die gemäß § 1 Abs. 2 Buchst. d und e TVöD vom Geltungsbereich des TVöD ausgenommen sind, es sei denn, Betriebe oder Betriebsteile, die dem fachlichen Geltungsbereich des TV-V, eines TV-N oder des TV-WW/NW entsprechen, werden in begründeten Einzelfällen durch landesbezirklichen Tarifvertrag in den Geltungsbereich des TVöD und dieses Tarifvertrages einbezogen.

Protokollerklärung zu Absatz 4:

Die Möglichkeit, Betriebsteile, die dem Geltungsbereich eines TV-N entsprechen, in den Geltungsbereich eines anderen Spartentarifvertrages (TV-V, TV-WW/NW) einzubeziehen, bleibt unberührt.

Abschnitt II. Überleitungsregelungen

§ 3 Überleitung in den TVöD. Die von § 1 Abs. 1 erfassten Beschäftigten werden am 1. Oktober 2005 gemäß den nachfolgenden Regelungen in den TVöD übergeleitet.

§ 4 Zuordnung der Vergütungs- und Lohngruppen. (1) [1] Für die Überleitung der Beschäftigten wird ihre Vergütungs- bzw. Lohngruppe (§ 22 BAT/BAT-O/BAT-Ostdeutsche Sparkassen bzw. entsprechende Regelungen für Arbeiterinnen und Arbeiter bzw. besondere tarifvertragliche Vorschriften für bestimmte Berufsgruppen) nach der Anlage 1 den Entgeltgruppen des TVöD zugeordnet. [2] Abweichend von Satz 1 gilt für Ärztinnen und Ärzte die Entgeltordnung gemäß § 51 Besonderer Teil Krankenhäuser (BT-K), soweit sie unter den BT-K fallen bzw. gemäß § 51 Besonderer Teil Pflege- und Betreuungseinrichtungen (BT-B), soweit sie unter den BT-K bzw. den BT-B fallen.

Protokollerklärung zu Absatz 1:

(aufgehoben)

(2) Beschäftigte, die im Oktober 2005 bei Fortgeltung des bisherigen Tarifrechts die Voraussetzungen für einen Bewährungs-, Fallgruppen- oder Tätigkeitsaufstieg erfüllt hätten, werden für die Überleitung so behandelt, als wären sie bereits im September 2005 höhergruppiert worden.

(3) Beschäftigte, die im Oktober 2005 bei Fortgeltung des bisherigen Tarifrechts in eine niedrigere Vergütungs- bzw. Lohngruppe eingruppiert worden wären, werden für die Überleitung so behandelt, als wären sie bereits im September 2005 herabgruppiert worden.

§ 5 Vergleichsentgelt. (1) Für die Zuordnung zu den Stufen der Entgelttabelle des TVöD wird für die Beschäftigten nach § 4 ein Vergleichsentgelt auf der Grundlage der im September 2005 erhaltenen Bezüge gemäß den Absätzen 2 bis 7 gebildet.

(2) [1] Bei Beschäftigten aus dem Geltungsbereich des BAT/BAT-O/BAT-Ostdeutsche Sparkassen setzt sich das Vergleichsentgelt aus der Grundver-

gütung, der allgemeinen Zulage und dem Ortszuschlag der Stufe 1 oder 2 zusammen. [2]Ist auch eine andere Person im Sinne von § 29 Abschn. B Abs. 5 BAT/BAT-O/BAT-Ostdeutsche Sparkassen ortszuschlagsberechtigt oder nach beamtenrechtlichen Grundsätzen familienzuschlagsberechtigt, wird nur die Stufe 1 zugrunde gelegt; findet der TVöD am 1. Oktober 2005 auch auf die andere Person Anwendung, geht der jeweils individuell zustehende Teil des Unterschiedsbetrages zwischen den Stufen 1 und 2 des Ortszuschlages in das Vergleichsentgelt ein. [3]Ferner fließen im September 2005 tarifvertraglich zustehende Funktionszulagen insoweit in das Vergleichsentgelt ein, als sie nach dem TVöD nicht mehr vorgesehen sind. [4]Erhalten Beschäftigte eine Gesamtvergütung (§ 30 BAT/BAT-O/BAT-Ostdeutsche Sparkassen), bildet diese das Vergleichsentgelt. [5]Bei Lehrkräften, die die Zulage nach Abschnitt A Unterabschnitt II der Lehrer-Richtlinien der VKA erhalten, wird diese Zulage und bei Lehrkräften, die am 30. September 2005 einen arbeitsvertraglichen Anspruch auf Zahlung einer allgemeinen Zulage wie die unter die Anlage 1a zum BAT/BAT-O fallenden Angestellten haben, wird dieser Betrag in das Vergleichsentgelt eingerechnet.

Protokollerklärung zu Absatz 2 Satz 2:

1. *Findet der TVöD am 1. Oktober 2005 für beide Beschäftigte Anwendung und hat einer der beiden im September 2005 keine Bezüge erhalten wegen Elternzeit, Wehr- oder Zivildienstes, Sonderurlaubs, bei dem der Arbeitgeber vor Antritt ein dienstliches oder betriebliches Interesse an der Beurlaubung anerkannt hat, Bezuges einer Rente auf Zeit wegen verminderter Erwerbsfähigkeit oder wegen Ablaufs der Krankenbezugsfristen, erhält die/der andere Beschäftigte zusätzlich zu ihrem/seinem Entgelt den Differenzbetrag zwischen dem ihr/ihm im September 2005 individuell zustehenden Teil des Unterschiedsbetrages zwischen der Stufe 1 und 2 des Ortszuschlags und dem vollen Unterschiedsbetrag als Besitzstandszulage.*
2. *Hat die andere ortszuschlagsberechtigte oder nach beamtenrechtlichen Grundsätzen familienzuschlagsberechtigte Person im September 2005 aus den in Nr. 1 genannten Gründen keine Bezüge erhalten, erhält die/der in den TVöD übergeleitete Beschäftigte zusätzlich zu ihrem/seinem Entgelt den vollen Unterschiedsbetrag zwischen der Stufe 1 und der Stufe 2 des Ortszuschlags als Besitzstandszulage.*
3. *[1]Ist die andere ortszuschlagsberechtigte oder familienzuschlagsberechtigte Person im September 2005 aus dem öffentlichen Dienst ausgeschieden, ist das Tabellenentgelt neu zu ermitteln. [2]Basis ist dabei die Stufenzuordnung nach § 6 Abs. 1 Satz 2, die sich zum 1. Oktober 2007 ergeben hätte, wenn das Vergleichsentgelt unter Berücksichtigung der Stufe 2 des Ortszuschlags gebildet worden wäre.*
4. *[1]Die Besitzstandszulage nach den Nrn. 1 und 2 oder das neu ermittelte Tabellenentgelt nach Nr. 3 wird auf einen bis zum 30. September 2008 zu stellenden schriftlichen Antrag (Ausschlussfrist) vom 1. Juli 2008 an gezahlt. [2]Ist eine entsprechende Leistung bis zum 31. März 2008 schriftlich geltend gemacht worden, erfolgt die Zahlung vom 1. Juni 2008 an.*
5. *[1]In den Fällen der Nrn. 1 und 2 wird bei Stufensteigerungen und Höhergruppierungen der Unterschiedsbetrag zum bisherigen Entgelt auf die Besitzstandszulage angerechnet. [2]Die/Der Beschäftigte hat das Vorliegen der Voraussetzungen der Nrn. 1 und 2 nachzuweisen und Änderungen anzuzeigen. [3]Die Besitzstandszulage nach den Nrn. 1 und 2 entfällt mit Ablauf des Monats, in dem die/der andere Beschäftigte die Arbeit wieder aufnimmt.*

Protokollerklärung zu Absatz 2 Satz 3:

Vorhandene Beschäftigte erhalten bis zum 31. Dezember 2016 ihre Techniker-, Meister- und Programmiererzulage unter den bisherigen Voraussetzungen als persönliche Besitzstandszulage.

(3) [1]Bei Beschäftigten aus dem Geltungsbereich des BMT-G/BMT-G-O/TV Arbeiter-Ostdeutsche Sparkassen wird der Monatstabellenlohn als Vergleichsentgelt zugrunde gelegt. [2]Absatz 2 Satz 3 gilt entsprechend. [3]Erhalten Beschäftigte nicht den Volllohn (§ 21 Abs. 1 Buchst. a BMT-G/BMT-G-O), gilt Absatz 2 Satz 4 entsprechend.

(4) [1]Beschäftigte, die im Oktober 2005 bei Fortgeltung des bisherigen Rechts die Grundvergütung bzw. den Monatstabellenlohn der nächsthöheren Stufe erhalten hätten, werden für die Bemessung des Vergleichsentgelts so behandelt, als wäre der Stufenaufstieg bereits im September 2005 erfolgt. [2]§ 4 Abs. 2 und 3 gilt bei der Bemessung des Vergleichsentgelts entsprechend.

Protokollerklärung zu Absatz 4:

Fällt bei Beschäftigten aus dem Geltungsbereich des BAT/BAT-O/BAT-Ostdeutsche Sparkassen, bei denen sich bisher die Grundvergütung nach § 27 Abschn. A BAT/BAT-O/BAT-Ostdeutsche Sparkassen bestimmt, im Oktober 2005 eine Stufensteigerung mit einer Höhergruppierung zusammen, ist zunächst die Stufensteigerung in der bisherigen Vergütungsgruppe und danach die Höhergruppierung durchzuführen.

(5) Bei Teilzeitbeschäftigten wird das Vergleichsentgelt auf der Grundlage eines vergleichbaren Vollzeitbeschäftigten bestimmt.

Protokollerklärung zu Absatz 5:

[1]Lediglich das Vergleichsentgelt wird auf der Grundlage eines entsprechenden Vollzeitbeschäftigten ermittelt; sodann wird nach der Stufenzuordnung das zustehende Entgelt zeitratierlich berechnet. [2]Diese zeitratierliche Kürzung des auf den Ehegattenanteil im Ortszuschlag entfallenden Betrag unterbleibt nach Maßgabe des § 29 Abschn. B Abs. 5 Satz 2 BAT/BAT-O/BAT-Ostdeutsche Sparkassen. [3]Neue Ansprüche entstehen hierdurch nicht.

(6) Für Beschäftigte, die nicht für alle Tage im September 2005 oder für keinen Tag dieses Monats Bezüge erhalten, wird das Vergleichsentgelt so bestimmt, als hätten sie für alle Tage dieses Monats Bezüge erhalten; in den Fällen des § 27 Abschn. A Abs. 3 Unterabs. 6 und Abschn. B Abs. 3 Unterabs. 4 BAT/BAT-O/BAT-Ostdeutsche Sparkassen bzw. der entsprechenden Regelungen für Arbeiterinnen und Arbeiter werden die Beschäftigten für das Vergleichsentgelt so gestellt, als hätten sie am 1. September 2005 die Arbeit wieder aufgenommen.

(7) Abweichend von den Absätzen 2 bis 6 wird bei Beschäftigten, die gemäß § 27 Abschn. A Abs. 6 oder Abschn. B Abs. 7 BAT/BAT-O/BAT-Ostdeutsche Sparkassen bzw. den entsprechenden Regelungen für Arbeiterinnen und Arbeiter den Unterschiedsbetrag zwischen der Grundvergütung bzw. dem Monatstabellenlohn ihrer bisherigen zur nächsthöheren Stufe im September 2005 nur zur Hälfte erhalten, für die Bestimmung des Vergleichsentgelts die volle Grundvergütung bzw. der volle Monatstabellenlohn aus der nächsthöheren Stufe zugrunde gelegt.

§ 6 Stufenzuordnung der Angestellten. (1) [1]Beschäftigte aus dem Geltungsbereich des BAT/BAT-O/BAT-Ostdeutsche Sparkassen werden einer ihrem Vergleichsentgelt entsprechenden individuellen Zwischenstufe der gemäß § 4 bestimmten Entgeltgruppe zugeordnet. [2] Zum 1. Oktober 2007 steigen diese Beschäftigten in die dem Betrag nach nächsthöhere reguläre Stufe ihrer Entgeltgruppe auf. [3] Der weitere Stufenaufstieg richtet sich nach den Regelungen des TVöD.

(2) [1] Werden Beschäftigte vor dem 1. Oktober 2007 höhergruppiert (nach § 8 Abs. 1 und 3 1. Alt., § 9 Abs. 3 Buchst. a oder aufgrund Übertragung einer mit einer höheren Entgeltgruppe bewerteten Tätigkeit), so erhalten sie in der höheren Entgeltgruppe Entgelt nach der regulären Stufe, deren Betrag mindestens der individuellen Zwischenstufe entspricht, jedoch nicht weniger als das Entgelt der Stufe 2; der weitere Stufenaufstieg richtet sich nach den Regelungen des TVöD. [2] In den Fällen des Satzes 1 gilt § 17 Abs. 4 Satz 2 TVöD entsprechend. [3] Werden Beschäftigte vor dem 1. Oktober 2007 herabgruppiert, werden sie in der niedrigeren Entgeltgruppe derjenigen individuellen Zwischenstufe zugeordnet, die sich bei Herabgruppierung im September 2005 ergeben hätte; der weitere Stufenaufstieg richtet sich nach Absatz 1 Satz 2 und 3.

(3) [1] Ist bei Beschäftigten, deren Eingruppierung sich nach der Vergütungsordnung für Angestellte im Pflegedienst (Anlage 1b zum BAT) richtet, das Vergleichsentgelt niedriger als das Entgelt der Stufe 3, entspricht es aber mindestens dem Mittelwert aus den Beträgen der Stufen 2 und 3 und ist die/der Beschäftigte am Stichtag mindestens drei Jahre in einem Arbeitsverhältnis bei dem selben Arbeitgeber beschäftigt, wird sie/er abweichend von Absatz 1 bereits zum 1. Oktober 2005 in die Stufe 3 übergeleitet. [2] Der weitere Stufenaufstieg richtet sich nach den Regelungen des TVöD.

(4) [1] Liegt das Vergleichsentgelt über der höchsten Stufe der gemäß § 4 bestimmten Entgeltgruppe, werden Beschäftigte abweichend von Absatz 1 einer dem Vergleichsentgelt entsprechenden individuellen Endstufe zugeordnet. [2] Das Entgelt aus der individuellen Endstufe gilt als Tabellenentgelt im Sinne des § 15 TVöD. [3] Bei einer Höhergruppierung aus einer individuellen Endstufe werden die Beschäftigten entsprechend § 17 Abs. 4 TVöD der Endstufe der höheren Entgeltgruppe zugeordnet. [4] Beträgt das Tabellenentgelt nach Satz 3 weniger als die Summe aus dem Entgelt der bisherigen individuellen Endstufe und 2 Prozent der Endstufe der höheren Entgeltgruppe, wird die/der Beschäftigte in der höheren Entgeltgruppe erneut einer individuellen Endstufe zugeordnet. [5] Das Entgelt der neuen individuellen Endstufe wird dabei festgesetzt auf die Summe aus dem Entgelt der bisherigen individuellen Endstufe und 2 Prozent des Tabellenentgelts der Endstufe der höheren Entgeltgruppe. [6] Der Betrag der individuellen Endstufe verändert sich um denselben Prozentsatz bzw. in demselben Umfang wie die höchste Stufe der jeweiligen Entgeltgruppe.

Protokollerklärung zu Absatz 4 Satz 6:
Für die Veränderung der Beträge der individuellen Endstufen ab 1. April 2021 und ab 1. April 2022 gelten folgende Prozentsätze:

a) [1] Anlage A (VKA) zum TVöD:

Entgeltgruppe	***ab 1. April 2021***	***ab 1. April 2022***
15	*1,40%*	*1,80%*
14	*1,40%*	*1,80%*

Entgeltgruppe	*ab 1. April 2021*	*ab 1. April 2022*
13	1,40%	1,80%
12	1,40%	1,80%
11	1,40%	1,80%
10	1,40%	1,80%
9c	1,40%	1,80%
9b	1,40%	1,80%
9a	1,40%	1,80%
8	1,44%	1,80%
7	1,51%	1,80%
6	1,56%	1,80%
5	1,62%	1,80%
4	1,71%	1,80%
3	1,77%	1,80%
2	1,81%	1,80%
1	2,34%	1,80%

[2] Für die Veränderung der Beträge der individuellen Endstufen der Beschäftigten im Geltungsbereich des TVöD – Besonderer Teil Sparkassen gelten abweichend von Satz 1 ausschließlich folgende Prozentsätze:

Entgeltgruppe	*ab 1. Juli 2021*	*ab 1. Juli 2022*	*ab 1. Dezember 2022*
15	1,40%	1,00%	0,792%
14	1,40%	1,00%	0,792%
13	1,40%	1,00%	0,792%
12	1,40%	1,00%	0,792%
11	1,40%	1,00%	0,792%
10	1,40%	1,00%	0,792%
9c	1,40%	1,00%	0,792%
9b	1,40%	1,00%	0,792%
9a	1,40%	1,00%	0,792%
8	1,44%	1,00%	0,792%
7	1,51%	1,00%	0,792%
6	1,56%	1,00%	0,792%
5	1,62%	1,00%	0,792%
4	1,71%	1,00%	0,792%
3	1,77%	1,00%	0,792%
2	1,81%	1,00%	0,792%
1	2,34%	1,00%	0,792%

b) Anlage C (VKA) zum TVöD:

Entgeltgruppe	*ab 1. April 2021*	*ab 1. April 2022*
S 18	1,40%	1,80%

Entgeltgruppe	*ab 1. April 2021*	*ab 1. April 2022*
S 17	*1,40%*	*1,80%*
S 16	*1,40%*	*1,80%*
S 15	*1,40%*	*1,80%*
S 14	*1,40%*	*1,80%*
S 13	*1,40%*	*1,80%*
S 12	*1,40%*	*1,80%*
S 11b	*1,40%*	*1,80%*
S 11a	*1,40%*	*1,80%*
S 9	*1,40%*	*1,80%*
S 8b	*1,40%*	*1,80%*
S 8a	*1,40%*	*1,80%*
S 7	*1,40%*	*1,80%*
S 4	*1,47%*	*1,80%*
S 3	*1,59%*	*1,80%*
S 2	*1,81%*	*1,80%*

c) Anlage E (VKA) zum TVöD:

Entgeltgruppe	*ab 1. April 2021*	*ab 1. April 2022*
P 16	*1,40%*	*1,80%*
P 15	*1,40%*	*1,80%*
P 14	*1,40%*	*1,80%*
P 13	*1,40%*	*1,80%*
P 12	*1,40%*	*1,80%*
P 11	*1,40%*	*1,80%*
P 10	*1,40%*	*1,80%*
P 9	*1,40%*	*1,80%*
P 8	*1,40%*	*1,80%*
P 7	*1,41%*	*1,80%*
P 6	*1,52%*	*1,80%*
P 5	*1,70%*	*1,80%*

d) [1] Entgeltgruppen 2Ü und 15Ü:

Entgeltgruppe	*ab 1. April 2021*	*ab 1. April 2022*
15Ü	*1,40%*	*1,80%*
2Ü	*1,81%*	*1,80%*

[2] Entgeltgruppen 2Ü und 15Ü der Beschäftigten im Geltungsbereich des TVöD – Besonderer Teil Sparkassen:

Entgeltgruppe	*ab 1. Juli 2021*	*ab 1. Juli 2022*	*ab 1. Dezember 2022*
15Ü	*1,40%*	*1,00%*	*0,792%*
2Ü	*1,81%*	*1,00%*	*0,792%*

(5) [1]Beschäftigte, deren Vergleichsentgelt niedriger ist als das Entgelt in der Stufe 2, werden abweichend von Absatz 1 der Stufe 2 zugeordnet. [2]Der weitere Stufenaufstieg richtet sich nach den Regelungen des TVöD. [3]Abweichend von Satz 1 werden Beschäftigte, denen am 30. September 2005 eine in der Vergütungsordnung (Anlage 1a zum BAT) durch die Eingruppierung in Vergütungsgruppe V b BAT/BAT-O/BAT-Ostdeutsche Sparkassen mit Aufstieg nach IV b und IV a abgebildete Tätigkeit übertragen ist, der Stufe 1 der Entgeltgruppe 10 zugeordnet.

(6) [1]Für unter § 51 Abs. 1 bis 5 BT-B fallende Ärztinnen und Ärzte gelten die Absätze 1 bis 5, soweit nicht im Folgenden etwas Abweichendes geregelt ist. [2]Ärztinnen und Ärzte ohne Facharztanerkennung, die in der Entgeltgruppe 14 einer individuellen Zwischenstufe zwischen Stufe 1 und Stufe 2 zugeordnet werden, steigen nach einem Jahr in die Stufe 2 auf. [3]Ärztinnen und Ärzte ohne Facharztanerkennung, die in der Entgeltgruppe 14 einer individuellen Zwischenstufe zwischen Stufe 2 und Stufe 3 zugeordnet werden, steigen mit der Facharztanerkennung in die Stufe 3 auf. [4]Ärztinnen und Ärzte mit Facharztanerkennung am 30. September 2005 steigen zum 1. Oktober 2006 in die Stufe 3 auf, wenn sie in eine individuelle Zwischenstufe unterhalb der Stufe 3 übergeleitet worden sind. [5]Ärztinnen und Ärzte mit Facharztanerkennung am 30. September 2005, die in eine individuelle Zwischenstufe oberhalb der Stufe 3 übergeleitet worden sind, steigen in die nächsthöhere Stufe nach den Regelungen des § 51 BT-B auf, frühestens zum 1. Oktober 2006. [6]Die weiteren Stufenaufstiege richten sich jeweils nach dem § 51 BT-B. [7]Zeiten als Fachärztin oder Facharzt mit entsprechender Tätigkeit bei anderen Arbeitgebern werden abweichend von § 51 BT-B i.V.m. § 16 Abs. 3 Satz 1 TVöD auf den weiteren Stufenverlauf angerechnet.

Protokollerklärung zu Absatz 6:

[1]Die Überleitungsregelungen für Ärztinnen und Ärzte folgen den Regelungen in § 51 BT-B, wonach Ärztinnen und Ärzte bis zur Facharztanerkennung und der Übertragung entsprechender Tätigkeiten in der Stufe 2 verbleiben. [2]Übergeleitete Ärztinnen und Ärzte ohne Facharztanerkennung und mit einem Vergleichsentgelt oberhalb der Stufe 2 verbleiben in ihrer individuellen Zwischenstufe bis zur Facharztanerkennung und der Übertragung entsprechender Tätigkeiten.

(7) [1]Die Funktionszulagen gemäß § 51 Abs. 2 bis 5 BT-B stehen bei Erfüllung der Voraussetzungen auch übergeleiteten Ärztinnen und Ärzten zu und werden zusätzlich zu dem jeweiligen Vergleichsentgelt bzw. zum jeweiligen Tabellenentgelt gezahlt. [2]Der Zahlbetrag aus Vergleichsentgelt und Funktionszulage ist auf die Summe aus dem Tabellenentgelt der Entgeltgruppe 15 Stufe 6 und der jeweiligen Zulage nach § 51 Abs. 2 bis 5 BT-B begrenzt. [3]Übersteigt das Vergleichsentgelt die Summe aus dem Tabellenentgelt der Entgeltgruppe 15 Stufe 6 und der jeweiligen Zulage nach § 51 Abs. 2 bis 5 BT-B, werden auf den Differenzbetrag zukünftige allgemeine Entgelterhöhungen jeweils zur Hälfte angerechnet.

Protokollerklärung zu §§ 4 und 6:

Für die Überleitung in die Entgeltgruppe 8a zum 1. Oktober 2005 gemäß Anlage 4 TVÜ-VKA gilt für übergeleitete Beschäftigte

– der Vergütungsgruppe Kr. V vier Jahre, Kr. Va zwei Jahre Kr. VI

– der Vergütungsgruppe Kr. Va drei Jahre Kr. VI

– der Vergütungsgruppe Kr. Va fünf Jahre Kr. VI
– der Vergütungsgruppe Kr. V sechs Jahre Kr. VI
mit Ortszuschlag der Stufe 2 Folgendes:
1. Zunächst erfolgt die Überleitung nach den allgemeinen Grundsätzen.
2. Die Verweildauer in Stufe 3 wird von drei Jahren auf zwei Jahre verkürzt.
3. Der Tabellenwert der Stufe 4 wird nach der Überleitung um 100 Euro erhöht.

§ 7 Stufenzuordnung der Arbeiterinnen und Arbeiter. (1) [1]Beschäftigte aus dem Geltungsbereich des BMT-G/BMT-G-O/TV Arbeiter-Ostdeutsche Sparkassen werden entsprechend ihrer Beschäftigungszeit nach § 6 BMT-G/BMT-G-O der Stufe der gemäß § 4 bestimmten Entgeltgruppe zugeordnet, die sie erreicht hätten, wenn die Entgelttabelle des TVöD bereits seit Beginn ihrer Beschäftigungszeit gegolten hätte; Stufe 1 ist hierbei ausnahmslos mit einem Jahr zu berücksichtigen. [2]Der weitere Stufenaufstieg richtet sich nach den Regelungen des TVöD.

(2) § 6 Abs. 4 und Abs. 5 Satz 1 und 2 gilt für Beschäftigte gemäß Absatz 1 entsprechend.

(3) [1]Ist das Entgelt nach Absatz 1 Satz 1 niedriger als das Vergleichsentgelt, werden Beschäftigte einer dem Vergleichsentgelt entsprechenden individuellen Zwischenstufe zugeordnet. [2]Der Aufstieg aus der individuellen Zwischenstufe in die dem Betrag nach nächsthöhere reguläre Stufe ihrer Entgeltgruppe findet zu dem Zeitpunkt statt, zu dem sie gemäß Absatz 1 Satz 1 die Voraussetzungen für diesen Stufenaufstieg aufgrund der Beschäftigungszeit erfüllt haben. [3]§ 6 Abs. 4 Satz 6 gilt entsprechend.

(4) [1]Werden Beschäftigte während ihrer Verweildauer in der individuellen Zwischenstufe höhergruppiert, erhalten sie in der höheren Entgeltgruppe Entgelt nach der regulären Stufe, deren Betrag mindestens der individuellen Zwischenstufe entspricht, jedoch nicht weniger als das Entgelt der Stufe 2; der weitere Stufenaufstieg richtet sich nach den Regelungen des TVöD. [2]§ 17 Abs. 4 Satz 2 TVöD gilt entsprechend. [3]Werden Beschäftigte während ihrer Verweildauer in der individuellen Zwischenstufe herabgruppiert, erfolgt die Stufenzuordnung in der niedrigeren Entgeltgruppe, als sei die niedrigere Eingruppierung bereits im September 2005 erfolgt; der weitere Stufenaufstieg richtet sich bei Zuordnung zu einer individuellen Zwischenstufe nach Absatz 3 Satz 2, ansonsten nach Absatz 1 Satz 2.

Abschnitt III. Besitzstandsregelungen

§ 8 Bewährungs- und Fallgruppenaufstiege. (1) [1]Aus dem Geltungsbereich des BAT/BAT-O/BAT-Ostdeutsche Sparkassen in eine der Entgeltgruppen 3, 5, 6 oder 8 übergeleitete Beschäftigte, die am 1. Oktober 2005 bei Fortgeltung des bisherigen Tarifrechts die für eine Höhergruppierung erforderliche Zeit der Bewährung oder Tätigkeit zur Hälfte erfüllt haben, sind zu dem Zeitpunkt, zu dem sie nach bisherigem Recht höhergruppiert wären, in die nächsthöhere Entgeltgruppe des TVöD eingruppiert. [2]Abweichend von Satz 1 erfolgt die Höhergruppierung in die Entgeltgruppe 5, wenn die Beschäftigten aus der Vergütungsgruppe VIII BAT/BAT-O/BAT-Ostdeutsche Sparkassen mit ausstehendem Aufstieg nach Vergütungsgruppe VII BAT/BAT-O/BAT-Ostdeutsche Sparkassen übergeleitet worden sind; sie erfolgt in die Entgeltgruppe

8, wenn die Beschäftigten aus der Vergütungsgruppe VI b BAT/BAT-O/BAT-Ostdeutsche Sparkassen mit ausstehendem Aufstieg nach Vergütungsgruppe V c BAT/BAT-O/BAT-Ostdeutsche Sparkassen übergeleitet worden sind. [3]Voraussetzung für die Höhergruppierung nach Satz 1 und 2 ist, dass

- zum individuellen Aufstiegszeitpunkt keine Anhaltspunkte vorliegen, die bei Fortgeltung des bisherigen Rechts einer Höhergruppierung entgegengestanden hätten, und
- bis zum individuellen Aufstiegszeitpunkt nach Satz 1 weiterhin eine Tätigkeit auszuüben ist, die diesen Aufstieg ermöglicht hätte.

[4]Die Sätze 1 bis 3 gelten nicht in den Fällen des § 4 Abs. 2. [5]Erfolgt die Höhergruppierung vor dem 1. Oktober 2007, gilt – gegebenenfalls unter Berücksichtigung des Satzes 2 – § 6 Abs. 2 Satz 1 und 2 entsprechend.

(2) [1]Aus dem Geltungsbereich des BAT/BAT-O/BAT-Ostdeutsche Sparkassen in eine der Entgeltgruppen 2 sowie 9 bis 15 übergeleitete Beschäftigte, die am 1. Oktober 2005 bei Fortgeltung des bisherigen Tarifrechts die für eine Höhergruppierung erforderliche Zeit der Bewährung oder Tätigkeit zur Hälfte erfüllt haben und in der Zeit zwischen dem 1. November 2005 und dem 30. September 2007 höhergruppiert wären, erhalten ab dem Zeitpunkt, zu dem sie nach bisherigem Recht höhergruppiert wären, in ihrer bisherigen Entgeltgruppe Entgelt nach derjenigen individuellen Zwischen- bzw. Endstufe, die sich ergeben hätte, wenn sich ihr Vergleichsentgelt (§ 5) nach der Vergütung aufgrund der Höhergruppierung bestimmt hätte. [2]Voraussetzung für diesen Stufenaufstieg ist, dass

- zum individuellen Aufstiegszeitpunkt keine Anhaltspunkte vorliegen, die bei Fortgeltung des bisherigen Rechts einer Höhergruppierung entgegengestanden hätten, und
- bis zum individuellen Aufstiegszeitpunkt nach Satz 1 weiterhin eine Tätigkeit auszuüben ist, die diesen Aufstieg ermöglicht hätte.

[3]Ein etwaiger Strukturausgleich wird ab dem individuellen Aufstiegszeitpunkt nicht mehr gezahlt. [4]Der weitere Stufenaufstieg richtet sich bei Zuordnung zu einer individuellen Zwischenstufe nach § 6 Abs. 1. [5]§ 4 Abs. 2 bleibt unberührt. [6]Zur Ermittlung einer neuen individuellen Zwischenstufe gemäß Satz 1 ist für Beschäftigte, für die die Regelungen des Tarifgebiets Ost Anwendung finden, das auf den Rechtsstand vom 30. September 2005 festgestellte neue Vergleichsentgelt um den Faktor 1,01596 zu erhöhen, wenn die Neuberechnung des Vergleichsentgelts in der Zeit vom 1. Juli 2006 bis 30. Juni 2007, und um den Faktor 1,03191, wenn die Neuberechnung des Vergleichsentgelts nach dem 30. Juni 2007 zu erfolgen hat.

(3) [1]Abweichend von Absatz 1 Satz 1 und Absatz 2 Satz 1 gelten die Absätze 1 bzw. 2 auf schriftlichen Antrag entsprechend für übergeleitete Beschäftigte, die bei Fortgeltung des BAT/BAT-O/BAT-Ostdeutsche Sparkassen bis spätestens zum 31. Dezember 2016 wegen Erfüllung der erforderlichen Zeit der Bewährung oder Tätigkeit höhergruppiert worden wären, unabhängig davon, ob die Hälfte der erforderlichen Bewährungs- oder Tätigkeitszeit am Stichtag erfüllt ist. [2]In den Fällen des Absatzes 2 Satz 1 erhalten Beschäftigte, die in der Zeit zwischen dem 1. Oktober 2007 und dem 31. Dezember 2016 bei Fortgeltung des BAT/BAT-O/BAT-Ostdeutsche Sparkassen höhergruppiert worden wären, in ihrer bisherigen Entgeltgruppe Entgelt nach derjenigen

individuellen Zwischen- oder Endstufe, die sich aus der Summe des bisherigen Tabellenentgelts und dem nach Absatz 2 ermittelten Höhergruppierungsgewinn nach bisherigem Recht ergibt; die Stufenlaufzeit bleibt hiervon unberührt. [3] Bei Beschäftigten mit individueller Endstufe erhöht sich in diesen Fällen ihre individuelle Endstufe um den nach bisherigem Recht ermittelten Höhergruppierungsgewinn. [4] § 6 Abs. 4 Satz 6 gilt entsprechend.

Protokollerklärungen zu Absatz 3:

1. *Wäre die/der Beschäftigte bei Fortgeltung des BAT/BAT-O/BAT-Ostdeutsche Sparkassen in der Zeit vom 1. Oktober 2007 bis 31. Dezember 2007 wegen Erfüllung der Voraussetzungen des Absatzes 3 höhergruppiert worden, findet Absatz 3 auf schriftlichen Antrag vom 1. Januar 2008 an Anwendung.*
2. *[1] Die individuelle Zwischenstufe verändert sich bei allgemeinen Entgeltanpassungen um den von den Tarifvertragsparteien für die jeweilige Entgeltgruppe festgelegten Prozentsatz; sie erhöht sich am 1. April 2021 um 1,40 Prozent, mindestens aber um 50,00 Euro, und am 1. April 2022 um weitere 1,80 Prozent. [2] Sie erhöht sich für Beschäftigte im Geltungsbereich des TVöD – Besonderer Teil Sparkassen abweichend von Satz 1 am 1. Juli 2021 um 1,40 Prozent, mindestens aber um 50,00 Euro, am 1. Juli 2022 um weitere 1,00 Prozent und am 1. Dezember 2022 um weitere 0,792 Prozent.*

(4) Die Absätze 1 bis 3 finden auf übergeleitete Beschäftigte, deren Eingruppierung sich nach der Vergütungsordnung für Angestellte im Pflegedienst (Anlage 1b zum BAT) richtet, und auf unter § 51 Abs. 1 bis 5 BT-B bzw. § 51 Abs. 1 bis 5 BT-K fallende Ärztinnen und Ärzte keine Anwendung.

(5) [1] Ist bei einer Lehrkraft, die gemäß Nr. 5 der Bemerkung zu allen Vergütungsgruppen nicht unter die Anlage 1a zum BAT fällt, eine Höhergruppierung nur vom Ablauf einer Bewährungszeit und von der Bewährung abhängig und ist am Stichtag die Hälfte der Mindestzeitdauer für einen solchen Aufstieg erfüllt, erfolgt in den Fällen des Absatzes 1 unter den weiteren dort genannten Voraussetzungen zum individuellen Aufstiegszeitpunkt der Aufstieg in die nächsthöhere Entgeltgruppe. [2] Absatz 1 Satz 2 und Höhergruppierungsmöglichkeiten durch entsprechende Anwendung beamtenrechtlicher Regelungen bleiben unberührt. [3] Im Fall des Absatzes 2 gilt Satz 1 mit der Maßgabe, dass anstelle der Höhergruppierung eine Neuberechnung des Vergleichsentgelts nach Absatz 2 erfolgt.

§ 9 Vergütungsgruppenzulagen. (1) Aus dem Geltungsbereich des BAT/BAT-O/BAT-Ostdeutsche Sparkassen übergeleitete Beschäftigte, denen am 30. September 2005 nach der Vergütungsordnung zum BAT eine Vergütungsgruppenzulage zusteht, erhalten in der Entgeltgruppe, in die sie übergeleitet werden, eine Besitzstandszulage in Höhe ihrer bisherigen Vergütungsgruppenzulage.

(2) [1] Aus dem Geltungsbereich des BAT/BAT-O/BAT-Ostdeutsche Sparkassen übergeleitete Beschäftigte, die bei Fortgeltung des bisherigen Rechts nach dem 30. September 2005 eine Vergütungsgruppenzulage ohne vorausgehenden Bewährungs- oder Fallgruppenaufstieg erreicht hätten, erhalten ab dem Zeitpunkt, zu dem ihnen die Zulage nach bisherigem Recht zugestanden hätte, eine Besitzstandszulage. [2] Die Höhe der Besitzstandszulage bemisst sich nach dem Betrag, der als Vergütungsgruppenzulage zu zahlen gewesen wäre, wenn diese bereits am 30. September 2005 zugestanden hätte. [3] Voraussetzung ist, dass

- am 1. Oktober 2005 die für die Vergütungsgruppenzulage erforderliche Zeit der Bewährung oder Tätigkeit nach Maßgabe des § 23b Abschn. B BAT/BAT-O/BAT-Ostdeutsche Sparkassen zur Hälfte erfüllt ist,
- zu diesem Zeitpunkt keine Anhaltspunkte vorliegen, die bei Fortgeltung des bisherigen Rechts der Vergütungsgruppenzulage entgegengestanden hätten und
- bis zum individuellen Zeitpunkt nach Satz 1 weiterhin eine Tätigkeit auszuüben ist, die zu der Vergütungsgruppenzulage geführt hätte.

(2a) [1]Absatz 2 gilt auf schriftlichen Antrag entsprechend für übergeleitete Beschäftigte, die bei Fortgeltung des BAT/BAT-O/BAT-Ostdeutsche Sparkassen bis spätestens zum 31. Dezember 2016 wegen Erfüllung der erforderlichen Zeit der Bewährung oder Tätigkeit die Voraussetzungen der Vergütungsgruppenzulage erfüllt hätten, unabhängig davon, ob die Hälfte der erforderlichen Zeit der Bewährung oder Tätigkeit am Stichtag nicht erfüllt ist. [2]Die Protokollerklärung Nr. 1 zu § 8 Abs. 3 gilt entsprechend.

(3) Für aus dem Geltungsbereich des BAT/BAT-O/BAT-Ostdeutsche Sparkassen übergeleitete Beschäftigte, die bei Fortgeltung des bisherigen Rechts nach dem 30. September 2005 im Anschluss an einen Fallgruppenaufstieg eine Vergütungsgruppenzulage erreicht hätten, gilt Folgendes:

a) [1]In eine der Entgeltgruppen 3, 5, 6 oder 8 übergeleitete Beschäftigte, die den Fallgruppenaufstieg am 30. September 2005 noch nicht erreicht haben, sind zu dem Zeitpunkt, zu dem sie nach bisherigem Recht höhergruppiert worden wären, in die nächsthöhere Entgeltgruppe des TVöD eingruppiert; § 8 Abs. 1 Satz 2 bis 5 gilt entsprechend. [2]Eine Besitzstandszulage für eine Vergütungsgruppenzulage steht nicht zu.

b) [1]Ist ein der Vergütungsgruppenzulage vorausgehender Fallgruppenaufstieg am 30. September 2005 bereits erfolgt, gilt Absatz 2 mit der Maßgabe, dass am 1. Oktober 2005 die Hälfte der Gesamtzeit für den Anspruch auf die Vergütungsgruppenzulage einschließlich der Zeit für den vorausgehenden Aufstieg zurückgelegt sein muss oder die Vergütungsgruppenzulage bei Fortgeltung des bisherigen Rechts bis zum 31. Dezember 2016 erworben worden wäre. [2]Im Fall des Satzes 1 2. Alternative wird die Vergütungsgruppenzulage auf schriftlichen Antrag gewährt. [3]Die Protokollerklärung Nr. 1 zu § 8 Abs. 3 gilt entsprechend.

c) [1]Wäre im Fall des Buchstaben a nach bisherigem Recht der Fallgruppenaufstieg spätestens am 30. September 2007 erreicht worden, gilt Absatz 2 mit der Maßgabe, dass am 1. Oktober 2007 die Hälfte der Gesamtzeit für den Anspruch auf die Vergütungsgruppenzulage einschließlich der Zeit für den vorausgehenden Aufstieg erreicht worden sein muss und die Vergütungsgruppenzulage bei Fortgeltung des bisherigen Rechts bis zum 31. Dezember 2016 erworben worden wäre. [2]Die Protokollerklärung Nr. 1 zu § 8 Abs. 3 gilt entsprechend.

(4) [1]Die Besitzstandszulage nach den Absätzen 1, 2 und 3 Buchst. b wird so lange gezahlt, wie die anspruchsbegründende Tätigkeit ununterbrochen ausgeübt wird und die sonstigen Voraussetzungen für die Vergütungsgruppenzulage nach bisherigem Recht weiterhin bestehen. [2]Sie verändert sich bei allgemeinen Entgeltanpassungen um den von den Tarifvertragsparteien für die jeweilige Entgeltgruppe festgelegten Vomhundertsatz.

Protokollerklärungen zu Absatz 4 Sätze 1 und 2:

1. [1] *Unterbrechungen wegen Elternzeit, Wehr- oder Zivildienstes, Sonderurlaubs, bei dem der Arbeitgeber vor Antritt ein dienstliches oder betriebliches Interesse an der Beurlaubung anerkannt hat, Bezuges einer Rente auf Zeit wegen verminderter Erwerbsfähigkeit oder wegen Ablaufs der Krankenbezugsfristen sowie wegen vorübergehender Übertragung einer höherwertigen Tätigkeit sind unschädlich.* [2] *In den Fällen, in denen eine Unterbrechung aus den in Satz 1 genannten Gründen nach dem 30. September 2005 und vor dem 1. Juli 2008 endet, wird eine Besitzstandszulage nach § 9 Abs. 1, 2 oder 3 Buchst. b oder c vom 1. Juli 2008 an gezahlt, wenn bis zum 30. September 2008 ein entsprechender schriftlicher Antrag (Ausschlussfrist) gestellt worden ist.* [3] *Ist eine entsprechende Leistung bis zum 31. März 2008 schriftlich geltend gemacht worden, erfolgt die Zahlung vom 1. Juni 2008 an.*
2. [1] *Die Besitzstandszulage erhöht sich am 1. April 2021 um 1,40 Prozent und am 1. April 2022 um weitere 1,80 Prozent.* [2] *Sie erhöht sich für Beschäftigte im Geltungsbereich des TVöD – Besonderer Teil Sparkassen abweichend von Satz 1 am 1. Juli 2021 um 1,40 Prozent, am 1. Juli 2022 um weitere 1,00 Prozent und am 1. Dezember 2022 um weitere 0,792 Prozent.*

§ 10 Fortführung vorübergehend übertragener höherwertiger Tätigkeit. (1) [1] Beschäftigte, denen am 30. September 2005 eine Zulage nach § 24 BAT/BAT-O/BAT-Ostdeutsche Sparkassen zusteht, erhalten nach Überleitung in den TVöD eine Besitzstandszulage in Höhe ihrer bisherigen Zulage, solange sie die anspruchsbegründende Tätigkeit weiterhin ausüben und die Zulage nach bisherigem Recht zu zahlen wäre. [2] Wird die anspruchsbegründende Tätigkeit über den 30. September 2007 hinaus beibehalten, finden mit Wirkung ab dem 1. Oktober 2007 die Regelungen des TVöD über die vorübergehende Übertragung einer höherwertigen Tätigkeit Anwendung. [3] Für eine vor dem 1. Oktober 2005 vorübergehend übertragene höherwertige Tätigkeit, für die am 30. September 2005 wegen der zeitlichen Voraussetzungen des § 24 Abs. 1 bzw. 2 BAT/BAT-O/BAT-Ostdeutsche Sparkassen noch keine Zulage gezahlt wird, gilt Satz 1 und 2 ab dem Zeitpunkt entsprechend, zu dem nach bisherigem Recht die Zulage zu zahlen gewesen wäre. [4] Sätze 1 bis 3 gelten für landesbezirkliche Regelungen gemäß § 9 Abs. 3 BMT-G und nach Abschnitt I. der Anlage 3 des Tarifvertrages zu § 20 Abs. 1 BMT-G-O (Lohngruppenverzeichnis) entsprechend. [5] Sätze 1 bis 4 gelten bei besonderen tarifvertraglichen Vorschriften über die vorübergehende Übertragung höherwertiger Tätigkeiten entsprechend. [6] Ist Beschäftigten, die eine Besitzstandszulage nach Satz 1 erhalten, die anspruchsbegründende Tätigkeit bis zum 30. September 2007 dauerhaft übertragen worden, erhalten sie eine persönliche Zulage. [7] Die Zulage nach Satz 6 wird für die Dauer der Wahrnehmung dieser Tätigkeit auf einen bis zum 30. September 2008 zu stellenden schriftlichen Antrag (Ausschlussfrist) der/des Beschäftigten vom 1. Juli 2008 an gezahlt. [8] Die Höhe der Zulage bemisst sich nach dem Unterschiedsbetrag zwischen dem am 1. Oktober 2005 nach § 6 oder § 7 zustehenden Tabellenentgelt oder Entgelt nach einer individuellen Zwischen- oder Endstufe einschließlich der Besitzstandszulage nach Satz 1 und dem Tabellenentgelt nach der Höhergruppierung. [9] Allgemeine Entgeltanpassungen, Erhöhungen des Entgelts durch Stufenaufstiege und Höhergruppierungen sowie Zulagen gemäß § 14 Abs. 3 TVöD und gemäß § 18 Abs. 4 Satz 1 sind auf die persönliche Zulage in voller Höhe anzurechnen.

(2) [1]Beschäftigte, denen am 30. September 2005 eine Zulage nach § 2 der Anlage 3 zum BAT zustand, erhalten eine Besitzstandszulage in Höhe ihrer bisherigen Zulage, solange sie die anspruchsbegründende Tätigkeit weiterhin ausüben und die Zulage nach bisherigem Recht zu zahlen wäre. [2]Soweit sich bei entsprechender Anwendung von Absatz 1 Satz 2 eine Zulage ergäbe, die höher ist als die Besitzstandszulage nach Satz 1, wird die höhere Zulage gezahlt. [3]Absatz 1 Satz 3 gilt entsprechend.

§ 11 Kinderbezogene Entgeltbestandteile. (1) [1]Für im September 2005 zu berücksichtigende Kinder werden die kinderbezogenen Entgeltbestandteile des BAT/BAT-O/BAT-Ostdeutsche Sparkassen oder BMT-G/BMT-G-O in der für September 2005 zustehenden Höhe als Besitzstandszulage fortgezahlt, solange für diese Kinder Kindergeld nach dem Einkommensteuergesetz (EStG) oder nach dem Bundeskindergeldgesetz (BKGG) ununterbrochen gezahlt wird oder ohne Berücksichtigung des § 64 oder § 65 EStG oder des § 3 oder § 4 BKGG gezahlt würde. [2]Die Besitzstandszulage entfällt ab dem Zeitpunkt, zu dem einer anderen Person, die im öffentlichen Dienst steht oder auf Grund einer Tätigkeit im öffentlichen Dienst nach beamtenrechtlichen Grundsätzen oder nach einer Ruhelohnordnung versorgungsberechtigt ist, für ein Kind, für welches die Besitzstandszulage gewährt wird, das Kindergeld gezahlt wird; die Änderung der Kindergeldberechtigung hat die/der Beschäftigte dem Arbeitgeber unverzüglich schriftlich anzuzeigen. [3]Unterbrechungen wegen der Ableistung von Grundwehrdienst, Zivildienst oder Wehrübungen sowie die Ableistung eines freiwilligen sozialen oder ökologischen Jahres sind unschädlich; soweit die unschädliche Unterbrechung bereits im Monat September 2005 vorliegt, wird die Besitzstandszulage ab dem Zeitpunkt des Wiederauflebens der Kindergeldzahlung gewährt.

Protokollerklärungen zu Absatz 1:

1. *[1]Die Unterbrechung der Entgeltzahlung im September 2005 wegen Elternzeit, Wehr- oder Zivildienstes, Sonderurlaubs, bei dem der Arbeitgeber vor Antritt ein dienstliches oder betriebliches Interesse an der Beurlaubung anerkannt hat, Bezuges einer Rente auf Zeit wegen verminderter Erwerbsfähigkeit oder wegen des Ablaufs der Krankenbezugsfristen ist für das Entstehen des Anspruchs auf die Besitzstandszulage unschädlich. [2]Für die Höhe der Besitzstandszulage nach Satz 1 gilt § 5 Abs. 6 entsprechend.*
2. *Ist die andere Person im September 2005 aus dem öffentlichen Dienst ausgeschieden und entfiel aus diesem Grund der kinderbezogene Entgeltbestandteil, entsteht der Anspruch auf die Besitzstandszulage bei dem in den TVöD übergeleiteten Beschäftigten.*
3. *[1]Beschäftigte mit mehr als zwei Kindern, die im September 2005 für das dritte und jedes weitere Kind keinen kinderbezogenen Entgeltanteil erhalten haben, weil sie nicht zum Kindergeldberechtigten bestimmt waren, haben Anspruch auf die Besitzstandszulage für das dritte und jedes weitere Kind, sofern und solange sie für diese Kinder Kindergeld erhalten, wenn sie bis zum 30. September 2008 einen Berechtigtenwechsel beim Kindergeld zu ihren Gunsten vornehmen und der Beschäftigungsumfang der kindergeldberechtigten anderen Person am 30. September 2005 30 Wochenstunden nicht überstieg. [2]Die Höhe der Besitzstandszulage ist so zu bemessen, als hätte die/der Beschäftigte bereits im September 2005 Anspruch auf Kindergeld gehabt.*

4. [1] *Bei Tod der/des Kindergeldberechtigten wird ein Anspruch nach Absatz 1 für den anderen in den TVöD übergeleiteten Beschäftigten auch nach dem 1. Oktober 2005 begründet.* [2] *Die Höhe der Besitzstandszulage ist so zu bemessen, als hätte sie/er bereits im September 2005 Anspruch auf Kindergeld gehabt.*

5. [1] *Endet eine Unterbrechung aus den in Nr. 1 Satz 1 genannten Gründen vor dem 1. Juli 2008, wird die Besitzstandszulage vom 1. Juli 2008 an gezahlt, wenn bis zum 30. September 2008 ein entsprechender schriftlicher Antrag (Ausschlussfrist) gestellt worden ist.* [2] *Wird die Arbeit nach dem 30. Juni 2008 wieder aufgenommen oder erfolgt die Unterbrechung aus den in Nr. 1 Satz 1 genannten Gründen nach dem 30. Juni 2008, wird die Besitzstandszulage nach Wiederaufnahme der Arbeit auf schriftlichen Antrag gezahlt.* [3] *In den Fällen der Nrn. 2 und 3 wird die Besitzstandszulage auf einen bis zum 30. September 2008 zu stellenden schriftlichen Antrag (Ausschlussfrist) vom 1. Juli 2008 an gezahlt.* [4] *Ist eine den Nrn. 1 bis 3 entsprechende Leistung bis zum 31. März 2008 schriftlich geltend gemacht worden, erfolgt die Zahlung vom 1. Juni 2008 an.* [5] *In den Fällen der Nr. 4 wird die Besitzstandszulage auf schriftlichen Antrag ab dem ersten Tag des Monats, der dem Sterbemonat folgt, frühestens jedoch ab dem 1. Juli 2008, gezahlt.* [6] *Die/der Beschäftigte hat das Vorliegen der Voraussetzungen der Nrn. 1 bis 4 nachzuweisen und Änderungen anzuzeigen.*

(2) [1] § 24 Abs. 2 TVöD ist anzuwenden. [2] Die Besitzstandszulage nach Absatz 1 Satz 1 verändert sich bei allgemeinen Entgeltanpassungen um den von den Tarifvertragsparteien für die jeweilige Entgeltgruppe festgelegten Vomhundertsatz. [3] Ansprüche nach Absatz 1 können für Kinder ab dem vollendeten 16. Lebensjahr durch Vereinbarung mit der/dem Beschäftigten abgefunden werden. [4] § 6 Abs. 1 Satz 4 findet entsprechende Anwendung.

Protokollerklärung zu Absatz 2 Satz 1:

Die tarifliche Arbeitszeitverlängerung zum 1. Juli 2008 führt nicht zu einer Veränderung der Besitzstandszulage, sofern als Besitzstandszulage die kinderbezogenen Entgeltbestandteile aufgrund vor dem 1. Oktober 2005 anzuwendender Konkurrenzregelungen (§ 29 Abschn. B Abs. 6 BAT/BAT-O/BAT-Ostdeutsche Sparkassen und entsprechende Arbeiterregelungen) in ungekürzter Höhe zustehen.

Protokollerklärung zu Absatz 2 Satz 2:

[1] *Der Betrag der Besitzstandszulage erhöht sich am 1. April 2021 um 1,40 Prozent und am 1. April 2022 um weitere 1,80 Prozent.* [2] *Er erhöht sich für Beschäftigte im Geltungsbereich des TVöD – Besonderer Teil Sparkassen abweichend von Satz 1 am 1. Juli 2021 um 1,40 Prozent, am 1. Juli 2022 um weitere 1,00 Prozent und am 1. Dezember 2022 um weitere 0,792 Prozent.*

(3) Die Absätze 1 und 2 gelten entsprechend für

a) zwischen dem 1. Oktober 2005 und dem 31. Dezember 2005 geborene Kinder der übergeleiteten Beschäftigten,
b) die Kinder von bis zum 31. Dezember 2005 in ein Arbeitsverhältnis übernommenen Auszubildenden, Schülerinnen/Schüler in der Gesundheits- und Krankenpflege, Gesundheits- und Kinderkrankenpflege und in der Entbindungspflege sowie Praktikantinnen und Praktikanten aus tarifvertraglich geregelten Beschäftigungsverhältnissen, soweit diese Kinder vor dem 1. Januar 2006 geboren sind.

§ 12 Strukturausgleich. (1) [1] Aus dem Geltungsbereich des BAT/BAT-O/BAT-Ostdeutsche Sparkassen übergeleitete Beschäftigte erhalten ausschließlich in den in Anlage 2 aufgeführten Fällen zusätzlich zu ihrem monatlichen Entgelt einen nicht dynamischen Strukturausgleich. [2]Für alle Beschäftigten, auf die die Regelungen des Tarifgebiets Ost Anwendung finden, bestimmt sich der Strukturausgleich ab 1. Januar 2010 nach den für das Tarifgebiet West ausgewiesenen Beträgen. [3]Maßgeblicher Stichtag für die anspruchsbegründenden Voraussetzungen (Vergütungsgruppe, Stufe, Ortszuschlag, Aufstiegszeiten) ist der 1. Oktober 2005, sofern in Anlage 2 nicht ausdrücklich etwas anderes geregelt ist.

(2) Die Zahlung des Strukturausgleichs beginnt im Oktober 2007, sofern in Anlage 2 nicht etwas anderes bestimmt ist.

(3) [1]Bei Teilzeitbeschäftigung steht der Strukturausgleich anteilig zu (§ 24 Abs. 2 TVöD). [2]§ 5 Abs. 5 Satz 2 gilt entsprechend.

Protokollerklärung zu Absatz 3:
Bei späteren Veränderungen der individuellen regelmäßigen Arbeitszeit der/des Beschäftigten ändert sich der Strukturausgleich entsprechend.

(4) [1]Bei Höhergruppierungen wird der Unterschiedsbetrag zum bisherigen Entgelt auf den Strukturausgleich angerechnet. [2]Für die Dauer der vorübergehenden Übertragung einer höherwertigen Tätigkeit wird die Zulage nach § 14 Abs. 3 TVöD auf den Strukturausgleich angerechnet. [3]Entsprechendes gilt für die Zulage in den Fällen der Übertragung einer Führungsposition auf Probe nach § 31 TVöD und auf Zeit nach § 32 TVöD.

(5) Einzelvertraglich kann der Strukturausgleich abgefunden werden.

(6) Die Absätze 1 bis 5 finden auf Ärztinnen und Ärzte, die unter § 51 BT-K bzw. § 51 BT-B fallen, keine Anwendung.

§ 13 Entgeltfortzahlung im Krankheitsfall. [1]Bei Beschäftigten, für die bis zum 30. September 2005 § 71 BAT gegolten hat, wird abweichend von § 22 Abs. 2 TVöD für die Dauer des über den 30. September 2005 hinaus ununterbrochen fortbestehenden Arbeitsverhältnisses der Krankengeldzuschuss in Höhe des Unterschiedsbetrages zwischen dem festgesetzten Nettokrankengeld oder der entsprechenden gesetzlichen Nettoleistung und dem Nettoentgelt (§ 22 Abs. 2 Satz 2 und 3 TVöD) gezahlt. [2]Nettokrankengeld ist das um die Arbeitnehmeranteile zur Sozialversicherung reduzierte Krankengeld. [3]Für Beschäftigte, die nicht der Versicherungspflicht in der gesetzlichen Krankenversicherung unterliegen, ist bei der Berechnung des Krankengeldzuschusses der Höchstsatz des Nettokrankengeldes, der bei Pflichtversicherung in der gesetzlichen Krankenversicherung zustünde, zugrunde zu legen.

Protokollerklärung zu § 13:
Ansprüche aufgrund von beim Arbeitgeber am 30. September 2005 geltenden Regelungen für die Gewährung von Beihilfen an Arbeitnehmerinnen und Arbeitnehmer im Krankheitsfall bleiben für die von § 1 Abs. 1 erfassten Beschäftigten unberührt. Änderungen von Beihilfevorschriften für Beamte kommen zur Anwendung, soweit auf Landes- bzw. Bundesvorschriften Bezug genommen wird.

§ 14 Beschäftigungszeit. (1) Für die Dauer des über den 30. September 2005 hinaus fortbestehenden Arbeitsverhältnisses werden die vor dem 1. Oktober 2005 nach Maßgabe der jeweiligen tarifrechtlichen Vorschriften anerkannten Beschäftigungszeiten als Beschäftigungszeit im Sinne des § 34 Abs. 3 TVöD berücksichtigt.

(2) Für die Anwendung des § 23 Abs. 2 TVöD werden die bis zum 30. September 2005 zurückgelegten Zeiten, die nach Maßgabe

- des BAT anerkannte Dienstzeit,
- des BAT-O/BAT-Ostdeutsche Sparkassen, BMT-G/BMT-G-O anerkannte Beschäftigungszeit

sind, als Beschäftigungszeit im Sinne des § 34 Abs. 3 TVöD berücksichtigt.

(3) Aus dem Geltungsbereich des BMT-G übergeleitete Beschäftigte, die am 30. September 2005 eine Beschäftigungszeit (§ 6 BMT-G ohne die nach § 68a BMT-G berücksichtigten Zeiten) von mindestens zehn Jahren zurückgelegt haben, erwerben abweichend von § 34 Abs. 2 Satz 1 TVöD den besonderen Kündigungsschutz nach Maßgabe des § 52 Abs. 1 BMT-G.

§ 15 Urlaub. (1) [1]Aus dem Geltungsbereich des BAT/BAT-O/BAT-Ostdeutsche Sparkassen übergeleitete Beschäftigte der Vergütungsgruppen I und I a, die für das Urlaubsjahr 2005 einen Anspruch auf 30 Arbeitstage Erholungsurlaub erworben haben, behalten bei einer Fünftagewoche diesen Anspruch für die Dauer des über den 30. September 2005 hinaus ununterbrochen fortbestehenden Arbeitsverhältnisses. [2]Die Urlaubsregelungen des TVöD bei abweichender Verteilung der Arbeitszeit gelten entsprechend.

(2) § 42 Abs. 1 BMT-G/BMT-G-O i.V.m. bezirklichen Tarifverträgen zu § 42 Abs. 2 BMT-G und der Tarifvertrag zu § 42 Abs. 2 BMT-G-O (Zusatzurlaub für Arbeiter) gelten bis zum In-Kraft-Treten entsprechender landesbezirklicher Tarifverträge fort; im Übrigen gilt Absatz 1 entsprechend.

§ 16 Abgeltung. [1]Durch Vereinbarungen mit der/dem Beschäftigten können Entgeltbestandteile aus Besitzständen, ausgenommen für Vergütungsgruppenzulagen, pauschaliert bzw. abgefunden werden. [2]§ 11 Abs. 2 Satz 3 und § 12 Abs. 5 bleiben unberührt.

§ 16a Leistungsgeminderte Beschäftigte. (1) Die nach Satz 1 und 2 der Protokollerklärung zum 3. Abschnitt in der bis zum 28. Februar 2014 geltenden Fassung zurückgestellte Überleitung der Beschäftigten mit Anspruch auf Entgeltsicherung bei Leistungsminderung in das Entgeltsystem des TVöD erfolgt nach folgenden Regelungen:

1. [1]Beschäftigte, die am 30. September 2005 eine Zahlung nach §§ 28 Abs. 1 und 2, 28a BMT-G/BMT-G-O erhalten haben, werden rückwirkend zum 1. Oktober 2005 nach Maßgabe des § 4 i.V.m. der Anlage 1 in das Entgeltsystem des TVöD übergeleitet. [2]Maßgebend hierbei ist die Lohngruppe, in der die/der Beschäftigte vor Eintritt der Leistungsminderung eingruppiert war. [3]Die Stufenzuordnung bestimmt sich nach Maßgabe der §§ 5 und 7. [4]Der weitere Stufenaufstieg ist unter Anwendung des § 7 und der Regelungen des TVöD bis zum 28. Februar 2014 nachzuzeichnen. [5]Ab dem 1. März 2014 richtet sich der weitere Stufenaufstieg nach den Regelungen des TVöD.
   [6]Zur Ermittlung des der/dem Beschäftigten zustehenden Entgelts sind dem nach Satz 1 bis 5 zustehenden Tabellenentgelt zuzüglich der nach §§ 28 Abs. 1 und 2, 28a BMT-G/BMT-G-O gesicherten Lohnbestandteile das jeweilige Tabellenentgelt, das sich aus der aufgrund der Leistungsminderung zugewiesenen Tätigkeit ergeben würde, und die sonstigen §§ 28 Abs. 1 und 2, 28a BMT-G/BMT-G-O entsprechenden Entgeltbestandteile (Vor-

arbeiter- und andere Funktionszulagen, Erschwerniszuschläge und Schichtzulagen sowie etwaige Zeitzuschläge) monatlich gegenüberzustellen. [7]Das der Leistungsminderung entsprechende Tabellenentgelt ist in entsprechender Anwendung der Sätze 1 bis 4 nachzuzeichnen; Satz 5 gilt entsprechend. [8]Ist das der Leistungsminderung entsprechende Entgelt nach Satz 6 und 7 niedriger als das gesicherte Entgelt, ist ab 1. März 2014 an seiner Stelle das gesicherte Entgelt zu zahlen. [9]Für die Zeit davor verbleibt es bei den geleisteten Zahlungen, wenn diese die sich aus Satz 2 der Protokollerklärung zum 3. Abschnitt in der bis zum 28. Februar 2014 geltenden Fassung ergebenden Ansprüche nicht unterschreiten; § 37 TVöD bleibt unberührt.
[10]Beschäftigte, die am 30. September 2005 Monatslohn nach § 25 Abs. 4 BMT-G/BMT-G-O erhalten haben, werden rückwirkend zum 1. Oktober 2005 in entsprechender Anwendung der Sätze 1, 3 und 4 in das Entgeltsystem des TVöD übergeleitet; Satz 5 gilt entsprechend.

2. [1]Beschäftigte, die am 30. September 2005 eine Ausgleichszulage nach § 56 BAT/BAT-O erhalten haben, werden rückwirkend zum 1. Oktober 2005 nach Maßgabe des § 4 in Verbindung mit der Anlage 1 in das Entgeltsystem des TVöD übergeleitet. [2]Maßgebend hierbei ist die Vergütungsgruppe, in der die/der Beschäftigte vor ihrem/ seinem Unfall bzw. vor Feststellung einer Berufskrankheit eingruppiert war. [3]Die Stufenzuordnung bestimmt sich nach Maßgabe der §§ 5 und 6. [4]Der weitere Stufenaufstieg ist unter Anwendung des § 6 und der Regelungen des TVöD bis zum 28. Februar 2014 nachzuzeichnen.
[5]Zur Ermittlung der der/dem Beschäftigten zustehenden Ausgleichszulage sind in entsprechender Anwendung der Sätze 1 bis 4 die Entgeltgruppe und die Stufe festzustellen, in denen die/der Beschäftigte weiterbeschäftigt wird. [6]Der Unterschiedsbetrag zwischen beiden Entgeltgruppen und Stufen ist der ab dem 1. März 2014 zu zahlende Ausgleichsbetrag. [7]Für die Zeit davor verbleibt es bei den geleisteten Zahlungen, wenn diese die sich aus Satz 2 der Protokollerklärung zum 3. Abschnitt in der bis zum 28. Februar 2014 geltenden Fassung ergebenden Ansprüche nicht unterschreiten; § 37 TVöD bleibt unberührt.

3. [1]Soweit abweichend von Nummern 1 und 2 bereits vor dem 1. März 2014 die Überleitung in das Entgeltsystem des TVöD erfolgt ist, verbleibt es dabei auch für die Zeit nach dem 28. Februar 2014. [2]Der/Die Beschäftigte kann bis zum 31. August 2014 schriftlich die Anwendung von Nummer 1 oder 2 mit Wirkung ab dem 1. März 2014 beantragen.

(2) [1]§§ 25 Abs. 4, 28 Abs. 1 und 2, 28a BMT-G/BMT-G-O und § 56 BAT/ BAT-O finden in ihrem jeweiligen Geltungsbereich weiterhin Anwendung, und zwar auch auf Beschäftigte im Sinne des § 1 Abs. 2. [2]§ 55 Abs. 2 Unterabs. 2 Satz 2 BAT, Nrn. 7 und 10 SR 2o BAT sowie Nr. 3 SR 2x BAT/BAT-O bleiben in ihrem bisherigen Geltungsbereich unberührt.

(3) Die in den Absätzen 1 und 2 genannten Regelungen des BMT-G/ BMT-G-O und BAT/BAT-O ergeben sich aus dem Anhang zu § 16a.

Abschnitt IV. Sonstige vom TVöD abweichende oder ihn ergänzende Bestimmungen

§ 17 Eingruppierung. (1) [1] An die Stelle der § 2 Abs. 2 des Rahmentarifvertrages zu § 20 BMT-G entsprechenden Vorschriften in den landesbezirklichen Lohngruppenverzeichnissen treten § 12 (VKA) TVöD und § 13 (VKA) TVöD. [2] Gleiches gilt hinsichtlich § 2 Abs. 3 des Tarifvertrages zu § 20 Abs. 1 BMT-G-O (Lohngruppenverzeichnis).

(2–6) *(aufgehoben)*

(7) [1] Die Lohngruppen der Lohngruppenverzeichnisse sind gemäß Anlage 3 den Entgeltgruppen des TVöD zugeordnet. [2] In den Fällen des § 16 (VKA) Abs. 2a TVöD kann die Eingruppierung in die in dem unmittelbar vorhergehenden Arbeitsverhältnis durch Zeit-, Tätigkeits- oder Bewährungsaufstieg erreichte Entgeltgruppe erfolgen, sofern das unmittelbar vorhergehende Arbeitsverhältnis vor dem 1. Oktober 2005 begründet worden ist.

(8) *(aufgehoben)*

(9) Ist anlässlich der vorübergehenden Übertragung einer höherwertigen Tätigkeit im Sinne des § 14 TVöD zusätzlich eine Tätigkeit auszuüben, für die nach landesbezirklichen Regelungen oder den Regelungen in Anlage 3 Teil I des Tarifvertrages zu § 20 Abs. 1 BMT-G-O (Lohngruppenverzeichnis) ein Anspruch auf Zahlung einer Zulage für Vorarbeiter/-innen und Vorhandwerker/-innen, Fachvorarbeiter/-innen und vergleichbare Beschäftigte oder Lehrgesellen/-innen besteht, erhält die/der Beschäftigte abweichend von § 14 Abs. 3 TVöD anstelle der Zulage nach § 14 TVöD für die Dauer der Ausübung sowohl der höherwertigen als auch der zulagenberechtigenden Tätigkeit eine persönliche Zulage von 10 Prozent ihres/seines Tabellenentgelts.

Protokollerklärung zu Absatz 9:

[1] Die Zulage für Vorarbeiter/innen und Vorhandwerker/innen, Fachvorarbeiter/innen und vergleichbare Beschäftigte oder Lehrgesellen/innen verändert sich bei allgemeinen Entgeltanpassungen nach dem 31. Dezember 2009 um den von den Tarifvertragsparteien für die jeweilige Entgeltgruppe festgesetzten Vomhundertsatz. [2] Der Betrag der Zulage nach Satz 1 erhöht sich am 1. April 2021 um 1,40 Prozent und am 1. April 2022 um weitere 1,80 Prozent. [3] Er erhöht sich für Beschäftigte im Geltungsbereich des TVöD – Besonderer Teil Sparkassen abweichend von Satz 2 am 1. Juli 2021 um 1,40 Prozent, am 1. Juli 2022 um weitere 1,00 Prozent und am 1. Dezember 2022 um weitere 0,792 Prozent. [4] Abweichende Regelungen in landesbezirklichen Tarifverträgen bleiben unberührt.

§ 18 Vorübergehende Übertragung einer höherwertigen Tätigkeit nach dem 30. September 2005. (1) *(aufgehoben)*

(2) Wird aus dem Geltungsbereich des BMT-G/BMT-G-O übergeleiteten Beschäftigten nach dem 30. September 2005 erstmalig außerhalb von § 10 eine höherwertige Tätigkeit vorübergehend übertragen, gelten bis zum In-Kraft-Treten eines Tarifvertrages über eine persönliche Zulage die bisherigen bezirklichen Regelungen gemäß § 9 Abs. 3 BMT-G und nach Anlage 3 Teil I des Tarifvertrages zu § 20 Abs. 1 BMT-G-O (Lohngruppenverzeichnis) im bisherigen Geltungsbereich mit der Maßgabe entsprechend, dass sich die Höhe der Zulage nach dem TVöD richtet, soweit sich aus § 17 Abs. 9 nichts anderes ergibt.

§ 19 Entgeltgruppe 2 Ü und 15 Ü. (1) [1] Für Beschäftigte, die nach der Anlage 3 der Entgeltgruppe 2Ü zugeordnet sind, gelten folgende Tabellenwerte:

	Stufe 1	Stufe 2	Stufe 3	Stufe 4	Stufe 5	Stufe 6
gültig ab 1. April 2021	2.221,61	2.443,99	2.523,88	2.630,40	2.703,60	2.810,98
gültig ab 1. April 2022	2.261,60	2.487,98	2.569,31	2.677,75	2.752,26	2.861,58

[2] Für Beschäftigte im Geltungsbereich des TVöD – Besonderer Teil Sparkassen gelten abweichend von Satz 1 folgende Tabellenwerte:

	Stufe 1	Stufe 2	Stufe 3	Stufe 4	Stufe 5	Stufe 6
gültig bis 30. Juni 2021	2.171,61	2.393,99	2.473,88	2.580,40	2.653,60	2.760,98
gültig ab 1. Juli 2021	2.221,61	2.443,99	2.523,88	2.630,40	2.703,60	2.810,98
gültig ab 1. Juli 2022	2.243,83	2.468,43	2.549,12	2.656,70	2.730,64	2.839,09
gültig ab 1. Dezember 2022	2.261,60	2.487,98	2.569,31	2.677,75	2.752,26	2.861,58

(2) [1] Übergeleitete Beschäftigte der Vergütungsgruppe I BAT/BAT-O/BAT-Ostdeutsche Sparkassen unterliegen dem TVöD. [2] Sie werden in die Entgeltgruppe 15 Ü übergeleitet. [3] Für sie gelten folgende Tabellenwerte:

	Stufe 2	Stufe 3	Stufe 4	Stufe 5	Stufe 6
gültig ab 1. April 2021	6.090,93	6.751,47	7.377,25	7.794,47	7.891,78
gültig ab 1. April 2022	6.200,57	6.873,00	7.510,04	7.934,77	8.033,83

[4] Für Beschäftigte im Geltungsbereich des TVöD – Besonderer Teil Sparkassen gelten abweichend von Satz 3 folgende Tabellenwerte:

	Stufe 2	Stufe 3	Stufe 4	Stufe 5	Stufe 6
gültig bis 30. Juni 2021	6.006,83	6.658,25	7.275,39	7.686,85	7.782,82
gültig ab 1. Juli 2021	6.090,93	6.751,47	7.377,25	7.794,47	7.891,78
gültig ab 1. Juli 2022	6.151,84	6.818,98	7.451,02	7.872,41	7.970,70
gültig ab 1. Dezember 2022	6.200,57	6.873,00	7.510,04	7.934,77	8.033,83

[5] Die Verweildauer in den Stufen 2 bis 5 beträgt jeweils fünf Jahre.

§§ 20, 21 *(aufgehoben)*

§ 22 Sonderregelungen für Beschäftigte im bisherigen Geltungsbereich der SR 2a, SR 2b und SR 2c zum BAT/BAT-O. (1) *(aufgehoben)*

(2) Nr. 7 SR 2a BAT/BAT-O gilt im bisherigen Geltungsbereich bis zum In-Kraft-Treten einer Neuregelung fort.

(3) Nr. 5 SR 2c BAT/BAT-O gilt für übergeleitete Ärztinnen und Ärzte bis zu einer arbeitsvertraglichen Neuregelung deren Nebentätigkeit fort.

(4) Bestehende Regelungen zur Anrechnung von Wege- und Umkleidezeiten auf die Arbeitszeit bleiben durch das In-Kraft-Treten des TVöD unberührt.

§ 23 Erschwerniszuschläge, Schichtzulagen. (1) [1] Bis zur Regelung in einem landesbezirklichen Tarifvertrag gelten für die von § 1 Abs. 1 und 2 erfassten Beschäftigten im jeweiligen bisherigen Geltungsbereich

– die jeweils geltenden bezirklichen Regelungen zu Erschwerniszuschlägen gemäß § 23 Abs. 3 BMT-G,

– der Tarifvertrag zu § 23 Abs. 3 BMT-G-O vom 14. Mai 1991,
– der Tarifvertrag über die Gewährung von Zulagen gemäß § 33 Abs. 1 Buchst. c BAT vom 11. Januar 1962 und
– der Tarifvertrag über die Gewährung von Zulagen gemäß § 33 Abs. 1 Buchst. c BAT-O

fort. [2]Dies gilt für die landesbezirklichen Tarifverträge mit der Maßgabe, dass die Grenzen und die Bemessungsgrundlagen des § 19 Abs. 4 TVöD zu beachten sind.

Protokollerklärung zu Absatz 1:
(aufgehoben)

(2) [1]Für Beschäftigte gemäß § 1 Abs. 1, auf die bis zum 30. September 2005 der Tarifvertrag betreffend Wechselschicht- und Schichtzulagen für Angestellte vom 1. Juli 1981, der Tarifvertrag betreffend Wechselschicht- und Schichtzulagen für Angestellte (TV Schichtzulagen Ang-O) vom 8. Mai 1991, der Tarifvertrag zu § 24 BMT-G (Schichtlohnzuschlag) vom 1. Juli 1981 oder der Tarifvertrag zu § 24 Abs. 4 Unterabs. 1 BMT-G-O (TV Schichtlohnzuschlag Arb-O) vom 8. Mai 1991 Anwendung gefunden hat, gelten diese Tarifverträge einschließlich der bis zum 30. September 2005 zu ihrer Anwendung maßgebenden Begriffsbestimmungen des BAT/BAT-O/BMT-G/BMT-G-O weiter. [2]Für alle übrigen Beschäftigten gelten die Regelungen des § 8 Abs. 5 und 6 in Verbindung mit § 7 Abs. 1 und 2 TVöD. [3]Satz 1 gilt nicht für § 4 Nrn. 2, 3, 8 und 10 des Tarifvertrages zu § 24 BMT-G (Schichtlohnzuschlag) vom 1. Juli 1981; insoweit findet § 2 Abs. 2 Anwendung.

§ 24 Bereitschaftszeiten. [1]Die landesbezirklich für Hausmeister und Beschäftigtengruppen mit Bereitschaftszeiten innerhalb ihrer regelmäßigen Arbeitszeit getroffenen Tarifverträge und Tarifregelungen sowie Nr. 3 SR 2r BAT-O gelten fort. [2]Dem Anhang zu § 9 TVöD widersprechende Regelungen zur Arbeitszeit sind bis zum 31. Dezember 2005 entsprechend anzupassen.

§ 25 Übergangsregelung zur Zusatzversorgungspflicht der Feuerwehrzulage. [1]Abweichend von der allgemeinen Regelung, dass die Feuerwehrzulage für Beschäftigte im feuerwehrtechnischen Dienst nicht zusatzversorgungspflichtig ist, ist diese Zulage bei Beschäftigten, die eine Zulage nach Nr. 2 Abs. 2 SR 2x BAT/BAT-O bereits vor dem 1. Januar 1999 erhalten haben und bis zum 30. September 2005 nach Vergütungsgruppen X bis V a/b eingruppiert waren (§ 4 Abs. 1 Satz 1 i.V.m. der Anlage 1), zusatzversorgungspflichtiges Entgelt nach Ablauf des Kalendermonats, in dem sie sieben Jahre lang bezogen worden ist, längstens jedoch bis zum 31. Dezember 2007. [2]Auf die Mindestzeit werden auch solche Zeiträume angerechnet, während derer die Feuerwehrzulage nur wegen Ablaufs der Krankenbezugsfristen nicht zugestanden hat. [3]Sätze 1 und 2 gelten nicht, wenn der Beschäftigte bis zum 31. Dezember 2007 bei Fortgeltung des BAT/BAT-O oberhalb der Vergütungsgruppe V a/b eingruppiert wäre.

§ 26 Angestellte als Lehrkräfte an Musikschulen. Für die bis zum 30. September 2005 unter den Geltungsbereich der Nr. 1 SR 2 I II BAT fallenden Angestellten, die am 28. Februar 1987 in einem Arbeitsverhältnis standen, das am 1. März 1987 zu demselben Arbeitgeber bis zum 30. September 2005 fortbestanden hat, wird eine günstigere einzelarbeitsvertragliche Regelung zur Arbeitszeit durch das In-Kraft-Treten des TVöD nicht berührt.

§ 27 Angestellte im Bibliotheksdienst. Regelungen gemäß Nr. 2 SR 2m BAT/BAT-O bleiben durch das In-Kraft-Treten des TVöD unberührt.

§ 28 *(aufgehoben)*

Abschnitt IVa. Besondere Regelungen für Beschäftigte im Sozial- und Erziehungsdienst

§ 28a Überleitung der Beschäftigten in die Anlage C (VKA) zum TVöD und weitere Regelungen. (1) [1] Die unter den Anhang zu der Anlage C (VKA) zum TVöD fallenden Beschäftigten (§ 1 Abs. 1 und 2) werden am 1. November 2009 in die Entgeltgruppe, in der sie nach dem Anhang zu der Anlage C (VKA) zum TVöD eingruppiert sind, übergeleitet. [2] Die Stufenzuordnung in der neuen Entgeltgruppe bestimmt sich nach Absatz 2, das der/dem Beschäftigten in der neuen Entgeltgruppe und Stufe zustehende Entgelt nach den Absätzen 3 und 4. [3] Die Absätze 5 bis 10 bleiben unberührt.

(2) [1] Die Beschäftigten werden wie folgt einer Stufe und innerhalb dieser Stufe dem Jahr der Stufenlaufzeit ihrer Entgeltgruppe, in der sie gemäß dem Anhang zu der Anlage C (VKA) zum TVöD eingruppiert sind, zugeordnet:

bisherige Stufe und Jahr innerhalb der Stufe	neue Stufe und Jahr
1	1
2/1	2/1
2/2	2/2
3/1	2/3
3/2	3/1
3/3	3/2
4/1	3/3
4/2	3/4
4/3	4/1
4/4	4/2
5/1	4/3
5/2	4/4
5/3	5/1
5/4	5/2
5/5	5/3
6/1	5/4
6/2	5/5.

[2] Beschäftigte, die in ihrer bisherigen Entgeltgruppe in der Stufe 6 mindestens zwei Jahre zurückgelegt haben, werden der Stufe 6 zugeordnet. [3] § 1 Abs. 2 Satz 7 der Anlage zu Abschnitt VIII Sonderregelungen (VKA) § 56 BT-V bzw. § 52 Abs. 2 Satz 7 BT-B bleibt unberührt. [4] Für Beschäftigte der bisherigen Entgeltgruppe 8, die in der Entgeltgruppe S 8 eingruppiert sind, gilt Satz 1 mit der Maßgabe, dass die verlängerte Stufenlaufzeit in den Stufen 4 und 5 gemäß § 1 Abs. 2 Satz 8 der Anlage zu Abschnitt VIII Sonderregelungen (VKA) § 56 BT-V bzw. § 52 Abs. 2 Satz 8 BT-B bei der Stufenzuordnung zu berücksichtigen ist. [5] Abweichend von Satz 1 werden Beschäftigte der bisherigen Entgeltgruppe 9, die in der Entgeltgruppe S 8 eingruppiert sind, wie folgt einer

Stufe und innerhalb dieser Stufe dem Jahr der Stufenlaufzeit ihrer Entgeltgruppe zugeordnet:

bisherige Stufe und Jahr innerhalb der Stufe	neue Stufe und Jahr
1	1
2/1	2/1
2/2	2/2
3/1	2/3
3/2	3/1
3/3	3/2
4/1	3/3
4/2	3/4
4/3	4/1
4/4	4/2
4/5	4/3
4/6	4/4
4/7	4/5
4/8	4/6
4/9	4/7
5/1	4/8
5/2	5/1
5/3	5/2
5/4	5/3
5/5	5/4
5/6	5/5
5/7	5/6
5/8	5/7
5/9	5/8
5/10	5/9
5/11	5/10.

[6] Beschäftigte, die in ihrer bisherigen Entgeltgruppe in der Stufe 5 mindestens elf Jahre zurückgelegt haben, werden der Stufe 6 zugeordnet. [7] Für Beschäftigte der bisherigen Entgeltgruppe 9, die in der Entgeltgruppe S 9 eingruppiert sind, gilt Satz 4 mit der Maßgabe, dass die Stufenlaufzeiten gemäß § 1 Abs. 2 Satz 6 der Anlage zu Abschnitt VIII Sonderregelungen (VKA) § 56 BT-V bzw. § 52 Abs. 2 Satz 6 BT-B bei der Stufenzuordnung zu berücksichtigen sind. [8] Maßgeblich sind dabei ausschließlich die in der bisherigen Entgeltgruppe erreichte Stufe und die in dieser Stufe zurückgelegte Laufzeit. [9] Innerhalb des nach Satz 1, Satz 5 oder Satz 7 zugeordneten Jahres der Stufenlaufzeit ist die in der bisherigen Stufe unterhalb eines vollen Jahres zurückgelegte Zeit für den Aufstieg in das nächste Jahr der Stufenlaufzeit bzw. in eine höhere Stufe zu berücksichtigen. [10] Der weitere Stufenaufstieg richtet sich nach § 1 Abs. 2 Satz 6 bis 8 der Anlage zu Abschnitt VIII Sonderregelungen (VKA) § 56 BT-V bzw. § 52 Abs. 2 Satz 6 bis 8 BT-B.

(3) [1] Es wird ein Vergleichsentgelt gebildet, das sich aus dem am 31. Oktober 2009 zustehenden Tabellenentgelt oder aus dem Entgelt einer individuellen Endstufe einschließlich eines nach § 17 Abs. 4 Satz 2 TVöD gegebenenfalls zustehenden Garantiebetrages sowie einer am 31. Oktober 2009 nach § 9 oder § 17 Abs. 5 Satz 2 zustehenden Besitzstandszulage zusammensetzt. [2] In den Fällen des § 8 Abs. 3 Satz 2 tritt an die Stelle des Tabellenentgelts das Entgelt

aus der individuellen Zwischenstufe. [3]Bei Teilzeitbeschäftigten wird das Vergleichsentgelt auf der Grundlage eines vergleichbaren Vollzeitbeschäftigten bestimmt, anschließend wird das zustehende Entgelt nach § 24 Abs. 2 TVöD berechnet. [4]Satz 3 gilt für Beschäftigte, deren Arbeitszeit nach § 3 des Tarifvertrages zur sozialen Absicherung (TVsA) vom 13. September 2005 herabgesetzt ist, entsprechend. [5]Für Beschäftigte, die nicht für alle Tage im Oktober 2009 oder für keinen Tag dieses Monats Entgelt erhalten haben, wird das Vergleichsentgelt so bestimmt, als hätten sie für alle Tage dieses Monats Entgelt erhalten. [6]Beschäftigte, die im November 2009 in ihrer bisherigen Entgeltgruppe bei Fortgeltung des bisherigen Rechts einen Stufenaufstieg gehabt hätten, werden für die Bemessung des Vergleichsentgelts so behandelt, als wäre der Stufenaufstieg bereits im Oktober 2009 erfolgt. [7]Bei am 1. Oktober 2005 vom BAT/BAT-O in den TVöD übergeleiteten Beschäftigten, die aus den Stufen 2 bis 5 ihrer Entgeltgruppe, in der sie am 31. Oktober 2009 eingruppiert sind, übergeleitet werden, wird das Vergleichsentgelt um 2,65 v.H. erhöht. [8]Bei Beschäftigten, die am 1. Oktober 2005 vom BAT/BAT-O in den TVöD übergeleitet wurden und die nach dem Anhang zu der Anlage C (VKA) zum TVöD in Entgeltgruppe S 8 oder S 9 eingruppiert sind, erfolgt abweichend von Satz 7 eine Erhöhung des Vergleichsentgelts um 2,65 v.H., wenn sie aus den Stufen 2 bis 4 der Entgeltgruppe 9 übergeleitet werden. [9]Bei Beschäftigten, auf die die Regelungen des Tarifgebiets Ost Anwendung finden und die aus den Entgeltgruppen 10 bis 12 in die Anlage C (VKA) zum TVöD in die Entgeltgruppen S 15 bis S 18 übergeleitet sind, erhöht sich das Vergleichsentgelt am 1. Januar 2010 um den Faktor 1,03093.

(4) [1]Ist das Vergleichsentgelt niedriger als das Tabellenentgelt der sich nach Absatz 2 ergebenden Stufe der Entgeltgruppe, in der die/der Beschäftigte am 1. November 2009 eingruppiert ist, erhält die/der Beschäftigte das entsprechende Tabellenentgelt ihrer/seiner Entgeltgruppe. [2]Übersteigt das Vergleichsentgelt das Tabellenentgelt der sich nach Absatz 2 ergebenden Stufe, erhält die/der Beschäftigte so lange das Vergleichsentgelt, bis das Tabellenentgelt unter Berücksichtigung der Stufenlaufzeiten nach § 1 Abs. 2 Satz 6 bis 8 der Anlage zu Abschnitt VIII Sonderregelungen (VKA) § 56 BT-V bzw. § 52 Abs. 2 Satz 6 bis 8 BT-B das Vergleichsentgelt erreicht bzw. übersteigt. [3]Liegt das Vergleichsentgelt über der höchsten Stufe der Entgeltgruppe, in der die/der Beschäftigte nach dem Anhang zu der Anlage C (VKA) zum TVöD eingruppiert ist, wird die/der Beschäftigte einer dem Vergleichsentgelt entsprechenden individuellen Endstufe zugeordnet. [4]Erhält die/der Beschäftigte am 31. Oktober 2009 Entgelt nach einer individuellen Endstufe, wird sie/er in der Entgeltgruppe, in der sie/er nach dem Anhang zu der Anlage C (VKA) zum TVöD eingruppiert ist, derjenigen Stufe zugeordnet, deren Betrag mindestens der individuellen Endstufe entspricht. [5]Steht der/dem Beschäftigten am 31. Oktober 2009 eine Besitzstandszulage nach § 9 oder § 17 Abs. 5 Satz 2 zu, ist diese bei Anwendung des Satzes 4 dem Betrag der individuellen Endstufe hinzuzurechnen. [6]Liegt der Betrag der individuellen Endstufe – bei Anwendung des Satzes 5 erhöht um die Besitzstandszulage – über der höchsten Stufe, wird die/der Beschäftigte erneut einer dem Betrag der bisherigen individuellen Endstufe – bei Anwendung des Satzes 5 erhöht um die Besitzstandszulage – entsprechenden individuellen Endstufe zugeordnet. [7]Das Vergleichsentgelt verändert sich um denselben Vomhundertsatz bzw. in demselben Umfang wie die nächsthöhere Stufe; eine individuelle Endstufe nach Satz 3 und 6 verändert sich um denselben Vom-

hundertsatz bzw. in demselben Umfang wie die höchste Stufe der jeweiligen Entgeltgruppe. [8]Absatz 3 Satz 9 gilt entsprechend.

Protokollerklärungen zu Absatz 4 Satz 7:

1. *[1]Die Vergleichsentgelte erhöhen sich am 1. März 2018 um 3,19 Prozent, am 1. April 2019 um weitere 3,09 Prozent und am 1. März 2020 um weitere 1,06 Prozent. [2]Die Vergleichsentgelte erhöhen sich am 1. April 2021 um 1,40 Prozent, mindestens aber um 50,00 Euro, und am 1. April 2022 um weitere 1,80 Prozent.*
2. *[1]Für die Veränderung der Beträge der individuellen Endstufen ab 1. April 2021 und ab 1. April 2022 gilt Buchstabe b der Protokollerklärung zu § 6 Abs. 4 Satz 6. [2]Für die Veränderung der Beträge der individuellen Endstufen der Entgeltgruppen S 10 und S 13Ü gelten ab 1. April 2021 und ab 1. April 2022 folgende Prozentsätze*

Entgeltgruppe	***ab 1. April 2021***	***ab 1. April 2022***
S 13Ü	*1,40%*	*1,80%*
S 10	*1,40%*	*1,80%*

(5) [1]Werden Beschäftigte, die nach dem 31. Oktober 2009 das Vergleichsentgelt erhalten, höhergruppiert, erhalten sie in der höheren Entgeltgruppe Entgelt nach der regulären Stufe, deren Betrag mindestens dem Vergleichsentgelt entspricht, jedoch nicht weniger als das Entgelt der Stufe 2. [2]Werden Beschäftigte aus einer individuellen Endstufe höhergruppiert, erhalten sie in der höheren Entgeltgruppe mindestens den Betrag, der ihrer bisherigen individuellen Endstufe entspricht. [3]Werden Beschäftigte, die das Vergleichsentgelt oder Entgelt aus einer individuellen Endstufe erhalten, herabgruppiert, erhalten sie in der niedrigeren Entgeltgruppe Entgelt nach der regulären Stufe, deren Betrag unterhalb des Vergleichsentgelts bzw. der individuellen Endstufe liegt, jedoch nicht weniger als das Entgelt der Stufe 2. [4]In den Fällen von Satz 1 bis 3 gilt Absatz 2 Satz 10 und in den Fällen von Satz 1 und Satz 2 gilt § 1 Abs. 4 der Anlage zu Abschnitt VIII Sonderregelungen (VKA) § 56 BT-V bzw. § 52 Abs. 4 BT-B entsprechend.

(6) Das Vergleichsentgelt steht dem Tabellenentgelt im Sinne des § 15 Abs. 1 TVöD gleich.

(7) [1]Auf am 1. Oktober 2005 aus dem BAT/BAT-O in den TVöD übergeleitete Beschäftigte, die nach dem Anhang zu der Anlage C (VKA) zum TVöD in der Entgeltgruppe S 8 oder S 9 eingruppiert wären, finden mit Ausnahme der Beschäftigten in der Tätigkeit von Sozialarbeiterinnen/Sozialarbeitern bzw. Sozialpädagoginnen/Sozialpädagogen mit staatlicher Anerkennung die Absätze 1 bis 6 nur Anwendung, wenn sie bis zum 31. Dezember 2009 (Ausschlussfrist) ihre Eingruppierung nach dem Anhang zu der Anlage C (VKA) zum TVöD schriftlich geltend machen. [2]§ 2 der Anlage zu Abschnitt VIII Sonderregelungen (VKA) § 56 BT-V bzw. § 53 BT-B findet auch dann Anwendung, wenn keine Geltendmachung nach Satz 1 erfolgt.

(8) [1]Am 1. Oktober 2005 aus dem BAT/BAT-O übergeleitete Beschäftigte, denen am 31. Oktober 2009 eine Besitzstandszulage nach § 9 zustand und die

a) nach dem Anhang zu der Anlage C (VKA) zum TVöD in der Entgeltgruppe S 11b eingruppiert sind, erhalten für die Dauer der Zuordnung zur Stufe 6 zusätzlich zu dem Tabellenentgelt der Entgeltgruppe S 11b Stufe 6 eine Zulage

– vom 1. April 2021 bis zum 31. März 2022 in Höhe von 79,90 Euro monatlich und
– ab 1. April 2022 in Höhe von 81,34 Euro monatlich

b) nach dem Anhang zu der Anlage C (VKA) zum TVöD in der Entgeltgruppe S 12 eingruppiert sind, erhalten für die Dauer der Zuordnung zur Stufe 6 zusätzlich zu dem Tabellenentgelt der Entgeltgruppe S 12 Stufe 6 eine Zulage
– vom 1. April 2021 bis zum 31. März 2022 in Höhe von 91,29 Euro monatlich und
– ab 1. April 2022 in Höhe von 92,93 Euro monatlich.

[2]Die jeweilige Zulage nach Satz 1 verändert sich bei allgemeinen Entgeltanpassungen um den von den Tarifvertragsparteien für die Entgeltgruppe S 11b bzw. S 12 festgelegten Vomhundertsatz. [3]Die Sätze 1 und 2 gelten für Beschäftigte, die einer individuellen Endstufe zugeordnet sind, entsprechend. [4]Abweichend von § 15 Abs. 2 Satz 2 TVöD gelten für am 1. Oktober 2005 aus dem BAT/BAT-O übergeleitete Beschäftigte, denen am 31. Oktober 2009 eine Besitzstandszulage nach § 9 zustand und die nach dem Anhang zu der Anlage C (VKA) zum TVöD in der Entgeltgruppe S 13 eingruppiert sind, folgende Tabellenwerte der Entgeltgruppe S 13 Ü:

	Stufe 1	Stufe 2	Stufe 3	Stufe 4	Stufe 5	Stufe 6
gültig ab 1. April 2021	3.354,81	3.592,48	3.919,01	4.180,98	4.508,41	4.672,13
gültig ab 1. April 2022	3.415,20	3.657,14	3.989,55	4.256,24	4.589,56	4.756,23

[5]Im Übrigen gelten die Regelungen der Absätze 1 bis 6 mit Ausnahme von Absatz 3 Satz 7 entsprechend.

(9) [1]Abweichend von § 15 Abs. 2 Satz 2 TVöD gelten für am 1. Oktober 2005 aus dem BAT/BAT-O übergeleitete Beschäftigte, denen am 31. Oktober 2009 eine Besitzstandszulage nach § 9 zusteht und die nach Absatz 2 aus den Stufen 3 oder 4 ihrer bisherigen Entgeltgruppe übergeleitet werden und nach dem Anhang zu der Anlage C (VKA) zum TVöD in der Entgeltgruppe S 16 eingruppiert sind, in den Stufen 3, 4 und 5 folgende Tabellenwerte der Entgeltgruppe S 16 Ü:

	Stufe 3	Stufe 4	Stufe 5
gültig ab 1. April 2021	4.250,22	4.715,20	5.003,35
gültig ab 1. April 2022	4.326,72	4.800,07	5.093,41

[2]Im Übrigen gelten die Regelungen der Absätze 1 bis 6 mit Ausnahme von Absatz 3 Satz 7 entsprechend. [3]Mit Erreichen der Stufe 6 gilt der Tabellenwert der Stufe 6.

(10) §§ 8, 9 und § 17 Abs. 7 sowie die Anlagen 1 und 3 finden auf Beschäftigte, die nach dem Anhang zu der Anlage C (VKA) zum TVöD eingruppiert sind, keine Anwendung.

(11) [1]Ein am 31. Oktober 2009 zustehender Strukturausgleich steht nach den Regelungen des § 12 auch nach der Überleitung in eine Entgeltgruppe nach dem Anhang zu der Anlage C zum TVöD zu; die Anrechnung des Unterschiedsbetrages bei Höhergruppierungen nach § 12 Abs. 4 bleibt unberührt. [2]Ein am 1. November 2009 noch nicht zustehender Strukturausgleich, der nach Überleitung aus dem BAT/BAT-O aus der Ortszuschlagsstufe 2 zu zahlen ist, wird um den Betrag gekürzt, der bei Überleitung aus dem BAT/

BAT-O aus derselben Vergütungsgruppe und der derselben Stufe aus der Ortszuschlagsstufe 1 in der Anlage 2 ausgewiesen ist. [3]Die Kürzung erfolgt unabhängig davon, ab welchem Zeitpunkt und für welche Dauer der Strukturausgleich den aus Ortszuschlagsstufe 1 übergeleiteten Beschäftigten zusteht. [4]Am 1. November 2009 noch nicht zustehende Strukturausgleiche für aus Ortszuschlagsstufe 1 übergeleitete Beschäftigte entfallen.

(12) Die sich aus der Eingruppierung der Beschäftigten nach dem Anhang zu der Anlage C (VKA) zum TVöD bzw. nach Absatz 8 und 9 ergebenden Entgeltsteigerungen gelten als allgemeine Entgeltanpassung im Sinne von § 10 Abs. 1 Satz 9.

§ 28b Besondere Regelungen für am 30. Juni 2015 nach dem Anhang zur Anlage C zum TVöD eingruppierte Beschäftigte und weitere Regelungen. (1) Beschäftigte, die nach dem Anhang zur Anlage C zum TVöD am 30. Juni 2015 in einer der folgenden Entgeltgruppen eingruppiert sind und am 1. Juli 2015 in einer der folgenden Entgeltgruppen eingruppiert sind:

Entgeltgruppe am 30. Juni 2015	Entgeltgruppe am 1. Juli 2015
S 5 bei Tätigkeiten der Fallgruppe 1	S 7
S 6	S 8a
S 8 bei Tätigkeiten der Fallgruppen 1, 3 und 5	S 8b
S 7, S 8 bei Tätigkeiten der Fallgruppe 2	S 9
S 11	S 11b,

werden stufengleich und unter Beibehaltung der in ihrer Stufe zurückgelegten Stufenlaufzeit in die am 1. Juli 2015 maßgebliche Entgeltgruppe übergeleitet.

Protokollerklärungen zu Absatz 1:

1. [1] Die Zuordnung zu einer individuellen Zwischen- oder Endstufe bleibt unberührt. [2] § 28a Abs. 4 Satz 7 findet Anwendung.

2. [1] Für in Entgeltgruppe S 8 eingruppierte Beschäftigte, die den Entgeltgruppen S 8b oder S 9 zugeordnet werden, gelten folgende abweichende Vorschriften:

a) Bei Erfüllung einer Stufenlaufzeit von mindestens sechs Jahren in Stufe 4 erfolgt in der Entgeltgruppe S 8b die Zuordnung zu der Stufe 5.

b) Bei Erfüllung einer Stufenlaufzeit von mindestens acht Jahren in Stufe 5 erfolgt in der Entgeltgruppe S 8b die Zuordnung zu der Stufe 6.

c) Bei Erfüllung einer Stufenlaufzeit von mindestens vier Jahren in Stufe 4 erfolgt in der Entgeltgruppe S 9 die Zuordnung zu der Stufe 5.

d) Bei Erfüllung einer Stufenlaufzeit von mindestens fünf Jahren in Stufe 5 erfolgt in der Entgeltgruppe S 9 die Zuordnung zu der Stufe 6.

[2] Die Stufenlaufzeit beginnt nach der Zuordnung zu der höheren Stufe nach Satz 1 neu.

(2) [1]Beschäftigte, für die sich außerhalb von Absatz 1 am 1. Juli 2015 nach dem Anhang zur Anlage C zum TVöD eine Eingruppierung in einer höheren Entgeltgruppe als am 30. Juni 2015 ergibt, bleiben in ihrer bisherigen Entgeltgruppe eingruppiert, wenn sie nicht bis zum 30. Juni 2016 (Ausschlussfrist) ihre Höhergruppierung beantragen. [2]Der Antrag wirkt auf den 1. Juli 2015 zurück. [3]Ruht das Arbeitsverhältnis am 1. Juli 2015, beginnt die Frist von einem Jahr mit der Wiederaufnahme der Tätigkeit; Satz 2 findet Anwendung. [4]Für diese Höhergruppierungen finden § 17 Abs. 4 TVöD und § 28a Abs. 5 Satz 1

Anwendung. [5]Fallen am 1. Juli 2015 ein Stufenaufstieg und die Höhergruppierung zusammen, erfolgt erst der Stufenaufstieg und anschließend die Höhergruppierung.

Protokollerklärungen zu Absatz 2:

1. *[1]Für Beschäftigte, die über den 30. Juni 2015 hinaus in der Entgeltgruppe S 10 eingruppiert sind, weil sie keinen Antrag nach Absatz 2 Satz 1 gestellt haben, gelten abweichend von § 15 Abs. 2 Satz 2 TVöD folgende Tabellenwerte:*

	Stufe 1	*Stufe 2*	*Stufe 3*	*Stufe 4*	*Stufe 5*	*Stufe 6*
gültig ab 1. April 2021	*2.964,47*	*3.265,62*	*3.416,21*	*3.866,09*	*4.233,05*	*4.534,46*
gültig ab 1. April 2022	*3.017,83*	*3.324,40*	*3.477,70*	*3.935,68*	*4.309,24*	*4.616,08*

   [2]Diese Tabellenwerte verändern sich bei allgemeinen Entgeltanpassungen um den von den Tarifvertragsparteien für die Entgeltgruppe S 9 festgelegten Vomhundertsatz.

2. *Bei Höhergruppierungen aus der Entgeltgruppe S 9 bei Tätigkeiten der Fallgruppe 2 nach der Fassung vom 30. Juni 2015 in die Entgeltgruppe S 11a gilt bei den Stufen 5 und 6 in entsprechender Anwendung von § 17 Abs. 4 Satz 3 TVöD die Entgeltgruppe S 10 mit ihren am 30. Juni 2015 gültigen Tabellenwerten als dazwischen liegende Entgeltgruppe.*

(3) [1]Werden Beschäftigte zum 1. Juli 2015 aus einer individuellen Endstufe nach Absatz 1 einer höheren Entgeltgruppe zugeordnet oder nach Absatz 2 höhergruppiert, erhalten sie in der höheren Entgeltgruppe ein Entgelt, das dem Entgelt ihrer bisherigen individuellen Endstufe zuzüglich des Zuordnungs- bzw. Höhergruppierungsgewinns, den die Beschäftigten erhalten, die aus der Stufe 6 ihrer bisherigen Entgeltgruppe der höheren Entgeltgruppe zugeordnet oder in diese höhergruppiert werden, entspricht. [2]Soweit sich zum 1. Juli 2015 allein die Tabellenwerte der Entgeltgruppe der Anlage C (VKA) zum TVöD erhöhen, findet § 6 Abs. 4 Satz 4 entsprechende Anwendung.

(4) Für Beschäftigte der Entgeltgruppe S 9 bei Tätigkeiten der Fallgruppe 1, die am 30. Juni 2015 den Stufen 1 oder 2 zugeordnet sind, finden für die Dauer des Verbleibs in den Stufen 1 und 2 die Tabellenwerte der Stufen 1 und 2 nach dem Stand vom 30. Juni 2015 Anwendung.

(5) [1]Beschäftigte im Sinne des § 28a Abs. 7 Satz 1, die nicht innerhalb der Antragsfrist nach § 28a Abs. 7 Satz 1 ihre Eingruppierung nach dem Anhang zu der Anlage C (VKA) zum TVöD geltend gemacht haben und die weiterhin Entgelt nach der Anlage A zum TVöD erhalten, können bis zum 29. Februar 2016 (Ausschlussfrist) ihre Eingruppierung nach dem Anhang zu der Anlage C (VKA) zum TVöD schriftlich beantragen. [2]Bei Beschäftigten, die von ihrem Antragsrecht nach Satz 1 Gebrauch machen, wird ein Vergleichsentgelt gebildet, das aus dem diesen Beschäftigten am 30. Juni 2015 zustehenden Tabellenentgelt, gegebenenfalls zuzüglich eines am 30. Juni 2015 nach § 17 Abs. 4 Satz 2 TVöD zustehenden Garantiebetrages und einer am 30. Juni 2015 zustehenden Besitzstandszulage nach § 9, besteht. [3]Diese Beschäftigten werden einer ihrem Vergleichsentgelt entsprechenden individuellen Zwischenstufe der Entgeltgruppen S 8b, S 9 bzw. S 11a zugeordnet. [4]Zum 1. Juli 2017 steigen diese Beschäftigten in die dem Betrag nach nächsthöhere reguläre Stufe ihrer Entgeltgruppe auf. [5]Der weitere Stufenaufstieg richtet sich nach § 1 Abs. 2 der Anlage zu Abschnitt VIII Sonderregelungen (VKA) § 56 BT-V bzw. § 52 Abs. 2 BT-B.

[6] Liegt das Vergleichsentgelt nach Satz 2 über der höchsten Stufe der Entgeltgruppe S 8b, S 9 bzw. S 11a, werden diese Beschäftigten einer dem Vergleichsentgelt entsprechenden individuellen Endstufe zugeordnet. [7] Werden Beschäftigte vor dem 1. Juli 2017 aus einer individuellen Zwischenstufe höhergruppiert, so erhalten sie in der höheren Entgeltgruppe Entgelt nach der regulären Stufe, deren Betrag mindestens der individuellen Zwischenstufe entspricht. [8] Werden Beschäftigte aus einer individuellen Endstufe höhergruppiert, so erhalten sie in der höheren Entgeltgruppe mindestens den Betrag, der ihrer bisherigen individuellen Endstufe entspricht. [9] Die individuelle Zwischen- bzw. Endstufe verändert sich bei allgemeinen Entgeltanpassungen um den von den Tarifvertragsparteien für die Entgeltgruppe S 8b, S 9 bzw. S 11a festgelegten Vomhundertsatz. [10] § 28a Abs. 10 findet Anwendung. [11] § 28a Abs. 11 gilt entsprechend mit der Maßgabe, dass an die Stelle des 31. Oktober 2009 der 30. Juni 2015 und an die Stelle des 1. November 2009 der 1. Juli 2015 tritt.

(6) [1] Ein am 30. Juni 2015 zustehender Strukturausgleich nach § 12 vermindert sich bei Höhergruppierung nach Absatz 2 um den sich daraus ergebenden Höhergruppierungsgewinn. [2] Dies gilt auch bei Höhergruppierungen aus einer individuellen Endstufe nach Absatz 3.

Abschnitt IVb. Überleitung in die Entgeltordnung zum TVöD für den Bereich der VKA

§ 29 Grundsatz. (1) [1] Für die in den TVöD übergeleiteten Beschäftigten (§ 1 Abs. 1) sowie für die zwischen dem Inkrafttreten des TVöD und dem 31. Dezember 2016 neu eingestellten Beschäftigten (§ 1 Abs. 2), deren Arbeitsverhältnis über den 31. Dezember 2016 hinaus fortbesteht, gelten ab dem 1. Januar 2017 für Eingruppierungen § 12 (VKA) und § 13 (VKA) TVöD in Verbindung mit der Anlage 1 – Entgeltordnung (VKA) zum TVöD. [2] Diese Beschäftigten sind zum 1. Januar 2017 gemäß den nachfolgenden Regelungen in die Anlage 1 – Entgeltordnung (VKA) übergeleitet.

(2) [1] Mit dem Inkrafttreten des § 12 (VKA) und des § 13 (VKA) TVöD in Verbindung mit der Anlage 1 – Entgeltordnung (VKA) zum TVöD treten die allgemeinen Tätigkeitsmerkmale für Beschäftigte mit handwerklichen Tätigkeiten an die Stelle der bisherigen Oberbegriffe in den Lohngruppenverzeichnissen. [2] Soweit Tätigkeitsmerkmale in Lohngruppenverzeichnissen auf besondere körperliche Belastungen oder besondere Verantwortung abstellen, bleiben diese unberührt. [3] Spezielle Eingruppierungsregelungen in Lohngruppenverzeichnissen gelten bis zur Vereinbarung neuer Regelungen auf der Bundesebene bzw. auf Ebene eines kommunalen Arbeitgeberverbandes fort. [4] Die Lohngruppen der Lohngruppenverzeichnisse sind gemäß Anlage 3 den Entgeltgruppen des TVöD zugeordnet.

Protokollerklärung zu Absatz 2 Satz 3:

Satz 3 findet im Anwendungsbereich der Entgeltgruppe 1 (Teil A Abschnitt I Ziffer 1 der Anlage 1 zum TVöD – Entgeltordnung [VKA]) keine Anwendung.

§ 29a Besitzstandsregelungen. (1) [1] Die Überleitung erfolgt unter Beibehaltung der bisherigen Entgeltgruppe für die Dauer der unverändert auszuübenden Tätigkeit. [2] Eine Überprüfung und Neufeststellung der Eingruppierungen findet aufgrund der Überleitung in die Entgeltordnung für den Bereich der VKA nicht statt.

Protokollerklärung zu Absatz 1:

Die Zuordnung zu der Entgeltgruppe des TVöD nach der Anlage 1 oder 3 TVÜ-VKA in der bis zum 31. Dezember 2016 geltenden Fassung gilt als Eingruppierung.

(2) Hängt die Eingruppierung nach § 12 (VKA) und § 13 (VKA) TVöD in Verbindung mit der Anlage 1 – Entgeltordnung (VKA) zum TVöD von der Zeit einer Tätigkeit oder Berufsausübung ab, wird die vor dem 1. Januar 2017 zurückgelegte Zeit so berücksichtigt, wie sie zu berücksichtigen wäre, wenn § 12 (VKA) und § 13 (VKA) TVöD sowie die Anlage 1 – Entgeltordnung (VKA) zum TVöD bereits seit dem Beginn des Arbeitsverhältnisses gegolten hätten.

(3) Beschäftigte, denen am 31. Dezember 2016 eine persönliche Besitzstandszulage nach der Protokollerklärung zu § 5 Abs. 2 Satz 3 oder eine persönliche Zulage nach § 17 Abs. 6 in der bis zum 31. Dezember 2016 geltenden Fassung zugestanden hat, erhalten eine Besitzstandszulage in Höhe ihrer bisherigen Zulage, solange die anspruchsbegründende Tätigkeit unverändert auszuüben ist.

(4) [1] Soweit an die Tätigkeit in der bisherigen Entgeltgruppe über Absatz 3 hinaus besondere Entgeltbestandteile geknüpft waren und diese in der Anlage 1 – Entgeltordnung (VKA) zum TVöD nicht oder in geringerer Höhe entsprechend vereinbart sind, wird die hieraus am 1. Januar 2017 bestehende Differenz unter den bisherigen Voraussetzungen als Besitzstandszulage so lange gezahlt, wie die anspruchsbegründende Tätigkeit unverändert auszuüben ist und die Voraussetzungen für den besonderen Entgeltbestandteil nach bisherigem Recht weiterhin erfüllt sind. [2] Die Differenz verändert sich bei allgemeinen Entgeltanpassungen um den von den Tarifvertragsparteien für die jeweilige Entgeltgruppe festgelegten Prozentsatz.

Protokollerklärung zu Absatz 4:

1. *Absatz 4 findet auf die Regelung in der Protokollerklärung Nr. 5 des Teils B Abschnitt XI Ziffer 1 der Anlage 1 – Entgeltordnung (VKA) sowie auf § 52 Abs. 4 BT-K in der bis zum 31. Dezember 2016 gültigen Fassung und die Protokollerklärungen Nr. 1 Abs. 2 der Abschnitte A und B der Anlage 1b zum BAT keine Anwendung.*
2. *[1] Der Betrag der Differenz nach Satz 2 erhöht sich am 1. April 2021 um 1,40 Prozent und am 1. April 2022 um weitere 1,80 Prozent. [2] Er erhöht sich für Beschäftigte im Geltungsbereich des TVöD – Besonderer Teil Sparkassen abweichend von Satz 1 am 1. Juli 2021 um 1,40 Prozent, am 1. Juli 2022 um weitere 1,00 Prozent und am 1. Dezember 2022 um weitere 0,792 Prozent.*

(5) Abweichend von Absatz 4 bestimmt sich die Zahlung der Besitzstandszulage für eine Vergütungsgruppenzulage nach § 9.

(6) Bei Veränderungen der individuellen regelmäßigen Arbeitszeit der/des Beschäftigten ändert sich in den Fällen der Absätze 3 und 4 die Besitzstandszulage entsprechend.

(7) Beschäftigte, die am 31. Dezember 2016 nach § 3 Absatz 1 Buchst. a der Anlage 3 zum BAT von der Ausbildungs- und Prüfungspflicht befreit sind, bleiben für die Dauer ihres über den 31. Dezember 2016 hinaus zu demselben Arbeitgeber fortbestehenden Arbeitsverhältnisses von der Ausbildungs- und Prüfungspflicht befreit.

§ 29b Höhergruppierungen. (1) [1]Ergibt sich nach der Anlage 1 – Entgeltordnung (VKA) zum TVöD eine höhere Entgeltgruppe, sind die Beschäftigten auf Antrag in der Entgeltgruppe eingruppiert, die sich nach § 12 (VKA) TVöD ergibt. [2]Der Antrag kann nur bis zum 31. Dezember 2017 gestellt werden (Ausschlussfrist) und wirkt auf den 1. Januar 2017 zurück; nach dem Inkrafttreten der Anlage 1 – Entgeltordnung (VKA) zum TVöD eingetretene Änderungen der Stufenzuordnung in der bisherigen Entgeltgruppe bleiben bei der Stufenzuordnung nach den Absätzen 2 bis 5 unberücksichtigt. [3]Ruht das Arbeitsverhältnis am 1. Januar 2017, beginnt die Frist von einem Jahr nach Satz 1 mit der Wiederaufnahme der Tätigkeit; der Antrag wirkt auf den 1. Januar 2017 zurück.

(2) [1]Die Stufenzuordnung in der höheren Entgeltgruppe richtet sich nach den Regelungen für Höhergruppierungen (§ 17 Abs. 4 TVöD in der bis zum 28. Februar 2017 geltenden Fassung). [2]War die/der Beschäftigte in der bisherigen Entgeltgruppe der Stufe 1 zugeordnet, wird sie/er abweichend von Satz 1 der Stufe 1 der höheren Entgeltgruppe zugeordnet; die bisher in Stufe 1 verbrachte Zeit wird angerechnet.

(3) [1]Sind Beschäftigte, die eine Besitzstandszulage nach § 9 erhalten, auf Antrag nach Absatz 1 höhergruppiert, entfällt die Besitzstandszulage rückwirkend ab dem 1. Januar 2017. [2]Abweichend von Absatz 2 Satz 1 wird für die Anwendung des § 17 Abs. 4 Satz 1 und 2 TVöD in der bis zum 28. Februar 2017 geltenden Fassung zu dem jeweiligen bisherigen Tabellenentgelt die wegfallende Zulage hinzugerechnet und anschließend der Unterschiedsbetrag ermittelt.

Protokollerklärung zu Absatz 3:
Im Falle einer Höhergruppierung über mehr als eine Entgeltgruppe wird die Besitzstandszulage nach § 9 nur in der Ausgangsentgeltgruppe dem Tabellenentgelt hinzugerechnet.

(4) [1]Sind Beschäftigte, die eine Besitzstandszulage nach § 29a Abs. 3 erhalten, auf Antrag nach Absatz 1 höhergruppiert, entfällt die Besitzstandszulage rückwirkend ab dem 1. Januar 2017. [2]Ergibt sich durch die Höhergruppierung die Zuordnung zu einer niedrigeren Stufe als in der bisherigen Entgeltgruppe, wird abweichend von Absatz 2 Satz 1 die in der bisherigen Stufe zurückgelegte Stufenlaufzeit auf die Stufenlaufzeit in der höheren Entgeltgruppe angerechnet. [3]Ist dadurch am Tag der Höhergruppierung in der höheren Entgeltgruppe die Stufenlaufzeit zum Erreichen der nächsthöheren Stufe erfüllt, beginnt in dieser nächsthöheren Stufe die Stufenlaufzeit neu. [4]§ 29a Abs. 4 findet keine Anwendung.

(5) [1]Sind Beschäftigte, die eine Besitzstandszulage nach § 9 und eine Besitzstandszulage nach § 29a Abs. 3 erhalten, auf Antrag nach Absatz 1 höhergruppiert, entfallen beide Besitzstandszulagen rückwirkend ab dem 1. Januar 2017. [2]Abweichend von Absatz 2 Satz 1 werden für die Anwendung des § 17 Abs. 4 Satz 1 und 2 TVöD zu dem jeweiligen bisherigen Tabellenentgelt die beiden wegfallenden Besitzstandszulagen hinzugerechnet und anschließend der Unterschiedsbetrag ermittelt. [3]Ergibt sich durch die Höhergruppierung die Zuordnung zu einer niedrigeren Stufe als in der bisherigen Entgeltgruppe, wird abweichend von Absatz 2 Satz 1 die in der bisherigen Stufe zurückgelegte Stufenlaufzeit auf die Stufenlaufzeit in der höheren Entgeltgruppe angerechnet. [4]Ist dadurch am Tag der Höhergruppierung in der höheren Entgeltgruppe die

Stufenlaufzeit zum Erreichen der nächsthöheren Stufe erfüllt, beginnt in dieser nächsthöheren Stufe die Stufenlaufzeit neu. [5] § 29a Abs. 4 findet keine Anwendung.

Protokollerklärung zu Absatz 5 Satz 2:

Im Falle einer Höhergruppierung über mehr als eine Entgeltgruppe werden die Besitzstandszulagen nach § 9 und nach § 29a Abs. 3 nur in der Ausgangsentgeltgruppe dem Tabellenentgelt hinzugerechnet.

Protokollerklärung zu den Absätzen 4 und 5:

Im Falle einer Höhergruppierung über mehr als eine Entgeltgruppe erfolgt die Mitnahme der Stufenlaufzeit nur bei der ersten dazwischenliegenden Entgeltgruppe nach § 17 Abs. 4 Satz 3 Halbsatz 1 TVöD.

§ 29c Besondere Überleitungsregelungen. (1) Beschäftigte mit einem Anspruch auf die bisherige Zulage nach § 17 Abs. 8 in der bis zum 31. Dezember 2016 geltenden Fassung sind stufengleich und unter Mitnahme der in ihrer Stufe zurückgelegten Stufenlaufzeit in die Entgeltgruppe 14 übergeleitet.

(2) Beschäftigte der Entgeltgruppe 9, für die keine besonderen Stufenregelungen gelten, sind stufengleich und unter Mitnahme der in ihrer Stufe zurückgelegten Stufenlaufzeit in die Entgeltgruppe 9b übergeleitet.

(3) [1] Beschäftigte der Entgeltgruppe 9, für die gemäß des Anhangs zu § 16 (VKA) TVöD in der bis zum 31. Dezember 2016 geltenden Fassung die Stufe 5 Endstufe ist, sind unter Mitnahme der in ihrer Stufe zurückgelegten Stufenlaufzeit in die Stufe der Entgeltgruppe 9a übergeleitet, deren Betrag dem Betrag ihrer bisherigen Stufe entspricht. [2] Für Beschäftigte, die am 31. Dezember 2016 der Stufe 2 zugeordnet sind, finden bis zum 31. Januar 2017 die Tabellenwerte der Stufe 2 nach dem Stand vom 31. Dezember 2016 Anwendung. [3] Ist bei Beschäftigten, die am 31. Dezember 2016 der Stufe 4 zugeordnet sind, bei der Überleitung am 1. Januar 2017 in die Entgeltgruppe 9a die Stufenlaufzeit zum Erreichen der Stufe 5 erfüllt, werden sie der Stufe 5 zugeordnet. [4] Ist in der bisherigen Stufe 4 eine über vier Jahre hinausgehende Stufenlaufzeit zurückgelegt, wird die darüber hinaus zurückgelegte Stufenlaufzeit auf die Stufenlaufzeit in der Stufe 5 der Entgeltgruppe 9a angerechnet.

Protokollerklärung zu den Absätzen 2 und 3:

Die Zuordnung zu einer individuellen Zwischen- oder Endstufe bleibt unberührt.

(4) [1] Beschäftigte der Entgeltgruppe 9, für die gemäß des Anhangs zu § 16 (VKA) TVöD in der bis zum 31. Dezember 2016 geltenden Fassung die Stufe 4 Endstufe ist, sind stufengleich und unter Mitnahme der in ihrer Stufe zurückgelegten Stufenlaufzeit in die Entgeltgruppe 9a übergeleitet. [2] Absatz 1 Buchstabe b und Absatz 2 des Anhangs zu § 16 (VKA) bleiben unberührt.

(5) Fallen am 1. Januar 2017 ein Stufenaufstieg und die Höhergruppierung nach § 29b Abs. 1 zusammen, erfolgt erst der Stufenaufstieg und anschließend die Höhergruppierung.

(6) [1] Bei Höhergruppierungen nach § 29b Abs. 1 wird der Unterschiedsbetrag zum bisherigen Entgelt auf den Strukturausgleich nach § 12 angerechnet. [2] Dies gilt auch für Höhergruppierungen in die Entgeltgruppe 9c. [3] Eine Überleitung in die Entgeltgruppen 9a, 9b oder 14 nach den Absätzen 1 bis 4 gilt nicht als Höhergruppierung.

§ 29d Überleitung in die Anlage E zum BT-K und zum BT-B.

(1) [1]Die unter die Anlage 4 in der bis zum 31. Dezember 2016 gültigen Fassung (Kr-Anwendungstabelle) fallenden Beschäftigten sind stufengleich und unter Mitnahme der in ihrer Stufe zurückgelegten Stufenlaufzeit

von der Entgeltgruppe der Anlage 4	in die Entgeltgruppe der Anlage E
KR 12a	P 16
KR 11b	P 15
KR 11a	P 14
KR 10a	P 13
KR 9d	P 12
KR 9c	P 11
KR 9b	P 10
KR 9a	P 9
KR 8a	P 8
KR 7a	P 7
KR 4a	P 6
KR 3a	P 5

übergeleitet. [2]Aus der Stufe 1 der Entgeltgruppen KR 7a und KR 8a erfolgt die Überleitung in die Stufe 2 der Entgeltgruppe P 7 bzw. P 8 der Anlage E zum BT-K und zum BT-B unter Mitnahme der in der Stufe 1 zurückgelegten Stufenlaufzeit. [3]Erfolgt die Überleitung aus der Stufe 2 der Entgeltgruppen KR 7a oder KR 8a, wird die Stufenlaufzeit der Stufe 1 auf die Stufenlaufzeit der Stufe 2 der Entgeltgruppe P 7 bzw. P 8 der Anlage E zum BT-K und zum BT-B angerechnet. [4]Ist durch eine Verkürzung der Stufenlaufzeit in der Anlage E zum BT-K und zum BT-B am 1. Januar 2017 die Stufenlaufzeit zum Erreichen der nächsthöheren Stufe der jeweiligen Entgeltgruppe erfüllt, beginnt in dieser nächsthöheren Stufe die Stufenlaufzeit neu. [5]Haben am 31. Dezember 2016 einer der Entgeltgruppen KR 9a bis KR 11a der Anlage 4 in der bis zum 31. Dezember 2016 gültigen Fassung (Kr-Anwendungstabelle) zugeordnete Beschäftigte in der Stufe 5 ihrer Entgeltgruppe eine Stufenlaufzeit von mindestens fünf Jahren zurückgelegt, erfolgt die Zuordnung zu der Stufe 6 der Entgeltgruppe der Anlage E zum BT-K und zum BT-B, in die sie gemäß Satz 1 übergeleitet werden. [6]§ 29b Abs. 1 und 2 bleibt unberührt.

(2) [1]Beschäftigte, die nach § 29b Abs. 1 aus den Stufen 3, 4 oder 5 der Entgeltgruppe P 7 in die Entgeltgruppe P 8 höhergruppiert werden, erhalten zusätzlich zu ihrem Tabellenentgelt der Entgeltgruppe P 8

- für die Dauer des Verbleibs in der Stufe 2 der Entgeltgruppe P 8 bei Höhergruppierung aus der Stufe 3 der Entgeltgruppe P 7,
- für die Dauer des Verbleibs in der Stufe 4 der Entgeltgruppe P 8 bei Höhergruppierung aus der Stufe 4 der Entgeltgruppe P 7,
- für die Dauer des Verbleibs in der Stufe 5 der Entgeltgruppe P 8 bei Höhergruppierung aus der Stufe 5 der Entgeltgruppe P 7

eine monatliche Zulage in Höhe von 46,02 Euro,
sofern und solange sie nach den Protokollerklärungen Nr. 1 Abs. 1 Buchst. b der Abschnitte A und B zu der Anlage 1b zum BAT einen Anspruch auf eine monatliche Zulage gehabt hätten. [2]Für die Dauer des Verbleibs in der Stufe 5 im Anschluss an die Stufenlaufzeit der Stufe 4 der Entgeltgruppe P 8 bei Höhergruppierung aus der Stufe 4 der Entgeltgruppe P 7 erhalten die Beschäf-

tigten unter den sonstigen Voraussetzungen des Satzes 1 eine monatliche Zulage in Höhe von 23,01 Euro.

(3) Beschäftigte, die am 31. Dezember 2016 in der Entgeltgruppe KR 7a einer der Stufen 4 bis 6 oder einer individuellen Zwischen- oder Endstufe oberhalb der Stufe 4 der Anlage 4 zum TVÜ-VKA bzw. in der Entgeltgruppe KR 8a den Stufen 5 oder 6 oder einer individuellen Zwischen- oder Endstufe oberhalb der Stufe 5 der Anlage 4 zum TVÜ-VKA zugeordnet waren, erhalten solange ihr Bereitschaftsdienstentgelt nach dem Stand vom 31. Dezember 2016, bis das Bereitschaftsdienstentgelt nach der Anlage G zum BT-K dieses übersteigt.

Abschnitt V. Besondere Regelungen für einzelne Mitgliedverbände der VKA

§ 30 KAV Berlin. (1) Auf Beschäftigte, die unter den Geltungsbereich des § 2 Abs. 1 bis 6 und 8 des Tarifvertrages über die Geltung des VKA-Tarifrechts für die Angestellten und angestelltenversicherungspflichtigen Auszubildenden der Mitglieder des Kommunalen Arbeitgeberverbandes Berlin (KAV Berlin) – Überleitungs-TV KAV Berlin – vom 9. Dezember 1999 in der jeweils geltenden Fassung fallen und auf deren Arbeitsverhältnis § 27 Abschnitt A BAT/BAT-O in der für den Bund und die Tarifgemeinschaft deutscher Länder geltenden Fassung sowie der Vergütungstarifvertrag für den Bereich des Bundes und der Länder Anwendung findet, findet der TVöD und dieser Tarifvertrag Anwendung, soweit nachfolgend nichts Besonderes bestimmt ist.

(2) [1] Auf überzuleitende Beschäftigte aus dem Geltungsbereich des BAT/BAT-O finden anstelle der §§ 4 bis 6, §§ 12, 17 und 19 Abs. 2 und 3 sowie der Anlagen 1 bis 3 dieses Tarifvertrages die §§ 4 bis 6, §§ 12, 17 und 19 Abs. 2 und 3 sowie die Anlagen 2 bis 4 des Tarifvertrages zur Überleitung der Beschäftigten des Bundes in den TVöD und zur Regelung des Übergangsrechts (TVÜ-Bund) vom 13. September 2005 in der bis zum 31. Dezember 2013 geltenden Fassung Anwendung. [2] Abweichend von Anlage 2 TVÜ-Bund in der bis zum 31. Dezember 2013 geltenden Fassung und von § 16 (VKA) TVöD gelten ab der Entgeltgruppe 9a folgende besonderen Regelungen:

a) *(aufgehoben)*
b) Ab der Entgeltgruppe 9b wird die Stufe 5a nach 5 Jahren in Stufe 5 und die Stufe 6 – frühestens ab 1. Oktober 2015 – nach fünf Jahren in Stufe 5a erreicht.

[3] Die Entgeltgruppe 15 Ü wird um die Stufe 6 mit einem Tabellenwert ab 1. April 2021 in Höhe von 7.891,78 Euro und ab 1. April 2022 in Höhe von 8.033,83 Euro erweitert. [4] Die Entgeltstufe 5a entspricht dem Tabellenwert der Stufe 5 zuzüglich des halben Differenzbetrages zwischen den Stufen 5 und 6, kaufmännisch auf volle Eurobeträge gerundet. [5] Bei Höhergruppierung aus der Stufe 6 einer der Entgeltgruppen 1 bis 8 in eine der Entgeltgruppen 9b bis 15 erfolgt die Zuordnung zur Stufe 5a. [6] Dies gilt nicht, wenn die/der Beschäftigte zum Zeitpunkt der Höhergruppierung mindestens zehn Jahre in der Stufe 6 zurückgelegt hat. [7] Mit Erreichen der Stufe 5a entfällt ein etwaiger Strukturausgleich. [8] Mit Erreichen der Stufe 6 findet uneingeschränkt das VKA-Tarifrecht Anwendung.

(3) *(aufgehoben)*

(4) Für Beschäftigte der Gemeinnützige Siedlungs- und Wohnungsbaugesellschaft Berlin mbH gilt bis zum 31. Dezember 2007 das bis zum 30. September 2005 geltende Tarifrecht weiter, wenn nicht vorher ein neuer Tarifvertrag zu Stande kommt.

(5) Der Tarifvertrag über die Fortgeltung des TdL-Tarifrechts für die Angestellten und angestelltenrentenversicherungspflichtigen Auszubildenden der NET-GE Kliniken Berlin GmbH (jetzt Vivantes Netzwerk für Gesundheit GmbH) vom 17. Januar 2001 gilt uneingeschränkt fort; die vorstehenden Absätze 1 bis 4 gelten nicht.

(6) [1] Für im Abrechnungsverband Ost der Versorgungsanstalt des Bundes und der Länder (VBL) pflichtversicherte Beschäftigte im Sinne von § 1 Abs. 1 und 2 gilt § 20 (VKA) Abs. 3 Satz 1 TVöD mit der Maßgabe, dass der Bemessungssatz im Kalenderjahr 2016 80 v.H., im Kalenderjahr 2017 85 v.H., im Kalenderjahr 2018 90 v.H., im Kalenderjahr 2019 95 v.H. und ab dem Kalenderjahr 2020 100 v.H. beträgt. [2] Die Bemessungssätze sind auf zwei Stellen nach dem Komma kaufmännisch zu runden.

§ 31 KAV Bremen. (1) Der Tarifvertrag über die Geltung des VKA-Tarifrechts für die Beschäftigten der Mitglieder des KAV Bremen vom 17. Februar 1995 bleibt durch das In-Kraft-Treten des TVöD und dieses Tarifvertrages unberührt und gilt uneingeschränkt fort.

(2) Der Tarifvertrag über die Geltung des VKA-Tarifrechts für die Arbeiter und die arbeiterrentenversicherungspflichtigen Auszubildenden des Landes und der Stadtgemeinde Bremen sowie der Stadt Bremerhaven (Überleitungs-TV Bremen) vom 17. Februar 1995 in der Fassung des Änderungstarifvertrages Nr. 8 vom 31. Januar 2003 gilt mit folgenden Maßgaben weiter:

1. Der TVöD und dieser Tarifvertrag treten an die Stelle der in § 2 Abs. 2 vereinbarten Geltung des BMT-G II.
2. § 2 Abs. 3 treten mit Wirkung vom 1. Oktober 2005 außer Kraft.
3. In § 2 Abs. 4 bis 7 und 9 wird die Bezugnahme auf den BMT-G II ersetzt durch die Bezugnahme auf den TVöD.
4. In den Anlagen 3 bis 6 wird die Bezugnahme auf den BMT-G II ersetzt durch die inhaltliche Bezugnahme auf die entsprechenden Regelungen des TVöD. Diese Anlagen sind bis zum 31. Dezember 2006 an den TVöD und diesen Tarifvertrag anzupassen.

(3) In Ergänzung der Anlage 3 dieses Tarifvertrages werden der Entgeltgruppe 3 ferner folgende für den Bereich des KAV Bremen nach dem Rahmentarifvertrag zu § 20 Abs. 1 BMT-G II vorgesehene und im bremischen Lohngruppenverzeichnis vom 17. Februar 1995 vereinbarte Lohngruppen zugeordnet:

- Lgr. 2 mit Aufstieg nach 2a und 3
- Lgr. 2a mit Aufstieg nach 3 und 3a
- Lgr. 2a mit Aufstieg nach 3

(4) [1] Der Tarifvertrag über die Geltung des VKA-Tarifrechts für die Angestellten und Arbeiter und die angestellten- und arbeiterrentenversicherungspflichtigen Auszubildenden der Entsorgung Nord GmbH Bremen, der Abfallbehandlung Nord GmbH Bremen, der Schadstoffentsorgung Nord GmbH Bremen, der Kompostierung Nord GmbH Bremen sowie der Abwasser Bre-

men GmbH vom 5. Juni 1998 gilt mit folgender Maßgabe fort:
[2]Der TVöD und dieser Tarifvertrag treten mit folgenden Maßgaben an die Stelle der in § 2 Abs. 2 und 3 vereinbarten Geltung des BAT und BMT-G II:

1. Zu § 17 dieses Tarifvertrages: § 25 BAT findet keine Anwendung.
2. Eine nach § 2 Abs. 2 Nr. 3 Buchst. a bzw. Buchst. b des Tarifvertrages vom 5. Juni 1998 im September 2005 gezahlte Besitzstandszulage fließt in das Vergleichsentgelt gemäß § 5 Abs. 2 dieses Tarifvertrages ein.
3. Übergeleitete Beschäftigte, die am 1. Oktober 2005 bei Fortgeltung des bisherigen Tarifrechts gemäß § 2 Abs. 2 Nr. 3 Buchst. b des Tarifvertrages vom 5. Juni 1998 die für die Zahlung einer persönlichen Zulage erforderliche Zeit der Bewährung zur Hälfte erfüllt haben, erhalten zum Zeitpunkt, zu dem sie nach bisherigem Recht die persönliche Zulage erhalten würden, in ihrer Entgeltgruppe Entgelt nach derjenigen individuellen Zwischenstufe, Stufe bzw. Endstufe, die sich ergeben hätte, wenn in das Vergleichsentgelt (§ 5 Abs. 2) die persönliche Zulage eingerechnet worden wäre. § 8 Abs. 2 Sätze 2 bis 5 sowie Absatz 3 gelten entsprechend.
4. Gegenüber den zum Zeitpunkt der Rechtsformänderung (Betriebsübergang) der Bremer Entsorgungsbetriebe auf die Gesellschaften übergegangenen und unbefristet beschäftigten kündbaren Beschäftigten sind betriebsbedingte Kündigungen ausgeschlossen.

§ 32 AV Hamburg. (1) Der als Protokollerklärung bezeichnete Tarifvertrag aus Anlass des Beitritts der Arbeitsrechtlichen Vereinigung Hamburg e.V. (AV Hamburg) zur Vereinigung der kommunalen Arbeitgeberverbände (VKA) am 1. Juli 1955 vom 5. August 1955 bleibt durch das In-Kraft-Treten des TVöD und dieses Tarifvertrages unberührt und gilt uneingeschränkt fort.

Protokollerklärung zu Absatz 1:
An die Stelle des als Protokollerklärung bezeichneten Tarifvertrages aus Anlass des Beitritts der Arbeitsrechtlichen Vereinigung Hamburg e.V. (AV Hamburg) zur Vereinigung der kommunalen Arbeitgeberverbände (VKA) am 1. Juli 1955 vom 5. August 1955 tritt mit Wirkung vom 1. August 2018 der Tarifvertrag über die Tarifbindung der Mitglieder der Arbeitsrechtlichen Vereinigung Hamburg an das Tarifrecht der Vereinigung der kommunalen Arbeitgeberverbände vom 1. August 2018 (TV TB AVH).

(2) [1]Auf überzuleitende Beschäftigte aus dem Geltungsbereich des BAT finden anstelle der §§ 4 bis 6, §§ 12, 17 und 19 Abs. 2 und 3 sowie der Anlagen 1 bis 3 dieses Tarifvertrages die §§ 4 bis 6, §§ 12, 17 und 19 Abs. 2 und 3 sowie die Anlagen 2 bis 4 des Tarifvertrages zur Überleitung der Beschäftigten des Bundes in den TVöD und zur Regelung des Übergangsrechts (TVÜ-Bund) vom 13. September 2005 in der bis zum 31. Dezember 2013 geltenden Fassung Anwendung. [2]Abweichend von Anlage 2 TVÜ-Bund in der bis zum 31. Dezember 2013 geltenden Fassung und von § 16 (VKA) TVöD gelten ab der Entgeltgruppe 9a folgende besonderen Regelungen:

a) *(aufgehoben)*
b) Ab der Entgeltgruppe 9b wird die Stufe 5a nach 5 Jahren in Stufe 5 und die Stufe 6 – frühestens ab 1. Oktober 2015 – nach fünf Jahren in Stufe 5a erreicht.

[3]Die Entgeltgruppe 15 Ü wird um die Stufe 6 mit einem Tabellenwert ab 1. April 2021 in Höhe von 7.891,78 Euro und ab 1. April 2022 in Höhe von 8.033,83 Euro erweitert. [4]Die Entgeltstufe 5a entspricht dem Tabellenwert der Stufe 5 zuzüglich des halben Differenzbetrages zwischen den Stufen 5 und 6, kaufmännisch auf volle Eurobeträge gerundet. [5]Bei Höhergruppierung aus der Stufe 6 einer der Entgeltgruppen 1 bis 8 in eine der Entgeltgruppen 9b bis 15 erfolgt die Zuordnung zur Stufe 5a. [6]Dies gilt nicht, wenn die/der Beschäftigte zum Zeitpunkt der Höhergruppierung mindestens zehn Jahre in der Stufe 6 zurückgelegt hat. [7]Mit Erreichen der Stufe 5a entfällt ein etwaiger Strukturausgleich. [8]Mit Erreichen der Stufe 6 findet uneingeschränkt das VKA-Tarifrecht Anwendung.

(3) In Ergänzung der Anlagen 1 und 3 dieses Tarifvertrages werden der Entgeltgruppe 3 ferner folgende für die Flughafen Hamburg GmbH nach dem Tarifvertrag über die Einreihung der Arbeiter der Flughafen Hamburg GmbH in die Lohngruppen und über die Gewährung von Erschwerniszuschlägen (§ 23 BMT-G) vereinbarte Lohngruppen zugeordnet:

– Lgr. 2 mit Aufstieg nach 2a und 3
– Lgr. 2a mit Aufstieg nach 3 und 3a
– Lgr. 2a mit Aufstieg nach 3

(4) [1]Auf die Beschäftigten der Asklepios Kliniken Hamburg GmbH, der Universitätsklinikum Hamburg-Eppendorf KöR, der Universitäres Herzzentrum Hamburg GmbH und der Asklepios Westklinikum Hamburg GmbH als Mitglieder der Arbeitsrechtlichen Vereinigung Hamburg e.V. findet das Tarifrecht der VKA ab dem 1. August 2018 mit den Maßgaben des landesbezirklichen Tarifvertrages zur Überleitung der Beschäftigten der Hamburger Krankenhäuser in das Tarifrecht der VKA vom 1. August 2018 Anwendung. [2]Die Absätze 2 und 3 finden auf die in Satz 1 genannten Beschäftigten keine Anwendung.

§ 33 Gemeinsame Regelung. (1) [1]Soweit in (landes-)bezirklichen Lohngruppenverzeichnissen bei den Aufstiegen andere Verweildauern als drei Jahre bzw. – für die Eingruppierung in eine a-Gruppe – als vier Jahre vereinbart sind, haben die landesbezirklichen Tarifvertragsparteien die Zuordnung der Lohngruppen zu den Entgeltgruppen gemäß Anlagen 1 und 3 nach den zu Grunde liegenden Grundsätzen bis zum 31. Dezember 2005 vorzunehmen. [2]Für Beschäftigte, die dem Gehaltstarifvertrag für Angestellte in Versorgungs- und Verkehrsbetrieben im Lande Hessen (HGTAV) unterfallen, werden die landesbezirklichen Tarifvertragsparteien über die Fortgeltung des HGTAV bzw. dessen Anpassung an den TVöD spätestens bis zum 30. Juni 2006 eine Regelung vereinbaren. [3]Soweit besondere Lohngruppen vereinbart sind, hat eine entsprechende Zuordnung zu den Entgeltgruppen landesbezirklich zu erfolgen. [4]Am 1. Oktober 2005 erfolgt in den Fällen der Sätze 1 bis 3 die Fortzahlung der bisherigen Bezüge als zu verrechnender Abschlag auf das Entgelt, das den Beschäftigten nach der Überleitung zusteht.

(2) [1]Soweit auf das Arbeitsverhältnis von aus dem Geltungsbereich des BAT/BAT-O/BAT-Ostdeutsche Sparkassen überzuleitende Beschäftigten bei sonstigen Arbeitgebern von Mitgliedern der Mitgliedverbände der VKA nach § 27 Abschn. A BAT/BAT-O in der für den Bund und die Tarifgemeinschaft deutscher Länder geltenden Fassung sowie der Vergütungstarifvertrag für den

Bereich des Bundes und der Länder Anwendung finden, haben die landesbezirklichen Tarifvertragsparteien die für die Überleitung notwendigen Regelungen zu vereinbaren. [2]Am 1. Oktober 2005 erfolgt die Fortzahlung der bisherigen Bezüge als zu verrechnender Abschlag auf das Entgelt, das diesen Beschäftigten nach der Überleitung zusteht. [3]Kommt auf landesbezirklicher Ebene bis zum 31. Dezember 2005 – ggf. nach einer einvernehmlichen Verlängerung – keine tarifliche Regelung zustande, treffen die Tarifvertragsparteien dieses Tarifvertrages die notwendigen Regelungen.

Abschnitt VI. Übergangs- und Schlussvorschriften

§ 34 In-Kraft-Treten, Laufzeit. (1) Dieser Tarifvertrag tritt am 1. Oktober 2005 in Kraft.

(2) [1]Der Tarifvertrag kann ohne Einhaltung einer Frist jederzeit schriftlich gekündigt werden. [2]Abweichend von Satz 1 kann § 28a mit einer Frist von drei Monaten zum Schluss eines Kalendervierteljahres, frühestens jedoch zum 31. Dezember 2014, schriftlich gekündigt werden.

Niederschriftserklärungen

Niederschriftserklärung zur Protokollerklärung zu § 2 Abs. 1:
Landesbezirkliche Regelungen sind auch Regelungen, die von der dbb tarifunion und ihren Mitgliedsgewerkschaften im Tarifrecht als bezirkliche Regelungen bezeichnet sind.

Niederschriftserklärung zu § 2:
[1]Die Tarifvertragsparteien gehen davon aus, dass der TVöD und dieser Tarifvertrag bei tarifgebundenen Arbeitgebern das bisherige Tarifrecht auch dann ersetzen, wenn arbeitsvertragliche Bezugnahmen nicht ausdrücklich den Fall der ersetzenden Regelung beinhalten. [2]Die Geltungsbereichsregelungen des TV-V, der TV-N und des TV-WW/NW bleiben hiervon unberührt.

Niederschriftserklärung zu § 2 Abs. 1:
[1]Werden Beschäftigte nach dem 1. Oktober 2005 in den TVöD übergeleitet, wird der Stichtag „30. September 2005“ durch das Datum des Tages vor der Überleitung und, soweit der 1. Oktober 2005 als Stichtag genannt ist, dieser durch das Datum des Tages der Überleitung ersetzt. [2]Beginn- und Endzeitpunkt von Fristen im TVÜ-VKA verschieben sich in diesen Fällen um den Zeitraum der späteren Überleitung in den TVöD.

Niederschriftserklärung zu § 4 Abs. 1:
Lehrkräfte, die ihre Lehrbefähigung nach dem Recht der DDR erworben haben und zur Anerkennung als Lehrkräfte nach Abschnitt A der Lehrer-Richtlinien der VKA auf Grund beamtenrechtlicher Regelungen unterschiedlich lange Bewährungszeiten durchlaufen mussten bzw. müssen, gehören nicht zur Gruppe der Lehrkräfte nach Abschnitt B der Lehrer-Richtlinien der VKA.

Niederschriftserklärung zu § 8 Abs. 2:
Die Neuberechnung des Vergleichsentgelts führt nicht zu einem Wechsel der Entgeltgruppe.

Niederschriftserklärung zu § 8 Abs. 1 Satz 3 und Abs. 2 Satz 2 sowie § 9 Abs. 2 bis 4:

Eine missbräuchliche Entziehung der Tätigkeit mit dem ausschließlichen Ziel, eine Höhergruppierung bzw. eine Besitzstandszulage zu verhindern, ist nicht zulässig.

Niederschriftserklärung zu § 10 Abs. 1 und 2:

[1] Die Tarifvertragsparteien stellen klar, dass die vertretungsweise Übertragung einer höherwertigen Tätigkeit ein Unterfall der vorübergehenden Übertragung einer höherwertigen Tätigkeit ist. [2] Gleiches gilt für die Zulage nach § 2 der Anlage 3 zum BAT.

Niederschriftserklärung zu § 12:

[1] Die Tarifvertragsparteien sind sich angesichts der Fülle der denkbaren Fallgestaltungen bewusst, dass die Festlegung der Strukturausgleiche je nach individueller Fallgestaltung in Einzelfällen sowohl zu überproportional positiven Wirkungen als auch zu Härten führen kann. [2] Sie nehmen diese Verwerfungen im Interesse einer für eine Vielzahl von Fallgestaltungen angestrebten Abmilderung von Exspektanzverlusten hin.

Niederschriftserklärung zu § 17 Abs. 8:

(aufgehoben)

Niederschriftserklärungen zu § 18:

1. *[1] Abweichend von der Grundsatzregelung des TVöD über eine persönliche Zulage bei vorübergehender Übertragung einer höherwertigen Tätigkeit ist durch einen landesbezirklichen Tarifvertrag im Rahmen eines Katalogs, der die hierfür in Frage kommenden Tätigkeiten aufführt, zu bestimmen, dass die Voraussetzung für die Zahlung einer persönlichen Zulage bereits erfüllt ist, wenn die vorübergehende übertragene Tätigkeit mindestens drei Arbeitstage angedauert hat und die/der Beschäftigte ab dem ersten Tag der Vertretung in Anspruch genommen ist. [2] Die landesbezirklichen Tarifverträge sollen spätestens am 1. Juli 2007 in Kraft treten.*
2. *Die Niederschriftserklärung zu § 10 Abs. 1 und 2 gilt entsprechend.*

Niederschriftserklärung zu § 19 Abs. 3:

Die Tarifvertragsparteien streben für die Zeit nach dem 31. Dezember 2007 eine Harmonisierung mit den Tabellenwerten für die übrigen Beschäftigten an.

Niederschriftserklärung zu § 23 Abs. 2:

[1] Die Höhe der aufgrund der weiter anzuwendenden Tarifverträgen zustehenden Zulagen und Zuschläge bemisst sich nach dem Betrag, der zu zahlen gewesen wäre, wenn diese bereits am 30. September 2005 zugestanden hätten. [2] Die Weitergeltung der genannten Tarifverträge lässt den Anspruch auf Zusatzurlaub nach § 27 TVöD unberührt. [3] Anstelle der Zulagen nach § 8 Abs. 5 Satz 1 und Abs. 6 Satz 1 TVöD treten die nach den weiter anzuwendenden Tarifverträgen zustehenden Zulagen und Zuschläge.

Niederschriftserklärung zu § 28a Abs. 2:

Zur Erläuterung von § 28a Abs. 2 Satz 1, Satz 4, Satz 5 und Satz 7 sind sich die Tarifvertragsparteien über folgende Beispiele einig:

a) Eine Beschäftigte, die am 31. Oktober 2009 in ihrer Entgeltgruppe der Stufe 3 zugeordnet ist und in dieser Stufe mit Ablauf des 31. Oktober 2009 zwei Jahre und einen Monat zurückgelegt hat, wird mit ihrer Überleitung in die Entgeltgruppe S, in der sie nach dem Anhang zu der Anlage C (VKA) zum TVöD eingruppiert ist, der Stufe 3 zweites Jahr mit einer zurückgelegten Stufenlaufzeit im zweiten Jahr von einem Monat zugeordnet. Bei Durchlaufen der Regelstufenlaufzeit steigt die Beschäftigte am 1. Oktober 2012 in die Stufe 4 auf.

b) Ein Beschäftigter, der im Wege des vorgezogenen Stufenaufstiegs (§ 17 Abs. 2 TVöD) am 1. Juli 2009 in seiner Entgeltgruppe in die Stufe 3 aufgestiegen ist und in dieser Stufe mit Ablauf des 31. Oktober 2009 vier Monate zurückgelegt hat, wird mit seiner Überleitung in der Entgeltgruppe S, in der er gemäß dem Anhang zu der Anlage C (VKA) zum TVöD eingruppiert ist, der Stufe 2 drittes Jahr mit einer zurückgelegten Stufenlaufzeit im dritten Jahr von vier Monaten zugeordnet. Bei Durchlaufen der Regelstufenlaufzeit steigt der Beschäftigte am 1. Juli 2010 in die Stufe 3 auf.

Niederschriftserklärung zu § 30 Abs. 2:

Der Tabellenwert von 5625 Euro verändert sich zu demselben Zeitpunkt und in derselben Höhe wie der Tabellenwert der Stufe 6 der Entgeltgruppe 15 Ü gemäß § 19 Abs. 2.

Niederschriftserklärung zu § 30 Abs. 3 Satz 4:

[1] Der KAV Berlin erhebt keine Einwendungen, wenn eine Einmalzahlung in dem vereinbarten Umfang gewährt wird. [2] Dies gilt auch hinsichtlich der Mitglieder, die auf die Angestellten die Vergütungstabelle der VKA anwenden.

Niederschriftserklärung zu § 30 Abs. 3:

[1] Die Tarifvertragsparteien gehen davon aus, dass die Einmalzahlungen 2005 bis 2007 im Rahmen der ZTV–Verhandlungen für die Berliner Stadtreinigungsbetriebe auf landesbezirklicher Ebene geregelt werden. [2] Kommt eine Einigung mindestens für 2005 nicht bis zum 30. November 2005 zustande, wird die Zahlung des Einmalbetrages durch die Tarifvertragsparteien auf Bundesebene verhandelt.

Niederschriftserklärung zu § 30 Abs. 5:

Die Entscheidung, ob und in welcher Höhe Arbeitern, auf die die Tarifregelungen des Tarifgebiets Ost Anwendung finden, eine Einmalzahlung erhalten, bleibt den Tarifvertragsparteien auf landesbezirklicher Ebene vorbehalten.

Niederschriftserklärung zu § 30:

Von den Tarifvertragsparteien auf der landesbezirklichen Ebene ist in Tarifverhandlungen über Hilfestellungen einzutreten, wenn die Überführung der Beschäftigten in die VKA-Entgelttabelle bei einzelnen Mitgliedern des KAV Berlin ab 1. Oktober 2010 zu finanziellen Problemen führt.

Niederschriftserklärung zu § 32 Abs. 2:

Der Tabellenwert von 5625 Euro verändert sich zu demselben Zeitpunkt und in derselben Höhe wie der Tabellenwert der Stufe 6 der Entgeltgruppe 15 Ü gemäß § 19 Abs. 2.

Niederschriftserklärung zu § 34 Abs. 1:

[1] Im Hinblick auf die notwendigen personalwirtschaftlichen, organisatorischen und technischen Vorarbeiten für die Überleitung der vorhandenen Beschäftigten in den TVöD sehen die Tarifvertragsparteien die Problematik einer fristgerechten Umsetzung der neuen Tarifregelungen zum 1. Oktober 2005. [2] Sie bitten die Personal verwaltenden und Bezüge zahlenden Stellen, im Interesse der Beschäftigten gleichwohl eine zeitnahe Überleitung zu ermöglichen und die Zwischenzeit mit zu verrechnenden Abschlagszahlungen zu überbrücken.

Anhang zu § 16a

1. Die in § 16a in Bezug genommenen Tarifvorschriften lauten wie folgt:

„§ 25 Abs. 4 BMT-G/BMT-G-O. Lohn in besonderen Fällen

(4) Für minderleistungsfähige Arbeiter wird der Monatslohn nach der Leistungsfähigkeit für die ihnen übertragene Arbeit bemessen.

§ 28 Abs. 1 und 2 BMT-G/BMT-G-O. Sicherung des Lohnstandes bei Leistungsminderung

(1) Ist der Arbeiter nach einjähriger Beschäftigungszeit[1)] infolge eines Arbeitsunfalles im Sinne des § 8 SGB VII oder nach zweijähriger Beschäftigungszeit[1)] infolge einer Berufskrankheit im Sinne des § 9 SGB VII nicht mehr voll leistungsfähig, behält er den jeweiligen Monatstabellenlohn seiner bisherigen Lohngruppe.
Lohnzulagen behält der Arbeiter in der zuletzt bezogenen Höhe, wenn er diese Zulagen bei Eintritt der Leistungsminderung für dieselbe Tätigkeit mindestens drei Jahre ununterbrochen bezogen hat. Wenn der Arbeiter bei Eintritt der Leistungsminderung mindestens fünf Jahre für mindestens drei Viertel der regelmäßigen Arbeitszeit einen oder mehrere Erschwerniszuschläge bezogen hat, behält er den auf die Arbeitsstunde bezogenen Durchschnitt der Erschwerniszuschläge der vorangegangenen zwölf Monate als Zuschlag.
Die gleiche Regelung gilt sinngemäß für einen Erschwerniszuschlag, der in einer Pauschale gemäß § 25 Abs. 5 enthalten ist. Lässt sich der Anteil des Erschwerniszuschlages nicht mehr ermitteln, kann er geschätzt und im Arbeitsvertrag vereinbart werden.
Vorstehende Regelung gilt auch dann, wenn dem Arbeiter wegen seiner verminderten Leistungsfähigkeit eine geringer bewertete Arbeit zugewiesen wird.
Lohnzulagen und Lohnzuschläge für die zugewiesene Arbeit werden insoweit gezahlt, als ihre Summe über die Summe der nach Unterabsatz 2 gesicherten Zulagen und der nach Unterabsatz 2 und § 28a gesicherten Zuschläge hinausgeht; der nach den Unterabsätzen 1 bis 3 und § 28a gesicherte Lohn darf jedoch nicht überschritten werden. Sind die Lohnzulagen und Lohnzuschläge für die zugewiesene Arbeit in Prozentsätzen des Monatstabellenlohnes oder Monatsgrundlohnes vorgesehen, ist von dem Monatstabellenlohn bzw. Monatsgrundlohn auszugehen, der der zugewiesenen Arbeit entspricht.
Ist in einem Kalendermonat der der zugewiesenen Arbeit entsprechende Monatslohn höher als der nach den Unterabsätzen 1 bis 3 und § 28a gesicherte Lohn, finden die Vorschriften über die Sicherung des Lohnstandes bei Leistungsminderung für diesen Kalendermonat keine Anwendung.

Protokollerklärung zu Absatz 1 Unterabs. 2:
Ein Erschwerniszuschlag gilt auch dann als gewährt, wenn der Arbeiter den Erschwerniszuschlag vorübergehend wegen Krankheit, Urlaub oder Arbeitsbefreiung nicht erhalten hat.

(2) Das Gleiche gilt

[1)] Im Bereich des BMT-G-O:
Beschäftigungszeit (§ 6 – ohne die nach Nr. 3 der Übergangsvorschriften zu § 6 berücksichtigten Zeiten)

a) für Arbeiter nach zehnjähriger Beschäftigungszeit[1)], wenn die Leistungsminderung durch eine Gesundheitsschädigung hervorgerufen wurde, die durch fortwirkende schädliche Einflüsse der Arbeit eingetreten ist,

b) für mindestens 53 Jahre alte Arbeiter nach fünfzehnjähriger Beschäftigungszeit[1)], wenn die Leistungsminderung durch Abnahme der körperlichen Kräfte und Fähigkeiten infolge langjähriger Arbeit verursacht ist,

c) für mindestens 50 Jahre alte Arbeiter nach zwanzigjähriger Beschäftigungszeit[1)], wenn die Leistungsminderung durch Abnahme der körperlichen Kräfte und Fähigkeiten infolge langjähriger Arbeit verursacht ist,

d) für Arbeiter nach fünfundzwanzigjähriger Beschäftigungszeit[1)], wenn die Leistungsminderung durch Abnahme der körperlichen Kräfte und Fähigkeiten infolge langjähriger Arbeit verursacht ist.

Wenn der Arbeiter erst in den letzten zwei Jahren vor Eintritt der Leistungsminderung in seine Lohngruppe aufgerückt war, erhält er den jeweiligen Monatstabellenlohn der Lohngruppe, in der er vorher war.

Protokollerklärung zu Absatz 2 Unterabs. 1:

Ist streitig, ob der erforderliche Ursachenzusammenhang vorliegt, soll auf Verlangen die Stellungnahme eines Arztes des beiderseitigen Vertrauens eingeholt werden. Ist kein anderer Kostenträger zuständig, trägt die Kosten der Arbeitgeber, wenn der Anspruch auf Lohnsicherung endgültig zuerkannt ist; andernfalls trägt sie der Arbeiter.

§ 28a BMT-G/BMT-G-O. Sicherung des Schichtlohnzuschlages für Wechselschichtarbeit bei Leistungsminderung

(1) Kann der Arbeiter

a) infolge eines Arbeitsunfalles im Sinne des § 8 SGB VII, den er im bestehenden Arbeitsverhältnis erlitten hat, oder

b) infolge einer Berufskrankheit im Sinne des § 9 SGB VII, die er sich im bestehenden Arbeitsverhältnis zugezogen hat,

keine Wechselschichtarbeit mehr leisten, behält er, wenn er für dieselbe Tätigkeit mindestens fünf Jahre ununterbrochen für die gesamte regelmäßige Arbeitszeit Schichtlohnzuschläge für Wechselschichtarbeit bezogen hat, die Hälfte dieser Zuschläge in der zuletzt bezogenen Höhe.

Protokollerklärung zu Absatz 1:

Der Schichtlohnzuschlag gilt auch dann als für die gesamte regelmäßige Arbeitszeit gewährt, wenn ihn der Arbeiter vorübergehend wegen Krankheit, Urlaubs- oder Arbeitsbefreiung nicht erhalten hat.

(2) Absatz 1 gilt entsprechend für den Arbeiter, der in demselben Arbeitsverhältnis

a) mindestens 20 Jahre ununterbrochen für die gesamte regelmäßige Arbeitszeit Schichtlohnzuschläge für Wechselschichtarbeit bezogen und der das 50. Lebensjahr vollendet hat, oder

---

[1)] Im Bereich des BMT-G-O:
Beschäftigungszeit (§ 6 – ohne die nach Nr. 3 der Übergangsvorschriften zu § 6 berücksichtigten Zeiten)

b) mindestens 15 Jahre ununterbrochen für die gesamte regelmäßige Arbeitszeit Schichtlohnzuschläge für Wechselschichtarbeit bezogen und das 55. Lebensjahr vollendet hat,

wenn er wegen Leistungsminderung keine Wechselschichtarbeit mehr leisten kann.

§ 56 BAT/BAT-O. Ausgleichszulage bei Arbeitsunfall und Berufskrankheit

Ist der Angestellte infolge eines Unfalls, den er nach mindestens einjähriger ununterbrochener Beschäftigung bei demselben Arbeitgeber in Ausübung oder infolge seiner Arbeit ohne Vorsatz oder grobe Fahrlässigkeit erlitten hat, in seiner bisherigen Vergütungsgruppe nicht mehr voll leistungsfähig und wird er deshalb in einer niedrigeren Vergütungsgruppe weiterbeschäftigt, so erhält er eine Ausgleichszulage in Höhe des Unterschiedsbetrages zwischen der ihm in der neuen Vergütungsgruppe jeweils zustehenden Grundvergütung zuzüglich der allgemeinen Zulage und der Grundvergütung zuzüglich der allgemeinen Zulage, die er in der verlassenen Vergütungsgruppe zuletzt bezogen hat. Das Gleiche gilt bei einer Berufskrankheit im Sinne des § 9 SGB VII nach mindestens dreijähriger ununterbrochener Beschäftigung."

2. Für die in Nr. 1 genannten Tarifvorschriften des BMT-G/BMT-G-O gelten folgende Begriffsbestimmungen des § 67 BMT-G/BMT-G-O:

„**24. Lohnzulagen**
Lohnzulagen sind Vorarbeiter- und andere Funktionszulagen.

25. Lohnzuschläge
Lohnzuschläge sind Zeitzuschläge (§ 22), Erschwerniszuschläge (§ 23) sowie Schichtlohnzuschläge (§ 24).

26a. Monatstabellenlohn
Monatstabellenlohn ist der in der tarifvertraglich vereinbarten Lohntabelle festgesetzte Lohn für Arbeiter, mit denen die in § 14 Abs. 1 Satz 1 festgesetzte regelmäßige wöchentliche Arbeitszeit vereinbart ist.
Für die Errechnung des auf die Arbeitsstunde entfallenden Teils des Monatstabellenlohnes ist der Monatstabellenlohn durch 167,40[1)] zu teilen.

26b. Monatsgrundlohn
Monatsgrundlohn ist die Summe des Monatstabellenlohnes und der für alle Arbeitsstunden des Kalendermonats zustehenden Lohnzulagen.
Für die Errechnung des auf die Arbeitsstunde entfallenden Teils des Monatsgrundlohnes ist der Monatsgrundlohn durch 167,40[1)] zu teilen.

26c. Monatslohn
Monatslohn ist die Summe des Monatstabellenlohnes, der Lohnzulagen und Lohnzuschläge."

[1)] Im Bereich des BMT-G-O: 174.

Im Bereich des BMT-G ab dem 1. Juli 2008: 169,57. Abweichend hiervon beträgt der Divisor im Geltungsbereich des Besonderen Teils Krankenhäuser mit Ausnahme des Bereichs des KAV Baden-Württemberg weiterhin 167,4. Im Geltungsbereich des Besonderen Teils Krankenhäuser im Bereich des KAV Baden-Württemberg beträgt der Divisor 169,57. Ebenfalls abweichend beträgt der Divisor im Bereich des KAV Baden-Württemberg bereits ab dem 1. Mai 2006 und im Bereich des KAV Niedersachsen bereits ab dem 1. April 2006 169,57.

Anlage 1. *(aufgehoben)*

Anlage 2

Strukturausgleiche für Angestellte (VKA)

Angestellte, deren Ortszuschlag sich nach § 29 Abschnitt B Abs. 5 BAT/BAT-O/BAT-Ostdeutsche Sparkassen bemisst, erhalten den entsprechenden Anteil, in jedem Fall aber die Hälfte des Strukturausgleichs für Verheiratete.

Soweit nicht anders ausgewiesen, beginnt die Zahlung des Strukturausgleichs am 1. Oktober 2007. Die Angabe „nach … Jahren" bedeutet, dass die Zahlung nach den genannten Jahren ab dem In-Kraft-Treten des TVöD beginnt; so wird z.B. bei dem Merkmal „nach 4 Jahren" der Zahlungsbeginn auf den 1. Oktober 2009 festgelegt, wobei die Auszahlung eines Strukturausgleichs mit den jeweiligen Monatsbezügen erfolgt. Die Dauer der Zahlung ist ebenfalls angegeben; dabei bedeutet „dauerhaft" die Zahlung während der Zeit des Arbeitsverhältnisses.

Ist die Zahlung „für" eine bestimmte Zahl von Jahren angegeben, ist der Bezug auf diesen Zeitraum begrenzt (z.B. „für 5 Jahre" bedeutet Beginn der Zahlung im Oktober 2007 und Ende der Zahlung mit Ablauf September 2012). Eine Ausnahme besteht dann, wenn das Ende des Zahlungszeitraumes nicht mit einem Stufenaufstieg in der jeweiligen Entgeltgruppe zeitlich zusammenfällt; in diesen Fällen wird der Strukturausgleich bis zum nächsten Stufenaufstieg fortgezahlt. Diese Ausnahmereglung gilt nicht, wenn der Stufenaufstieg in die Endstufe erfolgt; in diesen Fällen bleibt es bei der festgelegten Dauer.

Betrifft die Zahlung eines Strukturausgleichs eine Vergütungsgruppe (Fallgruppe) mit Bewährungs- bzw. Zeitaufstieg, wird dies ebenfalls angegeben. Soweit keine Aufstiegszeiten angegeben sind, gelten die Ausgleichsbeträge für alle Aufstiege.

I. Angestellte (einschl. Lehrkräfte) mit Ausnahme des Pflegepersonals im Sinne der Anlage 1b zum BAT/BAT-O

EG	Vergütungsgruppe	Ortszuschlag Stufe 1/2	Überleitung aus Stufe	nach	für	Betrag Tarifgebiet West	Betrag Tarifgebiet Ost
15 Ü	I	OZ 1	9	2 Jahren	5 Jahre	130,– €	126,– €
	I	OZ 2	8	2 Jahren	dauerhaft	50,– €	48,– €
	I	OZ 2	10	2 Jahren	dauerhaft	50,– €	48,– €
	I	OZ 2	11	2 Jahren	dauerhaft	50,– €	48,– €
15	I a	OZ 1	6	2 Jahren	4 Jahre	60,– €	58,– €
	I a	OZ 1	8	4 Jahren	dauerhaft	30,– €	29,– €
	I a	OZ 1	9	2 Jahren	für 5 Jahre danach	90,– € 30,– €	87,– € 29,– €
	I a	OZ 1	10	4 Jahren	dauerhaft	30,– €	29,– €
	I a	OZ 1	11	2 Jahren	dauerhaft	30,– €	29,– €
	I a	OZ 2	6	2 Jahren	für 4 Jahre danach	110,– € 60,– €	106,– € 58,– €
	I a	OZ 2	7	4 Jahren	dauerhaft	50,– €	48,– €
	I a	OZ 2	8	2 Jahren	dauerhaft	80,– €	77,– €
	I a	OZ 2	9	4 Jahren	dauerhaft	80,– €	77,– €
	I a	OZ 2	10	2 Jahren	dauerhaft	80,– €	77,– €

EG	Vergütungsgruppe	Ortszuschlag Stufe 1/2	Überleitung aus Stufe	nach	für	Betrag Tarifgebiet West	Betrag Tarifgebiet Ost
14	I b	OZ 1	5	2 Jahren	4 Jahre	50,– €	48,– €
	I b	OZ 1	8	2 Jahren	5 Jahre	50,– €	48,– €
	I b	OZ 2	5	2 Jahren	4 Jahre danach	130,– € 20,– €	126,– € 19,– €
	I b	OZ 2	7	2 Jahren	5 Jahre danach	90,– € 40,– €	87,– € 38,– €
	I b	OZ 2	8	2 Jahren	5 Jahre danach	110,– € 40,– €	106,– € 38,– €
	I b	OZ 2	9	2 Jahren	dauerhaft	30,– €	29,– €
14	II/5 J. I b	OZ 1	4	1 Jahr	8 Jahre	110,– €	106,– €
	II/5 J. I b	OZ 1	5	2 Jahren	4 Jahre	50,– €	48,– €
	II/5 J. I b	OZ 1	8	2 Jahren	5 Jahre	50,– €	48,– €
	II/5 J. I b	OZ 2	4	2 Jahren	5 Jahre	90,– €	87,– €
	II/5 J. I b	OZ 2	5	2 Jahren	4 Jahre danach	130,– € 20,– €	126,– € 19,– €
	II/5 J. I b	OZ 2	7	4 Jahren	3 Jahre danach	90,– € 40,– €	87,– € 38,– €
	II/5 J. I b	OZ 2	8	2 Jahren	5 Jahre danach	110,– € 40,– €	106,– € 38,– €
	II/5 J. I b	OZ 2	9	2 Jahren	dauerhaft	30,– €	29,– €
14	II/6 J. I b	OZ 1	4	2 Jahren	7 Jahre	110,– €	106,– €
	II/6 J. I b	OZ 1	5	2 Jahren	4 Jahre	50,– €	48,– €
	II/6 J. I b	OZ 1	8	2 Jahren	5 Jahre	50,– €	48,– €
	II/6 J. I b	OZ 2	4	2 Jahren	5 Jahre	90,– €	87,– €
	II/6 J. I b	OZ 2	5	2 Jahren	4 Jahre danach	130,– € 20,– €	126,– € 19,– €
	II/6 J. I b	OZ 2	7	4 Jahren	3 Jahre danach	90,– € 40,– €	87,– € 38,– €
	II/6 J. I b	OZ 2	8	2 Jahren	5 Jahre danach	110,– € 40,– €	106,– € 38,– €
	II/6 J. I b	OZ 2	9	2 Jahren	dauerhaft	30,– €	29,– €
13	II	OZ 1	9	2 Jahren	5 Jahre	50,– €	48,– €
	II	OZ 2	8	2 Jahren	5 Jahre	80,– €	77,– €
12	III/5 J. II	OZ 1	5	2 Jahren	4 Jahre	90,– €	87,– €
	III/5 J. II	OZ 1	8	2 Jahren	5 Jahre	80,– €	77,– €
	III/5 J. II	OZ 2	4 (aus III)	1 Jahr	2 Jahre	110,– €	106,– €
	III/5 J. II	OZ 2	4 (aus II)	2 Jahren	4 Jahre	90,– €	87,– €
	III/5 J. II	OZ 2	6	4 Jahren	dauerhaft	30,– €	29,– €
	III/5 J. II	OZ 2	7	4 Jahren	dauerhaft	60,– €	58,– €
	III/5 J. II	OZ 2	8	4 Jahren	dauerhaft	50,– €	48,– €
	III/5 J. II	OZ 2	9	2 Jahren	dauerhaft	50,– €	48,– €
	III/5 J. II	OZ 2	10	2 Jahren	dauerhaft	30,– €	29,– €
12	III/6 J. II	OZ 1	5	2 Jahren	4 Jahre	90,– €	87,– €
	III/6 J. II	OZ 1	8	2 Jahren	5 Jahre	70,– €	67,– €
	III/6 J. II	OZ 2	4 (aus III)	2 Jahren	5 Jahre	70,– €	67,– €
	III/6 J. II	OZ 2	4 (aus II)	2 Jahren	für 4 Jahre	90,– €	87,– €
	III/6 J. II	OZ 2	6	4 Jahren	dauerhaft	30,– €	29,– €
	III/6 J. II	OZ 2	7	4 Jahren	dauerhaft	60,– €	58,– €

EG	Vergütungsgruppe	Ortszuschlag Stufe 1/2	Überleitung aus Stufe	nach	für	Betrag Tarifgebiet West	Betrag Tarifgebiet Ost
	III/6 J. II	OZ 2	8	4 Jahren	dauerhaft	50,– €	48,– €
	III/6 J. II	OZ 2	9	2 Jahren	dauerhaft	50,– €	48,– €
	III/6 J. II	OZ 2	10	2 Jahren	dauerhaft	30,– €	29,– €
12	III/8 J. II	OZ 1	5 (aus III)	2 Jahren	5 Jahre	70,– €	67,– €
	III/8 J. II	OZ 1	5 (aus II)	2 Jahren	4 Jahre	90,– €	87,– €
	III/8 J. II	OZ 1	8	2 Jahren	5 Jahre	70,– €	67,– €
	III/8 J. II	OZ 2	5 (aus III)	2 Jahren	4 Jahre	130,– €	126,– €
	III/8 J. II	OZ 2	6	4 Jahren	dauerhaft	30,– €	29,– €
	III/8 J. II	OZ 2	7	4 Jahren	dauerhaft	60,– €	58,– €
	III/8 J. II	OZ 2	8	4 Jahren	dauerhaft	50,– €	48,– €
	III/8 J. II	OZ 2	9	2 Jahren	dauerhaft	50,– €	48,– €
	III/8 J. II	OZ 2	10	2 Jahren	dauerhaft	30,– €	29,– €
12	III/10 J. II	OZ 1	6 (aus III)	2 Jahren	4 Jahre	90,– €	87,– €
	III/10 J. II	OZ 1	8	2 Jahren	5 Jahre	70,– €	67,– €
	III/10 J. II	OZ 2	6 (aus III)	2 Jahren	4 Jahre danach	110,– € 60,– €	106,– € 58,– €
	III/10 J. II	OZ 2	6 (aus II)	4 Jahren	dauerhaft	30,– €	29,– €
	III/10 J. II	OZ 2	7	4 Jahren	dauerhaft	60,– €	58,– €
	III/10 J. II	OZ 2	8	4 Jahren	dauerhaft	50,– €	48,– €
	III/10 J. II	OZ 2	9	2 Jahren	dauerhaft	50,– €	48,– €
	III/10 J. II	OZ 2	10	2 Jahren	dauerhaft	30,– €	29,– €
11	III	OZ 1	5	2 Jahren	4 Jahre	90,– €	87,– €
	III	OZ 1	9	2 Jahren	5 Jahre	60,– €	58,– €
	III	OZ 2	4	2 Jahren	4 Jahre	90,– €	87,– €
	III	OZ 2	7	4 Jahren	3 Jahre	90,– €	87,– €
	III	OZ 2	8	2 Jahren	5 Jahre	90,– €	87,– €
11	IV a/4 J. III	OZ 1	5	2 Jahren	4 Jahre	90,– €	87,– €
	IV a/4 J. III	OZ 1	9	2 Jahren	5 Jahre	60,– €	58,– €
	IV a/4 J. III	OZ 2	4	2 Jahren	4 Jahre	90,– €	87,– €
	IV a/4 J. III	OZ 2	7	4 Jahren	3 Jahre	90,– €	87,– €
	IV a/4 J. III	OZ 2	8	2 Jahren	5 Jahre	90,– €	87,– €
	IV a/6 J. III	OZ 1	5	2 Jahren	4 Jahre	90,– €	87,– €
	IV a/6 J. III	OZ 1	9	2 Jahren	5 Jahre	60,– €	58,– €
	IV a/6 J. III	OZ 2	4	2 Jahren	4 Jahre	90,– €	87,– €
	IV a/6 J. III	OZ 2	7	4 Jahren	3 Jahre	90,– €	87,– €
	IV a/6 J. III	OZ 2	8	2 Jahren	5 Jahre	100,– €	97,– €
11	IV a/8 J. III	OZ 1	5	2 Jahren	4 Jahre	90,– €	87,– €
	IV a/8 J. III	OZ 1	9	2 Jahren	5 Jahre	60,– €	58,– €
	IV a/8 J. III	OZ 2	5	2 Jahren	9 Jahre	110,– €	106,– €
	IV a/8 J. III	OZ 2	7	4 Jahren	3 Jahre	90,– €	87,– €
	IV a/8 J. III	OZ 2	8	2 Jahren	5 Jahre	90,– €	87,– €
10	IV a	OZ 2	4	2 Jahren	4 Jahre	30,– €	29,– €
	IV a	OZ 2	7	4 Jahren	dauerhaft	25,– €	24,– €
	IV a	OZ 2	8	2 Jahren	5 Jahre danach	50,– € 25,– €	48,– € 24,– €
	IV a	OZ 2	9	2 Jahren	dauerhaft	25,– €	24,– €
10	IV b/2 J. IV a	OZ 2	4	2 Jahren	4 Jahre	30,– €	29,– €
	IV b/2 J. IV a	OZ 2	7	4 Jahren	dauerhaft	25,– €	24,– €

EG	Vergütungsgruppe	Ortszuschlag Stufe 1/2	Überleitung aus Stufe	nach	für	Betrag Tarifgebiet West	Betrag Tarifgebiet Ost
	IV b/2 J. IV a	OZ 2	8	2 Jahren	5 Jahre danach	50,– € 25,– €	48,– € 24,– €
	IV b/2 J. IV a	OZ 2	9	2 Jahren	dauerhaft	25,– €	24,– €
10	IV b/4 J. IV a	OZ 2	4	2 Jahren	4 Jahre	30,– €	29,– €
	IV b/4 J. IV a	OZ 2	7	4 Jahren	dauerhaft	25,– €	24,– €
	IV b/4 J. IV a	OZ 2	8	2 Jahren	5 Jahre danach	50,– € 25,– €	48,– € 24,– €
	IV b/4 J. IV a	OZ 2	9	2 Jahren	dauerhaft	25,– €	24,– €
10	IV b/5 J. IV a	OZ 1	4	1 Jahr	8 Jahre	90,– €	87,– €
	IV b/5 J. IV a	OZ 2	4	1 Jahr	6 Jahre	90,– €	87,– €
	IV b/5 J. IV a	OZ 2	7	4 Jahren	dauerhaft	25,– €	24,– €
	IV b/5 J. IV a	OZ 2	8	2 Jahren	5 Jahre danach	50,– € 25,– €	48,– € 24,– €
	IV b/5 J. IV a	OZ 2	9	2 Jahren	dauerhaft	25,– €	24,– €
10	IV b/6 J. IV a	OZ 1	4	2 Jahren	7 Jahre	90,– €	87,– €
	IV b/6 J. IV a	OZ 2	4	2 Jahren	5 Jahre	90,– €	87,– €
	IV b/6 J. IV a	OZ 2	7	4 Jahren	dauerhaft	25,– €	24,– €
	IV b/6 J. IV a	OZ 2	8	2 Jahren	5 Jahre danach	50,– € 25,– €	48,– € 24,– €
	IV b/6 J. IV a	OZ 2	9	2 Jahren	dauerhaft	25,– €	24,– €
10	IV b/8 J. IV a	OZ 1	4	4 Jahren	5 Jahre	90,– €	87,– €
	IV b/8 J. IV a	OZ 1	5	2 Jahren	7 Jahre	180,– €	174,– €
	IV b/8 J. IV a	OZ 2	5	2 Jahren	5 Jahre danach	115,– € 25,– €	111,– € 24,– €
	IV b/8 J. IV a	OZ 2	7	4 Jahren	dauerhaft	25,– €	24,– €
	IV b/8 J. IV a	OZ 2	8	2 Jahren	5 Jahre danach	50,– € 25,– €	48,– € 24,– €
	IV b/8 J. IV a	OZ 2	9	2 Jahren	dauerhaft	25,– €	24,– €
9	IV b	OZ 1	5	2 Jahren	4 Jahre	50,– €	48,– €
	IV b	OZ 1	8	2 Jahren	5 Jahre	50,– €	48,– €
	IV b	OZ 2	4	2 Jahren	4 Jahre	80,– €	77,– €
	IV b	OZ 2	6	2 Jahren	5 Jahre	25,– €	24,– €
	IV b	OZ 2	7	2 Jahren	5 Jahre	90,– €	87,– €
9	V b/2 J. IV b	OZ 1	5	2 Jahren	4 Jahre	50,– €	48,– €
	V b/2 J. IV b	OZ 1	8	2 Jahren	5 Jahre	50,– €	48,– €
	V b/2 J. IV b	OZ 2	4	2 Jahren	4 Jahre	80,– €	77,– €
	V b/2 J. IV b	OZ 2	6	2 Jahren	5 Jahre	25,– €	24,– €
	V b/2 J. IV b	OZ 2	7	2 Jahren	5 Jahre	90,– €	87,– €
9	V b/4 J. IV b	OZ 1	5	2 Jahren	4 Jahre	50,– €	48,– €
	V b/4 J. IV b	OZ 1	8	2 Jahren	5 Jahre	50,– €	48,– €
	V b/4 J. IV b	OZ 2	4	2 Jahren	4 Jahre	80,– €	77,– €
	V b/4 J. IV b	OZ 2	6	2 Jahren	5 Jahre	25,– €	24,– €
	V b/4 J. IV b	OZ 2	7	2 Jahren	5 Jahre	90,– €	87,– €
9	V b/5 J. IV b	OZ 1	4	1 Jahr	2 Jahre	110,– €	106,– €
	V b/5 J. IV b	OZ 1	5	2 Jahren	4 Jahre	50,– €	48,– €
	V b/5 J. IV b	OZ 1	8	2 Jahren	5 Jahre	50,– €	48,– €
	V b/5 J. IV b	OZ 2	4	1 Jahr	5 Jahre	80,– €	77,– €
	V b/5 J. IV b	OZ 2	6	2 Jahren	5 Jahre	25,– €	24,– €

EG	Vergütungsgruppe	Ortszuschlag Stufe 1/2	Überleitung aus Stufe	nach	für	Betrag Tarifgebiet West	Betrag Tarifgebiet Ost
	V b/5 J. IV b	OZ 2	7	2 Jahren	5 Jahre	90,– €	87,– €
9	V b/6 J. IV b	OZ 1	5	2 Jahren	4 Jahre	50,– €	48,– €
	V b/6 J. IV b	OZ 1	8	2 Jahren	5 Jahre	50,– €	48,– €
	V b/6 J. IV b	OZ 2	4	2 Jahren	4 Jahre	80,– €	77,– €
	V b/6 J. IV b	OZ 2	6	2 Jahren	5 Jahre	25,– €	24,– €
	V b/6 J. IV b	OZ 2	7	2 Jahren	5 Jahre	90,– €	87,– €
9	V b	OZ 2	6	2 Jahren	9 Jahre	50,– €	48,– €
8	V c	OZ 1	2	9 Jahren	dauerhaft	55,– €	53,– €
	V c	OZ 1	3	9 Jahren	dauerhaft	55,– €	53,– €
	V c	OZ 1	4	7 Jahren	dauerhaft	55,– €	53,– €
	V c	OZ 1	5	6 Jahren	dauerhaft	55,– €	53,– €
	V c	OZ 1	6	2 Jahren	dauerhaft	55,– €	53,– €
	V c	OZ 1	7	2 Jahren	dauerhaft	55,– €	53,– €
	V c	OZ 1	8	2 Jahren	dauerhaft	55,– €	53,– €
	V c	OZ 2	2	5 Jahren	dauerhaft	55,– €	53,– €
	V c	OZ 2	3	3 Jahren	dauerhaft	120,– €	116,– €
	V c	OZ 2	4	2 Jahren	dauerhaft	120,– €	116,– €
	V c	OZ 2	5	2 Jahren	dauerhaft	120,– €	116,– €
	V c	OZ 2	6	2 Jahren	dauerhaft	120,– €	116,– €
	V c	OZ 2	7	2 Jahren	dauerhaft	120,– €	116,– €
	V c	OZ 2	8	2 Jahren	dauerhaft	55,– €	53,– €
6	VI b	OZ 1	2	9 Jahren	dauerhaft	50,– €	48,– €
	VI b	OZ 1	3	9 Jahren	dauerhaft	50,– €	48,– €
	VI b	OZ 1	4	7 Jahren	dauerhaft	50,– €	48,– €
	VI b	OZ 1	5	6 Jahren	dauerhaft	50,– €	48,– €
	VI b	OZ 1	6	6 Jahren	dauerhaft	50,– €	48,– €
	VI b	OZ 1	7	2 Jahren	dauerhaft	50,– €	48,– €
	VI b	OZ 1	8	2 Jahren	dauerhaft	50,– €	48,– €
	VI b	OZ 1	9	2 Jahren	dauerhaft	50,– €	48,– €
	VI b	OZ 2	2	7 Jahren	dauerhaft	90,– €	87,– €
	VI b	OZ 2	3	6 Jahren	dauerhaft	90,– €	87,– €
	VI b	OZ 2	4	6 Jahren	dauerhaft	90,– €	87,– €
	VI b	OZ 2	5	2 Jahren	dauerhaft	90,– €	87,– €
	VI b	OZ 2	6	2 Jahren	dauerhaft	90,– €	87,– €
	VI b	OZ 2	7	2 Jahren	dauerhaft	90,– €	87,– €
	VI b	OZ 2	8	2 Jahren	dauerhaft	50,– €	48,– €
	VI b	OZ 2	9	2 Jahren	dauerhaft	50,– €	48,– €
5	VII	OZ 2	4	4 Jahren	dauerhaft	20,– €	19,– €
	VII	OZ 2	5	2 Jahren	dauerhaft	20,– €	19,– €
	VII	OZ 2	6	2 Jahren	dauerhaft	20,– €	19,– €
	VII	OZ 2	7	2 Jahren	dauerhaft	20,– €	19,– €
	VII	OZ 2	8	2 Jahren	dauerhaft	20,– €	19,– €
3	VIII	OZ 1	7	2 Jahren	4 Jahre	30,– €	29,– €
	VIII	OZ 1	9	2 Jahren	5 Jahre	20,– €	19,– €
	VIII	OZ 2	3	2 Jahren	9 Jahre	40,– €	38,– €
	VIII	OZ 2	4	4 Jahren	3 Jahre	25,– €	24,– €
	VIII	OZ 2	5	2 Jahren	dauerhaft	50,– €	48,– €
3	VIII	OZ 2	6	2 Jahren	dauerhaft	50,– €	48,– €

EG	Vergütungsgruppe	Ortszuschlag Stufe 1/2	Überleitung aus Stufe	nach	für	Betrag Tarifgebiet West	Betrag Tarifgebiet Ost
	VIII	OZ 2	7	2 Jahren	dauerhaft	50,– €	48,– €
	VIII	OZ 2	8	2 Jahren	dauerhaft	50,– €	48,– €
	VIII	OZ 2	9	2 Jahren	dauerhaft	35,– €	33,– €
	VIII	OZ 2	10	2 Jahren	dauerhaft	25,– €	24,– €
2	IX 2 J. IX a	OZ 2	4	2 Jahren	5 Jahre	45,– €	43,– €
2	X 2 J. IX	OZ 1	5	2 Jahren	4 Jahre	25,– €	24,– €
	X 2 J. IX	OZ 2	3	4 Jahren	dauerhaft	40,– €	38,– €
	X 2 J. IX	OZ 2	4	4 Jahren	dauerhaft	40,– €	38,– €
	X 2 J. IX	OZ 2	5	2 Jahren	dauerhaft	40,– €	38,– €
	X 2 J. IX	OZ 2	6	2 Jahren	dauerhaft	40,– €	38,– €
	X 2 J. IX	OZ 2	7	2 Jahren	dauerhaft	25,– €	24,– €

II. Angestellte, die aus der Anlage 1b zum BAT/BAT-O übergeleitet werden

EG	Vergütungsgruppe	Ortszuschlag Stufe 1/2	Überleitung aus Stufe	nach	für	Betrag Tarifgebiet West	Betrag Tarifgebiet Ost
12a	Kr. XII 5 Jahre Kr. XIII	OZ 2	6	1 Jahr	6 Jahre	90,– €	87,– €
11b	Kr. XI 5 Jahre Kr. XII	OZ 2	6	1 Jahr	6 Jahre	150,– €	145,– €
		OZ 1	6	1 Jahr	6 Jahre	90,– €	87,– €
			7	2 Jahren	5 Jahre	130,– €	126,– €
11a	Kr. X 5 Jahre Kr. XI	OZ 2	4	5 Jahren	2 Jahre	220,– €	213,– €
			5	3 Jahren	4 Jahre	300,– €	291,– €
		OZ 1	5	3 Jahren	4 Jahre	190,– €	184,– €
			6	1 Jahr	6 Jahre	260,– €	252,– €
10a	Kr. IX 5 Jahre Kr. X	OZ 2	5	3 Jahren	2 Jahre, danach dauerhaft	270,– € 20,– €	261,– € 19,– €
			6	4 Jahren	dauerhaft	35,– €	33,– €
			7	2 Jahren	dauerhaft	35,– €	33,– €
			8	2 Jahren	dauerhaft	35,– €	33,– €
		OZ 1	5	3 Jahren	2 Jahre	170,– €	164,– €
			6	1 Jahr	4 Jahre	240,– €	232,– €
9d	Kr. VIII 5 Jahre Kr. IX	OZ 2	5	6 Jahren	dauerhaft	15,– €	14,– €
			6	1 Jahr	3 Jahre, danach dauerhaft	140,– € 15,– €	135,– € 14,– €
			7	2 Jahren	dauerhaft	30,– €	29,– €
			8	2 Jahren	dauerhaft	20,– €	19,– €
		OZ 1	6	1 Jahr	1 Jahr, danach für 2 Jahre	200,– € 60,– €	194,– € 58,– €
9b	Kr. VII	OZ 2	5	4 Jahren	3 Jahre	45,– €	43,– €
			6	2 Jahren	2 Jahre,	40,– € 100,– €	38,– € 97,– €

EG	Vergütungsgruppe	Ortszuschlag Stufe 1/2	Überleitung aus Stufe	nach	für	Betrag Tarifgebiet West	Betrag Tarifgebiet Ost
					danach für 3 Jahre		
			7	2 Jahren	dauerhaft	10,– €	9,– €
			8	2 Jahren	dauerhaft	10,– €	9,– €
		OZ 1	6	6 Jahren	1 Jahr	60,– €	58,– €
			7	4 Jahren	3 Jahre	60,– €	58,– €
9c	Kr. VII 5 Jahre Kr. VIII	OZ 2	4	4 Jahren	2 Jahre, danach für 4 Jahre	55,– € 110,– €	53,– € 106,– €
			5	4 Jahren	3 Jahre	80,– €	77,– €
			6	1 Jahr	6 Jahre	140,– €	135,– €
		OZ 1	5	3 Jahren	2 Jahre, danach für 5 Jahre	150,– € 60,– €	145,– € 58,– €
			6	1 Jahr	9 Jahre	150,– €	145,– €
			7	2 Jahren	5 Jahre	100,– €	97,– €
9b	Kr. VI 5 Jahre Kr. VII	OZ 2	6	1 Jahr	6 Jahre	90,– €	87,– €
			7	2 Jahren	dauerhaft	10,– €	9,– €
			8	2 Jahren	dauerhaft	10,– €	9,– €
		OZ 1	5	3 Jahren	2 Jahre	240,– €	232,– €
			6	1 Jahr	1 Jahr	200,– €	194,– €
			7	4 Jahren	3 Jahre	65,– €	63,– €
9b	Kr. VI 7 Jahre Kr. VII	OZ 2	6	4 Jahren	3 Jahre	90,– €	87,– €
			7	1 Jahr	1 Jahr, danach für 5 Jahre	200,– € 120,– €	194,– € 116,– €
			8	2 Jahren	dauerhaft	10,– €	9,– €
		OZ 1	5	4 Jahren	4 Jahre	50,– €	48,– €
			7	1 Jahr	1 Jahr, danach für 5 Jahre	190,– € 20,– €	184,– € 19,– €
9a	Kr. VI	OZ 2	4	4 Jahren	3 Jahre	30,– €	29,– €
			5	2 Jahren	5 Jahre	75,– €	72,– €
		OZ 1	5	2 Jahren	8 Jahre	50,– €	48,– €
			6	4 Jahren	3 Jahre	40,– €	38,– €
			7	2 Jahren	5 Jahre	60,– €	58,– €
8a	Kr. V a 3 Jahre Kr. VI	OZ 2	3	4 Jahren	7 Jahre	45,– €	43,– €
			5	2 Jahren	5 Jahre	60,– €	58,– €
		OZ 1	4	2 Jahren	9 Jahre	55,– €	53,– €
			7	2 Jahren	5 Jahre	60,– €	58,– €
8a	Kr. V a 5 Jahre Kr. VI	OZ 2	3	4 Jahren	7 Jahre	45,– €	43,– €
			5	2 Jahren	5 Jahre	60,– €	58,– €
		OZ 1	3	4 Jahren	3 Jahre	55,– €	53,– €
			4	2 Jahren	9 Jahre	55,– €	53,– €
			7	2 Jahren	5 Jahre	60,– €	58,– €

EG	Vergütungsgruppe	Ortszuschlag Stufe 1/2	Überleitung aus Stufe	nach	für	Betrag Tarifgebiet West	Betrag Tarifgebiet Ost
8a	Kr. V 6 Jahre Kr. VI	OZ 2	2	6 Jahren	7 Jahre	30,– €	29,– €
			3	4 Jahren	7 Jahre	35,– €	33,– €
			5	2 Jahren	5 Jahre	60,– €	58,– €
		OZ 1	3	2 Jahren	7 Jahre	120,– €	116,– €
			4	2 Jahren	9 Jahre	55,– €	53,– €
			7	2 Jahren	5 Jahre	60,– €	58,– €
8a	Kr. V 4 Jahre, Kr. V a 2 Jahre, Kr. VI	OZ 2	2	6 Jahren	7 Jahre	60,– €	58,– €
			3	4 Jahren	7 Jahre	60,– €	58,– €
			4	3 Jahren	4 Jahre	25,– €	24,– €
			5	1 Jahr	2 Jahre, danach für 4 Jahre	25,– € 80,– €	24,– € 77,– €
			7	1 Jahr	1 Jahr	40,– €	38,– €
			8	1 Jahr	1 Jahr	40,– €	38,– €
		OZ 1	3	2 Jahren	5 Jahre	55,– €	53,– €
			4	2 Jahren	4 Jahre, danach für 5 Jahre	70,– € 20,– €	67,– € 19,– €
			7	2 Jahren	5 Jahre	55,– €	53,– €
7a	Kr. V 4 Jahre Kr. V a	OZ 2	3	4 Jahren	7 Jahre	55,– €	53,– €
			5	4 Jahren	3 Jahre	70,– €	67,– €
			7	2 Jahren	dauerhaft	25,– €	24,– €
			8	2 Jahren	dauerhaft	20,– €	19,– €
		OZ 1	5	2 Jahren	9 Jahre	45,– €	43,– €
			7	2 Jahren	5 Jahre	40,– €	38,– €
7a	Kr. V 5 Jahre Kr. V a	OZ 2	3	4 Jahren	7 Jahre	45,– €	43,– €
			4	2 Jahren	9 Jahre	100,– €	97,– €
			5	4 Jahren	3 Jahre	90,– €	87,– €
			7	2 Jahren	dauerhaft	25,– €	24,– €
			8	2 Jahren	dauerhaft	20,– €	19,– €
		OZ 1	5	2 Jahren	9 Jahre	45,– €	43,– €
			7	2 Jahren	5 Jahre	40,– €	38,– €
7a	Kr. IV 2 Jahre (Hebammen 1 Jahr, Altenpflegerinnen 3 Jahre) Kr. V 4 Jahre Kr. V a	OZ 2	3	2 Jahren (Altenpflegerinnen nach 3 Jahren)	9 Jahre (Altenpflegerinnen für 8 Jahre)	50,– €	48,– €
			5	2 Jahren	5 Jahre	55,– €	53,– €
			7	2 Jahren	dauerhaft	25,– €	24,– €
			8	2 Jahren	dauerhaft	20,– €	19,– €
		OZ 1	4	4 Jahren	2 Jahre	20,– €	19,– €
			5	2 Jahren	9 Jahre	55,– €	53,– €

EG	Vergütungsgruppe	Ortszuschlag Stufe 1/2	Überleitung aus Stufe	nach	für	Betrag Tarifgebiet West	Betrag Tarifgebiet Ost
			6	4 Jahren	3 Jahre	10,– €	9,– €
			7	2 Jahren	5 Jahre	60,– €	58,– €
7a	Kr. IV 4 Jahre Kr. V	OZ 2	4	4 Jahren	dauerhaft	25,– €	24,– €
			5	6 Jahren	dauerhaft	25,– €	24,– €
			6	4 Jahren	dauerhaft	35,– €	33,– €
			7	2 Jahren	dauerhaft	65,– €	63,– €
			8	2 Jahren	dauerhaft	40,– €	38,– €
		OZ 1	3	2 Jahren	3 Jahre	100,– €	97,– €
			6	2 Jahren	4 Jahre	40,– €	38,– €
			7	2 Jahren	4 Jahre	90,– €	87,– €
4a	Kr. III 4 Jahre Kr. IV	OZ 2	3	2 Jahren	2 Jahre, danach für 7 Jahre	20,– € 60,– €	19,– € 58,– €
			4	4 Jahren	3 Jahre	40,– €	38,– €
			5	2 Jahren	5 Jahre	60,– €	58,– €
			7	2 Jahren	dauerhaft	25,– €	24,– €
			8	2 Jahren	dauerhaft	35,– €	33,– €
		OZ 1	5	2 Jahren	9 Jahre	55,– €	53,– €
			7	2 Jahren	5 Jahre	40,– €	38,– €
4a	Kr. II 2 Jahre Kr. III 4 Jahre Kr. IV	OZ 2	3	2 Jahren	9 Jahre	40,– €	38,– €
			4	4 Jahren	3 Jahre	40,– €	38,– €
			5	2 Jahren	5 Jahre	60,– €	58,– €
			7	2 Jahren	dauerhaft	25,– €	24,– €
			8	2 Jahren	dauerhaft	35,– €	33,– €
		OZ 1	5	2 Jahren	9 Jahre	55,– €	53,– €
			7	2 Jahren	5 Jahre	40,– €	38,– €
3a	Kr. I 3 Jahre Kr. II	OZ 2	2	1 Jahr	10 Jahre	55,– €	53,– €
			7	4 Jahren	dauerhaft	15,– €	14,– €
			8	2 Jahren	dauerhaft	25,– €	24,– €
		OZ 1	2	1 Jahr	3 Jahre	30,– €	29,– €
			4	2 Jahren	9 Jahre	35,– €	33,– €

Anlage 3

Zuordnung der Lohngruppen zu den Entgeltgruppen

Entgeltgruppe	Lohngruppe
9a	9
8	7 mit Aufstieg nach 8 und 8a
7	7 mit Aufstieg nach 7a 6 mit Aufstieg nach 7und 7a

Entgelt-gruppe	Lohngruppe
6	6 mit Aufstieg nach 6a 5 mit Aufstieg nach 6 und 6a
5	5 mit Aufstieg nach 5a 4 mit Aufstieg nach 5 und 5a
4	4 mit Aufstieg nach 4a 3 mit Aufstieg nach 4 und 4a
3	3 mit Aufstieg nach 3a 2 mit Aufstieg nach 3 und 3a
2 Ü	2 mit Aufstieg nach 2a 1 mit Aufstieg nach 2 und 2a
2	1 mit Aufstieg nach 1a

Anlage 4 *(aufgehoben)*

2. Tarifvertrag für den öffentlichen Dienst (TVöD) – Allgemeiner Teil –[1)]

Vom 13. September 2005[2)]

zuletzt geänd. durch ÄndTV Nr. 18 v. 25.10.2020

Zwischen

der Bundesrepublik Deutschland, vertreten durch das Bundesministerium des Innern, und der Vereinigung der kommunalen Arbeitgeberverbände, vertreten durch den Vorstand, einerseits

und

[den vertragsschließenden Gewerkschaften][3)], andererseits

wird Folgendes vereinbart:

Inhaltsverzeichnis

[1)] Die Änderungen durch ÄndTV Nr. 18 v. 25.10.2020 treten teilweise erst **mWv 1.1.2023** in Kraft und sind insoweit noch nicht im Text berücksichtigt.

[2)] Die Tarifvertragsparteien haben mit Datum vom 24. November 2005 rückwirkend zum Zeitpunkt des Inkrafttretens redaktionelle Änderungen vereinbart; diese Fassung berücksichtigt die dort getroffenen Vereinbarungen.

[3)] Mit den Gewerkschaften ver.di und dbb tarifunion wurden jeweils gleich lautende Tarifverträge geschlossen.

Abschnitt I. Allgemeine Vorschriften

§ 1 Geltungsbereich. (1) Dieser Tarifvertrag gilt für Arbeitnehmerinnen und Arbeitnehmer – nachfolgend Beschäftigte genannt –, die in einem Arbeitsverhältnis zum Bund oder zu einem Arbeitgeber stehen, der Mitglied eines Mitgliedverbandes der Vereinigung der kommunalen Arbeitgeberverbände (VKA) ist.

(2) Dieser Tarifvertrag gilt nicht für

a) Beschäftigte als leitende Angestellte im Sinne des § 5 Abs. 3 BetrVG, wenn ihre Arbeitsbedingungen einzelvertraglich besonders vereinbart sind, sowie Chefärztinnen/Chefärzte,

b) Beschäftigte, die ein über das Tabellenentgelt der Entgeltgruppe 15 hinausgehendes regelmäßiges Entgelt erhalten,

c) bei deutschen Dienststellen im Ausland eingestellte Ortskräfte,

d) Arbeitnehmerinnen/Arbeitnehmer, für die der TV-V oder der TV-WW/NW gilt, sowie für Arbeitnehmerinnen/Arbeitnehmer, die in rechtlich selbstständigen, dem Betriebsverfassungsgesetz unterliegenden und dem fachlichen Geltungsbereich des TV-V oder des TV-WW/NW zuzuordnenden Betrieben mit in der Regel mehr als 20 zum Betriebsrat wahlberechtigten Arbeitnehmerinnen/Arbeitnehmern beschäftigt sind und Tätigkeiten auszuüben haben, welche dem fachlichen Geltungsbereich des TV-V oder des TV-WW/NW zuzuordnen sind,

Protokollerklärung zu Absatz 2 Buchst. d:

[1] Im Bereich des Kommunalen Arbeitgeberverbandes Nordrhein-Westfalen (KAV NW) sind auch die rechtlich selbstständigen Betriebe oder sondergesetzlichen Verbände, die kraft Gesetzes dem Landespersonalvertretungsgesetz des Landes Nordrhein-Westfalen unterliegen, von der Geltung des TVöD ausgenommen, wenn die Voraussetzungen des § 1 Abs. 2 Buchst. d im Übrigen gegeben sind. [2] § 1 Abs. 3 bleibt unberührt.

e) Arbeitnehmerinnen/Arbeitnehmer, für die ein TV-N gilt, sowie für Arbeitnehmerinnen/Arbeitnehmer in rechtlich selbstständigen Nahverkehrsbetrieben, die in der Regel mehr als 50 zum Betriebs- oder Personalrat wahlberechtigte Arbeitnehmerinnen/Arbeitnehmer beschäftigen,

f) Beschäftigte, für die der TV-Fleischuntersuchung gilt,

g) Beschäftigte, für die ein Tarifvertrag für Waldarbeiter tarifrechtlich oder einzelarbeitsvertraglich zur Anwendung kommt, sowie die Waldarbeiter im Bereich des Kommunalen Arbeitgeberverbandes Bayern,

h) Auszubildende, Schülerinnen/Schüler in der Gesundheits- und Krankenpflege, Gesundheits- und Kinderkrankenpflege, Entbindungspflege und Altenpflege, sowie Volontärinnen/Volontäre und Praktikantinnen/Praktikanten,

i) Beschäftigte, für die Eingliederungszuschüsse nach den §§ 217 ff. SGB III gewährt werden,

k) Beschäftigte, die Arbeiten nach den §§ 260 ff. SGB III verrichten,

l) Leiharbeitnehmerinnen/Leiharbeitnehmer von Personal-Service-Agenturen, sofern deren Rechtsverhältnisse durch Tarifvertrag geregelt sind,

m) geringfügig Beschäftigte im Sinne von § 8 Abs. 1 Nr. 2 SGB IV,

n) künstlerisches Theaterpersonal, Orchestermusikerinnen/Orchestermusiker sowie technisches Leitungspersonal und technisches Theaterpersonal nach Maßgabe der nachfolgenden Protokollerklärungen,

Protokollerklärungen zu Absatz 2 Buchst. n:

1. *[1] Technisches Leitungspersonal umfasst technische Direktorinnen/Direktoren, Leiterinnen/Leiter der Ausstattungswerkstätten, des Beleuchtungswesens, der Bühnenplastikerwerkstatt, des Kostümwesens/der Kostümabteilung, des Malsaals, der Tontechnik sowie Chefmaskenbildnerinnen/Chefmaskenbildner. [2] Für die benannten Funktionen kann in den Theatern je künstlerischer Sparte jeweils nur eine Beschäftigte/ein Beschäftigter bestellt werden.*
2. *Unter den TVöD fallen Bühnenarbeiterinnen/Bühnenarbeiter sowie Kosmetikerinnen/Kosmetiker, Rüstmeisterinnen/Rüstmeister, Schlosserinnen/Schlosser, Schneiderinnen/Schneider, Schuhmacherinnen/Schuhmacher, Tapeziererinnen/Tapezierer, Tischlerinnen/Tischler einschließlich jeweils der Meisterinnen/Meister in diesen Berufen, Orchesterwartinnen/Orchesterwarte, technische Zeichnerinnen/Zeichner und Waffenmeisterinnen/Waffenmeister.*
3. *In der Regel unter den TVöD fallen Beleuchterinnen/Beleuchter, Beleuchtungsmeisterinnen/Beleuchtungsmeister, Bühnenmeisterinnen/Bühnenmeister, Garderobieren/Garderobiers bzw. Ankleiderinnen/Ankleider, Gewandmeisterinnen/Gewandmeister, Requisitenmeisterinnen/Requisitenmeister, Requisiteurinnen/Requisiteure, Seitenmeisterinnen/Seitenmeister, Tonmeisterinnen/Tonmeister, Tontechnikerinnen/Tontechniker und Veranstaltungstechnikerinnen/Veranstaltungstechniker.*

4. In der Regel nicht unter den TVöD fallen Inspektorinnen/Inspektoren, Kostümmalerinnen/Kostümmaler, Maskenbildnerinnen/Maskenbildner, Oberinspektorinnen/Oberinspektoren, Theatermalerinnen/Theatermaler und Theaterplastikerinnen/Theaterplastiker.

o) Seelsorgerinnen/Seelsorger bei der Bundespolizei,

p) Beschäftigte als Hauswarte und/oder Liegenschaftswarte bei der Bundesanstalt für Immobilienaufgaben, die aufgrund eines Geschäftsbesorgungsvertrages tätig sind,

q) Beschäftigte im Bereich der VKA, die ausschließlich in Erwerbszwecken dienenden landwirtschaftlichen Verwaltungen und Betrieben, Weinbaubetrieben, Gartenbau- und Obstbaubetrieben und deren Nebenbetrieben tätig sind; dies gilt nicht für Beschäftigte in Gärtnereien, gemeindlichen Anlagen und Parks sowie in anlagenmäßig oder parkartig bewirtschafteten Gemeindewäldern,

r) Beschäftigte in Bergbaubetrieben, Brauereien, Formsteinwerken, Gaststätten, Hotels, Porzellanmanufakturen, Salinen, Steinbrüchen, Steinbruchbetrieben und Ziegeleien,

s) Hochschullehrerinnen/Hochschullehrer, wissenschaftliche und studentische Hilfskräfte und Lehrbeauftragte an Hochschulen, Akademien und wissenschaftlichen Forschungsinstituten sowie künstlerische Lehrkräfte an Kunsthochschulen, Musikhochschulen und Fachhochschulen für Musik,

Protokollerklärung zu Absatz 2 Buchst. s:

Ausgenommen sind auch wissenschaftliche Assistentinnen/Assistenten, Verwalterinnen/Verwalter von Stellen wissenschaftlicher Assistentinnen/Assistenten und Lektorinnen/Lektoren, soweit und solange entsprechende Arbeitsverhältnisse am 1. Oktober 2005 bestehen oder innerhalb der Umsetzungsfrist des § 72 Abs. 1 Satz 7 HRG begründet werden (gilt auch für Forschungseinrichtungen); dies gilt auch für nachfolgende Verlängerungen solcher Arbeitsverhältnisse.

t) Beschäftigte des Bundeseisenbahnvermögens.

(3) [1] Durch landesbezirklichen Tarifvertrag ist es in begründeten Einzelfällen möglich, Betriebe, die dem fachlichen Geltungsbereich des TV-V oder des TV-WW/NW entsprechen, teilweise oder ganz in den Geltungsbereich des TVöD einzubeziehen. [2] Durch landesbezirklichen Tarifvertrag ist es in begründeten Einzelfällen (z.B. für Bereiche außerhalb des Kerngeschäfts) möglich, Betriebsteile, die dem Geltungsbereich eines TV-N entsprechen, in den Geltungsbereich

a) des TV-V einzubeziehen, wenn für diesen Betriebsteil ein TV-N anwendbar ist und der Betriebsteil nicht mehr als 50 zum Betriebs- oder Personalrat wahlberechtigte Arbeitnehmerinnen/Arbeitnehmer beschäftigt, oder

b) des TVöD einzubeziehen.

§ 2 Arbeitsvertrag, Nebenabreden, Probezeit. (1) Der Arbeitsvertrag wird schriftlich abgeschlossen.

(2) [1] Mehrere Arbeitsverhältnisse zu demselben Arbeitgeber dürfen nur begründet werden, wenn die jeweils übertragenen Tätigkeiten nicht in einem unmittelbaren Sachzusammenhang stehen. [2] Andernfalls gelten sie als ein Arbeitsverhältnis.

(3) [1]Nebenabreden sind nur wirksam, wenn sie schriftlich vereinbart werden. [2]Sie können gesondert gekündigt werden, soweit dies einzelvertraglich vereinbart ist.

(4) [1]Die ersten sechs Monate der Beschäftigung gelten als Probezeit, soweit nicht eine kürzere Zeit vereinbart ist. [2]Bei Übernahme von Auszubildenden im unmittelbaren Anschluss an das Ausbildungsverhältnis in ein Arbeitsverhältnis entfällt die Probezeit.

§ 3 Allgemeine Arbeitsbedingungen. (1) Die Beschäftigten haben über Angelegenheiten, deren Geheimhaltung durch gesetzliche Vorschriften vorgesehen oder vom Arbeitgeber angeordnet ist, Verschwiegenheit zu wahren; dies gilt auch über die Beendigung des Arbeitsverhältnisses hinaus.

(2) [1]Die Beschäftigten dürfen von Dritten Belohnungen, Geschenke, Provisionen oder sonstige Vergünstigungen in Bezug auf ihre Tätigkeit nicht annehmen. [2]Ausnahmen sind nur mit Zustimmung des Arbeitgebers möglich. [3]Werden den Beschäftigten derartige Vergünstigungen angeboten, haben sie dies dem Arbeitgeber unverzüglich anzuzeigen.

(3) [1]Nebentätigkeiten gegen Entgelt haben die Beschäftigten ihrem Arbeitgeber rechtzeitig vorher schriftlich anzuzeigen. [2]Der Arbeitgeber kann die Nebentätigkeit untersagen oder mit Auflagen versehen, wenn diese geeignet ist, die Erfüllung der arbeitsvertraglichen Pflichten der Beschäftigten oder berechtigte Interessen des Arbeitgebers zu beeinträchtigen. [3]Für Nebentätigkeiten bei demselben Arbeitgeber oder im übrigen öffentlichen Dienst (§ 34 Abs. 3 Satz 3 und 4) kann eine Ablieferungspflicht zur Auflage gemacht werden; für die Beschäftigten des Bundes sind dabei die für die Beamtinnen und Beamten des Bundes geltenden Bestimmungen maßgeblich.

(4) [1]Der Arbeitgeber ist bei begründeter Veranlassung berechtigt, die/den Beschäftigte/n zu verpflichten, durch ärztliche Bescheinigung nachzuweisen, dass sie/er zur Leistung der arbeitsvertraglich geschuldeten Tätigkeit in der Lage ist. [2]Bei der beauftragten Ärztin/dem beauftragten Arzt kann es sich um eine Betriebsärztin/einen Betriebsarzt, eine Personalärztin/einen Personalarzt oder eine Amtsärztin/einen Amtsarzt handeln, soweit sich die Betriebsparteien nicht auf eine andere Ärztin/einen anderen Arzt geeinigt haben. [3]Die Kosten dieser Untersuchung trägt der Arbeitgeber.

(5) [1]Die Beschäftigten haben ein Recht auf Einsicht in ihre vollständigen Personalakten. [2]Sie können das Recht auf Einsicht auch durch eine/n hierzu schriftlich Bevollmächtigte/n ausüben lassen. [3]Sie können Auszüge oder Kopien aus ihren Personalakten erhalten.

(6) Die Schadenshaftung der Beschäftigten, die in einem Arbeitsverhältnis zu einem Arbeitgeber stehen, der Mitglied eines Mitgliedverbandes der VKA ist, ist bei dienstlich oder betrieblich veranlassten Tätigkeiten auf Vorsatz und grobe Fahrlässigkeit beschränkt.

(7) Für die Schadenshaftung der Beschäftigten des Bundes finden die Bestimmungen, die für die Beamtinnen und Beamten des Bundes gelten, entsprechende Anwendung.

§ 4 Versetzung, Abordnung, Zuweisung, Personalgestellung. (1) [1]Beschäftigte können aus dienstlichen oder betrieblichen Gründen versetzt oder abgeordnet werden. [2]Sollen Beschäftigte an eine Dienststelle oder einen Betrieb außerhalb des bisherigen Arbeitsortes versetzt oder voraussichtlich länger als drei Monate abgeordnet werden, so sind sie vorher zu hören.

Protokollerklärungen zu Absatz 1:

1. *Abordnung ist die Zuweisung einer vorübergehenden Beschäftigung bei einer anderen Dienststelle oder einem anderen Betrieb desselben oder eines anderen Arbeitgebers unter Fortsetzung des bestehenden Arbeitsverhältnisses.*
2. *Versetzung ist die Zuweisung einer auf Dauer bestimmten Beschäftigung bei einer anderen Dienststelle oder einem anderen Betrieb desselben Arbeitgebers unter Fortsetzung des bestehenden Arbeitsverhältnisses.*

(2) [1] Beschäftigten kann im dienstlichen/betrieblichen oder öffentlichen Interesse mit ihrer Zustimmung vorübergehend eine mindestens gleich vergütete Tätigkeit bei einem Dritten zugewiesen werden. [2] Die Zustimmung kann nur aus wichtigem Grund verweigert werden. [3] Die Rechtsstellung der Beschäftigten bleibt unberührt. [4] Bezüge aus der Verwendung nach Satz 1 werden auf das Entgelt angerechnet.

Protokollerklärung zu Absatz 2:

Zuweisung ist – unter Fortsetzung des bestehenden Arbeitsverhältnisses – die vorübergehende Beschäftigung bei einem Dritten im In- und Ausland, bei dem der Allgemeine Teil des TVöD nicht zur Anwendung kommt.

(3) [1] Werden Aufgaben der Beschäftigten zu einem Dritten verlagert, ist auf Verlangen des Arbeitgebers bei weiter bestehendem Arbeitsverhältnis die arbeitsvertraglich geschuldete Arbeitsleistung bei dem Dritten zu erbringen (Personalgestellung). [2] § 613a BGB sowie gesetzliche Kündigungsrechte bleiben unberührt.

Protokollerklärung zu Absatz 3:

[1] Personalgestellung ist – unter Fortsetzung des bestehenden Arbeitsverhältnisses – die auf Dauer angelegte Beschäftigung bei einem Dritten. [2] Die Modalitäten der Personalgestellung werden zwischen dem Arbeitgeber und dem Dritten vertraglich geregelt.

§ 5 Qualifizierung. (1) [1] Ein hohes Qualifikationsniveau und lebenslanges Lernen liegen im gemeinsamen Interesse von Beschäftigten und Arbeitgebern. [2] Qualifizierung dient der Steigerung von Effektivität und Effizienz des öffentlichen Dienstes, der Nachwuchsförderung und der Steigerung von beschäftigungsbezogenen Kompetenzen. [3] Die Tarifvertragsparteien verstehen Qualifizierung auch als Teil der Personalentwicklung.

(2) [1] Vor diesem Hintergrund stellt Qualifizierung nach diesem Tarifvertrag ein Angebot dar, aus dem für die Beschäftigten kein individueller Anspruch außer nach Absatz 4 abgeleitet, aber das durch freiwillige Betriebsvereinbarung wahrgenommen und näher ausgestaltet werden kann. [2] Entsprechendes gilt für Dienstvereinbarungen im Rahmen der personalvertretungsrechtlichen Möglichkeiten. [3] Weitergehende Mitbestimmungsrechte werden dadurch nicht berührt.

(3) [1] Qualifizierungsmaßnahmen sind

a) die Fortentwicklung der fachlichen, methodischen und sozialen Kompetenzen für die übertragenen Tätigkeiten (Erhaltungsqualifizierung),
b) der Erwerb zusätzlicher Qualifikationen (Fort- und Weiterbildung),
c) die Qualifizierung zur Arbeitsplatzsicherung (Qualifizierung für eine andere Tätigkeit; Umschulung) und

d) die Einarbeitung bei oder nach längerer Abwesenheit (Wiedereinstiegsqualifizierung).

[2]Die Teilnahme an einer Qualifizierungsmaßnahme wird dokumentiert und den Beschäftigten schriftlich bestätigt.

(4) [1]Beschäftigte haben – auch in den Fällen des Absatzes 3 Satz 1 Buchst. d – Anspruch auf ein regelmäßiges Gespräch mit der jeweiligen Führungskraft, in dem festgestellt wird, ob und welcher Qualifizierungsbedarf besteht. [2]Dieses Gespräch kann auch als Gruppengespräch geführt werden. [3]Wird nichts anderes geregelt, ist das Gespräch jährlich zu führen.

(5) [1]Die Kosten einer vom Arbeitgeber veranlassten Qualifizierungsmaßnahme – einschließlich Reisekosten – werden, soweit sie nicht von Dritten übernommen werden, grundsätzlich vom Arbeitgeber getragen. [2]Ein möglicher Eigenbeitrag wird durch eine Qualifizierungsvereinbarung geregelt. [3]Die Betriebsparteien sind gehalten, die Grundsätze einer fairen Kostenverteilung unter Berücksichtigung des betrieblichen und individuellen Nutzens zu regeln. [4]Ein Eigenbeitrag der Beschäftigten kann in Geld und/oder Zeit erfolgen.

(6) Zeiten von vereinbarten Qualifizierungsmaßnahmen gelten als Arbeitszeit.

(7) Gesetzliche Förderungsmöglichkeiten können in die Qualifizierungsplanung einbezogen werden.

(8) Für Beschäftigte mit individuellen Arbeitszeiten sollen Qualifizierungsmaßnahmen so angeboten werden, dass ihnen eine gleichberechtigte Teilnahme ermöglicht wird.

Abschnitt II. Arbeitszeit

§ 6 Regelmäßige Arbeitszeit. (1) [1]Die regelmäßige Arbeitszeit beträgt ausschließlich der Pausen für

a) die Beschäftigten des Bundes durchschnittlich 39 Stunden wöchentlich,
b) die Beschäftigten der Mitglieder eines Mitgliedverbandes der VKA im Tarifgebiet West durchschnittlich 39 Stunden wöchentlich; im Tarifgebiet Ost durchschnittlich 40 Stunden wöchentlich,
   – ab dem 1. Januar 2022 durchschnittlich 39,5 Stunden wöchentlich und
   – ab dem 1. Januar 2023 durchschnittlich 39,0 Stunden wöchentlich.

[2]Bei Wechselschichtarbeit werden die gesetzlich vorgeschriebenen Pausen in die Arbeitszeit eingerechnet. [3]Die regelmäßige Arbeitszeit kann auf fünf Tage, aus notwendigen betrieblichen/dienstlichen Gründen auch auf sechs Tage verteilt werden.

(2) [1]Für die Berechnung des Durchschnitts der regelmäßigen wöchentlichen Arbeitszeit ist ein Zeitraum von bis zu einem Jahr zugrunde zu legen. [2]Abweichend von Satz 1 kann bei Beschäftigten, die ständig Wechselschicht- oder Schichtarbeit zu leisten haben, ein längerer Zeitraum zugrunde gelegt werden.

(3) [1]Soweit es die betrieblichen/dienstlichen Verhältnisse zulassen, wird die/der Beschäftigte am 24. Dezember und am 31. Dezember unter Fortzahlung des Entgelts nach § 21 von der Arbeit freigestellt. [2]Kann die Freistellung nach Satz 1 aus betrieblichen/dienstlichen Gründen nicht erfolgen, ist entsprechender Freizeitausgleich innerhalb von drei Monaten zu gewähren. [3]Die regelmäßige Arbeitszeit vermindert sich für jeden gesetzlichen Feiertag, sowie für

den 24. Dezember und 31. Dezember, sofern sie auf einen Werktag fallen, um die dienstplanmäßig ausgefallenen Stunden.

Protokollerklärung zu Absatz 3 Satz 3:

Die Verminderung der regelmäßigen Arbeitszeit betrifft die Beschäftigten, die wegen des Dienstplans am Feiertag frei haben und deshalb ohne diese Regelung nacharbeiten müssten.

(4) Aus dringenden betrieblichen/dienstlichen Gründen kann auf der Grundlage einer Betriebs-/Dienstvereinbarung im Rahmen des § 7 Abs. 1, 2 und des § 12 ArbZG von den Vorschriften des Arbeitszeitgesetzes abgewichen werden.

Protokollerklärung zu Absatz 4:

In vollkontinuierlichen Schichtbetrieben kann an Sonn- und Feiertagen die tägliche Arbeitszeit auf bis zu zwölf Stunden verlängert werden, wenn dadurch zusätzliche freie Schichten an Sonn- und Feiertagen erreicht werden.

(5) Die Beschäftigten sind im Rahmen begründeter betrieblicher/dienstlicher Notwendigkeiten zur Leistung von Sonntags-, Feiertags-, Nacht-, Wechselschicht-, Schichtarbeit sowie – bei Teilzeitbeschäftigung aufgrund arbeitsvertraglicher Regelung oder mit ihrer Zustimmung – zu Bereitschaftsdienst, Rufbereitschaft, Überstunden und Mehrarbeit verpflichtet.

(6) [1] Durch Betriebs-/Dienstvereinbarung kann ein wöchentlicher Arbeitszeitkorridor von bis zu 45 Stunden eingerichtet werden. [2] Die innerhalb eines Arbeitszeitkorridors geleisteten zusätzlichen Arbeitsstunden werden im Rahmen des nach Absatz 2 Satz 1 festgelegten Zeitraums ausgeglichen.

(7) [1] Durch Betriebs-/Dienstvereinbarung kann in der Zeit von 6 bis 20 Uhr eine tägliche Rahmenzeit von bis zu zwölf Stunden eingeführt werden. [2] Die innerhalb der täglichen Rahmenzeit geleisteten zusätzlichen Arbeitsstunden werden im Rahmen des nach Absatz 2 Satz 1 festgelegten Zeitraums ausgeglichen.

(8) Die Absätze 6 und 7 gelten nur alternativ und nicht bei Wechselschicht- und Schichtarbeit.

(9) Für einen Betrieb/eine Verwaltung, in dem/der ein Personalvertretungsgesetz Anwendung findet, kann eine Regelung nach den Absätzen 4, 6 und 7 in einem landesbezirklichen Tarifvertrag – für den Bund in einem Tarifvertrag auf Bundesebene – getroffen werden, wenn eine Dienstvereinbarung nicht einvernehmlich zustande kommt und der Arbeitgeber ein Letztentscheidungsrecht hat.

Protokollerklärung zu § 6:

[1] Gleitzeitregelungen sind unter Wahrung der jeweils geltenden Mitbestimmungsrechte unabhängig von den Vorgaben zu Arbeitszeitkorridor und Rahmenzeit (Absätze 6 und 7) möglich. [2] Sie dürfen keine Regelungen nach Absatz 4 enthalten.

§ 7 Sonderformen der Arbeit. (1) [1] Wechselschichtarbeit ist die Arbeit nach einem Schichtplan, der einen regelmäßigen Wechsel der täglichen Arbeitszeit in Wechselschichten vorsieht, bei denen Beschäftigte durchschnittlich längstens nach Ablauf eines Monats erneut zur Nachtschicht herangezogen werden. [2] Wechselschichten sind wechselnde Arbeitsschichten, in denen ununterbrochen bei Tag und Nacht, werktags, sonntags und feiertags gearbeitet wird. [3] Nachtschichten sind Arbeitsschichten, die mindestens zwei Stunden Nachtarbeit umfassen.

(2) Schichtarbeit ist die Arbeit nach einem Schichtplan, der einen regelmäßigen Wechsel des Beginns der täglichen Arbeitszeit um mindestens zwei Stunden in Zeitabschnitten von längstens einem Monat vorsieht, und die innerhalb einer Zeitspanne von mindestens 13 Stunden geleistet wird.

(3) Bereitschaftsdienst leisten Beschäftigte, die sich auf Anordnung des Arbeitgebers außerhalb der regelmäßigen Arbeitszeit an einer vom Arbeitgeber bestimmten Stelle aufhalten, um im Bedarfsfall die Arbeit aufzunehmen.

(4) [1] Rufbereitschaft leisten Beschäftigte, die sich auf Anordnung des Arbeitgebers außerhalb der regelmäßigen Arbeitszeit an einer dem Arbeitgeber anzuzeigenden Stelle aufhalten, um auf Abruf die Arbeit aufzunehmen. [2] Rufbereitschaft wird nicht dadurch ausgeschlossen, dass Beschäftigte vom Arbeitgeber mit einem Mobiltelefon oder einem vergleichbaren technischen Hilfsmittel ausgestattet sind.

(5) Nachtarbeit ist die Arbeit zwischen 21 Uhr und 6 Uhr.

(6) Mehrarbeit sind die Arbeitsstunden, die Teilzeitbeschäftigte über die vereinbarte regelmäßige Arbeitszeit hinaus bis zur regelmäßigen wöchentlichen Arbeitszeit von Vollbeschäftigten (§ 6 Abs. 1 Satz 1) leisten.

(7) Überstunden sind die auf Anordnung des Arbeitgebers geleisteten Arbeitsstunden, die über die im Rahmen der regelmäßigen Arbeitszeit von Vollbeschäftigten (§ 6 Abs. 1 Satz 1) für die Woche dienstplanmäßig bzw. betriebsüblich festgesetzten Arbeitsstunden hinausgehen und nicht bis zum Ende der folgenden Kalenderwoche ausgeglichen werden.

(8) Abweichend von Absatz 7 sind nur die Arbeitsstunden Überstunden, die

a) im Falle der Festlegung eines Arbeitszeitkorridors nach § 6 Abs. 6 über 45 Stunden oder über die vereinbarte Obergrenze hinaus,
b) im Falle der Einführung einer täglichen Rahmenzeit nach § 6 Abs. 7 außerhalb der Rahmenzeit,
c) im Falle von Wechselschicht- oder Schichtarbeit über die im Schichtplan festgelegten täglichen Arbeitsstunden einschließlich der im Schichtplan vorgesehenen Arbeitsstunden, die bezogen auf die regelmäßige wöchentliche Arbeitszeit im Schichtplanturnus nicht ausgeglichen werden,

angeordnet worden sind.

§ 8 Ausgleich für Sonderformen der Arbeit. (1) [1] Der/Die Beschäftigte erhält neben dem Entgelt für die tatsächliche Arbeitsleistung Zeitzuschläge. [2] Die Zeitzuschläge betragen – auch bei Teilzeitbeschäftigten – je Stunde

a)	für Überstunden	
	in den Entgeltgruppen 1 bis 9b	30 v.H.,
	in den Entgeltgruppen 9c bis 15	15 v.H.,
b)	für Nachtarbeit	20 v.H.,
c)	für Sonntagsarbeit	25 v.H.,
d)	bei Feiertagsarbeit	
	– ohne Freizeitausgleich	135 v.H.,
	– mit Freizeitausgleich	35 v.H.,
e)	für Arbeit am 24. Dezember und am 31. Dezember jeweils ab 6 Uhr	35 v.H.,

f) für Arbeit an Samstagen von 13 bis 21 Uhr, soweit diese nicht im Rahmen von Wechselschicht- oder Schichtarbeit anfällt 20 v.H.

des auf eine Stunde entfallenden Anteils des Tabellenentgelts der Stufe 3 der jeweiligen Entgeltgruppe. [3]Beim Zusammentreffen von Zeitzuschlägen nach Satz 2 Buchst. c bis f wird nur der höchste Zeitzuschlag gezahlt. [4]Auf Wunsch der/des Beschäftigten können, soweit ein Arbeitszeitkonto (§ 10) eingerichtet ist und die betrieblichen/dienstlichen Verhältnisse es zulassen, die nach Satz 2 zu zahlenden Zeitzuschläge entsprechend dem jeweiligen Vomhundertsatz einer Stunde in Zeit umgewandelt und ausgeglichen werden. [5]Dies gilt entsprechend für Überstunden als solche.

Protokollerklärung zu Absatz 1 Satz 1:

Bei Überstunden richtet sich das Entgelt für die tatsächliche Arbeitsleistung nach der jeweiligen Entgeltgruppe und der individuellen Stufe, höchstens jedoch nach der Stufe 4.

Protokollerklärung zu Absatz 1 Satz 2 Buchst. d:

[1]Der Freizeitausgleich muss im Dienstplan besonders ausgewiesen und bezeichnet werden. [2]Falls kein Freizeitausgleich gewährt wird, werden als Entgelt einschließlich des Zeitzuschlags und des auf den Feiertag entfallenden Tabellenentgelts höchstens 235 v.H. gezahlt.

(2) Für Arbeitsstunden, die keine Überstunden sind und die aus betrieblichen/dienstlichen Gründen nicht innerhalb des nach § 6 Abs. 2 Satz 1 oder 2 festgelegten Zeitraums mit Freizeit ausgeglichen werden, erhält die/der Beschäftigte je Stunde 100 v.H. des auf eine Stunde entfallenden Anteils des Tabellenentgelts der jeweiligen Entgeltgruppe und Stufe.

Protokollerklärung zu Absatz 2:

Mit dem Begriff „Arbeitsstunden" sind nicht die Stunden gemeint, die im Rahmen von Gleitzeitregelungen im Sinne der Protokollerklärung zu § 6 anfallen, es sei denn, sie sind angeordnet worden.

(3) [1]Für die Rufbereitschaft wird eine tägliche Pauschale je Entgeltgruppe bezahlt. [2]Sie beträgt für die Tage Montag bis Freitag das Zweifache, für Samstag, Sonntag sowie für Feiertage das Vierfache des tariflichen Stundenentgelts nach Maßgabe der Entgelttabelle. [3]Maßgebend für die Bemessung der Pauschale nach Satz 2 ist der Tag, an dem die Rufbereitschaft beginnt. [4]Für die Arbeitsleistung innerhalb der Rufbereitschaft außerhalb des Aufenthaltsortes im Sinne des § 7 Abs. 4 wird die Zeit jeder einzelnen Inanspruchnahme einschließlich der hierfür erforderlichen Wegezeiten jeweils auf eine volle Stunde gerundet und mit dem Entgelt für Überstunden sowie mit etwaigen Zeitzuschlägen nach Absatz 1 bezahlt. [5]Wird die Arbeitsleistung innerhalb der Rufbereitschaft am Aufenthaltsort im Sinne des § 7 Abs. 4 telefonisch (z.B. in Form einer Auskunft) oder mittels technischer Einrichtungen erbracht, wird abweichend von Satz 4 die Summe dieser Arbeitsleistungen auf die nächste volle Stunde gerundet und mit dem Entgelt für Überstunden sowie mit etwaigen Zeitzuschlägen nach Absatz 1 bezahlt. [6]Absatz 1 Satz 4 gilt entsprechend, soweit die Buchung auf das Arbeitszeitkonto nach § 10 Abs. 3 Satz 2 zulässig ist. [7]Satz 1 gilt nicht im Falle einer stundenweisen Rufbereitschaft. [8]Eine Rufbereitschaft im Sinne von Satz 7 liegt bei einer ununterbrochenen Rufbereitschaft von weniger als zwölf Stunden vor. [9]In diesem Fall wird abwei-

chend von den Sätzen 2 und 3 für jede Stunde der Rufbereitschaft 12,5 v.H. des tariflichen Stundenentgelts nach Maßgabe der Entgelttabelle gezahlt.

Protokollerklärung zu Absatz 3:

Zur Ermittlung der Tage einer Rufbereitschaft, für die eine Pauschale gezahlt wird, ist auf den Tag des Beginns der Rufbereitschaft abzustellen.

(4) [1]Das Entgelt für Bereitschaftsdienst wird landesbezirklich – für den Bund in einem Tarifvertrag auf Bundesebene – geregelt. [2]Bis zum In-Kraft-Treten einer Regelung nach Satz 1 gelten die in dem jeweiligen Betrieb/der jeweiligen Verwaltung/Dienststelle am 30. September 2005 jeweils geltenden Bestimmungen fort.

(5) [1]Beschäftigte, die ständig Wechselschichtarbeit leisten, erhalten eine Wechselschichtzulage von 105 Euro monatlich. [2]Beschäftigte, die nicht ständig Wechselschichtarbeit leisten, erhalten eine Wechselschichtzulage von 0,63 Euro pro Stunde.

(6) [1]Beschäftigte, die ständig Schichtarbeit leisten, erhalten eine Schichtzulage von 40 Euro monatlich. [2]Beschäftigte, die nicht ständig Schichtarbeit leisten, erhalten eine Schichtzulage von 0,24 Euro pro Stunde.

§ 9 Bereitschaftszeiten. (1) [1]Bereitschaftszeiten sind die Zeiten, in denen sich die/der Beschäftigte am Arbeitsplatz oder einer anderen vom Arbeitgeber bestimmten Stelle zur Verfügung halten muss, um im Bedarfsfall die Arbeit selbständig, ggf. auch auf Anordnung, aufzunehmen und in denen die Zeiten ohne Arbeitsleistung überwiegen. [2]Für Beschäftigte, in deren Tätigkeit regelmäßig und in nicht unerheblichem Umfang Bereitschaftszeiten fallen, gelten folgende Regelungen:

a) Bereitschaftszeiten werden zur Hälfte als tarifliche Arbeitszeit gewertet (faktorisiert).
b) Sie werden innerhalb von Beginn und Ende der regelmäßigen täglichen Arbeitszeit nicht gesondert ausgewiesen.
c) Die Summe aus den faktorisierten Bereitschaftszeiten und der Vollarbeitszeit darf die Arbeitszeit nach § 6 Abs. 1 nicht überschreiten.
d) Die Summe aus Vollarbeits- und Bereitschaftszeiten darf durchschnittlich 48 Stunden wöchentlich nicht überschreiten.

[3]Ferner ist Voraussetzung, dass eine nicht nur vorübergehend angelegte Organisationsmaßnahme besteht, bei der regelmäßig und in nicht unerheblichem Umfang Bereitschaftszeiten anfallen.

(2) [1]Im Bereich der VKA bedarf die Anwendung des Absatzes 1 im Geltungsbereich eines Personalvertretungsgesetzes einer einvernehmlichen Dienstvereinbarung. [2]§ 6 Abs. 9 gilt entsprechend. [3]Im Geltungsbereich des Betriebsverfassungsgesetzes unterliegt die Anwendung dieser Vorschrift der Mitbestimmung im Sinne des § 87 Abs. 1 Nr. 2 BetrVG.

(3) Im Bereich des Bundes gilt Absatz 1 für Beschäftigte im Sinne des Satzes 2, wenn betrieblich Beginn und Ende der täglichen Arbeitszeit unter Einschluss der Bereitschaftszeiten für diese Beschäftigtengruppen festgelegt werden.

Protokollerklärung zu § 9:

Diese Regelung gilt nicht für Wechselschicht- und Schichtarbeit.

§ 10 Arbeitszeitkonto. (1) [1]Durch Betriebs-/Dienstvereinbarung kann ein Arbeitszeitkonto eingerichtet werden. [2]Für einen Betrieb/eine Verwaltung, in dem/der ein Personalvertretungsgesetz Anwendung findet, kann eine Regelung nach Satz 1 auch in einem landesbezirklichen Tarifvertrag – für den Bund in einem Tarifvertrag auf Bundesebene – getroffen werden, wenn eine Dienstvereinbarung nicht einvernehmlich zustande kommt und der Arbeitgeber ein Letztentscheidungsrecht hat. [3]Soweit ein Arbeitszeitkorridor (§ 6 Abs. 6) oder eine Rahmenzeit (§ 6 Abs. 7) vereinbart wird, ist ein Arbeitszeitkonto einzurichten.

(2) [1]In der Betriebs-/Dienstvereinbarung wird festgelegt, ob das Arbeitszeitkonto im ganzen Betrieb/in der ganzen Verwaltung oder Teilen davon eingerichtet wird. [2]Alle Beschäftigten der Betriebs-/Verwaltungsteile, für die ein Arbeitszeitkonto eingerichtet wird, werden von den Regelungen des Arbeitszeitkontos erfasst.

(3) [1]Auf das Arbeitszeitkonto können Zeiten, die bei Anwendung des nach § 6 Abs. 2 festgelegten Zeitraums als Zeitguthaben oder als Zeitschuld bestehen bleiben, nicht durch Freizeit ausgeglichene Zeiten nach § 8 Abs. 1 Satz 5 und Abs. 2 sowie in Zeit umgewandelte Zuschläge nach § 8 Abs. 1 Satz 4 gebucht werden. [2]Weitere Kontingente (z.B. Rufbereitschafts-/Bereitschaftsdienstentgelte) können durch Betriebs-/Dienstvereinbarung zur Buchung freigegeben werden. [3]Die/Der Beschäftigte entscheidet für einen in der Betriebs-/Dienstvereinbarung festgelegten Zeitraum, welche der in Satz 1 genannten Zeiten auf das Arbeitszeitkonto gebucht werden.

(4) Im Falle einer unverzüglich angezeigten und durch ärztliches Attest nachgewiesenen Arbeitsunfähigkeit während eines Zeitausgleichs vom Arbeitszeitkonto (Zeiten nach Absatz 3 Satz 1 und 2) tritt eine Minderung des Zeitguthabens nicht ein.

(5) In der Betriebs-/Dienstvereinbarung sind insbesondere folgende Regelungen zu treffen:

a) Die höchstmögliche Zeitschuld (bis zu 40 Stunden) und das höchstzulässige Zeitguthaben (bis zu einem Vielfachen von 40 Stunden), die innerhalb eines bestimmten Zeitraums anfallen dürfen;
b) nach dem Umfang des beantragten Freizeitausgleichs gestaffelte Fristen für das Abbuchen von Zeitguthaben oder für den Abbau von Zeitschulden durch die/den Beschäftigten;
c) die Berechtigung, das Abbuchen von Zeitguthaben zu bestimmten Zeiten (z.B. an so genannten Brückentagen) vorzusehen;
d) die Folgen, wenn der Arbeitgeber einen bereits genehmigten Freizeitausgleich kurzfristig widerruft.

(6) [1]Der Arbeitgeber kann mit der/dem Beschäftigten die Einrichtung eines Langzeitkontos vereinbaren. [2]In diesem Fall ist der Betriebs-/Personalrat zu beteiligen und – bei Insolvenzfähigkeit des Arbeitgebers – eine Regelung zur Insolvenzsicherung zu treffen.

§ 11 Teilzeitbeschäftigung. (1) [1]Mit Beschäftigten soll auf Antrag eine geringere als die vertraglich festgelegte Arbeitszeit vereinbart werden, wenn sie

a) mindestens ein Kind unter 18 Jahren oder
b) einen nach ärztlichem Gutachten pflegebedürftigen sonstigen Angehörigen

tatsächlich betreuen oder pflegen und dringende dienstliche bzw. betriebliche Belange nicht entgegenstehen. [2]Die Teilzeitbeschäftigung nach Satz 1 ist auf Antrag auf bis zu fünf Jahre zu befristen. [3]Sie kann verlängert werden; der Antrag ist spätestens sechs Monate vor Ablauf der vereinbarten Teilzeitbeschäftigung zu stellen. [4]Bei der Gestaltung der Arbeitszeit hat der Arbeitgeber im Rahmen der dienstlichen bzw. betrieblichen Möglichkeiten der besonderen persönlichen Situation der/des Beschäftigten nach Satz 1 Rechnung zu tragen.

(2) Beschäftigte, die in anderen als den in Absatz 1 genannten Fällen eine Teilzeitbeschäftigung vereinbaren wollen, können von ihrem Arbeitgeber verlangen, dass er mit ihnen die Möglichkeit einer Teilzeitbeschäftigung mit dem Ziel erörtert, zu einer entsprechenden Vereinbarung zu gelangen.

(3) Ist mit früher Vollbeschäftigten auf ihren Wunsch eine nicht befristete Teilzeitbeschäftigung vereinbart worden, sollen sie bei späterer Besetzung eines Vollzeitarbeitsplatzes bei gleicher Eignung im Rahmen der dienstlichen bzw. betrieblichen Möglichkeiten bevorzugt berücksichtigt werden.

Protokollerklärung zu Abschnitt II

Bei In-Kraft-Treten dieses Tarifvertrages bestehende Gleitzeitregelungen bleiben unberührt.

Abschnitt III. Eingruppierung, Entgelt und sonstige Leistungen

§ 12 (Bund) Eingruppierung. (1) [1]Die Eingruppierung der/des Beschäftigten richtet sich nach dem Tarifvertrag über die Entgeltordnung des Bundes (TV EntgO Bund). [2]Die/Der Beschäftigte erhält Entgelt nach der Entgeltgruppe, in der sie/er eingruppiert ist.

(2) [1]Die/Der Beschäftigte ist in der Entgeltgruppe eingruppiert, deren Tätigkeitsmerkmalen die gesamte von ihr/ihm nicht nur vorübergehend auszuübende Tätigkeit entspricht. [2]Die gesamte auszuübende Tätigkeit entspricht den Tätigkeitsmerkmalen einer Entgeltgruppe, wenn zeitlich mindestens zur Hälfte Arbeitsvorgänge anfallen, die für sich genommen die Anforderungen eines Tätigkeitsmerkmals oder mehrerer Tätigkeitsmerkmale dieser Entgeltgruppe erfüllen. [3]Kann die Erfüllung einer Anforderung in der Regel erst bei der Betrachtung mehrerer Arbeitsvorgänge festgestellt werden (z.B. vielseitige Fachkenntnisse), sind diese Arbeitsvorgänge für die Feststellung, ob diese Anforderung erfüllt ist, insoweit zusammen zu beurteilen. [4]Werden in einem Tätigkeitsmerkmal mehrere Anforderungen gestellt, gilt das in Satz 2 bestimmte Maß, ebenfalls bezogen auf die gesamte auszuübende Tätigkeit, für jede Anforderung. [5]Ist in einem Tätigkeitsmerkmal ein von Satz 2 oder 4 abweichendes zeitliches Maß bestimmt, gilt dieses. [6]Ist in einem Tätigkeitsmerkmal als Anforderung eine Voraussetzung in der Person der/des Beschäftigten bestimmt, muss auch diese Anforderung erfüllt sein.

Protokollerklärungen zu Absatz 2:

1. *[1]Arbeitsvorgänge sind Arbeitsleistungen (einschließlich Zusammenhangsarbeiten), die, bezogen auf den Aufgabenkreis der/des Beschäftigten, zu einem bei natürlicher Betrachtung abgrenzbaren Arbeitsergebnis führen (z.B. unterschriftsreife Bearbeitung eines Aktenvorgangs, eines Widerspruchs oder eines Antrags, Betreuung bzw. Pflege einer Person oder Personengruppe, Fertigung einer Bauzeichnung, Erstellung eines EKG, Durchführung einer Unterhaltungs- bzw. Instandsetzungsarbeit). [2]Je-*

der einzelne Arbeitsvorgang ist als solcher zu bewerten und darf dabei hinsichtlich der Anforderungen zeitlich nicht aufgespalten werden.

2. Eine Anforderung im Sinne der Sätze 2 und 3 ist auch das in einem Tätigkeitsmerkmal geforderte Herausheben der Tätigkeit aus einer niedrigeren Entgeltgruppe.

(3) Die Entgeltgruppe der/des Beschäftigten ist im Arbeitsvertrag anzugeben.

§ 12 (VKA) Eingruppierung. (1) [1] Die Eingruppierung der/des Beschäftigten richtet sich nach den Tätigkeitsmerkmalen der Anlage 1 – Entgeltordnung (VKA). [2] Die/Der Beschäftigte erhält Entgelt nach der Entgeltgruppe, in der sie/er eingruppiert ist.

(2) [1] Die/Der Beschäftigte ist in der Entgeltgruppe eingruppiert, deren Tätigkeitsmerkmalen die gesamte von ihr/ihm nicht nur vorübergehend auszuübende Tätigkeit entspricht. [2] Die gesamte auszuübende Tätigkeit entspricht den Tätigkeitsmerkmalen einer Entgeltgruppe, wenn zeitlich mindestens zur Hälfte Arbeitsvorgänge anfallen, die für sich genommen die Anforderungen eines Tätigkeitsmerkmals oder mehrerer Tätigkeitsmerkmale dieser Entgeltgruppe erfüllen. [3] Kann die Erfüllung einer Anforderung in der Regel erst bei der Betrachtung mehrerer Arbeitsvorgänge festgestellt werden (z.B. vielseitige Fachkenntnisse), sind diese Arbeitsvorgänge für die Feststellung, ob diese Anforderung erfüllt ist, insoweit zusammen zu beurteilen. [4] Werden in einem Tätigkeitsmerkmal mehrere Anforderungen gestellt, gilt das in Satz 2 bestimmte Maß, ebenfalls bezogen auf die gesamte auszuübende Tätigkeit, für jede Anforderung. [5] Ist in einem Tätigkeitsmerkmal ein von den Sätzen 2 bis 4 abweichendes zeitliches Maß bestimmt, gilt dieses. [6] Ist in einem Tätigkeitsmerkmal als Anforderung eine Voraussetzung in der Person der/des Beschäftigten bestimmt, muss auch diese Anforderung erfüllt sein.

Protokollerklärung zu Absatz 2:

[1] Arbeitsvorgänge sind Arbeitsleistungen (einschließlich Zusammenhangsarbeiten), die, bezogen auf den Aufgabenkreis der/des Beschäftigten, zu einem bei natürlicher Betrachtung abgrenzbaren Arbeitsergebnis führen (z.B. unterschriftsreife Bearbeitung eines Aktenvorgangs, eines Widerspruchs oder eines Antrags, Erstellung eines EKG, Fertigung einer Bauzeichnung, Konstruktion einer Brücke oder eines Brückenteils, Bearbeitung eines Antrags auf eine Sozialleistung, Betreuung einer Person oder Personengruppe, Durchführung einer Unterhaltungs- oder Instandsetzungsarbeit). [2] Jeder einzelne Arbeitsvorgang ist als solcher zu bewerten und darf dabei hinsichtlich der Anforderungen zeitlich nicht aufgespalten werden. [3] Eine Anforderung im Sinne der Sätze 2 und 3 ist auch das in einem Tätigkeitsmerkmal geforderte Herausheben der Tätigkeit aus einer niedrigeren Entgeltgruppe.

(3) Die Entgeltgruppe der/des Beschäftigten ist im Arbeitsvertrag anzugeben.

§ 13 (Bund) Eingruppierung in besonderen Fällen. (1) [1] Ist der/dem Beschäftigten eine andere, höherwertige Tätigkeit nicht übertragen worden, hat sich aber die ihr/ihm übertragene Tätigkeit (§ 12 Abs. 2 Satz 1) nicht nur vorübergehend derart geändert, dass sie den Tätigkeitsmerkmalen einer höheren als ihrer/seiner bisherigen Entgeltgruppe entspricht (§ 12 Abs. 2 Sätze 2 bis 6), und hat die/der Beschäftigte die höherwertige Tätigkeit ununterbrochen sechs Monate lang ausgeübt, ist sie/er mit Beginn des darauffolgenden Kalendermonats in der höheren Entgeltgruppe eingruppiert. [2]Für die zurückliegenden sechs Kalendermonate gilt § 14 sinngemäß.

(2) [1]Ist die Zeit der Ausübung der höherwertigen Tätigkeit durch Urlaub, Arbeitsbefreiung, Arbeitsunfähigkeit, Kur- oder Heilverfahren oder Vorbereitung auf eine Fachprüfung für die Dauer von insgesamt nicht mehr als sechs Wochen unterbrochen worden, wird die Unterbrechungszeit in die Frist von sechs Monaten eingerechnet. [2]Bei einer längeren Unterbrechung oder bei einer Unterbrechung aus anderen Gründen beginnt die Frist nach der Beendigung der Unterbrechung von neuem.

(3) Wird der/dem Beschäftigten vor Ablauf der sechs Monate wieder eine Tätigkeit zugewiesen, die den Tätigkeitsmerkmalen ihrer/seiner bisherigen Entgeltgruppe entspricht, gilt § 14 sinngemäß.

§ 13 (VKA) Eingruppierung in besonderen Fällen. (1) [1]Ist der/dem Beschäftigten eine andere, höherwertige Tätigkeit nicht übertragen worden, hat sich aber die ihr/ihm übertragene Tätigkeit (§ 12 [VKA] Abs. 2 Satz 1) nicht nur vorübergehend derart geändert, dass sie den Tätigkeitsmerkmalen einer höheren als ihrer/seiner bisherigen Entgeltgruppe entspricht (§ 12 [VKA] Abs. 2 Sätze 2 bis 6), und hat die/der Beschäftigte die höherwertige Tätigkeit ununterbrochen sechs Monate lang ausgeübt, ist sie/er mit Beginn des darauffolgenden Kalendermonats in der höheren Entgeltgruppe eingruppiert. [2]Für die zurückliegenden sechs Kalendermonate gilt § 14 Abs. 1 sinngemäß.

(2) [1]Ist die Zeit der Ausübung der höherwertigen Tätigkeit durch Urlaub, Arbeitsbefreiung, Arbeitsunfähigkeit, Kur- oder Heilverfahren oder Vorbereitung auf eine Fachprüfung für die Dauer von insgesamt nicht mehr als sechs Wochen unterbrochen worden, wird die Unterbrechungszeit in die Frist von sechs Monaten eingerechnet. [2]Bei einer längeren Unterbrechung oder bei einer Unterbrechung aus anderen Gründen beginnt die Frist nach der Beendigung der Unterbrechung von neuem.

(3) Wird der/dem Beschäftigten vor Ablauf der sechs Monate wieder eine Tätigkeit zugewiesen, die den Tätigkeitsmerkmalen ihrer/seiner bisherigen Entgeltgruppe entspricht, gilt § 14 Abs. 1 sinngemäß.

Protokollerklärung zu §§ 12 (VKA), 13 (VKA):

Die Grundsätze der korrigierenden Rückgruppierung bleiben unberührt.

§ 14 Vorübergehende Übertragung einer höherwertigen Tätigkeit.

(1) Wird der/dem Beschäftigten vorübergehend eine andere Tätigkeit übertragen, die den Tätigkeitsmerkmalen einer höheren als ihrer/seiner Eingruppierung entspricht, und hat sie/er diese mindestens einen Monat ausgeübt, erhält sie/er für die Dauer der Ausübung eine persönliche Zulage rückwirkend ab dem ersten Tag der Übertragung der Tätigkeit.

(2) Durch landesbezirklichen Tarifvertrag – für den Bund durch einen Tarifvertrag auf Bundesebene – wird im Rahmen eines Kataloges, der die hierfür in Frage kommenden Tätigkeiten aufführt, bestimmt, dass die Voraussetzung für die Zahlung einer persönlichen Zulage bereits erfüllt ist, wenn die vorübergehend übertragene Tätigkeit mindestens drei Arbeitstage angedauert hat und die/der Beschäftigte ab dem ersten Tag der Vertretung in Anspruch genommen worden ist.

(3) Die persönliche Zulage bemisst sich nach dem jeweiligen Unterschiedsbetrag zu dem Tabellenentgelt, das sich bei dauerhafter Übertragung nach § 17 Abs. 4 Satz 1 für Beschäftigte im Bereich der VKA und nach § 17 Abs. 5 Satz 1 für Beschäftigte des Bundes ergeben hätte.

§ 15 Tabellenentgelt. (1) [1]Die/Der Beschäftigte erhält monatlich ein Tabellenentgelt. [2]Die Höhe bestimmt sich nach der Entgeltgruppe, in die sie/er eingruppiert ist, und nach der für sie/ihn geltenden Stufe.

(2) [1]Alle Beschäftigten des Bundes erhalten Entgelt nach Anlage A (Bund). [2]Die Beschäftigten der Mitglieder eines Mitgliedverbandes der VKA erhalten Entgelt nach Anlage A (VKA).

(3) [1]Im Rahmen von landesbezirklichen bzw. für den Bund in bundesweiten tarifvertraglichen Regelungen können für an- und ungelernte Tätigkeiten in von Outsourcing und/oder Privatisierung bedrohten Bereichen in den Entgeltgruppen 1 bis 4 Abweichungen von der Entgelttabelle bis zu einer dort vereinbarten Untergrenze vorgenommen werden. [2]Die Untergrenze muss im Rahmen der Spannbreite des Entgelts der Entgeltgruppe 1 liegen. [3]Die Umsetzung erfolgt durch Anwendungsvereinbarung, für den Bund durch Bundestarifvertrag.

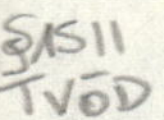

§ 16 (Bund) Stufen der Entgelttabelle. (1) Die Entgeltgruppen 2 bis 15 umfassen sechs Stufen.

(2) [1]Bei Einstellung werden die Beschäftigten der Stufe 1 zugeordnet, sofern keine einschlägige Berufserfahrung vorliegt. [2]Verfügt die/der Beschäftigte über eine einschlägige Berufserfahrung von mindestens einem Jahr, erfolgt die Einstellung in die Stufe 2; verfügt sie/er über eine einschlägige Berufserfahrung von mindestens drei Jahren, erfolgt bei Einstellung in der Regel eine Zuordnung zur Stufe 3. [3]Unabhängig davon kann der Arbeitgeber bei Neueinstellungen zur Deckung des Personalbedarfs Zeiten einer vorherigen beruflichen Tätigkeit ganz oder teilweise für die Stufenzuordnung berücksichtigen, wenn diese Tätigkeit für die vorgesehene Tätigkeit förderlich ist. [4]Bei Einstellung im unmittelbaren Anschluss an ein Arbeitsverhältnis zum Bund werden die Beschäftigten mit einschlägiger Berufserfahrung der im vorhergehenden Arbeitsverhältnis erworbenen Stufe zugeordnet und die im vorhergehenden Arbeitsverhältnis erreichte Stufenlaufzeit wird fortgeführt.

Protokollerklärungen zu Absatz 2:

1. *Einschlägige Berufserfahrung ist eine berufliche Erfahrung in der übertragenen oder einer auf die Aufgabe bezogen entsprechenden Tätigkeit.*
2. *Ein Berufspraktikum nach dem Tarifvertrag für Praktikantinnen/Praktikanten des öffentlichen Dienstes (TVPöD) vom 27. Oktober 2009 gilt grundsätzlich als Erwerb einschlägiger Berufserfahrung.*

(3) Bei Einstellung von Beschäftigten in unmittelbarem Anschluss an ein Arbeitsverhältnis im öffentlichen Dienst (§ 34 Abs. 3 Satz 3 und 4) oder zu einem Arbeitgeber, der einen dem TVöD vergleichbaren Tarifvertrag anwendet, kann die in dem vorhergehenden Arbeitsverhältnis erworbene Stufe bei der Stufenzuordnung ganz oder teilweise berücksichtigt werden; Absatz 2 Satz 3 bleibt unberührt.

(4) Die Beschäftigten erreichen die jeweils nächste Stufe – von Stufe 3 an in Abhängigkeit von ihrer Leistung gemäß § 17 Abs. 2 – nach folgenden Zeiten

einer ununterbrochenen Tätigkeit innerhalb derselben Entgeltgruppe bei ihrem Arbeitgeber (Stufenlaufzeit):

- Stufe 2 nach einem Jahr in Stufe 1,
- Stufe 3 nach zwei Jahren in Stufe 2,
- Stufe 4 nach drei Jahren in Stufe 3,
- Stufe 5 nach vier Jahren in Stufe 4 und
- Stufe 6 nach fünf Jahren in Stufe 5.

(5) [1]Die Entgeltgruppe 1 umfasst fünf Stufen. [2]Einstellungen erfolgen zwingend in der Stufe 2 (Eingangsstufe). [3]Die jeweils nächste Stufe wird nach vier Jahren in der vorangegangenen Stufe erreicht; § 17 Abs. 2 bleibt unberührt.

(6) [1]Zur Deckung des Personalbedarfs oder zur Bindung von qualifizierten Fachkräften kann Beschäftigten abweichend von der tarifvertraglichen Einstufung ein bis zu zwei Stufen höheres Entgelt ganz oder teilweise vorweg gewährt werden. [2]Beschäftigte mit einem Entgelt der Endstufe können bis zu 20 v.H. der Stufe 2 zusätzlich erhalten. [3]Beide Zulagen können befristet werden. [4]Sie sind auch als befristete Zulagen widerruflich und gelten als Tabellenentgelt gemäß § 15.

§ 16 (VKA) Stufen der Entgelttabelle. (1) Die Entgeltgruppen 2 bis 15 umfassen sechs Stufen.

(2) [1]Bei Einstellung werden die Beschäftigten der Stufe 1 zugeordnet, sofern keine einschlägige Berufserfahrung vorliegt. [2]Verfügt die/der Beschäftigte über eine einschlägige Berufserfahrung von mindestens einem Jahr, erfolgt die Einstellung in die Stufe 2; verfügt sie/er über eine einschlägige Berufserfahrung von mindestens drei Jahren, erfolgt in der Regel eine Zuordnung zur Stufe 3. [3]Unabhängig davon kann der Arbeitgeber bei Neueinstellungen zur Deckung des Personalbedarfs Zeiten einer vorherigen beruflichen Tätigkeit ganz oder teilweise für die Stufenzuordnung berücksichtigen, wenn diese Tätigkeit für die vorgesehene Tätigkeit förderlich ist.

Protokollerklärung zu Absatz 2:

Ein Berufspraktikum nach dem Tarifvertrag für Praktikantinnen/Praktikanten des öffentlichen Dienstes (TVPöD) vom 27. Oktober 2009 gilt grundsätzlich als Erwerb einschlägiger Berufserfahrung.

(2a) Bei Einstellung von Beschäftigten in unmittelbarem Anschluss an ein Arbeitsverhältnis im öffentlichen Dienst (§ 34 Abs. 3 Satz 3 und 4) oder zu einem Arbeitgeber, der einen dem TVöD vergleichbaren Tarifvertrag anwendet, kann die in dem vorhergehenden Arbeitsverhältnis erworbene Stufe bei der Stufenzuordnung ganz oder teilweise berücksichtigt werden; Absatz 2 Satz 3 bleibt unberührt.

(3) Die Beschäftigten erreichen die jeweils nächste Stufe – von Stufe 3 an in Abhängigkeit von ihrer Leistung gemäß § 17 Abs. 2 – nach folgenden Zeiten einer ununterbrochenen Tätigkeit innerhalb derselben Entgeltgruppe bei ihrem Arbeitgeber (Stufenlaufzeit):

- Stufe 2 nach einem Jahr in Stufe 1,
- Stufe 3 nach zwei Jahren in Stufe 2,
- Stufe 4 nach drei Jahren in Stufe 3,
- Stufe 5 nach vier Jahren in Stufe 4 und
- Stufe 6 nach fünf Jahren in Stufe 5.

(4) [1]Die Entgeltgruppe 1 umfasst fünf Stufen. [2]Einstellungen erfolgen in der Stufe 2 (Eingangsstufe). [3]Die jeweils nächste Stufe wird nach vier Jahren in der vorangegangenen Stufe erreicht; § 17 Abs. 2 bleibt unberührt.

§ 17 Allgemeine Regelungen zu den Stufen. (1) Die Beschäftigten erhalten vom Beginn des Monats an, in dem die nächste Stufe erreicht wird, das Tabellenentgelt nach der neuen Stufe.

(2) [1]Bei Leistungen der/des Beschäftigten, die erheblich über dem Durchschnitt liegen, kann die erforderliche Zeit für das Erreichen der Stufen 4 bis 6 jeweils verkürzt werden. [2]Bei Leistungen, die erheblich unter dem Durchschnitt liegen, kann die erforderliche Zeit für das Erreichen der Stufen 4 bis 6 jeweils verlängert werden. [3]Bei einer Verlängerung der Stufenlaufzeit hat der Arbeitgeber jährlich zu prüfen, ob die Voraussetzungen für die Verlängerung noch vorliegen. [4]Für die Beratung von schriftlich begründeten Beschwerden von Beschäftigten gegen eine Verlängerung nach Satz 2 bzw. 3 ist eine betriebliche Kommission zuständig. [5]Die Mitglieder der betrieblichen Kommission werden je zur Hälfte vom Arbeitgeber und vom Betriebs-/Personalrat benannt; sie müssen dem Betrieb/der Dienststelle angehören. [6]Der Arbeitgeber entscheidet auf Vorschlag der Kommission darüber, ob und in welchem Umfang der Beschwerde abgeholfen werden soll.

Protokollerklärung zu Absatz 2:

[1]Die Instrumente der materiellen Leistungsanreize (§ 18) und der leistungsbezogene Stufenaufstieg bestehen unabhängig voneinander und dienen unterschiedlichen Zielen. [2]Leistungsbezogene Stufenaufstiege unterstützen insbesondere die Anliegen der Personalentwicklung.

Protokollerklärung zu Absatz 2 Satz 2:

Bei Leistungsminderungen, die auf einem anerkannten Arbeitsunfall oder einer Berufskrankheit gemäß §§ 8 und 9 SGB VII beruhen, ist diese Ursache in geeigneter Weise zu berücksichtigen.

Protokollerklärung zu Absatz 2 Satz 6:

Die Mitwirkung der Kommission erfasst nicht die Entscheidung über die leistungsbezogene Stufenzuordnung.

(3) [1]Den Zeiten einer ununterbrochenen Tätigkeit im Sinne des § 16 (Bund) Abs. 4 und des § 16 (VKA) Abs. 3 stehen gleich:

a) Schutzfristen nach dem Mutterschutzgesetz,
b) Zeiten einer Arbeitsunfähigkeit nach § 22 bis zu 39 Wochen,
c) Zeiten eines bezahlten Urlaubs,
d) Zeiten eines Sonderurlaubs, bei denen der Arbeitgeber vor dem Antritt schriftlich ein dienstliches bzw. betriebliches Interesse anerkannt hat,
e) Zeiten einer sonstigen Unterbrechung von weniger als einem Monat im Kalenderjahr,
f) Zeiten der vorübergehenden Übertragung einer höherwertigen Tätigkeit.

[2]Zeiten der Unterbrechung bis zu einer Dauer von jeweils drei Jahren, die nicht von Satz 1 erfasst werden, und Elternzeit bis zu jeweils fünf Jahren sind unschädlich, werden aber nicht auf die Stufenlaufzeit angerechnet. [3]Bei einer Unterbrechung von mehr als drei Jahren, bei Elternzeit von mehr als fünf Jahren, erfolgt eine Zuordnung zu der Stufe, die der vor der Unterbrechung erreichten Stufe vorangeht, jedoch nicht niedriger als bei einer Neueinstellung;

die Stufenlaufzeit beginnt mit dem Tag der Arbeitsaufnahme. [4] Zeiten, in denen Beschäftigte mit einer kürzeren als der regelmäßigen wöchentlichen Arbeitszeit eines entsprechenden Vollbeschäftigten beschäftigt waren, werden voll angerechnet.

(4) [1] Bei Eingruppierung in eine höhere Entgeltgruppe aus den Entgeltgruppen 2 bis 14 der Anlage A (VKA) werden die Beschäftigten im Bereich der VKA der gleichen Stufe zugeordnet, die sie in der niedrigeren Entgeltgruppe erreicht haben, mindestens jedoch der Stufe 2. [2] Die Stufenlaufzeit in der höheren Entgeltgruppe beginnt mit dem Tag der Höhergruppierung. [3] Bei einer Eingruppierung in eine niedrigere Entgeltgruppe ist die/der Beschäftige der in der höheren Entgeltgruppe erreichten Stufe zuzuordnen; die in der bisherigen Stufe zurückgelegte Stufenlaufzeit wird auf die Stufenlaufzeit in der niedrigeren Entgeltgruppe angerechnet. [4] Die/Der Beschäftigte erhält vom Beginn des Monats an, in dem die Veränderung wirksam wird, das entsprechende Tabellenentgelt aus der in Satz 1 oder Satz 3 festgelegten Stufe der betreffenden Entgeltgruppe.

(4a) [1] Bei Eingruppierung in eine höhere Entgeltgruppe aus der Entgeltgruppe 1 werden die Beschäftigten im Bereich der VKA derjenigen Stufe zugeordnet, in der sie mindestens ihr bisheriges Tabellenentgelt erhalten, mindestens jedoch der Stufe 2. [2] Wird die/der Beschäftigte nicht in die nächsthöhere, sondern in eine darüber liegende Entgeltgruppe höhergruppiert, ist das Tabellenentgelt für jede dazwischen liegende Entgeltgruppe nach Satz 1 zu berechnen. [3] Die Stufenlaufzeit in der höheren Entgeltgruppe beginnt mit dem Tag der Höhergruppierung. [4] Die/Der Beschäftigte erhält vom Beginn des Monats an, in dem die Veränderung wirksam wird, das entsprechende Tabellenentgelt aus der in Satz 1 festgelegten Stufe der betreffenden Entgeltgruppe.

(5) [1] Bei Eingruppierung in eine höhere Entgeltgruppe werden die Beschäftigten des Bundes der gleichen Stufe zugeordnet, die sie in der niedrigeren Entgeltgruppe erreicht haben, mindestens jedoch der Stufe 2. [2] Die Stufenlaufzeit in der höheren Entgeltgruppe beginnt mit dem Tag der Höhergruppierung. [3] Bei einer Eingruppierung in eine niedrigere Entgeltgruppe ist die/der Beschäftige der in der höheren Entgeltgruppe erreichten Stufe zuzuordnen; die in der bisherigen Stufe zurückgelegte Stufenlaufzeit wird auf die Stufenlaufzeit in der niedrigeren Entgeltgruppe angerechnet. [4] Die/Der Beschäftigte erhält das entsprechende Tabellenentgelt vom Beginn des Monats an, in dem die Veränderung wirksam wird.

Protokollerklärung zu den Absätzen 4, 4a und 5:

[1] Ist Beschäftigten nach § 14 Abs. 1 vorübergehend eine höherwertige Tätigkeit übertragen worden, und wird ihnen im unmittelbaren Anschluss daran eine Tätigkeit derselben höheren Entgeltgruppe dauerhaft übertragen, werden sie hinsichtlich der Stufenzuordnung so gestellt, als sei die Höhergruppierung ab dem ersten Tag der vorübergehenden Übertragung der höherwertigen Tätigkeit erfolgt. [2] Unterschreitet bei Höhergruppierungen nach Satz 1 das Tabellenentgelt nach den Sätzen 4 des § 17 Abs. 4, 4a bzw. 5 die Summe aus dem Tabellenentgelt und dem Zulagenbetrag nach § 14 Abs. 3, die die/der Beschäftigte am Tag vor der Höhergruppierung erhalten hat, erhält die/der Beschäftigte dieses Entgelt solange, bis das Tabellenentgelt nach den Sätzen 4 des § 17 Abs. 4, 4a bzw. 5 dieses Entgelt erreicht oder übersteigt.

§ 18 (Bund) Leistungsentgelt. (1) Das Leistungsentgelt ist eine variable und leistungsorientierte Bezahlung, die zusätzlich zum Tabellenentgelt gezahlt werden kann.

(2) [1] Für das Leistungsentgelt kann ein Gesamtvolumen von bis zu 1 v.H. der ständigen Monatsentgelte des Vorjahres aller unter den Geltungsbereich des TVöD fallenden Beschäftigten der jeweiligen Dienststelle zur Verfügung gestellt werden. [2] Die Umsetzung richtet sich nach dem Tarifvertrag über das Leistungsentgelt für die Beschäftigten des Bundes.

Protokollerklärung zu Absatz 2 Satz 1:

Ständige Monatsentgelte sind insbesondere das Tabellenentgelt (ohne Sozialversicherungsbeiträge des Arbeitgebers und dessen Kosten für die betriebliche Altersvorsorge), die in Monatsbeträgen festgelegten Zulagen einschließlich Besitzstandszulagen sowie Entgelt im Krankheitsfall (§ 22) und bei Urlaub, soweit diese Entgelte in dem betreffenden Kalenderjahr ausgezahlt worden sind; nicht einbezogen sind dagegen insbesondere Abfindungen, Aufwandsentschädigungen, Auslandsdienstbezüge einschließlich Kaufkraftausgleiche und Auslandsverwendungszuschläge, Einmalzahlungen, Jahressonderzahlungen, Leistungsentgelte, Strukturausgleiche, unständige Entgeltbestandteile und Entgelte der außertariflichen Beschäftigten.

(3) Die ausgezahlten Leistungsentgelte sind zusatzversorgungspflichtiges Entgelt.

Protokollerklärungen zu § 18 (Bund):

1. *[1] Eine Nichterfüllung der Voraussetzungen für die Gewährung eines Leistungsentgelts darf für sich genommen keine arbeitsrechtlichen Maßnahmen auslösen. [2] Umgekehrt sind arbeitsrechtliche Maßnahmen nicht durch Teilnahme an einer Zielvereinbarung bzw. durch Gewährung eines Leistungsentgelts ausgeschlossen.*
2. *[1] Leistungsgeminderte dürfen nicht grundsätzlich aus Leistungsentgelten ausgenommen werden. [2] Ihre jeweiligen Leistungsminderungen sollen angemessen berücksichtigt werden.*

§ 18 (VKA) Leistungsentgelt. (1) [1] Die leistungs- und/oder erfolgsorientierte Bezahlung soll dazu beitragen, die öffentlichen Dienstleistungen zu verbessern. [2] Zugleich sollen Motivation, Eigenverantwortung und Führungskompetenz gestärkt werden.

(2) Das Leistungsentgelt ist eine variable und leistungsorientierte Bezahlung zusätzlich zum Tabellenentgelt.

(3) [1] Ausgehend von einer vereinbarten Zielgröße von 8 v.H. entspricht bis zu einer Vereinbarung eines höheren Vomhundertsatzes das für das Leistungsentgelt zur Verfügung stehende Gesamtvolumen 2,00 v.H. der ständigen Monatsentgelte des Vorjahres aller unter den Geltungsbereich des TVöD fallenden Beschäftigten des jeweiligen Arbeitgebers. [2] Das für das Leistungsentgelt zur Verfügung stehende Gesamtvolumen ist zweckentsprechend zu verwenden; es besteht die Verpflichtung zu jährlicher Auszahlung der Leistungsentgelte.

Protokollerklärung zu Absatz 3 Satz 1:

[1] Ständige Monatsentgelte sind insbesondere das Tabellenentgelt (ohne Sozialversicherungsbeiträge des Arbeitgebers und dessen Kosten für die betriebliche Altersvorsorge), die in Monatsbeträgen festgelegten Zulagen einschließlich Besitzstandszulagen sowie Entgelt im Krankheitsfall (§ 22) und bei Urlaub, soweit diese Entgelte in dem betreffenden Kalenderjahr ausgezahlt worden sind; nicht einbezogen sind dagegen insbesondere Abfindungen, Aufwandsentschädigungen, Einmalzahlungen, Jahresson-

derzahlungen, Leistungsentgelte, Strukturausgleiche, unständige Entgeltbestandteile und Entgelte der außertariflichen Beschäftigten. [2] Unständige Entgeltbestandteile können betrieblich einbezogen werden.

(4) [1] Das Leistungsentgelt wird zusätzlich zum Tabellenentgelt als Leistungsprämie, Erfolgsprämie oder Leistungszulage gewährt; das Verbinden verschiedener Formen des Leistungsentgelts ist zulässig. [2] Die Leistungsprämie ist in der Regel eine einmalige Zahlung, die im Allgemeinen auf der Grundlage einer Zielvereinbarung erfolgt; sie kann auch in zeitlicher Abfolge gezahlt werden. [3] Die Erfolgsprämie kann in Abhängigkeit von einem bestimmten wirtschaftlichen Erfolg neben dem gemäß Absatz 3 vereinbarten Startvolumen gezahlt werden. [4] Die Leistungszulage ist eine zeitlich befristete, widerrufliche, in der Regel monatlich wiederkehrende Zahlung. [5] Leistungsentgelte können auch an Gruppen von Beschäftigten gewährt werden. [6] Leistungsentgelt muss grundsätzlich allen Beschäftigten zugänglich sein. [7] Für Teilzeitbeschäftigte kann von § 24 Abs. 2 abgewichen werden.

Protokollerklärungen zu Absatz 4:

1. *[1] Die Tarifvertragsparteien sind sich darüber einig, dass die zeitgerechte Einführung des Leistungsentgelts sinnvoll, notwendig und deshalb beiderseits gewollt ist. [2] Sie fordern deshalb die Betriebsparteien dazu auf, rechtzeitig vor dem 1. Januar 2007 die betrieblichen Systeme zu vereinbaren. [3] Kommt bis zum 30. September 2007 keine betriebliche Regelung zustande, erhalten die Beschäftigten mit dem Tabellenentgelt des Monats Dezember 2008 6 v.H. des für den Monat September jeweils zustehenden Tabellenentgelts. [4] Das Leistungsentgelt erhöht sich im Folgejahr um den Restbetrag des Gesamtvolumens. [5] Solange auch in den Folgejahren keine Einigung entsprechend Satz 2 zustande kommt, gelten die Sätze 3 und 4 ebenfalls. [6] Für das Jahr 2007 erhalten die Beschäftigten mit dem Tabellenentgelt des Monats Dezember 2007 12 v.H. des für den Monat September 2007 jeweils zustehenden Tabellenentgelts ausgezahlt, insgesamt jedoch nicht mehr als das Gesamtvolumen gemäß Absatz 3 Satz 1, wenn bis zum 31. Juli 2007 keine Einigung nach Satz 3 zustande gekommen ist.*
2. *Die Tarifvertragsparteien bekennen sich zur weiteren Stärkung der Leistungsorientierung im öffentlichen Dienst.*

Protokollerklärung zu Absatz 4 Satz 3:

1. *[1] Die wirtschaftlichen Unternehmensziele legt die Verwaltungs-/Unternehmensführung zu Beginn des Wirtschaftsjahres fest. [2] Der wirtschaftliche Erfolg wird auf der Gesamtebene der Verwaltung/des Betriebes festgestellt.*
2. *[1] Soweit Beschäftigte im Sinne von § 38 Abs. 5 Satz 1 eine Tätigkeit ausüben, bei der Beamte im Vollstreckungsdienst eine Vollstreckungsdienstzulage nach der Vollstreckungsvergütungsverordnung vom 6. Januar 2003 (BGBl. I S. 8) in der jeweils gültigen Fassung beanspruchen können, erhalten sie eine entsprechende Leistung als Erfolgsprämie, die neben dem im Übrigen nach § 18 zustehenden Leistungsentgelt zu zahlen ist. [2] Erhalten Beamte im Vollstreckungsdienst eine entsprechende Zulage aufgrund einer landesrechtlichen Regelung, bestimmt sich die Höhe der Erfolgsprämie nach Satz 1 nach dieser landesrechtlichen Regelung. [3] Dies gilt auch, wenn ein System der leistungsbezogenen Bezahlung betrieblich nicht vereinbart ist. [4] Bei der Bemessung für die Entgeltfortzahlung (§ 21) wird die Erfolgsprämie nur berücksichtigt, wenn und soweit sie bei den entsprechenden Bezügen der Beamten berücksichtigt wird. [5] Darüber hinaus bleibt die Zahlung höherer Erfolgsprämien bei Überschreiten vereinbarter Ziele möglich.*

(5) [1]Die Feststellung oder Bewertung von Leistungen geschieht durch das Vergleichen von Zielerreichungen mit den in der Zielvereinbarung angestrebten Zielen oder über eine systematische Leistungsbewertung. [2]Zielvereinbarung ist eine freiwillige Abrede zwischen der Führungskraft und einzelnen Beschäftigten oder Beschäftigtengruppen über objektivierbare Leistungsziele und die Bedingungen ihrer Erfüllung. [3]Leistungsbewertung ist die auf einem betrieblich vereinbarten System beruhende Feststellung der erbrachten Leistung nach möglichst messbaren oder anderweitig objektivierbaren Kriterien oder durch aufgabenbezogene Bewertung.

(6) [1]Das jeweilige System der leistungsbezogenen Bezahlung wird betrieblich vereinbart. [2]Die individuellen Leistungsziele von Beschäftigten bzw. Beschäftigtengruppen müssen beeinflussbar und in der regelmäßigen Arbeitszeit erreichbar sein. [3]Die Ausgestaltung geschieht durch Betriebsvereinbarung oder einvernehmliche Dienstvereinbarung, in der insbesondere geregelt werden:

- Verfahren der Einführung von leistungs- und/oder erfolgsorientierten Entgelten,
- zulässige Kriterien für Zielvereinbarungen,
- Ziele zur Sicherung und Verbesserung der Effektivität und Effizienz, insbesondere für Mehrwertsteigerungen (z.B. Verbesserung der Wirtschaftlichkeit, – der Dienstleistungsqualität, – der Kunden-/Bürgerorientierung),
- Auswahl der Formen von Leistungsentgelten, der Methoden sowie Kriterien der systematischen Leistungsbewertung und der aufgabenbezogenen Bewertung (messbar, zählbar oder anderweitig objektivierbar), ggf. differenziert nach Arbeitsbereichen, u.U. Zielerreichungsgrade,
- Anpassung von Zielvereinbarungen bei wesentlichen Änderungen von Geschäftsgrundlagen,
- Vereinbarung von Verteilungsgrundsätzen,
- Überprüfung und Verteilung des zur Verfügung stehenden Finanzvolumens, ggf. Begrenzung individueller Leistungsentgelte aus umgewidmetem Entgelt,
- Dokumentation und Umgang mit Auswertungen über Leistungsbewertungen.

Protokollerklärung zu Absatz 6:

1. *Besteht in einer Dienststelle/in einem Unternehmen kein Personal- oder Betriebsrat, hat der Dienststellenleiter/Arbeitgeber die jährliche Ausschüttung der Leistungsentgelte im Umfang des Vomhundertsatzes der Protokollerklärung Nr. 1 zu Absatz 4 sicherzustellen, solange eine Kommission im Sinne des Absatzes 7 nicht besteht.*
2. *[1]Zwischen 2007 und dem 25. Oktober 2020 bereits vereinbarte Betriebs- und Dienstvereinbarungen mit pauschaler oder undifferenzierter Verteilung gelten als vereinbar mit der Zielsetzung des Absatzes 1. [2]Für die betriebliche Praxis von Arbeitgebern, in deren Betrieb/in deren Dienststelle keine Betriebs- oder Dienstvereinbarung besteht, gilt Satz 1 entsprechend.*

(7) [1]Bei der Entwicklung und beim ständigen Controlling des betrieblichen Systems wirkt eine betriebliche Kommission mit, deren Mitglieder je zur Hälfte vom Arbeitgeber und vom Betriebs-/Personalrat aus dem Betrieb benannt werden. [2]Die betriebliche Kommission ist auch für die Beratung von schriftlich begründeten Beschwerden zuständig, die sich auf Mängel des Systems bzw. seiner Anwendung beziehen. [3]Der Arbeitgeber entscheidet auf Vorschlag der

betrieblichen Kommission, ob und in welchem Umfang der Beschwerde im Einzelfall abgeholfen wird. [4]Folgt der Arbeitgeber dem Vorschlag nicht, hat er seine Gründe darzulegen. [5]Notwendige Korrekturen des Systems bzw. von Systembestandteilen empfiehlt die betriebliche Kommission. [6]Die Rechte der betrieblichen Mitbestimmung bleiben unberührt.

(8) Die ausgezahlten Leistungsentgelte sind zusatzversorgungspflichtiges Entgelt.

Protokollerklärungen zu § 18:

1. *[1]Eine Nichterfüllung der Voraussetzungen für die Gewährung eines Leistungsentgelts darf für sich genommen keine arbeitsrechtlichen Maßnahmen auslösen. [2]Umgekehrt sind arbeitsrechtliche Maßnahmen nicht durch Teilnahme an einer Zielvereinbarung bzw. durch Gewährung eines Leistungsentgelts ausgeschlossen.*
2. *[1]Leistungsgeminderte dürfen nicht grundsätzlich aus Leistungsentgelten ausgenommen werden. [2]Ihre jeweiligen Leistungsminderungen sollen angemessen berücksichtigt werden.*
3. *Die Vorschriften des § 18 sind sowohl für die Parteien der betrieblichen Systeme als auch für die Arbeitgeber und Beschäftigten unmittelbar geltende Regelungen.*
4. *Die Beschäftigten in Sparkassen sind ausgenommen.*
5. *Die landesbezirklichen Regelungen in Baden-Württemberg, in Nordrhein-Westfalen und im Saarland zu Leistungszuschlägen zu § 20 BMT-G bleiben unberührt.*

§ 18a (VKA) Alternatives Entgeltanreiz-System. (1) [1]Alternativ zum System von Leistungszulage und Leistungsprämie (§ 18 (VKA) Abs. 4 Satz 1) kann das in § 18 (VKA) Abs. 3 geregelte Gesamtvolumen durch Betriebs- oder einvernehmliche Dienstvereinbarung, in der insbesondere die Aufteilung des sich daraus ergebenden Budgets auf einzelne Maßnahmen geregelt wird, ganz oder teilweise für das in Absatz 2 dargestellte alternative Entgeltanreiz-System verwendet werden. [2]Die Regelungen zur Erfolgsprämie nach § 18 (VKA) Abs. 4 Sätze 1 und 3 bleiben unberührt.

(2) Das Budget kann für Maßnahmen zur Verbesserung der Arbeitsplatzattraktivität, der Gesundheitsförderung oder der Nachhaltigkeit eingesetzt werden (z.B. für Zuschüsse für Fitnessstudios, Sonderzahlungen, Fahrkostenzuschüsse für ÖPNV/Job-Ticket, Sachbezüge, Kita-Zuschüsse oder Wertgutscheine).

Protokollerklärung zu Absatz 2:

1. *Sofern Teile des in der Betriebs- oder einvernehmlichen Dienstvereinbarung vereinbarten Budgets nicht gemäß Absatz 2 verbraucht werden, erhöht sich hierdurch das Gesamtvolumen nach § 18 (VKA) Abs. 3 im Folgejahr um diesen Restbetrag.*
2. *[1]Besteht in einer Dienststelle/in einem Betrieb kein Personal- oder Betriebsrat, hat der Dienststellenleiter/Arbeitgeber die Verwendung des Budgets gemäß Absatz 2 sicherzustellen. [2]Nummer 1 gilt entsprechend.*

(3) Die aus dem alternativen Entgeltanreiz-System gewährten Leistungen sind zusatzversorgungspflichtig, soweit es sich dabei um steuerpflichtige Einnahmen der/des Beschäftigten handelt.

§ 19 Erschwerniszuschläge. (1) [1]Erschwerniszuschläge werden für Arbeiten gezahlt, die außergewöhnliche Erschwernisse beinhalten. [2]Dies gilt nicht für Erschwernisse, die mit dem der Eingruppierung zugrunde liegenden Berufs- oder Tätigkeitsbild verbunden sind.

(2) Außergewöhnliche Erschwernisse im Sinne des Absatzes 1 ergeben sich grundsätzlich nur bei Arbeiten

a) mit besonderer Gefährdung,

b) mit extremer nicht klimabedingter Hitzeeinwirkung,

c) mit besonders starker Schmutz- oder Staubbelastung,

d) mit besonders starker Strahlenexposition oder

e) unter sonstigen vergleichbar erschwerten Umständen.

(3) Zuschläge nach Absatz 1 werden nicht gewährt, soweit der außergewöhnlichen Erschwernis durch geeignete Vorkehrungen, insbesondere zum Arbeitsschutz, ausreichend Rechnung getragen wird.

(4) [1] Die Zuschläge betragen in der Regel 5 bis 15 v.H. – in besonderen Fällen auch abweichend – des auf eine Stunde entfallenden Anteils des monatlichen Tabellenentgelts der Stufe 2 der Entgeltgruppe 2. [2] Teilzeitbeschäftigte erhalten Erschwerniszuschläge, die nach Stunden bemessen werden, in voller Höhe; sofern sie pauschaliert gezahlt werden, gilt dagegen § 24 Abs. 2.

(5) [1] Die zuschlagspflichtigen Arbeiten und die Höhe der Zuschläge werden im Bereich der VKA landesbezirklich – für den Bund durch einen Tarifvertrag auf Bundesebene – vereinbart. [2] Für den Bund gelten bis zum In-Kraft-Treten eines entsprechenden Tarifvertrages die bisherigen tarifvertraglichen Regelungen des Bundes fort.

§ 20 (Bund) Jahressonderzahlung. (1) Beschäftigte, die am 1. Dezember im Arbeitsverhältnis stehen, haben Anspruch auf eine Jahressonderzahlung.

(2) Die Jahressonderzahlung beträgt bei Beschäftigten

in den Entgeltgruppen	im Tarifgebiet West	im Tarifgebiet Ost im Kalenderjahr				
		2016	2017	2018	2019	ab 2020
1 bis 8	90 v.H.	72 v.H.	76,5 v.H.	81 v.H.	85,5 v.H.	90 v.H.
9a bis 12	80 v.H.	64 v.H.	68 v.H.	72 v.H.	76 v.H.	80 v.H.
13 bis 15	60 v.H.	48 v.H.	51 v.H.	54 v.H.	57 v.H.	60 v.H.

der Bemessungsgrundlage nach Absatz 3.

(3) [1] Bemessungsgrundlage im Sinne des Absatzes 2 ist das monatliche Entgelt, das der/dem Beschäftigten in den Kalendermonaten Juli, August und September durchschnittlich gezahlt wird; unberücksichtigt bleiben hierbei das zusätzlich für Überstunden und Mehrarbeit gezahlte Entgelt (mit Ausnahme der im Dienstplan vorgesehenen Überstunden und Mehrarbeit), Leistungszulagen, Leistungs- und Erfolgsprämien. [2] Der Bemessungssatz bestimmt sich nach der Entgeltgruppe am 1. September. [3] Bei Beschäftigten, deren Arbeitsverhältnis nach dem 30. September begonnen hat, tritt an die Stelle des Bemessungszeitraums der erste volle Kalendermonat des Arbeitsverhältnisses. [4] In den Fällen, in denen im Kalenderjahr der Geburt des Kindes während des Bemessungszeitraums eine elterngeldunschädliche Teilzeitbeschäftigung ausgeübt wird, bemisst sich die Jahressonderzahlung nach dem Beschäftigungsumfang am Tag vor dem Beginn der Elternzeit.

Protokollerklärung zu Absatz 3:
[1] Bei der Berechnung des durchschnittlich gezahlten monatlichen Entgelts werden die gezahlten Entgelte der drei Monate addiert und durch drei geteilt; dies gilt auch bei einer Änderung des Beschäftigungsumfangs. [2] Ist im Bemessungszeitraum nicht für alle Kalendertage Entgelt gezahlt worden, werden die gezahlten Entgelte der drei Monate addiert, durch die Zahl der Kalendertage mit Entgelt geteilt und sodann mit 30,67 multipliziert. [3] Zeiträume, für die Krankengeldzuschuss gezahlt worden ist, bleiben hierbei unberücksichtigt. [4] Besteht während des Bemessungszeitraums an weniger als 30 Kalendertagen Anspruch auf Entgelt, ist der letzte Kalendermonat, in dem für alle Kalendertage Anspruch auf Entgelt bestand, maßgeblich.

(4) [1] Der Anspruch nach den Absätzen 1 bis 3 vermindert sich um ein Zwölftel für jeden Kalendermonat, in dem Beschäftigte keinen Anspruch auf Entgelt oder Fortzahlung des Entgelts nach § 21 haben. [2] Die Verminderung unterbleibt für Kalendermonate,

1. für die Beschäftigte kein Tabellenentgelt erhalten haben wegen
   a) Ableistung von Grundwehrdienst oder Zivildienst, wenn sie diesen vor dem 1. Dezember beendet und die Beschäftigung unverzüglich wieder aufgenommen haben,
   b) Beschäftigungsverboten nach dem Mutterschutzgesetz,
   c) Inanspruchnahme der Elternzeit nach dem Bundeselterngeld- und Elternzeitgesetz bis zum Ende des Kalenderjahres, in dem das Kind geboren ist, wenn am Tag vor Antritt der Elternzeit Entgeltanspruch bestanden hat;
2. in denen Beschäftigten Krankengeldzuschuss gezahlt wurde oder nur wegen der Höhe des zustehenden Krankengelds ein Krankengeldzuschuss nicht gezahlt worden ist.

(5) [1] Die Jahressonderzahlung wird mit dem Tabellenentgelt für November ausgezahlt. [2] Ein Teilbetrag der Jahressonderzahlung kann zu einem früheren Zeitpunkt ausgezahlt werden.

§ 20 (VKA) Jahressonderzahlung. (1) Beschäftigte, die am 1. Dezember im Arbeitsverhältnis stehen, haben Anspruch auf eine Jahressonderzahlung.

(2) [1] Die Jahressonderzahlung beträgt bei Beschäftigten, für die die Regelungen des Tarifgebiets West Anwendung finden,

in den Entgeltgruppen 1 bis 8	bis einschließlich Kalenderjahr 2021	79,51 Prozent
	ab dem Kalenderjahr 2022	84,51 Prozent
in den Entgeltgruppen 9a bis 12		70,28 Prozent
in den Entgeltgruppen 13 bis 15		51,78 Prozent

des der/dem Beschäftigten in den Kalendermonaten Juli, August und September durchschnittlich gezahlten monatlichen Entgelts; unberücksichtigt bleiben hierbei das zusätzlich für Überstunden und Mehrarbeit gezahlte Entgelt (mit Ausnahme der im Dienstplan vorgesehenen Überstunden und Mehrarbeit), Leistungszulagen, Leistungs- und Erfolgsprämien. [2] Der Bemessungssatz bestimmt sich nach der Entgeltgruppe am 1. September. [3] Bei Beschäftigten, deren Arbeitsverhältnis nach dem 30. September begonnen hat, tritt an die Stelle des Bemessungszeitraums der erste volle Kalendermonat des Arbeitsverhältnisses. [4]In den Fällen, in denen im Kalenderjahr der Geburt des Kindes während des Bemessungszeitraums eine elterngeldunschädliche Teilzeitbeschäftigung ausgeübt wird, bemisst sich die Jahressonderzahlung nach dem Beschäftigungsumfang am Tag vor dem Beginn der Elternzeit.

Protokollerklärung zu Absatz 2:

[1]Bei der Berechnung des durchschnittlich gezahlten monatlichen Entgelts werden die gezahlten Entgelte der drei Monate addiert und durch drei geteilt; dies gilt auch bei einer Änderung des Beschäftigungsumfangs. [2]Ist im Bemessungszeitraum nicht für alle Kalendertage Entgelt gezahlt worden, werden die gezahlten Entgelte der drei Monate addiert, durch die Zahl der Kalendertage mit Entgelt geteilt und sodann mit 30,67 multipliziert. [3]Zeiträume, für die Krankengeldzuschuss gezahlt worden ist, bleiben hierbei unberücksichtigt. [4]Besteht während des Bemessungszeitraums an weniger als 30 Kalendertagen Anspruch auf Entgelt, ist der letzte Kalendermonat, in dem für alle Kalendertage Anspruch auf Entgelt bestand, maßgeblich.

(3) [1]Für Beschäftigte, für die die Regelungen des Tarifgebiets Ost Anwendung finden, gilt Absatz 2 mit der Maßgabe, dass die Bemessungssätze für die Jahressonderzahlung bis zum Kalenderjahr 2018 75 Prozent, im Kalenderjahr 2019 82 Prozent, im Kalenderjahr 2020 88 Prozent, im Kalenderjahr 2021 94 Prozent und ab dem Kalenderjahr 2022 100 Prozent der dort genannten Prozentsätze betragen. [2]Abweichend davon beträgt der Bemessungssatz für die Jahressonderzahlung für die Entgeltgruppen 1 bis 8 im Kalenderjahr 2022 96,45 Prozent und ab dem Kalenderjahr 2023 100 Prozent des in Absatz 2 genannten Prozentsatzes.

Protokollerklärung zu Absatz 3:

§ 30 Abs. 6 TVÜ-VKA bleibt unberührt.

(4) [1]Der Anspruch nach den Absätzen 1 bis 3 vermindert sich um ein Zwölftel für jeden Kalendermonat, in dem Beschäftigte keinen Anspruch auf Entgelt oder Fortzahlung des Entgelts nach § 21 haben. [2]Die Verminderung unterbleibt für Kalendermonate,

1. für die Beschäftigte kein Tabellenentgelt erhalten haben wegen
   a) Ableistung von Grundwehrdienst oder Zivildienst, wenn sie diesen vor dem 1. Dezember beendet und die Beschäftigung unverzüglich wieder aufgenommen haben,
   b) Beschäftigungsverboten nach dem Mutterschutzgesetz,
   c) Inanspruchnahme der Elternzeit nach dem Bundeselterngeld- und Elternzeitgesetz bis zum Ende des Kalenderjahres, in dem das Kind geboren ist, wenn am Tag vor Antritt der Elternzeit Entgeltanspruch bestanden hat;
2. in denen Beschäftigten Krankengeldzuschuss gezahlt wurde oder nur wegen der Höhe des zustehenden Krankengelds ein Krankengeldzuschuss nicht gezahlt worden ist.

(5) [1]Die Jahressonderzahlung wird mit dem Tabellenentgelt für November ausgezahlt. [2]Ein Teilbetrag der Jahressonderzahlung kann zu einem früheren Zeitpunkt ausgezahlt werden.

§ 21 Bemessungsgrundlage für die Entgeltfortzahlung. [1]In den Fällen der Entgeltfortzahlung nach § 6 Abs. 3 Satz 1, § 22 Abs. 1, § 26, § 27 und § 29 werden das Tabellenentgelt sowie die sonstigen in Monatsbeträgen festgelegten Entgeltbestandteile weitergezahlt. [2]Die nicht in Monatsbeträgen festgelegten

Entgeltbestandteile werden als Durchschnitt auf Basis der dem maßgebenden Ereignis für die Entgeltfortzahlung vorhergehenden letzten drei vollen Kalendermonate (Berechnungszeitraum) gezahlt. [3] Ausgenommen hiervon sind das zusätzlich für Überstunden und Mehrarbeit gezahlte Entgelt (mit Ausnahme der im Dienstplan vorgesehenen Überstunden und Mehrarbeit), Leistungsentgelte, Jahressonderzahlungen sowie besondere Zahlungen nach § 23 Abs. 2 und 3.

Protokollerklärungen zu den Sätzen 2 und 3:

1. *[1] Volle Kalendermonate im Sinne der Durchschnittsberechnung nach Satz 2 sind Kalendermonate, in denen an allen Kalendertagen das Arbeitsverhältnis bestanden hat. [2] Hat das Arbeitsverhältnis weniger als drei Kalendermonate bestanden, sind die vollen Kalendermonate, in denen das Arbeitsverhältnis bestanden hat, zugrunde zu legen. [3] Bei Änderungen der individuellen Arbeitszeit werden die nach der Arbeitszeitänderung liegenden vollen Kalendermonate zugrunde gelegt.*
2. *[1] Der Tagesdurchschnitt nach Satz 2 beträgt bei einer durchschnittlichen Verteilung der regelmäßigen wöchentlichen Arbeitszeit auf fünf Tage 1/65 aus der Summe der zu berücksichtigenden Entgeltbestandteile, die für den Berechnungszeitraum zugestanden haben. [2] Maßgebend ist die Verteilung der Arbeitszeit zu Beginn des Berechnungszeitraums. [3] Bei einer abweichenden Verteilung der Arbeitszeit ist der Tagesdurchschnitt entsprechend Satz 1 und 2 zu ermitteln.*
3. *[1] Liegt zwischen der Begründung des Arbeitsverhältnisses oder der Änderung der individuellen Arbeitszeit und dem maßgeblichen Ereignis für die Entgeltfortzahlung kein voller Kalendermonat, ist der Tagesdurchschnitt anhand der konkreten individuellen Daten zu ermitteln. [2] Dazu ist die Summe der zu berücksichtigenden Entgeltbestandteile, die für diesen Zeitraum zugestanden haben, durch die Zahl der tatsächlich in diesem Zeitraum erbrachten Arbeitstage zu teilen.*
4. *[1] Tritt die Fortzahlung des Entgelts nach einer allgemeinen Entgeltanpassung ein, ist die/der Beschäftigte so zu stellen, als sei die Entgeltanpassung bereits mit Beginn des Berechnungszeitraums eingetreten. [2] Der Erhöhungssatz beträgt für*
   - *vor dem 1. März 2018 zustehende Entgeltbestandteile 3,19 v.H.,*
   - *vor dem 1. April 2019 zustehende Entgeltbestandteile 3,09 v.H. und*
   - *vor dem 1. März 2020 zustehende Entgeltbestandteile 1,06 v.H.*

§ 22 Entgelt im Krankheitsfall. (1) [1] Werden Beschäftigte durch Arbeitsunfähigkeit infolge Krankheit an der Arbeitsleistung verhindert, ohne dass sie ein Verschulden trifft, erhalten sie bis zur Dauer von sechs Wochen das Entgelt nach § 21. [2] Bei erneuter Arbeitsunfähigkeit infolge derselben Krankheit sowie bei Beendigung des Arbeitsverhältnisses gelten die gesetzlichen Bestimmungen. [3] Als unverschuldete Arbeitsunfähigkeit im Sinne der Sätze 1 und 2 gilt auch die Arbeitsverhinderung infolge einer Maßnahme der medizinischen Vorsorge und Rehabilitation im Sinne von § 9 EFZG.

Protokollerklärung zu Absatz 1 Satz 1:

Ein Verschulden liegt nur dann vor, wenn die Arbeitsunfähigkeit vorsätzlich oder grob fahrlässig herbeigeführt wurde.

(2) [1] Nach Ablauf des Zeitraums gemäß Absatz 1 erhalten die Beschäftigten für die Zeit, für die ihnen Krankengeld oder entsprechende gesetzliche Leistungen gezahlt werden, einen Krankengeldzuschuss in Höhe des Unterschiedsbetrags zwischen den tatsächlichen Barleistungen des Sozialleistungsträgers und

dem Nettoentgelt. [2]Nettoentgelt ist das um die gesetzlichen Abzüge verminderte Entgelt im Sinne des § 21 (mit Ausnahme der Leistungen nach § 23 Abs. 1); bei freiwillig in der gesetzlichen Krankenversicherung versicherten Beschäftigten ist dabei deren Gesamtkranken- und Pflegeversicherungsbeitrag abzüglich Arbeitgeberzuschuss zu berücksichtigen. [3]Für Beschäftigte, die nicht der Versicherungspflicht in der gesetzlichen Krankenversicherung unterliegen und bei einem privaten Krankenversicherungsunternehmen versichert sind, ist bei der Berechnung des Krankengeldzuschusses der Krankengeldhöchstsatz, der bei Pflichtversicherung in der gesetzlichen Krankenversicherung zustünde, zugrunde zu legen. [4]Bei Teilzeitbeschäftigten ist das nach Satz 3 bestimmte fiktive Krankengeld entsprechend § 24 Abs. 2 zeitanteilig umzurechnen.

(3) [1]Der Krankengeldzuschuss wird bei einer Beschäftigungszeit (§ 34 Abs. 3)

von mehr als einem Jahr längstens bis zum Ende der 13. Woche und
von mehr als drei Jahren längstens bis zum Ende der 39. Woche

seit dem Beginn der Arbeitsunfähigkeit infolge derselben Krankheit gezahlt. [2]Maßgeblich für die Berechnung der Fristen nach Satz 1 ist die Beschäftigungszeit, die im Laufe der krankheitsbedingten Arbeitsunfähigkeit vollendet wird.

(4) [1]Entgelt im Krankheitsfall wird nicht über das Ende des Arbeitsverhältnisses hinaus gezahlt; § 8 EFZG bleibt unberührt. [2]Krankengeldzuschuss wird zudem nicht über den Zeitpunkt hinaus gezahlt, von dem an Beschäftigte eine Rente oder eine vergleichbare Leistung auf Grund eigener Versicherung aus der gesetzlichen Rentenversicherung, aus einer zusätzlichen Alters- und Hinterbliebenenversorgung oder aus einer sonstigen Versorgungseinrichtung erhalten, die nicht allein aus Mitteln der Beschäftigten finanziert ist. [3]Innerhalb eines Kalenderjahres kann das Entgelt im Krankheitsfall nach Absatz 1 und 2 insgesamt längstens bis zum Ende der in Absatz 3 Satz 1 genannten Fristen bezogen werden; bei jeder neuen Arbeitsunfähigkeit besteht jedoch mindestens der sich aus Absatz 1 ergebende Anspruch. [4]Überzahlter Krankengeldzuschuss und sonstige Überzahlungen gelten als Vorschuss auf die in demselben Zeitraum zustehenden Leistungen nach Satz 2; soweit es sich nicht um öffentlich-rechtliche Sozialversicherungsansprüche auf Rente handelt, gehen die Ansprüche der Beschäftigten insoweit auf den Arbeitgeber über. [5]Der Arbeitgeber kann von der Rückforderung des Teils des überzahlten Betrags, der nicht durch die für den Zeitraum der Überzahlung zustehenden Bezüge im Sinne des Satzes 2 ausgeglichen worden ist, absehen, es sei denn, die/der Beschäftigte hat dem Arbeitgeber die Zustellung des Rentenbescheids schuldhaft verspätet mitgeteilt.

§ 23 Besondere Zahlungen. (1) [1]Nach Maßgabe des Vermögensbildungsgesetzes in seiner jeweiligen Fassung haben Beschäftigte, deren Arbeitsverhältnis voraussichtlich mindestens sechs Monate dauert, einen Anspruch auf vermögenswirksame Leistungen. [2]Für Vollbeschäftigte beträgt die vermögenswirksame Leistung für jeden vollen Kalendermonat 6,65 Euro. [3]Der Anspruch entsteht frühestens für den Kalendermonat, in dem die/der Beschäftigte dem Arbeitgeber die erforderlichen Angaben schriftlich mitteilt, und für die beiden vorangegangenen Monate desselben Kalenderjahres; die Fälligkeit tritt nicht vor acht Wochen nach Zugang der Mitteilung beim Arbeitgeber ein. [4]Die vermögenswirksame Leistung wird nur für Kalendermonate gewährt, für die den Beschäftigten Tabellenentgelt, Entgeltfortzahlung oder Krankengeldzuschuss zusteht. [5] Für Zeiten, für die Krankengeldzuschuss zusteht, ist die vermögenswirksame Leistung Teil des Krankengeldzuschusses. [6] Die vermögenswirksame Leistung ist kein zusatzversorgungspflichtiges Entgelt.

Protokollerklärung zu Absatz 1 Satz 2:

Im Bereich der VKA beträgt die vermögenswirksame Leistung für Vollbeschäftigte für jeden vollen Kalendermonat mindestens 6,65 Euro.

(2) [1] Beschäftigte erhalten ein Jubiläumsgeld bei Vollendung einer Beschäftigungszeit (§ 34 Abs. 3)

a) von 25 Jahren in Höhe von 350 Euro,

b) von 40 Jahren in Höhe von 500 Euro.

[2] Teilzeitbeschäftigte erhalten das Jubiläumsgeld in voller Höhe. [3] Im Bereich der VKA können durch Betriebs-/Dienstvereinbarung günstigere Regelungen getroffen werden.

(3) [1] Beim Tod von Beschäftigten, deren Arbeitsverhältnis nicht geruht hat, wird der Ehegattin/dem Ehegatten oder der Lebenspartnerin/dem Lebenspartner im Sinne des Lebenspartnerschaftsgesetzes oder den Kindern ein Sterbegeld gewährt. [2] Als Sterbegeld wird für die restlichen Tage des Sterbemonats und – in einer Summe – für zwei weitere Monate das Tabellenentgelt der/des Verstorbenen gezahlt. [3] Die Zahlung des Sterbegeldes an einen der Berechtigten bringt den Anspruch der Übrigen gegenüber dem Arbeitgeber zum Erlöschen; die Zahlung auf das Gehaltskonto hat befreiende Wirkung. [4] Für den Bereich der VKA können betrieblich eigene Regelungen getroffen werden.

§ 24 Berechnung und Auszahlung des Entgelts. (1) [1] Bemessungszeitraum für das Tabellenentgelt und die sonstigen Entgeltbestandteile ist der Kalendermonat, soweit tarifvertraglich nicht ausdrücklich etwas Abweichendes geregelt ist. [2] Die Zahlung erfolgt am letzten Tag des Monats (Zahltag) für den laufenden Kalendermonat auf ein von der/dem Beschäftigten benanntes Konto innerhalb eines Mitgliedstaats der Europäischen Union. [3] Fällt der Zahltag auf einen Samstag, einen Wochenfeiertag oder den 31. Dezember, gilt der vorhergehende Werktag, fällt er auf einen Sonntag, gilt der zweite vorhergehende Werktag als Zahltag. [4] Entgeltbestandteile, die nicht in Monatsbeträgen festgelegt sind, sowie der Tagesdurchschnitt nach § 21 sind am Zahltag des zweiten Kalendermonats, der auf ihre Entstehung folgt, fällig.

Protokollerklärungen zu Absatz 1:

1. *Teilen Beschäftigte ihrem Arbeitgeber die für eine kostenfreie bzw. kostengünstigere Überweisung in einen anderen Mitgliedstaat der Europäischen Union erforderlichen Angaben nicht rechtzeitig mit, so tragen sie die dadurch entstehenden zusätzlichen Überweisungskosten.*
2. *Soweit Arbeitgeber die Bezüge am 15. eines jeden Monats für den laufenden Monat zahlen, können sie jeweils im Dezember eines Kalenderjahres den Zahltag vom 15. auf den letzten Tag des Monats gemäß Absatz 1 Satz 1 verschieben.*

(2) Soweit tarifvertraglich nicht ausdrücklich etwas anderes geregelt ist, erhalten Teilzeitbeschäftigte das Tabellenentgelt (§ 15) und alle sonstigen Entgeltbestandteile in dem Umfang, der dem Anteil ihrer individuell vereinbarten durchschnittlichen Arbeitszeit an der regelmäßigen Arbeitszeit vergleichbarer Vollzeitbeschäftigter entspricht.

(3) [1] Besteht der Anspruch auf das Tabellenentgelt oder die sonstigen Entgeltbestandteile nicht für alle Tage eines Kalendermonats, wird nur der Teil gezahlt, der auf den Anspruchszeitraum entfällt. [2] Besteht nur für einen Teil eines Kalendertags Anspruch auf Entgelt, wird für jede geleistete dienstplanmäßige oder betriebsübliche Arbeitsstunde der auf eine Stunde entfallende Anteil des Tabellenentgelts sowie der sonstigen in Monatsbeträgen festgelegten Entgeltbestandteile gezahlt. [3] Zur Ermittlung des auf eine Stunde entfallenden Anteils sind die in Monatsbeträgen festgelegten Entgeltbestandteile durch das 4,348-fache der regelmäßigen wöchentlichen Arbeitszeit (§ 6 Abs. 1 und entsprechende Sonderregelungen) zu teilen.

(4) [1] Ergibt sich bei der Berechnung von Beträgen ein Bruchteil eines Cents von mindestens 0,5, ist er aufzurunden; ein Bruchteil von weniger als 0,5 ist abzurunden. [2] Zwischenrechnungen werden jeweils auf zwei Dezimalstellen durchgeführt. [3] Jeder Entgeltbestandteil ist einzeln zu runden.

(5) Entfallen die Voraussetzungen für eine Zulage im Laufe eines Kalendermonats, gilt Absatz 3 entsprechend.

(6) Einzelvertraglich können neben dem Tabellenentgelt zustehende Entgeltbestandteile (z.B. Zeitzuschläge, Erschwerniszuschläge) pauschaliert werden.

§ 25 Betriebliche Altersversorgung. Die Beschäftigten haben Anspruch auf Versicherung unter eigener Beteiligung zum Zwecke einer zusätzlichen Alters- und Hinterbliebenenversorgung nach Maßgabe des Tarifvertrages über die betriebliche Altersversorgung der Beschäftigten des öffentlichen Dienstes (Tarifvertrag Altersversorgung – ATV) bzw. des Tarifvertrages über die zusätzliche Altersvorsorge der Beschäftigten des öffentlichen Dienstes – Altersvorsorge-TV-Kommunal – (ATV-K) in ihrer jeweils geltenden Fassung.

Abschnitt IV. Urlaub und Arbeitsbefreiung

§ 26 Erholungsurlaub. (1) [1] Beschäftigte haben in jedem Kalenderjahr Anspruch auf Erholungsurlaub unter Fortzahlung des Entgelts (§ 21). [2] Bei Verteilung der wöchentlichen Arbeitszeit auf fünf Tage in der Kalenderwoche beträgt der Urlaubsanspruch in jedem Kalenderjahr 30 Arbeitstage. [3] Bei einer anderen Verteilung der wöchentlichen Arbeitszeit als auf fünf Tage in der Woche erhöht oder vermindert sich der Urlaubsanspruch entsprechend. [4] Verbleibt bei der Berechnung des Urlaubs ein Bruchteil, der mindestens einen halben Urlaubstag ergibt, wird er auf einen vollen Urlaubstag aufgerundet; Bruchteile von weniger als einem halben Urlaubstag bleiben unberücksichtigt. [5] Der Erholungsurlaub muss im laufenden Kalenderjahr gewährt und kann auch in Teilen genommen werden.

Protokollerklärung zu Absatz 1 Satz 5:

Der Urlaub soll grundsätzlich zusammenhängend gewährt werden; dabei soll ein Urlaubsteil von zwei Wochen Dauer angestrebt werden.

(2) Im Übrigen gilt das Bundesurlaubsgesetz mit folgenden Maßgaben:

a) Im Falle der Übertragung muss der Erholungsurlaub in den ersten drei Monaten des folgenden Kalenderjahres angetreten werden. Kann der Erholungsurlaub wegen Arbeitsunfähigkeit oder aus betrieblichen/dienstlichen

Gründen nicht bis zum 31. März angetreten werden, ist er bis zum 31. Mai anzutreten.

b) Beginnt oder endet das Arbeitsverhältnis im Laufe eines Jahres, erhält die/der Beschäftigte als Erholungsurlaub für jeden vollen Monat des Arbeitsverhältnisses ein Zwölftel des Urlaubsanspruchs nach Absatz 1; § 5 BUrlG bleibt unberührt.

c) Ruht das Arbeitsverhältnis, so vermindert sich die Dauer des Erholungsurlaubs einschließlich eines etwaigen Zusatzurlaubs für jeden vollen Kalendermonat um ein Zwölftel.

d) Das nach Absatz 1 Satz 1 fort zu zahlende Entgelt wird zu dem in § 24 genannten Zeitpunkt gezahlt.

§ 27 Zusatzurlaub. (1) Beschäftigte, die ständig Wechselschichtarbeit nach § 7 Abs. 1 oder ständig Schichtarbeit nach § 7 Abs. 2 leisten und denen die Zulage nach § 8 Abs. 5 Satz 1 oder Abs. 6 Satz 1 zusteht, erhalten

a) bei Wechselschichtarbeit für je zwei zusammenhängende Monate und

b) bei Schichtarbeit für je vier zusammenhängende Monate

einen Arbeitstag Zusatzurlaub.

(2) Im Falle nicht ständiger Wechselschicht- oder Schichtarbeit (z.B. ständige Vertreter) erhalten Beschäftigte des Bundes, denen die Zulage nach § 8 Abs. 5 Satz 2 oder Abs. 6 Satz 2 zusteht, einen Arbeitstag Zusatzurlaub für

a) je drei Monate im Jahr, in denen sie überwiegend Wechselschichtarbeit geleistet haben, und

b) je fünf Monate im Jahr, in denen sie überwiegend Schichtarbeit geleistet haben.

(3) Im Falle nicht ständiger Wechselschichtarbeit und nicht ständiger Schichtarbeit im Bereich der VKA soll bei annähernd gleicher Belastung die Gewährung zusätzlicher Urlaubstage durch Betriebs-/Dienstvereinbarung geregelt werden.

(4) [1] Zusatzurlaub nach diesem Tarifvertrag und sonstigen Bestimmungen mit Ausnahme des gesetzlichen zusätzlichen Urlaubs für schwerbehinderte Menschen wird nur bis zu insgesamt sechs Arbeitstagen im Kalenderjahr gewährt. [2] Erholungsurlaub und Zusatzurlaub (Gesamturlaub) dürfen im Kalenderjahr zusammen 35 Arbeitstage nicht überschreiten. [3] Satz 2 ist für Zusatzurlaub nach den Absätzen 1 und 2 hierzu nicht anzuwenden. [4] Bei Beschäftigten, die das 50. Lebensjahr vollendet haben, gilt abweichend von Satz 2 eine Höchstgrenze von 36 Arbeitstagen; maßgebend für die Berechnung der Urlaubsdauer ist das Lebensjahr, das im Laufe des Kalenderjahres vollendet wird.

(5) Im Übrigen gilt § 26 mit Ausnahme von Absatz 2 Buchst. b entsprechend.

Protokollerklärung zu den Absätzen 1 und 2:

[1] Der Anspruch auf Zusatzurlaub bemisst sich nach der abgeleisteten Schicht- oder Wechselschichtarbeit und entsteht im laufenden Jahr, sobald die Voraussetzungen nach Absatz 1 oder 2 erfüllt sind. [2] Für die Feststellung, ob ständige Wechselschichtarbeit oder ständige Schichtarbeit vorliegt, ist eine Unterbrechung durch Arbeitsbefreiung, Freizeitausgleich, bezahlten Urlaub oder Arbeitsunfähigkeit in den Grenzen des § 22 unschädlich.

§ 28 Sonderurlaub. Beschäftigte können bei Vorliegen eines wichtigen Grundes unter Verzicht auf die Fortzahlung des Entgelts Sonderurlaub erhalten.

§ 29 Arbeitsbefreiung. (1) [1] Als Fälle nach § 616 BGB, in denen Beschäftigte unter Fortzahlung des Entgelts nach § 21 im nachstehend genannten Ausmaß von der Arbeit freigestellt werden, gelten nur die folgenden Anlässe:

a)	Niederkunft der Ehefrau/der Lebenspartnerin im Sinne des Lebenspartnerschaftsgesetzes	ein Arbeitstag,
b)	Tod der Ehegattin/des Ehegatten, der Lebenspartnerin/des Lebenspartners im Sinne des Lebenspartnerschaftsgesetzes, eines Kindes oder Elternteils	zwei Arbeitstage,
c)	Umzug aus dienstlichem oder betrieblichem Grund an einen anderen Ort	ein Arbeitstag,
d)	25- und 40-jähriges Arbeitsjubiläum	ein Arbeitstag,
e)	schwere Erkrankung	
	aa) einer/eines Angehörigen, soweit sie/er in demselben Haushalt lebt,	ein Arbeitstag im Kalenderjahr,
	bb) eines Kindes, das das 12. Lebensjahr noch nicht vollendet hat, wenn im laufenden Kalenderjahr kein Anspruch nach § 45 SGB V besteht oder bestanden hat,	bis zu vier Arbeitstage im Kalenderjahr,
	cc) einer Betreuungsperson, wenn Beschäftigte deshalb die Betreuung ihres Kindes, das das 8. Lebensjahr noch nicht vollendet hat oder wegen körperlicher, geistiger oder seelischer Behinderung dauernd pflegebedürftig ist, übernehmen müssen,	bis zu vier Arbeitstage im Kalenderjahr,
f)	Ärztliche Behandlung von Beschäftigten, wenn diese während der Arbeitszeit erfolgen muss,	erforderliche nachgewiesene Abwesenheitszeit einschließlich erforderlicher Wegezeiten.

[2] Eine Freistellung nach Satz 1 Buchstabe e erfolgt nur, soweit eine andere Person zur Pflege oder Betreuung nicht sofort zur Verfügung steht und die Ärztin/der Arzt in den Fällen des Doppelbuchstaben aa und bb die Notwendigkeit der Anwesenheit der/des Beschäftigten zur vorläufigen Pflege bescheinigt. [3] Die Freistellung nach Satz 1 Buchstabe e darf insgesamt fünf Arbeitstage im Kalenderjahr nicht überschreiten.

(2) [1] Bei Erfüllung allgemeiner staatsbürgerlicher Pflichten nach deutschem Recht, soweit die Arbeitsbefreiung gesetzlich vorgeschrieben ist und soweit die Pflichten nicht außerhalb der Arbeitszeit, gegebenenfalls nach ihrer Verlegung, wahrgenommen werden können, besteht der Anspruch auf Fortzahlung des Entgelts nach § 21 nur insoweit, als Beschäftigte nicht Ansprüche auf Ersatz des Entgelts geltend machen können. [2] Das fortgezahlte Entgelt gilt in Höhe des Ersatzanspruchs als Vorschuss auf die Leistungen der Kostenträger. [3] Die Beschäftigten haben den Ersatzanspruch geltend zu machen und die erhaltenen Beträge an den Arbeitgeber abzuführen.

(3) [1]Der Arbeitgeber kann in sonstigen dringenden Fällen Arbeitsbefreiung unter Fortzahlung des Entgelts nach § 21 bis zu drei Arbeitstagen gewähren. [2]In begründeten Fällen kann bei Verzicht auf das Entgelt kurzfristige Arbeitsbefreiung gewährt werden, wenn die dienstlichen oder betrieblichen Verhältnisse es gestatten.

Protokollerklärung zu Absatz 3 Satz 2:

Zu den „begründeten Fällen" können auch solche Anlässe gehören, für die nach Absatz 1 kein Anspruch auf Arbeitsbefreiung besteht (z.B. Umzug aus persönlichen Gründen).

(4) [1]Zur Teilnahme an Tagungen kann den gewählten Vertreterinnen/Vertretern der Bezirksvorstände, der Landesbezirksvorstände, der Landesbezirksfachbereichsvorstände, der Bundesfachbereichsvorstände, der Bundesfachgruppenvorstände sowie des Gewerkschaftsrates bzw. entsprechender Gremien anderer vertragsschließender Gewerkschaften auf Anfordern der Gewerkschaften Arbeitsbefreiung bis zu acht Werktagen im Jahr unter Fortzahlung des Entgelts nach § 21 erteilt werden, sofern nicht dringende dienstliche oder betriebliche Interessen entgegenstehen. [2]Zur Teilnahme an Tarifverhandlungen mit dem Bund und der VKA oder ihrer Mitgliedverbände kann auf Anfordern einer der vertragsschließenden Gewerkschaften Arbeitsbefreiung unter Fortzahlung des Entgelts nach § 21 ohne zeitliche Begrenzung erteilt werden.

(5) Zur Teilnahme an Sitzungen von Prüfungs- und von Berufsbildungsausschüssen nach dem Berufsbildungsgesetz sowie für eine Tätigkeit in Organen von Sozialversicherungsträgern kann den Mitgliedern Arbeitsbefreiung unter Fortzahlung des Entgelts nach § 21 gewährt werden, sofern nicht dringende dienstliche oder betriebliche Interessen entgegenstehen.

Abschnitt V. Befristung und Beendigung des Arbeitsverhältnisses

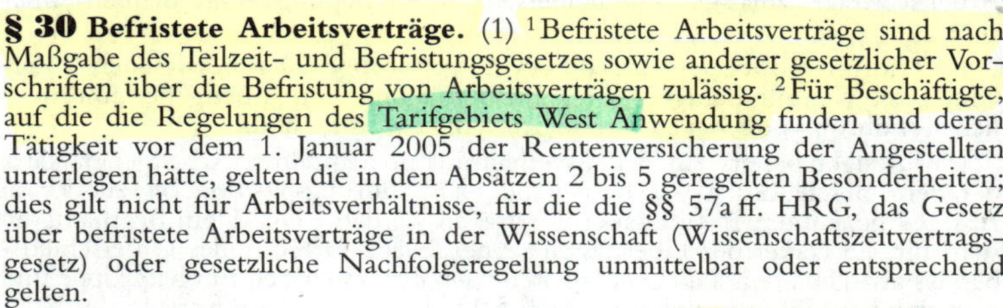

§ 30 Befristete Arbeitsverträge. (1) [1]Befristete Arbeitsverträge sind nach Maßgabe des Teilzeit- und Befristungsgesetzes sowie anderer gesetzlicher Vorschriften über die Befristung von Arbeitsverträgen zulässig. [2]Für Beschäftigte, auf die die Regelungen des Tarifgebiets West Anwendung finden und deren Tätigkeit vor dem 1. Januar 2005 der Rentenversicherung der Angestellten unterlegen hätte, gelten die in den Absätzen 2 bis 5 geregelten Besonderheiten; dies gilt nicht für Arbeitsverhältnisse, für die die §§ 57a ff. HRG, das Gesetz über befristete Arbeitsverträge in der Wissenschaft (Wissenschaftszeitvertragsgesetz) oder gesetzliche Nachfolgeregelung unmittelbar oder entsprechend gelten.

(2) [1]Kalendermäßig befristete Arbeitsverträge mit sachlichem Grund sind nur zulässig, wenn die Dauer des einzelnen Vertrages fünf Jahre nicht übersteigt; weitergehende Regelungen im Sinne von § 23 TzBfG bleiben unberührt. [2]Beschäftigte mit einem Arbeitsvertrag nach Satz 1 sind bei der Besetzung von Dauerarbeitsplätzen bevorzugt zu berücksichtigen, wenn die sachlichen und persönlichen Voraussetzungen erfüllt sind.

(3) [1]Ein befristeter Arbeitsvertrag ohne sachlichen Grund soll in der Regel zwölf Monate nicht unterschreiten; die Vertragsdauer muss mindestens sechs Monate betragen. [2]Vor Ablauf des Arbeitsvertrages hat der Arbeitgeber zu prüfen, ob eine unbefristete oder befristete Weiterbeschäftigung möglich ist.

(4) [1] Bei befristeten Arbeitsverträgen ohne sachlichen Grund gelten die ersten sechs Wochen und bei befristeten Arbeitsverträgen mit sachlichem Grund die ersten sechs Monate als Probezeit. [2] Innerhalb der Probezeit kann der Arbeitsvertrag mit einer Frist von zwei Wochen zum Monatsschluss gekündigt werden.

(5) [1] Eine ordentliche Kündigung nach Ablauf der Probezeit ist nur zulässig, wenn die Vertragsdauer mindestens zwölf Monate beträgt. [2] Nach Ablauf der Probezeit beträgt die Kündigungsfrist in einem oder mehreren aneinandergereihten Arbeitsverhältnissen bei demselben Arbeitgeber

von insgesamt mehr als sechs Monaten	vier Wochen,
von insgesamt mehr als einem Jahr	sechs Wochen
zum Schluss eines Kalendermonats,	
von insgesamt mehr als zwei Jahren	drei Monate,
von insgesamt mehr als drei Jahren	vier Monate
zum Schluss eines Kalendervierteljahres.	

[3] Eine Unterbrechung bis zu drei Monaten ist unschädlich, es sei denn, dass das Ausscheiden von der/dem Beschäftigten verschuldet oder veranlasst war. [4] Die Unterbrechungszeit bleibt unberücksichtigt.

Protokollerklärung zu Absatz 5:

Bei mehreren aneinandergereihten Arbeitsverhältnissen führen weitere vereinbarte Probezeiten nicht zu einer Verkürzung der Kündigungsfrist.

(6) Die §§ 31, 32 bleiben von den Regelungen der Absätze 3 bis 5 unberührt.

§ 31 Führung auf Probe. (1) [1] Führungspositionen können als befristetes Arbeitsverhältnis bis zur Gesamtdauer von zwei Jahren vereinbart werden. [2] Innerhalb dieser Gesamtdauer ist eine höchstens zweimalige Verlängerung des Arbeitsvertrages zulässig. [3] Die beiderseitigen Kündigungsrechte bleiben unberührt.

(2) Führungspositionen sind die ab Entgeltgruppe 10 zugewiesenen Tätigkeiten mit Weisungsbefugnis, die vor Übertragung vom Arbeitgeber ausdrücklich als Führungsposition auf Probe bezeichnet worden sind.

(3) [1] Besteht bereits ein Arbeitsverhältnis mit demselben Arbeitgeber, kann der/dem Beschäftigten vorübergehend eine Führungsposition bis zu der in Absatz 1 genannten Gesamtdauer übertragen werden. [2] Der/Dem Beschäftigten wird für die Dauer der Übertragung eine Zulage in Höhe des Unterschiedsbetrags zwischen den Tabellenentgelten nach der bisherigen Entgeltgruppe und dem sich bei Höhergruppierung nach § 17 Abs. 4 Satz 1 im Bereich der VKA und nach § 17 Abs. 5 Satz 1 im Bereich des Bundes ergebenden Tabellenentgelt gewährt. [3] Nach Fristablauf endet die Erprobung. [4] Bei Bewährung wird die Führungsfunktion auf Dauer übertragen; ansonsten erhält die/der Beschäftigte eine der bisherigen Eingruppierung entsprechende Tätigkeit.

§ 32 Führung auf Zeit. (1) [1] Führungspositionen können als befristetes Arbeitsverhältnis bis zur Dauer von vier Jahren vereinbart werden. [2] Folgende Verlängerungen des Arbeitsvertrages sind zulässig:

a) in den Entgeltgruppen 10 bis 12 eine höchstens zweimalige Verlängerung bis zu einer Gesamtdauer von acht Jahren,

b) ab Entgeltgruppe 13 eine höchstens dreimalige Verlängerung bis zu einer Gesamtdauer von zwölf Jahren.

[3]Zeiten in einer Führungsposition nach Buchstabe a bei demselben Arbeitgeber können auf die Gesamtdauer nach Buchstabe b zur Hälfte angerechnet werden. [4]Die allgemeinen Vorschriften über die Probezeit (§ 2 Abs. 4) und die beiderseitigen Kündigungsrechte bleiben unberührt.

(2) Führungspositionen sind die ab Entgeltgruppe 10 zugewiesenen Tätigkeiten mit Weisungsbefugnis, die vor Übertragung vom Arbeitgeber ausdrücklich als Führungspositionen auf Zeit bezeichnet worden sind.

(3) [1]Besteht bereits ein Arbeitsverhältnis mit demselben Arbeitgeber, kann der/dem Beschäftigten vorübergehend eine Führungsposition bis zu den in Absatz 1 genannten Fristen übertragen werden. [2]Der/Dem Beschäftigten wird für die Dauer der Übertragung eine Zulage gewährt in Höhe des Unterschiedsbetrags zwischen den Tabellenentgelten nach der bisherigen Entgeltgruppe und dem sich bei Höhergruppierung nach § 17 Abs. 4 Satz 1 im Bereich der VKA und nach § 17 Abs. 5 Satz 1 im Bereich des Bundes ergebenden Tabellenentgelt, zuzüglich eines Zuschlags von 75 v.H. des Unterschiedsbetrags zwischen den Entgelten der Entgeltgruppe, die der übertragenen Funktion entspricht, zur nächsthöheren Entgeltgruppe nach § 17 Abs. 4 Satz 1 im Bereich der VKA und nach § 17 Abs. 5 Satz 1 im Bereich des Bundes. [3]Nach Fristablauf erhält die/der Beschäftigte eine der bisherigen Eingruppierung entsprechende Tätigkeit; der Zuschlag entfällt.

§ 33 Beendigung des Arbeitsverhältnisses ohne Kündigung. (1) Das Arbeitsverhältnis endet, ohne dass es einer Kündigung bedarf,

a) mit Ablauf des Monats, in dem die/der Beschäftigte das gesetzlich festgelegte Alter zum Erreichen der Regelaltersrente vollendet hat, es sei denn, zwischen dem Arbeitgeber und dem/der Beschäftigten ist während des Arbeitsverhältnisses vereinbart worden, den Beendigungszeitpunkt nach § 41 Satz 3 SGB VI hinauszuschieben,

b) jederzeit im gegenseitigen Einvernehmen (Auflösungsvertrag).

(2) [1]Das Arbeitsverhältnis endet ferner, sofern der/dem Beschäftigten der Bescheid eines Rentenversicherungsträgers (Rentenbescheid) zugestellt wird, wonach die/der Beschäftigte eine Rente auf unbestimmte Dauer wegen voller oder teilweiser Erwerbsminderung erhält. [2]Die/Der Beschäftigte hat den Arbeitgeber von der Zustellung des Rentenbescheids unverzüglich zu unterrichten. [3]Das Arbeitsverhältnis endet mit Ablauf des dem Rentenbeginn vorangehenden Tages; frühestens jedoch zwei Wochen nach Zugang der schriftlichen Mitteilung des Arbeitgebers über den Zeitpunkt des Eintritts der auflösenden Bedingung. [4]Liegt im Zeitpunkt der Beendigung des Arbeitsverhältnisses eine nach § 175 SGB IX erforderliche Zustimmung des Integrationsamtes noch nicht vor, endet das Arbeitsverhältnis mit Ablauf des Tages der Zustellung des Zustimmungsbescheids des Integrationsamtes; jedoch auch hier frühestens zwei Wochen nach Zugang der schriftlichen Mitteilung im Sinne von Satz 3. [5]Das Arbeitsverhältnis endet nicht, wenn nach dem Bescheid des Rentenversicherungsträgers eine Rente auf Zeit gewährt wird. [6]In diesem Fall ruht das Arbeitsverhältnis für den Zeitraum, für den eine Rente auf Zeit gewährt wird; für den Beginn des Ruhens des Arbeitsverhältnisses gilt Satz 3 entsprechend.

(3) Im Falle teilweiser Erwerbsminderung endet bzw. ruht das Arbeitsverhältnis nicht, wenn die/der Beschäftigte nach ihrem/seinem vom Rentenversicherungsträger festgestellten Leistungsvermögen auf ihrem/seinem bisherigen oder einem anderen geeigneten und freien Arbeitsplatz weiterbeschäftigt werden könnte, soweit dringende dienstliche bzw. betriebliche Gründe nicht entgegenstehen, und die/der Beschäftigte innerhalb von zwei Wochen nach Zugang des Rentenbescheids ihre/seine Weiterbeschäftigung schriftlich beantragt.

(4) [1] Verzögert die/der Beschäftigte schuldhaft den Rentenantrag oder bezieht sie/er Altersrente nach § 236 oder § 236a SGB VI oder ist sie/er nicht in der gesetzlichen Rentenversicherung versichert, so tritt an die Stelle des Rentenbescheids das Gutachten einer Amtsärztin/eines Amtsarztes oder einer/eines nach § 3 Abs. 4 Satz 2 bestimmten Ärztin/Arztes. [2] Das Arbeitsverhältnis endet in diesem Fall mit Ablauf des Monats, in dem der/dem Beschäftigten das Gutachten bekannt gegeben worden ist; frühestens jedoch zwei Wochen nach Zugang der schriftlichen Mitteilung des Arbeitgebers über den Zeitpunkt des Eintritts der auflösenden Bedingung.

(5) [1] Soll die/der Beschäftigte, deren/dessen Arbeitsverhältnis nach Absatz 1 Buchst. a geendet hat, weiterbeschäftigt werden, ist ein neuer schriftlicher Arbeitsvertrag abzuschließen. [2] Das Arbeitsverhältnis kann jederzeit mit einer Frist von vier Wochen zum Monatsende gekündigt werden, wenn im Arbeitsvertrag nichts anderes vereinbart ist.

§ 34 Kündigung des Arbeitsverhältnisses. (1) [1] Bis zum Ende des sechsten Monats seit Beginn des Arbeitsverhältnisses beträgt die Kündigungsfrist zwei Wochen zum Monatsschluss. [2] Im Übrigen beträgt die Kündigungsfrist bei einer Beschäftigungszeit (Absatz 3 Satz 1 und 2)

bis zu einem Jahr	ein Monat zum Monatsschluss,
von mehr als einem Jahr	6 Wochen,
von mindestens 5 Jahren	3 Monate,
von mindestens 8 Jahren	4 Monate,
von mindestens 10 Jahren	5 Monate,
von mindestens 12 Jahren	6 Monate

zum Schluss eines Kalendervierteljahres.

(2) [1] Arbeitsverhältnisse von Beschäftigten, die das 40. Lebensjahr vollendet haben und für die die Regelungen des Tarifgebiets West Anwendung finden, können nach einer Beschäftigungszeit (Absatz 3 Satz 1 und 2) von mehr als 15 Jahren durch den Arbeitgeber nur aus einem wichtigen Grund gekündigt werden. [2] Soweit Beschäftigte nach den bis zum 30. September 2005 geltenden Tarifregelungen unkündbar waren, verbleibt es dabei.

(3) [1] Beschäftigungszeit ist die bei demselben Arbeitgeber im Arbeitsverhältnis zurückgelegte Zeit, auch wenn sie unterbrochen ist. [2] Unberücksichtigt bleibt die Zeit eines Sonderurlaubs gemäß § 28, es sei denn, der Arbeitgeber hat vor Antritt des Sonderurlaubs schriftlich ein dienstliches oder betriebliches Interesse anerkannt. [3] Wechseln Beschäftigte zwischen Arbeitgebern, die vom Geltungsbereich dieses Tarifvertrages erfasst werden, werden die Zeiten bei dem anderen Arbeitgeber als Beschäftigungszeit anerkannt. [4] Satz 3 gilt entsprechend bei einem Wechsel von einem anderen öffentlich-rechtlichen Arbeitgeber.

§ 35 Zeugnis. (1) Bei Beendigung des Arbeitsverhältnisses haben die Beschäftigten Anspruch auf ein schriftliches Zeugnis über Art und Dauer ihrer Tätigkeit, das sich auch auf Führung und Leistung erstrecken muss (Endzeugnis).

(2) Aus triftigen Gründen können Beschäftigte auch während des Arbeitsverhältnisses ein Zeugnis verlangen (Zwischenzeugnis).

(3) Bei bevorstehender Beendigung des Arbeitsverhältnisses können die Beschäftigten ein Zeugnis über Art und Dauer ihrer Tätigkeit verlangen (vorläufiges Zeugnis).

(4) Die Zeugnisse gemäß den Absätzen 1 bis 3 sind unverzüglich auszustellen.

Abschnitt VI. Übergangs- und Schlussvorschriften

§ 36 (VKA) Anwendung weiterer Tarifverträge. (1) Neben diesem Tarifvertrag sind die nachfolgend aufgeführten Tarifverträge in ihrer jeweils geltenden Fassung anzuwenden:

a) Tarifverträge über die Bewertung der Personalunterkünfte vom 16. März 1974,
b) Tarifverträge über den Rationalisierungsschutz vom 9. Januar 1987,
c) Tarifvertrag zur sozialen Absicherung (TVsA) vom 13. September 2005,
d) Tarifvertrag zur Regelung der Altersteilzeitarbeit (TV ATZ) vom 5. Mai 1998,
e) Tarifvertrag zu flexiblen Arbeitszeitregelungen für ältere Beschäftigte – TV FlexAZ – vom 27. Februar 2010,
f) Tarifvertrag zur Regelung des Übergangs in den Ruhestand für Angestellte im Flugverkehrskontrolldienst durch Altersteilzeitarbeit vom 26. März 1999,
g) Tarifvertrag zur Entgeltumwandlung für Arbeitnehmer/-innen im kommunalen öffentlichen Dienst (TV-EUmw/VKA) vom 18. Februar 2003,
h) Rahmentarifvertrag zur Regelung der Arbeitszeit der Beschäftigten des Feuerwehr- und Sanitätspersonals an Flughäfen vom 8. September 2004.

(2) Auf Beschäftigte im Sozial- und Erziehungsdienst finden die Regelungen des § 1 der Anlage zu Abschnitt VIII Sonderregelungen (VKA) § 56 BT-V auch dann Anwendung, wenn sie außerhalb des Geltungsbereichs des BT-V oder des BT-B tätig sind.

§ 37 Ausschlussfrist. (1) [1] Ansprüche aus dem Arbeitsverhältnis verfallen, wenn sie nicht innerhalb einer Ausschlussfrist von sechs Monaten nach Fälligkeit von der/dem Beschäftigten oder vom Arbeitgeber in Textform geltend gemacht werden. [2] Für denselben Sachverhalt reicht die einmalige Geltendmachung des Anspruchs auch für später fällige Leistungen aus.

(2) Absatz 1 gilt nicht für Ansprüche aus einem Sozialplan sowie für Ansprüche, soweit sie kraft Gesetzes einer Ausschlussfrist entzogen sind.

§ 38 Begriffsbestimmungen. (1) Sofern auf die Tarifgebiete Ost und West Bezug genommen wird, gilt Folgendes:

a) Die Regelungen für das Tarifgebiet Ost gelten für die Beschäftigen, deren Arbeitsverhältnis in dem in Art. 3 des Einigungsvertrages genannten Gebiet begründet worden ist und bei denen der Bezug des Arbeitsverhältnisses zu diesem Gebiet fortbesteht.

b) Für die übrigen Beschäftigten gelten die Regelungen für das Tarifgebiet West.

(2) Sofern auf die Begriffe „Betrieb", „betrieblich" oder „Betriebspartei" Bezug genommen wird, gilt die Regelung für Verwaltungen sowie für Parteien nach dem Personalvertretungsrecht entsprechend, es sei denn, es ist etwas anderes bestimmt.

(3) Eine einvernehmliche Dienstvereinbarung liegt nur ohne Entscheidung der Einigungsstelle vor.

(4) Leistungsgeminderte Beschäftigte sind Beschäftigte, die ausweislich einer Bescheinigung des beauftragten Arztes (§ 3 Abs. 4) nicht mehr in der Lage sind, auf Dauer die vertraglich geschuldete Arbeitsleistung in vollem Umfang zu erbringen, ohne deswegen zugleich teilweise oder in vollem Umfang erwerbsgemindert im Sinne des SGB VI zu sein.

Protokollerklärung zu Absatz 4:

Die auf leistungsgeminderte Beschäftigte anzuwendenden Regelungen zur Entgeltsicherung bestimmen sich im Bereich des Bundes nach § 16a TVÜ-Bund und im Bereich der VKA nach § 16a TVÜ-VKA.

(5) [1] Die Regelungen für Angestellte finden Anwendung auf Beschäftigte, deren Tätigkeit vor dem 1. Januar 2005 der Rentenversicherung der Angestellten unterlegen hätte. [2] Die Regelungen für Arbeiterinnen und Arbeiter finden Anwendung auf Beschäftigte, deren Tätigkeit vor dem 1. Januar 2005 der Rentenversicherung der Arbeiter unterlegen hätte.

§ 38a (Bund) Übergangsvorschriften. Wenn in einem für den Bund geltenden Tarifvertrag ein Verweis auf die Entgeltgruppe 9 enthalten ist, bezieht er sich auf die Entgeltgruppen 9a bis 9c.

§ 38a (VKA) Übergangsvorschriften. (1) Für Beschäftigte, die sich in einem Altersteilzeitarbeitsverhältnis befinden oder deren Altersteilzeitarbeitsverhältnis spätestens am 1. Juli 2008 beginnt, gilt § 6 Abs. 1 Satz 1 Buchst. b 1. Halbsatz in der bis zum 30. Juni 2008 geltenden Fassung bei der Berechnung des Tabellenentgelts und von in Monatsbeträgen zustehenden Zulagen.

Protokollerklärung zu Absatz 1:

Dem Tabellenentgelt stehen individuelle Zwischen- und Endstufen gleich.

(2) [1] Auf technisches Theaterpersonal mit überwiegend künstlerischer Tätigkeit, mit dem am 31. Mai 2013 arbeitsvertraglich eine überwiegend künstlerische Tätigkeit vereinbart ist, findet § 1 Abs. 2 Buchst. n in der bis zum 31. Mai 2013 geltenden Fassung für die Dauer des ununterbrochen fortbestehenden Arbeitsverhältnisses weiter Anwendung. [2] Auf technisches Theaterpersonal, mit dem am 31. Mai 2013 arbeitsvertraglich die Anwendung des TVöD vereinbart ist, findet der TVöD unabhängig von § 1 Abs. 2 Buchst. n in der ab dem 1. Juni 2013 geltenden Fassung für die Dauer des ununterbrochen fortbestehenden Arbeitsverhältnisses weiter Anwendung. [3] Als ununterbrochen fortbestehend gilt das Arbeitsverhältnis auch, wenn im beiderseitigen Einvernehmen an ein befristetes Arbeitsverhältnis ohne Unterbrechung ein neues Arbeitsverhältnis zu demselben Arbeitgeber abgeschlossen wird.

§ 39 In-Kraft-Treten, Laufzeit. (1) [1]Dieser Tarifvertrag tritt am 1. Oktober 2005 in Kraft. [2]Abweichend von Satz 1 treten

a) § 20 am 1. Januar 2007,

b) § 26 Abs. 1 und Abs. 2 Buchst. b und c sowie § 27 am 1. Januar 2006

in Kraft.

(2) Dieser Tarifvertrag kann von jeder Tarifvertragspartei mit einer Frist von drei Monaten zum Schluss eines Kalenderhalbjahres schriftlich gekündigt werden.

(3) *(aufgehoben)*

(4) Abweichend von Absatz 2 können schriftlich gekündigt werden

a) die Vorschriften des Abschnitts II einschließlich des Anhangs zu § 9 mit einer Frist von einem Monat zum Schluss eines Kalendermonats;

b) unabhängig von Buchst. a § 8 Abs. 1 mit einer Frist von drei Monaten zum Schluss eines Kalendervierteljahres;

c) die jeweiligen Anlagen A (Bund bzw. VKA) zu § 15 ohne Einhaltung einer Frist, frühestens jedoch zum 31. Dezember 2022;

d) der jeweilige § 20 (Bund bzw. VKA) zum 31. Dezember eines jeden Jahres;

e) § 23 Abs. 1 mit einer Frist von einem Monat zum Schluss eines Kalendermonats;

f) § 26 Abs. 1 mit einer Frist von drei Monaten zum Schluss eines Kalenderjahres;

g) § 12 (Bund) und § 13 (Bund) jederzeit ohne Einhaltung einer Frist, jedoch nur insgesamt, frühestens zum 31. Dezember 2016; die Nachwirkung dieser Vorschriften wird ausgeschlossen;

h) § 12 (VKA) und § 13 (VKA) mit einer Frist von sechs Monaten zum Schluss eines Kalenderjahres, jedoch nur insgesamt, frühestens zum 31. Dezember 2020; die Nachwirkung dieser Vorschriften wird ausgeschlossen;

i) die Anlage 1 – Entgeltordnung (VKA) mit einer Frist von sechs Monaten zum Schluss eines Kalenderjahres, jedoch nur insgesamt, frühestens zum 31. Dezember 2020; die Nachwirkung wird ausgeschlossen.

Protokollerklärung zum Buchstaben i:
Abweichend von dem Buchstaben i kann Teil B Abschnitt XXIV der Anlage 1 – Entgeltordnung (VKA) mit einer Frist von drei Monaten zum Schluss eines Kalendervierteljahres, frühestens jedoch zum 30. Juni 2020, schriftlich gekündigt werden.

Niederschriftserklärungen

1. *Zu § 1 Abs. 2 Buchst. b:*
   Bei der Bestimmung des regelmäßigen Entgelts werden Leistungsentgelt, Zulagen und Zuschläge nicht berücksichtigt.

2. *Zu § 1 Abs. 2 Buchst. s:*
   Die Tarifvertragsparteien gehen davon aus, dass studentische Hilfskräfte Beschäftigte sind, zu deren Aufgabe es gehört, das hauptberufliche wissenschaftliche Personal in Forschung und Lehre sowie bei außeruniversitären Forschungseinrichtungen zu unterstützen.

3. *Zu § 4 Abs. 1:*

Der Begriff „Arbeitsort" ist ein generalisierter Oberbegriff; die Bedeutung unterscheidet sich nicht von dem bisherigen Begriff „Dienstort".

4. *Zu § 8 Abs. 3:*
Zur Erläuterung von § 8 Abs. 3 und der dazugehörigen Protokollerklärung sind sich die Tarifvertragsparteien über folgendes Beispiel einig: „Beginnt eine Wochenendrufbereitschaft am Freitag um 15 Uhr und endet am Montag um 7 Uhr, so erhalten Beschäftigte folgende Pauschalen: Zwei Stunden für Freitag, je vier Stunden für Samstag und Sonntag, keine Pauschale für Montag. Sie erhalten somit zehn Stundenentgelte."

5. *Zu § 10 Abs. 4:*
Durch diese Regelung werden aus dem Urlaubsrecht entlehnte Ansprüche nicht begründet.

6. *Zu § 14 Abs. 1:*
   1. *Ob die vorübergehend übertragene höherwertige Tätigkeit einer höheren Entgeltgruppe entspricht, bestimmt sich im Bereich der VKA für nach einem gemäß § 2 Abs. 2 TVÜ-VKA weitergeltenden Lohngruppenverzeichnis eingruppierte Beschäftigte nach der Anlage 3 zum TVÜ-VKA.*
   2. *Die Tarifvertragsparteien stellen klar, dass die vertretungsweise Übertragung einer höherwertigen Tätigkeit ein Unterfall der vorübergehenden Übertragung einer höherwertigen Tätigkeit ist.*

7. *(aufgehoben)*

7a. *Zu § 16 (Bund) Abs. 3:*
Die Tarifvertragsparteien sind sich darüber einig, dass die erworbene Stufe im Sinne des § 16 (Bund) Abs. 3 auch eine individuelle Endstufe im Sinne des § 6 Abs. 3 Satz 1, § 7 Abs. 2 1. Alternative oder § 8 Abs. 3 Satz 2 TVÜ-Bund oder eine individuelle Zwischenstufe im Sinne des § 7 Abs. 3 Satz 1 oder § 8 Abs. 3 Satz 2 TVÜ-Bund sein kann.

8. *Zu § 16 (VKA) Abs. 2 Satz 2:*
Die Tarifvertragsparteien sind sich darüber einig, dass stichtagsbezogene Verwerfungen zwischen übergeleiteten Beschäftigten und Neueinstellungen entstehen können.

8a. *Zu § 16 (VKA) Abs. 2a:*
Die Tarifvertragsparteien sind sich darüber einig, dass die erworbene Stufe im Sinne des § 16 (VKA) Abs. 2a auch eine individuelle Endstufe im Sinne des § 6 Abs. 1 Satz 1, § 7 Abs. 3 Satz 1 oder § 8 Abs. 3 Satz 2 TVÜ-VKA oder eine individuelle Zwischenstufe im Sinne des § 7 Abs. 3 Satz 1 oder § 8 Abs. 3 Satz 2 TVÜ-VKA sein kann.

9. *(aufgehoben)*

10. *Zu § 17 Abs. 4 Satz 3:*
(aufgehoben)

11. *Zu § 18 (Bund):*
Die Tarifvertragsparteien gehen davon aus, dass Leistungsentgelte Bezüge im Sinne des § 4 TV ATZ sind.

12. *Zu § 18 (VKA) Abs. 3:*
Das als Zielgröße zu erreichende Gesamtvolumen von 8 v.H. wird wie folgt finanziert
– *Anteil aus auslaufenden Besitzständen in pauschalierter Form,*
– *im Rahmen zukünftiger Tarifrunden.*

Die Tarifvertragsparteien führen erstmals Mitte 2008 Gespräche über den Anteil aus auslaufenden Besitzständen und über eine mögliche Berücksichtigung von Effizienzgewinnen.

13. *Zu § 18 (VKA):*
Die Tarifvertragsparteien gehen davon aus, dass Leistungsentgelte Bezüge im Sinne des § 4 TV ATZ sind.

14. *Zu § 18 (VKA) Abs. 5 Satz 2:*
[1] Die Tarifvertragsparteien stimmen darin überein, dass aus Motivationsgründen die Vereinbarung von Zielen freiwillig geschieht. [2] Eine freiwillige Zielvereinbarung kann auch die Verständigung auf zum Teil vorgegebene oder übergeordnete Ziele sein, z.B. bei der Umsetzung gesetzlicher oder haushaltsrechtlicher Vorgaben, Grundsatzentscheidungen der Verwaltungs-/Unternehmensführung.

15. *Zu § 18 (VKA) Abs. 5 Satz 3:*
Die systematische Leistungsbewertung entspricht nicht der Regelbeurteilung.

16. *Zu § 18 (VKA) Abs. 7:*
    1. *Die Mitwirkung der Kommission erfasst nicht die Vergabeentscheidung über Leistungsentgelte im Einzelfall.*
    2. *Die nach Abs. 7 und die für Leistungsstufen nach § 17 Abs. 2 gebildeten betrieblichen Kommissionen sind identisch.*

17. *Zu § 18 (VKA) Abs. 8:*
Die Tarifvertragsparteien wirken darauf hin, dass der ATV, der ATV-K sowie die Satzungen der VBL und der kommunalen Zusatzversorgungskassen bis spätestens 31. Dezember 2006 entsprechend angepasst werden.

17b. *Zu § 19 Abs. 5 Satz 2:*
[1] Zwischen den Tarifvertragsparteien besteht Einigkeit, dass im Bereich des Bundes für die Ermittlung des für die Erhöhung der Zuschläge gemäß § 5 LohnzuschlagsTV i.V.m. Nrn. 21, 22 und 23 der Anlage 1 Teil B TVÜ-Bund maßgeblichen Vomhundertsatzes in Höhe von 12 v.H. ab 1. April 2021 1,40 v.H. und ab 1. April 2022 1,80 v.H. anzurechnen sind. [2] Die Summe der für eine Erhöhung der Zuschläge gemäß § 5 LohnzuschlagsTV zu berücksichtigenden Vomhundertsätze beträgt ab 1. April 2021 5,89 v.H. und ab 1. April 2022 7,69 v.H.

18. *Zu § 20 (Bund) Abs. 2 und § 20 (VKA) Abs. 2 Satz 1:*
Die Tarifvertragsparteien stimmen überein, dass die Beschäftigten der Entgeltgruppe 2 Ü zu den Entgeltgruppen 1 bis 8 und die Beschäftigten der Entgeltgruppe 15 Ü zu den Entgeltgruppen 13 bis 15 gehören.

18a. *Zu § 20 (Bund) Abs. 4 Satz 2 Nr. 1 Buchst. c und § 20 (VKA) Abs. 4 Satz 2 Nr. 1 Buchst. c:*
Dem Entgeltanspruch steht der Anspruch auf Zuschuss zum Mutterschaftsgeld gleich.

19. *(aufgehoben)*

19a. *(aufgehoben)*

20. *Zu § 29 Abs. 1 Buchst. f:*
Die ärztliche Behandlung erfasst auch die ärztliche Untersuchung und die ärztlich verordnete Behandlung.

21. *Zur Anlage 1 – Entgeltordnung (VKA)*
    1. *Zu der Protokollerklärung Nr. 14 im Teil B Abschnitt XXIV:*
    [1] Allgemeiner Sozialer Dienst (ASD) ist eine Organisationsbezeichnung, die

auch durch andere Begriffe wie z.B. Kommunaler Sozialer Dienst (KSD) ersetzt sein kann. [2] Der Begriff bezeichnet hier die Aufgabenstellung des Allgemeinen Sozialen Dienstes und muss nicht mit der Benennung der Organisationsform bei dem einzelnen Arbeitgeber übereinstimmen.

2. *Zu Teil B Abschnitt XXVI:*
[1] Die Tarifvertragsparteien halten eine Neuvereinbarung der Bemerkung Nr. 7 zu allen Vergütungsgruppen der Anlage 1a zum BAT für entbehrlich. [2] Es besteht Einvernehmen, dass – wie bisher – unter „technischen Assistentinnen und technischen Assistenten mit staatlicher Anerkennung" diejenigen Personen zu verstehen sind, die nach dem Berufsordnungsrecht berechtigt sind, diese Berufsbezeichnung zu führen.

Anhang zu § 6 (VKA)

Arbeitszeit von Cheffahrerinnen und Cheffahrern

(1) Cheffahrerinnen und Cheffahrer sind die persönlichen Fahrer von Oberbürgermeisterinnen/Oberbürgermeistern, Bürgermeisterinnen/Bürgermeistern, Landrätinnen/Landräten, Beigeordneten/Dezernentinnen/Dezernenten, Geschäftsführerinnen/Geschäftsführern, Vorstandsmitgliedern und vergleichbaren Leitungskräften.

(2) [1] Abweichend von § 3 Satz 1 ArbZG kann die tägliche Arbeitszeit im Hinblick auf die in ihr enthaltenen Wartezeiten auf bis zu 15 Stunden täglich ohne Ausgleich verlängert werden (§ 7 Abs. 2a ArbZG). [2] Die höchstzulässige Arbeitszeit soll 288 Stunden im Kalendermonat ohne Freizeitausgleich nicht übersteigen.

(3) Die tägliche Ruhezeit kann auf bis zu neun Stunden verkürzt werden, wenn spätestens bis zum Ablauf der nächsten Woche ein Zeitausgleich erfolgt.

(4) Eine Verlängerung der Arbeitszeit nach Absatz 2 und die Verkürzung der Ruhezeit nach Absatz 3 sind nur zulässig, wenn

1. geeignete Maßnahmen zur Gewährleistung des Gesundheitsschutzes getroffen sind, wie insbesondere das Recht des Fahrers/der Fahrerin auf eine jährliche, für den Beschäftigten kostenfreie arbeitsmedizinische Untersuchung bei einem Betriebsarzt oder bei einem Arzt mit entsprechender arbeitsmedizinischer Fachkunde, auf den sich die Betriebsparteien geeinigt haben, und/oder die Gewährung eines Freizeitausgleichs möglichst durch ganze Tage oder durch zusammenhängende arbeitsfreie Tage zur Regenerationsförderung,
2. die Cheffahrerin/der Cheffahrer gemäß § 7 Abs. 7 ArbZG schriftlich in die Arbeitszeitverlängerung eingewilligt hat.

(5) § 9 TVöD bleibt unberührt.

Anhang zu § 9

A. Bereitschaftszeiten Hausmeisterinnen/Hausmeister

[1] Für Hausmeisterinnen/Hausmeister, in deren Tätigkeit regelmäßig und in nicht unerheblichem Umfang Bereitschaftszeiten fallen, gelten folgende besondere Regelungen zu § 6 Abs. 1 Satz 1 TVöD: [2] Die Summe aus den faktorisierten Bereitschaftszeiten und der Vollarbeitszeit darf die Arbeitszeit nach § 6 Abs. 1 nicht überschreiten. [3] Die Summe aus Vollarbeits- und Bereitschafts-

zeiten darf durchschnittlich 48 Stunden wöchentlich nicht überschreiten. [4]Bereitschaftszeiten sind die Zeiten, in denen sich die Hausmeisterin/der Hausmeister am Arbeitsplatz oder einer anderen vom Arbeitgeber bestimmten Stelle zur Verfügung halten muss, um im Bedarfsfall die Arbeit selbständig, ggf. auch auf Anordnung, aufzunehmen und in denen die Zeiten ohne Arbeitsleistung überwiegen. [5]Bereitschaftszeiten werden zur Hälfte als Arbeitszeit gewertet (faktorisiert). [6]Bereitschaftszeiten werden innerhalb von Beginn und Ende der regelmäßigen täglichen Arbeitszeit nicht gesondert ausgewiesen.

B. Bereitschaftszeiten im Rettungsdienst und in Leitstellen

(1) [1]Für Beschäftigte im Rettungsdienst und in den Leitstellen, in deren Tätigkeit regelmäßig und in nicht unerheblichem Umfang Bereitschaftszeiten fallen, gelten folgende besondere Regelungen zu § 6 Abs. 1 Satz 1 TVöD: [2]Die Summe aus den faktorisierten Bereitschaftszeiten und der Vollarbeitszeit darf die Arbeitszeit nach § 6 Abs. 1 nicht überschreiten. [3]Die Summe aus Vollarbeits- und Bereitschaftszeiten darf durchschnittlich 48 Stunden wöchentlich nicht überschreiten. [4]Bereitschaftszeiten sind die Zeiten, in denen sich die/der Beschäftigte am Arbeitsplatz oder einer anderen vom Arbeitgeber bestimmten Stelle zur Verfügung halten muss, um im Bedarfsfall die Arbeit selbständig, ggf. auch auf Anordnung, aufzunehmen und in denen die Zeiten ohne Arbeitsleistung überwiegen. [5]Bereitschaftszeiten werden zur Hälfte als tarifliche Arbeitszeit gewertet (faktorisiert). [6]Bereitschaftszeiten werden innerhalb von Beginn und Ende der regelmäßigen täglichen Arbeitszeit nicht gesondert ausgewiesen.

(2) Die zulässige tägliche Höchstarbeitszeit beträgt zwölf Stunden zuzüglich der gesetzlichen Pausen.

(3) Die allgemeinen Regelungen des TVöD zur Arbeitszeit bleiben im Übrigen unberührt.

(4) Für Beschäftigte, die unter die Sonderregelungen für den kommunalen feuerwehrtechnischen Dienst fallen, gilt § 46 Nr. 2 Abs. 1 BT-V (VKA), auch soweit sie in Leitstellen tätig sind.

Anlage 1. Entgeltordnung (VKA)

Inhaltsverzeichnis[1)]

---

1) Inhaltsverzeichnis redaktionell angepasst.

3. Entgeltgruppen 2 bis 12 (Büro-, Buchhalterei-, sonstiger Innendienst und Außendienst)
4. Entgeltgruppen 13 bis 15

II. Spezielle Tätigkeitsmerkmale
1. Bezügerechnerinnen und Bezügerechner
2. Beschäftigte in der Informations- und Kommunikationstechnik
3. Ingenieurinnen und Ingenieure
4. Meisterinnen und Meister
5. Technikerinnen und Techniker
6. Vorlesekräfte für Blinde

Teil B. Besonderer Teil

I. Apothekerinnen und Apotheker
II. Ärztinnen und Ärzte sowie Zahnärztinnen und Zahnärzte
1. Ärztinnen und Ärzte sowie Zahnärztinnen und Zahnärzte
2. Ärztinnen und Ärzte sowie Zahnärztinnen und Zahnärzte im Geltungsbereich des Besonderen Teils Krankenhäuser (BT-K)

III. Beschäftigte in Bäderbetrieben
IV. Baustellenaufseherinnen und Baustellenaufseher
V. Beschäftigte in Bibliotheken, Büchereien, Archiven, Museen und anderen wissenschaftlichen Anstalten
VI. Beschäftigte im Fernmeldebetriebsdienst
VII. Beschäftigte in der Fleischuntersuchung
VIII. Fotografinnen und Fotografen
IX. Beschäftigte im Fremdsprachendienst
X. Gartenbau-, landwirtschafts- und weinbautechnische Beschäftigte
XI. Beschäftigte in Gesundheitsberufen
1. Beschäftigte in der Pflege
2. Leitende Beschäftigte in der Pflege
3. Lehrkräfte in der Pflege
4. Biologisch-technische Assistentinnen und Assistenten, Chemisch-technische Assistentinnen und Assistenten und Physikalisch-technische Assistentinnen und Assistenten sowie Kardiotechnikerinnen und Kardiotechniker

4a. Alltagsbegleiterinnen und -begleiter, Betreuungskräfte sowie Präsenzkräfte
5. Diätassistentinnen und Diätassistenten
6. Ergotherapeutinnen und Ergotherapeuten
7. HNO-Audiologie-Assistentinnen und -Assistenten
8. Logopädinnen und Logopäden
9. Masseurinnen und medizinische Bademeisterinnen sowie Masseure und medizinische Bademeister
10. Medizinisch-technische Assistentinnen und Assistenten
11. Medizinische Dokumentarinnen und Dokumentare
12. Medizinische und Zahnmedizinische Fachangestellte
13. Orthoptistinnen und Orthoptisten
14. Pharmazeutisch-kaufmännische Angestellte
15. Pharmazeutisch-technische Assistentinnen und Assistenten
16. Physiotherapeutinnen und Physiotherapeuten
17. Präparationstechnische Assistentinnen und Assistenten
18. Psychologische Psychotherapeutinnen und -therapeuten sowie Kinder- und Jugendlichenpsychotherapeutinnen und -therapeuten
19. Zahntechnikerinnen und Zahntechniker
20. Leitende Beschäftigte
21. Lehrkräfte an staatlich anerkannten Lehranstalten für medizinische Berufe (Schulen)

XII. Beschäftigte in Häfen und Fährbetrieben
XIII. Beschäftigte im Kassen- und Rechnungswesen
XIV. Beschäftigte im kommunalen feuerwehrtechnischen Dienst
1. Beschäftigte im kommunalen feuerwehrtechnischen Dienst
2. Feuerwehrgerätewartinnen und Feuerwehrgerätewarte
3. Beschäftigte in Feuerwehrtechnischen Zentralen (Feuerwehrtechnischen Zentren)

XV. Beschäftigte in der Konservierung, Restaurierung, Präparierung und Grabungstechnik
XVI. Laborantinnen und Laboranten
XVII. Leiterinnen und Leiter von Registraturen
XVIII. Beschäftigte in Leitstellen

Grundsätzliche Eingruppierungsregelungen (Vorbemerkungen)

1. Vorrang spezieller Tätigkeitsmerkmale

[1] Für Beschäftigte, deren Tätigkeit in einem speziellen Tätigkeitsmerkmal aufgeführt ist, gelten die allgemeinen Tätigkeitsmerkmale (Teil A Abschnitt I) weder in der Entgeltgruppe, in der sie aufgeführt sind, noch in einer höheren Entgeltgruppe.
[2] Die Allgemeinen Tätigkeitsmerkmale der Entgeltgruppen 2 bis 12 für Beschäftigte im Büro-, Buchhalterei-, sonstigen Innendienst und Außendienst (Teil A Abschnitt I Ziffer 3) gelten, sofern die auszuübende Tätigkeit einen unmittelbaren Bezug zu den eigentlichen Aufgaben der betreffenden Verwaltungsdienststellen, -behörden oder -institutionen hat.
[3] Für Beschäftigte mit handwerklichen Tätigkeiten, deren Tätigkeit nicht in einem speziellen Tätigkeitsmerkmal aufgeführt ist, gelten die allgemeinen Tätigkeitsmerkmale für Beschäftigte mit handwerklichen Tätigkeiten (Teil A Abschnitt I Ziffer 2); die allgemeinen Tätigkeitsmerkmale für Beschäftigte im Büro-, Buchhalterei-, sonstigen Innendienst und Außendienst (Teil A Abschnitt I Ziffer 3) gelten nicht.
[4] Für Beschäftigte mit abgeschlossener wissenschaftlicher Hochschulbildung und entsprechender Tätigkeit sowie für sonstige Beschäftigte, die aufgrund gleichwertiger Fähigkeiten und ihrer Erfahrungen entsprechende Tätigkeiten ausüben, gelten die allgemeinen Tätigkeitsmerkmale der Entgeltgruppen 13 bis 15 (Teil A Abschnitt I Ziffer 4), es sei denn, dass ihre Tätigkeit in einem speziellen Tätigkeitsmerkmal aufgeführt ist.
[5] Wird ein Arbeitsvorgang von einem speziellen Tätigkeitsmerkmal erfasst, findet dieses auch dann Anwendung, wenn die/der Beschäftigte außerhalb des Geltungsbereichs des Besonderen Teils bzw. der Besonderen Teile des TVöD beschäftigt ist, zu dem bzw. denen dieses Tätigkeitsmerkmal vereinbart ist.

Protokollerklärung zu Nr. 1 Satz 2:
Die allgemeinen Tätigkeitsmerkmale für Beschäftigte im Büro-, Buchhalterei-, sonstigen Innendienst und im Außendienst (Teil A Abschnitt I Ziffer 3) besitzen eine Auffangfunktion in dem gleichen Umfang wie – bestätigt durch die bisherige ständige Rechtsprechung des BAG – die bisherigen ersten Fallgruppen des Allgemeinen Teils der Anlage 1a zum BAT.

Protokollerklärung zu Nr. 1 Satz 3:
Spezielle Tätigkeitsmerkmale im Sinne des Satzes 3 sind auch die als Beispiele bezeichneten Tätigkeitsmerkmale in den mit einem Mitgliedverband der VKA abgeschlossenen Tarifverträgen.

2. Tätigkeitsmerkmale mit Anforderungen in der Person

[1] Ist in einem Tätigkeitsmerkmal eine Vorbildung oder Ausbildung als Anforderung bestimmt, sind Beschäftigte, die die geforderte Vorbildung oder Ausbildung nicht besitzen,

- wenn nicht auch „sonstige Beschäftigte" von diesem Tätigkeitsmerkmal erfasst werden oder
- wenn auch „sonstige Beschäftigte" von diesem Tätigkeitsmerkmal erfasst werden, diese Beschäftigten jedoch nicht die Voraussetzungen des „sonstigen Beschäftigten" erfüllen,

bei Erfüllung der sonstigen Anforderungen dieses Tätigkeitsmerkmals in der nächst niedrigeren Entgeltgruppe eingruppiert. [2] Satz 1 gilt entsprechend für Tätigkeitsmerkmale, die bei Erfüllung qualifizierter Anforderungen eine höhere Eingruppierung vorsehen. [3] Satz 1 gilt nicht, wenn die Entgeltordnung für diesen Fall ein Tätigkeitsmerkmal (z.B. „in der Tätigkeit von …") enthält.

3. Wissenschaftliche Hochschulbildung

[1] Eine abgeschlossene wissenschaftliche Hochschulbildung liegt vor, wenn das Studium an einer staatlichen Hochschule im Sinne des § 1 Hochschulrahmengesetz (HRG) oder einer nach § 70 HRG staatlich anerkannten Hochschule

a) mit einer nicht an einer Fachhochschule abgelegten ersten Staatsprüfung, Magisterprüfung oder Diplomprüfung oder

b) mit einer Masterprüfung

beendet worden ist. [2] Diesen Prüfungen steht eine Promotion oder die Akademische Abschlussprüfung (Magisterprüfung) einer Philosophischen Fakultät nur in den Fällen gleich, in denen die Ablegung einer ersten Staatsprüfung, einer Masterprüfung oder einer Diplomprüfung nach den einschlägigen Ausbildungsvorschriften nicht vorgesehen ist. [3] Eine abgeschlossene wissenschaftliche Hochschulbildung im Sinne des Satzes 1 Buchst. a setzt voraus, dass die Abschlussprüfung in einem Studiengang abgelegt wurde, der seinerseits mindestens das Zeugnis der Hochschulreife (allgemeine Hochschulreife oder einschlägige fachgebundene Hochschulreife) oder eine andere landesrechtliche Hochschulzugangsberechtigung als Zugangsvoraussetzung erfordert, und für den Abschluss eine Regelstudienzeit von mindestens acht Semestern – ohne etwaige Praxissemester, Prüfungssemester o.Ä. – vorschreibt. [4] Ein Bachelorstudiengang erfüllt diese Voraussetzung auch dann nicht, wenn mehr als sechs Semester für den Abschluss vorgeschrieben sind. [5] Der Masterstudiengang muss nach den Regelungen des Akkreditierungsrats akkreditiert sein. [6] Ein Abschluss an einer ausländischen Hochschule gilt als abgeschlossene wissenschaftliche Hochschulbildung, wenn er von der zuständigen staatlichen Stelle als dem deutschen Hochschulabschluss vergleichbar bewertet wurde.

Protokollerklärung zu Satz 5:
Das Akkreditierungserfordernis ist bis zum 31. Dezember 2024 ausgesetzt.

4. Hochschulbildung

[1] Eine abgeschlossene Hochschulbildung liegt vor, wenn von einer staatlichen Hochschule im Sinne des § 1 HRG oder einer nach § 70 HRG staatlich anerkannten Hochschule ein Diplomgrad mit dem Zusatz „Fachhochschule" („FH"), ein anderer nach § 18 HRG gleichwertiger Abschlussgrad oder ein Bachelorgrad verliehen wurde. [2] Die Abschlussprüfung muss in einem Studiengang abgelegt worden sein, der seinerseits mindestens das Zeugnis der Hochschulreife (allgemeine Hochschulreife oder einschlägige fachgebundene Hochschulreife) oder eine andere landesrechtliche Hochschulzugangsberechtigung als Zugangsvoraussetzung erfordert, und für den Abschluss eine Regelstudienzeit von mindestens sechs Semestern – ohne etwaige Praxissemester, Prüfungssemester o.Ä. – vorschreibt. [3] Der Bachelorstudiengang muss nach den Regelungen des Akkreditierungsrats akkreditiert sein. [4] Dem gleichgestellt sind Abschlüsse in akkreditierten Bachelorausbildungsgängen an Berufsakademien. [5] Nr. 3 Satz 6 gilt entsprechend.

Protokollerklärung zu Satz 3 und 4:
Das Akkreditierungserfordernis ist bis zum 31. Dezember 2024 ausgesetzt.

5. Anerkannte Ausbildungsberufe

[1] Anerkannte Ausbildungsberufe sind nur solche, die auf der Grundlage des Berufsbildungsgesetzes bzw. der Handwerksordnung geregelt sind. [2] Soweit in Tarifverträgen auf Landesebene bzw. im Tarifvertrag zu § 20 Abs. 1 BMT-G-O (Lohngruppenverzeichnis) Beschäftigte mit handwerklichen Tätigkeiten und verwaltungs- oder betriebseigener Prüfung Beschäftigten mit erfolgreich abgeschlossener Ausbildung gleichgestellt sind, bleiben diese Regelungen unberührt. [3] Die im Bereich der jeweiligen kommunalen Arbeitgeberverbände bestehenden Richtlinien finden weiterhin Anwendung. [4] In Tätigkeitsmerkmalen genannte Ausbildungsberufe umfassen auch die entsprechenden früheren Ausbildungsberufe vor Inkrafttreten der Anlage 1 – Entgeltordnung (VKA).

6. Übergangsregelungen zu in der DDR erworbenen Abschlüssen

(1) [1] Aufgrund des Artikels 37 des Einigungsvertrages und der Vorschriften hierzu als gleichwertig festgestellte Abschlüsse, Prüfungen und Befähigungsnachweise stehen ab dem Zeitpunkt ihres Erwerbs den in den Tätigkeitsmerkmalen geforderten entsprechenden Anforderungen gleich. [2] Ist die Gleichwertigkeit erst nach Erfüllung zusätzlicher Erfordernisse festgestellt worden, gilt die Gleichstellung ab der Feststellung.

(2) Facharbeiterinnen und Facharbeiter mit einem im Beitrittsgebiet erworbenen Facharbeiterzeugnis, das nach Artikel 37 des Einigungsvertrages und der Vorschriften hierzu dem Prüfungszeugnis in einem anerkannten Ausbildungsberuf mit einer Ausbildungsdauer von mindestens drei Jahren bzw. mit einer kürzeren Ausbildungsdauer gleichgestellt ist, werden bei entsprechender Tätigkeit wie Beschäftigte mit erfolgreich abgeschlossener Ausbildung in einem solchen Ausbildungsberuf eingruppiert.

7. Ausbildungs- und Prüfungspflicht

(1) Im Bereich der kommunalen Arbeitgeberverbände Baden-Württemberg, Bayern, Berlin, Niedersachsen, Nordrhein-Westfalen, Rheinland-Pfalz, Saar und Schleswig-Holstein sind Beschäftigte im Büro-, Buchhalterei-, sonstigen Innendienst und im Außendienst (Teil A Abschnitt I Ziffer 3) sowie im Kassen- und Rechnungswesen (Teil B Abschnitt XIII), die nicht die Anforderungen der

Entgeltgruppe 5 Fallgruppe 1 bzw. der Entgeltgruppe 9b Fallgruppe 1 erfüllen, nur dann in den in Absatz 2 genannten Entgeltgruppen eingruppiert, wenn sie die der jeweiligen Entgeltgruppe entsprechende Tätigkeit auszuüben haben und nach Maßgabe des Absatzes 2 mit Erfolg an einem Lehrgang mit abschließender Prüfung teilgenommen haben.

Protokollerklärung zu Absatz 1:

Die Tarifverträge auf der Landesebene im Bereich des Kommunalen Arbeitgeberverbands Nordrhein-Westfalen und des Kommunalen Arbeitgeberverbands Rheinland-Pfalz bleiben bestehen.

(2) [1] Für die Eingruppierung in eine der Entgeltgruppen 5 bis 9a ist eine Erste Prüfung abzulegen. [2] Für die Eingruppierung in eine der Entgeltgruppen 9b bis 12 ist eine Zweite Prüfung abzulegen. [3] Satz 1 und 2 gelten nur für auf der Fallgruppe 2 der Entgeltgruppen 5 bzw. 9b aufbauende Eingruppierungen.

Protokollerklärung zu den Absätzen 1 und 2:

[1] Die Lehrgänge und Prüfungen werden bei den durch die Länder oder durch die kommunalen Spitzenverbände anerkannten Verwaltungsschulen oder Studieninstitute durchgeführt. [2] Hierzu rechnen auch solche Lehrgänge und Prüfungen, die nicht für Beamtinnen/Beamte (Beamtenanwärter/-innen) und Beschäftigte gemeinsam, sondern als Sonderlehrgänge für Beschäftigte durchgeführt werden.

(3) [1] Hat eine Beschäftigte/ein Beschäftigter die für ihre/seine Eingruppierung nach den Absätzen 1 und 2 vorgeschriebene Prüfung nicht abgelegt, ist ihr/ihm alsbald die Möglichkeit zu geben, Ausbildung und Prüfung nachzuholen. [2] Besteht hierzu aus Gründen, die die/der Beschäftigte nicht zu vertreten hat, keine Möglichkeit oder befindet sich die/der Beschäftigte in der Ausbildung, erhält sie/er mit Wirkung vom Ersten des vierten Monats nach Beginn der maßgebenden Beschäftigung eine persönliche Zulage. [3] Die Zulage wird in Höhe des Unterschiedes zwischen dem Entgelt, das sie/er jeweils erhalten würde, wenn sie/er zu diesem Zeitpunkt in der ihrer/seiner Tätigkeit entsprechenden Entgeltgruppe eingruppiert wäre, und dem jeweiligen Entgelt ihrer/seiner bisherigen Entgeltgruppe gewährt. [4] Sonstige Ansprüche aus dem Arbeitsverhältnis, die von der Entgeltgruppe abhängen, richten sich während der Zeit, für die die Zulage zu zahlen ist, nach der der Tätigkeit der/des Beschäftigten entsprechenden Entgeltgruppe.

Protokollerklärung zu Absatz 3:

[1] Der Arbeitgeber darf die Entsendung der/des Beschäftigten zu einem Lehrgang nicht von Vorbildungsvoraussetzungen abhängig machen. [2] Macht die Schule oder das Institut die Zulassung zum Lehrgang von solchen Voraussetzungen abhängig, hat die/der Beschäftigte dies nicht zu vertreten.

(4) [1] Die Zulage entfällt vom Ersten des folgenden Monats an, wenn die/der Beschäftigte entweder

a) die Prüfung auch im Wiederholungsfalle nicht bestanden hat oder
b) nicht an der ihrer/seiner Tätigkeit entsprechenden Ausbildung und Prüfung teilnimmt, nachdem ihr/ihm die Möglichkeit hierzu geboten worden ist.

[2] Sie entfällt ferner, wenn die/der Beschäftigte nach bestandener Prüfung in der ihrer/seiner Tätigkeit entsprechenden Entgeltgruppe eingruppiert ist. [3] In diesem Falle erhält die/der Beschäftigte das Entgelt, das sie/er erhalten hätte, wenn

sie/er in dem in Absatz 3 Satz 2 genannten Zeitpunkt in der höheren Entgeltgruppe eingruppiert wäre.

(5) Von der Ausbildungs- und Prüfungspflicht sind Beschäftigte befreit

a) mit einer mindestens zwanzigjährigen Berufserfahrung bei einem Arbeitgeber, der vom Geltungsbereich des TVöD oder eines vergleichbaren Tarifvertrags erfasst wird, oder bei einem anderen öffentlich-rechtlichen Arbeitgeber,
b) deren Arbeitsvertrag befristet oder mit einer auflösenden Bedingung versehen ist,
c) die in einem Spezialgebiet besonders herausragende Fachkenntnisse aufweisen und in diesem Spezialgebiet beschäftigt werden,
d) die in Krankenhäusern, Pflege- und Betreuungseinrichtungen, Versorgungs-, Nahverkehrs- oder Hafenbetrieben tätig sind.

Protokollerklärung zu Absatz 5 Buchst. b:
Wird der Arbeitsvertrag in ein Beschäftigungsverhältnis auf unbestimmte Zeit umgewandelt, gelten die Bestimmungen dieser Vorbemerkung.

(6) Von der Verpflichtung zur Ausbildung und Prüfung kann insoweit abgesehen werden, als die/der Beschäftigte außerhalb des kommunalen Bereiches eine oder mehrere Prüfungen abgelegt hat, die den Prüfungen nach Absatz 2 gleichwertig sind.

(7) Die Absätze 1 bis 6 gelten im Bereich der Sparkassen mit folgenden Maßgaben entsprechend:

a) Absatz 2 Satz 3 gilt in folgender Fassung:
„[3] Satz 1 und 2 gelten nur für nicht auf der Fallgruppe 1 der Entgeltgruppen 5 bzw. 9b aufbauende Eingruppierungen.“
b) Die Abschlussprüfung für den Beruf der Bankkauffrau/des Bankkaufmanns oder eine entsprechende Prüfung an einer Sparkassenschule, die als Zulassungsvoraussetzung für den Besuch des Sparkassenfachlehrgangs anerkannt ist, gelten als Erste Prüfung.

8. Geltungsausschluss für Lehrkräfte

Die Entgeltordnung gilt nicht für Beschäftigte, die als Lehrkräfte – auch wenn sie nicht unter Abschnitt VIII Sonderregelungen (VKA) § 51 BT-V fallen – beschäftigt sind, soweit nicht ein besonderes Tätigkeitsmerkmal vereinbart ist.

9. Unterstellungsverhältnisse

[1] Soweit die Eingruppierung von der Zahl der unterstellten oder in der Regel unterstellten Beschäftigten abhängig ist, rechnen hierzu auch Beamtinnen und Beamte der vergleichbaren Besoldungsgruppen. [2] Für diesen Zweck ist vergleichbar:

der Entgeltgruppe	die Besoldungsgruppe
2	A 2
3	A 3
4	A 4
5	A 5
6	A 6

der Entgeltgruppe	die Besoldungsgruppe
7	A 7
8	A 8
9a, 9b, 9c	A 9
10	A 10
11	A 11
12	A 12
13	A 13
14	A 14
15	A 15

[3] Bei der Zahl der unterstellten oder in der Regel unterstellten bzw. beaufsichtigten oder der in dem betreffenden Bereich beschäftigten Personen zählen Teilzeitbeschäftigte entsprechend dem Verhältnis der mit ihnen im Arbeitsvertrag vereinbarten Arbeitszeit zur regelmäßigen Arbeitszeit einer/eines Vollzeitbeschäftigten. [4] Für die Eingruppierung ist es unschädlich, wenn im Organisations- und Stellenplan zur Besetzung ausgewiesene Stellen nicht besetzt sind.

10. Ständige Vertreterinnen und Vertreter

Ständige Vertreterinnen und Vertreter sind nicht die Vertreterinnen und Vertreter in Urlaubs- und sonstigen Abwesenheitsfällen.

Teil A. Allgemeiner Teil

I. Allgemeine Tätigkeitsmerkmale

1. Entgeltgruppe 1 (einfachste Tätigkeiten)

Entgeltgruppe 1

Beschäftigte mit einfachsten Tätigkeiten, zum Beispiel

– Essens- und Getränkeausgeber/innen,
– Garderobenpersonal,
– Spülen und Gemüseputzen und sonstige Tätigkeiten im Haus- und Küchenbereich,
– Reiniger/innen in Außenbereichen wie Höfe, Wege, Grünanlagen, Parks,
– Wärter/innen von Bedürfnisanstalten,
– Servierer/innen,
– Hausarbeiter/innen,
– Hausgehilfe/Hausgehilfin,
– Bote/Botin (ohne Aufsichtsfunktion).

Ergänzungen können durch landesbezirklichen Tarifvertrag geregelt werden.

2. Entgeltgruppen 2 bis 9a (handwerkliche Tätigkeiten)

Entgeltgruppe 2

Beschäftigte mit einfachen Tätigkeiten.

([1] Einfache Tätigkeiten sind Tätigkeiten, die keine Vor- oder Ausbildung, aber eine fachliche Einarbeitung erfordern, die über eine sehr kurze Einweisung oder Anlernphase hinausgeht. [2] Einarbeitung dient dem Erwerb derjenigen

Kenntnisse und Fertigkeiten, die für die Beherrschung der Arbeitsabläufe als solche erforderlich sind.)

Entgeltgruppe 3

Beschäftigte, deren Tätigkeit sich dadurch aus der Entgeltgruppe 2 heraushebt, dass sie eine eingehende fachliche Einarbeitung erfordert.

Entgeltgruppe 4

1. Beschäftigte mit erfolgreich abgeschlossener Ausbildung in einem anerkannten Ausbildungsberuf mit einer Ausbildungsdauer von weniger als drei Jahren, die in ihrem oder einem diesem verwandten Beruf beschäftigt werden.
2. Beschäftigte mit schwierigen Tätigkeiten.
   ([1] Schwierige Tätigkeiten sind Tätigkeiten, die mehr als eine eingehende fachliche Einarbeitung im Sinne der Entgeltgruppe 3 erfordern. [2] Danach müssen Tätigkeiten anfallen, die an das Überlegungsvermögen oder das fachliche Geschick Anforderungen stellen, die über das Maß dessen hinausgehen, was üblicherweise von Beschäftigten der Entgeltgruppe 3 verlangt werden kann.)

Entgeltgruppe 5

Beschäftigte mit erfolgreich abgeschlossener Ausbildung in einem anerkannten Ausbildungsberuf mit einer Ausbildungsdauer von mindestens drei Jahren, die in ihrem oder einem diesem verwandten Beruf beschäftigt werden.

Entgeltgruppe 6

Beschäftigte der Entgeltgruppe 5, die hochwertige Arbeiten verrichten.

(Hochwertige Arbeiten sind Arbeiten, die an das Überlegungsvermögen und das fachliche Geschick der/des Beschäftigten Anforderungen stellen, die über das Maß dessen hinausgehen, was üblicherweise von Beschäftigten der Entgeltgruppe 5 verlangt werden kann.)

Entgeltgruppe 7

Beschäftigte der Entgeltgruppe 5, die besonders hochwertige Arbeiten verrichten.

(Besonders hochwertige Arbeiten sind Arbeiten, die neben vielseitigem, hochwertigem fachlichen Können besondere Umsicht und Zuverlässigkeit erfordern.)

Entgeltgruppe 8

Beschäftigte der Entgeltgruppe 5, deren Tätigkeiten in einem landesbezirklichen Tarifvertrag abschließend aufgeführt sind.

Entgeltgruppe 9a

Beschäftigte der Entgeltgruppe 5, deren Tätigkeiten in einem landesbezirklichen Tarifvertrag abschließend aufgeführt sind.

3. Entgeltgruppen 2 bis 12 (Büro-, Buchhalterei-, sonstiger Innendienst und Außendienst)

Vorbemerkung

Buchhaltereidienst bezieht sich nur auf Tätigkeiten von Beschäftigten, die mit kaufmännischer Buchführung beschäftigt sind.

Entgeltgruppe 2

Beschäftigte mit einfachen Tätigkeiten.

([1] Einfache Tätigkeiten sind Tätigkeiten, die keine Vor- oder Ausbildung, aber eine fachliche Einarbeitung erfordern, die über eine sehr kurze Einweisung oder Anlernphase hinausgeht. [2] Einarbeitung dient dem Erwerb derjenigen Kenntnisse und Fertigkeiten, die für die Beherrschung der Arbeitsabläufe als solche erforderlich sind.)

Entgeltgruppe 3

Beschäftigte, deren Tätigkeit sich dadurch aus der Entgeltgruppe 2 heraushebt, dass sie eine eingehende fachliche Einarbeitung erfordert.

Entgeltgruppe 4

1. Beschäftigte, deren Tätigkeit sich dadurch aus der Entgeltgruppe 3 heraushebt, dass sie mindestens zu einem Viertel gründliche Fachkenntnisse erfordert.
   (Gründliche Fachkenntnisse erfordern nähere Kenntnisse von Rechtsvorschriften oder näheres kaufmännisches oder technisches Fachwissen usw. des Aufgabenkreises.)
2. Beschäftigte mit schwierigen Tätigkeiten.
   ([1] Schwierige Tätigkeiten sind Tätigkeiten, die mehr als eine eingehende fachliche Einarbeitung im Sinne der Entgeltgruppe 3 erfordern. [2] Danach müssen Tätigkeiten anfallen, die an das Überlegungsvermögen oder das fachliche Geschick Anforderungen stellen, die über das Maß dessen hinausgehen, was üblicherweise von Beschäftigten der Entgeltgruppe 3 verlangt werden kann.)

Entgeltgruppe 5

1. Beschäftigte mit erfolgreich abgeschlossener Ausbildung in einem anerkannten Ausbildungsberuf mit einer Ausbildungsdauer von mindestens drei Jahren und entsprechender Tätigkeit.
2. Beschäftigte, deren Tätigkeit gründliche Fachkenntnisse erfordert.
   (Gründliche Fachkenntnisse erfordern nähere Kenntnisse von Rechtsvorschriften oder näheres kaufmännisches oder technisches Fachwissen usw. des Aufgabenkreises.)

Entgeltgruppe 6

Beschäftigte der Entgeltgruppe 5 Fallgruppe 1, deren Tätigkeit gründliche und vielseitige Fachkenntnisse erfordert, sowie

Beschäftigte der Entgeltgruppe 5 Fallgruppe 2, deren Tätigkeit vielseitige Fachkenntnisse erfordert.

([1] Die gründlichen und vielseitigen Fachkenntnisse brauchen sich nicht auf das gesamte Gebiet der Verwaltung (des Betriebes), bei der die/der Beschäftigte tätig ist, zu beziehen. [2] Der Aufgabenkreis der/des Beschäftigten muss aber so gestaltet sein, dass er nur beim Vorhandensein gründlicher und vielseitiger Fachkenntnisse ordnungsgemäß bearbeitet werden kann.)

Entgeltgruppe 7

Beschäftigte der Entgeltgruppe 6, deren Tätigkeit mindestens zu einem Fünftel selbstständige Leistungen erfordert.

(Selbstständige Leistungen erfordern ein den vorausgesetzten Fachkenntnissen entsprechendes selbstständiges Erarbeiten eines Ergebnisses unter Entwicklung einer eigenen geistigen Initiative; eine leichte geistige Arbeit kann diese Anforderung nicht erfüllen.)

Entgeltgruppe 8

Beschäftigte der Entgeltgruppe 6, deren Tätigkeit mindestens zu einem Drittel selbstständige Leistungen erfordert.

(Selbstständige Leistungen erfordern ein den vorausgesetzten Fachkenntnissen entsprechendes selbstständiges Erarbeiten eines Ergebnisses unter Entwicklung einer eigenen geistigen Initiative; eine leichte geistige Arbeit kann diese Anforderung nicht erfüllen.)

Entgeltgruppe 9a

Beschäftigte der Entgeltgruppe 6, deren Tätigkeit selbstständige Leistungen erfordert.

(Selbstständige Leistungen erfordern ein den vorausgesetzten Fachkenntnissen entsprechendes selbstständiges Erarbeiten eines Ergebnisses unter Entwicklung einer eigenen geistigen Initiative; eine leichte geistige Arbeit kann diese Anforderung nicht erfüllen.)

Entgeltgruppe 9b

1. Beschäftigte mit abgeschlossener Hochschulbildung und entsprechender Tätigkeit sowie sonstige Beschäftigte, die aufgrund gleichwertiger Fähigkeiten und ihrer Erfahrungen entsprechende Tätigkeiten ausüben.
2. Beschäftigte, deren Tätigkeit gründliche, umfassende Fachkenntnisse und selbstständige Leistungen erfordert.
   (Gründliche, umfassende Fachkenntnisse bedeuten gegenüber den in den Entgeltgruppen 6 bis 9a geforderten gründlichen und vielseitigen Fachkenntnissen eine Steigerung der Tiefe und der Breite nach.)

Entgeltgruppe 9c

Beschäftigte, deren Tätigkeit sich dadurch aus der Entgeltgruppe 9b heraushebt, dass sie besonders verantwortungsvoll ist.

Entgeltgruppe 10

Beschäftigte, deren Tätigkeit sich mindestens zu einem Drittel durch besondere Schwierigkeit und Bedeutung aus der Entgeltgruppe 9c heraushebt.

Entgeltgruppe 11

Beschäftigte, deren Tätigkeit sich durch besondere Schwierigkeit und Bedeutung aus der Entgeltgruppe 9c heraushebt.

Entgeltgruppe 12

Beschäftigte, deren Tätigkeit sich durch das Maß der damit verbundenen Verantwortung erheblich aus der Entgeltgruppe 11 heraushebt.

4. Entgeltgruppen 13 bis 15

Entgeltgruppe 13

1. Beschäftigte mit abgeschlossener wissenschaftlicher Hochschulbildung und entsprechender Tätigkeit sowie sonstige Beschäftigte, die aufgrund gleichwertiger Fähigkeiten und ihrer Erfahrungen entsprechende Tätigkeiten ausüben.

2. Beschäftigte in kommunalen Einrichtungen und Betrieben, deren Tätigkeit wegen der Schwierigkeit der Aufgaben und der Größe ihrer Verantwortung ebenso zu bewerten ist wie Tätigkeiten nach Fallgruppe 1.

Entgeltgruppe 14

1. Beschäftigte der Entgeltgruppe 13 Fallgruppe 1, deren Tätigkeit sich mindestens zu einem Drittel
   - durch besondere Schwierigkeit und Bedeutung oder
   - durch das Erfordernis hochwertiger Leistungen bei besonders schwierigen Aufgaben

   aus der Entgeltgruppe 13 Fallgruppe 1 heraushebt.
2. Beschäftigte in kommunalen Einrichtungen und Betrieben, deren Tätigkeit wegen der Schwierigkeit der Aufgaben und der Größe ihrer Verantwortung ebenso zu bewerten ist wie Tätigkeiten nach Fallgruppe 1.
3. Beschäftigte der Entgeltgruppe 13 Fallgruppe 1, denen mindestens drei Beschäftigte mindestens der Entgeltgruppe 13 durch ausdrückliche Anordnung ständig unterstellt sind.
   (Hierzu Protokollerklärung)

Entgeltgruppe 15

1. Beschäftigte der Entgeltgruppe 13 Fallgruppe 1, deren Tätigkeit sich
   - durch besondere Schwierigkeit und Bedeutung sowie
   - erheblich durch das Maß der damit verbundenen Verantwortung

   aus der Entgeltgruppe 13 Fallgruppe 1 heraushebt.
2. Beschäftigte in kommunalen Einrichtungen und Betrieben, deren Tätigkeit wegen der Schwierigkeit der Aufgaben und der Größe ihrer Verantwortung ebenso zu bewerten ist wie Tätigkeiten nach Fallgruppe 1.
3. Beschäftigte mit der Entgeltgruppe 13 Fallgruppe 1, denen mindestens fünf Beschäftigte mindestens der Entgeltgruppe 13 durch ausdrückliche Anordnung ständig unterstellt sind.
   (Hierzu Protokollerklärung)

Protokollerklärung:

Bei der Zahl der Unterstellten zählen nicht mit:

a) Beschäftigte der Entgeltgruppe 13 nach Abschnitt II Ziffern 2 und 3,

b) Beamte des gehobenen Dienstes der Besoldungsgruppe A 13.

II. Spezielle Tätigkeitsmerkmale

1. Bezügerechnerinnen und Bezügerechner

Entgeltgruppe 5

Berechnerinnen und Berechner von Dienst- oder Versorgungsbezügen, von Entgelten, einschließlich der Krankenbezüge oder Urlaubsentgelte deren Tätigkeit gründliche Fachkenntnisse erfordert.

(Gründliche Fachkenntnisse erfordern nähere Kenntnisse von Rechtsvorschriften oder näheres kaufmännisches oder technisches Fachwissen usw. des Aufgabenkreises.)

(Hierzu Protokollerklärung)

Entgeltgruppe 6

1. Beschäftigte, deren Tätigkeit sich dadurch aus der Entgeltgruppe 5 heraushebt, dass aufgrund der angegebenen Merkmale Dienst- oder Versorgungsbezüge, Entgelte einschließlich der Krankenbezüge und Urlaubsentgelte selbstständig zu errechnen sind.
   (Hierzu Protokollerklärung)
2. Beschäftigte, die aufgrund der angegebenen Merkmale die für die Errechnung und Zahlbarmachung der Dienst- oder Versorgungsbezüge, Entgelte einschließlich der Krankenbezüge und Urlaubsentgelte im DV-Verfahren erforderlichen Arbeiten und Kontrollen zur maschinellen Berechnung verantwortlich vornehmen.
   (Hierzu Protokollerklärung)

Entgeltgruppe 7

1. Beschäftigte, deren Tätigkeit sich dadurch aus der Entgeltgruppe 5 heraushebt, dass aufgrund der angegebenen Merkmale Entgelte einschließlich der Krankenbezüge und Urlaubsentgelte selbstständig zu errechnen sind und der damit zusammenhängende Schriftwechsel selbstständig zu führen ist.
   (Hierzu Protokollerklärung)
2. Beschäftigte, die aufgrund der angegebenen Merkmale die für die Errechnung und Zahlbarmachung der Dienst- oder Versorgungsbezüge, Entgelte einschließlich der Krankenbezüge und Urlaubsentgelte im DV-Verfahren erforderlichen Arbeiten und Kontrollen zur maschinellen Berechnung verantwortlich vornehmen und den damit zusammenhängenden Schriftwechsel selbstständig führen.
   (Hierzu Protokollerklärung)

Entgeltgruppe 9a

1. Beschäftigte, deren Tätigkeit sich dadurch aus der Entgeltgruppe 6 Fallgruppe 1 heraushebt, dass aufgrund der angegebenen tatsächlichen Verhältnisse Entgelte einschließlich der Krankenbezüge und Urlaubsentgelte selbständig zu errechnen und die damit zusammenhängenden Arbeiten (z.B. Feststellen der Versicherungspflicht in der Sozialversicherung und der Zusatzversicherung, Bearbeiten von Abtretungen und Pfändungen) selbstständig auszuführen sind sowie der damit zusammenhängende Schriftwechsel selbstständig zu führen ist.
   (Das Tätigkeitsmerkmal ist auch erfüllt, wenn die/der Beschäftigte die Beschäftigungszeit sowie das Tabellenentgelt nach §§ 15 und 16 TVöD bei der Einstellung nicht festzusetzen und Abtretungen und Pfändungen nicht zu bearbeiten hat.)
   (Hierzu Protokollerklärung)
2. Beschäftigte, deren Tätigkeit sich dadurch aus der Entgeltgruppe 6 Fallgruppe 2 heraushebt, dass aufgrund der angegebenen tatsächlichen Verhältnisse die für die Errechnung und Zahlbarmachung der Dienst- oder Versorgungsbezüge, Entgelte, einschließlich der Krankenbezüge und Urlaubsentgelte im DV-Verfahren notwendigen Merkmale und die sonstigen Anspruchsvoraussetzungen festzustellen, die erforderlichen Arbeiten (z.B. Feststellen der Versicherungspflicht in der Sozialversicherung und der Zusatzversicherung, Bearbeiten von Abtretungen und Pfändungen) und Kontrollen zur maschinellen

Berechnung verantwortlich vorzunehmen sind sowie der damit zusammenhängende Schriftwechsel selbstständig zu führen ist.
(Das Tätigkeitsmerkmal ist auch erfüllt, wenn die/der Beschäftigte das Besoldungsdienstalter nicht erstmals, die ruhegehaltfähigen Dienstbezüge nicht erstmals, die ruhegehaltfähige Dienstzeit, die Beschäftigungszeit sowie das Tabellenentgelt nach §§ 15 und 16 TVöD bei der Einstellung nicht festzusetzen, keine Widerspruchsbescheide zu erteilen und Abtretungen und Pfändungen nicht zu bearbeiten hat.)
(Hierzu Protokollerklärung)

3. Beschäftigte, denen mindestens drei Beschäftigte mit Tätigkeiten mindestens der Entgeltgruppe 6 Fallgruppen 1 oder 2 durch ausdrückliche Anordnung ständig unterstellt sind.

Entgeltgruppe 9b

Beschäftigte, denen mindestens vier Beschäftigte mit Tätigkeiten mindestens der Entgeltgruppe 9a Fallgruppen 1 oder 2 durch ausdrückliche Anordnung ständig unterstellt sind.

Protokollerklärung:

Zu den Dienst- oder Versorgungsbezügen, Entgelten im Sinne dieses Tätigkeitsmerkmals gehören gegebenenfalls auch sonstige Leistungen, z.B. Kindergeld, Beitragszuschuss nach § 257 SGB V, vermögenswirksame Leistungen.

2. Beschäftigte in der Informations- und Kommunikationstechnik

Vorbemerkung

[1] Nach dem Abschnitt II Ziffer 2 sind Beschäftigte eingruppiert, die sich mit Systemen der Informations- und Kommunikationstechnik befassen ohne Rücksicht auf ihre organisatorische Eingliederung. [2] Zu diesen Systemen zählen insbesondere informationstechnische Hard- und Softwaresysteme, Anwendungsprogramme, Datenbanken, Komponenten der Kommunikationstechnik in lokalen IKT-Netzen und IKT-Weitverkehrsnetzen sowie Produkte und Services, die mit diesen Systemen erstellt werden. [3] Dabei werden Tätigkeiten im gesamten Lebenszyklus eines solchen IKT-Systems erfasst, also dessen Planung, Spezifikation, Entwurf, Design, Erstellung, Implementierung, Test, Integration in die operative Umgebung, Produktion, Optimierung und Tuning, Pflege, Fehlerbeseitigung und Qualitätssicherung. [4] Auch Tätigkeiten zur Sicherstellung der Informationssicherheit fallen unter die nachfolgenden Merkmale. [5] Da mit den informationstechnischen Systemen in der Regel Produkte oder Services erstellt werden, gelten die nachfolgenden Tätigkeitsmerkmale auch für die Beschäftigten in der Produktionssteuerung und im IKT-Servicemanagement.

[6] Nicht unter den Abschnitt II Ziffer 2 fallen Beschäftigte, die lediglich IKT-Systeme anwenden oder Beschäftigte, die lediglich die Rahmenbedingungen für die Informations- und Kommunikationstechnik schaffen und sich die informationstechnischen Spezifikationen von den IKT-Fachleuten zuarbeiten lassen.

Entgeltgruppe 6

1. Beschäftigte mit einschlägiger abgeschlossener Berufsausbildung (z.B. Fachinformatikerinnen und -informatiker der Fachrichtungen Anwendungsentwicklung oder Systemintegration, Technische Systeminformatikerinnen und -informatiker, IT-System-Kaufleute oder IT-Systemelektronikerinnen und -elektroniker) und entsprechender Tätigkeit sowie sonstige Beschäftigte, die

aufgrund gleichwertiger Fähigkeiten und ihrer Erfahrungen entsprechende Tätigkeiten ausüben.

2. Beschäftigte, deren Tätigkeit gründliche und vielseitige Fachkenntnisse erfordert.
   ([1] Gründliche Fachkenntnisse erfordern nähere Kenntnisse von Rechtsvorschriften oder näheres kaufmännisches oder technisches Fachwissen usw. des Aufgabenkreises. [2] Die gründlichen und vielseitigen Fachkenntnisse brauchen sich nicht auf das gesamte Gebiet der Verwaltung [des Betriebes], bei der die/der Beschäftigte tätig ist, zu beziehen. [3] Der Aufgabenkreis der/des Beschäftigten muss aber so gestaltet sein, dass er nur beim Vorhandensein gründlicher und vielseitiger Fachkenntnisse ordnungsgemäß bearbeitet werden kann.)

Entgeltgruppe 7

Beschäftigte der Entgeltgruppe 6, die ohne Anleitung tätig sind.

Entgeltgruppe 8

Beschäftigte der Entgeltgruppe 7, deren Tätigkeit über die Standardfälle hinaus Gestaltungsspielraum erfordert.

Entgeltgruppe 9a

Beschäftigte der Entgeltgruppe 8, deren Tätigkeit zusätzliche Fachkenntnisse erfordert.

Entgeltgruppe 9b

Beschäftigte der Entgeltgruppe 9a, deren Tätigkeit umfassende Fachkenntnisse erfordert.
(Umfassende Fachkenntnisse bedeuten gegenüber den in der Entgeltgruppe 9a geforderten Fachkenntnissen eine Steigerung der Tiefe und der Breite nach.)

Entgeltgruppe 10

1. Beschäftigte mit einschlägiger abgeschlossener Hochschulbildung (z.B. in der Fachrichtung Informatik) und entsprechender Tätigkeit sowie sonstige Beschäftigte, die aufgrund gleichwertiger Fähigkeiten und ihrer Erfahrungen entsprechende Tätigkeiten ausüben.
2. Beschäftigte der Entgeltgruppe 9b, deren Tätigkeit einen Gestaltungsspielraum erfordert, der über den Gestaltungsspielraum in Entgeltgruppe 8 hinausgeht.

Entgeltgruppe 11

1. Beschäftigte der Entgeltgruppe 10, deren Tätigkeit sich mindestens zu einem Drittel durch besondere Leistungen aus der Entgeltgruppe 10 heraushebt.
   (Besondere Leistungen sind Tätigkeiten, deren Bearbeitung besondere Fachkenntnisse und besondere praktische Erfahrung voraussetzt oder die eine fachliche Weisungsbefugnis beinhalten.)
2. Beschäftigte der Entgeltgruppe 10, deren Tätigkeit sich durch besondere Leistungen aus der Entgeltgruppe 10 heraushebt.
   (Besondere Leistungen sind Tätigkeiten, deren Bearbeitung besondere Fachkenntnisse und besondere praktische Erfahrung voraussetzt oder die eine fachliche Weisungsbefugnis beinhalten.)

Entgeltgruppe 12

1. Beschäftigte der Entgeltgruppe 11 Fallgruppe 2 mit mindestens dreijähriger praktischer Erfahrung, deren Tätigkeit sich mindestens zu einem Drittel durch besondere Schwierigkeit und Bedeutung oder durch Spezialaufgaben aus der Entgeltgruppe 11 Fallgruppe 2 heraushebt.
2. Beschäftigte der Entgeltgruppe 11 Fallgruppe 2 mit mindestens dreijähriger praktischer Erfahrung, deren Tätigkeit sich durch besondere Schwierigkeit und Bedeutung oder durch Spezialaufgaben aus der Entgeltgruppe 11 Fallgruppe 2 heraushebt.
3. Beschäftigte der Entgeltgruppe 10 mit mindestens dreijähriger praktischer Erfahrung, die durch ausdrückliche Anordnung als Leiterin oder Leiter einer IT-Gruppe bestellt sind und denen mindestens
   a) zwei Beschäftigte dieses Abschnitts mindestens der Entgeltgruppe 11 oder
   b) drei Beschäftigte dieses Abschnitts mindestens der Entgeltgruppe 10
   durch ausdrückliche Anordnung ständig unterstellt sind.

Entgeltgruppe 13

1. Beschäftigte der Entgeltgruppe 12 Fallgruppe 2, deren Tätigkeit sich mindestens zu einem Drittel durch das Maß der Verantwortung erheblich aus der Entgeltgruppe 12 Fallgruppe 2 heraushebt.
2. Beschäftigte der Entgeltgruppe 10 mit mindestens dreijähriger praktischer Erfahrung, die durch ausdrückliche Anordnung als Leiterin oder Leiter einer IT-Gruppe bestellt sind und denen mindestens
   a) zwei Beschäftigte dieses Abschnitts mindestens der Entgeltgruppe 12 oder
   b) drei Beschäftigte dieses Abschnitts mindestens der Entgeltgruppe 11
   durch ausdrückliche Anordnung ständig unterstellt sind.

3. Ingenieurinnen und Ingenieure

Vorbemerkungen

1. Ingenieurinnen und Ingenieure sind Beschäftigte, die einen erfolgreichen Abschluss eines technisch-ingenieurwissenschaftlichen Studiengangs im Sinne der Nr. 4 der grundsätzlichen Eingruppierungsregelungen (Vorbemerkungen) einschließlich der Fachrichtungen Gartenbau, Landschaftsplanung/-architektur oder Landschaftsgestaltung oder der Fachrichtung Forstwirtschaft nachweisen.
2. Die Tätigkeitsmerkmale der Fallgruppen 2 des Abschnitts I Ziffer 4 finden auch auf Ingenieurinnen und Ingenieure im Sinne der Nr. 1 Anwendung; Nr. 1 Satz 4 der grundsätzlichen Eingruppierungsregelungen (Vorbemerkungen) bleibt unberührt.

Entgeltgruppe 10

Ingenieurinnen und Ingenieure mit entsprechender Tätigkeit sowie sonstige Beschäftigte, die aufgrund gleichwertiger Fähigkeiten und ihrer Erfahrungen entsprechende Tätigkeiten ausüben.
(Hierzu Protokollerklärung Nr. 1)

Entgeltgruppe 11

1. Beschäftigte der Entgeltgruppe 10, deren Tätigkeit sich mindestens zu einem Drittel durch besondere Leistungen aus der Entgeltgruppe 10 heraushebt.

(Hierzu Protokollerklärung Nr. 2)

2. Beschäftigte der Entgeltgruppe 10, deren Tätigkeit sich durch besondere Leistungen aus der Entgeltgruppe 10 heraushebt.
(Hierzu Protokollerklärung Nr. 2)

Entgeltgruppe 12

1. Beschäftigte der Entgeltgruppe 11 Fallgruppe 2 mit langjähriger praktischer Erfahrung, deren Tätigkeit sich mindestens zu einem Drittel durch besondere Schwierigkeit und Bedeutung oder durch künstlerische oder Spezialaufgaben aus der Entgeltgruppe 11 Fallgruppe 2 heraushebt.
2. Beschäftigte der Entgeltgruppe 11 Fallgruppe 2 mit langjähriger praktischer Erfahrung, deren Tätigkeit sich durch besondere Schwierigkeit und Bedeutung oder durch künstlerische oder Spezialaufgaben aus der Entgeltgruppe 11 Fallgruppe 2 heraushebt.

Entgeltgruppe 13

Beschäftigte der Entgeltgruppe 12 Fallgruppe 2, deren Tätigkeit sich mindestens zu einem Drittel durch das Maß der Verantwortung erheblich aus der Entgeltgruppe 12 Fallgruppe 2 heraushebt.

Protokollerklärungen:

1. Entsprechende Tätigkeiten sind z.B.:

a) Aufstellung oder Prüfung von Entwürfen nicht nur einfacher Art einschließlich Massen-, Kosten- und statischen Berechnungen und Verdingungsunterlagen, Bearbeitung der damit zusammenhängenden laufenden technischen Angelegenheiten – auch im technischen Rechnungswesen –, örtliche Leitung oder Mitwirkung bei der Leitung von Bauten und Bauabschnitten sowie deren Abrechnung.

b) Im Bereich Garten- und Landschaftsbau: Aufstellung und Prüfung von Entwürfen nicht nur einfacher Art einschließlich Massen- und Kostenberechnung oder von Verdingungsunterlagen, Bearbeiten der damit zusammenhängenden technischen Angelegenheiten – auch im technischen Rechnungswesen; örtliche Leitung oder Mitwirkung bei der Leitung von nicht nur einfachen Gartenbau-, Landschaftsbau-, Obstbau-, Pflanzenbau-, Pflanzenschutz- oder Weinbaumaßnahmen und deren Abrechnung.

2. Besondere Leistungen sind z.B.:

a) Aufstellung oder Prüfung von Entwürfen, deren Bearbeitung besondere Fachkenntnisse und besondere praktische Erfahrung oder künstlerische Begabung voraussetzt, sowie örtliche Leitung bzw. Mitwirkung bei der Leitung von schwierigen Bauten und Bauabschnitten und deren Abrechnung.

b) Im Bereich Garten- und Landschaftsbau: Aufstellung oder Prüfung von Entwürfen einschließlich Massen- und Kostenberechnungen oder Verdingungsunterlagen, deren Bearbeitung besondere Fachkenntnisse und besondere praktische Erfahrungen oder künstlerische Begabung voraussetzt, örtliche Leitung schwieriger Baumaßnahmen und deren Abrechnung sowie selbstständige Planung und Organisation von Pflanzenschutz- oder Schädlingsbekämpfungsmaßnahmen, die sich auf das Gebiet einer oder mehrerer Gemeinden erstrecken, und das Überwachen ihrer Auswirkungen.

4. Meisterinnen und Meister

Vorbemerkung

[1] Meisterinnen und Meister sind Beschäftigte, die eine Meisterprüfung auf Grundlage der Handwerksordnung oder des Berufsbildungsgesetzes aufbauend auf einer einschlägigen mindestens dreijährigen Ausbildung bestanden haben. [2] Die Voraussetzung der Meisterprüfung ist auch erfüllt, wenn diese auf einer früheren Ausbildung mit einer kürzeren Ausbildungsdauer aufbaut.

Entgeltgruppe 8

Meisterinnen und Meister mit entsprechender Tätigkeit.

Entgeltgruppe 9a

1. Beschäftigte der Entgeltgruppe 8,
   die große Arbeitsstätten (Bereiche, Werkstätten, Abteilungen oder Betriebe) zu beaufsichtigen haben, in denen Handwerkerinnen oder Handwerker oder Facharbeiterinnen oder Facharbeiter beschäftigt sind, oder
   die an einer besonders wichtigen Arbeitsstätte mit einem höheren Maß von Verantwortlichkeit beschäftigt sind.
2. Gärtnermeisterinnen und Gärtnermeister der Entgeltgruppe 8,
   die besonders schwierige Arbeitsbereiche zu beaufsichtigen haben, in denen Gärtnerinnen oder Gärtner mit abgeschlossener Berufsausbildung beschäftigt werden, oder
   deren Tätigkeit sich dadurch aus der Entgeltgruppe 8 heraushebt, dass sie in einem besonders bedeutenden Arbeitsbereich mit einem höheren Maß von Verantwortlichkeit auszuüben ist.
   (Hierzu Protokollerklärungen Nrn. 1 und 2)

Entgeltgruppe 9b

1. Beschäftigte der Entgeltgruppe 9a Fallgruppe 1, deren Tätigkeit sich durch den Umfang und die Bedeutung des Aufgabengebietes sowie durch große Selbstständigkeit wesentlich aus der Entgeltgruppe 9a Fallgruppe 1 heraushebt.
2. Beschäftigte der Entgeltgruppe 9a Fallgruppe 2, deren Tätigkeit sich durch den Umfang und die Bedeutung ihres Aufgabengebietes sowie durch große Selbstständigkeit wesentlich aus der Entgeltgruppe 9a Fallgruppe 2 heraushebt.

Entgeltgruppe 9c

Meisterinnen und Meister mit besonders verantwortungsvoller Tätigkeit als Leiterinnen oder Leiter von großen und vielschichtig strukturierten Instandsetzungsbereichen oder mit vergleichbarer Tätigkeit, die wegen der Schwierigkeit der Aufgaben und der Größe der Verantwortung ebenso zu bewerten ist.

(Hierzu Protokollerklärung Nr. 3)

Protokollerklärungen:

1. *Arbeitsbereiche im Sinne dieses Tätigkeitsmerkmals sind z.B. Reviere (Bezirke), Betriebsstätten, Friedhöfe.*
2. *Besonders schwierige Arbeitsbereiche im Sinne dieses Tätigkeitsmerkmals sind solche, die erheblich über den normalen Schwierigkeitsgrad hinausgehen.*
3. *[1] Ein vielschichtig strukturierter Bereich liegt vor, wenn in diesem Bereich die Arbeit von mindestens drei Gewerken zu koordinieren ist und mindestens drei Gewerken*

jeweils Meisterinnen oder Meister vorstehen. [2] Gewerke sind Fachrichtungen im Sinne anerkannter Ausbildungsberufe, in denen die Meisterprüfung abgelegt werden kann. [3] Im Mehrschichtbetrieb ist es unschädlich, wenn in den mindestens drei Gewerken nicht in allen Schichten jeweils Meisterinnen oder Meister eingesetzt sind.

5. Technikerinnen und Techniker

Vorbemerkung

Staatlich geprüfte Technikerinnen und Techniker sind Beschäftigte, die nach dem Berufsordnungsrecht diese Berufsbezeichnung führen.

Entgeltgruppe 8

Staatlich geprüfte Technikerinnen und Techniker mit entsprechender Tätigkeit sowie sonstige Beschäftigte, die aufgrund gleichwertiger Fähigkeiten und ihrer Erfahrungen entsprechende Tätigkeiten ausüben.

Entgeltgruppe 9a

Beschäftigte der Entgeltgruppe 8, die selbstständig tätig sind.
(Hierzu Protokollerklärung Nr. 1)

Entgeltgruppe 9b

Beschäftigte der Entgeltgruppe 9a, die schwierige Aufgaben erfüllen.
(Hierzu Protokollerklärung Nr. 2)

Protokollerklärungen:

1. *[1] Technikerinnen und Techniker sind selbstständig tätig, wenn sie bei technischen Arbeitsabläufen in Ausführung technischer, mehr routinemäßiger Entwurfs-, Leitungs- und Planungsarbeiten eigene technische Entscheidungen zu treffen haben. [2] Dass das Arbeitsergebnis einer Kontrolle, einer fachlichen Anleitung und Überwachung durch Vorgesetzte unterworfen wird, berührt die Selbstständigkeit der Tätigkeit nicht. [3] Anhand der nach der Ausbildung vorauszusetzenden Kenntnisse sind der zur Erfüllung der Aufgabe einzuschlagende Weg und die anzuwendende Methode zu finden.*
2. *Schwierige Aufgaben sind Aufgaben, die in dem betreffenden Fachgebiet im oberen Bereich der Schwierigkeitsskala liegen oder die in konkreten Einzelfällen wegen der Besonderheiten Leistungen erfordern, die über das im Regelfall erforderliche Maß an Kenntnissen und Fähigkeiten wesentlich hinausgehen, z.B. durch die Breite des geforderten fachlichen Wissens und Könnens, die geforderten Spezialkenntnisse, außergewöhnliche Erfahrungen oder sonstige Qualifizierungen vergleichbarer Wertigkeit.*

6. Vorlesekräfte für Blinde

Entgeltgruppe 5

Vorlesekräfte für Blinde.

Entgeltgruppe 6

Vorlesekräfte für Blinde mit schwierigerer Tätigkeit.

Teil B. Besonderer Teil

I. Apothekerinnen und Apotheker

Entgeltgruppe 14

Apothekerinnen und Apotheker mit entsprechender Tätigkeit.

Entgeltgruppe 15

Apothekerinnen und Apotheker als Leiterinnen oder Leiter von Apotheken, denen mindestens vier Apothekerinnen oder Apotheker durch ausdrückliche Anordnung ständig unterstellt sind.

II. Ärztinnen und Ärzte sowie Zahnärztinnen und Zahnärzte

1. Ärztinnen und Ärzte sowie Zahnärztinnen und Zahnärzte

Entgeltgruppe 14

Ärztinnen und Ärzte sowie Zahnärztinnen und Zahnärzte mit entsprechender Tätigkeit.

Entgeltgruppe 15

1. Fachärztinnen und Fachärzte sowie Fachzahnärztinnen und Fachzahnärzte mit entsprechender Tätigkeit.
2. Ärztinnen und Ärzte, denen mindestens fünf Ärztinnen oder Ärzte oder Zahnärztinnen oder Zahnärzte durch ausdrückliche Anordnung ständig unterstellt sind.
3. Zahnärztinnen und Zahnärzte, denen mindestens fünf Zahnärztinnen oder Zahnärzte durch ausdrückliche Anordnung ständig unterstellt sind.

2. Ärztinnen und Ärzte sowie Zahnärztinnen und Zahnärzte im Geltungsbereich des Besonderen Teils Krankenhäuser (BT-K)

Entgeltgruppe I

Ärztinnen und Ärzte sowie Zahnärztinnen und Zahnärzte mit entsprechender Tätigkeit.

Entgeltgruppe II

Fachärztinnen und Fachärzte sowie Fachzahnärztinnen und Fachzahnärzte mit entsprechender Tätigkeit.

III. Beschäftigte in Bäderbetrieben

Entgeltgruppe 3

Beschäftigte in der Wasseraufsicht.

Entgeltgruppe 4

Beschäftigte in der Tätigkeit von Fachangestellten für Bäderbetriebe mit Abschlussprüfung.

Entgeltgruppe 5

Fachangestellte für Bäderbetriebe mit Abschlussprüfung und entsprechender Tätigkeit.

Entgeltgruppe 6

Fachangestellte für Bäderbetriebe mit Abschlussprüfung, denen als Schichtführerin oder Schichtführer die Aufsicht über mindestens vier Beschäftigte oder über mindestens zwei Fachangestellte für Bäderbetriebe mit Abschlussprüfung bzw. Beschäftigte in der Tätigkeit von Fachangestellten für Bäderbetriebe durch ausdrückliche Anordnung ständig übertragen ist.
(Hierzu Protokollerklärung Nr. 1)

Entgeltgruppe 7

Fachangestellte für Bäderbetriebe mit Abschlussprüfung als stellvertretende Badbetriebsleiterinnen oder -leiter.

Entgeltgruppe 8

1. Geprüfte Meisterinnen und Meister für Bäderbetriebe mit entsprechender Tätigkeit.
2. Fachangestellte für Bäderbetriebe mit Abschlussprüfung als Badbetriebsleiterinnen oder -leiter.

Entgeltgruppe 9a

Beschäftigte der Entgeltgruppe 8 Fallgruppe 1, die besonders schwierige Arbeitsbereiche zu beaufsichtigen haben, in denen Fachangestellte für Bäderbetriebe beschäftigt werden.
(Hierzu Protokollerklärung Nr. 2)

Entgeltgruppe 9b

Beschäftigte der Entgeltgruppe 8 Fallgruppe 1, die in einem besonders bedeutenden Arbeitsbereich mit einem höheren Maß von Verantwortlichkeit beschäftigt sind und deren Aufgabengebiet sich durch den Umfang und die Bedeutung sowie durch große Selbstständigkeit wesentlich aus der Entgeltgruppe 9a heraushebt.

Protokollerklärungen:

1. *Anstelle einer oder eines Beschäftigten in der Tätigkeit von Fachangestellten für Bäderbetriebe kann auch eine Aufsichtskraft mit Rettungsschwimmernachweis treten.*
2. *Besonders schwierige Arbeitsbereiche sind solche, die erheblich über den normalen Schwierigkeitsgrad hinausgehen.*

IV. Baustellenaufseherinnen und Baustellenaufseher

Entgeltgruppe 5

Beschäftigte, die die vorgeschriebene Ausführung von Bauarbeiten und das Baumaterial nach Menge und Güte kontrollieren (Baustellenaufseherinnen und Baustellenaufseher, Bauaufseherinnen und Bauaufseher).

Entgeltgruppe 6

Baustellenaufseherinnen und Baustellenaufseher (Bauaufseherinnen und Bauaufseher), deren Tätigkeit sich dadurch aus der Entgeltgruppe 5 heraushebt, dass schwierigere Kontrollarbeiten zu verrichten sind.
(Hierzu Protokollerklärung)

Protokollerklärung:

Schwierigere Kontrollarbeiten sind z.B.:

- *Festhalten von Zwischenaufnahmen, die während der Bauausführung erforderlich werden;*
- *Fertigen von einfacheren Aufmaßskizzen sowie einfacheren Flächen- und Massenberechnungen;*
- *Überwachen von Erdarbeiten in schwierigem Gelände;*
- *Kontrolle des Gefälles bei Gräben und Rohrleitungen;*
- *Kontrolle der Materialeinbringung für Stahlbetonarbeiten;*

– *Überwachen der Arbeiten zahlreicher Bauwerke auf größeren Baustellen.*

V. Beschäftigte in Bibliotheken, Büchereien, Archiven, Museen und anderen wissenschaftlichen Anstalten

Es finden die Allgemeinen Tätigkeitsmerkmale des Teils A Abschnitt I Ziffer 3 Anwendung.

VI. Beschäftigte im Fernmeldebetriebsdienst

Entgeltgruppe 4

Fernsprecherinnen und Fernsprecher, soweit nicht anderweitig eingruppiert.
(Hierzu Protokollerklärung Nr. 1)

Entgeltgruppe 5

1. Fernsprecherinnen und Fernsprecher an Auskunftsplätzen.
   (Auskunftsplätze sind Arbeitsplätze, die von der Verwaltung durch ausdrückliche Anordnung eingerichtet worden sind
   a) zur Vermittlung von Gesprächen, die von der annehmenden Vermittlungskraft nicht routinemäßig vermittelt werden können oder
   b) zur Erteilung von Auskünften).
   (Hierzu Protokollerklärung Nr. 2)
2. Fernsprecherinnen und Fernsprecher, die mindestens zu einem Viertel fremdsprachlichen Fernsprechverkehr abwickeln.
   (Hierzu Protokollerklärung Nr. 2)
3. Beschäftigte in Fernmeldebetriebsstellen, die die Aufsicht über fünf weitere Beschäftigte im Fernmeldebetriebsdienst führen.
   (Hierzu Protokollerklärung Nr. 2)

Entgeltgruppe 6

1. Beschäftigte in Fernmeldebetriebsstellen, die die Aufsicht über neun weitere Beschäftigte im Fernmeldebetriebsdienst führen.
2. Fernsprecherinnen und Fernsprecher, die fremdsprachlichen Fernsprechverkehr abwickeln.

Entgeltgruppe 8

Beschäftigte in Fernmeldebetriebsstellen, die die Aufsicht über mindestens 18 weitere Beschäftigte im Fernmeldebetriebsdienst führen.

Protokollerklärungen:

1. [1] Beschäftigte, die durch ausdrückliche Anordnung zur Schichtführerin oder zum Schichtführer bestellt sind, erhalten für die Dauer dieser Tätigkeit eine monatliche Funktionszulage in Höhe von 4,5 v.H. der Stufe 1 der Entgeltgruppe 4. [2] Die Bestellung zur Schichtführerin oder zum Schichtführer setzt voraus, dass neben der oder dem Beschäftigten mindestens eine weitere Beschäftigte oder ein weiterer Beschäftigter im Fernmeldebetriebsdienst in dieser Schicht tätig ist und die Schichtführerin oder der Schichtführer für den ordnungsgemäßen Ablauf ihrer/seiner Schicht verantwortlich ist. [3] Die Funktionszulage gilt bei der Berechnung des Sterbegelds als Bestandteil des Tabellenentgelts.

2. [1] Beschäftigte, die durch ausdrückliche Anordnung zur Schichtführerin oder zum Schichtführer bestellt sind, erhalten für die Dauer dieser Tätigkeit eine monatliche Funktionszulage in Höhe von 5,0 v.H. der Stufe 1 der Entgeltgruppe 5. [2] Die

Bestellung zur Schichtführerin oder zum Schichtführer setzt voraus, dass neben der oder dem Beschäftigten mindestens eine weitere Beschäftigte oder ein weiterer Beschäftigter im Fernmeldebetriebsdienst in dieser Schicht tätig ist und die Schichtführerin oder der Schichtführer für den ordnungsgemäßen Ablauf ihrer/seiner Schicht verantwortlich ist. [3]Die Funktionszulage gilt bei der Berechnung des Sterbegelds als Bestandteil des Tabellenentgelts.

VII. Beschäftigte in der Fleischuntersuchung

Entgeltgruppe 2

Beschäftigte als Hilfskraft im Sinne des bis zum 31. Dezember 1992 geltenden § 2 Nr. 1 Buchst. b der Hilfskräfteverordnung – Frisches Fleisch – (HKrFrFlV).

Entgeltgruppe 4

Amtliche Fachassistentinnen und -assistenten mit entsprechender Tätigkeit.

Entgeltgruppe 5

Beschäftigte der Entgeltgruppe 4, die Informationen über die gute Hygienepraxis und die HACCP-gestützten Verfahren im Sinne der Verordnung (EG) 854/2004 erfassen.

VIII. Fotografinnen und Fotografen

Entgeltgruppe 5

Fotografinnen und Fotografen mit Abschlussprüfung und entsprechender Tätigkeit sowie sonstige Beschäftigte, die aufgrund gleichwertiger Fähigkeiten und ihrer Erfahrungen entsprechende Tätigkeiten ausüben.

Entgeltgruppe 6

Beschäftigte der Entgeltgruppe 5 mit schwierigen Tätigkeiten.
(Hierzu Protokollerklärung Nr. 1)

Entgeltgruppe 8

1. Beschäftigte der Entgeltgruppe 5 mit besonders schwierigen Tätigkeiten.
   (Hierzu Protokollerklärung Nr. 2)
2. Beschäftigte der Entgeltgruppe 5, denen mindestens vier Beschäftigte in der Tätigkeit von Fotografinnen und Fotografen durch ausdrückliche Anordnung ständig unterstellt sind.

Entgeltgruppe 9a

1. Beschäftigte der Entgeltgruppe 5, denen mindestens acht Beschäftigte in der Tätigkeit von Fotografinnen und Fotografen durch ausdrückliche Anordnung ständig unterstellt sind.
2. Beschäftigte der Entgeltgruppe 5, denen mindestens vier Beschäftigte in der Tätigkeit von Fotografinnen und Fotografen der Entgeltgruppe 8 durch ausdrückliche Anordnung ständig unterstellt sind.

Protokollerklärungen:

1. *Schwierige Tätigkeiten sind*
   – *das selbstständige Herstellen objektgerechter fotografischer Aufnahmen unter Berücksichtigung der jeweiligen fachlichen Anforderungen, z.B. Aufnahmen zur Beweissicherung an Tat- und Unfallorten im Polizeidienst;*
   – *Operationsaufnahmen im medizinischen Bereich;*

– Aufnahmen bei der Durchführung von Forschungsaufgaben, für Lehrzwecke oder bei Versuchen zur Materialprüfung in den Bereichen der Forschung, der wissenschaftlichen Lehre und der Materialprüfung.

2. Besonders schwierige Tätigkeiten sind

– das selbstständige Herstellen objektgerechter fotografischer Aufnahmen unter Berücksichtigung der jeweiligen fachlichen Anforderungen bei besonders erschwerten fototechnischen Aufnahmebedingungen, z.B. Aufnahmen von schlecht sichtbaren Spuren im Polizeidienst;

– Intraoralaufnahmen, Aufnahmen eines Lehrfilmes bei einer Shuntoperation im medizinischen Bereich;

– Aufnahmen, die die besondere Herausarbeitung bestimmter, für die wissenschaftliche Bearbeitung notwendiger Merkmale erfordern, in der Forschung und in der Materialprüfung.

IX. Beschäftigte im Fremdsprachendienst

Es finden die Allgemeinen Tätigkeitsmerkmale des Teils A Abschnitt I Ziffer 3 Anwendung.

X. Gartenbau-, landwirtschafts- und weinbautechnische Beschäftigte

Entgeltgruppe 5

Gartenbau-, landwirtschafts- und weinbautechnische Beschäftigte aller Fachrichtungen mit einschlägiger abgeschlossener Berufsausbildung und entsprechender Tätigkeit sowie sonstige Beschäftigte, die aufgrund gleichwertiger Fähigkeiten und ihrer Erfahrungen entsprechende Tätigkeiten ausüben.

Entgeltgruppe 6

1. Gartenbau-, landwirtschafts- und weinbautechnische Beschäftigte (staatlich geprüfte Landwirte und staatlich geprüfte Weinbauer sowie Beschäftigte mit abgeschlossener gleichwertiger Ausbildung) mit entsprechender Tätigkeit nach Abschluss der Ausbildung sowie sonstige Beschäftigte, die aufgrund gleichwertiger Fähigkeiten und ihrer Erfahrungen entsprechende Tätigkeiten ausüben.
2. Beschäftigte der Entgeltgruppe 5, deren Tätigkeit sich dadurch aus der Entgeltgruppe 5 heraushebt, dass auf dem jeweiligen Fachgebiet technische Beratungen einfacherer Art oder Versuche und sonstige Arbeiten mit entsprechendem Schwierigkeitsgrad durchzuführen sind.

Entgeltgruppe 8

Beschäftigte der Entgeltgruppe 6 Fallgruppe 1 in Tätigkeiten, die vielseitige Fachkenntnisse und zu mindestens einem Viertel selbstständige Leistungen erfordern.

Entgeltgruppe 9a

1. Beschäftigte der Entgeltgruppe 6 Fallgruppe 1, deren Tätigkeit sich durch den Umfang und die Bedeutung ihres Aufgabengebietes und große Selbstständigkeit wesentlich aus der Entgeltgruppe 8 heraushebt.
2. Beschäftigte der Entgeltgruppe 5, deren Tätigkeit sich durch den Umfang und die Bedeutung ihres Aufgabengebietes und große Selbstständigkeit wesentlich aus der Entgeltgruppe 6 Fallgruppe 2 heraushebt.

XI. Beschäftigte in Gesundheitsberufen

1. Beschäftigte in der Pflege

Vorbemerkungen

1. [1]Die Bezeichnung „Pflegehelferinnen und Pflegehelfer" umfasst auch Gesundheits- und Krankenpflegehelferinnen und Gesundheits- und Krankenpflegehelfer sowie Altenpflegehelferinnen und Altenpflegehelfer. [2]Die Bezeichnung „Pflegerinnen und Pfleger" umfasst Gesundheits- und Krankenpflegerinnen und Gesundheits- und Krankenpfleger, Gesundheits- und Kinderkrankenpflegerinnen und Gesundheits- und Kinderkrankenpfleger sowie Altenpflegerinnen und Altenpfleger in allen Fachrichtungen bzw. Spezialisierungen.
2. Gesundheits- und Krankenpflegerinnen und Gesundheits- und Krankenpfleger, die die Tätigkeiten von Gesundheits- und Kinderkrankenpflegerinnen und Gesundheits- und Kinderkrankenpflegern oder von Altenpflegerinnen und Altenpflegern ausüben, sind als Gesundheits- und Kinderkrankenpflegerinnen und Gesundheits- und Kinderkrankenpfleger bzw. als Altenpflegerinnen und Altenpfleger eingruppiert.
3. Gesundheits- und Kinderkrankenpflegerinnen und Gesundheits- und Kinderkrankenpfleger, die die Tätigkeiten von Gesundheits- und Krankenpflegerinnen und Gesundheits- und Krankenpflegern oder von Altenpflegerinnen und Altenpflegern ausüben, sind als Gesundheits- und Krankenpflegerinnen und Gesundheits- und Krankenpfleger bzw. als Altenpflegerinnen und Altenpfleger eingruppiert.
4. Altenpflegerinnen und Altenpfleger, die die Tätigkeiten von Gesundheits- und Krankenpflegerinnen und Gesundheits- und Krankenpflegern ausüben, sind als Gesundheits- und Krankenpflegerinnen und Gesundheits- und Krankenpfleger eingruppiert.
5. Nach den Tätigkeitsmerkmalen für Pflegerinnen und Pfleger sind auch Hebammen und Entbindungspfleger sowie Operationstechnische Assistentinnen und Assistenten und Anästhesietechnische Assistentinnen und Assistenten mit abgeschlossener Ausbildung nach der DKG-Empfehlung vom 17. September 2013 in der jeweiligen Fassung oder nach gleichwertiger landesrechtlicher Regelung, die die Tätigkeit von Gesundheits– und Krankenpflegerinnen und Gesundheits- und Krankenpflegern oder von Gesundheits- und Kinderkrankenpflegerinnen und Gesundheits- und Kinderkrankenpflegern auszuüben haben, eingruppiert.
6. Zu der entsprechenden Tätigkeit von Pflegehelferinnen und Pflegehelfern bzw. von Pflegerinnen und Pflegern gehört auch die Tätigkeit in Ambulanzen, Blutzentralen und Dialyseeinheiten, soweit es sich nicht überwiegend um eine Verwaltungs- oder Empfangstätigkeit handelt.
7. Die Bezeichnungen umfassen auch

Die Bezeichnungen	umfassen auch
Gesundheits- und Krankenpflegehelferinnen und Gesundheits- und Krankenpflegehelfer	Krankenpflegehelferinnen und Krankenpflegehelfer
Gesundheits- und Krankenpflegerinnen und Gesundheits- und Krankenpfleger	Krankenschwestern und Krankenpfleger

Gesundheits- und Kinderkrankenpflegerinnen und Gesundheits- und Kinderkrankenpfleger	Kinderkrankenschwestern und Kinderkrankenpfleger

Entgeltgruppe P 5

Pflegehelferinnen und Pflegehelfer mit entsprechender Tätigkeit.
(Hierzu Protokollerklärungen Nrn. 1 bis 3)

Entgeltgruppe P 6

Pflegehelferinnen und Pflegehelfer mit mindestens einjähriger Ausbildung und entsprechender Tätigkeit.
(Hierzu Protokollerklärungen Nrn. 1 bis 3)

Entgeltgruppe P 7

1. Pflegerinnen und Pfleger mit mindestens dreijähriger Ausbildung und entsprechender Tätigkeit.
   (Hierzu Protokollerklärungen Nrn. 1 bis 3 und 7)
2. Operationstechnische Assistentinnen und Assistenten sowie Anästhesietechnische Assistentinnen und Assistenten mit abgeschlossener Ausbildung nach der DKG-Empfehlung vom 17. September 2013 in der jeweiligen Fassung oder nach gleichwertiger landesrechtlicher Regelung und jeweils entsprechender Tätigkeit.
   (Hierzu Protokollerklärungen Nrn. 1 bis 3)

Entgeltgruppe P 8

1. Beschäftigte der Entgeltgruppe P 7 Fallgruppe 1, deren Tätigkeit sich aufgrund besonderer Schwierigkeit erheblich aus der Entgeltgruppe P 7 Fallgruppe 1 heraushebt.
   (Hierzu Protokollerklärungen Nrn. 1 bis 6)
2. Praxisanleiterinnen und Praxisanleiter in der Pflege mit berufspädagogischer Zusatzqualifikation nach bundesrechtlicher Regelung und entsprechender Tätigkeit.
   (Hierzu Protokollerklärungen Nrn. 1 bis 3)
3. Hebammen und Entbindungspfleger mit mindestens dreijähriger Ausbildung und entsprechender Tätigkeit.
4. Beschäftigte der Entgeltgruppe P 7 Fallgruppe 2, deren Tätigkeit sich aufgrund besonderer Schwierigkeit erheblich aus der Entgeltgruppe P 7 Fallgruppe 2 heraushebt.
   (Hierzu Protokollerklärungen Nrn. 1 bis 6)

Entgeltgruppe P 9

1. Beschäftigte der Entgeltgruppe P 7 Fallgruppe 1 mit abgeschlossener Fachweiterbildung und entsprechender Tätigkeit.
   (Hierzu Protokollerklärungen Nrn. 1 bis 3 und 6)
2. Beschäftigte der Entgeltgruppe P 7 Fallgruppe 1 mit erfolgreich abgeschlossener Fachweiterbildung zur Hygienefachkraft und entsprechender Tätigkeit.

Entgeltgruppe 9b (Anlage A zum TVöD)

Beschäftigte mit abgeschlossener Hochschulbildung und den Anforderungen der Protokollerklärung Nr. 7 entsprechender Tätigkeit sowie sonstige Beschäftigte, die aufgrund gleichwertiger Fähigkeiten und ihrer Erfahrungen entsprechende Tätigkeiten ausüben.

(Hierzu Protokollerklärung Nr. 7)

Entgeltgruppe 9c (Anlage A zum TVöD)

Beschäftigte, deren Tätigkeit sich dadurch aus der Entgeltgruppe 9b heraushebt, dass sie besonders verantwortungsvoll ist.

Entgeltgruppe 10 (Anlage A zum TVöD)

Beschäftigte, deren Tätigkeit sich mindestens zu einem Drittel durch besondere Schwierigkeit und Bedeutung aus der Entgeltgruppe 9c heraushebt.

Entgeltgruppe 11 (Anlage A zum TVöD)

Beschäftigte, deren Tätigkeit sich durch besondere Schwierigkeit und Bedeutung aus der Entgeltgruppe 9c heraushebt.

Entgeltgruppe 12 (Anlage A zum TVöD)

Beschäftigte, deren Tätigkeit sich durch das Maß der damit verbundenen Verantwortung erheblich aus der Entgeltgruppe 11 heraushebt.

Protokollerklärungen:

1. *Beschäftigte der Entgeltgruppen P 5 bis P 9, die die Grund- und Behandlungspflege zeitlich überwiegend bei*
   a) an schweren Infektionskrankheiten erkrankten Patientinnen oder Patienten (z.B. Tuberkulose-Patientinnen oder -Patienten), die wegen der Ansteckungsgefahr in besonderen Infektionsabteilungen oder Infektionsstationen untergebracht sind,
   b) Kranken in geschlossenen oder halbgeschlossenen (Open-door-system) psychiatrischen Abteilungen oder Stationen,
   c) Kranken in geriatrischen Abteilungen und Stationen,
   d) Gelähmten oder an multipler Sklerose erkrankten Patientinnen und Patienten,
   e) Patientinnen oder Patienten nach Transplantationen innerer Organe oder von Knochenmark,
   f) an AIDS (Vollbild) erkrankten Patientinnen oder Patienten,
   g) Patientinnen oder Patienten, bei denen Chemotherapien durchgeführt oder die mit Strahlen oder mit inkorporierten radioaktiven Stoffen behandelt werden,

   ausüben, erhalten für die Dauer dieser Tätigkeit eine monatliche Zulage in Höhe von 46,02 Euro.
2. *Beschäftigte der Entgeltgruppen P 5 bis P 9, die zeitlich überwiegend in Einheiten für Intensivmedizin (Stationen für Intensivbehandlungen und Intensivüberwachung sowie Wachstationen, die für Intensivüberwachung eingerichtet sind) Patientinnen oder Patienten pflegen, erhalten für die Dauer dieser Tätigkeit eine monatliche Zulage von 100,00 Euro.*
3. *[1] Beschäftigte der Entgeltgruppen P 5 bis P 9, die die Grund- und Behandlungspflege bei schwerbrandverletzten Patientinnen oder Patienten in Einheiten für Schwerbrandverletzte, denen durch die Einsatzzentrale/Rettungsleitstelle der Feuerwehr Hamburg Schwerbrandverletzte vermittelt werden, ausüben, erhalten eine Zulage in Höhe von 1,80 Euro für jede volle Arbeitsstunde dieser Pflegetätigkeit. [2] Eine nach den Pro-*

tokollerklärungen Nrn. 1 und 2 zustehende Zulage vermindert sich um den Betrag, der in demselben Kalendermonat nach Satz 1 zusteht.

4. *Tätigkeiten, die sich aufgrund besonderer Schwierigkeit erheblich aus der Entgeltgruppe P 7 herausheben, sind*
   a) *Tätigkeiten in Spezialbereichen, in denen eine Fachweiterbildung nach den DKG-Empfehlungen zur Weiterbildung von Gesundheits- und (Kinder-) Krankenpflegekräften (siehe Protokollerklärung Nr. 6) vorgesehen ist, oder*
   b) *die Wahrnehmung einer der folgenden besonderen pflegerischen Aufgaben außerhalb von Spezialbereichen nach Buchstabe a:*
      – *Wundmanagerin oder Wundmanager,*
      – *Gefäßassistentin oder Gefäßassistent,*
      – *Breast Nurse/Lactation,*
      – *Painnurse oder*
   c) *die Tätigkeit im Case- oder Caremanagement.*
5. *Auf Pflegerinnen und Pfleger in Psychiatrien und psychiatrischen Krankenhäusern oder Einrichtungen, die aufgrund Erfüllung der Anforderung des Buchstaben a der Protokollerklärung Nr. 4 in Entgeltgruppe P 8 eingruppiert sind, finden*
   a) *Buchstabe b der Protokollerklärung Nr. 1 und*
   b) *§ 1 Abs. 1 Ziffer 5 Unterabs. 1 des Tarifvertrages über die Gewährung von Zulagen gemäß § 33 Abs. 1 Buchst. c BAT bzw. § 2 Abs. 1 Ziffer 5 Unterabs. 1 des Tarifvertrages über die Gewährung von Zulagen gemäß § 33 Abs. 1 Buchst. c BAT-O*

   keine Anwendung.
6. *Bei den Fachweiterbildungen muss es sich entweder um eine Fachweiterbildung nach § 1 der DKG-Empfehlung zur pflegerischen Weiterbildung vom 29. September 2015 in der jeweiligen Fassung oder um eine Fachweiterbildung nach § 1 der DKG-Empfehlung für die Weiterbildung Notfallpflege vom 29. November 2016 bzw. um eine gleichwertige Weiterbildung jeweils nach § 21 dieser DKG-Empfehlungen handeln.*
7. *Die hochschulische Ausbildung befähigt darüber hinaus insbesondere*
   a) *zur Steuerung und Gestaltung hochkomplexer Pflegeprozesse auf der Grundlage wissenschaftsbasierter oder wissenschaftsorientierter Entscheidungen,*
   b) *vertieftes Wissen über Grundlagen der Pflegewissenschaft, des gesellschaftlich institutionellen Rahmens des pflegerischen Handelns sowie des normativ-institutionellen Systems der Versorgung anzuwenden und die Weiterentwicklung der gesundheitlichen und pflegerischen Versorgung dadurch maßgeblich mitzugestalten,*
   c) *sich Forschungsgebiete der professionellen Pflege auf dem neuesten Stand der gesicherten Erkenntnisse erschließen und forschungsgestützte Problemlösungen wie auch neue Technologien in das berufliche Handeln übertragen zu können sowie berufsbezogene Fort- und Weiterbildungsbedarfe zu erkennen,*
   d) *sich kritisch reflexiv und analytisch sowohl mit theoretischem als auch praktischem Wissen auseinandersetzen und wissenschaftsbasiert innovative Lösungsansätze zur Verbesserung im eigenen beruflichen Handlungsfeld entwickeln und implementieren zu können und*
   e) *an der Entwicklung von Qualitätsmanagementkonzepten, Leitlinien und Expertenstandards mitzuwirken.*

2. Leitende Beschäftigte in der Pflege

Vorbemerkungen

1. [1]Die Tarifvertragsparteien legen dem Aufbau der Tätigkeitsmerkmale für Leitungskräfte in der Pflege folgende regelmäßige Organisationsstruktur zu Grunde:
   a) [1]Die Gruppen- bzw. Teamleitung stellt die unterste Leitungsebene dar. [2]Einer Gruppen- bzw. einer Teamleitung sind in der Regel nicht mehr als neun Beschäftigte unterstellt.
   b) [1]Die Station ist die kleinste organisatorische Einheit. [2]Einer Stationsleitung sind in der Regel nicht mehr als zwölf Beschäftigte unterstellt.
   c) [1]Ein Bereich bzw. eine Abteilung umfasst in der Regel mehrere Stationen. [2]Einer Bereichs- bzw. Abteilungsleitung sind in der Regel nicht mehr als 48 Beschäftigte unterstellt.

   [2]Die Beschäftigten müssen fachlich unterstellt sein.
2. Soweit für vergleichbare organisatorische Einheiten von den vorstehenden Bezeichnungen abweichende Bezeichnungen verwandt werden, ist dies unbeachtlich.
3. Diese Regelungen gelten auch für Leitungskräfte in der Entbindungspflege.

Entgeltgruppe P 9

Beschäftigte als ständige Vertreterinnen oder Vertreter von Gruppenleiterinnen oder Gruppenleitern bzw. von Teamleiterinnen oder Teamleitern.
(Hierzu Protokollerklärung)

Entgeltgruppe P 10

1. Beschäftigte als Gruppenleiterinnen oder Gruppenleiter oder als Teamleiterinnen oder Teamleiter.
2. Beschäftigte als ständige Vertreterinnen oder Vertreter von Gruppenleiterinnen oder Gruppenleitern bzw. von Teamleiterinnen oder Teamleitern der Entgeltgruppe P 11 Fallgruppe 1.

Entgeltgruppe P 11

1. Beschäftigte als Gruppenleiterinnen oder Gruppenleiter oder als Teamleiterinnen oder Teamleiter mit einem höheren Maß von Verantwortlichkeit oder von großen Gruppen oder Teams.
2. Beschäftigte als ständige Vertreterinnen oder Vertreter von Stationsleiterinnen oder Stationsleitern.

Entgeltgruppe P 12

1. Beschäftigte als Stationsleiterinnen oder Stationsleiter.
2. Beschäftigte als ständige Vertreterinnen oder Vertreter von Stationsleiterinnen oder Stationsleitern der Entgeltgruppe P 13 oder von Bereichsleiterinnen oder Bereichsleitern oder Abteilungsleiterinnen oder Abteilungsleitern.

Entgeltgruppe P 13

Beschäftigte als Stationsleiterinnen oder Stationsleiter mit einem höheren Maß von Verantwortlichkeit oder von großen Stationen.

Entgeltgruppe P 14

1. Beschäftigte als Bereichsleiterinnen oder Bereichsleiter oder als Abteilungsleiterinnen oder Abteilungsleiter.
2. Beschäftigte als ständige Vertreterinnen oder Vertreter von Bereichsleiterinnen oder Bereichsleitern der Entgeltgruppe P 15.

Entgeltgruppe P 15

Beschäftigte als Bereichsleiterinnen oder Bereichsleiter oder als Abteilungsleiterinnen oder Abteilungsleiter, deren Tätigkeit sich durch den Umfang und die Bedeutung ihres Aufgabengebietes sowie durch große Selbständigkeit erheblich aus der Entgeltgruppe P 14 heraushebt oder von großen Bereichen bzw. Abteilungen.

Entgeltgruppe P 16

Beschäftigte der Entgeltgruppe P 15, deren Tätigkeit sich durch das Maß der damit verbundenen Verantwortung erheblich aus der Entgeltgruppe P 15 heraushebt.

Entgeltgruppe 13 (Anlage A zum TVöD)

1. Beschäftigte mit abgeschlossener wissenschaftlicher Hochschulbildung und entsprechender Tätigkeit sowie sonstige Beschäftigte, die aufgrund gleichwertiger Fähigkeiten und ihrer Erfahrungen entsprechende Tätigkeiten ausüben.
2. Beschäftigte in Krankenhäusern und Pflegeeinrichtungen, deren Tätigkeit wegen der Schwierigkeit der Aufgaben und der Größe ihrer Verantwortung ebenso zu bewerten ist wie Tätigkeiten nach Fallgruppe 1.

Entgeltgruppe 14 (Anlage A zum TVöD)

1. Beschäftigte der Entgeltgruppe 13 Fallgruppe 1, deren Tätigkeit sich mindestens zu einem Drittel
   - durch besondere Schwierigkeit und Bedeutung oder
   - durch das Erfordernis hochwertiger Leistungen bei besonders schwierigen Aufgaben

   aus der Entgeltgruppe 13 Fallgruppe 1 heraushebt.
2. Beschäftigte in Krankenhäusern und Pflegeeinrichtungen, deren Tätigkeit wegen der Schwierigkeit der Aufgaben und der Größe ihrer Verantwortung ebenso zu bewerten ist wie Tätigkeiten nach Fallgruppe 1.

Entgeltgruppe 15 (Anlage A zum TVöD)

1. Beschäftigte der Entgeltgruppe 13 Fallgruppe 1, deren Tätigkeit sich
   - durch besondere Schwierigkeit und Bedeutung sowie
   - erheblich durch das Maß der damit verbundenen Verantwortung

   aus der Entgeltgruppe 13 Fallgruppe 1 heraushebt.
2. Beschäftigte in Krankenhäusern und Pflegeeinrichtungen, deren Tätigkeit wegen der Schwierigkeit der Aufgaben und der Größe ihrer Verantwortung ebenso zu bewerten ist wie Tätigkeiten nach Fallgruppe 1.

Protokollerklärung:

Diese Beschäftigten erhalten die Zulage nach den Protokollerklärungen Nrn. 1 und 2 zu Ziffer 1 ebenfalls, wenn alle der Gruppenleiterin oder dem Gruppenleiter bzw. der

Teamleiterin oder dem Teamleiter durch ausdrückliche Anordnung ständig unterstellten Pflegekräfte Anspruch auf die jeweilige Zulage haben.

3. Lehrkräfte in der Pflege

Entgeltgruppe 10

Lehrkräfte mit entsprechender Zusatzqualifikation.

Entgeltgruppe 11

1. Lehrkräfte an Pflegeschulen mit abgeschlossener Hochschulbildung und entsprechender Tätigkeit sowie sonstige Beschäftigte, die aufgrund gleichwertiger Fähigkeiten und ihrer Erfahrungen entsprechende Tätigkeiten ausüben.
2. Beschäftigte der Entgeltgruppe 10 als stellvertretende Leiterinnen oder Leiter oder als Fachbereichsleiterinnen oder Fachbereichsleiter einer Hebammenschule.

Entgeltgruppe 12

1. Beschäftigte der Entgeltgruppe 10 als Leiterinnen oder Leiter einer Hebammenschule.
2. Beschäftigte der Entgeltgruppe 11 Fallgruppe 1 als stellvertretende Leiterinnen oder Leiter oder als Fachbereichsleiterinnen oder Fachbereichsleiter einer Hebammenschule.

Entgeltgruppe 13

1. Lehrkräfte mit abgeschlossener wissenschaftlicher Hochschulbildung und – soweit nach dem jeweiligen Landesrecht vorgesehen – mit erfolgreich absolviertem Vorbereitungsdienst (Referendariat) mit entsprechender Tätigkeit sowie sonstige Beschäftigte, die aufgrund gleichwertiger Fähigkeiten und ihrer Erfahrungen entsprechende Tätigkeiten ausüben.
2. Beschäftigte der Entgeltgruppe 11 Fallgruppe 1 als Leiterinnen oder Leiter einer Hebammenschule.

Entgeltgruppe 14

1. Stellvertretende Leiterinnen und Leiter einer Pflegeschule.
2. Fachbereichsleiterinnen und Fachbereichsleiter einer Pflegeschule.

Entgeltgruppe 15

Leiterinnen und Leiter einer Pflegeschule.

4. Biologisch-technische Assistentinnen und Assistenten, Chemisch-technische Assistentinnen und Assistenten und Physikalisch-technische Assistentinnen und Assistenten sowie Kardiotechnikerinnen und Kardiotechniker

Es finden die Tätigkeitsmerkmale des Teils A Abschnitt II Ziffer 5 entsprechende Anwendung.

4a. Alltagsbegleiterinnen und -begleiter, Betreuungskräfte sowie Präsenzkräfte

Es finden die allgemeinen Tätigkeitsmerkmale des Teils A Abschnitt I Ziffer 3 Anwendung.

5. Diätassistentinnen und Diätassistenten

Entgeltgruppe 5

Beschäftigte in der Tätigkeit von Diätassistentinnen und Diätassistenten.

Entgeltgruppe 7

Staatlich anerkannte Diätassistentinnen und Diätassistenten mit entsprechender Tätigkeit.

Entgeltgruppe 8

Beschäftigte der Entgeltgruppe 7, die mindestens zu einem Viertel schwierige Aufgaben erfüllen.
(Hierzu Protokollerklärung)

Entgeltgruppe 9a

Beschäftigte der Entgeltgruppe 7, die schwierige Aufgaben erfüllen.
(Hierzu Protokollerklärung)

Entgeltgruppe 9b

Beschäftigte der Entgeltgruppe 7 mit Fortbildung zur Ernährungsberaterin oder zum Ernährungsberater oder mit vergleichbarer Fortbildung (z.B. Diabetesberaterin oder Diabetesberater) und entsprechender Tätigkeit.

Protokollerklärung:

Schwierige Aufgaben sind z.B. Diätberatung von einzelnen Patientinnen oder Patienten, selbstständige Durchführung von Ernährungserhebungen, Mitarbeit bei Grundlagenforschung im Fachbereich klinische Ernährungslehre, Herstellung und Berechnung spezifischer Diätformen bei dekompensierten Leberzirrhosen, Niereninsuffizienz, Hyperlipidämien, Stoffwechsel-Bilanz-Studien, Maldigestion und Malabsorption, nach Shuntoperationen, Kalzium-Test-Diäten, spezielle Anfertigung von Sonderernährung für Patienten auf Intensiv- und Wachstationen.

6. Ergotherapeutinnen und Ergotherapeuten

Entgeltgruppe 5

Beschäftigte in der Tätigkeit von Ergotherapeutinnen und Ergotherapeuten.

Entgeltgruppe 7

Ergotherapeutinnen und Ergotherapeuten mit staatlicher Anerkennung und entsprechender Tätigkeit.

Entgeltgruppe 8

Beschäftigte der Entgeltgruppe 7, die mindestens zu einem Viertel schwierige Aufgaben erfüllen.
(Hierzu Protokollerklärung)

Entgeltgruppe 9a

Beschäftigte der Entgeltgruppe 7, die schwierige Aufgaben erfüllen.
(Hierzu Protokollerklärung)

Entgeltgruppe 9b

Beschäftigte der Entgeltgruppe 7, die mindestens zur Hälfte folgende Aufgabe erfüllen:
Ergotherapie bei Patientinnen oder Patienten mit Demenz.

Protokollerklärung:

Schwierige Aufgaben sind z.B. Ergotherapie bei Querschnittslähmungen, in Kinderlähmungsfällen, bei Schlaganfällen, mit spastisch Gelähmten, in Fällen von Dysmelien, in der Psychiatrie oder Geriatrie oder bei Kleinkindern bis sechs Jahren.

7. HNO-Audiologie-Assistentinnen und -Assistenten

Entgeltgruppe 5

Beschäftigte in der Tätigkeit von HNO-Audiologie-Assistentinnen und -Assistenten.

Entgeltgruppe 7

HNO-Audiologie-Assistentinnen und -Assistenten mit staatlicher Anerkennung und entsprechender Tätigkeit.

Entgeltgruppe 8

Beschäftigte der Entgeltgruppe 7, die mindestens zu einem Viertel schwierige Aufgaben erfüllen.
(Hierzu Protokollerklärung Nr. 1)

Entgeltgruppe 9a

Beschäftigte der Entgeltgruppe 7, die schwierige Aufgaben erfüllen.
(Hierzu Protokollerklärung Nr. 1)

Entgeltgruppe 9b

1. Beschäftigte der Entgeltgruppe 7, die als Hilfskräfte bei wissenschaftlichen Forschungsaufgaben mit einem besonders hohen Maß von Verantwortlichkeit tätig sind.
   (Hierzu Protokollerklärung Nr. 2)
2. Beschäftigte der Entgeltgruppe 7, die mindestens zur Hälfte eine oder mehrere der folgenden Aufgaben erfüllen:
   - Gehörprüfungen bei Säuglingen oder schwersterkrankten Patientinnen und Patienten,
   - Durchführung des Hörtrainings nach Cochlea-Implantationen,
   - Mitwirkung bei der BAHA- oder Soundbridge-Versorgung, Hörtraining nach der Versorgung mit BAHA- oder Soundbridge-Implantaten,
   - spezifische Diagnostik (z.B. BERA-Untersuchung) während Operationen.

Protokollerklärungen:

1. *Schwierige Aufgaben sind z.B.*
   - *Fertigung von Sprach-, Spiel- und Reflexaudiogrammen,*
   - *Gehörprüfung oder Gehörtraining bei Kleinkindern und Menschen mit Einschränkungen oder*
   - *Gehörgeräteanpassung und Gehörerziehung.*
2. *Beschäftigte, die im Rahmen ihrer Tätigkeit als Hilfskräfte bei wissenschaftlichen Forschungsaufgaben mit einem besonders hohen Maß von Verantwortlichkeit tätig sind, sind auch dann als solche eingruppiert, wenn sie im Rahmen dieser Tätigkeit Aufgaben erfüllen, die in der Protokollerklärung Nr. 1 genannt sind.*

8. Logopädinnen und Logopäden

Entgeltgruppe 5

Beschäftigte in der Tätigkeit von Logopädinnen und Logopäden mit staatlicher Anerkennung.

Entgeltgruppe 7

Logopädinnen und Logopäden mit staatlicher Anerkennung und entsprechender Tätigkeit.

Entgeltgruppe 8

Beschäftigte der Entgeltgruppe 7, die mindestens zu einem Viertel schwierige Aufgaben erfüllen.
(Hierzu Protokollerklärung Nr. 1)

Entgeltgruppe 9a

Beschäftigte der Entgeltgruppe 7, die schwierige Aufgaben erfüllen.
(Hierzu Protokollerklärung Nr. 1)

Entgeltgruppe 9b

1. Beschäftigte der Entgeltgruppe 7, die als Hilfskräfte bei wissenschaftlichen Forschungsaufgaben mit einem besonders hohen Maß von Verantwortlichkeit tätig sind.
   (Hierzu Protokollerklärung Nr. 2)
2. Beschäftigte der Entgeltgruppe 7, die mindestens zur Hälfte eine oder mehrere der folgenden Aufgaben erfüllen:
   - Behandlung von Dysphagien (Schluckstörungen) oder Sprach- und Sprechstörungen im Zusammenhang mit neurologischen Erkrankungen oder Demenzen oder im geriatrischen Bereich,
   - Behandlung von Dysphagien und Fütterstörungen von Säuglingen,
   - Durchführung des Trachealkanülenmanagements.

Protokollerklärungen:

1. *Schwierige Aufgaben sind z.B. die Erhebung der logopädisch relevanten Anamnese sowie die Auswahl und Durchführung geeigneter Untersuchungsverfahren bei Kindern, die Erstellung patientenbezogener therapeutischer Konzepte unter Berücksichtigung der jeweiligen individuellen Störungsbilder bei Demenzen oder nach Hirnverletzungen, die Behandlung von Kehlkopflosen, von Patientinnen und Patienten nach Schlaganfällen oder anderen Hirnverletzungen, die Behandlung von schwer intelligenzgeminderten Patientinnen und Patienten oder von Patientinnen und Patienten mit frühkindlichen Hirnschäden oder anderen schweren Erkrankungen mit lang anhaltenden und schweren Auswirkungen auf die Sprachentwicklung sowie Durchführung von Therapien bei Kindern mit Sprachentwicklungsstörungen.*
2. *Beschäftigte, die im Rahmen ihrer Tätigkeit als Hilfskräfte bei wissenschaftlichen Forschungsaufgaben mit einem besonders hohen Maß von Verantwortlichkeit tätig sind, sind auch dann als solche eingruppiert, wenn sie im Rahmen dieser Tätigkeit Aufgaben erfüllen, die in der Protokollerklärung Nr. 1 genannt sind.*

9. Masseurinnen und medizinische Bademeisterinnen sowie Masseure und medizinische Bademeister

Entgeltgruppe 3

Beschäftigte in der Tätigkeit von Masseurinnen und medizinischen Bademeisterinnen sowie Masseuren und medizinischen Bademeistern.

Entgeltgruppe 5

Masseurinnen und medizinische Bademeisterinnen sowie Masseure und medizinische Bademeister mit entsprechender Tätigkeit.

Entgeltgruppe 6

Beschäftigte der Entgeltgruppe 5, die mindestens zu einem Viertel schwierige Aufgaben erfüllen.

(Schwierige Aufgaben sind z.B. Verabreichung von Kohlensäure- und Sauerstoffbädern bei Herz- und Kreislaufbeschwerden, Massage- oder Bäderbehandlung nach Schlaganfällen oder bei Kinderlähmung, Massagebehandlung von Frischoperierten).

10. Medizinisch-technische Assistentinnen und Assistenten

Vorbemerkung

Medizinisch-technische Assistentinnen und Assistenten im Sinne dieses Abschnitts sind Medizinisch-technische Assistentinnen und Assistenten für Funktionsdiagnostik, Medizinisch-technische Laboratoriumsassistentinnen und -assistenten, Medizinisch-technische Radiologieassistentinnen und -assistenten und Veterinärmedizinisch-technische Assistentinnen und Assistenten.

Entgeltgruppe 7

Staatlich geprüfte Medizinisch-technische Assistentinnen und Assistenten sowie Zytologisch-technische Assistentinnen und Assistenten mit jeweils entsprechender Tätigkeit.

Entgeltgruppe 8

Beschäftigte der Entgeltgruppe 7, die mindestens zu einem Viertel schwierige Aufgaben erfüllen.

(Hierzu Protokollerklärung Nr. 1)

Entgeltgruppe 9a

Beschäftigte der Entgeltgruppe 7, die schwierige Aufgaben erfüllen.

(Hierzu Protokollerklärung Nr. 1)

Entgeltgruppe 9b

1. Beschäftigte der Entgeltgruppe 7, die als Hilfskräfte bei wissenschaftlichen Forschungsaufgaben mit einem besonders hohen Maß von Verantwortlichkeit tätig sind.
   (Hierzu Protokollerklärung Nr. 2)
2. Beschäftigte der Entgeltgruppe 7, die mindestens zur Hälfte eine oder mehrere der folgenden Aufgaben erfüllen:
   - Wartung und Kalibrierung von hochwertigen und schwierig zu bedienenden Messgeräten (z.B. Autoanalyzern),
   - Virusisolierungen oder ähnlich schwierige mikrobiologische Verfahren, Gewebezüchtungen, schwierige Antikörperbestimmungen (z.B. Coombs-Test),

- schwierige intraoperative Röntgenaufnahmen,
- interoperatives Monitoring, Mitwirkung bei der prächirurgischen Epilepsiediagnostik und -OP, Mitwirkung bei der Implantation von Hirnelektroden, Mitwirkung bei der Komadiagnostik,
- Vorbereitung und Mitwirkung bei der Protonentherapie.

Protokollerklärungen:

1. Schwierige Aufgaben sind z.B.

- *der Diagnostik vorausgehende technische Arbeiten bei selbstständiger Verfahrenswahl auf histologischem, mikrobiologischem, hämatologischem, serologischem, molekularbiologischem oder quantitativ klinisch-chemischem Gebiet;*
- *die Durchführung von Untersuchungsverfahren zur röntgenologischen Funktionsdiagnostik;*
- *messtechnische Aufgaben und Hilfeleistung bei der Verwendung von radioaktiven Stoffen;*
- *schwierige medizinisch radiologische Verfahren;*
- *Tätigkeiten in der radiologischen Untersuchung von Kindern bis zum sechsten Lebensjahr;*
- *Bedienung eines Elektronenmikroskops sowie Vorbereitung der Präparate für Elektronenmikroskopie;*
- *Durchführung schwieriger molekularbiologischer Untersuchungsverfahren (z.B. Hybridisierung oder Blot), schwierige Hormonbestimmungen, schwierige Fermentaktivitatsbestimmungen, schwierige gerinnungsphysiologische Untersuchungen);*
- *Vorbereitung und Durchführung von röntgenologischen Gefäßuntersuchungen in der Schädel-, Brust- und Bauchhöhle, Mitwirkung bei Herzkatheterisierungen, Schichtaufnahmen in den drei Dimensionen mit Spezialgeräten (CT, MRT, SPECT, etc.), Arbeiten an Linearbeschleunigern, Durchführung von Szintigraphien unter Belastung (z.B. Myokardszintigraphie), szintigraphische Spezialuntersuchungen (z.B. Sentinelszintigraphie);*
- *Durchführung von Untersuchungsverfahren, bei denen mehrere Untersuchungsmethoden kombiniert werden, z.B. SPECT-CT;*
- *Vorbereitung und Mitwirkung von röntgenologisch gestützten Gewebeentnahmen;*
- *Tätigkeiten in der Telemedizin oder Teleradiologie;*
- *Mitwirkung bei der Hirntodbestimmung oder*
- *invasive Eingriffe mit z.B. kryostatischen Maßnahmen im EPU-Labor.*

2. Beschäftigte, die im Rahmen ihrer Tätigkeit als Hilfskräfte bei wissenschaftlichen Forschungsaufgaben mit einem besonders hohen Maß von Verantwortlichkeit tätig sind, sind auch dann als solche eingruppiert, wenn sie im Rahmen dieser Tätigkeit Aufgaben erfüllen, die in der Protokollerklärung Nr. 1 genannt sind.

11. Medizinische Dokumentarinnen und Dokumentare

Es finden die allgemeinen Tätigkeitsmerkmale des Teils A Abschnitt I Ziffer 3 Anwendung.

12. Medizinische und Zahnmedizinische Fachangestellte

Es finden die allgemeinen Tätigkeitsmerkmale des Teils A Abschnitt I Ziffer 3 Anwendung.

13. Orthoptistinnen und Orthoptisten

Entgeltgruppe 5

Beschäftigte in der Tätigkeit von Orthoptistinnen und Orthoptisten.

Entgeltgruppe 7

Orthoptistinnen und Orthoptisten mit abgeschlossener Ausbildung und entsprechender Tätigkeit.

Entgeltgruppe 8

Beschäftigte der Entgeltgruppe 7, die mindestens zu einem Viertel schwierige Aufgaben erfüllen.
(Hierzu Protokollerklärung Nr. 1)

Entgeltgruppe 9a

Beschäftigte der Entgeltgruppe 7, die schwierige Aufgaben erfüllen.
(Hierzu Protokollerklärung Nr. 1)

Entgeltgruppe 9b

1. Beschäftigte der Entgeltgruppe 7, die als Hilfskräfte bei wissenschaftlichen Forschungsaufgaben mit einem besonders hohen Maß von Verantwortlichkeit tätig sind.
   (Hierzu Protokollerklärung Nr. 2)
2. Beschäftigte der Entgeltgruppe 7, die mindestens zur Hälfte eine oder mehrere der folgenden Aufgaben erfüllen:
   - orthoptische Untersuchungen bei Säuglingen, Kleinkindern oder geistig behinderten Patienten mit Schielerkrankungen oder Nystagmus,
   - diagnostische Untersuchungen zur Vorbereitung auf Schieloperationen und Mitwirken bei der Dosierung der Operationsstrecken,
   - Durchführung und Auswertung von VEP-Messungen,
   - Untersuchung von komplizierten infra- und supranukleären Mobilitätsstörungen sowie nystagmusbedingten Kopfzwangshaltungen an z.B. Tangentenskalen oder Synoptometern,
   - neuroophthalmologische Untersuchungen bei Orbitaerkrankungen (z.B. Tumorerkrankungen).

Protokollerklärungen:

1. Schwierige Aufgaben sind z.B.
   - *Behandlung eingefahrener beidäugiger Anomalien, exzentrischer Fixationen oder Kleinstanomalien,*
   - *Messungen bei Doppelbildern,*
   - *Anpassung von Prismenbrillen,*
   - *Kontaktlinsenanpassung bei komplizierten Hornhautsituationen (z.B. Ausdünnung der Hornhaut, Hornhautnarben, Zustand nach der operativen Entfernung der Hornhaut),*
   - *Durchführung orthoptistischer oder plebtischer Schulungen.*

2. Beschäftigte, die im Rahmen ihrer Tätigkeit als Hilfskräfte bei wissenschaftlichen Forschungsaufgaben mit einem besonders hohen Maß von Verantwortlichkeit tätig sind, sind auch dann als solche eingruppiert, wenn sie im Rahmen dieser Tätigkeit Aufgaben erfüllen, die in der Protokollerklärung Nr. 1 genannt sind.

14. Pharmazeutisch-kaufmännische Angestellte

Es finden die allgemeinen Tätigkeitsmerkmale des Teils A Abschnitt I Ziffer 3 Anwendung.

15. Pharmazeutisch-technische Assistentinnen und Assistenten

Entgeltgruppe 7

Pharmazeutisch-technische Assistentinnen und Assistenten mit staatlicher Erlaubnis und entsprechender Tätigkeit.

Entgeltgruppe 8

Beschäftigte der Entgeltgruppe 7, die mindestens zu einem Viertel schwierige Aufgaben erfüllen.
(Hierzu Protokollerklärung Nr. 1)

Entgeltgruppe 9a

Beschäftigte der Entgeltgruppe 7, die schwierige Aufgaben erfüllen.
(Hierzu Protokollerklärung Nr. 1)

Entgeltgruppe 9b

1. Beschäftigte der Entgeltgruppe 7, die als Hilfskräfte bei wissenschaftlichen Forschungsaufgaben mit einem besonders hohen Maß von Verantwortlichkeit tätig sind.
   (Hierzu Protokollerklärung Nr. 2)
2. Beschäftigte der Entgeltgruppe 7 mit Fortbildung als Spezialistin oder Spezialist für Krankenhaus- und krankenhausversorgende Apotheken und entsprechender Tätigkeit.

Protokollerklärungen:

1. *Schwierige Aufgaben sind z.B. Tätigkeiten unter Reinraumluftbedingungen wie die sterile Herstellung von Zytostatikazubereitungen, Mischbeuteln zur parenteralen Anwendung und applikationsfertigen Spritzen, Infusionen und Injektionen oder Augensalben und -tropfen; schwierige Identitäts- und Reinheitsprüfungen nach Deutschem Arzneibuch, gravimetrische, titrimetrische oder fotometrische Bestimmungen, Komplexometrie, Leitfähigkeitsmessungen oder chromatografische Analysen.*
2. *Beschäftigte, die im Rahmen ihrer Tätigkeit als Hilfskräfte bei wissenschaftlichen Forschungsaufgaben mit einem besonders hohen Maß von Verantwortlichkeit tätig sind, sind auch dann als solche eingruppiert, wenn sie im Rahmen dieser Tätigkeit Aufgaben erfüllen, die in der Protokollerklärung Nr. 1 genannt sind.*

16. Physiotherapeutinnen und Physiotherapeuten

Entgeltgruppe 5

Beschäftigte in der Tätigkeit von Physiotherapeutinnen und Physiotherapeuten.

Entgeltgruppe 7

Physiotherapeutinnen und Physiotherapeuten mit staatlicher Anerkennung und entsprechender Tätigkeit.

Entgeltgruppe 8

Beschäftigte der Entgeltgruppe 7, die mindestens zu einem Viertel schwierige Aufgaben erfüllen.
(Hierzu Protokollerklärung)

Entgeltgruppe 9a

Beschäftigte der Entgeltgruppe 7, die schwierige Aufgaben erfüllen.
(Hierzu Protokollerklärung)

Entgeltgruppe 9b

Beschäftigte der Entgeltgruppe 7, die mindestens zur Hälfte eine oder mehrere der folgenden Aufgaben erfüllen:

– Physiotherapie bei Patientinnen oder Patienten mit Demenz oder auf einer Intensivstation nach einem Polytrauma.

Protokollerklärung:

Schwierige Aufgaben sind z.B. Physiotherapie nach Lungen- oder Herzoperationen, nach Herzinfarkten, bei Querschnittslähmungen, in Kinderlähmungsfällen, mit spastisch Gelähmten, in Fällen von Dysmelien, in der Psychiatrie oder Geriatrie, nach Einsatz von Endoprothesen, nach Verbrennungen zweiten oder dritten Grades oder bei Kleinkindern bis sechs Jahren.

17. Präparationstechnische Assistentinnen und Assistenten

Auf Beschäftigte als Biologiemodellmacherinnen oder Biologiemodellmacher oder Präparationstechnische Assistentinnen und Assistenten finden die Tätigkeitsmerkmale für Beschäftigte in der Konservierung, Restaurierung, Präparierung und Grabungstechnik (Teil B Abschnitt XV) Anwendung.

18. Psychologische Psychotherapeutinnen und -therapeuten sowie Kinder- und Jugendlichenpsychotherapeutinnen und -therapeuten

Entgeltgruppe 14

Psychologische Psychotherapeutinnen und -therapeuten sowie Kinder- und Jugendlichenpsychotherapeutinnen und -therapeuten jeweils mit Approbation und entsprechender Tätigkeit.

19. Zahntechnikerinnen und Zahntechniker

Entgeltgruppe 6

Zahntechnikerinnen und Zahntechniker mit entsprechender Tätigkeit.

Entgeltgruppe 7

Beschäftigte der Entgeltgruppe 6, die schwierige Aufgaben erfüllen.
(Hierzu Protokollerklärung Nr. 1)

Entgeltgruppe 8

1. Beschäftigte der Entgeltgruppe 6, deren Tätigkeiten Kenntnisse in der kieferchirurgischen Prothetik erfordern, oder die Epithesen herstellen.
2. Zahntechnikermeisterinnen und Zahntechnikermeister mit entsprechender Tätigkeit.

Entgeltgruppe 9a

Beschäftigte der Entgeltgruppe 8 Fallgruppe 2, deren Tätigkeiten Kenntnisse in der kieferchirurgischen Prothetik erfordern, oder die Epithesen herstellen.

Entgeltgruppe 9b

Beschäftigte der Entgeltgruppe 6 oder der Entgeltgruppe 8 Fallgruppe 2, die als Hilfskräfte bei wissenschaftlichen Forschungsaufgaben mit einem besonders hohen Maß von Verantwortlichkeit tätig sind.

(Hierzu Protokollerklärung Nr. 2)

Protokollerklärungen:

1. *Schwierige Aufgaben sind z.B. Tätigkeiten in der zahnärztlichen Keramik, in der Kiefer-Orthopädie, in der Parallelometertechnik, in der Vermessungstechnik für Einstückgussprothesen oder in der Geschiebetechnik.*
2. *Beschäftigte, die im Rahmen ihrer Tätigkeit als Hilfskräfte bei wissenschaftlichen Forschungsaufgaben mit einem besonders hohen Maß von Verantwortlichkeit tätig sind, sind auch dann als solche eingruppiert, wenn sie im Rahmen dieser Tätigkeit Aufgaben erfüllen, die in der Entgeltgruppe 7 oder in der Entgeltgruppe 8 Fallgruppe 1 und in der Entgeltgruppe 9a genannt sind.*

20. Leitende Beschäftigte

Vorbemerkungen

1. Diese Tätigkeitsmerkmale finden in den Bereichen der vorstehenden Ziffern 4 bis 10, 13, 15, 16 und 19 Anwendung.
2. Die Tarifvertragsparteien legen dem Aufbau der Tätigkeitsmerkmale für Abteilungs-, Gruppen- bzw. Teamleitung (organisatorische Einheiten) folgende regelmäßige Organisationsstruktur zu Grunde:
   a) Der Leitung einer kleineren organisatorischen Einheit sind in der Regel nicht mehr als neun Beschäftigte unterstellt.
   b) Der Leitung einer größeren organisatorischen Einheit sind in der Regel nicht mehr als 16 Beschäftigte unterstellt.
   c) Der Leitung einer besonders großen organisatorischen Einheit sind in der Regel mehr als 24 Beschäftigte unterstellt.
3. Soweit für vergleichbare organisatorische Einheiten von den vorstehenden Bezeichnungen abweichende Bezeichnungen verwandt werden, ist dies unbeachtlich.

Entgeltgruppe 9b

Leiterinnen und Leiter einer kleineren organisatorischen Einheit.

Entgeltgruppe 9c

Ständige Vertreterinnen und Vertreter von Leiterinnen oder Leitern der Entgeltgruppe 10 Fallgruppe 1.

Entgeltgruppe 10

1. Leiterinnen und Leiter einer größeren organisatorischen Einheit.
2. Ständige Vertreterinnen und Vertreter von Leiterinnen oder Leitern der Entgeltgruppe 11.

Entgeltgruppe 11

Leiterinnen und Leiter einer besonders großen organisatorischen Einheit.

Entgeltgruppe 12

Beschäftigte, deren Tätigkeit sich durch das Maß der damit verbundenen Verantwortung erheblich aus der Entgeltgruppe 11 heraushebt.

21. Lehrkräfte an staatlich anerkannten Lehranstalten für medizinische Berufe (Schulen)

Entgeltgruppe 9c

Lehrkräfte.

Entgeltgruppe 10

Lehrkräfte mit entsprechender Zusatzqualifikation.

Entgeltgruppe 11

1. Lehrkräfte mit abgeschlossener Hochschulbildung und entsprechender Tätigkeit sowie sonstige Beschäftigte, die aufgrund gleichwertiger Fähigkeiten und ihrer Erfahrungen entsprechende Tätigkeiten ausüben.
2. Beschäftigte der Entgeltgruppe 10 als stellvertretende Leiterinnen oder Leiter oder als Fachbereichsleiterinnen oder Fachbereichsleiter einer Schule.

Entgeltgruppe 12

1. Beschäftigte der Entgeltgruppe 10 als Leiterinnen oder Leiter einer Schule.
2. Beschäftigte der Entgeltgruppe 11 Fallgruppe 1 als stellvertretende Leiterinnen oder Leiter oder als Fachbereichsleiterinnen oder Fachbereichsleiter einer Schule.

Entgeltgruppe 13

1. Lehrkräfte mit abgeschlossener wissenschaftlicher Hochschulbildung und – soweit nach dem jeweiligen Landesrecht vorgesehen – erfolgreich absolviertem Vorbereitungsdienst (Referendariat) mit entsprechender Tätigkeit sowie sonstige Beschäftigte, die aufgrund gleichwertiger Fähigkeiten und ihrer Erfahrungen entsprechende Tätigkeiten ausüben.
2. Beschäftigte der Entgeltgruppe 11 Fallgruppe 1 als Leiterinnen oder Leiter einer Schule.

Entgeltgruppe 14

Beschäftigte der Entgeltgruppe 13 Fallgruppe 1 als stellvertretende Leiterinnen oder Leiter oder als Fachbereichsleiterinnen oder Fachbereichsleiter einer Schule.

Entgeltgruppe 15

Beschäftigte der Entgeltgruppe 13 Fallgruppe 1 als Leiterinnen oder Leiter einer Schule.

XII. Beschäftigte in Häfen und Fährbetrieben

Entgeltgruppe 7

1. Schiffsführerinnen und Schiffsführer mit Befähigungszeugnis als Nautischer Wachoffizier oder Kapitän nach § 29 Abs. 2 Seeleute-Befähigungsverordnung und entsprechender Tätigkeit.
2. Schiffsmaschinistinnen und Schiffsmaschinisten mit Befähigungszeugnis nach § 38 Abs. 2 Seeleute-Befähigungsverordnung und entsprechender Tätigkeit.

Entgeltgruppe 8

Schiffsführerinnen und Schiffsführer mit Befähigungszeugnissen nach § 29 Abs. 2 und § 38 Abs. 2 Seeleute-Befähigungsverordnung und entsprechender Tätigkeit.

Entgeltgruppe 9a

1. Beschäftigte der Entgeltgruppe 7 Fallgruppe 1 auf Schiffen mit einer Tragfähigkeit von mindestens 50,00 Tonnen oder einer Bruttoraumzahl von mindestens 250.
2. Beschäftigte der Entgeltgruppe 7 Fallgruppe 2 auf Schiffen mit einer Tragfähigkeit von mindestens 50,00 Tonnen oder einer Bruttoraumzahl von mindestens 250.

Entgeltgruppe 9b

Beschäftigte der Entgeltgruppe 8 auf Schiffen mit einer Tragfähigkeit von mindestens 50,00 Tonnen oder einer Bruttoraumzahl von mindestens 250.

XIII. Beschäftigte im Kassen- und Rechnungswesen

Vorbemerkung

Kassen und Zahlstellen im Sinne dieses Abschnitts sind nur die in der Verordnung über das Kassen- und Rechnungswesen der Gemeinden (KuRVO) als solche bestimmten.

Entgeltgruppe 5

1. Beschäftigte in Kassen, die verantwortlich Personen- oder Sachkonten führen oder verwalten.
(Hierzu Protokollerklärungen Nrn. 1 und 3)
2. Kassiererinnen und Kassierer in kleineren Kassen.
(Hierzu Protokollerklärung Nr. 2)
3. Zahlstellenverwalterinnen und -verwalter größerer Zahlstellen.
4. Verwalterinnen und Verwalter von Einmannkassen.

Entgeltgruppe 6

1. Beschäftigte in Kassen, die verantwortlich Personen- oder Sachkonten führen oder verwalten, wenn ihnen mindestens zu einem Viertel schwierige buchhalterische Tätigkeiten übertragen sind.
(Hierzu Protokollerklärungen Nrn. 1, 3 und 4)
2. Kassiererinnen und Kassierer in Kassen, soweit nicht anderweitig eingruppiert.
(Hierzu Protokollerklärung Nr. 2)
3. Verwalterinnen und Verwalter von Zahlstellen, in denen ständig nach Art und Umfang besonders schwierige Zahlungsgeschäfte anfallen.
4. Leiterinnen und Leiter von Kassen mit mindestens einer oder einem Kassenbeschäftigten.

Entgeltgruppe 8

1. Beschäftigte in Kassen, die verantwortlich Personen- oder Sachkonten führen oder verwalten, wenn ihnen schwierige buchhalterische Tätigkeiten übertragen sind.
(Hierzu Protokollerklärungen Nrn. 1, 3 und 4)
2. Beschäftigte in Kassen, denen mindestens drei Beschäftigte mit buchhalterischen Tätigkeiten ständig unterstellt sind.
(Hierzu Protokollerklärung Nr. 3)
3. Kassiererinnen und Kassierer in Kassen an Arbeitsplätzen mit ständig überdurchschnittlich hohen Postenzahlen.

(Hierzu Protokollerklärung Nr. 2)

4. Verwalterinnen und Verwalter von Zahlstellen, in denen ständig nach Art und Umfang besonders schwierige Zahlungsgeschäfte anfallen, wenn ihnen mindestens drei Beschäftigte ständig unterstellt sind.
5. Leiterinnen und Leiter von Kassen mit mindestens drei Kassenbeschäftigten.

Entgeltgruppe 9a

1. Beschäftigte in gemeindlichen Kassen, die verantwortlich Personen- oder Sachkonten führen oder verwalten und für mindestens fünf Sachbuchhaltereien die Kassenrechnung erstellen und die Haushaltsrechnung vorbereiten. (Hierzu Protokollerklärung Nr. 1)
2. Beschäftigte in gemeindlichen Buchhaltereien, denen mindestens drei Beschäftigte mit buchhalterischen Tätigkeiten mindestens der Entgeltgruppe 6 ständig unterstellt sind.
3. Kassiererinnen und Kassierer in Kassen, die das Ergebnis mehrerer Kassiererinnen oder Kassierer zusammenfassen.
4. Kassiererinnen und Kassierer in Kassen mit schwierigem Zahlungsverkehr und ständig außergewöhnlich hohen Barumsätzen.
5. Leiterinnen und Leiter von Kassen mit mindestens fünf Kassenbeschäftigten.
6. Leiterinnen und Leiter von Kassen, die zugleich Leiterinnen oder Leiter der Vollstreckungsstelle sind, soweit nicht in Entgeltgruppe 9b oder 10 eingruppiert.
7. Ständige Vertreterinnen und Vertreter von Leiterinnen oder Leitern von Kassen mit mindestens zwölf Kassenbeschäftigten.

Entgeltgruppe 9b

1. Leiterinnen und Leiter von Kassen mit mindestens zwölf Kassenbeschäftigten.
2. Leiterinnen und Leiter von Kassen mit mindestens sechs Kassenbeschäftigten, wenn sie zugleich Leiterinnen oder Leiter der Vollstreckungsstelle sind.
3. Ständige Vertreterinnen und Vertreter von Leiterinnen oder Leitern von Kassen mit mindestens 30 Kassenbeschäftigten.

Entgeltgruppe 10

1. Leiterinnen und Leiter von Kassen mit mindestens 30 Kassenbeschäftigten.
2. Leiterinnen und Leiter von Kassen mit mindestens 15 Kassenbeschäftigten, wenn sie zugleich Leiterinnen oder Leiter der Vollstreckungsstelle sind.

Protokollerklärungen:

1. *Die/Der Beschäftigte führt oder verwaltet verantwortlich Personen- oder Sachkonten, wenn sie/er die Belege vor der Buchung auf ihre Ordnungsmäßigkeit nach den Kassenvorschriften zu prüfen und für die Richtigkeit der Buchungen die Verantwortung zu tragen hat.*
2. *Unter dieses Tätigkeitsmerkmal fallen auch Kassiererinnen und Kassierer für unbaren Zahlungsverkehr.*
3. *Dieses Tätigkeitsmerkmal gilt auch für Beschäftigte, die in Zahlstellen oder Buchungsstellen verantwortlich Personen- oder Sachkonten führen oder verwalten.*
4. *Schwierige buchhalterische Tätigkeiten sind z.B.:*

a) selbstständiger Verkehr mit den bewirtschafteten Stellen;

b) das Führen oder Verwalten von Darlehens- oder Schuldendienstkonten, wenn die Zins- und Tilgungsleistungen selbstständig errechnet werden müssen;

c) selbstständiges Bearbeiten von Vollstreckungsangelegenheiten (mit Ausnahme des Ausstellens von Pfändungsaufträgen und von Amtshilfeersuchen);

d) das Bearbeiten schwierig aufzuklärender Verwahrposten;

e) selbstständiges Bearbeiten von Werthinterlegungen einschließlich der Kontenführung;

f) das Führen oder Verwalten von Sachkonten für Haushaltsausgaben, wenn damit das Überwachen zahlreicher Abschlagszahlungen verbunden ist;

g) das Führen oder Verwalten von Sachkonten, bei denen Deckungsvorschriften nicht nur einfacher Art zu beachten sind (Deckungsvorschriften nur einfacher Art sind z.B.: In Sammelnachweisen zusammengefasste Ausgaben; gegenseitige oder einseitige Deckungsfähigkeit bei den Personalausgaben oder Deckungsvermerke, die sich auf der Ausgabenseite auf nur zwei Haushaltsstellen beschränken);

h) das Führen oder Verwalten von Konten für den Abrechnungsverkehr mit Kassen oder Zahlstellen;

i) das Führen oder Verwalten schwieriger Konten der Vermögensrechnung bei gleichzeitigem selbstständigen Berechnen von Abschreibungen aufgrund allgemeiner – betraglich nicht festgelegter – Kassen- oder Buchungsanweisungen.

XIV. Beschäftigte im kommunalen feuerwehrtechnischen Dienst

1. Beschäftigte im kommunalen feuerwehrtechnischen Dienst

Vorbemerkungen

1. Die Eingruppierung gemäß den nachfolgenden Merkmalen setzt jeweils mindestens die Erfüllung der Voraussetzungen für die zweite Ebene der Laufbahngruppe 1 oder eine nach Landesrecht – soweit vorhanden – gleichgestellte Ausbildung (z.B. Werkfeuerwehrfrau oder -mann) voraus.
2. Auf Beschäftigte von Flughafenfeuerwehren und Werksfeuerwehren finden die nachfolgenden Tätigkeitsmerkmale keine Anwendung.

Entgeltgruppe 7

Beschäftigte in der Tätigkeit einer Truppfrau oder eines Truppmanns oder in einer Tätigkeit, die derjenigen von beamteten Brandmeisterinnen und Brandmeistern entspricht.

Entgeltgruppe 8

Beschäftigte, denen durch ausdrückliche Anordnung die Führung einer taktischen Einheit bis Truppstärke übertragen ist, oder in einer Tätigkeit, die derjenigen von beamteten Oberbrandmeisterinnen und Oberbrandmeistern entspricht.

Entgeltgruppe 9a

Beschäftigte, denen durch ausdrückliche Anordnung die Führung der taktischen Einheit ab Staffelstärke übertragen ist oder in einer gleich zu bewertenden Tätigkeit von beamteten Hauptbrandmeisterinnen und Hauptbrandmeistern.

(Hierzu Protokollerklärung)

Entgeltgruppe 9b

Beschäftigte, denen durch ausdrückliche Anordnung die Führung der taktischen Einheit ab Gruppenstärke übertragen ist oder in einer gleich zu bewertenden Tätigkeit von beamteten Hauptbrandmeisterinnen und Hauptbrandmeistern.

Entgeltgruppe 9c

1. Beschäftigte, denen durch ausdrückliche Anordnung die Führung der taktischen Einheit ab Gruppenstärke übertragen ist mit besonders verantwortungsvollen Tätigkeiten oder in einer gleich zu bewertenden Tätigkeit von beamteten Hauptbrandmeisterinnen und Hauptbrandmeistern oder von Brandinspektorinnen und Brandinspektoren.
2. Schicht- bzw. Wachabteilungsleiterinnen und -leiter.

Entgeltgruppe 10

1. Beschäftigte, denen durch ausdrückliche Anordnung die Führung der taktischen Einheit ab Zugstärke übertragen ist oder in einer Tätigkeit, die derjenigen von beamteten Brandoberinspektorinnen und Brandoberinspektoren entspricht.
2. Schicht- bzw. Wachabteilungsleiterinnen und -leiter, deren Tätigkeit sich mindestens zu einem Drittel durch besondere Schwierigkeit und Bedeutung erheblich aus der Entgeltgruppe 9c Fallgruppe 2 heraushebt.

Entgeltgruppe 11

1. Beschäftigte, denen durch ausdrückliche Anordnung die Führung der taktischen Einheit ab Verbandsstärke übertragen ist oder in einer Tätigkeit, die derjenigen von beamteten Brandamtfrauen und Brandamtmännern entspricht.
2. Schicht- bzw. Wachabteilungsleiterinnen und -leiter, deren Tätigkeit sich durch besondere Schwierigkeit und Bedeutung erheblich aus der Entgeltgruppe 9c Fallgruppe 2 heraushebt.
3. Ständige Vertreterinnen und Vertreter von Wachleiterinnen oder -leitern.

Entgeltgruppe 12

1. Schicht- bzw. Wachabteilungsleiterinnen und -leiter, deren Tätigkeit sich durch das Maß der damit verbundenen Verantwortung erheblich aus der Entgeltgruppe 11 Fallgruppe 2 heraushebt.
2. Wachleiterinnen und -leiter.

Protokollerklärung:

Nach diesem Merkmal sind auch Beschäftigte eingruppiert, die den Lehrgang zur Gruppenführung erfolgreich abgeschlossen haben und denen durch ausdrückliche Anordnung die Führung von Einsätzen ab Truppstärke übertragen ist.

2. Feuerwehrgerätewartinnen und Feuerwehrgerätewarte

Es finden die Allgemeinen Tätigkeitsmerkmale des Teils A Abschnitt I Ziffer 2 Anwendung.

3. Beschäftigte in Feuerwehrtechnischen Zentralen (Feuerwehrtechnischen Zentren)

Es finden die Allgemeinen Tätigkeitsmerkmale des Teils A Abschnitt I Ziffer 3 Anwendung.

XV. Beschäftigte in der Konservierung, Restaurierung, Präparierung und Grabungstechnik

Vorbemerkungen

1. Dieser Abschnitt gilt für Beschäftigte im Bereich der Konservierung, Restaurierung, Präparation und Grabungstechnik an kunstgeschichtlichen, kulturgeschichtlichen und naturkundlichen Museen und Sammlungen und Forschungseinrichtungen, an Archiven, Bibliotheken und in der Denkmalpflege.

2. (1) [1] Konservierungs-, Restaurierungs- und Präparationstätigkeiten im Sinne dieses Abschnitts sind sämtliche Tätigkeiten, die zum Ziel haben, Objekte bzw. audiovisuelle Aufzeichnungen von künstlerischer, kulturhistorischer, wissenschaftlicher oder dokumentarischer Bedeutung oder von didaktischem Wert ohne Rücksicht auf ihren materiellen oder kommerziellen Wert zu bergen, langfristig zu erhalten sowie wiederherzustellen, und sie damit u.a. für die wissenschaftliche als auch allgemeine Nutzung sowie die Forschung und Wissensvermittlung aufzubereiten, zu sichern und/oder dauerhaft zu bewahren. [2] Dazu gehören auch die technologischen und naturwissenschaftlichen Untersuchungen der Objekte und deren Dokumentation.

   (2) [1] Eine Restaurierung kann auch die Nachbildung bzw. Rekonstruktion als Ergänzung fehlender Teile des Originals einschließen. [2] Fallweise ist es auch notwendig, die im Rahmen der restauratorischen Untersuchung am Objekt festgestellten Materialzusammensetzungen oder auch Schadensbilder an Modellen künstlich zu erzeugen, um z.B. neue, adäquate Restaurierungsmethoden zu entwickeln bzw. kunsttechnologische Befunde anhand von Rekonstruktionen zu überprüfen.

   (3) Präparationstätigkeiten sind auch die Nachbildung vom Original, die freie Nachbildung, die Rekonstruktion und der Modellbau, die zum Ziel haben, einen erhaltenswerten Befund der Wissenschaft und der Lehre nutzbar zu machen sowie die Beschaffung, Sammlung und Erfassung von naturwissenschaftlichem Sammlungsgut.

   (4) [1] Bei den Tätigkeiten der Grabungstechnik spielt die Verbindung einer wissenschaftlich-fundierten Arbeitsweise mit ingenieurtechnischen bzw. methodischen Arbeitsansätzen eine zentrale Rolle. [2] Je nach Einsatzaufgaben sind unterschiedliche Kenntnisse bzw. Berufsabschlüsse denkbar. [3] Zu den Aufgaben in der Grabungstechnik gehört die technische Leitung archäologischer Ausgrabungen oder Kontrolle der Arbeit von Grabungsfirmen. [4] Die Beschäftigten entscheiden vor Ort selbstständig über Grabungs-, Bergungs- und Dokumentationsmethoden, leiten die Mitarbeiter an und treffen Absprachen mit Investoren, Bauherren und Baubetrieben und vertreten damit öffentliche Institutionen vor Ort. [5] Zu den Tätigkeiten von Grabungstechnikerinnen und Grabungstechnikern zählen weiterhin die Vermittlung von Grabungsergebnissen durch Öffentlichkeitsarbeit und Publikationen.

(5) Zur Konservierung, Restaurierung und Präparation gehören auch Tätigkeiten wie z.B.:

a) Sammlungsbetreuung und Schadensprävention etwa durch konservatorisch richtige Lagerung der Sammlungsobjekte, Erstellen von Vorgaben zur Klimatisierung und Ausstattung der Ausstellungs- und Depoträume, Beratung zu Ausstellungs- und Depotflächen bei Neu- und Umbau;

b) technologisch-materielle Untersuchung und Erforschung der Objekte;

c) Tätigkeiten im Zusammenhang mit Leihverkehr und Ausstellung, z.B. Beurteilung der Leihfähigkeit aus restauratorischer bzw. präparatorischer Sicht, Definieren der Transport- und Ausstellungsbedingungen, Erstellen von Zustandsprotokollen, Überwachen sowohl des Ein- und Auspackens sowie des Transports und der Montierung der Sammlungsobjekte vor Ort;

d) beratende oder gutachterliche Tätigkeiten.

Entgeltgruppe 4

Beschäftigte mit einfachen Tätigkeiten bei assistierenden Tätigkeiten im Bereich der Konservierung oder Restaurierung, der Präparation oder der Grabungstechnik oder in der konservatorischen Pflege und Wartung.

(Hierzu Protokollerklärung Nr. 1)

Entgeltgruppe 5

Beschäftigte mit nicht mehr einfachen Tätigkeiten bei assistierenden Tätigkeiten im Bereich der Konservierung oder Restaurierung, der Präparation oder der Grabungstechnik oder in der konservatorischen Pflege und Wartung.

(Hierzu Protokollerklärung Nr. 2)

Entgeltgruppe 6

1. Beschäftigte mit schwierigen Tätigkeiten bei assistierenden Tätigkeiten im Bereich der Konservierung oder Restaurierung, der Präparation oder der Grabungstechnik oder in der konservatorischen Pflege und Wartung.
   (Hierzu Protokollerklärung Nr. 3)
2. Beschäftigte mit assistierenden Tätigkeiten im Bereich der Konservierung oder Restaurierung, der Präparation oder der Grabungstechnik oder mit Tätigkeiten in der konservatorischen Pflege und Wartung, denen mindestens zwei Beschäftigte mindestens der Entgeltgruppe 4 durch ausdrückliche Anordnung ständig unterstellt sind.

Entgeltgruppe 7

Beschäftigte mit assistierenden Tätigkeiten im Bereich der Konservierung oder Restaurierung, der Präparation oder der Grabungstechnik oder in der konservatorischen Pflege und Wartung, die mindestens zu einem Fünftel besonders schwierige Tätigkeiten ausüben.

(Hierzu Protokollerklärung Nr. 4)

Entgeltgruppe 8

1. Beschäftigte mit assistierenden Tätigkeiten im Bereich der Konservierung oder Restaurierung, der Präparation oder der Grabungstechnik oder in der konservatorischen Pflege und Wartung, die mindestens zu einem Drittel besonders schwierige Tätigkeiten ausüben.

(Hierzu Protokollerklärung Nr. 4)

2. Beschäftigte mit assistierenden Tätigkeiten im Bereich der Konservierung oder Restaurierung, der Präparation oder der Grabungstechnik oder in der konservatorischen Pflege und Wartung, denen mindestens zwei Beschäftigte, davon mindestens eine Beschäftigte oder ein Beschäftigter mindestens der Entgeltgruppe 6 Fallgruppe 1, durch ausdrückliche Anordnung ständig unterstellt sind.

Entgeltgruppe 9a

Beschäftigte mit assistierenden Tätigkeiten im Bereich der Konservierung oder Restaurierung, der Präparation oder der Grabungstechnik oder in der konservatorischen Pflege und Wartung, die besonders schwierige Tätigkeiten ausüben.
(Hierzu Protokollerklärung Nr. 4)

Entgeltgruppe 9b

1. Beschäftigte mit abgeschlossener einschlägiger Hochschulbildung und entsprechender Tätigkeit sowie sonstige Beschäftigte, die aufgrund gleichwertiger Fähigkeiten und ihrer Erfahrungen entsprechende Tätigkeiten ausüben.
(Hierzu Protokollerklärung Nr. 5)
2. Beschäftigte mit assistierenden Tätigkeiten im Bereich der Konservierung oder Restaurierung, der Präparation oder der Grabungstechnik oder in der konservatorischen Pflege und Wartung, denen fünf Beschäftigte, davon mindestens eine Beschäftigte oder ein Beschäftigter mindestens der Entgeltgruppe 6 Fallgruppe 1, durch ausdrückliche Anordnung ständig unterstellt sind.
3. Beschäftigte mit Präparationstätigkeiten oder mit Tätigkeiten der Grabungstechnik, deren Tätigkeit sich dadurch aus der Entgeltgruppe 9a heraushebt, dass sie mindestens zu einem Fünftel besondere Fachkenntnisse erfordert.
(Hierzu Protokollerklärung Nr. 6)

Entgeltgruppe 10

1. Beschäftigte der Entgeltgruppe 9b Fallgruppe 1, deren Tätigkeit sich dadurch aus der Entgeltgruppe 9b Fallgruppe 1 heraushebt, dass sie besondere Fachkenntnisse erfordert.
(Hierzu Protokollerklärung Nr. 6)
2. Beschäftigte der Entgeltgruppe 9b Fallgruppe 1, denen mindestens drei Beschäftigte durch ausdrückliche Anordnung ständig unterstellt sind, davon mindestens eine Beschäftigte oder ein Beschäftigter mindestens der Entgeltgruppe 9a.
3. Beschäftigte mit Präparationstätigkeiten oder mit Tätigkeiten der Grabungstechnik, deren Tätigkeit sich dadurch aus der Entgeltgruppe 9a heraushebt, dass sie besondere Fachkenntnisse erfordert.
(Hierzu Protokollerklärung Nr. 6)

Entgeltgruppe 11

1. Beschäftigte der Entgeltgruppe 9b Fallgruppe 1, deren Tätigkeit sich dadurch aus der Entgeltgruppe 10 Fallgruppe 1 heraushebt, dass sie besondere Leistungen erfordert.
(Hierzu Protokollerklärung Nr. 7)

2. Beschäftigte mit Präparationstätigkeiten oder mit Tätigkeiten der Grabungstechnik, deren Tätigkeit sich dadurch aus der Entgeltgruppe 10 Fallgruppe 3 heraushebt, dass sie besondere Leistungen erfordert.
   (Hierzu Protokollerklärung Nr. 7)

Entgeltgruppe 12

1. Beschäftigte der Entgeltgruppe 9b Fallgruppe 1, deren Tätigkeit sich durch das Maß der damit verbundenen Verantwortung erheblich aus der Entgeltgruppe 11 Fallgruppe 1 heraushebt.
   (Hierzu Protokollerklärung Nr. 8)
2. Beschäftigte mit Präparationstätigkeiten oder mit Tätigkeiten der Grabungstechnik, deren Tätigkeit sich durch das Maß der damit verbundenen Verantwortung erheblich aus der Entgeltgruppe 11 Fallgruppe 2 heraushebt.
   (Hierzu Protokollerklärung Nr. 8)

Entgeltgruppe 13

Beschäftige mit abgeschlossener einschlägiger wissenschaftlicher Hochschulbildung und entsprechender Tätigkeit sowie sonstige Beschäftigte, die aufgrund gleichwertiger Fähigkeiten und ihrer Erfahrungen entsprechende Tätigkeiten ausüben.
(Hierzu Protokollerklärung Nr. 9)

Entgeltgruppe 14

1. Beschäftigte der Entgeltgruppe 13, deren Tätigkeit sich mindestens zu einem Drittel
   – durch besondere Schwierigkeit und Bedeutung oder
   – durch das Erfordernis hochwertiger Leistungen bei besonders schwierigen Aufgaben

   aus der Entgeltgruppe 13 heraushebt.
2. Beschäftigte der Entgeltgruppe 13, denen mindestens drei Beschäftigte mindestens der Entgeltgruppe 13 durch ausdrückliche Anordnung ständig unterstellt sind.
   (Hierzu Protokollerklärung Nr. 10)

Entgeltgruppe 15

1. Beschäftigte der Entgeltgruppe 13, deren Tätigkeit sich
   – durch besondere Schwierigkeit und Bedeutung sowie
   – erheblich durch das Maß der damit verbundenen Verantwortung

   aus der Entgeltgruppe 13 heraushebt.
2. Beschäftigte der Entgeltgruppe 13, denen mindestens fünf Beschäftigte mindestens der Entgeltgruppe 13 durch ausdrückliche Anordnung ständig unterstellt sind.
   (Hierzu Protokollerklärung Nr. 10)

Protokollerklärungen:

1. *Einfache Tätigkeiten bei assistierenden Tätigkeiten im Bereich der Konservierung oder Restaurierung, der Präparation oder der Grabungstechnik oder in der konservatorischen Pflege und Wartung liegen z.B. vor bei:*
   a) Tätigkeiten im Bereich der Konservierung oder Restaurierung:

(1) Umverpacken von stabilen, unempfindlichen und gut handhabbaren Objekten nach Vorgabe, z.B. Umschläge nach Bedarf zuschneiden und falzen sowie Einlegen von unempfindlichen Büchern und Archivalien,

(2) Unterstützung bei der Betreuung oder Mithilfe bei der Montage von Sammlungs- und Ausstellungsgegenständen, z.B.:

a. Bedienen von technischen Geräten, die zum Kunstwerk gehören und eine besonders sorgfältige Handhabung erfordern,

b. Handhabung von geschütztem Filmmaterial oder unempfindlichen Datenträgern;

b) Präparationstätigkeiten:

(1) im Bereich „Rekonstruktionen, Abformungen, Modellbau"
Fach-(arbeits-)gebiet „Abgüsse, Nachbildungen etc.":
Herstellen von Negativformen von wenig empfindlichen Originalen einfacher Form und Herstellen der Abgüsse,

(2) im Bereich „naturkundliche Objekte"

a. Fach-(arbeits-)gebiet „Zoologie – allgemeine und Nasspräparation":
– einfaches methodisches Sammeln für zoologische Zwecke,
– mechanisches Reinigen von Häuten und Präparaten (z.B. Dermoplastiken, Stopfpräparate, Molluskenschalen und sonstige einfache Hartteile von Wirbeltieren und Wirbellosen),
– Überprüfen und Nachfüllen der Konservierungsflüssigkeiten in Nasssammlungen;
– Herstellen einfacher Nasspräparate von Tieren,

b. Fach-(arbeits-)gebiet „Zoologie – Balgpräparation":
– einfache Konservierungstätigkeiten (Abbalgen, Reinigen der Gefieder und Felle, Vergiften der Haut gegen Schädlingsbefall),

c. Fach-(arbeits-)gebiet „Zoologie – Skelette":
– Präparieren einfach zu bearbeitender Rohskelette von Wirbeltieren (Entfleischen, Wässern, Trocknen und Vorkonservieren der Knochen),
– einfache Trockenpräparation von Wirbellosen,

d. Fach-(arbeits-)gebiet „Botanik":
– einfaches methodisches Sammeln für botanische Zwecke,
– Herbarpräparation;

c) Tätigkeiten der Grabungstechnik

(1) Fach-(arbeits-)gebiet „Ausgrabungen":

a. Freilegen wenig empfindlicher Bodenfunde oder -befunde, sowie Anlegen von Erdprofilen und Grabungsflächen,

b. Fundregistrierung bei Grabungen,

c. Magazinierung von Kulturgütern in ein Depot als Archiv der sächlichen Kulturgüter unter Anleitung einschließlich vorbereitender Tätigkeiten,

d. Tätigkeiten unter Anleitung zur Vorbereitung der Werkprüfung,

(2) Fach-(arbeits-)gebiet „Geologie und Paläontologie":

a. einfaches methodisches Sammeln für geologische und paläontologische Zwecke, Auspacken und Ordnen von Geländeaufsammlungen (Fossil-Material und Gesteinsproben), Waschen und mechanisches Reinigen von Fossil-Material und Gesteinsproben, Zusammensetzen und -kleben unempfindlicher Fossilien bei einfachen Brüchen, b. Auspacken und Ordnen von Geländeaufsammlungen (Mineralien und Gesteine), Waschen und mechanisches Reinigen unempfindlicher Mineralstufen, Vorrichten mineralogischer oder petrographischer Proben für Dünnschliffe, Anschliffe oder für die Mineraltrennung, Formatisieren mineralogischer oder petrographischer Handstücke.

2. Nicht mehr einfache Tätigkeiten bei assistierenden Tätigkeiten im Bereich der Konservierung oder Restaurierung, der Präparation oder der Grabungstechnik oder in der konservatorischen Pflege und Wartung liegen z.B. vor bei:

a) Tätigkeiten im Bereich der Konservierung oder Restaurierung:

(1) Ausführen von sich wiederholenden Tätigkeiten unter Anleitung, z.B.:

a. Trockenreinigung mittels Saugen und Pinsel an

– weniger empfindlichen Bucheinbänden,

– inhomogenen Buchbeständen nach Vorgabe durch eine Restauratorin oder einen Restaurator,

– ungefassten und weniger empfindlichen veredelten Holzoberflächen,

– empfindlicherem, aber nicht vorgeschädigtem gebranntem Ton, Keramik, Porzellan oder Glas,

– Steinobjekten aus empfindlicherem, aber nicht vorgeschädigtem Gestein,

– weniger empfindlicher Mosaiken,

– Teilen und Mechaniken von Musikinstrumenten,

b. Nachleimen von Papieren in Massenverfahren im Bereich der Archivalienrestaurierung,

(2) Sortieren, Verpacken und Verlagern von empfindlichen und gut handhabbaren Sammlungsgegenständen,

(3) Anfertigen von individuell am jeweiligen Objekt anzupassenden Spezialverpackungen,

(4) Beschaffung von Materialien, Ansetzen von Arbeitsmitteln,

(5) Ausführen von Tätigkeiten, die gute manuelle Fertigkeiten erfordern, z.B.:

a. einfache zeichnerische Rekonstruktion von Sammlungsgegenständen und sonstigen Objekten von wissenschaftlichem Interesse,

b. Herstellen schwieriger Modelle von Sammlungsgegenständen und sonstigen Objekten von wissenschaftlichem Interesse nach Vorlagen,

c. Herstellen von Negativformen von unempfindlichen und ungefassten Objekten komplizierter Form und Herstellen der Abgüsse unter Vorgabe;

b) Präparationstätigkeiten, die handwerkliche Fertigkeiten und die Beherrschung besondere Arbeitstechniken voraussetzen, wie z.B.:

(1) im Bereich „Abformungen, Modellbau“:

a. Fach-(arbeits-)gebiet „Abgüsse, Nachbildungen etc.“:

– Herstellen von Negativformen von wenig empfindlichen Originalen komplizierter Form und Herstellen der Abgüsse,

– Herstellen von nicht sehr schwierigen Modellen und technischen Zeichnungen von Sammlungsgegenständen und sonstigen Objekten von wissenschaftlichem und/oder didaktischem Interesse,

(2) im Bereich „naturkundliche Objekte“:

a. Fach-(arbeits-)gebiet „Zoologie – allgemeine und Nasspräparation“:

– methodisches Sammeln von Tieren einschließlich Etikettieren, Messen, Führen des Feldtagebuches und Feldpräparation,

– *Reinigen und Konservieren von Häuten mit Chemikalien,*
– *Schädlingsbekämpfung an Sammlungsobjekten,*
– *Herstellen schwieriger Nasspräparate von Tieren einschließlich Vorkonservieren (z.B. Injizieren von Konservierungsflüssigkeiten, Überführen, Konzentrationswechsel),*
– *Herstellen einfacher anatomischer Präparate (z.B. Übersichtspräparate von Muskeln oder Organen),*

b. Fach-(arbeits-)gebiet „Zoologie – allgemeine und Nasspräparation":
– *Herstellen von Bälgen von Vögeln und Säugetieren,*
– *Herstellen einfacher Kleindermoplastiken (unter Verwendung künstlicher konfektionierter Tierkörper),*

c. Fach-(arbeits-)gebiet „Zoologie – Skelette":
– *Präparieren von Zerfallskeletten (Mazeration und Entfetten),*

d. Fach-(arbeits-)gebiet „Botanik":
– *methodisches Sammeln von Pflanzen einschließlich Etikettieren; Führen des Feldtagebuches und Feldpräparation,*
– *schwierige Arbeiten für Herbarien (z.B. Trocknen von dickfleischigen Pflanzen, von Flechten, Orchideen und Pflanzen mit ähnlicher Struktur unter Benutzung komplizierter Apparate oder mit chemischen Methoden),*
– *Herstellen einfacher Präparate von Blüten,*
– *Herstellen einfacher pflanzenanatomischer Präparate,*
– *Herstellen schwieriger Nasspräparate von Pflanzen (ggf. einschließlich Vorkonservieren, z.B. zur Erhaltung des Chlorophylls),*

e. Fach-(arbeits-)gebiet „Geologie und Paläontologie":
– *Zusammensetzen und Kleben stark zerbrochener Fossilien,*
– *Reinigen und Festigen von brüchigem Fossil-Material,*
– *Grobpräparieren von in Gestein eingeschlossenen Fossilien,*
– *Feinpräparieren von harten Fossilien in weichem Gestein,*
– *Konservieren präparierter Fossilien,*
– *Herstellen von Lackfilmen und Folienabzügen bei Anschliffen von Gesteinen und einfach gebauten Fossilien,*
– *Aufbereiten von Gesteinsproben durch Schlämmen oder Auffrieren,*
– *Herstellen von Anschliffen von Gesteinen und Fossilien,*
– *Auslesen von leicht erkennbaren Mikrofossilien,*

f. Fach-(arbeits-)gebiet „Mineralogie":
– *chemisches Reinigen von Mineralstufen,*
– *Herstellen von Anschliffen und polierten Anschliffen von Mineralien, Gesteinen und Erzen,*
– *Herstellen von Mineral- und Gesteinsdünnschliffen in normalem Format (2 x 3 cm),*
– *Herstellen von Körnerstreupräparaten für mineralogische oder petrographische Untersuchungen,*

g. Fach-(arbeits-)gebiet „Nachbildungen und Modelle von Tieren, Pflanzen und Fossilien":

– Herstellen originalgetreuer Nachbildungen (einschließlich Negativform und Abguss) einfach gestalteter Tiere, Pflanzen und Fossilien,

h. Oberflächenreinigung an nicht unempfindlichen Präparaten

– z.B. Häute, Bälge, empfindliche Steine, Fossilien oder Chitinpanzer,

(3) Sortieren, Verpacken und Verlagern von empfindlichen Sammlungsgegenständen,

(4) Anfertigen von individuell am jeweiligen Objekt anzupassenden Spezialverpackungen;

c) Tätigkeiten der Grabungstechnik

(1) Fach-(arbeits-)gebiet „Ausgrabungen nach erfolgreicher Werkprüfung“:

a. Erkennen, Freilegen und Bergen von Bodenfunden oder -befunden;

b. Einweisen von Großgeräten zur Freilegung von Befunden,

c. Herrichten von Erdprofilen und Grabungsflächen zum Zeichnen und Messen,

d. Anfertigen von Grabungsskizzen oder einfachen maßstäblichen Grabungszeichnungen und einfachen Grabungs- oder Fundberichten,

e. materialgerechtes Sortieren von Funden nach Lage und Fundart,

f. Magazinierung von Kulturgütern in ein Depot als Archiv der sächlichen Kulturgüter,

g. Begehen von Gebieten (meist als „Feldbegehung“ bezeichnet) nach archäologischem Fundmaterial unter wissenschaftlicher oder technischer Anleitung,

(2) Fach-(arbeits-)gebiet „Geologie und Paläontologie“:

a. methodisches Sammeln von Fossilien bei einfachen geologischen Verhältnissen einschließlich Etikettieren, Anfertigen geologischer Fundpunktskizzen und Vorkonservieren an der Fundstätte,

b. Sortieren von Geländeaufsammlungen nach Fundorten, Fundschichten und Fossilgruppen.

3. Schwierige Tätigkeiten bei assistierenden Tätigkeiten im Bereich der Konservierung oder Restaurierung, der Präparation oder der Grabungstechnik oder in der konservatorischen Pflege und Wartung liegen z.B. vor bei:

a) Tätigkeiten im Bereich der Konservierung oder Restaurierung:

(1) Ausführen systematisierter Arbeitsvorgänge an unempfindlichen Objekten nach Vorgabe durch eine Restauratorin oder einen Restaurator, z.B.:

a. Lösen zusammengeklebter unempfindlicher Archivalien und Buchblätter von nachgeordneter Bedeutung in weniger schwierigen Fällen, z.B. bei starker Verschimmelung,

b. Schließen von Rissen an weniger empfindlichen Archivalien mittels Japanpapier,

c. Absaugen oder Entstauben von empfindlichen Bucheinbänden inhomogener Buchbestände oder ungefassten und empfindlichen, veredelten Holzoberflächen (z.B. Trockenreinigung mittels Saugen und Pinsel),

(2) Mitarbeit bei umfangreichen Restaurierungsmaßnahmen, z.B.:

a. Auflegen unempfindlicher Textilien auf stützende Unterlagen sowie Unterlegen von Fehlstellen,

b. Montage von Wandmalereifragmenten und Vorsortieren für die Montage von Mosaiken,

(3) Unterstützung bei der Betreuung zeitgenössischer Kunstobjekte (Medienkunstwerke und Installationen), z.B.:

a. Bedienen von komplizierten technischen Geräten, die zum Kunstwerk gehören und eine sensible Handhabung erfordern, z.B. Einlegen von ungeschütztem Filmmaterial,

b. Austausch von Ersatzteilen an kinetischen, elektrischen oder elektronischen Kunstwerken einschließlich des Auswechselns von zum Kunstobjekt gehörenden Leuchtmitteln,

(4) Ausführen von Tätigkeiten, die sehr gute manuelle Fertigkeiten und Kenntnisse erfordern, z.B.:

a. originalgetreues Nachformen von Originalen komplizierter Form nach Vorgabe,

b. originalgetreues Kolorieren von Nachbildungen,

c. Herstellen schwieriger Modelle und technischer Zeichnungen von Sammlungsgegenständen und sonstigen Objekten von wissenschaftlichem oder didaktischem Interesse,

d. Anfertigen von individuell am jeweiligen Objekt anzupassenden Aufbewahrungs- oder Transportbehältnissen nach Vorgabe, die eine schwierige Handhabung des Objekts erfordern,

e. Mitarbeit beim Aufbau von Ausstellungen: Anfertigen von Präsentationshilfen, z.B. komplizierten Buchstützen oder Figurinen nach Vorgabe;

b) Präparationstätigkeiten im Bereich „Rekonstruktionen, Abformungen, Modellbau“:

(1) Ausführen systematisierter Arbeitsvorgänge an unempfindlichen Objekten nach Vorgabe durch die Präparatorin oder den Präparator, z.B.:

a. Fach-(arbeits-)gebiet „Abgüsse, Nachbildungen etc.“:

– Herstellen von Negativformen von empfindlichen Originalen und Herstellen der Abgüsse,

– originalgetreues Nachformen von Originalen komplizierter Form,

– originalgetreues Kolorieren von Nachbildungen,

b. Fach-(arbeits-)gebiet „zeichnerische Rekonstruktion und Modellbau“:

– Herstellen schwieriger Modelle von Sammlungsgegenständen und sonstigen Objekten von wissenschaftlichem Interesse nach skizzenhaften Angaben,

– schwierige zeichnerische Rekonstruktion von Sammlungsgegenständen und sonstigen Objekten von wissenschaftlichem Interesse,

c. Fach-(arbeits-)gebiet „Zoologie – Dermoplastik und Dioramen“:

– Herstellen schwieriger Dermoplastiken, z.B. Herstellung kleiner Dermoplastiken mit selbstgefertigten Körpern und Großdermoplastiken mit überarbeiteten konfektionierten Körpern,

– Herstellen von montierten Habituspräparaten von Wirbeltieren,

d. Fach-(arbeits-)gebiet „organische Materialien (Leder, Federn etc.)“:

– Reinigen, Konservieren und Restaurieren schlecht erhaltener Präparate mit Leder-, Fell- und Federoberfläche,

e. Fach-(arbeits-)gebiet „Zoologie – Skelette“:

– Präparieren schwierig zu bearbeitender Wirbeltierskelette,

- *Herrichten und Aufstellen von Wirbeltierskeletten für Schauzwecke (Bleichen der präparierten Skelette, Aufstellen und Montieren der Stützgerüste und Montieren der Skelette),*
- *Präparieren von Bänderskeletten (Abfleischen und Mazerieren der Knochen unter Erhaltung der Sehnenbänder zwischen den Gelenken; Bleichen, Stützen und Montieren der Skelette),*

f. Fach-(arbeits-)gebiet „Botanik":

- *Herstellen schwieriger Präparate von Blüten (z.B. sehr kleine oder stark umgebildete Blüten wie die der Gräser und Sauergräser),*
- *Herstellen schwieriger pflanzenanatomischer Präparate (z.B. embryologische Schnitte oder Chromosomenpräparate),*

g. Fach-(arbeits-)gebiet „Geologie und Paläontologie":

- *Konservieren von sehr brüchigen Fossilien und von Fossilien aus sich veränderndem Material (z.B. Markasit),*
- *Beseitigen alter Konservierungsmittel aus präparierten Fossilien und erneutes Konservieren,*
- *Feinpräparieren von weichen Fossilien in weichem Gestein und von harten Fossilien in hartem Gestein, auch mit einfachen Geräten,*
- *Herstellen von orientierten Anschliffen, von geätzten Dünnschliffen einschließlich Lackfilmabzügen, selektives Anfärben auf bestimmte Mineralien bei Fossilien und fossilhaltigem Gestein,*
- *Herstellen von Dünn- oder Serienschliffen von Fossilien,*
- *Herstellen von Lackfilmen und Folienabzügen großer geologischer Objekte (z.B. Bodenprofile) und gut erhaltener großer Fossilien,*
- *Herausätzen von Fossilien aus Gestein,*
- *Auslesen von Mikrofossilien und Vorsortieren nach Familien,*
- *Ergänzen und Aufstellen einfacher Skelette fossiler Tiere für Schauzwecke,*
- *Sicherung des Fossil-Materials einschließlich topographischer und zeichnerischer Fundaufnahme bei kleinen paläontologischen Fundkomplexen,*

h. Fach-(arbeits-)gebiet „Mineralogie":

- *Herstellen von Großdünnschliffen von Mineralien und Gesteinen,*
- *Herstellen von Körnerdünnschliffen, von Dünnschliffen von Salzgestein und von polierten Anschliffen kohliger Gesteine;*
- *Ätzen von Erzanschliffen und selektives Anfärben auf bestimmte Mineralien bei mineralogischen oder petrographischen Dünnschliffen,*
- *Aufbereiten und Trennen der Mineralien aus Gesteinen anhand vorgegebener Trennungsstammbäume (z.B. mit Schwerelösungen, Zentrifuge, Magnetscheider, Stoßherd),*

i. Fach-(arbeits-)gebiet „Nachbildungen und Modelle von Tieren, Pflanzen und Fossilien":

- *Herstellen originalgetreuer Nachbildungen (einschließlich Negativform und Abguss) kompliziert gestalteter Tiere, Pflanzen oder Fossilien,*
- *Herstellen von Rekonstruktionen und Modellen von Tieren und Pflanzen,*

j. schwieriges Verpacken und Verlagern von besonders schwer handhabbaren oder sehr empfindlichen Objekten, z.B.:

– *Großfossilplatten und monumentale Präparate mit hohen Eigengewichten und komplizierten Formen, bei denen geeignete Transportmittel zu bedienen und statische Erfordernisse selbstständig zu bewerten sind,*

k. schwierige Unterstützungsleistungen beim Aufbau von Ausstellungen, z.B.:

– *Aufbau von Großobjekten unter Bedienung von Geräten wie z.B. Kran oder Steiger,*

– *Hängung oder Montage von mehrteiligen, komplizierten und empfindlichen Sammlungsgegenständen;*

c) Tätigkeiten der Grabungstechnik:

(1) Durchführen von Teilgrabungen („Schnittleitung“) unter technischer Anleitung (dazu gehören z.B. Vermessungsarbeiten nach einfachen Methoden, fotografische Dokumentation, Anfertigen einfacher maßstäblicher Grabungszeichnungen und einfacher Grabungs- oder Fundberichte),

(2) Anfertigen schwieriger Grabungszeichnungen und unterstützende Tätigkeiten bei der Grabungsvermessung,

(3) Beaufsichtigung der Grabungsmitarbeiter,

(4) Herstellung von Lackfilmen und Folienabzügen archäologischer Befunde,

(5) Anleitung und Überwachung von einfachen Tätigkeiten in der Fundregistrierung und Fundbearbeitung,

(6) Erstmaßnahmen zur Fundkonservierung von empfindlichen Objekten.

4. Besonders schwierige Tätigkeiten bei assistierenden Tätigkeiten im Bereich der Konservierung oder Restaurierung, der Präparation oder der Grabungstechnik sowie in der konservatorischen Pflege und Wartung liegen z.B. vor bei:

a) Tätigkeiten im Bereich der Konservierung oder Restaurierung:

(1) Ausführen systematisierter Arbeitsvorgänge an sehr empfindlichen Objekten nach Vorgabe durch eine Restauratorin oder einen Restaurator, z.B.:

a. Lösen zusammengeklebter empfindlicher Archivalien und Buchblätter von nachgeordneter Bedeutung in schwierigen Fällen, z.B. bei starker Verschimmelung,

b. Schließen von Rissen an empfindlichen Archivalien mittels Japanpapier,

c. Absaugen oder Entstauben von sehr empfindlichen Bucheinbänden inhomogener Buchbestände oder ungefassten und sehr empfindlichen, veredelten Holzoberflächen (z.B. Trockenreinigung mittels Saugen und Pinsel),

(2) Unterstützung bei der Betreuung zeitgenössischer Kunstobjekte (Medienkunstwerke und Installationen), z.B.:

a. Bedienen von sehr komplizierten technischen Geräten, die zum Kunstwerk gehören und eine sehr sensible Handhabung erfordern, z.B. Einlegen von ungeschütztem Filmmaterial;

b. Beschaffung und Austausch von speziellen Ersatzteilen an kinetischen, elektrischen oder elektronischen Kunstwerken einschließlich des Auswechselns von zum Kunstobjekt gehörenden Leuchtmitteln,

(3) Ausführen von Tätigkeiten, die sehr gute manuelle Fertigkeiten und besondere Kenntnisse erfordern, z.B.:

a. originalgetreues Nachformen von Originalen sehr komplizierter Form nach Vorgabe,

b. originalgetreues Kolorieren von Nachbildungen mit komplizierter Farbgebung,
c. Herstellen sehr schwieriger Modelle und technischer Zeichnungen von Sammlungsgegenständen und sonstigen Objekten von wissenschaftlichem oder didaktischem Interesse,
d. assistierende Tätigkeiten bei der technischen Untersuchung nach Vorgabe, z.B. Einbetten und Anfertigen von Präparaten;

b) Präparationstätigkeiten

(1) im Bereich „Abformungen, Rekonstruktionen, Modellbau und Nachbildungen von Tieren, Pflanzen und Fossilien“:

a. Fach-(arbeits-)gebiet „Abgüsse, Nachbildungen etc.“:
- *Herstellen von Negativformen von sehr empfindlichen Originalen sehr komplizierter Form und Herstellen der Abgüsse,*
- *originalgetreues Kolorieren von Abformungen und Nachbildungen mit sehr komplizierter Farbgebung,*
- *Herstellen originalgetreuer Nachbildungen (einschließlich Negativform und Abguss) sehr kompliziert gestalteter Tiere, Pflanzen und Fossilien,*
- *Herstellen von Rekonstruktionen und Modellen kompliziert gestalteter Tiere oder Pflanzen,*

b. Fach-(arbeits-)gebiet „zeichnerische Rekonstruktion und Modellbau“:
- *Herstellen schwieriger Modelle von Sammlungsgegenständen und sonstigen Objekten von wissenschaftlichem Interesse nach eigenen Entwürfen aufgrund wissenschaftlicher Unterlagen,*

(2) im Bereich „naturkundliche Objekte“:

a. Fach-(arbeits-)gebiet „Zoologie – allgemeine Präparation“:
- *Erproben neuartiger, schwieriger Präparierungsverfahren,*
- *Präparieren von Tieren nach schwierigen Verfahren bei selbstständiger Wahl des Verfahrens,*
- *Präparieren kleinster zoologischer Objekte (z.B. Genitalien kleiner Insekten) unter dem Mikroskop,*
- *Herstellen schwieriger anatomischer Präparate (z.B. Nerven- oder Gefäßpräparate),*

b. Fach-(arbeits-)gebiet „organische Materialien (Leder, Federn etc.)“:
- *Reinigen, Konservieren und Restaurieren stark beschädigter oder empfindlicher Präparate mit Leder-, Fell oder Federoberfläche,*

c. Fach-(arbeits-)gebiet „Zoologie – Dermoplastik und Dioramen“:
- *Herstellen schwieriger Dermoplastiken (Großdermoplastiken mit selbst modellierten komplizierten Körpern),*
- *Herstellung von Ausstellungspräparaten unter Anwendung verschiedener Technologien (z.B. Habitusmontagepräparation mit Imprägnierungs- und Gefriertrocknungstechnik),*
- *Herstellen zoologischer, botanischer, paläontologischer Dioramen – ohne graphische und Kunstmalerarbeiten – nach skizzenhaften Angaben,*

d. Fach-(arbeits-)gebiet „Zoologie – Skelette“:
- *Präparieren und Aufstellen komplizierter Skelette seltener Tiere unter Verwendung selbst zusammengestellter Fachliteratur,*

e. Fach-(arbeits-)gebiet „Botanik“:

– Erproben neuartiger schwieriger Präparierungsverfahren,
– Präparieren kleinster Pflanzen und Pflanzenteile unter dem Mikroskop,
– Präparieren von Pflanzen nach schwierigen Verfahren bei selbstständiger Wahl des Verfahrens,

f. Fach-(arbeits-)gebiet „Geologie und Paläontologie“:
– Erproben neuartiger schwieriger Präparierungsverfahren,
– Feinpräparieren sehr schlecht erhaltener oder schlecht präparierbarer Fossilien (z.B. weicher oder spröder Fossilien in hartem Gestein), auch mit komplizierten Geräten,
– Herstellen sehr schwieriger paläobotanischer Präparate (z.B. Kutikula-Präparate, Präparate für Pollenanalysen),
– Herstellen schwieriger Serienschliffe und schwieriger orientierter Dünnschliffe von Fossilien,
– Übertragen schlecht erhaltener großer Fossilien auf Lackfilme,
– sehr schwieriges Herausätzen von empfindlichen Fossilien oder Fossilienteilen,
– Präparieren von Mikrofossilien unter dem Mikroskop,
– Ergänzen und Aufstellen komplizierter Skelette fossiler Tiere für Schauzwecke,
– Sicherung des Fossil-Materials einschließlich topographischer und zeichnerischer Fundaufnahme bei großen paläontologischen Fundkomplexen,

g. Fach-(arbeits-)gebiet „Mineralogie“:
– Herstellen von Mineralschnitten und von orientierten Gesteinsdünnschliffen,
– Herstellen zweiseitig polierter Mineral- und Gesteinsdünnschliffe,
– Herstellen von Mineral- und Gesteinspräparaten für Untersuchungen mit der Mikrosonde,
– Handauslesen extrem reiner Mineralfraktionen für die Spektralanalyse,
– Herauslösen bestimmter Mineralkörner aus Gesteinsdünnschliffen (Mikropräparation),

(3) weitere besonders schwierige Präparationstätigkeiten liegen z.B. vor bei:
a. komplexen Maßnahmen zur Schadensprophylaxe, wie der Erfassung schädlicher Umgebungseinflüsse (z.B. Klima, Licht oder Schadinsektenbefall) auf das wissenschaftliche Sammlungsgut oder das Kulturgut und umfassende Kontrolle des Zustands der wissenschaftlichen Sammlungsgegenstände bzw. des Kulturguts,
b. der Erstellung von detaillierten Zustandsprotokollen für den Leihverkehr und Kurierbegleitung bei empfindlichen Objekten mit komplexen Schadensbildern einschließlich deren Installierung vor Ort,
c. umfassender schriftlicher und fotografischer Dokumentation und Kartierung von Befunden und Maßnahmen sowie der Erfassung und Kartierung komplexer Schadensbilder;

c) Tätigkeiten der Grabungstechnik:
(1) Durchführen schwierigerer Grabungen unter technischer Leitung (dazu gehören z.B. Planen und Vermessen von Probeschnitten, Anfertigen schwieriger Grabungszeichnungen und schwieriger Grabungs- oder Fundberichte, fotografische Dokumentation),

(2) Fundfreilegung von empfindlichen Objekten auf dem Grabungsgelände sowie Durchführung von Blockbergungen unter technischer Anleitung,
(3) Schwierige zeichnerische Rekonstruktion von Sammlungsgegenständen und sonstigen wissenschaftlichen Artefakten,
(4) Umzeichnung und Zusammenfassung von Grabungszeichnungen,
(5) Vorlagenerstellung für Veröffentlichungen von Ausgrabungsergebnissen.

5. Eine entsprechende Tätigkeit liegt z.B. vor bei:
a) Tätigkeiten im Bereich der Konservierung oder Restaurierung:
(1) Maßnahmen zur Schadensprophylaxe, wie der Erfassung möglicher Umgebungseinflüsse (z.B. Klima oder Licht) auf das Kulturgut sowie Kontrolle und Umsetzung von Verbesserungsmaßnahmen,
(2) Erstellung von detaillierten Zustandsprotokollen für den Leihverkehr und Kurierbegleitung bei weniger empfindlichen Objekten einschließlich deren Installierung vor Ort,
(3) schriftlicher und fotografischer Dokumentation und Kartierung von Befunden und Maßnahmen,
(4) Erfassung und Kartierung einfacherer Schadensbilder,
(5) Durchführung einfacher materialtechnischer Untersuchungen,
(6) Endprüfung neu hergestellter audiovisueller Archivalien auf Erreichung des Ziels der konservatorischen oder restauratorischen Maßnahmen und Fehlerfreiheit; gegebenenfalls Formulierung von Reklamationsansprüchen;
b) Präparationstätigkeiten:
(1) Maßnahmen zur Schadensprophylaxe, wie der Erfassung möglicher Umgebungseinflüsse (z.B. Klima oder Licht) auf das Kulturgut sowie Kontrolle und Umsetzung von Verbesserungsmaßnahmen,
(2) Erstellung von detaillierten Zustandsprotokollen für den Leihverkehr und Kurierbegleitung bei weniger empfindlichen Objekten einschließlich deren Installierung vor Ort,
(3) schriftlicher und fotografischer Dokumentation und Kartierung von Befunden und Maßnahmen,
(4) Erfassung und Kartierung einfacherer Schadensbilder,
(5) Durchführung einfacher materialtechnischer Untersuchungen;
c) Tätigkeiten der Grabungstechnik:
(1) Durchführen schwieriger Grabungen unter wissenschaftlicher Anleitung; dazu gehören z.B. Planen und Vermessen von Probeschnitten, Anfertigen schwieriger Grabungszeichnungen und Grabungs- oder Fundberichte sowie fotografische Dokumentation,
(2) Erkennung und Bewertung archäologischer Bodendenkmäler (Feldbegehung) sowie deren Lagebestimmung,
(3) Erstellung eines Layouts für Publikationen bis zur Druckvorstufe.

6. Tätigkeiten, die besondere Fachkenntnisse erfordern, sind z.B.:
a) Tätigkeiten im Bereich der Konservierung oder Restaurierung:
(1) Durchführung von konservatorischen oder restauratorischen Maßnahmen an Objekten, die sich dadurch aus der Entgeltgruppe 9b herausheben, dass sie aufgrund ihrer Empfindlichkeit und ihres Schadensbildes fortgeschrittene Fähigkeiten und Fertigkeiten sowie besondere Umsicht und Sorgfalt erfordern,

(2) Durchführung schwieriger materialtechnologischer Untersuchungen,

(3) Erfassung und Kartierung schwieriger Schadensbilder;

b) Tätigkeiten im Bereich der der Präparierung:

(1) Bereich „Rekonstruktionen, Abformungen, Modellbau“:

a. Fach-(arbeits-)gebiet „Abgüsse, Nachbildungen etc.“:

– Entwickeln und Erproben neuartiger Nachbildungsverfahren bei vorgegebener Aufgabenstellung,

– Abformung empfindlicher organischer Objekte mit komplizierter Form,

b. Fach-(arbeits-)gebiet „Nachbildungen und Modelle von Tieren, Pflanzen und Fossilien“:

– selbstständige Erarbeitung dreidimensionaler Rekonstruktion ausgestorbener Tiere auf Grundlage von Fossilfunden ohne Vorlagen,

– Erarbeitung komplizierter naturwissenschaftlicher Modelle nach Vorlage eines Originals, z.B. maßstäblich vergrößerter Insektenmodelle,

(2) Bereich „naturkundliche Objekte“:

a. Fach-(arbeits-)gebiet „organische Materialien (Leder, Federn etc.)“:

– Restaurierung oder Rekonstruktion schlecht und nur fragmentarisch erhaltender Leder- oder Fellpräparate,

– Reinigen, Konservieren, Restaurieren und Ergänzen stark zerstörter Standpräparate und Dermoplastiken aus Federn, Fell oder Lederhäuten,

– Entwickeln und Erproben neuartiger Präparations- und Konservierungsverfahren bei vorgegebener Aufgabenstellung,

b. Fach-(arbeits-)gebiet „Zoologie – allgemeine und Nasspräparation“:

– Entwickeln und Erproben neuartiger Präparations-, Konservierungs- und Nachbildungsverfahren bei vorgegebener Aufgabenstellung,

c. Fach-(arbeits-)gebiet „Zoologie – Balgpräparation, Dermoplastik und Dioramen“:

– Entwerfen und Herstellen besonders schwieriger zoologischer, botanischer oder paläontologischer Dioramen ohne grafische und Kunstmalereien (Die besondere Schwierigkeit muss sich sowohl auf den Lebensraum als auch auf die Ausstellungsobjekte beziehen.),

– Herstellen besonders schwieriger Dermoplastiken, z.B. Großdermoplastiken mit selbst modellierten komplizierten Körperplastiken in Kombination mit anderen Techniken (z.B. Imprägnierung),

d. Fach-(arbeits-)gebiet „Zoologie – Skelette“:

– Präparieren und Aufstellen komplizierter Skelette seltener Tiere, für die unmittelbares Vergleichsmaterial nicht und Fachliteratur nur in unzureichendem Maße herangezogen werden können,

e. Fach-(arbeits-)gebiet „Botanik“:

– Entwickeln und Erproben neuartiger Präparations-, Konservierungs- und Nachbildungsverfahren bei vorgegebener Aufgabenstellung,

f. Fach-(arbeits-)gebiet „Geologie und Paläontologie“:

– Entwickeln und Erproben neuartiger Präparations-, Konservierungs- und Nachbildungsverfahren bei vorgegebener Aufgabenstellung,

– Ergänzen und Aufstellen komplizierter Skelette fossiler Tiere, für die unmittelbares Vergleichsmaterial nicht und Fachliteratur nur in unzureichendem Maße herangezogen werden können,

g. Fach-(arbeits-)gebiet „Mineralogie“:

– Entwicklung und Erprobung neuartiger Präparations-, Konservierungstechniken;

c) Tätigkeiten der Grabungstechnik:

(1) schwierige topographische Vermessungen von komplizierten Burgwällen, Grabhügeln und anderen komplizierten Geländedenkmälern einschließlich Anfertigen von Höhenschichtplänen,

(2) sehr schwierige bautechnische Aufmessungen,

(3) technische Leitung einer Grabung oder einer Prospektion inklusive der Erstellung eines Grabungsberichts,

(4) Erstellung von Grabungsrichtlinien, Archivierungskonzepten, Leistungsverzeichnissen und Standards für Ausgrabungen in der Bodendenkmalpflege,

(5) denkmalfachliche Beratung sowie Betreuung von Maßnahmepartnern externer archäologischer Ausgrabungen,

(6) Darstellung und öffentliche Präsentation von Grabungen und ihren Ergebnissen.

7. *Eine Heraushebung durch besondere Leistungen liegt z.B. vor bei:*

a) Tätigkeiten im Bereich der Konservierung oder Restaurierung:

(1) Konzepterstellung für konservatorische oder restauratorische Maßnahmen für empfindliche Objekte mit komplexem Schadensbild,

(2) Durchführung von konservatorischen oder restauratorischen Maßnahmen an empfindlichen Objekten mit komplexem Schadensbild, das besondere Spezialkenntnisse oder vertiefte Fachkenntnisse sowie spezielle Erfahrungen erfordert,

(3) Erfassung und Kartierung komplexer Schadensbilder,

(4) Durchführung sehr schwieriger materialtechnologischer Untersuchungen;

b) Tätigkeiten der Präparierung:

(1) Konzepterstellung für konservatorische oder restauratorische Maßnahmen für empfindliche naturkundliche Objekte mit komplexem Schadensbild,

(2) Durchführung von konservatorischen oder restauratorischen Maßnahmen an empfindlichen naturkundlichen Objekten mit komplexem Schadensbild, das besondere Spezialkenntnisse oder vertiefte Fachkenntnisse sowie spezielle Erfahrungen erfordert,

(3) Erfassung und Kartierung komplexer Schadensbilder,

(4) Durchführung sehr schwieriger materialtechnologischer Untersuchungen,

(5) Konzepterstellung für präparatorische Maßnahmen an besonders wertvollem, unersetzlichem und schwierig zu präparierendem Frischmaterial,

(6) Präparation von besonders wertvollem, unersetzlichem und empfindlichem Frischmaterial, das besondere Spezialkenntnisse oder vertiefte Fachkenntnisse sowie spezielle Erfahrungen erfordert;

c) Tätigkeiten der Grabungstechnik:

(1) sehr schwierigen Vermessungen (z.B. bei Grabungen in noch stehenden Gebäuden oder Gebäudeteilen, in Tunneln, Höhlengrabungen, Geoprofilen

oder in vermessungstechnisch noch nicht erfassten Gebieten) inklusive der Aufbereitung der entstandenen Daten;
vermessungstechnisch noch nicht erfasste Gebiete sind Gebiete, für die kein für die Ausgrabung verwendungsfähiges Lagebezugssystem vorhanden ist, sodass dieses von der oder dem Beschäftigten erst geplant, erstellt und in ein übliches Landes- bzw. Weltbezugssystem überführt werden muss,

(2) selbstständige Umsetzung und Anpassung geeigneter Schutzmaßnahmen für gefährdete Denkmale,

(3) Vorbereitung und technische Leitung einer komplexen Grabung oder Prospektion
(Eine komplexe Grabung oder Prospektion liegt vor, wenn bei der Tätigkeit naturwissenschaftliche Methoden [z.B. C-14-Datierung, Dendrochronologie, Phosphatanalysen, Thermoluminiszens, Geomagnetik, Geoelektrik, Bodenradar, etc.] zur Anwendung kommen, die eine wichtige Rolle zur Klärung der zentralen wissenschaftlichen Fragestellung spielen. Aufgaben bei der Vorbereitung und technischen Leitung einer komplexen Grabung oder Prospektion sind z.B. die Koordination des Einsatzes der verschiedenen Methoden, die Vorbereitung der Bodeneingriffe für eine naturwissenschaftliche Bestimmung oder die korrekte Entnahme von Probenmaterial oder die Durchführung der Methode).

8. Eine Heraushebung durch das Maß der Verantwortung liegt z.B. vor bei:

a) Tätigkeiten im Bereich der Konservierung oder Restaurierung:

(1) Konzepterstellung für konservatorische oder restauratorische Maßnahmen für Sammlungskonvolute mit heterogenem Zustand und Schadensbild,

(2) Durchführung von konservatorischen oder restauratorischen Maßnahmen an sehr empfindlichen Objekten mit einem komplexen Schadensbild,

(3) Konzepterstellung im Bereich der präventiven Konservierung für ganze Sammlungen unter Berücksichtigung sammlungs- oder materialspezifischer Gesichtspunkte;

b) Tätigkeiten der Präparierung:

(1) Präparieren und Restaurieren von zoologischen, botanischen und palontologischen Unika oder von Typus-Material (d.h. von Einzelobjekten, die Richtmaß für die systematischen Einheiten in Zoologie, Botanik und Paläontologie sind) einschließlich solcher Sammlungsgegenstände, die eine besondere Bedeutung für die Kultur- und Wissenschaftsgeschichte haben,

(2) Präparieren von paläontologischen Einzelstücken, die besondere Bedeutung für die Beurteilung der Entwicklungsgeschichte der Tiere und Pflanzen haben (z.B. Archaeopteryx),

(3) letztverantwortliche Erstellung von Vorgaben zu klimatischen Bedingungen und zum Sammlungsschutz bei Sammlungen aus heterogenen Objekten sowie deren Überwachung;

c) Tätigkeiten der Grabungstechnik:
technische Leitung großer und schwieriger Grabungen (wie z.B. komplizierte Kirchen-, Burgen- oder Stadtkerngrabungen) und Ausarbeiten der publikationsreifen Grabungsberichte.

9. Eine entsprechende Tätigkeit liegt z.B. vor bei:

a) Tätigkeiten im Bereich der Konservierung oder Restaurierung:

(1) Durchführung von konservatorischen oder restauratorischen Maßnahmen bedeutender oder sehr empfindlicher Objekte mit einem sehr komplexen Schadensbild, insbesondere Durchführung besonders schwieriger, z.B. sensibler und risikoreicher Maßnahmen,
(2) Durchführung kunst- und materialtechnologischer Untersuchungen, die ein abgeschlossenes wissenschaftliches Hochschulstudium erfordern,
(3) wissenschaftliche Auswertung von Ergebnissen naturwissenschaftlicher Analysen oder bildgebender Untersuchungsverfahren, auch zur Echtheitsbestimmung,
(4) Erkennen von Degradationsprozessen auf Grundlage naturwissenschaftlicher Kenntnisse, Abschätzen des damit verbundenen Schadenspotenzials und Konzeptionierung des weiteren Vorgehens,
(5) Konzepterstellung für konservatorische oder restauratorische Maßnahmen für aufgrund ihrer sehr komplexen Beschaffenheit und Herstellungstechnik oder ihres Schadensbildes sehr empfindliche oder besonders bedeutende Objekte,
(6) Konzepterstellung im Bereich der präventiven Konservierung, wenn neben sammlungs- oder materialspezifischen auch übergreifende Gesichtspunkte zu berücksichtigen sind,
(7) Betreuung und Koordinierung von externen Vergabeverfahren einschließlich der Erstellung des Restaurierungskonzepts, der Kostenkalkulation und der Kontrolle sowie der Endabnahme,
(8) Beurteilung der Leihfähigkeit von empfindlichen oder bedeutenden Objekten,
(9) Entwicklung oder Leitung eines wissenschaftlichen Forschungsvorhabens einschließlich der Entwicklung neuartiger Restaurierungsverfahren,
(10) Erstellung von Gutachten oder Beratung zu umfassenden restauratorischen, konservatorischen oder kunsttechnologischen Fragestellungen, z.B. bei Echtheitsprüfungen, Neuerwerbungen oder Bauvorhaben;

b) Tätigkeiten der Präparierung:
Entwicklung und Modifizierung neuartiger Technologien und Methoden für die Präparation, Konservierung oder Restaurierung von naturwissenschaftlichen Sammlungsgegenständen auf wissenschaftlicher Grundlage;

c) Tätigkeiten der Grabungstechnik:
(1) technische Leitung von herausragend schwierigen Grabungen, z.B. Grabungen im Bereich von Stadtkernen, der Landschaftsarchäologie, der Unterwasser- oder Feuchtbodenarchäologie oder der Höhlen- oder Montanarchäologie, einschließlich des Ausarbeitens der publikationsreifen Grabungsberichte,
(2) wissenschaftliche Weiterentwicklung und Erprobung von Methoden zur Bearbeitung und Erhebung von Daten in der Bodendenkmalpflege.

10. Bei der Zahl der Unterstellten zählen nicht mit:
a) Beschäftigte der Entgeltgruppe 13 nach dem Teil A Abschnitt II Ziffern 2 und 3,
b) Beamte des gehobenen Dienstes der Besoldungsgruppe A 13.

XVI. Laborantinnen und Laboranten

Vorbemerkung

Den Laborantinnen und Laboranten mit Abschlussprüfung werden milchwirtschaftliche Laborantinnen und Laboranten mit verwaltungseigener Abschlussprüfung gleichgestellt, wenn die nach der Ausbildungs- und Prüfungsordnung vorgesehene Ausbildungszeit mindestens drei Jahre beträgt.

Entgeltgruppe 3

Beschäftigte ohne Abschlussprüfung in der Tätigkeit von Laborantinnen und Laboranten.

Entgeltgruppe 5

1. Laborantinnen und Laboranten mit Abschlussprüfung und entsprechender Tätigkeit.
2. Beschäftigte der Entgeltgruppe 3, die sich durch schwierigere Tätigkeiten aus der Entgeltgruppe 3 herausheben.

Entgeltgruppe 6

Beschäftigte der Entgeltgruppe 5 Fallgruppe 1, deren Tätigkeit sich dadurch aus der Entgeltgruppe 5 heraushebt, dass sie besondere Leistungen erfordert.

Entgeltgruppe 8

Beschäftigte der Entgeltgruppe 5 Fallgruppe 1, deren Tätigkeit sich dadurch aus der Entgeltgruppe 6 heraushebt, dass sie selbstständige Leistungen erfordert.

XVII. Leiterinnen und Leiter von Registraturen

Entgeltgruppe 5

Leiterinnen und Leiter von Registraturen.

Entgeltgruppe 6

Beschäftigte der Entgeltgruppe 5, denen mindestens zwei Beschäftigte, davon mindestens eine oder einer mindestens der Entgeltgruppe 5, ständig unterstellt sind.
(Hierzu Protokollerklärung Nr. 1)

Entgeltgruppe 7

Beschäftigte der Entgeltgruppe 5, denen mindestens fünf Beschäftigte ständig unterstellt sind.

Entgeltgruppe 8

1. Leiterinnen und Leiter einer nach Sachgesichtspunkten vielfach gegliederten Registratur, denen mindestens drei Beschäftigte, davon mindestens eine oder einer mindestens der Entgeltgruppe 6, ständig unterstellt sind.
   (Hierzu Protokollerklärung Nr. 2)
2. Beschäftigte der Entgeltgruppe 5, denen mindestens vier Beschäftigte, davon mindestens drei mindestens der Entgeltgruppe 5, ständig unterstellt sind.
3. Beschäftigte der Entgeltgruppe 5, denen mindestens acht Beschäftigte ständig unterstellt sind.

Entgeltgruppe 9a

1. Leiterinnen und Leiter einer nach Sachgesichtspunkten vielfach gegliederten Registratur, denen mindestens fünf Beschäftigte, davon mindestens zwei mindestens der Entgeltgruppe 6, ständig unterstellt sind.
   (Hierzu Protokollerklärung Nr. 2)
2. Beschäftigte der Entgeltgruppe 8 Fallgruppe 1, deren Tätigkeit sich durch die besondere Bedeutung der Registratur aus der Entgeltgruppe 8 Fallgruppe 1 heraushebt.
   (Hierzu Protokollerklärung Nr. 2)

Protokollerklärungen:

1. *Leiterinnen und Leiter von Registraturen, denen weniger Beschäftigte als im Tätigkeitsmerkmal gefordert ständig unterstellt sind, sind nach dem Tätigkeitsmerkmal der Entgeltgruppe 6 des Teils A Abschnitt I Ziffer 3 eingruppiert, wenn dies für sie günstiger ist.*
2. *Eine nach Sachgesichtspunkten vielfach gegliederte Registratur liegt vor, wenn das Schriftgut auf der Grundlage eines eingehenden, systematisch nach Sachgebieten, Oberbegriffen, Untergruppen und Stichworten weit gefächerten Aktenplans unterzubringen ist; nur in alphabetischer oder numerischer Reihenfolge geordnetes Schriftgut erfüllt diese Voraussetzungen nicht.*

XVIII. Beschäftigte in Leitstellen

Vorbemerkungen

1. Schichtführerinnen und Schichtführer sind Beschäftigte, denen die Verantwortung in der jeweiligen Schicht einer Leitstelle übertragen ist.
2. Lagedienstleiterinnen und Lagedienstleiter sowie Schichtleiterinnen und Schichtleiter sind Beschäftigte, denen die Steuerung der Betriebsabläufe in dem gesamten Schichtbetrieb einer Leitstelle übertragen ist.

Entgeltgruppe 9a

Disponentinnen und Disponenten in Leitstellen mit der nach Landesrecht jeweils geforderten Qualifikation mit entsprechender Tätigkeit.

Entgeltgruppe 9b

1. Schichtführerinnen und Schichtführer.
2. Ständige Vertreterinnen und Vertreter von Leiterinnen oder Leitern von Leitstellen.
3. Ständige Vertreterinnen und Vertreter von Lagedienstleiterinnen oder Lagedienstleitern oder Schichtleiterinnen oder Schichtleitern.

Entgeltgruppe 9c

1. Leiterinnen und Leiter von Leitstellen.
2. Ständige Vertreterinnen und Vertreter von Leiterinnen oder Leitern von Leitstellen, denen mindestens zwölf Beschäftigte durch ausdrückliche Anordnung ständig unterstellt sind.
3. Lagedienstleiterinnen und Lagedienstleiter sowie Schichtleiterinnen und Schichtleiter.
4. Ständige Vertreterinnen und Vertreter von Lagedienstleiterinnen oder Lagedienstleitern oder Schichtleiterinnen oder Schichtleitern, denen mindestens zwölf Beschäftigte durch ausdrückliche Anordnung ständig unterstellt sind.

Entgeltgruppe 10

1. Leiterinnen und Leiter von Leitstellen, denen mindestens zwölf Beschäftigte durch ausdrückliche Anordnung ständig unterstellt sind.
2. Ständige Vertreterinnen und Vertreter von Leiterinnen oder Leitern von Leitstellen, denen mindestens 20 Beschäftigte durch ausdrückliche Anordnung ständig unterstellt sind.

3. Lagedienstleiterinnen und Lagedienstleiter sowie Schichtleiterinnen und Schichtleiter, denen mindestens zwölf Beschäftigte durch ausdrückliche Anordnung ständig unterstellt sind.
4. Ständige Vertreterinnen und Vertreter von Lagedienstleiterinnen oder Lagedienstleitern oder Schichtleiterinnen oder Schichtleitern, denen mindestens 20 Beschäftigte durch ausdrückliche Anordnung ständig unterstellt sind.

Entgeltgruppe 11

1. Leiterinnen und Leiter von Leitstellen, denen mindestens 20 Beschäftigte durch ausdrückliche Anordnung ständig unterstellt sind.
2. Ständige Vertreterinnen und Vertreter von Leiterinnen oder Leitern von Leitstellen, denen mindestens 25 Beschäftigte durch ausdrückliche Anordnung ständig unterstellt sind.
3. Lagedienstleiterinnen und Lagedienstleiter sowie Schichtleiterinnen und Schichtleiter, denen mindestens 20 Beschäftigte durch ausdrückliche Anordnung ständig unterstellt sind.
4. Ständige Vertreterinnen und Vertreter von Lagedienstleiterinnen oder Lagedienstleitern oder Schichtleiterinnen oder Schichtleitern, denen mindestens 25 Beschäftigte durch ausdrückliche Anordnung ständig unterstellt sind.

Entgeltgruppe 12

1. Leiterinnen und Leiter von Leitstellen, denen mindestens 25 Beschäftigte durch ausdrückliche Anordnung ständig unterstellt sind.
2. Ständige Vertreterinnen und Vertreter von Leiterinnen oder Leitern von Leitstellen, denen mindestens 35 Beschäftigte durch ausdrückliche Anordnung ständig unterstellt sind.
3. Lagedienstleiterinnen und Lagedienstleiter sowie Schichtleiterinnen und Schichtleiter, denen mindestens 25 Beschäftigte durch ausdrückliche Anordnung ständig unterstellt sind.

Entgeltgruppe 13

Leiterinnen und Leiter von Leitstellen, denen mindestens 35 Beschäftigte durch ausdrückliche Anordnung ständig unterstellt sind.

XIX. Beschäftigte in Magazinen und Lagern

Entgeltgruppe 3

Magazin-, Lager- und Lagerhofvorsteherinnen und -vorsteher.

Entgeltgruppe 5

1. Beschäftigte der Entgeltgruppe 3 mit einschlägiger mindestens dreijähriger Ausbildung.
2. Beschäftigte der Entgeltgruppe 3 mit besonderer Verantwortung in besonders wertvollen Lagern.

Entgeltgruppe 6

Beschäftigte der Entgeltgruppe 5 Fallgruppe 1 mit besonderer Verantwortung in besonders wertvollen Lagern.

XX. Musikschullehrerinnen und Musikschullehrer

Entgeltgruppe 9a

Beschäftigte in der Tätigkeit von Musikschullehrerinnen und Musikschullehrern.

Entgeltgruppe 9b

Musikschullehrerinnen und Musikschullehrer mit entsprechender Tätigkeit.
(Hierzu Protokollerklärungen Nrn. 1 und 2)

Entgeltgruppe 9c

Musikschullehrerinnen und Musikschullehrer als Leiterinnen oder Leiter von Musikschulen, soweit nicht anderweitig eingruppiert.
(Hierzu Protokollerklärungen Nrn. 1, 2, 3 und 5)

Entgeltgruppe 10

1. Musikschullehrerinnen und Musikschullehrer, die an Musikschulen einen Fachbereich zu betreuen haben, in dem mindestens 330 Jahreswochenstunden Unterricht erteilt werden.
   (Hierzu Protokollerklärungen Nrn. 1, 3, 4 und 5)
2. Musikschullehrerinnen und Musikschullehrer im Sinne der Protokollerklärung Nr. 1 Satz 1 Buchst. a bis d, deren Tätigkeit sich dadurch aus der Entgeltgruppe 9b heraushebt, dass durchschnittlich wöchentlich mindestens acht Unterrichtsstunden zu je 45 Minuten
   a) in der studienvorbereitenden Ausbildung oder
   b) als Leiterin oder Leiter von Ensembles (z.B. Chöre, Orchester), wenn diese Tätigkeit wegen ihrer künstlerischen und pädagogischen Qualität ebenso zu bewerten ist wie die in Buchstabe a genannte Tätigkeit,

   zu erteilen sind.
   (Hierzu Protokollerklärungen Nrn. 3 und 6)
3. Musikschullehrerinnen und Musikschullehrer als Leiterinnen oder Leiter einer Zweigstelle von Musikschulen, an der mindestens 290 Jahreswochenstunden Unterricht erteilt werden.
   (Hierzu Protokollerklärungen Nrn. 1, 3, 4, 5 und 7)
4. Musikschullehrerinnen und Musikschullehrer als Leiterinnen oder Leiter von Musikschulen, an denen mindestens 190 Jahreswochenstunden Unterricht erteilt werden.
   (Hierzu Protokollerklärungen Nrn. 1, 3, 4, 5 und 8)
5. Musikschullehrerinnen und Musikschullehrer als ständige Vertreterinnen oder Vertreter von Leiterinnen oder Leitern von Musikschulen, an denen mindestens 490 Jahreswochenstunden Unterricht erteilt werden.
   (Hierzu Protokollerklärungen Nrn. 1, 3, 4 und 5)

Entgeltgruppe 11

1. Musikschullehrerinnen und Musikschullehrer als Leiterinnen oder Leiter von Musikschulen, an denen mindestens 490 Jahreswochenstunden Unterricht erteilt werden.
   (Hierzu Protokollerklärungen Nrn. 1, 3, 4, 5 und 8)
2. Musikschullehrerinnen und Musikschullehrer als ständige Vertreterinnen und Vertreter der Leiterin/des Leiters von Musikschulen, an denen mindestens 850 Jahreswochenstunden Unterricht erteilt werden.
   (Hierzu Protokollerklärungen Nrn. 1, 3, 4 und 5)

Entgeltgruppe 13

1. Musikschullehrerinnen und Musikschullehrer als Leiterinnen oder Leiter von Musikschulen, an denen mindestens 850 Jahreswochenstunden Unterricht erteilt werden.
(Hierzu Protokollerklärungen Nrn. 1, 3, 4, 5 und 8)
2. Musikschullehrerinnen und Musikschullehrer als ständige Vertreterinnen oder Vertreter von Leiterinnen oder Leitern von Musikschulen, an denen mindestens 1470 Jahreswochenstunden Unterricht erteilt werden.
(Hierzu Protokollerklärungen Nrn. 1, 3, 4 und 5)

Entgeltgruppe 14

1. Musikschullehrerinnen und Musikschullehrer als Leiterinnen oder Leiter von Musikschulen, an denen mindestens 1470 Jahreswochenstunden Unterricht erteilt werden.
(Hierzu Protokollerklärungen Nrn. 1, 3, 4, 5 und 8)
2. Musikschullehrerinnen und Musikschullehrer als ständige Vertreterinnen oder Vertreter von Beschäftigten der Entgeltgruppe 15.
(Hierzu Protokollerklärungen Nrn. 1, 3 und 5)

Entgeltgruppe 15

Musikschullehrerinnen und Musikschullehrer als Leiterinnen oder Leiter von Musikschulen, deren Tätigkeit sich aufgrund der Größe und Bedeutung der Schule wesentlich aus der Entgeltgruppe 14 Fallgruppe 1 heraushebt.
(Hierzu Protokollerklärungen Nrn. 1, 3 und 5)

Protokollerklärungen:

1. [1] Musikschullehrerinnen und -lehrer sind an Musikschulen im Sinne der Protokollerklärung Nr. 5 tätige Beschäftigte, die

a) nach einem achtsemestrigen Studium an einer Musikhochschule oder einer Musikakademie die künstlerische Reifeprüfung bzw. die künstlerische Abschlussprüfung bzw. die A-Prüfung für Kirchenmusik,

b) nach einem mindestens sechssemestrigen Studium an einer Musikhochschule oder einer Musikakademie den künstlerischen Teil der künstlerischen Prüfung für das Lehramt am Gymnasium bzw. die Teilprüfung Musik in der Ersten Staatsprüfung für das Lehramt am Gymnasium,

c) an einer staatlichen Hochschule für Musik die Prüfung für Diplom-Musiklehrer,

d) eine staatliche Musiklehrerprüfung im Sinne der Rahmenprüfungsordnung für die staatlichen Privatmusiklehrer (Beschluss der Kultusministerkonferenz vom 7. Oktober 1958) oder eine Prüfung im Sinne der Empfehlung der Kultusministerkonferenz über Rahmenbestimmungen für die Ausbildung und Prüfung von Lehrern an Musikschulen und selbstständigen Musiklehrern (Beschluss der Kultusministerkonferenz vom 9. November 1984),

e) eine einer Prüfung im Sinne des Buchstaben d gleichwertige Prüfung (z.B. Erste Staatsprüfung für das Lehramt an Grund- und Hauptschulen mit dem Wahlfach Musik oder die B-Prüfung als Kirchenmusiker)

mit Erfolg abgelegt haben. [2] Den Musikschullehrerinnen und -lehrern im Sinne des Buchstaben e stehen gleich Beschäftigte,

a) denen nach Landesrecht die Bezeichnung „staatlich anerkannte Musikschullehrerin" oder „staatlich anerkannter Musiklehrer" verliehen worden ist,

b) die keine Prüfung abgelegt haben, jedoch eine entsprechende Ausbildung nachweisen und die aufgrund gleichwertiger Fähigkeiten und ihrer Erfahrungen die Tätigkeit von Musikschullehrerinnen und -lehrern ausüben.

2. Die Beschäftigten erhalten, solange sie aufgrund ausdrücklicher Anordnung einen Fachbereich, in dem mindestens 150 Jahreswochenstunden Unterricht erteilt werden, zu betreuen haben, eine monatliche Funktionszulage in Höhe von 76,69 Euro.

3. Die Eingruppierung nach dem jeweiligen Tätigkeitsmerkmal setzt voraus, dass die Beschäftigten durch ausdrückliche schriftliche Anordnung zur Betreuerin oder zum Betreuer des Fachbereichs, für den Unterricht in der studienvorbereitenden Ausbildung, zur Leiterin oder zum Leiter des Ensembles, zur Leiterin oder zum Leiter, zur ständigen Vertreterin oder zum ständigen Vertreter der Leiterin oder des Leiters bzw. zur Leiterin oder zum Leiter der Zweigstelle der Musikschule bestellt worden sind.

4. Die Jahreswochenstunden sind dadurch zu ermitteln, dass die Unterrichtsstunden, die die Lehrkräfte der Musikschule (Leiterin oder Leiter, ständige Vertreterin oder ständiger Vertreter der Leiterin oder des Leiters, Musikschullehrerinnen und Musikschullehrer sowie Beschäftigte in der Tätigkeit von Musikschullehrerinnen und Musikschullehrern, ohne Rücksicht darauf, ob sie unter den TVöD fallen) im Schuljahr zu erteilen haben, in Unterrichtsminuten umgerechnet werden und die sich ergebende Summe durch 45 und das Ergebnis durch die Zahl der Wochen geteilt wird, in denen während des Schuljahres Unterricht zu erteilen ist.

5. Musikschulen sind Bildungseinrichtungen, die die Aufgabe haben, ihre Schülerinnen und Schüler an die Musik heranzuführen, ihre Begabungen frühzeitig zu erkennen, sie individuell zu fördern und bei entsprechender Begabung ihnen gegebenenfalls eine studienvorbereitende Ausbildung zu erteilen.

6. Die studienvorbereitende Ausbildung setzt voraus, dass die Schülerin oder der Schüler in mindestens einem Hauptfach und in mindestens einem Nebenfach bzw. einem Ergänzungsfach zur Vorbereitung auf die Aufnahmeprüfung einer Musikhochschule unterrichtet wird.

7. Zweigstellen im Sinne dieses Tätigkeitsmerkmals sind auch Einrichtungen mit einer anderen Bezeichnung (z.B. Bezirksstellen, Außenstellen).

8. Dieses Tätigkeitsmerkmal gilt auch für Leiterinnen und Leiter von neu gegründeten Musikschulen, wenn damit zu rechnen ist, dass innerhalb von vier Jahren die geforderte Jahreswochenstundenzahl erreicht wird.

XXI. Reproduktionstechnische Beschäftigte

Entgeltgruppe 5

Beschäftigte im Vermessungs- und Kartenwesen mit einschlägiger Abschlussprüfung in einem reproduktionstechnischen Beruf und entsprechender Tätigkeit sowie sonstige Beschäftigte, die aufgrund gleichwertiger Fähigkeiten und ihrer Erfahrungen entsprechende Tätigkeiten ausüben.

Entgeltgruppe 6

Beschäftigte der Entgeltgruppe 5, deren Tätigkeit besondere Leistungen erfordert.

Entgeltgruppe 7

Beschäftigte der Entgeltgruppe 6, die zu mindestens einem Viertel schwierige Aufgaben zu erfüllen haben.
(Hierzu Protokollerklärung Nr. 1)

Entgeltgruppe 8

Beschäftigte der Entgeltgruppe 6, die schwierige Aufgaben zu erfüllen haben.
(Hierzu Protokollerklärung Nr. 1)

Entgeltgruppe 9a

Beschäftigte der Entgeltgruppe 5, die schwierige Aufgaben besonderer Art erfüllen.
(Hierzu Protokollerklärung Nr. 2)

Protokollerklärungen:

1. Schwierige Aufgaben sind z.B.:

– Strichaufnahmen oder Halbtonaufnahmen nach Sollmaß und jeden Formats;

– Maßausgleich auf gegebenes Sollmaß;

– Herstellen von Rasterfilmen ein- und mehrfarbig, von Schummerungsvorlagen über Halbtonaufnahmen;

– selbstständige Versuchs- und Entwicklungsarbeiten bei der Einführung neuer technischer Verfahren;

– Zusammenkopie von einzelnen Kartenteilen mit Kartenrahmen bei der Neuherstellung sowie Einkopierung von Fortführungen in vorhandene Originale auf Folie und Glas mit kartographischer Passgenauigkeit.

2. Schwierige Aufgaben besonderer Art sind z.B.:

– Schwieriges Einpassen von Kartenteilen; besonders schwierige Montagen bei inhaltsreichen Karten im Maßstab 1:25000 und kleiner.

XXII. Beschäftigte im Rettungsdienst

1. Beschäftigte im Rettungsdienst

Entgeltgruppe 4

Rettungssanitäterinnen und -sanitäter mit entsprechenden Tätigkeiten.
(Hierzu Protokollerklärung)

Entgeltgruppe 6

Rettungsassistentinnen und -assistenten mit entsprechenden Tätigkeiten.

Entgeltgruppe N

Notfallsanitäterinnen und -sanitäter mit entsprechenden Tätigkeiten.

Entgeltgruppe 9a

Ständige Vertreterinnen und Vertreter von Leiterinnen oder Leitern von Rettungswachen.

Entgeltgruppe 9b

1. Leiterinnen und Leiter von Rettungswachen.
2. Ständige Vertreterinnen und Vertreter von Leiterinnen oder Leitern von Rettungswachen, denen mindestens 20 Beschäftigte durch ausdrückliche Anordnung ständig unterstellt sind.

Entgeltgruppe 9c

1. Leiterinnen und Leiter von Rettungswachen, denen mindestens 20 Beschäftigte durch ausdrückliche Anordnung ständig unterstellt sind.

2. Ständige Vertreterinnen und Vertreter von Leiterinnen oder Leitern von Rettungswachen, denen mindestens 40 Beschäftigte durch ausdrückliche Anordnung ständig unterstellt sind.

Entgeltgruppe 10

Leiterinnen und Leiter von Rettungswachen, denen mindestens 40 Beschäftigte durch ausdrückliche Anordnung ständig unterstellt sind.

Protokollerklärung:

Diese Beschäftigten erhalten eine Entgeltgruppenzulage in Höhe von 2,3 Prozent ihres jeweiligen Tabellenentgelts.

2. Beschäftigte an Rettungsdienstschulen

Entgeltgruppe 10

Lehrkräfte mit entsprechender Zusatzqualifikation.

Entgeltgruppe 11

1. Lehrkräfte mit abgeschlossener Hochschulbildung und entsprechender Tätigkeit sowie sonstige Beschäftigte, die aufgrund gleichwertiger Fähigkeiten und ihrer Erfahrungen entsprechende Tätigkeiten ausüben.
2. Beschäftigte der Entgeltgruppe 10 als stellvertretende Leiterinnen oder Leiter oder als Fachbereichsleiterinnen oder Fachbereichsleiter einer Rettungsdienstschule.

Entgeltgruppe 12

1. Beschäftigte der Entgeltgruppe 10 als Leiterinnen oder Leiter einer Rettungsdienstschule.
2. Beschäftigte der Entgeltgruppe 11 Fallgruppe 1 als stellvertretende Leiterinnen oder Leiter oder als Fachbereichsleiterinnen oder Fachbereichsleiter einer Rettungsdienstschule.

Entgeltgruppe 13

Beschäftigte der Entgeltgruppe 11 Fallgruppe 1 als Leiterinnen oder Leiter einer Rettungsdienstschule.

XXIII. Schulhausmeisterinnen und Schulhausmeister

Vorbemerkungen

1. Schulhausmeisterinnen und Schulhausmeister sind Hausmeisterinnen oder Hausmeister in Schulen außer Akademien, Kunsthochschulen, Musikhochschulen, Musikschulen und verwaltungseigenen Schulen.
2. [1] Eine einschlägige Berufsausbildung liegt dann vor, wenn die in der Berufsausbildung vermittelten Kenntnisse und Fertigkeiten einen unmittelbaren sachlichen Zusammenhang mit den wesentlichen Tätigkeitsschwerpunkten von Schulhausmeisterinnen und Schulhausmeistern aufweisen. [2] Dies ist insbesondere bei Berufsausbildungen in den Berufsfeldern Metallbau, Anlagenbau, Installation, Montiererinnen und Montierer, Elektroberufe, Bauberufe und Holzverarbeitung der Fall.

Entgeltgruppe 5

Schulhausmeisterinnen und Schulhausmeister, die eine einschlägige mindestens dreijährige Berufsausbildung abgeschlossen haben.

Entgeltgruppe 6

1. Beschäftigte der Entgeltgruppe 5 in Tagesschulen für gehörgeschädigte, sprachgeschädigte, sehbehinderte oder anderweitig körperbehinderte oder für entwicklungsgestörte oder geistig behinderte Schülerinnen und Schüler.
2. Beschäftigte der Entgeltgruppe 5, denen mindestens eine Schulhausmeisterin oder ein Schulhausmeister durch ausdrückliche Anordnung ständig unterstellt ist.

Entgeltgruppe 7

Beschäftigte der Entgeltgruppe 5, deren Tätigkeit sich aufgrund erhöhter technischer Anforderungen erheblich aus der Entgeltgruppe 5 heraushebt.

(Eine erhebliche Heraushebung aufgrund erhöhter technischer Anforderungen liegt vor, wenn die Schulhausmeisterin oder der Schulhausmeister elektronische Schließ-, Alarm-, Brandmeldeanlagen oder Anlagen der Gebäudeleittechnik mit erheblich erweiterten Möglichkeiten zur Steuerung eigenverantwortlich zu bedienen, zu überwachen und zu konfigurieren hat.)

Entgeltgruppe 8

Beschäftigte der Entgeltgruppe 7, deren Tätigkeit sich dadurch erheblich aus der Entgeltgruppe 7 heraushebt, dass ihnen die eigenverantwortliche Entscheidung über die Verwendung der Mittel eines Bau- und Bewirtschaftungsbudgets in einer Größenordnung von mindestens 30.000 Euro je Kalenderjahr übertragen ist.

XXIV. Beschäftigte im Sozial- und Erziehungsdienst

Entgeltgruppe S 2

Beschäftigte in der Tätigkeit von Kinderpflegerinnen/Kinderpflegern mit staatlicher Anerkennung.

(Hierzu Protokollerklärung Nr. 1)

Entgeltgruppe S 3

Kinderpflegerinnen/Kinderpfleger mit staatlicher Anerkennung oder mit staatlicher Prüfung und entsprechender Tätigkeit sowie sonstige Beschäftigte, die aufgrund gleichwertiger Fähigkeiten und ihrer Erfahrungen entsprechende Tätigkeiten ausüben.

(Hierzu Protokollerklärung Nr. 1)

Entgeltgruppe S 4

1. Kinderpflegerinnen/Kinderpfleger mit staatlicher Anerkennung oder mit staatlicher Prüfung und entsprechender Tätigkeit sowie sonstige Beschäftigte, die aufgrund gleichwertiger Fähigkeiten und ihrer Erfahrungen entsprechende Tätigkeiten ausüben, mit schwierigen fachlichen Tätigkeiten.
   (Hierzu Protokollerklärungen Nrn. 1 und 2)
2. Beschäftigte im handwerklichen Erziehungsdienst mit abgeschlossener Berufsausbildung.
   (Hierzu Protokollerklärung Nr. 1)

3. Beschäftigte in der Tätigkeit von Erzieherinnen/Erziehern, Heilerziehungspflegerinnen/Heilerziehungspfleger oder Heilerzieherinnen/Heilerzieher mit staatlicher Anerkennung.
   (Hierzu Protokollerklärungen Nrn. 1 und 3)

Entgeltgruppe S 5

[nicht besetzt]

Entgeltgruppe S 6

[nicht besetzt]

Entgeltgruppe S 7

Beschäftigte mit abgeschlossener Berufsausbildung als Gruppenleiterin/Gruppenleiter in Ausbildungs- oder Berufsförderungswerkstätten oder Werkstätten für behinderte Menschen.
(Hierzu Protokollerklärung Nr. 1)

Entgeltgruppe S 8a

Erzieherinnen/Erzieher, Heilerziehungspflegerinnen/Heilerziehungspfleger und Heilerzieherinnen/Heilerzieher mit staatlicher Anerkennung und jeweils entsprechender Tätigkeit sowie sonstige Beschäftigte, die aufgrund gleichwertiger Fähigkeiten und ihrer Erfahrungen entsprechende Tätigkeiten ausüben.
(Hierzu Protokollerklärungen Nrn. 1, 3 und 5)

Entgeltgruppe S 8b

1. Erzieherinnen/Erzieher, Heilerziehungspflegerinnen/Heilerziehungspfleger und Heilerzieherinnen/Heilerzieher mit staatlicher Anerkennung und jeweils entsprechender Tätigkeit sowie sonstige Beschäftigte, die aufgrund gleichwertiger Fähigkeiten und ihrer Erfahrungen entsprechende Tätigkeiten ausüben, mit besonders schwierigen fachlichen Tätigkeiten.
   (Hierzu Protokollerklärungen Nrn. 1, 3, 5 und 6)
2. Handwerksmeisterinnen/Handwerksmeister, Industriemeisterinnen/Industriemeister oder Gärtnermeisterinnen/Gärtnermeister als Gruppenleiterin/Gruppenleiter in Ausbildungs- oder Berufsförderungswerkstätten oder Werkstätten für behinderte Menschen.
   (Hierzu Protokollerklärung Nr. 1)
3. Beschäftigte in der Tätigkeit von Sozialarbeiterinnen/Sozialarbeitern bzw. Sozialpädagoginnen/Sozialpädagogen mit staatlicher Anerkennung.
   (Hierzu Protokollerklärung Nr. 1)

Entgeltgruppe S 9

1. Erzieherinnen/Erzieher, Heilerziehungspflegerinnen/Heilerziehungspfleger und Heilerzieherinnen/Heilerzieher mit staatlicher Anerkennung und jeweils entsprechender Tätigkeit sowie sonstige Beschäftigte, die aufgrund gleichwertiger Fähigkeiten und ihrer Erfahrungen entsprechende Tätigkeiten ausüben, mit fachlich koordinierenden Aufgaben für mindestens drei Beschäftigte mindestens der Entgeltgruppe S 8b Fallgruppe 1.
   (Hierzu Protokollerklärungen Nrn. 1, 3 und 5)
2. Heilpädagoginnen/Heilpädagogen mit staatlicher Anerkennung und entsprechender Tätigkeit.
   (Hierzu Protokollerklärungen Nrn. 1 und 7)

3. Beschäftigte in der Tätigkeit von Heilpädagoginnen/Heilpädagogen mit abgeschlossener Hochschulbildung und – soweit nach dem jeweiligen Landesrecht vorgesehen – mit staatlicher Anerkennung.
   (Hierzu Protokollerklärungen Nrn. 1 und 15)
4. Beschäftigte als Leiterinnen/Leiter von Kindertagesstätten.
   (Hierzu Protokollerklärung Nr. 8)
5. Beschäftigte, die durch ausdrückliche Anordnung als ständige Vertreterinnen/Vertreter von Leiterinnen/Leitern von Kindertagesstätten mit einer Durchschnittsbelegung von mindestens 40 Plätzen bestellt sind.
   (Hierzu Protokollerklärungen Nrn. 4, 8 und 9)

Entgeltgruppe S 10

[nicht besetzt]

Entgeltgruppe S 11a

Beschäftigte, die durch ausdrückliche Anordnung als ständige Vertreterinnen/Vertreter von Leiterinnen/Leitern von Kindertagesstätten für Menschen mit Behinderung im Sinne von § 2 SGB IX oder für Kinder und Jugendliche mit wesentlichen Erziehungsschwierigkeiten oder von Tagesstätten für erwachsene Menschen mit Behinderung im Sinne des § 2 SGB IX bestellt sind.
(Hierzu Protokollerklärungen Nrn. 4 und 8)

Entgeltgruppe S 11b

Sozialarbeiterinnen/Sozialarbeiter und Sozialpädagoginnen/Sozialpädagogen mit staatlicher Anerkennung sowie Heilpädagoginnen/Heilpädagogen mit abgeschlossener Hochschulbildung und – soweit nach dem jeweiligen Landesrecht vorgesehen – mit staatlicher Anerkennung mit jeweils entsprechender Tätigkeit sowie sonstige Beschäftigte, die aufgrund gleichwertiger Fähigkeiten und ihrer Erfahrungen entsprechende Tätigkeiten ausüben.
(Hierzu Protokollerklärungen Nrn. 1 und 15)

Entgeltgruppe S 12

Sozialarbeiterinnen/Sozialarbeiter und Sozialpädagoginnen/Sozialpädagogen mit staatlicher Anerkennung sowie Heilpädagoginnen/Heilpädagogen mit abgeschlossener Hochschulbildung und – soweit nach dem jeweiligen Landesrecht vorgesehen – mit staatlicher Anerkennung mit jeweils entsprechender Tätigkeit sowie sonstige Beschäftigte, die aufgrund gleichwertiger Fähigkeiten und ihrer Erfahrungen entsprechende Tätigkeiten ausüben, mit schwierigen Tätigkeiten.
(Hierzu Protokollerklärungen Nrn. 1, 12 und 15)

Entgeltgruppe S 13

1. Beschäftigte als Leiterinnen/Leiter von Kindertagesstätten mit einer Durchschnittsbelegung von mindestens 40 Plätzen.
   (Hierzu Protokollerklärungen Nrn. 8 und 9)
2. Beschäftigte, die durch ausdrückliche Anordnung als ständige Vertreterinnen/Vertreter von Leiterinnen/Leitern von Kindertagesstätten mit einer Durchschnittsbelegung von mindestens 70 Plätzen bestellt sind.
   (Hierzu Protokollerklärungen Nrn. 4, 8 und 9)

Entgeltgruppe S 14

Sozialarbeiterinnen/Sozialarbeiter und Sozialpädagoginnen/Sozialpädagogen mit staatlicher Anerkennung sowie Heilpädagoginnen/Heilpädagogen mit abgeschlossener Hochschulbildung und – soweit nach dem jeweiligen Landesrecht vorgesehen – mit staatlicher Anerkennung mit jeweils entsprechender Tätigkeit, die Entscheidungen zur Vermeidung der Gefährdung des Kindeswohls treffen und in Zusammenarbeit mit dem Familiengericht bzw. Vormundschaftsgericht Maßnahmen einleiten, welche zur Gefahrenabwehr erforderlich sind, oder mit gleichwertigen Tätigkeiten, die für die Entscheidung zur zwangsweisen Unterbringung von Menschen mit psychischen Krankheiten erforderlich sind (z.B. Sozialpsychiatrischer Dienst der örtlichen Stellen der Städte, Gemeinden und Landkreise).
(Hierzu Protokollerklärungen Nrn. 13, 14 und 15)

Entgeltgruppe S 15

1. Beschäftigte als Leiterinnen/Leiter von Kindertagesstätten mit einer Durchschnittsbelegung von mindestens 70 Plätzen.
   (Hierzu Protokollerklärungen Nrn. 8 und 9)
2. Beschäftigte, die durch ausdrückliche Anordnung als ständige Vertreterinnen/Vertreter von Leiterinnen/Leitern von Kindertagesstätten mit einer Durchschnittsbelegung von mindestens 100 Plätzen bestellt sind.
   (Hierzu Protokollerklärungen Nrn. 4, 8 und 9)
3. Beschäftigte als Leiterinnen/Leiter von Kindertagesstätten für Menschen mit Behinderung im Sinne von § 2 SGB IX oder für Kinder und Jugendliche mit wesentlichen Erziehungsschwierigkeiten oder von Tagesstätten für erwachsene Menschen mit Behinderung im Sinne des § 2 SGB IX.
   (Hierzu Protokollerklärung Nr. 8)
4. Beschäftigte, die durch ausdrückliche Anordnung als ständige Vertreterinnen/Vertreter von Leiterinnen/Leitern von Kindertagesstätten für Menschen mit Behinderung im Sinne von § 2 SGB IX oder für Kinder und Jugendliche mit wesentlichen Erziehungsschwierigkeiten oder von Tagesstätten für erwachsene Menschen mit Behinderung im Sinne des § 2 SGB IX mit einer Durchschnittsbelegung von mindestens 40 Plätzen bestellt sind.
   (Hierzu Protokollerklärungen Nrn. 4, 8 und 9)
5. Beschäftigte, die durch ausdrückliche Anordnung als ständige Vertreterinnen/Vertreter von Leiterinnen/Leitern von Erziehungsheimen oder von Wohnheimen für erwachsene Menschen mit Behinderung im Sinne des § 2 SGB IX bestellt sind.
   (Hierzu Protokollerklärungen Nrn. 1, 4, 10 und 11)
6. Sozialarbeiterinnen/Sozialarbeiter und Sozialpädagoginnen/Sozialpädagogen mit staatlicher Anerkennung sowie Heilpädagoginnen/Heilpädagogen mit abgeschlossener Hochschulbildung und – soweit nach dem jeweiligen Landesrecht vorgesehen – mit staatlicher Anerkennung mit jeweils entsprechender Tätigkeit sowie sonstige Beschäftigte, die aufgrund gleichwertiger Fähigkeiten und ihrer Erfahrungen entsprechende Tätigkeiten ausüben, deren Tätigkeit sich mindestens zu einem Drittel durch besondere Schwierigkeit und Bedeutung aus der Entgeltgruppe S 12 heraushebt.
   (Hierzu Protokollerklärungen Nrn. 1 und 15)

Entgeltgruppe S 16

1. Beschäftigte als Leiterinnen/Leiter von Kindertagesstätten mit einer Durchschnittsbelegung von mindestens 100 Plätzen.
   (Hierzu Protokollerklärungen Nrn. 8 und 9)
2. Beschäftigte, die durch ausdrückliche Anordnung als ständige Vertreterinnen/Vertreter von Leiterinnen/Leitern von Kindertagesstätten mit einer Durchschnittsbelegung von mindestens 130 Plätzen bestellt sind.
   (Hierzu Protokollerklärungen Nrn. 4, 8 und 9)
3. Beschäftigte als Leiterinnen/Leiter von Kindertagesstätten für Menschen mit Behinderung im Sinne von § 2 SGB IX oder für Kinder und Jugendliche mit wesentlichen Erziehungsschwierigkeiten oder von Tagesstätten für erwachsene Menschen mit Behinderung im Sinne des § 2 SGB IX mit einer Durchschnittsbelegung von mindestens 40 Plätzen.
   (Hierzu Protokollerklärungen Nrn. 8 und 9)
4. Beschäftigte, die durch ausdrückliche Anordnung als ständige Vertreterinnen/Vertreter von Leiterinnen/Leitern von Kindertagesstätten für Menschen mit Behinderung im Sinne von § 2 SGB IX oder für Kinder und Jugendliche mit wesentlichen Erziehungsschwierigkeiten oder von Tagesstätten für erwachsene Menschen mit Behinderung im Sinne des § 2 SGB IX mit einer Durchschnittsbelegung von mindestens 70 Plätzen bestellt sind.
   (Hierzu Protokollerklärungen Nrn. 4, 8 und 9)
5. Beschäftigte als Leiterinnen/Leiter von Erziehungsheimen oder von Wohnheimen für erwachsene Menschen mit Behinderung im Sinne des § 2 SGB IX.
   (Hierzu Protokollerklärungen Nrn. 1, 10 und 11)
6. Beschäftigte, die durch ausdrückliche Anordnung als ständige Vertreterinnen/Vertreter von Leiterinnen/Leitern von Erziehungsheimen oder von Wohnheimen für erwachsene Menschen mit Behinderung im Sinne des § 2 SGB IX mit einer Durchschnittsbelegung von mindestens 50 Plätzen bestellt sind.
   (Hierzu Protokollerklärungen Nrn. 1, 4, 9, 10 und 11)

Entgeltgruppe S 17

1. Beschäftigte als Leiterinnen/Leiter von Kindertagesstätten mit einer Durchschnittsbelegung von mindestens 130 Plätzen.
   (Hierzu Protokollerklärungen Nrn. 8 und 9)
2. Beschäftigte, die durch ausdrückliche Anordnung als ständige Vertreterinnen/Vertreter von Leiterinnen/Leitern von Kindertagesstätten mit einer Durchschnittsbelegung von mindestens 180 Plätzen bestellt sind.
   (Hierzu Protokollerklärungen Nrn. 4, 8 und 9)
3. Beschäftigte als Leiterinnen/Leiter von Kindertagesstätten für Menschen mit Behinderung im Sinne von § 2 SGB IX oder für Kinder und Jugendliche mit wesentlichen Erziehungsschwierigkeiten oder von Tagesstätten für erwachsene Menschen mit Behinderung im Sinne des § 2 SGB IX mit einer Durchschnittsbelegung von mindestens 70 Plätzen.
   (Hierzu Protokollerklärungen Nrn. 8 und 9)
4. Beschäftigte, die durch ausdrückliche Anordnung als ständige Vertreterinnen/Vertreter von Leiterinnen/Leitern von Kindertagesstätten für Menschen mit Behinderung im Sinne von § 2 SGB IX oder für Kinder und Jugendliche

mit wesentlichen Erziehungsschwierigkeiten oder von Tagesstätten für erwachsene Menschen mit Behinderung im Sinne des § 2 SGB IX mit einer Durchschnittsbelegung von mindestens 90 Plätzen bestellt sind.
(Hierzu Protokollerklärungen Nrn. 4, 8 und 9)

5. Beschäftigte, die durch ausdrückliche Anordnung als ständige Vertreterinnen/Vertreter von Leiterinnen/Leitern von Erziehungsheimen oder von Wohnheimen für erwachsene Menschen mit Behinderung im Sinne des § 2 SGB IX mit einer Durchschnittsbelegung von mindestens 90 Plätzen bestellt sind.
(Hierzu Protokollerklärungen Nrn. 1, 4, 9, 10 und 11)
6. Sozialarbeiterinnen/Sozialarbeiter und Sozialpädagoginnen/Sozialpädagogen mit staatlicher Anerkennung sowie Heilpädagoginnen/Heilpädagogen mit abgeschlossener Hochschulbildung und – soweit nach dem jeweiligen Landesrecht vorgesehen – mit staatlicher Anerkennung mit jeweils entsprechender Tätigkeit sowie sonstige Beschäftigte, die aufgrund gleichwertiger Fähigkeiten und ihrer Erfahrungen entsprechende Tätigkeiten ausüben, deren Tätigkeit sich durch besondere Schwierigkeit und Bedeutung aus der Entgeltgruppe S 12 heraushebt.
(Hierzu Protokollerklärungen Nrn. 1 und 15)
7. Psychagoginnen/Psychagogen mit staatlicher Anerkennung oder staatlich anerkannter Prüfung und entsprechender Tätigkeit.
(Hierzu Protokollerklärung Nr. 16)

Entgeltgruppe S 18

1. Beschäftigte als Leiterinnen/Leiter von Kindertagesstätten mit einer Durchschnittsbelegung von mindestens 180 Plätzen.
(Hierzu Protokollerklärungen Nrn. 8 und 9)
2. Beschäftigte als Leiterinnen/Leiter von Kindertagesstätten für Menschen mit Behinderung im Sinne von § 2 SGB IX oder für Kinder und Jugendliche mit wesentlichen Erziehungsschwierigkeiten oder von Tagesstätten für erwachsene Menschen mit Behinderung im Sinne des § 2 SGB IX mit einer Durchschnittsbelegung von mindestens 90 Plätzen.
(Hierzu Protokollerklärungen Nrn. 8 und 9)
3. Beschäftigte als Leiterinnen/Leiter von Erziehungsheimen oder von Wohnheimen für erwachsene Menschen mit Behinderung im Sinne des § 2 SGB IX mit einer Durchschnittsbelegung von mindestens 50 Plätzen.
(Hierzu Protokollerklärungen Nrn. 1, 9, 10 und 11)
4. Sozialarbeiterinnen/Sozialarbeiter und Sozialpädagoginnen/Sozialpädagogen mit staatlicher Anerkennung sowie Heilpädagoginnen/Heilpädagogen mit abgeschlossener Hochschulbildung und – soweit nach dem jeweiligen Landesrecht vorgesehen – mit staatlicher Anerkennung mit jeweils entsprechender Tätigkeit sowie sonstige Beschäftigte, die aufgrund gleichwertiger Fähigkeiten und ihrer Erfahrungen entsprechende Tätigkeiten ausüben, deren Tätigkeit sich durch das Maß der damit verbundenen Verantwortung erheblich aus der Entgeltgruppe S 17 Fallgruppe 6 heraushebt.
(Hierzu Protokollerklärungen Nrn. 1 und 15)

Protokollerklärungen:

1. *[1] Die Beschäftigten – ausgenommen die in Entgeltgruppe S 4 bei Tätigkeiten der Fallgruppe 2, Entgeltgruppe S 7 und Entgeltgruppe S 8b bei Tätigkeiten der Fallgruppe 2 eingruppierten Beschäftigten – erhalten für die Dauer der Tätigkeit in einem Erziehungsheim, einem Kinder- oder einem Jugendwohnheim oder einer vergleichbaren Einrichtung (Heim) eine Zulage in Höhe von 61,36 Euro monatlich, wenn in dem Heim überwiegend behinderte Menschen im Sinne des § 2 SGB IX oder Kinder und Jugendliche mit wesentlichen Erziehungsschwierigkeiten zum Zwecke der Erziehung, Ausbildung oder Pflege ständig untergebracht sind; sind nicht überwiegend solche Personen ständig untergebracht, beträgt die Zulage 30,68 Euro monatlich. [2] Für die in Entgeltgruppe S 15 bei Tätigkeiten der Fallgruppe 5, S 16 bei Tätigkeiten der Fallgruppen 5 und 6, S 17 bei Tätigkeiten der Fallgruppe 5 und S 18 bei Tätigkeiten der Fallgruppe 3 eingruppierten Beschäftigten gilt Satz 1 für die Dauer der Tätigkeit in einem Wohnheim für erwachsene Menschen mit Behinderung entsprechend. [3] Für die in Entgeltgruppe S 4 bei Tätigkeiten der Fallgruppe 2, Entgeltgruppe S 7 und Entgeltgruppe S 8b bei Tätigkeiten der Fallgruppe 2 eingruppierten Beschäftigten in einem Heim im Sinne des Satzes 1 erster Halbsatz beträgt die Zulage 40,90 Euro monatlich. [4] Die Zulage wird nur für Zeiträume gezahlt, in denen Beschäftigte einen Anspruch auf Entgelt oder Fortzahlung des Entgelts nach § 21 haben. [5] Sie ist bei der Bemessung des Sterbegeldes (§ 23 Abs. 3) zu berücksichtigen.*
2. *Schwierige fachliche Tätigkeiten sind z.B.*
   a) Tätigkeiten in Einrichtungen für behinderte Menschen im Sinne des § 2 SGB IX und in psychiatrischen Kliniken,
   b) alleinverantwortliche Betreuung von Gruppen z.B. in Randzeiten,
   c) Tätigkeiten in Integrationsgruppen (Erziehungsgruppen, denen besondere Aufgaben in der gemeinsamen Förderung behinderter und nicht behinderter Kinder zugewiesen sind) mit einem Anteil von mindestens einem Drittel von behinderten Menschen im Sinne des § 2 SGB IX in Einrichtungen der Kindertagesbetreuung,
   d) Tätigkeiten in Gruppen von behinderten Menschen im Sinne des § 2 SGB IX oder in Gruppen von Kindern und Jugendlichen mit wesentlichen Erziehungsschwierigkeiten,
   e) Tätigkeiten in geschlossenen (gesicherten) Gruppen.
3. *Als entsprechende Tätigkeit von Erzieherinnen/Erziehern gilt auch die Tätigkeit in Schulkindergärten, Vorklassen oder Vermittlungsgruppen für nicht schulpflichtige Kinder und die Betreuung von über 18jährigen Personen (z.B. in Einrichtungen für behinderte Menschen im Sinne des § 2 SGB IX oder für Obdachlose).*
4. *[1] Ständige Vertreterinnen/Vertreter sind nicht Vertreterinnen/Vertreter in Urlaubs- und sonstigen Abwesenheitsfällen. [2] Je Kindertagesstätte soll eine ständige Vertreterin oder ein ständiger Vertreter der Leiterin oder des Leiters bestellt werden.*
5. *Nach diesem Tätigkeitsmerkmal sind auch*
   a) Kindergärtnerinnen/Kindergärtner und Hortnerinnen/Hortner mit staatlicher Anerkennung oder staatlicher Prüfung,
   b) Kinderkrankenschwestern/Kinderkrankenpfleger, die in Kinderkrippen tätig sind,

   eingruppiert.

6. *Besonders schwierige fachliche Tätigkeiten sind z.B. die*
   a) Tätigkeiten in Integrationsgruppen (Erziehungsgruppen, denen besondere Aufgaben in der gemeinsamen Förderung behinderter und nicht behinderter Kinder zugewiesen sind) mit einem Anteil von mindestens einem Drittel von behinderten Menschen im Sinne des § 2 SGB IX in Einrichtungen der Kindertagesbetreuung,
   b) Tätigkeiten in Gruppen von behinderten Menschen im Sinne des § 2 SGB IX oder von Kindern und Jugendlichen mit wesentlichen Erziehungsschwierigkeiten,
   c) Tätigkeiten in Jugendzentren/Häusern der offenen Tür,
   d) Tätigkeiten in geschlossenen (gesicherten) Gruppen,
   e) fachlichen Koordinierungstätigkeiten für mindestens vier Beschäftigte mindestens der Entgeltgruppe S 8a,
   f) Tätigkeiten einer Facherzieherin/eines Facherziehers mit einrichtungsübergreifenden Aufgaben.
7. *Unter Heilpädagoginnen/Heilpädagogen mit staatlicher Anerkennung sind Beschäftigte zu verstehen, die einen nach Maßgabe der Rahmenvereinbarung über die Ausbildung und Prüfung an Fachschulen (Beschluss der Kultusministerkonferenz vom 7. November 2002) gestalteten Ausbildungsgang für Heilpädagoginnen/Heilpädagogen mit der vorgeschriebenen Prüfung erfolgreich abgeschlossen und die Berechtigung zur Führung der Berufsbezeichnung „staatlich anerkannte Heilpädagogin/staatlich anerkannter Heilpädagoge“ erworben haben.*
8. *Kindertagesstätten im Sinne dieses Tarifmerkmals sind Krippen, Kindergärten, Horte, Kinderbetreuungsstuben, Kinderhäuser und Kindertageseinrichtungen der örtlichen Kindererholungsfürsorge.*
9. *[1] Der Ermittlung der Durchschnittsbelegung ist für das jeweilige Kalenderjahr grundsätzlich die Zahl der vom 1. Oktober bis 31. Dezember des vorangegangenen Kalenderjahres vergebenen, je Tag gleichzeitig belegbaren Plätze zugrunde zu legen. [2] Eine Unterschreitung der maßgeblichen je Tag gleichzeitig belegbaren Plätze von nicht mehr als 5 v.H. führt nicht zur Herabgruppierung. [3] Eine Unterschreitung um mehr als 5 v.H. führt erst dann zur Herabgruppierung, wenn die maßgebliche Platzzahl drei Jahre hintereinander unterschritten wird. [4] Eine Unterschreitung auf Grund vom Arbeitgeber verantworteter Maßnahmen (z.B. Qualitätsverbesserungen) führt ebenfalls nicht zur Herabgruppierung. [5] Hiervon bleiben organisatorische Maßnahmen infolge demografischer Handlungsnotwendigkeiten unberührt.*
10. *Erziehungsheime sind Heime, in denen überwiegend behinderte Kinder oder Jugendliche im Sinne des § 2 SGB IX oder Kinder oder Jugendliche mit wesentlichen Erziehungsschwierigkeiten ständig untergebracht sind.*
11. *Dieses Tätigkeitsmerkmal gilt nicht für Leiterinnen/Leiter bzw. ständige Vertreterinnen/Vertreter von Leiterinnen/Leitern von Wohngruppen.*
12. *Schwierige Tätigkeiten sind z.B. die*
    a) Beratung von Suchtmittel-Abhängigen,
    b) Beratung von HIV-Infizierten oder an AIDS erkrankten Personen,
    c) begleitende Fürsorge für Heimbewohnerinnen/Heimbewohner und nachgehende Fürsorge für ehemalige Heimbewohnerinnen/Heimbewohner,
    d) begleitende Fürsorge für Strafgefangene und nachgehende Fürsorge für ehemalige Strafgefangene,

e) Koordinierung der Arbeiten mehrerer Beschäftigter mindestens der Entgeltgruppe S 9.

13. *Unter die Entgeltgruppe S 14 fallen auch Beschäftigte mit dem Abschluss Diplompädagogin/Diplompädagoge, die aufgrund gleichwertiger Fähigkeiten und ihrer Erfahrungen entsprechende Tätigkeiten von Sozialarbeiterinnen/Sozialarbeitern bzw. Sozialpädagoginnen/Sozialpädagogen mit staatlicher Anerkennung ausüben, denen Tätigkeiten der Entgeltgruppe S 14 übertragen sind.*

14.[1] *[1] Das „Treffen von Entscheidungen zur Vermeidung der Gefährdung des Kindeswohls und die Einleitung von Maßnahmen in Zusammenarbeit mit dem Familiengericht bzw. Vormundschaftsgericht, welche zur Gefahrenabwehr erforderlich sind", sind im Allgemeinen Sozialen Dienst bei Tätigkeiten im Rahmen der Fallverantwortung bei*
– Hilfen zur Erziehung nach § 27 SGB VIII,
– der Hilfeplanung nach § 36 SGB VIII,
– der Inobhutnahme von Kindern und Jugendlichen (§ 42 SGB VIII),
– der Mitwirkung in Verfahren vor den Familiengerichten (§ 50 SGB VIII)
einschließlich der damit in Zusammenhang stehenden Tätigkeiten erfüllt. [2] Die Durchführung der Hilfen nach den getroffenen Entscheidungen (z.B. Erziehung in einer Tagesgruppe, Vollzeitpflege oder Heimerziehung) fällt nicht unter die Entgeltgruppe S 14. [3] Die in Aufgabengebieten außerhalb des Allgemeinen Sozialen Dienstes wie z.B. Erziehungsbeistandschaft, Pflegekinderdienst, Adoptionsvermittlung, Jugendgerichtshilfe, Vormundschaft, Pflegschaft auszuübenden Tätigkeiten fallen nicht unter die Entgeltgruppe S 14, es sei denn, dass durch Organisationsentscheidung des Arbeitgebers im Rahmen dieser Aufgabengebiete ebenfalls Tätigkeiten auszuüben sind, die die Voraussetzungen von Satz 1 erfüllen.

15. *[1] Eine abgeschlossene Hochschulbildung liegt vor, wenn von einer Hochschule im Sinne des § 1 HRG ein Diplomgrad mit dem Zusatz „Fachhochschule" („FH"), ein anderer nach § 18 HRG gleichwertiger Abschlussgrad oder ein Bachelorgrad verliehen wurde. [2] Die Abschlussprüfung muss in einem Studiengang abgelegt worden sein, der seinerseits mindestens das Zeugnis der Hochschulreife (allgemeine Hochschulreife oder einschlägige fachgebundene Hochschulreife) oder eine andere landesrechtliche Hochschulzugangsberechtigung als Zugangsvoraussetzung erfordert, und für den Abschluss eine Regelstudienzeit von mindestens sechs Semestern – ohne etwaige Praxissemester, Prüfungssemester o.Ä. – vorschreibt. [3] Der Bachelorstudiengang muss nach den Regelungen des Akkreditierungsrats akkreditiert sein. [4] Dem gleichgestellt sind Abschlüsse in akkreditierten Bachelorausbildungsgängen an Berufsakademien. [5] Ein Abschluss an einer ausländischen Hochschule gilt als abgeschlossene Hochschulbildung, wenn er von der zuständigen staatlichen Anerkennungsstelle als dem deutschen Hochschulabschluss gleichwertig anerkannt wurde.*

16. *Psychagoginnen/Psychagogen mit abgeschlossener wissenschaftlicher Hochschulbildung und entsprechender Tätigkeit werden von diesem Tätigkeitsmerkmal nicht erfasst.*

---

[1] Siehe hierzu Niederschriftserklärung Nr. 21.

XXV. Beschäftigte in Sparkassen

Vorbemerkung

1. [1] Für Beschäftigte, deren Tätigkeit in einem speziellen Tätigkeitsmerkmal für Beschäftigte in der Kundenberatung aufgeführt ist, gelten die Tätigkeitsmerkmale anderer Fallgruppen weder in der Entgeltgruppe, in der sie aufgeführt sind, noch in einer höheren Entgeltgruppe. [2] Dies gilt nicht, soweit Fallgruppen in höheren Entgeltgruppen ausdrücklich eine Heraushebung aus speziellen Tätigkeitsmerkmalen für Beschäftigte in der Kundenberatung vorsehen. [3] Eine ausdrückliche Heraushebung im Sinne des Satzes 2 enthalten auch die Entgeltgruppe 10 Fallgruppe 1, die Entgeltgruppe 11 und die Entgeltgruppe 12. [4] Die Entgeltgruppen 13 bis 15 finden bei Erfüllung der jeweiligen Anforderungen auch für Beschäftigte in der Kundenberatung Anwendung.
2. Die Tätigkeitsmerkmale des Teils A Abschnitt I Ziffer 3 sowie des Teils B Abschnitt XIII finden keine Anwendung.

Entgeltgruppe 2

Beschäftigte mit einfachen Tätigkeiten.

([1] Einfache Tätigkeiten sind Tätigkeiten, die keine Vor- oder Ausbildung, aber eine fachliche Einarbeitung erfordern, die über eine sehr kurze Einweisung oder Anlernphase hinausgeht. [2] Einarbeitung dient dem Erwerb derjenigen Kenntnisse und Fertigkeiten, die für die Beherrschung der Arbeitsabläufe als solche erforderlich sind.)

Entgeltgruppe 3

Beschäftigte, deren Tätigkeit sich dadurch aus der Entgeltgruppe 2 heraushebt, dass sie eine eingehende fachliche Einarbeitung erfordert.

Entgeltgruppe 4

1. Beschäftigte, deren Tätigkeit sich dadurch aus der Entgeltgruppe 3 heraushebt, dass sie mindestens zu einem Viertel gründliche Fachkenntnisse erfordert.
   (Gründliche Fachkenntnisse erfordern nähere Kenntnisse von Rechtsvorschriften oder näheres kaufmännisches oder technisches Fachwissen usw. des Aufgabenkreises.)
2. Beschäftigte mit schwierigen Tätigkeiten.
   ([1] Schwierige Tätigkeiten sind Tätigkeiten, die mehr als eine eingehende fachliche Einarbeitung im Sinne der Entgeltgruppe 3 erfordern. [2] Danach müssen Tätigkeiten anfallen, die an das Überlegungsvermögen oder das fachliche Geschick Anforderungen stellen, die über das Maß dessen hinausgehen, was üblicherweise von Beschäftigten der Entgeltgruppe 3 verlangt werden kann.)

Entgeltgruppe 5

1. Beschäftigte mit erfolgreich abgeschlossener Ausbildung in einem anerkannten Ausbildungsberuf mit einer Ausbildungsdauer von mindestens drei Jahren und entsprechender Tätigkeit.
2. Beschäftigte, deren Tätigkeit gründliche Fachkenntnisse erfordert.

(Gründliche Fachkenntnisse erfordern nähere Kenntnisse von Rechtsvorschriften oder näheres kaufmännisches oder technisches Fachwissen usw. des Aufgabenkreises.)

3. Beschäftigte in der Kundenberatung, deren Tätigkeit gründliche Fachkenntnisse erfordert.
(Gründliche Fachkenntnisse erfordern nähere Kenntnisse von Rechtsvorschriften oder näheres kaufmännisches oder technisches Fachwissen usw. des Aufgabenkreises.)

Entgeltgruppe 6

1. Beschäftigte der Entgeltgruppe 5 Fallgruppe 1, deren Tätigkeit gründliche und vielseitige Fachkenntnisse erfordert, sowie Beschäftigte der Entgeltgruppe 5 Fallgruppe 2, deren Tätigkeit vielseitige Fachkenntnisse erfordert.
([1] Die gründlichen und vielseitigen Fachkenntnisse brauchen sich nicht auf das gesamte Gebiet der Sparkasse oder des Betriebes, bei der bzw. dem die oder der Beschäftigte tätig ist, zu beziehen. [2] Der Aufgabenkreis der oder des Beschäftigten muss aber so gestaltet sein, dass er nur beim Vorhandensein gründlicher und vielseitiger Fachkenntnisse ordnungsgemäß bearbeitet werden kann.)
2. Beschäftigte in der Kundenberatung, deren Tätigkeit gründliche und vielseitige Fachkenntnisse erfordert.
([1] Die gründlichen und vielseitigen Fachkenntnisse brauchen sich nicht auf das gesamte Gebiet der Sparkasse oder des Betriebes, bei der bzw. dem die oder der Beschäftigte tätig ist, zu beziehen. [2] Der Aufgabenkreis der oder des Beschäftigten muss aber so gestaltet sein, dass er nur beim Vorhandensein gründlicher und vielseitiger Fachkenntnisse ordnungsgemäß bearbeitet werden kann.)

Entgeltgruppe 7

1. Beschäftigte der Entgeltgruppe 6 Fallgruppe 1, deren Tätigkeit mindestens zu einem Fünftel selbstständige Leistungen erfordert.
(Selbstständige Leistungen erfordern ein den vorausgesetzten Fachkenntnissen entsprechendes selbstständiges Erarbeiten eines Ergebnisses unter Entwicklung einer eigenen geistigen Initiative; eine leichte geistige Arbeit kann diese Anforderung nicht erfüllen.)
2. Beschäftigte in der Kundenberatung, deren Tätigkeit gründliche und vielseitige Fachkenntnisse und mindestens zu einem Fünftel selbstständige Leistungen erfordert.
(Selbstständige Leistungen erfordern ein den vorausgesetzten Fachkenntnissen entsprechendes selbstständiges Erarbeiten eines Ergebnisses unter Entwicklung einer eigenen geistigen Initiative; eine leichte geistige Arbeit kann diese Anforderung nicht erfüllen.)

Entgeltgruppe 8

1. Beschäftigte der Entgeltgruppe 6 Fallgruppe 1, deren Tätigkeit mindestens zu einem Drittel selbstständige Leistungen erfordert.
(Selbstständige Leistungen erfordern ein den vorausgesetzten Fachkenntnissen entsprechendes selbstständiges Erarbeiten eines Ergebnisses unter Entwicklung einer eigenen geistigen Initiative; eine leichte geistige Arbeit kann diese Anforderung nicht erfüllen.)

2. Beschäftigte in der Kundenberatung, deren Tätigkeit gründliche und vielseitige Fachkenntnisse und mindestens zu einem Drittel selbstständige Leistungen erfordert.
(Selbstständige Leistungen erfordern ein den vorausgesetzten Fachkenntnissen entsprechendes selbstständiges Erarbeiten eines Ergebnisses unter Entwicklung einer eigenen geistigen Initiative; eine leichte geistige Arbeit kann diese Anforderung nicht erfüllen.)
3. Beschäftigte, denen durch ausdrückliche Anordnung die Leitung von Gruppen übertragen ist.

Entgeltgruppe 9a

1. Beschäftigte der Entgeltgruppe 6 Fallgruppe 1, deren Tätigkeit selbstständige Leistungen erfordert.
(Selbstständige Leistungen erfordern ein den vorausgesetzten Fachkenntnissen entsprechendes selbstständiges Erarbeiten eines Ergebnisses unter Entwicklung einer eigenen geistigen Initiative; eine leichte geistige Arbeit kann diese Anforderung nicht erfüllen.)
2. Beschäftigte in der Kundenberatung, deren Tätigkeit gründliche und vielseitige Fachkenntnisse und selbstständige Leistungen erfordert.
([1] Die gründlichen und vielseitigen Fachkenntnisse brauchen sich nicht auf das gesamte Gebiet der Sparkasse oder des Betriebes, bei der bzw. dem die oder der Beschäftigte tätig ist, zu beziehen. [2] Der Aufgabenkreis der oder des Beschäftigten muss aber so gestaltet sein, dass er nur beim Vorhandensein gründlicher und vielseitiger Fachkenntnisse ordnungsgemäß bearbeitet werden kann. [3] Selbstständige Leistungen erfordern ein den vorausgesetzten Fachkenntnissen entsprechendes selbstständiges Erarbeiten eines Ergebnisses unter Entwicklung einer eigenen geistigen Initiative; eine leichte geistige Arbeit kann diese Anforderung nicht erfüllen.)
3. Beschäftigte der Entgeltgruppe 8 Fallgruppe 3, denen mindestens zwei Beschäftigte mindestens der Entgeltgruppe 6 oder mindestens eine Beschäftigte oder ein Beschäftigter mindestens der Entgeltgruppe 6 und mindestens zwei Beschäftigte mindestens der Entgeltgruppe 3 durch ausdrückliche Anordnung ständig unterstellt sind.
(Hierzu Protokollerklärung Nr. 1)
4. Beschäftigte der Entgeltgruppe 8 Fallgruppe 3, deren Tätigkeit sich durch höhere Verantwortlichkeit wesentlich aus der Entgeltgruppe 8 Fallgruppe 3 heraushebt.

Entgeltgruppe 9b

1. Beschäftigte mit abgeschlossener Hochschulbildung und entsprechender Tätigkeit sowie sonstige Beschäftigte, die aufgrund gleichwertiger Fähigkeiten und ihrer Erfahrungen entsprechende Tätigkeiten ausüben.
2. Beschäftigte, deren Tätigkeit gründliche, umfassende Fachkenntnisse und selbstständige Leistungen erfordert.
(Gründliche, umfassende Fachkenntnisse bedeuten gegenüber den in den Entgeltgruppen 6 bis 9a geforderten gründlichen und vielseitigen Fachkenntnissen eine Steigerung der Tiefe und der Breite nach.)
3. Beschäftigte in der Kundenberatung, deren Tätigkeit sich dadurch aus der Entgeltgruppe 9a Fallgruppe 2 heraushebt, dass sie höhere Anforderungen als im standardisierten Mengengeschäft stellt und damit gegenüber den in der

Entgeltgruppe 9a Fallgruppe 2 geforderten gründlichen und vielseitigen Fachkenntnissen gründliche, umfassende Fachkenntnisse erfordert und mindestens zu einem Drittel besonders verantwortungsvoll ist.

4. Leiterinnen und Leiter von Geschäftsstellen, denen mindestens drei Beschäftigte durch ausdrückliche Anordnung ständig unterstellt sind.
(Hierzu Protokollerklärung Nr. 1)
5. Beschäftigte der Entgeltgruppe 9a Fallgruppe 4, deren Tätigkeit sich durch die Schwierigkeit des Aufgabengebietes sowie durch große Selbstständigkeit wesentlich aus der Entgeltgruppe 9a Fallgruppe 4 heraushebt.
6. Beschäftigte der Entgeltgruppe 8 Fallgruppe 3, denen mindestens zwei Beschäftigte mindestens der Entgeltgruppe 8 oder mindestens eine Beschäftigte oder ein Beschäftigter mindestens der Entgeltgruppe 8 und mindestens zwei Beschäftigte mindestens der Entgeltgruppe 3 durch ausdrückliche Anordnung ständig unterstellt sind.
(Hierzu Protokollerklärung Nr. 1)

Entgeltgruppe 9c

1. Beschäftigte der Entgeltgruppe 9b Fallgruppen 1 oder 2, deren Tätigkeit sich dadurch aus der Entgeltgruppe 9b Fallgruppe 1 oder 2 heraushebt, dass sie besonders verantwortungsvoll ist.
2. Beschäftigte in der Kundenberatung, deren Tätigkeit sich dadurch aus der Entgeltgruppe 9a Fallgruppe 2 heraushebt, dass sie höhere Anforderungen als im standardisierten Mengengeschäft stellt und damit gegenüber den in der Entgeltgruppe 9a Fallgruppe 2 geforderten gründlichen und vielseitigen Fachkenntnissen gründliche, umfassende Fachkenntnisse erfordert und besonders verantwortungsvoll ist.
3. Beschäftigte der Entgeltgruppe 9b Fallgruppen 4 und 5 mit einem besonders umfangreichen oder besonders wichtigen Aufgabengebiet.
4. Beschäftigte, denen durch ausdrückliche Anordnung die Leitung einer Abteilung, eines Bereichs oder einer vergleichbaren strukturellen Einheit übertragen ist.
5. Beschäftigte der Entgeltgruppe 8 Fallgruppe 3, denen mindestens eine Beschäftigte oder ein Beschäftigter mindestens der Entgeltgruppe 9a und mindestens eine Beschäftigte oder ein Beschäftigter mindestens der Entgeltgruppe 6 oder mindestens eine Beschäftigte oder ein Beschäftigter mindestens der Entgeltgruppe 9a und mindestens zwei Beschäftigte mindestens der Entgeltgruppe 3 durch ausdrückliche Anordnung ständig unterstellt sind.
(Hierzu Protokollerklärung Nr. 1)

Entgeltgruppe 10

1. Beschäftigte der Entgeltgruppe 9c, deren Tätigkeit sich mindestens zu einem Drittel durch besondere Schwierigkeit und Bedeutung aus der Entgeltgruppe 9c heraushebt.
2. Beschäftigte der Entgeltgruppe 8 Fallgruppe 3 oder der Entgeltgruppe 9c Fallgruppe 4, denen mindestens eine Beschäftigte oder ein Beschäftigter mindestens der Entgeltgruppe 9c und mindestens eine Beschäftigte oder ein Beschäftigter mindestens der Entgeltgruppe 6 oder mindestens eine Beschäftigte oder ein Beschäftigter mindestens der Entgeltgruppe 9c und mindestens zwei Beschäftigte mindestens der Entgeltgruppe 3 durch ausdrückliche Anordnung ständig unterstellt sind.

(Hierzu Protokollerklärung Nr. 1)

3. Beschäftigte der Entgeltgruppe 9b Fallgruppe 4, denen mindestens zwei Beschäftigte mindestens der Entgeltgruppe 9a und mindestens zwei Beschäftigte mindestens der Entgeltgruppe 3 durch ausdrückliche Anordnung ständig unterstellt sind.
(Hierzu Protokollerklärung Nr. 1)

Entgeltgruppe 11

Beschäftigte der Entgeltgruppe 9c, deren Tätigkeit sich durch besondere Schwierigkeit und Bedeutung aus der Entgeltgruppe 9c heraushebt.

Entgeltgruppe 12

Beschäftigte der Entgeltgruppe 11, deren Tätigkeit sich durch das Maß der damit verbundenen Verantwortung erheblich aus der Entgeltgruppe 11 heraushebt.

Entgeltgruppe 13

1. Beschäftigte mit abgeschlossener wissenschaftlicher Hochschulbildung und entsprechender Tätigkeit sowie sonstige Beschäftigte, die aufgrund gleichwertiger Fähigkeiten und ihrer Erfahrungen entsprechende Tätigkeiten ausüben.
2. Beschäftigte in Sparkassen und Betrieben, deren Tätigkeit wegen der Schwierigkeit der Aufgaben und der Größe ihrer Verantwortung ebenso zu bewerten ist wie Tätigkeiten nach Fallgruppe 1.

Entgeltgruppe 14

1. Beschäftigte der Entgeltgruppe 13 Fallgruppe 1, deren Tätigkeit sich mindestens zu einem Drittel
   - durch besondere Schwierigkeit und Bedeutung oder
   - durch das Erfordernis hochwertiger Leistungen bei besonders schwierigen Aufgaben

   aus der Entgeltgruppe 13 Fallgruppe 1 heraushebt.
2. Beschäftigte in Sparkassen und Betrieben, deren Tätigkeit wegen der Schwierigkeit der Aufgaben und der Größe ihrer Verantwortung ebenso zu bewerten ist wie Tätigkeiten nach Fallgruppe 1.
3. Beschäftigte der Entgeltgruppe 13 Fallgruppe 1, denen mindestens drei Beschäftigte mindestens der Entgeltgruppe 13 durch ausdrückliche Anordnung ständig unterstellt sind.
(Hierzu Protokollerklärungen Nrn. 1 und 2)

Entgeltgruppe 15

1. Beschäftigte der Entgeltgruppe 13 Fallgruppe 1, deren Tätigkeit sich
   - durch besondere Schwierigkeit und Bedeutung sowie
   - erheblich durch das Maß der damit verbundenen Verantwortung

   aus der Entgeltgruppe 13 Fallgruppe 1 heraushebt.
2. Beschäftigte in Sparkassen und Betrieben, deren Tätigkeit wegen der Schwierigkeit der Aufgaben und der Größe ihrer Verantwortung ebenso zu bewerten ist wie Tätigkeiten nach Fallgruppe 1.

3. Beschäftigte mit der Entgeltgruppe 13 Fallgruppe 1, denen mindestens fünf Beschäftigte mindestens der Entgeltgruppe 13 durch ausdrückliche Anordnung ständig unterstellt sind.
(Hierzu Protokollerklärungen Nrn. 1 und 2)

Protokollerklärungen:

1. Soweit die Eingruppierung von der Zahl und der Eingruppierung der unterstellten Beschäftigten abhängt,

a) ist es für die Eingruppierung unschädlich, wenn im Organisations- und Stellenplan zur Besetzung ausgewiesene Stellen nicht besetzt sind,

b) zählen Teilbeschäftigte entsprechend dem Verhältnis der mit ihnen im Arbeitsvertrag vereinbarten Arbeitszeit zur regelmäßigen Arbeitszeit eines Vollbeschäftigten,

c) sind Beschäftigte für Aufgaben von begrenzter Dauer, Aushilfsbeschäftigte sowie Beschäftigte, deren arbeitsvertraglich vereinbarte durchschnittliche regelmäßige Arbeitszeit weniger als die Hälfte der regelmäßigen Arbeitszeit eines Vollbeschäftigten beträgt, nicht zu berücksichtigen.

2. Bei der Zahl der Unterstellten zählen nicht mit:

a) Beschäftigte der Entgeltgruppe 13 nach dem Teil A Abschnitt II Ziffern 2 und 3,

b) Beamte des gehobenen Dienstes der Besoldungsgruppe A 13.

XXVI.[1] Technische Assistentinnen und Assistenten sowie Chemotechnikerinnen und -techniker

Entgeltgruppe 6

Technische Assistentinnen und Assistenten mit staatlicher Anerkennung (z.B. chemisch-technische Assistentinnen und Assistenten, physikalisch-technische Assistentinnen und Assistenten, landwirtschaftlich-technische Assistentinnen und Assistenten, lebensmitteltechnische Assistentinnen und Assistenten) und staatlich geprüfte Chemotechnikerinnen und -techniker mit entsprechender Tätigkeit sowie sonstige Beschäftigte, die aufgrund gleichwertiger Fähigkeiten und ihrer Erfahrungen entsprechende Tätigkeiten ausüben.

Entgeltgruppe 8

Beschäftigte der Entgeltgruppe 6, die schwierige Aufgaben erfüllen.

Entgeltgruppe 9a

Beschäftigte der Entgeltgruppe 8, die zu mindestens einem Viertel verantwortlichere Tätigkeiten verrichten.

Entgeltgruppe 9b

1. Beschäftigte der Entgeltgruppe 6, die als Lehrkräfte an staatlich anerkannten Lehranstalten für technische Assistentinnen und Assistenten eingesetzt sind.
2. Beschäftigte der Entgeltgruppe 6, die schwierige Aufgaben erfüllen, die ein besonders hohes Maß an Verantwortlichkeit erfordern.

Entgeltgruppe 10

Beschäftigte der Entgeltgruppe 9b Fallgruppe 1, deren Tätigkeit besondere Kenntnisse und Erfahrungen erfordert.

---

[1] Siehe hierzu Niederschriftserklärung Nr. 21 zum TVöD.

XXVII. Beschäftigte an Theatern und Bühnen

Entgeltgruppe 4

1. Magazinmeisterinnen und Magazinmeister (Dekorationsmeisterinnen und Dekorationsmeister).
   (Hierzu Protokollerklärung Nr. 1)
2. Orchesterwartinnen und Orchesterwarte.
   (Hierzu Protokollerklärung Nr. 2)
3. Verwalterinnen und Verwalter von Rollen- und Stimmenmaterial.

Entgeltgruppe 5

1. Bearbeiterinnen und Bearbeiter der Stammmieten.
   (Hierzu Protokollerklärung Nr. 3)
2. Eintrittskartenkassiererinnen und -kassierer sowie Stammkartenkassiererinnen und -kassierer.
3. Hausinspektorinnen und Hausinspektoren.
   (Hierzu Protokollerklärung Nr. 4)
4. Hausmeisterinnen und Hausmeister mit erfolgreich abgeschlossener Ausbildung in einem einschlägigen anerkannten Ausbildungsberuf mit einer Ausbildungsdauer von mindestens drei Jahren.
   (Hierzu Protokollerklärung Nr. 5)
5. Theaterplastikerinnen und -plastiker.
   (Hierzu Protokollerklärung Nr. 6)
6. Maskenbildnerinnen und Maskenbildner.
   (Hierzu Protokollerklärung Nr. 7)
7. Magazinmeisterinnen und Magazinmeister (Dekorationsmeisterinnen und Dekorationsmeister), die mindestens sechs Beschäftigte beaufsichtigen.
   (Hierzu Protokollerklärung Nr. 1)
8. Modellbauerinnen und Modellbauer.
   (Hierzu Protokollerklärung Nr. 8)
9. Orchesterwartinnen und Orchesterwarte, die zugleich den gesamten Notenfundus verwalten oder in nicht unerheblichem Umfang Orchesterstimmen ausschreiben oder Notenmaterial ergänzen.
   (Hierzu Protokollerklärung Nr. 2)
10. Requisiteuerinnen und Requisiteure.
11. Theatertapeziermeisterinnen und -meister.
    (Hierzu Protokollerklärung Nr. 9)
12. Theatertontechnikerinnen und -techniker (Fachkräfte für Veranstaltungstechnik – Fachrichtung Ton).
    (Hierzu Protokollerklärung Nr. 10)
13. Theater- und Kostümmalerinnen und -maler.
    (Hierzu Protokollerklärung Nr. 11)
14. Verwalterinnen und Verwalter von Rollen- und Stimmenmaterial (im Theatersprachgebrauch „Beschäftigte in Theaterbibliotheken“ genannt), die dieses Material auch für den Bühnengebrauch einrichten.

Entgeltgruppe 6

1. Beschäftigte, die durch ausdrückliche Anordnung zu Leiterinnen oder Leitern der Musik- oder Schauspielbibliotheken bestellt sind.

2. Eintrittskartenkassiererinnen und -kassierer sowie Stammkartenkassiererinnen und -kassierer, deren Tätigkeit sich durch den Umfang des Zahlungsverkehrs und die Schwierigkeit des Abrechnungsverfahrens aus der Entgeltgruppe 5 heraushebt.
3. Hausinspektorinnen und Hausinspektoren, denen mehr als 50 Beschäftigte ständig unterstellt sind.
(Hierzu Protokollerklärung Nr. 4)
4. Leiterinnen und Leiter der Stammkartenbüros.
(Hierzu Protokollerklärung Nr. 12)
5. Maskenbildnerinnen und Maskenbildner, die durch ausdrückliche Anordnung als ständige Vertreterinnen oder Vertreter der Chefmaskenbilderin oder des Chefmaskenbildners bestellt sind.
(Hierzu Protokollerklärung Nr. 7)
6. Modellbauerinnen und Modellbauer, deren Tätigkeit sich dadurch aus der Entgeltgruppe 5 heraushebt, dass sie besondere Leistungen erfordert.
(Hierzu Protokollerklärung Nr. 8)
7. Requisiteurinnen und Requisiteure mit Ausbildung.
8. Theater- und Kostümmalerinnen und -maler mit abgeschlossener Ausbildung an einer Kunstfachschule sowie Beschäftigte, die aufgrund gleichwertiger Fähigkeiten und ihrer Erfahrungen entsprechende Tätigkeiten ausüben.
(Hierzu Protokollerklärung Nr. 11)

Entgeltgruppe 7

1. Requisitenmeisterinnen und -meister, die mit einem besonderen Maß von Selbstständigkeit neben Handrequisiten (Kleinrequisiten) auch andere Requisiten herstellen.
(Hierzu Protokollerklärung Nr. 13)
2. Requisitenmeisterinnen und -meister, denen mindestens zwei Beschäftigte ständig unterstellt sind.
(Hierzu Protokollerklärung Nr. 13)
3. Rüstmeisterinnen und -meister.
(Hierzu Protokollerklärung Nr. 14)
4. Theatertapeziermeisterinnen und -meister, denen mindestens zwei Theatertapeziererinnen oder -tapezierer ständig unterstellt sind.
(Hierzu Protokollerklärung Nr. 9)

Entgeltgruppe 8

1. Beleuchtungsmeisterinnen und -meister.
(Hierzu Protokollerklärung Nr. 15)
2. Gewandmeisterinnen und -meister.
(Hierzu Protokollerklärung Nr. 16)
3. Hausinspektorinnen und Hausinspektoren, denen mehr als 75 Beschäftigte ständig unterstellt sind.
(Hierzu Protokollerklärung Nr. 4)
4. Theatermalerinnen und -maler, die für die Einteilung und den Ablauf der Arbeit von mindestens zehn Theater- und Kostümmalerinnen oder -malern oder Kascheurinnen oder Kascheuren verantwortlich sind.
(Hierzu Protokollerklärung Nr. 11)
5. Theatermeisterinnen und -meister (Bühnenmeisterinnen und -meister)

(Hierzu Protokollerklärung Nr. 17)

6. Theaterschuhmachermeisterinnen und -meister.
7. Theatertontechnikerinnen und -techniker (Fachkräfte für Veranstaltungstechnik – Fachrichtung Ton) mit Meisterprüfung mit erfolgreich abgeschlossener Ausbildung in einem einschlägigen anerkannten Ausbildungsberuf mit einer Ausbildungsdauer von mindestens drei Jahren sowie sonstige Beschäftigte, die aufgrund gleichwertiger Fähigkeiten und ihrer Erfahrungen entsprechende Tätigkeiten ausüben.
   (Hierzu Protokollerklärung Nr. 10)

Entgeltgruppe 9a

1. Beleuchtungsmeisterinnen und -meister an Bühnen mit technisch schwieriger Bühnenanlage oder an Bühnen mit technisch einfacherer Bühnenanlage, an denen ständig mindestens 30 Beschäftigte mit der Bedienung der technischen Anlage (insbesondere der Bühnenaufbauten, Dekorationszüge und Versenkungen) sowie der Beleuchtungsanlage und mit der Bereitstellung von Requisiten und von Dekorations-, Polster- und Tapezierwerkstücken zu den Proben und Aufführungen beschäftigt sind.
   (Hierzu Protokollerklärung Nr. 15)
2. Beleuchtungsobermeisterinnen und -obermeister.
   (Hierzu Protokollerklärung Nr. 18)
3. Gewandmeisterinnen und -meister mit abgeschlossener Gewandmeister- oder gleichwertiger Fachausbildung, denen auch die Aufstellung von Kostenvoranschlägen und die Führung von Fundusbüchern obliegt.
   (Hierzu Protokollerklärung Nr. 16)
4. Requisitenmeisterinnen und -meister mit einem besonderen Maß von Selbstständigkeit bei der Herstellung von Requisiten, denen eine Gruppe von mindestens drei Beschäftigten ständig unterstellt ist, wenn diese neben Handrequisiten (Kleinrequisiten) in erheblichem Umfang auch andere Requisiten herstellt.
   (Hierzu Protokollerklärung Nr. 13)
5. Rüstmeisterinnen und -meister mit einem besonderen Maß von Selbstständigkeit bei der Herstellung von Rüstungen und Waffen, denen mindestens eine Facharbeiterin oder ein Facharbeiter ständig unterstellt ist.
   (Hierzu Protokollerklärung Nr. 11)
6. Theatermeisterinnen und -meister (Bühnenmeisterinnen und -meister) an Bühnen mit technisch schwieriger Bühnenanlage oder an Bühnen mit technisch einfacherer Bühnenanlage, an denen ständig mindestens 30 Beschäftigte mit der Bedienung der technischen Anlage (insbesondere der Bühnenaufbauten, Dekorationszüge und Versenkungen) sowie der Beleuchtungsanlage und mit der Bereitstellung von Requisiten und von Dekorations-, Polster- und Tapezierwerkstücken zu den Proben und Aufführungen beschäftigt sind.
   (Hierzu Protokollerklärung Nr. 17)
7. Theaterobermeisterinnen und -obermeister (Bühnenobermeisterinnen und -obermeister).
   (Hierzu Protokollerklärung Nr. 19)
8. Theaterschuhmachermeisterinnen und -meister mit einem besonderen Maß von Selbstständigkeit bei der Herstellung von Theaterschuhwerk,

wenn ihnen mindestens zwei Beschäftigte, darunter mindestens eine Facharbeiterin oder ein Facharbeiter, ständig unterstellt sind.

9. Theatertapeziermeisterinnen und -meister mit einem besonderen Maß von Selbstständigkeit bei der Herstellung von Dekorations-, Polster- und Tapezierwerkstücken, denen eine Gruppe von mindestens drei Theatertapeziererinnen oder -tapezierern ständig unterstellt ist, wenn diese in erheblichem Umfang Dekorations-, Polster- und Tapezierwerkstücke herstellt.
(Hierzu Protokollerklärung Nr. 9)

10. Theatertontechnikerinnen und -techniker (Fachkräfte für Veranstaltungstechnik – Fachrichtung Ton) mit Meisterprüfung mit erfolgreich abgeschlossener Ausbildung in einem einschlägigen anerkannten Ausbildungsberuf mit einer Ausbildungsdauer von mindestens drei Jahren und mit langjährigen Erfahrungen in dieser Tätigkeit mit einem höheren Maß von Verantwortlichkeit sowie sonstige Beschäftigte, die aufgrund gleichwertiger Fähigkeiten und ihrer Erfahrungen entsprechende Tätigkeiten ausüben.
(Hierzu Protokollerklärung Nr. 10)

Entgeltgruppe 9b

1. Beleuchtungsobermeisterinnen und -obermeister, denen mindestens zwei Beleuchtungsmeisterinnen oder -meister an einer Bühne im technischen Sinne ständig unterstellt sind.
(Hierzu Protokollerklärung Nr. 18)
2. Gewandmeisterinnen und -meister mit abgeschlossener Gewandmeister- oder gleichwertiger Fachausbildung mit größerem Aufgabenbereich.
(Hierzu Protokollerklärung Nr. 16)
3. Leiterinnen und Leiter der Stammkartenbüros, die zugleich in nicht unerheblichem Umfang selbstständig Werbeaufgaben erfüllen.
(Hierzu Protokollerklärung Nr. 12)
4. Theaterobermeisterinnen und -obermeister (Bühnenobermeisterinnen und -obermeister), denen mindestens zwei Theatermeisterinnen oder -meister an einer Bühne im technischen Sinne ständig unterstellt sind.
(Hierzu Protokollerklärung Nr. 19)
5. Technische Inspektorinnen und Inspektoren.
(Hierzu Protokollerklärung Nr. 20)

Entgeltgruppe 9c

Technische Oberinspektorinnen und Oberinspektoren.
(Hierzu Protokollerklärung Nr. 21)

Protokollerklärungen:

1. *[1] Magazinmeisterinnen und -meister (Dekorationsmeisterinnen und -meister) sind Beschäftigte, die das Dekorationslager verwalten. [2] Vielfach ist ihnen auch die Leitung der Transportkolonne (Fahrmeisterinnen und -meister) übertragen. [3] Für die Eingruppierung der Magazinmeisterinnen und -meister (Dekorationsmeisterinnen und -meister) in der Entgeltgruppe 5 ist es nicht erforderlich, dass die zu beaufsichtigenden Beschäftigten der Magazinmeisterin oder dem Magazinmeister (Dekorationsmeisterin oder Dekorationsmeister) ständig unterstellt sind. [4] Es zählen auch Beschäftigte mit, die ihr/ihm aus anderen Abteilungen zugeteilt werden.*
2. *[1] Orchesterwartinnen und Orchesterwarte sind Beschäftigte, denen die Bereitstellung und das Einsammeln der Noten und Pulte sowie der größeren Instrumente bei*

Proben und Aufführungen verantwortlich übertragen sind. [2] Vielfach sind ihnen auch die Verwaltung und die Pflege der Materialien, an einigen kleineren Bühnen auch die Verwaltung des gesamten Notenfundus, übertragen.

3. *Bearbeiterinnen und Bearbeiter der Stammmieten sind Beschäftigte, die mit Interessentinnen und Interessenten über Stammmieten verhandeln.*
4. *[1] Hausinspektorinnen und Hausinspektoren sind Hausmeisterinnen oder Hausmeister, denen auch die Kontrolle der ordnungsgemäßen Abwicklung des Publikumsdienstes, die Durchführung der Hausordnung und die Abrechnung von Garderobengebühren, Programmheften usw. obliegen. [2] Soweit die Eingruppierung der Hausinspektorinnen und Hausinspektoren von der Zahl der ständig unterstellten Beschäftigten abhängig ist, werden nur die Beschäftigten gerechnet, die in einem unmittelbaren Arbeitsverhältnis zu dem Arbeitgeber stehen.*
5. *Hausmeisterinnen und Hausmeister sind Beschäftigte, die die Reinigung des Hauses und des Hausgrundstückes überwachen, kleine Reparaturen selbst durchführen und größere Reparaturen veranlassen, die allgemeine Hauseinrichtung und das Hausinventar betreuen, das Haus öffnen und schließen und die Aufsicht über das Hauspersonal (Garderoben- und Reinigungspersonal, Pförtnerinnen und Pförtner, Schließerinnen und Schließer usw.) führen.*
6. *Theaterplastikerinnen und -plastiker (Kascheurinnen und Kascheure) sind Beschäftigte, die nach Anweisung der Bühnenbildnerin oder des Bühnenbildners oder eines anderen Künstlerischen Vorstandes in eigener Verantwortung Plastiken herstellen.*
7. *Maskenbildnerinnen und Maskenbildner sind Beschäftigte, die nach Anweisung der Bühnenbildnerin oder des Bühnenbildners, eines anderen Künstlerischen Vorstandes oder der Chefmaskenbildnerin oder des Chefmaskenbildners Masken schminken sowie Bärte, Frisuren, Perücken usw. herstellen.*
8. *Modellbauerinnen und Modellbauer sind Beschäftigte, die nach Bühnenbildentwürfen Modelle anfertigen.*
9. *Theatertapeziermeisterinnen und -meister sind Beschäftigte, die mit ihnen unterstellten Theatertapeziererinnen und -tapezierern Dekorations-, Polster- und Tapezierarbeiten durchführen und die hergestellten Werkstücke verwalten, warten und zu den Proben und Aufführungen bereithalten. Soweit die Eingruppierung der Theatertapeziermeisterinnen und -meister von der Zahl der ständig unterstellten Theatertapeziererinnen oder Theatertapezierer abhängt, werden die ihnen etwa unterstellten Näherinnen und Näher nicht mitgezählt.*
10. *Theatertontechnikerinnen und -techniker (Fachkräfte für Veranstaltungstechnik – Fachrichtung Ton) sind Beschäftigte, die unter der künstlerischen Verantwortung der Theatertonmeisterin oder des Theatertonmeisters oder eines Künstlerischen Vorstandes die elektroakustischen Anlagen bedienen und warten.*
11. *Theater- und Kostümmalerinnen und -maler sind Beschäftigte, die nach Entwürfen der Bühnen- oder Kostümbildnerin oder des Bühnen- oder Kostümbildners in eigener Verantwortung bildliche Darstellungen zum Bühnengebrauch anfertigen.*
12. *Leiterinnen und Leiter der Stammkartenbüros sind Beschäftigte, die mit mindestens einer oder einem ihnen unterstellten Beschäftigten (einschließlich der Stammkartenkassiererinnen und -kassierer) die Abonnementsangelegenheiten des Theaters erledigen.*
13. *Requisitenmeisterinnen und -meister sind Beschäftigte, die gegebenenfalls mit ihnen unterstellten Requisiteurinnen oder Requisiteuren nach näherer Anordnung der Künstlerischen oder Technischen Vorstände Requisiten beschaffen oder herstellen, die*

Requisiten verwalten und warten und die Requisiten für die Proben und Aufführungen bereithalten.

14. *Rüstmeisterinnen und -meister sind Beschäftigte, die nach näherer Anordnung der Künstlerischen oder Technischen Vorstände Rüstungen, Waffen und andere metallene Gegenstände sowie Feuerwerkskörper, Schmuck usw. beschaffen oder herstellen und für die Proben und Aufführungen bereithalten und gegebenenfalls verwalten und warten.*
15. *Beleuchtungsmeisterinnen und -meister sind Beschäftigte, die während der Proben und Aufführungen, zu denen sie eingeteilt sind, nach den ihnen gegebenen Anweisungen (der Regisseurin oder des Regisseurs, der Bühnenbildnerin oder des Bühnenbildners, der Leiterin oder des Leiters des Beleuchtungswesens usw.) die Beleuchtung verantwortlich leiten und durchführen und denen auch die Einrichtung der szenischen Beleuchtung nach den Vorstellungen der Regisseurin oder des Regisseurs usw. obliegt.*
16. *Gewandmeisterinnen und -meister sind Beschäftigte, die nach den Entwürfen der Bühnen- oder Kostümbildnerin oder des Bühnen- oder Kostümbildners die Kostüme beschaffen oder zuschneiden oder deren Anfertigung leiten und überwachen.*
17. *Theatermeisterinnen und -meister (Bühnenmeisterinnen und -meister) sind Beschäftigte, die während der Proben und Aufführungen, zu denen sie eingeteilt sind, für die technische Einrichtung (insbesondere Bühnenaufbauten, Dekorationszüge und Versenkungen) mit Ausnahme der Beleuchtungstechnik verantwortlich sind.*
18. *Beleuchtungsobermeisterinnen und -obermeister sind Beleuchtungsmeisterinnen und -meister, denen gegenüber mindestens zwei Beleuchtungsmeisterinnen oder Beleuchtungsmeistern an einer Bühne im technischen Sinne die Diensteinteilung obliegt.*
19. *Theaterobermeisterinnen und -obermeister (Bühnenobermeisterinnen und -obermeister) sind Theatermeisterinnen und -meister (Bühnenmeisterinnen und -meister), denen gegenüber mindestens zwei Theatermeisterinnen oder Theatermeistern an einer Bühne im technischen Sinne die Diensteinteilung obliegt.*
20. *Technische Inspektorinnen und Inspektoren sind Beschäftigte, die unter der Leitung der Technischen Direktorin oder des Technischen Direktors bzw. der Technischen Leiterin oder des Technischen Leiters an Theatern und Bühnen für den gesamten technischen Betrieb, gegebenenfalls einschließlich der Werkstätten, verantwortlich sind.*
21. *Technische Oberinspektorinnen und Oberinspektoren sind Technische Inspektorinnen und Inspektoren als ständige Vertreterinnen oder Vertreter der Technischen Direktorin oder des Technischen Direktors bzw. der Technischen Leiterin oder des Technischen Leiters an Theatern und Bühnen mit mindestens einer weiteren Technischen Inspektorin oder einem weiteren Technischen Inspektor.*

XXVIII. Tierärztinnen und Tierärzte

Entgeltgruppe 14

Tierärztinnen und Tierärzte.

Entgeltgruppe 15

1. Fachtierärztinnen und Fachtierärzte mit entsprechender Tätigkeit.
2. Tierärztinnen und Tierärzte, denen mindestens fünf Tierärztinnen oder Tierärzte durch ausdrückliche Anordnung ständig unterstellt sind.
(Hierzu Protokollerklärung)

Protokollerklärung:

Bei der Zahl der unterstellten Tierärztinnen oder Tierärzte zählen gegen Stundenvergütung tätige Tierärztinnen und Tierärzte, die im Jahresdurchschnitt nicht mehr als 18 Stunden wöchentlich zur Arbeitsleistung herangezogen werden, und gegen Stückvergütung tätige Tierärztinnen und Tierärzte nicht mit.

XXIX. Vermessungsingenieurinnen und Vermessungsingenieure

Vorbemerkung

Vermessungsingenieurinnen und Vermessungsingenieure sind Beschäftigte, die

a) einen erfolgreichen Abschluss eines Studiengangs im Sinne der Nr. 4 der Grundsätzlichen Eingruppierungsregelungen (Vorbemerkungen) im Bereich der Vermessungstechnik, Geomatik, und Kartografie nachweisen und

b) die Berufsbezeichnung „Ingenieurin" oder „Ingenieur" führen.

Entgeltgruppe 10

Vermessungsingenieurinnen und Vermessungsingenieure mit entsprechender Tätigkeit sowie sonstige Beschäftigte, die aufgrund gleichwertiger Fähigkeiten und ihrer Erfahrungen entsprechende Tätigkeiten ausüben.
(Hierzu Protokollerklärung Nr. 1)

Entgeltgruppe 11

1. Beschäftigte der Entgeltgruppe 10, deren Tätigkeit sich mindestens zu einem Drittel durch besondere Leistungen aus der Entgeltgruppe 10 heraushebt.
2. Beschäftigte der Entgeltgruppe 10, deren Tätigkeit sich durch besondere Leistungen aus der Entgeltgruppe 10 heraushebt.

Entgeltgruppe 12

1. Beschäftigte der Entgeltgruppe 11 Fallgruppe 2 mit langjähriger praktischer Erfahrung, deren Tätigkeit sich mindestens zu einem Drittel durch besondere Schwierigkeit und Bedeutung oder durch schöpferische oder Spezialaufgaben aus der Entgeltgruppe 11 Fallgruppe 2 heraushebt.
(Hierzu Protokollerklärung Nr. 2)
2. Beschäftigte der Entgeltgruppe 11 Fallgruppe 2 mit langjähriger praktischer Erfahrung, deren Tätigkeit sich durch besondere Schwierigkeit und Bedeutung oder durch schöpferische oder Spezialaufgaben aus der Entgeltgruppe 11 Fallgruppe 2 heraushebt.
(Hierzu Protokollerklärung Nr. 2)

Entgeltgruppe 13

Beschäftigte der Entgeltgruppe 12 Fallgruppe 2, deren Tätigkeit sich mindestens zu einem Drittel durch das Maß der Verantwortung erheblich aus der Entgeltgruppe 12 Fallgruppe 2 heraushebt.

Protokollerklärungen:

1. *Entsprechende Tätigkeiten sind z.B.:*
Ausführung oder Auswertung von trigonometrischen oder topografischen Messungen nach Lage und Höhe nicht nur einfacher Art, von Katastermessungen oder von bautechnischen Messungen nicht nur einfacher Art; fotogrammetrische Auswertungen und Entzerrungen; kartografische Entwurfs- und Fortführungsarbeiten.
2. *Besonders schwierige und bedeutende Tätigkeiten sind z.B.:*

a) *Ausführung von umfangreichen Vermessungen zur Fortführung oder Neueinrichtung des Liegenschaftskatasters (Katastervermessung) mit widersprüchlichen Unterlagen oder von umfangreichen Katastervermessungen mit gleichem Schwierigkeitsgrad (z.B. in Grubensenkungsgebieten);*

b) *Absteckungen für umfangreiche Ingenieurbauten, z.B. Brücken-, Hochstraßen-, Tunnelabsteckungen oder Absteckungen anderer vergleichbarer Verkehrsbauten, ggf. einschließlich der Vor- und Folgearbeiten;*

c) *Lagefestpunktvermessung (Erkundung bzw. Erkundung und Messung) in engbebauten Gebieten oder unter gleich schwierigen Verhältnissen (Lagefestpunkte sind trigonometrische Polygon- und gleichwertige Punkte);*

d) *Ausführung oder Auswertung von Präzisionsvermessungen in übergeordneten Netzen des Lage- und Höhenfestpunktfeldes;*

e) *Aufsichts- und Prüftätigkeit bei der Auswertung von Katastervermessungen mit widersprüchlichen Unterlagen oder bei kartographischen, nivellitischen, photogrammetrischen, topographischen oder trigonometrischen Arbeiten oder bei Bodenordnungsverfahren mit gleichem Schwierigkeitsgrad. Das Fehlen der Aufsichtstätigkeit ist unerheblich, wenn der oder dem Beschäftigten besonders schwierige Prüfungen übertragen sind, z.B. Prüftätigkeit zur Übernahme von Messungsschriften bei umfangreichen Fortführungs- oder Neuvermessungen aufgrund neuer Aufnahmenetze;*

f) *Aufsichts- und Prüftätigkeit bei der Prüfung fertiger Arbeitsergebnisse der Flurbereinigung, ggf. einschließlich der Herstellung der Unterlagen für die Berichtigung des Grundbuches und der vermessungstechnischen Unterlagen für die Berichtigung des Liegenschaftskatasters, oder beim Ausbau der gemeinschaftlichen Anlagen in allen Verfahren eines Flurbereinigungsamtes (bei größeren Flurbereinigungsämtern kann dieses Merkmal auch von mehreren Beschäftigten erfüllt sein);*

g) *verantwortliche Ausführung der vermessungstechnischen Ingenieurarbeiten eines Flurbereinigungsverfahrens (ausführende vermessungstechnische Sachbearbeiterin oder ausführender vermessungstechnischer Sachbearbeiter oder erste technische Sachbearbeiterin oder erster technischer Sachbearbeiter);*

h) *vermessungstechnische Auswertung von Bauleitplänen unter besonderen technischen Schwierigkeiten.*

XXX. Vermessungstechnikerinnen und -techniker sowie Geomatikerinnen und Geomatiker

Vorbemerkung

Den Vermessungstechnikerinnen und -technikern mit abgeschlossener Berufsausbildung sind die nach der hessischen Ausbildungs- und Prüfungsordnung für kulturbautechnische Angestellte der Wasserwirtschaftsverwaltung vom 21. Januar 1958 (Staats-Anzeiger für das Land Hessen S. 134) ausgebildeten Kulturbautechnikerinnen und -techniker mit verwaltungseigener Lehrabschlussprüfung gleichgestellt.

Entgeltgruppe 5

Vermessungstechnikerinnen und -techniker sowie Geomatikerinnen und Geomatiker mit abgeschlossener Berufsausbildung und entsprechender Tätigkeit sowie sonstige Beschäftigte, die aufgrund gleichwertiger Fähigkeiten und ihrer Erfahrungen entsprechende Tätigkeiten ausüben.

Entgeltgruppe 6

Beschäftigte der Entgeltgruppe 5, deren Tätigkeit sich durch besondere Leistungen aus der Entgeltgruppe 5 heraushebt.

Entgeltgruppe 7

Beschäftigte der Entgeltgruppe 6, deren Tätigkeit sich dadurch aus der Entgeltgruppe 6 heraushebt, dass zu mindestens einem Viertel schwierige Aufgaben zu erfüllen sind.

(Hierzu Protokollerklärung)

Entgeltgruppe 8

Beschäftigte der Entgeltgruppe 6, deren Tätigkeit sich dadurch aus der Entgeltgruppe 6 heraushebt, dass mindestens zu einem Drittel schwierige Aufgaben zu erfüllen sind.

(Hierzu Protokollerklärung)

Entgeltgruppe 9a

Beschäftigte der Entgeltgruppe 6, deren Tätigkeit sich dadurch aus der Entgeltgruppe 6 heraushebt, dass schwierige Aufgaben zu erfüllen sind.

(Hierzu Protokollerklärung)

Protokollerklärungen:

Schwierige Aufgaben sind z.B.:

a) schwierige Einmessungen der Grenzen von Nutzungsarten oder Bodenklassen;

b) Führung von Schätzungsrissen in Flurbereinigungsverfahren;

c) Anpassen der Schätzungsgrenzen an die neuen Grenzen der Flurbereinigung sowie schwieriges Ausarbeiten der Schätzungsunterlagen (z.B. Rahmenkarten);

d) Herstellen der Betriebskarte der Bewertungsstützpunkte bei schwierigen Verhältnissen (z.B. Teilzupachtungen);

e) Gebäudeeinmessungen oder Lageplanvermessungen in bebauten Ortslagen, wenn die Messung behindert ist, oder bei gleich schwierigen Verhältnissen;

f) einfachere Lagepasspunktbestimmungen;

g) Nivellements zur Bestimmung von Höhenpasspunkten;

h) Bearbeiten von schwierigeren Vermessungssachen im Innendienst (wie Bearbeiten von Fortführungsvermessungen bei einer größeren Zahl von Nachweisen);

i) in der Luftbildvermessung:
Vorbereiten der Kartenunterlagen für den Bildflug; Passpunktbestimmung; schwierige Einpassungen von Luftbildern in Kartengrundrisse unter gleichzeitiger topographischer Auswertung; selbstständige photogrammetrische Auswertungen an Geräten niederer Ordnung (z.B. Stereotop, Luftbildumzeichner); Radialschlitztriangulationen; Entzerrungen einfacherer Art;

j) schwierige Kartierungen zur Kartenneuherstellung und Kartenfortführung (wie Kartierung von Altstadtgebieten, von schwierigen Straßen- und Wasserlaufvermessungen);

k) schwieriges Einpassen von Kartenteilen;

l) Generalisierung von Situation (ohne Ortsteile) und Gelände (Höhenlinien);

m) besonders schwierige Herstellung und Fortführung von Kartenoriginalen nach Entwurfsvorlagen – einschließlich Randbearbeitung und Ausführung von Korrekturen – in der Kartographie oder für das Liegenschaftskataster;

n) besonders schwierige Montagen bei inhaltsreichen Karten im Maßstab 1:25000 und kleiner;

o) schwierige Übertragung und Generalisierung von Fachplanungen für das Raumordnungskataster (z.B. Neueintragung von Fachplanungen mit Maßstabsumstellung und Neudarstellung);

p) Ausarbeitung von Raumordnungsskizzen im Maßstab 1:25000 für landesplanerische Rahmenprogramme;

q) besonders schwierige Fortführung der Kartenoriginale des Raumordnungskatasters.

XXXI. Vorsteherinnen und Vorsteher von Kanzleien

Entgeltgruppe 5

Vorsteherinnen und Vorsteher von Kanzleien.

(Als solche gelten nur Beschäftigte, die einer Kanzlei mit mindestens fünf Kanzleikräften vorstehen.)

Entgeltgruppe 6

Vorsteherinnen und Vorsteher von Kanzleien mit mindestens 15 Kanzleikräften.

Entgeltgruppe 8

1. Vorsteherinnen und Vorsteher von Kanzleien mit mindestens 25 Kanzleikräften.
2. Ständige Vertreterinnen und Vertreter von Vorsteherinnen oder Vorstehern von Kanzleien mit mindestens 60 Kanzleikräften.

Entgeltgruppe 9a

Vorsteherinnen und Vorsteher von Kanzleien mit mindestens 40 Kanzleikräften.

XXXII. Zeichnerinnen und Zeichner

Entgeltgruppe 5

Zeichnerinnen und Zeichner mit Abschlussprüfung z.B. als Bauzeichnerin oder Bauzeichner und entsprechender Tätigkeit sowie sonstige Beschäftigte, die aufgrund gleichwertiger Fähigkeiten und ihrer Erfahrungen entsprechende Tätigkeiten ausüben.

Entgeltgruppe 6

Beschäftigte der Entgeltgruppe 5, deren Tätigkeit besondere Leistungen erfordert.

(Besondere Leistungen sind z.B.:

- Anfertigung schwieriger Zeichnungen und Pläne nach nur groben Angaben oder nach Unterlagen ohne Anleitung sowie Erstellung der sich daraus ergebenden Detailzeichnungen,
- Ausführung der hiermit zusammenhängenden technischen Berechnungen wie Massenermittlungen bzw. Aufstellung von Stücklisten,
- selbstständige Ermittlung technischer Daten und Werte und ihre Auswertung bei der Anfertigung von Plänen.)

Anhang. Regelungskompetenzen

[Allgemeine Regelungen]

(1) Die Eingruppierung der Beschäftigten wird durch die Tarifvertragsparteien auf der Bundesebene geregelt.

(2) Im Bereich der Besonderen Teile Krankenhäuser (BT-K), Pflege- und Betreuungseinrichtungen (BT-B) sowie Sparkassen (BT-S) liegt die Regelungskompetenz ausschließlich bei der Bundesebene.

(3) [1] Die Tarifvertragsparteien auf der Landesebene können im Bereich des Besonderen Teils Verwaltung (BT-V) in den Entgeltgruppen 2 bis 9a unter Beachtung der allgemeinen Voraussetzungen, der Eingruppierungsgrundsätze, der Struktur der Entgeltordnung und des Eingruppierungsniveaus spezielle Tätigkeitsmerkmale, die der Wertigkeit der allgemeinen Merkmale entsprechen, sowie Ferner-Merkmale vereinbaren, soweit die Beschäftigten im Bereich von Theatern, Bühnen, Konzerthäusern, Bäderbetrieben, der Grünflächenunterhaltung (einschließlich Friedhöfe, Kurparks und Parks), der Straßenreinigung (einschließlich Wege und Plätze), der Straßenunterhaltung, von Bauhöfen, Druckereien, Werkstätten (ausgenommen Werkstätten für Behinderte), des Unterhalts und Betriebs von Abwassereinrichtungen, der Gebäudereinigung, von Toilettenanlagen, Schulen, Wäschereien, Küchenbetrieben und Betriebsgaststätten, der Sitzungs-, Boten- und Fahrdienste, von Veranstaltungsräumen, Museen, Lagern und Magazinen, archäologischen Ausgrabungen, Hafenbetrieben, der Ausflugsschifffahrt und Fähren, der Hausmeister (nur in Nordrhein-Westfalen auch der Schulhausmeister), von Tierparks und Zoos, Botanischen Gärten, der Forstwirtschaft oder im Wach- und Sicherheitsdienst tätig sind. [2] Satz 1 gilt nicht für die Eingruppierung von Beschäftigten mit Tätigkeiten im Büro-, Buchhalterei-, sonstigen Innendienst und Außendienst und für Beschäftigte, für die bis zum 31. Dezember 2016 in den Anlagen 1a und 1b zum BAT besondere Eingruppierungsmerkmale vereinbart waren. [3] Bei bisher nicht durch spezielle Merkmale geregelten Tätigkeiten oder bei nach Inkrafttreten der Entgeltordnung sich neu entwickelnden Berufen oder Tätigkeiten bestimmen die Tarifvertragsparteien auf Bundesebene, wer für die Regelung der Eingruppierung zuständig ist (Bundes- oder Landesebene).

Protokollerklärung zu Absatz 3 Satz 2:

Satz 2 2. Halbsatz findet auf Beschäftigte im Botendienst keine Anwendung.

(4) [1] Für die Bereiche der Besonderen Teile Flughäfen (BT-F) und Entsorgung (BT-E) gilt Absatz 3 mit der Maßgabe, dass ergänzend zu Satz 1 zusätzliche Tätigkeitsmerkmale für die nachfolgenden Aufgabenbereiche von Flughäfen und Entsorgungsbetrieben vereinbart werden können. [2] Aufgabenbereiche von Flughäfen im Sinne des Satzes 1 sind:

- Betriebssicherheitsdienste (insb. Vorfelddienste, Follow-Me-Services, Marshalling),
- Wach- und Sicherheitsdienste,
- Ordnungsdienste (Hallenaufsicht, Aufsicht sky-trains, „Kofferkulis"),
- Bodenverkehrsdienste (inkl. Bedienung der entsprechenden Geräte):
  - Personen-, Gepäck-, Fracht-Transport,
  - Gepäck-, Fracht-Abfertigung (z.B. Be- und Entladen Aircraft),
  - Gesamtkoordination am Luftfahrzeug (Turnaround Coordinator/Ramp Agent),

• Flugzeugbetankung,
• Ver-/Entsorgung Aircraft (Wasser, Fäkalien, Catering, Strom, Frischluft, Reinigung),
• Flugzeugenteisung,
• Bedienung von Sonder-Technik (z.B. Flugzeugschlepper, Passagierbrücken),

– Infrastruktur-Instandhaltung (für flughafenspezifische Anlagen),
– Sondertransporte (z.B. Hol-/Bringservice Terminal, Personaltransport),
– Flughafen-Brandschutz,
– Parkeinrichtungen,
– Gepäckaufbewahrung, lost and found.

[3] Aufgabenbereiche von Entsorgungsbetrieben im Sinne des Satzes 1 sind

– Abfallentsorgung,
– Schmutzwasser- und Kläranlagen,
– Straßenreinigung/Sinkkastenreinigung,
– Kanalanlagen und Kanalnetze,
– Abfallbeseitigungsanlagen,
– Abwässerreinigungsdienst,
– Führen von Fahrzeugen und Arbeitsgeräten (einschl. der Spezialfahrzeuge für den Großraumbehältertransport), Kranschlammwagen, Schlammsaug- und Abwässerwagen, Selbstaufnehmende Kehrmaschinen, Fäkalienwagen, Kanalhochdruck-, -spül- und -saugwagen, schweren Arbeitswagen oder -geräten (z.B. Großladegeräte, selbstaufnehmende Großkehrmaschinen),
– Sammeln, Sortieren und Verwerten von Abfällen und Wertstoffen (Wertstoffentsorgung).

(5) Für den Bereich des Kommunalen Arbeitgeberverbandes Nordrhein-Westfalen gelten ergänzend für die Entgeltgruppen 2 bis 9a die nachfolgenden besonderen Regelungen unter Beachtung der Maßgaben der §§ 12 (VKA) und 13 (VKA) und der Grundsätzlichen Eingruppierungsregelungen (Vorbemerkungen) zu allen Teilen der Entgeltordnung:

Für Beschäftigte im Sinne des § 38 Abs. 5 Satz 2 TVöD gelten für die Besonderen Teile Verwaltung, Entsorgung und Flughäfen nachstehende Entgeltgruppen 2 bis 9a und Oberbegriffe sowie dazugehörige Regelungen nach dem TVöD-NRW:

[Besondere Regelungen für den KAV Nordrhein-Westfalen]

Entgeltgruppe 2

Ungelernte Beschäftigte, die durch landesbezirkliche Vereinbarung im Einzelnen festgelegt sind (Ausschließlichkeitskatalog).

Entgeltgruppe 3

1. Anzulernende Beschäftigte.
2. Ungelernte Beschäftigte.

Entgeltgruppe 4

1. Angelernte Beschäftigte.
2. Angelernte und anzulernende Beschäftigte mit erschwerter Tätigkeit.
3. Ungelernte Beschäftigte mit erschwerter Tätigkeit.

Entgeltgruppe 5

1. Beschäftigte mit erfolgreich abgeschlossener Ausbildung in einem anerkannten Ausbildungsberuf mit einer Ausbildungsdauer von weniger als drei Jahren, die in ihrem oder einem diesem verwandten Beruf beschäftigt werden.
2. Beschäftigte mit einer bezirklich festzulegenden Werkprüfung und Beschäftigte mit einer der Tätigkeit eines solchen Beschäftigten gleichwertigen Tätigkeit.

Entgeltgruppe 6

Beschäftigte mit erfolgreich abgeschlossener Ausbildung in einem anerkannten Ausbildungsberuf mit einer Ausbildungsdauer von mindestens drei Jahren, die in ihrem oder einem diesem verwandten Beruf beschäftigt werden (gelernte Beschäftigte), sowie Beschäftigte mit einer der Tätigkeit eines solchen Beschäftigten gleichwertigen Tätigkeit.

Entgeltgruppe 7

Beschäftigte der Entgeltgruppe 6 mit besonders qualifizierter oder besonders vielseitiger Tätigkeit.

Entgeltgruppe 8

Beschäftigte der Entgeltgruppe 6 mit Tätigkeiten, die durch bezirkliche Vereinbarung im Einzelnen festzulegen sind (Ausschließlichkeitskatalog).

Entgeltgruppe 9a

Beschäftigte der Entgeltgruppe 6 mit Tätigkeiten, die durch bezirkliche Vereinbarung im Einzelnen festzulegen sind (Ausschließlichkeitskatalog) und die hinsichtlich der Verantwortung erheblich über das Maß hinausgehen, das von den Beschäftigten der Entgeltgruppe 8 üblicherweise verlangt werden kann.

Anlage A (Bund)

Tabelle TVöD Bund

gültig bis 31. März 2021
(monatlich in Euro)

Entgelt-gruppe	Grundentgelt		Entwicklungsstufen			
	Stufe 1	Stufe 2	Stufe 3	Stufe 4	Stufe 5	Stufe 6
15	4.860,31	5.190,81	5.559,47	6.062,74	6.580,45	6.921,06
14	4.401,04	4.700,31	5.091,13	5.524,82	6.008,27	6.355,34
13	4.056,62	4.384,61	4.757,99	5.163,37	5.640,38	5.899,26
12	3.635,65	4.013,07	4.454,13	4.943,53	5.517,78	5.790,26
11	3.508,11	3.856,11	4.182,29	4.536,17	5.020,49	5.292,98
10	3.380,51	3.655,13	3.964,32	4.299,65	4.673,08	4.795,69
9c	2.994,70	3.490,82	3.786,03	4.106,46	4.453,88	4.565,39
9b	2.994,70	3.232,46	3.505,82	3.802,54	4.128,12	4.400,58
9a	2.994,70	3.198,34	3.254,35	3.443,66	3.787,50	3.922,86
8	2.808,91	2.999,92	3.132,23	3.264,31	3.405,98	3.474,11
7	2.635,53	2.855,60	2.986,70	3.119,00	3.243,78	3.310,79
6	2.586,00	2.767,11	2.894,11	3.019,78	3.143,22	3.206,10
5	2.480,74	2.656,42	2.775,08	2.900,74	3.017,50	3.077,85
4	2.363,07	2.540,85	2.690,02	2.782,88	2.875,73	2.930,10
3	2.325,89	2.517,08	2.563,61	2.669,96	2.749,76	2.822,87

Entgelt-gruppe	Grundentgelt		Entwicklungsstufen			
	Stufe 1	Stufe 2	Stufe 3	Stufe 4	Stufe 5	Stufe 6
2	2.152,51	2.346,00	2.392,92	2.459,87	2.607,03	2.760,98
1		1.929,88	1.962,63	2.003,59	2.041,77	2.140,05

gültig vom 1. April 2021 bis 31. März 2022
(monatlich in Euro)

Entgelt-gruppe	Grundentgelt		Entwicklungsstufen			
	Stufe 1	Stufe 2	Stufe 3	Stufe 4	Stufe 5	Stufe 6
15	4.928,35	5.263,48	5.637,30	6.147,62	6.672,58	7.017,95
14	4.462,65	4.766,11	5.162,41	5.602,17	6.092,39	6.444,31
13	4.113,41	4.445,99	4.824,60	5.235,66	5.719,35	5.981,85
12	3.686,55	4.069,25	4.516,49	5.012,74	5.595,03	5.871,32
11	3.558,11	3.910,10	4.240,84	4.599,68	5.090,78	5.367,08
10	3.430,51	3.706,30	4.019,82	4.359,85	4.738,50	4.862,83
9c	3.301,91	3.540,82	3.839,03	4.163,95	4.516,23	4.629,31
9b	3.173,30	3.282,46	3.555,82	3.855,78	4.185,91	4.462,19
9a	3.044,70	3.248,34	3.304,35	3.493,66	3.840,53	3.977,78
8	2.858,91	3.049,92	3.182,23	3.314,31	3.455,98	3.524,11
7	2.685,53	2.905,60	3.036,70	3.169,00	3.293,78	3.360,79
6	2.636,00	2.817,11	2.944,11	3.069,78	3.193,22	3.256,10
5	2.530,74	2.706,42	2.825,08	2.950,74	3.067,50	3.127,85
4	2.413,07	2.590,85	2.740,02	2.832,88	2.925,73	2.980,10
3	2.375,89	2.567,08	2.613,61	2.719,96	2.799,76	2.872,87
2	2.202,51	2.396,00	2.442,92	2.509,87	2.657,03	2.810,98
1		1.979,88	2.012,63	2.053,59	2.091,77	2.190,05

gültig ab 1. April 2022
(monatlich in Euro)

Entgelt-gruppe	Grundentgelt		Entwicklungsstufen			
	Stufe 1	Stufe 2	Stufe 3	Stufe 4	Stufe 5	Stufe 6
15	5.017,06	5.358,22	5.738,77	6.258,28	6.792,69	7.144,27
14	4.542,98	4.851,90	5.255,33	5.703,01	6.202,05	6.560,31
13	4.187,45	4.526,02	4.911,44	5.329,90	5.822,30	6.089,52
12	3.752,91	4.142,50	4.597,79	5.102,97	5.695,74	5.977,00
11	3.622,16	3.980,48	4.317,18	4.682,47	5.182,41	5.463,69
10	3.492,26	3.773,01	4.092,18	4.438,33	4.823,79	4.950,36
9c	3.361,34	3.604,55	3.908,13	4.238,90	4.597,52	4.712,64
9b	3.230,42	3.341,54	3.619,82	3.925,18	4.261,26	4.542,51
9a	3.099,50	3.306,81	3.363,83	3.556,55	3.909,66	4.049,38
8	2.910,37	3.104,82	3.239,51	3.373,97	3.518,19	3.587,54
7	2.733,87	2.957,90	3.091,36	3.226,04	3.353,07	3.421,28
6	2.683,45	2.867,82	2.997,10	3.125,04	3.250,70	3.314,71
5	2.576,29	2.755,14	2.875,93	3.003,85	3.122,72	3.184,15
4	2.456,51	2.637,49	2.789,34	2.883,87	2.978,39	3.033,74
3	2.418,66	2.613,29	2.660,65	2.768,92	2.850,16	2.924,58
2	2.242,16	2.439,13	2.486,89	2.555,05	2.704,86	2.861,58
1		2.015,52	2.048,86	2.090,55	2.129,42	2.229,47

Anlage A (VKA)

Tabelle TVöD VKA

gültig bis 31. März 2021
(monatlich in Euro)

Entgelt-gruppe	Grundentgelt		Entwicklungsstufen			
	Stufe 1	Stufe 2	Stufe 3	Stufe 4	Stufe 5	Stufe 6
15	4.860,31	5.190,81	5.559,47	6.062,74	6.580,45	6.921,06
14	4.401,04	4.700,31	5.091,13	5.524,82	6.008,27	6.355,34
13	4.056,62	4.384,61	4.757,99	5.163,37	5.640,38	5.899,26
12	3.635,65	4.013,07	4.454,13	4.943,53	5.517,78	5.790,26
11	3.508,11	3.856,11	4.182,29	4.536,17	5.020,49	5.292,98
10	3.380,51	3.655,13	3.964,32	4.299,65	4.673,08	4.795,69
9c	3.280,42	3.526,45	3.790,94	4.075,26	4.380,90	4.600,00
9b	3.074,70	3.305,30	3.450,00	3.874,00	4.124,25	4.414,13
9a	2.964,89	3.163,55	3.356,89	3.784,00	3.879,97	4.125,00
8	2.808,91	2.999,92	3.132,23	3.264,31	3.405,98	3.474,11
7	2.635,53	2.855,60	2.986,70	3.119,00	3.243,78	3.310,79
6	2.586,00	2.767,11	2.894,11	3.019,78	3.143,22	3.206,10
5	2.480,74	2.656,42	2.775,08	2.900,74	3.017,50	3.077,85
4	2.363,07	2.540,85	2.690,02	2.782,88	2.875,73	2.930,10
3	2.325,89	2.517,08	2.563,61	2.669,96	2.749,76	2.822,87
2	2.152,51	2.346,00	2.392,92	2.459,87	2.607,03	2.760,98
1		1.929,88	1.962,63	2.003,59	2.041,77	2.140,05

gültig vom 1. April 2021 bis 31. März 2022
(monatlich in Euro)

Entgelt-gruppe	Grundentgelt		Entwicklungsstufen			
	Stufe 1	Stufe 2	Stufe 3	Stufe 4	Stufe 5	Stufe 6
15	4.928,35	5.263,48	5.637,30	6.147,62	6.672,58	7.017,95
14	4.462,65	4.766,11	5.162,41	5.602,17	6.092,39	6.444,31
13	4.113,41	4.445,99	4.824,60	5.235,66	5.719,35	5.981,85
12	3.686,55	4.069,25	4.516,49	5.012,74	5.595,03	5.871,32
11	3.558,11	3.910,10	4.240,84	4.599,68	5.090,78	5.367,08
10	3.430,51	3.706,30	4.019,82	4.359,85	4.738,50	4.862,83
9c	3.330,42	3.576,45	3.844,01	4.132,31	4.442,23	4.664,40
9b	3.124,70	3.355,30	3.500,00	3.928,24	4.181,99	4.475,93
9a	3.014,89	3.213,55	3.406,89	3.836,98	3.934,29	4.182,75
8	2.858,91	3.049,92	3.182,23	3.314,31	3.455,98	3.524,11
7	2.685,53	2.905,60	3.036,70	3.169,00	3.293,78	3.360,79
6	2.636,00	2.817,11	2.944,11	3.069,78	3.193,22	3.256,10
5	2.530,74	2.706,42	2.825,08	2.950,74	3.067,50	3.127,85
4	2.413,07	2.590,85	2.740,02	2.832,88	2.925,73	2.980,10
3	2.375,89	2.567,08	2.613,61	2.719,96	2.799,76	2.872,87
2	2.202,51	2.396,00	2.442,92	2.509,87	2.657,03	2.810,98
1		1.979,88	2.012,63	2.053,59	2.091,77	2.190,05

gültig ab 1. April 2022
(monatlich in Euro)

Entgelt-gruppe	Grundentgelt		Entwicklungsstufen			
	Stufe 1	Stufe 2	Stufe 3	Stufe 4	Stufe 5	Stufe 6
15	5.017,06	5.358,22	5.738,77	6.258,28	6.792,69	7.144,27
14	4.542,98	4.851,90	5.255,33	5.703,01	6.202,05	6.560,31
13	4.187,45	4.526,02	4.911,44	5.329,90	5.822,30	6.089,52
12	3.752,91	4.142,50	4.597,79	5.102,97	5.695,74	5.977,00
11	3.622,16	3.980,48	4.317,18	4.682,47	5.182,41	5.463,69
10	3.492,26	3.773,01	4.092,18	4.438,33	4.823,79	4.950,36
9c	3.390,37	3.640,83	3.913,20	4.206,69	4.522,19	4.748,36
9b	3.180,94	3.415,70	3.563,00	3.998,95	4.257,27	4.556,50
9a	3.069,16	3.271,39	3.468,21	3.906,05	4.005,11	4.258,04
8	2.910,37	3.104,82	3.239,51	3.373,97	3.518,19	3.587,54
7	2.733,87	2.957,90	3.091,36	3.226,04	3.353,07	3.421,28
6	2.683,45	2.867,82	2.997,10	3.125,04	3.250,70	3.314,71
5	2.576,29	2.755,14	2.875,93	3.003,85	3.122,72	3.184,15
4	2.456,51	2.637,49	2.789,34	2.883,87	2.978,39	3.033,74
3	2.418,66	2.613,29	2.660,65	2.768,92	2.850,16	2.924,58
2	2.242,16	2.439,13	2.486,89	2.555,05	2.704,86	2.861,58
1		2.015,52	2.048,86	2.090,55	2.129,42	2.229,47

2a. Tarifvertrag über die Entgeltordnung des Bundes (TV EntgO Bund)

Vom 5. September 2013

zuletzt geänd. durch ÄndTV Nr. 8 v. 25.10.2020

Zwischen

der Bundesrepublik Deutschland, vertreten durch das Bundesministerium des Innern, einerseits

und

[den vertragsschließenden Gewerkschaften][1], andererseits

wird Folgendes vereinbart:

Inhaltsverzeichnis[2]

---

[1] Mit den Gewerkschaften *ver.di* und *dbb beamtenbund und tarifunion* wurden jeweils gleich lautende Tarifverträge geschlossen.

[2] Inhaltsverzeichnis redaktionell angepasst.

Abschnitt I. Allgemeine Vorschriften

§ 1 Geltungsbereich. (1) Dieser Tarifvertrag gilt für alle Beschäftigten des Bundes, die unter den Geltungsbereich des Tarifvertrags für den öffentlichen Dienst (TVöD) fallen.

(2) Dieser Tarifvertrag gilt nicht für

a) Beschäftigte, die als Lehrkräfte – auch wenn sie nicht unter § 49 (Bund) TVöD BT-V fallen – beschäftigt sind, soweit nicht ein besonderes Tätigkeitsmerkmal vereinbart ist,

b) Ärztinnen und Ärzte sowie Zahnärztinnen und Zahnärzte in Bundeswehrkrankenhäusern und anderen kurativen Einrichtungen der Bundeswehr.

§ 2 Tätigkeitsmerkmale, körperlich/handwerklich geprägte Tätigkeiten. (1) Die Tätigkeitsmerkmale ergeben sich aus der Anlage 1 (Entgeltordnung).

(2) [1] Werden in einem Tätigkeitsmerkmal Beschäftigte einer anderen Entgeltgruppe in Bezug genommen, handelt es sich um Beschäftigte einer Entgeltgruppe derselben jeweils kleinsten Gliederungseinheit (Unterabschnitt, Abschnitt bzw. Teil) der Entgeltordnung, wenn in dem Tätigkeitsmerkmal nichts anderes geregelt ist. [2] Satz 1 gilt nicht, soweit ein Tätigkeitsmerkmal auf unterstellte Beschäftigte abstellt.

Protokollerklärung zu Absatz 2 Satz 1:

[1] Es müssen auch die Anforderungen des in Bezug genommenen Tätigkeitsmerkmals erfüllt sein; bei mehrfachen Verweisungen auch die Anforderungen der weiteren Tätigkeitsmerkmale. [2] Die Erfüllung der Anforderungen des in Bezug nehmenden Tätigkeitsmerkmals setzt keine vorherige Eingruppierung nach dem in Bezug genommenen Tätigkeitsmerkmal voraus.

(3) Körperlich/handwerklich geprägte Tätigkeiten sind solche, die bei Weitergeltung des Tarifvertrages über das Lohngruppenverzeichnis des Bundes zum MTArb von einem Tätigkeitsmerkmal der Anlage 1 des Tarifvertrags über das Lohngruppenverzeichnis des Bundes zum MTArb erfasst würden.

§ 3 Geltung der einzelnen Teile der Entgeltordnung. (1) [1] Die Tätigkeitsmerkmale des Teils IV gelten nur für Tätigkeiten im Bereich des Bundesministeriums der Verteidigung. [2] Die Tätigkeitsmerkmale des Teils V gelten nur für Tätigkeiten im Bereich des Bundesministeriums für Verkehr und digitale Infrastruktur. [3] Die Tätigkeitsmerkmale des Teils VI gelten nur für Tätigkeiten im Bereich des Bundesministeriums des Innern. [4] Erfüllt die Tätigkeit einer/eines Beschäftigten ein Tätigkeitsmerkmal der Teile IV, V oder VI, gilt dieses Tätigkeitsmerkmal. [5] Im Fall des Satzes 4 gelten die Tätigkeitsmerkmale der Teile I, II und III weder in der Entgeltgruppe, in der das Tätigkeitsmerkmal in den Teilen IV, V oder VI aufgeführt ist, noch in einer höheren Entgeltgruppe.

(2) [1] Erfüllt die Tätigkeit einer/eines Beschäftigten kein Tätigkeitsmerkmal der Teile IV, V oder VI, gelten die Tätigkeitsmerkmale des Teils III, wenn ihre/seine Tätigkeit eines der dort aufgeführten Tätigkeitsmerkmale erfüllt. [2] Im Fall des Satzes 1 gelten die Tätigkeitsmerkmale der Teile I und II weder in der Entgeltgruppe, in der das Tätigkeitsmerkmal in Teil III aufgeführt ist, noch in einer höheren Entgeltgruppe.

(3) [1]Erfüllt die Tätigkeit einer/eines Beschäftigten keines der Tätigkeitsmerkmale der Teile III, IV, V oder VI, gelten die Tätigkeitsmerkmale des Teils II, wenn die auszuübende Tätigkeit körperlich/handwerklich geprägt ist. [2]Im Fall des Satzes 1 gelten die Tätigkeitsmerkmale des Teils I weder in der Entgeltgruppe, in der das Tätigkeitsmerkmal in Teil II aufgeführt ist, noch in einer höheren Entgeltgruppe.

(4) [1]Erfüllt die Tätigkeit einer/eines Beschäftigten keines der Tätigkeitsmerkmale der Teile III, IV, V oder VI und handelt es sich nicht um eine körperlich/handwerklich geprägte Tätigkeit, gelten die Tätigkeitsmerkmale des Teils I. [2]Die Tätigkeitsmerkmale der Entgeltgruppen 2 bis 12 des Teils I gelten nur, wenn die auszuübende Tätigkeit einen unmittelbaren Bezug zu den eigentlichen Aufgaben der betreffenden Verwaltungsdienststellen, -behörden oder -institutionen hat. [3]Die Tätigkeitsmerkmale der Entgeltgruppen 13 bis 15 des Teils I gelten für Beschäftigte mit einer abgeschlossenen wissenschaftlichen Hochschulbildung und entsprechender Tätigkeit sowie für sonstige Beschäftigte, die aufgrund gleichwertiger Fähigkeiten und ihrer Erfahrungen entsprechende Tätigkeiten ausüben, es sei denn, dass die Tätigkeit in einem der Tätigkeitsmerkmale der Entgeltgruppen 13 bis 15 der Teile III, IV, V oder VI aufgeführt ist.

(5) Das Tätigkeitsmerkmal der Entgeltgruppe 1 der Teile I und II gilt auch für Tätigkeiten der Teile III bis VI.

Protokollerklärung zu § 3:

Die Geltung von Tätigkeitsmerkmalen der einzelnen Teile ist für jeden Arbeitsvorgang (Protokollerklärung Nr. 1 zu § 12 [Bund] Abs. 2 TVöD) gesondert festzustellen.

§ 4 Ständige Vertreterinnen und Vertreter. Ständige Vertreterinnen und Vertreter sind nicht die Vertreterinnen und Vertreter in Urlaubs- und sonstigen Abwesenheitsfällen.

§ 5 Unterstellungsverhältnisse. [1]Soweit die Eingruppierung von der Zahl der unterstellten Beschäftigten abhängig ist, rechnen hierzu auch Beamtinnen und Beamte sowie Soldatinnen und Soldaten der vergleichbaren Besoldungsgruppen. [2]Für diesen Zweck ist vergleichbar:

der Entgeltgruppe	die Besoldungsgruppe
2	A 2
3	A 3
4	A 4
5	A 5
6	A 6
7	A 7
8	A 8
9a, 9b, 9c	A 9
10	A 10
11	A 11
12	A 12
13	A 13
14	A 14
15	A 15

[3] Bei der Zahl der unterstellten bzw. beaufsichtigten oder der in dem betreffenden Bereich beschäftigten Personen zählen Teilzeitbeschäftigte entsprechend dem Verhältnis der mit ihnen im Arbeitsvertrag vereinbarten Arbeitszeit zur regelmäßigen Arbeitszeit einer/eines Vollzeitbeschäftigten. [4] Für die Eingruppierung ist es unschädlich, wenn im Organisations- und Stellenplan zur Besetzung ausgewiesene Stellen nicht besetzt sind.

Abschnitt II. Voraussetzungen in der Person

§ 6 Voraussetzungen in der Person. Dieser Abschnitt enthält Regelungen zu Voraussetzungen in der Person gemäß § 12 (Bund) Abs. 2 Satz 6 TVöD.

§ 7 Wissenschaftliche Hochschulbildung. [1] Eine abgeschlossene wissenschaftliche Hochschulbildung liegt vor, wenn das Studium an einer staatlichen Hochschule im Sinne des § 1 Hochschulrahmengesetz (HRG) oder einer nach § 70 HRG staatlich anerkannten Hochschule

a) mit einer nicht an einer Fachhochschule abgelegten ersten Staatsprüfung, Magisterprüfung oder Diplomprüfung oder

b) mit einer Masterprüfung

beendet worden ist. [2] Diesen Prüfungen steht eine Promotion oder die Akademische Abschlussprüfung (Magisterprüfung) einer Philosophischen Fakultät nur in den Fällen gleich, in denen die Ablegung einer ersten Staatsprüfung, einer Masterprüfung oder einer Diplomprüfung nach den einschlägigen Ausbildungsvorschriften nicht vorgesehen ist. [3] Eine abgeschlossene wissenschaftliche Hochschulbildung im Sinne des Satzes 1 Buchst. a setzt voraus, dass die Abschlussprüfung in einem Studiengang abgelegt wurde, der seinerseits mindestens das Zeugnis der Hochschulreife (allgemeine Hochschulreife oder einschlägige fachgebundene Hochschulreife) oder eine andere landesrechtliche Hochschulzugangsberechtigung als Zugangsvoraussetzung erfordert, und für den Abschluss eine Regelstudienzeit von mindestens acht Semestern – ohne etwaige Praxissemester, Prüfungssemester o.Ä. – vorschreibt. [4] Ein Bachelorstudiengang erfüllt diese Voraussetzung auch dann nicht, wenn mehr als sechs Semester für den Abschluss vorgeschrieben sind. [5] Der Masterstudiengang muss nach den Regelungen des Akkreditierungsrats akkreditiert sein. [6] Ein Abschluss an einer ausländischen Hochschule gilt als abgeschlossene wissenschaftliche Hochschulbildung, wenn er von der zuständigen staatlichen Stelle als dem deutschen Hochschulabschluss vergleichbar bewertet wurde.

Protokollerklärung zu Satz 5:
Das Akkreditierungserfordernis ist bis zum 31. Dezember 2024 ausgesetzt.

§ 8 Hochschulbildung. [1] Eine abgeschlossene Hochschulbildung liegt vor, wenn von einer staatlichen Hochschule im Sinne des § 1 Hochschulrahmengesetz (HRG) oder einer nach § 70 HRG staatlich anerkannten Hochschule ein Diplomgrad mit dem Zusatz „Fachhochschule" („FH"), ein anderer nach § 18 HRG gleichwertiger Abschlussgrad oder ein Bachelorgrad verliehen wurde. [2] Die Abschlussprüfung muss in einem Studiengang abgelegt worden sein, der seinerseits mindestens das Zeugnis der Hochschulreife (allgemeine Hochschulreife oder einschlägige fachgebundene Hochschulreife) oder eine andere landesrechtliche Hochschulzugangsberechtigung als Zugangsvoraussetzung erfordert, und für den Abschluss eine Regelstudienzeit von mindestens sechs Semestern – ohne etwaige Praxissemester, Prüfungssemester o.Ä. – vorschreibt. [3]Der Bachelorstudiengang muss nach den Regelungen des Akkreditierungsrats akkreditiert sein. [4]Dem gleichgestellt sind Abschlüsse in akkreditierten Bachelorausbildungsgängen an Berufsakademien. [5]§ 7 Satz 6 gilt entsprechend.

Protokollerklärung zu Satz 3 und 4:

Das Akkreditierungserfordernis ist bis zum 31. Dezember 2024 ausgesetzt.

§ 9 Technische Hochschulbildung. [1]Eine abgeschlossene technische Hochschulbildung liegt vor, wenn von einer staatlichen Hochschule im Sinne des § 1 Hochschulrahmengesetz (HRG) oder einer nach § 70 HRG staatlich anerkannten Hochschule ein Diplomgrad mit dem Zusatz „Fachhochschule" („FH"), ein anderer nach § 18 HRG gleichwertiger Abschlussgrad oder ein Bachelorgrad verliehen wurde, der den Zugang zur Laufbahn des gehobenen technischen Verwaltungsdienstes des Bundes oder des gehobenen naturwissenschaftlichen Dienstes des Bundes eröffnet. [2]§ 7 Satz 6 gilt entsprechend.

§ 10 Geprüfte Meisterinnen und Meister sowie staatlich geprüfte Technikerinnen und Techniker. (1) Geprüfte Meisterinnen und Meister sind Beschäftigte, die eine Meisterprüfung auf Grundlage der Handwerksordnung oder des Berufsbildungsgesetzes bestanden haben.

(2) Staatlich geprüfte Technikerinnen und Techniker sind Beschäftigte, die nach dem Berufsordnungsrecht berechtigt sind, diese Berufsbezeichnung zu führen.

§ 11 Berufsausbildung. [1]Eine abgeschlossene Berufsausbildung liegt vor, wenn eine Abschlussprüfung in einem nach dem Berufsbildungsgesetz oder nach der Handwerksordnung staatlich anerkannten oder als staatlich anerkannt geltenden Ausbildungsberuf mit einer Ausbildungsdauer von mindestens drei Jahren erfolgreich bestanden wurde. [2]In Tätigkeitsmerkmalen genannte Ausbildungsberufe umfassen auch die entsprechenden früheren Ausbildungsberufe.

§ 12 Eingruppierung bei Nichterfüllung einer Vorbildungs- oder Ausbildungsvoraussetzung. (1) Ist in einem Tätigkeitsmerkmal eine Vorbildung oder Ausbildung als Anforderung bestimmt, ohne dass sonstige Beschäftigte, die aufgrund gleichwertiger Fähigkeiten und ihrer Erfahrungen entsprechende Tätigkeiten ausüben, von ihm miterfasst werden, sind Beschäftigte, die die geforderte Vorbildung oder Ausbildung nicht besitzen, bei Erfüllung der sonstigen Anforderungen des Tätigkeitsmerkmals eine Entgeltgruppe niedriger eingruppiert.

(2) Ist in einem Tätigkeitsmerkmal

a) eine Vorbildung oder Ausbildung als Anforderung bestimmt und
b) werden von ihm sonstige Beschäftigte, die aufgrund gleichwertiger Fähigkeiten und ihrer Erfahrungen entsprechende Tätigkeiten ausüben, miterfasst,

sind Beschäftigte, die weder die Voraussetzung nach Buchstabe a noch die nach Buchstabe b erfüllen, bei Erfüllung der sonstigen Anforderungen des Tätigkeitsmerkmals eine Entgeltgruppe niedriger eingruppiert.

(3) Die Absätze 1 und 2 gelten entsprechend für Tätigkeitsmerkmale, die bei Erfüllung qualifizierter Anforderungen eine höhere Eingruppierung vorsehen.

(4) Die Absätze 1 bis 3 gelten nicht, wenn die Entgeltordnung in dem jeweiligen Abschnitt neben einem Tätigkeitsmerkmal mit einer Vorbildungs-

oder Ausbildungsvoraussetzung ein besonderes Tätigkeitsmerkmal enthält (z.B. „Beschäftigte in der Tätigkeit von …“)

§ 13 Verwaltungseigene Prüfungen. [1]Für die Eingruppierung von Beschäftigten mit körperlich/handwerklich geprägten Tätigkeiten nach Tätigkeitsmerkmalen, welche im Anhang zur Anlage 2 aufgelistet sind, steht eine bestandene verwaltungseigene Prüfung einer abgeschlossenen Berufsausbildung im Sinne von § 11 gleich. [2]Die verwaltungseigene Prüfung ist in Anlage 2 geregelt.

§ 14 Übergangsregelungen DDR-Abschlüsse. (1) [1]Aufgrund des Artikels 37 des Einigungsvertrages und der Vorschriften hierzu als gleichwertig festgestellte Abschlüsse, Prüfungen und Befähigungsnachweise stehen ab dem Zeitpunkt ihres Erwerbs den in den Tätigkeitsmerkmalen geforderten entsprechenden Anforderungen gleich. [2]Ist die Gleichwertigkeit erst nach Erfüllung zusätzlicher Erfordernisse festgestellt worden, gilt die Gleichstellung ab der Feststellung.

(2) Facharbeiterinnen und Facharbeiter mit einem im Beitrittsgebiet erworbenen Facharbeiterzeugnis, das nach Artikel 37 des Einigungsvertrages und den Vorschriften hierzu dem Prüfungszeugnis in einem anerkannten Ausbildungsberuf mit einer Ausbildungsdauer von mindestens drei Jahren bzw. einer kürzeren Ausbildungsdauer gleichgestellt ist, sind bei entsprechender Tätigkeit wie Beschäftigte mit erfolgreich abgeschlossener Ausbildung in einem solchen Ausbildungsberuf eingruppiert.

Abschnitt III. Zulagen

§ 15 Zulage für Vorarbeiterinnen und Vorarbeiter sowie Vorhandwerkerinnen und Vorhandwerker. (1) § 15 gilt nur für Beschäftigte, die nach einem Tätigkeitsmerkmal eingruppiert sind, welches im Anhang zu § 15 aufgelistet ist.

(2) [1]Vorarbeiterinnen und Vorarbeiter erhalten zum Tabellenentgelt eine Zulage. [2]Die Zulage beträgt bis 31. März 2021 monatlich 183,58 Euro, vom 1. April 2021 bis 31. März 2022 monatlich 186,15 Euro und ab 1. April 2022 monatlich 189,50 Euro. [3]Vorarbeiterinnen und Vorarbeiter sind Beschäftigte, die aufgrund schriftlicher Bestellung einer Arbeitsgruppe vorstehen und selbst mitarbeiten. [4]Die Gruppe muss außer der Vorarbeiterin oder dem Vorarbeiter aus mindestens zwei Beschäftigten der Entgeltgruppen 1 bis 4 bestehen.

(3) [1]Vorhandwerkerinnen und Vorhandwerker erhalten zum Tabellenentgelt eine Zulage. [2]Die Zulage beträgt bis 31. März 2021 monatlich 314,27 Euro, vom 1. April 2021 bis 31. März 2022 monatlich 318,67 Euro und ab 1. April 2022 monatlich 324,41 Euro. [3]Vorhandwerkerinnen und Vorhandwerker sind Beschäftigte mit einer Berufsausbildung nach § 11, die aufgrund schriftlicher Bestellung einer Arbeitsgruppe vorstehen und selbst mitarbeiten. [4]Die Gruppe muss außer der Vorhandwerkerin oder dem Vorhandwerker aus mindestens zwei selbständig tätigen Beschäftigten bestehen, von denen mindestens eine Beschäftigte oder ein Beschäftigter eine Berufsausbildung nach § 11 haben muss. [5]Auszubildende nach dem Tarifvertrag für Auszubildende des öffentlichen Dienstes vom 13. September 2005 in der jeweils geltenden Fassung können im dritten oder vierten Ausbildungsjahr als Beschäftigte mit Berufs-

ausbildung nach § 11 gerechnet werden. [6]Die Zulage für Vorhandwerkerinnen und Vorhandwerker erhalten auch zu Vorarbeiterinnen oder Vorarbeitern bestellte Beschäftigte der Entgeltgruppe 5 oder einer höheren Entgeltgruppe; Satz 4 gilt entsprechend.

(4) Im Bereich des Bundesministeriums der Verteidigung und im Bereich der Bundespolizei gilt § 5 entsprechend.

(5) Wird die Bestellung zur Vorarbeiterin oder zum Vorarbeiter oder zur Vorhandwerkerin oder zum Vorhandwerker widerrufen, so ist die Zulage für Vorarbeiterinnen und Vorarbeiter bzw. für Vorhandwerkerinnen und Vorhandwerker für die Dauer von vier Wochen weiterzuzahlen, es sei denn, dass die Bestellung von vornherein für eine bestimmte Zeit erfolgt ist.

(6) Die Absätze 2 bis 5 gelten nicht für Beschäftigte im Wachdienst sowie Wächterinnen und Wächter der Entgeltgruppen 4 und 5, Besatzungen von Schiffen und schwimmenden Geräten – mit Ausnahme der Führerinnen und Führer von Schwimmrammen –, Schleusendecksleute sowie Feuerwehrleute.

(7) [1]Im Bereich des Bundesministeriums der Verteidigung rechnen zur Gruppe der Beschäftigten nach Absatz 2 Satz 4 und Absatz 3 Satz 4 auch Beschäftigte von Kooperationspartnern der Bundeswehr. [2]Kooperationspartner der Bundeswehr sind Wirtschaftsunternehmen, die mit der Bundeswehr eine Kooperation im Sinne des Kooperationsgesetzes der Bundeswehr (BwKoopG) eingegangen sind.

§ 16 Ausbildungszulage. (1) [1]Beschäftigte, die nach einem Tätigkeitsmerkmal des Teils III Abschnitt 4 der Entgeltordnung eingruppiert sind, erhalten für die Dauer der Ausübung der Ausbildungstätigkeit als solche eine monatliche Zulage. [2]Die monatliche Zulage erhalten auch Beschäftigte, denen vorübergehend höherwertige Tätigkeiten nach einem Tätigkeitsmerkmal des Teils III Abschnitt 4 der Entgeltordnung übertragen werden, soweit und solange die/der Beschäftigte dafür die persönliche Zulage nach § 14 TVöD erhält. [3]Daneben wird die Zulage nach § 15 nicht gezahlt.

(2) [1]Sofern ein Anspruch auf die Ausbildungszulage nicht für alle Tage eines Kalendermonats besteht, gilt § 24 Abs. 3 TVöD. [2]Die Ausbildungszulage wird bei Unterbrechung der Ausübung der Ausbildungstätigkeit für die Dauer von vier Wochen weitergezahlt.

(3) Die Zulage nach Absatz 1 beträgt bis 31. März 2021 monatlich 314,27 Euro, vom 1. April 2021 bis 31. März 2022 monatlich 318,67 Euro und ab 1. April 2022 monatlich 324,41 Euro.

§ 17 Entgeltgruppenzulagen. Die in der Entgeltordnung ausgebrachten Entgeltgruppenzulagen betragen:

Nr. der Entgeltgruppenzulage	**Betrag bis 31. März 2021**	**Betrag vom 1. April 2021 bis 31. März 2022**	**Betrag ab 1. April 2022**
	Euro je Monat	Euro je Monat	Euro je Monat
1	66,29	67,22	68,43
2	90,38	91,65	93,30
3	101,23	102,65	104,50
4	114,48	116,08	118,17
5	126,51	128,28	130,59
6	134,96	136,85	139,31

Nr. der Entgeltgruppenzulage	Betrag bis 31. März 2021	Betrag vom 1. April 2021 bis 31. März 2022	Betrag ab 1. April 2022
	Euro je Monat	Euro je Monat	Euro je Monat
7	145,80	147,84	150,50
8	165,79	168,11	171,14

§ 18 Zulagen für Beschäftigte im Pflegedienst. Die Zulagen für Beschäftigte im Pflegedienst gemäß Protokollerklärung Nr. 2 zu Abschnitt 25 Unterabschnitt 2 des Teils IV der Entgeltordnung (Bund) betragen:

Nr. der Zulage	Betrag bis 31. März 2021	Betrag vom 1. April 2021 bis 31. März 2022	Betrag ab 1. März 2022
	Euro je Monat	Euro je Monat	Euro je Monat
2	534,99	542,48	552,24
3	496,41	503,36	512,42.

§ 19 Dynamisierung der Zulagen. [1] Die Zulagen nach §§ 15 bis 18 verändern sich bei allgemeinen Entgeltanpassungen um den von den Tarifvertragsparteien für die jeweilige Entgeltgruppe festgelegten Vomhundertsatz. [2] Sockelbeträge, Mindestbeträge und vergleichbare nichtlineare Steigerungen bleiben unberücksichtigt.

Abschnitt IV. Schlussvorschriften

§ 20 Inkrafttreten, Laufzeit. (1) Dieser Tarifvertrag tritt am 1. Januar 2014 in Kraft.

(2) Der Tarifvertrag einschließlich Anlagen kann ohne Einhaltung einer Frist, jedoch nur insgesamt, jederzeit schriftlich gekündigt werden, frühestens jedoch zum 31. Dezember 2016; die Nachwirkung dieser Vorschriften wird ausgeschlossen.

Anhang zu § 15. Zulage für Vorarbeiterinnen und Vorarbeiter sowie Vorhandwerkerinnen und Vorhandwerker

Tätigkeitsmerkmale der Entgeltordnung (Anlage 1)

1. Teil II
2. Teil III
   Abschnitt 4, Abschnitt 9, Abschnitt 19, Abschnitt 22, Abschnitt 23, Abschnitt 29, Abschnitt 31 Entgeltgruppen 3 und 4, Abschnitt 33, Abschnitt 37, Abschnitt 38, Abschnitt 39, Abschnitt 44, Abschnitt 45 Entgeltgruppe 3, Entgeltgruppe 4, Entgeltgruppe 5 Fallgruppe 2 und Entgeltgruppe 6 Fallgruppe 2, Abschnitt 48 Entgeltgruppe 8.
3. Teil IV
   a) Abschnitt 1 Entgeltgruppen 3 bis 7, Entgeltgruppe 8 Fallgruppen 1 bis 3 und Entgeltgruppe 9a,
   b) Abschnitte 4 bis 6,
   c) Abschnitte 12 und 13,
   d) Abschnitt 14 Entgeltgruppe 2 und Entgeltgruppe 3 Fallgruppe 1,

e) Abschnitte 15 und 16,
f) Abschnitt 17 Entgeltgruppe 3, Entgeltgruppe 5 und Entgeltgruppe 6 Fallgruppe 1,
g) Abschnitte 18 und 19,
h) Abschnitte 21 und 22,
i) Abschnitt 26 Entgeltgruppe 9a Fallgruppe 2,
j) Abschnitt 28,
k) Abschnitt 30,
l) Abschnitt 31 Entgeltgruppen 5 bis 8.

4. Teil V
   a) Abschnitt 1 Unterabschnitt 2 Entgeltgruppe 6, Entgeltgruppe 7 Fallgruppe 2 und Entgeltgruppe 8 Fallgruppe 2,
   b) Abschnitt 2 Unterabschnitt 2,
   c) Abschnitt 3 Entgeltgruppen 3 bis 8 und Entgeltgruppe 9a Fallgruppen 1 und 3.
5. Teil VI
   a) Abschnitt 1,
   b) Abschnitt 2 Entgeltgruppen 3 und 5 sowie Entgeltgruppe 6 Fallgruppe 1,
   c) Abschnitte 3 und 4.

Anlage 1. Entgeltordnung

Inhaltsverzeichnis

20. Geschäftsstellenverwalterinnen und -verwalter, Beschäftigte in Serviceeinheiten sowie Justizhelferinnen und -helfer bei Gerichten und Staatsanwaltschaften
21. Beschäftigte in Gesundheitsberufen
 21.1. Audiologie-Assistentinnen und -Assistenten
 21.2. Desinfektorinnen und Desinfektoren sowie Gesundheitsaufseherinnen und -aufseher
 21.3. Diätassistentinnen und -assistenten
 21.4. Ergotherapeutinnen und -therapeuten
 21.5. Lehrkräfte in Gesundheitsberufen
 21.6. Logopädinnen und Logopäden
 21.7. Masseurinnen und medizinische Bademeisterinnen und Masseure und medizinische Bademeister
 21.8. Medizinische Fachangestellte und zahnmedizinische Fachangestellte
 21.9. Medizinisch-technische Assistentinnen und Assistenten sowie medizinisch-technische Gehilfinnen und Gehilfen
 21.10. Orthoptistinnen und Orthoptisten
 21.11. Pharmazeutisch-kaufmännische Angestellte
 21.12. Pharmazeutisch-technische Assistentinnen und Assistenten
 21.13. Physiotherapeutinnen und -therapeuten
 21.14. Präparationstechnische Assistentinnen und Assistenten sowie Sektionsgehilfinnen und -gehilfen
 21.15. Psychologisch-technische Assistentinnen und Assistenten
 21.16. Zahntechnikerinnen und -techniker
22. Haus- und Hofarbeiterinnen und -arbeiter
23. Hausmeisterinnen und Hausmeister
24. Beschäftigte in der Informationstechnik
25. Ingenieurinnen und Ingenieure
26. *(aufgehoben)*
27. Beschäftigte im Kassendienst
28. Beschäftigte in der Konservierung, Restaurierung und Grabungstechnik
 28.1. Beschäftigte in der Konservierung und Restaurierung
 28.2. Beschäftigte in der Grabungstechnik
29. Küchenhilfskräfte und Buffethilfskräfte
30. Laborantinnen und Laboranten sowie Werkstoffprüferinnen und -prüfer
31. Fachkräfte für Lagerlogistik, Fachlageristinnen und -lageristen sowie Magazinwärterinnen und -wärter
32. Geprüfte Meisterinnen und Meister
33. Modellbauerinnen und -bauer sowie Modelltischlerinnen und -tischler
34. Operateurinnen und Operateure, Strahlenschutztechnikerinnen und -techniker sowie Strahlenschutzlaborantinnen und -laboranten in Kernforschungseinrichtungen
35. Redakteurinnen und Redakteure
36. Beschäftigte in Registraturen
37. Reinigerinnen und Reiniger
38. Reproduktionstechnische Beschäftigte
39. Schweißerinnen und Schweißer
40. Beschäftigte in der Steuerverwaltung
41. Technikerinnen und Techniker
42. Technische Assistentinnen und Assistenten
43. Tierärztinnen und -ärzte
44. Tierpflegerinnen und -pfleger
45. Vermessungstechnikerinnen und -techniker, Geomatikerinnen und Geomatiker sowie Messgehilfinnen und -gehilfen
46. Vorlesekräfte für Blinde und besondere Hilfskräfte für sonstige schwerbehinderte Menschen
47. Wächterinnen und Wächter
48. Weitere Beschäftigte

Teil IV. Besondere Tätigkeitsmerkmale im Bereich des Bundesministeriums der Verteidigung

1. Besondere Tätigkeitsmerkmale
2. Beschäftigte in der Arbeitsvorbereitung oder in der Betriebsorganisation

3. Beschäftigte im Bereich des Bundesamtes für Ausrüstung, Informationstechnik und Nutzung der Bundeswehr
   3.1. Beschäftigte im Beschaffungs- oder Vertragswesen sowie in der Vertrags- und Instandsetzungsabrechnung
   3.2. Beschäftigte in der Preisverhandlung und in der Preisprüfung
4. Brückenwärterinnen und -wärter
5. Diesellokführerinnen und -lokführer sowie Rangiererinnen und Rangierer
6. Fahrerinnen und Fahrer sowie Wagenpflegerinnen und -pfleger
7. Fernsprecherinnen und -sprecher
8. Beschäftigte im feuerwehrtechnischen Dienst der Bundeswehrfeuerwehr
9. Beschäftigte im Bereich Film-Bild-Ton
10. Beraterinnen und Berater im Flugsicherheitsdienst
11. Geprüfte Meisterinnen und Meister sowie staatlich geprüfte Technikerinnen und Techniker in der Flugsicherungstechnik, Flugdatenerfassung oder Flugmesstechnik
12. Beschäftigte in der Forschung und Materialprüfung
13. Festmacherinnen und Festmacher, Taklerinnen und Takler, Bootswartinnen und -warte, Maschinistinnen und Maschinisten sowie Elektrotechnikerinnen und -techniker in Landanschlusszentralen
14. Helferinnen und Helfer in Bundeswehrkrankenhäusern oder anderen kurativen Einrichtungen der Bundeswehr
15. Beschäftigte mit speziellen Instandsetzungs- oder Wartungstätigkeiten an Luftfahrzeugen
16. Kasernenwärterinnen und -wärter, Gebirgshüttenwartinnen und -warte sowie Helferinnen und Helfer in Unterkünften und Liegenschaften
17. Köchinnen und Köche, Kochsmaaten, Stewardessen und Stewards sowie Bedienungskräfte
18. Konserviererinnen und Konservierer, Verpackerinnen und Verpacker, Packerinnen und Packer, Präserviererinnen und Präservierer sowie Warenauszeichnerinnen und -auszeichner
19. Kranführerinnen und Kranführer sowie Anschlägerinnen und Anschläger
20. Küchenbuchhalterinnen und -buchhalter
21. Maschinistinnen und Maschinisten an besonderen Anlagen
22. Beschäftigte im Munitionsfachdienst
23. Nautische Beschäftigte und Beschäftigte im Schiffs- und Seedienst
24. Pfarrhelferinnen und -helfer
25. Beschäftigte im Pflegedienst
   25.1. Beschäftigte in der Pflege
   25.2. Leitende Beschäftigte in der Pflege
   25.3. Lehrkräfte in der Pflege
26. Prüferinnen und Prüfer von Luftfahrtgerät
27. Rechnungsführerinnen und Rechnungsführer
28. Beschäftigte im Schieß- und Erprobungsbetrieb
29. Sportlehrerinnen und -lehrer
30. Strahlgerätebedienerinnen und -bediener
31. Taucherinnen und Taucher sowie Taucherarztgehilfinnen und -gehilfen
32. Beschäftigte im Wachdienst

Teil V. Besondere Tätigkeitsmerkmale im Bereich des Bundesministeriums für Verkehr und digitale Infrastruktur

1. Beschäftigte bei der Wasser- und Schifffahrtsverwaltung – Küstenbereich
   1.1. Besatzungen von Schiffen und schwimmenden Geräten
   1.2. Beschäftigte an Seeschleusen
   1.3. Beschäftigte an Land im nautischen Bereich
2. Beschäftigte bei der Wasser- und Schifffahrtsverwaltung – Binnenbereich
   2.1. Besatzungen von Schiffen und schwimmenden Geräten
   2.2. Beschäftigte an Schleusen an Binnenschifffahrtsstraßen
   2.3. Beschäftigte an Land im nautischen Bereich
3. Beschäftigte mit WSV-spezifischen Tätigkeiten an Land
4. Beschäftigte beim Bundesamt für Seeschifffahrt und Hydrographie
   4.1. Besatzungen der Schiffe
   4.2. Beschäftigte an Land im nautischen Bereich
5. Beschäftigte im Kontrolldienst beim Bundesamt für Güterverkehr
6. Beschäftigte im Wetterfachdienst beim Deutschen Wetterdienst

Teil I. Allgemeine Tätigkeitsmerkmale für den Verwaltungsdienst

Entgeltgruppe 15

1. Beschäftigte der Entgeltgruppe 14 Fallgruppe 1,
deren Tätigkeit sich durch das Maß der damit verbundenen Verantwortung erheblich aus der Entgeltgruppe 14 Fallgruppe 1 heraushebt.
2. Beschäftigte der Entgeltgruppe 13,
denen mindestens fünf Beschäftigte mindestens der Entgeltgruppe 13 durch ausdrückliche Anordnung ständig unterstellt sind.
(Hierzu Protokollerklärung Nr. 1)

Entgeltgruppe 14

1. Beschäftigte der Entgeltgruppe 13,
deren Tätigkeit sich durch besondere Schwierigkeit und Bedeutung aus der Entgeltgruppe 13 heraushebt.
2. Beschäftigte der Entgeltgruppe 13,
deren Tätigkeit sich mindestens zu einem Drittel durch besondere Schwierigkeit und Bedeutung aus der Entgeltgruppe 13 heraushebt.
3. Beschäftigte der Entgeltgruppe 13,
deren Tätigkeit sich dadurch aus der Entgeltgruppe 13 heraushebt, dass sie mindestens zu einem Drittel hochwertige Leistungen bei besonders schwierigen Aufgaben erfordert.
4. Beschäftigte der Entgeltgruppe 13,
denen mindestens drei Beschäftigte mindestens der Entgeltgruppe 13 durch ausdrückliche Anordnung ständig unterstellt sind.
(Hierzu Protokollerklärung Nr. 1)

Entgeltgruppe 13

Beschäftigte mit abgeschlossener wissenschaftlicher Hochschulbildung und entsprechender Tätigkeit sowie sonstige Beschäftigte, die aufgrund gleichwertiger Fähigkeiten und ihrer Erfahrungen entsprechende Tätigkeiten ausüben.

Entgeltgruppe 12

Beschäftigte der Entgeltgruppe 11,
deren Tätigkeit sich durch das Maß der damit verbundenen Verantwortung erheblich aus der Entgeltgruppe 11 heraushebt.

Entgeltgruppe 11

Beschäftigte der Entgeltgruppe 9c,
deren Tätigkeit sich durch besondere Schwierigkeit und Bedeutung aus der Entgeltgruppe 9c heraushebt.

Entgeltgruppe 10

Beschäftigte der Entgeltgruppe 9c,

deren Tätigkeit sich mindestens zu einem Drittel durch besondere Schwierigkeit und Bedeutung aus der Entgeltgruppe 9c heraushebt.

Entgeltgruppe 9c

Beschäftigte der Entgeltgruppe 9b Fallgruppe 1 oder 2,
deren Tätigkeit sich dadurch aus der Entgeltgruppe 9b heraushebt, dass sie besonders verantwortungsvoll ist.

Entgeltgruppe 9b

1. Beschäftigte im Büro-, Buchhalterei-, sonstigen Innendienst und im Außendienst mit abgeschlossener Hochschulbildung und entsprechender Tätigkeit sowie sonstige Beschäftigte, die aufgrund gleichwertiger Fähigkeiten und ihrer Erfahrungen entsprechende Tätigkeiten ausüben.
   (Hierzu Protokollerklärung Nr. 2)
2. Beschäftigte im Büro-, Buchhalterei-, sonstigen Innendienst und im Außendienst,
   deren Tätigkeit gründliche, umfassende Fachkenntnisse und selbständige Leistungen erfordert.
   (Hierzu Protokollerklärungen Nrn. 2, 3 und 4)

Entgeltgruppe 9a

Beschäftigte der Entgeltgruppe 6,
deren Tätigkeit selbständige Leistungen erfordert.
(Hierzu Protokollerklärung Nr. 4)

Entgeltgruppe 8

Beschäftigte der Entgeltgruppe 6,
deren Tätigkeit mindestens zu einem Drittel selbständige Leistungen erfordert.
(Hierzu Protokollerklärung Nr. 4)

Entgeltgruppe 7

Beschäftigte der Entgeltgruppe 6,
deren Tätigkeit mindestens zu einem Fünftel selbständige Leistungen erfordert.
(Hierzu Protokollerklärung Nr. 4)

Entgeltgruppe 6

Beschäftigte der Entgeltgruppe 5 Fallgruppe 1 oder 2,
deren Tätigkeit vielseitige Fachkenntnisse erfordert.
(Hierzu Protokollerklärung Nr. 5)

Entgeltgruppe 5

1. Beschäftigte im Büro-, Buchhalterei-, sonstigen Innendienst und im Außendienst mit abgeschlossener Berufsausbildung und entsprechender Tätigkeit.
   (Hierzu Protokollerklärung Nr. 2)
2. Beschäftigte im Büro-, Buchhalterei-, sonstigen Innendienst und im Außendienst,
   deren Tätigkeit gründliche Fachkenntnisse erfordert.
   (Hierzu Protokollerklärungen Nrn. 2 und 6)

Entgeltgruppe 4

1. Beschäftigte im Büro-, Buchhalterei-, sonstigen Innendienst und im Außendienst
mit schwierigen Tätigkeiten.
(Hierzu Protokollerklärungen Nrn. 2 und 7)
2. Beschäftigte der Entgeltgruppe 3,
deren Tätigkeit mindestens zu einem Viertel gründliche Fachkenntnisse erfordert.
(Hierzu Protokollerklärung Nr. 6)

Entgeltgruppe 3

Beschäftigte im Büro-, Buchhalterei-, sonstigen Innendienst und im Außendienst
mit Tätigkeiten, für die eine eingehende Einarbeitung bzw. eine fachliche Anlernung erforderlich ist, die über eine Einarbeitung im Sinne der Entgeltgruppe 2 hinausgeht.
(Hierzu Protokollerklärung Nr. 2)

Entgeltgruppe 2

Beschäftigte im Büro-, Buchhalterei-, sonstigen Innendienst und im Außendienst
mit einfachen Tätigkeiten.
(Hierzu Protokollerklärungen Nrn. 2 und 8)

Entgeltgruppe 1

Beschäftigte mit einfachsten Tätigkeiten.
(Hierzu Protokollerklärung Nr. 9)

Protokollerklärungen

1. *Bei der Zahl der Unterstellten zählen nicht mit:*
   a) Beschäftigte, die nach Teil III Abschnitt 17, 24 oder 25 eingruppiert sind,
   b) Beamtinnen und Beamte der Besoldungsgruppe A 13, soweit sie der Laufbahn des gehobenen Dienstes angehören.
2. *Buchhaltereidienst im Sinne dieses Tätigkeitsmerkmals bezieht sich nur auf Tätigkeiten von Beschäftigten, die mit kaufmännischer Buchführung beschäftigt sind.*
3. *Gründliche, umfassende Fachkenntnisse bedeuten gegenüber den in den Entgeltgruppen 6, 7, 8 und 9a geforderten gründlichen und vielseitigen Fachkenntnissen eine Steigerung der Tiefe und der Breite nach.*
4. *Selbständige Leistungen erfordern ein den vorausgesetzten Fachkenntnissen entsprechendes selbständiges Erarbeiten eines Ergebnisses unter Entwicklung einer eigenen geistigen Initiative; eine leichte geistige Arbeit kann diese Anforderung nicht erfüllen.*
5. *[1] Die gründlichen und vielseitigen Fachkenntnisse brauchen sich nicht auf das gesamte Gebiet der Verwaltung/des Betriebes, in der/dem die/der Beschäftigte tätig ist, zu beziehen. [2] Der Aufgabenkreis der/des Beschäftigten muss aber so gestaltet sein, dass er nur beim Vorhandensein gründlicher und vielseitiger Fachkenntnisse ordnungsgemäß bearbeitet werden kann.*
6. *Erforderlich sind nähere Kenntnisse von Gesetzen, Verwaltungsvorschriften und Tarifbestimmungen usw. des Aufgabenkreises.*

7. *Schwierige Tätigkeiten sind solche, die mehr als eine eingehende Einarbeitung bzw. mehr als eine fachliche Anlernung i.S. der Entgeltgruppe 3 erfordern, z.B. durch einen höheren Aufwand an gedanklicher Arbeit.*
8. *[1] Einfache Tätigkeiten sind Tätigkeiten, die weder eine Vor- noch eine Ausbildung, aber eine Einarbeitung erfordern, die über eine sehr kurze Einweisung oder Anlernphase hinausgeht. [2] Die Einarbeitung dient dem Erwerb derjenigen Kenntnisse und Fertigkeiten, die für die Beherrschung der Arbeitsabläufe als solche erforderlich sind.*
9. *Einfachste Tätigkeiten üben z.B. aus*
   a) Beschäftigte, die Essen und Getränke ausgeben,
   b) Garderobenpersonal,
   c) Beschäftigte, die spülen, Gemüse putzen oder sonstige Tätigkeiten im Haus- und Küchenbereich ausüben,
   d) Reinigerinnen und Reiniger in Außenbereichen wie Höfen, Wegen, Grünanlagen, Parks,
   e) Wärterinnen und Wärter von Bedürfnisanstalten,
   f) Serviererinnen und Servierer,
   g) Hausarbeiterinnen und -arbeiter sowie
   h) Hausgehilfinnen und -gehilfen.

Teil II. Allgemeine Tätigkeitsmerkmale für körperlich/handwerklich geprägte Tätigkeiten

Entgeltgruppe 7

Beschäftigte der Entgeltgruppe 5,
die besonders hochwertige Arbeiten verrichten.
(Hierzu Protokollerklärung Nr. 1)

Entgeltgruppe 6

Beschäftigte der Entgeltgruppe 5,
die hochwertige Arbeiten verrichten.
(Hierzu Protokollerklärung Nr. 2)

Entgeltgruppe 5

Beschäftigte mit körperlich/handwerklich geprägten Tätigkeiten mit abgeschlossener Berufsausbildung, die in ihrem oder einem diesem verwandten Beruf beschäftigt werden.

Entgeltgruppe 4

Beschäftigte mit körperlich/handwerklich geprägten Tätigkeiten mit abgeschlossener Berufsausbildung mit einer Ausbildungsdauer von weniger als drei Jahren, die in ihrem oder einem diesem verwandten Beruf beschäftigt werden.

Entgeltgruppe 3

1. Beschäftigte mit körperlich/handwerklich geprägten Tätigkeiten,
   für die eine eingehende Einarbeitung erforderlich ist.
2. Angelernte Beschäftigte mit körperlich/handwerklich geprägten Tätigkeiten.
   (Hierzu Protokollerklärung Nr. 3)
3. Beschäftigte der Entgeltgruppe 2 mit Tätigkeiten, die die Körperkräfte außerordentlich beanspruchen oder mit besonderer Verantwortung verbunden sind.

Entgeltgruppe 2
Beschäftigte mit körperlich/handwerklich geprägten Tätigkeiten mit einfachen Tätigkeiten.
(Hierzu Protokollerklärung Nr. 4)

Entgeltgruppe 1
Beschäftigte mit körperlich/handwerklich geprägten Tätigkeiten mit einfachsten Tätigkeiten.
(Hierzu Protokollerklärung Nr. 5)

Protokollerklärungen

1. *Besonders hochwertige Arbeiten sind Arbeiten, die neben vielseitigem hochwertigem fachlichen Können besondere Umsicht und Zuverlässigkeit erfordern.*
2. *Hochwertige Arbeiten sind Arbeiten, die an das Überlegungsvermögen und das fachliche Geschick der Beschäftigten Anforderungen stellen, die über das Maß dessen hinausgehen, das von solchen Beschäftigten üblicherweise verlangt werden kann.*
3. *Angelernte Beschäftigte sind Beschäftigte mit Tätigkeiten, die eine handwerkliche oder fachliche Anlernung erfordern.*
4. [1] *Einfache Tätigkeiten sind Tätigkeiten, die weder eine Vor- noch eine Ausbildung, aber eine Einarbeitung erfordern, die über eine sehr kurze Einweisung oder Anlernphase hinausgeht.* [2] *Die Einarbeitung dient dem Erwerb derjenigen Kenntnisse und Fertigkeiten, die für die Beherrschung der Arbeitsabläufe als solche erforderlich sind.*
5. *Einfachste Tätigkeiten üben z.B. aus*
   a) Beschäftigte, die Essen und Getränke ausgeben,
   b) Garderobenpersonal,
   c) Beschäftigte, die spülen, Gemüse putzen oder sonstige Tätigkeiten im Haus- und Küchenbereich ausüben,
   d) Reinigerinnen und Reiniger in Außenbereichen wie Höfen, Wegen, Grünanlagen, Parks,
   e) Wärterinnen und Wärter von Bedürfnisanstalten,
   f) Serviererinnen und Servierer,
   g) Hausarbeiterinnen und -arbeiter sowie
   h) Hausgehilfinnen und -gehilfen.

Teil III. Tätigkeitsmerkmale für besondere Beschäftigtengruppen

1. Apothekerinnen und Apotheker

Entgeltgruppe 15
Apothekerinnen und Apotheker als Leiterinnen oder Leiter von Apotheken, denen mindestens vier Apothekerinnen oder Apotheker durch ausdrückliche Anordnung ständig unterstellt sind.
(Hierzu Protokollerklärung)

Entgeltgruppe 14
Apothekerinnen und Apotheker mit entsprechender Tätigkeit.

Protokollerklärung

Gegen Stundenentgelt tätige Apothekerinnen und Apotheker, die im Jahresdurchschnitt nicht mehr als 18 Stunden wöchentlich zur Arbeitsleistung herangezogen werden, zählen nicht mit.

2. Beschäftigte in Archiven, Bibliotheken, Büchereien, Museen und anderen wissenschaftlichen Anstalten

Entgeltgruppe 12

Beschäftigte der Entgeltgruppe 11,

deren Tätigkeit sich durch das Maß der damit verbundenen Verantwortung erheblich aus der Entgeltgruppe 11 heraushebt.

Entgeltgruppe 11

Beschäftigte der Entgeltgruppe 9c,

deren Tätigkeit sich durch besondere Schwierigkeit und Bedeutung aus der Entgeltgruppe 9c heraushebt.

Entgeltgruppe 10

Beschäftigte der Entgeltgruppe 9c,

deren Tätigkeit sich mindestens zu einem Drittel durch besondere Schwierigkeit und Bedeutung aus der Entgeltgruppe 9c heraushebt.

Entgeltgruppe 9c

Beschäftigte der Entgeltgruppe 9b,

deren Tätigkeit sich dadurch aus der Entgeltgruppe 9b heraushebt, dass sie besonders verantwortungsvoll ist.

Entgeltgruppe 9b

Beschäftigte im Fachdienst in Archiven, Bibliotheken, Büchereien, Museen oder in anderen wissenschaftlichen Anstalten mit einschlägiger abgeschlossener Hochschulbildung und entsprechender Tätigkeit sowie sonstige Beschäftigte, die aufgrund gleichwertiger Fähigkeiten und ihrer Erfahrungen entsprechende Tätigkeiten ausüben.

Entgeltgruppe 8

Beschäftigte der Entgeltgruppe 5 Fallgruppe 1 oder 2,

deren Tätigkeit vielseitige Fachkenntnisse und selbständige Leistungen erfordert.

(Hierzu Protokollerklärungen Nrn. 1 und 2)

Entgeltgruppe 6

Beschäftigte der Entgeltgruppe 5 Fallgruppe 1 oder 2,

deren Tätigkeit vielseitige Fachkenntnisse und zu einem Viertel selbständige Leistungen erfordert.

(Hierzu Protokollerklärungen Nrn. 1 und 2)

Entgeltgruppe 5

1. Beschäftigte im Fachdienst in Archiven, Bibliotheken oder Büchereien mit einschlägiger abgeschlossener Berufsausbildung und entsprechender Tätigkeit.
2. Beschäftigte im Fachdienst in Archiven, Bibliotheken oder Büchereien,

deren Tätigkeit gründliche Fachkenntnisse erfordert.
(Hierzu Protokollerklärung Nr. 3)

3. Beschäftigte im Fachdienst in Museen oder anderen wissenschaftlichen Anstalten,
deren Tätigkeit gründliche Fachkenntnisse erfordert.
(Hierzu Protokollerklärung Nr. 3)

Entgeltgruppe 4

Beschäftigte im Fachdienst in Archiven, Bibliotheken, Büchereien, Museen oder anderen wissenschaftlichen Anstalten
mit schwierigen Tätigkeiten.
(Hierzu Protokollerklärung Nr. 4)

Entgeltgruppe 3

Beschäftigte im Fachdienst in Archiven, Bibliotheken, Büchereien, Museen oder anderen wissenschaftlichen Anstalten
mit Tätigkeiten, für die eine eingehende Einarbeitung bzw. eine fachliche Anlernung erforderlich ist, die über eine Einarbeitung im Sinne der Entgeltgruppe 2 hinausgeht.

Entgeltgruppe 2

Beschäftigte im Fachdienst in Archiven, Bibliotheken, Büchereien, Museen oder anderen wissenschaftlichen Anstalten
mit einfachen Tätigkeiten.
(Hierzu Protokollerklärung Nr. 5)

Protokollerklärungen

1. *Selbständige Leistungen erfordern ein den vorausgesetzten Fachkenntnissen entsprechendes selbständiges Erarbeiten eines Ergebnisses unter Entwicklung einer eigenen geistigen Initiative; eine leichte geistige Arbeit kann diese Anforderung nicht erfüllen.*
2. *[1] Die gründlichen und vielseitigen Fachkenntnisse brauchen sich nicht auf das gesamte Gebiet der Verwaltung/des Betriebes, in der/dem die/der Beschäftigte tätig ist, zu beziehen. [2] Der Aufgabenkreis der/des Beschäftigten muss aber so gestaltet sein, dass er nur beim Vorhandensein gründlicher und vielseitiger Fachkenntnisse ordnungsgemäß bearbeitet werden kann.*
3. *Erforderlich sind nähere Kenntnisse von Gesetzen, Verwaltungsvorschriften und Tarifbestimmungen usw. des Aufgabenkreises.*
4. *Schwierige Tätigkeiten sind solche, die mehr als eine eingehende Einarbeitung bzw. mehr als eine fachliche Anlernung i.S. der Entgeltgruppe 3 erfordern, z.B. durch einen höheren Aufwand an gedanklicher Arbeit.*
5. *[1] Einfache Tätigkeiten sind Tätigkeiten, die weder eine Vor- noch eine Ausbildung, aber eine Einarbeitung erfordern, die über eine sehr kurze Einweisung oder Anlernphase hinausgeht. [2] Die Einarbeitung dient dem Erwerb derjenigen Kenntnisse und Fertigkeiten, die für die Beherrschung der Arbeitsabläufe als solche erforderlich sind.*

3. Ärztinnen und Ärzte sowie Zahnärztinnen und Zahnärzte

Entgeltgruppe 15

1. Ärztinnen und Ärzte als Leiterinnen oder Leiter des Blutspendedienstes außerhalb von Krankenhäusern.
2. Ärztinnen und Ärzte,

denen mindestens fünf Ärztinnen oder Ärzte oder Zahnärztinnen oder Zahnärzte durch ausdrückliche Anordnung ständig unterstellt sind.
(Hierzu Protokollerklärung)
3. Zahnärztinnen und Zahnärzte,
denen mindestens fünf Zahnärztinnen oder Zahnärzte durch ausdrückliche Anordnung ständig unterstellt sind.
(Hierzu Protokollerklärung)
4. Fachärztinnen und Fachärzte mit entsprechender Tätigkeit.
5. Fachzahnärztinnen und Fachzahnärzte mit entsprechender Tätigkeit.

Entgeltgruppe 14

1. Ärztinnen und Ärzte mit entsprechender Tätigkeit.
2. Zahnärztinnen und Zahnärzte mit entsprechender Tätigkeit.

Protokollerklärung

Gegen Stundenentgelt tätige Ärztinnen und Ärzte sowie Zahnärztinnen und Zahnärzte, die im Jahresdurchschnitt nicht mehr als 18 Stunden wöchentlich zur Arbeitsleistung herangezogen werden, zählen nicht mit.

4. Ausbilderinnen und Ausbilder in Betrieben und Werkstätten

Entgeltgruppe 9a

1. Beschäftigte mit körperlich/handwerklich geprägten Tätigkeiten mit abgeschlossener Berufsausbildung, die ein Tätigkeitsmerkmal der Entgeltgruppen 8 oder 9a der Teile III, IV, V oder VI erfüllen und dazu bestellt sind, neben ihrer handwerksmäßigen Tätigkeit Auszubildenden nach dem Tarifvertrag für Auszubildende des öffentlichen Dienstes vom 13. September 2005 in der jeweils geltenden Fassung in Betrieben oder Werkstätten Unterweisungen zu erteilen.
2. Beschäftigte mit körperlich/handwerklich geprägten Tätigkeiten mit abgeschlossener Berufsausbildung, die in Ausbildungswerkstätten bei der Erteilung des theoretischen Unterrichts oder mit der Unterweisung beim praktischen Unterricht beschäftigt werden.

Entgeltgruppe 7

Beschäftigte mit körperlich/handwerklich geprägten Tätigkeiten mit abgeschlossener Berufsausbildung, die dazu bestellt sind, neben ihrer handwerksmäßigen Tätigkeit Auszubildenden nach dem Tarifvertrag für Auszubildende des öffentlichen Dienstes vom 13. September 2005 in der jeweils geltenden Fassung in Betrieben oder Werkstätten Unterweisungen zu erteilen.

5. Fachangestellte für Bäderbetriebe sowie geprüfte Meisterinnen und Meister für Bäderbetriebe

Entgeltgruppe 9a

1. Geprüfte Meisterinnen und Meister für Bäderbetriebe als Betriebsleiterinnen oder Betriebsleiter,
denen die Aufsicht über mindestens 18 Beschäftigte, davon mindestens fünf Fachangestellte für Bäderbetriebe bzw. Beschäftigte in der Tätigkeit von Fachangestellten für Bäderbetriebe, durch ausdrückliche Anordnung ständig übertragen ist.

(Beschäftigte in dieser Fallgruppe erhalten eine Entgeltgruppenzulage gemäß § 17 Nr. 8.)
(Hierzu Protokollerklärungen Nrn. 1 und 2)

2. Geprüfte Meisterinnen und Meister für Bäderbetriebe als Betriebsleiterinnen oder Betriebsleiter,
denen die Aufsicht über mindestens zehn Beschäftigte, davon mindestens drei Fachangestellte für Bäderbetriebe bzw. Beschäftigte in der Tätigkeit von Fachangestellten für Bäderbetriebe, durch ausdrückliche Anordnung ständig übertragen ist.
(Hierzu Protokollerklärungen Nrn. 1 und 2)

3. Geprüfte Meisterinnen und Meister für Bäderbetriebe,
die durch ausdrückliche Anordnung als ständige Vertreterinnen oder Vertreter der in Fallgruppe 1 eingruppierten Betriebsleiterinnen oder Betriebsleiter bestellt sind.
(Hierzu Protokollerklärung Nr. 3)

Entgeltgruppe 8

Geprüfte Meisterinnen und Meister für Bäderbetriebe mit entsprechender Tätigkeit.

Entgeltgruppe 6

Beschäftigte der Entgeltgruppe 5,
denen als Schichtführerinnen oder Schichtführer die Aufsicht über mindestens vier Beschäftigte oder über mindestens zwei Fachangestellte für Bäderbetriebe bzw. Beschäftigte in der Tätigkeit von Fachangestellten für Bäderbetriebe durch ausdrückliche Anordnung ständig übertragen ist.
(Hierzu Protokollerklärung Nr. 1)

Entgeltgruppe 5

Fachangestellte für Bäderbetriebe mit entsprechender Tätigkeit.

Protokollerklärungen

1. *Anstelle einer Beschäftigten oder eines Beschäftigten in der Tätigkeit von Fachangestellten für Bäderbetriebe kann auch eine Aufsichtskraft mit Rettungsschwimmernachweis treten.*
2. *(1) Zu den Aufgaben der Betriebsleiterinnen und Betriebsleiter gehören die Aufgaben der Badebetriebsleitung, d.h. im Wesentlichen*
   a) Überwachung des Badebetriebes und Einhaltung der Haus- und Badeordnung,
   b) Einsatz, Beaufsichtigung und Überwachung des Badepersonals,
   c) Überwachung der Badeeinrichtungen und
   d) Beaufsichtigung der Reinigungsarbeiten.

   (2) [1] Zusätzlich bestehen die Aufgaben der Betriebsleiterinnen und Betriebsleiter im Folgenden:
   a) Haushalts- und Kassenangelegenheiten
   Mitwirkung bei der Aufstellung des Haushaltsplanes, Bewirtschaftung der Haushaltsmittel, Auswertung der ermittelten Betriebsergebnisse, Prüfung der Tages- und Monatsabrechnungen.
   b) Personalangelegenheiten

Erstellung der Dienstpläne bzw. Mitwirkung bei der Erstellung der Dienstpläne, Prüfung der Stundennachweise, Bearbeitung von Urlaubs- und Krankheitsfällen, Aufsicht über das Verwaltungs- und das betriebstechnische Personal.

c) Allgemeine Verwaltungsangelegenheiten
Aufnahme von Diebstählen und Unfällen, Führen von Statistiken, Fertigen von Berichten, Materialverwaltung.

[2] Es ist unschädlich, wenn der Betriebsleiterin oder dem Betriebsleiter einzelne in den Buchstaben a bis c genannte Aufgaben nicht übertragen sind.

3. [1] Die vertretene Person kann auch im Beamten- oder Soldatenverhältnis stehen. [2] In diesem Falle ist auf das Tätigkeitsmerkmal abzustellen, nach dem die vertretene Person eingruppiert wäre, wenn sie unter diesen Abschnitt fiele.

6. Baustellenaufseherinnen und -aufseher sowie Bauaufseherinnen und -aufseher

Entgeltgruppe 6

Beschäftigte der Entgeltgruppe 4,
die schwierige Kontrollarbeiten verrichten.
(Hierzu Protokollerklärung Nr. 1)

Entgeltgruppe 4

Baustellenaufseherinnen und -aufseher sowie Bauaufseherinnen und -aufseher.
(Hierzu Protokollerklärung Nr. 2)

Entgeltgruppe 3

Beschäftigte in der Baustellen- bzw. Bauaufsicht
mit Tätigkeiten, für die eine eingehende Einarbeitung bzw. eine fachliche Anlernung erforderlich ist, die über eine sehr kurze Einweisung oder Anlernphase hinausgeht.
(Hierzu Protokollerklärung Nr. 3)

Protokollerklärungen

1. Schwierige Kontrollarbeiten sind z.B.:

a) Festhalten von Zwischenaufmaßen, die während der Bauausführung erforderlich werden;

b) Fertigen von einfacheren Aufmaßskizzen sowie einfacheren Flächen- und Massenberechnungen;

c) Überwachen von Erdarbeiten in schwierigem Gelände;

d) Kontrolle des Gefälles bei Gräben und Rohrleitungen;

e) Kontrolle der Materialeinbringung für Stahlbetonarbeiten;

f) Überwachen der Arbeiten zahlreicher Baugewerke auf größeren Baustellen.

2. Baustellenaufseherinnen und -aufseher sowie Bauaufseherinnen und -aufseher sind Beschäftigte, die die vorgeschriebene Ausführung von Bauarbeiten und das Baumaterial nach Menge und Güte kontrollieren.

3. Die Einarbeitung dient dem Erwerb derjenigen Kenntnisse und Fertigkeiten, die für die Beherrschung der Arbeitsabläufe als solche erforderlich sind.

7. Bauzeichnerinnen und -zeichner sowie technische Systemplanerinnen und -planer

Entgeltgruppe 6

Beschäftigte der Entgeltgruppe 5,
deren Tätigkeit besondere Leistungen erfordert.
(Hierzu Protokollerklärung)

Entgeltgruppe 5

Bauzeichnerinnen und -zeichner sowie technische Systemplanerinnen und -planer mit abgeschlossener Berufsausbildung und entsprechender Tätigkeit sowie sonstige Beschäftigte, die aufgrund gleichwertiger Fähigkeiten und ihrer Erfahrungen entsprechende Tätigkeiten ausüben.

Protokollerklärung

Besondere Leistungen sind z.B.: Anfertigung schwieriger Zeichnungen und Pläne nach nur groben Angaben oder nach Unterlagen ohne Anleitung sowie Erstellung der sich daraus ergebenden Detailzeichnungen, Ausführung der hiermit zusammenhängenden technischen Berechnungen wie Massenermittlungen bzw. Aufstellung von Stücklisten, selbständige Ermittlung technischer Daten und Werte und ihre Auswertung bei der Anfertigung von Plänen.

8. Berechnerinnen und Berechner von Amts-, Dienst- und Versorgungsbezügen sowie von Entgelten

Entgeltgruppe 9b

Beschäftigte, denen mindestens drei Beschäftigte dieses Abschnitts mindestens der Entgeltgruppe 6 durch ausdrückliche Anordnung ständig unterstellt sind.

Entgeltgruppe 9a

1. Beschäftigte der Entgeltgruppe 6 Fallgruppe 1,
   die aufgrund der angegebenen tatsächlichen Verhältnisse Entgelte einschließlich der Krankenbezüge und Urlaubsentgelte selbständig errechnen und die damit zusammenhängenden Arbeiten (z.B. Feststellen der Versicherungspflicht in der Sozialversicherung und der Zusatzversicherung, Bearbeiten von Abtretungen und Pfändungen) selbständig ausführen sowie den damit zusammenhängenden Schriftwechsel selbständig führen.
   (Hierzu Protokollerklärungen Nrn. 1 und 2)
2. Beschäftigte der Entgeltgruppe 6 Fallgruppe 2,
   die aufgrund der angegebenen tatsächlichen Verhältnisse die für die programmgestützte Errechnung und Zahlbarmachung der Entgelte einschließlich der Krankenbezüge und Urlaubsentgelte notwendigen Merkmale und die sonstigen Anspruchsvoraussetzungen feststellen, die erforderlichen Arbeiten (z.B. Feststellen der Versicherungspflicht in der Sozialversicherung und der Zusatzversicherung, Bearbeiten von Abtretungen und Pfändungen) und Kontrollen verantwortlich vornehmen sowie den damit zusammenhängenden Schriftwechsel selbständig führen.
   (Hierzu Protokollerklärungen Nrn. 1 und 2)
3. Beschäftigte der Entgeltgruppe 6 Fallgruppe 2,
   die aufgrund der angegebenen tatsächlichen Verhältnisse die für die programmgestützte Errechnung und Zahlbarmachung der Versorgungsbezüge notwendigen Merkmale und die sonstigen Anspruchsvoraussetzungen fest-

stellen, die erforderlichen Arbeiten (z.B. Bearbeiten von Abtretungen und Pfändungen) und Kontrollen verantwortlich vornehmen sowie den damit zusammenhängenden Schriftwechsel selbständig führen.
(Hierzu Protokollerklärungen Nrn. 2 und 3)

Entgeltgruppe 8

Beschäftigte der Entgeltgruppe 6 Fallgruppe 2,

die aufgrund der angegebenen tatsächlichen Verhältnisse die für die programmgestützte Errechnung und Zahlbarmachung der Amts- oder Dienstbezüge notwendigen Merkmale und die sonstigen Anspruchsvoraussetzungen feststellen, die erforderlichen Arbeiten (z.B. Bearbeiten von Abtretungen und Pfändungen) und Kontrollen verantwortlich vornehmen sowie den damit zusammenhängenden Schriftwechsel selbständig führen.

(Hierzu Protokollerklärungen Nrn. 2 und 3)

Entgeltgruppe 7

Beschäftigte der Entgeltgruppe 6 Fallgruppe 2,

die mindestens zu einem Drittel aufgrund der angegebenen tatsächlichen Verhältnisse die für die programmgestützte Errechnung und Zahlbarmachung der Amts-, Dienst- oder Versorgungsbezüge oder der Entgelte einschließlich der Krankenbezüge und Urlaubsentgelte notwendigen Merkmale und die sonstigen Anspruchsvoraussetzungen feststellen, die erforderlichen Arbeiten (z.B. Bearbeiten von Abtretungen und Pfändungen) und Kontrollen verantwortlich vornehmen sowie den damit zusammenhängenden Schriftwechsel selbständig führen.

(Hierzu Protokollerklärungen Nrn. 2 und 3)

Entgeltgruppe 6

1. Beschäftigte der Entgeltgruppe 5,
   die aufgrund der angegebenen Merkmale Amts-, Dienst- oder Versorgungsbezüge oder Entgelte einschließlich der Krankenbezüge und Urlaubsentgelte selbständig errechnen.
   (Hierzu Protokollerklärung Nr. 2)
2. Beschäftigte, die aufgrund der angegebenen Merkmale die für die programmgestützte Errechnung und Zahlbarmachung der Amts-, Dienst- oder Versorgungsbezüge oder der Entgelte einschließlich der Krankenbezüge und Urlaubsentgelte erforderlichen Arbeiten und Kontrollen verantwortlich vornehmen.
   (Hierzu Protokollerklärung Nr. 2)

Entgeltgruppe 5

Berechnerinnen und Berechner von Amts-, Dienst- oder Versorgungsbezügen oder von Entgelten einschließlich der Krankenbezüge oder Urlaubsentgelte,

deren Tätigkeit gründliche Fachkenntnisse erfordert.

(Hierzu Protokollerklärungen Nrn. 2 und 4)

Protokollerklärungen

1. *Das Tätigkeitsmerkmal ist auch erfüllt, wenn die oder der Beschäftigte die Beschäftigungszeit sowie das Tabellenentgelt nach §§ 15 und 16 TVöD bei der Einstellung nicht festzusetzen und Abtretungen und Pfändungen nicht zu bearbeiten hat.*

2. Zu den Dienst- und Versorgungsbezügen bzw. den Entgelten im Sinne dieses Tätigkeitsmerkmals gehören gegebenenfalls auch sonstige Leistungen, z.B. Beitragszuschuss nach § 257 SGB V oder vermögenswirksame Leistungen.

3. Das Tätigkeitsmerkmal ist auch erfüllt, wenn die oder der Beschäftigte
a) die Erfahrungszeit oder die ruhegehaltfähigen Dienstbezüge nicht erstmals festzusetzen hat,
b) die ruhegehaltfähige Dienstzeit bei der Einstellung nicht festzustellen hat,
c) keine Widerspruchsbescheide zu erteilen hat oder
d) Abtretungen und Pfändungen nicht zu bearbeiten hat.

4. Erforderlich sind nähere Kenntnisse von Gesetzen, Verwaltungsvorschriften und Tarifbestimmungen usw. des Aufgabenkreises.

9. Botinnen und Boten sowie Pförtnerinnen und Pförtner

Entgeltgruppe 3

1. Botinnen und Boten.
2. Pförtnerinnen und Pförtner.

10. Fahrerinnen und Fahrer

Entgeltgruppe 5

1. Fahrerinnen und Fahrer von überschweren Kraftfahrzeugen, gepanzerten Rad- und Kettenfahrzeugen, Baugeräten oder sonstigen Spezialfahrzeugen, z.B. Lastkraftwagen – ggf. mit Anhänger – mit mehr als 5t Tragfähigkeit, Sattelschleppern, Planierraupen, Straßenhobeln, Baggern.
2. Fahrerinnen und Fahrer von Kraftfahrzeugen mit mehr als acht Fahrgastsitzplätzen.
3. Fahrerinnen und Fahrer von sondergeschützten (voll gepanzerten) Kraftfahrzeugen für die Dauer dieser Tätigkeit.
   (Hierzu Protokollerklärung)
4. Kraftfahrerinnen und Kraftfahrer, die im ständigen Wechsel und in einem Umfang von mindestens einem Viertel auch in den Fallgruppen 1, 2 oder 3 aufgeführte Kraftfahrzeuge fahren.

Entgeltgruppe 4

1. Kraftfahrerinnen und Kraftfahrer.
2. Fahrerinnen und Fahrer von zum öffentlichen Verkehr zugelassenen Flurförderzeugen.
3. Fahrerinnen und Fahrer von landwirtschaftlichen Ein- oder Mehrachsschleppern.

Entgeltgruppe 3

Fahrerinnen und Fahrer von nicht zum öffentlichen Verkehr zugelassenen Flurförderzeugen, landwirtschaftlichen Einachsschleppern, Elektrofahrzeugen oder Elektrokarren.

Protokollerklärung

Abweichend von § 17 Abs. 5 Satz 2 TVöD wird bei Höhergruppierungen in diese Entgeltgruppe die in der bisherigen Stufe zurückgelegte Stufenlaufzeit auf die Stufenlaufzeit angerechnet.

11. Systemtechnikerinnen und -techniker in der Fernmeldetechnik

Vorbemerkungen

1. Systemtechnikerinnen und -techniker sind Beschäftigte mit einschlägiger abgeschlossener Berufsausbildung mit Tätigkeiten, die die Fähigkeit voraussetzen, digitale Telekommunikationssysteme zu konfigurieren (Vermittlungsanlagen und Übertragungssysteme) sowie Funktionen und Schaltungsabläufe von Fernmeldeanlagen verschiedener Systeme (bau- und systemtechnische Anlagen) anhand technischer Unterlagen (z.B. Stromlaufplänen, Montageplänen, Zeitdiagrammen, Datenflussplänen) zu erkennen, um in der Lage zu sein, solche Fernmeldeanlagen selbständig instand zu halten und instand zu setzen.
2. Beschäftigte im Bereich des Bundesministeriums der Verteidigung, denen die TIV-ID 7 in einem einschlägigen Ausbildungsberuf zuerkannt worden ist, sind bei der Eingruppierung den Beschäftigten mit einschlägiger abgeschlossener Berufsausbildung gleichgestellt.

Entgeltgruppe 9a

Beschäftigte der Entgeltgruppe 5,
denen mindestens vier Systemtechnikerinnen oder -techniker durch ausdrückliche Anordnung ständig unterstellt sind.

Entgeltgruppe 8

1. Beschäftigte der Entgeltgruppe 5
mit besonders schwierigen Tätigkeiten.
(Hierzu Protokollerklärung Nr. 1)
2. Beschäftigte der Entgeltgruppe 6,
die an elektronischen Systemen selbständig Funktionsprüfungen durchführen und Fehler beseitigen, wenn dabei schwierige Messungen vorzunehmen sind.
(Hierzu Protokollerklärung Nr. 2)
3. Beschäftigte der Entgeltgruppe 6,
die an Telekommunikationssystemen besonderer Bauart selbständig Funktionsprüfungen durchführen und Fehler beseitigen, wenn dazu besonderes Fachwissen erforderlich ist.
4. Beschäftigte der Entgeltgruppe 5,
denen mindestens eine Systemtechnikerin oder ein Systemtechniker durch ausdrückliche Anordnung ständig unterstellt ist.

Entgeltgruppe 7

Beschäftigte der Entgeltgruppe 6 nach dreijähriger Tätigkeit in der Entgeltgruppe 6,
denen das Überprüfen und Überwachen des technischen Zustandes der telekommunikationstechnischen Anlagen gemäß den VDE-Vorschriften übertragen ist.

Entgeltgruppe 6

Beschäftigte der Entgeltgruppe 5
mit schwierigen Tätigkeiten.

Entgeltgruppe 5

Systemtechnikerinnen und -techniker in der Fernmeldetechnik.

Protokollerklärungen

1. *Besonders schwierige Tätigkeiten sind z.B. Funktionskontrollen einschließlich Eingrenzen und Beseitigen von Fehlern in Knotenvermittlungsanlagen oder an digitalen Fernübertragungssystemen.*
2. *Elektronische Systeme sind z.B.:*
   a) digitale Übertragungssysteme (z.B. multiplexe Übertragungstechnik, Richtfunksysteme),
   b) Kommunikationssysteme (z.B. Fernmeldeanlagen, Kabelanlagen, Mobilfunk),
   c) Funkanlagen (z.B. nautischer Informationsfunk),
   d) Videoüberwachungsanlagen,
   e) hydrologische Messstellen/Umwelttechnik (z.B. digitale Pegelmessanlagen, Radioaktivitätsmessstellen).

12. Beschäftigte in der Forschung

Vorbemerkung

[1]Eine Tätigkeit in der Forschung ist die Wahrnehmung von Forschungsaufgaben. [2]Forschungsaufgaben sind Aufgaben, die dazu bestimmt sind, den wissenschaftlichen Kenntnisstand zu erweitern, neue wissenschaftliche Methoden zu entwickeln oder wissenschaftliche Kenntnisse und wissenschaftliche Methoden auf bisher nicht beurteilbare Sachverhalte anzuwenden. [3]Die Tätigkeitsmerkmale für Beschäftigte mit Forschungsaufgaben gelten auch für Ärztinnen und Ärzte, Apothekerinnen und Apotheker, Tierärztinnen und Tierärzte sowie Zahnärztinnen und Zahnärzte mit Forschungsaufgaben.

Entgeltgruppe 15

Beschäftigte der Entgeltgruppe 14 Fallgruppe 1,
deren Tätigkeit sich dadurch, dass sie bei schwierigen Forschungsaufgaben hochwertige Leistungen erfordert, aus der Entgeltgruppe 14 Fallgruppe 1 heraushebt.

Entgeltgruppe 14

1. Beschäftigte der Entgeltgruppe 13,
   deren Tätigkeit sich dadurch aus der Entgeltgruppe 13 heraushebt, dass schwierige Forschungsaufgaben zur selbständigen und verantwortlichen Bearbeitung übertragen sind.
2. Beschäftigte der Entgeltgruppe 13,
   deren Tätigkeit sich dadurch aus der Entgeltgruppe 13 heraushebt, dass mindestens zu einem Drittel schwierige Forschungsaufgaben zur selbständigen und verantwortlichen Bearbeitung übertragen sind.

Entgeltgruppe 13

Beschäftigte mit abgeschlossener wissenschaftlicher Hochschulbildung und entsprechender Tätigkeit in der Forschung sowie sonstige Beschäftigte, die aufgrund gleichwertiger Fähigkeiten und ihrer Erfahrungen entsprechende Tätigkeiten ausüben.

13. Beschäftigte im Forstdienst

Entgeltgruppe 12

Beschäftigte der Entgeltgruppe 11,
deren Tätigkeit sich durch das Maß der damit verbundenen Verantwortung erheblich aus der Entgeltgruppe 11 heraushebt.

Entgeltgruppe 11

Beschäftigte der Entgeltgruppe 9c,
deren Tätigkeit sich durch besondere Schwierigkeit und Bedeutung aus der Entgeltgruppe 9c heraushebt.

Entgeltgruppe 10

Beschäftigte der Entgeltgruppe 9c,
deren Tätigkeit sich mindestens zu einem Drittel durch besondere Schwierigkeit und Bedeutung aus der Entgeltgruppe 9c heraushebt.

Entgeltgruppe 9c

Beschäftigte der Entgeltgruppe 9b,
deren Tätigkeit sich dadurch aus der Entgeltgruppe 9b heraushebt, dass sie besonders verantwortungsvoll ist.

Entgeltgruppe 9b

Beschäftigte im forstlichen Innen- oder Außendienst mit abgeschlossener forstlicher Hochschulbildung und entsprechender Tätigkeit sowie sonstige Beschäftigte, die aufgrund gleichwertiger Fähigkeiten und ihrer Erfahrungen entsprechende Tätigkeiten ausüben.

14. Fotografinnen und Fotografen

Entgeltgruppe 9b

Beschäftigte der Entgeltgruppe 9a Fallgruppe 3,
die mindestens zu einem Viertel selbständig neue Arbeitsverfahren zu entwickeln und zu erproben haben.

Entgeltgruppe 9a

1. Beschäftigte der Entgeltgruppe 5,
   denen mindestens acht Beschäftigte dieses Abschnitts durch ausdrückliche Anordnung ständig unterstellt sind.
2. Beschäftigte der Entgeltgruppe 5,
   denen mindestens vier Beschäftigte dieses Abschnitts mindestens der Entgeltgruppe 8 durch ausdrückliche Anordnung ständig unterstellt sind.
3. Beschäftigte der Entgeltgruppe 8 Fallgruppe 1,
   die in Forschungseinrichtungen Arbeitsergebnisse zu erbringen haben, die hohen wissenschaftlichen Ansprüchen genügen.

Entgeltgruppe 8

1. Beschäftigte der Entgeltgruppe 5
   mit besonders schwierigen Tätigkeiten.
   (Hierzu Protokollerklärung Nr. 1)
2. Beschäftigte der Entgeltgruppe 5,
   denen mindestens vier Beschäftigte dieses Abschnitts durch ausdrückliche Anordnung ständig unterstellt sind.

Entgeltgruppe 6

Beschäftigte der Entgeltgruppe 5
mit schwierigen Tätigkeiten.
(Hierzu Protokollerklärung Nr. 2)

Entgeltgruppe 5

Fotografeninnen und Fotografen mit abgeschlossener Berufsausbildung und entsprechender Tätigkeit sowie sonstige Beschäftigte, die aufgrund gleichwertiger Fähigkeiten und ihrer Erfahrungen entsprechende Tätigkeiten ausüben.

Protokollerklärungen

1. *Besonders schwierige Tätigkeit ist das selbständige Herstellen objektgerechter fotografischer Aufnahmen unter Berücksichtigung der jeweiligen fachlichen Anforderungen bei besonders erschwerten fototechnischen Aufnahmebedingungen, z.B.*
   a) *Aufnahmen von schlecht sichtbaren Spuren im Polizeidienst;*
   b) *Intraoralaufnahmen, Aufnahme eines Lehrfilms bei einer Shuntoperation im medizinischen Bereich;*
   c) *Aufnahmen, die die besondere Herausarbeitung bestimmter für die wissenschaftliche Bearbeitung notwendiger Merkmale erfordern, in der Forschung und in der Materialprüfung;*
   d) *Aufnahmen in schwer zugänglichem Gelände, für die umfangreiche alpine Kenntnisse wie z.B. alpines Skifahren, Klettern bis mindestens Schwierigkeitsgrad 5 mit Akia oder behelfsmäßiger Ausrüstung notwendig sind.*
2. *Schwierige Tätigkeit ist das selbständige Herstellen objektgerechter fotografischer Aufnahmen unter Berücksichtigung der jeweiligen fachlichen Anforderungen, z.B.*
   a) *Aufnahmen zur Beweissicherung an Tat- und Unfallorten im Polizeidienst;*
   b) *Operationsaufnahmen im medizinischen Bereich;*
   c) *Aufnahmen bei der Durchführung von Forschungsaufgaben, für Lehrzwecke oder bei Versuchen zur Materialprüfung in den Bereichen der Forschung, der wissenschaftlichen Lehre und der Materialprüfung.*

15. Fotolaborantinnen und -laboranten

Entgeltgruppe 6

Beschäftigte der Entgeltgruppe 4,
die bei Colorentwicklungsarbeiten selbständig Filterbestimmungen zur Erzielung höchster Farbgenauigkeit oder besonderer Farbdarstellung vornehmen.

Entgeltgruppe 4

Fotolaborantinnen und -laboranten mit abgeschlossener Berufsausbildung und entsprechender Tätigkeit.

Entgeltgruppe 3

Beschäftigte in der Tätigkeit von Fotolaborantinnen und -laboranten mit abgeschlossener Berufsausbildung.

16. Beschäftigte im Fremdsprachendienst

16.1. Fremdsprachenassistentinnen und -assistenten (Fremdsprachensekretärinnen und -sekretäre)

Vorbemerkungen

1. [1] Beschäftigte, die im Rahmen ihrer Tätigkeit Tastaturen mit nichtlateinischen Schriftzeichen bedienen und hierbei vollwertige Leistungen erbringen, erhalten für die Dauer dieser Tätigkeit eine Entgeltgruppenzulage:
   Beschäftigte der Entgeltgruppe 8 gemäß § 17 Nr. 5,
   Beschäftigte der Entgeltgruppen 9a und 9b gemäß § 17 Nr. 6.

   [2] Der Umfang dieser Schreibleistungen muss mindestens ein Drittel der unter diesen Unterabschnitt fallenden Tätigkeit ausmachen. [3] Die Entgeltgruppenzulage gilt bei der Bemessung des Sterbegeldes (§ 23 Abs. 3 TVöD) als Bestandteil des Tabellenentgelts.
2. [1] Ein einsprachiger Einsatz liegt vor, wenn der schriftliche Einsatz in der fremden Sprache mindestens 10 v.H. der gesamten Arbeitszeit der oder des Beschäftigten ausmacht. [2] Ein zweisprachiger Einsatz liegt vor, wenn der schriftliche Einsatz in der zweiten fremden Sprache mindestens 5 v.H. der gesamten Arbeitszeit der oder des Beschäftigten ausmacht. [3] Ein mehr als zweisprachiger Einsatz liegt vor, wenn der schriftliche Einsatz in einer dritten fremden Sprache ebenfalls mindestens 5 v.H. der gesamten Arbeitszeit der oder des Beschäftigten ausmacht.

Entgeltgruppe 9b

Fremdsprachenassistentinnen und -assistenten (Fremdsprachensekretärinnen und -sekretäre), die in mehr als zwei fremden Sprachen Sekretariats- und Bürotätigkeiten geläufig ausüben.
(Hierzu Protokollerklärung Nr. 1)

Entgeltgruppe 9a

Fremdsprachenassistentinnen und -assistenten (Fremdsprachensekretärinnen und -sekretäre), die in zwei fremden Sprachen Sekretariats- und Bürotätigkeiten geläufig ausüben.
(Hierzu Protokollerklärungen Nrn. 1 und 3)

Entgeltgruppe 8

Fremdsprachenassistentinnen und -assistenten (Fremdsprachensekretärinnen und -sekretäre), die in einer fremden Sprache Sekretariats- und Bürotätigkeiten geläufig ausüben.
(Hierzu Protokollerklärungen Nrn. 1 und 3)

Entgeltgruppe 7

Beschäftigte, die mit Rücksicht auf die beabsichtigte Beschäftigung als Fremdsprachenassistentin oder -assistent (Fremdsprachensekretärin oder -sekretär) bei der Einstellung den Nachweis erbringen, dass sie in zwei fremden Sprachen schriftlich und mündlich Sekretariats- und Bürotätigkeiten geläufig ausüben können.
(Hierzu Protokollerklärung Nr. 2)

Entgeltgruppe 6

Beschäftigte, die mit Rücksicht auf die beabsichtigte Beschäftigung als Fremdsprachenassistentin oder -assistent (Fremdsprachensekretärin oder -sekretär) bei der Einstellung den Nachweis erbringen, dass sie in einer fremden Sprache schriftlich und mündlich Sekretariats- und Bürotätigkeiten geläufig ausüben können.

(Hierzu Protokollerklärung Nr. 2)

Protokollerklärungen

1. *[1] Schriftliche fremdsprachliche Sekretariats- und Bürotätigkeiten sind insbesondere Übersetzungen von Texten, deren Verständnis in der Ausgangssprache weder inhaltlich noch sprachlich Schwierigkeiten bietet sowie von Texten, deren adäquate Wiedergabe in der Zielsprache keine besonderen Anforderungen an das Formulierungsvermögen stellt. [2] Die Übertragung einfacher Texte schließt auch die Erledigung der fremdsprachigen Routinekorrespondenz, die Anfertigung von Gesprächsprotokollen, die sprachliche Mitgestaltung des Internetauftritts sowie die Erstellung von Einladungen und Programmen ein. [3] Hierzu gehört auch die Aufbereitung von Texten für computerunterstütztes Übersetzen und die computerunterstützte Sprachausbildung. [4] Unter mündliche fremdsprachliche Sekretariats- und Bürotätigkeiten fallen insbesondere fremdsprachliche Telefongespräche, Gespräche im Rahmen des Besucher- und Kundenverkehrs, sowie die dienstliche Kommunikation mit anderen Beschäftigten der Dienststellen im Ausland, die der deutschen Sprache nicht hinreichend mächtig sind. [5] Die dienstliche Kommunikation beinhaltet, Ausführungen bis zur Dauer von einer Minute inhaltlich richtig aus einer fremden Sprache ins Deutsche und umgekehrt mündlich zu übertragen.*
2. *Der Anspruch auf Eingruppierung nach den Entgeltgruppen 6 und 7 erlischt, wenn nicht spätestens nach Ablauf von drei Jahren nach der Einstellung die endgültige Beschäftigung als Fremdsprachenassistentin oder -assistent (Fremdsprachensekretärin oder -sekretär) erfolgt und während dieser Frist nicht durch alljährlich von der beschäftigenden Behörde anzuordnende Überprüfungen die erforderlichen sprachlichen Kenntnisse und Fähigkeiten nachgewiesen werden.*
3. *Werden einer oder einem nach diesem Unterabschnitt in den Entgeltgruppen 8 oder 9a eingruppierten Beschäftigten im Rahmen der im Auswärtigen Dienst üblichen Rotation aus zwingenden dienstlichen Gründen Tätigkeiten einer niedrigeren Entgeltgruppe übertragen, bleibt die bisherige Eingruppierung für die Dauer der aus zwingenden dienstlichen Gründen wahrgenommenen Tätigkeit der niedrigeren Entgeltgruppe unberührt (ohne zeitliche Befristung).*

16.2. *(aufgehoben)*

16.3. Konferenzdolmetscherinnen und -dolmetscher

Vorbemerkungen

1. [1] Voraussetzung für die Eingruppierung nach den Tätigkeitsmerkmalen dieses Unterabschnitts ist, dass die Beschäftigten die Fähigkeit besitzen, konsekutiv und simultan zu dolmetschen. [2] Beschäftigte dolmetschen konsekutiv, wenn sie Ausführungen in einer Sprache unmittelbar anschließend inhaltlich richtig und sprachlich einwandfrei in eine andere Sprache mündlich übertragen. [3] Sie müssen zusammenhängende Ausführungen von etwa 10 Minuten Dauer übertragen können. [4] Beschäftigte dolmetschen simultan, wenn sie über eine technische Anlage Ausführungen einer Rednerin oder eines Redners hören und die Ausführungen gleichzeitig inhaltlich richtig und sprachlich einwand-

frei in eine andere Sprache mündlich übertragen. [5] Dolmetschen Beschäftigte nur konsekutiv oder nur simultan, so erfüllen sie ebenfalls die Voraussetzung für die Eingruppierung nach den Tätigkeitsmerkmalen dieses Unterabschnitts.

2. Auf die mindestens dreijährige Berufserfahrung als Dolmetscherin oder Dolmetscher werden Zeiten gleicher Tätigkeit außerhalb des Geltungsbereichs dieses Tarifvertrages angerechnet.

Entgeltgruppe 15

1. Beschäftigte mit einschlägiger abgeschlossener wissenschaftlicher Hochschulbildung oder mindestens dreijähriger Berufserfahrung als Dolmetscherinnen oder Dolmetscher, die aus mindestens einer fremden Sprache ins Deutsche und umgekehrt dolmetschen und aufgrund ihrer sprachlichen und fachlichen Kenntnisse allseitig verwendet werden.
   (Hierzu Protokollerklärung Nr. 1)
2. Beschäftigte mit einschlägiger abgeschlossener wissenschaftlicher Hochschulbildung oder mindestens dreijähriger Berufserfahrung als Dolmetscherinnen oder Dolmetscher, die aus mindestens zwei fremden Sprachen ins Deutsche und umgekehrt dolmetschen und aufgrund ihrer sprachlichen und fachlichen Kenntnisse vielseitig verwendet werden.
   (Hierzu Protokollerklärung Nr. 2)
3. Beschäftigte mit einschlägiger abgeschlossener wissenschaftlicher Hochschulbildung oder mindestens dreijähriger Berufserfahrung als Dolmetscherinnen oder Dolmetscher, die einen Sprachendienst oder, im Falle einer größeren gegliederten Arbeitseinheit, einen seiner Fachbereiche leiten.
   (Hierzu Protokollerklärung Nr. 3)

Entgeltgruppe 14

1. Beschäftigte mit einschlägiger abgeschlossener wissenschaftlicher Hochschulbildung oder mindestens dreijähriger Berufserfahrung als Dolmetscherinnen oder Dolmetscher, die aus mindestens einer fremden Sprache ins Deutsche und umgekehrt dolmetschen und die gleichzeitig entweder aufgrund ihrer sprachlichen und fachlichen Kenntnisse vielseitig verwendet werden oder denen dauerhaft über ihren Aufgabenbereich hinausgehende fachliche oder sprachliche Planungs- und Koordinierungsaufgaben schriftlich übertragen wurden.
   (Hierzu Protokollerklärungen Nrn. 2 und 4)
2. Beschäftigte mit einschlägiger abgeschlossener wissenschaftlicher Hochschulbildung oder mindestens dreijähriger Berufserfahrung als Dolmetscherinnen oder Dolmetscher, die aus mindestens zwei fremden Sprachen ins Deutsche und umgekehrt dolmetschen.

Entgeltgruppe 13

Beschäftigte mit einschlägiger abgeschlossener wissenschaftlicher Hochschulbildung oder mindestens dreijähriger Berufserfahrung als Dolmetscherinnen oder Dolmetscher, die aus einer fremden Sprache ins Deutsche und umgekehrt dolmetschen.

Protokollerklärungen

1. Die allseitige Verwendung erfordert die Fähigkeit, ohne Rücksicht auf die Zahl der Teilnehmerinnen und Teilnehmer in Konferenzen oder bei Besprechungen zwischen führenden Persönlichkeiten auf den wesentlichen Fachgebieten des Ressorts und ggf. auch auf einzelnen ressortfremden Fachgebieten zu dolmetschen.

2. Die vielseitige Verwendung erfordert die Fähigkeit, auf mehreren Fachgebieten des Ressorts zu dolmetschen.

3. [1] Ein Sprachendienst in Form einer größeren gegliederten Arbeitseinheit ist mehrzügig organisiert und besteht aus mehreren Fachbereichen. [2] Der Leitung eines Fachbereichs sind mindestens drei Beschäftigte dieses Unterabschnitts unterstellt.

4. [1] Zu den fachlichen oder sprachlichen Planungs- und Koordinierungsaufgaben zählen die Rekrutierung und Koordination von Dolmetscherteams bei internationalen Konferenzen, die Planung und Durchführung von Fortbildungsmaßnahmen oder die Leitung einer aus mindestens vier Beschäftigten der Unterabschnitte 3 und 4 bestehenden Sprachgruppe. [2] Die genannten Tätigkeiten müssen mindestens 10 v.H. der Gesamttätigkeit ausmachen. [3] Pro Sprache darf nur eine Person mit der Sprachgruppenleitung beauftragt sein.

16.4. Überprüferinnen und Überprüfer, Übersetzerinnen und Übersetzer, Terminologinnen und Terminologen sowie Lexikografinnen und Lexikografen

Vorbemerkung

Werden Überprüferinnen oder Überprüfer oder Übersetzerinnen oder Übersetzer neben ihrer Tätigkeit als solche nicht nur gelegentlich als Konferenzdolmetscherinnen oder -dolmetscher beschäftigt, so sind sie nach den dafür in Betracht kommenden Tätigkeitsmerkmalen der Konferenzdolmetscherinnen und -dolmetscher einzugruppieren, sofern es für sie günstiger ist.

Entgeltgruppe 15

1. Beschäftigte mit einschlägiger abgeschlossener wissenschaftlicher Hochschulbildung oder mindestens dreijähriger Berufserfahrung als Überprüferinnen oder Überprüfer oder als Übersetzerinnen oder Übersetzer,
die Übersetzungen in mindestens drei Sprachrichtungen verantwortlich überprüfen und in druckreife Form bringen.
(Hierzu Protokollerklärungen Nrn. 1, 2 und 3)
2. Beschäftigte mit einschlägiger abgeschlossener wissenschaftlicher Hochschulbildung oder mindestens dreijähriger Berufserfahrung als Überprüferinnen oder Überprüfer oder als Übersetzerinnen oder Übersetzer,
die in mindestens zwei Sprachrichtungen entweder Übersetzungen verantwortlich überprüfen oder schwierige Texte qualifiziert übersetzen und die jeweils aufgrund ihrer sprachlichen und fachlichen Kenntnisse allseitig verwendet werden.
(Hierzu Protokollerklärungen Nrn. 1, 3, 4, 5 und 6)
3. Beschäftigte mit einschlägiger abgeschlossener wissenschaftlicher Hochschulbildung oder mindestens dreijähriger Berufserfahrung als Überprüferinnen oder Überprüfer, als Übersetzerinnen oder Übersetzer oder als Terminologinnen oder Terminologen,
die einen Sprachendienst oder, im Falle einer größeren gegliederten Arbeitseinheit, einen seiner Fachbereiche leiten.
(Hierzu Protokollerklärungen Nrn. 3 und 7)

Entgeltgruppe 14

1. Beschäftigte mit einschlägiger abgeschlossener wissenschaftlicher Hochschulbildung oder mindestens dreijähriger Berufserfahrung als Überprüferinnen oder Überprüfer oder als Übersetzerinnen oder Übersetzer,
   die Übersetzungen in mindestens einer Sprachrichtung verantwortlich überprüfen und in druckreife Form bringen.
   (Hierzu Protokollerklärungen Nrn. 1, 2 und 3)
2. Beschäftigte mit einschlägiger abgeschlossener wissenschaftlicher Hochschulbildung oder mindestens dreijähriger Berufserfahrung als Überprüferinnen oder Überprüfer oder als Übersetzerinnen oder Übersetzer,
   die in mindestens zwei Sprachrichtungen entweder Übersetzungen verantwortlich überprüfen oder schwierige Texte qualifiziert übersetzen und
   a) die aufgrund ihrer sprachlichen und fachlichen Kenntnisse vielseitig verwendet werden oder
   b) denen mindestens zu einem Zehntel über ihren Aufgabenbereich hinausgehende fachliche oder sprachliche Planungs- und Koordinierungsaufgaben schriftlich übertragen wurden
   (Hierzu Protokollerklärungen Nrn. 1, 3, 4, 5, 8 und 9)
3. Beschäftigte mit einschlägiger abgeschlossener wissenschaftlicher Hochschulbildung oder mindestens dreijähriger Berufserfahrung als Terminologinnen oder Terminologen, als Überprüferinnen oder Überprüfer oder als Übersetzerinnen oder Übersetzer,
   die redaktionell bearbeitete Wortgutbestände überprüfen und grundsätzliche und verbindliche lexikografische und terminologische Entscheidungen herbeiführen.
   (Hierzu Protokollerklärung Nr. 3)

Entgeltgruppe 13

1. Beschäftigte mit einschlägiger abgeschlossener wissenschaftlicher Hochschulbildung oder mindestens dreijähriger Berufserfahrung als Überprüferinnen oder Überprüfer oder als Übersetzerinnen oder Übersetzer,
   die Übersetzungen in mindestens zwei Sprachrichtungen verantwortlich überprüfen.
   (Hierzu Protokollerklärungen Nrn. 1 und 3)
2. Beschäftigte mit einschlägiger abgeschlossener wissenschaftlicher Hochschulbildung oder mindestens dreijähriger Berufserfahrung als Überprüferinnen oder Überprüfer oder als Übersetzerinnen oder Übersetzer, die
   a) Übersetzungen in einer Sprachrichtung verantwortlich überprüfen und
   b) aufgrund ihrer sprachlichen und fachlichen Kenntnisse vielseitig verwendet werden.
   (Hierzu Protokollerklärungen Nrn. 1, 3 und 8)
3. Beschäftigte mit einschlägiger abgeschlossener wissenschaftlicher Hochschulbildung,
   die schwierige Texte in mindestens zwei Sprachrichtungen qualifiziert übersetzen.
   (Hierzu Protokollerklärungen Nrn. 4 und 5)
4. Beschäftigte mit mindestens dreijähriger Berufserfahrung als Übersetzerinnen oder Übersetzer, die
   a) schwierige Texte in mindestens zwei Sprachrichtungen übersetzen und

b) in der Sprachrichtung, in der sie überwiegend eingesetzt sind, nachweislich Leistungen erbringen, die denen von Beschäftigten der Entgeltgruppe 13 Fallgruppe 3 entsprechen.

(Hierzu Protokollerklärungen Nrn. 3, 5 und 10)

5. Beschäftigte mit einschlägiger abgeschlossener wissenschaftlicher Hochschulbildung oder mindestens dreijähriger Berufserfahrung als Terminologinnen oder Terminologen, als Überprüferinnen oder Überprüfer oder als Übersetzerinnen oder Übersetzer,
die lexikografische Arbeiten und terminologische Auswertungen verantwortlich überprüfen.
(Hierzu Protokollerklärung Nr. 3)

Entgeltgruppe 12

1. Beschäftigte mit einschlägiger abgeschlossener Hochschulbildung und entsprechender Tätigkeit sowie sonstige Beschäftigte, die aufgrund gleichwertiger Fähigkeiten und ihrer Erfahrungen entsprechende Tätigkeiten ausüben, die
   a) schwierige Texte in zwei Sprachrichtungen übersetzen und dabei gründliche Kenntnisse auf mindestens einem Fachgebiet des Ressorts oder auf einem wissenschaftlichen oder wissenschaftlich-technischen Fachgebiet zur Geltung bringen sowie
   b) bei Besprechungen kürzere zusammenhängende Ausführungen inhaltlich und sprachlich richtig in eine fremde Sprache und umgekehrt mündlich übertragen.

   (Hierzu Protokollerklärungen Nrn. 5, 11 und 12)
2. Beschäftigte mit einschlägiger abgeschlossener Hochschulbildung und entsprechender Tätigkeit sowie sonstige Beschäftigte, die aufgrund gleichwertiger Fähigkeiten und ihrer Erfahrungen entsprechende Tätigkeiten ausüben, die
   a) schwierige Texte in mindestens drei Sprachrichtungen übersetzen und
   b) dabei gründliche Kenntnisse auf mindestens einem Fachgebiet des Ressorts oder auf einem wissenschaftlichen oder wissenschaftlich-technischen Fachgebiet zur Geltung bringen.

   (Hierzu Protokollerklärungen Nrn. 5 und 12)
3. Beschäftigte mit einschlägiger abgeschlossener Hochschulbildung und entsprechender Tätigkeit sowie sonstige Beschäftigte, die aufgrund gleichwertiger Fähigkeiten und ihrer Erfahrungen entsprechende Tätigkeiten ausüben, die
   a) schwierige Texte in mindestens drei Sprachrichtungen übersetzen und
   b) bei Besprechungen kürzere zusammenhängende Ausführungen inhaltlich und sprachlich richtig in eine fremde Sprache und umgekehrt mündlich übertragen.

   (Hierzu Protokollerklärungen Nrn. 5 und 11)
4. Beschäftigte mit einschlägiger abgeschlossener Hochschulbildung und entsprechender Tätigkeit sowie sonstige Beschäftigte, die aufgrund gleichwertiger Fähigkeiten und ihrer Erfahrungen entsprechende Tätigkeiten ausüben, die Grundlagen für die Übersetzertätigkeit erarbeiten und bereits seit mindestens zwei Jahren schwierige Texte in mindestens zwei Sprachrichtungen übersetzen und

a) dabei gründliche Kenntnisse auf mindestens einem Fachgebiet des Ressorts oder auf einem wissenschaftlichen oder wissenschaftlich-technischen Fachgebiet zur Geltung bringen, oder

b) bei Besprechungen kürzere zusammenhängende Ausführungen inhaltlich und sprachlich richtig in eine fremde Sprache und umgekehrt mündlich übertragen.

(Hierzu Protokollerklärungen Nrn. 5, 11 und 12)

5. Beschäftigte mit einschlägiger abgeschlossener Hochschulbildung und entsprechender Tätigkeit sowie sonstige Beschäftigte, die aufgrund gleichwertiger Fähigkeiten und ihrer Erfahrungen entsprechende Tätigkeiten ausüben, die

a) fremdsprachig/deutsches und deutsch/fremdsprachiges Wortgut in mindestens zwei fremden Sprachen lexikografisch bearbeiten sowie

b) fremdsprachiges und deutsches Schrifttum in diesen Sprachen vergleichend terminologisch auswerten und Wortgutbestände redaktionell bearbeiten.

(Hierzu Protokollerklärungen Nrn. 13 und 14)

Entgeltgruppe 11

1. Beschäftigte mit einschlägiger abgeschlossener Hochschulbildung und entsprechender Tätigkeit sowie sonstige Beschäftigte, die aufgrund gleichwertiger Fähigkeiten und ihrer Erfahrungen entsprechende Tätigkeiten ausüben, die

a) schwierige Texte in zwei Sprachrichtungen übersetzen und

b) dabei gründliche Kenntnisse auf mindestens einem Fachgebiet des Ressorts oder auf einem wissenschaftlichen oder wissenschaftlich-technischen Fachgebiet zur Geltung bringen.

(Hierzu Protokollerklärungen Nrn. 5 und 12)

2. Beschäftigte mit einschlägiger abgeschlossener Hochschulbildung und entsprechender Tätigkeit sowie sonstige Beschäftigte, die aufgrund gleichwertiger Fähigkeiten und ihrer Erfahrungen entsprechende Tätigkeiten ausüben, die

a) schwierige Texte in zwei Sprachrichtungen übersetzen und

b) bei Besprechungen kürzere zusammenhängende Ausführungen inhaltlich und sprachlich richtig in eine fremde Sprache und umgekehrt mündlich übertragen.

(Hierzu Protokollerklärungen Nrn. 5 und 11)

3. Beschäftigte mit einschlägiger abgeschlossener Hochschulbildung und entsprechender Tätigkeit sowie sonstige Beschäftigte, die aufgrund gleichwertiger Fähigkeiten und ihrer Erfahrungen entsprechende Tätigkeiten ausüben, die

a) schwierige Texte in einer Sprachrichtung übersetzen und dabei gründliche Kenntnisse auf mindestens einem Fachgebiet des Ressorts oder auf einem wissenschaftlichen oder wissenschaftlich-technischen Fachgebiet zur Geltung bringen sowie

b) bei Besprechungen kürzere zusammenhängende Ausführungen inhaltlich und sprachlich richtig in eine fremde Sprache und umgekehrt mündlich übertragen.

(Hierzu Protokollerklärungen Nrn. 5, 11 und 12)

4. Beschäftigte mit einschlägiger abgeschlossener Hochschulbildung und entsprechender Tätigkeit sowie sonstige Beschäftigte, die aufgrund gleichwertiger Fähigkeiten und ihrer Erfahrungen entsprechende Tätigkeiten ausüben, die schwierige Texte in mindestens drei Sprachrichtungen übersetzen.
   (Hierzu Protokollerklärung Nr. 5)
5. Beschäftigte mit einschlägiger abgeschlossener Hochschulbildung und entsprechender Tätigkeit sowie sonstige Beschäftigte, die aufgrund gleichwertiger Fähigkeiten und ihrer Erfahrungen entsprechende Tätigkeiten ausüben, die
   a) fremdsprachig/deutsches und deutsch/fremdsprachiges Wortgut in mindestens einer fremden Sprache lexikografisch bearbeiten sowie
   b) fremdsprachiges und deutsches Schrifttum in dieser Sprache vergleichend terminologisch auswerten und Wortgutbestände redaktionell bearbeiten.

   (Hierzu Protokollerklärungen Nrn. 13 und 14)
6. Beschäftigte mit einschlägiger abgeschlossener Hochschulbildung und entsprechender Tätigkeit sowie sonstige Beschäftigte, die aufgrund gleichwertiger Fähigkeiten und ihrer Erfahrungen entsprechende Tätigkeiten ausüben, die
   a) fremdsprachig/deutsches und deutsch/fremdsprachiges Wortgut in mindestens zwei fremden Sprachen lexikografisch bearbeiten sowie
   b) fremdsprachiges und deutsches Schrifttum in diesen Sprachen vergleichend terminologisch auswerten.

   (Hierzu Protokollerklärungen Nrn. 13 und 14)

Entgeltgruppe 10

1. Beschäftigte mit einschlägiger abgeschlossener Hochschulbildung und entsprechender Tätigkeit sowie sonstige Beschäftigte, die aufgrund gleichwertiger Fähigkeiten und ihrer Erfahrungen entsprechende Tätigkeiten ausüben, die schwierige Texte in zwei Sprachrichtungen übersetzen.
   (Hierzu Protokollerklärung Nr. 5)
2. Beschäftigte mit einschlägiger abgeschlossener Hochschulbildung und entsprechender Tätigkeit sowie sonstige Beschäftigte, die aufgrund gleichwertiger Fähigkeiten und ihrer Erfahrungen entsprechende Tätigkeiten ausüben, die
   a) schwierige Texte in einer Sprachrichtung übersetzen und
   b) dabei gründliche Kenntnisse auf mindestens einem Fachgebiet des Ressorts oder auf einem wissenschaftlichen oder wissenschaftlich-technischen Fachgebiet zur Geltung bringen.

   (Hierzu Protokollerklärungen Nrn. 5 und 12)
3. Beschäftigte mit einschlägiger abgeschlossener Hochschulbildung und entsprechender Tätigkeit sowie sonstige Beschäftigte, die aufgrund gleichwertiger Fähigkeiten und ihrer Erfahrungen entsprechende Tätigkeiten ausüben, die
   a) schwierige Texte in einer Sprachrichtung übersetzen und
   b) bei Besprechungen kürzere zusammenhängende Ausführungen inhaltlich und sprachlich richtig in eine fremde Sprache und umgekehrt mündlich übertragen.

   (Hierzu Protokollerklärungen Nrn. 5 und 11)

4. Beschäftigte mit einschlägiger abgeschlossener Hochschulbildung und entsprechender Tätigkeit sowie sonstige Beschäftigte, die aufgrund gleichwertiger Fähigkeiten und ihrer Erfahrungen entsprechende Tätigkeiten ausüben, die
   a) fremdsprachig/deutsches und deutsch/fremdsprachiges Wortgut in mindestens einer fremden Sprache lexikografisch bearbeiten sowie
   b) fremdsprachiges und deutsches Schrifttum vergleichend terminologisch auswerten.

   (Hierzu Protokollerklärungen Nrn. 13 und 14)
5. Beschäftigte mit einschlägiger abgeschlossener Hochschulbildung und entsprechender Tätigkeit sowie sonstige Beschäftigte, die aufgrund gleichwertiger Fähigkeiten und ihrer Erfahrungen entsprechende Tätigkeiten ausüben, die fremdsprachig/deutsches und deutsch/fremdsprachiges Wortgut in mindestens zwei fremden Sprachen lexikografisch bearbeiten.
   (Hierzu Protokollerklärung Nr. 14)

Entgeltgruppe 9b

1. Beschäftigte mit einschlägiger abgeschlossener Hochschulbildung und entsprechender Tätigkeit sowie sonstige Beschäftigte, die aufgrund gleichwertiger Fähigkeiten und ihrer Erfahrungen entsprechende Tätigkeiten ausüben, die schwierige Texte in mindestens einer Sprachrichtung übersetzen.
   (Hierzu Protokollerklärung Nr. 5)
2. Beschäftigte mit einschlägiger abgeschlossener Hochschulbildung und entsprechender Tätigkeit sowie sonstige Beschäftigte, die aufgrund gleichwertiger Fähigkeiten und ihrer Erfahrungen entsprechende Tätigkeiten ausüben, die fremdsprachig/deutsches und deutsch/fremdsprachiges Wortgut lexikografisch bearbeiten.
   (Hierzu Protokollerklärung Nr. 14)

Protokollerklärungen

1. *[1] Überprüfen heißt Vergleichen von Übersetzungen mit dem Originaltext auf Vollständigkeit, auf sprachliche, sachliche und terminologische Richtigkeit, ferner soweit erforderlich das stilistische Ausfeilen der Übersetzung unter Wahrung der Stilebene des Originaltextes. [2] Die Übersetzungen dürfen nur von Übersetzerinnen oder Übersetzern oder anderen Beschäftigten, nicht aber von der oder dem Überprüfenden angefertigt worden sein. [3] Beschäftigte überprüfen verantwortlich, wenn die überprüfte Übersetzung keiner weiteren Kontrolle mehr unterliegt.*
2. *[1] Eine Übersetzung ist dann in druckreife Form zu bringen, wenn sie unter Wahrung der Stilebene des Originaltextes stilistisch ausgefeilt werden und den für die Abfassung von Gesetzen, Verträgen, Vorschriften, anderen amtlichen Veröffentlichungen oder wissenschaftlichen Arbeiten geltenden Grundsätzen der sprachlichen Gestaltung vollständig entsprechen und höchsten Anforderungen genügen muss. [2] Ob die druckreife Form erforderlich ist, ergibt sich aus dem Verwendungszweck der Übersetzung oder aus einer ausdrücklichen Anordnung im Einzelfall.*
3. *Auf die mindestens dreijährige Berufserfahrung als Übersetzerin oder Übersetzer, als Überprüferin oder Überprüfer oder als Terminologin oder Terminologe werden Zeiten gleicher Tätigkeit außerhalb des Geltungsbereiches dieses Tarifvertrages angerechnet.*
4. *Beschäftigte übersetzen qualifiziert, wenn die Übersetzung besonderen qualitativen Anforderungen entspricht, weil sie in druckreife Form zu bringen ist.*

5. *Ein Text ist dann als schwierig zu bezeichnen, wenn*
   a) zu seinem sprachlich und inhaltlich richtigen Verständnis eine eingehende Textanalyse sowie ein entsprechendes Einfühlungs- und Vorstellungsvermögen auf den einschlägigen wissenschaftlichen oder technischen Fachgebieten erforderlich ist und
   b) seine originalgetreue, sinnwahrende, inhaltlich und formal adäquate Übertragung die erforderliche Vertrautheit mit den Ausdrucksmitteln der Zielsprache voraussetzt.
6. *Die allseitige Verwendung erfordert die Fähigkeit, auf den wesentlichen Fachgebieten des Ressorts und ggf. auch auf einzelnen ressortfremden Fachgebieten qualifiziert zu übersetzen bzw. verantwortlich zu überprüfen.*
7. *[1] Ein Sprachendienst in Form einer größeren gegliederten Arbeitseinheit ist mehrzügig organisiert und besteht aus mehreren Fachbereichen. [2] Der Leitung eines Fachbereichs sind mindestens drei Beschäftigte mindestens der Entgeltgruppe 13 dieses Abschnitts oder mindestens fünf Beschäftigte dieses Unterabschnitts unterstellt.*
8. *Die vielseitige Verwendung erfordert die Fähigkeit, auf mehreren Fachgebieten des Ressorts qualifiziert zu übersetzen bzw. verantwortlich zu überprüfen.*
9. *[1] Zu den fachlichen oder sprachlichen Planungs- und Koordinierungsaufgaben zählen die Rekrutierung und Koordination von Übersetzerteams bei internationalen Konferenzen, die Planung und Durchführung von Fortbildungsmaßnahmen oder die Leitung einer aus mindestens vier Beschäftigten der Unterabschnitte 3 und 4 bestehenden Sprachgruppe. [2] Pro Sprache darf nur eine Person mit der Sprachgruppenleitung beauftragt sein.*
10. *[1] Die oder der Beschäftigte hat nachzuweisen, dass ihre oder seine Leistungen denen von Beschäftigten der Entgeltgruppe 13 Fallgruppe 3 entsprechen. [2] Dieser Nachweis ist geführt, wenn die oder der Beschäftigte erfolgreich die Prüfung vor der Prüfungskommission nach Maßgabe der im Anhang enthaltenen Prüfungsordnung erbracht hat. [3] Besteht die oder der Beschäftigte die Prüfung, so wird sie oder er mit Ablauf der geforderten Tätigkeitsdauer höhergruppiert, wenn sie oder er den Antrag auf Zulassung zur Prüfung vor Ablauf der geforderten Tätigkeitsdauer gestellt und die Prüfung in dem auf die Antragstellung folgenden Prüfungstermin bestanden hat. [4] In allen anderen Fällen erfolgt die Höhergruppierung mit Wirkung vom Ersten des Monats, in dem die Prüfung bestanden wird.*
11. *Die Eingruppierung in diese Fallgruppe setzt den Nachweis voraus, dass die oder der Beschäftigte zusammenhängende Ausführungen von etwa drei Minuten Dauer übertragen kann.*
12. *[1] Gründliche Kenntnisse auf mindestens einem Fachgebiet liegen vor, wenn die oder der Beschäftigte befähigt ist, die wesentlichen fachlichen Zusammenhänge aus dem zugewiesenen Fachgebiet zu erfassen und Übersetzungen in der zugehörigen Fachsprache abzufassen. [2] Bei den geforderten Kenntnissen handelt es sich nicht um Kenntnisse, die von Beschäftigten mit abgeschlossener wissenschaftlicher Hochschulbildung gefordert werden.*
13. *Die vergleichende terminologische Auswertung umfasst im Wesentlichen die Erkennung und Erfassung von äquivalentem Wortgut aus originaler Fachliteratur eines oder mehrerer Sprachenpaare und seine kritische Beurteilung unter Berücksichtigung der Quellenlage und der Qualität der Quellen sowie den Vergleich des Befundes in mehreren Quellen; ferner die Erkennung und Registrierung von Synonymen und Neologismen.*
14. *Die lexikografische Bearbeitung von Wortgut umfasst im Wesentlichen die Auswahl von Wortgut aus gegebenen Wortgutsammlungen, die thematische und qualitative*

Klassifizierung, inhaltliche Erläuterung und sonstige lexikografische Aufbereitung des ausgewählten Wortguts im Hinblick auf seine weitere Verarbeitung; ferner die Ermittlung von Definitionen und Anwendungsbeispielen aus anderen Quellen, Erfassung von Schreibweisevarianten u.ä..

Anhang zu Unterabschnitt 4. Prüfungsordnung

A. Vorschriften über die Ablegung der Prüfung

I. Prüfungskommission

1. Der Prüfungskommission gehören an:
   a) Die Leiterin oder der Leiter des Sprachendienstes des Auswärtigen Amts oder ihre oder seine Vertretung als Vorsitzende oder Vorsitzender;
   b) die Leiterin oder der Leiter des Sprachendienstes der Bundesbehörde, in deren Bereich die Eingruppierung erfolgen soll, oder ihre oder seine Vertretung als erste Beisitzerin oder erster Beisitzer. Ist eine solche Person nicht vorhanden, so tritt an deren Stelle die Leiterin oder der Leiter des Sprachendienstes des Bundesministeriums der Finanzen. Gehört die Prüfungskandidatin oder der Prüfungskandidat dem Sprachendienst des Auswärtigen Amts an, so werden die Aufgaben der ersten Beisitzerin oder des ersten Beisitzers von der Leiterin oder dem Leiter des Sprachendienstes des Bundesministeriums der Finanzen wahrgenommen. Handelt es sich um eine Übersetzerin oder einen Übersetzer, die oder der bei einer Auslandsvertretung des Auswärtigen Amts beschäftigt ist, so wird die erste Beisitzerin oder der erste Beisitzer von der Personalabteilung des Auswärtigen Amts bestimmt;
   c) eine von der oder dem Vorsitzenden der Prüfungskommission im Einvernehmen mit der ersten Beisitzerin oder dem ersten Beisitzer von Fall zu Fall zu benennende zweite Beisitzerin oder ein zu benennender zweiter Beisitzer; diese oder dieser muss im Fremdsprachendienst der Bundesverwaltung tätig sein und regelmäßig Übersetzungen in die Prüfungssprache der Prüfungskandidatin oder des Prüfungskandidaten überprüfen;
   d) eine von den vertragsschließenden Gewerkschaften von Fall zu Fall zu benennende Angehörige oder ein zu benennender Angehöriger des Fremdsprachendienstes der Bundesverwaltung, die oder der mindestens in Entgeltgruppe 13 eingruppiert sein muss und zu deren oder dessen Arbeitssprachen die Prüfungssprache der Kandidatin oder des Kandidaten gehört, als dritte Beisitzerin oder dritter Beisitzer.
2. Erweist es sich bei Prüfungssprachen, die weniger geläufig sind, als unmöglich, eine zweite oder dritte Beisitzerin oder einen zweiten oder dritten Beisitzer zu benennen, die oder der die Voraussetzungen der Nr. 1 Buchst. c oder d erfüllt, so
   a) benennt die oder der Vorsitzende eine Beamtin oder einen Beamten oder eine Beschäftigte oder einen Beschäftigten des Auswärtigen Dienstes oder eine sonstige anerkannte Sachverständige oder einen sonstigen anerkannten Sachverständigen, die oder der die Prüfungssprache beherrscht, als zweite Beisitzerin oder als zweiten Beisitzer,
   b) benennen die vertragsschließenden Gewerkschaften eine Angehörige oder einen Angehörigen des Fremdsprachendienstes der Bundesverwaltung, die oder der die Voraussetzungen der Nr. 1 Buchst. d erfüllt, oder eine anerkannte Sachverständige oder einen anerkannten Sachverständigen, die

oder der die Prüfungssprache beherrscht, als dritte Beisitzerin oder dritten Beisitzer.

3. Die Geschäfte des Sekretariats der Prüfungskommission werden von einer Verwaltungsbeamtin oder einem Verwaltungsbeamten des Sprachendienstes des Auswärtigen Amts wahrgenommen.

II. Prüfungstermin

Prüfungen finden jeweils in der zweiten Woche der Monate Mai und November eines jeden Jahres statt, wenn mindestens eine Meldung zur Prüfung bei der oder dem Vorsitzenden der Prüfungskommission eingereicht worden ist.

III. Meldung zur Prüfung

1. Wer die Prüfung abzulegen wünscht, hat über ihre oder seine personalbearbeitende Dienststelle/Behörde einen schriftlichen Antrag auf Zulassung zur Prüfung beim Sekretariat der Prüfungskommission einzureichen. Aus dem Antrag muss hervorgehen, in welcher Sprachrichtung sie oder er als Übersetzerin oder Übersetzer überwiegend eingesetzt wird.
2. Der Antrag muss spätestens jeweils bis zum 1. März oder 1. September gestellt sein. Erfüllt die Kandidatin oder der Kandidat die Voraussetzungen für die Zulassung zur Prüfung gemäß Entgeltgruppe 13 Fallgruppe 4, so leitet die personalbearbeitende Dienststelle/Behörde den Antrag über die jeweilige oberste Bundesbehörde unverzüglich an die Vorsitzende oder den Vorsitzenden der Prüfungskommission weiter, so dass er dort spätestens einen Monat vor der Prüfungswoche vorliegt.
   Erfüllt die Kandidatin oder der Kandidat die Voraussetzungen nicht, so unterrichtet die personalbearbeitende Dienststelle/Behörde sie oder ihn hiervon unverzüglich.
   Ist bei der Dienststelle/Behörde der Kandidatin oder des Kandidaten keine Sprachendienstleitung vorhanden, so kann die Kandidatin oder der Kandidat im Falle der Nichtweiterleitung ihres oder seines Antrags die Prüfungskommission unmittelbar um Entscheidung bitten, ob sie oder er schwierige Texte im Sinne der Protokollerklärung Nr. 5 zu übersetzen hat. Die Prüfungskommission entscheidet unverzüglich, ob die Kandidatin oder der Kandidat die Voraussetzungen für die Zulassung zur Prüfung erfüllt.
3. Ein nicht fristgerecht gestellter Antrag gilt als Meldung für den nächsten Prüfungstermin.

IV. Prüfungsaufgaben

1. Die Prüfungskandidatinnen und -kandidaten haben folgende Leistungen zu erbringen:
   Übersetzen von zwei schwierigen Texten (ein Text aus dem einschlägigen Fachgebiet und ein allgemeinsprachlicher Text) von je 1.500 Zeichen (ohne Leerstellen) in der Sprachrichtung, in der sie oder er überwiegend eingesetzt wird, unter Verwendung nicht elektronischer Nachschlagewerke nach Wahl der Kandidatin oder des Kandidaten (Zeit je 90 Minuten). Bei Übersetzungen aus einer Fremdsprache mit Silbenschrift wird ein Ausgangstext gewählt, dessen deutsche Übersetzung etwa 1.500 Zeichen beträgt.
2. Nach Aufforderung der oder des Vorsitzenden übersendet die Sprachendienstleiterin oder der Sprachendienstleiter der obersten Bundesbehörde, deren Bereich die Kandidatin oder der Kandidat angehört, dem Sekretariat der Prüfungskommission unverzüglich unter Verschluss jeweils zwei Sätze

der in Frage kommenden Arbeiten als Prüfungstexte zur Auswahl durch die Prüfungskommission. Hat die oberste Bundesbehörde der Kandidatin oder des Kandidaten keine Sprachendienstleitung, so beschafft die oder der Vorsitzende die erforderlichen Prüfungstexte.

3. Die Übersetzungen werden in Klausur angefertigt. Auf Wunsch wird der Kandidatin oder dem Kandidaten ein Computer zur Verfügung gestellt. Die Kandidatin oder der Kandidat hat diesen Wunsch in ihrem oder seinem Antrag auf Zulassung zur Prüfung zum Ausdruck zu bringen.

V. Feststellung und Bekanntgabe des Prüfungsergebnisses

1. Die Prüfungskommission beauftragt mit Stimmenmehrheit eines ihrer Mitglieder, die Prüfungsarbeiten unverzüglich unter Beachtung der Korrekturrichtlinien zu korrigieren oder korrigieren zu lassen und anschließend dem Sekretariat der Prüfungskommission zuzuleiten. Den Mitgliedern der Prüfungskommission wird je eine Ablichtung der korrigierten Prüfungsarbeiten zugesandt. Die oder der Vorsitzende beruft sodann die Prüfungskommission zur mündlichen Verhandlung ein, bei der das Prüfungsergebnis von den Kommissionsmitgliedern festgestellt wird.
2. Die Kommission kann mit Stimmenmehrheit beschließen, die von der Korrektorin oder dem Korrektor vorgenommene Fehlerbewertung zu ändern. Änderungen sind mit den entsprechenden Korrekturzeichen in grüner dokumentenechter Farbe auf dem Prüfungsoriginal vorzunehmen; entsprechende rote Korrekturzeichen sind dabei zu streichen oder zu ändern. Die dann ermittelte Fehlerzahl wird in ein Korrekturgitter (Stempelaufdruck) eingetragen. Für die Bewertung der Gesamtfehlerzahl gelten folgende Richtlinien:

„Sehr gut“	ist eine Arbeit, die keine Fehler aufweist.
„Gut“	ist eine Arbeit, die höchstens drei Fehler, aber keinen Doppelfehler aufweist.
„Befriedigend“	ist eine Arbeit, die höchstens sieben Fehler, davon höchstens einen Doppelfehler, aufweist.
„Ausreichend“	ist eine Arbeit, die höchstens zehn Fehler, davon höchstens zwei Doppelfehler, aufweist.
„Mangelhaft“	ist eine Arbeit, die höchstens 15 Fehler, davon höchstens drei Doppelfehler, aufweist.
„Ungenügend“	ist eine Arbeit mit mehr als 15 Fehlern oder mehr als drei Doppelfehlern.

3. Die Prüfungskommission kann mit Stimmenmehrheit das Prädikat einer Prüfungsarbeit um eine Note anheben, wenn das Gesamtbild der Arbeit erkennen lässt, dass der Prüfling den Text im Wesentlichen richtig wiedergegeben hat, und sich die Gesamtfehlerzahl überwiegend aus halben Fehlern zusammensetzt. In diesem Falle ist die Prüfungsarbeit mit einer entsprechenden Begründung zu versehen.
4. Nach dieser Verfahrensfolge stellt die Prüfungskommission das Prüfungsergebnis fest. Die Feststellung lautet auf „bestanden“, wenn beide Prüfungsarbeiten mindestens mit „ausreichend“ bewertet worden sind; andernfalls lautet sie auf „nicht bestanden“. Die Feststellung ist endgültig.
5. Über die Verhandlung wird eine Niederschrift aufgenommen, die von den Mitgliedern der Prüfungskommission zu unterzeichnen ist.

6. Das Prüfungsergebnis wird der Kandidatin oder dem Kandidaten sowie der obersten Bundesbehörde, der sie oder er angehört, von der oder dem Vorsitzenden der Prüfungskommission schriftlich mitgeteilt.

VI. Wiederholung von Prüfungen

Lautet das Prüfungsergebnis auf „nicht bestanden", so kann die Prüfung frühestens am nächstfolgenden Prüfungstermin wiederholt werden. Weitere Wiederholungen sind nicht zulässig.

B. Korrekturrichtlinien

Für die Korrektur schriftlicher Prüfungsarbeiten gelten die nachstehenden Richtlinien:

1. Jede Prüfungsarbeit wird von einer Korrektorin oder einem Korrektor geprüft.
2. Die Korrektur der Prüfungsarbeit besteht in der Kennzeichnung der sprachlichen und sachlichen Verstöße, jedoch nicht in der Festsetzung der Prädikate.
3. Die Korrektur ist in roter dokumentenechter Farbe vorzunehmen.
4. Sprachliche und sachliche Verstöße sind im Text zu unterstreichen und auf dem Korrekturrand durch Korrekturzeichen (siehe Nr. 5) kenntlich zu machen. Gleiche Fehler sind jedes Mal nur im Text (nicht auf dem Korrekturrand) zu kennzeichnen.
5. Jedes Korrekturzeichen besteht aus der Angabe der
   a) Art,
   b) Schwere des Fehlers.
   Dabei bedeuten:
   a) G = Grammatik
   V = Vokabular
   A = Ausdruck bzw. Stil
   T = Texttreue
   O = Orthographie
   I = Interpunktion
   b) + = Doppelfehler
   / = ganzer Fehler
   - = halber Fehler
6. Die Prüfungsarbeiten sind von der Korrektorin oder dem Korrektor mit Namen, Amtsbezeichnung und Datum abzuzeichnen.
7. Als Grammatikfehler (G) gilt ein Verstoß gegen Formen- oder Satzlehre.
   a) Als Doppelfehler (G+) zählt ein sehr grober oder sinnentstellender Verstoß.
   b) Als ganzer Fehler (G/) zählt ein grober Verstoß.
   c) Als halber Fehler (G-) zählt ein geringfügiger Verstoß.
8. Als Vokabelfehler (V) gilt falsche Wortwahl.
   a) Als Doppelfehler (V+) zählt ein sehr grober Verstoß mit schwerwiegender Sinnentstellung.

b) Als ganzer Fehler (V/) zählt ein grober Verstoß ohne schwerwiegende Sinnentstellung.

c) Als halber Fehler (V-) zählt ein geringfügiger Verstoß ohne Sinnentstellung.

9. Als Ausdrucks- bzw. Stilfehler (A) gilt eine mangelhafte Formulierung, die jedoch dem Sachverhalt bzw. Vorstellungsinhalt entspricht und die Verständlichkeit nicht beeinträchtigt. Ein Ausdrucks- bzw. Stilfehler zählt als halber Fehler (A-).

10. Als Verstoß gegen die Texttreue (T) gelten missverstandene Sätze oder Satzteile, allzu freie Übersetzung, Auslassungen oder Hinzufügungen. Bei Auslassungen ist das Zeichen // an die betr. Stelle im Text zu setzen.

    a) Als Doppelfehler (T+) zählt ein sehr grober, sinnentstellender Verstoß.

    b) Als ganzer Fehler (T/) zählt ein grober, jedoch nicht stark sinnentstellender Verstoß.

    c) Als halber Fehler (T-) zählt ein geringfügiger Verstoß (z.B. zu freie, aber sinnerhaltende Übersetzung).

    Bei Auslassungen ganzer Sätze oder Satzglieder wird für jeden fehlenden Satz bzw. jedes fehlende Satzglied je nach Länge der Auslassung ein Doppelfehler (T+) oder ein ganzer Fehler (T/) angerechnet. Bei Hinzufügungen ist sinngemäß zu verfahren.

11. Als Orthographiefehler (O) gilt ein Verstoß gegen die Regeln der Rechtschreibung.

    a) Als ganzer Fehler (O/) zählt ein grober Verstoß.

    b) Als halber Fehler (O-) zählt ein geringfügiger Verstoß.

    Sofern für eine Sprache in ihren verschiedenen Sprachgebieten unterschiedliche Regeln der Rechtschreibung gelten (z.B. brit. und amerik. Englisch) ist darauf zu achten, dass die Rechtschreibung jeweils einheitlich den Regeln eines Systems folgt. Verstöße hiergegen gelten als halbe Fehler.

12. Als Interpunktionsfehler (I) gilt falsche Zeichensetzung.

    a) Als ganzer Fehler (I/) zählt ein grober, sinnentstellender Verstoß.

    b) Als halber Fehler (I-) zählt ein Verstoß gegen Grundregeln.

    Im Übrigen sind Interpunktionsfehler nicht zu bewerten.

13. Bei mehreren Fehlern in einem Wort wird nur der schwerste angerechnet; mehrere halbe Fehler in einem Wort werden als ein ganzer Fehler angerechnet.

16.5. Sprachlehrerinnen und Sprachlehrer

Vorbemerkung

Als Tätigkeit der Sprachlehrerinnen und Sprachlehrer der Entgeltgruppen 10 bis 13 gilt auch das Erarbeiten von Lehr-, Lern- oder Prüfmaterial für den Sprachunterricht.

Entgeltgruppe 15

1. Beschäftigte der Entgeltgruppe 13 Fallgruppe 1 oder 2,
   die die zentrale Lehrkräfteschulung im Bundessprachenamt verantwortlich leiten.
2. Beschäftigte der Entgeltgruppe 13 Fallgruppe 1 oder 2,

die wissenschaftliche Grundlagen für die Entwicklung fremdsprachlichen Lehr-, Lern- und Prüfmaterials verantwortlich erarbeiten und das erstellte Material verantwortlich überprüfen.

3. Beschäftigte der Entgeltgruppe 13 Fallgruppe 1 oder 2,
denen mindestens zehn Sprachlehrerinnen oder Sprachlehrer, davon mindestens drei mindestens der Entgeltgruppe 13 Fallgruppe 1 oder 2, ständig fachlich unterstellt sind.

4. Beschäftigte der Entgeltgruppe 13 Fallgruppe 1 oder 2,
die die Sprachausbildung in der Akademie Auswärtiger Dienst verantwortlich leiten.

Entgeltgruppe 14

1. Beschäftigte der Entgeltgruppe 13 Fallgruppe 1 oder 2,
denen mindestens vier Sprachlehrerinnen oder Sprachlehrer mindestens der Entgeltgruppe 12 ständig fachlich unterstellt sind.

2. Beschäftigte der Entgeltgruppe 13 Fallgruppe 1 oder 2,
die in der zentralen Lehrkräfteschulung des Bundessprachenamts unterrichten.

3. Beschäftigte der Entgeltgruppe 13 Fallgruppe 1 oder 2,
die zur allgemeinen Verwendung bestimmtes fremdsprachliches Lehr-, Lern- oder Prüfmaterial erarbeiten.

4. Beschäftigte der Entgeltgruppe 13 Fallgruppe 1 oder 2,
deren Tätigkeit sich dadurch aus der Entgeltgruppe 13 Fallgruppe 1 oder 2 heraushebt, dass sie besondere Leistungen erfordert.
(Hierzu Protokollerklärung Nr. 1)

Entgeltgruppe 13

1. Sprachlehrerinnen und Sprachlehrer mit einschlägiger abgeschlossener wissenschaftlicher Hochschulbildung und entsprechender Tätigkeit.

2. Beschäftigte der Entgeltgruppe 10,
die durch entsprechenden Leistungsnachweis die Einarbeitungszeit beendet und Tätigkeiten der Fallgruppe 1 auszuüben haben.
(Hierzu Protokollerklärung Nr. 2)

3. Beschäftigte der Entgeltgruppe 10,
denen mindestens acht Sprachlehrerinnen oder Sprachlehrer ständig fachlich unterstellt sind.

Entgeltgruppe 12

1. Beschäftigte der Entgeltgruppe 10
mit Tätigkeiten der Entgeltgruppe 13 Fallgruppe 1 während einer längstens zweijährigen Einarbeitungszeit.
(Hierzu Protokollerklärung Nr. 2)

2. Beschäftigte der Entgeltgruppe 11 Fallgruppe 3
mit mindestens dreijähriger Berufserfahrung,
die vielseitig verwendbar sind.
(Hierzu Protokollerklärung Nr. 3)

Entgeltgruppe 11

1. Beschäftigte der Entgeltgruppe 10,
   denen mindestens drei Sprachlehrerinnen oder Sprachlehrer ständig fachlich unterstellt sind.
2. Beschäftigte der Entgeltgruppe 10 mit mindestens dreijähriger Berufserfahrung in der Entgeltgruppe 10, die vielseitig verwendbar sind und
   deren Tätigkeit sich dadurch aus der Entgeltgruppe 10 heraushebt, dass sie die Lehrziele in einem standardisierten Ausbildungssystem in selbständiger Unterrichtsgestaltung erreichen.
   (Hierzu Protokollerklärungen Nrn. 3 und 4)
3. Beschäftigte der Entgeltgruppe 10,
   deren Tätigkeit sich dadurch aus der Entgeltgruppe 10 heraushebt, dass sie besondere fachsprachliche Kenntnisse oder besondere Kenntnisse in der Landeskunde vermitteln oder regelmäßig Sprachunterricht auch in einer zweiten Sprache erteilen oder für die Erstellung von Lehr-, Lern- oder Prüfmaterial unter wissenschaftlicher Anleitung eingesetzt werden.
   (Hierzu Protokollerklärung Nr. 5)

Entgeltgruppe 10

Sprachlehrerinnen und Sprachlehrer mit einschlägiger abgeschlossener Hochschulbildung sowie sonstige Beschäftigte, die aufgrund gleichwertiger Kenntnisse und ihrer Erfahrungen entsprechende Tätigkeiten ausüben.

Protokollerklärungen

1. *Beschäftigte erbringen besondere Leistungen, wenn*
   a) ihnen regelmäßig Sprachlehrerinnen oder Sprachlehrer zur fachlichen Einarbeitung oder Weiterbildung zugewiesen sind,
   b) sie zur allgemeinen Verwendung geeignete Unterrichtsgrundlagen entwickeln,
   c) sie regelmäßig Sprachunterricht auch in einer zweiten Sprache zu erteilen haben,
   d) sie regelmäßig fremdsprachliche Seminare für Statement- und Redetraining für ausländische Diplomatinnen oder Diplomaten durchführen oder
   e) sie regelmäßig die fremdsprachlichen Bestandteile von Auswahlverfahren, Laufbahnprüfungen und Diplomarbeiten für den Auswärtigen Dienst verantwortlich betreuen.
2. *Auf die Einarbeitungszeit werden Zeiten entsprechender Lehrtätigkeit außerhalb des Geltungsbereiches dieses Tarifvertrages angerechnet.*
3. *Vielseitige Verwendung erfordert die Fähigkeit, Sprachunterricht auf mehreren Fachgebieten des Ressorts zu erteilen.*
4. *Ein standardisiertes Sprachausbildungssystem umfasst eine festgelegte Methodik und Didaktik zur Erlangung einer verwendungs- und fertigkeitsbezogenen Kommunikationsfähigkeit auf der Grundlage von einheitlichen Leistungsstufendefinitionen für die einzelnen Sprachfertigkeiten.*
5. *Besondere fachsprachliche Kenntnisse oder besondere Kenntnisse in der Landeskunde sind solche, die über die bei allen Lehrkräften vorausgesetzten Kenntnisse erheblich hinausgehen.*

17. Gartenbau-, landwirtschafts- und weinbautechnische Beschäftigte

Entgeltgruppe 13

Beschäftigte der Entgeltgruppe 12,

deren Tätigkeit sich durch das Maß der Verantwortung erheblich aus der Entgeltgruppe 12 heraushebt.
(Hierzu Protokollerklärungen Nrn. 1, 2 und 3)

Entgeltgruppe 12

Beschäftigte der Entgeltgruppe 11
mit mindestens dreijähriger praktischer Erfahrung,
deren Tätigkeit sich durch besondere Schwierigkeit und Bedeutung oder durch künstlerische oder Spezialaufgaben aus der Entgeltgruppe 11 heraushebt.
(Hierzu Protokollerklärungen Nrn. 1, 2 und 4)

Entgeltgruppe 11

Beschäftigte der Entgeltgruppe 10,
deren Tätigkeit sich durch besondere Leistungen aus der Entgeltgruppe 10 heraushebt.
(Hierzu Protokollerklärungen Nrn. 1, 2 und 5)

Entgeltgruppe 10

Gartenbau-, landwirtschafts- und weinbautechnische Beschäftigte aller Fachrichtungen mit einschlägiger abgeschlossener Hochschulbildung und entsprechender Tätigkeit sowie sonstige Beschäftigte, die aufgrund gleichwertiger Fähigkeiten und ihrer Erfahrungen entsprechende Tätigkeiten ausüben.
(Hierzu Protokollerklärungen Nrn. 1, 2 und 6)

Entgeltgruppe 9a

1. Beschäftigte der Entgeltgruppe 7 Fallgruppe 1,
   deren Tätigkeit sich durch den Umfang und die Bedeutung des Aufgabengebietes und große Selbständigkeit wesentlich aus der Entgeltgruppe 7 Fallgruppe 1 heraushebt.
   (Hierzu Protokollerklärungen Nrn. 7 und 8)
2. Beschäftigte der Entgeltgruppe 7 Fallgruppe 2,
   deren Tätigkeit sich durch den Umfang und die Bedeutung des Aufgabengebietes und große Selbständigkeit wesentlich aus der Entgeltgruppe 7 Fallgruppe 2 heraushebt.
   (Hierzu Protokollerklärungen Nrn. 7 und 8)

Entgeltgruppe 7

1. Beschäftigte der Entgeltgruppe 6 Fallgruppe 1
   mit Tätigkeiten, die vielseitige Fachkenntnisse und mindestens zu einem Viertel selbständige Leistungen erfordern.
   (Hierzu Protokollerklärungen Nrn. 7, 9 und 10)
2. Beschäftigte der Entgeltgruppe 6 Fallgruppe 2,
   deren Tätigkeit vielseitige Fachkenntnisse und mindestens zu einem Viertel selbständige Leistungen erfordert.
   (Hierzu Protokollerklärungen Nrn. 7, 9 und 10)

Entgeltgruppe 6

1. Staatlich geprüfte Agrarbetriebswirtinnen und -wirte sowie Beschäftigte mit abgeschlossener gleichwertiger Ausbildung mit entsprechender Tätigkeit sowie sonstige Beschäftigte, die aufgrund gleichwertiger Fähigkeiten und ihrer Erfahrungen entsprechende Tätigkeiten ausüben.

(Hierzu Protokollerklärung Nr. 7)

2. Beschäftigte der Entgeltgruppe 5, die auf ihrem Fachgebiet in der technischen Beratung einfacherer Art oder bei der Durchführung von Versuchen und sonstigen Arbeiten mit entsprechendem Schwierigkeitsgrad tätig sind.
   (Hierzu Protokollerklärungen Nrn. 7 und 11)

Entgeltgruppe 5

Gartenbau-, landwirtschafts- und weinbautechnische Beschäftigte aller Fachrichtungen mit einschlägiger abgeschlossener Berufsausbildung und entsprechender Tätigkeit sowie sonstige Beschäftigte, die aufgrund gleichwertiger Fähigkeiten und ihrer Erfahrungen entsprechende Tätigkeiten ausüben.
(Hierzu Protokollerklärung Nr. 7)

Protokollerklärungen

1. *Als Fachrichtungen der gartenbau-, landwirtschafts- und weinbautechnischen Beschäftigten mit einschlägiger abgeschlossener Hochschulbildung gelten Gartenbau, Landbau, Weinbau und ländliche Hauswirtschaft mit allen jeweiligen Fachgebieten und Untergebieten, z.B.:*
   In der Fachrichtung Gartenbau die Fachgebiete

   Baumschulen, Blumen- und Zierpflanzenbau, Garten- und Landschaftsgestaltung, Obst- und Gemüsebau, Obst- und Gemüseverwertung, Pflanzenschutz, Samenbau u.a. oder

   in der Fachrichtung Landbau die Fachgebiete:

   Betriebswirtschaft, Obstbau, Pflanzenbau, Pflanzenschutz, Tierhaltung und -fütterung, Tierzucht u.a.
   mit den Untergebieten z.B. in der Betriebswirtschaft:

   Arbeitswirtschaft, Betriebsabrechnungswesen, Kreditwesen, Landesplanung, Landtechnik, Marktwirtschaft, Raumordnung u.a.

2. *Unter dieses Tätigkeitsmerkmal fallen auch Beschäftigte, die am 31. Dezember 1990 in einem Arbeitsverhältnis gestanden haben, das am 1. Januar 1991 zu demselben Arbeitgeber fortbestanden hat, und die vor dem 1. Januar 1991 die Abschlussprüfung einer sechssemestrigen höheren Fachschule abgelegt haben oder die die Abschlussprüfung einer sechssemestrigen höheren Landfrauenschule abgelegt haben und dieser Abschlussprüfung entsprechende Tätigkeiten ausüben.*
3. *Tätigkeiten im Sinne der Entgeltgruppe 13 sind z.B.:*
   a) *Entwickeln arbeitstechnischer Verfahren in der Produktion und in der Aufbereitung der Erzeugnisse;*
   b) *Erarbeiten von Leitbildern für die Arbeitswirtschaft und für die Mechanisierung von Betrieben oder als Muster für die Bauausführung;*
   c) *Beratung aufgrund eigener Auswertung von Arbeitstagebüchern für schwierige Betriebsumstellungen;*
   d) *Fortbildung oder Spezialberatung von Beratungskräften der Entgeltgruppen 9 bis 12 mehrerer Dienststellen oder vergleichbarer Beratungskräfte außerhalb des öffentlichen Dienstes oder selbständiges Ausarbeiten von Richtlinien für Einzelaufgaben dieser Beratungskräfte;*
   e) *Ausarbeiten von Gutachten über Anträge für Förderungsmaßnahmen für schwierige umfassende Betriebsumstellungen;*

- f) *Ausarbeiten von Vorschlägen für regionale Strukturprogramme aufgrund selbständiger Auswertung der Strukturdaten;*
- g) *Selbständiges Bestimmen der optimalen Produktionsverfahren der verschiedenen Produktionszweige im Einzelbetrieb;*
- h) *Ausarbeiten von allgemeinen Grundsätzen und Tabellen für die Bewertung von Wirtschaftsgütern (Werttaxen);*
- i) *Ausarbeiten von landeskulturellen Plänen und gutachtlichen landesplanerischen und raumordnerischen Stellungnahmen größeren Umfangs;*
- j) *Spezialtätigkeit mit besonderer Bedeutung und besonderer Schwierigkeit als Hilfskraft bei wissenschaftlichen Aufgaben;*
- k) *Entwickeln von Leitbildern und Planungsgrundsätzen für Raum- und Einrichtungsprogramme, die als Grundlage für übergebietliche Programme dienen;*
- l) *Leitung größerer Sachgebiete (Ämter, Abteilungen, Abschnitte oder Referate) in Gartenbauverwaltungen, wenn*
  mindestens vier Beschäftigte mit Tätigkeiten mindestens
  der Entgeltgruppe 10 des Abschnitts 25 oder
  der Entgeltgruppe 9b des Teils I und
  mindestens drei Beschäftigte mit Tätigkeiten mindestens
  der Entgeltgruppe 8 der Abschnitte 18 oder 41,
  der Entgeltgruppe 6 des Teils I oder
  der Entgeltgruppe 7 dieses Abschnitts
  durch ausdrückliche Anordnung ständig unterstellt sind;
- m) *Ausarbeiten besonders schwieriger und umfangreicher Programme und Folgepläne im Rahmen städtebaulicher und landschaftspflegerischer Planungen, z.B. als Grundlage für Flächennutzungspläne und Bebauungspläne;*
- n) *Selbständiges Planen und Leiten von Pflanzenschutzaktionen in Gebieten mit vielfältigen Kulturen unter schwierigen geografischen Bedingungen.*

4. a) *Entwickeln von besonderen Methoden für die praktische Durchführung von Versuchen;*
- b) *Erproben neuer arbeitstechnischer Verfahren in der Produktion und in der Aufbereitung der Erzeugnisse;*
- c) *Selbständige Beratung auf besonders schwierigen Gebieten, z.B. Beratung in Umschuldungsfragen, Beratung von Siedlungsträgern oder von Fertigbauherstellern über den hauswirtschaftlichen Raumbedarf oder die Raumausstattung (Einflussnahme auf die Entwicklung neuer Bautypen mit Variationsmöglichkeiten), übergebietliche (Regierungsbezirk oder Kammerbereich) Spezialberatung;*
- d) *Umfassende Planung und Beratung eines ländlichen Haushalts aufgrund einer Haushaltsanalyse (Stufenplan für mindestens zehn Jahre, geld- und arbeitswirtschaftliche Voranschläge);*
- e) *Beratung aufgrund eigener Auswertung von Arbeitstagebüchern;*
- f) *Beurteilen von Erfolgsrechnungen (Jahresabschlüssen) und Analysieren von Ergebnissen der Betriebs- bzw. Haushaltsrechnungen anhand von errechneten Kenndaten;*
- g) *Erarbeiten von Arbeitsvoranschlägen;*
- h) *Ausarbeiten von Vorschlägen für umfassende Förderungsmaßnahmen zur Schwerpunktbildung im Einzelbetrieb aufgrund eines Betriebsumstellungs- oder Entwicklungsplanes;*

i) *Selbständiges Auswerten von Strukturdaten;*
j) *Ausarbeiten von Vorschlägen für Strukturmaßnahmen, z.B. Beurteilung der topografischen Verhältnisse, Vorschläge für Gehöftstandorte;*
k) *Ermitteln der Werte von Pflanzenbeständen und des Wertes des lebenden und toten Inventars eines Gartenbau-, Landwirtschafts- oder Weinbaubetriebes;*
l) *Selbständiges Planen und Leiten von Pflanzenschutzaktionen;*
m) *Besonders schwierige Tätigkeiten als Hilfskraft bei wissenschaftlichen Aufgaben;*
n) *Ausarbeiten von Programmen und Folgeplänen im Rahmen städtebaulicher oder landschaftspflegerischer Planungen, z.B. als Grundlage für Flächennutzungspläne und Bebauungspläne;*
o) *Leitung des Abschnitts für Planungs- oder Neubau- oder Pflege- und Ordnungsmaßnahmen im Grünflächenwesen oder in der Landschaftspflege, wenn der Abschnittsleitung*

   mindestens eine Beschäftigte oder ein Beschäftigter mit Tätigkeiten mindestens der Entgeltgruppe 9b des Teils I und

   mindestens zwei Beschäftigte mit Tätigkeiten mindestens

   der Entgeltgruppe 8 der Abschnitte 18 oder 41 oder

   der Entgeltgruppe 6 des Teils I

   durch ausdrückliche Anordnung ständig unterstellt sind;
p) *Aufstellen oder Prüfen von Entwürfen besonders schwieriger Art (z.B. für Bezirkssportanlagen, Ausstellungsparks) einschließlich Massen- und Kostenberechnungen und von Verdingungsunterlagen, deren Bearbeitung besondere Fachkenntnisse und besondere praktische Erfahrung oder künstlerische Begabung voraussetzt;*
q) *Selbständige Beratung im Pflanzenschutzdienst von Spezialbetrieben, die eine betriebsbezogene Arbeitsplanung zur Durchführung des integrierten Pflanzenschutzes erfordert.*

5. *Tätigkeiten im Sinne der Entgeltgruppe 11 sind z.B.:*
   a) *Selbständiges Planen und Auswerten von Versuchen und Wertprüfungen mit besonderer Schwierigkeit, z.B. mit gleichzeitig mehreren Fragestellungen (Komplexversuche) oder für landtechnische Verfahren der Innen- und Außenwirtschaft;*
   b) *Durchführen von Versuchen und Wertprüfungen in größerem Ausmaß, wenn der oder dem Beschäftigten mehrere gartenbau-, landwirtschafts- und weinbautechnische Beschäftigte mindestens in Tätigkeiten der Entgeltgruppe 7 Fallgruppe 1 oder 2 durch ausdrückliche Anordnung ständig unterstellt sind;*
   c) *Feststellen der Wirkung von Pflanzenschutzmitteln für das Julius-Kühn-Institut – Bundesforschungsinstitut für Kulturpflanzen (JKI);*
   d) *Selbständige Beratung in schwierigen Bereichen des Fachgebiets der Beschäftigten, die besondere Fachkenntnisse und besondere praktische Erfahrung voraussetzt, z.B. Ausarbeiten schwieriger Wirtschaftlichkeitsrechnungen oder schwieriger Finanzierungspläne, Ausarbeiten von Arbeitsvoranschlägen nach der vereinfachten Methode;*
   e) *Selbständige Beratung über einfachere Gemeinschaftsmaßnahmen im Rahmen der Verbesserung der Agrar-, Erzeugungs- oder Marktstruktur;*
   f) *Beratung über Maßnahmen für den Fremdenverkehr als Betriebszweig auf dem Bauernhof;*
   g) *Gruppenberatung durch schwierige Fachvorträge;*

h) Durchführen von Erwachsenenfortbildungslehrgängen über Rationalisierung im landwirtschaftlichen Haushalt;

i) Ausarbeiten von Vorschlägen zur Durchführung einzelner Maßnahmen im Rahmen von Betriebsumstellungen;

j) Ausarbeiten von Vorschlägen für Baumaßnahmen, z.B. zur Grundrissgestaltung (Raumzuordnung und Einrichtung) für grundlegende technische Einrichtungen, z.B. zentrale Heizungs- und Warmwasserbereitungsanlagen mit Berechnungen der notwendigen Nennheizleistungen, der Wärmedämmung oder des Heizmaterialbedarfs;

k) Selbständige schwierige Erhebungen und Berechnungen für Teilaufgaben bei der Vorplanung von Flurbereinigungen oder sonstigen Maßnahmen zur Verbesserung der Agrarstruktur, z.B. Feststellen der künftigen Acker-, Grünland- und Sonderkulturflächen aufgrund der natürlichen Voraussetzungen, Feststellen von Grenzertragsböden;

l) Selbständiges Erarbeiten der betriebswirtschaftlichen Unterlagen für die Kalkulation von Produktionsverfahren;

m) Ermitteln der Werte von Wirtschaftserschwernissen bei Flächenverlusten;

n) Nachzuchtbeurteilungen für Zuchtwertschätzungen von Vatertieren, z.B. Beurteilung von Jungtieren der Besamungsbullen;

o) Selbständiges Vorbereiten von Entscheidungen im Saatenanerkennungsverfahren bei Vorstufen und Hybridsorten, bei denen verschiedene Zuchtkomponenten zu berücksichtigen sind;

p) Selbständige Planung und Organisation von Pflanzenschutz- oder Schädlingsbekämpfungsmaßnahmen, die sich auf das Gebiet einer oder mehrerer Gemeinden erstrecken, und das Überwachen ihrer Auswirkungen;

q) Herausgabe von Warnmeldungen im Pflanzenschutzdienst für den Beratungsbezirk aufgrund eigener Feststellungen, soweit das Ermitteln der biologischen Daten schwierige Methoden erfordert;

r) Tätigkeit als Hilfskraft bei wissenschaftlichen Aufgaben mit einem besonderen Maß von Verantwortlichkeit;

s) Aufstellen oder Prüfen von Entwürfen einschließlich Massen- und Kostenberechnungen oder Verdingungsunterlagen, deren Bearbeitung besondere Fachkenntnisse und besondere praktische Erfahrungen oder künstlerische Begabung voraussetzt;

t) Beaufsichtigen von Schätzerinnen oder Schätzern oder verantwortliches Schätzen der Pflanzenbestände und des Inventarbestandes von Kleingartenanlagen oder Kleinsiedlungen in schwierigen Fällen;

u) Örtliche Leitung schwieriger Gartenbau-, Landschaftsbau-, Obstbau-, Pflanzenbau-, Pflanzenschutz- oder Weinbaumaßnahmen und deren Abrechnung;

v) Selbständige Beratung über die Bekämpfung von Schädlingen, Krankheiten und Schadpflanzen im Pflanzenschutzdienst einschließlich der selbständigen Beratung über die Anwendung von Pflanzenschutzmitteln und -geräten für hochwertige Spezialkulturen.

6. Tätigkeiten im Sinne der Entgeltgruppe 10 sind z.B.:

a) Selbständiges Planen von Versuchen nach vorgegebener Aufgabenstellung und Auswerten der Versuche nach variationsstatistischen Methoden;

b) Überwachen von mehreren gartenbau-, landwirtschafts- oder weinbautechnischen Beschäftigten in Tätigkeiten der Entgeltgruppen 5 bis 8 bei der Durchführung von Versuchen;

c) *Anlage und Auswertung von Wertprüfungen;*

d) *Selbständige produktionstechnische Beratung auf dem Fachgebiet der oder des Beschäftigten, z.B. Ausarbeiten von Wirtschaftlichkeitsberechnungen, schwierigen Einzelplänen und Geldvoranschlägen; Beratung über einzelne Folgemaßnahmen nach Flurbereinigungen und landkulturellen Maßnahmen oder nach Betriebsumstellungen;*

e) *Tierzuchttechnische Beratung, z.B. Auswahl weiblicher Zuchttiere im Einzelbetrieb;*

f) *Gruppenberatung durch schwierige Fachvorträge auf dem Gebiet der oder des Beschäftigten;*

g) *Beratung in der ländlichen Hauswirtschaft, insbesondere in der Haushaltsführung, z.B. Ausarbeiten schwieriger Einzelpläne für Organisationspläne, von Plänen für Haushaltseinrichtungen einschließlich technischer Anlagen, Beratung über Vorratshaltung durch Gefrieren und Kühlen;*

h) *Selbständige Beratung in Gesundheits- und Ernährungsfragen;*

i) *Aufstellen und Prüfen von Entwürfen nicht nur einfacher Art einschließlich Massen- und Kostenberechnungen oder von Verdingungsunterlagen, Bearbeiten der damit zusammenhängenden technischen Angelegenheiten – auch im technischen Rechnungswesen;*

j) *Örtliche Leitung oder Mitwirken bei der Leitung von nicht nur einfachen Gartenbau-, Landschaftsbau-, Obstbau-, Pflanzenbau-, Pflanzenschutz- oder Weinbaumaßnahmen und deren Abrechnung;*

k) *Mitwirken bei der Vorplanung von Flurbereinigungen oder von sonstigen Maßnahmen zur Verbesserung der Agrarstruktur, z.B. Erheben und Berechnen von Daten, Beurteilung des Ist-Zustandes;*

l) *Selbständiges Bearbeiten von Kreditfällen, die innerhalb der Beleihungsgrenze liegen, bei landwirtschaftlichen Förderungsmaßnahmen;*

m) *Feststellen von betriebswirtschaftlichen Daten für die Kalkulation von Produktionsverfahren;*

n) *Mitwirken bei Strukturanalysen;*

o) *Ermitteln von Pachtpreisen für gartenbaulich, landwirtschaftlich oder weinbaulich genutzte Grundstücke;*

p) *Schätzen des Wertes von Pflanzenbeständen;*

q) *Selbständiges Vorbereiten von Entscheidungen für die Saatenanerkennung oder für die Körung von Tieren oder für die Ankörung von Obstmuttergehölzen;*

r) *Selbständige Beratung über die Bekämpfung von Schädlingen, Krankheiten und Schadpflanzen im Pflanzenschutzdienst einschließlich der selbständigen Beratung über die Anwendung von Pflanzenschutzmitteln und -geräten;*

s) *Herausgabe von Warndienstmeldungen im Pflanzenschutzdienst für den Beratungsbezirk aufgrund eigener Feststellungen, soweit das Ermitteln der biologischen Daten keine schwierigen Methoden erfordert;*

t) *Tätigkeit als Hilfskraft bei wissenschaftlichen Aufgaben;*

u) *Überwachung der Einhaltung von Vermarktungs- bzw. Qualitätsnormen verschiedener ein- und auszuführender Produkte in den Fachgebieten*

   aa) *Obst, Zitrus- und Südfrüchte, Gemüse, sonstige pflanzliche Erzeugnisse des Landbaus, für die andere als EG- oder deutsche Handelsklassenvorschriften bestehen, Kartoffeln sowie Schnittblumen und Blattwerk oder*

   bb) *Vieh und Fleisch sowie Eier und Geflügel.*

7. [1] *Als Fachrichtung der gartenbau-, landwirtschafts- und weinbautechnischen Beschäftigten mit abgeschlossener einschlägiger Berufsausbildung gelten Gartenbau, Landbau, Weinbau, ländliche Hauswirtschaft mit den jeweiligen Fachgebieten und Untergebieten, z.B.:*

   In der Fachrichtung Gartenbau die Fachgebiete:

   Baumschulen, Blumen- und Zierpflanzenbau, Landschaftsgärtnerei, Obst- und Gemüsebau, Obst- und Gemüseverwertung, Pflanzenschutz, Samenbau u.a. oder

   in der Fachrichtung Landbau die Fachgebiete:

   Obstbau, Pflanzenbau, Pflanzenschutz, Tierhaltung und -fütterung, Tierzucht u.a.

   mit den Untergebieten z.B. in der Tierzucht:

   Geflügelzucht, Pferdezucht, Rinderzucht, Schafzucht, Schweinezucht, Ziegenzucht u.a.

   [2] *Der einschlägigen abgeschlossenen Berufsausbildung steht eine einschlägige Gehilfenprüfung mit durchlaufener einjähriger einschlägiger Fachschule gleich.*

8. *Tätigkeiten im Sinne der Entgeltgruppe 9a sind z.B.:*
   a) *Durchführen und Auswerten schwieriger Versuche und Gegenüberstellen der Ergebnisse;*
   b) *Überwachen der Leistungsprüfungen an Prüfstationen;*
   c) *Durchführen von Versuchen zur Feststellung von Sorten, die zu Gefrierverfahren geeignet sind;*
   d) *Produktionstechnische Beratung, z.B. in Spezialbetriebszweigen beim Aufbau von Erzeugerringen, Erzeugergemeinschaften oder Anbaugemeinschaften; Ausarbeiten von Einzelplänen wie Anbauplänen, Düngungsplänen, Fruchtfolgeplänen, Fütterungsplänen, Spritzplänen;*
   e) *Mitwirken bei Gruppen- und Massenberatungen durch Fachvorträge;*
   f) *Beratung bei der Planung von Gemeinschaftseinrichtungen für hauswirtschaftliche Zwecke;*
   g) *Beratung bei der Einrichtung von einzelnen Wohn- und Wirtschaftsräumen;*
   h) *Beratung in der Organisation der Vatertierhaltung;*
   i) *Mitwirken bei Fachlehrgängen der landwirtschaftlichen Berufsausbildung und -fortbildung;*
   j) *Selbständiges Durchführen von Feldbegehungen unter produktionstechnischen Gesichtspunkten;*
   k) *Mitwirken bei Anerkennungsentscheidungen nach Feldbeständen bei der Saatenanerkennung;*
   l) *Arbeitszeitfeststellungen in der ländlichen Hauswirtschaft;*
   m) *Selbständige pflanzenbauliche Beurteilungen und Schätzungen, z.B. Bonitierungen, Schadensfeststellungen oder Identifizierungen von Sorten.*

9. *Tätigkeiten im Sinne der Entgeltgruppe 7 sind z.B.:*
   a) *Durchführen und Auswerten von einfachen Versuchen nach statistischen Methoden und Gegenüberstellen der Ergebnisse;*
   b) *Durchführen von landtechnischen Versuchen mit Datenermittlung, z.B. Schlupf- und Zugwiderstandsmessungen, Feststellen von Ladeleistungen;*

c) Durchführen von schwierigen Leistungsprüfungen, z.B. Zugleistungsprüfungen bei Pferden einschließlich Auswerten der Messdiagramme, Ultraschallmessungen bei Schweinen, Messungen am Schlachtkörper;

d) Einfache produktionstechnische oder verwertungstechnische Beratung oder Absatzberatung auf dem Fachgebiet der oder des Beschäftigten;

e) Aufnehmen des Betriebszustandes und Prüfen der Betriebsverhältnisse für die produktionstechnische Beratung;

f) Laufende Prüfung der Betriebsvorgänge einschließlich Erstellen der Betriebsberechnung;

g) Einfachere Produktionswertberechnungen;

h) Einfache Beratung in der Technik der ländlichen Hauswirtschaft;

i) Herstellen von Beratungs- und Anschauungsmaterial nach Weisung;

j) Mitwirken bei der landwirtschaftlichen Berufsausbildung und -fortbildung;

k) Mitwirken bei pflanzenbaulichen Beurteilungen und Schätzungen, z.B. Bonitierungen, Schadensfeststellungen und Identifizierung von Sorten;

l) Sortenfeststellung und Güteprüfung nach äußeren Merkmalen bei der Saatgutverkehrskontrolle;

m) Handbonitierung von Qualitätsproben nach Bewertungsschlüsseln;

n) Durchführen von Qualitätsprüfungen;

o) Mitwirken bei amtlichen Überwachungen und Anerkennungen, z.B. bei Saatgutanerkennungen oder Körungen;

p) Mitwirken beim Vollzug staatlicher Förderungsmaßnahmen;

q) Mitwirken bei der Erzeugungs- und Marktberichterstattung;

r) Ernteermittlungen;

s) Durchführen der Blattlauskontrolle in virusgefährdeten Kulturen.

10. Die selbständigen Leistungen müssen sich auf die Tätigkeit, die der Gesamttätigkeit das Gepräge gibt, beziehen.

11. [1] Technische Beratungen einfacherer Art sind Empfehlungen und Hinweise in produktionstechnischen Fragen nach allgemeinen Richtlinien und dazugehörige technische Berechnungen. [2] Zur Durchführung von Versuchen und sonstigen Arbeiten mit entsprechendem Schwierigkeitsgrad gehören z.B. folgende Tätigkeiten:

a) Feststellen von Produktionsvorgängen oder Entwicklungsabläufen bei der Durchführung von einfacheren Versuchen aller Art nach Plan;

b) Beaufsichtigen oder Leiten von Arbeitsgruppen oder Arbeitskolonnen bei Versuchen nach Weisung;

c) Fachtechnische Arbeiten für Ausstellungen, Schauen, Vorführungen oder Wettbewerbe;

d) Mitwirken bei Feldbegehungen und Besichtigungsfahrten.

18. Geprüfte Gärtnermeisterinnen und -meister

Vorbemerkung

Geprüfte Gärtnermeisterinnen und -meister sind Beschäftigte mit einschlägiger Meisterprüfung, die eine Tätigkeit in folgenden Fachgebieten ausüben: Blumen- und Zierpflanzenbau, Obstbau, gärtnerischer Gemüsebau, Baumschulen, gärtnerischer Samenbau, Landschaftsgärtnerei, Friedhofsgärtnerei.

Entgeltgruppe 9b

1. Beschäftigte der Entgeltgruppe 8,
   a) denen mehrere geprüfte Gärtnermeisterinnen oder -meister, davon mindestens eine oder einer mit Tätigkeiten mindestens der Entgeltgruppe 8, durch ausdrückliche Anordnung ständig unterstellt sind oder
   b) die regelmäßig vergleichbare Arbeitskräfte von Unternehmern einzusetzen und zu beaufsichtigen haben.
2. Beschäftigte der Entgeltgruppe 9a Fallgruppe 1,
   deren Tätigkeit sich
   a) dadurch, dass sie in einem besonders bedeutenden Arbeitsbereich mit einem höheren Maß von Verantwortlichkeit beschäftigt sind und
   b) durch den Umfang und die Bedeutung des Aufgabengebietes und große Selbständigkeit wesentlich

   aus der Entgeltgruppe 9a Fallgruppe 1 heraushebt.
   (Hierzu Protokollerklärung Nr. 1)
3. Beschäftigte der Entgeltgruppe 9a Fallgruppe 2,
   deren Tätigkeit sich durch den Umfang und die Bedeutung des Aufgabengebietes und große Selbständigkeit wesentlich
   aus der Entgeltgruppe 9a Fallgruppe 2 heraushebt.

Entgeltgruppe 9a

1. Beschäftigte der Entgeltgruppe 8,
   die besonders schwierige Arbeitsbereiche zu beaufsichtigen haben, in denen Gärtnerinnen oder Gärtner mit abgeschlossener Berufsausbildung beschäftigt werden.
   (Hierzu Protokollerklärungen Nrn. 1 und 2)
2. Beschäftigte der Entgeltgruppe 8,
   die in einem besonders bedeutenden Arbeitsbereich mit einem höheren Maß von Verantwortlichkeit beschäftigt sind.
   (Hierzu Protokollerklärung Nr. 1)

Entgeltgruppe 8

Geprüfte Gärtnermeisterinnen und -meister mit entsprechender Tätigkeit.

Protokollerklärungen

1. *Arbeitsbereiche im Sinne dieses Tätigkeitsmerkmals sind z.B. Betriebsstätten.*
2. *Besonders schwierige Arbeitsbereiche im Sinne dieses Tätigkeitsmerkmals sind solche, die erheblich über den normalen Schwierigkeitsgrad hinausgehen.*

19. Beschäftigte in der Instandhaltung und Bedienung von Gebäude- und Betriebstechnik

Vorbemerkungen

1. Anlagen der Gebäude- und Betriebstechnik sind z.B. Abwasser-, Wasser-, Gas-, Kälte-, Wärmeversorgungsanlagen, Lufttechnische Anlagen, Nieder- und Mittelspannungsanlagen und sicherheitstechnische Anlagen.
2. Das Instandhalten von Anlagen umfasst die Wartung, Inspektion und Instandsetzung.

Entgeltgruppe 9a

1. Beschäftigte der Entgeltgruppe 8 Fallgruppe 1 mit einer zusätzlichen fachlichen Fortbildung in der Mess-, Steuer- und Regelungstechnik,
die bei Bedarf die Regelungstechnik programmieren.
(Hierzu Protokollerklärungen Nrn. 1 und 2)
2. Beschäftigte der Entgeltgruppe 8 Fallgruppe 3 mit einer zusätzlichen fachlichen Fortbildung,
die in großen Arbeitsstätten mit zentraler Gebäude- und Betriebstechnik komplizierte Anlagen instand halten, die Betriebsbereitschaft gewährleisten und in der Lage sind, die Regelung und Steuerung der Anlagen technischen Änderungen anzupassen.
(Hierzu Protokollerklärungen Nrn. 2 und 3)

Entgeltgruppe 8

1. Beschäftigte der Entgeltgruppe 7 Fallgruppe 1 oder 2,
die Anlagen der zentralen Gebäude- und Betriebstechnik bedienen und instand halten und bei Bedarf die Regelungstechnik IT-gestützt parametrieren.
(Hierzu Protokollerklärungen Nrn. 1 und 3)
2. Beschäftigte der Entgeltgruppe 7 Fallgruppe 1 oder 2 mit einer zusätzlichen fachlichen Fortbildung in der Mess-, Steuer- und Regelungstechnik,
die Anlagen der Gebäude- und Betriebstechnik bedienen und instand halten und bei Bedarf die Regelungstechnik programmieren.
(Hierzu Protokollerklärung Nr. 1)
3. Beschäftigte der Entgeltgruppe 7 Fallgruppe 2,
die neben der Beaufsichtigung oder Wartung von Regelanlagen zur Steuerung angeschlossener Unterzentralen besonders schwierige Instandsetzungen durchführen.

Entgeltgruppe 7

1. Beschäftigte der Entgeltgruppe 6,
die bei Bedarf die Regelungstechnik parametrieren (auch IT-gestützt).
(Hierzu Protokollerklärung Nr. 1)
2. Beschäftigte der Entgeltgruppe 6,
die an umfangreichen Anlagen der Gebäude- und Betriebstechnik schwierige Instandsetzungen selbständig durchführen.

Entgeltgruppe 6

Beschäftigte mit einschlägiger abgeschlossener Berufsausbildung und anlagenspezifischem Sachkundenachweis,
die Anlagen der Gebäude- und Betriebstechnik bedienen und instand halten, für deren Betrieb ein entsprechender Sachkundenachweis Voraussetzung ist.

Protokollerklärungen

1. *Das Parametrieren oder Programmieren setzt voraus, dass in die Regelungstechnik eingegriffen wird. Dabei sind mit einer bestehenden Software regelungstechnische Anpassungen und Erweiterungen durchzuführen.*
2. *Die zusätzliche fachliche Fortbildung wird auch durch einen Meisterbrief erfüllt.*

3. Zentrale Gebäude- und Betriebstechnik ist eine Vernetzung verschiedener Anlagen der Gebäude- und Betriebstechnik, die durch eine zentrale Gebäudeautomation (Gebäudeleittechnik) gesteuert werden.

20. Geschäftsstellenverwalterinnen und -verwalter, Beschäftigte in Serviceeinheiten sowie Justizhelferinnen und -helfer bei Gerichten und Staatsanwaltschaften

Entgeltgruppe 9a

1. Beschäftigte der Entgeltgruppe 5
mit schwierigen Tätigkeiten.
(Hierzu Protokollerklärung Nr. 1)
2. Beschäftigte der Entgeltgruppe 6 Fallgruppe 3
mit schwierigen Tätigkeiten.
(Hierzu Protokollerklärung Nr. 1)

Entgeltgruppe 8

1. Beschäftigte der Entgeltgruppe 5
mit mindestens zu einem Drittel schwierigen Tätigkeiten.
(Hierzu Protokollerklärung Nr. 1)
2. Beschäftigte der Entgeltgruppe 6 Fallgruppe 3
mit mindestens zu einem Drittel schwierigen Tätigkeiten.
(Hierzu Protokollerklärung Nr. 1)

Entgeltgruppe 6

1. Beschäftigte der Entgeltgruppe 5
mit mindestens zu einem Fünftel schwierigen Tätigkeiten.
(Beschäftigte in dieser Fallgruppe erhalten eine Entgeltgruppenzulage gemäß § 17 Nr. 1.)
(Hierzu Protokollerklärungen Nrn. 1 und 2)
2. Beschäftigte der Fallgruppe 3
mit mindestens zu einem Fünftel schwierigen Tätigkeiten.
(Beschäftigte in dieser Fallgruppe erhalten eine Entgeltgruppenzulage gemäß § 17 Nr. 1.)
(Hierzu Protokollerklärungen Nrn. 1 und 2)
3. Beschäftigte in Serviceeinheiten bei Gerichten oder Staatsanwaltschaften.
(Hierzu Protokollerklärung Nr. 3)

Entgeltgruppe 5

Geschäftsstellenverwalterinnen und -verwalter bei Gerichten oder Staatsanwaltschaften.
(Hierzu Protokollerklärung Nr. 4)

Entgeltgruppe 3

Justizhelferinnen und -helfer.
(Hierzu Protokollerklärung Nr. 5)

Protokollerklärungen

1. Schwierige Tätigkeiten im Sinne dieses Tätigkeitsmerkmals sind z.B.:

a) die Anordnung von Zustellungen, die Ladung von Amts wegen, die Heranziehung und die Vermittlung von Zustellungen im Parteibetrieb, die Heranziehung und die Ladung der ehrenamtlichen Richterinnen und Richter, die Besorgung der öffentlichen Zustellung und Ladung;

b) die Erteilung von Rechtskraft- und Notfristzeugnissen sowie die Erteilung von Vollstreckungsklauseln, die Vollstreckbarkeitsbescheinigung in Strafsachen;

c) die Aufgaben nach den Anordnungen über die Erhebung von statistischen Daten und der Mitteilung an das Bundeszentralregister, das Gewerbezentralregister und das Kraftfahrtbundesamt;

d) die Aufgaben der Kostenbeamtin oder des Kostenbeamten, die Aufgaben der Geschäftsstelle bei der Bewilligung von Prozesskostenbeihilfe mit Zahlungsbestimmung, die Festsetzung und Anweisung der den Zeuginnen und Zeugen, Sachverständigen und ehrenamtlichen Richterinnen und Richtern sowie den Beteiligten zu gewährenden Entschädigungen (einschl. etwaiger Vorschüsse);

e) die Aufgaben als Urkundsbeamtin oder Urkundsbeamter der Geschäftsstellen bei den obersten Gerichtshöfen des Bundes und beim Generalbundesanwalt;

f) die unterschriftsreife Vorbereitung von Beschlüssen und Verfügungen sowie die Anordnungen für Richterinnen und Richter, Staatsanwältinnen und Staatsanwälte sowie Rechtspflegerinnen und Rechtspfleger, die Vorprüfung von Klagen und Anschuldigungsschriften, Anträgen sowie Rechtsmitteln und Rechtsbehelfen in Gerichtsverfahren (z.B. Spruchkörperzuständigkeit, Ermittlung des Berichterstatters, Fristwahrung, Beweisangebote in patentgerichtlichen Verfahren), die Überprüfung fristgebundener Gebührenzahlungen in patentgerichtlichen Verfahren;

g) die Beantwortung von Sachstandsanfragen und Auskunftsersuchen formeller Art sowie die Überwachung von Akteneinsichten in patentgerichtlichen Verfahren.

2. Das Tätigkeitsmerkmal ist auch erfüllt, wenn die schwierigen Tätigkeiten zusammen mit der selbständigen Fertigung von Inhaltsprotokollen in Strafsachen mindestens 35 v.H. der Gesamttätigkeit ausmachen.

3. Beschäftigte in Serviceeinheiten bei Gerichten oder Staatsanwaltschaften sind Beschäftigte, die die Ausbildung nach der Verordnung über die Berufsausbildung zum Justizfachangestellten/zur Justizfachangestellten vom 26. Januar 1998 (BGBl. I S. 195) erfolgreich abgeschlossen haben und Aufgaben des mittleren Justizdienstes bzw. der entsprechenden Qualifikationsebene und der Justizfachangestellten (z.B. Geschäftsstellentätigkeit, Protokollführung, Assistenztätigkeiten) ganzheitlich bearbeiten, sowie sonstige Beschäftigte, die aufgrund gleichwertiger Fähigkeiten und ihrer Erfahrungen entsprechende Tätigkeiten in Serviceeinheiten ausüben.

4. Geschäftsstellenverwalterinnen und -verwalter sind Beschäftigte, die Schriftgut verwalten und mindestens zu einem Drittel ihrer Gesamttätigkeit die sonstigen, in den Geschäftsordnungen für die Gerichte und Staatsanwaltschaften für ihr Arbeitsgebiet dem mittleren Dienst bzw. der entsprechenden Qualifikationsebene zugewiesenen Tätigkeiten wahrnehmen.

5. Justizhelferinnen und -helfer sind Beschäftigte bei den Gerichten und Staatsanwaltschaften, die die Aufgaben einer Justizwachtmeisterin oder eines Justizwachtmeisters erfüllen (insbesondere auch Sitzungs- und Vorführdienst).

21. Beschäftigte in Gesundheitsberufen

Vorbemerkung

Die Bezeichnungen	umfassen auch
Audiologie-Assistentinnen und -Assistenten	Audiometristinnen und Audiometristen
Ergotherapeutinnen und -therapeuten	Beschäftigungstherapeutinnen und -therapeuten
Masseurinnen und medizinische Bademeisterinnen und Masseure und medizinische Bademeister	Masseurinnen und Masseure
Medizinische Fachangestellte	Arzthelferinnen und Arzthelfer
Pharmazeutisch-kaufmännische Angestellte	Apothekenhelferinnen und -helfer
Physiotherapeutinnen und -therapeuten	Krankengymnastinnen und Krankengymnasten
Präparationstechnische Assistentinnen und Assistenten	Dermoplastikerinnen und Dermoplastiker, Moulageurinnen und Moulageure, Biologiemodellmacherinnen und -modellmacher
Zahnmedizinische Fachangestellte	Zahnärztliche Helferinnen und Helfer

21.1. Audiologie-Assistentinnen und -Assistenten

Entgeltgruppe 9b

1. Beschäftigte der Entgeltgruppe 7,
die als Hilfskräfte bei wissenschaftlichen Forschungsaufgaben mit einem besonders hohen Maß von Verantwortlichkeit tätig sind.
2. Beschäftigte der Entgeltgruppe 7,
die mindestens zur Hälfte eine oder mehrere der folgenden Aufgaben erfüllen:
   - Gehörprüfungen bei Säuglingen oder schwersterkrankten Patientinnen oder Patienten,
   - Durchführung des Hörtrainings nach Cochlea-Implantationen,
   - Mitwirkung bei der BAHA- oder Soundbridge-Versorgung, Hörtraining nach der Versorgung mit BAHA- oder Soundbridge-Implantaten,
   - spezifische Diagnostik (z.B. BERA-Untersuchung) während Operationen.

Entgeltgruppe 9a

Beschäftigte der Entgeltgruppe 7,
die schwierige Aufgaben erfüllen.
(Hierzu Protokollerklärung)

Entgeltgruppe 8

Beschäftigte der Entgeltgruppe 7,
die mindestens zu einem Viertel schwierige Aufgaben erfüllen.
(Hierzu Protokollerklärung)

Entgeltgruppe 7

Audiologie-Assistenteninnen und -Assistenten mit staatlicher Anerkennung oder mit mindestens zweijähriger Fachausbildung an Universitätskliniken oder medizinischen Akademien und entsprechender Tätigkeit.

Entgeltgruppe 5

Beschäftigte in der Tätigkeit von Audiologie-Assistenteninnen und -Assistenten.

Protokollerklärung

Schwierige Aufgaben sind z.B. Fertigung von Sprach-, Spiel- und Reflexaudiogrammen, Gehörprüfung bei Kleinkindern oder geistig behinderten Patientinnen oder Patienten sowie Gehörgeräteanpassung und Gehörerziehung – Hörtraining – bei Kleinkindern.

21.2. Desinfektorinnen und Desinfektoren sowie Gesundheitsaufseherinnen und -aufseher

Entgeltgruppe 9a

1. Beschäftigte der Entgeltgruppe 4
   als Leiterinnen oder Leiter des technischen Betriebes von Desinfektionsanstalten,
   denen mindestens 18 Desinfektorinnen oder Desinfektoren mit Prüfung durch ausdrückliche Anordnung ständig unterstellt sind.
   (Hierzu Protokollerklärung Nr. 1)
2. Beschäftigte der Entgeltgruppe 6 Fallgruppe 4,
   denen mindestens fünf Gesundheitsaufseherinnen oder -aufseher oder Beschäftigte in der Tätigkeit von Gesundheitsaufseherinnen oder -aufsehern durch ausdrückliche Anordnung ständig unterstellt sind.
   (Hierzu Protokollerklärung Nr. 2)
3. Beschäftigte der Entgeltgruppe 6 Fallgruppe 4,
   die schwierige Aufgaben erfüllen.
   (Hierzu Protokollerklärungen Nrn. 2 und 3)

Entgeltgruppe 8

1. Beschäftigte der Entgeltgruppe 4
   als Leiterinnen oder Leiter des technischen Betriebes von Desinfektionsanstalten,
   denen mindestens neun Desinfektorinnen oder Desinfektoren mit Prüfung durch ausdrückliche Anordnung ständig unterstellt sind.
   (Hierzu Protokollerklärung Nr. 1)
2. Beschäftigte der Entgeltgruppe 4
   als ausdrücklich bestellte ständige Vertreterinnen oder Vertreter von Leiterinnen oder Leitern des technischen Betriebes von Desinfektionsanstalten,
   denen mindestens 18 Desinfektorinnen oder Desinfektoren mit Prüfung durch ausdrückliche Anordnung ständig unterstellt sind.
   (Hierzu Protokollerklärung Nr. 1)
3. Beschäftigte der Entgeltgruppe 6 Fallgruppe 4,
   denen mindestens zwei Gesundheitsaufseherinnen oder -aufseher oder Beschäftigte in der Tätigkeit von Gesundheitsaufseherinnen oder -aufsehern durch ausdrückliche Anordnung ständig unterstellt sind.
   (Hierzu Protokollerklärung Nr. 2)

4. Beschäftigte der Entgeltgruppe 6 Fallgruppe 4,
die in nicht unerheblichem Umfange schwierige Aufgaben im gesamten Aufgabenbereich einer Gesundheitsaufseherin oder eines Gesundheitsaufsehers erfüllen.
(Hierzu Protokollerklärungen Nrn. 2 und 3)

Entgeltgruppe 6

1. Beschäftigte der Entgeltgruppe 4
als ausdrücklich bestellte ständige Vertreterinnen und Vertreter von Leiterinnen und Leitern des technischen Betriebes von Desinfektionsanstalten, denen mindestens neun Desinfektorinnen oder Desinfektoren mit Prüfung durch ausdrückliche Anordnung ständig unterstellt sind.
(Hierzu Protokollerklärung Nr. 1)
2. Beschäftigte der Entgeltgruppe 4,
denen mindestens vier Desinfektorinnen oder Desinfektoren mit Prüfung durch ausdrückliche Anordnung ständig unterstellt sind.
3. Beschäftigte der Entgeltgruppe 4,
die mindestens zu einem Viertel Aufsichtstätigkeit bei Begasungen mit hochgiftigen Stoffen auf Schiffen, schwimmenden Geräten oder an Land in Gebäuden, Silos, Containern oder Waggons ausüben.
4. Gesundheitsaufseherinnen und -aufseher mit Prüfung und entsprechender Tätigkeit.
(Hierzu Protokollerklärung Nr. 2)

Entgeltgruppe 5

Beschäftigte der Entgeltgruppe 4,
denen mindestens zwei Desinfektorinnen oder Desinfektoren mit Prüfung durch ausdrückliche Anordnung ständig unterstellt sind.

Entgeltgruppe 4

Desinfektorinnen und Desinfektoren mit Prüfung und entsprechender Tätigkeit.

Entgeltgruppe 3

1. Desinfektionshelferinnen und -helfer.
2. Beschäftigte in der Tätigkeit von Gesundheitsaufseherinnen und -aufsehern.
(Hierzu Protokollerklärung Nr. 2)

Protokollerklärungen

1. *Zu den Desinfektionsanstalten rechnen auch entsprechende Einrichtungen mit anderer Bezeichnung.*
2. *Beschäftigte, die die Tätigkeit einer Gesundheitsaufseherin oder eines -aufsehers ausüben und die Prüfung als Gesundheitsaufseherin oder -aufseher deshalb nicht abgelegt haben, weil in dem betreffenden Land eine Prüfungsmöglichkeit für Gesundheitsaufseherinnen und -aufseher nicht besteht, sind nach den Tätigkeitsmerkmalen für Gesundheitsaufseherinnen und -aufseher mit Prüfung eingruppiert.*
3. *[1] Schwierige Aufgaben sind z.B. die Begutachtung von Flächennutzungsplänen und die Begutachtung von großen Bauvorhaben mit noch nicht gesicherter Wasserversorgung und Abwässerbeseitigung. [2] Zur Erfüllung der schwierigen Aufgaben gehört auch, dass die Gesundheitsaufseherin oder der Gesundheitsaufseher den Sachverhalt bewer-*

tet, daraus die notwendigen Folgerungen zieht und die hiermit zusammenhängenden Berichte, Gutachten und sonstigen Schreiben entwirft.

21.3. Diätassistentinnen und -assistenten

Entgeltgruppe 9b

1. Beschäftige der Entgeltgruppe 7
   als Leiterinnen oder Leiter von Diätküchen, die für die Versorgung von durchschnittlich täglich mindestens 400 Personen mit Diätverpflegung verantwortlich sind.
   (Hierzu Protokollerklärung Nr. 1)
2. Beschäftige der Entgeltgruppe 7 mit zusätzlicher Ausbildung als Ernährungsberaterin oder -berater und entsprechender Tätigkeit.

Entgeltgruppe 9a

1. Beschäftige der Entgeltgruppe 7
   als Leiterinnen oder Leiter von Diätküchen, die für die Versorgung von durchschnittlich täglich mindestens 200 Personen mit Diätverpflegung verantwortlich sind.
   (Hierzu Protokollerklärung Nr. 1)
2. Beschäftige der Entgeltgruppe 7
   als durch ausdrückliche Anordnung bestellte ständige Vertreterinnen oder Vertreter von Leiterinnen oder Leitern von Diätküchen, die für die Versorgung von durchschnittlich täglich mindestens 400 Personen mit Diätverpflegung verantwortlich sind.
   (Hierzu Protokollerklärung Nr. 1)
3. Beschäftige der Entgeltgruppe 7,
   die schwierige Aufgaben erfüllen.
   (Hierzu Protokollerklärung Nr. 2)

Entgeltgruppe 8

1. Beschäftige der Entgeltgruppe 7,
   als durch ausdrückliche Anordnung bestellte ständige Vertreterinnen oder Vertreter von Leiterinnen oder Leitern von Diätküchen, die für die Versorgung von durchschnittlich täglich mindestens 200 Personen mit Diätverpflegung verantwortlich sind.
   (Hierzu Protokollerklärung Nr. 1)
2. Beschäftige der Entgeltgruppe 7
   als Diätküchenleiterin oder -leiter.
   (Hierzu Protokollerklärungen Nrn. 1 und 3)
3. Beschäftige der Entgeltgruppe 7,
   die mindestens zu einem Viertel schwierige Aufgaben erfüllen.
   (Hierzu Protokollerklärung Nr. 2)

Entgeltgruppe 7

Diätassistentinnen und -assistenten mit entsprechender Tätigkeit.

Entgeltgruppe 5

Beschäftigte in der Tätigkeit von Diätassistentinnen und -assistenten.

Protokollerklärungen

1. [1] Diätküchen können auch unselbständige Teile einer Großküche sein. [2] Zu den Diätküchen zählen auch die Diätmilchküchen. [3] Schonkost ist keine Diätkost.

2. Schwierige Aufgaben sind z.B.:

a) Diätberatung von einzelnen Patientinnen oder Patienten,

b) selbständige Durchführung von Ernährungserhebungen,

c) Mitarbeit bei Grundlagenforschung im Fachbereich klinische Ernährungslehre,

d) Herstellung und Berechnung spezifischer Diätformen bei dekompensierten Leberzirrhosen, Niereninsuffizienz, Hyperlipidämien,

e) Stoffwechsel-Bilanz-Studien,

f) Maldigestion und Malabsorption nach Shunt-Operationen,

g) Kalzium-Test-Diäten,

h) spezielle Anfertigung von Sondenernährung für Patientinnen oder Patienten auf Intensiv- und Wachstationen.

3. In den Ländern, in denen eine staatliche Anerkennung als Diätküchenleiterin oder Diätküchenleiter nicht erfolgt, gilt das Tätigkeitsmerkmal als erfüllt, wenn sich die Diätassistentin oder der Diätassistent drei Jahre als Diätküchenleiterin oder -leiter bewährt hat.

21.4. Ergotherapeutinnen und -therapeuten

Entgeltgruppe 9b

1. Beschäftigte der Entgeltgruppe 7,
   denen mindestens zwei Beschäftigte dieses Unterabschnitts durch ausdrückliche Anordnung ständig unterstellt sind.
2. Beschäftigte der Entgeltgruppe 7,
   die mindestens zur Hälfte folgende Aufgabe erfüllen:
   Ergotherapie bei Patientinnen oder Patienten mit Demenz.

Entgeltgruppe 9a

Beschäftigte der Entgeltgruppe 7,
die schwierige Aufgaben erfüllen.
(Hierzu Protokollerklärung)

Entgeltgruppe 8

Beschäftigte der Entgeltgruppe 7,
die mindestens zu einem Viertel schwierige Aufgaben erfüllen.
(Hierzu Protokollerklärung)

Entgeltgruppe 7

Ergotherapeutinnen und -therapeuten mit entsprechender Tätigkeit.

Entgeltgruppe 5

Beschäftigte in der Tätigkeit von Ergotherapeutinnen und -therapeuten.

Protokollerklärung

Schwierige Aufgaben sind z.B. Beschäftigungstherapie bei Querschnittslähmungen, in Kinderlähmungsfällen, mit spastisch Gelähmten, in Fällen von Dysmelien, in der Psychiatrie oder Geriatrie.

21.5. Lehrkräfte in Gesundheitsberufen

Entgeltgruppe 10

Beschäftigte der Entgeltgruppe 9b Fallgruppe 1
als Erste Lehrkräfte.
(Hierzu Protokollerklärung)

Entgeltgruppe 9b

1. Audiologie-Assistentinnen und -Assistenten, Diätassistentinnen und -assistenten, Ergotherapeutinnen und -therapeuten, Logopädinnen und Logopäden, Medizinisch-technische Assistentinnen und Assistenten, Orthoptistinnen und Orthoptisten, Pharmazeutisch-technische Assistentinnen und Assistenten, Physiotherapeutinnen und -therapeuten,
   die als Lehrkräfte an entsprechenden Schulen eingesetzt sind.
2. Beschäftigte der Entgeltgruppe 9a
   als Erste Lehrkräfte.
   (Hierzu Protokollerklärung)

Entgeltgruppe 9a

Masseurinnen und medizinische Bademeisterinnen und Masseure und medizinische Bademeister sowie Physiotherapeutinnen und -therapeuten,
die als Lehrkräfte an Schulen für Masseurinnen und medizinische Bademeisterinnen und Masseure und medizinische Bademeister eingesetzt sind.

Protokollerklärung

Erste Lehrkräfte sind Lehrkräfte, denen auch die Leitungsaufgaben der Schule unter der Verantwortung der Leiterin oder des Leiters der Schule durch ausdrückliche Anordnung übertragen sind.

21.6. Logopädinnen und Logopäden

Entgeltgruppe 9b

Beschäftigte der Entgeltgruppe 6,
die als Hilfskräfte bei wissenschaftlichen Forschungsaufgaben mit einem besonders hohen Maß von Verantwortlichkeit tätig sind.

Entgeltgruppe 9a

Beschäftigte der Entgeltgruppe 6,
die schwierige Aufgaben erfüllen.
(Hierzu Protokollerklärung)

Entgeltgruppe 8

Beschäftigte der Entgeltgruppe 6,
die mindestens zu einem Viertel schwierige Aufgaben erfüllen.
(Hierzu Protokollerklärung)

Entgeltgruppe 6

Logopädinnen und Logopäden mit entsprechender Tätigkeit.

Entgeltgruppe 4

Beschäftigte in der Tätigkeit von Logopädinnen und Logopäden.

Protokollerklärungen

Schwierige Aufgaben sind z.B. die Behandlung von Kehlkopflosen, von Patientinnen oder Patienten nach Schlaganfällen oder Gehirnoperationen, von Patientinnen oder Patienten mit Intelligenzminderungen, von Aphasiepatientinnen oder -patienten, von Patientinnen oder Patienten mit spastischen Lähmungen im Bereich des Sprachapparates.

21.7. Masseurinnen und medizinische Bademeisterinnen und Masseure und medizinische Bademeister

Entgeltgruppe 9a

Beschäftigte der Entgeltgruppe 5,
denen mindestens acht Beschäftigte dieses Unterabschnitts durch ausdrückliche Anordnung ständig unterstellt sind.

Entgeltgruppe 8

1. Beschäftigte der Entgeltgruppe 5,
denen mindestens vier Beschäftigte dieses Unterabschnitts durch ausdrückliche Anordnung ständig unterstellt sind.
2. Beschäftigte der Entgeltgruppe 6 Fallgruppe 1,
die schwierige Aufgaben erfüllen.
(Hierzu Protokollerklärung)

Entgeltgruppe 6

1. Beschäftigte der Entgeltgruppe 5,
denen mindestens zwei Beschäftigte dieses Unterabschnitts durch ausdrückliche Anordnung ständig unterstellt sind.
2. Beschäftigte der Entgeltgruppe 5,
die mindestens zu einem Viertel schwierige Aufgaben erfüllen.
(Hierzu Protokollerklärung)

Entgeltgruppe 5

Masseurinnen und medizinische Bademeisterinnen und Masseure und medizinische Bademeister mit entsprechender Tätigkeit.

Entgeltgruppe 3

Beschäftigte in der Tätigkeit von Masseurinnen und medizinischen Bademeisterinnen und Masseuren und medizinischen Bademeistern.

Protokollerklärung

Schwierige Aufgaben sind z.B. Verabreichung von Kohlensäure- oder Sauerstoffbädern bei Herz- und Kreislaufbeschwerden, Massage- oder Bäderbehandlung nach Schlaganfällen oder bei Kinderlähmung, Massagebehandlung von Frischoperierten.

21.8. Medizinische Fachangestellte und zahnmedizinische Fachangestellte

Entgeltgruppe 8

Beschäftigte der Entgeltgruppe 5 Fallgruppe 2,
denen mindestens zehn Beschäftigte der Entgeltgruppe 5 Fallgruppe 2 dieses Unterabschnitts durch ausdrückliche Anordnung ständig unterstellt sind.

Entgeltgruppe 6

1. Beschäftigte der Entgeltgruppe 5,
   die schwierige Aufgaben erfüllen.
   (Hierzu Protokollerklärung)
2. Beschäftigte der Entgeltgruppe 5 Fallgruppe 2,
   denen mindestens fünf Beschäftigte der Entgeltgruppe 5 Fallgruppe 2 dieses Unterabschnitts durch ausdrückliche Anordnung ständig unterstellt sind.

Entgeltgruppe 5

1. Medizinische Fachangestellte mit entsprechender Tätigkeit.
2. Zahnmedizinische Fachangestellte mit entsprechender Tätigkeit.

Entgeltgruppe 3

(aufgehoben)

Protokollerklärung

Schwierige Aufgaben sind z.B. Patientenabrechnungen im stationären und ambulanten Bereich, Durchführung von Elektro-Kardiogrammen mit allen Ableitungen, Einfärben von cytologischen Präparaten oder gleich schwierige Einfärbungen, Durchführen zahnmedizinisch-spezifischer diagnostischer, präventiver und therapeutischer Maßnahmen, z.B. Zahnprophylaxe.

21.9. Medizinisch-technische Assistentinnen und Assistenten sowie medizinisch-technische Gehilfinnen und Gehilfen

Entgeltgruppe 10

Leitende medizinisch-technische Assistentinnen und Assistenten,

denen mindestens 16 Beschäftigte dieses Unterabschnitts durch ausdrückliche Anordnung ständig unterstellt sind.

(Hierzu Protokollerklärung Nr. 1)

Entgeltgruppe 9b

1. Beschäftigte der Entgeltgruppe 7,
   denen mindestens zwei Beschäftigte dieses Unterabschnitts durch ausdrückliche Anordnung ständig unterstellt sind.
2. Beschäftigte der Entgeltgruppe 7,
   die als Hilfskräfte bei wissenschaftlichen Forschungsaufgaben mit einem besonders hohen Maß von Verantwortlichkeit tätig sind.
   (Hierzu Protokollerklärung Nr. 2)
3. Beschäftigte der Entgeltgruppe 7,
   die mindestens zur Hälfte eine oder mehrere Aufgaben der Entgeltgruppe 9a erfüllen.

Entgeltgruppe 9a

Beschäftigte der Entgeltgruppe 7,

die mindestens zu einem Viertel eine oder mehrere der folgenden Aufgaben erfüllen:

a) Wartung und Justierung von hochwertigen und schwierig zu bedienenden Messgeräten (z.B. Autoanalyzern) und Anlage der hierzu gehörenden Eichkurven, Bedienung eines Elektronenmikroskops sowie Vorbereitung der Präparate für Elektronenmikroskopie;

b) Quantitative Bestimmung von Kupfer und Eisen, Bestimmung der Eisenbindungskapazität, schwierige Hormonbestimmungen, schwierige Fermentaktivitätsbestimmungen, schwierige gerinnungsphysiologische Untersuchungen;

c) Virusisolierungen oder ähnliche schwierige mikrobiologische Verfahren, Gewebezüchtungen, schwierige Antikörperbestimmungen (z.B. Coombs-Test, Blutgruppen-Serologie);

d) Vorbereitung und Durchführung von röntgenologischen Gefäßuntersuchungen in der Schädel-, Brust- oder Bauchhöhle;

e) Mitwirkung bei Herzkatheterisierungen, Schichtaufnahmen in den drei Dimensionen mit Spezialgeräten, Enzephalografien, Ventrikulografien, schwierigen intraoperativen Röntgenaufnahmen.

Entgeltgruppe 8

Beschäftigte der Entgeltgruppe 7,
die mindestens zu einem Viertel schwierige Aufgaben erfüllen.
(Hierzu Protokollerklärung Nr.3)

Entgeltgruppe 7

Medizinisch-technische Assistentinnen und Assistenten mit entsprechender Tätigkeit.

Entgeltgruppe 6

Beschäftigte der Entgeltgruppe 4,
die mindestens zu einem Viertel schwierige Aufgaben erfüllen, soweit diese nicht den medizinisch-technischen Assistentinnen und Assistenten vorbehalten sind.
(Hierzu Protokollerklärung Nr.3)

Entgeltgruppe 4

Medizinisch-technische Gehilfinnen und Gehilfen mit staatlicher Prüfung nach zweisemestriger Ausbildung und mit entsprechender Tätigkeit sowie sonstige Beschäftigte, die aufgrund gleichwertiger Fähigkeiten und ihrer Erfahrungen entsprechende Tätigkeiten ausüben.

Protokollerklärungen

1. *Leitende medizinisch-technische Assistentinnen und Assistenten im Sinne dieses Tätigkeitsmerkmals sind Assistentinnen und Assistenten, denen unter der Verantwortung einer Ärztin oder eines Arztes für eine Laboratoriumsabteilung oder für eine radiologische Abteilung insbesondere die Arbeitseinteilung, die Überwachung des Arbeitsablaufs und der Arbeitsausführung durch ausdrückliche Anordnung übertragen sind.*
2. *Medizinisch-technische Assistentinnen und Assistenten, die im Rahmen ihrer Tätigkeit als Hilfskräfte bei wissenschaftlichen Forschungsaufgaben mit einem besonders hohen Maß von Verantwortlichkeit tätig sind, sind auch dann als solche eingruppiert, wenn sie im Rahmen dieser Tätigkeit Aufgaben erfüllen, die im Tätigkeitsmerkmal der Entgeltgruppe 9a genannt sind.*
3. *Schwierige Aufgaben sind z.B. der Diagnostik vorausgehende technische Arbeiten bei überwiegend selbständiger Verfahrenswahl auf histologischem, mikrobiologischem, serologischem und quantitativ klinisch-chemischem Gebiet; ferner schwierige röntgenologi-*

sche Untersuchungsverfahren, insbesondere zur röntgenologischen Funktionsdiagnostik, messtechnische Aufgaben und Hilfeleistung bei der Verwendung von radioaktiven Stoffen sowie schwierige medizinisch-fotografische Verfahren.

21.10. Orthoptistinnen und Orthoptisten

Entgeltgruppe 9b

1. Beschäftigte der Entgeltgruppe 7,
   denen mindestens zwei Beschäftigte dieses Unterabschnitts durch ausdrückliche Anordnung ständig unterstellt sind.
2. Beschäftigte der Entgeltgruppe 7,
   die als Hilfskräfte bei wissenschaftlichen Forschungsaufgaben mit einem besonders hohen Maß von Verantwortlichkeit tätig sind.
3. Beschäftigte der Entgeltgruppe 7,
   die mindestens zur Hälfte eine oder mehrere der folgenden Aufgaben erfüllen:
   - orthoptische Untersuchungen bei Säuglingen, Kleinkindern oder geistig behinderten Patienten mit Schielerkrankungen oder Nystagmus,
   - diagnostische Untersuchungen zur Vorbereitung auf Schieloperationen und Mitwirken bei der Dosierung der Operationsstrecken,
   - Durchführung und Auswertung von VEP-Messungen,
   - Untersuchung von komplizierten infra- und supranukleären Mobilitätsstörungen sowie nystagmusbedingten Kopfzwangshaltungen an z.B. Tangentenskalen oder Synoptometern,
   - neuroophthalmologische Untersuchungen bei Orbitaerkrankungen (z.B. Tumorerkrankungen).

Entgeltgruppe 9a

Beschäftigte der Entgeltgruppe 7,
die schwierige Aufgaben erfüllen.
(Hierzu Protokollerklärung)

Entgeltgruppe 8

Beschäftigte der Entgeltgruppe 7,
die mindestens zu einem Viertel schwierige Aufgaben erfüllen.
(Hierzu Protokollerklärung)

Entgeltgruppe 7

Orthoptistinnen und Orthoptisten mit entsprechender Tätigkeit.

Entgeltgruppe 5

Beschäftigte in der Tätigkeit von Orthoptistinnen und Orthoptisten.

Protokollerklärung

Schwierige Aufgaben sind z.B. die Behandlung eingefahrener beidäugiger Anomalien, exzentrischer Fixationen und Kleinstanomalien.

21.11. Pharmazeutisch-kaufmännische Angestellte

Entgeltgruppe 6

1. Beschäftigte der Entgeltgruppe 5
in Arzneimittelausgabestellen,
denen mindestens drei Beschäftigte dieses Unterabschnitts durch ausdrückliche Anordnung ständig unterstellt sind.
(Hierzu Protokollerklärung Nr. 1)
2. Beschäftigte der Entgeltgruppe 5,
die schwierige Aufgaben erfüllen.
(Hierzu Protokollerklärung Nr. 2)

Entgeltgruppe 5

Pharmazeutisch-kaufmännische Angestellte mit entsprechender Tätigkeit.
(Hierzu Protokollerklärung Nr. 3)

Entgeltgruppe 3

(aufgehoben)

Protokollerklärungen

1. *Apotheken sind keine Arzneimittelausgabestellen im Sinne dieses Tätigkeitsmerkmals.*
2. *Schwierige Aufgaben sind z.B. Taxieren, Mitwirkung bei der Herstellung von sterilen Lösungen oder sonstigen Arzneimitteln unter Verantwortung einer Apothekerin oder eines Apothekers.*
3. *Den pharmazeutisch-kaufmännischen Angestellten stehen Drogistinnen und Drogisten gleich.*

21.12. Pharmazeutisch-technische Assistentinnen und Assistenten

Entgeltgruppe 9b

1. Beschäftigte der Entgeltgruppe 7,
denen mindestens zwei pharmazeutisch-technische Assistentinnen oder Assistenten oder pharmazeutisch-kaufmännische Angestellte mit Tätigkeiten mindestens der Entgeltgruppe 7 durch ausdrückliche Anordnung ständig unterstellt sind.
(Hierzu Protokollerklärung Nr. 1)
2. Beschäftigte der Entgeltgruppe 7,
die als Hilfskräfte bei wissenschaftlichen Forschungsaufgaben mit einem besonders hohen Maß von Verantwortlichkeit tätig sind.

Entgeltgruppe 9a

Beschäftigte der Entgeltgruppe 7,
die mindestens zur Hälfte schwierige Aufgaben erfüllen.
(Hierzu Protokollerklärung Nr. 2)

Entgeltgruppe 8

Beschäftigte der Entgeltgruppe 7,
die mindestens zu einem Viertel schwierige Aufgaben erfüllen.
(Hierzu Protokollerklärung Nr. 2)

Entgeltgruppe 7

Pharmazeutisch-technische Assistentinnen und Assistenten mit entsprechender Tätigkeit.

Protokollerklärungen

1. *Den pharmazeutisch-kaufmännischen Angestellten stehen Drogistinnen und Drogisten gleich.*
2. *Schwierige Aufgaben sind z.B.:*
   a) in der chemisch-physikalischen Analyse: gravimetrische, titrimetrische und fotometrische Bestimmungen einschl. Komplexometrie, Leitfähigkeitsmessungen und chromatografische Analysen;
   b) in der Pflanzenanalyse: Anfertigung mikroskopischer Schnitte, schwierige Identitäts- und Reinheitsprüfungen nach dem Deutschen Arzneibuch (Chemikalien, Drogen);
   c) Herstellung und Kontrolle steriler Lösungen der verschiedensten Zusammensetzungen in größerem Umfang unter Verwendung moderner Apparaturen;
   d) Herstellung von sonstigen Arzneimitteln in größerem Umfang unter Verwendung moderner in der Galenik gebräuchlicher Apparaturen (Suppositorien, Salben, Pulvergemische, Ampullen, Tabletten u.a.);
   e) Herstellung von Arzneizubereitungen nach Rezept oder Einzelvorschrift.

21.13. Physiotherapeutinnen und -therapeuten

Entgeltgruppe 10

Leitende Physiotherapeutinnen und -therapeuten,
denen mindestens 16 Beschäftigte dieses Unterabschnitts durch ausdrückliche Anordnung ständig unterstellt sind.
(Hierzu Protokollerklärung Nr. 1)

Entgeltgruppe 9b

1. Beschäftigte der Entgeltgruppe 7,
   denen mindestens zwei Beschäftigte dieses Unterabschnitts durch ausdrückliche Anordnung ständig unterstellt sind.
2. Beschäftigte der Entgeltgruppe 7,
   die mindestens zur Hälfte eine oder mehrere der folgenden Aufgaben erfüllen:
   - Physiotherapie bei Patientinnen oder Patienten mit Demenz,
   - Physiotherapie bei Patientinnen oder Patienten auf einer Intensivstation nach einem Polytrauma.

Entgeltgruppe 9a

Beschäftigte der Entgeltgruppe 7,
die schwierige Aufgaben erfüllen.
(Hierzu Protokollerklärung Nr. 2)

Entgeltgruppe 8

Beschäftigte der Entgeltgruppe 7,
die mindestens zu einem Viertel schwierige Aufgaben erfüllen.
(Hierzu Protokollerklärung Nr. 2)

Entgeltgruppe 7

Physiotherapeutinnen und -therapeuten mit entsprechender Tätigkeit.

Entgeltgruppe 5

Beschäftigte in der Tätigkeit von Physiotherapeutinnen und -therapeuten.

Protokollerklärungen

1. *Leitende Physiotherapeutinnen und -therapeuten sind Physiotherapeutinnen oder -therapeuten, denen unter der Verantwortung einer Ärztin oder eines Arztes für eine physiotherapeutische Abteilung insbesondere die Arbeitseinteilung, die Überwachung des Arbeitsablaufs und der Arbeitsausführung durch ausdrückliche Anordnung übertragen sind.*
2. *Schwierige Aufgaben sind z.B. Krankengymnastik nach Lungen- oder Herzoperationen, nach Herzinfarkten, bei Querschnittslähmungen, in Kinderlähmungsfällen, mit spastisch Gelähmten, in Fällen von Dysmelien, nach Verbrennungen, in der Psychiatrie oder Geriatrie, nach Einsatz von Endoprothesen.*

21.14. Präparationstechnische Assistentinnen und Assistenten sowie Sektionsgehilfinnen und -gehilfen

Entgeltgruppe 9a

1. Beschäftigte der Entgeltgruppe 7,
   denen mindestens zwei Beschäftigte der Entgeltgruppe 7 dieses Unterabschnitts, davon mindestens eine oder einer mit Tätigkeiten der Entgeltgruppe 8 Fallgruppe 2, durch ausdrückliche Anordnung ständig unterstellt sind.
2. Beschäftigte der Entgeltgruppe 8 Fallgruppe 2,
   die mindestens zu einem Drittel ihrer Gesamttätigkeit selbständig Demonstrationen im Hörsaal vorbereiten und bei der Durchführung mitwirken.

Entgeltgruppe 8

1. Beschäftigte der Entgeltgruppe 7,
   denen mindestens zwei Beschäftigte mindestens der Entgeltgruppe 7 dieses Unterabschnitts durch ausdrückliche Anordnung ständig unterstellt sind.
2. Beschäftigte der Entgeltgruppe 7,
   die mindestens zu einem Viertel schwierige Aufgaben erfüllen.
   (Hierzu Protokollerklärung)

Entgeltgruppe 7

Präparationstechnische Assistentinnen und Assistenten mit entsprechender Tätigkeit.

Entgeltgruppe 6

Beschäftigte der Entgeltgruppe 3,

die mindestens zu einem Viertel auch Tätigkeiten von präparationstechnischen Assistentinnen und Assistenten ausüben und

denen mindestens zwei Beschäftigte dieses Unterabschnitts durch ausdrückliche Anordnung ständig unterstellt sind.

Entgeltgruppe 3

Sektionsgehilfinnen und -gehilfen.

Protokollerklärung

Schwierige Aufgaben sind z.B. Herstellung von Korrosionspräparaten, Darstellung feinerer Gefäße und Nerven.

21.15. Psychologisch-technische Assistentinnen und Assistenten

Entgeltgruppe 9a

Beschäftigte der Entgeltgruppe 7,
die besonders schwierige Aufgaben erfüllen.
(Hierzu Protokollerklärung Nr. 1)

Entgeltgruppe 8

Beschäftigte der Entgeltgruppe 7,
die schwierige Aufgaben erfüllen.
(Hierzu Protokollerklärung Nr. 2)

Entgeltgruppe 7

Beschäftigte mit einschlägiger abgeschlossener Berufsausbildung und einer Weiterbildung zur psychologisch-technischen Assistentin oder zum psychologisch-technischen Assistenten mit entsprechender Tätigkeit.

Protokollerklärungen

1. *Besonders schwierige Aufgaben sind:*
   a) *eigenverantwortliche Einsteuerung der Bewerberinnen und Bewerber in Stationen der psychologischen Eignungsfeststellung, insbesondere Steuerung und Organisation der computergestützten Testverfahren in Abstimmung mit anderen Stationen der Eignungsfeststellung;*
   b) *Aufsichtsfunktion;*
   c) *Standardisierung der Testleitertätigkeiten;*
   d) *Ausbildung und Einweisung neuer Testleiterinnen und Testleiter oder Karriereberaterinnen und Karriereberater;*
   e) *Im Rahmen von experimentell-wissenschaftlichen, psychologischen Untersuchungen mit Probandinnen und Probanden oder Versuchsreihen bei Forschungsprojekten: Durchführung und Auswertung dieser Untersuchungen.*
2. *Schwierige Aufgaben sind z.B.:*
   a) *Durchführung komplexer eignungsdiagnostischer Verfahren, die sich aus der Vielzahl und Vielseitigkeit der untersuchten zivil/militärischen Verwendungen und Laufbahnen ergeben; hierfür sind besondere Kenntnisse der Anforderungen der Verwendungen und Laufbahnen sowie Kenntnisse zu den Testverfahren/Normgruppen erforderlich;*
   b) *Durchführung komplexer eignungsdiagnostischer Verfahren für Spezialpersonal (z.B. KSK, Pilotinnen und Piloten) die Kenntnisse zu den spezifischen Anforderungen der Verwendung voraussetzen;*
   c) *Durchführung komplexer eignungsdiagnostischer Verfahren, die die nachgewiesene Fähigkeit zur Gesprächsführung und Verhaltensbeobachtung/-bewertung erfordern;*
   d) *Arbeit mit psychisch belasteten/psychisch erkrankten Probandinnen und Probanden im Bereich der klinischen Psychologie, die besondere Kenntnisse und Fähigkeiten für den Umgang mit den betreffenden Personen erfordert.*

21.16. Zahntechnikerinnen und -techniker

Entgeltgruppe 10

Beschäftigte der Entgeltgruppe 8 Fallgruppe 1,
denen mindestens 16 Beschäftigte dieses Unterabschnitts durch ausdrückliche Anordnung ständig unterstellt sind.

Entgeltgruppe 9b

1. Beschäftigte der Entgeltgruppe 8 Fallgruppe 1 oder der Entgeltgruppe 6, denen mindestens zwei Beschäftigte dieses Unterabschnitts mit Tätigkeiten mindestens der Entgeltgruppe 8 Fallgruppe 3 durch ausdrückliche Anordnung ständig unterstellt sind.
2. Beschäftigte der Entgeltgruppe 8 Fallgruppe 1 oder der Entgeltgruppe 6, die als Hilfskräfte bei wissenschaftlichen Forschungsaufgaben mit einem besonders hohen Maß von Verantwortlichkeit tätig sind.

Entgeltgruppe 9a

1. Beschäftigte der Entgeltgruppe 8 Fallgruppe 1
   mit Tätigkeiten, die Kenntnisse in der kieferchirurgischen Prothetik erfordern, oder die Epithesen herstellen.
2. Beschäftigte der Entgeltgruppe 8 Fallgruppe 1,
   denen an Universitätskliniken die handwerkliche Unterweisung von Studentinnen oder Studenten in zahntechnischen Arbeiten obliegt.

Entgeltgruppe 8

1. Geprüfte Zahntechnikermeisterinnen und -meister mit entsprechender Tätigkeit.
2. Beschäftigte der Entgeltgruppe 6
   mit Tätigkeiten, die Kenntnisse in der kieferchirurgischen Prothetik erfordern, oder die Epithesen herstellen.
3. Beschäftigte der Entgeltgruppe 6,
   die schwierige Aufgaben erfüllen.
   (Hierzu Protokollerklärung)

Entgeltgruppe 6

Zahntechnikerinnen und -techniker mit entsprechender Tätigkeit.

Protokollerklärung

Schwierige Aufgaben sind z.B. Tätigkeiten in der zahnärztlichen Keramik, in der Kiefer-Orthopädie, in der Parallelometertechnik, in der Vermessungstechnik für Einstückgussprothesen, in der Geschiebetechnik.

22. Haus- und Hofarbeiterinnen und -arbeiter

Entgeltgruppe 2

Haus- und Hofarbeiterinnen und -arbeiter, soweit nicht in Entgeltgruppe 1 eingruppiert.

23. Hausmeisterinnen und Hausmeister

Entgeltgruppe 5

Hausmeisterinnen und Hausmeister mit einschlägiger abgeschlossener Berufsausbildung.

Entgeltgruppe 4

Hausmeisterinnen und Hausmeister.

24. Beschäftigte in der Informationstechnik

Vorbemerkung

[1] Nach diesem Abschnitt sind Beschäftigte eingruppiert, die sich mit Systemen der Informationstechnik befassen ohne Rücksicht auf ihre organisatorische Eingliederung. [2] Zu diesen Systemen zählen insbesondere informationstechnische Hard- und Softwaresysteme, Anwendungsprogramme, Datenbanken, Komponenten der Kommunikationstechnik in lokalen IT- und IT-Weitverkehrsnetzen sowie Produkte und Services, die mit diesen Systemen erstellt werden. [3] Dabei werden Tätigkeiten im gesamten Lebenszyklus eines solchen IT-Systems erfasst, also dessen Planung, Spezifikation, Entwurf, Design, Erstellung, Implementierung, Test, Integration in die operative Umgebung, Produktion, Optimierung und Tuning, Pflege, Fehlerbeseitigung und Qualitätssicherung. [4] Auch Tätigkeiten zur Sicherstellung der Informationssicherheit fallen unter die nachfolgenden Merkmale. [5] Da mit den informationstechnischen Systemen in der Regel Produkte oder Services erstellt werden, gelten die nachfolgenden Merkmale auch für die Beschäftigten in der Produktionssteuerung und im IT-Servicemanagement. [6] Nicht unter diesen Abschnitt fallen Beschäftigte, die lediglich IT-Systeme anwenden oder Beschäftigte, die lediglich die Rahmenbedingungen für die Informationstechnik schaffen und sich die informationstechnischen Spezifikationen von den IT-Fachleuten zuarbeiten lassen (z.B. Beschäftigte in der Personalwirtschaft und -entwicklung, auch wenn es dabei um die Betreuung von IT-Personal geht oder Beschäftigte in der Beschaffung, auch wenn IT-Systeme beschafft werden).

Entgeltgruppe 13

1. Beschäftigte der Entgeltgruppe 12 Fallgruppe 1,
   deren Tätigkeit sich mindestens zu einem Drittel durch das Maß der Verantwortung erheblich aus der Entgeltgruppe 12 Fallgruppe 1 heraushebt.
2. Beschäftigte der Entgeltgruppe 10
   mit mindestens dreijähriger praktischer Erfahrung,
   die durch ausdrückliche Anordnung als Leiterin oder Leiter einer IT-Gruppe bestellt sind und denen mindestens
   a) zwei Beschäftigte dieses Abschnitts mindestens der Entgeltgruppe 12 oder
   b) drei Beschäftigte dieses Abschnitts mindestens der Entgeltgruppe 11
   durch ausdrückliche Anordnung ständig unterstellt sind.

Entgeltgruppe 12

1. Beschäftigte der Entgeltgruppe 11 Fallgruppe 1
   mit mindestens dreijähriger praktischer Erfahrung, deren Tätigkeit sich durch besondere Schwierigkeit und Bedeutung oder durch Spezialaufgaben aus der Entgeltgruppe 11 Fallgruppe 1 heraushebt.
2. Beschäftigte der Entgeltgruppe 11 Fallgruppe 1
   mit mindestens dreijähriger praktischer Erfahrung, deren Tätigkeit sich mindestens zu einem Drittel durch besondere Schwierigkeit und Bedeutung oder durch Spezialaufgaben
   aus der Entgeltgruppe 11 Fallgruppe 1 heraushebt.
3. Beschäftigte der Entgeltgruppe 10

mit mindestens dreijähriger praktischer Erfahrung,
die durch ausdrückliche Anordnung als Leiterin oder Leiter einer IT-Gruppe bestellt sind und denen mindestens
a) zwei Beschäftigte dieses Abschnitts mindestens der Entgeltgruppe 11 oder
b) drei Beschäftigte dieses Abschnitts mindestens der Entgeltgruppe 10
durch ausdrückliche Anordnung ständig unterstellt sind.

Entgeltgruppe 11

1. Beschäftigte der Entgeltgruppe 10,
deren Tätigkeit sich durch besondere Leistungen aus der Entgeltgruppe 10 heraushebt.
(Hierzu Protokollerklärung Nr. 1)
2. Beschäftigte der Entgeltgruppe 10,
deren Tätigkeit sich mindestens zu einem Drittel durch besondere Leistungen aus der Entgeltgruppe 10 heraushebt.
(Hierzu Protokollerklärung Nr. 1)

Entgeltgruppe 10

Beschäftigte mit einschlägiger abgeschlossener Hochschulbildung (z.B. in der Fachrichtung Informatik) und entsprechender Tätigkeit sowie sonstige Beschäftigte, die aufgrund gleichwertiger Fähigkeiten und ihrer Erfahrungen entsprechende Tätigkeiten ausüben

Entgeltgruppe 9b

Beschäftigte der Entgeltgruppe 9a,
deren Tätigkeit umfassende Fachkenntnisse erfordert.
(Hierzu Protokollerklärung Nr. 2)

Entgeltgruppe 9a

Beschäftigte der Entgeltgruppe 8,
deren Tätigkeit zusätzliche Fachkenntnisse erfordert.

Entgeltgruppe 8

Beschäftigte der Entgeltgruppe 7,
deren Tätigkeit über die Standardfälle hinaus Gestaltungsspielraum erfordert.

Entgeltgruppe 7

Beschäftigte der Entgeltgruppe 6,
die ohne Anleitung tätig sind.

Entgeltgruppe 6

Beschäftigte mit einschlägiger abgeschlossener Berufsausbildung (z.B. Fachinformatikerinnen und -informatiker der Fachrichtungen Anwendungsentwicklung oder Systemintegration, Technische Systeminformatikerinnen und -informatiker, IT-System-Kaufleute oder IT-Systemelektronikerinnen und -elektroniker) und entsprechender Tätigkeit sowie sonstige Beschäftigte, die aufgrund gleichwertiger Fähigkeiten und ihrer Erfahrungen entsprechende Tätigkeiten ausüben.

Protokollerklärungen

1. *Besondere Leistungen sind Tätigkeiten, deren Bearbeitung besondere Fachkenntnisse und besondere praktische Erfahrung voraussetzt oder die eine fachliche Weisungsbefugnis beinhalten.*
2. *Umfassende Fachkenntnisse bedeuten gegenüber den in der Entgeltgruppe 9a geforderten Fachkenntnissen eine Steigerung der Tiefe und der Breite nach.*

25. Ingenieurinnen und Ingenieure

Entgeltgruppe 13

1. Beschäftigte der Entgeltgruppe 12 Fallgruppe 1,
   deren Tätigkeit sich mindestens zu einem Drittel durch das Maß der Verantwortung erheblich aus der Entgeltgruppe 12 Fallgruppe 1 heraushebt.
2. Beschäftigte der Entgeltgruppe 12 Fallgruppe 3,
   deren Tätigkeit sich mindestens zu einem Drittel durch das Maß der Verantwortung erheblich aus der Entgeltgruppe 12 Fallgruppe 3 heraushebt.

Entgeltgruppe 12

1. Beschäftigte der Entgeltgruppe 11 Fallgruppe 1
   mit mindestens dreijähriger praktischer Erfahrung, deren Tätigkeit sich durch besondere Schwierigkeit und Bedeutung oder durch künstlerische oder Spezialaufgaben
   aus der Entgeltgruppe 11 Fallgruppe 1 heraushebt.
2. Beschäftigte der Entgeltgruppe 11 Fallgruppe 1
   mit mindestens dreijähriger praktischer Erfahrung, deren Tätigkeit sich mindestens zu einem Drittel durch besondere Schwierigkeit und Bedeutung oder durch künstlerische oder Spezialaufgaben
   aus der Entgeltgruppe 11 Fallgruppe 1 heraushebt.
3. Beschäftigte der Entgeltgruppe 11 Fallgruppe 3
   mit mindestens dreijähriger praktischer Erfahrung, deren Tätigkeit sich durch besondere Schwierigkeit und Bedeutung oder durch schöpferische oder Spezialaufgaben
   aus der Entgeltgruppe 11 Fallgruppe 3 heraushebt.
   (Hierzu Protokollerklärung Nr. 1)
4. Beschäftigte der Entgeltgruppe 11 Fallgruppe 3
   mit mindestens dreijähriger praktischer Erfahrung, deren Tätigkeit sich mindestens zu einem Drittel durch besondere Schwierigkeit und Bedeutung oder durch schöpferische oder Spezialaufgaben
   aus der Entgeltgruppe 11 Fallgruppe 3 heraushebt.
   (Hierzu Protokollerklärung Nr. 1)

Entgeltgruppe 11

1. Beschäftigte der Entgeltgruppe 10 Fallgruppe 1,
   deren Tätigkeit sich durch besondere Leistungen aus der Entgeltgruppe 10 Fallgruppe 1 heraushebt.
   (Hierzu Protokollerklärung Nr. 2)
2. Beschäftigte der Entgeltgruppe 10 Fallgruppe 1,
   deren Tätigkeit sich mindestens zu einem Drittel durch besondere Leistungen aus der Entgeltgruppe 10 Fallgruppe 1 heraushebt.
   (Hierzu Protokollerklärung Nr. 2)

3. Beschäftigte der Entgeltgruppe 10 Fallgruppe 2,
   deren Tätigkeit sich durch besondere Leistungen aus der Entgeltgruppe 10 Fallgruppe 2 heraushebt.
4. Beschäftigte der Entgeltgruppe 10 Fallgruppe 2,
   deren Tätigkeit sich mindestens zu einem Drittel durch besondere Leistungen aus der Entgeltgruppe 10 Fallgruppe 2 heraushebt.

Entgeltgruppe 10

1. Technische Beschäftigte mit abgeschlossener technischer Hochschulbildung und entsprechender Tätigkeit sowie sonstige Beschäftigte, die aufgrund gleichwertiger Fähigkeiten und ihrer Erfahrungen entsprechende Tätigkeiten ausüben.
   (Hierzu Protokollerklärung Nr. 3)
2. Beschäftigte in der Vermessungstechnik und Geomatik mit abgeschlossener technischer Hochschulbildung und entsprechender Tätigkeit sowie sonstige Beschäftigte, die aufgrund gleichwertiger Fähigkeiten und ihrer Erfahrungen entsprechende Tätigkeiten ausüben.
   (Hierzu Protokollerklärungen Nrn. 4 und 5)

Protokollerklärungen

1. *Besonders schwierige Tätigkeiten und bedeutende Aufgaben im Sinne dieses Tätigkeitsmerkmals sind z.B.:*
   a) Ausführung von umfangreichen Vermessungen zur Fortführung oder Neueinrichtung des Liegenschaftskatasters (Katastervermessungen) mit widersprüchlichen Unterlagen oder von umfangreichen Katastervermessungen mit gleichem Schwierigkeitsgrad (z.B. in Grubensenkungsgebieten);
   b) Absteckungen für umfangreiche Ingenieurbauten, z.B. für Brücken-, Straßen, Bahnen, Schleusen, Wehre, Tunnel oder andere vergleichbare Ingenieurbauten wie z.B. Hochhäuser, Hallen etc., ggf. einschließlich der Vor- und Folgearbeiten;
   c) Lagefestpunktvermessungen (Erkundung bzw. Erkundung und Messung) in engbebauten Gebieten oder unter gleich schwierigen Verhältnissen, z.B. Baustellen, Gewässer, Senkungsgebiete (Lagefestpunkte sind trigonometrische Polygon- und gleichwertige Punkte);
   d) Ausführung oder Auswertung von Präzisionsvermessungen in übergeordneten Netzen des Lage- oder Höhenfestpunktfeldes;
   e) Aufsichts- und Prüftätigkeit bei der Auswertung von Vermessungen mit widersprüchlichen Unterlagen oder bei kartografischen, nivellitischen, fotogrammetrischen, typografischen oder trigonometrischen Arbeiten oder bei Verfahren mit gleichem Schwierigkeitsgrad. (Das Fehlen der Aufsichtstätigkeit ist unerheblich, wenn dem Beschäftigten besondere schwierige Prüfungen übertragen sind, z.B. Prüftätigkeit zur Übernahme von Vermessungsunterlagen bei umfangreichen Fortführungs- oder Neuvermessungen);
   f) Aufsichts- und Prüftätigkeit bei der Prüfung fertiger Arbeitsergebnisse der Flurbereinigung, ggf. einschließlich der Herstellung der Unterlagen für die Berichtigung des Grundbuches und der vermessungstechnischen Unterlagen für die Berichtigung des Liegenschaftskatasters, oder beim Ausbau der gemeinschaftlichen Anlagen;
   g) vermessungstechnische Auswertung von Bauleitplänen unter besonderen technischen Schwierigkeiten;

h) vermessungstechnische Auswertung von schwierigen Vermessungen im Innendienst (umfangreiche Fortführungs-, Bau- und Sondervermessungen wie z.B. hydrographische Vermessungen);

i) vermessungstechnische Auswertung zur Karten- oder Planherstellung und -fortführung durch technische Verfahren wie Luftbildvermessung, Laserscan, Radar, Sonar.

2. Besondere Leistungen sind z.B.: Aufstellung oder Prüfung von Entwürfen, deren Bearbeitung besondere Fachkenntnisse und besondere praktische Erfahrung oder künstlerische Begabung voraussetzt, sowie örtliche Leitung bzw. Mitwirkung bei der Leitung von schwierigen Bauten und Bauabschnitten sowie deren Abrechnung.

3. Entsprechende Tätigkeiten sind z.B.:

a) Aufstellung oder Prüfung von Entwürfen nicht nur einfacher Art einschließlich Massen-, Kosten- und statischen Berechnungen und Verdingungsunterlagen, Bearbeitung der damit zusammenhängenden laufenden technischen Angelegenheiten – auch im technischen Rechnungswesen –, örtliche Leitung oder Mitwirkung bei der Leitung von Bauten und Bauabschnitten sowie deren Abrechnung;

b) Ausführung besonders schwieriger Analysen, Schiedsanalysen oder selbständige Erledigung neuartiger Versuche nach kurzer Weisung in Versuchslaboratorien, Versuchsanstalten und Versuchswerkstätten.

4. (1) [1] Beschäftigte in der Vermessungstechnik und Geomatik, die vor dem 1. Juli 1972 eine der technischen Hochschulbildung gleichwertige behördliche Prüfung abgelegt haben, sind den Beschäftigten in der Vermessungstechnik und Geomatik mit abgeschlossener technischer Hochschulbildung gleichgestellt. [2] Das gleiche gilt, wenn die behördliche Prüfung nach dem 30. Juni 1972 abgelegt worden ist, die Ausbildung jedoch vor dem 1. Juli 1972 begonnen hat.

(2) [1] Den Beschäftigten in der Vermessungstechnik und Geomatik mit einer vor dem 1. Juli 1972 abgelegten gleichwertigen behördlichen Prüfung stehen die behördlich geprüften Kulturbautechnikerinnen und -techniker gleich, die vor dem 1. Juli 1972 die behördliche Prüfung nach der hessischen Ausbildungs- und Prüfungsordnung für kulturbautechnische Angestellte der Wasserwirtschaftsverwaltung vom 21. Januar 1958 (Staats-Anzeiger für das Land Hessen S. 134) erfolgreich abgelegt haben. [2] Absatz 1 Satz 2 gilt entsprechend.

5. Entsprechende Tätigkeiten sind z.B.:

a) Ausführung oder Auswertung von trigonometrischen oder topografischen Messungen nach Lage und Höhe nicht nur einfacher Art, von Katastermessungen oder von bautechnischen Messungen nicht nur einfacher Art; fotogrammetrische Auswertungen und Entzerrungen;

b) kartografische Entwurfs- und Fortführungsarbeiten.

26. *(aufgehoben)*

27. Beschäftigte im Kassendienst

Vorbemerkung

Unter diesen Abschnitt fallen Beschäftigte in der Kassen- oder Kontenverwaltung in der Zentralkasse des Bundes, den Bundeskassen und Zahlstellen.

Entgeltgruppe 9b

1. Beschäftigte der Entgeltgruppe 6 Fallgruppe 5,
   die das Ergebnis mehrerer Kassiererinnen oder Kassierer zusammenfassen.
2. Beschäftigte der Entgeltgruppe 8 Fallgruppe 1,

deren Tätigkeit sich dadurch aus der Entgeltgruppe 8 Fallgruppe 1 heraushebt, dass sie besonders verantwortungsvoll ist.

3. Beschäftigte der Entgeltgruppe 6 Fallgruppe 4,
denen mindestens drei Beschäftigte der Entgeltgruppe 8 Fallgruppe 3 oder der Entgeltgruppe 6 Fallgruppe 4 dieses Abschnitts mit buchhalterischen Tätigkeiten ständig unterstellt sind.
4. Beschäftigte der Entgeltgruppe 6 Fallgruppe 4 mit besonders schwierigen Tätigkeiten.
(Hierzu Protokollerklärung Nr. 1)

Entgeltgruppe 8

1. Beschäftigte der Entgeltgruppe 5 Fallgruppe 1,
die schwierige buchhalterische Tätigkeiten ausüben.
(Hierzu Protokollerklärung Nr. 2)
2. Beschäftigte im Kassendienst,
denen mindestens drei Beschäftigte mindestens der Entgeltgruppe 5 mit buchhalterischen Tätigkeiten ständig unterstellt sind.
3. Beschäftigte der Entgeltgruppe 6 Fallgruppe 4,
die schwierige buchhalterische Tätigkeiten ausüben.
(Hierzu Protokollerklärung Nr. 2)
4. Beschäftigte der Entgeltgruppe 6 Fallgruppe 6,
denen mindestens drei Beschäftigte ständig unterstellt sind.
5. Leiterinnen und Leitern von Kassen mit mindestens drei Beschäftigten dieses Abschnitts mindestens der Entgeltgruppe 4.

Entgeltgruppe 6

1. Beschäftigte der Entgeltgruppe 5 Fallgruppe 1,
die mindestens zu einem Viertel schwierige buchhalterische Tätigkeiten ausüben.
(Hierzu Protokollerklärung Nr. 2)
2. Beschäftigte der Entgeltgruppe 5 Fallgruppe 3,
deren Tätigkeit besondere Zuverlässigkeit erfordert.
(Hierzu Protokollerklärung Nr. 3)
3. Beschäftigte im Kassendienst,
denen mindestens drei Beschäftigte mindestens der Entgeltgruppe 4 mit buchhalterischen Tätigkeiten ständig unterstellt sind.
4. Beschäftigte in der Zentralkasse des Bundes, die verantwortlich Personen- oder Sachkonten führen oder verwalten.
(Hierzu Protokollerklärung Nr. 4)
5. Kassiererinnen und Kassierer in Kassen, soweit nicht anderweitig eingruppiert.
(Hierzu Protokollerklärung Nr. 5)
6. Verwalterinnen und Verwalter von Zahlstellen, in denen ständig nach Art und Umfang besonders schwierige Zahlungsgeschäfte anfallen.
7. Leiterinnen und Leiter von Kassen mit mindestens einer oder einem Kassenbeschäftigten mindestens der Entgeltgruppe 4.

Entgeltgruppe 5

1. Beschäftigte, die verantwortlich Personen- oder Sachkonten führen oder verwalten.
   (Hierzu Protokollerklärung Nr. 4)
2. Beschäftigte im Kassendienst, deren Tätigkeit gründliche Fachkenntnisse erfordert.
   (Hierzu Protokollerklärung Nr. 6)
3. Kassiererinnen und Kassierer in kleineren Kassen.
   (Hierzu Protokollerklärung Nr. 5)
4. Zahlstellenverwalterinnen und -verwalter größerer Zahlstellen.
5. Verwalterinnen und Verwalter von Einmannkassen.

Entgeltgruppe 4

Beschäftigte im Kassendienst mit schwierigen Tätigkeiten.
(Hierzu Protokollerklärung Nr. 7)

Entgeltgruppe 3

Beschäftigte im Kassendienst
mit Tätigkeiten, für die eine eingehende Einarbeitung bzw. eine fachliche Anlernung erforderlich ist, die über eine Einarbeitung im Sinne der Entgeltgruppe 2 hinausgeht.

Entgeltgruppe 2

Beschäftigte im Kassendienst
mit einfachen Tätigkeiten.
(Hierzu Protokollerklärung Nr. 8)

Protokollerklärungen

1. *Besonders schwierige Tätigkeiten sind z.B. Zahlungsverkehr; Nachweis der zentralen Kredite, Rücklagen, Geldanlagen; Gesamtrechnungslegung.*
2. *Schwierige buchhalterische Tätigkeiten sind z.B.:*
   a) selbständiger Verkehr mit den bewirtschafteten Stellen;
   b) Bearbeiten schwierig aufzuklärender Verwahrposten;
   c) Führen oder Verwalten von Sachkonten für Haushaltsausgaben, wenn damit das Überwachen zahlreicher Zahlungen mit Kontrollnummern verbunden ist;
   d) Führen oder Verwalten von Konten für den Abrechnungsverkehr mit Kassen oder Zahlstellen;
   e) Führen oder Verwalten schwieriger Konten der Vermögensrechnung;
   f) Führen oder Verwalten von Sachkonten mit zahlreichen Buchungen von Verpflichtungsermächtigungen und damit verbundenen Festlegungen.
3. *Besondere Zuverlässigkeit liegt vor, wenn die fachliche Aufsicht auf ein Mindestmaß beschränkt werden kann.*
4. *Beschäftigte führen oder verwalten verantwortlich Personen- oder Sachkonten, wenn sie die Belege (auch Anordnungen oder Anweisungen, die durch elektronische Schnittstellen übermittelt und freigegeben werden) vor der Buchung auf ihre Ordnungsmäßigkeit nach den Kassenvorschriften zu prüfen und für die Richtigkeit der Buchungen die Verantwortung zu tragen haben.*
5. *Unter dieses Tätigkeitsmerkmal fallen auch Kassiererinnen und Kassierer sowie Beschäftigte für unbaren Zahlungsverkehr.*

6. *Erforderlich sind nähere Kenntnisse von Gesetzen, Verwaltungsvorschriften und Tarifbestimmungen usw. des Aufgabenkreises.*
7. *Schwierige Tätigkeiten sind solche, die mehr als eine eingehende Einarbeitung bzw. mehr als eine fachliche Anlernung i.S. der Entgeltgruppe 3 erfordern, z.B. durch einen höheren Aufwand an gedanklicher Arbeit.*
8. *[1] Einfache Tätigkeiten sind Tätigkeiten, die weder eine Vor- noch eine Ausbildung, aber eine Einarbeitung erfordern, die über eine sehr kurze Einweisung oder Anlernphase hinausgeht. [2] Die Einarbeitung dient dem Erwerb derjenigen Kenntnisse und Fertigkeiten, die für die Beherrschung der Arbeitsabläufe als solche erforderlich sind.*

28. Beschäftigte in der Konservierung, Restaurierung und Grabungstechnik

28.1. Beschäftigte in der Konservierung und Restaurierung

Vorbemerkungen

1. Dieser Unterabschnitt gilt für Beschäftigte im Bereich der Konservierung und Restaurierung an kunstgeschichtlichen, kulturgeschichtlichen und naturkundlichen Sammlungen und Forschungseinrichtungen, an Archiven, Bibliotheken und in der Denkmalpflege.
2. (1) Konservierung und Restaurierung im Sinne dieses Unterabschnitts sind sämtliche Tätigkeiten, die zum Ziel haben, Objekte bzw. audiovisuelle Aufzeichnungen von künstlerischer, kulturhistorischer, wissenschaftlicher oder dokumentarischer Bedeutung oder von didaktischem Wert ohne Rücksicht auf ihren materiellen oder kommerziellen Wert langfristig zu erhalten sowie wiederherzustellen, und sie damit u.a. für die wissenschaftliche als auch allgemeine Nutzung zu sichern und zu bewahren.

   (2) [1] Eine Restaurierung kann auch die Nachbildung bzw. Rekonstruktion als Ergänzung fehlender Teile des Originals einschließen. [2] Fallweise ist es auch notwendig, die im Rahmen der restauratorischen Untersuchung am Objekt festgestellten Materialzusammensetzungen oder auch Schadensbilder an Modellen künstlich zu erzeugen, um z.B. neue, adäquate Restaurierungsmethoden zu entwickeln bzw. kunsttechnologische Befunde anhand von Rekonstruktionen zu überprüfen.

   (3) Zur Konservierung und Restaurierung gehören auch Tätigkeiten wie z.B.:

   a) Sammlungsbetreuung und Schadensprävention etwa durch konservatorisch richtige Lagerung der Sammlungsobjekte, Erstellen von Vorgaben zur Klimatisierung und Ausstattung der Ausstellungs- und Depoträume, Beratung zu Ausstellungs- und Depotflächen bei Neu- und Umbau;
   b) technologisch-materielle Untersuchung und Erforschung der Objekte;
   c) Tätigkeiten im Zusammenhang mit Leihverkehr und Ausstellung, z.B. Beurteilung der Leihfähigkeit aus restauratorischer Sicht, Definieren der Transport- und Ausstellungsbedingungen, Erstellen von Zustandsprotokollen, Überwachen sowohl des Ein- und Auspackens sowie des Transports und der Montierung der Sammlungsobjekte vor Ort;
   d) Bestandserhaltungsmanagement, wie Planung und Koordination inklusive Vergabewesen;

e) Forschungstätigkeit sowie Verfassen wissenschaftlicher Publikationen und Öffentlichkeitsarbeit;
f) beratende und gutachterliche Tätigkeiten.

Entgeltgruppe 15

1. Beschäftigte der Entgeltgruppe 14 Fallgruppe 1,
   deren Tätigkeit sich durch das Maß der damit verbundenen Verantwortung erheblich aus der Entgeltgruppe 14 Fallgruppe 1 heraushebt.
2. Beschäftigte der Entgeltgruppe 13,
   denen mindestens fünf Beschäftigte mindestens der Entgeltgruppe 13 durch ausdrückliche Anordnung ständig unterstellt sind.

Entgeltgruppe 14

1. Beschäftigte der Entgeltgruppe 13,
   deren Tätigkeit sich durch besondere Schwierigkeit und Bedeutung aus der Entgeltgruppe 13 heraushebt.
2. Beschäftigte der Entgeltgruppe 13,
   denen mindestens drei Beschäftigte mindestens der Entgeltgruppe 13 durch ausdrückliche Anordnung ständig unterstellt sind.

Entgeltgruppe 13

Beschäftige mit einschlägiger abgeschlossener wissenschaftlicher Hochschulbildung und entsprechender Tätigkeit sowie sonstige Beschäftigte, die aufgrund gleichwertiger Fähigkeiten und ihrer Erfahrungen entsprechende Tätigkeiten ausüben.
(Hierzu Protokollerklärung Nr. 1)

Entgeltgruppe 12

Beschäftigte der Entgeltgruppe 11,
deren Tätigkeit sich durch das Maß der Verantwortung aus der Entgeltgruppe 11 heraushebt.
(Hierzu Protokollerklärung Nr. 2)

Entgeltgruppe 11

Beschäftigte der Entgeltgruppe 10,
deren Tätigkeit sich durch besondere Leistungen aus der Entgeltgruppe 10 heraushebt.
(Hierzu Protokollerklärung Nr. 3)

Entgeltgruppe 10

1. Beschäftigte der Entgeltgruppe 9b
   mit mindestens dreijähriger Erfahrung in Tätigkeiten der Entgeltgruppe 9b, deren Tätigkeit sich dadurch aus der Entgeltgruppe 9b heraushebt, dass sie besondere Fachkenntnisse erfordert.
   (Hierzu Protokollerklärung Nr. 4)
2. Beschäftigte der Entgeltgruppe 9b,
   denen mindestens drei Beschäftigte dieses Abschnitts durch ausdrückliche Anordnung ständig unterstellt sind, davon mindestens eine oder einer mindestens der Entgeltgruppe 9b.

Entgeltgruppe 9b

1. Beschäftigte mit einschlägiger abgeschlossener Hochschulbildung und entsprechender Tätigkeit sowie sonstige Beschäftigte, die aufgrund gleichwertiger Fähigkeiten und ihrer Erfahrungen entsprechende Tätigkeiten ausüben. (Hierzu Protokollerklärung Nr. 5)
2. Beschäftigte mit Tätigkeiten im Bereich der Konservierung und Restaurierung,
denen mindestens sieben Beschäftigte, davon mindestens zwei mindestens der Entgeltgruppe 6 Fallgruppe 1 dieses Unterabschnitts, durch ausdrückliche Anordnung ständig unterstellt sind.

Entgeltgruppe 8

Beschäftigte mit Tätigkeiten im Bereich der Konservierung und Restaurierung,
denen mindestens zwei Beschäftigte, davon mindestens eine oder einer mindestens der Entgeltgruppe 6 Fallgruppe 1 dieses Unterabschnitts, durch ausdrückliche Anordnung ständig unterstellt sind.

Entgeltgruppe 6

1. Beschäftigte mit schwierigen Tätigkeiten im Bereich der Konservierung und Restaurierung. (Hierzu Protokollerklärung Nr. 6)
2. Beschäftigte mit Tätigkeiten im Bereich der Konservierung und Restaurierung,
denen mindestens zwei Beschäftigte dieses Unterabschnitts durch ausdrückliche Anordnung ständig unterstellt sind.

Entgeltgruppe 5

Beschäftigte mit nicht mehr einfachen Tätigkeiten im Bereich der Konservierung und Restaurierung.
(Hierzu Protokollerklärung Nr. 7)

Entgeltgruppe 4

Beschäftigte mit einfachen Tätigkeiten im Bereich der Konservierung und Restaurierung.
(Hierzu Protokollerklärung Nr. 8)

Protokollerklärungen

1. *Entsprechende Tätigkeiten sind z.B.:*
   a) *Durchführen von konservatorischen und restauratorischen Maßnahmen an bedeutenden oder sehr empfindlichen Objekten mit einem sehr komplexen Schadensbild; insbesondere Durchführen besonders schwieriger, z.B. sensibler und risikoreicher Maßnahmen;*
   b) *Durchführen kunst- und materialtechnologischer Untersuchungen auf wissenschaftlicher Grundlage;*
   c) *wissenschaftliches Auswerten von Ergebnissen naturwissenschaftlicher Analysen oder bildgebender Untersuchungsverfahren, auch zur Echtheitsbestimmung;*
   d) *Erkennen von Degradationsprozessen auf Grundlage naturwissenschaftlicher Kenntnisse, Abschätzen des damit verbundenen Schadenspotenzials und Konzipieren des weiteren Vorgehens;*

e) Erstellen von Konzepten für konservatorische und restauratorische Maßnahmen an Objekten, die aufgrund ihrer sehr komplexen Beschaffenheit und Herstellungstechnik oder ihres Schadensbildes sehr empfindlich oder besonders bedeutend sind;

f) Konzepterstellung im Bereich der präventiven Konservierung, wenn neben sammlungs- oder materialspezifischen auch übergreifende Gesichtspunkte zu berücksichtigen sind;

g) Betreuung und Koordinierung von externen Vergabeverfahren einschließlich der Erstellung des Restaurierungskonzepts, der Kostenkalkulation und der Kontrolle sowie Endabnahme;

h) Beurteilen der Leihfähigkeit von empfindlichen oder bedeutenden Objekten;

i) Entwickeln oder Leiten eines wissenschaftlichen Forschungsvorhabens einschließlich Entwickeln neuartiger Restaurierungsverfahren;

j) Erstellen von Gutachten und Beraten zu umfassenden restauratorischen, konservatorischen oder kunsttechnologischen Fragestellungen, z.B. bei Echtheitsprüfungen, Neuerwerbungen oder Bauvorhaben.

2. Eine Heraushebung durch das Maß der Verantwortung liegt z.B. vor bei:

a) Durchführen von konservatorischen und restauratorischen Maßnahmen an sehr empfindlichen Objekten mit einem komplexen Schadensbild;

b) Erstellen von Konzepten für konservatorische und restauratorische Maßnahmen für Sammlungskonvolute mit heterogenem Zustand und Schadensbild;

c) Erstellen von Konzepten im Bereich der präventiven Konservierung für ganze Sammlungen unter Berücksichtigung sammlungs- oder materialspezifischer Gesichtspunkte.

3. Eine Heraushebung durch besondere Leistungen liegt vor, wenn spezielle Kenntnisse und Erfahrungen erforderlich sind, z.B. bei:

a) Durchführen von konservatorischen und restauratorischen Maßnahmen an empfindlichen Objekten mit einem weniger komplexen Schadensbild;

b) Erstellen von Konzepten für konservatorische und restauratorische Maßnahmen für empfindliche Objekte mit einem weniger komplexen Schadensbild;

c) Erfassen und Kartieren weniger komplexer Schadensbilder;

d) Durchführen schwieriger materialtechnologischer Untersuchungen;

e) Erstellen von detaillierten Zustandsprotokollen für den Leihverkehr und Kurierbegleitung bei empfindlichen Objekten einschließlich deren Installierung vor Ort.

4. Besondere Fachkenntnisse erfordert z.B.:

a) das Durchführen von konservatorischen und restauratorischen Maßnahmen an Objekten, die aufgrund ihrer Empfindlichkeit und ihres Schadensbildes fortgeschrittene Fähig- und Fertigkeiten sowie besondere Umsicht und Sorgfalt erfordern;

b) das Durchführen nicht mehr einfacher materialtechnologischer Untersuchungen;

c) Erfassen und Kartieren nicht mehr einfacher Schadensbilder.

5. Eine entsprechende Tätigkeit liegt z.B. vor bei:

a) Durchführen konservatorischer und restauratorischer Maßnahmen an wenig empfindlichen Objekten mit einem nicht mehr einfachen Schadensbild;

b) Maßnahmen zur Schadensprophylaxe, wie die Erfassung möglicher Umgebungseinflüsse (z.B. Klima oder Licht) auf das Kulturgut sowie Kontrolle und Umsetzung von Verbesserungsmaßnahmen;

c) Erstellen von detaillierten Zustandsprotokollen für den Leihverkehr und Kurierbegleitung bei weniger empfindlichen Objekten einschließlich deren Installierung vor Ort;

d) schriftlichem und fotografischem Dokumentieren und Kartieren von Befunden und Maßnahmen;

e) Erfassen und Kartieren einfacherer Schadensbilder;

f) Durchführen einfacher materialtechnologischer Untersuchungen;

g) abschließendem Prüfen neu hergestellter audiovisueller Archivalien auf Erreichen des Ziels der konservatorischen oder restauratorischen Maßnahme und Fehlerfreiheit, gegebenenfalls Formulieren von Reklamationsansprüchen;

h) schwierigem analogen oder digitalen Restaurieren an schad- und fehlerhaften Bild- oder Tonaufzeichnungen wie z.B. Farbkorrektur starker Bildausbleichung, Reduzieren breitbandigen Tonrauschens, Ausfiltern oberwellenhaltiger Tonstörungen.

6. Schwierige Tätigkeiten im Bereich der Konservierung und Restaurierung liegen z.B. vor bei:

1. Reinigen:
Die Reinigung umfasst die Trockenreinigung (Absaugen, Entstauben o.ä. mittels Pinsel oder Mikrofasertuch) ohne Verwendung von chemischen Behandlungsmitteln bzw. die Anwendung mechanischer und abrasiver Behandlungsmethoden (z.B. schlecht erhaltener Ledergegenstände oder vergleichbar empfindlicher organischer Materialien).

2. Aufbau von Ausstellungen und Betreuen von zeitgenössischen Kunstobjekten („Art-Handling"):

a) Unterstützen beim Aufbau von Kunstobjekten, wie Installationen aus großen, unempfindlichen Elementen, die zum Kunstwerk gehören, bei denen Geräte wie z.B. Kran oder Steiger bedient werden müssen;

b) Unterstützen bei der Hängung/Montage von komplizierten, mehrteiligen Objekten oder Objekten ohne Schutzrahmen;

c) Bedienen von komplizierten technischen Geräten, die zum Kunstwerk gehören und eine sensible Handhabung erfordern, z.B. Einlegen von ungeschütztem Filmmaterial;

d) Austauschen von Ersatzteilen an kinetischen, elektrischen oder elektronischen Kunstwerken einschließlich Auswechseln von zum Kunstobjekt gehörenden Leuchtmitteln.

3. Tätigkeiten im Rahmen von Konservierungs- und Restaurierungsmaßnahmen:

a) Zusammensetzen und Ergänzen von Gebrauchskeramik,

b) einfaches Zusammensetzen empfindlicher Skulpturen;

c) einfaches Montieren von Wandmalereifragmenten und Mosaiken mit einfachen Bruchflächen;

d) Vorbereiten des Freilegens durch Abnehmen schwer entfernbarer Übertünchungen auf stabilen, mehrschichtig übermalten Wandmalereien und Mosaiken und schwer entfernbarer Sinterschichten auf stabilen Mosaiken;

e) standardisierte Behandlungsbäder ungefasster Steingegenstände;

f) Behandeln von Wasserrändern und Stockflecken an weniger empfindlichen Archivalien sowie anschließendes Glätten solcher Blätter;

g) Schließen von Rissen und Fehlstellen an empfindlichen Archivalien mittels Japanpapier und Buchblättern im Massenverfahren;

h) Lösen zusammengeklebter unempfindlicher Archivalien und Buchblätter in schwierigen Fällen;
i) Heften unempfindlicher Lagen unter Verwendung historischer Techniken;
j) Herstellen von handgestochenen Kapitalen für Bucheinbände nach historischen Vorlagen;
k) Herstellen von Buchbeschlägen komplizierter Art;
l) Herstellen von schwierigen Bucheinbänden in schwierigen Fällen (z.B. aus Gewebe, Papier, Leder oder Pergament);
m) vorbereitende Arbeiten für das Ergänzen reich ornamentaler oder reich intarsierter Möbel oder an Gemälderahmen;
n) Nacharbeiten fehlender Außenteile und entsprechend schwierige Arbeiten an Musikinstrumenten zur äußeren Wiederherstellung;
o) Herstellen von Galvanoplastiken nach Originalen;
p) originalgetreues Nachformen von Originalen komplizierter Form;
q) originalgetreues Kolorieren von Nachbildungen;
r) Herstellen schwieriger Modelle von Sammlungsgegenständen und sonstigen Objekten von wissenschaftlichem Interesse nach skizzenhaften Angaben;
s) schwierige zeichnerische Rekonstruktion von Sammlungsgegenständen und sonstigen Objekten von wissenschaftlichem Interesse;
t) Retuschen an beschädigten fotografischen Archivalien.

4. Tätigkeiten im Rahmen der präventiven Konservierung:
a) Auflegen empfindlicher, gut erhaltener Textilien auf stützende Unterlagen sowie Unterlegen von Fehlstellen;
b) Absaugen/Entstauben von empfindlichen Bucheinbänden inhomogener Buchbestände (z.B. Trockenreinigung mittels Saugen oder Pinsel).

5. Anfertigen von individuell, an das jeweilige Objekt anzupassenden Aufbewahrungs-, Präsentations- oder Transportbehältnissen, die eine Handhabung des Originals erfordern, z.B.:
a) Anfertigen von an das Objekt angepassten Schutzhüllen, z.B. für einen barocken Stuhl mit gepolsterter Arm- und Rückenlehne;
b) Anfertigen von dreidimensionalen Buchstützen ohne erhabene Beschläge oder Sonderformen/Verformungen;
c) Anfertigen von Passepartouts für gebrochene Glasnegative;
d) Anfertigen von Präsentationshilfen aus verschiedenen Materialien inkl. Anpassen und Umkleiden eines Stützkerns mit schadstofffreien Materialien und Standkonstruktionen für Objekte komplizierter Form, auch aus Kompositmaterialien, wie z.B. für Federhauben oder Dudelsäcke;
e) Anfertigen von aufwändigeren Transport- und Depotverpackungen;
f) Herstellen von Unterkonstruktionen zur Präsentation kompletter historischer Raumausstattungen;
g) Fertigen von Figurinen für Kostüme nach vorgegebenen Modellen;
h) fadengerechtes Spannen von Stoffen zur Unterlage und dauerhaften Montierung von historischen Textilien.

6. Schwieriges Verpacken und Umlagern von schwer handhabbaren oder empfindlichen Objekten, z.B.:
a) Verlagern von fertig palettierten oder in Lagergestellen befindlichen Großbildwerken und monumentalen Denkmälern mit hohen Eigengewichten und kom-

plizierten Formen, bei denen geeignete Transportmittel zu bedienen und statische Erfordernisse zu bewerten sind;

b) Aufrichten von Einhausungen, Abdeckungen und Schutzwänden um monumentale Bildwerke, z.B. aus Stein oder Metall, wobei die Gefährdung der Objekte zu berücksichtigen ist;

c) Entfernen von schädigenden Diarahmen von ungeschütztem Filmmaterial.

7. *Nicht mehr einfache Tätigkeiten im Bereich der Konservierung und Restaurierung liegen z.B. vor bei:*

1. Reinigen:

a) der Oberfläche von:
– empfindlichen und ungefassten Steinfragmenten;
– empfindlichem und gebranntem Ton, Keramik, Porzellan oder Glas;
– empfindlichen Mosaiken;

b) ungefasster Skulpturen;

c) gut erhaltener Ledergegenstände oder vergleichbar empfindlichen Materials;

d) empfindlicher Siegel;

e) empfindlicher Teile und Mechaniken von Musikinstrumenten;

f) unempfindlicher Bucheinbände inhomogener Buchbestände.

Die Reinigung umfasst die Trockenreinigung (Absaugen, Entstauben o.ä. mittels Pinsel oder Mikrofasertuch) ohne die Verwendung von chemischen Behandlungsmitteln bzw. die Anwendung mechanischer und abrasiver Behandlungsmethoden.

2. Aufbau von Ausstellungen und Betreuen von zeitgenössischen Kunstobjekten („Art-Handling"):

a) Ein- und Ausrahmen von unempfindlichen Gemälden;

b) Bedienen von technischen Geräten, die zum Kunstwerk gehören und eine besonders sorgfältige Handhabung erfordern, z.B. Handhaben von nur teilweise geschütztem Filmmaterial.

3. Tätigkeiten im Rahmen von Konservierungs- und Restaurierungsmaßnahmen:

a) einfaches Zusammensetzen unempfindlicher Skulpturen;

b) mechanisches Abnehmen leicht entfernbarer Übertünchungen auf stabilen Wandmalereien und Mosaiken mit guter Oberflächenerhaltung und fester Haftung an ihrem Untergrund;

c) Vorbereiten und Durchführen von Behandlungsbädern an Archivalien und Büchern in Massenverfahren;

d) klebstofffreies Montieren empfindlicher grafischer Blätter und Archivalien;

e) Schließen von Rissen an leicht beschädigten Archivalien mittels Japanpapier;

f) Lösen zusammengeklebter unempfindlicher Archivalienblätter und Buchblätter;

g) Nachleimen von Papieren in Massenverfahren im Bereich der Archivalienrestaurierung;

h) Herstellen von Bucheinbänden (z.B. aus Gewebe, Papier, Leder oder Pergament);

i) Heften unempfindlicher Lagen bei regelmäßigem Fadenverlauf;

j) Rekonstruieren von komplizierten Holzdeckeln für Bucheinbände;

k) vorbereitende Arbeiten für das Ergänzen ornamentaler Holz- und Metallteile an Möbeln oder Gemälderahmen (z.B. Schnitzen einer Rocaille);

l) Stimmen von Cembali mithilfe eines Stimmgeräts;

m) Herstellen von Negativformen von unempfindlichen und ungefassten Objekten komplizierter Form und Herstellen der Abgüsse;

n) einfache zeichnerische Rekonstruktion von Sammlungsgegenständen und sonstigen Objekten von wissenschaftlichem Interesse;

o) Herstellen schwieriger Modelle von Sammlungsgegenständen und sonstigen Objekten von wissenschaftlichem Interesse nach Vorlagen;

p) manuelles oder maschinelles Behandeln mechanisch, chemisch oder biologisch geschädigter fotografischer oder audiovisueller Archivalien;

q) Herstellen von Reproduktionen beschädigter fotografischer Archivalien einschließlich Retuschen;

r) Herstellen von Reproduktionen beschädigter audiovisueller Archivalien;

s) Vergleichen und Kennzeichnen von audiovisuellen Archivalien zur Herstellung möglichst vollständiger und qualitativ hochwertiger Kopien;

t) Prüfen von fotografischen und audiovisuellen Archivalien auf Chemikalienrückstände;

u) nicht mehr einfache Reparatur- und Ausbesserungsarbeiten an audiovisuellen Archivalien wie z.B. komplizierte durchgehende Risse oder völlig fehlende Perforation;

v) nicht mehr einfache analoge oder digitale Reparatur- und Ausbesserungsarbeiten an schad- und fehlerhaften Bild- oder Tonaufzeichnungen wie z.B. automatische Korrektur von Dichteschwankungen nach Referenzbild, automatische Beseitigung von Klickgeräuschen.

4. Tätigkeiten im Rahmen der präventiven Konservierung:

a) Oberflächenbehandlung von gut erhaltenen Metallgegenständen;

b) Auflegen empfindlicher und gut erhaltener Textilien.

5. Anfertigen von objektbezogenen, passgerechten Hilfsmitteln und Behältnissen für die Aufbewahrung, Präsentation oder den Transport, z.B.:

a) mehrschichtig aufgebaute und bespannte Wabenplatten für Textilobjekte;

b) Vorbereiten und Verarbeiten von Materialien mit komplizierten Formen für Konservierung, Aufbewahrung und Präsentation, z.B. Anfertigen von Podesten, Einhausungen, Abdeckungen und Schutzwänden für monumentale Bildwerke (z.B. aus Stein oder Metall);

c) Fertigen und Ausstatten von mehrschichtigen, aus verschiedenen Materialien gefertigten Transportbehältnissen.

6. Sortieren, Verpacken und Umlagern von weniger stabilen und empfindlicheren, aber gut handhabbaren Objekten, z.B.:

a) Tonscherben, Steinobjekte aus empfindlicherem, aber nicht vorgeschädigtem Gestein (z.B. Kalkstein, Alabaster und Mineralien);

b) Einlegen empfindlicherer grafischer Blätter und Archivalien in Mappen.

8. Einfache Tätigkeiten im Bereich der Konservierung und Restaurierung liegen z.B. vor bei:

1. Reinigen:

a) der Oberfläche von:

– unempfindlichen und ungefassten Steinen;

– unempfindlichem und gebranntem Ton, Keramik, Porzellan oder Glas;

– stabilen Wandmalereien oder Mosaiken;

b) unempfindlicher Siegel;

c) unempfindlicher Teile von Musikinstrumenten;

d) von unempfindlichen Bucheinbänden aus Leder bei homogenen Buchbeständen.

Die Reinigung umfasst die Trockenreinigung (Absaugen, Entstauben o.ä. mittels Pinsel oder Mikrofasertuch) ohne die Verwendung von chemischen Behandlungsmitteln bzw. die Anwendung mechanischer und abrasiver Behandlungsmethoden.

2. Aufbau von Ausstellungen und Betreuung von zeitgenössischen Kunstobjekten („Art-Handling"):

einfache Montage unempfindlicher Exponate und Ausstellungshilfsmittel.

3. Tätigkeiten im Rahmen von Konservierungs- und Restaurierungsmaßnahmen:

a) Durchführen und Überwachung von standardisierten Waschverfahren unempfindlicher, ungefasster Keramikfragmente;

b) klebstofffreies Montieren unempfindlicher grafischer Blätter und Archivalien;

c) Schließen von Rissen an leicht beschädigten Archivalien in Massenverfahren;

d) Rekonstruieren von einfachen Holzdeckeln für Bucheinbände;

e) Heften einfacher Art bei stabiler Lage (z.B. Aktenstich);

f) einfache analoge oder digitale Reparatur- und Ausbesserungsarbeiten an audiovisuellen Archivalien, z.B. an schad- und fehlerhaften Bild- oder Tonaufzeichnungen (z.B. manuelle Bildretusche und Ausführung einfacher Tonschnitte);

g) Synchronlegen von getrennt vorliegenden analogen oder digitalen Bild- oder Tonaufzeichnungen mit Startzeichen bei audiovisuellen Archivalien;

h) Herstellen von Negativformen von unempfindlichen und ungefassten Originalen einfacher Form und Herstellen der Abgüsse;

i) Herstellen einfacher Modelle von Sammlungsgegenständen und sonstigen Objekten von wissenschaftlichem Interesse nach Vorlagen.

4. Tätigkeiten im Rahmen der präventiven Konservierung:

a) punktuelles Erfassen und Dokumentieren der vorgegebenen Klimawerte (Temperatur, relative Feuchte, Lux/UV) einschließlich Bedienen der analogen/digitalen Klimaaufzeichnungsgeräte;

b) Auflegen unempfindlicher und gut erhaltener Textilien.

5. Anfertigen bzw. Vorbereiten von Hilfsmitteln für die Konservierung, Aufbewahrung oder Präsentation, z.B.:

a) Falten und Aufrichten von einfachen, vorgestanzten Kartonagen und Aufbewahrungsbehältnissen für die Deponierung;

b) Anfertigen von Hilfsmitteln, wie z.B. Zulagen jeglicher Art, Keile, Gewichte oder einfachere Objektbefestigungen;

c) Nähen von Staub- und Lichtschutztüchern, z.B. Hülle in rechteckiger Form mit einer offenen Seite;

d) Vorbereiten der Materialien zum Schutz von Objekten wie das Zuschneiden von Stoffen, Pappen, Folien, Glas oder anderen Materialien in einfacherer Form.

6. Sortieren und Umverpacken von stabilen, unempfindlichen und gut handhabbaren Objekten, z.B.:

a) Einlegen unempfindlicher Blätter und Archivalien in Mappen;

b) Umschläge nach Bedarf zuschneiden, falzen und unempfindliche Bücher und Archivalien einlegen („rehousing");

c) Verpacken, Verlagern und Sortieren von Objekten aus ungefasstem, unempfindlichem und nicht vorgeschädigtem Gestein, z.B. Granit, Marmor oder Basalt oder Keramik.

28.2. Beschäftigte in der Grabungstechnik

Vorbemerkungen

1. [1]Dieser Unterabschnitt kommt für Beschäftigte zum Tragen, die in der Bodendenkmalpflege, archäologischen Forschung und Entwicklung sowie mit der Dokumentation von archäologischen Kulturgütern beschäftigt bzw. betraut sind. [2]Bei diesen Tätigkeiten spielt die Verbindung einer wissenschaftlich-fundierten Arbeitsweise mit ingenieurtechnischen bzw. methodischen Arbeitsansätzen eine zentrale Rolle. [3]Je nach Einsatzaufgaben sind unterschiedliche Kenntnisse bzw. Berufsabschlüsse denkbar.
2. [1]Zu den Aufgaben in der Grabungstechnik gehört die technische Leitung archäologischer Ausgrabungen oder Kontrolle der Arbeit von Grabungsfirmen. [2]Die Beschäftigten entscheiden vor Ort selbständig über Grabungs-, Bergungs- und Dokumentationsmethoden, leiten die Beschäftigten an und treffen Absprachen mit Investoren, Bauherren und Baubetrieben und vertreten damit öffentliche Institutionen vor Ort. [3]Durch Aufgaben bei der Erfassung und Pflege von Bodendenkmalen tragen sie in erheblichem Maße zum Schutz und Erhalt von archäologischem Kulturgut bei. [4]Zu den Tätigkeiten von Grabungstechnikerinnen und Grabungstechnikern zählen weiterhin die Vermittlung von Grabungsergebnissen durch Öffentlichkeitsarbeit und Publikationen. [5]Um archäologische Quellen bestmöglich zu erschließen und für die Zukunft zu bewahren, entwickeln sie unter Anwendung moderner Technologien neue Methoden und wissenschaftliche Konzepte. [6]Sie betreuen die Ausbildung und führen Fortbildungsveranstaltungen durch.

Entgeltgruppe 13

Beschäftige mit einschlägiger abgeschlossener wissenschaftlicher Hochschulbildung (z.B. Diplom-Ausgrabungsingenieurin und Diplom-Ausgrabungsingenieur, Master Geo- oder Feldarchäologie, Master Landschaftsarchäologie) und entsprechender Tätigkeit sowie sonstige Beschäftigte, die aufgrund gleichwertiger Fähigkeiten und ihrer Erfahrungen entsprechende Tätigkeiten ausüben.
(Hierzu Protokollerklärung Nr. 1)

Entgeltgruppe 12

Beschäftige der Entgeltgruppe 11,
deren Tätigkeit sich durch das Maß der Verantwortung aus der Entgeltgruppe 11 heraushebt.
(Hierzu Protokollerklärung Nr. 2)

Entgeltgruppe 11

Beschäftige der Entgeltgruppe 10,
deren Tätigkeit sich durch besondere Leistungen aus der Entgeltgruppe 10 heraushebt.
(Hierzu Protokollerklärung Nr. 3)

Entgeltgruppe 10

Beschäftigte der Entgeltgruppe 9b mit mindestens dreijähriger Erfahrung in Tätigkeiten der Entgeltgruppe 9b,

deren Tätigkeit sich dadurch aus der Entgeltgruppe 9b heraushebt, dass sie besondere Fachkenntnisse erfordert.

(Hierzu Protokollerklärung Nr. 4)

Entgeltgruppe 9b

Beschäftige mit einschlägiger abgeschlossener Hochschulbildung und entsprechender Tätigkeit sowie sonstige Beschäftigte, die aufgrund gleichwertiger Fähigkeiten und ihrer Erfahrungen entsprechende Tätigkeiten ausüben.

(Hierzu Protokollerklärung Nr. 5)

Entgeltgruppe 8

Beschäftigte mit besonders schwierigen Tätigkeiten im Bereich der Grabungstechnik.

(Hierzu Protokollerklärung Nr. 6)

Entgeltgruppe 6

Beschäftigte mit schwierigen Tätigkeiten im Bereich der Grabungstechnik.

(Hierzu Protokollerklärung Nr. 7)

Entgeltgruppe 5

Beschäftigte mit nicht mehr einfachen Tätigkeiten im Bereich der Grabungstechnik.

(Hierzu Protokollerklärung Nr. 8)

Entgeltgruppe 4

Beschäftigte mit einfachen Tätigkeiten im Bereich der Grabungstechnik.

(Hierzu Protokollerklärung Nr. 9)

Protokollerklärungen

1. Entsprechende Tätigkeiten sind z.B.:

a) die technische Leitung von herausragend schwierigen Grabungen, z.B. Grabungen im Bereich der Landschaftsarchäologie, der Unterwasser- oder Feuchtbodenarchäologie sowie der Höhlen- bzw. Montanarchäologie, einschließlich dem Ausarbeiten der publikationsreifen Grabungsberichte;

b) die wissenschaftliche Weiterentwicklung und Erprobung von Methoden zur Bearbeitung und Erhebung von Daten in der Bodendenkmalpflege.

2. Eine Heraushebung durch das Maß der Verantwortung liegt z.B. vor:

a) bei der technischen Leitung mehrerer oder einer besonders schwierigen Grabung (wie z.B. komplizierte Kirchen-, Burgen- oder Stadtkerngrabungen, sowie bei Ausgrabungen an Grabhügeln und komplizierten mehrphasigen Siedlungsgrabungen) einschließlich des Ausarbeitens der publikationsreifen Grabungsberichte;

b) bei der Vorbereitung und technischen Leitung von mehreren Grabungen oder Prospektionen;

(Es ist von mehreren Grabungen/Prospektionen auszugehen, wenn die einzelnen Bodeneingriffe bzw. Personaleinsatzgebiete weiter als 100 Meter voneinander entfernt sind oder durch naturräumliche Gegebenheiten bzw. eine differierende Zeitstellung die methodische Grabungsweise in den einzelnen Bereichen der Ausgrabung wesentlich voneinander abweichen.

Mit dem Begriff Prospektion werden alle Untersuchungen in der archäologischen Forschung oder Denkmalpflege bezeichnet, die zur Auffindung, Bestimmung, räumlichen Eingrenzung, etc. von Fundstellen dienen. Bei einer Prospektion werden ohne aufwendige Erdarbeiten relevante Daten über ein Gebiet bzw. Denkmal ermittelt. Bodeneingriffe werden nur in begrenztem Maße mit Bohrungen oder kleinen Sondagen hinzugerechnet.)

c) bei der Vorbereitung und technischen Leitung einer Grabung oder Prospektion im außereuropäischen Ausland.

3. Eine Heraushebung durch besondere Leistungen liegt z.B. vor bei:

a) sehr schwierigen Vermessungen (z.B. bei Grabungen in noch stehenden Gebäuden oder Gebäudeteilen, in Tunneln bzw. Höhlengrabungen, Geoprofilen oder in vermessungstechnisch noch nicht erfassten Gebieten) inklusive der Aufbereitung der entstandenen Daten;
(Vermessungstechnisch noch nicht erfasste Gebiete sind solche Gebiete, in der kein für die Ausgrabung verwendungsfähiges Lagebezugssystem anzutreffen ist, sondern von den Beschäftigten erst geplant, erstellt und in ein übliches Landes- bzw. Weltbezugssystem überführt werden muss.)

b) der selbständigen Umsetzung und Anpassung geeigneter Schutzmaßnahmen für gefährdete Denkmale;

c) bei der Vorbereitung und technischen Leitung einer komplexen Grabung oder Prospektion.
(Eine komplexe Grabung oder Prospektion liegt vor, wenn bei der Tätigkeit naturwissenschaftliche Methoden [z.B. C14-Datierung, Dendrochronologie, Phosphatanalysen, Thermoluminiszens, Geomagnetik, Geoelektrik, Bodenradar, etc.] zur Anwendung kommen, die eine wichtige Rolle zur Klärung der zentralen wissenschaftlichen Fragestellung spielen. Aufgaben des Beschäftigten bei der Vorbereitung und technischen Leitung einer komplexen Grabung oder Prospektion sind z.B. die Koordination des Einsatzes der verschiedenen Methoden, die Vorbereitung der Bodeneingriffe für eine naturwissenschaftliche Bestimmung oder die korrekte Entnahme von Probenmaterial bzw. die Durchführung der Methode.)

4. Besondere Fachkenntnisse erfordern z.B.:

a) topografische Vermessungen, die besondere Fertigkeiten erfordern, z.B. Burgwälle, Grabhügel und andere komplizierte Geländedenkmäler, einschließlich der Aufbereitung der entstandenen Daten (z.B. Höhenschichtplänen);

b) die technische Leitung von einer Grabung oder einer Prospektion inklusive der Erstellung eines Grabungsberichts;

c) die Beratung in Fragen der Arbeitssicherheit, der Erarbeitung von Gefährdungsanalysen und der Ermittlung von Lösungsvorschlägen im Rahmen von schwierigen Grabungsvorhaben;

d) die Erstellung von Grabungsrichtlinien, Leistungsverzeichnissen und Standards für Ausgrabungen in der Bodendenkmalpflege;

e) die denkmalfachliche Beratung sowie Betreuung von Maßnahmenpartnern externer archäologischer Ausgrabungen;

f) die Darstellung und öffentliche Präsentation von Grabungen und ihren Ergebnissen.

5. Entsprechende Tätigkeiten sind z.B.:

a) die Durchführung schwieriger Grabungen unter wissenschaftlicher oder technischer Anleitung. Dazu gehören z.B. Planen und Vermessen von Probeschnitten, Anfer-

tigen schwieriger Grabungszeichnungen und Grabungs- oder Fundberichte sowie fotografische Dokumentation;

b) die Erkennung und Bewertung archäologischer Bodendenkmäler (Feldbegehung) sowie deren Lagebestimmung.

6. [1] Eine besonders schwierige Tätigkeit ist z.B. die Durchführung einfacherer Teilgrabungen. [2] Dazu gehören z.B.:

a) Vermessungstätigkeiten nach einfachen Methoden;

b) fotografische Dokumentation;

c) Fundfreilegung von empfindlichen Objekten auf dem Grabungsgelände;

d) Anfertigen einfacher maßstäblicher Grabungszeichnungen und einfacher Grabungs- oder Fundberichte;

e) Beaufsichtigung von mindestens zwei Grabungsarbeiterinnen oder -arbeitern.

[3] Eine Teilgrabung liegt vor, wenn die oder der Beschäftigte die Aufsicht über einen von mehreren Bodeneingriffen bzw. Personaleinsatzgebieten im Bereich einer Grabung übertragen bekommt. [4] Diese Tätigkeit wird häufig als „Schnittleiter" bezeichnet. [5] Dabei muss die Grabung durch eine technische oder wissenschaftliche Leiterin oder einen technischen oder wissenschaftlichen Leiter geführt werden, unter deren oder dessen Anleitung die oder der Beschäftige ihre oder seine Teilgrabung beaufsichtigt.

7. Schwierige Tätigkeiten sind z.B.:

a) das Anfertigen schwieriger Grabungszeichnungen und unterstützende Tätigkeiten bei der Grabungsvermessung;

b) das Anleiten und Überwachen von einfachen Tätigkeiten in der Fundregistrierung.

8. Nicht mehr einfache Tätigkeiten sind z.B.:

a) das Freilegen und Bergen von Bodenfunden;

b) das Herrichten von Erdprofilen und Grabungsflächen zum Zeichnen und Messen;

c) das Anfertigen von Grabungsskizzen oder einfachen maßstäblichen Grabungszeichnungen;

d) das Begehen von Gebieten (meist „Feldbegehung" bezeichnet) nach archäologischem Fundmaterial unter wissenschaftlicher oder technischer Anleitung.

9. Einfache Tätigkeiten sind z.B.:

a) as Freilegen wenig empfindlicher Bodenfunde oder Strukturen;

b) die Fundregistrierung bei Grabungen.

29. Küchenhilfskräfte und Buffethilfskräfte

Entgeltgruppe 3

1. Beschäftigte der Entgeltgruppe 2, die nicht nur gelegentlich kassieren.
2. Beschäftigte der Entgeltgruppe 2, die Kaltverpflegung zubereiten, Maschinen bedienen oder nicht nur gelegentlich mit schweren körperlichen Arbeiten beschäftigt werden.

Entgeltgruppe 2

Küchenhilfskräfte und Buffethilfskräfte, soweit nicht in Entgeltgruppe 1 eingruppiert.

30. Laborantinnen und Laboranten sowie Werkstoffprüferinnen und -prüfer

Entgeltgruppe 9a

Laborantinnen und Laboranten mit abgeschlossener Berufsausbildung,
die schwierige Aufgaben erfüllen und mindestens zu einem Viertel verantwortlichere Tätigkeiten verrichten.

Entgeltgruppe 7

Beschäftigte der Entgeltgruppe 6,
die sich in Entgeltgruppe 6 besonders bewährt haben, deren Tätigkeit selbständige Leistungen erfordert.

Entgeltgruppe 6

Beschäftigte der Entgeltgruppe 5
mit Tätigkeiten, die besondere Leistungen erfordern.

Entgeltgruppe 5

Laborantinnen und Laboranten sowie Werkstoffprüferinnen und -prüfer mit abgeschlossener Berufsausbildung und entsprechender Tätigkeit.

Entgeltgruppe 4

Beschäftigte der Entgeltgruppe 3
mit schwierigen Tätigkeiten.

Entgeltgruppe 3

Beschäftigte in der Tätigkeit von Laborantinnen und Laboranten sowie Werkstoffprüferinnen und -prüfern.

31. Fachkräfte für Lagerlogistik, Fachlageristinnen und -lageristen sowie Magazinwärterinnen und -wärter

Entgeltgruppe 8

Beschäftigte der Entgeltgruppe 7,
bei denen die Leitung mit besonderer Verantwortung verbunden ist.
(Hierzu Protokollerklärung Nr. 1)

Entgeltgruppe 7

Beschäftigte der Entgeltgruppe 5
als Leiterinnen oder Leiter eines Lagers oder Magazins.
(Hierzu Protokollerklärung Nr. 2)

Entgeltgruppe 6

Beschäftigte der Entgeltgruppe 5
mit besonders verantwortlichen Tätigkeiten.
(Hierzu Protokollerklärung Nr. 1)

Entgeltgruppe 5

Fachkräfte für Lagerlogistik mit abgeschlossener Berufsausbildung und entsprechender Tätigkeit.

Entgeltgruppe 4

1. Fachlageristinnen und -lageristen mit abgeschlossener zweijähriger Berufsausbildung und entsprechender Tätigkeit.
2. Magazinwärterinnen und -wärter.
(Hierzu Protokollerklärung Nr. 2)

Entgeltgruppe 3

Helferinnen und Helfer in einem Magazin oder in einem Lager.
(Hierzu Protokollerklärung Nr. 2)

Protokollerklärungen

1. *Eine besondere Verantwortung liegt z.B. vor bei der Lagerung von besonders wertvollen oder gefährlichen Gütern oder von Gütern, an deren Lagerung und Umgang besondere Anforderungen gestellt werden.*
2. *Magazin ist eine Stelle für die Einnahme und Ausgabe von Werkzeugen oder Materialien bei Instandsetzungs- oder Ausbildungseinrichtungen.*

32. Geprüfte Meisterinnen und Meister

Vorbemerkung

Aufgabenspezifische Sonderausbildungen sind Ausbildungen von Handwerkerinnen und Handwerkern oder Facharbeiterinnen und Facharbeitern im militärfachlichen Meisterlehrgang der Bundeswehr in der Materialerhaltung von Luftfahrtgerät sowie Ausbildungen in gleichwertigen Ausbildungsgängen für Handwerkerinnen und Handwerker oder Facharbeiterinnen und Facharbeiter.

Entgeltgruppe 9b

Beschäftigte der Entgeltgruppe 9a Fallgruppe 1 oder 2,
deren Tätigkeit sich durch den Umfang und die Bedeutung des Aufgabengebietes und große Selbständigkeit wesentlich aus der Entgeltgruppe 9a Fallgruppe 1 oder 2 heraushebt.

Entgeltgruppe 9a

1. Beschäftigte der Entgeltgruppe 8,
die große Arbeitsstätten (Bereiche, Werkstätten, Abteilungen oder Betriebe) zu beaufsichtigen haben, in denen Handwerkerinnen und Handwerker oder Facharbeiterinnen und Facharbeiter beschäftigt sind.
2. Beschäftigte der Entgeltgruppe 8,
die an einer besonders wichtigen Arbeitsstätte mit einem höheren Maß von Verantwortlichkeit beschäftigt sind.

Entgeltgruppe 8

Geprüfte Meisterinnen und Meister mit entsprechender Tätigkeit sowie Meisterinnen und Meister mit erfolgreich abgeschlossener aufgabenspezifischer Sonderausbildung und entsprechender Tätigkeit.

33. Modellbauerinnen und -bauer sowie Modelltischlerinnen und -tischler

Entgeltgruppe 8

Beschäftigte der Entgeltgruppe 7,

die selbständig nach Entwurfsunterlagen besonders schwierige Modelle anfertigen (z.B. Anfertigen von Kernkästen, Zahnradmodellen).

Entgeltgruppe 7

Modellbauerinnen und -bauer sowie Modelltischlerinnen und -tischler mit einschlägiger abgeschlossener Berufsausbildung.

34. Operateurinnen und Operateure, Strahlenschutztechnikerinnen und -techniker sowie Strahlenschutzlaborantinnen und -laboranten in Kernforschungseinrichtungen

Vorbemerkungen

1. Kernforschungseinrichtungen sind Reaktoren sowie Hochenergiebeschleuniger- und Plasmaforschungsanlagen und ihre hiermit räumlich oder funktionell verbundenen Institute und Einrichtungen.
2. Hochenergiebeschleunigeranlagen im Sinne dieser Regelung sind solche, deren Endenergie bei der Beschleunigung von Elektronen 100 Mill. Elektronenvolt (MeV), bei Protonen, Deuteronen und sonstigen schweren Teilchen 20 MeV überschreitet.
3. Plasmaforschungsanlagen im Sinne dieser Regelung sind solche Anlagen, deren Energiespeicher mindestens 1 Million Joule aufnimmt und mindestens 1 Million VA als Impulsleistung abgibt oder die für länger als 1 msec mit Magnetfeldern von mindestens 50.000 Gauß arbeiten und in denen eine kontrollierte Kernfusion angestrebt wird.

Entgeltgruppe 9b

Beschäftigte der Entgeltgruppe 8,

deren Tätigkeit aufgrund schwieriger Arbeitsabläufe besonders hohe Anforderungen stellt.

Entgeltgruppe 9a

Beschäftigte der Entgeltgruppe 7,

deren Tätigkeit ein hohes Maß an Verantwortung erfordert oder die schwierige Aufgaben erfüllen.

Entgeltgruppe 8

Beschäftigte der Entgeltgruppe 6,

deren Tätigkeit besondere Zuverlässigkeit erfordert.

Entgeltgruppe 7

Beschäftigte im Strahlenschutz, die Kontrollbereiche selbständig überwachen oder Abschirmungs- und Dosisberechnungen durchführen (Strahlenschutztechnikerinnen und -techniker).

Entgeltgruppe 6

Operateurinnen und Operateure.
(Hierzu Protokollerklärung)

Entgeltgruppe 5

1. Beschäftigte während der Ausbildungszeit zur Operateurin oder zum Operateur.
   (Hierzu Protokollerklärung)
2. Beschäftigte, die einfache Operateuraufgaben selbständig erledigen.

3. Beschäftigte der Entgeltgruppe 3,
   die Strahlungsmessungen beurteilen und Empfehlungen für strahlenschutzgerechtes Verhalten geben.

Entgeltgruppe 3

Beschäftigte, die Strahlungsmessungen durchführen und protokollieren (Strahlenschutzlaborantinnen und -laboranten).

Protokollerklärung

Operateurinnen und Operateure sind Beschäftigte an Reaktoren, Beschleunigeranlagen, Tieftemperaturanlagen, heißen Zellen oder vergleichbaren Experimentieranlagen, die eine oder mehrere der nachstehenden Aufgaben erfüllen:

a) Bedienung des Steuerpults eines Reaktors oder Beschleunigers und der Betriebskreisläufe,

b) Kontrolle und Bedienung von Experimentieranlagen und -kreisläufen,

c) Kontrolle und Bedienung der zu den in den Buchstaben a und b genannten Anlagen gehörenden Maschinenanlagen und Behebung von Störungen.

35. Redakteurinnen und Redakteure

Entgeltgruppe 15

1. Beschäftigte der Entgeltgruppe 14 Fallgruppe 1,
   deren Tätigkeit sich durch das Maß der damit verbundenen Verantwortung erheblich aus der Entgeltgruppe 14 Fallgruppe 1 heraushebt.
2. Beschäftigte der Entgeltgruppe 13,
   die Unterrichtungsprodukte der damit befassten Abteilung des Presse- und Informationsamtes der Bundesregierung zum Zwecke der Unterrichtung der Bundesregierung selbständig und alleinverantwortlich erstellen, mit vielseitiger Verwendbarkeit.
   (Hierzu Protokollerklärungen Nrn. 1 und 2)

Entgeltgruppe 14

1. Beschäftigte der Entgeltgruppe 13,
   deren Tätigkeit sich
   a) durch die besondere Schwierigkeit und Bedeutung ihres Aufgabenkreises oder
   b) durch hochwertige Leistungen in einem besonders schwierigen Aufgabenkreis

   aus der Entgeltgruppe 13 heraushebt.
2. Beschäftigte der Entgeltgruppe 13,
   denen mindestens drei Beschäftigte mindestens der Entgeltgruppe 13 ständig unterstellt sind.

Entgeltgruppe 13

Redakteurinnen und Redakteure mit abgeschlossener wissenschaftlicher Hochschulbildung und entsprechender Tätigkeit sowie sonstige Beschäftigte, die aufgrund gleichwertiger Fähigkeiten und ihrer Erfahrungen entsprechende Tätigkeiten ausüben.
(Hierzu Protokollerklärungen Nrn. 3 und 4)

Protokollerklärungen

1. *Die selbständige und alleinverantwortliche Erstellung von Unterrichtungsprodukten erfüllt das Merkmal, wenn die Arbeitsergebnisse ohne Überprüfung herausgegeben werden.*
2. *Die Anforderung der vielseitigen Verwendbarkeit ist erfüllt, wenn die Redakteurin oder der Redakteur im Lagezentrum oder in mindestens zwei Redaktionen der damit befassten Abteilung des Presse- und Informationsamtes der Bundesregierung als Redakteurin oder Redakteur verwendbar ist.*
3. *Das Tätigkeitsmerkmal der Redakteurinnen und Redakteure mit abgeschlossener wissenschaftlicher Hochschulbildung ist erfüllt, wenn die Erledigung der übertragenen Aufgaben*
   a) zur Unterrichtung von Verfassungsorganen, obersten Bundesbehörden oder Auslandsmissionen: Sammeln, Sichten, Ordnen sowie Bearbeiten von Informationsmaterial zum Zwecke der allgemeinen Unterrichtung;
   b) zur Information der Öffentlichkeit: Planung und Bestimmung der Themen, Gestaltung und Erarbeitung des zu veröffentlichenden Materials, Auswahl und fachliche Beratung anderer Autorinnen oder Autoren sowie Überarbeitung des von diesen gelieferten Materials

   ein Wissen und Können erfordert, wie es im Regelfall durch eine abgeschlossene wissenschaftliche Hochschulbildung vermittelt wird.
   (Die Anforderung in Buchstabe b kann im Einzelfall auch dann erfüllt sein, wenn die Redakteurin oder der Redakteur nicht alle aufgeführten Tätigkeiten ausübt.)
4. *Unter dieses Tätigkeitsmerkmal fallen auch Beschäftigte mit abgeschlossener wissenschaftlicher Hochschulbildung, die in der damit befassten Abteilung des Presse- und Informationsamtes der Bundesregierung das deutsche und fremdsprachige Nachrichtenmaterial sammeln, sichten und für die endgültige Verarbeitung vorbereiten, sowie sonstige Beschäftigte, die aufgrund gleichwertiger Fähigkeiten und ihrer Erfahrungen entsprechende Tätigkeiten ausüben.*

36. Beschäftigte in Registraturen

Vorbemerkung

Die Registraturtätigkeiten umfassen auch solche der elektronischen Schriftgutverwaltung.

Entgeltgruppe 9b

Leiterinnen und Leiter von Registraturen,
deren Tätigkeit sich durch die besondere Bedeutung der Registratur aus der Entgeltgruppe 8 Fallgruppe 1 oder 2 heraushebt.

Entgeltgruppe 9a

1. Leiterinnen und Leiter einer nach Sachgesichtspunkten vielfach gegliederten Registratur,
   denen mindestens fünf Registraturbeschäftigte, davon zwei mindestens der Entgeltgruppe 6 Fallgruppe 3, ständig unterstellt sind.
   (Hierzu Protokollerklärungen Nrn. 1, 2 und 3)
2. Leiterinnen und Leiter einer nach Sachgesichtspunkten vielfach gegliederten Registratur in obersten Bundesbehörden,
   denen mindestens drei Registraturbeschäftigte, davon zwei mindestens der Entgeltgruppe 6 Fallgruppe 3, ständig unterstellt sind.
   (Hierzu Protokollerklärungen Nrn. 1, 2 und 3)

Entgeltgruppe 8

1. Leiterinnen und Leiter einer nach Sachgesichtspunkten vielfach gegliederten Registratur,
denen mindestens drei Registraturbeschäftigte, davon eine oder einer mindestens der Entgeltgruppe 6 Fallgruppe 3, ständig unterstellt sind.
(Hierzu Protokollerklärungen Nrn. 1, 2 und 3)
2. Leiterinnen und Leiter einer nach Sachgesichtspunkten vielfach gegliederten Registratur in obersten Bundesbehörden,
denen mehrere Registraturbeschäftigte, davon eine oder einer mindestens der Entgeltgruppe 6 Fallgruppe 3, ständig unterstellt sind.
(Hierzu Protokollerklärungen Nrn. 1, 2 und 3)
3. Leiterinnen und Leiter von Registraturen,
denen mindestens vier Registraturbeschäftigte, davon drei mindestens der Entgeltgruppe 5 Fallgruppe 1, ständig unterstellt sind.
(Hierzu Protokollerklärungen Nrn. 2 und 3)
4. Leiterinnen und Leiter von Registraturen,
denen mindestens acht Registraturbeschäftigte ständig unterstellt sind.
(Hierzu Protokollerklärungen Nrn. 2 und 3)

Entgeltgruppe 7

1. Beschäftigte der Entgeltgruppe 6 Fallgruppe 3,
die aufgrund des Verständnisses der fremdsprachlichen Fachtermini fremdsprachliche Dokumente verwalten.
2. Beschäftigte der Entgeltgruppe 6 Fallgruppe 3,
die in einer Verschlusssachen-Registratur tätig sind.
(Hierzu Protokollerklärung Nr. 4)

Entgeltgruppe 6

1. Leiterinnen und Leiter von Registraturen,
denen mindestens zwei Registraturbeschäftigte, davon mindestens eine oder einer mindestens der Entgeltgruppe 5 Fallgruppe 1 ständig unterstellt sind.
(Hierzu Protokollerklärungen Nrn. 2 und 3)
2. Leiterinnen und Leiter von Registraturen,
denen mindestens fünf Registraturbeschäftigte ständig unterstellt sind.
(Hierzu Protokollerklärungen Nrn. 2 und 3)
3. Registraturbeschäftigte in einer nach Sachgesichtspunkten vielfach gegliederten Registratur,
deren Tätigkeiten gründliche, umfangreiche Fachkenntnisse des Registraturwesens und eingehende Kenntnisse des verwalteten Schriftgutes erfordern.
(Hierzu Protokollerklärung Nr. 1)

Entgeltgruppe 5

1. Registraturbeschäftigte, deren Tätigkeiten gründliche Fachkenntnisse erfordern.
(Hierzu Protokollerklärung Nr. 5)
2. Leiterinnen und Leiter von Registraturen.

Entgeltgruppe 4

Registraturbeschäftigte mit schwierigen Tätigkeiten.
(Hierzu Protokollerklärung Nr. 6)

Entgeltgruppe 3

Registraturbeschäftigte

mit Tätigkeiten, für die eine eingehende Einarbeitung bzw. eine fachliche Anlernung erforderlich ist, die über eine Einarbeitung im Sinne der Entgeltgruppe 2 hinausgeht.

Entgeltgruppe 2

Registraturbeschäftigte mit einfachen Tätigkeiten.

(Hierzu Protokollerklärung Nr. 7)

Protokollerklärungen

1. *Eine nach Sachgesichtspunkten vielfach gegliederte Registratur liegt vor, wenn das Schriftgut auf der Grundlage eines eingehenden, systematisch nach Sachgebieten, Oberbegriffen, Untergruppen und Stichworten weit gefächerten Aktenplans unterzubringen ist; nur in alphabetischer oder numerischer Reihenfolge geordnetes Schriftgut erfüllt diese Voraussetzungen nicht.*
2. *Leiterinnen und Leiter von Registraturen, denen weniger Registraturbeschäftigte als im Tätigkeitsmerkmal gefordert ständig unterstellt sind, sind nach den Tätigkeitsmerkmalen für Registraturbeschäftigte eingruppiert, wenn dies für sie günstiger ist.*
3. *Zu den Registraturbeschäftigten im Sinne dieses Tätigkeitsmerkmals gehören auch die Beschäftigten im Registraturdienst der Entgeltgruppen 2 bis 4.*
4. *Eine Verschlusssachen-Registratur ist eine Registratur, in der Verschlusssachen mit der Einstufung VS-vertraulich, geheim oder streng geheim verwaltet werden.*
5. *Erforderlich sind eingehende Kenntnisse im Geschäftsbereich, in der Weiterführung und im Ausbau einer Registratur.*
6. *Schwierige Tätigkeiten sind solche, die mehr als eine eingehende Einarbeitung bzw. mehr als eine fachliche Anlernung i.S. der Entgeltgruppe 3 erfordern, z.B. durch einen höheren Aufwand an gedanklicher Arbeit.*
7. *[1] Einfache Tätigkeiten sind Tätigkeiten, die weder eine Vor- noch eine Ausbildung, aber eine Einarbeitung erfordern, die über eine sehr kurze Einweisung oder Anlernphase hinausgeht. [2] Die Einarbeitung dient dem Erwerb derjenigen Kenntnisse und Fertigkeiten, die für die Beherrschung der Arbeitsabläufe als solche erforderlich sind.*

37. Reinigerinnen und Reiniger

Entgeltgruppe 3

Reinigerinnen und Reiniger von Werkstätten oder Maschinenhallen.

Entgeltgruppe 2

Reinigerinnen und Reiniger, soweit nicht in Entgeltgruppe 1 eingruppiert.

38. Reproduktionstechnische Beschäftigte

Entgeltgruppe 9a

Beschäftigte der Entgeltgruppe 6,

die schwierige Aufgaben besonderer Art erfüllen.

(Hierzu Protokollerklärungen Nrn. 1 und 2)

Entgeltgruppe 8

Beschäftigte der Entgeltgruppe 6,

die schwierige Aufgaben erfüllen.

(Hierzu Protokollerklärungen Nrn. 1 und 3)

Entgeltgruppe 7
Beschäftigte der Entgeltgruppe 6,
die mindestens zu einem Viertel schwierige Aufgaben erfüllen.
(Hierzu Protokollerklärungen Nrn. 1 und 3)

Entgeltgruppe 6
Beschäftigte der Entgeltgruppe 5,
deren Tätigkeit besondere Leistungen erfordert.
(Hierzu Protokollerklärung Nr. 1)

Entgeltgruppe 5
Beschäftigte mit abgeschlossener Berufsausbildung in einem reproduktionstechnischen Beruf und entsprechender Tätigkeit sowie sonstige Beschäftigte, die aufgrund gleichwertiger Fähigkeiten und ihrer Erfahrungen entsprechende Tätigkeiten ausüben.
(Hierzu Protokollerklärung Nr. 1)

Entgeltgruppe 4
1. Beschäftigte an Bürooffsetmaschinen.
2. Beschäftigte in Druckereien
   1. als Maschinenhelferinnen und -helfer im Buch- oder Flachdruck,
   2. als Anlegerinnen und Anleger für großformatigen Mehrfarbendruck oder
   3. als Anlegerinnen und Anleger beim Druck mehrfarbiger Landkarten.

Entgeltgruppe 3
Beschäftigte
a) an Bürovervielfältigungs- oder Druckmaschinen oder
b) in der Mikroverfilmung.

Entgeltgruppe 2
Beschäftigte
mit einfachen reproduktionstechnischen Tätigkeiten.
(Hierzu Protokollerklärungen Nrn. 1 und 4)

Protokollerklärungen

1. Reproduktionstechnische Berufe sind:
a) Fotografin und Fotograf,
b) Mediengestalterin und Mediengestalter Digital und Print,
c) Medientechnologin und Medientechnologe Druck und
d) Medientechnologin und Medientechnologe Druckverarbeitung.

2. Schwierige Aufgaben besonderer Art sind z.B.:
a) schwieriges Einpassen von Kartenteilen;
b) besonders schwierige Montagen bei inhaltsreichen Karten im Maßstab 1:25.000 und kleiner.

3. Schwierige Aufgaben sind z.B.:
a) Strichaufnahmen oder Halbtonaufnahmen nach Sollmaß und jeden Formats; Maßausgleich auf gegebenes Sollmaß; Herstellen von Rasterfilmen ein- und mehrfarbig, von Schummerungsvorlagen über Halbtonaufnahmen; selbständige Versuchs- und Entwicklungsarbeiten bei der Einführung neuer technischer Verfahren;

b) Zusammenkopie von einzelnen Kartenteilen mit Kartenrahmen bei der Neuherstellung sowie Einkopierung von Fortführungen in vorhandene Originale auf Folie und Glas mit kartografischer Passgenauigkeit.

4. [1] Einfache Tätigkeiten sind Tätigkeiten, die weder eine Vor- noch eine Ausbildung, aber eine Einarbeitung erfordern, die über eine sehr kurze Einweisung oder Anlernphase hinausgeht. [2] Die Einarbeitung dient dem Erwerb derjenigen Kenntnisse und Fertigkeiten, die für die Beherrschung der Arbeitsabläufe als solche erforderlich sind.

39. Schweißerinnen und Schweißer

Entgeltgruppe 8

Beschäftigte der Entgeltgruppe 6 mit Schweißfachmannprüfung und entsprechender Tätigkeit in einem Schweißfachbetrieb.

Entgeltgruppe 7

Beschäftigte der Entgeltgruppe 6 mit Schweißwerkmeisterprüfung und entsprechender Tätigkeit.

Entgeltgruppe 6

Beschäftigte der Entgeltgruppe 4 mit abgeschlossener Berufsausbildung im technischen Bereich.

Entgeltgruppe 4

Schweißerinnen und Schweißer mit Schweißberechtigung.

40. Beschäftigte in der Steuerverwaltung

Vorbemerkung

[1] Nach diesem Abschnitt sind Beschäftigte bei der Zollverwaltung eingruppiert, die nach § 12 Abs. 2 des Finanzverwaltungsgesetzes bei der Verwaltung der Kraftfahrzeugsteuer mitwirken. [2] Dazu gehören nicht die Beschäftigten mit allgemeinen Verwaltungsaufgaben, die Beschäftigten in den Kassen und Zahlstellen sowie die Beschäftigten im Außendienst mit Ausnahme der Steuerermittlerinnen und -ermittler sowie Fahndungshelferinnen und -helfer.

Entgeltgruppe 12

Leiterinnen und Leiter von Sachgebieten.
(Hierzu Protokollerklärung Nr. 1)

Entgeltgruppe 11

Beschäftigte der Entgeltgruppe 9c,

deren Tätigkeit sich durch besondere Schwierigkeit und Bedeutung aus der Entgeltgruppe 9c heraushebt.

Entgeltgruppe 10

Beschäftigte der Entgeltgruppe 9c,

deren Tätigkeit sich mindestens zu einem Drittel durch besondere Schwierigkeit und Bedeutung aus der Entgeltgruppe 9c heraushebt.

Entgeltgruppe 9c

Beschäftigte der Entgeltgruppe 9b,

deren Tätigkeit sich dadurch aus der Entgeltgruppe 9b heraushebt, dass sie besonders verantwortungsvoll ist.

Entgeltgruppe 9b

Sachbearbeiterinnen und Sachbearbeiter

Entgeltgruppe 9a

Beschäftigte der Entgeltgruppe 6, die einfachere Veranlagungen durchführen oder gleichwertige Tätigkeiten ausüben.
(Hierzu Protokollerklärungen Nrn. 2 und 3)

Entgeltgruppe 8

Beschäftigte der Entgeltgruppe 6, die mindestens zu einem Drittel einfachere Veranlagungen durchführen oder gleichwertige Tätigkeiten ausüben.
(Hierzu Protokollerklärungen Nrn. 2 und 3)

Entgeltgruppe 7

Beschäftigte der Entgeltgruppe 6, die mindestens zu einem Fünftel einfachere Veranlagungen durchführen oder gleichwertige Tätigkeiten ausüben.
(Hierzu Protokollerklärungen Nrn. 2 und 3)

Entgeltgruppe 6

Beschäftigte der Entgeltgruppe 5 Fallgruppe 1 oder 2, deren Tätigkeit vielseitige Fachkenntnisse erfordert.

Entgeltgruppe 5

1. Beschäftigte in der Kraftfahrzeugsteuerverwaltung mit einschlägiger abgeschlossener Berufsausbildung und entsprechender Tätigkeit.
2. Beschäftigte in der Kraftfahrzeugsteuerverwaltung, deren Tätigkeit gründliche Fachkenntnisse erfordert.
   (Hierzu Protokollerklärung Nr. 4)

Protokollerklärungen

1. *Ist für die Tätigkeit einer Sachgebietsleiterin oder eines Sachgebietsleiters eine abgeschlossene wissenschaftliche Hochschulbildung erforderlich, gilt § 3 Abs. 4 Satz 3.*
2. *Einfachere Veranlagungen zur Kraftfahrzeugsteuer umfassen insbesondere die*
   a) Ermittlung der Besteuerungsgrundlagen, soweit diese nicht maschinell erfolgt ist,
   b) Prüfung der Voraussetzungen für Steuerbefreiungen und Steuerermäßigungen und
   c) Festsetzung (Neufestsetzung oder Änderung) der Höhe der Steuer.
3. *Gleichwertige Tätigkeiten sind z.B. die Bearbeitung von*
   a) Stundungs- und Erlassanträgen oder
   b) Anträgen auf Aussetzung der Vollziehung.
4. *Erforderlich sind nähere Kenntnisse von Gesetzen, Verwaltungsvorschriften und Tarifbestimmungen usw. des Aufgabenkreises.*

41. Technikerinnen und Techniker

Vorbemerkungen

1. Die Tätigkeitsmerkmale dieses Abschnitts gelten auch für Kern-, Reaktor-, Rechenmaschinen-, Synchrotron-, Tieftemperatur- sowie Vakuumtechnikerinnen und -techniker in Kernforschungseinrichtungen im Sinne des Abschnitts 34.
2. Die Tätigkeitsmerkmale dieses Abschnitts gelten auch für Beschäftigte, die diese Tätigkeiten unter der Bezeichnung „Baustellenaufseherin“ oder „Bau-

stellenaufseher“, „Bauaufseherin“ oder „Bauaufseher“ oder „Zeichnerin“ oder „Zeichner“ ausüben.

3. Für Beschäftigte mit einer Ausbildung als Chemotechniker im Sinne der Rahmenordnung der staatlichen Prüfung für Chemotechniker vom 14./15. Mai 1964 bzw. vom 31. Juli 1970 gelten die Tätigkeitsmerkmale des Abschnitts 42 (Technische Assistentinnen und Assistenten).

Entgeltgruppe 9b

Beschäftigte der Entgeltgruppe 9a,
die schwierige Aufgaben erfüllen.
(Hierzu Protokollerklärung Nr. 1)

Entgeltgruppe 9a

Beschäftigte der Entgeltgruppe 8,
die selbständig tätig sind.
(Hierzu Protokollerklärung Nr. 2)

Entgeltgruppe 8

Staatlich geprüfte Technikerinnen und Techniker mit entsprechender Tätigkeit sowie sonstige Beschäftigte, die aufgrund gleichwertiger Fähigkeiten und ihrer Erfahrungen entsprechende Tätigkeiten ausüben.

Protokollerklärungen

1. *Schwierige Aufgaben sind Aufgaben, die in dem betreffenden Fachgebiet im oberen Bereich der Schwierigkeitsskala liegen oder die in konkreten Einzelfällen wegen der Besonderheiten Leistungen erfordern, die über das im Regelfall erforderliche Maß an Kenntnissen und Fähigkeiten wesentlich hinausgehen, z.B. durch die Breite des geforderten fachlichen Wissens und Könnens, die geforderten Spezialkenntnisse, außergewöhnliche Erfahrungen oder sonstige Qualifizierungen vergleichbarer Wertigkeit.*

2. *[1] Technikerinnen und Techniker sind selbständig tätig, wenn sie bei technischen Arbeitsabläufen in Ausführung technischer, mehr routinemäßiger Entwurfs-, Leitungs- und Planungsarbeiten eigene technische Entscheidungen zu treffen haben. [2] Dass das Arbeitsergebnis einer Kontrolle, einer fachlichen Anleitung und Überwachung durch Vorgesetzte unterworfen wird, berührt die Selbständigkeit der Tätigkeit nicht. [3] Aufgrund der nach der Ausbildung vorauszusetzenden Kenntnisse sind der zur Erfüllung der Aufgabe einzuschlagende Weg und die anzuwendende Methode zu finden.*

42. Technische Assistentinnen und Assistenten

Vorbemerkung

Technische Assistentinnen und Assistenten mit staatlicher Anerkennung im Sinne der Tätigkeitsmerkmale dieses Abschnitts sind z.B. chemisch-technische Assistentinnen und Assistenten, physikalisch-technische Assistentinnen und Assistenten oder landwirtschaftlich-technische Assistentinnen und Assistenten jeweils mit staatlicher Anerkennung.

Entgeltgruppe 9b

Beschäftigte der Entgeltgruppe 7,
deren Tätigkeit ein besonders hohes Maß an Verantwortlichkeit erfordert.

Entgeltgruppe 9a

Beschäftigte der Entgeltgruppe 7,

die mindestens zu einem Viertel verantwortlichere Tätigkeiten verrichten.

Entgeltgruppe 7

Beschäftigte der Entgeltgruppe 6,
die schwierige Aufgaben erfüllen.

Entgeltgruppe 6

Technische Assistentinnen und Assistenten mit staatlicher Anerkennung und entsprechender Tätigkeit sowie sonstige Beschäftigte, die aufgrund gleichwertiger Fähigkeiten und ihrer Erfahrungen entsprechende Tätigkeiten ausüben.

43. Tierärztinnen und -ärzte

Entgeltgruppe 15

1. Beschäftigte der Entgeltgruppe 14,
   denen mindestens fünf Tierärztinnen oder -ärzte durch ausdrückliche Anordnung ständig unterstellt sind.
   (Hierzu Protokollerklärung)
2. Fachtierärztinnen und -ärzte mit entsprechender Tätigkeit.

Entgeltgruppe 14

Tierärztinnen und -ärzte mit entsprechender Tätigkeit.

Protokollerklärung

Gegen Stundenentgelt tätige Tierärztinnen und -ärzte, die im Jahresdurchschnitt nicht mehr als 18 Stunden wöchentlich zur Arbeitsleistung herangezogen werden, und gegen Stückvergütung tätige Tierärztinnen und -ärzte zählen nicht mit.

44. Tierpflegerinnen und -pfleger

Entgeltgruppe 8

Beschäftigte der Entgeltgruppe 7 Fallgruppe 1 oder 2
mit besonders verantwortlicher Tätigkeit
(Hierzu Protokollerklärung Nr. 1)

Entgeltgruppe 7

1. Beschäftigte der Entgeltgruppe 6 Fallgruppe 1 oder 2,
   die Tierversuche nach § 8 Tierschutzgesetz durchführen und überwachen.
2. Beschäftigte der Entgeltgruppe 5,
   die besonders hochwertige Arbeiten verrichten.
   (Hierzu Protokollerklärung Nr. 2)

Entgeltgruppe 6

1. Beschäftigte der Entgeltgruppe 5,
   die die Versuchsnachbereitung nach § 7 Tierschutzgesetz einschließlich § 4 Tierschutzgesetz durchführen.
2. Beschäftigte der Entgeltgruppe 5,
   die hochwertige Arbeiten verrichten.
   (Hierzu Protokollerklärung Nr. 3)

Entgeltgruppe 5

Tierpflegerinnen und -pfleger mit abgeschlossener Berufsausbildung und entsprechender Tätigkeit.

Entgeltgruppe 4

Helferinnen und Helfer in der Tierpflege mit schwierigen Tätigkeiten.

Entgeltgruppe 3

Helferinnen und Helfer in der Tierpflege (Tierwärterinnen und -wärter).

Protokollerklärungen

1. *Besonders verantwortliche Tätigkeiten liegen bei gesteigerten Anforderungen an die zu betreuenden Tiere vor, z.B. wenn von den Tieren eine große Gefährdung ausgeht, oder wenn deren Pflege außerordentliche hygienische Maßnahmen erfordern oder wenn es sich um Tiere mit besonders hohem Wert handelt.*
2. *Besonders hochwertige Arbeiten sind z.B. die Leitung eines Bereichs, in dem Tiere mit unterschiedlichen Belastungen durch verschiedene Krankheitserreger oder mindestens zehn verschiedene Tierarten zu betreuen sind.*
3. *Hochwertige Arbeiten sind z.B. die Mitwirkung bei der Planung und Einrichtung neuartiger Haltungssysteme, das Erkennen und die Beschreibung von Verhaltensanomalien und sonstigen klinischen Anzeichen, oder die Vornahme von schwierigen Inokulationen beispielsweise in das Gehirn oder in das Muskelgewebe.*

45. Vermessungstechnikerinnen und -techniker, Geomatikerinnen und Geomatiker sowie Messgehilfinnen und -gehilfen

Vorbemerkung

Den Vermessungstechnikerinnen und -technikern mit abgeschlossener Berufsausbildung sind die nach der hessischen Ausbildungs- und Prüfungsordnung für kulturbautechnische Angestellte der Wasserwirtschaftsverwaltung vom 21. Januar 1958 (Staats-Anzeiger für das Land Hessen S. 134) ausgebildeten Kulturbautechnikerinnen und -techniker mit verwaltungseigener Lehrabschlussprüfung gleichgestellt.

Entgeltgruppe 9a

Beschäftigte der Entgeltgruppe 6 Fallgruppe 1,
die schwierige Aufgaben erfüllen.
(Hierzu Protokollerklärung)

Entgeltgruppe 8

Beschäftigte der Entgeltgruppe 6 Fallgruppe 1,
die mindestens zu einem Drittel schwierige Aufgaben erfüllen.
(Hierzu Protokollerklärung)

Entgeltgruppe 7

Beschäftigte der Entgeltgruppe 6 Fallgruppe 1,
die mindestens zu einem Viertel schwierige Aufgaben erfüllen.
(Hierzu Protokollerklärung)

Entgeltgruppe 6

1. Beschäftigte der Entgeltgruppe 5 Fallgruppe 1,
   deren Tätigkeit besondere Leistungen erfordert.
2. Beschäftigte mit abgeschlossener Berufsausbildung und mit verwaltungseigener Prüfung zur Messgehilfin oder zum Messgehilfen und entsprechender Tätigkeit.

Entgeltgruppe 5

1. Vermessungstechnikerinnen und -techniker sowie Geomatikerinnen und Geomatiker mit abgeschlossener Berufsausbildung und entsprechender Tätigkeit sowie sonstige Beschäftigte, die aufgrund gleichwertiger Fähigkeiten und ihrer Erfahrungen entsprechende Tätigkeiten ausüben,
2. Messgehilfinnen und -gehilfen mit verwaltungseigener Prüfung und entsprechender Tätigkeit.

Entgeltgruppe 4

Beschäftigte der Entgeltgruppe 3, die auch Dienstfahrzeuge führen.

Entgeltgruppe 3

Messgehilfinnen und -gehilfen.

Protokollerklärung

Schwierige Aufgaben sind z.B.:

a) schwierige Einmessungen von Nutzungs-, Schätzungs-, und Bodenwertgrenzen;

b) Gebäudeeinmessungen oder Lageplanvermessungen in bebauten Ortslagen, wenn die Messung behindert ist, oder bei gleich schwierigen Verhältnissen;

c) einfachere Lagepasspunktbestimmungen;

d) Messungen in Sondergebieten (Bergbau, See, Gewässer etc.) unter Einsatz spezieller Hard- oder Software;

e) Bearbeiten von schwierigeren Vermessungen im Innendienst (wie Bau-, Sondervermessungen oder hydrographische Vermessungen oder Bearbeiten von Fortführungsvermessungen bei einer größeren Zahl von Nachweisen);

f) in der Luftbildvermessung:
Vorbereiten der Kartenunterlagen für den Bildflug; Passpunktbestimmung; schwierige Einpassungen von Luftbildern in Grundrisse unter gleichzeitiger topografischer Auswertung; selbständige fotogrammetrische Auswertungen einfacher Art; Entzerrungen einfacher Art;

g) schwierige Neuherstellung und Fortführung von Karten- oder Grundrissdaten in Geoinformationssystemen (z.B. in Altstadtgebieten, von schwierigen Straßen- und Wasserlaufvermessungen); schwieriges Einpassen von Kartenteilen;

h) Generalisierung von Situation (ohne Ortsteile) und Gelände (Höhenlinien);

i) besonders schwierige Herstellung und Fortführung von Karten- oder Geodatenoriginalen nach Entwurfsvorlagen – einschließlich Randbearbeitung und Ausführung von Korrekturen – in der Kartografie;

j) besonders schwierige Montagen oder Übertragungen in inhaltsreichen Karten- oder Geodatensystemen;

k) schwierige Übertragung und Generalisierung von Fachplanungen für das Raumordnungskataster (z.B. Neueintragung von Fachplanungen mit Maßstabsumstellung und Neudarstellung);

l) Nachweis und Führung von Nutzungsrechten, Lasten- und Beschränkungen, rechtlichen Einschränkungen, Jagd- und Fischereirechten in Sonderkarten- und Geoinformationssystemen.

46. Vorlesekräfte für Blinde und besondere Hilfskräfte für sonstige schwerbehinderte Menschen

Entgeltgruppe 6

Beschäftigte der Entgeltgruppe 5 mit schwieriger Tätigkeit.

Entgeltgruppe 5

Vorlesekräfte für Blinde und besondere Hilfskräfte für sonstige schwerbehinderte Menschen.

47. Wächterinnen und Wächter

Entgeltgruppe 5

Leiterinnen und Leiter einer Wachgruppe, denen mindestens fünf Wachleute ständig unterstellt sind.

Entgeltgruppe 3

Beschäftigte der Entgeltgruppe 2 mit Dienstwaffe, Begleithund oder im Freien.

Entgeltgruppe 2

Wächterinnen und Wächter.

48. Weitere Beschäftigte

Entgeltgruppe 9b

Technische Beschäftigte mit besonders verantwortungsvoller Tätigkeit

a) als Schichtführerinnen oder Schichtführer in großen thermischen Kraftwerken, großen Heizkraftwerken oder großen Müllverbrennungsanlagen, die außerhalb der regulären Tagesarbeitszeit für den gesamten Betrieb allein verantwortlich sind,
b) in großen E-Lastverteileranlagen, die in der Schicht für die Netzbetriebsführung allein verantwortlich sind,
c) als Leiterinnen oder Leiter von großen und vielschichtig strukturierten Instandsetzungsbereichen

sowie

sonstige technische Beschäftigte mit vergleichbarer Tätigkeit, die wegen der Schwierigkeit der Aufgaben und der Größe der Verantwortung ebenso zu bewerten ist, wie die Tätigkeiten nach Buchstaben a bis c.

(Beschäftigte in dieser Fallgruppe erhalten eine Entgeltgruppenzulage gemäß § 17 Nr. 8.)

(Hierzu Protokollerklärungen Nrn. 1 und 2)

Entgeltgruppe 8

1. Beschäftigte mit abgeschlossener Berufsausbildung im technischen Bereich, die überwiegend nach Entwurfsunterlagen oder sonstigen technischen Angaben hochwertige Versuchsgeräte oder Instrumente unter eigener Verantwortung zusammenbauen und justieren.
2. Beschäftigte mit abgeschlossener Berufsausbildung im technischen Bereich, die besonders schwierige Instandsetzungen an elektrisch oder mechanisch komplizierten Funk- oder sonstigen Spezialgeräten ausführen, wobei sie Fehler durch eigene hochfrequenztechnische oder gleich schwierige Messungen selbst eingrenzen.

3. Beschäftigte mit abgeschlossener Berufsausbildung im technischen Bereich, die besonders schwierige Instandsetzungen und Spezialarbeiten an hochempfindlichen und komplizierten Geräten selbständig ausführen.
4. Beschäftigte mit abgeschlossener Berufsausbildung im elektrotechnischen Bereich, die bei Kabelfehlern an Hoch,- Mittel,- und Niederspannungsanlagen selbständig und eigenverantwortlich die Ortung vorbereiten und Ortungen mit schwierigen Hochleistungsmessgeräten wie Messbrücken oder Impulsmessgeräten ausführen.

Protokollerklärungen

1. *[1] Ein vielschichtig strukturierter Bereich liegt vor, wenn in diesem Bereich die Arbeit von mindestens drei Gewerken zu koordinieren ist und mindestens drei Gewerken jeweils geprüfte Meisterinnen oder Meister vorstehen. [2] Gewerke sind Fachrichtungen im Sinne anerkannter Ausbildungsberufe, in denen die Meisterprüfung abgelegt werden kann. [3] Im Mehrschichtbetrieb ist es unschädlich, wenn in den mindestens drei Gewerken nicht in allen Schichten jeweils Meisterinnen oder Meister im Sinne des Satzes 1 eingesetzt sind.*
2. *Dieses Tätigkeitsmerkmal gilt nicht für den Bereich des Bundesministeriums der Verteidigung.*

Teil IV. Besondere Tätigkeitsmerkmale im Bereich des Bundesministeriums der Verteidigung

1. Besondere Tätigkeitsmerkmale

Entgeltgruppe 9b

Technische Beschäftigte

a) im Technischen Betriebsdienst
denen mindestens drei geprüfte Meisterinnen oder Meister oder Meisterinnen oder Meister mit erfolgreich abgeschlossener aufgabenspezifischer Sonderausbildung durch ausdrückliche Anordnung ständig unterstellt sind, wenn keine Beschäftigten mit abgeschlossener technischer Hochschulbildung eingesetzt sind,

b) in Luftverteidigungsanlagen
als Leiterinnen oder Leiter der Koordination oder als Schichtführerinnen oder Schichtführer,

c) in der Flugzeuginstandsetzung
   aa) als Leiterinnen oder Leiter von Instandsetzungsbereichen, denen mindestens fünf geprüfte Meisterinnen oder Meister oder Meisterinnen oder Meister mit erfolgreich abgeschlossener aufgabenspezifischer Sonderausbildung durch ausdrückliche Anordnung ständig unterstellt sind,
   bb) als Leiterinnen oder Leiter der Kraftstoffgeräteinstandsetzung,
   cc) als Leiterinnen oder Leiter der Instandsetzung von Chassis elektronischer Bauteile oder von Avionikgeräten mit Hilfe rechnergesteuerter Prüfgeräte,
   dd) als Leiterinnen oder Leiter der Triebwerksabnahme an stationären Prüfständen oder
   ee) als Leiterinnen oder Leiter anderer besonders wichtiger Arbeitsbereiche, die nach ihrer Größe und Bedeutung sowie nach dem Umfang der

Verantwortung der Beschäftigten den vorstehend genannten entsprechen,

d) in der Instandsetzung von Schiffen,

aa) die als Leiterinnen oder Leiter von Instandsetzungsgruppen Mess-, Prüf-, Justier- und Abgleicharbeiten an komplexen Ortungs- oder Navigationsanlagen, sofern diese über ein automatisiertes Datenaufbereitungssystem zusammengeschaltet sind, selbstverantwortlich vorzunehmen haben oder

bb) als Leiterinnen oder Leiter anderer besonders wichtiger Arbeitsbereiche, die nach ihrer Größe und Bedeutung sowie nach dem Umfang der Verantwortung der Beschäftigten den vorstehend genannten entsprechen.

(Beschäftigte in dieser Fallgruppe erhalten eine Entgeltgruppenzulage gemäß § 17 Nr. 8.)

Entgeltgruppe 9a

1. Beschäftigte mit einschlägiger abgeschlossener Berufsausbildung, die in Hauptquartieren und Schulen der Bundeswehr komplexe rechnergestützte Informationsdarstellungs- und -verarbeitungssysteme (Großlagedarstellungen) warten und besonders schwierige Instandsetzungen selbständig durchführen.
2. Beschäftigte mit einschlägiger abgeschlossener Berufsausbildung, die im Kalibrierungszentrum der Bundeswehr nach Durchführung von Eingangsprüfungen oder Fehlerdiagnosen hochempfindliche und komplizierte lichttechnische servopneumatische oder prozessorgesteuerte Mess- und Prüfgeräte instand setzen und eigenverantwortlich kalibrieren.
3. Beschäftigte mit einschlägiger abgeschlossener Berufsausbildung, die in Heeresinstandsetzungswerken oder vergleichbaren Einrichtungen schwierige Prüfarbeiten an elektronischem Gerät mit automatisierten Prüfstationen durchführen und die hierfür erforderlichen Prüfprogramme erarbeiten, anwenden, optimieren und pflegen.
4. Beschäftigte mit einschlägiger abgeschlossener Berufsausbildung, die in zentralen Instandhaltungseinrichtungen, im Marinearsenal oder in vergleichbaren Einrichtungen besonders schwierige Instandsetzungen an hochempfindlichen und komplexen Waffen- oder Teilsystemen (z.B. rechnergestützten Waffenleit- oder Ortungsanlagen, Anlagen der elektronischen Kampfführung, Flugkörperwaffenanlagen) durchführen und hierfür fachübergreifende Kenntnisse benötigen.

Entgeltgruppe 8

1. Beschäftigte mit abgeschlossener Berufsausbildung im technischen Bereich, die in den Lehrmittelwerkstätten Lehr-, Ausbildungs- und Versuchsgeräte nach Entwurfsunterlagen oder sonstigen technischen Angaben unter Eigenverantwortung fertigen, zusammenbauen oder justieren.
2. Beschäftigte mit abgeschlossener Berufsausbildung im technischen Bereich, die als Arbeitsprüfer in Eingangs- oder Ausgangsinspektionen (keine Baugruppen) beschäftigt werden.
3. Beschäftigte mit abgeschlossener Berufsausbildung im technischen Bereich, die besonders schwierige Instandsetzungen oder Spezialarbeiten an hoch-

empfindlichen und komplizierten Waffen oder Geräten oder Schiffsantriebsanlagen selbständig durchführen.

4. Beschäftigte, die an Simulatoren eingesetzt sind und dabei Simulationsabläufe nach Vorgaben konfigurieren, erstellen oder ausführen.
5. Beschäftigte mit abgeschlossener Berufsausbildung im technischen Bereich, die nach Entwurfsunterlagen oder sonstigen technischen Angaben besonders schwierige Bauteile und Ausrüstungsgegenstände für den Erprobungsflugbetrieb an unterschiedlichen Luftfahrzeugbaumustern im Bereich der Absetztechnik selbständig herstellen, einbauen, Instand setzen und erproben.

Entgeltgruppe 7

1. Beschäftigte der Entgeltgruppe 6 Fallgruppe 1 oder 2,
die besonders hochwertige Arbeiten verrichten.
(Hierzu Protokollerklärungen Nrn. 1 und 2)
2. Beschäftigte mit abgeschlossener Berufsausbildung als Kraftfahrzeugmechatronikerin oder -mechatroniker, Kraftfahrzeugschlosserin oder -schlosser, Kraftfahrzeugmechanikerin oder -mechaniker, Kraftfahrzeugelektrikerin oder -elektriker oder in einem verwandten Beruf, die schwierige Instandsetzungen an verschiedenen in der Entgeltgruppe 5 Fallgruppen 1, 2, 3 oder 4 oder in der Entgeltgruppe 6 Fallgruppe 1 des Abschnitts 6 genannten Spezialfahrzeugen in Instandsetzungseinrichtungen und Werkstätten durchführen.

Entgeltgruppe 6

1. Beschäftigte mit abgeschlossener Berufsausbildung und aufgabenspezifischer Fortbildung oder Einweisung und entsprechender Tätigkeit.
(Hierzu Protokollerklärungen Nrn. 2 und 3)
2. Beschäftigte mit abgeschlossener Berufsausbildung und entsprechender Tätigkeit,
die zu mindestens einem Drittel mit Arbeiten beschäftigt werden, die an die Eignung und selbständige Überlegung besondere Anforderungen stellen.
(Hierzu Protokollerklärungen Nrn. 2 und 4)
3. Motorenwärterinnen und -wärter mit einschlägiger abgeschlossener Berufsausbildung oder mit entsprechender Befähigung im Marinearsenal oder in Wehrtechnischen Dienststellen.

Entgeltgruppe 5

1. Fallschirmlegerinnen und -leger.
2. Bremsschirmlegerinnen und -leger.

Entgeltgruppe 4

Akkumulatorenwärterinnen und -wärter, die Torpedohochleistungsbatterien oder vergleichbare Hochleistungsbatterien aufbereiten und hierbei auch Platten und Separatoren ein- und ausbauen.

Entgeltgruppe 3

1. Helferinnen und Helfer in Nachschub- oder Versorgungseinrichtungen, Vorschriften- und Kartenstellen oder in Waffen-, Geräte- oder Bekleidungskammern.

2. Museumsaufseherinnen und -aufseher.
3. Wärterinnen und Wärter von Zug- oder Tragtieren.
   (Hierzu Protokollerklärung Nr. 5)

Protokollerklärungen

1. Besonders hochwertige Arbeiten sind Arbeiten, die neben vielseitigem hochwertigem fachlichen Können besondere Umsicht und Zuverlässigkeit erfordern.

2. Das Tätigkeitsmerkmal gilt nur für körperlich/handwerklich geprägte Tätigkeiten und nur, sofern keine spezielleren Tätigkeitsmerkmale des Teils III einschlägig sind.

3. Hierunter fallen zum Beispiel Beschäftigte als Mechanikerinnen oder Mechaniker, Mechatronikerinnen oder Mechatroniker, Elektrikerinnen oder Elektriker sowie Elektronikerinnen oder Elektroniker für Luft-, Wasser oder Bodenfahrzeuge, oder anderes bundeswehrspezifisches Gerät, Waffen oder Material, Büchsenmacherinnen oder -macher, Flugzeugsattlerinnen oder -sattler, Schlosserinnen oder Schlosser oder Tischlerinnen oder Tischler in Lehrmittelwerkstätten.

4. [1] Derartige Arbeiten sind zum Beispiel:

a) schwierige Instandsetzungen von Kraft- oder Arbeitsmaschinen einschließlich der Stark- oder Schwachstromanlagen oder von Kälteaggregaten, Aufzugsanlagen, Heizungsanlagen oder Klimaanlagen,

b) Einstellen, Instandsetzen oder Prüfen komplizierter Apparate wie Zünd-, Licht- oder Anlassmaschinen sowie Kraftstoffeinspritzvorrichtungen an Kraftfahrzeugen,

c) sonstige handwerkliche Arbeiten, die im Allgemeinen nur aufgrund besonderer Erfahrungen geleistet werden können, sofern bei der Ausführung der Arbeiten an das Überlegungsvermögen und handwerksmäßige Geschick Anforderungen gestellt werden, die über das Maß dessen hinausgehen, was von Beschäftigten der Entgeltgruppe 5 des Teils II verlangt werden kann.

[2] Handwerkliche Arbeiten, die im Allgemeinen nur aufgrund besonderer Erfahrungen geleistet werden können, liegen auch vor, wenn Handwerkerinnen und Handwerker ständig neben den Arbeiten im erlernten Handwerk auch handwerkliche Arbeiten in anderen Berufen zu leisten haben und auch in diesen Berufen vollwertige Leistungen erbringen.

5. Unter dieses Tätigkeitsmerkmal fallen auch Wärterinnen und Wärter von Zug- oder Tragtieren, die auch die Tiere führen.

2. Beschäftigte in der Arbeitsvorbereitung oder in der Betriebsorganisation

Vorbemerkung

Eine aufgabenspezifische Sonderausbildung im Sinne dieses Abschnitts ist die Ausbildung von Handwerkerinnen und Handwerkern sowie Facharbeiterinnen und -arbeitern im militärfachlichen Meisterlehrgang der Bundeswehr in der Materialerhaltung von Luftfahrtgerät oder eine Ausbildung in einem den militärfachlichen Meisterlehrgängen gleichwertigen Ausbildungsgang für Handwerkerinnen und Handwerker oder Facharbeiterinnen und -arbeiter.

Entgeltgruppe 13

Beschäftigte mit abgeschlossener technischer Hochschulbildung und abgeschlossener REFA-Grundausbildung sowie mit einer REFA-Sonderausbildung auf dem Gebiet der Arbeitsvorbereitung sowie sonstige Beschäftigte mit abge-

schlossener REFA-Fachausbildung oder MTM-Praktikerausbildung, die aufgrund gleichwertiger Fähigkeiten und ihrer Erfahrungen entsprechende Tätigkeiten ausüben,
als Leiterinnen oder Leiter der gesamten Arbeitsvorbereitung in Dienststellen mit über 300 Beschäftigten.
(Hierzu Protokollerklärung Nr. 1)

Entgeltgruppe 12

Beschäftigte mit abgeschlossener technischer Hochschulbildung und abgeschlossener REFA-Grundausbildung sowie mit einer REFA-Sonderausbildung auf dem Gebiet der Arbeitsvorbereitung sowie sonstige Beschäftigte mit abgeschlossener REFA-Fachausbildung oder MTM-Praktikerausbildung, die aufgrund gleichwertiger Fähigkeiten und ihrer Erfahrungen entsprechende Tätigkeiten ausüben,
als Leiterinnen oder Leiter der gesamten Arbeitsvorbereitung.

Entgeltgruppe 11

Beschäftigte mit abgeschlossener technischer Hochschulbildung und abgeschlossener REFA-Grundausbildung sowie sonstige Beschäftigte mit abgeschlossener REFA-Fachausbildung oder MTM-Praktikerausbildung, die aufgrund gleichwertiger Fähigkeiten und ihrer Erfahrungen entsprechende Tätigkeiten ausüben,
als Leiterinnen oder Leiter der Auftragsvorbereitung, Auftragsplanung, Koordinierung, Kapazitätsplanung, Kalkulation, Arbeitsplanung oder Arbeitsaufnahme.

Entgeltgruppe 10

1. Beschäftigte mit abgeschlossener technischer Hochschulbildung sowie sonstige Beschäftigte mit abgeschlossener REFA-Fachausbildung oder MTM-Praktikerausbildung, die aufgrund gleichwertiger Fähigkeiten und ihrer Erfahrungen entsprechende Tätigkeiten ausüben,
   als Arbeitsplanerinnen oder -planer, Fachleute für Zeitstudien oder Kalkulatorinnen oder Kalkulatoren.
   (Hierzu Protokollerklärungen Nrn. 2 und 3)
2. Beschäftigte mit abgeschlossener technischer Hochschulbildung sowie sonstige Beschäftigte mit abgeschlossener REFA-Fachausbildung oder MTM-Praktikerausbildung, die aufgrund gleichwertiger Fähigkeiten und ihrer Erfahrungen entsprechende Tätigkeiten ausüben,
   als Arbeitsgruppenleiterinnen oder -leiter in der Auftragsvorbereitung, Auftragsplanung, Koordinierung, Kapazitätsplanung, Kalkulation, Arbeitsplanung, Arbeitsaufnahme oder Werkstattkalkulation.
3. Beschäftigte mit abgeschlossener technischer Hochschulbildung sowie sonstige Beschäftigte mit abgeschlossener REFA-Fachausbildung oder MTM-Praktikerausbildung, die aufgrund gleichwertiger Fähigkeiten und ihrer Erfahrungen entsprechende Tätigkeiten ausüben,
   die als Betriebsplanerinnen oder -planer oder Steuererinnen oder Steuerer die Eigen- und Fremdleistungen, Ersatzteil- und Gerätebeistellungen bei großen Projekten (z.B. bei umfangreichen Instandsetzungen, Umbauten oder Überholungen von Schiffen) koordinieren.

Entgeltgruppe 9c

Geprüfte Meisterinnen und Meister sowie Meisterinnen und Meister mit erfolgreich abgeschlossener aufgabenspezifischer Sonderausbildung sowie staatlich geprüfte Technikerinnen und Techniker

mit zusätzlicher militärischer Qualifikation (z.B. SASPF, ESS oder MDS) zur technischen Betriebsführung für mehrere Muster fliegender Waffensysteme, die auf Grundlage ihrer zusätzlichen Qualifikation

a) als Terminbearbeiterinnen oder -bearbeiter für komplexe Geräte schwierige Koordinationstätigkeiten zwischen Dienststellen, Werkstätten, Industrie- oder Handwerksbetrieben ausüben oder

b) als Betriebsplanerinnen oder -planer oder -steurerinnen oder -steuerer für komplexe Geräte nicht programmierbare Arbeitsaufträge unter Berücksichtigung der Kapazität einplanen oder steuern.

(Hierzu Protokollerklärung Nr. 4)

Entgeltgruppe 9b

1. Beschäftigte mit abgeschlossener REFA-Fachausbildung und MTM-Praktikerausbildung, die als Arbeitsplanerinnen oder -planer oder Fachleute für Zeitstudien Arbeitsstudien für überbetriebliche Datensysteme durchführen.
2. Beschäftigte mit abgeschlossener REFA-Grundausbildung, die als Arbeitsvorbereiterinnen oder -vorbereiter für die gesamte Arbeitsvorbereitung in Mechatronikzentren oder in Dienststellen mit vergleichbarem Aufgabenumfang bei der Arbeitsvorbereitung verantwortlich sind.
3. Beschäftigte mit abgeschlossener REFA-Grundausbildung, als Arbeitsplanerinnen oder -planer, Fachleute für Zeitstudien oder Kalkulatorinnen oder Kalkulatoren
   für schwierige Arbeitsgebiete (z.B. Motoren, Getriebe, Bremsanlagen, Funkgeräte, Fernschreiber, Elektroanlagen).
   (Hierzu Protokollerklärung Nr. 5)
4. Beschäftigte mit abgeschlossener REFA-Grundausbildung, die als Terminbearbeiterinnen oder -bearbeiter für komplexe Geräte schwierige Koordinierungstätigkeiten zwischen Dienststellen, Werkstätten, Industrie- oder Handwerksbetrieben ausüben.
   (Hierzu Protokollerklärung Nr. 6)
5. Beschäftigte mit abgeschlossener REFA-Grundausbildung, die als Betriebsplanerinnen oder -planer oder Steurerinnen oder Steuerer für komplexe Geräte nicht programmierte Arbeitsaufträge unter Berücksichtigung der Kapazität einplanen oder steuern.
   (Hierzu Protokollerklärung Nr. 6)
6. Geprüfte Meisterinnen und Meister sowie Meisterinnen und Meister mit erfolgreich abgeschlossener aufgabenspezifischer Sonderausbildung sowie staatlich geprüfte Technikerinnen und Techniker
   mit zusätzlicher militärischer Qualifikation (z.B. SASPF, ESS oder MDS) zur technischen Betriebsführung für ein Muster fliegender Waffensysteme, die auf Grundlage ihrer zusätzlichen Qualifikation
   a) als Terminbearbeiterinnen oder -bearbeiter für komplexe Geräte schwierige Koordinationstätigkeiten zwischen Dienststellen, Werkstätten, Industrie- oder Handwerksbetrieben ausüben oder

b) als Betriebsplanerinnen oder -planer oder -steuererinnen oder -steuerer für komplexe Geräte nicht programmierbare Arbeitsaufträge unter Berücksichtigung der Kapazität einplanen oder steuern.
(Hierzu Protokollerklärung Nr. 4)

Entgeltgruppe 9a

1. Beschäftigte mit abgeschlossener REFA-Grundausbildung als Arbeitsvorbereiterinnen oder -vorbereiter, Arbeitsplanerinnen oder -planer, Arbeitsaufnehmerinnen oder -aufnehmer, Werkstattkalkulatorinnen oder -kalkulatoren, Terminbearbeiterinnen oder -bearbeiter, Betriebsplanerinnen oder -planer oder Steuererinnen oder Steuerer.
2. Materialdisponentinnen und -disponenten mit abgeschlossener REFA-Grundausbildung mit schwieriger Tätigkeit,
denen mindestens vier Materialdisponentinnen oder -disponenten, davon mindestens zwei der Entgeltgruppe 8 Fallgruppe 4, durch ausdrückliche Anordnung ständig unterstellt sind.

Entgeltgruppe 8

1. Terminbearbeiterinnen und -bearbeiter, die den Arbeitsablauf zwischen den Zubringer- und Hauptwerkstätten abstimmen und im Arbeitsablauf auftretende Störungen beseitigen.
2. Betriebsplanerinnen und -planer sowie Steuererinnen und Steuerer, die eingehende Arbeitsaufträge in den Arbeitsablauf einplanen oder steuern.
3. Kostenrechnerinnen und -rechner, die in der Auftragsabrechnung Aufträge in ihrer Gesamtheit zum Zwecke der Kostenermittlung bearbeiten.
4. Beschäftigte der Entgeltgruppe 6
mit schwieriger Tätigkeit.
(Hierzu Protokollerklärung Nr. 7)

Entgeltgruppe 6

Materialdisponentinnen und -disponenten, die auftragsgebundenes Material, Gerät oder Leistungsbeistellungen anfordern.

Protokollerklärungen

1. *Für die Ermittlung der Beschäftigtenzahl gilt § 5 entsprechend.*
2. *Entsprechende Tätigkeiten sind z.B.: Arbeitsplanung oder Kalkulation bei der Instandsetzung von hochwertigen Sende- und Empfangsanlagen, wie Mehrkanalfernwählgeräten von Sprechsendern oder DmW-Sprechsendern und -empfängern, automatischen Sichtpeilanlagen, HF-Steueranlagen, Infrarot-Geräten, Sonaranlagen, elektronischen Messgeräten, elektromechanischen Feuerleitgeräten und Feuerleitrechengeräten, kompletten Flak- und Seezielgeräten, selbstzielsuchender Munition; Projektkalkulationen mit hohem Schwierigkeitsgrad, wie Havariekalkulationen.*
3. *Nach diesem Tätigkeitsmerkmal sind auch Beschäftigte mit abgeschlossener technischer Hochschulbildung eingruppiert, die Angemessenheitsbeurteilungen von Angeboten und Rechnungen vornehmen, sowie sonstige Beschäftigte mit abgeschlossener REFA-Fachausbildung oder MTM-Praktikerausbildung, die aufgrund gleichwertiger Fähigkeiten und ihrer Erfahrungen entsprechende Tätigkeiten ausüben.*
4. *Der Nachweis der zusätzlichen militärischen Qualifikation erfolgt zweistufig in Form eines Lehrganges für die jeweiligen Betriebsführungssysteme des Waffensystems und einer erfolgreichen Ausbildung am Arbeitsplatz.*

5. Nach diesem Tätigkeitsmerkmal sind auch die Projektkalkulatorinnen und -kalkulatoren eingruppiert.

6. Komplexe Geräte sind solche, in denen mehrere Teilgeräte oder Baugruppen, die verschiedenen Fachgebieten mindestens einer Ingenieurfachrichtung (z.B. Maschinenbau) zuzuordnen sind, funktionell zusammenwirken.

7. Schwierige Tätigkeiten sind z.B. die Ermittlung oder Auswahl von gleichwertigem Material, Gerät oder gleichwertigen Ersatzteilen.

3. Beschäftigte im Bereich des Bundesamtes für Ausrüstung, Informationstechnik und Nutzung der Bundeswehr

3.1. Beschäftigte im Beschaffungs- oder Vertragswesen sowie in der Vertrags- und Instandsetzungsabrechnung

Entgeltgruppe 11

1. Beschäftigte der Entgeltgruppe 10 Fallgruppe 1, denen mindestens zwei Beschäftigte dieses Unterabschnitts mindestens der Entgeltgruppe 9b ständig unterstellt sind.
2. Beschäftigte in der Vertrags- und Instandsetzungsabrechnung, denen mindestens
   a) vier Beschäftigte in der Vertrags- und Instandsetzungsabrechnung mindestens der Entgeltgruppe 8, davon mindestens zwei Beschäftigte mindestens der Entgeltgruppe 9b,
   oder
   b) drei Beschäftigte in der Vertrags- und Instandsetzungsabrechnung mindestens der Entgeltgruppe 9b

   ständig unterstellt sind.

Entgeltgruppe 10

1. Sachbearbeiterinnen und Sachbearbeiter im Beschaffungs- oder Vertragswesen, die selbständig besonders schwierige Verträge vorbereiten und abwickeln.
   (Hierzu Protokollerklärungen Nrn. 1 und 2)
2. Sachbearbeiterinnen und Sachbearbeiter in der Vertrags- und Instandsetzungsabrechnung,
   a) die besonders schwierige Abrechnungsvorgänge rechnerisch oder wirtschaftlich abwickeln und
   b) denen mindestens zwei Beschäftigte in der Vertrags- und Instandsetzungsabrechnung mindestens der Entgeltgruppe 6 ständig unterstellt sind.

   (Hierzu Protokollerklärung Nr. 3)

Entgeltgruppe 9b

1. Sachbearbeiterinnen und Sachbearbeiter in der Vertrags- und Instandsetzungsabrechnung, die schwierige Abrechnungsvorgänge rechnerisch oder wirtschaftlich verantwortlich abwickeln.
   (Hierzu Protokollerklärung Nr. 4)
2. Sachbearbeiterinnen und Sachbearbeiter im Beschaffungs- oder Vertragswesen, die selbständig Verträge vorbereiten und abwickeln.
   (Hierzu Protokollerklärung Nr. 1)

3. Sachbearbeiterinnen und Sachbearbeiter in der Vertrags- und Instandsetzungsabrechnung, die schwierigere Abrechnungsvorgänge rechnerisch oder wirtschaftlich verantwortlich abwickeln.
(Hierzu Protokollerklärung Nr. 5)

Entgeltgruppe 8

Beschäftigte in der Vertrags- und Instandsetzungsabrechnung, die einfachere Abrechnungsvorgänge rechnerisch verantwortlich abwickeln.

Protokollerklärungen

1. *Verträge im Sinne dieses Tätigkeitsmerkmals sind im Wesentlichen:*
   a) Beschaffungsverträge,
   b) Entwicklungsverträge,
   c) Dienstleistungsverträge.
2. *Tätigkeiten im Sinne dieses Tätigkeitsmerkmals sind z.B. die Vorbereitung und Abwicklung internationaler Entwicklungsverträge einfacherer Art, die Bearbeitung von Gewährleistungsfällen oder von Haftungsfragen.*
3. *Tätigkeiten im Sinne dieses Tätigkeitsmerkmals sind z.B.*
   a) die Abrechnung von Verträgen mit verschiedenen Preistypen (Fest-, Richt- und Erstattungspreise), Mischpreisen, Preisgleitklauseln,
   b) die Abrechnung von bi- und multilateralen, teils fremdsprachlichen Verträgen aus internationalen Gemeinschaftsprogrammen mit teils verschiedenen Buchführungsarten sowie Devisenhilfen.
4. *Tätigkeiten im Sinne dieses Tätigkeitsmerkmals sind insbesondere:*
   a) die Bearbeitung von Abrechnungsvorgängen und Unterlagen, die schwierige Abrechnungsarbeiten erfordern, die insbesondere von den gewöhnlichen Zahlungs- und Abrechnungsbedingungen stark abweichen, z.B. prozentual festgelegte Ratenzahlungen im Schiffbau, Voraus- und Abschlagszahlungen, Verwahr- und Sonderkonten;
   b) Abrechnungsarbeiten, die aufweisen: Bürgschaftsleistungen und -entlassungen, Prämienrückvergütungen, Forderungsabtretungen, Kostenverbuchung bei mehreren Haushaltstiteln (insbesondere bei Fremdwährung);
   c) Bearbeitung von Forderungen des Bundes, Zahlungsverboten und Pfändungs- und Überweisungsbeschlüssen;
   d) Verfolgen von Ansprüchen in Insolvenz- und Vergleichsverfahren.
5. *Tätigkeiten im Sinne dieses Tätigkeitsmerkmals sind insbesondere die Bearbeitung von Abrechnungsvorgängen, für die nicht nur die üblichen Zahlungs- und Abrechnungsbedingungen vereinbart sind, einschließlich des Entwurfs von Vermerken und Schreiben bei einfacherem Sachverhalt; diese umfassen ggf. auch die Verrechnung von Kosten im Rahmen der Gemeinschaftsprogramme.*

3.2. Beschäftigte in der Preisverhandlung und in der Preisprüfung

Entgeltgruppe 11

1. Beschäftigte der Entgeltgruppe 10 Fallgruppe 1,
   deren Tätigkeit sich dadurch aus der Entgeltgruppe 10 Fallgruppe 1 heraushebt, dass sie
   a) über vorkalkulatorisch ermittelte Preise mit Klein- und Mittelbetrieben oder
   b) mit Großbetrieben

aa) über einfache vorkalkulatorisch ermittelte Preise oder
bb) über nachkalkulatorisch ermittelte Preise

selbständig verhandeln.
(Hierzu Protokollerklärungen Nrn. 1 und 2)

2. Beschäftigte der Entgeltgruppe 10 Fallgruppe 2,
deren Tätigkeit sich dadurch aus der Entgeltgruppe 10 Fallgruppe 2 heraushebt, dass sie besonders schwierig und verantwortungsvoll ist.
(Hierzu Protokollerklärung Nr. 3)

Entgeltgruppe 10

1. Preisverhandlerinnen und -verhandler mit gründlichen und umfassenden Fachkenntnissen des industriellen Rechnungswesens, die
   a) schwierige Preiskalkulationen und schwierige Prüfungsberichte auswerten oder
   b) über nachkalkulatorisch ermittelte Preise mit Klein- und Mittelbetrieben oder über Marktpreise selbständig verhandeln.

   (Hierzu Protokollerklärungen Nrn. 1, 2 und 4)
2. Preisprüferinnen und -prüfer mit gründlichen und umfassenden Fachkenntnissen des industriellen Rechnungswesens, die
   a) schwierige Preiskalkulationen oder einfache Preiskalkulationen mit tiefer Gliederung der Kostenrechnung prüfen oder
   b) größere Teilprüfungsaufgaben innerhalb einer Prüfungsgruppe selbständig durchführen.

   (Hierzu Protokollerklärung Nr. 5)

Entgeltgruppe 9b

1. Preisverhandlerinnen und -verhandler mit gründlichen und umfassenden Fachkenntnissen der industriellen Kostenrechnung, die
   a) Preiskalkulationen oder Prüfungsberichte auswerten oder
   b) bei der Vereinbarung von Marktpreisen oder nachkalkulatorisch ermittelten Preisen mit Klein- und Mittelbetrieben mitwirken.

   (Hierzu Protokollerklärungen Nrn. 1 und 2)
2. Preisprüferinnen und -prüfer mit gründlichen und umfassenden Fachkenntnissen der industriellen Kostenrechnung, die
   a) Preiskalkulationen ohne tiefe Gliederung der Kostenrechnung anhand schlüssiger Unterlagen der Betriebsabrechnung prüfen oder
   b) innerhalb einer Prüfungsgruppe durchführen.

Protokollerklärungen

1. Nachkalkulatorisch ermittelte Preise sind Selbstkostenerstattungspreise nach § 7 der Verordnung Preisrecht 30/53.

2. Kleinbetriebe sind Betriebe mit bis zu 100 Beschäftigten, Mittelbetriebe sind Betriebe mit mehr als 100 bis 500 Beschäftigten.

3. Besonders schwierige und verantwortungsvolle Tätigkeiten liegen z.B. vor, wenn – ggf. unter Hinzuziehung technischer Kostenprüferinnen oder -prüfer – Nachkalkulationen ohne Begrenzung der Auftragswerte und Fertigungszeiten oder finanziell bedeutsame Vorkalkulationen erheblicher Schwierigkeitsgrade überprüft oder schwierige Teilprüfungsaufgaben innerhalb einer Prüfungsgruppe selbständig durchgeführt werden.

4. Schwierige Preiskalkulationen oder schwierige Prüfungsberichte liegen vor, wenn kalkulatorische Kostenbereiche, z.B. Fertigungswagnisse, kalkulatorische Abschreibungen, kalkulatorischer Unternehmerlohn, beurteilt werden müssen.

5. Schwierige Preiskalkulationen liegen z.B. vor, wenn sie einen komplexen Aufbau oder Nebenkalkulationen aufweisen.

4. Brückenwärterinnen und -wärter

Entgeltgruppe 7

Brückenwärterinnen und -wärter mit einschlägiger abgeschlossener Berufsausbildung, die an der Jachmannbrücke in Wilhelmshaven die Aufsicht verantwortlich führen.

Entgeltgruppe 4

Brückenwärterinnen und -wärter in den Standortbereichen Borkum und Wilhelmshaven.

5. Diesellokführerinnen und -lokführer sowie Rangiererinnen und Rangierer

Entgeltgruppe 6

Diesellokführerinnen und -lokführer, die Diesellokomotiven über 257 kW (349 PS) führen.

Entgeltgruppe 5

Diesellokführerinnen und -lokführer.

Entgeltgruppe 4

Rangiererinnen und Rangierer mit Rangierleiterprüfung der Deutsche Bahn AG.
(Hierzu Protokollerklärung)

Protokollerklärungen

Die entsprechenden Prüfungen der Deutschen Bundesbahn und der Deutschen Reichsbahn sind gleichgestellt.

6. Fahrerinnen und Fahrer sowie Wagenpflegerinnen und -pfleger

Entgeltgruppe 8

Fahrerinnen und Fahrer von Hebefahrzeugen mit mindestens 40 t Tragfähigkeit.

Entgeltgruppe 6

1. Fahrerinnen und Fahrer von Panzern.
   (Hierzu Protokollerklärung Nr. 1)
2. Fahrerinnen und Fahrer von Feldumschlaggerät für Container.
3. Fahrerinnen und Fahrer von Hebefahrzeugen mit mindestens 10 t Tragfähigkeit.
4. Fahrerinnen und Fahrer von Schwerlasttransportern mit mehr als 40 t Tragfähigkeit, die auch die Zusatzgeräte dieser Fahrzeuge bedienen.
   (Hierzu Protokollerklärung Nr. 2)
5. Fahrerinnen und Fahrer solcher Spezialfahrzeuge, die in der Entgeltgruppe 5 Fallgruppen 1, 2, 3 oder 4 ausdrücklich erwähnt sind, wenn sie als Einfahrerinnen oder Einfahrer oder beim Unterweisen tätig sind, sowie Fahrerinnen

und Fahrer bei Erprobungsaufgaben für Kraftfahrzeuge in den Wehrtechnischen Dienststellen.

Entgeltgruppe 5

1. Fahrerinnen und Fahrer von überschweren Kraftfahrzeugen, Baugeräten oder sonstigen Spezialfahrzeugen (z.B. Lastkraftwagen – ggf. mit Anhänger – mit mehr als 5 t Tragfähigkeit, Sattelschleppern, Röntgenschirmbildfahrzeugen, Planierraupen, Straßenhobeln, Baggern, Schwenkladern, von zum öffentlichen Verkehr zugelassenen Gabelstaplern mit einer Hubkraft ab 5 t oder von Spezialfahrzeugen der Bundeswehrfeuerwehr).
2. Fahrerinnen und Fahrer von Kraftomnibussen oder Mannschaftstransportwagen mit jeweils mindestens 14 Fahrgastsitzplätzen sowie von geländegängigen Mannschaftstransportwagen.
3. Fahrerinnen und Fahrer von Krankentransportwagen.
4. Fahrerinnen und Fahrer von sondergeschützten (voll gepanzerten) Kraftfahrzeugen für die Dauer dieser Tätigkeit.
   (Hierzu Protokollerklärung Nr. 3)
5. Fahrerinnen und Fahrer von zum öffentlichen Verkehr zugelassenen Mehrzweckfahrzeugen (Unimog und vergleichbare Fahrzeuge) bei regelmäßiger Verwendung verschiedener Anbaugeräte.
6. Kraftfahrerinnen und Kraftfahrer der Entgeltgruppe 4 Fallgruppe 1, die im ständigen Wechsel und zu mindestens einem Viertel auch in der Fallgruppe 1 aufgeführte Spezialfahrzeuge fahren.

Entgeltgruppe 4

1. Kraftfahrerinnen und Kraftfahrer.
2. Fahrerinnen und Fahrer von Gabelstaplern, die nicht zum öffentlichen Verkehr zugelassen sind, mit einer Hubkraft
   a) ab 2 t oder
   b) ab 1 t im Verpflegungsamt der Bundeswehr, in der Bekleidungswirtschaft für die Bundeswehr einschließlich der von der Bundeswehr beauftragten Bekleidungseinrichtungen (mit den Aufgaben der ehemaligen Wehrbereichsbekleidungsämter), Depots oder ähnlichen Versorgungseinrichtungen.
3. Fahrerinnen und Fahrer von Elektrofahrzeugen, Gabelstaplern oder Mehrachsschleppern, wenn die Fahrzeuge zum öffentlichen Verkehr zugelassen sind.

Entgeltgruppe 3

1. Wagenpflegerinnen und -pfleger.
2. Beschäftigte, die motorgetriebene Gartenbau- und Landmaschinen (mit Ausnahme von einfachen Rasenmähern) führen.
3. Fahrerinnen und Fahrer, die landwirtschaftliche Einachsschlepper bedienen, für die ein Führerschein erforderlich ist.
4. Fahrerinnen und Fahrer von nicht zum öffentlichen Verkehr zugelassenen Gabelstaplern oder Lagerhausschleppern.

Protokollerklärungen

1. *Hierunter fallen auch Fahrerinnen und Fahrer von Bergepanzern, Brückenlegepanzern oder Fahrerinnen und Fahrer von Panzern bei Erprobungsaufgaben.*
2. *Dieses Tätigkeitsmerkmal gilt auch, wenn das Fahrzeug von zwei Fahrerinnen oder Fahrern einer Besatzung abwechselnd gefahren wird.*
3. *Abweichend von § 17 Abs. 5 Satz 2 TVöD wird bei Höhergruppierungen in diese Entgeltgruppe die in der bisherigen Stufe zurückgelegte Stufenlaufzeit auf die Stufenlaufzeit angerechnet.*

7. Fernsprecherinnen und -sprecher

Vorbemerkung

[1] Fernsprecherin oder -sprecher ist, wer einen entsprechenden Befähigungsnachweis oder eine vergleichbare Prüfung erfolgreich abgelegt hat. [2] Zu den Tätigkeiten gehören z.B.: Abwickeln des Fernsprechverkehrs (Gesprächsannahme und -vermittlung) im öffentlichen Fernsprechnetz (Inland), im Bundeswehr-Fernsprechnetz (Inland) und in Bundeswehr-Sondernetzen unter Berücksichtigung der einschlägigen Vorschriften.

Entgeltgruppe 8

Beschäftigte der Entgeltgruppe 4, die die Aufsicht über mindestens 18 weitere Beschäftigte dieses Abschnitts führen.

Entgeltgruppe 6

1. Beschäftigte der Entgeltgruppe 4, die die Aufsicht über neun weitere Beschäftigte dieses Abschnitts führen.
2. Beschäftigte der Entgeltgruppe 4, die fremdsprachlichen Fernsprechverkehr abwickeln.

Entgeltgruppe 5

1. Beschäftigte der Entgeltgruppe 4, die zu mindestens einem Viertel fremdsprachlichen Fernsprechverkehr abwickeln.
   (Die Beschäftigten in dieser Fallgruppe erhalten für die Dauer der ihnen übertragenen Tätigkeit als Schichtführerin oder Schichtführer eine Entgeltgruppenzulage gemäß § 17 Nr. 4, wenn neben ihnen mindestens eine weitere Fernsprecherin oder ein weiterer Fernsprecher in dieser Schicht tätig ist und sie für den ordnungsgemäßen Ablauf ihrer Schicht verantwortlich sind.)
2. Beschäftigte der Entgeltgruppe 4 an Auskunftsplätzen.

Entgeltgruppe 4

Fernsprecherinnen und -sprecher.

(Die Beschäftigten erhalten für die Dauer der ihnen übertragenen Tätigkeit als Schichtführerin oder Schichtführer eine Entgeltgruppenzulage gemäß § 17 Nr. 3, wenn neben ihnen mindestens eine weitere Fernsprecherin oder ein weiterer Fernsprecher in dieser Schicht tätig ist und sie für den ordnungsgemäßen Ablauf ihrer Schicht verantwortlich sind.)

8. Beschäftigte im feuerwehrtechnischen Dienst der Bundeswehrfeuerwehr

Vorbemerkung

Eine einschlägige Berufsausbildung im Sinne dieses Abschnitts ist diejenige, die üblicherweise von den Berufsfeuerwehren als einschlägig anerkannt wird.

Entgeltgruppe 9b

1. Beschäftigte im feuerwehrtechnischen Dienst mit einschlägiger abgeschlossener Berufsausbildung und erfolgreich abgeschlossenem B3-Lehrgang als Leiterinnen oder Leiter einer Bundeswehrfeuerwehr
   a) auf Flugplätzen, denen mindestens 60 Beschäftigte ständig unterstellt sind oder
   b) auf den Flugplätzen Büchel, Nörvenich und Fürstenfeldbruck.
   (Die Beschäftigten in dieser Fallgruppe erhalten eine Entgeltgruppenzulage gemäß § 17 Nr. 1.)
2. Beschäftigte im feuerwehrtechnischen Dienst mit einschlägiger abgeschlossener Berufsausbildung und erfolgreich abgeschlossenem B3-Lehrgang
   als Leiterinnen oder Leiter einer Bundeswehrfeuerwehr auf Flugplätzen, in Depots oder Untertageanlagen.

Entgeltgruppe 9a

Beschäftigte im feuerwehrtechnischen Dienst mit einschlägiger abgeschlossener Berufsausbildung und erfolgreich abgeschlossenem B3-Lehrgang

als Leiterinnen oder Leiter einer Bundeswehrfeuerwehr (Hauptbrandmeisterinnen und -meister).

Entgeltgruppe 8

Beschäftigte im feuerwehrtechnischen Dienst mit einschlägiger abgeschlossener Berufsausbildung und erfolgreich abgeschlossenem B3-Lehrgang

a) als ständige Vertreterinnen oder Vertreter der Leiterinnen oder Leiter der Bundeswehrfeuerwehr (Wachabteilungsleiterinnen und -leiter) oder
b) als ständige Vertreterinnen oder Vertreter der Wachabteilungsleiterinnen oder -leiter (Einsatzleiterinnen und -leiter im Außendienst).

Entgeltgruppe 7

Beschäftigte im feuerwehrtechnischen Dienst mit einschlägiger abgeschlossener Berufsausbildung und erfolgreich abgeschlossenem B3-Lehrgang (Oberbrandmeisterinnen und -meister) als Staffelführerinnen oder Staffelführer, Truppführerinnen oder Truppführer oder Disponentinnen oder Disponenten.

Entgeltgruppe 6

Beschäftigte im feuerwehrtechnischen Dienst mit einschlägiger abgeschlossener Berufsausbildung und Zusatzprüfung für den feuerwehrtechnischen Dienst als Truppfrauen oder -männer (Brandmeisterinnen und -meister).

9. Beschäftigte im Bereich Film-Bild-Ton

Entgeltgruppe 15

1. Chefredakteurinnen und -redakteure AV/TV mit abgeschlossener wissenschaftlicher Hochschulbildung.
2. Dramaturginnen und Dramaturgen mit

a) abgeschlossener wissenschaftlicher Hochschulbildung oder

b) künstlerischer Ausbildung und mindestens dreijähriger Berufserfahrung

mit entsprechender Tätigkeit, die auch Drehbücher für Eigenproduktionen verfassen.

Entgeltgruppe 14

1. Dramaturginnen und Dramaturgen mit

   a) abgeschlossener wissenschaftlicher Hochschulbildung oder

   b) künstlerischer Ausbildung und mindestens dreijähriger Berufserfahrung

   mit entsprechender Tätigkeit.
2. Leiterinnen und Leiter des Hörfunk-Dienstes, die die Arbeiten von Programm-, Musik- und Wortredaktionen, Archiven und Studios koordinieren, Produktionsvorbereitungen und Sendungen verantwortlich leiten und denen das gesamte Personal des Hörfunk-Dienstes durch ausdrückliche Anordnung ständig unterstellt ist (Sendeleiterinnen und Sendeleiter).
3. Leiterinnen und Leiter der Abteilung Technik (Film-TV-Hörfunk) mit abgeschlossener wissenschaftlicher Hochschulbildung mit entsprechender Tätigkeit, denen die selbständige Planung der technischen Ausrüstung der Dienststelle sowie die Durchführung der Truppenversuche übertragen und das gesamte Produktionspersonal durch ausdrückliche Anordnung ständig fachlich unterstellt ist.
4. Produktionsleiterinnen und -leiter (Film-TV-Hörfunk), die die Arbeiten von Programmredaktion, Dramaturgie, Regie, Produktionsbetrieb, Musikproduktion und Archiv koordinieren, Produktionen verantwortlich leiten und denen das Personal der Produktionsleitung durch ausdrückliche Anordnung ständig fachlich unterstellt ist.

Entgeltgruppe 13

1. Regisseurinnen und Regisseure.
2. Erste Produktionsleiterinnen und -leiter (Film-TV-Hörfunk), die Film-TV-Hörfunkproduktionen sowie Dokumentation und Ankauf von Archivmaterial verantwortlich in organisatorischer, technischer und künstlerischer Hinsicht überwachen und finanziell abwickeln.
3. Erste Bildproduktionsleiterinnen und -leiter, die die Auftrags- und Eigenproduktion von Bildreihen in organisatorischer, technischer und künstlerischer Hinsicht überwachen und finanziell abwickeln.
4. Leiterinnen und Leiter HF- und NF-Technik mit abgeschlossener technischer Hochschulbildung sowie sonstige Beschäftigte, die auf Grund gleichwertiger Fähigkeiten und ihrer Erfahrungen entsprechende Tätigkeiten ausüben, denen das technische Personal dieses Bereichs durch ausdrückliche Anordnung ständig fachlich unterstellt ist.

Entgeltgruppe 11

1. Chefkameraleute, die selbständig Bildregie führen und denen mindestens zwei Kameraleute durch ausdrückliche Anordnung ständig fachlich unterstellt sind.
2. Chefschnittmeisterinnen und -meister sowie Cutterinnen und Cutter, denen mindestens zwei Filmschnittmeisterinnen oder -meister durch ausdrückliche Anordnung ständig fachlich unterstellt sind, und die selbständig ohne An-

weisung der Regisseurin oder des Regisseurs die Zusammenstellung des vorhandenen Filmmaterials und den Ablauf der Mischungen nach künstlerischen und technischen Gesichtspunkten vornehmen.

3. Tonmeisterinnen und -meister, die nach künstlerischen und technischen Gesichtspunkten Tonmischungen durchführen.
4. Filmproduktionsleiterinnen und -leiter (Film-TV), denen die selbständige Leitung der Synchronisation übertragen ist (Eigenproduktion).
5. Chefsprecherinnen und -sprecher, die verantwortlich redaktionelle Beiträge bearbeiten, schwierige und besonders wichtige Texte sprechen und für die Aus- und Weiterbildung von Sprecherinnen und Sprechern verantwortlich sind.
6. Programmingenieurinnen und -ingenieure in der Bildtechnik sowie Beschäftigte der Entgeltgruppe 9b Fallgruppe 5,
   deren Tätigkeit sich durch besondere Schwierigkeit und Bedeutung ihres Aufgabengebietes oder durch künstlerische oder Spezialtätigkeit heraushebt.
   (Hierzu Protokollerklärung)
7. Leiterinnen und Leiter des Film-Bild-Ton Archivs/der Mediendatenbank mit abgeschlossener technischer Hochschulbildung sowie sonstige Beschäftigte, die aufgrund gleichwertiger Fähigkeiten und ihrer Erfahrungen entsprechende Tätigkeiten ausüben, denen das gesamte Personal der Mediendatenbank durch ausdrückliche Anordnung ständig unterstellt ist.

Entgeltgruppe 10

1. Leiterinnen und Leiter der Filmstelle einer Wehrtechnischen Dienststelle, denen mindestens zwei Kameraleute durch ausdrückliche Anordnung ständig unterstellt sind.
2. Kameraleute, die Aufnahmen selbständig nach künstlerischen und technischen Gesichtspunkten herstellen und Bildregie führen.
3. Zweite Produktionsleiterinnen und -leiter, denen die Überwachung der einzelnen Produktionen und der Disposition, die Vorprüfung der Kalkulation und der Organisation der Vorhaben übertragen ist.
4. Programmingenieurinnen und -ingenieure in der Bildtechnik sowie Beschäftigte der Entgeltgruppe 9b Fallgruppe 5,
   deren Tätigkeit sich dadurch heraushebt, dass sie besondere Leistungen erfordert.
5. Landeskundlerinnen und -kundler bei der PSV.
6. Aufnahmeleiterinnen und -leiter, die verantwortlich die Eigenherstellung von Film-, Fernseh- oder Hörfunkproduktionen vorbereiten und begleiten.
7. Medieninformatikerinnen und -informatiker mit abgeschlossener technischer Hochschulbildung in der AV-/Fernsehproduktion sowie sonstige Beschäftigte, die auf Grund gleichwertiger Fähigkeiten und ihrer Erfahrungen entsprechende Tätigkeiten ausüben,
   die die Medieninformations- und -produktionssysteme und entsprechende Netzwerke aller Art selbständig installieren, verwalten und pflegen sowie Softwaretools anpassen und entsprechend der Produktionsaufgaben entwickeln.
8. Grafikdesignerinnen und -designer mit abgeschlossener Hochschulbildung und mindestens dreijähriger Berufserfahrung sowie sonstige Beschäftigte, die

auf Grund gleichwertiger Fähigkeiten und ihrer Erfahrungen entsprechende Tätigkeiten ausüben,
die im Bereich Film- und TV-Produktion sowie Printmedien auf digitaler Basis Grafiken, Animationen, Senderlayouts, Formate, reale und virtuelle Kulissen sowie Grundlagengestaltung entwerfen und umsetzen.

9. Chefschnittmeisterinnen und -meister, denen mindestens zwei Filmschnittmeisterinnen oder -meister durch ausdrückliche Anordnung ständig fachlich unterstellt sind.

Entgeltgruppe 9b

1. Leiterinnen und Leiter der Teileinheit Filmdokumentation einer Wehrtechnischen Dienststelle oder des Marinearsenals, denen mindestens sechs Beschäftigte dieses Abschnitts durch ausdrückliche Anordnung ständig fachlich unterstellt sind.
2. Kameraleute, die Aufnahmen selbständig nach künstlerischen und technischen Gesichtspunkten durchführen.
3. Filmschnittmeisterinnen und -meister sowie Cutterinnen und Cutter, die Filmschnitt- und Filmvertonungsarbeiten nach künstlerischen und technischen Gesichtspunkten selbständig durchführen.
4. Rundfunksprecherinnen und -sprecher, die Nachrichten und Kommentare sprechen.
5. Bild-, Mess-, Sender- oder Toningenieurinnen und -ingenieure mit abgeschlossener technischer Hochschulbildung und entsprechender Tätigkeit, sowie sonstige Beschäftigte, die auf Grund gleichwertiger Fähigkeiten und ihrer Erfahrungen entsprechende Tätigkeiten ausüben.
6. Grafikdesignerinnen und -designer mit abgeschlossener Hochschulbildung sowie sonstige Beschäftigte, die aufgrund gleichwertiger Fähigkeiten und ihrer Erfahrungen entsprechende Tätigkeiten ausüben,
   die im Bereich Film- und TV-Produktion sowie Printmedien auf digitaler Basis Grafiken, Animationen, Senderlayouts, Formate, reale und virtuelle Kulissen nach Vorgaben einer Beschäftigten oder eines Beschäftigten nach Entgeltgruppe 10 Fallgruppe 8 kreativ und selbständig umsetzen.
7. Bildmischerinnen und -mischer, die nach Regieanweisung oder selbständig nach Regiebuch die Bildgeschehnisse von Kameras, Diagebern, Filmgebern oder magnetischen Bildaufzeichnungsanlagen nach künstlerischen und technischen Gesichtspunkten sowie nach der Aktualität im Bild-Mischpult mischen.
8. Programmgestalterinnen und -gestalter, die im Rahmen des Programmauftrages Teile des Gesamtprogramms selbständig gestalten.
9. Leiterinnen und Leiter des Verleihwesens, denen die selbständige Abwicklung des Verteilungs- und Verleihwesens von Filmen und Bildvorhaben für die Bundeswehr im In- und Ausland übertragen ist.
10. Leiterinnen und Leiter der Film- und Bildstelle einer Wehrtechnischen Dienststelle, in der Stehbilder und Filme vorführfertig hergestellt werden.
11. Leiterinnen und Leiter der Teileinheit Fotodokumentation einer Wehrtechnischen Dienststelle oder eines Marinearsenals,
    denen mindestens vier Beschäftigte, davon mindestens zwei Beschäftigte mindestens der Entgeltgruppe 6 dieses Abschnitts, durch ausdrückliche Anordnung ständig fachlich unterstellt sind.

12. Beschäftigte, die das Filmentwicklungs- und -kopierwerk einer Wehrtechnischen Dienststelle leiten und schwierige Licht- und Farbfilterbestimmungen ausführen.

Entgeltgruppe 8

1. Beschäftigte der Entgeltgruppe 6 Fallgruppe 1, die mindestens zu einem Drittel selbständig einfachere Aufnahmen drehen.
2. Beschäftigte der Entgeltgruppe 6 Fallgruppe 1, die mindestens zu einem Drittel selbständig Tonaufnahmen durchführen.
3. Beschäftigte der Entgeltgruppe 6 Fallgruppe 2, die schwierige Aufgaben erfüllen und selbständig tätig sind.
4. Beschäftigte der Entgeltgruppe 6 Fallgruppe 6, die mindestens zu einem Drittel selbständig Regieanweisungen nach vorliegendem künstlerischem Entwurf (Drehbuch) geben.
5. Leiterinnen und Leiter der Teileinheit Fotodokumentation einer Wehrtechnischen Dienststelle oder eines Marinearsenals, denen mindestens zwei Beschäftigte, davon mindestens eine oder einer mindestens der Entgeltgruppe 6 dieses Abschnitts, durch ausdrückliche Anordnung ständig fachlich unterstellt sind.
6. Aufnahmetruppführerinnen und -truppführer für Stehbildaufnahmen in den Wehrtechnischen Dienststellen, denen mindestens zwei Beschäftigte, davon mindestens eine oder einer mindestens der Entgeltgruppe 6 dieses Abschnitts, durch ausdrückliche Anordnung ständig fachlich unterstellt sind.
7. Beschäftigte, die in Wehrtechnischen Dienststellen Filmschnitte für Bewegungsanalysen selbständig herstellen.

Entgeltgruppe 6

1. Filmschnitt-, Kamera- oder Tonassistentinnen und -assistenten.
2. Bild-, Mess-, Sender- oder Tontechnikerinnen und -techniker.
3. Assistentinnen und Assistenten in der Dramaturgie, Film- oder Bildproduktion, Synchronisation oder Redaktion.
4. Mediengestalterinnen und -gestalter, die Schrift und Grafiken nach Vorgabe einer Grafikdesignerin oder eines Grafikdesigners für TV-Produktionen herstellen.
5. Beschäftigte, die selbständig Dispositionen des zentralen Verleihs aller Film-Bild-Ton-Ausbildungshilfen an militärische und zivile Stellen durchführen (Verleihdisponentinnen und -disponenten).
6. Regieassistentinnen und -assistenten.
7. Leiterinnen und Leiter der Teileinheit Film-, Bilddokumentation einer Wehrtechnischen Dienststelle oder eines Marinearsenals.

Entgeltgruppe 3

Medienhelferinnen und -helfer.

Protokollerklärungen

Solche Tätigkeiten sind z.B.:

a) verantwortliche bildtechnische Abwicklung schwieriger elektronischer Studioproduktionen;

b) verantwortliche messtechnische Überprüfung der gesamten Sender-, Studio- und Fernsehtechnik;

c) Leitung und Bedienung eines mobilen Rundfunksenders;

d) verantwortliche Studioleitung zur Durchführung der Programmproduktion und der technischen Betriebsabwicklung nach Programmplan;

e) verantwortliche Her- oder Sicherstellung technisch schwieriger Mischungen in mobilen Einrichtungen.

10. Beraterinnen und Berater im Flugsicherheitsdienst

Entgeltgruppe 10

Beschäftigte der Entgeltgruppe 9b,
denen mindestens drei Beschäftigte der Entgeltgruppe 9b dieses Abschnitts ständig unterstellt sind.

Entgeltgruppe 9b

Beschäftigte der Entgeltgruppe 9a nach erfolgreich abgeschlossenem Lehrgang für die militärische Flugberatung (Teil 1 und Teil 2).
(Die Beschäftigten in dieser Fallgruppe erhalten Entgeltgruppenzulagen gemäß § 17 Nrn. 2 und 4.)

Entgeltgruppe 9a

Beraterinnen und Berater im Flugsicherheitsdienst nach erfolgreich abgeschlossenem Grundlagenlehrgang für die militärische Flugberatung.
(Die Beschäftigten in dieser Fallgruppe erhalten eine Entgeltgruppenzulage gemäß § 17 Nr. 4 sowie zusätzlich nach § 17 Nr. 2, wenn sie in Flugsicherungssektoren sowie in zentralen Stellen der Flugdatenbearbeitung eingesetzt sind.)

11. Geprüfte Meisterinnen und Meister sowie staatlich geprüfte Technikerinnen und Techniker in der Flugsicherungstechnik, Flugdatenerfassung oder Flugmesstechnik

Vorbemerkung

Eine aufgabenspezifische Sonderausbildung im Sinne dieses Abschnitts ist die Ausbildung von Handwerkerinnen und Handwerkern sowie Facharbeiterinnen und -arbeitern im militärfachlichen Meisterlehrgang der Bundeswehr in der Flugsicherungstechnik, Flugdatenerfassung oder Flugmesstechnik oder eine Ausbildung in gleichwertigen Ausbildungsgängen für Handwerkerinnen und Handwerker sowie Facharbeiterinnen und -arbeiter.

Entgeltgruppe 11

Geprüfte Meisterinnen und Meister sowie Meisterinnen und Meister mit erfolgreich abgeschlossener aufgabenspezifischer Sonderausbildung sowie staatlich geprüfte Technikerinnen und Techniker in der Flugsicherungstechnik,
die aufgrund entsprechender fachlicher Befähigung und bundeswehrspezifischer Zusatzausbildung für Radar selbständig Wartungs- und Instandsetzungsarbeiten, Störungssuche sowie die Überwachung an Flugsicherheitsanlagen vornehmen.

Entgeltgruppe 10

1. Geprüfte Meisterinnen und Meister sowie Meisterinnen und Meister mit erfolgreich abgeschlossener aufgabenspezifischer Sonderausbildung sowie staatlich geprüfte Technikerinnen und Techniker in der Flugsicherungstechnik,
   die aufgrund entsprechender fachlicher Befähigung und bundeswehrspezifischer Zusatzausbildung für Funkgerätemechanik selbständig Wartungs- und Instandsetzungsarbeiten, Störungssuche sowie die Überwachung an Flugsicherheitsanlagen vornehmen.
2. Geprüfte Meisterinnen und Meister sowie Meisterinnen und Meister mit erfolgreich abgeschlossener aufgabenspezifischer Sonderausbildung sowie staatlich geprüfte Technikerinnen und Techniker in der Flugdatenerfassung oder Flugmesstechnik in Wehrtechnischen Dienststellen,
   die aufgrund entsprechender fachlicher Befähigung und bundeswehrspezifischer Zusatzausbildung für Flugdatenerfassungseirichtungen oder Luftfahrzeugmessanlagen selbstständig Wartungs- und Instandsetzungsarbeiten, Störungssuche sowie die Überwachung an Flugdatenerfassungsanlagen oder an im Luftfahrzeug eingesetzten Messanlagen vornehmen.

12. Beschäftigte in der Forschung und Materialprüfung

Entgeltgruppe 8

Beschäftigte der Entgeltgruppe 6 mit mindestens dreijähriger Berufserfahrung in Forschungs- oder Materialprüfungsstätten oder in wehrwissenschaftlichen oder wehrtechnischen Dienststellen,

die überdurchschnittliche Kenntnisse der Werkstoffe und deren Verarbeitung besitzen und bei Materialprüf- und -versuchsarbeiten selbständig und gestaltend mitwirken.

Entgeltgruppe 6

Beschäftigte der Entgeltgruppe 5 mit Tätigkeiten, für die neben vielseitigem hochwertigem fachlichen Können besondere Umsicht und Zuverlässigkeit erforderlich sind.

Entgeltgruppe 5

Beschäftigte mit abgeschlossener Berufsausbildung im technischen Bereich, die die für die Forschung, wissenschaftliche Lehre und Materialprüfung benötigten Apparaturen, Hilfsgeräte oder Prüfkörper anfertigen, instand setzen oder bedienen und instand setzen.

13. Festmacherinnen und Festmacher, Taklerinnen und Takler, Bootswartinnen und -warte, Maschinistinnen und Maschinisten sowie Elektrotechnikerinnen und -techniker in Landanschlusszentralen

Entgeltgruppe 8

1. Beschäftigte mit abgeschlossener Berufsausbildung im technischen Bereich oder mit nationalem schiffsmaschinentechnischen Befähigungszeugnis als Maschinistin oder Maschinist an Dampf- oder Motorenantriebsschulanlagen der technischen Marineschulen.
2. Beschäftigte mit abgeschlossener elektrotechnischer Berufsausbildung in den Landanschlusszentralen für schwimmende Einheiten der Bundesmarine.

Entgeltgruppe 6

Taklerinnen und Takler mit abgeschlossener Berufsausbildung als Schiffsmechanikerin oder -mechaniker, Matrosin oder Matrose oder Binnenschifferin oder -schiffer.

Entgeltgruppe 5

1. Bootswartinnen und -warte mit abgeschlossener Berufsausbildung als Schiffsmechanikerin oder -mechaniker, Matrosin oder Matrose oder Binnenschifferin oder -schiffer.
2. Festmacherinnen und Festmacher mit abgeschlossener Berufsausbildung als Schiffsmechanikerin oder -mechaniker, Matrosin oder Matrose oder Binnenschifferin oder -schiffer.
3. Taklerinnen und Takler.

Entgeltgruppe 3

Festmacherinnen und Festmacher.

14. Helferinnen und Helfer in Bundeswehrkrankenhäusern oder anderen kurativen Einrichtungen der Bundeswehr

Entgeltgruppe 3

1. Desinfektionshelferinnen und -helfer.
2. Helferinnen und Helfer in Bundeswehrkrankenhäusern oder anderen kurativen Einrichtungen der Bundeswehr.
3. Stationshilfen in Bundeswehrkrankenhäusern oder anderen kurativen Einrichtungen der Bundeswehr.

Entgeltgruppe 2

(aufgehoben)

15. Beschäftigte mit speziellen Instandsetzungs- oder Wartungstätigkeiten an Luftfahrzeugen

Entgeltgruppe 9c

Beschäftigte der Entgeltgruppe 9a Fallgruppe 2 mit mehr als zwei TIV-ID 6 oder zwei TIV-ID 6 für Waffensysteme, bei denen mehrere Systeme in einem Ausbildungsgang zusammengefasst werden.

Entgeltgruppe 9b

Beschäftigte der Entgeltgruppe 9a Fallgruppe 2 mit zwei TIV-ID 6 oder einer TIV-ID6 für Waffensysteme, bei denen mehrere Systeme in einem Ausbildungsgang zusammengefasst werden.

Entgeltgruppe 9a

1. Beschäftigte mit einschlägiger abgeschlossener Berufsausbildung, die in Luftwaffenwerften oder vergleichbaren Einrichtungen tätig sind und besonders schwierige Instandsetzungen oder schwierige Spezialarbeiten
   a) an ausgebauten hochempfindlichen und komplizierten Luftfahrzeuginstrumenten (z.B. kodierter oder servopneumatischer Höhenmesser),
   b) an ausgebauten hochempfindlichen und komplizierten Luftfahrzeughydraulikbauteilen (z.B. Höhenruderkraftsteuergerät),
   c) an komplexen Komponenten der Luftfahrzeugavionik, Luftfahrzeugelektronik oder Luftfahrzeugoptronik oder

d) an automatischen Prüfgeräten für Luftfahrzeugkomponenten

selbständig durchführen oder Abnahmeprüfungen an den o.a. Instrumenten, Bauteilen oder Komponenten verantwortlich durchführen.

2. Beschäftigte mit einschlägiger abgeschlossener Berufsausbildung und zusätzlicher militärischer Meisterprüfung für das jeweilige Baumuster, die
   a) komplexe Systeme (z.B. Hydraulik, Mechanik, Triebwerk, Navigations-/Avionikgeräte) an Luftfahrzeugen der Bundeswehr selbständig überprüfen, warten und instand setzen,
   b) im Rahmen von periodischen Inspektionen komplexe Systeme (Hydraulik, Mechanik, Triebwerk) selbständig überprüfen und instand setzen sowie nicht planbare Instandsetzungen selbständig durchführen oder
   c) besonders schwierige Instandsetzungen oder schwierige Spezialarbeiten an ausgebauten hochempfindlichen und komplizierten Luftfahrzeuginstrumenten oder an komplexen Komponenten der Luftfahrzeugelektronik/-optronik selbständig durchführen.
3. Beschäftigte mit einschlägiger abgeschlossener Berufsausbildung bei Wehrtechnischen Dienststellen, die
   a) Arbeiten aller Materialerhaltungsstufen an unterschiedlichen Flugzeugbaumustern durchführen und hierfür mindestens drei Berechtigungsscheine benötigen oder
   b) besonders schwierige Erprobungseinbauten und -umbauten an unterschiedlichen Flugzeugbaumustern selbständig durchführen.

Entgeltgruppe 8

1. Beschäftigte mit abgeschlossener Berufsausbildung im technischen Bereich, die besonders schwierige Instandsetzungen oder Spezialarbeiten an ausgebauten hochempfindlichen und komplizierten Instrumenten (z.B. kodierter oder servopneumatischer Höhenmesser) oder Hydraulikbauteilen (z.B. Höhenruderkraftsteuergerät) von Flugzeugen oder Hubschraubern in Instandsetzungseinheiten selbständig durchführen.
2. Flugzeug- oder Hubschrauberwartinnen und -warte in Wartungs- oder Sicherungsstaffeln sowie Flugzeug- oder Hubschrauberwartinnen und -warte im Cross-Servicing mit Berechtigungsscheinen für mehrere Luftfahrzeugtypen, die überwiegend Vor-, Zwischen- und Nachflugkontrollen durchführen und Störungen beheben.

16. Kasernenwärterinnen und -wärter, Gebirgshüttenwartinnen und -warte sowie Helferinnen und Helfer in Unterkünften und Liegenschaften

Entgeltgruppe 5

Beschäftigte der Entgeltgruppe 4 Fallgruppe 2 mit einschlägiger abgeschlossener Berufsausbildung.

Entgeltgruppe 4

1. Gebirgshüttenwartinnen und -warte, die mit der Wartung und Instandhaltung sowie kleineren Reparaturen an der Hütte, den Aggregaten und des Pionier- und Unterkunftsgeräts beauftragt sind.
2. Kasernenwärterinnen und -wärter.

Entgeltgruppe 3

Helferinnen und Helfer in Unterkünften oder Liegenschaften.

17. Köchinnen und Köche, Kochsmaaten, Stewardessen und Stewards sowie Bedienungskräfte

Entgeltgruppe 8

Beschäftigte der Entgeltgruppe 5 Fallgruppe 1 als Erste Köchin oder Erster Koch auf Schiffen oder schwimmenden Geräten, denen mindestens eine weitere Köchin oder ein weiterer Koch unterstellt ist.

Entgeltgruppe 6

1. Beschäftigte der Entgeltgruppe 5 Fallgruppe 1,
   die Arbeiten verrichten, die an das Überlegungsvermögen und das fachliche Geschick Anforderungen stellen, die über das Maß dessen hinausgehen, das von solchen Beschäftigten üblicherweise verlangt werden kann.
2. Beschäftigte der Entgeltgruppe 5 Fallgruppe 2
   als Erste Stewardess oder Erster Steward, denen mindestens eine weitere Beschäftigte oder ein weiterer Beschäftigter mindestens der Entgeltgruppe 5 Fallgruppe 2 dieses Abschnitts unterstellt ist.

Entgeltgruppe 5

1. Köchinnen und Köche mit abgeschlossener Berufsausbildung als Köchin oder Koch, Fleischerin oder Fleischer, Bäckerin oder Bäcker oder Konditorin oder Konditor oder mit abgeschlossener Ausbildung als Feldköchin oder -koch.
2. Stewardessen und Stewards mit abgeschlossener einschlägiger Ausbildung aus dem Gastronomie- oder Hauswirtschaftsbereich.

Entgeltgruppe 3

1. Bedienungskräfte in Kasinos oder vergleichbaren Einrichtungen.
2. Kochsmaate.
3. Stewardessen und Stewards.

18. Konserviererinnen und Konservierer, Verpackerinnen und Verpacker, Packerinnen und Packer, Präserviererinnen und Präservierer sowie Warenauszeichnerinnen und -auszeichner

Entgeltgruppe 4

Konserviererinnen und Konservierer sowie Verpackerinnen und Verpacker in Konservierungs- und Verpackungsanlagen.

Entgeltgruppe 3

1. Packerinnen und Packer sowie Warenauszeichnerinnen und -auszeichner in Depoteinrichtungen oder Lagern für Bundeswehrgerät und Material.
2. Präserviererinnen und Präservierer sowie Entpräserviererinnen und Entpräservierer von Waffen, Geräten, Fahrzeugen oder Motoren, auch soweit bei dieser Tätigkeit ein Zerlegen oder Zusammensetzen notwendig ist.

19. Kranführerinnen und Kranführer sowie Anschlägerinnen und Anschläger

Entgeltgruppe 8

1. Beschäftigte der Entgeltgruppe 5 Fallgruppe 1 auf Kränen ab 80 t Tragkraft.
2. Beschäftigte der Entgeltgruppe 5 Fallgruppe 1 auf Schwimmkränen ab 80 t Tragfähigkeit.

Entgeltgruppe 7

1. Beschäftigte der Entgeltgruppe 5 Fallgruppe 1 auf überschweren Kränen ab 25 t Tragkraft, Portaldrehwippkränen oder Verladebrücken.
2. Beschäftigte der Entgeltgruppe 5 Fallgruppe 1 auf Schwimmkränen.

Entgeltgruppe 6

1. Beschäftigte der Entgeltgruppe 5 Fallgruppe 1,
   die Geräte führen, für deren Bedienung und Unterhaltung ein amtlich anerkanntes oder vergleichbares Befähigungszeugnis erforderlich ist.
2. Führerinnen und Führer von Portaldrehwippkränen oder Verladebrücken.
3. Anschlägerinnen und Anschläger auf Schwimmkränen.

Entgeltgruppe 5

1. Kranführerinnen und Kranführer mit einschlägiger abgeschlossener Berufsausbildung.
2. Anschlägerinnen und Anschläger an Portaldrehwippkränen, Verladebrücken oder überschweren Portalkränen ab 50 t Tragfähigkeit.

Entgeltgruppe 4

Anschlägerinnen und Anschläger an Portaldrehwippkränen, Verladebrücken oder überschweren Portalkränen ab 25 t Tragfähigkeit.

Entgeltgruppe 3

Kranführerinnen und Kranführer.

20. Küchenbuchhalterinnen und -buchhalter

Vorbemerkung

Küchenbuchhalterinnen und -buchhalter sind Beschäftigte, die bei der Bereitstellung von Verpflegungsmitteln den Bedarf für die Ausschreibung errechnen, Verpflegungsmittel abrufen und nach Menge und Qualität abnehmen, Rechnungen überprüfen und rechnerisch feststellen, den Verpflegungsmittelbestands- und Wertabschluss aufstellen sowie die damit zusammenhängenden Arbeiten erledigen.

Entgeltgruppe 8

Beschäftigte der Entgeltgruppe 6, die Verpflegungsmittel im Rahmen der freihändigen Vergabe selbständig beschaffen und an der Aufstellung des Verpflegungsplans verantwortlich beteiligt sind, wenn diese Tätigkeiten zusammen mit der Abnahme der Verpflegungsmittel nach Qualität überwiegen.

Entgeltgruppe 6

Küchenbuchhalterinnen und -buchhalter.

21. Maschinistinnen und Maschinisten an besonderen Anlagen

Entgeltgruppe 8

Maschinistinnen und Maschinisten mit einschlägiger abgeschlossener Berufsausbildung
in Kraftwerken in Luftraumüberwachungseinrichtungen.

Entgeltgruppe 7

1. Maschinistinnen und Maschinisten mit einschlägiger abgeschlossener Berufsausbildung
   in kombinierten Versorgungsanlagen.
2. Maschinistinnen und Maschinisten mit einschlägiger abgeschlossener Berufsausbildung
   an Stromerzeugungsanlagen mit mindestens insgesamt 588 kW (800 PS).

22. Beschäftigte im Munitionsfachdienst

Entgeltgruppe 8

Beschäftigte der Entgeltgruppe 6,
die besonders schwierige Instandsetzungen oder Spezialarbeiten an hochempfindlicher und komplizierter oder unbekannter Munition durchführen.

Entgeltgruppe 7

Beschäftigte der Entgeltgruppe 6,
die schwierige Spezialarbeiten verrichten.

Entgeltgruppe 6

1. Beschäftigte der Entgeltgruppe 5,
   die Munition untersuchen und dabei Messungen unter Verwendung von nicht einfachen Messgeräten ausführen oder Gewichte mit Präzisionswaagen ermitteln.
2. Beschäftigte der Entgeltgruppe 5,
   die zurückgelieferte, vorbelastete, abgeänderte oder beschädigte Munition untersuchen, klassifizieren oder laborieren.

Entgeltgruppe 5

Beschäftigte im Munitionsfachdienst mit verwaltungseigener Prüfung.

23. Nautische Beschäftigte und Beschäftigte im Schiffs- und Seedienst

Vorbemerkung

Hinsichtlich Gültigkeit, Gleichwertigkeit und Umfang der nautischen und technischen Befähigungszeugnisse wird zwischen folgenden Bereichen und Berufsgruppen unterschieden:

1. Nautische Beschäftigte auf Schiffen und schwimmenden Geräten
   [1]Die Einteilung der internationalen und nationalen Befähigungszeugnisse richtet sich nach der Verordnung über die Befähigungen der Seeleute in der Seeschifffahrt (Seeleute-Befähigungsverordnung – See-BV) in der jeweils geltenden Fassung. [2]Beschäftigte auf Schiffen und schwimmenden Geräten, von denen ein nautisches oder technisches Befähigungszeugnis verlangt wird, müssen über ein gültiges Befähigungszeugnis nach der See-BV verfügen.
2. Nautische Beschäftigte an Land
   [1]Die Einteilung der internationalen und nationalen Befähigungszeugnisse

richtet sich nach der Verordnung über die Befähigungen der Seeleute in der Seeschifffahrt (Seeleute-Befähigungsverordnung – See-BV) in der jeweils geltenden Fassung. [2]Beschäftigte, die an Land eingesetzt werden, und von denen ein nautisches oder technisches Befähigungszeugnis verlangt wird, müssen über ein Befähigungszeugnis nach der See-BV verfügen, dessen Gültigkeit mindestens einmal vorgelegen haben muss.

3. Die Gleichwertigkeit der Befähigungszeugnisse, die vor dem 1. Juni 2014 ausgestellt worden sind, zu den in den Ziffern 1 und 2 geforderten Befähigungszeugnissen ergibt sich wie folgt:

See-BV ab 1.6.2014	Befähigungszeugnisse nach SchOffAusbV vor dem 1.6.2014	Patente bis 2002	Bundesrepublik Deutschland bis 1970	Ehemalige DDR ab 1.4.1972	Ehemalige DDR vor dem 1.4.1972
Internationales nautisches Befähigungszeugnis NK, NEO, NWO, BG, BGW, BK, BKW	Internationales nautisches Befähigungszeugnis BG, BGW, BK, BKW	AG, AGW	A6	A6, A5	A6, A5
		AM, AMW	A5, B5	A4, A3, B6, B5	A3, A2, B6, B5, B3, B2
		AK, AKW	A4, A3, A2 B4, B3	A2, A1 B2, B1	A1 B1
Nationales nautisches Befähigungszeugnis NK 500; NWO 500, NSF, BKü	Nationales nautisches Befähigungszeugnis BKü	AN AKü	A1, B2, B1		
Internationales schiffsmaschinentechnisches Befähigungszeugnis TLM, TZO, TWO	Internationales schiffsmaschinentechnisches Befähigungszeugnis	CI CIW	C6	C6, C5	C6
		CT CTW	C5	C4, C3	C5
		CMa CMaW	C4, C3	C2, C1	C4, C3
Schiffsmaschinentechnisches Befähigungszeugnis zum Schiffsmaschinisten für Schiffe mit einer Antriebsleistung bis 750 kW TSM	Schiffsmaschinentechnisches Befähigungszeugnis zum Schiffsmaschinisten für Schiffe mit einer Antriebsleistung bis 750 kW	CKü, CMot, Maschinistenprüfung	C2		

Entgeltgruppe 13

Beschäftigte der Entgeltgruppe 9b Fallgruppe 4 auf Betriebsstofftransportern mit einer Ladekapazität über 10.000 t, die in der Seeversorgung eingesetzt werden, oder auf dem Wehrforschungsschiff „Planet".

Entgeltgruppe 12

1. Beschäftigte der Entgeltgruppe 9b Fallgruppe 4 auf Betriebsstofftransportern, die in der Seeversorgung eingesetzt werden, oder auf Bergungsschleppern.
2. Erste nautische Offizierinnen und Offiziere mit internationalem nautischen Befähigungszeugnis auf Betriebsstofftransportern mit einer Ladekapazität über 10.000 t, die in der Seeversorgung eingesetzt werden, oder auf dem Wehrforschungsschiff „Planet".

3. Beschäftigte der Entgeltgruppe 8 Fallgruppe 2 auf Betriebsstofftransportern mit einer Ladekapazität über 10.000 t, die in der Seeversorgung eingesetzt werden, oder auf dem Wehrforschungsschiff „Planet".

Entgeltgruppe 11

1. Beschäftigte der Entgeltgruppe 9b Fallgruppe 4 auf Seeschleppern, Mehrzweckbooten (mittel), Taucherschulbooten oder auf seegängigen 100-t-Schwimmkränen.
2. Erste nautische Offizierinnen und Offiziere mit internationalem nautischen Befähigungszeugnis auf Betriebsstofftransportern, die in der Seeversorgung eingesetzt werden, oder auf Bergungsschleppern.
3. Beschäftigte der Entgeltgruppe 8 Fallgruppe 2 auf Betriebsstofftransportern, die in der Seeversorgung eingesetzt werden, oder auf Bergungsschleppern.

Entgeltgruppe 10

1. Erste nautische Offizierinnen und Offiziere mit internationalem nautischen Befähigungszeugnis auf Seeschleppern, Mehrzweckbooten (mittel) oder auf Taucherschulbooten.
2. Zweite nautische Offizierinnen und Offiziere mit internationalem nautischen Befähigungszeugnis auf Betriebsstofftransportern mit einer Ladekapazität über 10.000 t, die in der Seeversorgung eingesetzt werden, oder auf dem Wehrforschungsschiff „Planet".
3. Beschäftigte der Entgeltgruppe 8 Fallgruppe 2 auf Taucherschulbooten.
4. Zweite technische Offizierinnen und Offiziere mit internationalem schiffsmaschinentechnischen Befähigungszeugnis auf Betriebsstofftransportern mit einer Ladekapazität über 10.000 t, die in der Seeversorgung eingesetzt werden.

Entgeltgruppe 9b

1. Beschäftigte der Entgeltgruppe 8 Fallgruppe 2 auf Seeschleppern oder Mehrzweckbooten (mittel).
2. Zweite technische Offizierinnen und Offiziere mit internationalem schiffsmaschinentechnischen Befähigungszeugnis auf Bergungsschleppern oder auf dem Wehrforschungsschiff „Planet".
3. Dritte technische Offizierinnen und Offiziere mit internationalem schiffsmaschinentechnischen Befähigungszeugnis auf Betriebsstofftransportern mit einer Ladekapazität über 10.000 t, die in der Seeversorgung eingesetzt werden.
4. Kapitäninnen und Kapitäne mit internationalem nautischen Befähigungszeugnis und entsprechender Tätigkeit.
5. Beschäftigte der Entgeltgruppe 8 Fallgruppe 1 auf seegängigen 100-t-Schwimmkränen.
6. Zweite und Dritte nautische Offizierinnen und Offiziere mit internationalem nautischen Befähigungszeugnis auf Betriebsstofftransportern, die in der Seeversorgung eingesetzt werden, auf Seeschleppern oder auf Bergungsschleppern.

7. Beschäftigte der Entgeltgruppe 9a Fallgruppe 5 auf Betriebsstofftransportern mit einer Ladekapazität über 10.000 t, die in der Seeversorgung eingesetzt werden, oder auf dem Wehrforschungsschiff „Planet“.
8. Beschäftigte der Entgeltgruppe 9a Fallgruppe 6 auf Schiffen mit dieselelektrischem Antrieb oder auf dem Wehrforschungsschiff „Planet“.

Entgeltgruppe 9a

1. Nautische Beschäftigte mit internationalem nautischen Befähigungszeugnis, dessen Gültigkeit mindestens einmal vorgelegen haben muss, die als Kreuzkartenberichtigerinnen oder -berichtiger Seekarten unter eigener Verantwortung zu berichtigen haben.
2. Kapitäninnen und Kapitäne mit nationalem nautischen Befähigungszeugnis.
3. Beschäftigte der Entgeltgruppe 8 Fallgruppe 2 oder 3 auf Mehrzweckbooten (klein) oder auf seegängigen 100-t-Schwimmkränen.
4. Beschäftigte der Entgeltgruppe 8 Fallgruppe 4 auf dem Wehrforschungsschiff „Planet“.
5. Erste Funkoffizierinnen und -offiziere sowie Alleinfunkoffizierinnen und -offiziere, mit allgemeinem Betriebszeugnis für Funker (General Operator's Certificate, GOC) und Zusatzausbildung im Seefunkdienst der Bundeswehr als Krypto-Bearbeiterinnen oder -Bearbeiter.
6. Geprüfte Elektromeisterinnen und -meister auf Schiffen.
7. Dockmeisterinnen und -meister mit internationalem nautischen oder schiffsmaschinentechnischen Befähigungszeugnis oder geprüfte Meisterinnen und Meister in einschlägiger Fachrichtung auf Schwimm- oder Hebedocks.

Entgeltgruppe 8

1. Nautische Wachoffizierinnen und -offiziere mit internationalem nautischen Befähigungszeugnis.
   (Die Beschäftigten in dieser Fallgruppe erhalten eine Entgeltgruppenzulage gemäß § 17 Nr. 1.)
2. Leiterinnen und Leiter der Maschinenanlage mit internationalem schiffsmaschinentechnischen Befähigungszeugnis.
   (Die Beschäftigten in dieser Fallgruppe erhalten eine Entgeltgruppenzulage gemäß § 17 Nr. 1.)
3. Technische Alleinoffizierinnen und -offiziere mit internationalem schiffsmaschinentechnischen Befähigungszeugnis.
   (Die Beschäftigten in dieser Fallgruppe erhalten eine Entgeltgruppenzulage gemäß § 17 Nr. 1.)
4. Technische Wachoffizierinnen und -offiziere mit internationalem schiffsmaschinentechnischen Befähigungszeugnis.
   (Die Beschäftigten in dieser Fallgruppe erhalten eine Entgeltgruppenzulage gemäß § 17 Nr. 1.)
5. Beschäftigte der Entgeltgruppe 6 Fallgruppe 1 mit Zusatzausbildung im Seefunkdienst der Bundeswehr und entsprechender Tätigkeit.
   (Die Beschäftigten in dieser Fallgruppe erhalten eine Entgeltgruppenzulage gemäß § 17 Nr. 1.)
6. Bootsführerinnen und Bootsführer mit nationalem nautischen Befähigungszeugnis und entsprechender Tätigkeit.
7. Bootsleute.

8. Beschäftigte der Entgeltgruppe 6 Fallgruppe 6
   a) auf Erprobungs- oder Forschungsschiffen mit umfangreicher elektrotechnischer Ausrüstung (z.B. Kontrollanlagen für die Schiffsführung, elektrische Steuerungsanlagen, elektrische Ausrüstung für Waffenerprobung),
   b) auf Diesel-Elektroschiffen oder
   c) auf Schwimmdocks des Marinearsenals.
9. Beschäftigte der Entgeltgruppe 6 Fallgruppe 2 mit nationalem nautischen oder schiffsmaschinentechnischen Befähigungszeugnis und entsprechender Tätigkeit.
10. Beschäftigte der Entgeltgruppe 5 als Maschinistinnen oder Maschinisten mit internationalem schiffsmaschinentechnischen Befähigungszeugnis und entsprechender Tätigkeit.
11. Steuerleute mit nautischem Patent.

Entgeltgruppe 7

1. Nautische Beschäftigte mit internationalem nautischen Befähigungszeugnis, die als Seekartenberichtigerinnen oder -berichtiger eingesetzt werden.
2. Nautische Wachoffizierinnen und -offiziere mit nationalem nautischen Befähigungszeugnis.
3. Dockmaschinistinnen und -maschinisten mit nationalem schiffsmaschinentechnischen Befähigungszeugnis auf Schwimm- oder Hebedocks.
4. Beschäftigte der Entgeltgruppe 6 Fallgruppe 6,
   die Spezialanlagen instand halten, instand setzen und etwaige Fehler selbständig beseitigen.
5. Beschäftigte der Entgeltgruppe 6 Fallgruppe 7
   a) auf Motorbooten über 65 kW (89 PS),
   b) auf Motorbooten, die im Fahrgastverkehr eingesetzt sind oder
   c) auf Schleppschiffen (Schleppbooten) oder auf sonstigen Schiffen, die mindestens zu einem Drittel im Schleppdienst eingesetzt sind.
6. Beschäftigte der Entgeltgruppe 5 als Signalmatrosinnen oder -matrosen.
7. Beschäftigte der Entgeltgruppe 5,
   die besonders hochwertige Arbeiten verrichten.
8. Pumpenfrauen und -männer auf Tankschiffen.

Entgeltgruppe 6

1. Funkoffizierinnen und -offiziere mit allgemeinem Betriebszeugnis für Funker (General Operator's Certificate, GOC).
2. Geräteführerinnen und Geräteführer.
3. Lagerhalterinnen und -halter auf Betriebsstofftransportern.
4. Beschäftigte der Entgeltgruppe 5 als Maschinistinnen oder Maschinisten.
5. Beschäftigte der Entgeltgruppe 5, die sich besondere Fachkenntnisse und Fertigkeiten in der Handhabung und Bedienung ozeanographischer oder sonstiger Spezialgeräte angeeignet haben und deren Tätigkeit herausgehobene Leistungen erfordert.
6. Beschäftigte mit abgeschlossener Berufsausbildung als Elektromechanikerin oder Elektromechaniker oder Mechatronikerin oder Mechatroniker der Fachrichtung Elektrotechnik oder Mechanik oder in einem vergleichbaren Ausbildungsberuf mit entsprechender Tätigkeit.

7. Bootsführerinnen und Bootsführer.
8. Beschäftigte der Entgeltgruppe 5 auf Sicherungs-, Versuchs-, Minenwurf- und Licht-, Taucher- oder Mehrzweckbooten bei der Wehrtechnischen Dienststelle für Schiffe und Marinewaffen, maritime Technologie und Forschung, Taucherschulbooten, Bergungs- oder Seeschleppern, Erprobungsschiffen, Forschungsschiffen, Betriebsstofftransportern oder Ölauffangschiffen.

Entgeltgruppe 5

Schiffsmechanikerinnen und -mechaniker mit abgeschlossener Berufsausbildung.
(Hierzu Protokollerklärung)

Entgeltgruppe 3

Schiffs-, Geräte- oder Bootspersonal (Decksleute).

Protokollerklärungen

Unter dieses Tätigkeitsmerkmal fallen auch Matrosinnen und Matrosen sowie Motorenwärterinnen und -wärter, die ihre Ausbildung vor Inkrafttreten der Entgeltordnung abgeschlossen haben.

24. Pfarrhelferinnen und -helfer

Entgeltgruppe 8

Beschäftigte der Entgeltgruppe 6 mit mindestens einjähriger Erfahrung in Tätigkeiten der Entgeltgruppe 6,
die diakonische oder vergleichbare seelsorgliche Tätigkeiten ausüben.
(Hierzu Protokollerklärung Nr. 1)

Entgeltgruppe 6

Beschäftigte der Entgeltgruppe 5 mit abgeschlossener mindestens eineinhalbjähriger diakonischer oder theologischer Ausbildung im kirchlichen Bereich.
(Hierzu Protokollerklärung Nr. 2)

Entgeltgruppe 5

Pfarrhelferinnen und -helfer.

Protokollerklärungen

1. *Eine einjährige Erfahrung in Tätigkeiten der Entgeltgruppe 6 wird durch ein Abschlusszertifikat nachgewiesen.*
2. *Die Ausbildung muss entsprechen*
   a) *im evangelischen Zweig der Militärseelsorge einer eineinhalbjährigen diakonischen Ausbildung,*
   b) *im katholischen Zweig der Militärseelsorge dem erfolgreichen Abschluss des Grundkurses „Theologie im Fernkurs" gemäß Rahmenprüfungsordnung der Katholischen Akademie Domschule Würzburg,*

   jeweils nachgewiesen durch ein Abschlusszertifikat.

25. Beschäftigte im Pflegedienst

25.1. Beschäftigte in der Pflege

Vorbemerkungen

1. [1] Die Bezeichnung „Pflegehelferinnen und Pflegehelfer" umfasst auch Gesundheits- und Krankenpflegehelferinnen und Gesundheits- und Krankenpflegehelfer sowie Altenpflegehelferinnen und Altenpflegehelfer. [2] Die Bezeichnung „Pflegerinnen und Pfleger" umfasst Gesundheits- und Krankenpflegerinnen und Gesundheits- und Krankenpfleger, Gesundheits- und Kinderkrankenpflegerinnen und Gesundheits- und Kinderkrankenpfleger sowie Altenpflegerinnen und Altenpfleger in allen Fachrichtungen bzw. Spezialisierungen.
2. Gesundheits- und Kinderkrankenpflegerinnen und Gesundheits- und Kinderkrankenpfleger, die die Tätigkeiten von Gesundheits- und Krankenpflegerinnen und Gesundheits- und Krankenpflegern ausüben, sind als Gesundheits- und Krankenpflegerinnen und Gesundheits- und Krankenpfleger eingruppiert.
3. Altenpflegerinnen und Altenpfleger, die die Tätigkeiten von Gesundheits- und Krankenpflegerinnen und Gesundheits- und Krankenpflegern ausüben, sind als Gesundheits- und Krankenpflegerinnen und Gesundheits- und Krankenpfleger eingruppiert.
4. Nach den Tätigkeitsmerkmalen für Pflegerinnen und Pfleger sind auch Hebammen und Entbindungspfleger sowie Operationstechnische Assistentinnen und Assistenten und Anästhesietechnische Assistentinnen und Assistenten mit abgeschlossener Ausbildung nach der DKG-Empfehlung vom 17. September 2013 in der jeweiligen Fassung oder nach gleichwertiger landesrechtlicher Regelung, die die Tätigkeit von Gesundheits- und Krankenpflegerinnen und Gesundheits- und Krankenpflegern oder von Gesundheits- und Kinderkrankenpflegerinnen und Gesundheits- und Kinderkrankenpflegern auszuüben haben, eingruppiert.
5. Zu der entsprechenden Tätigkeit von Pflegehelferinnen und Pflegehelfern bzw. von Pflegerinnen und Pflegern gehört auch die Tätigkeit in Ambulanzen, Blutzentralen und Dialyseeinheiten, soweit es sich nicht überwiegend um eine Verwaltungs- oder Empfangstätigkeit handelt.
6. Die Bezeichnungen
   - Gesundheits- und Krankenpflegehelferinnen und Gesundheits- und Krankenpflegehelfer umfassen auch Krankenpflegehelferinnen und Krankenpflegehelfer.
   - Gesundheits- und Krankenpflegerinnen und Gesundheits- und Krankenpfleger umfassen auch Krankenschwestern und Krankenpfleger.
   - Gesundheits- und Kinderkrankenpflegerinnen und Gesundheits- und Kinderkrankenpfleger umfassen auch Kinderkrankenschwestern und Kinderkrankenpfleger.

Entgeltgruppe 12

Beschäftigte der Entgeltgruppe 11,
deren Tätigkeit sich durch das Maß der damit verbundenen Verantwortung erheblich aus der Entgeltgruppe 11 heraushebt.

Entgeltgruppe 11

Beschäftigte der Entgeltgruppe 9c,

deren Tätigkeit sich durch besondere Schwierigkeit und Bedeutung aus der Entgeltgruppe 9c heraushebt.

Entgeltgruppe 10

Beschäftigte der Entgeltgruppe 9c,

deren Tätigkeit sich mindestens zu einem Drittel durch besondere Schwierigkeit und Bedeutung aus der Entgeltgruppe 9c heraushebt.

Entgeltgruppe 9c

Beschäftigte der Entgeltgruppe 9b,

deren Tätigkeit sich dadurch aus der Entgeltgruppe 9b heraushebt, dass sie besonders verantwortungsvoll ist.

Entgeltgruppe 9b

Beschäftigte mit abgeschlossener Hochschulbildung und den Anforderungen der Protokollerklärung Nr. 7 entsprechender Tätigkeit sowie sonstige Beschäftigte, die aufgrund gleichwertiger Fähigkeiten und ihrer Erfahrungen entsprechende Tätigkeiten ausüben.

(Hierzu Protokollerklärung Nr. 7)

Entgeltgruppe P 9

1. Beschäftigte der Entgeltgruppe P 7 Fallgruppe 1 mit abgeschlossener Fachweiterbildung und entsprechender Tätigkeit.
   (Hierzu Protokollerklärungen Nrn. 1 bis 3 und 6)
2. Beschäftigte der Entgeltgruppe P 7 Fallgruppe 1 mit erfolgreich abgeschlossener Fachweiterbildung zur Hygienefachkraft und entsprechender Tätigkeit.

Entgeltgruppe P 8

1. Beschäftigte der Entgeltgruppe P 7 Fallgruppe 1, deren Tätigkeit sich aufgrund besonderer Schwierigkeit erheblich aus der Entgeltgruppe P 7 Fallgruppe 1 heraushebt.
   (Hierzu Protokollerklärungen Nrn. 1 bis 6)
2. Praxisanleiterinnen und Praxisanleiter in der Pflege mit berufspädagogischer Zusatzqualifikation nach bundesrechtlicher Regelung und entsprechender Tätigkeit.
   (Hierzu Protokollerklärungen Nrn. 1 bis 3)
3. Beschäftigte der Entgeltgruppe P 7 Fallgruppe 2, deren Tätigkeit sich aufgrund besonderer Schwierigkeit erheblich aus der Entgeltgruppe P 7 Fallgruppe 2 heraushebt.
   (Hierzu Protokollerklärungen Nrn. 1 bis 6)

Entgeltgruppe P 7

1. Pflegerinnen und Pfleger mit mindestens dreijähriger Ausbildung und entsprechender Tätigkeit.
   (Hierzu Protokollerklärungen Nrn. 1 bis 3 und 7)
2. Operationstechnische Assistentinnen und Assistenten sowie Anästhesietechnische Assistentinnen und Assistenten mit abgeschlossener Ausbildung nach der DKG-Empfehlung vom 17. September 2013 in der jeweiligen Fassung

oder nach gleichwertiger landesrechtlicher Regelung und jeweils entsprechender Tätigkeit.
(Hierzu Protokollerklärungen Nrn. 1 bis 3)

Entgeltgruppe P 6

Pflegehelferinnen und Pflegehelfer mit mindestens einjähriger Ausbildung und entsprechender Tätigkeit.
(Hierzu Protokollerklärungen Nrn. 1 bis 3)

Entgeltgruppe P 5

Pflegehelferinnen und Pflegehelfer mit entsprechender Tätigkeit.
(Hierzu Protokollerklärungen Nrn. 1 bis 3)

Protokollerklärungen

1. [1] *Beschäftigte der Entgeltgruppen P 5 bis P 9, die die Grund- und Behandlungspflege zeitlich überwiegend bei*
   a) *an schweren Infektionskrankheiten erkrankten Patientinnen oder Patienten (z.B. Tuberkulose-Patientinnen oder -Patienten), die wegen der Ansteckungsgefahr in besonderen Infektionsabteilungen oder Infektionsstationen untergebracht sind,*
   b) *Kranken in geschlossenen oder halbgeschlossenen (Open-door-system) psychiatrischen Abteilungen oder Stationen,*
   c) *Kranken in geriatrischen Abteilungen und Stationen,*
   d) *Gelähmten oder an multipler Sklerose erkrankten Patientinnen und Patienten,*
   e) *Patientinnen oder Patienten nach Transplantationen innerer Organe oder von Knochenmark,*
   f) *an AIDS (Vollbild) erkrankten Patientinnen oder Patienten,*
   g) *Patientinnen oder Patienten, bei denen Chemotherapien durchgeführt oder die mit Strahlen oder mit inkorporierten radioaktiven Stoffen behandelt werden,*

   ausüben, erhalten für die Dauer dieser Tätigkeit eine monatliche Zulage in Höhe von 90 Euro. [2] *Die Zulage steht auch bei Erfüllung mehrerer Tatbestände nur einmal zu.*
2. [1] *Beschäftigte der Entgeltgruppen P 5 bis P 9, die zeitlich überwiegend in der Anästhesiepflege, in der Intensivmedizin oder im Operationsdienst einschließlich der Vor- und Nachbereitung tätig sind, erhalten für die Dauer dieser Tätigkeit eine monatliche Zulage von 150 Euro.* [2] *Sofern die Voraussetzungen nach der Protokollerklärung 1 dieses Unterabschnitts erfüllt werden, wird nur die höhere Zulage gezahlt.*
3. [1] *Beschäftigte der Entgeltgruppen P 5 bis P 9, die die Grund- und Behandlungspflege bei schwerbrandverletzten Patientinnen oder Patienten in Einheiten für Schwerbrandverletzte, denen durch die Einsatzzentrale/Rettungsleitstelle der Feuerwehr Hamburg Schwerbrandverletzte vermittelt werden, ausüben, erhalten eine Zulage in Höhe von 1,80 Euro für jede volle Arbeitsstunde dieser Pflegetätigkeit.* [2] *Eine nach den Protokollerklärungen Nrn. 1 und 2 zustehende Zulage vermindert sich um den Betrag, der in demselben Kalendermonat nach Satz 1 zusteht.*
4. *Tätigkeiten, die sich aufgrund besonderer Schwierigkeit erheblich aus der Entgeltgruppe P 7 herausheben, sind*
   a) *Tätigkeiten in Spezialbereichen, in denen eine Fachweiterbildung nach den DKG-Empfehlungen zur Weiterbildung von Gesundheits- und (Kinder-) Krankenpflegekräften (siehe Protokollerklärung Nr. 6) vorgesehen ist, oder*

b) die Wahrnehmung einer der folgenden besonderen pflegerischen Aufgaben außerhalb von Spezialbereichen nach Buchstabe a:
– Wundmanagerin oder Wundmanager,
– Gefäßassistentin oder Gefäßassistent,
– Breast Nurse/Lactation,
– Painnurse oder

c) die Tätigkeit im Case- oder Caremanagement.

5. Auf Pflegerinnen und Pfleger in Psychiatrien und psychiatrischen Krankenhäusern oder Einrichtungen, die aufgrund Erfüllung der Anforderung des Buchstaben a der Protokollerklärung Nr. 4 in Entgeltgruppe P 8 eingruppiert sind, finden

a) Buchstabe b der Protokollerklärung Nr. 1 und

b) § 1 Abs. 1 Ziffer 5 Unterabs. 1 des Tarifvertrages über die Gewährung von Zulagen gemäß § 33 Abs. 1 Buchst. c BAT

keine Anwendung.

6. Bei den Fachweiterbildungen muss es sich entweder um eine Fachweiterbildung nach § 1 der DKG-Empfehlung zur pflegerischen Weiterbildung vom 29. September 2015 in der jeweiligen Fassung oder um eine Fachweiterbildung nach § 1 der DKG-Empfehlung für die Weiterbildung Notfallpflege vom 29. November 2016 bzw. um eine gleichwertige Weiterbildung jeweils nach § 21 dieser DKG-Empfehlungen handeln.

7. Die hochschulische Ausbildung befähigt darüber hinaus insbesondere

a) zur Steuerung und Gestaltung hochkomplexer Pflegeprozesse auf der Grundlage wissenschaftsbasierter oder wissenschaftsorientierter Entscheidungen,

b) vertieftes Wissen über Grundlagen der Pflegewissenschaft, des gesellschaftlich institutionellen Rahmens des pflegerischen Handelns sowie des normativ-institutionellen Systems der Versorgung anzuwenden und die Weiterentwicklung der gesundheitlichen und pflegerischen Versorgung dadurch maßgeblich mitzugestalten,

c) sich Forschungsgebiete der professionellen Pflege auf dem neuesten Stand der gesicherten Erkenntnisse erschließen und forschungsgestützte Problemlösungen wie auch neue Technologien in das berufliche Handeln übertragen zu können sowie berufsbezogene Fort- und Weiterbildungsbedarfe zu erkennen,

d) sich kritisch reflexiv und analytisch sowohl mit theoretischem als auch praktischem Wissen auseinandersetzen und wissenschaftsbasiert innovative Lösungsansätze zur Verbesserung im eigenen beruflichen Handlungsfeld entwickeln und implementieren zu können und

e) an der Entwicklung von Qualitätsmanagementkonzepten, Leitlinien und Expertenstandards mitzuwirken.

25.2. Leitende Beschäftigte in der Pflege

Vorbemerkungen

1. [1]Die Tarifvertragsparteien legen dem Aufbau der Tätigkeitsmerkmale für Leitungskräfte in der Pflege folgende regelmäßige Organisationsstruktur zu Grunde:

a) [1]Die Gruppen- bzw. Teamleitung stellt die unterste Leitungsebene dar. [2]Einer Gruppen- bzw. einer Teamleitung sind in der Regel nicht mehr als neun Beschäftigte unterstellt.

b) [1]Die Station ist die kleinste organisatorische Einheit. [2]Einer Stationsleitung sind in der Regel nicht mehr als 18 Beschäftigte unterstellt.

c) [1]Ein Bereich umfasst in der Regel mehrere Stationen. [2]Einer Bereichsleitung sind in der Regel nicht mehr als 75 Beschäftigte unterstellt.

[2]Die Beschäftigten müssen fachlich unterstellt sein. [3]Einer Pflegedienstleitung sind in der Regel mindestens 100 Beschäftigte unterstellt.

2. Soweit für vergleichbare organisatorische Einheiten von den vorstehenden Bezeichnungen abweichende Bezeichnungen verwandt werden, ist dies unbeachtlich.
3. § 5 gilt mit folgenden Maßgaben:
   a) Personen, die zu einem Teil ihrer Arbeitszeit unterstellt oder zu einem Teil ihrer Arbeitszeit in einem Bereich beschäftigt sind, zählen entsprechend dem Verhältnis dieses Anteils an der regelmäßigen Arbeitszeit einer oder eines entsprechenden Vollbeschäftigten.
   b) [1]Schülerinnen und Schüler in der Gesundheits- und Krankenpflege, Gesundheits- und Krankenpflegehilfe, bleiben außer Betracht. [2]Für die Berücksichtigung von Stellen, auf die Schülerinnen und Schüler angerechnet werden, gilt § 5 Satz 4 entsprechend.

Entgeltgruppe P 16

Beschäftigte der Entgeltgruppe P 15,

deren Tätigkeit sich durch das Maß der damit verbundenen Verantwortung erheblich aus der Entgeltgruppe P 15 heraushebt.

Entgeltgruppe P 15

1. Beschäftigte als Bereichsleiterinnen oder Bereichsleiter,
   deren Tätigkeit sich durch den Umfang und die Bedeutung ihres Aufgabengebietes sowie durch große Selbständigkeit erheblich aus der Entgeltgruppe P 14 heraushebt.
2. Beschäftigte als Pflegedienstleiterinnen oder Pflegedienstleiter.
3. Beschäftigte als ständige Vertreterinnen oder Vertreter von Pflegedienstleiterinnen oder Pflegedienstleitern der Entgeltgruppe P 16.

Entgeltgruppe P 14

1. Beschäftigte als Bereichsleiterinnen oder Bereichsleiter.
2. Beschäftigte als ständige Vertreterinnen oder Vertreter von Bereichsleiterinnen oder Bereichsleitern der Entgeltgruppe P 15.
3. Beschäftigte als ständige Vertreterinnen oder Vertreter von Pflegedienstleiterinnen oder Pflegedienstleitern der Entgeltgruppe P 15.

Entgeltgruppe P 13

Beschäftigte als Stationsleiterinnen oder Stationsleiter mit einem höheren Maß von Verantwortlichkeit oder von großen Stationen.
(Hierzu Protokollerklärung Nr. 1)

Entgeltgruppe P 12

1. Beschäftigte als Stationsleiterinnen oder Stationsleiter.
   (Hierzu Protokollerklärung Nr. 1)
2. Beschäftigte als ständige Vertreterinnen oder Vertreter von Stationsleiterinnen oder Stationsleitern der Entgeltgruppe P 13 oder von Bereichsleiterinnen oder Bereichsleitern.
   (Hierzu Protokollerklärung Nr. 1)

Entgeltgruppe P 11

1. Beschäftigte als Gruppenleiterinnen oder Gruppenleiter oder als Teamleiterinnen oder Teamleiter mit einem höheren Maß von Verantwortlichkeit oder von großen Gruppen oder Teams.
(Hierzu Protokollerklärung Nr. 1)
2. Beschäftigte als ständige Vertreterinnen oder Vertreter von Stationsleiterinnen oder Stationsleitern.
(Hierzu Protokollerklärung Nr. 1)

Entgeltgruppe P 10

1. Beschäftigte als Gruppenleiterinnen oder Gruppenleiter oder als Teamleiterinnen oder Teamleiter.
(Hierzu Protokollerklärung Nr. 1)
2. Beschäftigte als ständige Vertreterinnen oder Vertreter von Gruppenleiterinnen oder Gruppenleitern bzw. von Teamleiterinnen oder Teamleitern der Entgeltgruppe P 11 Fallgruppe 1.
(Hierzu Protokollerklärung Nr. 1)

Entgeltgruppe P 9

Beschäftigte als ständige Vertreterinnen oder Vertreter von Gruppenleiterinnen oder Gruppenleitern bzw. von Teamleiterinnen oder Teamleitern.
(Hierzu Protokollerklärung Nr. 1)

Protokollerklärungen

1. *Gruppenleiterinnen und Gruppenleiter, Teamleiterinnen und Teamleiter, Stationsleiterinnen und Stationsleiter sowie deren ständige Vertreterinnen und Vertreter erhalten die Zulage nach der Protokollerklärung Nr. 1 oder 2 zu Unterabschnitt 25.1 ebenfalls, wenn die ihnen durch ausdrückliche Anordnung ständig unterstellten Pflegekräfte Anspruch auf die jeweilige Zulage haben.*
2. [1] *Leitende Gesundheits- und Krankenpflegerinnen und -pfleger, die durch ausdrückliche schriftliche Anordnung zu Mitgliedern der Krankenhausbetriebsleitung bestellt worden sind, erhalten für die Dauer dieser Tätigkeit eine Zulage*

in Entgeltgruppe	*gemäß § 18*
P 16	*Nr. 2*
P 15	*Nr. 3*

[2] *Die Zulage wird nur für die Zeiträume gezahlt, in denen Beschäftigte einen Anspruch auf Entgelt oder auf Entgeltfortzahlung nach § 21 TVöD haben.* [3] *Sie ist bei der Bemessung des Sterbegeldes (§ 23 Abs. 3 TVöD) zu berücksichtigen.*

25.3. Lehrkräfte in der Pflege

Entgeltgruppe 15

Leiterinnen und Leiter einer Pflegeschule.

Entgeltgruppe 14

1. Stellvertretende Leiterinnen und Leiter einer Pflegeschule.
2. Fachbereichsleiterinnen und Fachbereichsleiter einer Pflegeschule.

Entgeltgruppe 13

Lehrkräfte mit abgeschlossener wissenschaftlicher Hochschulbildung und – soweit nach dem jeweiligen Landesrecht vorgesehen – mit erfolgreich absolviertem Vorbereitungsdienst (Referendariat) und entsprechender Tätigkeit sowie sonstige Beschäftigte, die aufgrund gleichwertiger Fähigkeiten und ihrer Erfahrungen entsprechende Tätigkeiten ausüben.

Entgeltgruppe 11

Lehrkräfte an Pflegeschulen mit abgeschlossener Hochschulbildung und entsprechender Tätigkeit sowie sonstige Beschäftigte, die aufgrund gleichwertiger Fähigkeiten und ihrer Erfahrungen entsprechende Tätigkeiten ausüben.

Entgeltgruppe 10

Lehrkräfte mit entsprechender Zusatzqualifikation.

26. Prüferinnen und Prüfer von Luftfahrtgerät

Vorbemerkungen

[1] Prüferinnen und Prüfer von Luftfahrtgerät, die die Nachprüferlaubnis nach der ZDv 19/1 besitzen, erhalten eine Zulage von 40,90 Euro monatlich; die Zulage wird nicht gewährt, wenn eine andere Prüferlaubnis die Nachprüferlaubnis lediglich einschließt. [2] Die Zulage gilt bei der Bemessung des Sterbegeldes (§ 23 Abs. 3 TVöD) als Bestandteil des Tabellenentgeltes. [3] Die Zulage ist – auch im Rahmen der Jahressonderzahlung – nicht zusatzversorgungspflichtig.

Entgeltgruppe 11

Geprüfte Meisterinnen und Meister sowie Meisterinnen und Meister mit erfolgreich abgeschlossenem Meisterlehrgang der Bundeswehr in einschlägiger Fachrichtung

als Leiterinnen oder Leiter einer Prüfgruppe.

Entgeltgruppe 10

Geprüfte Meisterinnen und Meister sowie Meisterinnen und Meister mit erfolgreich abgeschlossenem Meisterlehrgang der Bundeswehr in einschlägiger Fachrichtung

als Systemprüferinnen oder -prüfer.

Entgeltgruppe 9b

Geprüfte Meisterinnen und Meister sowie Meisterinnen und Meister mit erfolgreich abgeschlossenem Meisterlehrgang der Bundeswehr in einschlägiger Fachrichtung mit einer Prüferlaubnis oder Freigabeberechtigung in mehr als einer einschlägigen Fachrichtung oder für mindestens drei Baumuster

als luftfahrzeugtechnisches Prüfpersonal oder Freigabeberechtigte am Luftfahrzeug.

(Die Beschäftigten in dieser Fallgruppe erhalten eine Entgeltgruppenzulage gemäß § 17 Nr. 7.)

Entgeltgruppe 9a

1. Geprüfte Meisterinnen und Meister sowie Meisterinnen und Meister mit erfolgreich abgeschlossenem Meisterlehrgang der Bundeswehr in einschlägiger Fachrichtung mit einer Prüferlaubnis in einer einschlägigen Fachrichtung

als luftfahrzeugtechnisches Prüfpersonal oder Freigabeberechtigte am Luftfahrzeug.
(Die Beschäftigten in dieser Fallgruppe erhalten eine Entgeltgruppenzulage gemäß § 17 Nr. 5.)

2. Geprüfte Meisterinnen und Meister sowie Meisterinnen und Meister mit erfolgreich abgeschlossenem Meisterlehrgang der Bundeswehr in einschlägiger Fachrichtung
als Prüferinnen oder Prüfer für das jeweilige Baumuster, die komplexe Systeme (z.B. Hydraulik, Triebwerk, Navigations-/Avionikgeräte) von Kampfflugzeugen selbständig überprüfen, warten und instand setzen, bis zur Erlangung der Prüferlaubnis.

27. Rechnungsführerinnen und Rechnungsführer

Entgeltgruppe 8

Beschäftigte der Entgeltgruppe 6,
die mindestens zu einem Drittel Trennungsgeld, Fahrkostenzuschuss, Reisekostenvergütung oder Umzugskostenvergütung berechnen.

Entgeltgruppe 6

Rechnungsführerinnen und Rechnungsführer (z.B. für Wehrsold oder Verpflegung).

28. Beschäftigte im Schieß- und Erprobungsbetrieb

Entgeltgruppe 7

Schießleiterinnen und -leiter mit abgeschlossener Berufsausbildung als Elektrikerin oder Elektriker, Elektronikerin oder Elektroniker oder Mechatronikerin oder Mechatroniker oder in einem metallverarbeitenden Ausbildungsberuf und dem Nachweis der Befähigung für den Umgang mit Munition und Explosivstoffen – mindestens der Stufe B –, die Schieß- und Versuchsvorhaben mit

a) eingeführter oder nicht eingeführter Waffe oder eingeführtem oder nicht eingeführtem Waffensystem,
b) nicht eingeführter oder eingeführter oder belasteter Munition oder
c) veränderter Waffe oder Munition oder verändertem Waffensystem

gemäß der Betriebsschutzweisung für das Schießen bei Erprobungen, Versuchen und sonstigen Überprüfungen von Waffen und Munition durchführen und überwachen.

Entgeltgruppe 6

Beschäftigte mit abgeschlossener Berufsausbildung als Elektrikerin oder Elektriker, Elektronikerin oder Elektroniker, Mechatronikerin oder Mechatroniker oder in einem metallverarbeitenden Ausbildungsberuf, die in Sicherheitsleitstellen den Erprobungsbetrieb koordinieren und überwachen.

Entgeltgruppe 5

1. Beschäftigte mit einschlägiger abgeschlossener Berufsausbildung, die an Scheibenzuganlagen die Anlage und deren Aggregate auch warten oder instand setzen.
2. Schießbahnwartinnen- und warte, Schießstandwartinnen und -warte sowie Pioniergeräte- oder Schießstandgerätewartinnen und -warte mit einschlägiger abgeschlossener Berufsausbildung.

3. Beschäftigte mit abgeschlossener Berufsausbildung in einem elektrotechnischen Ausbildungsberuf, die im Zielbau auf Truppenübungsplätzen tätig sind und die Zielbaugeräte und Scheibenzuganlagen mit elektrischen oder elektronischen Baugruppen aufbauen, überprüfen, bedienen, warten oder instand setzen.

Entgeltgruppe 4

Beschäftigte an Scheibenzuganlagen.

Entgeltgruppe 3

1. Beschäftigte im Zielbau.
2. Schießstandgerätewartinnen und -warte.
3. Fernmeldeleitungsbauerinnen und -bauer auf Schießplätzen oder Truppenübungsplätzen.
4. Helferinnen und Helfer auf Schießplätzen.
5. Helferinnen und Helfer bei Erprobungen in Wehrtechnischen oder Wehrwissenschaftlichen Dienststellen oder im Marinearsenal.

29. Sportlehrerinnen und -lehrer

Entgeltgruppe 15

Sportlehrerinnen und -lehrer mit einschlägiger abgeschlossener wissenschaftlicher Hochschulbildung als Leiterinnen oder Leiter des Dezernats Sport beim Kommando Streitkräftebasis.

Entgeltgruppe 14

Sportlehrerinnen und -lehrer mit einschlägiger abgeschlossener wissenschaftlicher Hochschulbildung als Sportreferentinnen oder -referenten oder Sportdezernentinnen oder -dezernenten in Kommandobehörden.

Entgeltgruppe 13

Beschäftigte der Entgeltgruppe 11 Fallgruppe 2, die als Leitende Sportlehrerinnen oder -lehrer an einer Ausbildungseinrichtung oder in einem Kommando tätig sind.

Entgeltgruppe 12

Beschäftigte der Entgeltgruppe 11 Fallgruppe 2, die

a) in der Ausbildung von Übungsleiterinnen oder -leitern der Bundeswehr oder Trainerinnen oder Trainern (Truppenfachlehrerin oder -lehrer) an der Sportschule der Bundeswehr oder an den Offiziersschulen,
b) in spezifischer Lehrtätigkeit in der Abteilung Flugphysiologie (FlugMedInst) oder
c) in der wissenschaftlichen Grundlagenarbeit an der Sportschule der Bundeswehr

tätig sind.

Entgeltgruppe 11

1. Sportlehrerinnen und -lehrer der Entgeltgruppe 9b, die
   a) in der Ausbildung von Fachsportleiterinnen oder -leitern, in Sonderlehrgängen oder im Rahmen von Truppenversuchen an der Sportschule der Bundeswehr,

b) in der Weiterbildung von Übungsleiterinnen oder -leitern der Bundeswehr oder Fachsportleiterinnen oder -leitern,
c) in spezifischer Lehrtätigkeit (z.B. Ausbildung von Rettungsschwimmerinnen oder -schwimmern),
d) in der Beratung von Kommandeurinnen oder Kommandeuren, Dienststellenleiterinnen oder -leitern und Sportverantwortlichen (Sportlehrerin oder -lehrer Truppe) oder
e) als Sportlehrerinnen oder -lehrer bei speziellen Einsatzkräften (z.B. KSK, SEK M)

tätig sind.

2. Diplom-Sportlehrerinnen und -lehrer mit abgeschlossener Hochschulbildung und entsprechender Tätigkeit.

Entgeltgruppe 10

Sportlehrerinnen und -lehrer der Entgeltgruppe 9b, die an Sportzentren der Universitäten der Bundeswehr, an der Führungsakademie der Bundeswehr oder an Unteroffiziersschulen der Bundeswehr tätig sind.

Entgeltgruppe 9b

Staatlich geprüfte Sportlehrerinnen und -lehrer sowie staatlich geprüfte Fachsportlehrerinnen und -lehrer mit entsprechender Tätigkeit.

30. Strahlgerätebedienerinnen und -bediener

Entgeltgruppe 4

Beschäftigte der Entgeltgruppe 3,
deren Tätigkeit an das fachliche Geschick besondere Anforderungen stellt.

Entgeltgruppe 3

Beschäftigte, die Strahlgeräte für feste Strahlmittel bedienen.

31. Taucherinnen und Taucher sowie Taucherarztgehilfinnen und -gehilfen

Entgeltgruppe 9b

Tauchermeisterinnen und -meister mit Tauchermeisterprüfung als Tauchereinsatzleiterinnen oder -einsatzleiter.

Entgeltgruppe 8

1. Beschäftigte der Entgeltgruppe 7, die Erprobungsaufgaben durchführen.
2. Taucherarztgehilfinnen und -gehilfen, die mit Erfolg an einem Taucherarztgehilfen-Lehrgang der Bundeswehr teilgenommen haben.

Entgeltgruppe 7

Taucherinnen und Taucher mit einschlägiger abgeschlossener Berufsausbildung.

Entgeltgruppe 6

1. Taucherinnen und Taucher.
2. Signalfrauen und -männer mit einschlägiger abgeschlossener Berufsausbildung.

Entgeltgruppe 5

Signalfrauen und -männer.

32. Beschäftigte im Wachdienst

Entgeltgruppe 6

Wachleiterinnen und Wachleiter.

Entgeltgruppe 5

1. Wachschichtführerinnen und Wachschichtführer, die die Aufsicht führen und die selbst nicht regelmäßig Wache gehen.
2. Beschäftigte der Entgeltgruppe 4, die zugleich den Dienst als Aufsichtshabende wahrnehmen.

Entgeltgruppe 4

Beschäftigte im Wachdienst, die mit militärischen Aufgaben im Sinne des § 1 Abs. 2 des Gesetzes über die Anwendung unmittelbaren Zwanges und die Ausübung besonderer Befugnisse durch Soldaten der Bundeswehr und verbündeter Streitkräfte sowie zivile Wachpersonen (UZwGBw) beauftragt sind.

Teil V. Besondere Tätigkeitsmerkmale im Bereich des Bundesministeriums für Verkehr und digitale Infrastruktur

Vorbemerkungen zu den Abschnitten 1 bis 4

1. Für die Gültigkeit, die Gleichwertigkeit und den Umfang der nautischen und schiffsmaschinentechnischen Befähigungszeugnisse wird zwischen folgenden Bereichen und Berufsgruppen unterschieden:
   (1) Beschäftigte auf Schiffen und schwimmenden Geräten sowie an Land im Bereich der Seeschifffahrtsstraßen und See:
      a) [1] Die Unterscheidung zwischen den internationalen und nationalen Befähigungszeugnissen richtet sich für die Beschäftigten auf den Schiffen und schwimmenden Geräten sowie an Land im Bereich der Seeschifffahrtsstraßen und See nach der Verordnung über die Befähigungen der Seeleute in der Seeschifffahrt (Seeleute-Befähigungsverordnung – See-BV) in der jeweils geltenden Fassung. [2] Die Befähigungszeugnisse des Kapitäns in der küstennahen Fahrt bis 500 BRZ und des nautischen Wachoffiziers in der küstennahen Fahrt bis 500 BRZ gelten weiterhin als nationale Befähigungszeugnisse.
      b) Beschäftigte auf Schiffen und schwimmenden Geräten, von denen ein nautisches oder schiffsmaschinentechnisches Befähigungszeugnis verlangt wird, müssen über ein Befähigungszeugnis nach der See-BV verfügen, dessen Gültigkeit mindestens einmal vorgelegen haben muss.
      c) Beschäftigte, die an Land eingesetzt werden und von denen ein nautisches oder schiffsmaschinentechnisches Befähigungszeugnis verlangt wird, müssen über ein Befähigungszeugnis nach der See-BV verfügen, dessen Gültigkeit mindestens einmal vorgelegen haben muss.

d) Die Gleichwertigkeit der Befähigungszeugnisse, die vor dem 1. Juni 2014 ausgestellt worden sind, zu den in Buchstaben b und c geforderten Befähigungszeugnissen ergibt sich wie folgt:

See-BV ab 1.6.2014	Befähigungszeugnisse nach SchOffAusbV vor dem 1.6. 2014	Patente bis 2002	Bundesrepublik Deutschland bis 1970	Ehemalige DDR ab 1.4.1972	Ehemalige DDR vor dem 1.4. 1972
Internationales nautisches Befähigungszeugnis NK, NEO, NWO, BG, BGW, BK, BKW	Internationales nautisches Befähigungszeugnis BG, BGW, BK, BKW	AG, AGW	A6	A6, A5	A6, A5
		AM, AMW	A5, B5	A4, A3, B6, B5	A3, A2, B6, B5, B3, B2
		AK, AKW	A4, A3, A2 B4, B3	A2, A1 B2, B1	A1 B1
Nationales nautisches Befähigungszeugnis NK 500; NWO 500, NSF, BKü	Nationales nautisches Befähigungszeugnis BKü	AN AKü	A1, B2, B1		
Internationales schiffsmaschinentechnisches Befähigungszeugnis TLM, TZO, TWO	Internationales schiffsmaschinentechnisches Befähigungszeugnis	CI CIW	C6	C6, C5	C6
		CT CTW	C5	C4, C3	C5
		CMa CMaW	C4, C3	C2, C1	C4, C3
Schiffsmaschinentechnisches Befähigungszeugnis zum Schiffsmaschinisten für Schiffe mit einer Antriebsleistung bis 750 kW TSM	Schiffsmaschinentechnisches Befähigungszeugnis zum Schiffsmaschinisten für Schiffe mit einer Antriebsleistung bis 750 kW	CKü, CMot, Maschinistenprüfung	C2		

(2) [1]Beschäftigte auf Schiffen und schwimmenden Geräten sowie an Land im Bereich der Binnenschifffahrtsstraßen (Bundeswasserstraßen Rhein, Mosel und Donau sowie diejenigen Bundeswasserstraßen, auf denen die Binnenschifffahrtsstraßen-Ordnung gilt): [2]Die Zuordnung der entsprechenden nautischen Befähigungszeugnisse richtet sich für die Beschäftigten auf Schiffen und schwimmenden Geräten sowie an Land im Bereich der Binnenschifffahrtsstraßen nach der Verordnung über Befähigungszeugnisse in der Binnenschifffahrt (Binnenschifferpatentverordnung – BinSchPatentV) in der jeweils geltenden Fassung und im Bereich des Rheins nach der Verordnung über das Schiffspersonal auf dem Rhein (Schiffspersonalverordnung-Rhein – RheinSchPersV) in der jeweils geltenden Fassung. [3]Hierbei wird zwischen einem Befähigungszeugnis ohne Einschränkungen (Großes Patent nach RheinSchPersV und Schifferpatent A oder B nach BinSchPatentV) und einem Befähigungszeugnis mit Einschränkungen entsprechend der RheinSchPersV und der BinSchPatentV unterschieden. [4]Nachweise über erforderliche Streckenkunde bleiben davon unberührt.

2. Für Beschäftigte auf Schiffen und schwimmenden Geräten, die sowohl im Küsten- als auch im Binnenbereich eingesetzt sind (z.B. auf dem Nord-Ostsee-Kanal), findet je nach Anforderung an das Befähigungszeugnis entweder Unterabschnitt 1.1 (Küstenbereich) oder Unterabschnitt 2.1 (Binnenbereich) Anwendung.
3. Die Zuordnung der Wasserfahrzeugtypen richtet sich nach der Verwaltungsvorschrift der Wasser- und Schifffahrtsverwaltung des Bundes – Objektkatalog (ObKat) VV-WSV 1102 in der Fassung vom 31. Januar 2005.

1. Beschäftigte bei der Wasser- und Schifffahrtsverwaltung – Küstenbereich

1.1. Besatzungen von Schiffen und schwimmenden Geräten

Vorbemerkungen

1. Dieser Unterabschnitt gilt für Besatzungen von Schiffen und schwimmenden Geräten auf Wasserstraßen, die unter die Seeschifffahrtsstraßen-Ordnung (SeeSchStrO) fallen.
2. Der Begriff Schiffsführerinnen und Schiffsführer umfasst auch Bootsführerinnen und Bootsführer.

Entgeltgruppe 12

1. Schiffsführerinnen und Schiffsführer mit abgeschlossener technischer Hochschulbildung, durch die ein internationales nautisches Befähigungszeugnis erworben wird, auf einem Gewässerschutzschiff.
2. Geräteführerinnen und Geräteführer mit abgeschlossener technischer Hochschulbildung, durch die ein internationales nautisches Befähigungszeugnis erworben wird, auf einem Laderaumsaugbagger.

Entgeltgruppe 11

1. Schiffsführerinnen und Schiffsführer mit abgeschlossener technischer Hochschulbildung, durch die ein internationales nautisches Befähigungszeugnis erworben wird, und entsprechender Tätigkeit.
2. Leiterinnen und Leiter der Maschinenanlage mit abgeschlossener technischer Hochschulbildung, durch die ein internationales schiffsmaschinentechnisches Befähigungszeugnis erworben wird, und entsprechender Tätigkeit.

Entgeltgruppe 10

Schiffsführerinnen und Schiffsführer mit internationalem nautischen Befähigungszeugnis und Zusatzqualifikation zur Seevermessungstechnikerin oder zum Seevermessungstechniker und entsprechender Tätigkeit.

Entgeltgruppe 9b

1. Schiffsführerinnen und Schiffsführer mit internationalem nautischen Befähigungszeugnis und entsprechender Tätigkeit.
2. Geräteführerinnen und Geräteführer mit internationalem nautischen Befähigungszeugnis und entsprechender Tätigkeit.
3. Steuerleute mit internationalem nautischen Befähigungszeugnis und entsprechender Tätigkeit auf einem Gewässerschutzschiff oder auf einem Laderaumsaugbagger.

4. Steuerleute mit internationalem nautischen Befähigungszeugnis und Zusatzqualifikation zur Seevermessungstechnikerin oder zum Seevermessungstechniker und entsprechender Tätigkeit.
5. Leiterinnen und Leiter der Maschinenanlage mit internationalem schiffsmaschinentechnischen Befähigungszeugnis und entsprechender Tätigkeit.
6. Maschinistinnen und Maschinisten mit internationalem schiffsmaschinentechnischen Befähigungszeugnis und entsprechender Tätigkeit auf einem Gewässerschutzschiff oder auf einem Laderaumsaugbagger.
7. Staatlich geprüfte Technikerinnen und Techniker der Fachrichtung Elektronik sowie sonstige Beschäftigte, die aufgrund gleichwertiger Fähigkeiten und ihrer Erfahrungen entsprechende Tätigkeiten ausüben, als Operatorin oder als Operator auf einem Gewässerschutzschiff.
8. Schiffsführerinnen und Schiffsführer mit internationalem nautischen Befähigungszeugnis bis 500 BRZ in der küstennahen Fahrt mit Einsätzen in den Gewässern und Fahrten nach Häfen des europäischen Teiles der Niederlande, Polens und Dänemarks (mit Ausnahme der Färöer und Grönland) und Zusatzqualifikation zur Seevermessungstechnikerin oder zum Seevermessungstechniker und entsprechender Tätigkeit.

Entgeltgruppe 9a

1. Schiffsführerinnen und Schiffsführer mit nationalem nautischen Befähigungszeugnis und Zusatzqualifikation zur Seevermessungstechnikerin oder zum Seevermessungstechniker und entsprechender Tätigkeit.
2. Schiffsführerinnen und Schiffsführer mit internationalem nautischen Befähigungszeugnis bis 500 BRZ in der küstennahen Fahrt mit Einsätzen in den Gewässern und Fahrten nach Häfen des europäischen Teiles der Niederlande, Polens und Dänemarks (mit Ausnahme der Färöer und Grönland) und entsprechender Tätigkeit.
3. Geräteführerinnen und Geräteführer mit internationalem nautischen Befähigungszeugnis bis 500 BRZ in der küstennahen Fahrt mit Einsätzen in den Gewässern und Fahrten nach Häfen des europäischen Teiles der Niederlande, Polens und Dänemarks (mit Ausnahme der Färöer und Grönland) und entsprechender Tätigkeit.
4. Steuerleute mit internationalem nautischen Befähigungszeugnis bis 500 BRZ in der küstennahen Fahrt mit Einsätzen in den Gewässern und Fahrten nach Häfen des europäischen Teiles der Niederlande, Polens und Dänemarks (mit Ausnahme der Färöer und Grönland) und Zusatzqualifikation zur Seevermessungstechnikerin oder zum Seevermessungstechniker und entsprechender Tätigkeit.

Entgeltgruppe 8

1. Schiffsführerinnen und Schiffsführer mit nationalem nautischen Befähigungszeugnis.
2. Geräteführerinnen und Geräteführer mit nationalem nautischen Befähigungszeugnis und entsprechender Tätigkeit.
3. Steuerleute mit internationalem nautischen Befähigungszeugnis und entsprechender Tätigkeit.

4. Maschinistinnen und Maschinisten mit internationalem schiffsmaschinentechnischen Befähigungszeugnis zum technischen Wachoffizier und entsprechender Tätigkeit.
5. Beschäftigte der Entgeltgruppe 5 Fallgruppe 1
mit Zusatzqualifikation zur Seevermessungstechnikerin oder zum Seevermessungstechniker und entsprechender Tätigkeit.
(Hierzu Protokollerklärung Nr. 1)
6. Steuerleute mit nationalem nautischen Befähigungszeugnis und Zusatzqualifikation zur Seevermessungstechnikerin oder zum Seevermessungstechniker und entsprechender Tätigkeit.
7. Bordhandwerkerinnen und Bordhandwerker mit abgeschlossener Berufsausbildung im metalltechnischen Bereich, die auf einem Laderaumsaugbagger selbständig besonders schwierige Arbeiten durchführen, z.B. Fehlersuche, Schadensfeststellung und Instandsetzung von baggertechnischen und hydraulischen Systemen.
8. Beschäftigte der Entgeltgruppe 5 Fallgruppe 2,
die Spezialanlagen auf einem Gewässerschutzschiff oder auf einem Laderaumsaugbagger warten, instand setzen und Fehler selbständig beseitigen.
9. Bootsleute mit einschlägiger abgeschlossener Berufsausbildung, denen mindestens zwei Beschäftigte dieses Unterabschnitts mindestens der Entgeltgruppe 5 Fallgruppe 1 oder 2 unterstellt sind.
(Hierzu Protokollerklärung Nr. 1)
10. Rohrführerinnen und Rohrführer mit nationalem nautischen Befähigungszeugnis auf einem Laderaumsaugbagger.
11. Fährschiffsführerinnen und Fährschiffsführer mit nationalem nautischen Befähigungszeugnis auf dem Nord-Ostsee-Kanal.

Entgeltgruppe 7

1. Steuerleute mit nationalem nautischen Befähigungszeugnis.
2. Geräteführerinnen und Geräteführer mit schiffsmaschinentechnischem Befähigungszeugnis zum Schiffsmaschinisten.
3. Maschinistinnen und Maschinisten mit schiffsmaschinentechnischem Befähigungszeugnis zum Schiffsmaschinisten.
4. Fährmaschinistinnen und Fährmaschinisten mit abgeschlossener Berufsausbildung im elektro- oder metalltechnischen Bereich auf einer Schwebefähre.
5. Beschäftigte der Entgeltgruppe 5 Fallgruppe 1 oder 2,
die auf einem Laderaumsaugbagger schwierige Spezialarbeiten verrichten.
(Hierzu Protokollerklärung Nr. 1)
6. Kranführerinnen und Kranführer mit einschlägiger abgeschlossener Berufsausbildung auf einem Gewässerschutzschiff oder einem Tonnenleger.
(Hierzu Protokollerklärung Nr. 1)
7. Erste Seezeichenmatrosinnen und -matrosen mit einschlägiger abgeschlossener Berufsausbildung auf einem Tonnenleger oder einem Gewässerschutzschiff.
(Hierzu Protokollerklärung Nr. 1)
8. Erste Matrosinnen und Matrosen mit einschlägiger abgeschlossener Berufsausbildung auf einem Laderaumsaugbagger.
(Hierzu Protokollerklärung Nr. 1)

9. Beschäftigte der Entgeltgruppe 5 Fallgruppe 2,
   die Spezialanlagen warten, instand setzen und Fehler selbständig beseitigen.
10. Steuerleute mit internationalem nautischen Befähigungszeugnis bis 500 BRZ in der küstennahen Fahrt mit Einsätzen in den Gewässern und Fahrten nach Häfen des europäischen Teiles der Niederlande, Polens und Dänemarks (mit Ausnahme der Färöer und Grönland).
    (Beschäftigte dieser Fallgruppe erhalten eine Entgeltgruppenzulage gemäß § 17 Nr. 3.)

Entgeltgruppe 6

1. Kranführerinnen und Kranführer sowie Erdbaugeräteführerinnen und Erdbaugeräteführer mit einschlägiger abgeschlossener Berufsausbildung auf Schiffen oder schwimmenden Geräten.
   (Hierzu Protokollerklärung Nr. 1)
2. Beschäftigte der Entgeltgruppe 5 Fallgruppe 1 oder 2,
   die zugleich als Köchin oder Koch eingesetzt sind.
   (Hierzu Protokollerklärung Nr. 1)
3. Köchinnen und Köche mit einschlägiger abgeschlossener Berufsausbildung.
4. Beschäftigte der Entgeltgruppe 5 Fallgruppe 1 oder 2,
   die hochwertige Arbeiten verrichten.
   (Hierzu Protokollerklärungen Nrn. 1 und 2)

Entgeltgruppe 5

1. Beschäftigte mit einschlägiger abgeschlossener Berufsausbildung und entsprechender Tätigkeit.
   (Hierzu Protokollerklärung Nr. 1)
2. Beschäftigte mit abgeschlossener Berufsausbildung im elektro- oder metalltechnischen Bereich und entsprechender Tätigkeit.
3. Stewardessen und Stewards mit abgeschlossener einschlägiger Ausbildung aus dem Gastronomie- oder Hauswirtschaftsbereich.

Entgeltgruppe 4

Beschäftigte auf Schiffen oder schwimmenden Geräten.

Protokollerklärungen

1. *Einschlägige Berufsausbildungen sind z.B. die Ausbildung als Schiffsmechanikerin und Schiffsmechaniker oder die frühere Ausbildung als Matrosin und Matrose.*
2. *Hochwertige Arbeiten sind z.B. Tätigkeiten als Erste Matrosin oder Erster Matrose oder im maschinentechnischen oder elektromechanischen Betrieb.*

1.2. Beschäftigte an Seeschleusen

Entgeltgruppe 9a

Wachleitende Schleusenmeisterinnen und -meister sowie Betriebsstellenleiterinnen und -leiter mit internationalem nautischen Befähigungszeugnis und entsprechender Tätigkeit.

Entgeltgruppe 8

1. Wachleitende Schleusenmeisterinnen und -meister mit nationalem nautischen Befähigungszeugnis.

2. Schleusenmaschinistinnen und -maschinisten mit abgeschlossener Berufsausbildung im metall- oder elektrotechnischen Bereich,
die auf der Seeschleuse Wilhelmshaven schichtweise die Verantwortung für den technischen Betrieb tragen.
3. Schleusenmeisterinnen und -meister mit internationalem nautischen Befähigungszeugnis.

Entgeltgruppe 7

1. Schleusenmeisterinnen und -meister mit nationalem nautischen Befähigungszeugnis oder mit nautischem Befähigungszeugnis des Binnenbereiches.
2. Beschäftigte der Entgeltgruppe 6 Fallgruppe 1,
die selbständig Instandsetzungsarbeiten ausführen.

Entgeltgruppe 6

1. Schleusen- oder Pumpwerksmaschinistinnen und -maschinisten mit abgeschlossener Berufsausbildung im metall- oder elektrotechnischen Bereich.
2. Beschäftigte der Entgeltgruppe 5 als Schleusengehilfinnen oder -gehilfen.

Entgeltgruppe 5

Schleusendecksleute mit abgeschlossener Berufsausbildung als Schiffsmechanikerin oder -mechaniker, Matrosin oder Matrose oder Binnenschifferin oder Binnenschiffer.

Entgeltgruppe 4

Schleusendecksleute.

1.3. Beschäftigte an Land im nautischen Bereich

Vorbemerkung

Dieser Unterabschnitt gilt auch für Beschäftigte an Land im nautischen Bereich der Bundesstelle für Seeunfalluntersuchung.

Entgeltgruppe 15

Beschäftigte der Entgeltgruppe 14 Fallgruppe 1,
deren Tätigkeit sich durch das Maß der damit verbundenen Verantwortung erheblich aus der Entgeltgruppe 14 Fallgruppe 1 heraushebt.

Entgeltgruppe 14

1. Beschäftigte der Entgeltgruppe 13 Fallgruppe 1,
deren Tätigkeit sich durch besondere Schwierigkeit und Bedeutung aus der Entgeltgruppe 13 Fallgruppe 1 heraushebt.
2. Beschäftigte der Entgeltgruppe 13 Fallgruppe 1,
deren Tätigkeit sich mindestens zu einem Drittel durch besondere Schwierigkeit und Bedeutung aus der Entgeltgruppe 13 Fallgruppe 1 heraushebt.
3. Untersuchungsführerinnen und Untersuchungsführer bei Seeunfalluntersuchungen mit einer wissenschaftlichen Hochschulbildung im Bereich Schiffsführung- oder Schiffsbetriebstechnik, durch die ein internationales Befähigungszeugnis erworben wird.
4. Untersuchungsführerinnen und Untersuchungsführer bei Seeunfalluntersuchungen mit einer wissenschaftlichen Hochschulbildung im Bereich Schiffsbau.

Entgeltgruppe 13

1. Beschäftigte der Entgeltgruppe 10 Fallgruppe 1 mit darauf aufbauender abgeschlossener wissenschaftlicher Hochschulbildung und entsprechender Tätigkeit.
2. Beschäftigte der Entgeltgruppe 12 Fallgruppe 1,
deren Tätigkeit sich mindestens zu einem Drittel durch das Maß der Verantwortung erheblich aus der Entgeltgruppe 12 Fallgruppe 1 heraushebt.

Entgeltgruppe 12

1. Beschäftigte der Entgeltgruppe 11 Fallgruppe 1
mit mindestens dreijähriger praktischer Erfahrung, deren Tätigkeit sich durch besondere Schwierigkeit und Bedeutung oder Spezialaufgaben
aus der Entgeltgruppe 11 Fallgruppe 1 heraushebt.
2. Beschäftigte der Entgeltgruppe 11 Fallgruppe 1
mit mindestens dreijähriger praktischer Erfahrung, deren Tätigkeit sich mindestens zu einem Drittel durch besondere Schwierigkeit und Bedeutung oder Spezialaufgaben
aus der Entgeltgruppe 11 Fallgruppe 1 heraushebt.
3. Leiterinnen und Leiter einer Verkehrszentrale mit abgeschlossener technischer Hochschulbildung, durch die ein internationales nautisches Befähigungszeugnis erworben wird.
4. Untersuchungskräfte bei Seeunfalluntersuchungen mit abgeschlossener technischer Hochschulbildung, durch die ein internationales nautisches Befähigungszeugnis erworben wird.

Entgeltgruppe 11

1. Beschäftigte der Entgeltgruppe 10 Fallgruppe 1,
deren Tätigkeit sich durch besondere Leistungen aus der Entgeltgruppe 10 Fallgruppe 1 heraushebt.
2. Beschäftigte der Entgeltgruppe 10 Fallgruppe 1,
deren Tätigkeit sich mindestens zu einem Drittel durch besondere Leistungen aus der Entgeltgruppe 10 Fallgruppe 1 heraushebt.
3. Beschäftigte der Entgeltgruppe 10 Fallgruppe 2 mit Zusatzqualifikation zum Nautiker vom Dienst und entsprechender Tätigkeit in einer Verkehrszentrale.

Entgeltgruppe 10

1. Beschäftigte mit abgeschlossener technischer Hochschulbildung, durch die ein internationales nautisches Befähigungszeugnis erworben wird, und entsprechender Tätigkeit.
2. Beschäftigte mit abgeschlossener technischer Hochschulbildung, durch die ein internationales nautisches Befähigungszeugnis erworben wird, und entsprechender Tätigkeit in einer Verkehrszentrale.

Entgeltgruppe 9a

1. Beschäftigte der Entgeltgruppe 7,
deren Tätigkeit selbständige Leistungen erfordert.

2. Nautische Beschäftigte mit internationalem nautischen Befähigungszeugnis, die die dadurch erworbenen Fähigkeiten und Kenntnisse in der Bauaufsicht anwenden.
3. Nautische Beschäftigte mit internationalem nautischen Befähigungszeugnis und entsprechender Tätigkeit in einer Verkehrszentrale.

Entgeltgruppe 8

1. Beschäftigte der Entgeltgruppe 7,
   deren Tätigkeit mindestens zu einem Drittel selbständige Leistungen erfordert.
2. Nautische Beschäftigte mit nationalem nautischen Befähigungszeugnis und entsprechender Tätigkeit in einer Verkehrszentrale.
   (Beschäftigte in dieser Fallgruppe erhalten eine Entgeltgruppenzulage gemäß § 17 Nr. 1.)
3. Hafenmeisterinnen und -meister mit internationalem nautischen Befähigungszeugnis.

Entgeltgruppe 7

Nautische Beschäftigte mit internationalem nautischen Befähigungszeugnis und entsprechender Tätigkeit.

Entgeltgruppe 6

1. Nautische Beschäftigte mit nationalem nautischen Befähigungszeugnis und entsprechender Tätigkeit.
   (Beschäftigte in dieser Fallgruppe erhalten eine Entgeltgruppenzulage gemäß § 17 Nr. 1.)
2. Hafenaufseherinnen und -aufseher mit nationalem nautischen Befähigungszeugnis.

2. Beschäftigte bei der Wasser- und Schifffahrtsverwaltung – Binnenbereich

2.1. Besatzungen von Schiffen und schwimmenden Geräten

Vorbemerkungen

1. Dieser Unterabschnitt gilt für Besatzungen von Schiffen und schwimmenden Geräten auf Binnenschifffahrtsstraßen (Bundeswasserstraßen Rhein, Mosel und Donau sowie diejenigen Bundeswasserstraßen, auf denen die Binnenschifffahrtsstraßen-Ordnung gilt).
2. Der Begriff Schiffsführerinnen und Schiffsführer umfasst auch Bootsführerinnen und Bootsführer.

Entgeltgruppe 9a

1. Geräteführerinnen und Geräteführer mit nautischem Befähigungszeugnis mit Einschränkung auf einem selbstfahrenden Löffelschwimmbagger, selbstfahrenden Hebebock oder selbstfahrenden Taucherschacht.
2. Einsatzleiterinnen und -leiter mit nautischem Befähigungszeugnis ohne Einschränkung auf einem Taucherschacht.

Entgeltgruppe 8

1. Schiffsführerinnen und Schiffsführer mit nautischem Befähigungszeugnis mit Einschränkungen auf einem Peilschiff, hydrologischen Messschiff oder Eisbrecher.
2. Schiffsführerinnen und Schiffsführer sowie Geräteführerinnen und Geräteführer mit nautischem Befähigungszeugnis mit Einschränkungen, denen kein Schiff oder schwimmendes Gerät fest zugewiesen ist.
3. Schiffsführerinnen und Schiffsführer mit nautischem Befähigungszeugnis ohne Einschränkungen und entsprechender Tätigkeit.
4. Geräteführerinnen und Geräteführer mit nautischem Befähigungszeugnis ohne Einschränkungen und entsprechender Tätigkeit.
5. Geräteführerinnen und Geräteführer auf einem Hebebock oder Taucherschacht.
6. Beschäftigte der Entgeltgruppe 5 Fallgruppe 1 oder 2
   mit verwaltungsinterner vermessungstechnischer Fortbildung, die Vermessungstätigkeiten ausüben.
7. Beschäftigte der Entgeltgruppe 7 Fallgruppe 2,
   die auf einem Taucherschacht oder Hebebock tätig sind.
8. Beschäftigte der Entgeltgruppe 7 Fallgruppe 2,
   die zugleich als Geräteführerinnen oder Geräteführer tätig sind.
9. Fährschiffsführerinnen und Fährschiffsführer mit nautischem Befähigungszeugnis auf dem Nord-Ostsee-Kanal.

Entgeltgruppe 7

1. Schiffsführerinnen und Schiffsführer sowie Geräteführerinnen und Geräteführer mit nautischem Befähigungszeugnis mit Einschränkungen.
2. Beschäftigte mit abgeschlossener Berufsausbildung im technischen Bereich (z.B. Binnenschifferinnen und Binnenschiffer oder Metallbauerinnen und Metallbauer) und Zusatzqualifikation zur Maschinistin oder zum Maschinisten und entsprechender Tätigkeit.
3. Beschäftigte der Entgeltgruppe 6 Fallgruppe 1,
   die auf einem Spezialschiff oder auf einem schwimmenden Gerät mit eigenem Antrieb oder auf einem Hebebock tätig sind, für die jeweils weder eine Maschinistin noch ein Maschinist vorgesehen ist.

Entgeltgruppe 6

1. Beschäftigte der Entgeltgruppe 5 Fallgruppe 1 oder 2,
   die als Matrosenmotorenwärterinnen oder -wärter oder als Bootsleute tätig sind.
2. Beschäftigte der Entgeltgruppe 5 Fallgruppe 1 oder 2,
   die hochwertige Arbeiten verrichten.
   (Hierzu Protokollerklärung)
3. Köchinnen und Köche mit einschlägiger abgeschlossener Berufsausbildung.
4. Beschäftigte der Entgeltgruppe 5 Fallgruppe 1 oder 2,
   die zugleich als Köchin oder Koch eingesetzt sind.

Entgeltgruppe 5

1. Beschäftigte der Entgeltgruppe 4 mit abgeschlossener Berufsausbildung zur Binnenschifferin und zum Binnenschiffer und entsprechender Tätigkeit.
2. Beschäftigte mit einer abgeschlossenen Berufsausbildung und den erforderlichen Fahrzeiten im Schifferdienstbuch, die zur Tätigkeit als Matrosin oder Matrose berechtigen, und entsprechender Tätigkeit.
3. Beschäftigte der Entgeltgruppe 4 mit der Qualifikation zur Matrosenmotorenwärterin oder zum Matrosenmotorenwärter und entsprechender Tätigkeit.

Entgeltgruppe 4

Matrosinnen und Matrosen.

Entgeltgruppe 3

Bordarbeiterinnen und Bordarbeiter
(ungelerntes Boots-, Geräte- und Schiffspersonal).

Protokollerklärung

Hochwertige Arbeiten sind z.B. Tätigkeiten als Kran- oder Erdbaugeräteführerin oder Kran- oder Erdbaugeräteführer oder Peil- und Messarbeiten.

2.2. Beschäftigte an Schleusen an Binnenschifffahrtsstraßen

Vorbemerkung

Bootsschleusen sind Schiffsschleusen für den Verkehr mit kleinen Schiffen, besonders Sportbooten gemäß DIN 4054 in Verbindung mit der Verwaltungsvorschrift der WSV des Bundes (VV-WSV 2302) „Schleusenbetrieb an Binnenschifffahrtsstraßen".

Entgeltgruppe 9a

Betriebsstellenleiterinnen und -leiter mit einer abgeschlossenen Berufsausbildung und Zusatzqualifikation zur Schichtleiterin oder zum Schichtleiter

a) in einer Leitzentrale für Schleusenanlagen,
b) an den Schleusen Iffezheim oder Geesthacht oder
c) in der Betriebszentrale Gösselthalmühle.

(Hierzu Protokollerklärung Nr. 1)

Entgeltgruppe 8

1. Schichtleiterinnen und -leiter mit einer abgeschlossenen Berufsausbildung und Zusatzqualifikation zur Schichtleiterin oder zum Schichtleiter
   a) in einer Leitzentrale für Schleusenanlagen,
   b) an den Schleusen Iffezheim oder Geesthacht oder
   c) in der Betriebszentrale Gösselthalmühle.
   (Hierzu Protokollerklärung Nr. 2)
2. Betriebsstellenleiterin und -leiter mit einer abgeschlossenen Berufsausbildung und Zusatzqualifikation zur Schichtleiterin oder zum Schichtleiter
   an einer Schleusenanlage.
3. Betriebsstellenleiterinnen und -leiter mit einer abgeschlossenen Berufsausbildung und Zusatzqualifikation zur Schichtleiterin oder zum Schichtleiter
   an einer Leitzentrale für Bootschleusen.

Entgeltgruppe 7

1. Schichtleiterinnen und -leiter mit einer abgeschlossenen Berufsausbildung und entsprechender Zusatzqualifikation
   an einer Schleusenanlage.
2. Betriebsstellenleiterinnen und -leiter mit einer abgeschlossenen Berufsausbildung und Zusatzqualifikation zur Schichtleiterin oder zum Schichtleiter
   an einer Bootsschleuse mit dazugehörigen Wehren.
3. Schichtleiterinnen und -leiter mit einer abgeschlossenen Berufsausbildung und entsprechender Zusatzqualifikation
   an einer Leitzentrale für Bootschleusen.

Entgeltgruppe 6

1. *(aufgehoben)*
2. Schichtleiterinnen und -leiter mit einer abgeschlossenen Berufsausbildung und entsprechender Zusatzqualifikation
   an einer Bootsschleuse mit dazugehörigen Wehren.
3. Beschäftigte mit einer abgeschlossenen Berufsausbildung in einer Leitzentrale und entsprechender Tätigkeit.
4. Schaltwärterinnen und Schaltwärter mit einer abgeschlossenen Berufsausbildung.

Entgeltgruppe 5

1. Schleusen- und Wehrgehilfinnen und -gehilfen mit einer abgeschlossenen Berufsausbildung.
2. Beschäftigte mit einer abgeschlossenen Berufsausbildung, denen die Betriebsabwicklung an einer Bootsschleuse mit dazugehörigen Wehren obliegt.
   (Beschäftigte in dieser Fallgruppe erhalten eine Entgeltgruppenzulage gemäß § 17 Nr. 1)
   (Hierzu Protokollerklärung Nr. 3)

Entgeltgruppe 4

Beschäftigte der Entgeltgruppe 3,
denen mindestens schichtweise die Betriebsabwicklung an einer Bootsschleuse und den dazugehörigen Wehren obliegt.

Entgeltgruppe 3

Beschäftigte an einer Schleusen- oder Wehranlage.

Protokollerklärungen

1. *Bei Übertragung einer entsprechenden Tätigkeit bis zum 31. Dezember 2022 sind Betriebsstellenleiterinnen und -leiter im Mehrschichtbetrieb an einer Schleusenanlage, die für den Schiffsverkehr auf Wasserstraßen der Klasse IV und höher eingerichtet ist, in Entgeltgruppe 9a eingruppiert.*
2. *Bei Übertragung einer entsprechenden Tätigkeit bis zum 31. Dezember 2022 sind Schichtleiterinnen und -leiter im Mehrschichtbetrieb an einer Schleusenanlage, die für den Schiffsverkehr auf Wasserstraßen der Klasse IV und höher eingerichtet ist, in Entgeltgruppe 8 eingruppiert.*
3. *Die Betriebsabwicklung erfordert keine Zusatzqualifikation als Schichtleiterin oder Schichtleiter.*

2.3. Beschäftigte an Land im nautischen Bereich

Entgeltgruppe 11

Beschäftigte der Entgeltgruppe 9c, deren Tätigkeit sich

durch besondere Schwierigkeit und Bedeutung aus der Entgeltgruppe 9c heraushebt.

Entgeltgruppe 10

Beschäftigte der Entgeltgruppe 9c, deren Tätigkeit sich

mindestens zu einem Drittel durch besondere Schwierigkeit und Bedeutung aus der Entgeltgruppe 9c heraushebt.

Entgeltgruppe 9c

Beschäftigte der Entgeltgruppe 9b Fallgruppe 1,

deren Tätigkeit sich dadurch aus der Entgeltgruppe 9b Fallgruppe 1 heraushebt, dass sie besonders verantwortungsvoll ist.

Entgeltgruppe 9b

1. Nautische Beschäftigte mit nautischem Befähigungszeugnis und entsprechender Tätigkeit,
   deren Tätigkeit gründliche, umfassende Fachkenntnisse und selbständige Leistungen erfordert.
2. Nautische Sachverständige mit nautischem Befähigungszeugnis in einer Schiffsuntersuchungskommission.
3. Leiterinnen und Leiter einer Revierzentrale mit nautischem Befähigungszeugnis.

Entgeltgruppe 8

Nautische Beschäftigte mit nautischem Befähigungszeugnis und entsprechender Tätigkeit in einer Revierzentrale.

3. Beschäftigte mit WSV-spezifischen Tätigkeiten an Land

Vorbemerkung

Dieser Abschnitt gilt sowohl für den Küsten- als auch für den Binnenbereich.

Entgeltgruppe 9b

Geprüfte Wasserbaumeisterinnen und -meister als Erste Wasserbaumeisterinnen oder -meister im Leitungsbereich eines Außenbezirks.

Entgeltgruppe 9a

1. Geprüfte Wasserbaumeisterinnen und -meister als Zweite Wasserbaumeisterinnen oder -meister im Leitungsbereich eines Außenbezirks.
2. Beschäftigte mit einschlägiger abgeschlossener Berufsausbildung und Unterweisung im Schiffseichdienst und entsprechender Tätigkeit.
3. Beschäftigte der Entgeltgruppe 8 Fallgruppe 3,
   die bei Entwicklungs- und Versuchsarbeiten an Modellen oder bei der Erstellung von Modellen selbständig und gestaltend mitwirken, wenn diese Tätigkeiten überdurchschnittliche Kenntnisse der Werkstoffe und deren Verarbeitung erfordern.

Entgeltgruppe 8

1. Geprüfte Wasserbaumeisterinnen und -meister mit entsprechender Tätigkeit in einem Außenbezirk.
2. Tauchermeisterinnen und -meister mit entsprechender Tätigkeit.
3. Beschäftigte mit einschlägiger abgeschlossener Berufsausbildung, die besonders schwierige Instandsetzungen oder besonders schwierige Spezialarbeiten an Seezeichen oder an Modellen selbständig durchführen.
4. Beschäftigte mit einschlägiger abgeschlossener Berufsausbildung als Maschinistinnen und Maschinisten auf Schleusen, Pumpwerken oder Hubbrücken.
5. Beschäftigte mit abgeschlossener Berufsausbildung im metalltechnischen Bereich, die
   a) selbständig besonders schwierige Einbauten von Schiffsantriebsanlagen durchführen,
   b) auf Prüfständen Motoren einstellen, einregulieren und abbremsen oder
   c) Dieselmotoren überholen und einstellen.
6. Beschäftigte mit abgeschlossener Berufsausbildung im elektrotechnischen Bereich, die besonders schwierige Instandsetzungen oder Spezialarbeiten an komplizierten elektrischen Anlagen oder Geräten selbständig ausführen.
7. Beschäftigte mit einschlägiger abgeschlossener Berufsausbildung, die selbständig besonders schwierige Arbeiten an Antrieben oder Steuerungen ausführen.
8. Maschinistinnen und Maschinisten in der Leitstelle und den Maschinenanlagen des Fahrzeug- und Fußgängertunnels Rendsburg sowie der Klappbrücke (früher Herrenbrücke) in Lübeck.
9. Wasserbewirtschafterinnen und -bewirtschafter mit einschlägiger abgeschlossener Berufsausbildung in der Fernsteuerzentrale Datteln, den Zentralen für Wasserbewirtschaftung Minden, Magdeburg – Rothensee, Gösselthalmühle, Griesheim, Eddersheim und Leda-Sperrwerk.

Entgeltgruppe 7

1. Bauaufseherinnen und -aufseher mit einer abgeschlossenen Berufsausbildung, die die von Unternehmern auszuführenden Bauarbeiten beaufsichtigen, z.B. an Schleusen, Wehren oder Brücken.
2. Taucherinnen und Taucher mit einschlägiger abgeschlossener Berufsausbildung.
3. Beschäftigte mit einschlägiger abgeschlossener Berufsausbildung, die schwierige Spezialarbeiten an Seezeichen oder an Modellen verrichten.
4. Beschäftigte mit abgeschlossener Berufsausbildung sowie mit Zusatzqualifikation zur Vergabefachkraft und entsprechender Tätigkeit, z.B. selbständiges Erstellen von Leistungsverzeichnissen.

Entgeltgruppe 6

1. Dammbeobachterinnen und -beobachter mit einer abgeschlossenen Berufsausbildung.
2. Elektronikerinnen und Elektroniker mit abgeschlossener Berufsausbildung und entsprechender Tätigkeit.

3. Kranführerinnen und Kranführer, Erdbaugeräteführerinnen und Erdbaugeräteführer sowie Radladerfahrerinnen und -fahrer mit einer abgeschlossenen Berufsausbildung.
4. Köchinnen und Köche mit abgeschlossener Berufsausbildung in einem Berufsbildungszentrum.
5. Wahrschauerinnen und Wahrschauer mit einer abgeschlossenen Berufsausbildung im Wahrschaudienst.
6. Beschäftigte mit einer abgeschlossenen Berufsausbildung, die an der Erstellung von Modellen mitwirken.
7. Taucherinnen und Taucher.
8. Signalfrauen und -männer mit einschlägiger abgeschlossener Berufsausbildung.

Entgeltgruppe 5

1. Hafenaufseherinnen und -aufseher.
2. Signalfrauen und -männer.

Entgeltgruppe 4

1. Fahrerinnen und Fahrer von Flurförderzeugen mit einer Hubkraft ab 2.000 Kilogramm.
2. Kranführerinnen und Kranführer.

Entgeltgruppe 3

Helferinnen und Helfer in der Streckenunterhaltung oder in einem Bauhof.

4. Beschäftigte beim Bundesamt für Seeschifffahrt und Hydrographie

4.1. Besatzungen der Schiffe

Entgeltgruppe 13

1. Kapitäninnen und Kapitäne
   a) mit abgeschlossener technischer Hochschulbildung, durch die ein internationales nautisches Befähigungszeugnis erworben wird, und
   b) mit abgeschlossener technischen Hochschulbildung der Fachrichtung Vermessungstechnik und Geomatik sowie sonstige Beschäftigte, die auf Grund gleichwertiger Fähigkeiten und ihrer Erfahrungen entsprechende Tätigkeiten ausüben,

   die zugleich als Leiterin oder Leiter der Vermessung tätig sind.
   (Beschäftigte in dieser Fallgruppe erhalten eine Entgeltgruppenzulage gemäß § 17 Nr. 8.)
2. Erste nautische Offizierinnen und Offiziere
   a) mit abgeschlossener technischer Hochschulbildung, durch die ein internationales nautisches Befähigungszeugnis erworben wird, und
   b) mit abgeschlossener technischer Hochschulbildung der Fachrichtung Vermessungstechnik und Geomatik sowie sonstige Beschäftigte, die auf Grund gleichwertiger Fähigkeiten und ihrer Erfahrungen entsprechende Tätigkeiten ausüben,

   die zugleich als Erste Vermessungsgruppenleiterin oder -leiter tätig sind.

Entgeltgruppe 12

1. Erste nautische Offizierinnen und Offiziere
   a) mit internationalem nautischen Befähigungszeugnis und
   b) mit abgeschlossener technischer Hochschulbildung der Fachrichtung Vermessungstechnik und Geomatik sowie sonstige Beschäftigte, die auf Grund gleichwertiger Fähigkeiten und ihrer Erfahrungen entsprechende Tätigkeiten ausüben,

   die zugleich als Erste Vermessungsgruppenleiterin oder -leiter tätig sind.
2. Nautische Offizierinnen und Offiziere
   a) mit abgeschlossener technischer Hochschulbildung, durch die ein internationales nautisches Befähigungszeugnis erworben wird, und
   b) mit abgeschlossener technischer Hochschulbildung der Fachrichtung Vermessungstechnik und Geomatik sowie sonstige Beschäftigte, die auf Grund gleichwertiger Fähigkeiten und ihrer Erfahrungen entsprechende Tätigkeiten ausüben,

   die zugleich als Vermessungsgruppenleiterin oder -leiter tätig sind.

Entgeltgruppe 11

1. Nautische Offizierinnen und Offiziere
   a) mit internationalem nautischen Befähigungszeugnis und
   b) mit abgeschlossener technischer Hochschulbildung der Fachrichtung Vermessungstechnik und Geomatik sowie sonstige Beschäftigte, die auf Grund gleichwertiger Fähigkeiten und ihrer Erfahrungen entsprechende Tätigkeiten ausüben,

   die zugleich als Vermessungsgruppenleiterin oder -leiter tätig sind.
2. Leiterinnen und Leiter der Maschinenanlage mit abgeschlossener technischer Hochschulbildung, durch die ein internationales schiffsmaschinentechnisches Befähigungszeugnis erworben wird, und entsprechender Tätigkeit sowie sonstige Beschäftigte mit internationalem schiffsmaschinentechnischen Befähigungszeugnis, die auf Grund gleichwertiger Fähigkeiten und ihrer Erfahrungen entsprechende Tätigkeiten ausüben.

Entgeltgruppe 10

Nautische Offizierinnen und Offiziere mit abgeschlossener technischer Hochschulbildung, durch die ein internationales nautisches Befähigungszeugnis erworben wird, und entsprechender Tätigkeit.

Entgeltgruppe 9b

1. Nautische Offizierinnen und Offiziere mit internationalem nautischen Befähigungszeugnis und Zusatzqualifikation zur Seevermessungstechnikerin oder zum Seevermessungstechniker und entsprechender Tätigkeit.
2. Leiterinnen und Leiter der Maschinenanlage als Alleinmaschinistinnen oder -maschinisten mit internationalem schiffsmaschinentechnischen Befähigungszeugnis.
3. Technische Offizierinnen und Offiziere mit internationalem schiffsmaschinentechnischen Befähigungszeugnis zur Zweiten technischen Offizierin oder zum Zweiten technischen Offizier und entsprechender Tätigkeit.

Entgeltgruppe 8

1. Nautische Offizierinnen und Offiziere mit internationalem nautischen Befähigungszeugnis und entsprechender Tätigkeit.
2. Technische Offizierinnen und Offiziere mit internationalem schiffsmaschinentechnischen Befähigungszeugnis zur technischen Wachoffizierin oder zum technischen Wachoffizier und entsprechender Tätigkeit.
3. Tauchermeisterinnen und -meister sowie gleichwertige Taucheraufseherinnen und Taucheraufseher,
   denen mindestens eine Taucherin oder ein Taucher dieses Unterabschnitts unterstellt ist.
4. Bootsführerinnen und Bootsführer mit nationalem nautischen Befähigungszeugnis und entsprechender Tätigkeit.
5. Beschäftigte der Entgeltgruppe 5 Fallgruppe 1
   als Bootsleute, denen mindestens zwei Beschäftigte dieses Unterabschnitts mindestens der Entgeltgruppe 5 unterstellt sind.
6. Beschäftigte der Entgeltgruppe 5 Fallgruppe 1
   mit Zusatzqualifikation zur Seevermessungstechnikerin oder zum Seevermessungstechniker und entsprechender Tätigkeit.
7. Beschäftigte der Entgeltgruppe 7 mit nationalem nautischen Befähigungszeugnis,
   die zugleich als Bootsführerin oder Bootsführer eingesetzt werden.
8. Beschäftigte der Entgeltgruppe 7 mit Zusatzqualifikation zur Seevermessungstechnikerin und zum Seevermessungstechniker,
   die zugleich als Seevermessungstechnikerin oder -techniker eingesetzt werden.

Entgeltgruppe 7

Taucherinnen und Taucher mit einschlägiger abgeschlossener Berufsausbildung.

Entgeltgruppe 6

1. Beschäftigte der Entgeltgruppe 5 Fallgruppe 1,
   die hochwertige Arbeiten verrichten.
   (Hierzu Protokollerklärung Nr. 1)
2. Köchinnen und Köche mit einschlägiger abgeschlossener Berufsausbildung.
3. Taucherinnen und Taucher.
4. Signalfrauen und -männer mit einschlägiger abgeschlossener Berufsausbildung.

Entgeltgruppe 5

1. Beschäftigte mit abgeschlossener Berufsausbildung im technischen Bereich und entsprechender Tätigkeit.
   (Hierzu Protokollerklärung Nr. 2)
2. Stewardessen und Stewards mit abgeschlossener einschlägiger Ausbildung aus dem Gastronomie- oder Hauswirtschaftsbereich.
3. Signalfrauen und -männer.

Entgeltgruppe 4

Stewardessen und Stewards als Servierkräfte.

Protokollerklärungen

1. Hochwertige Arbeiten sind z.B. die Bedienung ozeanographischer Geräte oder sonstiger Spezialgeräte, die Durchführung von Vermessungsarbeiten oder Arbeiten im maschinentechnischen Bereich.

2. Abgeschlossene Berufsausbildungen im technischen Bereich sind z.B. Berufsausbildungen zur Schiffsmechanikerin oder zum Schiffsmechaniker, zur Matrosin oder zum Matrosen oder zur Metallbauerin oder zum Metallbauer.

4.2. Beschäftigte an Land im nautischen Bereich

Entgeltgruppe 15

Beschäftigte der Entgeltgruppe 14 Fallgruppe 1,
deren Tätigkeit sich durch das Maß der damit verbundenen Verantwortung erheblich aus der Entgeltgruppe 14 Fallgruppe 1 heraushebt.

Entgeltgruppe 14

1. Beschäftigte der Entgeltgruppe 13 Fallgruppe 1,
   deren Tätigkeit sich durch besondere Schwierigkeit und Bedeutung aus der Entgeltgruppe 13 Fallgruppe 1 heraushebt.
2. Beschäftigte der Entgeltgruppe 13 Fallgruppe 1,
   deren Tätigkeit sich mindestens zu einem Drittel durch besondere Schwierigkeit und Bedeutung aus der Entgeltgruppe 13 Fallgruppe 1 heraushebt.

Entgeltgruppe 13

1. Beschäftigte der Entgeltgruppe 10 mit darauf aufbauender abgeschlossener wissenschaftlicher Hochschulbildung und entsprechender Tätigkeit.
2. Leiterinnen und Leiter einer Organisationseinheit mit abgeschlossener technischer Hochschulbildung, durch die ein internationales nautisches oder ein internationales schiffsmaschinentechnisches Befähigungszeugnis erworben wird,
   denen mindestens drei Beschäftigte dieses Unterabschnitts mit internationalem nautischen oder internationalem technischen Befähigungszeugnis ständig unterstellt sind.
3. Beschäftigte der Entgeltgruppe 12 Fallgruppe 1,
   deren Tätigkeit sich mindestens zu einem Drittel durch das Maß der Verantwortung erheblich aus der Entgeltgruppe 12 Fallgruppe 1 heraushebt.

Entgeltgruppe 12

1. Beschäftigte der Entgeltgruppe 11 Fallgruppe 1
   mit mindestens dreijähriger praktischer Erfahrung, deren Tätigkeit sich durch besondere Schwierigkeit und Bedeutung oder Spezialaufgaben
   aus der Entgeltgruppe 11 Fallgruppe 1 heraushebt.
2. Beschäftigte der Entgeltgruppe 11 Fallgruppe 1
   mit mindestens dreijähriger praktischer Erfahrung, deren Tätigkeit sich mindestens zu einem Drittel durch besondere Schwierigkeit und Bedeutung oder Spezialaufgaben
   aus der Entgeltgruppe 11 Fallgruppe 1 heraushebt.

3. Beschäftigte der Entgeltgruppe 10,
deren Tätigkeit sich dadurch aus der Entgeltgruppe 11 Fallgruppe 3 heraushebt, dass ihnen die Überprüfung der Leistungen von Beschäftigten mit internationalen nautischen Befähigungszeugnissen bei der Bearbeitung nautischer Veröffentlichungen übertragen ist.

Entgeltgruppe 11

1. Beschäftigte der Entgeltgruppe 10,
deren Tätigkeit sich durch besondere Leistungen aus der Entgeltgruppe 10 heraushebt.
2. Beschäftigte der Entgeltgruppe 10,
deren Tätigkeit sich mindestens zu einem Drittel durch besondere Leistungen aus der Entgeltgruppe 10 heraushebt.
3. Beschäftigte der Entgeltgruppe 10,
deren Tätigkeit sich dadurch aus der Entgeltgruppe 10 heraushebt, dass sie nautische Veröffentlichungen bearbeiten, die fachliche Fremdsprachenkenntnisse erfordern.
4. Beschäftigte der Entgeltgruppe 10,
deren Tätigkeit sich dadurch aus der Entgeltgruppe 10 heraushebt, dass sie selbständig Prüf-, Genehmigungs-, Anerkennungs- oder Anmeldeverfahren durchführen.

Entgeltgruppe 10

Technische Beschäftigte mit abgeschlossener technischer Hochschulbildung, durch die ein internationales nautisches oder ein internationales schiffsmaschinentechnisches Befähigungszeugnis erworben wird, und entsprechender Tätigkeit.

Entgeltgruppe 9a

Beschäftigte mit abgeschlossener einschlägiger Berufsausbildung und Unterweisung im Schiffseichdienst und entsprechender Tätigkeit.

5. Beschäftigte im Kontrolldienst beim Bundesamt für Güterverkehr

Entgeltgruppe 12

1. Beschäftigte der Entgeltgruppe 11,
deren Tätigkeit sich dadurch aus der Entgeltgruppe 11 heraushebt, dass ihnen übergeordnete Konzeptions- und Koordinierungsaufgaben sowie übergreifende Aufgaben der Qualitätssicherung übertragen sind.
(Hierzu Protokollerklärung Nr. 1)
2. Beschäftigte der Entgeltgruppe 10 Fallgruppe 1 oder 2,
deren Tätigkeit sich dadurch aus der Entgeltgruppe 10 Fallgruppe 1 oder 2 heraushebt, dass ihnen übergeordnete Konzeptions- und Koordinierungsaufgaben sowie übergreifende Aufgaben der Qualitätssicherung übertragen sind.
(Hierzu Protokollerklärung Nr. 1)

Entgeltgruppe 11

Leiterinnen und Leiter einer Kontrolleinheit mit Beschäftigten der Entgeltgruppe 9b Fallgruppen 1 oder 2 oder der Entgeltgruppe 10 Fallgruppe 1 dieses Abschnitts.

Entgeltgruppe 10

1. Beschäftigte mit abgeschlossener technischer Hochschulbildung sowie Beschäftigte mit verwaltungsinterner technischer Prüfung,
   die aufgrund ausdrücklicher Tätigkeitsübertragung Kraftfahrzeuge auf dem Gebiet der technischen Unterwegskontrolle auf der Straße kontrollieren und bei Zuwiderhandlungen die vorgesehenen Maßnahmen ergreifen.
2. Leiterinnen und Leiter einer Kontrolleinheit mit Beschäftigten der Entgeltgruppen 8 oder 9a dieses Abschnitts.

Entgeltgruppe 9b

1. Beschäftigte der Fallgruppe 2 mit verwaltungsinterner Prüfung in speziellen Rechtsgebieten,
   deren Tätigkeit sich aus der Fallgruppe 2 dadurch heraushebt, dass sie aufgrund ausdrücklicher Tätigkeitsübertragung Kraftfahrzeuge in speziellen Rechtsgebieten kontrollieren und bei Zuwiderhandlungen die vorgesehenen Maßnahmen ergreifen.
   (Beschäftigte in dieser Fallgruppe erhalten eine Entgeltgruppenzulage gemäß § 17 Nr. 8.)
   (Hierzu Protokollerklärung Nr. 2)
2. Straßenkontrolleurinnen und -kontrolleure.
   (Hierzu Protokollerklärung Nr. 3)
3. Beschäftigte, die Einrichtungen zur Erhebung von Mautgebühren (Mautstellen) auf vergütungsrelevante Tatbestände, Systemsicherheit und kassentechnische Zuverlässigkeit prüfen und bei festgestellten Mängeln die dafür vorgesehenen Maßnahmen veranlassen.

Entgeltgruppe 9a

Beschäftigte der Entgeltgruppe 8 Fallgruppe 2,

die mindestens zu einem Drittel Aufgaben von Straßenkontrolleurinnen und -kontrolleuren nach einzelnen Regelungsbereichen des Güterkraftverkehrsgesetzes (GüKG) auf der Straße durchführen.

(Beschäftigte in dieser Fallgruppe erhalten eine Entgeltgruppenzulage gemäß § 17 Nr. 1.)

(Hierzu Protokollerklärung Nr. 4)

Entgeltgruppe 8

1. Beschäftigte der Fallgruppe 2,
   die auch Aufgaben von Straßenkontrolleurinnen und -kontrolleuren nach einzelnen Regelungsbereichen des Güterkraftverkehrsgesetzes (GüKG) auf der Straße durchführen.
   (Beschäftigte in dieser Fallgruppe erhalten eine Entgeltgruppenzulage gemäß § 17 Nr. 4.)
   (Hierzu Protokollerklärung Nr. 4)
2. Mautkontrolleurinnen und -kontrolleure.
   (Hierzu Protokollerklärung Nr. 5)

Protokollerklärungen

1. *Übergeordnete Konzeptions- und Koordinierungsaufgaben sind z.B. die Umsetzung von nationalem und internationalem Recht.*
2. *Spezielle Rechtsgebiete sind z.B. Gefahrgutrecht, Abfallrecht und Ladungssicherung.*

3. [1] *Straßenkontrolleurinnen und -kontrolleure sind Beschäftigte, die zur Überwachung des Güter- und Personenverkehrs auf der Straße Kontrollen von Kraftfahrzeugen nach den Regelungen des Güterkraftverkehrsgesetzes (GüKG) durchführen und bei Zuwiderhandlungen die vorgesehenen Maßnahmen ergreifen.* [2] *Unter diese Fallgruppe fallen nicht Spezialkontrollen und besondere Kontrollen z.B. der Einhaltung des Gefahrgutrechts, Abfallrechts, der Ladungssicherungsvorschriften oder die technische Unterwegskontrolle, die von Beschäftigten der Entgeltgruppe 9b Fallgruppe 1 oder der Entgeltgruppe 10 Fallgruppe 1 durchgeführt werden.*
4. *Einzelne Regelungsbereiche nach dem GüKG sind z.B. die Regelungen zu Maßen und Gewichten, technischen Untersuchungsterminen und zum Kraftfahrzeugsteuerrecht.*
5. *Mautkontrolleurinnen und -kontrolleure sind Beschäftigte, die die Einhaltung einer gesetzlichen Gebührenpflicht bei Kraftfahrzeugen auf der Straße kontrollieren und bei Zuwiderhandlungen die vorgesehenen Maßnahmen ergreifen.*

6. Beschäftigte im Wetterfachdienst beim Deutschen Wetterdienst

Entgeltgruppe 12

1. Leiterinnen und Leiter einer Luftfahrtberatungszentrale.
2. Leiterinnen und Leiter einer Regionalen Messnetzgruppe.

Entgeltgruppe 11

1. Wetterberaterinnen und Wetterberater mit abgeschlossener Hochschulbildung in der Fachrichtung Meteorologie und einer Wetterberaterlizenz.
2. Lehrkräfte mit abgeschlossener Hochschulbildung in der Fachrichtung Meteorologie an dem Bildungs- und Tagungszentrum für den Wetterfachdienst.

Entgeltgruppe 9a

1. Leiterinnen und Leiter von Wetterwarten mit anerkannter wetterfachlicher Ausbildung.
   (Beschäftigte in dieser Fallgruppe erhalten eine Entgeltgruppenzulage gemäß § 17 Nr. 1.)
   (Hierzu Protokollerklärung)
2. Beschäftigte mit anerkannter wetterfachlicher Ausbildung und entsprechender Tätigkeit,
   denen die Betriebsaufsicht über Organisationseinheiten übertragen ist.
   (Beschäftigte in dieser Fallgruppe erhalten eine Entgeltgruppenzulage gemäß § 17 Nr. 1.)
   (Hierzu Protokollerklärung)

Entgeltgruppe 8

1. Bürosachbearbeiterinnen und -sachbearbeiter mit anerkannter wetterfachlicher Ausbildung und entsprechender Tätigkeit.
   (Beschäftigte in dieser Fallgruppe erhalten eine Entgeltgruppenzulage gemäß § 17 Nr. 6.)
   (Hierzu Protokollerklärung)
2. Wetterbeobachterinnen und -beobachter sowie Wetterfachkräfte mit anerkannter wetterfachlicher Ausbildung.
   (Hierzu Protokollerklärung)

Protokollerklärung

Eine wetterfachliche Ausbildung ist anzuerkennen, wenn sie dem Niveau und dem Inhalt der Laufbahnausbildung im mittleren naturwissenschaftlichen Dienst des Bundes mit Abschluss als meteorologisch-technische Assistentin oder meteorologisch-technischer Assistent entspricht.

Teil VI. Besondere Tätigkeitsmerkmale im Bereich des Bundesministeriums des Innern

1. Besondere Tätigkeitsmerkmale im Bereich der Bundespolizei

Entgeltgruppe 10

Beschäftigte im Hubschrauberinstandhaltungsbetrieb mit der Lizenz für Freigabeberechtigtes Personal der Kategorie C gemäß der VO (EU) Nr. 1321/2014 Anhang III (Teil 66) und mit der Autorisation des Instandhaltungsbetriebs der Bundespolizei-Fliegergruppe zur Erteilung von Freigabebescheinigungen für mindestens zwei im Bundespolizei-Flugdienst betriebene Hubschraubermuster.

Entgeltgruppe 9b

1. Beschäftigte im Hubschrauberinstandhaltungsbetrieb mit der Lizenz für Freigabeberechtigtes Personal der Kategorie B gemäß der VO (EU) Nr. 1321/2014 Anhang III (Teil 66) und mit der Autorisation des Instandhaltungsbetriebs der Bundespolizei-Fliegergruppe zur Erteilung von Freigabebescheinigungen für mindestens zwei im Bundespolizei-Flugdienst betriebene Hubschraubermuster.
   (Die Beschäftigten in dieser Fallgruppe erhalten eine Entgeltgruppenzulage gemäß § 17 Nr. 7.)
2. Geprüfte Meisterinnen und Meister des Kraftfahrzeughandwerks, die als amtlich anerkannte Prüfer mit Teilbefugnissen verantwortlich die Hauptuntersuchungen (HU) an Kraftfahrzeugen der Bundespolizei nach § 29 Straßenverkehrszulassungsordnung (StVZO) abnehmen.

Entgeltgruppe 9a

1. Beschäftigte mit einschlägiger abgeschlossener Berufsausbildung und mit mindestens zwei Lizenzen der Bundespolizei-Fliegergruppe für unterschiedliche Hubschraubermuster zur Durchführung von Instandhaltungsarbeiten aller Schwierigkeitsgrade bis zur Grundüberholung,
   die an Hubschraubern verschiedener Muster im Rahmen von periodischen Inspektionen komplexe Systeme (Hydraulik, Mechanik, Triebwerk) fachübergreifend selbständig überprüfen und instand setzen sowie nicht planbare Instandsetzungen fachübergreifend selbständig durchführen.
2. Beschäftigte mit einschlägiger abgeschlossener Berufsausbildung und mit mindestens zwei Lizenzen der Bundespolizei-Fliegergruppe für unterschiedliche Hubschraubermuster zur Durchführung von Instandhaltungsarbeiten aller Schwierigkeitsgrade bis zur Grundüberholung,
   die an Hubschraubern verschiedener Muster besonders schwierige Instandsetzungen oder schwierige Spezialarbeiten an eingebauten oder ausgebauten hochempfindlichen und komplizierten Luftfahrzeuginstrumenten oder an komplexen Komponenten und Systemen der Luftfahrzeugelektronik oder -optronik selbständig durchführen.

3. Geprüfte Meisterinnen und Meister des Kraftfahrzeughandwerks,
die verantwortlich die Abgasuntersuchung (AU) und Sicherheitsprüfung (SP) an Kraftfahrzeugen der Bundespolizei nach § 29 Straßenverkehrszulassungsordnung (StVZO) abnehmen.
4. Geprüfte Elektrotechnikermeisterinnen und Elektrotechnikermeister oder geprüfte Industriemeisterinnen und Industriemeister der Fachrichtung Elektrotechnik, die an optischen, draht- und/oder funkgebundenen Hochfrequenznetzwerken (z.B. LAN, TETRA, LTE, 5G) besonders schwierige Instandsetzungen durchführen oder an komplexen Komponenten und Systemen der Informationstechnik (z.B. Leitstellentechnik) selbständig arbeiten.
5. Beschäftigte im Hubschrauberinstandhaltungsbetrieb mit der Lizenz für Freigabeberechtigtes Personal der Kategorie B gemäß VO (EU) Nr. 1321/2014 Anhang III (Teil 66) und mit der Autorisation des Instandhaltungsbetriebs der Bundespolizei-Fliegergruppe zur Erteilung von Freigabebescheinigungen für mindestens ein im Bundespolizei-Flugdienst betriebenes Hubschraubermuster.
(Die Beschäftigten in dieser Fallgruppe erhalten eine Entgeltgruppenzulage gemäß § 17 Nr. 5.)
6. Prüferinnen und Prüfer von Luftfahrtgerät Klasse 4 in den Fachrichtungen Flugsicherungsausrüstung oder Flugmotoren gemäß VO (EU) Nr. 1321/2014 Anhang III in Verbindung mit der Verordnung über Luftfahrtpersonal mit der Autorisation des Instandhaltungsbetriebes der Bundespolizei-Fliegergruppe für die Erteilung von Freigabebescheinigungen für Komponenten der Flugsicherungsausrüstung oder Flugmotoren.
(Die Beschäftigten in dieser Fallgruppe erhalten eine Entgeltgruppenzulage gemäß § 17 Nr. 5.)
7. Prüferinnen und Prüfer für zerstörungsfreie Werkstoffprüfung Stufe 2 gemäß VO (EU) Nr. 1321/2014 Anhang II in Verbindung mit der DIN EN 4179 mit der Autorisation des Instandhaltungsbetriebs der Bundespolizei-Fliegergruppe für die Durchführung und Bescheinigung von zerstörungsfreien Werkstoffprüfungen nach mindestens einem Prüfverfahren.
(Die Beschäftigten in dieser Fallgruppe erhalten eine Entgeltgruppenzulage gemäß § 17 Nr. 5.)

Entgeltgruppe 8

1. Beschäftigte mit einschlägiger abgeschlossener Berufsausbildung,
die besonders schwierige Instandsetzungen oder Spezialarbeiten an hochempfindlichen und komplizierten Waffen oder Geräten, oder an Hubschraubern oder Hubschraubergruppen oder an Schiffsantriebsanlagen selbständig durchführen.
2. Beschäftigte mit einschlägiger abgeschlossener Berufsausbildung,
die besonders schwierige Instandsetzungen oder Spezialarbeiten an eingebauten oder ausgebauten hochempfindlichen und komplizierten Instrumenten oder Bauteilen der Avionik (z.B. kodierter oder servopneumatischer Höhenmesser) oder an Bauteilen der Flugregelanlage (z.B. Steuerungsteil des Autopiloten) von Luftfahrzeugen selbständig durchführen.
3. Beschäftigte mit einschlägiger abgeschlossener Berufsausbildung,
die in Werkstätten überwiegend nach Entwurfsunterlagen oder sonstigen technischen Angaben hochwertige Geräte oder Instrumente unter Eigenverantwortung zusammenbauen und justieren.

Entgeltgruppe 7

1. Beschäftigte der Entgeltgruppe 6 Fallgruppe 1 oder 2,
   die besonders hochwertige Arbeiten verrichten.
   (Hierzu Protokollerklärung Nr. 1)
2. Kraftfahrzeugmechatronikerinnen und -mechatroniker, Kraftfahrzeugschlosserinnen und -schlosser, Kraftfahrzeugmechanikerinnen und -mechaniker oder Kraftfahrzeugelektrikerinnen und -elektriker sowie Karosseriebauerinnen und Karosseriebauer oder Beschäftigte mit abgeschlossener Berufsausbildung in einem verwandten Beruf,
   die in Werkstätten schwierige Instandsetzungen an verschiedenen Spezialfahrzeugen durchführen.
   (Hierzu Protokollerklärung Nr. 2)
3. Beschäftigte mit einschlägiger abgeschlossener Berufsausbildung,
   die Instandsetzungen an elektrisch oder mechanisch komplizierten Funk- oder sonstigen Spezialgeräten ausführen, wobei sie Fehler durch eigene schwierige Messungen selbst eingrenzen.

Entgeltgruppe 6

1. Beschäftigte mit abgeschlossener Berufsausbildung im technischen Bereich, die
   a) als Mechanikerin oder Mechaniker, Mechatronikerin oder Mechatroniker, Elektrikerin oder Elektriker oder Elektronikerin oder Elektroniker an Luft-, Wasser- oder Bodenfahrzeugen oder anderem spezifischem Gerät, Waffen oder Material der Bundespolizei,
   b) als Büchsenmacherin oder Büchsenmacher oder
   c) als Schlosserin oder Schlosser oder Tischlerin oder Tischler in Lehrmittelwerkstätten

   hochwertige Arbeiten verrichten.
   (Hierzu Protokollerklärung Nr. 3)
2. Beschäftigte mit abgeschlossener Berufsausbildung im technischen Bereich,
   die mindestens zu einem Drittel hochwertige Arbeiten verrichten, welche an die Eignung und selbständige Überlegung besondere Anforderungen stellen.
   (Hierzu Protokollerklärungen Nrn. 4 und 5)

Entgeltgruppe 3

Helferinnen und Helfer sowie Packerinnen und Packer in Versorgungseinrichtungen (Lager für Waffen, Gerät oder Material) oder in Waffen-, Geräte- oder Bekleidungskammern.

Protokollerklärungen

1. *Besonders hochwertige Arbeiten sind Arbeiten, die neben vielseitigem hochwertigem fachlichen Können besondere Umsicht und Zuverlässigkeit erfordern.*
2. *Spezialfahrzeuge sind z.B.:*
   a) besonders ausgestattete LKW und ihre Anhänger (z.B. schwere Zugmaschinen mit Ladekran, Wechselpritschen-LKW mit Überladekran zum Anhänger, Taucherbasisfahrzeuge, Wasserwerfer),
   b) Spezialfahrzeuge der technischen Einsatzeinheit (TEE) oder des technischen Einsatzdienstes (TED), z.B. Planierraupen, Baugeräte, Mehrzweck-Arbeitsgeräte mit vielen Anbaugeräten, Dekontaminationsanhänger,

c) Kraftomnibusse mit polizeitypischen Einbauten,

d) Krankenkraftfahrzeuge,

e) gepanzerte oder sondergeschützte Kraftfahrzeuge (z.B. Sonderwagen, geschützte Kraftfahrzeuge für Verwendungen in Krisengebieten),

f) sonstige Spezialfahrzeuge (z.B. Observationskraftfahrzeuge mit verdeckt verbauten Observationsmitteln, Funkpeilfahrzeuge, Messfahrzeuge für Funk, Wärmebildkraftfahrzeuge, Vorserienfahrzeuge, Fahrzeuge mit polizeitypischer Sonderausstattung).

3. Hochwertige Arbeiten sind Arbeiten, die an das Überlegungsvermögen und das fachliche Geschick der Beschäftigten Anforderungen stellen, die über das Maß dessen hinausgehen, das von solchen Beschäftigten üblicherweise verlangt werden kann.

4. Das Tätigkeitsmerkmal gilt nur für körperlich/handwerklich geprägte Tätigkeiten und nur, sofern keine spezielleren Tätigkeitsmerkmale des Teils III einschlägig sind.

5. Hochwertige Arbeiten, welche an die Eignung und selbständige Überlegung besondere Anforderungen stellen, sind z.B.:

a) das Einstellen, Instandsetzen oder Prüfen komplizierter Einrichtungen an Kraftfahrzeugen wie polizeispezifische Sondereinbauten, verdeckt verbaute Sondereinbauten, Funkanlagen oder Observationstechnik;

b) schwierige Instandsetzungen an Kraft- oder Arbeitsmaschinen einschließlich der Stark- oder Schwachstromanlagen oder von Kälteaggregaten, Aufzugsanlagen, Heizungsanlagen oder Klimaanlagen;

c) das Einstellen, Instandsetzen oder Prüfen komplizierter Apparate wie Zünd-, Licht- oder Anlassmaschinen sowie Kraftstoffeinspritzvorrichtungen an Kraftfahrzeugen;

d) sonstige handwerkliche Arbeiten, die im Allgemeinen nur aufgrund besonderer Erfahrungen geleistet werden können, sofern bei der Ausführung der Arbeiten an das Überlegungsvermögen und fachliche Geschick Anforderungen gestellt werden, die über das Maß dessen hinausgehen, was von Beschäftigten der Entgeltgruppe 5 üblicherweise verlangt werden kann.

2. Köchinnen und Köche sowie Bedienungskräfte bei der Bundespolizei

Entgeltgruppe 6

1. Beschäftigte der Entgeltgruppe 5 in Truppenküchen oder in vergleichbaren Einrichtungen,
   die fachlich selbständig Küchen vorstehen.
2. Beschäftigte der Entgeltgruppe 5 in Truppenküchen oder in vergleichbaren Einrichtungen,
   denen mindestens zwei Köchinnen oder Köche unterstellt sind.

Entgeltgruppe 5

Köchinnen und Köche
mit abgeschlossener Berufsausbildung als Köchin oder Koch, Fleischerin oder Fleischer, Bäckerin oder Bäcker, Konditorin oder Konditor.

Entgeltgruppe 3

Bedienungskräfte in Kasinos oder vergleichbaren Einrichtungen.

3. Beschäftigte im Schießbetrieb der Bundespolizei

Entgeltgruppe 5

Beschäftigte der Entgeltgruppe 4 mit einschlägiger abgeschlossener Berufsausbildung.

Entgeltgruppe 4

Schießstandwartinnen und -warte sowie Wartinnen und Warte für Raumschießanlagen.

4. Unterkunftswärterinnen und -wärter, Gebirgshüttenwartinnen und -warte sowie Helferinnen und Helfer in Unterkünften und Liegenschaften im Bereich der Bundespolizei

Entgeltgruppe 5

Beschäftigte der Entgeltgruppe 4 Fallgruppe 2 mit einschlägiger abgeschlossener Berufsausbildung.

Entgeltgruppe 4

1. Gebirgshüttenwartinnen und -warte auf Hütten der Bundespolizei, die mit der Wartung und Instandhaltung sowie kleineren Reparaturen an der Hütte, den Aggregaten und dem Pionier- und Unterkunftsgerät beauftragt sind.
2. Unterkunftswärterinnen und -wärter.

Entgeltgruppe 3

Helferinnen und Helfer in Unterkünften oder Liegenschaften.

Anlage 2. Richtlinien für verwaltungseigene Prüfungen

Abschnitt I. Allgemeine Regelungen

§ 1. Geltungsbereich

(1) [1]Diese Richtlinien gelten für Beschäftigte, die Tätigkeiten in einem anerkannten Ausbildungsberuf mit einer Ausbildungsdauer von mindestens drei Jahren ausüben, die von einem der im Anhang aufgelisteten Tätigkeitsmerkmale erfasst werden, ohne über die im Tätigkeitsmerkmal geforderte abgeschlossene Berufsausbildung zu verfügen, und eine verwaltungseigene Prüfung (§ 13) ablegen wollen. [2]Für die verwaltungseigenen Prüfungen von Messgehilfinnen und Messgehilfen gelten die Sonderregelungen des Abschnitts II, für die verwaltungseigenen Prüfungen von Beschäftigten im Munitionsfachdienst gelten die Sonderregelungen des Abschnitts III.

(2) Verwaltungseigene Prüfungen können nur für die Tätigkeiten abgelegt werden, die in dem Bereich der Verwaltung, bei der die oder der Beschäftigte beschäftigt ist, vorkommen und für die ein anerkannter Ausbildungsberuf die Grundlage bildet; das gilt nicht für die Abschnitte II und III.

(3) [1]Die abgelegte Prüfung gilt für den gesamten Bereich des Bundes. [2]Eine verwaltungseigene Prüfung, die bei einem anderen Arbeitgeber im Bereich des öffentlichen Dienstes abgelegt worden ist, kann anerkannt werden.

§ 2. Zulassungsantrag

(1) [1]Den Antrag auf Zulassung zur Prüfung hat die oder der Beschäftigte bei der zuständigen Dienststelle schriftlich einzureichen. [2]Die Dienststelle entscheidet über die Zulassung.

(2) Dem Antrag soll stattgegeben werden, wenn die oder der Beschäftigte in Zukunft voraussichtlich überwiegend mit Tätigkeiten beschäftigt wird, die sonst nur von Beschäftigten mit abgeschlossener mindestens dreijähriger Berufsausbildung ausgeführt werden.

§ 3. Zulassungsvoraussetzungen

(1) [1] Für die Zulassung zur Prüfung muss eine mindestens dreijährige Beschäftigung beim Bund mit einschlägigen Tätigkeiten des Ausbildungsberufs vorliegen, in dem die Prüfung abgelegt werden soll. [2] Für die Feststellung der dreijährigen Tätigkeit sollen unterbrochene Beschäftigungen zusammengerechnet werden; Unterbrechungen von weniger als zwei Jahren sind unschädlich.

(2) Außerhalb des Bundes erworbene vorherige Zeiten mit einschlägigen Tätigkeiten können auf die dreijährige Beschäftigung angerechnet werden, wenn nach der Beendigung dieser Tätigkeiten in dem vorherigen Arbeitsverhältnis und der Fortsetzung der Tätigkeit beim Bund nicht mehr als drei Monate vergangen sind.

(3) [1] Zeiten als Wehrpflichtiger oder freiwilligen Wehrdienst Leistende oder Leistender, in denen überwiegend einschlägige Tätigkeiten im Sinne des Absatzes 1 ausgeübt worden sind, werden auf die dreijährige Beschäftigung angerechnet. [2] Das gilt auch für entsprechende Zeiten als Soldatin oder Soldat auf Zeit oder als Berufssoldatin oder Berufssoldat.

§ 4. Prüfungsausschuss

(1) [1] Die Prüfung ist vor einem Prüfungsausschuss abzulegen. [2] Er setzt sich zusammen aus einer Vorsitzenden oder einem Vorsitzendem und zwei Beisitzenden.

(2) [1] Den Vorsitz hat eine sachverständige Beamtin oder ein sachverständiger Beamter oder eine sachverständige Arbeitnehmerin oder ein sachverständiger Arbeitnehmer. [2] Im Bereich des Bundesministeriums der Verteidigung können auch entsprechend vorgebildete Offizierinnen oder Offiziere Vorsitzende sein.

(3) Beisitzende sind

a) eine geprüfte Meisterin oder ein geprüfter Meister des betreffenden Ausbildungsberufs; im Bereich des Bundesministeriums der Verteidigung kann dies auch eine Soldatin oder ein Soldat in Meisterfunktion des betreffenden Ausbildungsberufs sein, und

b) eine Arbeitnehmerin oder ein Arbeitnehmer, die bzw. der in dem zu prüfenden Berufszweig über eine abgeschlossene Berufsausbildung verfügt.

(4) Die Prüfung kann auch vor dem Prüfungsausschuss einer anderen Verwaltung oder eines anderen Betriebes des Arbeitgebers abgelegt werden.

§ 5. Prüfungsanforderungen

(1) [1] Die Prüfung hat den Nachweis zu erbringen, dass die oder der Beschäftigte die in dem betreffenden Ausbildungsberuf gebräuchlichen Handgriffe und Fertigkeiten mit genügender Sicherheit ausübt und die notwendigen Fachkenntnisse besitzt. [2] Diese Kenntnisse und Fertigkeiten müssen den an durchschnittliche Beschäftigte zu stellenden fachlichen Anforderungen entsprechen.

(2) [1] Die Prüfung soll von den Gegebenheiten der Betriebspraxis ausgehen. [2] Sie besteht aus einem praktischen und einem mündlichen Teil. [3] Das Haupt-

gewicht ist auf den praktischen Teil zu legen, in dem die Beschäftigten durch eine geeignete Arbeitsprobe ihr praktisches Können nachzuweisen haben.

§ 6. Durchführung der Prüfung

(1) Der Prüfungstermin und der Prüfungsort werden von der oder dem Vorsitzenden des Prüfungsausschusses festgesetzt und den Beteiligten rechtzeitig bekannt gegeben.

(2) [1] Über den Hergang der Prüfung ist eine Niederschrift aufzunehmen, die außer dem Gesamtergebnis auch die Bewertung des praktischen und mündlichen Prüfungsteils enthalten soll. [2] Die Niederschrift ist von allen Mitgliedern des Prüfungsausschusses zu unterschreiben.

(3) Nach beendeter Prüfung entscheidet der Prüfungsausschuss auf Grund des Ergebnisses der praktischen und mündlichen Prüfung, ob die oder der Beschäftigte bestanden hat, und teilt das Ergebnis der bzw. dem Beschäftigten sofort mit.

(4) [1] Die oder der Vorsitzende des Prüfungsausschusses gibt die Prüfungsunterlagen mit der Niederschrift über das Ergebnis der Prüfung an die zuständige Dienststelle. [2] Hat die oder der Beschäftigte die Prüfung bestanden, so stellt die zuständige Dienststelle hierüber ein Zeugnis aus. [3] In dem Zeugnis ist anzugeben, in welchem Ausbildungsberuf die Prüfung abgelegt worden ist; dies gilt nicht für die Prüfungen nach Abschnitt II und III.

(5) Prüfungsgebühren werden nicht erhoben.

§ 7. Wiederholung der Prüfung

(1) [1] Hat die oder der Beschäftigte die Prüfung nicht bestanden, so kann sie nach einer vom Prüfungsausschuss zu bestimmenden Frist wiederholt werden. [2] Die Frist soll mindestens sechs Monate betragen. [3] Sie ist in der Prüfungsniederschrift festzulegen. [4] Die Prüfung ist in allen Teilen zu wiederholen.

(2) Eine weitere Wiederholung der Prüfung ist nicht zulässig.

§ 8. Arbeitsbefreiung, Entgeltfortzahlung

Die oder der Beschäftigte wird zum Ablegen der Prüfung für die Dauer der unumgänglich notwendigen Abwesenheit unter Fortzahlung des Entgelts nach § 21 TVöD von der Arbeit freigestellt.

§ 9. Reisekosten

Für die Erstattung der aus Anlass der Vorbereitung und Durchführung der Prüfung entstehenden Reisekosten findet § 44 TVöD-BT-V entsprechende Anwendung.

Abschnitt II. Sonderregelungen für verwaltungseigene Prüfungen von Messgehilfinnen und -gehilfen

Zu § 1 – Geltungsbereich

Dieser Abschnitt gilt für verwaltungseigene Prüfungen von Messgehilfinnen und -gehilfen (Teil III Abschnitt 45 Entgeltgruppe 5 Fallgruppe 2 und Entgeltgruppe 6 Fallgruppe 2 der Anlage 1).

Zu § 3 – Zulassungsvoraussetzungen

[1] Für die Zulassung zur Prüfung muss eine mindestens dreijährige Tätigkeit als Messgehilfin oder -gehilfe im Dienste einer behördlichen Vermessungsstelle

oder bei einer öffentlich bestellten Vermessungsingenieurin oder einem öffentlich bestellten Vermessungsingenieur vorliegen. [2]Gleichartige Tätigkeiten bei anderen Stellen sollen angerechnet werden.

Zu § 4 – Prüfungsausschuss

(1) [1]Der Ausschuss setzt sich zusammen aus

a) einer Beamtin oder einem Beamten des vermessungstechnischen Dienstes oder einer oder einem vermessungstechnischen Beschäftigten als Vorsitzender bzw. Vorsitzenden,
b) einer Beamtin oder einem Beamten des vermessungstechnischen Dienstes oder einer oder einem vermessungstechnischen Beschäftigten als Beisitzerin bzw. Beisitzer und
c) einer geprüften Messgehilfin oder einem geprüften Messgehilfen als Beisitzerin bzw. Beisitzer.

[2]Solange Beisitzende nach Satz 1 Buchstabe c nicht zur Verfügung stehen, ist hierfür eine weitere Beisitzerin oder ein weiterer Beisitzer nach Satz 1 Buchstabe b zu bestellen.

(2) Im Bereich des Bundesministeriums der Verteidigung kann an die Stelle der Beamtin oder des Beamten des vermessungstechnischen Dienstes oder der oder des vermessungstechnischen Beschäftigten auch eine entsprechend vorgebildete Offizierin oder ein entsprechend vorgebildeter Offizier als Vorsitzende bzw. Vorsitzender und eine entsprechend vorgebildete Unteroffizierin oder ein entsprechend vorgebildeter Unteroffizier als Beisitzerin bzw. Beisitzer treten.

Zu § 5 – Prüfungsanforderungen

(1) Zu den Prüfungsanforderungen gehören insbesondere:

a) Aufsuchen von Grenz- und Vermessungspunkten nach Weisung, Skizzen und einfachen Rissangaben,
b) Einfluchten von Vermessungslinien ohne Vermessungsinstrumente, Absetzen von Parallelen in einfachen Fällen, Bestimmung von Linienschnittpunkten,
c) Streckenmessung,
d) Aufnahme und Absetzen rechter Winkel mit Winkelprisma,
e) Handhabung von Tachymeter- und Nivellierlatten und Gefällmessern und Plattensuchern,
f) Handhabung von Vermessungsinstrumenten und Zubehör,
g) einfache Aufschreibungen und Skizzen,
h) Setzen von Grenz- und Vermessungsmarken mit und ohne Sicherungen,
i) Signalisierung von Vermessungspunkten,
j) Pflege der Vermessungsgeräte einschließlich Zubehör und Ausführung kleinerer Reparaturen.

(2) Die praktische Prüfung besteht in der Mithilfe bei einer Vermessung, in der die Messgehilfin oder der Messgehilfe ihr bzw. sein praktisches Können bei den in Absatz 1 bezeichneten Arbeiten nachzuweisen hat.

(3) [1]In der mündlichen Prüfung hat die Messgehilfin oder der Messgehilfe ihre bzw. seine Fachkenntnisse auch auf folgenden Gebieten nachzuweisen:

a) Allgemeine Materialkunde über Vermessungsgeräte und Abmarkungsmaterial,
b) Absicherung einer Vermessungsstelle, Erste Hilfe, Unfallverhütung,
c) Verhalten beim Betreten fremder Grundstücke und im Umgang mit den Beteiligten, Vermeiden von Schäden an Bauwerken, Anlagen und unterirdischen Leitungen,
d) geometrische Grundbegriffe, einfache Aufgaben in den Grundrechenarten, Grundkenntnisse der Messverfahren.

[2]Die Beantwortung der bei der praktischen Prüfung gestellten Fragen kann als Teil der mündlichen Prüfung gewertet werden.

(4) Der praktische Teil der Prüfung soll etwa drei Stunden, der mündliche Teil der Prüfung soll etwa eine halbe Stunde dauern.

Abschnitt III. Sonderregelungen für verwaltungseigene Prüfungen von Beschäftigten im Munitionsfachdienst

Zu § 1 – Geltungsbereich

Dieser Abschnitt gilt für verwaltungseigene Prüfungen von Beschäftigten im Munitionsfachdienst (Teil IV Abschnitt 22 der Anlage 1).

Zu § 3 – Zulassungsvoraussetzungen

(1) [1]Für die Zulassung zur Prüfung soll eine mindestens dreijährige Beschäftigung in den einschlägigen Tätigkeiten von Beschäftigten im Munitionsfachdienst vorliegen. [2]Die dreijährige Beschäftigung soll in der Verwaltung oder dem Betrieb, in dem die oder der Beschäftigte beschäftigt ist, verbracht sein.

(2) [1]Bei der Übernahme von Beschäftigten, die bei den Stationierungsstreitkräften beschäftigt waren, können Zeiten mit einschlägigen Tätigkeiten auf die dreijährige Beschäftigung angerechnet werden, wenn die bei den Stationierungsstreitkräften ausgeübte Tätigkeit innerhalb von drei Monaten nach dem Ausscheiden bei der Bundeswehr fortgesetzt wurde. [2]Dies gilt entsprechend auch bei der Übernahme von Beschäftigten anderer Verwaltungen.

(3) Bei Beschäftigten, die als Wehrpflichtige, freiwilligen Wehrdienst Leistende, Soldatin oder Soldat auf Zeit oder als Berufssoldatin oder Berufssoldat Wehrdienst in der Bundeswehr geleistet haben, werden Zeiten, in denen sie überwiegend mit einschlägigen Tätigkeiten beschäftigt waren, auf die dreijährige Beschäftigung angerechnet.

(4) Zeiten, in denen Beschäftigte überwiegend mit artverwandten Tätigkeiten des Munitionsfachdienstes beschäftigt waren, können bis zu einer Dauer von zwölf Monaten auf die dreijährige Beschäftigung angerechnet werden.

(5) Als einschlägige Tätigkeit gilt eine solche, die die in der Protokollerklärung zu Absatz 1 der Sonderregelung zu § 5 aufgeführten Fertigkeiten und Kenntnisse der entsprechenden Spezialtätigkeit des Munitionsfachdienstes zum überwiegenden Teil umfasst.

(6) Als artverwandt gelten Tätigkeiten mit Fertigkeiten und Kenntnissen in der Metallbearbeitung, im Ablauf mechanischer und chemischer Arbeitsgänge sowie im Kennzeichnen, Lagern und Versandfertigmachen von Waren.

Zu § 4 – Prüfungsausschuss

Der Ausschuss setzt sich zusammen aus

a) einer sachverständigen Beamtin, Offizierin oder Arbeitnehmerin oder einem sachverständigen Beamten, Offizier oder Arbeitnehmer der entsprechenden Fachrichtung als Vorsitzender bzw. Vorsitzenden,

b) einer Beamtin, Arbeitnehmerin oder Soldatin oder einem Beamten, Arbeitnehmer oder Soldaten in Meisterfunktion in der betreffenden Spezialtätigkeit als Beisitzerin bzw. Beisitzer und

c) einer Arbeiternehmerin oder einem Arbeiternehmer mit Prüfungszeugnis nach diesen Richtlinien.

Zu § 5 – Prüfungsanforderungen

(1) [1] In der Fertigkeitsprüfung soll die oder der Beschäftigte durch geeignete Arbeitsproben nachweisen, dass sie bzw. er die wichtigsten und notwendigen Fertigkeiten des Munitionsfachdienstes beherrscht. [2] Die Arbeitszeit für Arbeitsproben soll drei Stunden nicht überschreiten.

Protokollerklärung zu Absatz 1:

[1] Die Fertigkeitsprüfung soll umfassen:

a) Handhaben der einschlägigen Werkzeuge, Maschinen, Messvorrichtungen und sonstigen Geräte sowie das Überprüfen auf ihre Verwendungsfähigkeit an Hand der Bedienungs- und Prüfanleitungen,

b) Arbeiten an der Munition, wie Prüfen, Zerlegen, Zusammensetzen, Auswechseln von Teilen der Munition,

c) Kennzeichnen und Beschriften von Munition und ihrer Verpackung an Hand von Zeichnungen,

d) Verpacken und Palettieren von Munition,

e) Stapeln von Munition in Stapeln und Packgefäßen, Be- und Entladen von Fahrzeugen,

f) Vernichten von Munition und Explosivstoffen als Gehilfin oder Gehilfe der Sprengmeisterin oder des Sprengmeisters.

[2] Die oder der Beschäftigte muss die Prüfungsarbeit unter Beachtung der einschlägigen Bestimmungen ausführen. [3] Es ist besonders darauf zu achten, ob das richtige Arbeitsverfahren angewandt wird, die Arbeit planmäßig aufgebaut wird, die vorauszusetzenden Bestimmungen bekannt sind und die Arbeiten mit der erforderlichen Sorgfalt ausgeführt werden.

(2) [1] In der schriftlichen Kenntnisprüfung werden der oder dem Beschäftigten 15 Fragen aus dem Gebiet der Fachkunde und fünf Fachrechenaufgaben gestellt. [2] Die oder der Beschäftigte hat hierbei nachzuweisen, dass sie bzw. er neben den fachlichen Kenntnissen auch die notwendigen schreib- und rechentechnischen Fertigkeiten beherrscht. [3] Die schriftliche Prüfung soll die Zeit von drei Stunden nicht überschreiten.

(3) [1] Die mündliche Kenntnisprüfung soll von praktischen betrieblichen Situationen ausgehen und in Form eines freien Prüfungsgesprächs durchgeführt werden. [2] Sie soll eine Leistungsbeurteilung der oder des Beschäftigten unter Berücksichtigung ihres bzw. seines persönlichen Eindrucks ermöglichen. [3] Auf jeden Prüfling soll in der mündlichen Prüfung eine tatsächliche Prüfungszeit von 15 bis 20 Minuten entfallen.

Protokollerklärung zu Absatz 2 und 3:
Die Kenntnisprüfung soll umfassen:

1. *Fachkundeprüfung*
   a) *Grundbegriffe auf dem Munitions- und Explosivstoffgebiet,*
   b) *Wesen und Wirkung der Explosivstoffe und sonstigen gefährlichen Stoffe in der Munition,*
   c) *Behandlung, Verwendung und Verpackung der gefährlichen Stoffe,*
   d) *Eigenschaften der gefährlichen Stoffe, sofern sie für den unfallsicheren Umgang von Bedeutung sind,*
   e) *Aufbau, Wirkungsweise und Verpackung der gebräuchlichsten Munitionsarten,*
   f) *Gefahren und Schutzmaßnahmen beim Umgang mit Munition und Explosivstoffen.*

   Darüber hinaus ist die Kenntnis der einschlägigen Dienstvorschriften zu prüfen, insbesondere die Kenntnis der Bestimmungen für das Handhaben, Lagern, Sichten, Sortieren, Untersuchen, Prüfen, Bearbeiten (Zusammensetzen, Zerlegen, Instandsetzen, Ändern), Versenden und Vernichten von Munition und Explosivstoffen und der einschlägigen Unfallschutzbestimmungen.
2. *Fachzeichnen*
   Die Fertigkeit, Zeichnungen zu lesen, ist zu prüfen, entweder am Skizzieren eines einfachen Munitionsteiles, am Herstellen einer einfachen Ergänzungszeichnung oder am Herausziehen (Zeichnen) von Einzelheiten aus einer Zusammenstellungszeichnung.
3. *Fachrechnen*
   Es sind einfache, auf das Fachgebiet abgestellte Aufgaben in Anwendung der Grundrechnungsarten zu lösen.

Anhang zur Anlage 2

Tätigkeitsmerkmale der Entgeltordnung

1. Teil II
2. Teil III
   Abschnitt 4, Abschnitt 19, Abschnitt 23, Abschnitt 31, Abschnitt 33, Abschnitt 38, Abschnitt 39, Abschnitt 44, Abschnitt 45 Entgeltgruppe 5 Fallgruppe 2 und Entgeltgruppe 6 Fallgruppe 2, Abschnitt 48 Entgeltgruppe 8.
3. Teil IV
   Abschnitt 1 Entgeltgruppen 6 bis 7, Entgeltgruppe 8 Fallgruppen 1 bis 3 und Entgeltgruppe 9a, Abschnitt 4, Abschnitt 8, Abschnitte 12 und 13, Abschnitte 15 bis 17, Abschnitt 19, Abschnitte 21 bis 23, Abschnitt 28, Abschnitt 31.
4. Teil V
   a) Abschnitt 1 Unterabschnitt 1 und Unterabschnitt 2,
   b) Abschnitt 2 Unterabschnitt 1 und Unterabschnitt 2,
   c) Abschnitt 3,
   d) Abschnitt 4 Unterabschnitt 1.
5. Teil VI
   a) Abschnitt 1 mit Ausnahme der Entgeltgruppen 10, 9b und 9a Fallgruppen 3 bis 7,
   b) Abschnitte 2 bis 4.

Niederschriftserklärungen

1. Zu § 3

[1] In der Entgeltordnung sind die bisher getrennten Regelwerke für die Eingruppierung von Angestellten sowie von Arbeiterinnen und Arbeitern in einer neuen Struktur zusammengeführt. [2] Die jeweiligen besonderen Tätigkeitsmerkmale sind in den Teilen III bis VI zusammengefasst, während die allgemeinen Tätigkeitsmerkmale der Vergütungsordnung (Fallgruppen 1 des Teils I der Anlage 1a zum BAT) in Teil I und die Oberbegriffe des allgemeinen Teils des Lohngruppenverzeichnisses in Teil II abgebildet sind. [3] Die bisherige Regelungsweise im Lohngruppenverzeichnis in Form von Oberbegriffen, Beispielen und „Ferner"-Merkmalen und ihr Verhältnis zueinander entfällt. [4] § 3 regelt die Geltung der einzelnen Teile der Entgeltordnung auf der Grundlage der Vorbemerkung Nr. 1 zu allen Vergütungsgruppen der Anlage 1a zum BAT. [5] Die Tarifvertragsparteien sind sich einig, dass es dadurch nicht zu Regelungslücken oder strukturellen Verschlechterungen für die ehemaligen Arbeiterinnen und Arbeiter kommen soll. [6] Vor diesem Hintergrund sollen folgende Beispielsfälle den Regelungsgehalt von § 3 verdeutlichen, wobei durch die Bildung von Beispielen mit ausschließlich auszuübenden Tätigkeiten in den Nummern 1, 2, 3, 4, 6 und 7 § 12 (Bund) Abs. 2 Satz 2 TVöD unberührt bleibt.

1. Verhältnis der Teile IV bis VI zu Teil III der Entgeltordnung

[1] Für die in den besonderen Tätigkeitsmerkmalen der Teile IV, V oder VI geregelten Tätigkeiten ist der jeweilige Teil abschließend. [2] Soweit die Tätigkeit keines der in dem jeweiligen Teil aufgeführten Tätigkeitsmerkmale erfüllt, sind die Teile IV, V und VI nicht abschließend. [3] In diesem Fall ist zunächst zu prüfen, ob ein Tätigkeitsmerkmal des Teils III erfüllt ist. [4] Erfüllt die Tätigkeit eines der Tätigkeitsmerkmale des Teils III, so gilt dieses.

Beispiel 1 (Botentätigkeit im Bundesministerium für Verkehr und digitale Infrastruktur [BMVI])

[1] Einer Beschäftigten im Bereich des BMVI sind ausschließlich Botentätigkeiten übertragen worden. [2] Zwar sind für die Eingruppierung dieser Beschäftigten die im Teil V geregelten Tätigkeitsmerkmale für den Bereich des BMVI vorrangig zu prüfen (§ 3 Abs. 1 Sätze 2, 4 und 5). [3] Da jedoch Teil V keine Tätigkeitsmerkmale für Botentätigkeiten enthält, ist als nächstes Teil III zu prüfen, obwohl es sich um eine Tätigkeit im Bereich des BMVI handelt. [4] Im Teil III ist in Abschnitt 9 (Botinnen und Boten sowie Pförtnerinnen und Pförtner) in der Entgeltgruppe 3 das Tätigkeitsmerkmal „Botinnen und Boten" vereinbart. [5] Die Beschäftigte ist in Entgeltgruppe 3 eingruppiert.

2. Zur Bedeutung der Untergliederung der Teile III bis VI der Entgeltordnung

[1] Die weitere Untergliederung der Teile III bis VI in Abschnitte und Unterabschnitte, welche aus Gründen der Übersichtlichkeit jeweils mit Überschriften versehen sind, hat nicht zur Folge, dass alle Beschäftigten, deren Tätigkeit im weitesten Sinne von einer Überschrift „erfasst" ist, zwingend nach den Tätigkeitsmerkmalen des entsprechenden Abschnitts oder Unterabschnitts eingruppiert sind. [2] Vielmehr sind die Tätigkeitsmerkmale, die unter bestimmten Überschriften in einzelnen Abschnitten oder Unterabschnitten aufgeführt sind, nur für solche Tätigkeiten abschließend, die unter ein Tätigkeitsmerkmal des jeweiligen Abschnitts oder Unterabschnitts zu subsumieren sind.

Beispiel 2a (Tischlertätigkeit im Bereich Film-Bild-Ton des Bundesministeriums der Verteidigung [BMVg])

[1] Ein Beschäftigter mit einer Berufsausbildung als Tischler ist innerhalb des Bereichs des BMVg im Bereich Film-Bild-Ton tätig. [2] Ihm sind ausschließlich besonders hochwertige Tischlerarbeiten übertragen worden. [3] Da Tischlertätigkeiten jedoch keines der im Teil IV Abschnitt 9 (Beschäftigte im Bereich Film-Bild-Ton) aufgeführten Tätigkeitmerkmale erfüllt, sind die Tätigkeitsmerkmale dieses Abschnitts für seine Tätigkeit nicht einschlägig. [4] Damit stellt sich die Frage nicht, ob die Tätigkeitsmerkmale des Teils IV Abschnitt 9 abschließend sind (§ 3 Abs. 1 Sätze 1, 4 und 5). [5] Da die Tätigkeit auch keines der Tätigkeitsmerkmale des Teils III erfüllt und es sich um eine körperlich/handwerklich geprägte Tätigkeit handelt, gelten die Tätigkeitsmerkmale des Teils II. [6] Seine Tätigkeit erfüllt dort das Tätigkeitsmerkmal der Entgeltgruppe 7 „Beschäftigte der Entgeltgruppe 5, die besonders hochwertige Arbeiten verrichten“. [7] Der Beschäftigte ist in Entgeltgruppe 7 eingruppiert.

Die Tarifvertragsparteien stimmen darin überein, dass eine Überschrift, die einen Geltungsbereich (z.B. Beschäftigte einer bestimmten Behörde) benennt, Beschäftigte außerhalb dieses Geltungsbereichs von den unter der Überschrift genannten Tätigkeitsmerkmalen ausschließt.

Beispiel 2b (Internet- und Rundfunkauswertertätigkeit im Bundesministerium der Finanzen [BMF])

[1] Ein Beschäftigter wertet im BMF Internet- und Rundfunkveröffentlichungen aus. [2] Da der Beschäftigte nicht dem Presse- und Informationsamt der Bundesregierung angehört, gelten für ihn nicht die Tätigkeitsmerkmal des Abschnitts 26 des Teils III. [3] Für den Beschäftigten gelten vielmehr die Tätigkeitsmerkmale des Teils I.

3. Eingruppierung bei Erfüllung eines Tätigkeitsmerkmals der Teile III, IV, V oder VI der Entgeltordnung

[1] Erfüllt die Tätigkeit einer oder eines Beschäftigten ein Tätigkeitsmerkmal der Teile III, IV, V oder VI, so gilt dieses Tätigkeitsmerkmal. [2] Selbst wenn diese Tätigkeit ein Tätigkeitsmerkmal einer höheren Entgeltgruppe in Teil I oder II erfüllen würde, ist eine Anwendung der Tätigkeitsmerkmale der Teile I oder II und damit eine höhere Eingruppierung ausgeschlossen (§ 3 Abs. 1 Sätze 4 und 5 und Abs. 2 Satz 2).

Beispiel 3 (Diesellokführertätigkeiten)

[1] Einer Beschäftigten im Bereich des BMVg ist ausschließlich die Tätigkeit als Diesellokführerin einer Diesellokomotive mit 300 kW übertragen worden. [2] Die Beschäftigte erfüllt mit ihrer Tätigkeit das Tätigkeitsmerkmal der Entgeltgruppe 6 in Teil IV Abschnitt 5 „Diesellokführerinnen und Diesellokführer, die Diesellokomotiven über 257 kW (349 PS) führen“. [3] Das Tätigkeitsmerkmal ist maßgeblich. [4] Die Tätigkeitsmerkmale der Teile I, II und III finden keine Anwendung. [5] Selbst wenn sich bei Anwendung eines der Tätigkeitsmerkmale der Teile I, II oder III eine niedrigere oder höhere Eingruppierung ergäbe, bleibt es bei der Eingruppierung in Entgeltgruppe 6 nach Teil IV Abschnitt 5 (§ 3 Abs. 1 Satz 4 und 5).

4. Eingruppierung nach Funktionsmerkmalen

Für die Eingruppierung nach einem Funktionsmerkmal kommt es nicht auf die Bezeichnung der Tätigkeit oder Funktion der oder des Beschäftigten an, sondern auf die auszuübende Tätigkeit (§ 12 [Bund] Abs. 2 TVöD).

Beispiel 4 (Hausmeistertätigkeiten)

a.) [1] Einem Beschäftigten sind ausschließlich Hausmeistertätigkeiten übertragen worden. [2] Er verfügt über eine einschlägige dreijährige Berufsausbildung. [3] Der Beschäftigte erfüllt mit seiner Tätigkeit das Tätigkeitsmerkmal der Entgeltgruppe 5 in Teil III Abschnitt 23 „Hausmeisterinnen und Hausmeister“ und ist entsprechend eingruppiert. [4] Die Tätigkeitsmerkmale der Teile I und II gelten nicht (§ 3 Abs. 2).

b.) [1] Etwas anderes gilt, wenn der Beschäftigte zwar als Hausmeister bezeichnet wird, aber ausschließlich Tätigkeiten eines Facharbeiters (z.B. Elektroniker, Tischler) auszuüben hat. [2] Für diese Tätigkeiten ist zunächst zu prüfen, ob ein Tätigkeitsmerkmal der Teile IV, V oder VI erfüllt ist. [3] Ist das nicht der Fall, ist zu prüfen, ob ein Tätigkeitsmerkmal des Teils III erfüllt ist. [4] Ist das auch nicht der Fall, gelten die Tätigkeitsmerkmale des Teils II, weil die Tätigkeit eines Facharbeiters körperlich/handwerklich geprägt ist. [5] Der Beschäftigte ist – wenn er über eine entsprechende Berufsausbildung verfügt oder eine verwaltungseigene Prüfung (§ 13) bestanden hat – je nach Anforderung der Tätigkeit in Entgeltgruppe 5, 6 oder 7 eingruppiert.

c.) [1] Wird ein Beschäftigter zwar als Hausmeister bezeichnet, hat aber ausschließlich Anlagen der Gebäude- und Betriebstechnik zu bedienen und instand zu halten, für deren Betrieb ein entsprechender Sachkundenachweis Voraussetzung ist, gelten für ihn nicht die Tätigkeitsmerkmale für Hausmeisterinnen und Hausmeister in Teil III Abschnitt 23, sondern die Tätigkeitsmerkmale für Beschäftigte in der Instandhaltung und Bedienung von Gebäude- und Betriebstechnik in Teil III Abschnitt 19. [2] Er ist bei Erfüllung der nach diesen Tätigkeitsmerkmalen geforderten Voraussetzungen in der Person je nach Anforderung der Tätigkeit in Entgeltgruppe 6, 7, 8 oder 9a eingruppiert.

5. Eingruppierung bei mehreren Arbeitsvorgängen

Besteht die auszuübende Tätigkeit aus mehreren Arbeitsvorgängen, erfolgt die Prüfung der Geltung von Tätigkeitsmerkmalen der einzelnen Teile der Entgeltordnung für jeden Arbeitsvorgang gesondert (Protokollerklärung zu § 3).

Beispiel 5 (Registratur-, Bürosachbearbeitungs- und Pförtnertätigkeiten im Bundesministerium des Innern [BMI])

Die Registraturtätigkeiten einer Beschäftigten nehmen 40 Prozent der Tätigkeit ein, die Bürosachbearbeitungstätigkeiten 30 Prozent und die Pförtnertätigkeiten ebenfalls 30 Prozent:

Arbeitsvorgang 1 Registraturtätigkeiten

[1] Da im Teil VI (Tätigkeiten im Bereich des BMI) keine Tätigkeitsmerkmale für Registraturtätigkeiten vereinbart sind, finden die Tätigkeitsmerkmale in Teil III Abschnitt 36 (Registraturen) Anwendung. [2] Die Tätigkeitsmerkmale der Teile II und I finden keine Anwendung (§ 3 Abs. 2 Satz 2). Arbeitsvorgang 2 Bürosachbearbeitungstätigkeiten

[1] Weder im Teil VI noch im Teil III sind Tätigkeitsmerkmale für Bürosachbearbeitungstätigkeiten vereinbart. [2] Es handelt sich auch nicht um körperlich/handwerklich geprägte Tätigkeiten (Teil II). [3] Da im Teil I Tätigkeitsmerkmale für den Büro-, Buchhalterei-, sonstigen Innendienst und Außendienst vereinbart sind, gelten für diese Tätigkeiten der Beschäftigten die Tätigkeitsmerkmale des Teils I (§ 3 Abs. 4 Satz 1 und 2). Arbeitsvorgang 3 Pförtnertätigkeiten

[1] Da im Teil VI keine Tätigkeitsmerkmale für Beschäftigte mit Pförtnertätigkeiten vereinbart sind, finden die Tätigkeitsmerkmale in Teil III Abschnitt 9 (Botinnen und Boten sowie Pförtnerinnen und Pförtner) Anwendung. [2] Die Tätigkeitsmerkmale der Teile II und I finden keine Anwendung (§ 3 Abs. 2 Satz 2).

6. Tätigkeitsmerkmale mit Voraussetzungen in der Person in den Teilen III bis VI der Entgeltordnung

[1] Ist einer oder einem Beschäftigten eine Tätigkeit übertragen worden, die unter ein Tätigkeitsmerkmal der Teile III, IV, V oder VI zu subsumieren ist, das eine Voraussetzung in der Person enthält (§ 6), die die bzw. der Beschäftigte nicht erfüllt, finden dennoch die Tätigkeitsmerkmale des jeweiligen Teils und Abschnitts bzw. Unterabschnitts Anwendung, weil diese für die darin geregelten Tätigkeiten abschließend sind. [2] Die Tätigkeitsmerkmale der Teile I und II gelten nicht. [3] Die oder der Beschäftigte ist eine Entgeltgruppe niedriger eingruppiert, als sich nach dem Tätigkeitsmerkmal ergeben würde (§ 12).

Beispiel 6 (Bibliotheksdienst)

[1] Einem Beschäftigen ist ausschließlich die Tätigkeit eines Beschäftigten mit einschlägiger abgeschlossener Hochschulbildung und entsprechender Tätigkeit im Bibliotheksdienst übertragen worden. [2] Der Beschäftigte verfügt aber nicht über die geforderte einschlägige Hochschulbildung und erfüllt auch nicht die Voraussetzungen des „sonstigen Beschäftigten". [3] Dies führt aber nicht dazu, dass deswegen die Tätigkeitsmerkmale für den Bibliotheksdienst keine Anwendung finden würden. [4] Da die Tätigkeit das Tätigkeitsmerkmal der Entgeltgruppe 9b des Teils III Abschnitt 2 (Beschäftigte in Archiven, Bibliotheken, Büchereien, Museen und anderen wissenschaftlichen Anstalten) erfüllt, sind die Tätigkeitsmerkmale dieses Abschnitts für ihn abschließend. [5] Denn nach § 3 kommt es nur darauf an, dass die Tätigkeit des Beschäftigten ein Tätigkeitsmerkmal erfüllt. [6] Der Beschäftigte ist mangels Erfüllung der geforderten Voraussetzungen in der Person gemäß § 12 Abs. 2 eine Entgeltgruppe niedriger und somit in der Entgeltgruppe 9a eingruppiert. [7] Die Tätigkeitsmerkmale der Teile I und II gelten nicht (§ 3 Abs. 2). [8] Selbst wenn die Tätigkeit das Tätigkeitsmerkmal der Entgeltgruppe 9b Fallgruppe 2 des Teils I erfüllen würde (gründliche, umfassende Fachkenntnisse und selbständige Leistungen ohne das Erfordernis einer abgeschlossenen einschlägigen Hochschulbildung), bliebe es bei der Eingruppierung in Entgeltgruppe 9a nach Teil III Abschnitt 2 (§ 3 Abs. 2 Satz 2).

7. Hilfstätigkeiten

[1] Sind in einem Abschnitt oder Unterabschnitt der Teile III, IV, V oder VI nur Tätigkeitsmerkmale für Beschäftigte mit abgeschlossener Berufsausbildung und entsprechender Tätigkeit vereinbart (in der Regel in Entgeltgruppe 5 und höheren Entgeltgruppen), finden diese Tätigkeitsmerkmale für Tätigkeiten, die diese Anforderungen nicht erfüllen, keine Anwendung. [2] Es finden die Tätigkeitsmerkmale der Entgeltgruppe 1 bis 4 der Teile I oder II Anwendung.

Beispiel 7a (Zeichner)

[1] Einer Beschäftigten ist ausschließlich eine zeichnerische Tätigkeit übertragen worden, bei der es sich nicht um eine der Ausbildung als Bauzeichnerin oder als technische Systemplanerin entsprechende Tätigkeit handelt. [2] Die Tätigkeit erfüllt damit keines der Tätigkeitsmerkmale des Teils III Abschnitt 7 (Bauzeichnerinnen und Bauzeichner sowie technische Systemplanerinnen und Systemplaner). [3] Der Abschnitt ist daher für diese Fälle auch nicht „abschließend". [4] Vielmehr ist die Geltung der Tätigkeitsmerkmale der Teile I und II eröffnet, weil die Voraussetzungen von § 3 Abs. 2 Satz 1

nicht vorliegen. [5] Die Beschäftigte ist – je nachdem, wie die übertragene Tätigkeit im Einzelnen ausgestaltet ist – nach den Tätigkeitsmerkmalen des Teils I in Entgeltgruppe 1, 2, 3 oder 4 eingruppiert, wenn es sich bei der auszuübenden Tätigkeit nicht um eine körperlich/handwerklich geprägte Tätigkeit handelt und wenn ihre Tätigkeit einen unmittelbaren Bezug zu den eigentlichen Aufgaben der betreffenden Verwaltungsdienststelle, -behörde oder -institution hat (§ 3 Abs. 4 Satz 2).

Beispiel 7b (Bedienung und Instandhaltung von Gebäude- und Betriebstechnik)

[1] Einem Beschäftigten, der über keine abgeschlossene Berufsausbildung verfügt, ist ausschließlich das Ablesen von Zählerständen von Anlagen der Gebäude- und Betriebstechnik im Sinne der Vorbemerkung Nr. 1 zum Teil III Abschnitt 19 (Beschäftigte in der Instandhaltung und Bedienung von Gebäude und Betriebstechnik) übertragen worden. [2] Da der Beschäftigte durch das Ablesen von Zählerständen nicht Anlagen der Gebäude- und Betriebstechnik bedient und instand hält, erfüllt die ihm übertragene Tätigkeit keines der in Teil III Abschnitt 19 aufgeführten Tätigkeitsmerkmale. [3] Damit gelten für seine Tätigkeit nicht die besonderen Tätigkeitsmerkmale des Teils III Abschnitt 19. [4] Vielmehr ist die Geltung der Tätigkeitsmerkmale der Teile I und II eröffnet, weil die Voraussetzungen von § 3 Abs. 2 Satz 1 nicht vorliegen. [5] Der Beschäftigte ist – je nachdem wie die übertragene Tätigkeit im Einzelnen ausgestaltet ist – nach den Tätigkeitsmerkmalen des Teils II in Entgeltgruppe 1, 2 oder 3 eingruppiert, wenn es sich bei der auszuübenden Tätigkeit um eine körperlich/handwerklich geprägte Tätigkeit handelt.

2. Zu § 3 Abs. 4

Die Tarifvertragsparteien sind sich einig, dass die allgemeinen Tätigkeitsmerkmale für den Verwaltungsdienst (Teil I der Entgeltordnung) eine Auffangfunktion in dem gleichen Umfang besitzen wie – bestätigt durch die ständige Rechtsprechung des BAG – die ersten Fallgruppen des Allgemeinen Teils der Anlage 1a zum BAT.

3. Zu § 11 Satz 2

Die Tarifvertragsparteien sind sich einig, dass die Abschlussprüfungen, die nach Teil II Abschnitt L Unterabschnitte III, IV, X und XI der Anlage 1a zum BAT in den Tätigkeitsmerkmalen für Laboranten, Zeichner, Fotografen und Fotolaboranten als „Abschlussprüfung" anerkannt waren, als entsprechende frühere Ausbildungsberufe gelten und damit auch in der Zukunft als „abgeschlossene Berufsausbildung" anerkannt sind.

4. Zur Anlage 1 (Entgeltordnung)

a) [1] In einzelnen Abschnitten des bisherigen Rechts unterschiedlich gefasste Tätigkeitsmerkmale, insbesondere Tätigkeitsmerkmale mit „sonstigen Beschäftigten" und tätigkeitsbezogenen Heraushebungen, werden in der Entgeltordnung in einem nunmehr einheitlichen Aufbau aufgeführt. [2] Die Tarifvertragsparteien sind sich darin einig, dass durch diese Vereinheitlichung keine materiellen Änderungen beabsichtigt sind.

b) [1] In der Entgeltordnung werden aufeinander aufbauende Tätigkeitsmerkmale

   aa) in den Entgeltgruppen 2 bis 9a einheitlich nach der im Lohngruppenverzeichnis und der mehrheitlich in den unteren Vergütungsgruppen der Anlage 1a zum BAT verwendeten Form und bb) in den Entgeltgruppen 9b bis 15 einheitlich nach der mehrheitlich in den oberen Vergütungsgruppen der Anlage 1a zum BAT verwendeten Form

formuliert. [2]Die Tarifvertragsparteien sind sich darin einig, dass nur durch die Art dieser Vereinheitlichung keine materiellen Änderungen beabsichtigt sind.

Beispiel:

Anstatt der in Vergütungsgruppe VIII Fallgruppe 1b des Teils I der Anlage 1a zum BAT verwendeten Formulierung „(...), deren Tätigkeit sich dadurch aus (...) heraushebt, dass sie mindestens zu einem Viertel gründliche Fachkenntnisse erfordert.", wird in Entgeltgruppe 4 Fallgruppe 2 des Teils I der Entgeltordnung formuliert: „(...), deren Tätigkeit mindestens zu einem Viertel gründliche Fachkenntnisse erfordert.".

5. Zu Teil I der Entgeltordnung, Entgeltgruppe 4 Fallgruppe 1

[1]Die Tarifvertragsparteien haben sich in der Entgeltgruppe 4 Fallgruppe 1 des Teils I auf das neue Heraushebungsmerkmal „schwierige Tätigkeiten" verständigt. [2]Im Hinblick auf die Neustrukturierung der Tätigkeitsmerkmale in den Entgeltgruppen 3 und 4 des Teils I waren sie sich darüber einig, dass die bisher unter das Heraushebungsmerkmal „schwierigere Tätigkeiten" (Vergütungsgruppe VIII Fallgruppe 1a des Teils I der Anlage 1a zum BAT und Beispielkatalog hierzu) fallenden Tätigkeiten in Abhängigkeit ihrer jeweiligen konkreten Anforderungen der Entgeltgruppe 3 oder der Entgeltgruppe 4 zugeordnet werden sollen. [3]Unter Bezugnahme auf den o.g. Beispielkatalog werden die Tätigkeiten „Mitwirkung bei der Bearbeitung laufender oder gleichartiger Geschäfte nach Anleitung", „Entwerfen von dabei zu erledigenden Schreiben nach skizzierten Angaben", „Erledigung ständig wiederkehrender Arbeiten in Anlehnung an ähnliche Vorgänge – auch ohne Anleitung –" der Entgeltgruppe 3 zugeordnet. [4]Die Tätigkeiten „Führung von Karteien oder elektronischen Dateien, die nach technischen oder wissenschaftlichen Merkmalen geordnet sind oder deren Führung die Kenntnis fremder Sprachen voraussetzt" werden der Entgeltgruppe 4 zugeordnet.

6. Zu Teil III Abschnitt 3 der Entgeltordnung – Tätigkeitsmerkmale für Ärztinnen und Ärzte

Die Tarifvertragsparteien sind sich einig, dass sie bei nicht unwesentlichen Änderungen im Bereich der Ärztinnen und Ärzte im Gesundheitswesen Gespräche über die fachlich-inhaltliche Anpassung der Entgeltordnung führen werden.

7. Zu Teil III Abschnitt 17 der Entgeltordnung – Tätigkeitsmerkmale für gartenbau-, landwirtschafts- und weinbautechnische Beschäftigte

Die Tarifvertragsparteien sind sich einig, dass staatlich geprüfte Technikerinnen und Techniker der Fachrichtung Weinbau und Kellerwirtschaft nach den Tätigkeitsmerkmalen des Teils III Abschnitt 41 (staatlich geprüfte Technikerinnen und Techniker) eingruppiert sind.

8. Zu Teil III Abschnitt 21 der Entgeltordnung – Tätigkeitsmerkmale für Beschäftigte in Gesundheitsberufen

Die Tarifvertragsparteien sind sich einig, dass sie über berufsbildungsrechtliche Entwicklungen im Bereich der Gesundheitsberufe Gespräche führen werden.

9. Zu den Entgeltgruppen 10 bis 13 des Teils III Abschnitt 24 der Entgeltordnung – Tätigkeitsmerkmale für Beschäftigte in der Informationstechnik

Die Tarifvertragsparteien sind sich einig, dass Beschäftigte, die bis zum 31. Dezember 2013 die Voraussetzungen der Protokollnotizen Nrn. 1 Buchstaben a zu Teil II Abschnitt B Unterabschnitte I, II, III oder VI der Anlage 1a zum BAT erfüllt haben, den Beschäftigten mit einschlägiger abgeschlossener Hochschulbildung (z.B. in der Fachrichtung Informatik) gleichgestellt sind.

10. Zu Teil III Abschnitt 32 der Entgeltordnung – Tätigkeitsmerkmale für geprüfte Meisterinnen und Meister sowie Meisterinnen und Meister mit abgeschlossener aufgabenspezifischer Sonderausbildung

[1] Der Bund beabsichtigt zukünftig Meistertätigkeiten nur noch Beschäftigten zu übertragen, die die in den Tätigkeitsmerkmalen des Teil III Abschnitt 32 geforderten Voraussetzungen in der Person erfüllen. [2] Tätigkeiten im Sinne der bisherigen Tätigkeitsmerkmale für Maschinenmeister beabsichtigt er nicht mehr zu übertragen.

11. Zu Teil III Abschnitt 42 der Entgeltordnung – Tätigkeitsmerkmale für Technische Assistentinnen und Assistenten

[1] Die Tarifvertragsparteien halten eine Neuvereinbarung der Vorbemerkung Nr. 4 zu allen Vergütungsgruppen der Anlage 1a zum BAT für entbehrlich. [2] Es besteht Einvernehmen, dass – wie bisher – unter „technischen Assistentinnen und technischen Assistenten mit staatlicher Anerkennung“ diejenigen Personen zu verstehen sind, die nach dem Berufsordnungsrecht berechtigt sind, diese Berufsbezeichnung zu führen.

12. Zu Teil IV Abschnitt 17 der Entgeltordnung – Tätigkeitsmerkmale für Köchinnen und Köche

Es besteht Einvernehmen zwischen den Tarifvertragsparteien, dass Tätigkeiten von Küchenmeistern Tätigkeiten für geprüfte Meisterinnen und Meister des Teils III Abschnitt 32 entsprechen.

13. Zu Entgeltgruppe 8 Fallgruppe 2 des Teils V Unterabschnitt 1.3 der Entgeltordnung – Beschäftigte an Land im nautischen Bereich

Es besteht Einvernehmen zwischen den Tarifvertragsparteien, dass die nautischen Beschäftigten ohne nautisches Befähigungszeugnis, die am 31. Mai 1993 in den Verkehrszentralen in einem Arbeitsverhältnis gestanden haben und am 1. Januar 2014 noch in diesem Arbeitsverhältnis stehen, für die Dauer dieser Tätigkeit wie nautische Beschäftigte mit nationalem nautischen Befähigungszeugnis behandelt werden.

14. Zu den Protokollerklärungen zu der Entgeltgruppe 9a und der Entgeltgruppe 8 Fallgruppe 1 des Teils V Unterabschnitt 2.2 der Entgeltordnung – Beschäftigte an Schleusen an Binnenschifffahrtsstraßen

Die Tarifvertragsparteien gehen davon aus, dass der Umbau von Einzelschleusen an Wasserstraßen der Klasse IV zu Leitzentralen bis zum 31. Dezember 2022 abgeschlossen sein wird. Falls dieser Umbau bis zum 31. Dezember 2022 nicht abgeschlossen sein sollte, werden die Tarifvertragsparteien Gespräche über Lösungsmöglichkeiten führen.

15. Zu Teil V Abschnitt 5 der Entgeltordnung – Beschäftigte im Kontrolldienst beim Bundesamt für Güterverkehr

[1] Zwischen den Tarifvertragsparteien besteht Einvernehmen, zeitnah Verhandlungen aufzunehmen, wenn Dienstposten für sogenannte Einheitskontrolleurinnen und Einheitskontrolleure eingerichtet werden sollen und die organisatorischen und technischen Voraussetzungen hierfür gegeben sind. [2] Es besteht ferner Einvernehmen, dass die Übertragung von Tätigkeiten der Entgeltgruppe 8 Fallgruppe 1 oder Entgeltgruppe 9a erst erfolgt, wenn die formalen (z.B. haushaltsrechtlichen) und technischen (z.B. Um- bzw. Nachrüstung der Kontrollfahrzeuge) Voraussetzungen hierfür vorliegen.

3a. Tarifvertrag für den öffentlichen Dienst (TVöD) Besonderer Teil Verwaltung – (BT-V) –

Vom 13. September 2005[1)]

zuletzt geänd. durch ÄndTV Nr. 27 v. 25.10.2020

Zwischen
der Bundesrepublik Deutschland, vertreten durch das Bundesministerium des Innern, und der Vereinigung der kommunalen Arbeitgeberverbände, vertreten durch den Vorstand, einerseits
und
[den vertragsschließenden Gewerkschaften][2)], andererseits
wird Folgendes vereinbart:

Inhaltsverzeichnis

[1)] Die Tarifvertragsparteien haben mit Datum vom 24. November 2005 rückwirkend zum Zeitpunkt des Inkrafttretens redaktionelle Änderungen vereinbart; diese Fassung berücksichtigt die dort getroffenen Vereinbarungen.

[2)] Mit den Gewerkschaften ver.di und dbb tarifunion wurden jeweils gleich lautende Tarifverträge geschlossen.

Abschnitt VII. Allgemeine Vorschriften

§ 40 Geltungsbereich (1) [1]Dieser Tarifvertrag gilt für alle Beschäftigten, die unter § 1 des Tarifvertrages für den öffentlichen Dienst (TVöD) fallen, soweit sie nicht von anderen Besonderen Teilen des TVöD erfasst sind. [2]Der Tarifvertrag für den öffentlichen Dienst (TVöD) – Besonderer Teil Verwaltung (BT-V) bildet im Zusammenhang mit dem Tarifvertrag für den öffentlichen Dienst – Allgemeiner Teil – den Tarifvertrag für die Sparte Verwaltung.

(2) Soweit in den nachfolgenden Bestimmungen auf die §§ 1 bis 39 verwiesen wird, handelt es sich um die Regelungen des TVöD – Allgemeiner Teil –.

§ 41 Allgemeine Pflichten. [1]Die im Rahmen des Arbeitsvertrages geschuldete Leistung ist gewissenhaft und ordnungsgemäß auszuführen. [2]Beschäftigte des Bundes und anderer Arbeitgeber, in deren Aufgabenbereichen auch hoheitliche Tätigkeiten wahrgenommen werden, müssen sich durch ihr gesamtes Verhalten zur freiheitlich demokratischen Grundordnung im Sinne des Grundgesetzes bekennen.

§ 42 Saisonaler Ausgleich. In Verwaltungen und Betrieben, in denen auf Grund spezieller Aufgaben (z.B. Ausgrabungen, Expeditionen, Schifffahrt) oder saisonbedingt erheblich verstärkte Tätigkeiten anfallen, kann für diese Tätigkeiten die regelmäßige Arbeitszeit auf bis zu 60 Stunden in einem Zeitraum von bis zu sieben Tagen verlängert werden, wenn durch Verkürzung der regelmäßigen wöchentlichen Arbeitszeit bis zum Ende des Ausgleichszeitraums nach § 6 Abs. 2 Satz 1 ein entsprechender Zeitausgleich durchgeführt wird.

§ 43 Überstunden. (1) [1]Überstunden sind grundsätzlich durch entsprechende Freizeit auszugleichen. [2]Sofern kein Arbeitszeitkonto nach § 10 eingerichtet ist, oder wenn ein solches besteht, die/der Beschäftigte jedoch keine Faktorisierung nach § 8 Abs. 1 geltend macht, erhält die/der Beschäftigte für Überstunden (§ 7 Abs. 7), die nicht bis zum Ende des dritten Kalendermonats – möglichst aber schon bis zum Ende des nächsten Kalendermonats – nach deren Entstehen mit Freizeit ausgeglichen worden sind, je Stunde 100 v.H. des auf die Stunde entfallenden Anteils des Tabellenentgelts der jeweiligen Entgeltgruppe und Stufe, höchstens jedoch nach der Stufe 4. [3]Der Anspruch auf den Zeitzuschlag für Überstunden nach § 8 Abs. 1 besteht unabhängig von einem Freizeitausgleich.

(2) [1]Für Beschäftigte der Entgeltgruppe 15 bei obersten Bundesbehörden sind Mehrarbeit und Überstunden durch das Tabellenentgelt abgegolten. [2]Be-

schäftigte der Entgeltgruppen 13 und 14 bei obersten Bundesbehörden erhalten nur dann ein Überstundenentgelt, wenn die Leistung der Mehrarbeit oder der Überstunden für sämtliche Beschäftigte der Behörde angeordnet ist; im Übrigen ist über die regelmäßige Arbeitszeit hinaus geleistete Arbeit dieser Beschäftigten durch das Tabellenentgelt abgegolten. [3]Satz 1 gilt auch für Leiterinnen/Leiter von Dienststellen und deren ständige Vertreterinnen/Vertreter, die in die Entgeltgruppen 14 und 15 eingruppiert sind.

§ 44 Reise- und Umzugskosten, Trennungsgeld. (1) Für die Erstattung von Reise- und Umzugskosten sowie Trennungsgeld finden die für die Beamtinnen und Beamten jeweils geltenden Bestimmungen entsprechende Anwendung.

(2) [1]Bei Dienstreisen gilt nur die Zeit der dienstlichen Inanspruchnahme am auswärtigen Geschäftsort als Arbeitszeit. [2]Für jeden Tag einschließlich der Reisetage wird jedoch mindestens die auf ihn entfallende regelmäßige, durchschnittliche oder dienstplanmäßige Arbeitszeit berücksichtigt, wenn diese bei Nichtberücksichtigung der Reisezeit nicht erreicht würde. [3]Überschreiten nicht anrechenbare Reisezeiten insgesamt 15 Stunden im Monat, so werden auf Antrag 25 v.H. dieser überschreitenden Zeiten bei fester Arbeitszeit als Freizeitausgleich gewährt und bei gleitender Arbeitszeit im Rahmen der jeweils geltenden Vorschriften auf die Arbeitszeit angerechnet. [4]Der besonderen Situation von Teilzeitbeschäftigten ist Rechnung zu tragen.

(3) Soweit Einrichtungen in privater Rechtsform oder andere Arbeitgeber nach eigenen Grundsätzen verfahren, sind diese abweichend von den Absätzen 1 und 2 maßgebend.

Abschnitt VIII. Sonderregelungen (Bund)

§ 45 (Bund) Sonderregelungen für Beschäftigte, die zu Auslandsdienststellen des Bundes entsandt sind

Zu Abschnitt I. Allgemeine Vorschriften

Nr. 1: Zu § 1 – Geltungsbereich –

(1) Diese Sonderregelungen gelten für Beschäftigte mit deutscher Staatsangehörigkeit (Deutsche im Sinne des Artikels 116 GG) oder einer Staatsangehörigkeit eines anderen Mitgliedsstaates der europäischen Union bei den diplomatischen und berufskonsularischen Vertretungen sowie bei anderen Dienststellen der Bundesrepublik im Ausland (Auslandsdienststellen), die nach Abschluss eines Arbeitsvertrages nach Bundestarifrecht von ihrer obersten Bundesbehörde zur Dienstleistung in das Ausland entsandt worden sind (entsandte Kräfte) oder denen die gleiche Rechtsstellung durch einen mit der obersten Bundesbehörde geschlossenen Arbeitsvertrag eingeräumt worden ist.

(2) Die Nrn. 3, 4 und 12 gelten auch für Beschäftigte des Bundes, die bei einer Inlandsdienststelle tätig sind, dem Inhalt ihres Arbeitsvertrages nach jedoch auch zu Auslandsdienststellen entsandt werden können.

(3) Diese Sonderregelungen gelten nicht für Beschäftigte, die Einheiten der Bundeswehr bei deren vorübergehender Verlegung zu Ausbildungszwecken in das Ausland folgen.

Nr. 2:

[1]Für Beschäftigte bei Auslandsvertretungen (§ 3 Abs. 1 des Gesetzes über den Auswärtigen Dienst – GAD) gelten die §§ 14, 15, 19, 20, 21, 23, 24, 27 GAD entsprechend. [2]Die §§ 16, 22, 26 GAD gelten für diese Beschäftigte entsprechend, soweit keine Leistungen nach anderen Vorschriften gewährt werden.

Nr. 3: Zu § 3 – Allgemeine Arbeitsbedingungen –

Der Arbeitgeber kann auch Untersuchungen auf Tropentauglichkeit anordnen.

Nr. 4: Zu § 4 – Versetzung, Abordnung, Zuweisung, Personalgestellung –

§ 4 Abs. 1 Satz 2 gilt nicht.

Zu Abschnitt II. Arbeitszeit

Nr. 5: Zu § 6 – Regelmäßige Arbeitszeit –

[1]Eine Verkürzung der regelmäßigen Arbeitszeit für die Beamten an einer Auslandsdienststelle nach § 7 Abs. 2 Satz 1 des Gesetzes über den Auswärtigen Dienst bzw. nach § 3 Abs. 4 der Arbeitszeitverordnung gilt auch für die entsprechenden Beschäftigten an dieser Dienststelle. [2]In diesen Fällen findet ein Ausgleich für Überstunden (Nr. 6 Satz 1) nur statt, wenn die verkürzte regelmäßige Arbeitszeit um mehr als fünf Stunden im Monat überschritten wird.

Nr. 6: Zu § 8 – Ausgleich für Sonderformen der Arbeit –

[1]Überstundenentgelt, Zeitzuschläge und Zulagen nach § 8 werden nicht gezahlt. [2]Alle Überstunden sind bis zum Ende des sechsten Kalendermonats nach Ableistung der Überstunden durch entsprechende bezahlte Arbeitsbefreiung auszugleichen. [3]Rufbereitschaft und Arbeitsleistung innerhalb der Rufbereitschaft werden nicht bezahlt, sondern unter Berücksichtigung des Satzes 1 auf der Berechnungsgrundlage des § 8 Abs. 3 in Freizeit ausgeglichen; § 8 Abs. 2 gilt entsprechend.

Protokollerklärung:

Das Entgelt für die tatsächliche Arbeitsleistung zuzüglich der Zeitzuschläge für Überstunden ist das Überstundenentgelt.

Zu Abschnitt III. Eingruppierung, Entgelt und sonstige Leistungen

Nr. 7: Zu § 14 – Vorübergehende Übertragung einer höherwertigen Tätigkeit –

[1]Die persönliche Zulage nach § 14 Abs. 3 wird auch dann nicht gezahlt, wenn die Beschäftigten andere Beschäftigte oder Beamte während deren Heimaturlaubs länger als einen Monat oder im Fall des § 14 Abs. 2 länger als drei Tage vertreten. [2]Zeiten einer höherwertigen Heimaturlaubsvertretung werden bei einer anschließenden höherwertigen Vertretung aus anderen Gründen auf die in § 14 Abs. 1 genannte Frist von einem Monat angerechnet.

Protokollerklärung:

[1]Dem Beschäftigten darf innerhalb eines Jahres eine Heimaturlaubsvertretung nur einmal übertragen werden. [2]Die Regelung für Beschäftigte gemäß § 38 Abs. 5 Satz 2 tritt erst bei In-Kraft-Treten eines Tarifvertrags nach § 14 Abs. 2 in Kraft.

Nr. 8: Zu § 15 – Tabellenentgelt –

(1) [1]Beschäftigten mit dienstlichem und tatsächlichem Wohnsitz im Ausland werden zu dem Tabellenentgelt (§ 15) Auslandsbezüge in entsprechender Anwendung der §§ 15 und 52 bis 55 des Bundesbesoldungsgesetzes gezahlt. [2]Die Auslandsbezüge bleiben bei der Jahressonderzahlung nach § 20 (Bund) unberücksichtigt.

(2) [1]Die Tabelle Auslandszuschlag der Anlage VI.1 Bundesbesoldungsgesetz findet mit der Maßgabe Anwendung, dass anstelle der Zeilen des Tabellenkopfes „Grundgehaltsspanne von – bis" der Tabellenkopf nach Anlage B (Bund) Anwendung findet. [2]Die Beträge der Anlage A (Bund) nehmen an allgemeinen Entgeltanpassungen teil. [3]Teilzeitbeschäftigten steht der Auslandszuschlag anteilig gemäß § 24 Abs. 2 zu.

Protokollerklärung:

Die Tarifvertragsparteien überprüfen Ende 2015, ob die Entwicklung der Zuschlagstabellen für Tarifbeschäftigte und Beamtinnen und Beamte kohärent verläuft oder Anpassungsbedarf besteht.

(3) [1]Zulagen und Zuschläge werden mit Ausnahme der in Absatz 1 geregelten Entgeltbestandteile den bei Auslandsdienststellen tätigen Beschäftigten nicht gezahlt. [2]Aufwandsentschädigungen werden nach den für die entsprechenden Beamtinnen und Beamten geltenden Bestimmungen gezahlt.

Nr. 9: Zu § 22 – Entgelt im Krankheitsfall –

(1) [1]Bei einer durch Krankheit oder Arbeitsunfall verursachten Arbeitsunfähigkeit im Ausland werden das Tabellenentgelt und die Auslandsbezüge (Nr. 8) ohne Rücksicht auf die Beschäftigungszeit bis zum Tage vor der Rückreise vom Auslandsdienstort in das Inland gewährt. [2]Die im § 22 Abs. 3 festgesetzten Fristen für die Gewährung eines Krankengeldzuschusses beginnen mit dem Tage der Abreise des Beschäftigten vom Auslandsdienstort zu laufen.

(2) Beschäftigte, die bei einer Auslandsdienststelle tätig sind, sollen den Nachweis der Arbeitsunfähigkeit durch eine Bescheinigung des Vertrauensarztes der Auslandsdienststelle erbringen; Beschäftigte bei einer diplomatischen oder konsularischen Vertretung sollen den Nachweis in der Weise erbringen, wie er durch die Geschäftsordnung für die Auslandsvertretung vorgesehen ist.

Nr. 10: Zu § 23 Abs. 3 – Sterbegeld –

Der Berechnung des Sterbegeldes für die Hinterbliebenen von Beschäftigten gemäß § 23 Abs. 3, die zur Zeit ihres Todes Auslandsbezüge erhielten, sind diese Auslandsbezüge, jedoch ausschließlich einer Aufwandsentschädigung, zugrunde zu legen.

Zu Abschnitt IV. Urlaub und Arbeitsbefreiung

Nr. 11: Zu § 26 – Erholungsurlaub –

(1) Für den Erholungsurlaub gelten neben den tariflichen Vorschriften die jeweiligen Bestimmungen für die im Ausland tätigen Bundesbeamten entsprechend.

(2) [1]Wird das Arbeitsverhältnis während oder mit Ablauf eines Urlaubs im Inland, für den Fahrkostenzuschuss gewährt wurde, aus einem vom Beschäftigten zu vertretenden Grunde gelöst, so werden die niedrigsten Fahrkosten (vgl. § 4 Abs. 2 der Heimaturlaubsverordnung) nur der Reise vom Dienstort in das Inland erstattet. [2]Wird das Arbeitsverhältnis innerhalb eines Jahres nach Been-

digung eines Urlaubs im Inland aus einem vom Beschäftigten zu vertretenden Grunde gelöst, so hat der Beschäftigte die Hälfte der dafür erstatteten Fahrkosten zurückzuzahlen, es sei denn, das er im Anschluss an den Urlaub an einen anderen Dienstort versetzt worden war und den Dienst dort angetreten hatte.

Zu Abschnitt V. Befristung und Beendigung des Arbeitsverhältnisses

Nr. 12: § 33 – Beendigung des Arbeitsverhältnisses ohne Kündigung –

(1) [1] Im Wirtschaftsdienst Beschäftigte der Entgeltgruppen 9 bis 15 bedürfen in den ersten zwei Jahren nach Beendigung des Arbeitsverhältnisses zur Aufnahme einer entgeltlichen Beschäftigung in einem der ausländischen Staaten, in dem sie während ihres Arbeitsverhältnisses tätig waren, der Genehmigung des Arbeitgebers. [2] Wird eine entgeltliche Beschäftigung ohne die erforderliche Genehmigung aufgenommen, so hat der Beschäftigte eine Vertragsstrafe in Höhe von drei Monatsbezügen seiner letzten Auslandsvergütung zu entrichten. [3] Die Geltendmachung von Schadensersatzansprüchen bleibt unberührt.

(2) Beschäftigte, die auf Kosten des Arbeitgebers eine besondere Ausbildung in einer Fremdsprache erhalten haben, sind verpflichtet, dem Arbeitgeber die Kosten dieser Ausbildung zu erstatten, wenn das Arbeitsverhältnis aus einem von dem Beschäftigten zu vertretenden Grunde vor Ablauf von drei Jahren nach Abschluss der Sprachausbildung endet.

Zu Abschnitt VII. Allgemeine Vorschriften

Nr. 13: Zu § 44 – Reise- und Umzugskosten, Trennungsgeld –

Für die Gewährung von Umzugskostenvergütung bei Auslandsumzügen sind die für die Beamtinnen/Beamten des Arbeitgebers jeweils geltenden Bestimmungen mit folgenden Maßgaben sinngemäß anzuwenden:

1. [1] Im Falle des Ausscheidens eines Beschäftigten aus dem Arbeitsverhältnis an einem Auslandsdienstort wird eine Umzugskostenvergütung nur gewährt, wenn für den Umzug an den Auslandsdienstort Umzugskostenvergütung gewährt und nicht zurückgefordert worden ist. [2] § 19 Abs. 4 der Auslandsumzugskostenverordnung – AUV – bleibt unberührt.
2. [1] Der Beschäftigte, dessen Arbeitsverhältnis aus einem von ihm nicht zu vertretenden Grunde im Ausland beendet worden ist, hat für sich und die in § 1 Abs. 1 Nr. 2 AUV bezeichneten Personen Anspruch auf eine Umzugskostenvergütung nach §§ 2 bis 5 und 10 AUV sowie § 9 Abs. 1 BUKG. [2] Die Umzugskostenvergütung wird nur gewährt, wenn der Beschäftigte spätestens sechs Monate nach Beendigung des Arbeitsverhältnisses nach einem frei gewählten Wohnort im Inland umzieht. [3] § 19 Abs. 1 bis 3 AUV bleibt unberührt. [4] § 19 Abs. 1 bis 3 AUV gilt entsprechend, wenn der Beschäftigte wegen Bezugs eines vorgezogenen oder flexiblen Altersruhegeldes oder einer entsprechenden Versorgungsrente aus der zusätzlichen Alters- und Hinterbliebenenversorgung im Ausland aus dem Arbeitsverhältnis ausgeschieden ist.
3. In dem Falle der Nr. 11 Abs. 2 Satz 1 werden Auslagen für eine Umzugsreise nicht erstattet.
4. [1] Endet das Arbeitsverhältnis aus einem von dem Beschäftigte zu vertretenden Grunde vor Ablauf von zwei Jahren nach einem Umzug, für den Umzugskostenvergütung nach § 3 Abs. 1 Nr. 1, § 4 Abs. 1 Nr. 1 oder Abs. 2 Nr. 3 und 4 des Bundesumzugskostengesetzes – BUKG – zugesagt worden war, so hat der Beschäftigte die Umzugskostenvergütung zurückzuzahlen. [2] War die Umzugskostenvergütung nach § 3 Abs. 1 Nr. 1 BUKG zugesagt worden, ist

nur der nach § 12 AUV gewährten Ausstattungsbeitrag zurückzuzahlen, wenn der Beschäftigte insgesamt mehr als zwei Jahre bei Auslandsdienststellen tätig war. [3] Sätze 1 und 2 gelten nicht für eine nach § 3 Abs. 1 Nr. 1 BUKG zugesagte Umzugskostenvergütung, wenn das Arbeitsverhältnis aufgrund einer Kündigung durch den Beschäftigten endet. [4] § 19 Abs. 4 AUV bleibt unberührt.

Nr. 14:

Für Bundeswohnungen, die Beschäftigte an Auslandsdienststellen aus dienstlichen oder sonstigen im Interesse des Bundes liegenden Gründen zugewiesen werden, gilt sinngemäß die Allgemeine Verwaltungsvorschrift über die Bundesdienstwohnungen (Dienstwohnungsvorschriften – DWV –) vom 16. Februar 1970 (GMBl. S. 99) in ihrer jeweils geltenden Fassung und in Verbindung mit der Allgemeinen Verwaltungsvorschrift über die Bundesdienstwohnungen im Ausland (Dienstwohnungsvorschriften Ausland – DWVA) vom 1. Februar 1973 (GMBl. S. 82) in der jeweils geltenden Fassung.

Zu Abschnitt VI. Übergangs- und Schlussvorschriften

Nr. 15: Zu § 37 – Ausschlussfrist –

Die Ausschlussfrist (§ 37) beträgt 9 Monate.

§ 46 (Bund) Sonderregelungen für Beschäftigte im Bereich des Bundesministeriums der Verteidigung

Kapitel I. Beschäftigte im Bereich des Bundesministeriums der Verteidigung

Zu Abschnitt I. Allgemeine Vorschriften

Nr. 1: Zu § 1 – Geltungsbereich –

Die Regelungen dieses Abschnitts gelten für die Beschäftigten des Bundesministeriums der Verteidigung, soweit sie nicht unter Kapitel II oder die Sonderregelung für ins Ausland entsandte Beschäftigte (§ 45) fallen.

Nr. 2: Zu § 3 – Allgemeine Arbeitsbedingungen –

(1) Beschäftigte haben sich unter Fortzahlung des Entgelts nach § 21 einer Ausbildung im Selbstschutz sowie in der Hilfeleistung und Schadensbekämpfung bei Katastrophen zu unterziehen.

(2) [1] Beschäftigte haben jede ärztlich festgestellte und ihnen vom Arzt mitgeteilte übertragbare Krankheit innerhalb ihres Hausstandes unverzüglich dem Dienststellenleiter zu melden. [2] Zur Wahrung der ärztlichen Schweigepflicht kann der Meldung durch Übergabe eines verschlossenen Umschlages genügt werden, der nur vom Arzt zu öffnen ist.

(3) Beschäftigte können an den für die Bundeswehr angeordneten medizinischen Schutzmaßnahmen, insbesondere Schutzimpfungen, auf Kosten des Arbeitgebers teilnehmen.

(4) Beschäftigte haben vor Beginn und Ende einer größeren militärischen Unternehmung Anspruch auf eine ärztliche Untersuchung auf Kosten des Arbeitgebers.

Zu Abschnitt II. Arbeitszeit

Nr. 3: Zu § 6 – Regelmäßige Arbeitszeit –

(1) Kann die Arbeitsstelle nur mit einem vom Arbeitgeber gestellten Fahrzeug erreicht werden und trifft das Fahrzeug infolge höherer Gewalt nicht rechtzeitig an der Arbeitsstelle ein, wird die Zeit ab dem Zeitpunkt des auf der Arbeitsstelle angeordneten Arbeitsbeginns als Arbeitszeit gewertet.

(2) [1] Für Beschäftigte in Versorgungs- und Instandsetzungseinrichtungen sowie auf Flug-, Schieß- und Übungsplätzen beginnt und endet die Arbeitszeit am jeweils vorgeschriebenen Arbeitsplatz, soweit nicht ein Sammelplatz bestimmt wird. [2] Stellt der Arbeitgeber bei Entfernungen von der Grenze der Arbeitsstelle (z.B. Eingangstor) bis zum Arbeitsplatz von mehr als einem Kilometer für diese Strecke eine kostenlose Beförderungsmöglichkeit nicht zur Verfügung, gilt die über die bei Gestellung eines Fahrzeugs üblicherweise benötigte Beförderungszeit hinausgehende Zeit als Arbeitszeit.

Protokollerklärung

Der Begriff der Arbeitsstelle ist weiter als der Begriff des Arbeitsplatzes. Er umfasst z.B. den Verwaltungs-/Betriebsbereich in dem Gebäude/Gebäudeteil, in dem gearbeitet wird.

Nr. 4: Zu §§ 7, 8 – Sonderformen der Arbeit und Ausgleich für Sonderformen der Arbeit –

(1) Die Zeit des Bereitschaftsdienstes einschließlich der geleisteten Arbeit wird bei der Bemessung des Entgelts mit 50 v.H. als Arbeitszeit gewertet.

(2) [1] Rufbereitschaft darf bis zu höchstens zehn Tagen im Monat, in Ausnahmefällen bis zu höchstens 30 Tagen im Vierteljahr, angeordnet werden. [2] Diese zeitliche Einschränkung gilt nicht für Zeiten erhöhter Bereitschaft für den Bereich der gesamten Bundeswehr.

(3) [1] Die Arbeitszeitdauer des Feuerwehrpersonals und des Wachpersonals beträgt, wenn in erheblichem Umfang Bereitschaftsdienst vorliegt, 24 Stunden je Schicht, sofern der Gesundheitsschutz der Beschäftigten durch Gewährung gleichwertiger Ausgleichsruhezeiten in unmittelbarem Anschluss an die verlängerten Arbeitszeiten gewährleistet wird. [2] Aus dienstlichen Gründen kann ein kürzerer Schichtturnus festgelegt werden. [3] Durch entsprechende Schichteinteilung soll sichergestellt werden, dass die regelmäßige wöchentliche Arbeitszeit bis zum Ende des Ausgleichszeitraums nach § 6 Abs. 2 im Durchschnitt nicht überschritten wird. [4] Zeitzuschläge nach § 8 Abs. 1 Satz 2 Buchst. b werden zu 50 v.H. gezahlt. [5] Zeitzuschläge nach § 8 Abs. 1 Satz 1 Buchst. f, sowie Zulagen nach Abs. 5 und 6 werden nicht gezahlt. [6] Die über 168 Stunden hinausgehende Zeit wird bei der Bemessung des Entgelts mit 50 v.H. als Arbeitszeit gewertet und mit dem Überstundenentgelt vergütet.

(3a) Unter Beachtung der allgemeinen Grundsätze der Sicherheit und des Gesundheitsschutzes kann die Arbeitszeit des Feuerwehrpersonals, sofern in die Arbeitszeit regelmäßig und in erheblichem Umfang Bereitschaftsdienst fällt, auf bis zu 54 Stunden im Siebentageszeitraum ohne Ausgleich verlängert werden, wenn dienstliche Gründe bestehen und der oder die Beschäftigte schriftlich eingewilligt hat.

(3b) Unter Beachtung der allgemeinen Grundsätze der Sicherheit und des Gesundheitsschutzes kann die Arbeitszeit des Wachpersonals, sofern in die Arbeitszeit regelmäßig und in erheblichem Umfang Bereitschaftsdienst fällt, auf bis zu 65 Stunden im Siebentageszeitraum ohne Ausgleich verlängert werden, wenn dienstliche Gründe bestehen und der oder die Beschäftigte schriftlich eingewilligt hat.

Protokollerklärung zu den Absätzen 3a und 3b:
Bei den Stundenzahlen handelt es sich um Durchschnittswerte, bezogen auf einen Ausgleichszeitraum von einem Jahr.

(3c) [1] Beschäftigten, die die Einwilligung zur Verlängerung der Arbeitszeit nicht erklären oder die Einwilligung widerrufen, dürfen daraus keine Nachteile entstehen. [2] Die Einwilligung kann mit einer Frist von sechs Monaten schriftlich widerrufen werden. [3] Die Beschäftigten sind auf die Widerrufsmöglichkeit schriftlich hinzuweisen.

(4) [1] Für Beschäftigte, die an Manövern und ähnlichen Übungen teilnehmen, gilt Anhang zu § 46. [2] In den Fällen der Hilfeleistung und der Schadensbekämpfung bei Katastrophen gilt Abs. 1 Nr. 3 bis 5 des Anhangs zu § 46 entsprechend.

(5) Zuschläge – außer Zeitzuschläge nach § 8 – sowie Zulagen können im Einvernehmen mit den vertragsschließenden Gewerkschaften auch durch Verwaltungsanordnungen allgemein oder für den Einzelfall gewährt werden.

Zu Abschnitt III. Eingruppierung, Entgelt und sonstige Leistungen

Nr. 5:

Beschäftigte, die für eine andere Tätigkeit qualifiziert werden, erhalten während der Qualifizierungszeit Entgelt nach § 21.

Nr. 5a:

Beschäftigte im feuerwehrtechnischen Einsatzdienst der Bundeswehr erhalten eine Zulage in entsprechender Anwendung der Regelungen über die Stellenzulage für Beamtinnen und Beamte der Feuerwehr nach Nr. 10 der Anlage I Bundesbesoldungsordnungen A und B (zu § 20 Abs. 2 Satz 1 BBesG); die Ansprüche auf tarifvertragliche Zuschläge und Zulagen bleiben unberührt.

Zu Abschnitt IV. Urlaub und Arbeitsbefreiung

Nr. 6: Zu § 26 – Erholungsurlaub –

Bei der Berechnung nach § 21 werden die leistungsabhängigen Entgeltbestandteile aus dem Leistungslohnverfahren nach dem Tarifvertrag über die Ausführung von Arbeiten im Leistungslohnverfahren im Bereich der SR 2a des Abschnitts A der Anlage 2 MTArb (Gedingerichtlinien) berücksichtigt.

Nr. 7: Zu § 27 – Zusatzurlaub –

Für Beschäftigte, die unter Nr. 4 Abs. 3 fallen, beträgt der Zusatzurlaub für je vier Monate der Arbeitsleistung im Kalenderjahr einen Arbeitstag.

Kapitel II. Besatzungen von Binnen- und Seefahrzeugen und von schwimmenden Geräten im Bereich des Bundesministeriums der Verteidigung

Zu Abschnitt I. Allgemeine Vorschriften

Nr. 8: Zu § 1 – Geltungsbereich –

[1] Die Regelungen dieses Abschnitts gelten für die im Bereich des Bundesministeriums der Verteidigung beschäftigten Besatzungen von Schiffen und schwimmenden Geräten. [2] Zur Besatzung eines Schiffes gehören nur diejenigen

Beschäftigten, die mit Rücksicht auf Schifffahrt und Betrieb an Bord, gegebenenfalls in mehreren Schichten, tätig sein müssen und deren Tätigkeit in der Stärke- und Ausrüstungsnachweisung (STAN) aufgeführt ist.

Protokollerklärung zu Satz 2:
Die Eintragung in der STAN berührt die Eingruppierung in die Entgeltgruppen nicht.

Nr. 9: Zu § 3 – Allgemeine Arbeitsbedingungen –

(1) Beschäftigte können an den für die Bundeswehr angeordneten medizinischen Schutzmaßnahmen, insbesondere Schutzimpfungen, auf Kosten des Arbeitgebers teilnehmen.

(2) Beschäftigte haben vor Beginn und Ende einer größeren militärischen Unternehmung Anspruch auf eine ärztliche Untersuchung auf Kosten des Arbeitgebers.

(3) [1] Als Besatzungsmitglied von Schiffen und schwimmenden Geräten darf nur beschäftigt werden, wer von einem Betriebsarzt auf Seediensttauglichkeit untersucht sowie von ihr/ihm als seediensttauglich erklärt worden ist und wenn hierüber ein gültiges Zeugnis dieses Arztes vorliegt. [2] Wird in dem Zeugnis keine Seediensttauglichkeit festgestellt, ist dem Besatzungsmitglied grundsätzlich eine geeignete gleichwertige Beschäftigung an anderer Stelle zuzuweisen. [3] Ist dies nicht möglich, erhält der Beschäftigte eine Ausgleichszulage in Höhe des Unterschiedsbetrages zwischen seinem bisherigen und neuen Tabellenentgelt.

(4) [1] Beschäftigte haben jede ärztlich festgestellte und ihnen vom Arzt mitgeteilte übertragbare Krankheit innerhalb ihres Hausstandes unverzüglich dem Dienststellenleiter zu melden. [2] Zur Wahrung der ärztlichen Schweigepflicht kann der Meldung durch Übergabe eines verschlossenen Umschlages genügt werden, der nur vom Arzt zu öffnen ist.

(5) Beschäftigte haben sich unter Fortzahlung des Entgelts nach § 21 einer Ausbildung im Selbstschutz sowie in der Hilfeleistung und Schadensbekämpfung bei Katastrophen zu unterziehen.

(6) Zu den allgemeinen Pflichten gehört auch das Ableisten von Wachdienst.

(7) Besatzungsmitglieder von Schiffen oder schwimmenden Geräten, die mit Schiffsküchen versehen sind, können verpflichtet werden, an der Bordverpflegung teilzunehmen.

Zu Abschnitt II. Arbeitszeit

Nr. 10: Zu § 6 – Regelmäßige Arbeitszeit –

(1) [1] Die regelmäßige Arbeitszeit kann aus notwendigen betrieblichen/dienstlichen Gründen auf sieben Tage verteilt werden. [2] Die gesetzlich vorgeschriebene Ruhezeit darf nur in höchstens zwei Zeiträume aufgeteilt werden, wenn einer eine Mindestdauer von 6 Stunden hat. [3] Bei Fahrten von Schiffen in See können die gesetzlich vorgeschriebenen Ersatzruhetage für Sonn- und Feiertagsarbeit bis zum Ablauf des Ausgleichzeitraums nach § 8 Abs. 2 zusammenhängend gewährt werden.

(2) Die regelmäßige Arbeitszeit beträgt

a) für Hafendiensttage auf Drei-, Zwei- und Einwachenschiffen acht Stunden arbeitstäglich oder 39 Stunden wöchentlich,

b) für Seedienstage auf Dreiwachenschiffen acht Stunden täglich, auf Zwei- und Einwachenschiffen neun Stunden täglich.

Protokollerklärung zu Absatz 2:

Seediensttage sind alle Tage, an denen sich das Schiff mindestens 1½ Stunden außerhalb der jeweiligen seewärtigen Zollgrenze des Hafens aufhält. Geht ein Schiff außerhalb des Heimathafens in einem fremden Hafen vor Anker oder wird es dort festgemacht, gelten die dort verbrachten Zeiten erst nach Ablauf des dritten Tages als Hafendiensttage. Vorher sind auch die im fremden Hafen verbrachten Tage als Seediensttage zu bewerten. Geht das Schiff auf außerdeutschen Liegeplätzen vor Anker oder wird es dort festgemacht, sind die dort verbrachten Zeiten immer als Seediensttage zu bewerten.

(3) Die regelmäßige Arbeitszeit während der Seedienst- und Hafendiensttage gilt durch das Tabellenentgelt (§ 15) als abgegolten.

(4) [1]Die Arbeitszeit beginnt und endet an der Arbeitsstelle. [2]Kann die Arbeitsstelle nur mit einem vom Arbeitgeber gestellten schwimmenden Fahrzeug erreicht werden, so wird die Transportzeit bei der Hin- und Rückfahrt jeweils mit 50 v.H. als Arbeitszeit gewertet. [3]Die regelmäßige Arbeitszeit kann entsprechend verlängert werden. [4]Trifft das Fahrzeug infolge höherer Gewalt nicht rechtzeitig an der Arbeitsstelle ein, wird – unbeschadet des Satzes 2 – die Zeit ab dem Zeitpunkt des auf der Arbeitsstelle angeordneten Arbeitsbeginns als Arbeitszeit gewertet.

Nr. 11: Zu § 7 – Sonderformen der Arbeit –

(1) [1]Rufbereitschaft darf bis zu höchstens 10 Tagen im Monat, in Ausnahmefällen bis zu höchstens 30 Tagen im Vierteljahr, angeordnet werden. [2]Diese zeitliche Einschränkung gilt nicht für Zeiten erhöhter Bereitschaft für den Bereich der gesamten Bundeswehr.

(2) Außerhalb der regelmäßigen Arbeitszeit angeordnete Anwesenheit an Bord wird bei der Bemessung des Entgelts zu 50 v.H. als Arbeitszeit gewertet, es sei denn, dass Freiwache gewährt wird oder dass Arbeit angeordnet ist.

(3) [1]Für Beschäftigte, die über 10 Stunden hinaus zum Wachdienst herangezogen werden, können Wachschichten bis zu zwölf Stunden festgesetzt werden, wenn in den Wachdienst in erheblichem Umfang Bereitschaftsdienst im Sinne des § 7 Abs. 1 Nr. 1 Buchst. a Arbeitszeitgesetz fällt. [2]Für die Bemessung des Entgelts während der Wachdienste gelten folgende Vorschriften:

1. Bei folgenden Wachschichten wird für jede Wachstunde das volle Entgelt gezahlt:
   a) Durchgehende Wachdienste, bei denen Pausen oder inaktive Zeiten während des Bereitschaftsdienstes weniger als ein Drittel der Gesamtwachzeit ausmachen.
   b) Wachdienste, die ausschließlich im Freien abgeleistet werden oder bei denen auf Anordnung oder infolge besonderer Umstände eine Bindung an einen vorgeschriebenen Platz besteht (z.B. Decks-, Maschinen-, Brücken- oder Ankerwachen).
2. Anwesenheitswachdienste, die nicht den in Nr. 1 genannten Einschränkungen unterliegen, werden wie folgt bewertet:
   a) Bei einer Tageswachschicht wird je eineinhalb Wachstunden das Entgelt für eine Arbeitsstunde gezahlt.

b) Bei einer Nachtwachschicht bis zu zwölf Stunden wird eine Stundengarantie von drei Arbeitsstunden angesetzt, wenn beim Wachdienst nur Anwesenheit verlangt und eine Schlafgelegenheit gestellt wird. Soweit die Voraussetzungen nach Satz 1 nicht vorliegen, gilt Buchstabe a entsprechend.

(4) Bei sämtlichen Arten der Anwesenheitswachdienste wird für kleine Arbeiten während der Wache, die insgesamt weniger als zwei Stunden betragen, keine besondere Vergütung gezahlt.

(5) [1] Im Seebetrieb kann die tägliche Arbeitszeit für Besatzungsmitglieder

- auf Ein- und Zwei-Wachen-Schiffen auf bis zu 12 Stunden und
- auf Ein-, Zwei- oder Drei-Wachen-Schiffen, wenn hierfür dringende betriebliche/dienstliche Gründe vorliegen, auf bis zu 13 Stunden verlängert werden. [2] Der Gesundheitsschutz der Besatzungsmitglieder ist durch einen entsprechenden Ausgleich durch Freizeit zu gewährleisten, so dass bis zum Ende des Ausgleichszeitraums nach § 6 Abs. 2 im Durchschnitt möglichst die regelmäßige wöchentliche Arbeitszeit, zumindest aber die gesetzlich nach dem Arbeitszeitgesetz oder tarifvertraglich im Anwendungsbereich des Absatzes 6 vorgesehene Höchstarbeitszeit nicht überschritten wird.

Protokollerklärung zu Absatz 5:
Seebetrieb liegt ab dem Zeitpunkt vor, in dem das Schiff zum Antritt oder zur Fortsetzung der Fahrt in See seinen Liegeplatz im Hafen zu verlassen beginnt und endet mit dem Zeitpunkt, in dem das Schiff im Hafen ordnungsgemäß festgemacht hat. Liegt das Schiff in der Werft, liegt kein Seebetrieb vor.

(6) [1] Unter Beachtung der allgemeinen Grundsätze der Sicherheit und des Gesundheitsschutzes kann die Arbeitszeit der Besatzungsmitglieder der Drei-Wachen-Schiffe sowie der Zwei-Wachen-Schiffe des Trossgeschwaders der Einsatzflottille 2, sofern in die Arbeitszeit regelmäßig und in erheblichem Umfang Bereitschaftsdienst fällt, auf bis zu 65 Stunden im Siebentageszeitraum ohne Ausgleich verlängert werden, wenn dienstliche Gründe bestehen und der oder die Beschäftigte schriftlich einwilligt. [2] Beschäftigten, die die Einwilligung zur Verlängerung der Arbeitszeit nicht erklären oder die Einwilligung widerrufen, dürfen daraus keine Nachteile entstehen. [3] Die Einwilligung kann mit einer Frist von sechs Monaten schriftlich widerrufen werden. [4] Die Beschäftigten sind auf die Widerrufsmöglichkeit schriftlich hinzuweisen.

Protokollerklärung zu Absatz 6:
Bei der Stundenzahl handelt es sich um einen Durchschnittswert, bezogen auf einen Ausgleichszeitraum von einem Jahr.

Nr. 12: Zu § 8 – Ausgleich für Sonderformen der Arbeit –

(1) Bei Seedienstagen werden die über acht Stunden täglich – höchstens 48 Stunden in der Woche – hinaus geleisteten Stunden als Überstunden bezahlt.

(2) Fallen in einer Kalenderwoche nur Hafendiensttage an, ist § 7 Abs. 7 anzuwenden.

(3) [1] Fallen in einer Kalenderwoche Hafen- und Seediensttage an, gelten die über 48 Stunden hinaus geleisteten Arbeitsstunden als Überstunden. [2] Zeiten, die nach Nr. 10 Abs. 1 Satz 3 auszugleichen sind, bleiben unberücksichtigt. [3] Wird die regelmäßige wöchentliche Arbeitszeit nach § 6 Abs. 1 um mindes-

tens zwei Stunden überschritten, gelten bei der Berechnung des Entgelts zusätzlich zwei Arbeitsstunden als Überstunden.

(4) Für Seediensttage betragen die Zeitzuschläge nach § 8 Abs. 1 Satz 1 Buchst. b, c, f 50 v.H. des Zeitzuschlages nach § 8 Abs. 1 Satz 1 Buchst. f; die Zeitzuschläge nach § 8 Abs. 1 Satz 1 Buchst. d und e werden in Höhe von 50 v.H. gezahlt.

(5) Bei angeordneter Anwesenheit an Bord nach Nr. 11 Abs. 2 werden Zeitzuschläge nach § 8 Abs. 1 Satz 2 Buchst. c bis f nicht gezahlt.

(6) Bei allen Formen des Wachdienstes im Sinne der Nr. 11 Abs. 3 Satz 2 Nr. 2 wird der Zeitzuschlag nach § 8 Abs. 1 Satz 2 Buchst. f nicht gezahlt.

Zu Abschnitt III. Eingruppierung, Entgelt und sonstige Leistungen

Nr. 13:

Beschäftigte, die für eine andere Tätigkeit qualifiziert werden, erhalten während der Qualifizierungszeit ihr bisheriges Tabellenentgelt und sonstige Entgeltbestandteile.

Nr. 14: Zu § 19 – Erschwerniszuschläge –

[1] Bei Bergungen und Hilfeleistungen sowie Havariearbeiten und mit diesen zusammenhängenden Arbeiten werden Zuschläge in Höhe von 25 v.H. des auf eine Stunde entfallenden Anteils des monatlichen Entgelts der Stufe 2 der Entgeltgruppe 2 gezahlt. [2] Dies gilt auch bei Bergungen von Fahrzeugen und Gegenständen der eigenen Verwaltung sowie Hilfeleistungen für solche Fahrzeuge und Gegenstände, sofern die Leistungen besonders schwierig oder mit erheblicher Gefahr verbunden waren.

Zu Abschnitt IV. Urlaub und Arbeitsbefreiung

Nr. 15: Zu § 27 – Zusatzurlaub –

Die Regelungen über Zusatzurlaub nach § 27 finden keine Anwendung.

Nr. 16: Zu Anhang zu § 46 – Regelung für die Teilnahme an Manövern und ähnlichen Übungen –

Der Anhang zu § 46 gilt auch für Besatzungsmitglieder von Binnenfahrzeugen bei Teilnahme an Manövern und ähnlichen Übungen in Binnengewässern.

Nr. 17: Zu Abschnitt VI – Übergangs- und Schlussvorschriften –

Beschäftigten, die auf einem Fahrzeug oder schwimmenden Gerät tätig sind, wird der bei Havarie oder Sinken des Fahrzeuges oder schwimmenden Gerätes, durch Brand, Explosion oder Einbruchsdiebstahl oder durch ähnliche Ursachen auf dem Fahrzeug oder Gerät nachweisbar entstandene Schäden an persönlichen Gegenständen bis zum Höchstbetrag von 2.000 Euro im Einzelfall ersetzt.

Kapitel III. Medizinische Beschäftigte einschließlich Ärztinnen und Ärzten sowie Zahnärztinnen und Zahnärzten in Bundeswehrkrankenhäusern und anderen kurativen Einrichtungen der Bundeswehr

Zu Abschnitt I. Allgemeine Vorschriften

Nr. 18: Zu § 1 – Geltungsbereich –

(1) Diese Regelungen gelten für medizinische Beschäftigte, die in Bundeswehrkrankenhäusern und anderen kurativen Einrichtungen der Bundeswehr beschäftigt sind.

Protokollerklärungen zu Absatz 1:

1. Medizinische Beschäftigte sind:

1. Beschäftigte im Pflegedienst mit Tätigkeiten nach Teil IV Abschnitt 25 der Anlage 1 zum Tarifvertrag über die Entgeltordnung des Bundes,

2. Ärztinnen und Ärzte sowie Zahnärztinnen und Zahnärzte,

3. Beschäftigte in Gesundheitsberufen mit Tätigkeiten nach Teil III Abschnitt 21 der Anlage 1 zum Tarifvertrag über die Entgeltordnung des Bundes sowie

4. Psychologinnen und Psychologen.

2. [1] Andere kurative Einrichtungen sind Einrichtungen, in denen Patientinnen und Patienten ärztlich behandelt oder begutachtet werden, z.B. Fachsanitätszentren, Sanitätsunterstützungszentren, Sanitätsversorgungszentren oder Sanitätsstaffeln. [2] Andere kurative Einrichtungen liegen auch bei Einsatz auf Schiffen, Flugzeugen oder anderen Beförderungsmitteln vor, wenn diese mit medizinischen Beschäftigten ausgestattet sind (z.B. Bord-Ärztin oder Bord-Arzt, MedEvac).

(2) Für die medizinischen Beschäftigten gelten die Regelungen der §§ 41 bis 52 sowie 55 des Tarifvertrages für den öffentlichen Dienst – Besonderer Teil Krankenhäuser – (BT-K) – vom 1. August 2006 in der Fassung des Änderungstarifvertrags Nr. 12 zum BT-K vom 25. Oktober 2020 entsprechend, soweit im Folgenden nicht etwas anderes bestimmt ist.

Zu Abschnitt II. Arbeitszeit

Nr. 19: Zu § 44 BT-K – Regelmäßige Arbeitszeit –

Absatz 1 und 2 finden keine Anwendung.

Nr. 20: Zu § 45 BT-K – Bereitschaftsdienst und Rufbereitschaft –

Die in Absatz 3 Satz 1 eröffnete Möglichkeit einer Umsetzung durch eine Betriebs-/Dienstvereinbarung kann für den Bund auch durch einen Bundestarifvertrag erfolgen.

Nr. 21: Zu § 46 BT-K – Bereitschaftsdienstentgelt –

Absatz 4 gilt mit der Maßgabe, dass an Stelle der Anlage G BT-K die Anlage C (Bund) Anwendung findet und dass sich die Bereitschaftsdienstentgelte bei allgemeinen Entgeltanpassungen um den von den Tarifvertragsparteien für die jeweilige Entgeltgruppe festgelegten Vomhundertsatz verändern.

Zu Abschnitt III. Eingruppierung, Entgelt und sonstige Leistungen

Nr. 21a: Zu § 51 BT-K – Ärztinnen und Ärzte –

Absatz 1 gilt in folgender Fassung:

„(1) [1] Ärztinnen und Ärzte sowie Zahnärztinnen und Zahnärzte mit entsprechender Tätigkeit sind in Entgeltgruppe I eingruppiert. [2] Fachärztinnen und Fachärzte sowie Fachzahnärztinnen und Fachzahnärzte mit entsprechender Tätigkeit sind in Entgeltgruppe II eingruppiert. [3] Sie erhalten ein Tabellenentgelt nach Anlage D (Bund). [4] Für sie gelten folgende besondere Stufenzuordnungen:

a) Entgeltgruppe I:

Stufe 1: weniger als einjährige ärztliche Berufserfahrung,
Stufe 2: nach einjähriger ärztlicher Berufserfahrung,
Stufe 3: nach dreijähriger ärztlicher Berufserfahrung,
Stufe 4: nach fünfjähriger ärztlicher Berufserfahrung,

Stufe 5: nach neunjähriger ärztlicher Berufserfahrung;

b) Entgeltgruppe II:

Stufe 1: weniger als vierjährige fachärztliche Berufserfahrung,
Stufe 2: nach vierjähriger fachärztlicher Berufserfahrung,
Stufe 3: nach achtjähriger fachärztlicher Berufserfahrung,
Stufe 4: nach zwölfjähriger fachärztlicher Berufserfahrung.

[5] § 17 bleibt im Übrigen unberührt."

Nr. 22: Zu § 52 BT-K – Tabellenentgelt –

(1) Absätze 1 bis 3 gelten in folgender Fassung:

„(1) [1] Beschäftigte, die nach dem Teil IV Abschnitt 25 Entgeltordnung (Bund) in eine der Entgeltgruppen P 5 bis P 16 eingruppiert sind, erhalten Entgelt nach der Anlage E (Bund). [2] Soweit im Allgemeinen Teil auf bestimmte Entgeltgruppen der Anlage A (Bund) Bezug genommen wird, entspricht

die Entgeltgruppe	der Entgeltgruppe
P 5	3
P 6	4
P 7	7
P 8	8
P 9, P 10	9a
P 11	9b
P 12	9c
P 13	10
P 14, P 15	11
P 16	12.

(2) Abweichend von § 16 (Bund) Abs. 1 Satz 1 ist für die Beschäftigten im Pflegedienst nach Teil IV Abschnitt 25 Entgeltordnung (Bund) Eingangsstufe in den Entgeltgruppen P 7 bis P 16 die Stufe 2.

(3) Abweichend von § 16 (Bund) Abs. 4 wird von den Beschäftigten im Pflegedienst nach Teil IV Abschnitt 25 Entgeltordnung (Bund) in den Entgeltgruppen P 7 und P 8 die Stufe 3 nach drei Jahren in Stufe 2 erreicht.

Protokollerklärung zu Absatz 3:

Absatz 3 findet keine Anwendung auf Beschäftigte, die mindestens zur Hälfte eine oder mehrere der folgenden Tätigkeiten auszuüben haben:

- *Pflege Kranker sowie Bedienung und Überwachung der Geräte in Dialyseeinheiten,*
- *entsprechende Tätigkeiten in Blutzentralen,*
- *entsprechende Tätigkeiten in besonderen Behandlungs- und Untersuchungsräumen in mindestens zwei Teilgebieten der Endoskopie,*
- *entsprechende Tätigkeiten in Polikliniken (Ambulanzbereichen) oder Ambulanzen/ Nothilfen,*
- *entsprechende Tätigkeiten im EEG-Dienst,*
- *Erfüllung von Pflegeaufgaben an Patienten von psychiatrischen oder neurologischen Krankenhäusern, die nicht in diesen Krankenhäusern untergebracht sind,*

– Betreuung von psychisch kranken Patienten bei der Arbeitstherapie in psychiatrischen oder neurologischen Krankenhäusern,
– dem zentralen Sterilisationsdienst vorstehen,
– entsprechende Tätigkeiten im Operationsdienst als Operations- bzw. Anästhesiepflegekräfte,
– entsprechende Tätigkeiten mit Verantwortlichkeit für die fachgerechte Lagerung in der großen Chirurgie,
– Vorbereiten der Herz-Lungen-Maschine und Herangezogenwerden zur Bedienung der Maschine während der Operation,
– entsprechende Tätigkeiten in Einheiten für Intensivmedizin,
– in erheblichem Umfange der Ärztin bzw. dem Arzt bei Herzkatheterisierungen, Dilatationen oder Angiographien unmittelbar assistieren."

(2) Absatz 4 findet keine Anwendung.

(3) Die Protokollerklärung zu den Absätzen 5 und 7 findet keine Anwendung.

(4) Die übrigen medizinischen Beschäftigten erhalten das Tabellenentgelt nach den für den Bund geltenden allgemeinen Regelungen des TVöD.

(5) [1] Medizinische Beschäftigte, die für eine andere Tätigkeit qualifiziert werden, erhalten während der Qualifizierungszeit ihr bisheriges Tabellenentgelt und sonstige Entgeltbestandteile. [2] Für Beschäftigte im Pflegedienst gilt § 22 Abs. 2 TVÜ-VKA entsprechend.

Nr. 23: Zu § 20 (Bund) – Jahressonderzahlung –

(1) § 20 (Bund) findet auf Ärztinnen und Ärzte keine Anwendung.

(2) Auf die Beschäftigten der Entgeltgruppe P 9 findet der in § 20 (Bund) Abs. 2 Satz 1 für die Entgeltgruppen 1 bis 8 ausgewiesene Prozentsatz Anwendung.

§ 47 (Bund) Sonderregelungen für Beschäftigte des Bundesministeriums für Verkehr und digitale Infrastruktur

Kapitel I. Allgemeine Bestimmungen für Beschäftigte der Wasser- und Schifffahrtsverwaltung des Bundes und des Bundesamtes für Seeschifffahrt und Hydrographie

Zu Abschnitt I. Allgemeine Vorschriften

Nr. 1: Zu § 1 – Geltungsbereich –

(1) [1] Diese Sonderregelungen gelten für die Beschäftigten der Wasser- und Schifffahrtsverwaltung des Bundes, die beim Bau, der Unterhaltung und dem Betrieb von wasserbaulichen Einrichtungen und wasserwirtschaftlichen Anlagen eingesetzt sind einschließlich der Besatzungen von Schiffen und von schwimmenden Geräten, soweit die Schiffe und schwimmenden Geräte in den von der Verwaltung aufzustellenden Schiffslisten aufgeführt sind. [2] Zur Besatzung eines Schiffes oder schwimmenden Gerätes gehören nur diejenigen Beschäftigten, die mit Rücksicht auf Schifffahrt und Betrieb an Bord, gegebenenfalls in mehreren Schichten, tätig sein müssen und in der von der Verwaltung aufzustellenden Bordliste aufgeführt sind. [3] Beschäftigte, die an Bord Arbeiten verrichten, ohne selbst in der Bordliste aufgeführt zu sein, werden für die Dauer dieser Tätigkeit wie Besatzungsmitglieder behandelt. [4] Die Regelungen gelten auch für Beschäftigte der Wasser- und Schifffahrtsverwaltung des Bun-

des, die auf nicht bundeseigenen Schiffen und schwimmenden Geräten eingesetzt sind.

(2) [1] Diese Sonderregelungen gelten auch für die Besatzungen der seegehenden Schiffe des Bundesamtes für Seeschifffahrt und Hydrographie (BSH); Nr. 8 und Kapitel III gelten auch für vorübergehend an Bord eingesetzte Beschäftigte des BSH. [2] Zur Besatzung eines Schiffes gehören nur diejenigen Beschäftigten, die mit Rücksicht auf Schifffahrt und Betrieb an Bord, gegebenenfalls in mehreren Schichten, tätig sein müssen und in der von der Verwaltung aufzustellenden Bordliste aufgeführt sind.

Protokollerklärung:

Die Eintragung in die Bordliste berührt die tarifliche Eingruppierung in die Entgeltgruppen nicht.

Nr. 2: Zu § 3 – Allgemeine Arbeitsbedingungen –

Zu den allgemeinen Pflichten gehört auch das Ableisten von Wachdienst.

Zu Abschnitt II. Arbeitszeit

Nr. 3: Zu § 6 – Regelmäßige Arbeitszeit –

(1) Außerhalb der regelmäßigen Arbeitszeit angeordnete Anwesenheit an Bord wird bei der Bemessung des Entgelts zu 50 v.H. als Arbeitszeit gewertet, es sei denn, dass Freiwache gewährt wird oder dass Arbeit angeordnet ist.

(2) [1] Für Beschäftigte, die über 10 Stunden hinaus zum Wachdienst herangezogen werden, können Wachschichten bis zu zwölf Stunden festgesetzt werden, wenn in den Wachdienst in erheblichem Umfang Bereitschaftsdienst im Sinne des § 7 Abs. 1 Nr. 1 Buchst. a Arbeitszeitgesetz fällt. [2] Für die Bemessung des Entgelts während der Wachdienste gelten folgende Vorschriften:

1. Bei folgenden Wachschichten wird für jede Wachstunde das volle Entgelt gezahlt:
   a) Durchgehende Wachdienste, bei denen Pausen oder inaktive Zeiten während des Bereitschaftsdienstes weniger als ein Drittel der Gesamtwachzeit ausmachen.
   b) Wachdienste, die ausschließlich im Freien abgeleistet werden oder bei denen auf Anordnung oder infolge besonderer Umstände eine Bindung an einen vorgeschriebenen Platz besteht (z.B. Decks-, Maschinen-, Brücken- oder Ankerwachen).
2. Anwesenheitswachdienste, die nicht den in Nr. 1 genannten Einschränkungen unterliegen, werden wie folgt bewertet:
   a) Bei einer Tageswachschicht wird je eineinhalb Wachstunden das Entgelt für eine Arbeitsstunde gezahlt.
   b) Bei einer Nachtwachschicht bis zu zwölf Stunden wird eine Stundengarantie von drei Arbeitsstunden angesetzt, wenn beim Wachdienst nur Anwesenheit verlangt und eine Schlafgelegenheit gestellt wird. Soweit die Voraussetzungen nach Satz 1 nicht vorliegen, gilt Buchstabe a entsprechend.

(3) Bei sämtlichen Arten der Anwesenheitswachdienste wird für kleine Arbeiten während der Wache, die insgesamt weniger als zwei Stunden betragen, keine besondere Vergütung gezahlt.

Nr. 4: Zu § 8 – Ausgleich für Sonderformen der Arbeit –

(1) Bei angeordneter Anwesenheit an Bord nach Nr. 3 Abs. 1 werden Zeitzuschläge nach § 8 Abs. 1 Satz 2 Buchst. c bis f nicht gezahlt.

(2) Bei allen Formen des Wachdienstes im Sinne der Nr. 3 Abs. 2 Satz 2 Nr. 2 wird der Zeitzuschlag nach § 8 Abs. 1 Satz 2 Buchst. f nicht gezahlt.

Zu Abschnitt III. Eingruppierung, Entgelt und sonstige Leistungen

Nr. 5:

Beschäftigte, die für eine andere Tätigkeit qualifiziert werden, erhalten während der Qualifizierungszeit Entgelt nach § 21.

Nr. 6: Zu § 19 – Erschwerniszuschläge –

(1) [1]Bei Bergungen und Hilfeleistungen sowie Havariearbeiten und mit diesen zusammenhängenden Arbeiten werden Zuschläge in Höhe von 25 v.H. des auf eine Stunde entfallenden Anteils des monatlichen Entgelts der Stufe 2 der Entgeltgruppe 2 gezahlt. [2]Dies gilt auch bei Bergungen von Fahrzeugen und Gegenständen der eigenen Verwaltung sowie Hilfeleistungen für solche Fahrzeuge und Gegenstände, sofern die Leistungen besonders schwierig oder mit erheblicher Gefahr verbunden wären.

(2) [1]Auf Gewässerschutzschiffen gemäß Objektkatalog und auf dem Laderaumsaugbagger wird für Einsätze zum Feuerschutz bzw. zur Bekämpfung von Schadstoffen, Öl oder Chemikalien je Einsatztag ein Zuschlag in Höhe von 50 Euro gezahlt und die Verpflegung vom Arbeitgeber unentgeltlich bereitgestellt; dies gilt nicht für Übungseinsätze. [2]Absatz 1 findet keine Anwendung.

(3) [1]Tauchereinsatzleiterinnen und Tauchereinsatzleiter erhalten pro Stunde ihres Einsatzes einen Zuschlag in derselben Höhe, wie ihn die Taucherinnen und Taucher nach dem Tarifvertrag über Taucherzuschläge für Arbeiter des Bundes vom 13. September 1973 erhalten, für die die Tauchereinsatzleiterinnen und Tauchereinsatzleiter während der Tauchgangs verantwortlich sind. [2]Sind Tauchereinsatzleiterinnen und Tauchereinsatzleiter bei einem Einsatz für mehrere Taucherinnen oder Taucher verantwortlich, steht ihnen der Zuschlag nur in einfacher Höhe zu.

Zu Abschnitt IV. Urlaub und Arbeitsbefreiung

Nr. 7: Zu § 27 – Zusatzurlaub –

Die Regelungen über Zusatzurlaub nach § 27 gelten nicht bei Tätigkeiten nach Nr. 3.

Zu Abschnitt VI. Übergangs- und Schlussvorschriften

Nr. 8:

Beschäftigten, die auf einem Fahrzeug oder schwimmenden Gerät tätig sind, wird der bei Havarie oder Sinken des Fahrzeuges oder schwimmenden Gerätes, durch Brand, Explosion oder Einbruchsdiebstahl oder durch ähnliche Ursachen auf dem Fahrzeug oder Gerät nachweisbar entstandene Schäden an persönlichen Gegenständen bis zum Höchstbetrag von 2.000 Euro im Einzelfall ersetzt.

Kapitel II. Besondere Bestimmungen für Beschäftigte der Wasser- und Schifffahrtsverwaltung des Bundes

Für die in Kapitel I Nr. 1 Abs. 1 aufgeführten Beschäftigten der Wasser- und Schifffahrtsverwaltung des Bundes finden ergänzend folgende besondere Bestimmungen Anwendung:

Zu Abschnitt II. Arbeitszeit

Nr. 9: Zu § 6 – Regelmäßige Arbeitszeit –

(1) [1]Die Arbeitszeit beginnt und endet an der Arbeitsstelle. [2]Im Tidebetrieb richten sich Beginn und Ende der Arbeitszeit nach den Gezeiten. [3]Kann die Arbeitsstelle nur mit einem vom Arbeitgeber gestellten Fahrzeug erreicht werden und trifft das Fahrzeug infolge höherer Gewalt nicht rechtzeitig an der Arbeitsstelle ein, wird die Zeit ab dem Zeitpunkt des auf der Arbeitsstelle angeordneten Arbeitsbeginns als Arbeitszeit gewertet.

(2) [1]Kann die Arbeitsstelle auf Schiffen und schwimmenden Geräten nur mit einem vom Arbeitgeber gestellten schwimmenden Fahrzeug erreicht werden, so wird die Transportzeit bei der Hin- und Rückfahrt jeweils mit 50 v.H. als Arbeitszeit gewertet. [2]Die regelmäßige Arbeitszeit kann entsprechend verlängert werden. [3]Für Maschinisten auf Schiffen, schwimmenden Geräten und sonstigen Motorgeräten kann die regelmäßige Arbeitszeit für Vor- und Abschlussarbeiten um täglich bis zu einer Stunde verlängert werden.

(3) [1]Sofern die Einsatzkonzeption von seegehenden Schiffen und schwimmenden Geräten dies erfordert (z.B. 24-Stunden-Betrieb) kann die Arbeitszeit in einem Zeitraum von 24 Stunden auf bis zu 12 Stunden verlängert und auf einen Zeitraum von 168 Stunden verteilt werden, wenn im unmittelbaren Anschluss an den verlängerten Arbeitszeitraum ein Ausgleich durch Freizeit erfolgt, der dem Umfang der regelmäßigen Arbeitszeit nach § 6 Abs. 1 Satz 1 entspricht. [2]Im Rahmen der Wechselschichten nach Satz 1 geleistete Arbeitsstunden, die über das Doppelte der regelmäßigen wöchentlichen Arbeitszeit nach § 6 Abs. 1 Satz 1 hinausgehen, sind Überstunden im Sinne des § 7 Abs. 7.

(4) [1]Die Ruhezeit beträgt für die Besatzungsmitglieder pro 24-Stunden-Zeitraum mindestens elf Stunden. [2]Diese Ruhezeit darf nur in höchstens zwei Zeiträume aufgeteilt werden, wenn einer eine Mindestdauer von sechs Stunden hat.

(5) Die Regelungen der Absätze 1 bis 4 gelten auch für Beschäftigte der Wasser- und Schifffahrtsverwaltung des Bundes, die auf nicht bundeseigenen Schiffen und schwimmenden Geräten eingesetzt sind.

(6) Bei Beschäftigten der Wasser- und Schifffahrtsverwaltung des Bundes, die nicht auf Schiffen und schwimmenden Geräten eingesetzt sind,

a) bildet die durchgehende Arbeitszeit die Regel und

b) kann bei Arbeit im Schichtbetrieb die gesetzlich vorgeschriebene Gesamtdauer der Ruhepausen auf Kurzpausen von angemessener Dauer aufgeteilt werden, sofern wegen des zu erwartenden kontinuierlichen Arbeitsanfalls mangels Vertretung die Gewährung von Ruhepausen in Zeitabschnitten von jeweils mindestens 15 Minuten nicht gewährleistet werden kann.

(7) [1]Besatzungsmitglieder auf Gewässerschutzschiffen gemäß Objektkatalog und auf dem Laderaumsaugbagger, deren Arbeitszeit sich nach Absatz 3 richtet, erhalten pro Einsatztag einen Zuschlag in Höhe von 25 Euro. [2]Überstunden sind bis zu zwei Stunden täglich abgegolten (z.B. für kleinere Reparaturen); dies gilt nicht im Falle von Havarien, Bergungsarbeiten oder angeordneten Reparaturen. [3]Der Zuschlag nach Satz 1 ist von der Durchschnittsberechnung nach § 21 Satz 2 ausgenommen.

Nr. 10: Zu § 44 – Reise- und Umzugskosten, Trennungsgeld –

(1) [1] Für Dienstreisen im Außendienst werden die entstandenen notwendigen Fahrtkosten nach Maßgabe der §§ 4 und 5 BRKG erstattet, sofern sie die Fahrtkosten zu der Arbeitsstätte, der der/die Beschäftigte dauerhaft personell zugeordnet ist, übersteigen. [2] An Stelle des Tagegeldes im Sinne des § 6 BRKG wird nachfolgende Aufwandsvergütung gezahlt:

– bei einer Abwesenheit ab acht Stunden in Höhe von 3 Euro,
– bei einer Abwesenheit ab 14 Stunden in Höhe von 5 Euro,
– bei einer Abwesenheit ab 24 Stunden in Höhe von 8 Euro.

[3] Beträgt hierbei die Entfernung zwischen der Arbeitsstätte, der der bzw. die Beschäftigte dauerhaft personell zugeordnet ist und der Stelle, an der das Dienstgeschäft erledigt wird, weniger als zwei km, wird Aufwandsvergütung nach Satz 2 nicht gewährt. [4] Notwendige Übernachtungskosten werden gemäß § 7 BRKG erstattet.

(2) Abweichend von Absatz 1 Satz 2 wird bei Abwesenheit von 3 bis zu 8 Stunden eine Pauschale in Höhe von 2 Euro gezahlt.

(3) [1] Für Beschäftigte auf Schiffen oder schwimmenden Geräten ist Absatz 1 mit folgenden Maßgaben anzuwenden:

1. Für die Berechnung des Tagegeldes nach Absatz 1 Satz 2 ist maßgebend, dass sich das Schiff nicht am ständigen Liegeplatz (Heimathafen) befindet.
2. Bei Übernachtungen auf Schiffen oder schwimmenden Geräten, die nicht den erlassenen Mindestbestimmungen entsprechen, wird ein Übernachtungsgeld in Höhe von 8 Euro gezahlt.

[2] Reisebeihilfen für Familienheimfahrten werden nach Maßgabe des § 8 Sätze 3 und 4 BRKG gezahlt. [3] Satz 2 gilt nicht für Trennungsgeldempfänger nach der Trennungsgeldverordnung.

(4) Die Regelungen in Absatz 1 und 3 ersetzen die Vorschriften über die Erstattung von Reisekosten des § 44 Abs. 1.

(5) Abweichend von § 44 Abs. 2 Satz 3 werden nicht anrechenbare Reisezeiten bei fester Arbeitszeit zu 50 v.H. als Freizeitausgleich gewährt und bei gleitender Arbeitszeit im Rahmen der jeweils geltenden Vorschriften als Arbeitszeit angerechnet.

Kapitel III. Besondere Bestimmungen für Besatzungen der seegehenden Schiffe des Bundesamtes für Seeschifffahrt und Hydrographie

Für die in Kapitel I Nr. 1 Abs. 2 aufgeführten Beschäftigten des Bundesamtes für Seeschifffahrt und Hydrographie finden ergänzend folgende besondere Bestimmungen Anwendung:

Zu Abschnitt I. Allgemeine Vorschriften

Nr. 11: Zu § 3 – Allgemeine Arbeitsbedingungen –

Beschäftigte, die dienstlich an Bord eingesetzt sind, müssen an der Bordverpflegung teilnehmen.

Zu Abschnitt II. Arbeitszeit

Nr. 12: Zu § 6 – Regelmäßige Arbeitszeit –

(1) [1] Die regelmäßige Arbeitszeit kann aus notwendigen betrieblichen/dienstlichen Gründen auf sieben Tage verteilt werden. [2] Bei Fahrten von Schif-

fen in See können die gesetzlich vorgeschriebenen Ersatzruhetage für Sonn- und Feiertagsarbeit bis zum Ablauf des Ausgleichszeitraums nach § 6 Abs. 2 zusammenhängend gewährt werden.

(2) [1]Die Ruhezeit beträgt für die Besatzungsmitglieder pro 24-Stunden-Zeitraum mindestens elf Stunden. [2]Diese Ruhezeit darf nur in höchstens zwei Zeiträume aufgeteilt werden, wenn einer eine Mindestdauer von sechs Stunden hat. [3]Es ist sicherzustellen, dass die durchschnittliche regelmäßige wöchentliche Arbeitszeit bei Fahrten in See durch eine ungleichmäßige Verteilung der Arbeitszeit nicht unterschritten wird. [4]§ 7 Abs. 7 bleibt unberührt.

(3) Soweit dienstplanmäßig eine Mittagspause vorgesehen ist, darf sie eine Stunde nicht überschreiten.

(4) Werden Besatzungsmitglieder einer Wache zugeteilt, gilt diese Zeit als regelmäßige Arbeitszeit.

(5) Dienstlicher Aufenthalt außerhalb des Schiffes auf Sandbänken oder im Wattgebiet sowie in den Beibooten rechnet durchgehend als Arbeitszeit.

(6) Für Köche und Stewards richten sich Beginn und Ende der Arbeitszeit sowie die Arbeitspausen nach den festgelegten Mahlzeiten der Besatzung.

Zu Abschnitt VII. Allgemeine Vorschriften

Nr. 13: Zu § 44 – Reise- und Umzugskosten, Trennungsgeld –

(1) [1]Für Dienstreisen werden den Beschäftigten die Reisekosten nach Maßgabe des BRKG in der jeweils gültigen Fassung gezahlt. [2]Abweichend von Satz 1 werden für Dienstreisen auf Schiffen die entstandenen notwendigen Fahrtkosten nach Maßgabe der §§ 4 und 5 BRKG erstattet. [3]An Stelle des Tagegeldes im Sinne des § 6 BRKG wird Beschäftigten, die an Bord eingesetzt sind, ein Bordtagegeld von 7,50 Euro täglich gezahlt, wenn eine unentgeltliche Unterkunft bereitgestellt wird und die Beschäftigten mindestens acht Stunden dienstlich an Bord eingesetzt sind. [4]Für die Berechnung des Bordtagegeldes ist maßgeblich, dass sich das Schiff nicht am ständigen Liegeplatz (Heimathafen) befindet. [5]Bei Einsätzen in fremdländischen Gewässern kann bei nachgewiesenen notwendigen Mehrkosten das Bordtagegeld entsprechend erhöht werden. [6]Besatzungsmitglieder erhalten einmal monatlich Reisebeihilfen für Familienheimfahrten nach Maßgabe des § 8 Sätze 3 und 4 BRKG. [7]Satz 6 gilt nicht für Trennungsgeldempfänger nach der Trennungsgeldverordnung.

(2) Soweit die Voraussetzungen für ein Bordtagegeld nach Absatz 1 Sätze 3 und 4 nicht vorliegen, wird bei dienstlichen Einsätzen dieser Beschäftigten von mindestens acht Stunden an Bord im Heimathafen (ständiger Liegeplatz) eine tägliche Pauschale in Höhe von 7,50 Euro gezahlt.

(3) Die Regelung in Absatz 1 Sätze 2 bis 7 ersetzen die Vorschriften über die Erstattung von Reisekosten des § 44 Absatz 1.

§ 48 (Bund) Sonderregelungen für Beschäftigte im forstlichen Außendienst

Zu Abschnitt I. Allgemeine Vorschriften

Nr. 1: Zu § 1 – Geltungsbereich –

Diese Sonderregelung gilt für Beschäftigte im forstlichen Außendienst, die nicht von § 1 Abs. 2 Buchst. g erfasst werden.

Zu Abschnitt II. Arbeitszeit

Nr. 2:

(1) [1]Der tarifliche wöchentliche Arbeitszeitkorridor beträgt 48 Stunden. [2]Abweichend von § 7 Abs. 7 sind nur die Arbeitsstunden Überstunden, die über den Arbeitszeitkorridor nach Satz 1 hinaus auf Anordnung geleistet worden sind. [3]§ 10 Abs. 1 Satz 3 findet keine Anwendung, auf Antrag der/des Beschäftigten kann ein Arbeitszeitkonto in vereinfachter Form durch Selbstaufschreibung geführt werden.

(2) Absatz 1 gilt nicht, wenn Dienstvereinbarungen zur Gleitzeit bestehen oder vereinbart werden.

§ 49 (Bund) Sonderregelungen für Beschäftigte als Lehrkräfte

Zu Abschnitt I. Allgemeine Vorschriften

Nr. 1: Zu § 1 – Geltungsbereich –

[1]Diese Sonderregelungen gelten für Beschäftigte als Lehrkräfte an allgemein bildenden Schulen und berufsbildenden Schulen (Berufs-, Berufsfach- und Fachschulen). [2]Sie gelten nicht für Lehrkräfte an Schulen und Einrichtungen der Verwaltung, die der Ausbildung oder Fortbildung von Angehörigen des öffentlichen Dienstes dienen, an Krankenpflegeschulen und ähnlichen der Ausbildung dienenden Einrichtungen.

Protokollerklärung:

Lehrkräfte im Sinne dieser Sonderregelungen sind Personen, bei denen die Vermittlung von Kenntnissen und Fertigkeiten im Rahmen eines Schulbetriebes der Tätigkeit das Gepräge gibt.

Zu Abschnitt II. Arbeitszeit

Nr. 2:

[1]Die §§ 6 bis 10 finden keine Anwendung. [2]Es gelten die Bestimmungen für die entsprechenden Beamtinnen und Beamten des Bundes in der jeweils geltenden Fassung. [3]Sind entsprechende Beamtinnen und Beamte nicht vorhanden, so ist die Arbeitszeit im Arbeitsvertrag zu regeln.

Zu Abschnitt III. Eingruppierung, Entgelt und sonstige Leistungen

Nr. 2a: Zu § 16 (Bund) – Stufen der Entgelttabelle –

Bei Anwendung des § 16 (Bund) Abs. 4 gilt: Für ab 1. Januar 2011 neubegründete Arbeitsverhältnisse von Lehrkräften wird die zur Vorbereitung auf den Lehrerberuf abgeleistete Zeit des Referendariats oder des Vorbereitungsdienstes im Umfang von sechs Monaten auf die Stufenlaufzeit der Stufe 1 angerechnet.

Zu Abschnitt IV. Urlaub und Arbeitsbefreiung

Nr. 3:

(1) [1]Der Urlaub ist in den Schulferien zu nehmen. [2]Wird die Lehrkraft während der Schulferien durch Unfall oder Krankheit arbeitsunfähig, so hat sie dies unverzüglich anzuzeigen. [3]Die Lehrkraft hat sich nach Ende der Schulferien oder, wenn die Krankheit länger dauert, nach Wiederherstellung der Arbeitsfähigkeit zur Arbeitsleistung zur Verfügung zu stellen.

(2) [1]Für eine Inanspruchnahme der Lehrkraft während der den Urlaub in den Schulferien übersteigenden Zeit gelten die Bestimmungen für die ent-

sprechenden Beamtinnen und Beamten des Bundes. [2]Sind entsprechende Beamtinnen und Beamte nicht vorhanden, erfolgt die Regelung durch Dienst- oder Betriebsvereinbarung.

Zu Abschnitt V. Befristung und Beendigung des Arbeitsverhältnisses

Nr. 4:

Das Arbeitsverhältnis endet, ohne dass es einer Kündigung bedarf, mit Ablauf des Schulhalbjahres (31. Januar beziehungsweise 31. Juli), in dem die Lehrkraft das gesetzlich festgelegte Alter zum Erreichen einer Regelaltersrente vollendet hat.

Abschnitt IX. Übergangs- und Schlussvorschriften (Bund)

§ 50 (Bund) In-Kraft-Treten, Laufzeit. (1) [1]Dieser Tarifvertrag tritt am 1. Oktober 2005 in Kraft. [2]Er kann mit einer Frist von drei Monaten zum Schluss eines Kalenderhalbjahres schriftlich gekündigt werden.

(2) [1]Abweichend von Absatz 1 können schriftlich gesondert gekündigt werden

a) § 45 Nr. 6 und 8, soweit sich die entsprechenden besoldungsrechtlichen Grundlagen der Auslandsbezahlung für Beamte ändern. [2]Die Kündigungsfrist beträgt einen Kalendermonat zum Schluss des Monats der Verkündung der Neuregelungen im Bundesgesetzblatt folgenden Kalendermonats,

b) § 46 Nr. 19 bis 21 (Kapitel III) mit einer Frist von einem Monat zum Monatsende. [2]Das Sonderkündigungsrecht in § 47 Sonderkündigungsrecht der Bereitschafts- und Rufbereitschaftsregelung BT-K bleibt unberührt,

c) Anlage C (Bund), Anlage D (Bund) und Anlage E (Bund) ohne Einhaltung einer Frist.

(3) § 45 Nr. 6 Satz 3 gilt bis zum Inkrafttreten der Eingruppierungsvorschriften des TVöD (Entgeltordnung).

(4) Unbeschadet von Absatz 1 Satz 2 treten außer Kraft

a) § 46 Nr. 4 Abs. 3b mit Ablauf des 30. November 2010,

b) § 46 Nr. 4 Abs. 3a und 3c mit Ablauf des 31. Dezember 2019.

(5) Unbeschadet von Absatz 1 Satz 2 tritt § 46 Nr. 11 Abs. 6 mit Inkrafttreten der Verordnung über die Arbeitszeit der Arbeitnehmerinnen und Arbeitnehmer als Besatzungen von Seefahrzeugen im Bereich des Bundesministeriums der Verteidigung, spätestens mit Ablauf des 30. Juni 2012 außer Kraft.

Abschnitt VIII. Sonderregelungen (VKA)

§ 45 (VKA) Sonderregelungen für Beschäftigte im Betriebs- und Verkehrsdienst von nichtbundeseigenen Eisenbahnen und deren Nebenbetrieben. Für Beschäftigte im Betriebs- und Verkehrsdienst von nichtbundeseigenen Eisenbahnen und deren Nebenbetrieben können landesbezirklich besondere Vereinbarungen abgeschlossen werden.

§ 46 (VKA) Sonderregelungen für Beschäftigte im kommunalen feuerwehrtechnischen Dienst

Zu Abschnitt I. Allgemeine Vorschriften

Nr. 1: Zu § 1 Abs. 1 – Geltungsbereich –

Diese Sonderregelungen gelten für Beschäftigte, die hauptamtlich im kommunalen feuerwehrtechnischen Dienst beschäftigt sind.

Zu Abschnitt II. Arbeitszeit und zu Abschnitt III. Eingruppierung, Entgelt und sonstige Leistungen

Nr. 2:

(1) [1]Die §§ 6 bis 9 und 19 finden keine Anwendung. [2]Es gelten die Bestimmungen für die entsprechenden Beamten. [3]§ 27 findet unbeschadet der Sätze 1 und 2 Anwendung.

(2) Beschäftige im Einsatzdienst erhalten eine monatliche Zulage (Feuerwehrzulage) in Höhe von

– 63,69 Euro nach einem Jahr Beschäftigungszeit und

– 127,38 Euro nach zwei Jahren Beschäftigungszeit.

(3) [1]Die Feuerwehrzulage wird nur für Zeiträume gezahlt, für die Entgelt, Urlaubsentgelt oder Entgelt im Krankheitsfall zusteht. [2]Sie ist bei der Bemessung des Sterbegeldes (§ 23 Abs. 3) zu berücksichtigen. [3]Die Feuerwehrzulage ist kein zusatzversorgungspflichtiges Entgelt.

Zu Abschnitt V. Befristung und Beendigung des Arbeitsverhältnisses

Nr. 3: Feuerwehrdienstuntauglichkeit

(derzeit nicht belegt)

Nr. 4: Übergangsversorgung für Beschäftigte im Einsatzdienst

1. Anspruch auf Übergangsversorgung im Einsatzdienst
   [1]Beschäftigte im feuerwehrtechnischen Einsatzdienst mit einer Tätigkeit von mindestens 35 Jahren bei demselben Arbeitgeber im feuerwehrtechnischen Einsatzdienst werden auf schriftliches Verlangen vor Vollendung des gesetzlich festgelegten Alters zum Erreichen der Regelaltersrente frühestens zu dem Zeitpunkt, zu dem vergleichbare Beamtinnen und Beamte im Einsatzdienst der Berufsfeuerwehr in den gesetzlichen Ruhestand treten, für einen Zeitraum von 36 Monaten unwiderruflich von der Arbeitsleistung unter Fortbestand des Arbeitsverhältnisses nach Maßgabe der nachfolgenden Regelungen freigestellt. [2]§§ 33, 34 TVöD bleiben unberührt. [3]Das während der Freistellung zu zahlende Entgelt wird anteilig vom Arbeitgeber und von der/dem Beschäftigten erbracht. [4]Hierzu wird ein Wertguthaben nach Maßgabe der Ziffer 3 aufgebaut. [5]Beschäftigte, die keine 35 Jahre im feuerwehrtechnischen Einsatzdienst erreichen, können einen höheren Beitrag nach Ziffer 3 Satz 3 bis 5 in das Wertguthaben einbringen. [6]Erfolgt dies nicht, erfolgt eine ratierliche kürzere Freistellung von der Arbeitsleistung nach Maßgabe der Ziffer 4 Satz 3.

   Protokollerklärung zu Ziffer 1 Satz 5:
   Zeiten einer Arbeitsunfähigkeit, einer Elternzeit, einer Familien-/Pflegezeit oder eines Sonderurlaubs im dienstlichen Interesse mindern nicht den Anspruch nach Satz 1.

2. Entgeltanspruch während der Freistellungsphase
   [1] Die/Der Beschäftigte erhält während der Zeit der Freistellung als monatliches Entgelt 70 Prozent des monatlichen Durchschnitts des in den vor dem Beginn der Freistellung bezogenen rentenversicherungspflichtigen Entgelts der letzten zwölf Monate unter Aufzehrung des Wertguthabens nach Ziffer 3. [2] Kalendermonate, die nicht für jeden Tag mit Entgelt oder Entgeltfortzahlung nach § 22 Abs. 1 TVöD belegt sind, bleiben bei der Ermittlung des monatlichen Durchschnittsentgelts außer Betracht. [3] Das Entgelt nach Satz 1 verändert sich bei allgemeinen Entgeltanpassungen in dem für die jeweilige Entgeltgruppe und Stufe geltenden Umfang. [4] Voraussetzung für den Entgeltanspruch ist, dass das Arbeitsverhältnis im Anschluss an die Freistellung endet.
3. Aufbau des Wertguthabens
   [1] Zur Finanzierung der Aufwendungen für die Zeit der Freistellung nach Ziffer 1 mindert sich das für den Kalendermonat zustehende Entgelt der/des Beschäftigten um 2,75 Prozent; die Minderung des Entgelts unterbleibt, sobald der Beschäftigte seinen Finanzierungsanteil 35 Jahre lang erbracht hat. [2] Dieses Entgelt wird einschließlich des darauf anfallenden Arbeitgeberanteils am Gesamtsozialversicherungsbeitrag einem Wertguthaben (§ 7d SGB IV) zugeführt. [3] Sofern Beschäftigte gerechnet von ihrer Einstellung an absehbar 35 Jahre im feuerwehrtechnischen Einsatzdienst nicht erreichen können, kann die/der Beschäftigte die für eine Freistellung von 36 Monaten fehlenden Monate durch eine entsprechend höhere Beteiligung der/des Beschäftigten am Wertguthaben aufbauen, aus dem insoweit der Entgeltanspruch nach Ziffer 2 erfüllt wird. [4] An ein entsprechendes Verlangen gegenüber dem Arbeitgeber ist sie/er mindestens für den Zeitraum von zwölf Monaten gebunden. [5] Der zusätzliche Beitrag der/des Beschäftigten darf dabei 2,75 Prozent ihres/seines Entgelts nicht übersteigen und nicht zu einer geringfügig entlohnten Beschäftigung führen. [6] Als angemessener Ertrag erhöht sich das Wertguthaben bei allgemeinen Tariferhöhungen in der von den Tarifvertragsparteien jeweils festzulegenden Höhe.

   Protokollerklärung zu Ziffer 3 Satz 6:

   Das Wertguthaben erhöht sich am 1. April 2021 um 1,40 v.H. und am 1. April 2022 um weitere 1,80 v.H.
4. Verwendung des Wertguthabens
   [1] Der Abbau des Wertguthabens erfolgt ausschließlich zur anteiligen monatlichen Finanzierung der in Ziffer 1 genannten Freistellungsphase. [2] Für jeden Monat der Freistellung werden dem Wertguthaben 1/36 entnommen. [3] Soweit Beschäftigte im Einsatzdienst zum Zeitpunkt des Verlangens nach Ziffer 1 keine 35 Jahre im feuerwehrtechnischen Einsatzdienst aufweisen, erfolgt abweichend von Ziffer 1 für je zwölf Kalendermonate, in denen die/der Beschäftigte durch Einbringen ihres/seines Anteils das Wertguthaben nach Ziffer 3 aufgebaut hat, eine Freistellung von einem Kalendermonat. [4] Die Entnahme aus dem Wertguthaben erfolgt monatlich ratierlich mit Beginn der Freistellung. [5] Hinzu kommt die Freistellung infolge einer entsprechend höheren Beteiligung am Aufbau des Wertguthabens nach Ziffer 3 Satz 3. [6] Scheidet die/der Beschäftigte aus dem feuerwehrtechnischen Einsatzdienst aus oder endet das Arbeitsverhältnis vorzeitig (Störfall), hat er/sie Anspruch auf das Wertguthaben, ausgenommen des darin enthaltenen Arbeitgeber-

anteils am Gesamtsozialversicherungsbeitrag. [7]Bei Tod der/des Beschäftigten steht dieser Anspruch den Erben zu.

5. Arbeitgeberwechsel
Wechselt eine Beschäftigte/ein Beschäftigter unter Verbleib im feuerwehrtechnischen Einsatzdienst zu einem anderen Arbeitgeber, der einem Mitgliedverband der VKA angehört, wird die bei dem vorherigen Arbeitgeber im feuerwehrtechnischen Einsatzdienst zurückgelegte Zeit auf die Zeit des nach Ziffer 1 Satz 1 geforderten feuerwehrtechnischen Einsatzdienstes angerechnet, wenn die/der Beschäftigte gemäß § 7f Abs. 1 Satz 1 Nr. 1 SGB IV durch schriftliche Erklärung gegenüber dem bisherigen Arbeitgeber die Übertragung des Wertguthabens verlangt und der neue Arbeitgeber der Übertragung zugestimmt hat.

6. Keine Notwendigkeit des Insolvenzschutzes
Die Tarifvertragsparteien gehen gem. § 7e Abs. 9 SGB IV davon aus, dass es einer Regelung zum Insolvenzschutz nicht bedarf.

7. Urlaub während der Freistellungsphase
[1]Die Freistellung erfolgt unter Anrechnung von für in der Freistellungsphase ggf. zustehenden Urlaubsansprüchen der/des Beschäftigten. [2]Einer ausdrücklichen Urlaubsgewährung durch den Arbeitgeber bedarf es nicht.

8. Nebentätigkeiten
[1]Beschäftigte dürfen während der Freistellungsphase nach Ziffer 1 Satz 1 keine Beschäftigungen oder selbständigen Tätigkeiten ausüben, die die Geringfügigkeitsgrenze des § 8 SGB IV überschreiten, es sei denn, diese Beschäftigungen oder selbständigen Tätigkeiten sind bereits innerhalb der letzten fünf Jahre vor Beginn der Freistellungsphase ausgeübt worden. [2]Bestehende tarifliche Regelungen über Nebentätigkeiten bleiben unberührt.

9. Sonderregelungen für die am 30. Juni 2015 schon und am 1. Juli 2015 noch im feuerwehrtechnischen Einsatzdienst tätigen Beschäftigten

9.1 [1]Einem Antrag auf Vereinbarung von Altersteilzeitarbeit nach dem Tarifvertrag zu flexiblen Arbeitszeitregelungen für ältere Beschäftigte (TV FlexAZ) soll bei Beschäftigten, die bereits am 30. September 2005 (Tarifgebiet West) bzw. am 31. Dezember 2009 (Tarifgebiet Ost) schon und am 1. Juli 2015 noch im feuerwehrtechnischen Einsatzdienst beschäftigt sind, vorrangig entsprochen werden. [2]§ 12 TV FlexAZ bleibt unberührt.

9.2 [1]Bei Beschäftigten im feuerwehrtechnischen Einsatzdienst bei einem Arbeitgeber, der Mitglied eines Mitgliedverbandes der Vereinigung der kommunalen Arbeitgeberverbände (VKA) ist, deren Tätigkeit im Einsatzdienst über den 30. Juni 2015 fortbesteht, tritt an die Stelle der Freistellung nach Ziffer 1 Satz 1 eine Freistellung nach Maßgabe der Sätze 2 bis 6. [2]Der der/dem Beschäftigten bei einer Tätigkeit von mindestens 35 Jahren im feuerwehrtechnischen Einsatzdienst als Leistung nach Abschnitt VIII Sonderregelungen (VKA) § 46 Nr. 4 Abs. 2 oder Abs. 4 Satz 1 BT-V nach der in der bis zum 30. Juni 2015 geltenden Fassung zustehende Betrag, berechnet nach dem Stand vom 30. Juni 2015, wird durch 35 dividiert und mit der Anzahl der am 30. Juni 2015 im feuerwehrtechnischen Einsatzdienst bei demselben Arbeitgeber oder einem anderen Arbeitgeber, der Mitglied eines Mitgliedverbandes der VKA ist, zurückgelegten Jahre multipliziert. [3]Angefangene Jahre werden kaufmännisch gerundet. [4]Der nach Satz 2 ermittelte Betrag ist durch den monatlichen Arbeitgeberaufwand zu dividieren. [5]Der monatliche Arbeitgeberaufwand setzt sich zusammen aus 70 Prozent des der/dem Beschäftigten zustehenden Tabellenentgelts, der Feuerwehrzulage und der auf den Kalendermonat umgerechneten anteiligen Jahressonderzahlung zuzüglich 30 Prozent hierauf als pauschaler Arbeitgeberaufwand am Gesamtsozialversicherungsbeitrag und den Aufwendungen für die betriebliche Altersversorgung. [6]Das kaufmännisch gerundete Ergebnis, das der Arbeitgeber dem Beschäftigten mitteilt, zuzüglich die für die Tätigkeit im feuerwehrtechnischen Einsatzdienst ab dem 1. Juli 2015 in entsprechender Anwendung der Ziffer 4 Satz 3 erworbenen Freistellungsansprüche bilden den Gesamtfreistellungsanspruch der/des Beschäftigten.

§ 47 (VKA) Sonderregelungen für Beschäftigte in Forschungseinrichtungen mit kerntechnischen Forschungsanlagen

Zu Abschnitt I. Allgemeine Vorschriften

Nr. 1: Zu § 1 Abs. 1 – Geltungsbereich –

Diese Sonderregelungen gelten für Beschäftigte in Forschungseinrichtungen mit kerntechnischen Forschungsanlagen, wie Reaktoren sowie Hochenergiebeschleuniger- und Plasmaforschungsanlagen und ihre hiermit räumlich oder funktionell verbundenen Institute und Einrichtungen.

Protokollerklärung:

[1]Hochenergiebeschleunigeranlagen im Sinne dieser Sonderregelungen sind solche, deren Endenergie bei der Beschleunigung von Elektronen 100 Mill. Elektronenvolt (MeV), bei Protonen, Deuteronen und sonstigen schweren Teilchen 20 MeV überschreitet. [2]Plasmaforschungsanlagen i.S. dieser Sonderregelungen sind solche Anlagen, deren Energiespeicher mindestens 1 Million Joule aufnimmt und mindestens 1 Million VA als Impulsleistung abgibt oder die für länger als 1 msec mit Magnetfeldern von mindestens 50 000 Gauss arbeiten und in denen eine kontrollierte Kernfusion angestrebt wird.

Nr. 2: Zu § 3 – Allgemeine Arbeitsbedingungen –

(1) Der Beschäftigte hat sich auch – unbeschadet seiner Verpflichtung, sich einer aufgrund von Strahlenschutzvorschriften behördlich angeordneten Untersuchung zu unterziehen – auf Verlangen des Arbeitgebers im Rahmen von Vorschriften des Strahlenschutzrechts ärztlich untersuchen zu lassen.

(2) Der Beschäftigte ist verpflichtet, die zum Schutz Einzelner oder der Allgemeinheit vor Strahlenschäden an Leben, Gesundheit und Sachgütern getroffenen Anordnungen zu befolgen.

(3) Zur Vermeidung oder Beseitigung einer erheblichen Störung des Betriebsablaufs oder einer Gefährdung von Personen hat der Beschäftigte vorübergehend jede ihm aufgetragene Arbeit zu verrichten, auch wenn sie nicht in sein Arbeitsgebiet fällt; er hat sich – innerhalb der regelmäßigen Arbeitszeit unter Fortzahlung des Entgelts, außerhalb der regelmäßigen Arbeitszeit unter Zahlung von Überstundenentgelt – einer seinen Kräften und Fähigkeiten entsprechenden Ausbildung in der Hilfeleistung und Schadensbekämpfung zu unterziehen.

(4) [1]Ist nach den Strahlenschutzvorschriften eine Weiterbeschäftigung des Beschäftigten, durch die er ionisierenden Strahlen oder der Gefahr einer Aufnahme radioaktiver Stoffe in den Körper ausgesetzt wäre, nicht zulässig, so kann er auch dann zu anderen Aufgaben herangezogen werden, wenn der

Arbeitsvertrag nur eine bestimmte Beschäftigung vorsieht. [2]Dem Beschäftigten dürfen jedoch keine Arbeiten übertragen werden, die mit Rücksicht auf seine bisherige Tätigkeit ihm nicht zugemutet werden können.

Zu Abschnitt II. Arbeitszeit

Nr. 3: Zu §§ 7, 8 – Sonderformen der Arbeit und Ausgleich für Sonderformen der Arbeit –

(1) Die Zeit des Bereitschaftsdienstes einschließlich der geleisteten Arbeit wird bei der Bemessung des Entgelts mit 50 v.H. als Arbeitszeit gewertet.

(2) Rufbereitschaft darf bis zu höchstens zwölf Tagen im Monat, in Ausnahmefällen bis zu höchstens 30 Tagen im Vierteljahr angeordnet werden.

(3) Die Arbeitszeitdauer des Feuerwehrpersonals beträgt, wenn in erheblichem Umfang Bereitschaftsdienst vorliegt, 24 Stunden je Dienst, sofern der Gesundheitsschutz der Beschäftigten durch Gewährung gleichwertiger Ausgleichsruhezeiten in unmittelbarem Anschluss an die verlängerten Arbeitszeiten gewährleistet wird.

(4) Unter Beachtung des allgemeinen Gesundheitsschutzes kann die Arbeitszeit des Feuerwehrpersonals, sofern in die Arbeitszeit regelmäßig und in erheblichem Umfang Bereitschaftsdienst fällt, auf bis zu 65 Stunden im Siebentagezeitraum ohne Ausgleich verlängert werden, wenn dienstliche Gründe bestehen und die/der Beschäftigte schriftlich eingewilligt hat.

(5) [1]Beschäftigten, die die Einwilligung zur Verlängerung der Arbeitszeit nicht erklären oder die Einwilligung widerrufen, dürfen daraus keine Nachteile entstehen. [2]Die Einwilligung kann mit einer Frist von sechs Monaten schriftlich widerrufen werden. [3]Die Beschäftigten sind auf die Widerrufsmöglichkeit schriftlich hinzuweisen.

(6) Beschäftigte im Feuerwehrdienst erhalten eine monatliche zusatzversorgungspflichtige Zulage (Feuerwehrzulage) in Höhe von 80 Euro.

Zu Abschnitt III. Eingruppierung, Entgelt und sonstige Leistungen

Nr. 4:

(1) [1]Beschäftigten, die in Absatz 2 aufgeführt sind, kann im Einzelfall zum jeweiligen Entgelt eine jederzeit widerrufliche Zulage bis zu höchstens 14 v.H. in den Entgeltgruppen 3 bis 8 und 16 v.H. in den Entgeltgruppen 9 bis 15 des Betrages der Stufe 2 der Anlage A der Entgelttabelle zu § 15 Abs. 2 gewährt werden; die jeweils tariflich zustehende letzte Entwicklungsstufe der Entgelttabelle darf hierdurch nicht überschritten werden. [2]Die Zulage vermindert sich jeweils um den Betrag, um den sich bei einer Stufensteigerung das Entgelt erhöht, es sei denn, dass der Arbeitgeber die Zulage zu diesem Zeitpunkt anderweitig festsetzt. [3]Der Widerruf wird mit Ablauf des zweiten auf den Zugang folgenden Kalendermonats wirksam, es sei denn, die Zulage wird deswegen widerrufen, weil der Beschäftigte in eine andere Entgeltgruppe eingruppiert wird oder eine Zulage nach § 14 erhält.

(2) [1]Im Einzelfall kann eine jederzeit widerrufliche Zulage außerhalb des Absatz 1

a) an Beschäftigte mit abgeschlossener naturwissenschaftlicher, technischer oder medizinischer Hochschulbildung sowie sonstige Beschäftigte der Entgeltgruppen 13 bis 15, die aufgrund gleichwertiger Fähigkeiten und Erfahrungen entsprechende Tätigkeiten wie Beschäftigte mit abgeschlossener naturwissenschaftlicher, technischer oder medizinischer Hochschulbildung ausüben,

b) an technische Beschäftigte der Entgeltgruppen 3 bis 12, Beschäftigte im Dokumentationsdienst, im Programmierdienst, Übersetzerinnen und Übersetzer sowie Laborantinnen und Laboranten

gewährt werden, wenn sie Forschungsaufgaben vorbereiten, durchführen oder auswerten. [2]Die Zulage darf in den Entgeltgruppen 3 bis 8 14 v.H., in den Entgeltgruppen 9 bis 15 16 v.H. des Betrages der Stufe 2 der Anlage A zu § 15 Abs. 2 nicht übersteigen. [3]Der Widerruf wird mit Ablauf des zweiten auf den Zugang des Widerrufs folgenden Kalendermonats wirksam, es sei denn, die Zulage wird deswegen widerrufen, weil Beschäftigte in eine andere Entgeltgruppe eingruppiert werden oder eine Zulage nach § 14 erhalten.

(3) [1]Die Zulagen einschließlich der Abgeltung nach Nr. 3 können durch Nebenabreden zum Arbeitsvertrag ganz oder teilweise pauschaliert werden. [2]Die Nebenabrede ist mit einer Frist von zwei Wochen zum Monatsende kündbar.

§ 48 (VKA) Sonderregelungen für Beschäftigte im forstlichen Außendienst

Zu Abschnitt I. Allgemeine Vorschriften

Nr. 1: Zu § 1 – Geltungsbereich –

Diese Sonderregelungen gelten für Beschäftigte im forstlichen Außendienst, die nicht von § 1 Abs. 2 Buchst. g erfasst werden.

Zu Abschnitt II. Arbeitszeit

Nr. 2:

(1) [1]Der tarifliche wöchentliche Arbeitszeitkorridor beträgt 48 Stunden. [2]Abweichend von § 7 Abs. 7 sind nur die Arbeitsstunden Überstunden, die über den Arbeitszeitkorridor nach Satz 1 hinaus auf Anordnung geleistet worden sind. [3]§ 10 Abs. 1 Satz 3 findet keine Anwendung; auf Antrag können Beschäftigte ein Arbeitszeitkonto in vereinfachter Form durch Selbstaufschreibung führen.

(2) Absatz 1 gilt nicht, wenn Dienstvereinbarungen zur Gleitzeit bestehen oder vereinbart werden.

§ 49 (VKA) Sonderregelungen für Beschäftige in Hafenbetrieben, Hafenbahnbetrieben und deren Nebenbetrieben. Für Beschäftigte in Hafenbetrieben, Hafenbahnbetrieben und deren Nebenbetrieben können landesbezirklich besondere Vereinbarungen abgeschlossen werden.

§ 50 (VKA) Sonderregelungen für Beschäftigte in landwirtschaftlichen Verwaltungen und Betrieben, Weinbau- und Obstanbaubetrieben

Zu Abschnitt I. Allgemeine Vorschriften

Nr. 1: Zu § 1 Abs. 1 – Geltungsbereich –

Diese Sonderregelungen gelten für Beschäftigte in landwirtschaftlichen Verwaltungen und Betrieben, Weinbau- und Obstanbaubetrieben.

Nr. 2: Zu § 6 – Regelmäßige Arbeitszeit –

[1]Die regelmäßige Arbeitszeit kann in vier Monaten bis auf 50 und weiteren vier Monaten des Jahres auf bis zu 56 Stunden festgesetzt werden. [2]Sie darf aber 2214 Stunden im Jahr nicht übersteigen. [3]Dies gilt nicht für Beschäftigte im

Sinne des § 38 Abs. 5 Satz 1, denen Arbeiten übertragen sind, deren Erfüllung zeitlich nicht von der Eigenart der Verwaltung oder des Betriebes abhängig ist.

§ 51 (VKA) Sonderregelungen für Beschäftigte als Lehrkräfte

Zu Abschnitt I. Allgemeine Vorschriften

Nr. 1: Zu § 1 Abs. 1 – Geltungsbereich –

[1] Diese Sonderregelungen gelten für Beschäftigte als Lehrkräfte an allgemeinbildenden Schulen und berufsbildenden Schulen (Berufs-, Berufsfach- und Fachschulen). [2] Sie gelten nicht für Lehrkräfte an Schulen und Einrichtungen der Verwaltung, die der Ausbildung oder Fortbildung von Angehörigen des öffentlichen Dienstes dienen, sowie an Krankenpflegeschulen und ähnlichen der Ausbildung dienenden Einrichtungen.

Protokollerklärung:

Lehrkräfte im Sinne dieser Sonderregelungen sind Personen, bei denen die Vermittlung von Kenntnissen und Fertigkeiten im Rahmen eines Schulbetriebes der Tätigkeit das Gepräge gibt.

Zu Abschnitt II. Arbeitszeit

Nr. 2:

[1] Die §§ 6 bis 10 finden keine Anwendung. [2] Es gelten die Bestimmungen für die entsprechenden Beamten. [3] Sind entsprechende Beamte nicht vorhanden, so ist die Arbeitszeit im Arbeitsvertrag zu regeln.

Zu Abschnitt III. Eingruppierung, Entgelt und sonstige Leistungen

Nr. 2a:

Bei Anwendung des § 16 Abs. 3 Satz 1 gilt: Für ab 1. Januar 2011 neu begründete Arbeitsverhältnisse von Lehrkräften wird die zur Vorbereitung auf den Lehrerberuf abgeleistete Zeit des Referendariats oder des Vorbereitungsdienstes im Umfang von sechs Monaten auf die Stufenlaufzeit der Stufe 1 angerechnet.

Zu Abschnitt IV. Urlaub und Arbeitsbefreiung

Nr. 3:

(1) [1] Der Urlaub ist in den Schulferien zu nehmen. [2] Wird die Lehrkraft während der Schulferien durch Unfall oder Krankheit arbeitsunfähig, so hat sie dies unverzüglich anzuzeigen. [3] Die Lehrkraft hat sich nach Ende der Schulferien oder, wenn die Krankheit länger dauert, nach Wiederherstellung der Arbeitsfähigkeit zur Arbeitsleistung zur Verfügung zu stellen.

(2) [1] Für eine Inanspruchnahme der Lehrkraft während der den Urlaub in den Schulferien übersteigenden Zeit gelten die Bestimmungen für die entsprechenden Beamten. [2] Sind entsprechende Beamte nicht vorhanden, regeln dies die Betriebsparteien.

Zu Abschnitt V. Befristung und Beendigung des Arbeitsverhältnisses

Nr. 4:

Das Arbeitsverhältnis endet, ohne dass es einer Kündigung bedarf, mit Ablauf des Schulhalbjahres (31. Januar bzw. 31. Juli), in dem die Lehrkraft das gesetzlich festgelegte Alter zum Erreichen der Regelaltersgrenze vollendet hat.

§ 52 (VKA) Sonderregelungen für Beschäftigte als Lehrkräfte an Musikschulen

Zu Abschnitt I. Allgemeine Vorschriften

Nr. 1: Zu § 1 – Geltungsbereich –

[1] Diese Sonderregelungen gelten für Beschäftigte als Musikschullehrerinnen und Musikschullehrer an Musikschulen. [2] Musikschulen sind Bildungseinrichtungen, die die Aufgabe haben, ihre Schüler an die Musik heranzuführen, ihre Begabungen frühzeitig zu erkennen, sie individuell zu fördern und bei entsprechender Begabung ihnen gegebenenfalls eine studienvorbereitende Ausbildung zu erteilen.

Zu Abschnitt II. Arbeitszeit

Nr. 2: Zu § 6 – Regelmäßige Arbeitszeit –

(1) [1] Vollbeschäftigt sind Musikschullehrerinnen und Musikschullehrer, wenn die arbeitsvertraglich vereinbarte durchschnittliche regelmäßige wöchentliche Arbeitszeit 30 Unterrichtsstunden zu je 45 Minuten (= 1350 Unterrichtsminuten) beträgt. [2] Ist die Dauer einer Unterrichtsstunde auf mehr oder weniger als 45 Minuten festgesetzt, tritt an die Stelle der 30 Unterrichtsstunden die entsprechende Zahl von Unterrichtsstunden.

Protokollerklärung zu Absatz 1

[1] Bei der Festlegung der Zahl der Unterrichtsstunden ist berücksichtigt worden, dass Musikschullehrer neben der Erteilung von Unterricht insbesondere folgende Aufgaben zu erledigen haben:

a) Vor- und Nachbereitung des Unterrichts (Vorbereitungszeiten),

b) Abhaltung von Sprechstunden,

c) Teilnahme an Schulkonferenzen und Elternabenden,

d) Teilnahme am Vorspiel der Schülerinnen und Schüler, soweit dieses außerhalb des Unterrichts stattfindet,

e) Mitwirkung an Veranstaltungen der Musikschule sowie Mitwirkung im Rahmen der Beteiligung der Musikschule an musikalischen Veranstaltungen (z.B. Orchesteraufführungen, Musikwochen und ähnliche Veranstaltungen), die der Arbeitgeber, einer seiner wirtschaftlichen Träger oder ein Dritter, dessen wirtschaftlicher Träger der Arbeitgeber ist, durchführt,

f) Mitwirkung an Musikwettbewerben und ähnlichen Veranstaltungen,

g) Teilnahme an Musikschulfreizeiten an Wochenenden und in den Ferien.

[2] Durch Nebenabrede kann vereinbart werden, dass Musikschullehrerinnen und Musikschullehrern Aufgaben übertragen werden, die nicht durch diese Protokollerklärung erfasst sind. [3] In der Vereinbarung kann ein Zeitausgleich durch Reduzierung der arbeitsvertraglich geschuldeten Unterrichtszeiten getroffen werden. [4] Satz 3 gilt entsprechend für Unterricht in den Grundfächern (z.B. musikalische Früherziehung, musikalische Grundausbildung, Singklassen). [5] Die Nebenabrede ist mit einer Frist von 14 Tagen zum Monatsende kündbar.

(2) Für die unter Nr. 1 fallenden Beschäftigten, die seit dem 28. Februar 1987 in einem Arbeitsverhältnis zu demselben Arbeitgeber stehen, wird eine günstigere einzelvertragliche Regelung zur Arbeitszeit durch das In-Kraft-Treten dieser Regelung nicht berührt.

Zu Abschnitt IV. Urlaub und Arbeitsbefreiung

Nr. 3: Zu § 26 – Erholungsurlaub –

Musikschullehrerinnen und Musikschullehrer sind verpflichtet, den Urlaub während der unterrichtsfreien Zeit zu nehmen; außerhalb des Urlaubs können sie während der unterrichtsfreien Zeit zur Arbeit herangezogen werden.

§ 53 (VKA) Sonderregelungen für Beschäftigte als Schulhausmeister

Zu Abschnitt I. Allgemeine Vorschriften

Nr. 1: Zu § 1 – Geltungsbereich –

Diese Sonderregelungen gelten für Beschäftigte als Schulhausmeister.

Nr. 2:

Durch landesbezirklichen Tarifvertrag können nähere Regelungen über die den Schulhausmeistern obliegenden Aufgaben unter Anwendung des Abschnitts A des Anhangs zu § 9 getroffen werden.

Protokollerklärung:
Landesbezirkliche Regelungen weitergehenden Inhalts bleiben, ungeachtet § 24 TVÜ-VKA, unberührt.

Zu Abschnitt III. Eingruppierung, Entgelt und sonstige Leistungen

Nr. 3:

(1) Durch landesbezirklichen Tarifvertrag können abweichend von § 24 Abs. 6 Rahmenregelungen zur Pauschalierung getroffen werden.

(2) [1]Soweit sich die Arbeitszeit nicht nach dem Anhang zu § 9 bestimmt, kann durch landesbezirklichen Tarifvertrag für Arbeiten außerhalb der regelmäßigen Arbeitszeit (§ 6 Abs. 1) im Zusammenhang mit der Beanspruchung der Räumlichkeiten für nichtschulische Zwecke ein Entgelt vereinbart werden. [2]Solange ein landesbezirklicher Tarifvertrag nicht abgeschlossen ist, ist das Entgelt arbeitsvertraglich oder betrieblich zu regeln.

(3) Bei der Festsetzung der Pauschale nach Absatz 1 kann ein geldwerter Vorteil aus der Gestellung einer Werkdienstwohnung berücksichtigt werden.

§ 54 (VKA) Sonderregelungen für Beschäftigte beim Bau und Unterhaltung von Straßen

Zu Abschnitt I. Allgemeine Vorschriften

Nr. 1: Zu § 1 – Geltungsbereich –

Diese Sonderregelungen gelten für Beschäftigte beim Bau und bei der Unterhaltung von Straßen der Landkreise und der Kommunalverbände höherer Ordnung.

Nr. 2: Zu § 44 – Reise- und Umzugskosten, Trennungsgeld –

Durch landesbezirklichen Tarifvertrag sind abweichend von § 44 nähere Regelungen zur Ausgestaltung zu treffen.

Protokollerklärung:
Landesbezirkliche Regelungen weitergehenden Inhalts bleiben unberührt.

§ 55 (VKA) Sonderregelungen für Beschäftigte an Theatern und Bühnen

Zu Abschnitt I. Allgemeine Vorschriften

Nr. 1: Zu § 1 – Geltungsbereich –

Diese Sonderregelungen gelten für die Beschäftigten in Theatern und Bühnen.

Nr. 2: Zu § 2 – Arbeitsvertrag, Nebenabreden, Probezeit –

Im Arbeitsvertrag kann eine Probezeit bis zur Dauer einer Spielzeit vereinbart werden.

Nr. 3: Zu § 3 – Allgemeine Arbeitsbedingungen –

Beschäftigte sind verpflichtet, an Abstechern und Gastspielreisen teilzunehmen.

Protokollerklärung:

Bei Abstechern und Gastspielreisen ist die Zeit einer aus betrieblichen Gründen angeordneten Mitfahrt auf dem Wagen, der Geräte oder Kulissen befördert, als Arbeitszeit zu bewerten.

Zu Abschnitt II. Arbeitszeit

Nr. 4:

(1) [1] Beschäftigte sind an Sonn- und Feiertagen ebenso zu Arbeitsleistungen verpflichtet wie an Werktagen. [2] Zum Ausgleich für die Arbeit an Sonntagen wird jede Woche ein ungeteilter freier Tag gewährt. [3] Dieser soll mindestens in jeder siebenten Woche auf einen Sonn- oder Feiertag fallen.

(2) Die regelmäßige Arbeitszeit der Beschäftigten, die eine Theaterbetriebszulage (Absatz 5) erhalten, kann um sechs Stunden wöchentlich verlängert werden.

(3) Beschäftigte erhalten für jede Arbeitsstunde, um die die allgemeine regelmäßige Arbeitszeit (§ 6 Abs. 1) nach Absatz 2 verlängert worden ist, 100 v.H. des auf eine Stunde entfallenden Anteils des monatlichen Entgelts der jeweiligen Entgeltgruppe und Stufe nach Maßgabe der Entgelttabelle.

(4) [1] Überstunden dürfen nur angeordnet werden, wenn ein außerordentliches dringendes betriebliches Bedürfnis besteht oder die besonderen Verhältnisse des Theaterbetriebes es erfordern. [2] Für Überstunden ist neben dem Entgelt für die tatsächliche Arbeitsleistung der Zeitzuschlag nach § 8 Abs. 1 Satz 2 Buchst. a zu zahlen. [3] Die Protokollerklärung zu § 8 Abs. 1 Satz 1 findet Anwendung.

(5) [1] § 8 Abs. 1 und § 8 Abs. 5 und 6 gelten nicht für Beschäftigte, die eine Theaterbetriebszulage nach einem landesbezirklichen Tarifvertrag erhalten. [2] Landesbezirklich kann Abweichendes geregelt werden.

Nr. 5: Zu § 44 – Reise- und Umzugskosten, Trennungsgeld –

Die Abfindung bei Abstechern und Gastspielen kann im Rahmen des für die Beamten des Arbeitgebers jeweils geltenden Reisekostenrechts landesbezirklich vereinbart werden.

Zu Abschnitt IV. Urlaub und Arbeitsbefreiung

Nr. 6:

Der Urlaub ist in der Regel während der Theaterferien zu gewähren und zu nehmen.

§ 56 (VKA) Sonderregelungen für Beschäftigte im Sozial- und Erziehungsdienst. Für die Beschäftigten im Sozial- und Erziehungsdienst gelten die in der Anlage aufgeführten besonderen Regelungen.

§ 57 (VKA) Besondere Regelungen für Ärztinnen und Ärzte

Zu Abschnitt I. Allgemeine Vorschriften

Nr. 1. Zu § 1 – Geltungsbereich –

Diese Sonderregelungen gelten für Ärztinnen und Ärzte, soweit diese nicht unter den Geltungsbereich der Besonderen Teile Krankenhäuser (BT-K) oder Pflege- und Betreuungseinrichtungen (BT-B) fallen.

Zu Abschnitt III. Eingruppierung, Entgelt und sonstige Leistungen

Nr. 2

Abweichend von § 16 (VKA) Abs. 1 ist bei Tätigkeiten entsprechend Teil B Abschnitt XXVIII Entgeltgruppe 15 Fallgruppe 1 der Anlage 1 – Entgeltordnung (VKA) Endstufe in der Entgeltgruppe 15 die Stufe 5; bei Tätigkeiten entsprechend Teil B Abschnitt II Ziffer 1 Entgeltgruppe 15 Fallgruppe 1 der Anlage 1 – Entgeltordnung (VKA) gilt dies bis 31. Oktober 2020.

Protokollerklärung zu Nummer 2, zweiter Halbsatz:

[1] Beschäftigte, die am 1. November 2020 in der Stufe 5 bereits eine Stufenlaufzeit von mindestens fünf Jahren zurückgelegt haben, werden am 1. November 2020 der Stufe 6 zugeordnet. [2] Für Beschäftigte der Stufe 5, die zu diesem Zeitpunkt in der Stufe 5 noch keine fünf Jahre zurückgelegt haben, wird die bereits zurückgelegte Stufenlaufzeit zum Erreichen der Stufe 6 angerechnet. [3] Für Beschäftigte in einer individuellen Endstufe gilt:

- *Ist der bisherige Betrag der individuellen Endstufe am 31. Oktober 2020 niedriger als das Tabellenentgelt der Stufe 6, werden die Beschäftigten zum 1. November 2020 der Stufe 6 zugeordnet;*
- *Ist das Tabellenentgelt der Stufe 6 am 31. Oktober 2020 niedriger als der bisherige Betrag der individuellen Endstufe, werden die Beschäftigten erneut einer individuellen Endstufe unter Beibehaltung der bisherigen Entgelthöhe zugeordnet.*

Nr. 3

Die in die Entgeltgruppe 15 eingruppierten Ärztinnen und Ärzte sowie Zahnärztinnen und Zahnärzte nach Teil B Abschnitt II Ziffer 1 der Anlage 1 – Entgeltordnung (VKA) erhalten eine monatliche Zulage in Höhe von 300,00 Euro.

§ 58 (VKA) Besondere Regelungen für Notfallsanitäterinnen und Notfallsanitäter

Zu Abschnitt I. Allgemeine Vorschriften

Nr. 1. Zu § 1 – Geltungsbereich –

Diese Sonderregelungen gelten für Notfallsanitäterinnen und Notfallsanitäter.

Zu Abschnitt III. Eingruppierung, Entgelt und sonstige Leistungen

Nr. 2

(1) [1]Abweichend von § 15 Abs. 2 gelten für diese Beschäftigten folgende Tabellenwerte der Entgeltgruppe N:

	Stufe 2	Stufe 3	Stufe 4	Stufe 5	Stufe 6
gültig bis 31. März 2021	3.003,48	3.149,83	3.337,47	3.489,01	3.699,19
gültig ab 1. April 2021 bis zum 31. März 2022	3.053,48	3.199,83	3.387,47	3.539,01	3.750,98
gültig ab 1. April 2022	3.108,44	3.257,43	3.448,44	3.602,71	3.818,50

[2]Diese Tabellenwerte verändern sich bei allgemeinen Entgeltanpassungen um denselben Prozentsatz bzw. in demselben Umfang wie die Tabellenwerte der Entgeltgruppe P 8.

(2) Soweit im Allgemeinen Teil auf bestimmte Entgeltgruppen der Anlage A Bezug genommen wird, entspricht die Entgeltgruppe N der Entgeltgruppe 8.

Nr. 3

Abweichend von § 16 (VKA) Abs. 3 Satz 1 wird bei Notfallsanitäterinnen und Notfallsanitätern in der Entgeltgruppe N die Stufe 3 nach drei Jahren in Stufe 2 erreicht.

Abschnitt IX. Übergangs- und Schlussvorschriften (VKA)

§ 59 (VKA) In-Kraft-Treten, Laufzeit. (1) [1]Dieser Tarifvertrag tritt am 1. Oktober 2005 in Kraft. [2]Er kann mit einer Frist von drei Monaten zum Schluss eines Kalenderhalbjahres schriftlich gekündigt werden.

(2) [1]Abweichend von Absatz 1 können schriftlich gekündigt werden

a) auf landesbezirklicher Ebene im Tarifgebiet West § 46 Nr. 2 Abs. 1, § 51 Nr. 2 und § 52 Nr. 2 Abs. 1 gesondert mit einer Frist von einem Monat zum Ende eines Kalendermonats,

b) § 1 und § 2 der Anlage zu § 56 mit einer Frist von drei Monaten zum Schluss eines Kalendervierteljahres, frühestens jedoch zum 30. Juni 2020.

[2]Für die Kündigung der Anlage C (VKA) zum TVöD gilt § 39 Abs. 4 Buchst. c entsprechend.

Anhang zu § 46 (Bund)
Teilnahme an Manövern und Übungen

(1) Nehmen Beschäftigte aus dringenden dienstlichen Gründen an Übungen im Sinne des § 46 Nr. 4 Abs. 4 teil, so gilt nachstehende Regelung:

1. Die tägliche Arbeitszeit der Beschäftigten kann während der Teilnahme an der Übung abweichend geregelt werden.
2. [1]Die Beschäftigten erhalten für die Dauer ihrer Teilnahme als Abgeltung ihrer zusätzlichen Arbeitsleistung neben ihrem Tabellenentgelt und dem in Monatsbeträgen festgelegten Entgeltbestandteilen einen täglichen Pauschbetrag in Höhe des Entgelts für fünf Überstunden. [2]Dieser Pauschbetrag schließt das Entgelt für Überstunden, für Bereitschaftsdienst und die Zulagen für Wechselschicht- und Schichtarbeit sowie die Zeitzuschläge nach § 8 Abs. 1 ein. [3]Der Pauschbetrag wird auch für die Tage des Beginns und der Beendigung der Übung gezahlt, an denen die Beschäftigten mehr als acht

Stunden von ihrem Beschäftigungsort bzw. von ihrem Wohnort abwesend sind. [4]Die Sätze 1 und 2 gelten nicht, wenn Beschäftigte täglich an ihren Beschäftigungsort zurückkehren. [5]Beschäftigte, die unter § 43 Abs. 2 fallen, erhalten den Pauschbetrag nicht. [6]Auf Antrag kann den Beschäftigten, die Anspruch auf den Pauschbetrag haben, ganz oder teilweise Arbeitsbefreiung an Stelle des Pauschbetrages gewährt werden, soweit die dienstlichen Verhältnisse dies zulassen. [7]Dabei tritt an die Stelle des Entgelts für eine Überstunde eine Stunde Arbeitsbefreiung sowie ein Betrag in Höhe des Zeitzuschlages nach § 8 Abs. 1 Satz 2 Buchst. a.

3. [1]Die Beschäftigten erhalten während der Übung unentgeltlich Gemeinschaftsverpflegung und unentgeltliche amtliche Unterkunft. [2]Nehmen die Beschäftigten die Gemeinschaftsverpflegung oder die amtliche Unterkunft nicht in Anspruch, so erhalten sie dafür keine Entschädigung. [3]Kann in Einzelfällen die Gemeinschaftsverpflegung aus Übungsgründen nicht gewährt werden, so erhalten die Beschäftigten Ersatz nach den für die Beamtinnen/Beamten jeweils geltenden Bestimmungen. [4]Den Beschäftigten ist, soweit erforderlich, vom Arbeitgeber Schutzkleidung gegen Witterungseinflüsse unentgeltlich zur Verfügung zu stellen. [5]Die Beschäftigten sind verpflichtet, diese zu tragen. [6]§ 44 gilt nicht.
4. [1]Bei Arbeitsunfähigkeit durch Erkrankung oder Arbeitsunfall während der Übung werden der Pauschbetrag und die Pauschalentschädigung nach der Nummern 2 und 3 bis zur Wiedererlangung der Arbeitsfähigkeit, längstens jedoch bis zu den in Satz 2 genannten Zeitpunkten, gezahlt. [2]Die Teilnahme von erkrankten Beschäftigten an der Übung endet mit der Rückkehr an den Beschäftigungsort bzw. an den Wohnort oder mit Ablauf des Tages der Einweisung in ein außerhalb des Beschäftigungsortes des Wohnortes gelegenes Krankenhaus. [3]Für die der Beendigung der Übung folgende Zeit des Krankenhausaufenthaltes bei Abwesenheit von dienstlichem Wohnsitz bzw. Wohnort sowie für die anschließende Rückreise haben die Beschäftigten Anspruch auf Reisekostenerstattung. [4]Auf die Fristen für die Bezugsdauer des Tagegeldes und des Übernachtungsgeldes bzw. für das Einsetzen der Beschäftigungsvergütung wird die Zeit ab Beginn der Übung der Beschäftigten mitgerechnet. [5]Hierbei wird die Teilnahme an der Übung – ohne Rücksicht darauf, ob der tatsächliche Aufenthaltsort der Beschäftigten ständig gleich geblieben oder ob er gewechselt hat – insgesamt als „Aufenthalt an ein und demselben auswärtigen Beschäftigungsort“ gerechnet.
5. [1]Wird den Beschäftigten Arbeitsbefreiung nach § 29 gewährt, so sind ihnen die Reisekosten für die Rückreise zum Dienstort nach den Reisekostenvorschriften zu erstatten. [2]Die Zahlung des Pauschbetrages nach Nummer 2 und der Pauschalentschädigung nach Nummer 3 endet mit Ablauf des Tages, an den die Rückreise angetreten wird. [3]Wird für den Rückreisetag ein volles Tagegeld gewährt, so entfällt die Pauschalentschädigung nach Nummer 3.

(2) Diese Anlage gilt nicht für die Beschäftigten, für die § 46 Kapitel II – Besatzungen von Binnen- und Seefahrzeugen und von schwimmenden Geräten im Bereich des Bundesministeriums der Verteidigung –, § 47 Kapitel II – Besondere Bestimmungen für Beschäftigte der Wasser- und Schifffahrtsverwaltung des Bundes – und Kapitel III Besondere Bestimmungen für Besatzungen der seegehenden Schiffe des Bundesamtes für Seeschifffahrt und Hydrographie anwendbar ist.

Anlage B (Bund)
Tabellenentgeltspannen

gültig bis 31. März 2021

Tabellen-entgelt-spanne	1	2	3	4	5	6	7	8	9	10	11
von		2.411,98	2.717,10	3.063,78	3.457,69	3.915,45	4.439,26	5.034,40	5.710,62	6.478,94	7.351,92
bis	2.411,97	2.717,09	3.063,77	3.457,68	3.915,44	4.439,25	5.034,39	5.710,61	6.478,93	7.351,91	

gültig vom 1. April 2021 bis 31. März 2022

Tabellen-entgelt-spanne	1	2	3	4	5	6	7	8	9	10	11
von		2.461,98	2.767,10	3.113,78	3.507,69	3.970,27	4.501,41	5.104,88	5.790,57	6.569,65	7.454,85
bis	2.461,97	2.767,09	3.113,77	3.507,68	3.970,26	4.501,40	5.104,87	5.790,56	6.569,64	7.454,84	

gültig ab 1. April 2022

Tabellen-entgelt-spanne	1	2	3	4	5	6	7	8	9	10	11
von		2.506,30	2.816,91	3.169,83	3.570,83	4.041,73	4.582,44	5.196,77	5.894,80	6.687,90	7.589,04
bis	2.506,29	2.816,90	3.169,82	3.570,82	4.041,72	4.582,43	5.196,76	5.894,79	6.687,89	7.589,03	

Anlage C (Bund)

Bereitschaftsdienstentgelte gemäß § 46 (Bund) Nr. 21 zu § 46 TVöD-BT-K

I. Ärztinnen und Ärzte

Entgeltgruppe	Stundenentgelt gültig bis 31. März 2021	Stundenentgelt gültig vom 1. April 2021 bis 31. März 2022	Stundenentgelt gültig ab 1. April 2022
Ärztinnen und Ärzte gem. § 51 Abs. 3 TVöD BT-K	41,38 €	41,96 €	42,72 €
Ärztinnen und Ärzte gem. § 51 Abs. 4 TVöD BT-K	38,81 €	39,35 €	40,06 €
II	35,08 €	35,57 €	36,21 €
I	28,87 €	29,27 €	29,80 €

II. Beschäftigte im Pflegedienst

Entgeltgruppe	Stundenentgelt gültig bis 31. März 2021	Stundenentgelt gültig vom 1. April 2021 bis 31. März 2022	Stundenentgelt gültig ab 1. April 2022
P 16	27,67 €	28,06 €	28,57 €
P 15	25,85 €	26,21 €	26,68 €
P 14	24,43 €	24,77 €	25,22 €
P 13	22,89 €	23,21 €	23,63 €
P 12	22,04 €	22,35 €	22,75 €
P 11	21,25 €	21,55 €	21,94 €
P 10	20,29 €	20,57 €	20,94 €
P 9	19,98 €	20,26 €	20,62 €
P 8	19,09 €	19,36 €	19,71 €
P 7	18,29 €	18,55 €	18,88 €
P 6	16,94 €	17,18 €	17,49 €
P 5	15,73 €	15,95 €	16,24 €

III. Übrige medizinische Beschäftigte

Entgeltgruppe	Stundenentgelt gültig bis 31. März 2021	Stundenentgelt gültig vom 1. April 2021 bis 31. März 2022	Stundenentgelt gültig ab 1. April 2022
15Ü	34,95 €	35,44 €	36,08 €
15	30,53 €	30,96 €	31,52 €
14	28,16 €	28,55 €	29,06 €
13	26,93 €	27,31 €	27,80 €
12	25,47 €	25,83 €	26,29 €
11	23,29 €	23,62 €	24,05 €
10	21,46 €	21,76 €	22,15 €
9c	21,39 €	21,69 €	22,08 €
9b	20,28 €	20,56 €	20,93 €
9a	19,62 €	19,89 €	20,25 €

Entgeltgruppe	Stundenentgelt gültig bis 31. März 2021	Stundenentgelt gültig vom 1. April 2021 bis 31. März 2022	Stundenentgelt gültig ab 1. April 2022
8	19,22 €	19,49 €	19,84 €
7	18,40 €	18,66 €	19,00 €
6	17,64 €	17,89 €	18,21 €
5	16,94 €	17,18 €	17,49 €
4	16,14 €	16,37 €	16,66 €
3	15,51 €	15,73 €	16,01 €
2Ü	14,89 €	15,10 €	15,37 €
2	14,59 €	14,79 €	15,06 €
1	12,11 €	12,28 €	12,50 €

Anlage D (Bund)

Entgelttabelle für Ärztinnen und Ärzte gemäß § 46 (Bund) Nr. 21a Abs. 1 zu § 51 TVöD-BT-K

gültig bis 31. März 2021
(monatlich in Euro)

Entgeltgruppe	Stufe 1	Stufe 2	Stufe 3	Stufe 4	Stufe 5
II	5.964,66	6.581,71	7.130,19	7.747,22	
I	4.730,59	5.100,83	5.347,64	5.553,33	5.690,44

gültig vom 1. April 2021 bis 31. März 2022
(monatlich in Euro)

Entgeltgruppe	Stufe 1	Stufe 2	Stufe 3	Stufe 4	Stufe 5
II	6.048,17	6.673,85	7.230,01	7.855,68	
I	4.796,82	5.172,24	5.422,51	5.631,08	5.770,11

gültig ab 1. April 2022
(monatlich in Euro)

Entgeltgruppe	Stufe 1	Stufe 2	Stufe 3	Stufe 4	Stufe 5
II	6.157,04	6.793,98	7.360,15	7.997,08	
I	4.883,16	5.265,34	5.520,12	5.732,44	5.873,97

Anlage E (Bund)

Entgelttabelle für Beschäftigte im Pflegedienst gemäß § 46 (Bund) Nr. 22 Abs. 1 S. 1 zu § 52 TVöD-BT-K

gültig bis 31. März 2021
(monatlich in Euro)

Entgelt-gruppe	Stufe 1	Stufe 2	Stufe 3	Stufe 4	Stufe 5	Stufe 6
P 16		4.350,53	4.503,05	4.995,51	5.569,57	5.822,79
P 15		4.257,10	4.396,67	4.745,61	5.163,22	5.322,71
P 14		4.154,10	4.290,31	4.630,81	5.093,43	5.177,85
P 13		4.051,12	4.183,94	4.515,99	4.755,75	4.817,65
P 12		3.845,11	3.971,19	4.286,37	4.479,97	4.570,02
P 11		3.639,13	3.758,45	4.056,75	4.254,84	4.344,90

Entgelt-gruppe	Stufe 1	Stufe 2	Stufe 3	Stufe 4	Stufe 5	Stufe 6
P 10		3.433,15	3.545,70	3.860,88	4.012,84	4.108,51
P 9		3.264,30	3.433,15	3.545,70	3.759,57	3.849,62
P 8		3.003,48	3.149,83	3.337,47	3.489,01	3.699,19
P 7		2.830,56	3.003,48	3.269,54	3.402,54	3.539,56
P 6	2.379,67	2.538,09	2.697,56	3.036,75	3.123,21	3.282,80
P 5	2.284,28	2.500,89	2.564,56	2.670,95	2.750,78	2.938,30

gültig vom 1. April 2021 bis 31. März 2022
(monatlich in Euro)

Entgelt-gruppe	Stufe 1	Stufe 2	Stufe 3	Stufe 4	Stufe 5	Stufe 6
P 16		4.411,44	4.566,09	5.065,45	5.647,54	5.904,31
P 15		4.316,70	4.458,22	4.812,05	5.235,51	5.397,23
P 14		4.212,26	4.350,37	4.695,64	5.164,74	5.250,34
P 13		4.107,84	4.242,52	4.579,21	4.822,33	4.885,10
P 12		3.898,94	4.026,79	4.346,38	4.542,69	4.634,00
P 11		3.690,08	3.811,07	4.113,54	4.314,41	4.405,73
P 10		3.483,15	3.595,70	3.914,93	4.069,02	4.166,03
P 9		3.314,30	3.483,15	3.595,70	3.812,20	3.903,51
P 8		3.053,48	3.199,83	3.387,47	3.539,01	3.750,98
P 7		2.880,56	3.053,48	3.319,54	3.452,54	3.589,56
P 6	2.429,67	2.588,09	2.747,56	3.086,75	3.173,21	3.332,80
P 5	2.334,28	2.550,89	2.614,56	2.720,95	2.800,78	2.988,30

gültig ab 1. April 2022
(monatlich in Euro)

Entgelt-gruppe	Stufe 1	Stufe 2	Stufe 3	Stufe 4	Stufe 5	Stufe 6
P 16		4.490,85	4.648,28	5.156,63	5.749,20	6.010,59
P 15		4.394,40	4.538,47	4.898,67	5.329,75	5.494,38
P 14		4.288,08	4.428,68	4.780,16	5.257,71	5.344,85
P 13		4.181,78	4.318,89	4.661,64	4.909,13	4.973,03
P 12		3.969,12	4.099,27	4.424,61	4.624,46	4.717,41
P 11		3.756,50	3.879,67	4.187,58	4.392,07	4.485,03
P 10		3.545,85	3.660,42	3.985,40	4.142,26	4.241,02
P 9		3.373,96	3.545,85	3.660,42	3.880,82	3.973,77
P 8		3.108,44	3.257,43	3.448,44	3.602,71	3.818,50
P 7		2.932,41	3.108,44	3.379,29	3.514,69	3.654,17
P 6	2.473,40	2.634,68	2.797,02	3.142,31	3.230,33	3.392,79
P 5	2.376,30	2.596,81	2.661,62	2.769,93	2.851,19	3.042,09

Anlage zu § 56 (VKA)

§ 1 Entgelt. (1) Beschäftigte, die nach dem Teil B Abschnitt XXIV der Anlage 1 – Entgeltordnung (VKA) eingruppiert sind, erhalten abweichend von § 15 Abs. 2 Satz 2 Entgelt nach der Anlage C (VKA).

(2) Anstelle des § 16 (VKA) gilt Folgendes:
[1]Die Entgeltgruppen S 2 bis S 18 umfassen sechs Stufen. [2]Bei Einstellung werden die Beschäftigten der Stufe 1 zugeordnet, sofern keine einschlägige Berufserfahrung vorliegt. [3]Verfügt die/der Beschäftigte über eine einschlägige

Berufserfahrung von mindestens einem Jahr, erfolgt die Einstellung in die Stufe 2; verfügt sie/er über eine einschlägige Berufserfahrung von mindestens vier Jahren, erfolgt in der Regel eine Zuordnung zur Stufe 3. [4]Unabhängig davon kann der Arbeitgeber bei Neueinstellungen zur Deckung des Personalbedarfs Zeiten einer vorherigen beruflichen Tätigkeit ganz oder teilweise für die Stufenzuordnung berücksichtigen, wenn diese Tätigkeit für die vorgesehene Tätigkeit förderlich ist. [5]Bei Einstellung von Beschäftigten in unmittelbarem Anschluss an ein Arbeitsverhältnis im öffentlichen Dienst (§ 34 Abs. 3 Satz 3 und 4) oder zu einem Arbeitgeber, der einen dem TVöD vergleichbaren Tarifvertrag anwendet, kann die in dem vorhergehenden Arbeitsverhältnis erworbene Stufe bei der Stufenzuordnung ganz oder teilweise berücksichtigt werden; Satz 4 bleibt unberührt. [6]Die Beschäftigten erreichen die jeweils nächste Stufe – von Stufe 3 an in Abhängigkeit von ihrer Leistung gemäß § 17 Abs. 2 – nach folgenden Zeiten einer ununterbrochenen Tätigkeit innerhalb derselben Entgeltgruppe bei ihrem Arbeitgeber (Stufenlaufzeit):

- Stufe 2 nach einem Jahr in Stufe 1,
- Stufe 3 nach drei Jahren in Stufe 2,
- Stufe 4 nach vier Jahren in Stufe 3,
- Stufe 5 nach vier Jahren in Stufe 4 und
- Stufe 6 nach fünf Jahren in Stufe 5.

[7]Abweichend von Satz 1 ist Endstufe die Stufe 4

a) in der Entgeltgruppe S 4 bei Tätigkeiten der Fallgruppe 3 und

b) in der Entgeltgruppe S 8b bei Tätigkeiten der Fallgruppe 3.

[8]Abweichend von Satz 6 erreichen Beschäftigte, die nach dem Teil B Abschnitt XXIV der Anlage 1 – Entgeltordnung (VKA) in der Entgeltgruppe S 8b bei Tätigkeiten der Fallgruppen 1 oder 2 eingruppiert sind, die Stufe 5 nach sechs Jahren in Stufe 4 und die Stufe 6 nach acht Jahren in Stufe 5.

Protokollerklärung zu Absatz 2 Satz 3:

Ein Berufspraktikum nach dem Tarifvertrag für Praktikantinnen/Praktikanten des öffentlichen Dienstes (TVPöD) vom 27. Oktober 2009 gilt grundsätzlich als Erwerb einschlägiger Berufserfahrung.

(3) Soweit im Allgemeinen Teil auf bestimmte Entgeltgruppen Bezug genommen wird, entspricht

die Entgeltgruppe	der Entgeltgruppe
S 2	2
S 3	4
S 4	5
S 5	6
S 6 bis S 8b	8
S 9 bis S 11a	9a
S 11b bis S 13	9b
S 14	9c
S 15 und S 16	10
S 17	11
S 18	12.

(4) [1] Bei Eingruppierung in eine höhere Entgeltgruppe der Anlage C werden die Beschäftigten der gleichen Stufe zugeordnet, die sie in der niedrigeren Entgeltgruppe erreicht haben. [2] Beträgt bei Höhergruppierungen innerhalb der Anlage C (VKA) der Unterschiedsbetrag zwischen dem derzeitigen Tabellenentgelt und dem Tabellenentgelt nach § 17 Abs. 4 Satz 1 in der höheren Entgeltgruppe

- in den Entgeltgruppen S 2 bis S 8b
  - bis 31. März 2021 weniger als 63,41 Euro und
  - vom 1. April 2021 bis 31. März 2022 weniger als 64,30 Euro und
  - ab 1. April 2022 weniger als 65,46 Euro,
- in den Entgeltgruppen S 9 bis S 18
  - bis 31. März 2021 weniger als 101,47 Euro und
  - vom 1. April 2021 bis 31. März 2022 weniger als 102,89 Euro und
  - ab 1. April 2022 weniger als 104,74 Euro,

so erhält die/der Beschäftigte während der betreffenden Stufenlaufzeit anstelle des Unterschiedsbetrages den vorgenannten jeweils zustehenden Garantiebetrag. [3] Die Stufenlaufzeit in der höheren Entgeltgruppe beginnt mit dem Tag der Höhergruppierung. [4] Bei einer Eingruppierung in eine niedrigere Entgeltgruppe ist die/der Beschäftige der in der höheren Entgeltgruppe erreichten Stufe zuzuordnen; die in der bisherigen Stufe zurückgelegte Stufenlaufzeit wird auf die Stufenlaufzeit in der niedrigeren Entgeltgruppe angerechnet. [5] Die/Der Beschäftigte erhält vom Beginn des Monats an, in dem die Veränderung wirksam wird, das entsprechende Tabellenentgelt aus der in Satz 1 oder Satz 4 festgelegten Stufe der betreffenden Entgeltgruppe. [6] § 17 Abs. 4 findet keine Anwendung.

Protokollerklärung zu Absatz 4 Satz 2:

Die Garantiebeträge nehmen an allgemeinen Entgeltanpassungen teil.

Protokollerklärung zu Absatz 4:

[1] Ist Beschäftigten nach § 14 Abs. 1 vorübergehend eine höherwertige Tätigkeit übertragen worden, und wird ihnen im unmittelbaren Anschluss daran eine Tätigkeit derselben höheren Entgeltgruppe dauerhaft übertragen, werden sie hinsichtlich der Stufenzuordnung so gestellt, als sei die Höhergruppierung ab dem ersten Tag der vorübergehenden Übertragung der höherwertigen Tätigkeit erfolgt. [2] Unterschreitet bei Höhergruppierungen nach Satz 1 das Tabellenentgelt nach § 1 Abs. 4 Satz 5 die Summe aus dem Tabellenentgelt und dem Zulagenbetrag nach § 14 Abs. 3, die die/der Beschäftigte am Tag vor der Höhergruppierung erhalten hat, erhält die/der Beschäftigte dieses Entgelt solange, bis das Tabellenentgelt nach § 1 Abs. 4 Satz 5 dieses Entgelt erreicht oder übersteigt.

(5) Auf Beschäftigte der Entgeltgruppe S 9 findet der in § 20 Abs. 2 Satz 1 für die Entgeltgruppen 1 bis 8 ausgewiesene Prozentsatz Anwendung.

§ 2 Betrieblicher Gesundheitsschutz/Betriebliche Gesundheitsförderung. (1) Die nachfolgenden Regelungen gelten für die Beschäftigten des Sozial- und Erziehungsdienstes, soweit sie nach dem Teil B Abschnitt XXIV der Anlage 1 – Entgeltordnung (VKA) eingruppiert sind.

(2) [1] Betriebliche Gesundheitsförderung zielt darauf ab, die Arbeit und die Arbeitsbedingungen so zu organisieren, dass diese nicht Ursache von Erkrankungen oder Gesundheitsschädigungen sind. [2] Sie fördert die Erhaltung bzw.

Herstellung gesundheitsgerechter Verhältnisse am Arbeitsplatz sowie gesundheitsbewusstes Verhalten. [3]Zugleich werden damit die Motivation der Beschäftigten und die Qualitätsstandards der Verwaltungen und Betriebe verbessert. [4]Die betriebliche Gesundheitsförderung basiert auf einem aktiv betriebenen Arbeits- und Gesundheitsschutz. [5]Dieser reduziert Arbeitsunfälle, Berufskrankheiten sowie arbeitsbedingte Gesundheitsgefahren und verbessert durch den Abbau von Fehlzeiten und die Vermeidung von Betriebsstörungen die Wettbewerbsfähigkeit der Verwaltungen und Betriebe. [6]Der Arbeits- und Gesundheitsschutz sowie die betriebliche Gesundheitsförderung gehören zu einem zeitgemäßen Gesundheitsmanagement.

(3) [1]Die Beschäftigten haben einen individuellen Anspruch auf die Durchführung einer Gefährdungsbeurteilung. [2]Die Durchführung erfolgt nach Maßgabe des Gesetzes über die Durchführung von Maßnahmen des Arbeitsschutzes zur Verbesserung der Sicherheit und des Gesundheitsschutzes der Beschäftigten bei der Arbeit (Arbeitsschutzgesetz). [3]Die Beschäftigten sind in die Durchführung der Gefährdungsbeurteilung einzubeziehen. [4]Sie sind über das Ergebnis von Gefährdungsbeurteilungen zu unterrichten. [5]Vorgesehene Maßnahmen sind mit ihnen zu erörtern. [6]Widersprechen betroffene Beschäftigte den vorgesehenen Maßnahmen, ist die betriebliche Kommission zu befassen. [7]Die Beschäftigten können verlangen, dass eine erneute Gefährdungsbeurteilung durchgeführt wird, wenn sich die Umstände, unter denen die Tätigkeiten zu verrichten sind, wesentlich ändern, neu entstandene wesentliche Gefährdungen auftreten oder eine Gefährdung auf Grund veränderter arbeitswissenschaftlicher Erkenntnisse erkannt wird. [8]Die Wirksamkeit der Maßnahmen ist in angemessenen Abständen zu überprüfen.

(4) [1]Beim Arbeitgeber wird auf Antrag des Personalrats/Betriebsrats eine betriebliche Kommission gebildet, deren Mitglieder je zur Hälfte vom Arbeitgeber und vom Personal- bzw. Betriebsrat benannt werden. [2]Die Mitglieder müssen Beschäftigte des Arbeitgebers sein. [3]Soweit ein Arbeitsschutzausschuss gebildet ist, können Mitglieder dieses Ausschusses auch in der betrieblichen Kommission tätig werden. [4]Im Falle des Absatzes 3 Satz 6 berät die betriebliche Kommission über die erforderlichen Maßnahmen und kann Vorschläge zu den zu treffenden Maßnahmen machen. [5]Der Arbeitgeber führt die Maßnahmen durch, wenn die Mehrheit der vom Arbeitgeber benannten Mitglieder der betrieblichen Kommission im Einvernehmen mit dem Arbeitgeber dem Beschluss zugestimmt hat. [6]Gesetzliche Rechte der kommunalen Beschlussorgane bleiben unberührt. [7]Wird ein Vorschlag nur von den vom Personalrat/Betriebsrat benannten Mitgliedern gemacht und folgt der Arbeitgeber diesem Vorschlag nicht, sind die Gründe darzulegen. [8]Die betriebliche Kommission ist auch für die Beratung von schriftlich begründeten Beschwerden zuständig, wenn der Arbeitgeber eine erneute Gefährdungsbeurteilung ablehnt. [9]Der Arbeitgeber entscheidet auf Vorschlag des Arbeitsschutzausschusses bzw. der betrieblichen Kommission, ob und in welchem Umfang der Beschwerde im Einzelfall abgeholfen wird. [10]Wird dem Vorschlag nicht gefolgt, sind die Gründe darzulegen.

(5) [1]Die betriebliche Kommission kann zeitlich befristet Gesundheitszirkel zur Gesundheitsförderung einrichten, deren Aufgabe es ist, Belastungen am Arbeitsplatz und deren Ursachen zu analysieren und Lösungsansätze zur Verbesserung der Arbeitssituation zu erarbeiten. [2]Sie berät über Vorschläge der Gesundheitszirkel und unterbreitet, wenn ein Arbeitsschutzausschuss gebildet ist, diesem, ansonsten dem Arbeitgeber Vorschläge. [3]Die Ablehnung eines Vor-

schlags ist durch den Arbeitgeber zu begründen. [4]Näheres regelt die Geschäftsordnung der betrieblichen Kommission.

(6) [1]Zur Durchführung ihrer Aufgaben sind der betrieblichen Kommission die erforderlichen, zur Verfügung stehenden Unterlagen zugänglich zu machen. [2]Die betriebliche Kommission gibt sich eine Geschäftsordnung, in der auch Regelungen über die Beteiligung der Beschäftigten bei der Gefährdungsbeurteilung, deren Bekanntgabe und Erörterung sowie über die Qualifizierung der Mitglieder der betrieblichen Kommission und von Gesundheitszirkeln zu treffen sind.

(7) Gesetzliche Bestimmungen, günstigere betriebliche Regelungen und die Rechte des Personal- bzw. Betriebsrats bleiben unberührt.

Protokollerklärungen:

1. *Sollte sich aufgrund gerichtlicher Entscheidungen erweisen, dass die über die Zusammensetzung der betrieblichen Kommission oder die Berufung ihrer Mitglieder getroffenen Regelungen mit geltendem Recht unvereinbar sind, werden die Tarifvertragsparteien Verhandlungen aufnehmen und eine ersetzende Regelung treffen, die mit geltendem Recht vereinbar ist und dem von den Tarifvertragsparteien Gewollten möglichst nahe kommt.*
2. *Die Tarifvertragsparteien stimmen darin überein, dass mit dieser Regelung außerhalb seines Geltungsbereichs der betriebliche Gesundheitsschutz/die betriebliche Gesundheitsförderung im BT-V und BT-B nicht abschließend tariflich geregelt sind und die übrigen Besonderen Teile des TVöD von der hier getroffenen Regelung unberührt bleiben.*

§ 3 Beschäftigte im Erziehungsdienst Tarifgebiet West. [1]Bei Beschäftigten im Erziehungsdienst im Tarifgebiet West werden – soweit gesetzliche Regelungen bestehen, zusätzlich zu diesen gesetzlichen Regelungen – im Rahmen der regelmäßigen durchschnittlichen wöchentlichen Arbeitszeit im Kalenderjahr 19,5 Stunden für Zwecke der Vorbereitung und Qualifizierung verwendet. [2]Bei Teilzeitbeschäftigten gilt Satz 1 entsprechend mit der Maßgabe, dass sich die Stundenzahl nach Satz 1 in dem Umfang, der dem Verhältnis ihrer individuell vereinbarten durchschnittlichen Arbeitszeit zu der regelmäßigen Arbeitszeit vergleichbarer Vollzeitbeschäftigter entspricht, reduziert. [3]Im Erziehungsdienst tätig sind insbesondere Beschäftigte als Kinderpflegerin/Kinderpfleger bzw. Sozialassistentin/Sozialassistent, Heilerziehungspflegehelferin/Heilerziehungspflegehelfer, Erzieherin/Erzieher, Heilerziehungspflegerin/Heilerziehungspfleger, im handwerklichen Erziehungsdienst, als Leiterinnen/Leiter oder ständige Vertreterinnen/Vertreter von Leiterinnen/Leitern von Kindertagesstätten oder Erziehungsheimen sowie andere Beschäftigte mit erzieherischer Tätigkeit in der Erziehungs- oder Eingliederungshilfe.

Protokollerklärung zu Satz 3:

Soweit Berufsbezeichnungen aufgeführt sind, werden auch Beschäftigte erfasst, die eine entsprechende Tätigkeit ohne staatliche Anerkennung oder staatliche Prüfung ausüben.

Anlage C (VKA)

Tabelle TVöD VKA
Sozial- und Erziehungsdienst

gültig bis 31. März 2021
(monatlich in Euro)

Entgelt-gruppe	Grundentgelt		Entwicklungsstufen			
	Stufe 1	Stufe 2	Stufe 3	Stufe 4	Stufe 5	Stufe 6
S 18	3.900,00	4.004,30	4.521,02	4.908,52	5.489,79	5.845,01
S 17	3.580,74	3.842,85	4.262,65	4.521,02	5.037,68	5.341,24
S 16	3.502,52	3.758,90	4.043,07	4.391,82	4.779,34	5.011,85
S 15	3.370,09	3.616,78	3.875,16	4.172,25	4.650,18	4.856,83
S 14	3.335,53	3.579,69	3.866,80	4.158,86	4.481,81	4.707,85
S 13	3.251,68	3.489,70	3.810,56	4.068,88	4.391,82	4.553,28
S 12	3.242,48	3.479,83	3.787,46	4.058,71	4.394,57	4.536,66
S 11b	3.196,36	3.430,33	3.594,40	4.007,75	4.330,68	4.524,44
S 11a	3.134,84	3.364,31	3.527,32	3.939,73	4.262,65	4.456,41
S 10	[nicht besetzt]					
S 9	2.892,66	3.104,40	3.351,85	3.711,78	4.049,22	4.307,92
S 8b	2.892,66	3.104,40	3.351,85	3.711,78	4.049,22	4.307,92
S 8a	2.829,77	3.036,91	3.250,62	3.453,09	3.649,92	3.855,19
S 7	2.755,05	2.956,72	3.157,39	3.358,02	3.508,53	3.733,06
S 6	[nicht besetzt]					
S 5	[nicht besetzt]					
S 4	2.632,35	2.825,04	3.000,62	3.119,76	3.232,63	3.408,47
S 3	2.476,93	2.658,24	2.826,92	2.981,80	3.052,66	3.137,31
S 2	2.285,34	2.396,40	2.478,56	2.567,76	2.668,07	2.768,42

gültig vom 1. April 2021 bis 31. März 2022
(monatlich in Euro)

Entgelt-gruppe	Grundentgelt		Entwicklungsstufen			
	Stufe 1	Stufe 2	Stufe 3	Stufe 4	Stufe 5	Stufe 6
S 18	3.954,60	4.060,36	4.584,31	4.977,24	5.566,65	5.926,84
S 17	3.630,87	3.896,65	4.322,33	4.584,31	5.108,21	5.416,02
S 16	3.552,52	3.811,52	4.099,67	4.453,31	4.846,25	5.082,02
S 15	3.420,09	3.667,41	3.929,41	4.230,66	4.715,28	4.924,83
S 14	3.385,53	3.629,81	3.920,94	4.217,08	4.544,56	4.773,76
S 13	3.301,68	3.539,70	3.863,91	4.125,84	4.453,31	4.617,03
S 12	3.292,48	3.529,83	3.840,48	4.115,53	4.456,09	4.600,17
S 11b	3.246,36	3.480,33	3.644,72	4.063,86	4.391,31	4.587,78
S 11a	3.184,84	3.414,31	3.577,32	3.994,89	4.322,33	4.518,80
S 10	[nicht besetzt]					
S 9	2.942,66	3.154,40	3.401,85	3.763,74	4.105,91	4.368,23
S 8b	2.942,66	3.154,40	3.401,85	3.763,74	4.105,91	4.368,23
S 8a	2.879,77	3.086,91	3.300,62	3.503,09	3.701,02	3.909,16
S 7	2.805,05	3.006,72	3.207,39	3.408,02	3.558,53	3.785,32
S 6	[nicht besetzt]					
S 5	[nicht besetzt]					
S 4	2.682,35	2.875,04	3.050,62	3.169,76	3.282,63	3.458,47
S 3	2.526,93	2.708,24	2.876,92	3.031,80	3.102,66	3.187,31
S 2	2.335,34	2.446,40	2.528,56	2.617,76	2.718,07	2.818,42

gültig ab 1. April 2022
(monatlich in Euro)

Entgelt-gruppe	Grundentgelt		Entwicklungsstufen			
	Stufe 1	Stufe 2	Stufe 3	Stufe 4	Stufe 5	Stufe 6
S 18	4.025,78	4.133,45	4.666,83	5.066,83	5.666,85	6.033,52
S 17	3.696,23	3.966,79	4.400,13	4.666,83	5.200,16	5.513,51
S 16	3.616,47	3.880,13	4.173,46	4.533,47	4.933,48	5.173,50
S 15	3.481,65	3.733,42	4.000,14	4.306,81	4.800,16	5.013,48
S 14	3.446,47	3.695,15	3.991,52	4.292,99	4.626,36	4.859,69
S 13	3.361,11	3.603,41	3.933,46	4.200,11	4.533,47	4.700,14
S 12	3.351,74	3.593,37	3.909,61	4.189,61	4.536,30	4.682,97
S 11b	3.304,79	3.542,98	3.710,32	4.137,01	4.470,35	4.670,36
S 11a	3.242,17	3.475,77	3.641,71	4.066,80	4.400,13	4.600,14
S 10	[nicht besetzt]					
S 9	2.995,63	3.211,18	3.463,08	3.831,49	4.179,82	4.446,86
S 8b	2.995,63	3.211,18	3.463,08	3.831,49	4.179,82	4.446,86
S 8a	2.931,61	3.142,47	3.360,03	3.566,15	3.767,64	3.979,52
S 7	2.855,54	3.060,84	3.265,12	3.469,36	3.622,58	3.853,46
S 6	[nicht besetzt]					
S 5	[nicht besetzt]					
S 4	2.730,63	2.926,79	3.105,53	3.226,82	3.341,72	3.520,72
S 3	2.572,41	2.756,99	2.928,70	3.086,37	3.158,51	3.244,68
S 2	2.377,38	2.490,44	2.574,07	2.664,88	2.767,00	2.869,15

Niederschriftserklärungen zu Abschnitt VIII Sonderregelungen (Bund)

1. Zu § 45 Nr. 8:

Die Tarifvertragsparteien stimmen überein, dass der Auslandszuschlag, der nach Maßgabe des § 45 (Bund) Nr. 8 Abs. 2 TVöD-BT-V in entsprechender Anwendung der Tabelle Auslandszuschlag der Anlage VI.1 Bundesbesoldungsgesetz auf der Grundlage einer/eines Vollzeitbeschäftigten ermittelt wurde, anschließend nach § 24 Abs. 2 TVöD zeitratierlich zu berechnen ist.

2. Zu § 46 Kapitel III:

Im Falle einer Änderung des Tarifvertrages für den öffentlichen Dienst – Besonderer Teil Krankenhäuser – (BT-K) – vom 1. August 2006 in der Fassung des Änderungstarifvertrages Nr. 5 vom 31. März 2012 im Bereich der §§ 41 bis 52, 55 oder 56 nehmen die Tarifvertragsparteien umgehend Verhandlungen über eine Übernahme der Änderungen auf.

3. Zu § 49 Nr. 2a:

Die Tarifvertragsparteien sind sich einig, dass der Vorbereitungsdienst/das Referendariat der Lehrkräfte wegen des dortigen Ausmaßes der eigenverantwortlichen Tätigkeit (im Vollbild der Berufstätigkeit) eine teilweise Anrechnung auf die Stufenlaufzeit der Stufe 1 rechtfertigt und deshalb mit Ausbildungsgängen anderer Berufe nicht vergleichbar ist.

Niederschriftserklärungen zu Abschnitt IX Übergangs- und Schlussvorschriften (Bund) § 50 Absatz 4 Buchst. b

[1]Der Zeitpunkt des Außerkrafttretens wurde im Einklang mit dem Zeitpunkt des Außerkrafttretens des § 13 Absatz 2 der Arbeitszeitverordnung für die Beamtinnen und Beamten des Bundes (AZV) festgelegt. [2]Falls der Geltungszeitraum für die in § 13 Absatz 2 AZV enthaltene Opt-out-Regelung verlängert wird, werden die Tarifvertragsparteien Gespräche über eine Verlängerung des Geltungszeitraums der tariflichen Opt-out-Regelung für das Feuerwehrpersonal führen.

Niederschriftserklärungen zu Abschnitt VIII Sonderregelungen (VKA)

1. Zu § 46 Nr. 4:

a) Die Tarifvertragsparteien (VKA und ver.di/dbb tarifunion) verpflichten sich, bei Anhebung der Altersgrenze für das Ausscheiden vergleichbarer Beamtinnen und Beamter und bei einem Wegfall der Möglichkeit der Altersteilzeitarbeit vor dem 31. Dezember 2009 in Gespräche über die sich dadurch ergebende Situation einzutreten.

b) Der Arbeitgeber hat dem Beschäftigten die Höhe der garantierten Ablaufleistung nach Absätzen 3 und 4, auf die die Versicherung abzuschließen ist, mitzuteilen.

[1]Zur Erläuterung von Abschnitt VIII Sonderregelungen (VKA) § 46 Nr. 4 Ziffer 9.2 TVöD – BT-V in der ab 1. Juli 2015 geltenden Fassung sind sich die Tarifvertragsparteien über folgendes Beispiel einig:
[2]Beispiel: Ein am 30. Juni 2015 50-jähriger Beschäftigter im Tarifgebiet West der Entgeltgruppe 8 Stufe 6 hätte nach Abschnitt VIII Sonderregelungen (VKA) § 46 Nr. 4 Abs. 4 Satz 1 Buchst. d BT-V bei mindestens 35 Jahren im Einsatzdienst Anspruch auf eine Übergangszahlung in Höhe von 77,5 Prozent des 26,3-fachen des monatlichen Tabellenentgelts der Entgeltgruppe 6 Stufe 6 in Höhe von 58.120,09 Euro. [3]Dieser Betrag dividiert durch 35 und multipliziert mit am 30. Juni 2015 im feuerwehrtechnischen Einsatzdienst zurückgelegten 19 Jahren, 8 Monaten und fünf Tagen, kaufmännisch gerundet 20 Jahre, ergibt einen Wert in Höhe von 33.211,48 Euro. [4]Das zu berücksichtigende Entgelt beläuft sich auf 3.466,49 Euro (Tabellenentgelt in Höhe von 3.097,26 Euro zuzüglich Feuerwehrzulage in Höhe von 127,38 Euro und anteiliger Jahressonderzahlung in Höhe von 241,85 Euro). [5]Reduziert auf 70 Prozent und erhöht um 30 Prozent pauschaler Arbeitgeberaufwand ergibt dies einen Arbeitgeberaufwand in Höhe von 3.154,50 Euro monatlich. [6]Die Übergangszahlung in Höhe von 33.211,48 Euro dividiert durch den monatlichen Arbeitgeberaufwand in Höhe von 3.154,50 Euro ergibt 10,53, kaufmännisch gerundet 11 Freistellungsmonate. [7]Hinzu kommen die vom 1. Juli 2015 an in entsprechender Anwendung der Nr.4 Satz 3 erworbenen Freistellungsansprüche (je zwölf Monate Einsatzdienst ein Monat Freistellung).

2. Zu § 51 Nr. 2a:

Die Tarifvertragsparteien sind sich einig, dass der Vorbereitungsdienst/das Referendariat der Lehrkräfte wegen des dortigen Ausmaßes der eigenverantwortlichen Tätigkeit (im Vollbild der Berufstätigkeit) eine teilweise Anrechnung auf die Stufenlaufzeit der Stufe 1 rechtfertigt und deshalb mit Ausbildungsgängen anderer Berufe nicht vergleichbar ist.

3. Zu § 3 Satz 3 der Anlage zu Abschnitt VIII Sonderregelungen (VKA) § 56:

Beschäftigte im handwerklichen Erziehungsdienst müssen in Einrichtungen tätig sein, in denen auch Kinder oder Jugendliche mit wesentlichen Erziehungsschwierigkeiten zum Zwecke der Erziehung, Ausbildung oder Pflege betreut werden, und für Kinder oder Jugendliche erzieherisch tätig sein.

4. Zu der Protokollerklärung Nr. 13 im Anhang zu der Anlage C (VKA): *(aufgehoben)*

3b. Durchgeschriebene Fassung des TVöD für den Bereich Verwaltung im Bereich der Vereinigung der kommunalen Arbeitgeberverbände (TVöD-V)[1)]

Vom 7. Februar 2006

zuletzt geänd. durch ÄndVereinb. Nr. 14 v. 30.8.2019

Inhaltsübersicht

[1)] Redaktioneller Hinweis für die in den Fußnoten verwendeten Abkürzungen:
AT = Allgemeiner Teil TVöD.
BT-V = Besonderer Teil Verwaltung.

Vorbemerkungen

1. Der TVöD – Allgemeiner Teil – und der jeweilige Besondere Teil Verwaltung (BT-V), Krankenhäuser (BT-K), Pflege- und Betreuungseinrichtungen (BT-B), Sparkassen (BT-S), Flughäfen (BT-F) und Entsorgung (BT-E) bilden im Zusammenhang das Tarifrecht für den jeweiligen Dienstleistungsbereich.
2. Zur besseren Übersicht und Lesbarkeit haben die Tarifvertragsparteien aus dem Allgemeinen Teil des TVöD und dem jeweiligen Besonderen Teil entsprechend der Prozessvereinbarung vom 9. Januar 2003 durchgeschriebene Fassungen für die sechs Dienstleistungsbereiche erstellt.
3. Die Kündigung eines unter Nr. 1 genannten Tarifvertrages oder einzelner Regelungen davon hat unmittelbare Rechtswirkung auf die entsprechende/n durchgeschriebene/n Fassung/en.
4. Die durchgeschriebenen Fassungen regeln nicht das Verhältnis der Tarifvertragsparteien als Normgeber zueinander (Innenverhältnis). Sie sind nicht die Grundlage für Tarifverhandlungen oder Kündigungen, denn Allgemeiner Teil und die Besonderen Teile bleiben rechtlich selbstständige Tarifverträge. Die durchgeschriebenen Fassungen enthalten ausschließlich Rechtsnormen für die Anwendungsebene im Außenverhältnis (Arbeitgeber, Beschäftigte, Gerichte etc.). Jeder durchgeschriebenen Fassung wird eine Legende angefügt, aus der sich die Entsprechungen der Regelungen des jeweiligen Besonderen Teils zu den Bestimmungen des TVöD – Allgemeiner Teil – ergeben.
5. Tarifverhandlungen zur Änderung oder Ergänzung des Tarifrechts werden auf der Grundlage der unter Nr. 1 genannten Tarifverträge geführt. Etwaige Änderungen oder Ergänzungen ändern auch die durchgeschriebenen Fassungen.

Abschnitt I. Allgemeine Vorschriften

§ 1 Geltungsbereich (1) Die nachfolgenden Regelungen gelten für Arbeitnehmerinnen und Arbeitnehmer – nachfolgend Beschäftigte genannt –, die in einem Arbeitsverhältnis zu einem Arbeitgeber stehen, der Mitglied eines Mitgliedverbandes der Vereinigung der kommunalen Arbeitgeberverbände (VKA) ist, soweit sie nicht unter die Regelungen anderer durchgeschriebener Fassungen der Besonderen Teile fallen.

Protokollerklärung zu Absatz 1:

[1] Für Beschäftigte

a) im Betriebs- und Verkehrsdienst von nichtbundeseigenen Eisenbahnen und deren Nebenbetrieben,

b) im kommunalen feuerwehrtechnischen Dienst,

c) in Forschungseinrichtungen mit kerntechnischen Forschungsanlagen,

d) im forstlichen Außendienst,

e) in Hafenbetrieben, Hafenbahnbetrieben und deren Nebenbetrieben,

f) in landwirtschaftlichen Verwaltungen und Betrieben, Weinbau- und Obstanbaubetrieben,

g) als Lehrkräfte,

h) als Lehrkräfte an Musikschulen,

i) als Schulhausmeister,

j) beim Bau und Unterhaltung von Straßen,

k) an Theatern und Bühnen

gilt der TVöD-V mit den Sonderregelungen der Anlage D. [2] Die Sonderregelungen sind Bestandteil des TVöD-V.

(2) Diese Regelungen gelten nicht für

a) Beschäftigte als leitende Angestellte im Sinne des § 5 Abs. 3 BetrVG, wenn ihre Arbeitsbedingungen einzelvertraglich besonders vereinbart sind, sowie Chefärztinnen/Chefärzte,

b) Beschäftigte, die ein über das Tabellenentgelt der Entgeltgruppe 15 hinausgehendes regelmäßiges Entgelt erhalten,

c) *(nicht besetzt)*

d) Arbeitnehmerinnen/Arbeitnehmer, für die der TV-V oder der TV-WW/NW gilt, sowie für Arbeitnehmerinnen/Arbeitnehmer, die in rechtlich selbstständigen, dem Betriebsverfassungsgesetz unterliegenden und dem fachlichen Geltungsbereich des TV-V oder des TV-WW/NW zuzuordnenden Betrieben mit in der Regel mehr als 20 zum Betriebsrat wahlberechtigten Arbeitnehmerinnen/Arbeitnehmern beschäftigt sind und Tätigkeiten auszuüben haben, welche dem fachlichen Geltungsbereich des TV-V oder des TV-WW/NW zuzuordnen sind,

Protokollerklärung zu Absatz 2 Buchst. d:

[1] Im Bereich des Kommunalen Arbeitgeberverbandes Nordrhein-Westfalen (KAV NW) sind auch die rechtlich selbstständigen Betriebe oder sondergesetzlichen Verbände, die kraft Gesetzes dem Landespersonalvertretungsgesetz des Landes Nordrhein-Westfalen unterliegen, von der Geltung des TVöD ausgenommen, wenn die Voraussetzungen des § 1 Abs. 2 Buchst. d im Übrigen gegeben sind. [2] § 1 Abs. 3 bleibt unberührt.

e) Arbeitnehmerinnen/Arbeitnehmer, für die ein TV-N gilt, sowie für Arbeitnehmerinnen/Arbeitnehmer in rechtlich selbstständigen Nahverkehrsbetrieben, die in der Regel mehr als 50 zum Betriebs- oder Personalrat wahlberechtigte Arbeitnehmerinnen/Arbeitnehmer beschäftigen,

f) Beschäftigte, für die der TV-Fleischuntersuchung gilt,

g) Beschäftigte, für die ein Tarifvertrag für Waldarbeiter tarifrechtlich oder einzelarbeitsvertraglich zur Anwendung kommt, sowie die Waldarbeiter im Bereich des Kommunalen Arbeitgeberverbandes Bayern, h)[1] Auszubildende, sowie Volontärinnen/Volontäre und Praktikantinnen/Praktikanten,

i) Beschäftigte, für die Eingliederungszuschüsse nach den §§ 217ff. SGB III gewährt werden,

k) Beschäftigte, die Arbeiten nach den §§ 260ff. SGB III verrichten,

l) Leiharbeitnehmerinnen/Leiharbeitnehmer von Personal-Service-Agenturen, sofern deren Rechtsverhältnisse durch Tarifvertrag geregelt sind,

m) geringfügig Beschäftigte im Sinne von § 8 Abs. 1 Nr. 2 SGB IV,

n) künstlerisches Theaterpersonal, Orchestermusikerinnen/Orchestermusiker sowie technisches Leitungspersonal und technisches Theaterpersonal nach Maßgabe der nachfolgenden Protokollerklärungen,

Protokollerklärungen zu Absatz 2 Buchst. n:

1. *[1] Technisches Leitungspersonal umfasst technische Direktorinnen/Direktoren, Leiterinnen/Leiter der Ausstattungswerkstätten, des Beleuchtungswesens, der Bühnenplastikerwerkstatt, des Kostümwesens/der Kostümabteilung, des Malsaals, der Tontechnik sowie Chefmaskenbildnerinnen/Chefmaskenbildner. [2] Für die benannten Funktionen kann in den Theatern je künstlerischer Sparte jeweils nur eine Beschäftigte/ein Beschäftigter bestellt werden.*
2. *Unter den TVöD fallen Bühnenarbeiterinnen/Bühnenarbeiter sowie Kosmetikerinnen/Kosmetiker, Rüstmeisterinnen/Rüstmeister, Schlosserinnen/Schlosser, Schneiderinnen/Schneider, Schuhmacherinnen/Schuhmacher, Tapeziererinnen/Tapezierer, Tischlerinnen/Tischler einschließlich jeweils der Meisterinnen/Meister in diesen Berufen, Orchesterwartinnen/Orchesterwarte, technische Zeichnerinnen/Zeichner und Waffenmeisterinnen/Waffenmeister.*
3. *In der Regel unter den TVöD fallen Beleuchterinnen/Beleuchter, Beleuchtungsmeisterinnen/Beleuchtungsmeister, Bühnenmeisterinnen/Bühnenmeister, Garderobieren/Garderobiers bzw. Ankleiderinnen/Ankleider, Gewandmeisterinnen/Gewandmeister, Requisitenmeisterinnen/Requisitenmeister, Requisiteurinnen/Requisiteure, Seitenmeisterinnen/Seitenmeister, Tonmeisterinnen/Tonmeister, Tontechnikerinnen/Tontechniker und Veranstaltungstechnikerinnen/Veranstaltungstechniker.*
4. *In der Regel nicht unter den TVöD fallen Inspektorinnen/Inspektoren, Kostümmalerinnen/Kostümmaler, Maskenbildnerinnen/Maskenbildner, Oberinspektorinnen/Oberinspektoren, Theatermalerinnen/Theatermaler und Theaterplastikerinnen/Theaterplastiker.*

o) *(nicht besetzt)*

p) Beschäftigte als Hauswarte und/oder Liegenschaftswarte bei der Bundesanstalt für Immobilienaufgaben, die aufgrund eines Geschäftsbesorgungsvertrages tätig sind,

q) Beschäftigte, die ausschließlich in Erwerbszwecken dienenden landwirtschaftlichen Verwaltungen und Betrieben, Weinbaubetrieben, Gartenbau- und Obstbaubetrieben und deren Nebenbetrieben tätig sind; dies gilt nicht für Beschäftigte in Gärtnereien, gemeindlichen Anlagen und Parks sowie in anlagenmäßig oder parkartig bewirtschafteten Gemeindewäldern,

---

[1] Buchst. h redaktionell angepasst.

r) Beschäftigte in Bergbaubetrieben, Brauereien, Formsteinwerken, Gaststätten, Hotels, Porzellanmanufakturen, Salinen, Steinbrüchen, Steinbruchbetrieben und Ziegeleien,

s) Hochschullehrerinnen/Hochschullehrer, wissenschaftliche und studentische Hilfskräfte und Lehrbeauftragte an Hochschulen, Akademien und wissenschaftlichen Forschungsinstituten sowie künstlerische Lehrkräfte an Kunsthochschulen, Musikhochschulen und Fachhochschulen für Musik,

Protokollerklärung zu Absatz 2 Buchst. s:

Ausgenommen sind auch wissenschaftliche Assistentinnen/Assistenten, Verwalterinnen/Verwalter von Stellen wissenschaftlicher Assistentinnen/Assistenten und Lektorinnen/Lektoren, soweit und solange entsprechende Arbeitsverhältnisse am 1. Oktober 2005 bestehen oder innerhalb der Umsetzungsfrist des § 72 Abs. 1 Satz 7 HRG begründet werden (gilt auch für Forschungseinrichtungen); dies gilt auch für nachfolgende Verlängerungen solcher Arbeitsverhältnisse.

t) *(nicht besetzt)*

(3) [1] Durch landesbezirklichen Tarifvertrag ist es in begründeten Einzelfällen möglich, Betriebe, die dem fachlichen Geltungsbereich des TV-V oder des TV-WW/NW entsprechen, teilweise oder ganz in den Geltungsbereich des TVöD-V einzubeziehen. [2] Durch landesbezirklichen Tarifvertrag ist es in begründeten Einzelfällen (z.B. für Bereiche außerhalb des Kerngeschäfts) möglich, Betriebsteile, die dem Geltungsbereich eines TV-N entsprechen, in den Geltungsbereich

a) des TV-V einzubeziehen, wenn für diesen Betriebsteil ein TV-N anwendbar ist und der Betriebsteil in der Regel nicht mehr als 50 zum Betriebs- oder Personalrat wahlberechtigte Arbeitnehmerinnen/Arbeitnehmer beschäftigt, oder

b) des TVöD einzubeziehen.

§ 2 Arbeitsvertrag, Nebenabreden, Probezeit. (1) Der Arbeitsvertrag wird schriftlich abgeschlossen.

(2) [1] Mehrere Arbeitsverhältnisse zu demselben Arbeitgeber dürfen nur begründet werden, wenn die jeweils übertragenen Tätigkeiten nicht in einem unmittelbaren Sachzusammenhang stehen. [2] Andernfalls gelten sie als ein Arbeitsverhältnis.

(3) [1] Nebenabreden sind nur wirksam, wenn sie schriftlich vereinbart werden. [2] Sie können gesondert gekündigt werden, soweit dies einzelvertraglich vereinbart ist.

(4) [1] Die ersten sechs Monate der Beschäftigung gelten als Probezeit, soweit nicht eine kürzere Zeit vereinbart ist. [2] Bei Übernahme von Auszubildenden im unmittelbaren Anschluss an das Ausbildungsverhältnis in ein Arbeitsverhältnis entfällt die Probezeit.

§ 3 Allgemeine Arbeitsbedingungen. (1) Die Beschäftigten haben über Angelegenheiten, deren Geheimhaltung durch gesetzliche Vorschriften vorgesehen oder vom Arbeitgeber angeordnet ist, Verschwiegenheit zu wahren; dies gilt auch über die Beendigung des Arbeitsverhältnisses hinaus.

(1.1) [1] Die im Rahmen des Arbeitsvertrages geschuldete Leistung ist gewissenhaft und ordnungsgemäß auszuführen. [2] Beschäftigte bei Arbeitgebern, in deren Aufgabenbereichen auch hoheitliche Tätigkeiten wahrgenommen werden, müssen sich durch ihr gesamtes Verhalten zur freiheitlich demokratischen Grundordnung im Sinne des Grundgesetzes bekennen.[1)]

(2) [1]Die Beschäftigten dürfen von Dritten Belohnungen, Geschenke, Provisionen oder sonstige Vergünstigungen in Bezug auf ihre Tätigkeit nicht annehmen. [2]Ausnahmen sind nur mit Zustimmung des Arbeitgebers möglich. [3]Werden den Beschäftigten derartige Vergünstigungen angeboten, haben sie dies dem Arbeitgeber unverzüglich anzuzeigen.

(3) [1]Nebentätigkeiten gegen Entgelt haben die Beschäftigten ihrem Arbeitgeber rechtzeitig vorher schriftlich anzuzeigen. [2]Der Arbeitgeber kann die Nebentätigkeit untersagen oder mit Auflagen versehen, wenn diese geeignet ist, die Erfüllung der arbeitsvertraglichen Pflichten der Beschäftigten oder berechtigte Interessen des Arbeitgebers zu beeinträchtigen. [3]Für Nebentätigkeiten bei demselben Arbeitgeber oder im übrigen öffentlichen Dienst (§ 34 Abs. 3 Satz 3 und 4) kann eine Ablieferungspflicht zur Auflage gemacht werden.

(4) [1]Der Arbeitgeber ist bei begründeter Veranlassung berechtigt, die/den Beschäftigte/n zu verpflichten, durch ärztliche Bescheinigung nachzuweisen, dass sie/er zur Leistung der arbeitsvertraglich geschuldeten Tätigkeit in der Lage ist. [2]Bei der beauftragten Ärztin/dem beauftragten Arzt kann es sich um eine Betriebsärztin/einen Betriebsarzt, eine Personalärztin/einen Personalarzt oder eine Amtsärztin/einen Amtsarzt handeln, soweit sich die Betriebsparteien nicht auf eine andere Ärztin/einen anderen Arzt geeinigt haben. [3]Die Kosten dieser Untersuchung trägt der Arbeitgeber.

(5) [1]Die Beschäftigten haben ein Recht auf Einsicht in ihre vollständigen Personalakten. [2]Sie können das Recht auf Einsicht auch durch eine/n hierzu schriftlich Bevollmächtigte/n ausüben lassen. [3]Sie können Auszüge oder Kopien aus ihren Personalakten erhalten.

(6) Die Schadenshaftung der Beschäftigten ist bei dienstlich oder betrieblich veranlassten Tätigkeiten auf Vorsatz und grobe Fahrlässigkeit beschränkt.

§ 4 Versetzung, Abordnung, Zuweisung, Personalgestellung. (1) [1]Beschäftigte können aus dienstlichen oder betrieblichen Gründen versetzt oder abgeordnet werden. [2]Sollen Beschäftigte an eine Dienststelle oder einen Betrieb außerhalb des bisherigen Arbeitsortes versetzt oder voraussichtlich länger als drei Monate abgeordnet werden, so sind sie vorher zu hören.

Protokollerklärungen zu Absatz 1:

1. *Abordnung ist die Zuweisung einer vorübergehenden Beschäftigung bei einer anderen Dienststelle oder einem anderen Betrieb desselben oder eines anderen Arbeitgebers unter Fortsetzung des bestehenden Arbeitsverhältnisses.*
2. *Versetzung ist die Zuweisung einer auf Dauer bestimmten Beschäftigung bei einer anderen Dienststelle oder einem anderen Betrieb desselben Arbeitgebers unter Fortsetzung des bestehenden Arbeitsverhältnisses.*

(2) [1]Beschäftigten kann im dienstlichen/betrieblichen oder öffentlichen Interesse mit ihrer Zustimmung vorübergehend eine mindestens gleich vergütete Tätigkeit bei einem Dritten zugewiesen werden. [2]Die Zustimmung kann nur aus wichtigem Grund verweigert werden. [3]Die Rechtsstellung der Beschäftigten bleibt unberührt. [4]Bezüge aus der Verwendung nach Satz 1 werden auf das Entgelt angerechnet.

[1)] Entspricht § 41 BT-V.

Protokollerklärung zu Absatz 2:

Zuweisung ist – unter Fortsetzung des bestehenden Arbeitsverhältnisses – die vorübergehende Beschäftigung bei einem Dritten im In- und Ausland, bei dem der Allgemeine Teil des TVöD nicht zur Anwendung kommt.

(3) [1] Werden Aufgaben der Beschäftigten zu einem Dritten verlagert, ist auf Verlangen des Arbeitgebers bei weiter bestehendem Arbeitsverhältnis die arbeitsvertraglich geschuldete Arbeitsleistung bei dem Dritten zu erbringen (Personalgestellung). [2] § 613a BGB sowie gesetzliche Kündigungsrechte bleiben unberührt.

Protokollerklärung zu Absatz 3:

[1] Personalgestellung ist – unter Fortsetzung des bestehenden Arbeitsverhältnisses – die auf Dauer angelegte Beschäftigung bei einem Dritten. [2] Die Modalitäten der Personalgestellung werden zwischen dem Arbeitgeber und dem Dritten vertraglich geregelt.

§ 5 Qualifizierung. (1) [1] Ein hohes Qualifikationsniveau und lebenslanges Lernen liegen im gemeinsamen Interesse von Beschäftigten und Arbeitgebern. [2] Qualifizierung dient der Steigerung von Effektivität und Effizienz des öffentlichen Dienstes, der Nachwuchsförderung und der Steigerung von beschäftigungsbezogenen Kompetenzen. [3] Die Tarifvertragsparteien verstehen Qualifizierung auch als Teil der Personalentwicklung.

(2) [1] Vor diesem Hintergrund stellt Qualifizierung nach diesem Tarifvertrag ein Angebot dar, aus dem für die Beschäftigten kein individueller Anspruch außer nach Absatz 4 abgeleitet, aber das durch freiwillige Betriebsvereinbarung wahrgenommen und näher ausgestaltet werden kann. [2] Entsprechendes gilt für Dienstvereinbarungen im Rahmen der personalvertretungsrechtlichen Möglichkeiten. [3] Weitergehende Mitbestimmungsrechte werden dadurch nicht berührt.

(3) [1] Qualifizierungsmaßnahmen sind

a) die Fortentwicklung der fachlichen, methodischen und sozialen Kompetenzen für die übertragenen Tätigkeiten (Erhaltungsqualifizierung),
b) der Erwerb zusätzlicher Qualifikationen (Fort- und Weiterbildung),
c) die Qualifizierung zur Arbeitsplatzsicherung (Qualifizierung für eine andere Tätigkeit; Umschulung) und
d) die Einarbeitung bei oder nach längerer Abwesenheit (Wiedereinstiegsqualifizierung).

[2] Die Teilnahme an einer Qualifizierungsmaßnahme wird dokumentiert und den Beschäftigten schriftlich bestätigt.

(4) [1] Beschäftigte haben – auch in den Fällen des Absatzes 3 Satz 1 Buchst. d – Anspruch auf ein regelmäßiges Gespräch mit der jeweiligen Führungskraft, in dem festgestellt wird, ob und welcher Qualifizierungsbedarf besteht. [2] Dieses Gespräch kann auch als Gruppengespräch geführt werden. [3] Wird nichts anderes geregelt, ist das Gespräch jährlich zu führen.

(5) [1] Die Kosten einer vom Arbeitgeber veranlassten Qualifizierungsmaßnahme – einschließlich Reisekosten – werden, soweit sie nicht von Dritten übernommen werden, grundsätzlich vom Arbeitgeber getragen. [2] Ein möglicher Eigenbeitrag wird durch eine Qualifizierungsvereinbarung geregelt. [3] Die Betriebsparteien sind gehalten, die Grundsätze einer fairen Kostenverteilung unter

Berücksichtigung des betrieblichen und individuellen Nutzens zu regeln. [4]Ein Eigenbeitrag der Beschäftigten kann in Geld und/oder Zeit erfolgen.

(6) Zeiten von vereinbarten Qualifizierungsmaßnahmen gelten als Arbeitszeit.

(7) Gesetzliche Förderungsmöglichkeiten können in die Qualifizierungsplanung einbezogen werden.

(8) Für Beschäftigte mit individuellen Arbeitszeiten sollen Qualifizierungsmaßnahmen so angeboten werden, dass ihnen eine gleichberechtigte Teilnahme ermöglicht wird.

Abschnitt II. Arbeitszeit

§ 6 Regelmäßige Arbeitszeit. (1) [1]Die regelmäßige Arbeitszeit beträgt ausschließlich der Pausen

a) *(nicht besetzt)*

b) die Beschäftigten im Tarifgebiet West durchschnittlich 39 Stunden wöchentlich, im Tarifgebiet Ost durchschnittlich 40 Stunden wöchentlich.

[2]Bei Wechselschichtarbeit werden die gesetzlich vorgeschriebenen Pausen in die Arbeitszeit eingerechnet. [3]Die regelmäßige Arbeitszeit kann auf fünf Tage, aus notwendigen betrieblichen/dienstlichen Gründen auch auf sechs Tage verteilt werden.

(1.1) In Verwaltungen und Betrieben, in denen auf Grund spezieller Aufgaben (z.B. Ausgrabungen, Expeditionen, Schifffahrt) oder saisonbedingt erheblich verstärkte Tätigkeiten anfallen, kann für diese Tätigkeiten die regelmäßige Arbeitszeit auf bis zu 60 Stunden in einem Zeitraum von bis zu sieben Tagen verlängert werden, wenn durch Verkürzung der regelmäßigen wöchentlichen Arbeitszeit bis zum Ende des Ausgleichszeitraums nach Absatz 2 Satz 1 ein entsprechender Zeitausgleich durchgeführt wird.[1)]

(2) [1]Für die Berechnung des Durchschnitts der regelmäßigen wöchentlichen Arbeitszeit ist ein Zeitraum von bis zu einem Jahr zugrunde zu legen. [2]Abweichend von Satz 1 kann bei Beschäftigten, die ständig Wechselschicht- oder Schichtarbeit zu leisten haben, ein längerer Zeitraum zugrunde gelegt werden.

(3) [1]Soweit es die betrieblichen/dienstlichen Verhältnisse zulassen, wird die/der Beschäftigte am 24. Dezember und am 31. Dezember unter Fortzahlung des Entgelts nach § 21 von der Arbeit freigestellt. [2]Kann die Freistellung nach Satz 1 aus betrieblichen/dienstlichen Gründen nicht erfolgen, ist entsprechender Freizeitausgleich innerhalb von drei Monaten zu gewähren. [3]Die regelmäßige Arbeitszeit vermindert sich für jeden gesetzlichen Feiertag, sowie für den 24. Dezember und 31. Dezember, sofern sie auf einen Werktag fallen, um die dienstplanmäßig ausgefallenen Stunden.

Protokollerklärung zu Absatz 3 Satz 3:
Die Verminderung der regelmäßigen Arbeitszeit betrifft die Beschäftigten, die wegen des Dienstplans am Feiertag frei haben und deshalb ohne diese Regelung nacharbeiten müssten.

(4) Aus dringenden betrieblichen/dienstlichen Gründen kann auf der Grundlage einer Betriebs-/Dienstvereinbarung im Rahmen des § 7 Abs. 1, 2

[1)] Entspricht § 42 BT-V.

und des § 12 ArbZG von den Vorschriften des Arbeitszeitgesetzes abgewichen werden.

Protokollerklärung zu Absatz 4:

In vollkontinuierlichen Schichtbetrieben kann an Sonn- und Feiertagen die tägliche Arbeitszeit auf bis zu zwölf Stunden verlängert werden, wenn dadurch zusätzliche freie Schichten an Sonn- und Feiertagen erreicht werden.

(5) Die Beschäftigten sind im Rahmen begründeter betrieblicher/dienstlicher Notwendigkeiten zur Leistung von Sonntags-, Feiertags-, Nacht-, Wechselschicht-, Schichtarbeit sowie – bei Teilzeitbeschäftigung aufgrund arbeitsvertraglicher Regelung oder mit ihrer Zustimmung – zu Bereitschaftsdienst, Rufbereitschaft, Überstunden und Mehrarbeit verpflichtet.

(6) [1]Durch Betriebs-/Dienstvereinbarung kann ein wöchentlicher Arbeitszeitkorridor von bis zu 45 Stunden eingerichtet werden. [2]Die innerhalb eines Arbeitszeitkorridors geleisteten zusätzlichen Arbeitsstunden werden im Rahmen des nach Absatz 2 Satz 1 festgelegten Zeitraums ausgeglichen.

(7) [1]Durch Betriebs-/Dienstvereinbarung kann in der Zeit von 6 bis 20 Uhr eine tägliche Rahmenzeit von bis zu zwölf Stunden eingeführt werden. [2]Die innerhalb der täglichen Rahmenzeit geleisteten zusätzlichen Arbeitsstunden werden im Rahmen des nach Absatz 2 Satz 1 festgelegten Zeitraums ausgeglichen.

(8) Die Absätze 6 und 7 gelten nur alternativ und nicht bei Wechselschicht- und Schichtarbeit.

(9) Für einen Betrieb/eine Verwaltung, in dem/der ein Personalvertretungsgesetz Anwendung findet, kann eine Regelung nach den Absätzen 4, 6 und 7 in einem landesbezirklichen Tarifvertrag getroffen werden, wenn eine Dienstvereinbarung nicht einvernehmlich zustande kommt und der Arbeitgeber ein Letztentscheidungsrecht hat.

(9.1) [1]Bei Dienstreisen gilt nur die Zeit der dienstlichen Inanspruchnahme am auswärtigen Geschäftsort als Arbeitszeit. [2]Für jeden Tag einschließlich der Reisetage wird jedoch mindestens die auf ihn entfallende regelmäßige, durchschnittliche oder dienstplanmäßige Arbeitszeit berücksichtigt, wenn diese bei Nichtberücksichtigung der Reisezeit nicht erreicht würde. [3]Überschreiten nicht anrechenbare Reisezeiten insgesamt 15 Stunden im Monat, so werden auf Antrag 25 v.H. dieser überschreitenden Zeiten bei fester Arbeitszeit als Freizeitausgleich gewährt und bei gleitender Arbeitszeit im Rahmen der jeweils geltenden Vorschriften auf die Arbeitszeit angerechnet. [4]Der besonderen Situation von Teilzeitbeschäftigten ist Rechnung zu tragen. [5]Soweit Einrichtungen in privater Rechtsform oder andere Arbeitgeber nach eigenen Grundsätzen verfahren, sind diese abweichend von den Sätzen 1 bis 4 maßgebend.[1)]

Protokollerklärung zu § 6:

[1] Gleitzeitregelungen sind unter Wahrung der jeweils geltenden Mitbestimmungsrechte unabhängig von den Vorgaben zu Arbeitszeitkorridor und Rahmenzeit (Absätze 6 und 7) möglich. [2] Sie dürfen keine Regelungen nach Absatz 4 enthalten.

§ 7 Sonderformen der Arbeit. (1) [1]Wechselschichtarbeit ist die Arbeit nach einem Schichtplan, der einen regelmäßigen Wechsel der täglichen Arbeitszeit

[1)] Abs. 9.1 Sätze 1 bis 4 entsprechen § 44 Abs. 2 BT-V, Satz 5 entspricht redaktionell angepasstem § 44 Abs. 3 BT-V.

in Wechselschichten vorsieht, bei denen Beschäftigte durchschnittlich längstens nach Ablauf eines Monats erneut zur Nachtschicht herangezogen werden. [2]Wechselschichten sind wechselnde Arbeitsschichten, in denen ununterbrochen bei Tag und Nacht, werktags, sonntags und feiertags gearbeitet wird. [3]Nachtschichten sind Arbeitsschichten, die mindestens zwei Stunden Nachtarbeit umfassen.

(2) Schichtarbeit ist die Arbeit nach einem Schichtplan, der einen regelmäßigen Wechsel des Beginns der täglichen Arbeitszeit um mindestens zwei Stunden in Zeitabschnitten von längstens einem Monat vorsieht, und die innerhalb einer Zeitspanne von mindestens 13 Stunden geleistet wird.

(3) Bereitschaftsdienst leisten Beschäftigte, die sich auf Anordnung des Arbeitgebers außerhalb der regelmäßigen Arbeitszeit an einer vom Arbeitgeber bestimmten Stelle aufhalten, um im Bedarfsfall die Arbeit aufzunehmen.

(4) [1]Rufbereitschaft leisten Beschäftigte, die sich auf Anordnung des Arbeitgebers außerhalb der regelmäßigen Arbeitszeit an einer dem Arbeitgeber anzuzeigenden Stelle aufhalten, um auf Abruf die Arbeit aufzunehmen. [2]Rufbereitschaft wird nicht dadurch ausgeschlossen, dass Beschäftigte vom Arbeitgeber mit einem Mobiltelefon oder einem vergleichbaren technischen Hilfsmittel ausgestattet sind.

(5) Nachtarbeit ist die Arbeit zwischen 21 Uhr und 6 Uhr.

(6) Mehrarbeit sind die Arbeitsstunden, die Teilzeitbeschäftigte über die vereinbarte regelmäßige Arbeitszeit hinaus bis zur regelmäßigen wöchentlichen Arbeitszeit von Vollbeschäftigten (§ 6 Abs. 1 Satz 1) leisten.

(7) Überstunden sind die auf Anordnung des Arbeitgebers geleisteten Arbeitsstunden, die über die im Rahmen der regelmäßigen Arbeitszeit von Vollbeschäftigten (§ 6 Abs. 1 Satz 1) für die Woche dienstplanmäßig bzw. betriebsüblich festgesetzten Arbeitsstunden hinausgehen und nicht bis zum Ende der folgenden Kalenderwoche ausgeglichen werden.

(8) Abweichend von Absatz 7 sind nur die Arbeitsstunden Überstunden, die

a) im Falle der Festlegung eines Arbeitszeitkorridors nach § 6 Abs. 6 über 45 Stunden oder über die vereinbarte Obergrenze hinaus,
b) im Falle der Einführung einer täglichen Rahmenzeit nach § 6 Abs. 7 außerhalb der Rahmenzeit,
c) im Falle von Wechselschicht- oder Schichtarbeit über die im Schichtplan festgelegten täglichen Arbeitsstunden einschließlich der im Schichtplan vorgesehenen Arbeitsstunden, die bezogen auf die regelmäßige wöchentliche Arbeitszeit im Schichtplanturnus nicht ausgeglichen werden,

angeordnet worden sind.

§ 8 Ausgleich für Sonderformen der Arbeit. (1) [1]Der/Die Beschäftigte erhält neben dem Entgelt für die tatsächliche Arbeitsleistung Zeitzuschläge. [2]Die Zeitzuschläge betragen – auch bei Teilzeitbeschäftigten – je Stunde

a)	für Überstunden	
	in den Entgeltgruppen 1 bis 9b	30 v.H.,
	in den Entgeltgruppen 9c bis 15	15 v.H.,
b)	für Nachtarbeit	20 v.H.,
c)	für Sonntagsarbeit	25 v.H.,

d) bei Feiertagsarbeit
   – ohne Freizeitausgleich 135 v.H.,
   – mit Freizeitausgleich 35 v.H.,
e) für Arbeit am 24. Dezember und am 31. Dezember jeweils ab 6 Uhr 35 v.H.,
f) für Arbeit an Samstagen von 13 bis 21 Uhr, soweit diese nicht im Rahmen von Wechselschicht- oder Schichtarbeit anfällt 20 v.H.

des auf eine Stunde entfallenden Anteils des Tabellenentgelts der Stufe 3 der jeweiligen Entgeltgruppe. [3]Beim Zusammentreffen von Zeitzuschlägen nach Satz 2 Buchst. c bis f wird nur der höchste Zeitzuschlag gezahlt. [4]Auf Wunsch der/des Beschäftigten können, soweit ein Arbeitszeitkonto (§ 10) eingerichtet ist und die betrieblichen/dienstlichen Verhältnisse es zulassen, die nach Satz 2 zu zahlenden Zeitzuschläge entsprechend dem jeweiligen Vomhundertsatz einer Stunde in Zeit umgewandelt und ausgeglichen werden. [5]Dies gilt entsprechend für Überstunden als solche.

Protokollerklärung zu Absatz 1 Satz 1:[1)]
(nicht besetzt)

Protokollerklärung zu Absatz 1 Satz 2 Buchst. d:
[1]Der Freizeitausgleich muss im Dienstplan besonders ausgewiesen und bezeichnet werden. [2]Falls kein Freizeitausgleich gewährt wird, werden als Entgelt einschließlich des Zeitzuschlags und des auf den Feiertag entfallenden Tabellenentgelts höchstens 235 v.H. gezahlt.

(1.1) [1]Überstunden sind grundsätzlich durch entsprechende Freizeit auszugleichen. [2]Sofern kein Arbeitszeitkonto nach § 10 eingerichtet ist oder wenn ein solches besteht, die/der Beschäftigte jedoch keine Faktorisierung nach Absatz 1 geltend macht, erhält die/der Beschäftigte für Überstunden (§ 7 Abs. 7), die nicht bis zum Ende des dritten Kalendermonats – möglichst aber schon bis zum Ende des nächsten Kalendermonats – nach deren Entstehen mit Freizeit ausgeglichen worden sind, je Stunde 100 v.H. des auf die Stunde entfallenden Anteils des Tabellenentgelts der jeweiligen Entgeltgruppe und Stufe, höchstens jedoch nach der Stufe 4. [3]Der Anspruch auf den Zeitzuschlag für Überstunden nach Absatz 1 besteht unabhängig von einem Freizeitausgleich.[2)]

(2) Für Arbeitsstunden, die keine Überstunden sind und die aus betrieblichen/dienstlichen Gründen nicht innerhalb des nach § 6 Abs. 2 Satz 1 oder 2 festgelegten Zeitraums mit Freizeit ausgeglichen werden, erhält die/der Beschäftigte je Stunde 100 v.H. des auf eine Stunde entfallenden Anteils des Tabellenentgelts der jeweiligen Entgeltgruppe und Stufe.

Protokollerklärung zu Absatz 2:
Mit dem Begriff „Arbeitsstunden" sind nicht die Stunden gemeint, die im Rahmen von Gleitzeitregelungen im Sinne der Protokollerklärung zu § 6 anfallen, es sei denn, sie sind angeordnet worden.

[1)] Ersetzt durch § 43 BT-V.
[2)] Entspricht § 43 BT-V.

(3) [1] Für die Rufbereitschaft wird eine tägliche Pauschale je Entgeltgruppe bezahlt. [2] Sie beträgt für die Tage Montag bis Freitag das Zweifache, für Samstag, Sonntag sowie für Feiertage das Vierfache des tariflichen Stundenentgelts nach Maßgabe der Entgelttabelle. [3] Maßgebend für die Bemessung der Pauschale nach Satz 2 ist der Tag, an dem die Rufbereitschaft beginnt. [4] Für die Arbeitsleistung innerhalb der Rufbereitschaft außerhalb des Aufenthaltsortes im Sinne des § 7 Abs. 4 wird die Zeit jeder einzelnen Inanspruchnahme einschließlich der hierfür erforderlichen Wegezeiten jeweils auf eine volle Stunde gerundet und mit dem Entgelt für Überstunden sowie mit etwaigen Zeitzuschlägen nach Absatz 1 bezahlt. [5] Wird die Arbeitsleistung innerhalb der Rufbereitschaft am Aufenthaltsort im Sinne des § 7 Abs. 4 telefonisch (z.B. in Form einer Auskunft) oder mittels technischer Einrichtungen erbracht, wird abweichend von Satz 4 die Summe dieser Arbeitsleistungen auf die nächste volle Stunde gerundet und mit dem Entgelt für Überstunden sowie mit etwaigen Zeitzuschlägen nach Absatz 1 bezahlt. [6] Absatz 1 Satz 4 gilt entsprechend, soweit die Buchung auf das Arbeitszeitkonto nach § 10 Abs. 3 Satz 2 zulässig ist. [7] Satz 1 gilt nicht im Falle einer stundenweisen Rufbereitschaft. [8] Eine Rufbereitschaft im Sinne von Satz 7 liegt bei einer ununterbrochenen Rufbereitschaft von weniger als zwölf Stunden vor. [9] In diesem Fall wird abweichend von den Sätzen 2 und 3 für jede Stunde der Rufbereitschaft 12,5 v.H. des tariflichen Stundenentgelts nach Maßgabe der Entgelttabelle gezahlt.

Protokollerklärung zu Absatz 3:

Zur Ermittlung der Tage einer Rufbereitschaft, für die eine Pauschale gezahlt wird, ist auf den Tag des Beginns der Rufbereitschaft abzustellen.

(4) [1] Das Entgelt für Bereitschaftsdienst wird landesbezirklich geregelt. [2] Bis zum In-Kraft-Treten einer Regelung nach Satz 1 gelten die in dem jeweiligen Betrieb/der jeweiligen Verwaltung/Dienststelle am 30. September 2005 jeweils geltenden Bestimmungen fort.

(5) [1] Beschäftigte, die ständig Wechselschichtarbeit leisten, erhalten eine Wechselschichtzulage von 105 Euro monatlich. [2] Beschäftigte, die nicht ständig Wechselschichtarbeit leisten, erhalten eine Wechselschichtzulage von 0,63 Euro pro Stunde.

(6) [1] Beschäftigte, die ständig Schichtarbeit leisten, erhalten eine Schichtzulage von 40 Euro monatlich. [2] Beschäftigte, die nicht ständig Schichtarbeit leisten, erhalten eine Schichtzulage von 0,24 Euro pro Stunde.

§ 9 Bereitschaftszeiten. (1) [1] Bereitschaftszeiten sind die Zeiten, in denen sich die/der Beschäftigte am Arbeitsplatz oder einer anderen vom Arbeitgeber bestimmten Stelle zur Verfügung halten muss, um im Bedarfsfall die Arbeit selbständig, ggf. auch auf Anordnung, aufzunehmen und in denen die Zeiten ohne Arbeitsleistung überwiegen. [2] Für Beschäftigte, in deren Tätigkeit regelmäßig und in nicht unerheblichem Umfang Bereitschaftszeiten fallen, gelten folgende Regelungen:

a) Bereitschaftszeiten werden zur Hälfte als tarifliche Arbeitszeit gewertet (faktorisiert).
b) Sie werden innerhalb von Beginn und Ende der regelmäßigen täglichen Arbeitszeit nicht gesondert ausgewiesen.
c) Die Summe aus den faktorisierten Bereitschaftszeiten und der Vollarbeitszeit darf die Arbeitszeit nach § 6 Abs. 1 nicht überschreiten.

d) Die Summe aus Vollarbeits- und Bereitschaftszeiten darf durchschnittlich 48 Stunden wöchentlich nicht überschreiten.

[3] Ferner ist Voraussetzung, dass eine nicht nur vorübergehend angelegte Organisationsmaßnahme besteht, bei der regelmäßig und in nicht unerheblichem Umfang Bereitschaftszeiten anfallen.

(2) [1] Die Anwendung des Absatzes 1 bedarf im Geltungsbereich eines Personalvertretungsgesetzes einer einvernehmlichen Dienstvereinbarung. [2] § 6 Abs. 9 gilt entsprechend. [3] Im Geltungsbereich des Betriebsverfassungsgesetzes unterliegt die Anwendung dieser Vorschrift der Mitbestimmung im Sinne des § 87 Abs. 1 Nr. 2 BetrVG.

(3) *(nicht besetzt)*

Protokollerklärung zu § 9:
Diese Regelung gilt nicht für Wechselschicht- und Schichtarbeit.

§ 10 Arbeitszeitkonto. (1) [1] Durch Betriebs-/Dienstvereinbarung kann ein Arbeitszeitkonto eingerichtet werden. [2] Für einen Betrieb/eine Verwaltung, in dem/der ein Personalvertretungsgesetz Anwendung findet, kann eine Regelung nach Satz 1 auch in einem landesbezirklichen Tarifvertrag getroffen werden, wenn eine Dienstvereinbarung nicht einvernehmlich zustande kommt und der Arbeitgeber ein Letztentscheidungsrecht hat. [3] Soweit ein Arbeitszeitkorridor (§ 6 Abs. 6) oder eine Rahmenzeit (§ 6 Abs. 7) vereinbart wird, ist ein Arbeitszeitkonto einzurichten.

(2) [1] In der Betriebs-/Dienstvereinbarung wird festgelegt, ob das Arbeitszeitkonto im ganzen Betrieb/in der ganzen Verwaltung oder Teilen davon eingerichtet wird. [2] Alle Beschäftigten der Betriebs-/Verwaltungsteile, für die ein Arbeitszeitkonto eingerichtet wird, werden von den Regelungen des Arbeitszeitkontos erfasst.

(3)[1)] [1] Auf das Arbeitszeitkonto können Zeiten, die bei Anwendung des nach § 6 Abs. 2 festgelegten Zeitraums als Zeitguthaben oder als Zeitschuld bestehen bleiben, nicht durch Freizeit ausgeglichene Zeiten nach § 8 Abs. 1.1 und Abs. 2 sowie in Zeit umgewandelte Zuschläge nach § 8 Abs. 1 Satz 4 gebucht werden. [2] Weitere Kontingente (z.B. Rufbereitschafts-/Bereitschaftsdienstentgelte) können durch Betriebs-/Dienstvereinbarung zur Buchung freigegeben werden. [3] Die/Der Beschäftigte entscheidet für einen in der Betriebs-/Dienstvereinbarung festgelegten Zeitraum, welche der in Satz 1 genannten Zeiten auf das Arbeitszeitkonto gebucht werden.

(4) Im Falle einer unverzüglich angezeigten und durch ärztliches Attest nachgewiesenen Arbeitsunfähigkeit während eines Zeitausgleichs vom Arbeitszeitkonto (Zeiten nach Absatz 3 Satz 1 und 2) tritt eine Minderung des Zeitguthabens nicht ein.

(5) In der Betriebs-/Dienstvereinbarung sind insbesondere folgende Regelungen zu treffen:

a) Die höchstmögliche Zeitschuld (bis zu 40 Stunden) und das höchstzulässige Zeitguthaben (bis zu einem Vielfachen von 40 Stunden), die innerhalb eines bestimmten Zeitraums anfallen dürfen;

---

1) Abs. 3 redaktionell angepasst.

b) nach dem Umfang des beantragten Freizeitausgleichs gestaffelte Fristen für das Abbuchen von Zeitguthaben oder für den Abbau von Zeitschulden durch die/den Beschäftigten;
c) die Berechtigung, das Abbuchen von Zeitguthaben zu bestimmten Zeiten (z.B. an so genannten Brückentagen) vorzusehen;
d) die Folgen, wenn der Arbeitgeber einen bereits genehmigten Freizeitausgleich kurzfristig widerruft.

(6) [1] Der Arbeitgeber kann mit der/dem Beschäftigten die Einrichtung eines Langzeitkontos vereinbaren. [2] In diesem Fall ist der Betriebs-/Personalrat zu beteiligen und – bei Insolvenzfähigkeit des Arbeitgebers – eine Regelung zur Insolvenzsicherung zu treffen.

§ 11 Teilzeitbeschäftigung. (1) [1] Mit Beschäftigten soll auf Antrag eine geringere als die vertraglich festgelegte Arbeitszeit vereinbart werden, wenn sie
a) mindestens ein Kind unter 18 Jahren oder
b) einen nach ärztlichem Gutachten pflegebedürftigen sonstigen Angehörigen

tatsächlich betreuen oder pflegen und dringende dienstliche bzw. betriebliche Belange nicht entgegenstehen. [2] Die Teilzeitbeschäftigung nach Satz 1 ist auf Antrag auf bis zu fünf Jahre zu befristen. [3] Sie kann verlängert werden; der Antrag ist spätestens sechs Monate vor Ablauf der vereinbarten Teilzeitbeschäftigung zu stellen. [4] Bei der Gestaltung der Arbeitszeit hat der Arbeitgeber im Rahmen der dienstlichen bzw. betrieblichen Möglichkeiten der besonderen persönlichen Situation der/des Beschäftigten nach Satz 1 Rechnung zu tragen.

(2) Beschäftigte, die in anderen als den in Absatz 1 genannten Fällen eine Teilzeitbeschäftigung vereinbaren wollen, können von ihrem Arbeitgeber verlangen, dass er mit ihnen die Möglichkeit einer Teilzeitbeschäftigung mit dem Ziel erörtert, zu einer entsprechenden Vereinbarung zu gelangen.

(3) Ist mit früher Vollbeschäftigten auf ihren Wunsch eine nicht befristete Teilzeitbeschäftigung vereinbart worden, sollen sie bei späterer Besetzung eines Vollzeitarbeitsplatzes bei gleicher Eignung im Rahmen der dienstlichen bzw. betrieblichen Möglichkeiten bevorzugt berücksichtigt werden.

Protokollerklärung zu Abschnitt II:

Bei In-Kraft-Treten dieses Tarifvertrages bestehende Gleitzeitregelungen bleiben unberührt.

Abschnitt III. Eingruppierung, Entgelt und sonstige Leistungen

§ 12 Eingruppierung. (1) [1] Die Eingruppierung der/des Beschäftigten richtet sich nach den Tätigkeitsmerkmalen der Anlage 1 – Entgeltordnung (VKA). [2] Die/Der Beschäftigte erhält Entgelt nach der Entgeltgruppe, in der sie/er eingruppiert ist.

(2) [1] Die/Der Beschäftigte ist in der Entgeltgruppe eingruppiert, deren Tätigkeitsmerkmalen die gesamte von ihr/ihm nicht nur vorübergehend auszuübende Tätigkeit entspricht. [2] Die gesamte auszuübende Tätigkeit entspricht den Tätigkeitsmerkmalen einer Entgeltgruppe, wenn zeitlich mindestens zur Hälfte Arbeitsvorgänge anfallen, die für sich genommen die Anforderungen eines Tätigkeitsmerkmals oder mehrerer Tätigkeitsmerkmale dieser Entgeltgruppe erfüllen. [3] Kann die Erfüllung einer Anforderung in der Regel erst bei

der Betrachtung mehrerer Arbeitsvorgänge festgestellt werden (z.B. vielseitige Fachkenntnisse), sind diese Arbeitsvorgänge für die Feststellung, ob diese Anforderung erfüllt ist, insoweit zusammen zu beurteilen. [4] Werden in einem Tätigkeitsmerkmal mehrere Anforderungen gestellt, gilt das in Satz 2 bestimmte Maß, ebenfalls bezogen auf die gesamte auszuübende Tätigkeit, für jede Anforderung. [5] Ist in einem Tätigkeitsmerkmal ein von den Sätzen 2 bis 4 abweichendes zeitliches Maß bestimmt, gilt dieses. [6] Ist in einem Tätigkeitsmerkmal als Anforderung eine Voraussetzung in der Person der/des Beschäftigten bestimmt, muss auch diese Anforderung erfüllt sein.

Protokollerklärung zu Absatz 2:

[1] Arbeitsvorgänge sind Arbeitsleistungen (einschließlich Zusammenhangsarbeiten), die, bezogen auf den Aufgabenkreis der/des Beschäftigten, zu einem bei natürlicher Betrachtung abgrenzbaren Arbeitsergebnis führen (z.B. unterschriftsreife Bearbeitung eines Aktenvorgangs, eines Widerspruchs oder eines Antrags, Erstellung eines EKG, Fertigung einer Bauzeichnung, Konstruktion einer Brücke oder eines Brückenteils, Bearbeitung eines Antrags auf eine Sozialleistung, Betreuung einer Person oder Personengruppe, Durchführung einer Unterhaltungs- oder Instandsetzungsarbeit). [2] Jeder einzelne Arbeitsvorgang ist als solcher zu bewerten und darf dabei hinsichtlich der Anforderungen zeitlich nicht aufgespalten werden. [3] Eine Anforderung im Sinne der Sätze 2 und 3 ist auch das in einem Tätigkeitsmerkmal geforderte Herausheben der Tätigkeit aus einer niedrigeren Entgeltgruppe.

(3) Die Entgeltgruppe der/des Beschäftigten ist im Arbeitsvertrag anzugeben.

§ 13 Eingruppierung in besonderen Fällen. (1) [1] Ist der/dem Beschäftigten eine andere, höherwertige Tätigkeit nicht übertragen worden, hat sich aber die ihr/ihm übertragene Tätigkeit (§ 12 Abs. 2 Satz 1) nicht nur vorübergehend derart geändert, dass sie den Tätigkeitsmerkmalen einer höheren als ihrer/seiner bisherigen Entgeltgruppe entspricht (§ 12 Abs. 2 Sätze 2 bis 6), und hat die/der Beschäftigte die höherwertige Tätigkeit ununterbrochen sechs Monate lang ausgeübt, ist sie/er mit Beginn des darauffolgenden Kalendermonats in der höheren Entgeltgruppe eingruppiert. [2] Für die zurückliegenden sechs Kalendermonate gilt § 14 Abs. 1 sinngemäß.

(2) [1] Ist die Zeit der Ausübung der höherwertigen Tätigkeit durch Urlaub, Arbeitsbefreiung, Arbeitsunfähigkeit, Kur- oder Heilverfahren oder Vorbereitung auf eine Fachprüfung für die Dauer von insgesamt nicht mehr als sechs Wochen unterbrochen worden, wird die Unterbrechungszeit in die Frist von sechs Monaten eingerechnet. [2] Bei einer längeren Unterbrechung oder bei einer Unterbrechung aus anderen Gründen beginnt die Frist nach der Beendigung der Unterbrechung von neuem.

(3) Wird der/dem Beschäftigten vor Ablauf der sechs Monate wieder eine Tätigkeit zugewiesen, die den Tätigkeitsmerkmalen ihrer/seiner bisherigen Entgeltgruppe entspricht, gilt § 14 Abs. 1 sinngemäß.

Protokollerklärung zu §§ 12, 13:

Die Grundsätze der korrigierenden Rückgruppierung bleiben unberührt.

§ 14 Vorübergehende Übertragung einer höherwertigen Tätigkeit.

(1) Wird der/dem Beschäftigten vorübergehend eine andere Tätigkeit übertragen, die den Tätigkeitsmerkmalen einer höheren als ihrer/seiner Eingruppie-

rung entspricht, und hat sie/er diese mindestens einen Monat ausgeübt, erhält sie/er für die Dauer der Ausübung eine persönliche Zulage rückwirkend ab dem ersten Tag der Übertragung der Tätigkeit.

(2) Durch landesbezirklichen Tarifvertrag wird im Rahmen eines Kataloges, der die hierfür in Frage kommenden Tätigkeiten aufführt, bestimmt, dass die Voraussetzung für die Zahlung einer persönlichen Zulage bereits erfüllt ist, wenn die vorübergehend übertragene Tätigkeit mindestens drei Arbeitstage angedauert hat und die/der Beschäftigte ab dem ersten Tag der Vertretung in Anspruch genommen worden ist.

(3) Die persönliche Zulage bemisst sich nach dem jeweiligen Unterschiedsbetrag zu dem Tabellenentgelt, das sich bei dauerhafter Übertragung nach § 17 Abs. 4 Satz 1 ergeben hätte.[1)]

§ 15 Tabellenentgelt. (1) [1]Die/Der Beschäftigte erhält monatlich ein Tabellenentgelt. [2]Die Höhe bestimmt sich nach der Entgeltgruppe, in die sie/er eingruppiert ist, und nach der für sie/ihn geltenden Stufe.

(2) [1]Die Beschäftigten erhalten Entgelt nach der Anlage A. [2]Abweichend von Satz 1 erhalten Beschäftigte, die nach dem Teil B Abschnitt XXIV der Anlage 1 – Entgeltordnung (VKA) eingruppiert sind, Entgelt nach der Anlage C.[2)] [3]Soweit im Allgemeinen Teil auf bestimmte Entgeltgruppen Bezug genommen wird, entspricht

die Entgeltgruppe	der Entgeltgruppe
S 2	2
S 3	4
S 4	5
S 5	6
S 6 bis S 8b	8
S 9 bis S 11a	9a
S 11b bis S 13	9b
S 14	9c
S 15 und S 16	10
S 17	11
S 18	12.[3)]

(3) [1]Im Rahmen von landesbezirklichen tarifvertraglichen Regelungen können für an- und ungelernte Tätigkeiten in von Outsourcing und/oder Privatisierung bedrohten Bereichen in den Entgeltgruppen 1 bis 4 Abweichungen von der Entgelttabelle bis zu einer dort vereinbarten Untergrenze vorgenommen werden. [2]Die Untergrenze muss im Rahmen der Spannbreite des Entgelts der Entgeltgruppe 1 liegen. [3]Die Umsetzung erfolgt durch Anwendungsvereinbarung.

§ 16 Stufen der Entgelttabelle. (1) Die Entgeltgruppen 2 bis 15 umfassen sechs Stufen.

[1)] Entspricht redaktionell angepasst § 14 Abs. 3 TVöD.
[2)] Entspricht redaktionell angepasst § 1 Abs. 1 der Anlage zu § 56 BT-V.
[3)] Entspricht redaktionell angepasst § 1 Abs. 3 der Anlage zu § 56 BT-V.

(2) 1 Bei Einstellung werden die Beschäftigten der Stufe 1 zugeordnet, sofern keine einschlägige Berufserfahrung vorliegt. 2 Verfügt die/der Beschäftigte über eine einschlägige Berufserfahrung von mindestens einem Jahr, erfolgt die Einstellung in die Stufe 2; verfügt sie/er über eine einschlägige Berufserfahrung von mindestens drei Jahren, erfolgt in der Regel eine Zuordnung zur Stufe 3. 3 Unabhängig davon kann der Arbeitgeber bei Neueinstellungen zur Deckung des Personalbedarfs Zeiten einer vorherigen beruflichen Tätigkeit ganz oder teilweise für die Stufenzuordnung berücksichtigen, wenn diese Tätigkeit für die vorgesehene Tätigkeit förderlich ist.

Protokollerklärung zu Absatz 2:

Ein Berufspraktikum nach dem Tarifvertrag für Praktikantinnen/Praktikanten des öffentlichen Dienstes (TVPöD) vom 27. Oktober 2009 gilt grundsätzlich als Erwerb einschlägiger Berufserfahrung.

(2.1)[1] 1 Die Entgeltgruppen S 2 bis S 18 umfassen sechs Stufen. 2 Bei Einstellung werden die Beschäftigten der Stufe 1 zugeordnet, sofern keine einschlägige Berufserfahrung vorliegt. 3 Verfügt die/der Beschäftigte über eine einschlägige Berufserfahrung von mindestens einem Jahr, erfolgt die Einstellung in die Stufe 2; verfügt sie/er über eine einschlägige Berufserfahrung von mindestens vier Jahren, erfolgt in der Regel eine Zuordnung zur Stufe 3. 4 Unabhängig davon kann der Arbeitgeber bei Neueinstellungen zur Deckung des Personalbedarfs Zeiten einer vorherigen beruflichen Tätigkeit ganz oder teilweise für die Stufenzuordnung berücksichtigen, wenn diese Tätigkeit für die vorgesehene Tätigkeit förderlich ist. 5 Bei Einstellung von Beschäftigten in unmittelbarem Anschluss an ein Arbeitsverhältnis im öffentlichen Dienst (§ 34 Abs. 3 Satz 3 und 4) oder zu einem Arbeitgeber, der einen dem TVöD vergleichbaren Tarifvertrag anwendet, kann die in dem vorhergehenden Arbeitsverhältnis erworbene Stufe bei der Stufenzuordnung ganz oder teilweise berücksichtigt werden; Satz 4 bleibt unberührt.

Protokollerklärung zu Absatz 2.1:

Ein Berufspraktikum nach dem Tarifvertrag für Praktikantinnen/Praktikanten des öffentlichen Dienstes (TVPöD) vom 27. Oktober 2009 gilt grundsätzlich als Erwerb einschlägiger Berufserfahrung.

(2a) Bei Einstellung von Beschäftigten in unmittelbarem Anschluss an ein Arbeitsverhältnis im öffentlichen Dienst (§ 34 Abs. 3 Satz 3 und 4) oder zu einem Arbeitgeber, der einen dem TVöD vergleichbaren Tarifvertrag anwendet, kann die in dem vorhergehenden Arbeitsverhältnis erworbene Stufe bei der Stufenzuordnung ganz oder teilweise berücksichtigt werden; Absatz 2 Satz 3 bleibt unberührt.

(3) Die Beschäftigten erreichen die jeweils nächste Stufe – von Stufe 3 an in Abhängigkeit von ihrer Leistung gemäß § 17 Abs. 2 – nach folgenden Zeiten einer ununterbrochenen Tätigkeit innerhalb derselben Entgeltgruppe bei ihrem Arbeitgeber (Stufenlaufzeit):

– Stufe 2 nach einem Jahr in Stufe 1,

– Stufe 3 nach zwei Jahren in Stufe 2,

– Stufe 4 nach drei Jahren in Stufe 3,

– Stufe 5 nach vier Jahren in Stufe 4 und

---

[1] Entspricht redaktionell angepasst § 1 Abs. 2 Sätze 1 bis 5 der Anlage zu § 56 BT-V.

– Stufe 6 nach fünf Jahren in Stufe 5.

(3.1)[1] Die Beschäftigten nach § 15 Abs. 2 Satz 2 erreichen abweichend von Absatz 3 die jeweils nächste Stufe – von Stufe 3 an in Abhängigkeit von ihrer Leistung gemäß § 17 Abs. 2 – nach folgenden Zeiten einer ununterbrochenen Tätigkeit innerhalb derselben Entgeltgruppe bei ihrem Arbeitgeber (Stufenlaufzeit):

– Stufe 2 nach einem Jahr in Stufe 1,
– Stufe 3 nach drei Jahren in Stufe 2,
– Stufe 4 nach vier Jahren in Stufe 3,
– Stufe 5 nach vier Jahren in Stufe 4 und
– Stufe 6 nach fünf Jahren in Stufe 5.

(4) [1]Die Entgeltgruppe 1 umfasst fünf Stufen. [2]Einstellungen erfolgen in der Stufe 2 (Eingangsstufe). [3]Die jeweils nächste Stufe wird nach vier Jahren in der vorangegangenen Stufe erreicht; § 17 Abs. 2 bleibt unberührt.

(4.1)[2] [1]Abweichend von Absatz 2.1 Satz 1 ist bei Beschäftigten nach § 15 Abs. 2 Satz 2 Endstufe die Stufe 4

a) in der Entgeltgruppe S 4 bei Tätigkeiten der Fallgruppe 3 und
b) in der Entgeltgruppe S 8b bei Tätigkeiten der Fallgruppe 3.

[2]Abweichend von Absatz 3.1 erreichen Beschäftigte nach § 15 Abs. 2 Satz 2, die nach dem Teil B Abschnitt XXIV der Anlage 1 – Entgeltordnung (VKA) in der Entgeltgruppe S 8b bei Tätigkeiten der Fallgruppen 1 oder 2 eingruppiert sind, die Stufe 5 nach sechs Jahren in Stufe 4 und die Stufe 6 nach acht Jahren in Stufe 5.

§ 17 Allgemeine Regelungen zu den Stufen. (1) Die Beschäftigten erhalten vom Beginn des Monats an, in dem die nächste Stufe erreicht wird, das Tabellenentgelt nach der neuen Stufe.

(2) [1]Bei Leistungen der/des Beschäftigten, die erheblich über dem Durchschnitt liegen, kann die erforderliche Zeit für das Erreichen der Stufen 4 bis 6 jeweils verkürzt werden. [2]Bei Leistungen, die erheblich unter dem Durchschnitt liegen, kann die erforderliche Zeit für das Erreichen der Stufen 4 bis 6 jeweils verlängert werden. [3]Bei einer Verlängerung der Stufenlaufzeit hat der Arbeitgeber jährlich zu prüfen, ob die Voraussetzungen für die Verlängerung noch vorliegen. [4]Für die Beratung von schriftlich begründeten Beschwerden von Beschäftigten gegen eine Verlängerung nach Satz 2 bzw. 3 ist eine betriebliche Kommission zuständig. [5]Die Mitglieder der betrieblichen Kommission werden je zur Hälfte vom Arbeitgeber und vom Betriebs-/Personalrat benannt; sie müssen dem Betrieb/der Dienststelle angehören. [6]Der Arbeitgeber entscheidet auf Vorschlag der Kommission darüber, ob und in welchem Umfang der Beschwerde abgeholfen werden soll.

Protokollerklärung zu Absatz 2:

[1]Die Instrumente der materiellen Leistungsanreize (§ 18) und der leistungsbezogene Stufenaufstieg bestehen unabhängig voneinander und dienen unterschiedlichen Zielen.

---

[1] Entspricht redaktionell angepasst § 1 Abs. 2 Satz 6 der Anlage zu § 56 BT-V.
[2] Entspricht redaktionell angepasst § 1 Abs. 2 Sätze 7 und 8 der Anlage zu § 56 BT-V.

[2] *Leistungsbezogene Stufenaufstiege unterstützen insbesondere die Anliegen der Personalentwicklung.*

Protokollerklärung zu Absatz 2 Satz 2:

Bei Leistungsminderungen, die auf einem anerkannten Arbeitsunfall oder einer Berufskrankheit gemäß §§ 8 und 9 SGB VII beruhen, ist diese Ursache in geeigneter Weise zu berücksichtigen.

Protokollerklärung zu Absatz 2 Satz 6:

Die Mitwirkung der Kommission erfasst nicht die Entscheidung über die leistungsbezogene Stufenzuordnung.

(3) [1] Den Zeiten einer ununterbrochenen Tätigkeit im Sinne des § 16 Abs. 3 Satz 1 stehen gleich:

a) Schutzfristen nach dem Mutterschutzgesetz,
b) Zeiten einer Arbeitsunfähigkeit nach § 22 bis zu 39 Wochen,
c) Zeiten eines bezahlten Urlaubs,
d) Zeiten eines Sonderurlaubs, bei denen der Arbeitgeber vor dem Antritt schriftlich ein dienstliches bzw. betriebliches Interesse anerkannt hat,
e) Zeiten einer sonstigen Unterbrechung von weniger als einem Monat im Kalenderjahr,
f) Zeiten der vorübergehenden Übertragung einer höherwertigen Tätigkeit.

[2] Zeiten der Unterbrechung bis zu einer Dauer von jeweils drei Jahren, die nicht von Satz 1 erfasst werden, und Elternzeit bis zu jeweils fünf Jahren sind unschädlich, werden aber nicht auf die Stufenlaufzeit angerechnet. [3] Bei einer Unterbrechung von mehr als drei Jahren, bei Elternzeit von mehr als fünf Jahren, erfolgt eine Zuordnung zu der Stufe, die der vor der Unterbrechung erreichten Stufe vorangeht, jedoch nicht niedriger als bei einer Neueinstellung; die Stufenlaufzeit beginnt mit dem Tag der Arbeitsaufnahme. [4] Zeiten, in denen Beschäftigte mit einer kürzeren als der regelmäßigen wöchentlichen Arbeitszeit eines entsprechenden Vollbeschäftigten beschäftigt waren, werden voll angerechnet.

(4) [1] Bei Eingruppierung in eine höhere Entgeltgruppe aus den Entgeltgruppen 2 bis 14 der Anlage A werden die Beschäftigten der gleichen Stufe zugeordnet, die sie in der niedrigeren Entgeltgruppe erreicht haben, mindestens jedoch der Stufe 2. [2] Die Stufenlaufzeit in der höheren Entgeltgruppe beginnt mit dem Tag der Höhergruppierung. [3] Bei einer Eingruppierung in eine niedrigere Entgeltgruppe ist die/der Beschäftige der in der höheren Entgeltgruppe erreichten Stufe zuzuordnen; die in der bisherigen Stufe zurückgelegte Stufenlaufzeit wird auf die Stufenlaufzeit in der niedrigeren Entgeltgruppe angerechnet. [4] Die/Der Beschäftigte erhält vom Beginn des Monats an, in dem die Veränderung wirksam wird, das entsprechende Tabellenentgelt aus der in Satz 1 oder Satz 3 festgelegten Stufe der betreffenden Entgeltgruppe.

(4a) [1] Bei Eingruppierung in eine höhere Entgeltgruppe aus der Entgeltgruppe 1 werden die Beschäftigten derjenigen Stufe zugeordnet, in der sie mindestens ihr bisheriges Tabellenentgelt erhalten, mindestens jedoch der Stufe 2. [2] Wird die/der Beschäftigte nicht in die nächsthöhere, sondern in eine darüber liegende Entgeltgruppe höhergruppiert, ist das Tabellenentgelt für jede dazwischen liegende Entgeltgruppe nach Satz 1 zu berechnen. [3] Die Stufenlaufzeit in der höheren Entgeltgruppe beginnt mit dem Tag der Höhergruppierung. [4] Die/Der Beschäftigte erhält vom Beginn des Monats an, in dem die

Veränderung wirksam wird, das entsprechende Tabellenentgelt aus der in Satz 1 festgelegten Stufe der betreffenden Entgeltgruppe.

(4a.1)[1)] [1]Bei Eingruppierung in eine höhere Entgeltgruppe der Anlage C werden die Beschäftigten der gleichen Stufe zugeordnet, die sie in der niedrigeren Entgeltgruppe erreicht haben. [2]Beträgt bei Höhergruppierungen innerhalb der Anlage C der Unterschiedsbetrag zwischen dem derzeitigen Tabellenentgelt und dem Tabellenentgelt nach § 17 Abs. 4 Satz 1 in der höheren Entgeltgruppe

- in den Entgeltgruppen S 2 bis S 8b
  - vom 1. März 2018 bis 31. März 2019 weniger als 60,86 Euro,
  - vom 1. April 2019 bis 29. Februar 2020 weniger als 62,74 Euro und
  - ab 1. März 2020 weniger als 63,41 Euro,
- in den Entgeltgruppen S 9 bis S 18
  - vom 1. März 2018 bis 31. März 2019 weniger als 97,40 Euro,
  - vom 1. April 2019 bis 29. Februar 2020 weniger als 100,41 Euro und
  - ab 1. März 2020 weniger als 101,48 Euro,

so erhält die/der Beschäftigte während der betreffenden Stufenlaufzeit anstelle des Unterschiedsbetrages den vorgenannten jeweils zustehenden Garantiebetrag. [3]Die Stufenlaufzeit in der höheren Entgeltgruppe beginnt mit dem Tag der Höhergruppierung. [4]Bei einer Eingruppierung in eine niedrigere Entgeltgruppe ist die/der Beschäftige der in der höheren Entgeltgruppe erreichten Stufe zuzuordnen; die in der bisherigen Stufe zurückgelegte Stufenlaufzeit wird auf die Stufenlaufzeit in der niedrigeren Entgeltgruppe angerechnet. [5]Die/Der Beschäftigte erhält vom Beginn des Monats an, in dem die Veränderung wirksam wird, das entsprechende Tabellenentgelt aus der in Satz 1 oder Satz 4 festgelegten Stufe der betreffenden Entgeltgruppe. [6]§ 17 Abs. 4 findet keine Anwendung.

Protokollerklärung zu Absatz 4a.1 Satz 2:

Die Garantiebeträge nehmen an allgemeinen Entgeltanpassungen teil.

Protokollerklärung zu den Absätzen 4, 4a und 4a.1:

[1]Ist Beschäftigten nach § 14 Abs. 1 vorübergehend eine höherwertige Tätigkeit übertragen worden, und wird ihnen im unmittelbaren Anschluss daran eine Tätigkeit derselben höheren Entgeltgruppe dauerhaft übertragen, werden sie hinsichtlich der Stufenzuordnung so gestellt, als sei die Höhergruppierung ab dem ersten Tag der vorübergehenden Übertragung der höherwertigen Tätigkeit erfolgt. [2]Unterschreitet bei Höhergruppierungen nach Satz 1 das Tabellenentgelt nach den Sätzen 4 des § 17 Abs. 4, 4a bzw. nach dem Satz 5 des § 17 Abs. 4a.1 die Summe aus dem Tabellenentgelt und dem Zulagenbetrag nach § 14 Abs. 3, die die / der Beschäftigte am Tag vor der Höhergruppierung erhalten hat, erhält die / der Beschäftigte dieses Entgelt solange, bis das Tabellenentgelt nach den Sätzen 4 des § 17 Abs. 4, 4a bzw. nach dem Satz 5 des § 17 Abs. 4a.1 dieses Entgelt erreicht oder übersteigt.

§ 18 Leistungsentgelt. (1) [1]Die leistungs- und/oder erfolgsorientierte Bezahlung soll dazu beitragen, die öffentlichen Dienstleistungen zu verbessern. [2]Zugleich sollen Motivation, Eigenverantwortung und Führungskompetenz gestärkt werden.

[1)] Entspricht redaktionell angepasst § 1 Abs. 4 der Anlage zu § 56 BT-V.

(2) Das Leistungsentgelt ist eine variable und leistungsorientierte Bezahlung zusätzlich zum Tabellenentgelt.

(3) [1] Ausgehend von einer vereinbarten Zielgröße von 8 v.H. entspricht bis zu einer Vereinbarung eines höheren Vomhundertsatzes das für das Leistungsentgelt zur Verfügung stehende Gesamtvolumen 2,00 v.H. der ständigen Monatsentgelte des Vorjahres aller unter den Geltungsbereich des TVöD fallenden Beschäftigten des jeweiligen Arbeitgebers. [2] Das für das Leistungsentgelt zur Verfügung stehende Gesamtvolumen ist zweckentsprechend zu verwenden; es besteht die Verpflichtung zu jährlicher Auszahlung der Leistungsentgelte.

Protokollerklärung zu Absatz 3 Satz 1:

[1] Ständige Monatsentgelte sind insbesondere das Tabellenentgelt (ohne Sozialversicherungsbeiträge des Arbeitgebers und dessen Kosten für die betriebliche Altersvorsorge), die in Monatsbeträgen festgelegten Zulagen einschließlich Besitzstandszulagen sowie Entgelt im Krankheitsfall (§ 22) und bei Urlaub, soweit diese Entgelte in dem betreffenden Kalenderjahr ausgezahlt worden sind; nicht einbezogen sind dagegen insbesondere Abfindungen, Aufwandsentschädigungen, Einmalzahlungen, Jahressonderzahlungen, Leistungsentgelte, Strukturausgleiche, unständige Entgeltbestandteile und Entgelte der außertariflichen Beschäftigten. [2] Unständige Entgeltbestandteile können betrieblich einbezogen werden.

(4) [1] Das Leistungsentgelt wird zusätzlich zum Tabellenentgelt als Leistungsprämie, Erfolgsprämie oder Leistungszulage gewährt; das Verbinden verschiedener Formen des Leistungsentgelts ist zulässig. [2] Die Leistungsprämie ist in der Regel eine einmalige Zahlung, die im Allgemeinen auf der Grundlage einer Zielvereinbarung erfolgt; sie kann auch in zeitlicher Abfolge gezahlt werden. [3] Die Erfolgsprämie kann in Abhängigkeit von einem bestimmten wirtschaftlichen Erfolg neben dem gemäß Absatz 3 vereinbarten Startvolumen gezahlt werden. [4] Die Leistungszulage ist eine zeitlich befristete, widerrufliche, in der Regel monatlich wiederkehrende Zahlung. [5] Leistungsentgelte können auch an Gruppen von Beschäftigten gewährt werden. [6] Leistungsentgelt muss grundsätzlich allen Beschäftigten zugänglich sein. [7] Für Teilzeitbeschäftigte kann von § 24 Abs. 2 abgewichen werden.

Protokollerklärungen zu Absatz 4:

1. *[1] Die Tarifvertragsparteien sind sich darüber einig, dass die zeitgerechte Einführung des Leistungsentgelts sinnvoll, notwendig und deshalb beiderseits gewollt ist. [2] Sie fordern deshalb die Betriebsparteien dazu auf, rechtzeitig vor dem 1. Januar 2007 die betrieblichen Systeme zu vereinbaren. [3] Kommt bis zum 30. September 2007 keine betriebliche Regelung zustande, erhalten die Beschäftigten mit dem Tabellenentgelt des Monats Dezember 2008 6 v.H. des für den Monat September jeweils zustehenden Tabellenentgelts. [4] Das Leistungsentgelt erhöht sich im Folgejahr um den Restbetrag des Gesamtvolumens. [5] Solange auch in den Folgejahren keine Einigung entsprechend Satz 2 zustande kommt, gelten die Sätze 3 und 4 ebenfalls. [6] Für das Jahr 2007 erhalten die Beschäftigten mit dem Tabellenentgelt des Monats Dezember 2007 12 v.H. des für den Monat September 2007 jeweils zustehenden Tabellenentgelts ausgezahlt, insgesamt jedoch nicht mehr als das Gesamtvolumen gemäß Absatz 3 Satz 1, wenn bis zum 31. Juli 2007 keine Einigung nach Satz 3 zustande gekommen ist.*
2. *Die Tarifvertragsparteien bekennen sich zur weiteren Stärkung der Leistungsorientierung im öffentlichen Dienst.*

Protokollerklärung zu Absatz 4 Satz 3:

1. [1] Die wirtschaftlichen Unternehmensziele legt die Verwaltungs-/Unternehmensführung zu Beginn des Wirtschaftsjahres fest. [2] Der wirtschaftliche Erfolg wird auf der Gesamtebene der Verwaltung/des Betriebes festgestellt.

2. [1] Soweit Beschäftigte im Sinne von § 38 Abs. 5 Satz 1 eine Tätigkeit ausüben, bei der Beamte im Vollstreckungsdienst eine Vollstreckungsdienstzulage nach der Vollstreckungsvergütungsverordnung vom 6. Januar 2003 (BGBl. I S. 8) in der jeweils gültigen Fassung beanspruchen können, erhalten sie eine entsprechende Leistung als Erfolgsprämie, die neben dem im Übrigen nach § 18 zustehenden Leistungsentgelt zu zahlen ist. [2] Erhalten Beamte im Vollstreckungsdienst eine entsprechende Zulage aufgrund einer landesrechtlichen Regelung, bestimmt sich die Höhe der Erfolgsprämie nach Satz 1 nach dieser landesrechtlichen Regelung. [3] Dies gilt auch, wenn ein System der leistungsbezogenen Bezahlung betrieblich nicht vereinbart ist. [4] Bei der Bemessung für die Entgeltfortzahlung (§ 21) wird die Erfolgsprämie nur berücksichtigt, wenn und soweit sie bei den entsprechenden Bezügen der Beamten berücksichtigt wird. [5] Darüber hinaus bleibt die Zahlung höherer Erfolgsprämien bei Überschreiten vereinbarter Ziele möglich.

(5) [1] Die Feststellung oder Bewertung von Leistungen geschieht durch das Vergleichen von Zielerreichungen mit den in der Zielvereinbarung angestrebten Zielen oder über eine systematische Leistungsbewertung. [2] Zielvereinbarung ist eine freiwillige Abrede zwischen der Führungskraft und einzelnen Beschäftigten oder Beschäftigtengruppen über objektivierbare Leistungsziele und die Bedingungen ihrer Erfüllung. [3] Leistungsbewertung ist die auf einem betrieblich vereinbarten System beruhende Feststellung der erbrachten Leistung nach möglichst messbaren oder anderweitig objektivierbaren Kriterien oder durch aufgabenbezogene Bewertung.

(6) [1] Das jeweilige System der leistungsbezogenen Bezahlung wird betrieblich vereinbart. [2] Die individuellen Leistungsziele von Beschäftigten bzw. Beschäftigtengruppen müssen beeinflussbar und in der regelmäßigen Arbeitszeit erreichbar sein. [3] Die Ausgestaltung geschieht durch Betriebsvereinbarung oder einvernehmliche Dienstvereinbarung, in der insbesondere geregelt werden:

- Verfahren der Einführung von leistungs- und/oder erfolgsorientierten Entgelten,
- zulässige Kriterien für Zielvereinbarungen,
- Ziele zur Sicherung und Verbesserung der Effektivität und Effizienz, insbesondere für Mehrwertsteigerungen (z.B. Verbesserung der Wirtschaftlichkeit, – der Dienstleistungsqualität, – der Kunden-/Bürgerorientierung),
- Auswahl der Formen von Leistungsentgelten, der Methoden sowie Kriterien der systematischen Leistungsbewertung und der aufgabenbezogenen Bewertung (messbar, zählbar oder anderweitig objektivierbar), ggf. differenziert nach Arbeitsbereichen, u.U. Zielerreichungsgrade,
- Anpassung von Zielvereinbarungen bei wesentlichen Änderungen von Geschäftsgrundlagen,
- Vereinbarung von Verteilungsgrundsätzen,
- Überprüfung und Verteilung des zur Verfügung stehenden Finanzvolumens, ggf. Begrenzung individueller Leistungsentgelte aus umgewidmetem Entgelt,
- Dokumentation und Umgang mit Auswertungen über Leistungsbewertungen.

Protokollerklärung zu Absatz 6:
Besteht in einer Dienststelle/in einem Unternehmen kein Personal- oder Betriebsrat, hat der Dienststellenleiter/Arbeitgeber die jährliche Ausschüttung der Leistungsentgelte im Umfang des Vomhundertsatzes der Protokollerklärung Nr. 1 zu Absatz 4 sicherzustellen, solange eine Kommission im Sinne des Absatzes 7 nicht besteht.

(7) [1] Bei der Entwicklung und beim ständigen Controlling des betrieblichen Systems wirkt eine betriebliche Kommission mit, deren Mitglieder je zur Hälfte vom Arbeitgeber und vom Betriebs-/Personalrat aus dem Betrieb benannt werden. [2] Die betriebliche Kommission ist auch für die Beratung von schriftlich begründeten Beschwerden zuständig, die sich auf Mängel des Systems bzw. seiner Anwendung beziehen. [3] Der Arbeitgeber entscheidet auf Vorschlag der betrieblichen Kommission, ob und in welchem Umfang der Beschwerde im Einzelfall abgeholfen wird. [4] Folgt der Arbeitgeber dem Vorschlag nicht, hat er seine Gründe darzulegen. [5] Notwendige Korrekturen des Systems bzw. von Systembestandteilen empfiehlt die betriebliche Kommission. [6] Die Rechte der betrieblichen Mitbestimmung bleiben unberührt.

(8) Die ausgezahlten Leistungsentgelte sind zusatzversorgungspflichtiges Entgelt.

Protokollerklärungen zu § 18:

1. *[1] Eine Nichterfüllung der Voraussetzungen für die Gewährung eines Leistungsentgelts darf für sich genommen keine arbeitsrechtlichen Maßnahmen auslösen. [2] Umgekehrt sind arbeitsrechtliche Maßnahmen nicht durch Teilnahme an einer Zielvereinbarung bzw. durch Gewährung eines Leistungsentgelts ausgeschlossen.*
2. *[1] Leistungsgeminderte dürfen nicht grundsätzlich aus Leistungsentgelten ausgenommen werden. [2] Ihre jeweiligen Leistungsminderungen sollen angemessen berücksichtigt werden.*
3. *Die Vorschriften des § 18 sind sowohl für die Parteien der betrieblichen Systeme als auch für die Arbeitgeber und Beschäftigten unmittelbar geltende Regelungen.*
4. [1] *(nicht besetzt)*
5. *Die landesbezirklichen Regelungen in Baden-Württemberg, in Nordrhein-Westfalen und im Saarland zu Leistungszuschlägen zu § 20 BMT-G bleiben unberührt.*

§ 19 Erschwerniszuschläge. (1) [1] Erschwerniszuschläge werden für Arbeiten gezahlt, die außergewöhnliche Erschwernisse beinhalten. [2] Dies gilt nicht für Erschwernisse, die mit dem der Eingruppierung zugrunde liegenden Berufs- oder Tätigkeitsbild verbunden sind.

(2) Außergewöhnliche Erschwernisse im Sinne des Absatzes 1 ergeben sich grundsätzlich nur bei Arbeiten

a) mit besonderer Gefährdung,
b) mit extremer nicht klimabedingter Hitzeeinwirkung,
c) mit besonders starker Schmutz- oder Staubbelastung,
d) mit besonders starker Strahlenexposition oder
e) unter sonstigen vergleichbar erschwerten Umständen.

---

[1] Nr. 4 redaktionell angepasst.

(3) Zuschläge nach Absatz 1 werden nicht gewährt, soweit der außergewöhnlichen Erschwernis durch geeignete Vorkehrungen, insbesondere zum Arbeitsschutz, ausreichend Rechnung getragen wird.

(4) [1]Die Zuschläge betragen in der Regel 5 bis 15 v.H. – in besonderen Fällen auch abweichend – des auf eine Stunde entfallenden Anteils des monatlichen Tabellenentgelts der Stufe 2 der Entgeltgruppe 2. [2]Teilzeitbeschäftigte erhalten Erschwerniszuschläge, die nach Stunden bemessen werden, in voller Höhe; sofern sie pauschaliert gezahlt werden, gilt dagegen § 24 Abs. 2.

(5) [1]Die zuschlagspflichtigen Arbeiten und die Höhe der Zuschläge werden landesbezirklich vereinbart. [2]*(nicht besetzt)*

§ 20 Jahressonderzahlung. (1) Beschäftigte, die am 1. Dezember im Arbeitsverhältnis stehen, haben Anspruch auf eine Jahressonderzahlung.

(2) [1]Die Jahressonderzahlung beträgt bei Beschäftigten, für die die Regelungen des Tarifgebiets West Anwendung finden,

in den Entgeltgruppen 1 bis 8	79,51 Prozent
in den Entgeltgruppen 9a bis 12	70,28 Prozent
in den Entgeltgruppen 13 bis 15	51,78 Prozent

des der/dem Beschäftigten in den Kalendermonaten Juli, August und September durchschnittlich gezahlten monatlichen Entgelts; unberücksichtigt bleiben hierbei das zusätzlich für Überstunden und Mehrarbeit gezahlte Entgelt (mit Ausnahme der im Dienstplan vorgesehenen Überstunden und Mehrarbeit), Leistungszulagen, Leistungs- und Erfolgsprämien. [2]Der Bemessungssatz bestimmt sich nach der Entgeltgruppe am 1. September. [3]Bei Beschäftigten, deren Arbeitsverhältnis nach dem 30. September begonnen hat, tritt an die Stelle des Bemessungszeitraums der erste volle Kalendermonat des Arbeitsverhältnisses. [4]In den Fällen, in denen im Kalenderjahr der Geburt des Kindes während des Bemessungszeitraums eine elterngeldunschädliche Teilzeitbeschäftigung ausgeübt wird, bemisst sich die Jahressonderzahlung nach dem Beschäftigungsumfang am Tag vor dem Beginn der Elternzeit.

Protokollerklärung zu Absatz 2:

[1]Bei der Berechnung des durchschnittlich gezahlten monatlichen Entgelts werden die gezahlten Entgelte der drei Monate addiert und durch drei geteilt; dies gilt auch bei einer Änderung des Beschäftigungsumfangs. [2]Ist im Bemessungszeitraum nicht für alle Kalendertage Entgelt gezahlt worden, werden die gezahlten Entgelte der drei Monate addiert, durch die Zahl der Kalendertage mit Entgelt geteilt und sodann mit 30,67 multipliziert. [3]Zeiträume, für die Krankengeldzuschuss gezahlt worden ist, bleiben hierbei unberücksichtigt. [4]Besteht während des Bemessungszeitraums an weniger als 30 Kalendertagen Anspruch auf Entgelt, ist der letzte Kalendermonat, in dem für alle Kalendertage Anspruch auf Entgelt bestand, maßgeblich.

(3) Für Beschäftigte, für die die Regelungen des Tarifgebiets Ost Anwendung finden, gilt Absatz 2 mit der Maßgabe, dass die Bemessungssätze für die Jahressonderzahlung bis zum Kalenderjahr 2018 75 Prozent, im Kalenderjahr 2019 82 Prozent, im Kalenderjahr 2020 88 Prozent, im Kalenderjahr 2021 94 Prozent und ab dem Kalenderjahr 2022 100 Prozent der dort genannten Prozentsätze betragen.

(3.1)[1] Auf Beschäftigte der Entgeltgruppe S 9 findet der in § 20 Abs. 2 Satz 1 für die Entgeltgruppen 1 bis 8 ausgewiesene Prozentsatz Anwendung.

(4) [1] Der Anspruch nach den Absätzen 1 bis 3 vermindert sich um ein Zwölftel für jeden Kalendermonat, in dem Beschäftigte keinen Anspruch auf Entgelt oder Fortzahlung des Entgelts nach § 21 haben. [2] Die Verminderung unterbleibt für Kalendermonate,

1. für die Beschäftigte kein Tabellenentgelt erhalten haben wegen
   a) Ableistung von Grundwehrdienst oder Zivildienst, wenn sie diesen vor dem 1. Dezember beendet und die Beschäftigung unverzüglich wieder aufgenommen haben,
   b) Beschäftigungsverboten nach dem Mutterschutzgesetz,
   c) Inanspruchnahme der Elternzeit nach dem Bundeselterngeld- und Elternzeitgesetz bis zum Ende des Kalenderjahres, in dem das Kind geboren ist, wenn am Tag vor Antritt der Elternzeit Entgeltanspruch bestanden hat;
2. in denen Beschäftigten Krankengeldzuschuss gezahlt wurde oder nur wegen der Höhe des zustehenden Krankengelds ein Krankengeldzuschuss nicht gezahlt worden ist.

(5) [1] Die Jahressonderzahlung wird mit dem Tabellenentgelt für November ausgezahlt. [2] Ein Teilbetrag der Jahressonderzahlung kann zu einem früheren Zeitpunkt ausgezahlt werden.

(6) *(aufgehoben)*

§ 21 Bemessungsgrundlage für die Entgeltfortzahlung. [1] In den Fällen der Entgeltfortzahlung nach § 6 Abs. 3 Satz 1, § 22 Abs. 1, § 26, § 27 und § 29 werden das Tabellenentgelt sowie die sonstigen in Monatsbeträgen festgelegten Entgeltbestandteile weitergezahlt. [2] Die nicht in Monatsbeträgen festgelegten Entgeltbestandteile werden als Durchschnitt auf Basis der dem maßgebenden Ereignis für die Entgeltfortzahlung vorhergehenden letzten drei vollen Kalendermonate (Berechnungszeitraum) gezahlt. [3] Ausgenommen hiervon sind das zusätzlich für Überstunden und Mehrarbeit gezahlte Entgelt (mit Ausnahme der im Dienstplan vorgesehenen Überstunden und Mehrarbeit), Leistungsentgelte, Jahressonderzahlungen sowie besondere Zahlungen nach § 23 Abs. 2 und 3.

Protokollerklärungen zu den Sätzen 2 und 3:

1. *[1] Volle Kalendermonate im Sinne der Durchschnittsberechnung nach Satz 2 sind Kalendermonate, in denen an allen Kalendertagen das Arbeitsverhältnis bestanden hat. [2] Hat das Arbeitsverhältnis weniger als drei Kalendermonate bestanden, sind die vollen Kalendermonate, in denen das Arbeitsverhältnis bestanden hat, zugrunde zu legen. [3] Bei Änderungen der individuellen Arbeitszeit werden die nach der Arbeitszeitänderung liegenden vollen Kalendermonate zugrunde gelegt.*
2. *[1] Der Tagesdurchschnitt nach Satz 2 beträgt bei einer durchschnittlichen Verteilung der regelmäßigen wöchentlichen Arbeitszeit auf fünf Tage 1/65 aus der Summe der zu berücksichtigenden Entgeltbestandteile, die für den Berechnungszeitraum zugestanden haben. [2] Maßgebend ist die Verteilung der Arbeitszeit zu Beginn des Berechnungszeitraums. [3] Bei einer abweichenden Verteilung der Arbeitszeit ist der Tagesdurchschnitt entsprechend Satz 1 und 2 zu ermitteln.*

---

[1] Entspricht redaktionell angepasst § 1 Abs. 5 der Anlage zu § 56 BT-V.

3. [1] Liegt zwischen der Begründung des Arbeitsverhältnisses oder der Änderung der individuellen Arbeitszeit und dem maßgeblichen Ereignis für die Entgeltfortzahlung kein voller Kalendermonat, ist der Tagesdurchschnitt anhand der konkreten individuellen Daten zu ermitteln. [2] Dazu ist die Summe der zu berücksichtigenden Entgeltbestandteile, die für diesen Zeitraum zugestanden haben, durch die Zahl der tatsächlich in diesem Zeitraum erbrachten Arbeitstage zu teilen.

4. [1] Tritt die Fortzahlung des Entgelts nach einer allgemeinen Entgeltanpassung ein, ist die/der Beschäftigte so zu stellen, als sei die Entgeltanpassung bereits mit Beginn des Berechnungszeitraums eingetreten. [2] Der Erhöhungssatz beträgt für

– vor dem 1. März 2018 zustehende Entgeltbestandteile 3,19 v.H.,

– vor dem 1. April 2019 zustehende Entgeltbestandteile 3,09 v.H. und

– vor dem 1. März 2020 zustehende Entgeltbestandteile 1,06 v.H.

§ 22 Entgelt im Krankheitsfall. (1) [1] Werden Beschäftigte durch Arbeitsunfähigkeit infolge Krankheit an der Arbeitsleistung verhindert, ohne dass sie ein Verschulden trifft, erhalten sie bis zur Dauer von sechs Wochen das Entgelt nach § 21. [2] Bei erneuter Arbeitsunfähigkeit infolge derselben Krankheit sowie bei Beendigung des Arbeitsverhältnisses gelten die gesetzlichen Bestimmungen. [3] Als unverschuldete Arbeitsunfähigkeit im Sinne der Sätze 1 und 2 gilt auch die Arbeitsverhinderung in Folge einer Maßnahme der medizinischen Vorsorge und Rehabilitation im Sinne von § 9 EFZG.

Protokollerklärung zu Absatz 1 Satz 1:

Ein Verschulden liegt nur dann vor, wenn die Arbeitsunfähigkeit vorsätzlich oder grob fahrlässig herbeigeführt wurde.

(2) [1] Nach Ablauf des Zeitraums gemäß Absatz 1 erhalten die Beschäftigten für die Zeit, für die ihnen Krankengeld oder entsprechende gesetzliche Leistungen gezahlt werden, einen Krankengeldzuschuss in Höhe des Unterschiedsbetrags zwischen den tatsächlichen Barleistungen des Sozialleistungsträgers und dem Nettoentgelt. [2] Nettoentgelt ist das um die gesetzlichen Abzüge verminderte Entgelt im Sinne des § 21 (mit Ausnahme der Leistungen nach § 23 Abs. 1); bei freiwillig in der gesetzlichen Krankenversicherung versicherten Beschäftigten ist dabei deren Gesamtkranken- und Pflegeversicherungsbeitrag abzüglich Arbeitgeberzuschuss zu berücksichtigen. [3] Für Beschäftigte, die nicht der Versicherungspflicht in der gesetzlichen Krankenversicherung unterliegen und bei einem privaten Krankenversicherungsunternehmen versichert sind, ist bei der Berechnung des Krankengeldzuschusses der Krankengeldhöchstsatz, der bei Pflichtversicherung in der gesetzlichen Krankenversicherung zustünde, zugrunde zu legen. [4] Bei Teilzeitbeschäftigten ist das nach Satz 3 bestimmte fiktive Krankengeld entsprechend § 24 Abs. 2 zeitanteilig umzurechnen.

(3) [1] Der Krankengeldzuschuss wird bei einer Beschäftigungszeit (§ 34 Abs. 3)

von mehr als einem Jahr längstens bis zum Ende der 13. Woche und

von mehr als drei Jahren längstens bis zum Ende der 39. Woche

seit dem Beginn der Arbeitsunfähigkeit infolge derselben Krankheit gezahlt. [2] Maßgeblich für die Berechnung der Fristen nach Satz 1 ist die Beschäftigungszeit, die im Laufe der krankheitsbedingten Arbeitsunfähigkeit vollendet wird.

(4) [1] Entgelt im Krankheitsfall wird nicht über das Ende des Arbeitsverhältnisses hinaus gezahlt; § 8 EFZG bleibt unberührt. [2] Krankengeldzuschuss wird

zudem nicht über den Zeitpunkt hinaus gezahlt, von dem an Beschäftigte eine Rente oder eine vergleichbare Leistung auf Grund eigener Versicherung aus der gesetzlichen Rentenversicherung, aus einer zusätzlichen Alters- und Hinterbliebenenversorgung oder aus einer sonstigen Versorgungseinrichtung erhalten, die nicht allein aus Mitteln der Beschäftigten finanziert ist. [3] Innerhalb eines Kalenderjahres kann das Entgelt im Krankheitsfall nach Absatz 1 und 2 insgesamt längstens bis zum Ende der in Absatz 3 Satz 1 genannten Fristen bezogen werden; bei jeder neuen Arbeitsunfähigkeit besteht jedoch mindestens der sich aus Absatz 1 ergebende Anspruch. [4] Überzahlter Krankengeldzuschuss und sonstige Überzahlungen gelten als Vorschuss auf die in demselben Zeitraum zustehenden Leistungen nach Satz 2; soweit es sich nicht um öffentlich-rechtliche Sozialversicherungsansprüche auf Rente handelt, gehen die Ansprüche der Beschäftigten insoweit auf den Arbeitgeber über. [5] Der Arbeitgeber kann von der Rückforderung des Teils des überzahlten Betrags, der nicht durch die für den Zeitraum der Überzahlung zustehenden Bezüge im Sinne des Satzes 2 ausgeglichen worden ist, absehen, es sei denn, die/der Beschäftigte hat dem Arbeitgeber die Zustellung des Rentenbescheids schuldhaft verspätet mitgeteilt.

§ 23 Besondere Zahlungen. (1) [1] Nach Maßgabe des Vermögensbildungsgesetzes in seiner jeweiligen Fassung haben Beschäftigte, deren Arbeitsverhältnis voraussichtlich mindestens sechs Monate dauert, einen Anspruch auf vermögenswirksame Leistungen. [2] Für Vollbeschäftigte beträgt die vermögenswirksame Leistung für jeden vollen Kalendermonat 6,65 Euro. [3] Der Anspruch entsteht frühestens für den Kalendermonat, in dem die/der Beschäftigte dem Arbeitgeber die erforderlichen Angaben schriftlich mitteilt, und für die beiden vorangegangenen Monate desselben Kalenderjahres; die Fälligkeit tritt nicht vor acht Wochen nach Zugang der Mitteilung beim Arbeitgeber ein. [4] Die vermögenswirksame Leistung wird nur für Kalendermonate gewährt, für die den Beschäftigten Tabellenentgelt, Entgeltfortzahlung oder Krankengeldzuschuss zusteht. [5] Für Zeiten, für die Krankengeldzuschuss zusteht, ist die vermögenswirksame Leistung Teil des Krankengeldzuschusses. [6] Die vermögenswirksame Leistung ist kein zusatzversorgungspflichtiges Entgelt.

(2) [1] Beschäftigte erhalten ein Jubiläumsgeld bei Vollendung einer Beschäftigungszeit (§ 34 Abs. 3)

a) von 25 Jahren in Höhe von 350 Euro,
b) von 40 Jahren in Höhe von 500 Euro.

[2] Teilzeitbeschäftigte erhalten das Jubiläumsgeld in voller Höhe. [3] Durch Betriebs-/Dienstvereinbarung können günstigere Regelungen getroffen werden.

(3) [1] Beim Tod von Beschäftigten, deren Arbeitsverhältnis nicht geruht hat, wird der Ehegattin/dem Ehegatten oder der Lebenspartnerin/dem Lebenspartner im Sinne des Lebenspartnerschaftsgesetzes oder den Kindern ein Sterbegeld gewährt. [2] Als Sterbegeld wird für die restlichen Tage des Sterbemonats und – in einer Summe – für zwei weitere Monate das Tabellenentgelt der/des Verstorbenen gezahlt. [3] Die Zahlung des Sterbegeldes an einen der Berechtigten bringt den Anspruch der Übrigen gegenüber dem Arbeitgeber zum Erlöschen; die Zahlung auf das Gehaltskonto hat befreiende Wirkung. [4] Betrieblich können eigene Regelungen getroffen werden.

(3.1)[1] [1]Für die Erstattung von Reise- und Umzugskosten sowie Trennungsgeld finden die für die Beamtinnen und Beamten jeweils geltenden Bestimmungen entsprechende Anwendung. [2]Soweit Einrichtungen in privater Rechtsform oder andere Arbeitgeber nach eigenen Grundsätzen verfahren, sind diese abweichend von Satz 1 maßgebend.

§ 24 Berechnung und Auszahlung des Entgelts. (1) [1]Bemessungszeitraum für das Tabellenentgelt und die sonstigen Entgeltbestandteile ist der Kalendermonat, soweit tarifvertraglich nicht ausdrücklich etwas Abweichendes geregelt ist. [2]Die Zahlung erfolgt am letzten Tag des Monats (Zahltag) für den laufenden Kalendermonat auf ein von der/dem Beschäftigten benanntes Konto innerhalb eines Mitgliedstaats der Europäischen Union. [3]Fällt der Zahltag auf einen Samstag, einen Wochenfeiertag oder den 31. Dezember, gilt der vorhergehende Werktag, fällt er auf einen Sonntag, gilt der zweite vorhergehende Werktag als Zahltag. [4]Entgeltbestandteile, die nicht in Monatsbeträgen festgelegt sind, sowie der Tagesdurchschnitt nach § 21 sind am Zahltag des zweiten Kalendermonats, der auf ihre Entstehung folgt, fällig.

Protokollerklärungen zu Absatz 1:

1. *Teilen Beschäftigte ihrem Arbeitgeber die für eine kostenfreie bzw. kostengünstigere Überweisung in einen anderen Mitgliedstaat der Europäischen Union erforderlichen Angaben nicht rechtzeitig mit, so tragen sie die dadurch entstehenden zusätzlichen Überweisungskosten.*
2. *Soweit Arbeitgeber die Bezüge am 15. eines jeden Monats für den laufenden Monat zahlen, können sie jeweils im Dezember eines Kalenderjahres den Zahltag vom 15. auf den letzten Tag des Monats gemäß Absatz 1 Satz 1 verschieben.*

(2) Soweit tarifvertraglich nicht ausdrücklich etwas anderes geregelt ist, erhalten Teilzeitbeschäftigte das Tabellenentgelt (§ 15) und alle sonstigen Entgeltbestandteile in dem Umfang, der dem Anteil ihrer individuell vereinbarten durchschnittlichen Arbeitszeit an der regelmäßigen Arbeitszeit vergleichbarer Vollzeitbeschäftigter entspricht.

(3) [1]Besteht der Anspruch auf das Tabellenentgelt oder die sonstigen Entgeltbestandteile nicht für alle Tage eines Kalendermonats, wird nur der Teil gezahlt, der auf den Anspruchszeitraum entfällt. [2]Besteht nur für einen Teil eines Kalendertags Anspruch auf Entgelt, wird für jede geleistete dienstplanmäßige oder betriebsübliche Arbeitsstunde der auf eine Stunde entfallende Anteil des Tabellenentgelts sowie der sonstigen in Monatsbeträgen festgelegten Entgeltbestandteile gezahlt. [3]Zur Ermittlung des auf eine Stunde entfallenden Anteils sind die in Monatsbeträgen festgelegten Entgeltbestandteile durch das 4,348-fache der regelmäßigen wöchentlichen Arbeitszeit (§ 6 Abs. 1 und entsprechende Sonderregelungen) zu teilen.

(4) [1]Ergibt sich bei der Berechnung von Beträgen ein Bruchteil eines Cents von mindestens 0,5, ist er aufzurunden; ein Bruchteil von weniger als 0,5 ist abzurunden. [2]Zwischenrechnungen werden jeweils auf zwei Dezimalstellen durchgeführt. [3]Jeder Entgeltbestandteil ist einzeln zu runden.

(5) Entfallen die Voraussetzungen für eine Zulage im Laufe eines Kalendermonats, gilt Absatz 3 entsprechend.

---

[1] Abs. 3.1 Satz 1 entspricht § 44 Abs. 1 BT-V, Satz 2 entspricht dem redaktionell angepassten § 44 Abs. 3 BT-V.

(6) Einzelvertraglich können neben dem Tabellenentgelt zustehende Entgeltbestandteile (z.B. Zeitzuschläge, Erschwerniszuschläge) pauschaliert werden.

§ 25 Betriebliche Altersversorgung. Die Beschäftigten haben Anspruch auf Versicherung unter eigener Beteiligung zum Zwecke einer zusätzlichen Alters- und Hinterbliebenenversorgung nach Maßgabe des Tarifvertrages über die betriebliche Altersversorgung der Beschäftigten des öffentlichen Dienstes (Tarifvertrag Altersversorgung – ATV) bzw. des Tarifvertrages über die zusätzliche Altersvorsorge der Beschäftigten des öffentlichen Dienstes – Altersvorsorge-TV-Kommunal – (ATV-K) in ihrer jeweils geltenden Fassung.

Abschnitt IV. Urlaub und Arbeitsbefreiung

§ 26 Erholungsurlaub. (1) [1]Beschäftigte haben in jedem Kalenderjahr Anspruch auf Erholungsurlaub unter Fortzahlung des Entgelts (§ 21). [2]Bei Verteilung der wöchentlichen Arbeitszeit auf fünf Tage in der Kalenderwoche beträgt der Urlaubsanspruch in jedem Kalenderjahr 30 Arbeitstage. [3]Bei einer anderen Verteilung der wöchentlichen Arbeitszeit als auf fünf Tage in der Woche erhöht oder vermindert sich der Urlaubsanspruch entsprechend. [4]Verbleibt bei der Berechnung des Urlaubs ein Bruchteil, der mindestens einen halben Urlaubstag ergibt, wird er auf einen vollen Urlaubstag aufgerundet; Bruchteile von weniger als einem halben Urlaubstag bleiben unberücksichtigt. [5]Der Erholungsurlaub muss im laufenden Kalenderjahr gewährt und kann auch in Teilen genommen werden.

Protokollerklärung zu Absatz 1 Satz 5:

Der Urlaub soll grundsätzlich zusammenhängend gewährt werden; dabei soll ein Urlaubsteil von zwei Wochen Dauer angestrebt werden.

(2) Im Übrigen gilt das Bundesurlaubsgesetz mit folgenden Maßgaben:

a) Im Falle der Übertragung muss der Erholungsurlaub in den ersten drei Monaten des folgenden Kalenderjahres angetreten werden. Kann der Erholungsurlaub wegen Arbeitsunfähigkeit oder aus betrieblichen/dienstlichen Gründen nicht bis zum 31. März angetreten werden, ist er bis zum 31. Mai anzutreten.
b) Beginnt oder endet das Arbeitsverhältnis im Laufe eines Jahres, erhält die/der Beschäftigte als Erholungsurlaub für jeden vollen Monat des Arbeitsverhältnisses ein Zwölftel des Urlaubsanspruchs nach Absatz 1; § 5 BUrlG bleibt unberührt.
c) Ruht das Arbeitsverhältnis, so vermindert sich die Dauer des Erholungsurlaubs einschließlich eines etwaigen Zusatzurlaubs für jeden vollen Kalendermonat um ein Zwölftel.
d) Das nach Absatz 1 Satz 1 fortzuzahlende Entgelt wird zu dem in § 24 genannten Zeitpunkt gezahlt.

§ 27 Zusatzurlaub. (1) Beschäftigte, die ständig Wechselschichtarbeit nach § 7 Abs. 1 oder ständig Schichtarbeit nach § 7 Abs. 2 leisten und denen die Zulage nach § 8 Abs. 5 Satz 1 oder Abs. 6 Satz 1 zusteht, erhalten

a) bei Wechselschichtarbeit für je zwei zusammenhängende Monate und
b) bei Schichtarbeit für je vier zusammenhängende Monate

einen Arbeitstag Zusatzurlaub.

(2) *(nicht besetzt)*

(3) Im Falle nicht ständiger Wechselschichtarbeit und nicht ständiger Schichtarbeit im Bereich der VKA soll bei annähernd gleicher Belastung die Gewährung zusätzlicher Urlaubstage durch Betriebs-/Dienstvereinbarung geregelt werden.

(4) [1] Zusatzurlaub nach diesem Tarifvertrag und sonstigen Bestimmungen mit Ausnahme des gesetzlichen zusätzlichen Urlaubs für schwerbehinderte Menschen wird nur bis zu insgesamt sechs Arbeitstagen im Kalenderjahr gewährt. [2] Erholungsurlaub und Zusatzurlaub (Gesamturlaub) dürfen im Kalenderjahr zusammen 35 Arbeitstage nicht überschreiten. [3] Satz 2 ist für Zusatzurlaub nach den Absätzen 1 und 2 hierzu nicht anzuwenden. [4] Bei Beschäftigten, die das 50. Lebensjahr vollendet haben, gilt abweichend von Satz 2 eine Höchstgrenze von 36 Arbeitstagen; maßgebend für die Berechnung der Urlaubsdauer ist das Lebensjahr, das im Laufe des Kalenderjahres vollendet wird.

(5) Im Übrigen gilt § 26 mit Ausnahme von Absatz 2 Buchst. b entsprechend.

Protokollerklärung zu den Absätzen 1 und 2:

[1] Der Anspruch auf Zusatzurlaub bemisst sich nach der abgeleisteten Schicht- oder Wechselschichtarbeit und entsteht im laufenden Jahr, sobald die Voraussetzungen nach Absatz 1 oder 2 erfüllt sind. [2] Für die Feststellung, ob ständige Wechselschichtarbeit oder ständige Schichtarbeit vorliegt, ist eine Unterbrechung durch Arbeitsbefreiung, Freizeitausgleich, bezahlten Urlaub oder Arbeitsunfähigkeit in den Grenzen des § 22 unschädlich.

§ 28 Sonderurlaub. Beschäftigte können bei Vorliegen eines wichtigen Grundes unter Verzicht auf die Fortzahlung des Entgelts Sonderurlaub erhalten.

§ 29 Arbeitsbefreiung. (1) [1] Als Fälle nach § 616 BGB, in denen Beschäftigte unter Fortzahlung des Entgelts nach § 21 im nachstehend genannten Ausmaß von der Arbeit freigestellt werden, gelten nur die folgenden Anlässe:

a)	Niederkunft der Ehefrau/der Lebenspartnerin im Sinne des Lebenspartnerschaftsgesetzes	ein Arbeitstag,
b)	Tod der Ehegattin/des Ehegatten, der Lebenspartnerin/des Lebenspartners im Sinne des Lebenspartnerschaftsgesetzes, eines Kindes oder Elternteils	zwei Arbeitstage,
c)	Umzug aus dienstlichem oder betrieblichem Grund an einen anderen Ort	ein Arbeitstag,
d)	25- und 40-jähriges Arbeitsjubiläum	ein Arbeitstag,
e)	schwere Erkrankung	
	aa) einer/eines Angehörigen, soweit sie/er in demselben Haushalt lebt,	ein Arbeitstag im Kalenderjahr,
	bb) eines Kindes, das das 12. Lebensjahr noch nicht vollendet hat, wenn im laufenden Kalenderjahr kein Anspruch nach § 45 SGB V besteht oder bestanden hat,	bis zu vier Arbeitstage im Kalenderjahr,
	cc) einer Betreuungsperson, wenn Beschäftigte deshalb die Betreuung ihres Kindes, das das	bis zu vier Arbeitstage im Kalenderjahr,

8. Lebensjahr noch nicht vollendet hat oder wegen körperlicher, geistiger oder seelischer Behinderung dauernd pflegebedürftig ist, übernehmen müssen,

f)	Ärztliche Behandlung von Beschäftigten, wenn diese während der Arbeitszeit erfolgen muss,	erforderliche nachgewiesene Abwesenheitszeit einschließlich erforderlicher Wegezeiten.

[2] Eine Freistellung nach Satz 1 Buchstabe e erfolgt nur, soweit eine andere Person zur Pflege oder Betreuung nicht sofort zur Verfügung steht und die Ärztin/der Arzt in den Fällen der Doppelbuchstaben aa und bb die Notwendigkeit der Anwesenheit der/des Beschäftigten zur vorläufigen Pflege bescheinigt. [3] Die Freistellung nach Satz 1 Buchstabe e darf insgesamt fünf Arbeitstage im Kalenderjahr nicht überschreiten.

(2) [1] Bei Erfüllung allgemeiner staatsbürgerlicher Pflichten nach deutschem Recht, soweit die Arbeitsbefreiung gesetzlich vorgeschrieben ist und soweit die Pflichten nicht außerhalb der Arbeitszeit, gegebenenfalls nach ihrer Verlegung, wahrgenommen werden können, besteht der Anspruch auf Fortzahlung des Entgelts nach § 21 nur insoweit, als Beschäftigte nicht Ansprüche auf Ersatz des Entgelts geltend machen können. [2] Das fortgezahlte Entgelt gilt in Höhe des Ersatzanspruchs als Vorschuss auf die Leistungen der Kostenträger. [3] Die Beschäftigten haben den Ersatzanspruch geltend zu machen und die erhaltenen Beträge an den Arbeitgeber abzuführen.

(3) [1] Der Arbeitgeber kann in sonstigen dringenden Fällen Arbeitsbefreiung unter Fortzahlung des Entgelts nach § 21 bis zu drei Arbeitstagen gewähren. [2] In begründeten Fällen kann bei Verzicht auf das Entgelt kurzfristige Arbeitsbefreiung gewährt werden, wenn die dienstlichen oder betrieblichen Verhältnisse es gestatten.

Protokollerklärung zu Absatz 3 Satz 2:

Zu den „begründeten Fällen" können auch solche Anlässe gehören, für die nach Absatz 1 kein Anspruch auf Arbeitsbefreiung besteht (z.B. Umzug aus persönlichen Gründen).

(4) [1] Zur Teilnahme an Tagungen kann den gewählten Vertreterinnen/Vertretern der Bezirksvorstände, der Landesbezirksvorstände, der Landesbezirksfachbereichsvorstände, der Bundesfachbereichsvorstände, der Bundesfachgruppenvorstände sowie des Gewerkschaftsrates bzw. entsprechender Gremien anderer vertragsschließender Gewerkschaften auf Anfordern der Gewerkschaften Arbeitsbefreiung bis zu acht Werktagen im Jahr unter Fortzahlung des Entgelts nach § 21 erteilt werden, sofern nicht dringende dienstliche oder betriebliche Interessen entgegenstehen. [2] Zur Teilnahme an Tarifverhandlungen mit der VKA oder ihrer Mitgliedverbände kann auf Anfordern einer der vertragsschließenden Gewerkschaften Arbeitsbefreiung unter Fortzahlung des Entgelts nach § 21 ohne zeitliche Begrenzung erteilt werden.

(5) Zur Teilnahme an Sitzungen von Prüfungs- und von Berufsbildungsausschüssen nach dem Berufsbildungsgesetz sowie für eine Tätigkeit in Organen von Sozialversicherungsträgern kann den Mitgliedern Arbeitsbefreiung unter Fortzahlung des Entgelts nach § 21 gewährt werden, sofern nicht dringende dienstliche oder betriebliche Interessen entgegenstehen.

Abschnitt V. Befristung und Beendigung des Arbeitsverhältnisses

§ 30 Befristete Arbeitsverträge. (1) [1]Befristete Arbeitsverträge sind nach Maßgabe des Teilzeit- und Befristungsgesetzes sowie anderer gesetzlicher Vorschriften über die Befristung von Arbeitsverträgen zulässig. [2]Für Beschäftigte, auf die die Regelungen des Tarifgebiets West Anwendung finden und deren Tätigkeit vor dem 1. Januar 2005 der Rentenversicherung der Angestellten unterlegen hätte, gelten die in den Absätzen 2 bis 5 geregelten Besonderheiten; dies gilt nicht für Arbeitsverhältnisse, für die die §§ 57aff. HRG, das Gesetz über befristete Arbeitsverträge in der Wissenschaft (Wissenschaftszeitvertragsgesetz) oder gesetzliche Nachfolgeregelungen unmittelbar oder entsprechend gelten.

(2) [1]Kalendermäßig befristete Arbeitsverträge mit sachlichem Grund sind nur zulässig, wenn die Dauer des einzelnen Vertrages fünf Jahre nicht übersteigt; weitergehende Regelungen im Sinne von § 23 TzBfG bleiben unberührt. [2]Beschäftigte mit einem Arbeitsvertrag nach Satz 1 sind bei der Besetzung von Dauerarbeitsplätzen bevorzugt zu berücksichtigen, wenn die sachlichen und persönlichen Voraussetzungen erfüllt sind.

(3) [1]Ein befristeter Arbeitsvertrag ohne sachlichen Grund soll in der Regel zwölf Monate nicht unterschreiten; die Vertragsdauer muss mindestens sechs Monate betragen. [2]Vor Ablauf des Arbeitsvertrages hat der Arbeitgeber zu prüfen, ob eine unbefristete oder befristete Weiterbeschäftigung möglich ist.

(4) [1]Bei befristeten Arbeitsverträgen ohne sachlichen Grund gelten die ersten sechs Wochen und bei befristeten Arbeitsverträgen mit sachlichem Grund die ersten sechs Monate als Probezeit. [2]Innerhalb der Probezeit kann der Arbeitsvertrag mit einer Frist von zwei Wochen zum Monatsschluss gekündigt werden.

(5) [1]Eine ordentliche Kündigung nach Ablauf der Probezeit ist nur zulässig, wenn die Vertragsdauer mindestens zwölf Monate beträgt. [2]Nach Ablauf der Probezeit beträgt die Kündigungsfrist in einem oder mehreren aneinandergereihten Arbeitsverhältnissen bei demselben Arbeitgeber

von insgesamt mehr als sechs Monaten	vier Wochen,
von insgesamt mehr als einem Jahr	sechs Wochen
zum Schluss eines Kalendermonats,	
von insgesamt mehr als zwei Jahren	drei Monate,
von insgesamt mehr als drei Jahren	vier Monate
zum Schluss eines Kalendervierteljahres.	

[3]Eine Unterbrechung bis zu drei Monaten ist unschädlich, es sei denn, dass das Ausscheiden von der/dem Beschäftigten verschuldet oder veranlasst war. [4]Die Unterbrechungszeit bleibt unberücksichtigt.

Protokollerklärung zu Absatz 5:
Bei mehreren aneinandergereihten Arbeitsverhältnissen führen weitere vereinbarte Probezeiten nicht zu einer Verkürzung der Kündigungsfrist.

(6) Die §§ 31, 32 bleiben von den Regelungen der Absätze 3 bis 5 unberührt.

§ 31 Führung auf Probe. (1) [1] Führungspositionen können als befristetes Arbeitsverhältnis bis zur Gesamtdauer von zwei Jahren vereinbart werden. [2] Innerhalb dieser Gesamtdauer ist eine höchstens zweimalige Verlängerung des Arbeitsvertrages zulässig. [3] Die beiderseitigen Kündigungsrechte bleiben unberührt.

(2) Führungspositionen sind die ab Entgeltgruppe 10 zugewiesenen Tätigkeiten mit Weisungsbefugnis, die vor Übertragung vom Arbeitgeber ausdrücklich als Führungspositionen auf Probe bezeichnet worden sind.

(3) [1] Besteht bereits ein Arbeitsverhältnis mit demselben Arbeitgeber, kann der/dem Beschäftigten vorübergehend eine Führungsposition bis zu der in Absatz 1 genannten Gesamtdauer übertragen werden. [2] Der/Dem Beschäftigten wird für die Dauer der Übertragung eine Zulage in Höhe des Unterschiedsbetrags zwischen den Tabellenentgelten nach der bisherigen Entgeltgruppe und dem sich bei Höhergruppierung nach § 17 Abs. 4 Satz 1 ergebenden Tabellenentgelt gewährt. [3] Nach Fristablauf endet die Erprobung. [4] Bei Bewährung wird die Führungsfunktion auf Dauer übertragen; ansonsten erhält die/der Beschäftigte eine der bisherigen Eingruppierung entsprechende Tätigkeit.

§ 32 Führung auf Zeit. (1) [1] Führungspositionen können als befristetes Arbeitsverhältnis bis zur Dauer von vier Jahren vereinbart werden. [2] Folgende Verlängerungen des Arbeitsvertrages sind zulässig:

a) in den Entgeltgruppen 10 bis 12 eine höchstens zweimalige Verlängerung bis zu einer Gesamtdauer von acht Jahren,
b) ab Entgeltgruppe 13 eine höchstens dreimalige Verlängerung bis zu einer Gesamtdauer von zwölf Jahren.

[3] Zeiten in einer Führungsposition nach Buchstabe a bei demselben Arbeitgeber können auf die Gesamtdauer nach Buchstabe b zur Hälfte angerechnet werden. [4] Die allgemeinen Vorschriften über die Probezeit (§ 2 Abs. 4) und die beiderseitigen Kündigungsrechte bleiben unberührt.

(2) Führungspositionen sind die ab Entgeltgruppe 10 zugewiesenen Tätigkeiten mit Weisungsbefugnis, die vor Übertragung vom Arbeitgeber ausdrücklich als Führungspositionen auf Zeit bezeichnet worden sind.

(3) [1] Besteht bereits ein Arbeitsverhältnis mit demselben Arbeitgeber, kann der/dem Beschäftigten vorübergehend eine Führungsposition bis zu den in Absatz 1 genannten Fristen übertragen werden. [2] Der/Dem Beschäftigten wird für die Dauer der Übertragung eine Zulage gewährt in Höhe des Unterschiedsbetrags zwischen den Tabellenentgelten nach der bisherigen Entgeltgruppe und dem sich bei Höhergruppierung nach § 17 Abs. 4 Satz 1 ergebenden Tabellenentgelt, zuzüglich eines Zuschlags von 75 v.H. des Unterschiedsbetrags zwischen den Tabellenentgelten der Entgeltgruppe, die der übertragenen Funktion entspricht, zur nächsthöheren Entgeltgruppe nach § 17 Abs. 4 Satz 1. [3] Nach Fristablauf erhält die/der Beschäftigte eine der bisherigen Eingruppierung entsprechende Tätigkeit; der Zuschlag entfällt.

§ 33 Beendigung des Arbeitsverhältnisses ohne Kündigung. (1) Das Arbeitsverhältnis endet, ohne dass es einer Kündigung bedarf,

a) mit Ablauf des Monats, in dem die / der Beschäftigte das gesetzlich festgelegte Alter zum Erreichen der Regelaltersrente vollendet hat, es sei denn, zwischen dem Arbeitgeber und dem / der Beschäftigten ist während des

Arbeitsverhältnisses vereinbart worden, den Beendigungszeitpunkt nach § 41 Satz 3 SGB VI hinauszuschieben,

b) jederzeit im gegenseitigen Einvernehmen (Auflösungsvertrag).

(2) [1]Das Arbeitsverhältnis endet ferner sofern der/dem Beschäftigten der Bescheid eines Rentenversicherungsträgers (Rentenbescheid) zugestellt wird, wonach die/der Beschäftigte eine Rente auf unbestimmte Dauer wegen voller oder teilweiser Erwerbsminderung erhält. [2]Die/Der Beschäftigte hat den Arbeitgeber von der Zustellung des Rentenbescheids unverzüglich zu unterrichten. [3]Das Arbeitsverhältnis endet mit Ablauf des dem Rentenbeginn vorangehenden Tages; frühestens jedoch zwei Wochen nach Zugang der schriftlichen Mitteilung des Arbeitgebers über den Zeitpunkt des Eintritts der auflösenden Bedingung. [4]Liegt im Zeitpunkt der Beendigung des Arbeitsverhältnisses eine nach § 175 SGB IX erforderliche Zustimmung des Integrationsamtes noch nicht vor, endet das Arbeitsverhältnis mit Ablauf des Tages der Zustellung des Zustimmungsbescheids des Integrationsamtes. [5]Das Arbeitsverhältnis endet nicht, wenn nach dem Bescheid des Rentenversicherungsträgers eine Rente auf Zeit gewährt wird. [6]In diesem Fall ruht das Arbeitsverhältnis für den Zeitraum, für den eine Rente auf Zeit gewährt wird; für den Beginn des Ruhens des Arbeitsverhältnisses gilt Satz 3 entsprechend.

(3) Im Falle teilweiser Erwerbsminderung endet bzw. ruht das Arbeitsverhältnis nicht, wenn die/der Beschäftigte nach ihrem/seinem vom Rentenversicherungsträger festgestellten Leistungsvermögen auf ihrem/seinem bisherigen oder einem anderen geeigneten und freien Arbeitsplatz weiterbeschäftigt werden könnte, soweit dringende dienstliche bzw. betriebliche Gründe nicht entgegenstehen, und die/der Beschäftigte innerhalb von zwei Wochen nach Zugang des Rentenbescheids ihre/seine Weiterbeschäftigung schriftlich beantragt.

(4) [1]Verzögert die/der Beschäftigte schuldhaft den Rentenantrag oder bezieht sie/er Altersrente nach § 236 oder § 236a SGB VI oder ist sie/er nicht in der gesetzlichen Rentenversicherung versichert, so tritt an die Stelle des Rentenbescheids das Gutachten einer Amtsärztin/eines Amtsarztes oder einer/eines nach § 3 Abs. 4 Satz 2 bestimmten Ärztin/Arztes. [2]Das Arbeitsverhältnis endet in diesem Fall mit Ablauf des Monats, in dem der/dem Beschäftigten das Gutachten bekannt gegeben worden ist; frühestens jedoch zwei Wochen nach Zugang der schriftlichen Mitteilung des Arbeitgebers über den Zeitpunkt des Eintritts der auflösenden Bedingung.

(5) [1]Soll die/der Beschäftigte, deren/dessen Arbeitsverhältnis nach Absatz 1 Buchst. a geendet hat, weiterbeschäftigt werden, ist ein neuer schriftlicher Arbeitsvertrag abzuschließen. [2]Das Arbeitsverhältnis kann jederzeit mit einer Frist von vier Wochen zum Monatsende gekündigt werden, wenn im Arbeitsvertrag nichts anderes vereinbart ist.

§ 34 Kündigung des Arbeitsverhältnisses. (1) [1]Bis zum Ende des sechsten Monats seit Beginn des Arbeitsverhältnisses beträgt die Kündigungsfrist zwei Wochen zum Monatsschluss. [2]Im Übrigen beträgt die Kündigungsfrist bei einer Beschäftigungszeit (Absatz 3 Satz 1 und 2)

bis zu einem Jahr	ein Monat zum Monatsschluss,
von mehr als einem Jahr	6 Wochen,
von mindestens 5 Jahren	3 Monate,
von mindestens 8 Jahren	4 Monate,

von mindestens 10 Jahren 5 Monate,
von mindestens 12 Jahren 6 Monate
zum Schluss eines Kalendervierteljahres.

(2) [1] Arbeitsverhältnisse von Beschäftigten, die das 40. Lebensjahr vollendet haben und für die die Regelungen des Tarifgebiets West Anwendung finden, können nach einer Beschäftigungszeit (Absatz 3 Satz 1 und 2) von mehr als 15 Jahren durch den Arbeitgeber nur aus einem wichtigen Grund gekündigt werden. [2] Soweit Beschäftigte nach den bis zum 30. September 2005 geltenden Tarifregelungen unkündbar waren, verbleibt es dabei.

(3) [1] Beschäftigungszeit ist die bei demselben Arbeitgeber im Arbeitsverhältnis zurückgelegte Zeit, auch wenn sie unterbrochen ist. [2] Unberücksichtigt bleibt die Zeit eines Sonderurlaubs gemäß § 28, es sei denn, der Arbeitgeber hat vor Antritt des Sonderurlaubs schriftlich ein dienstliches oder betriebliches Interesse anerkannt. [3] Wechseln Beschäftigte zwischen Arbeitgebern, die vom Geltungsbereich dieses Tarifvertrages erfasst werden, werden die Zeiten bei dem anderen Arbeitgeber als Beschäftigungszeit anerkannt. [4] Satz 3 gilt entsprechend bei einem Wechsel von einem anderen öffentlich-rechtlichen Arbeitgeber.

§ 35 Zeugnis. (1) Bei Beendigung des Arbeitsverhältnisses haben die Beschäftigten Anspruch auf ein schriftliches Zeugnis über Art und Dauer ihrer Tätigkeit, das sich auch auf Führung und Leistung erstrecken muss (Endzeugnis).

(2) Aus triftigen Gründen können Beschäftigte auch während des Arbeitsverhältnisses ein Zeugnis verlangen (Zwischenzeugnis).

(3) Bei bevorstehender Beendigung des Arbeitsverhältnisses können die Beschäftigten ein Zeugnis über Art und Dauer ihrer Tätigkeit verlangen (vorläufiges Zeugnis).

(4) Die Zeugnisse gemäß den Absätzen 1 bis 3 sind unverzüglich auszustellen.

Abschnitt VI. Übergangs- und Schlussvorschriften

§ 36 Anwendung weiterer Tarifverträge. (1) Neben diesem Tarifvertrag sind die nachfolgend aufgeführten Tarifverträge in ihrer jeweils geltenden Fassung anzuwenden:

a) Tarifverträge über die Bewertung der Personalunterkünfte vom 16. März 1974,
b) Tarifverträge über den Rationalisierungsschutz vom 9. Januar 1987,
c) Tarifvertrag zur sozialen Absicherung (TVsA) vom 13. September 2005,
d) Tarifvertrag zur Regelung der Altersteilzeitarbeit (TV ATZ) vom 5. Mai 1998,
e) Tarifvertrag zu flexiblen Arbeitszeitregelungen für ältere Beschäftigte – TV FlexAZ – vom 27. Februar 2010,
f) *(nicht besetzt)*
g) Tarifvertrag zur Entgeltumwandlung für Arbeitnehmer/-innen im kommunalen öffentlichen Dienst (TV-EUmw/VKA) vom 18. Februar 2003,
h) *(nicht besetzt)*.

(2) (unbesetzt)

§ 37 Ausschlussfrist. (1) [1]Ansprüche aus dem Arbeitsverhältnis verfallen, wenn sie nicht innerhalb einer Ausschlussfrist von sechs Monaten nach Fälligkeit von der/dem Beschäftigten oder vom Arbeitgeber in Textform geltend gemacht werden. [2]Für denselben Sachverhalt reicht die einmalige Geltendmachung des Anspruchs auch für später fällige Leistungen aus.

(2) Absatz 1 gilt nicht für Ansprüche aus einem Sozialplan sowie für Ansprüche, soweit sie kraft Gesetzes einer Ausschlussfrist entzogen sind.

§ 38 Begriffsbestimmungen. (1) Sofern auf die Tarifgebiete Ost und West Bezug genommen wird, gilt Folgendes:

a) Die Regelungen für das Tarifgebiet Ost gelten für die Beschäftigen, deren Arbeitsverhältnis in dem in Art. 3 des Einigungsvertrages genannten Gebiet begründet worden ist und bei denen der Bezug des Arbeitsverhältnisses zu diesem Gebiet fortbesteht.
b) Für die übrigen Beschäftigten gelten die Regelungen für das Tarifgebiet West.

(2) Sofern auf die Begriffe „Betrieb", „betrieblich" oder „Betriebspartei" Bezug genommen wird, gilt die Regelung für Verwaltungen sowie für Parteien nach dem Personalvertretungsrecht entsprechend, es sei denn, es ist etwas anderes bestimmt.

(3) Eine einvernehmliche Dienstvereinbarung liegt nur ohne Entscheidung der Einigungsstelle vor.

(4) Leistungsgeminderte Beschäftigte sind Beschäftigte, die ausweislich einer Bescheinigung des beauftragten Arztes (§ 3 Abs. 4) nicht mehr in der Lage sind, auf Dauer die vertraglich geschuldete Arbeitsleistung in vollem Umfang zu erbringen, ohne deswegen zugleich teilweise oder in vollem Umfang erwerbsgemindert im Sinne des SGB VI zu sein.

Protokollerklärung zu Absatz 4:

Die auf leistungsgeminderte Beschäftigte anzuwendenden Regelungen zur Entgeltsicherung bestimmen sich nach § 16a TVÜ-VKA.[1)]

(5) [1]Die Regelungen für Angestellte finden Anwendung auf Beschäftigte, deren Tätigkeit vor dem 1. Januar 2005 der Rentenversicherung der Angestellten unterlegen hätte. [2]Die Regelungen für Arbeiterinnen und Arbeiter finden Anwendung auf Beschäftigte, deren Tätigkeit vor dem 1. Januar 2005 der Rentenversicherung der Arbeiter unterlegen hätte.

§ 38a Übergangsvorschriften. (1) Für Beschäftigte, die sich in einem Altersteilzeitarbeitsverhältnis befinden oder deren Altersteilzeitarbeitsverhältnis spätestens am 1. Juli 2008 beginnt, gilt § 6 Abs. 1 Satz 1 Buchst. b 1. Halbsatz in der bis zum 30. Juni 2008 geltenden Fassung bei der Berechnung des Tabellenentgelts und von in Monatsbeträgen zustehenden Zulagen.

Protokollerklärung zu Absatz 1:

Dem Tabellenentgelt stehen individuelle Zwischen- und Endstufen gleich.

(2) [1]Auf technisches Theaterpersonal mit überwiegend künstlerischer Tätigkeit, mit dem am 31. Mai 2013 arbeitsvertraglich eine überwiegend künst-

---

1) Protokollerklärung zu Absatz 4 redaktionell angepasst.

lerische Tätigkeit vereinbart ist, findet § 1 Abs. 2 Buchst. n in der bis zum 31. Mai 2013 geltenden Fassung für die Dauer des ununterbrochen fortbestehenden Arbeitsverhältnisses weiter Anwendung. [2] Auf technisches Theaterpersonal, mit dem am 31. Mai 2013 arbeitsvertraglich die Anwendung des TVöD vereinbart ist, findet der TVöD unabhängig von § 1 Abs. 2 Buchst. n in der ab dem 1. Juni 2013 geltenden Fassung für die Dauer des ununterbrochen fortbestehenden Arbeitsverhältnisses weiter Anwendung. [3] Als ununterbrochen fortbestehend gilt das Arbeitsverhältnis auch, wenn im beiderseitigen Einvernehmen an ein befristetes Arbeitsverhältnis ohne Unterbrechung ein neues Arbeitsverhältnis zu demselben Arbeitgeber abgeschlossen wird.

§ 39 In-Kraft-Treten. (1) [1] Dieser Tarifvertrag tritt am 1. Oktober 2005 in Kraft. [2] Abweichend von Satz 1 treten

a) § 20 am 1. Januar 2007,

b) § 26 Abs. 1 und Abs. 2 Buchst. b und c sowie § 27 am 1. Januar 2006

in Kraft.

Anhang zu § 6

Arbeitszeit von Cheffahrerinnen und Cheffahrern

(1) Cheffahrerinnen und Cheffahrer sind die persönlichen Fahrer von Oberbürgermeisterinnen/Oberbürgermeistern, Bürgermeisterinnen/Bürgermeistern, Landrätinnen/Landräten, Beigeordneten/Dezernentinnen/Dezernenten, Geschäftsführerinnen/Geschäftsführern, Vorstandsmitgliedern und vergleichbaren Leitungskräften.

(2) [1] Abweichend von § 3 Satz 1 ArbZG kann die tägliche Arbeitszeit im Hinblick auf die in ihr enthaltenen Wartezeiten auf bis zu 15 Stunden täglich ohne Ausgleich verlängert werden (§ 7 Abs. 2a ArbZG). [2] Die höchstzulässige Arbeitszeit soll 288 Stunden im Kalendermonat ohne Freizeitausgleich nicht übersteigen.

(3) Die tägliche Ruhezeit kann auf bis zu neun Stunden verkürzt werden, wenn spätestens bis zum Ablauf der nächsten Woche ein Zeitausgleich erfolgt.

(4) Eine Verlängerung der Arbeitszeit nach Absatz 2 und die Verkürzung der Ruhezeit nach Absatz 3 sind nur zulässig, wenn

1. geeignete Maßnahmen zur Gewährleistung des Gesundheitsschutzes getroffen sind, wie insbesondere das Recht der Cheffahrerin/des Cheffahrers auf eine jährliche, für die Beschäftigten kostenfreie arbeitsmedizinische Untersuchung bei einem Betriebsarzt oder bei einem Arzt mit entsprechender arbeitsmedizinischer Fachkunde, auf den sich die Betriebsparteien geeinigt haben, und/oder die Gewährung eines Freizeitausgleichs möglichst durch ganze Tage oder durch zusammenhängende arbeitsfreie Tage zur Regenerationsförderung,
2. die Cheffahrerin/der Cheffahrer gemäß § 7 Abs. 7 ArbZG schriftlich in die Arbeitszeitverlängerung eingewilligt hat.

(5) § 9 TVöD bleibt unberührt.

Anhang zu § 9

A. Bereitschaftszeiten Hausmeisterinnen/Hausmeister

[1] Für Hausmeisterinnen/Hausmeister, in deren Tätigkeit regelmäßig und in nicht unerheblichem Umfang Bereitschaftszeiten fallen, gelten folgende besondere Regelungen zu § 6 Abs. 1 Satz 1 TVöD:

[2] Die Summe aus den faktorisierten Bereitschaftszeiten und der Vollarbeitszeit darf die Arbeitszeit nach § 6 Abs. 1 nicht überschreiten. [3] Die Summe aus Vollarbeits- und Bereitschaftszeiten darf durchschnittlich 48 Stunden wöchentlich nicht überschreiten. [4] Bereitschaftszeiten sind die Zeiten, in denen sich die Hausmeisterin/der Hausmeister am Arbeitsplatz oder einer anderen vom Arbeitgeber bestimmten Stelle zur Verfügung halten muss, um im Bedarfsfall die Arbeit selbständig, ggf. auch auf Anordnung, aufzunehmen und in denen die Zeiten ohne Arbeitsleistung überwiegen. [5] Bereitschaftszeiten werden zur Hälfte als Arbeitszeit gewertet (faktorisiert). [6] Bereitschaftszeiten werden innerhalb von Beginn und Ende der regelmäßigen täglichen Arbeitszeit nicht gesondert ausgewiesen.

B. Bereitschaftszeiten im Rettungsdienst und in Leitstellen

(1) [1] Für Beschäftigte im Rettungsdienst und in den Leitstellen, in deren Tätigkeit regelmäßig und in nicht unerheblichem Umfang Bereitschaftszeiten fallen, gelten folgende besondere Regelungen zu § 6 Abs. 1 Satz 1 TVöD: [2] Die Summe aus den faktorisierten Bereitschaftszeiten und der Vollarbeitszeit darf die Arbeitszeit nach § 6 Abs. 1 nicht überschreiten. [3] Die Summe aus Vollarbeits- und Bereitschaftszeiten darf durchschnittlich 48 Stunden wöchentlich nicht überschreiten. [4] Bereitschaftszeiten sind die Zeiten, in denen sich die/der Beschäftigte am Arbeitsplatz oder einer anderen vom Arbeitgeber bestimmten Stelle zur Verfügung halten muss, um im Bedarfsfall die Arbeit selbständig, ggf. auch auf Anordnung, aufzunehmen und in denen die Zeiten ohne Arbeitsleistung überwiegen. [5] Bereitschaftszeiten werden zur Hälfte als tarifliche Arbeitszeit gewertet (faktorisiert). [6] Bereitschaftszeiten werden innerhalb von Beginn und Ende der regelmäßigen täglichen Arbeitszeit nicht gesondert ausgewiesen.

(2) Die zulässige tägliche Höchstarbeitszeit beträgt zwölf Stunden zuzüglich der gesetzlichen Pausen.

(3) Die allgemeinen Regelungen des TVöD zur Arbeitszeit bleiben im Übrigen unberührt.

(4) Für Beschäftigte, die unter die Sonderregelungen für den kommunalen feuerwehrtechnischen Dienst fallen, gilt § 46 Nr. 2 Abs. 1, auch soweit sie in Leitstellen tätig sind.

Anlage 1. Entgeltordnung (VKA)

(Siehe Anlage 1 zum TVöD [Nr. 2] mit Ausnahme von Teil B Abschnitte II Nr. 2, XI und XXV, die insoweit nicht besetzt sind.)

Anlage A

Tabelle TVöD-V

gültig vom 1. März 2018 bis 31. März 2019
(monatlich in Euro)

Entgelt-gruppe	Grundentgelt		Entwicklungsstufen			
	Stufe 1	Stufe 2	Stufe 3	Stufe 4	Stufe 5	Stufe 6
15	4.584,49	5.000,77	5.260,14	5.840,78	6.339,54	6.667,67
14	4.151,65	4.528,23	4.841,03	5.245,42	5.788,30	6.119,17
13	3.827,03	4.196,02	4.479,41	4.893,73	5.433,88	5.683,28
12	3.430,90	3.796,05	4.276,90	4.741,63	5.315,77	5.578,27
11	3.312,60	3.656,01	3.941,33	4.311,77	4.836,69	5.099,20
10	3.194,27	3.497,22	3.775,33	4.064,56	4.501,99	4.620,12
9c	3.099,42	3.349,91	3.637,10	3.888,65	4.214,62	4.392,69
9b	2.865,63	3.126,71	3.273,66	3.685,60	3.975,34	4.245,23
9a	2.818,96	3.049,32	3.234,09	3.647,35	3.739,87	3.975,66
8	2.656,52	2.890,09	3.017,56	3.137,78	3.269,20	3.343,02
7	2.493,12	2.729,06	2.877,36	3.004,81	3.111,25	3.189,58
6	2.446,41	2.662,97	2.788,15	2.909,22	3.007,98	3.081,00
5	2.347,55	2.555,40	2.673,48	2.794,54	2.894,01	2.955,27
4	2.236,29	2.438,63	2.587,48	2.676,80	2.766,11	2.818,41
3	2.201,29	2.407,15	2.462,55	2.564,71	2.641,37	2.711,60
2	2.037,85	2.234,74	2.290,29	2.354,37	2.495,22	2.642,56
1		1.827,17	1.858,18	1.896,96	1.933,11	2.026,15

gültig vom 1. April 2019 bis 29. Februar 2020
(monatlich in Euro)

Entgelt-gruppe	Grundentgelt		Entwicklungsstufen			
	Stufe 1	Stufe 2	Stufe 3	Stufe 4	Stufe 5	Stufe 6
15	4.788,35	5.141,23	5.481,38	6.004,84	6.517,61	6.854,95
14	4.335,98	4.655,42	5.025,89	5.451,94	5.950,88	6.293,73
13	3.996,72	4.335,42	4.685,32	5.093,03	5.586,51	5.842,91
12	3.582,23	3.956,45	4.407,89	4.890,86	5.465,08	5.734,95
11	3.457,10	3.803,91	4.119,43	4.477,63	4.972,55	5.242,43
10	3.331,93	3.613,93	3.915,01	4.238,32	4.628,44	4.749,89
9c	3.233,21	3.480,40	3.750,80	4.026,57	4.337,53	4.545,92
9b	3.020,16	3.258,72	3.403,99	3.824,85	4.085,40	4.370,07
9a	2.926,82	3.133,75	3.324,85	3.748,35	3.843,43	4.086,04
8	2.769,15	2.971,27	3.102,32	3.231,30	3.370,30	3.439,92
7	2.598,38	2.822,59	2.958,18	3.089,21	3.209,21	3.279,17
6	2.549,58	2.739,94	2.866,46	2.990,93	3.107,94	3.173,47
5	2.445,99	2.630,06	2.748,57	2.873,03	2.985,28	3.045,87
4	2.329,99	2.514,19	2.663,27	2.755,21	2.847,13	2.900,97
3	2.293,39	2.488,41	2.537,24	2.642,50	2.721,49	2.793,85
2	2.122,60	2.316,97	2.366,14	2.432,35	2.577,86	2.730,08
1		1.903,09	1.935,39	1.975,78	2.013,43	2.110,33

gültig ab 1. März 2020
(monatlich in Euro)

Entgelt-gruppe	Grundentgelt		Entwicklungsstufen			
	Stufe 1	Stufe 2	Stufe 3	Stufe 4	Stufe 5	Stufe 6
15	4.860,31	5.190,81	5.559,47	6.062,74	6.580,45	6.921,06

Entgelt-gruppe	Grundentgelt		Entwicklungsstufen			
	Stufe 1	Stufe 2	Stufe 3	Stufe 4	Stufe 5	Stufe 6
14	4.401,04	4.700,31	5.091,13	5.524,82	6.008,27	6.355,34
13	4.056,62	4.384,61	4.757,99	5.163,37	5.640,38	5.899,26
12	3.635,65	4.013,07	4.454,13	4.943,53	5.517,78	5.790,26
11	3.508,11	3.856,11	4.182,29	4.536,17	5.020,49	5.292,98
10	3.380,51	3.655,13	3.964,32	4.299,65	4.673,08	4.795,69
9c	3.280,42	3.526,45	3.790,94	4.075,26	4.380,90	4.600,00
9b	3.074,70	3.305,30	3.450,00	3.874,00	4.124,25	4.414,13
9a	2.964,89	3.163,55	3.356,89	3.784,00	3.879,97	4.125,00
8	2.808,91	2.999,92	3.132,23	3.264,31	3.405,98	3.474,11
7	2.635,53	2.855,60	2.986,70	3.119,00	3.243,78	3.310,79
6	2.586,00	2.767,11	2.894,11	3.019,78	3.143,22	3.206,10
5	2.480,74	2.656,42	2.775,08	2.900,74	3.017,50	3.077,85
4	2.363,07	2.540,85	2.690,02	2.782,88	2.875,73	2.930,10
3	2.325,89	2.517,08	2.563,61	2.669,96	2.749,76	2.822,87
2	2.152,51	2.346,00	2.392,92	2.459,87	2.607,03	2.760,98
1		1.929,88	1.962,63	2.003,59	2.041,77	2.140,05

Anlage B. *(aufgehoben)*

Anlage C
(Sozial- und Erziehungsdienst)

Tabelle TVöD VKA

gültig ab 1. März 2018 bis 31. März 2019
(monatlich in Euro)

Entgelt-gruppe	Grundentgelt		Entwicklungsstufen			
	Stufe 1	Stufe 2	Stufe 3	Stufe 4	Stufe 5	Stufe 6
S 18	3.733,74	3.847,26	4.343,71	4.716,01	5.274,49	5.615,77
S 17	3.391,53	3.692,14	4.095,47	4.343,71	4.840,10	5.131,76
S 16	3.311,26	3.611,48	3.884,50	4.219,58	4.591,90	4.815,29
S 15	3.187,77	3.474,93	3.723,18	4.008,62	4.467,80	4.666,35
S 14	3.171,02	3.439,30	3.715,15	3.995,76	4.306,04	4.523,21
S 13	3.117,30	3.352,84	3.661,11	3.909,30	4.219,58	4.374,70
S 12	3.074,50	3.343,35	3.638,92	3.899,53	4.222,22	4.358,74
S 11b	2.994,79	3.295,80	3.453,43	3.850,57	4.160,84	4.347,00
S 11a	2.933,26	3.232,36	3.388,98	3.785,22	4.095,47	4.281,63
S 9	2.723,92	2.982,65	3.220,39	3.566,21	3.890,41	4.138,97
S 8b	2.723,92	2.982,65	3.220,39	3.566,21	3.890,41	4.138,97
S 8a	2.685,14	2.917,80	3.123,13	3.317,66	3.506,77	3.703,99
S 7	2.620,66	2.840,76	3.033,56	3.226,32	3.370,93	3.586,65
S 4	2.481,17	2.714,24	2.882,94	2.997,41	3.105,85	3.274,79
S 3	2.321,05	2.553,99	2.716,05	2.864,86	2.932,94	3.014,27
S 2	2.182,40	2.293,44	2.375,39	2.467,05	2.563,43	2.659,84

gültig ab 1. April 2019 bis 29. Februar 2020
(monatlich in Euro)

Entgelt-gruppe	Grundentgelt		Entwicklungsstufen			
	Stufe 1	**Stufe 2**	**Stufe 3**	**Stufe 4**	**Stufe 5**	**Stufe 6**
S 18	3.856,63	3.963,34	4.474,77	4.858,30	5.433,63	5.785,20
S 17	3.531,38	3.803,54	4.219,03	4.474,77	4.986,13	5.286,59
S 16	3.452,63	3.720,44	4.001,70	4.346,89	4.730,45	4.960,57
S 15	3.322,52	3.579,77	3.835,51	4.129,57	4.602,60	4.807,14
S 14	3.292,62	3.543,07	3.827,24	4.116,32	4.435,96	4.659,68
S 13	3.216,63	3.454,00	3.771,57	4.027,25	4.346,89	4.506,69
S 12	3.198,66	3.444,22	3.748,71	4.017,18	4.349,61	4.490,25
S 11b	3.143,77	3.395,24	3.557,62	3.966,75	4.286,38	4.478,16
S 11a	3.082,25	3.329,88	3.491,23	3.899,43	4.219,03	4.410,81
S 9	2.848,64	3.072,64	3.317,55	3.673,81	4.007,79	4.263,85
S 8b	2.848,64	3.072,64	3.317,55	3.673,81	4.007,79	4.263,85
S 8a	2.792,04	3.005,83	3.217,36	3.417,76	3.612,57	3.815,74
S 7	2.719,99	2.926,47	3.125,09	3.323,66	3.472,64	3.694,86
S 4	2.592,92	2.796,13	2.969,92	3.087,85	3.199,56	3.373,59
S 3	2.436,27	2.631,05	2.798,00	2.951,30	3.021,43	3.105,22
S 2	2.258,49	2.369,54	2.451,65	2.541,48	2.640,77	2.740,09

gültig ab 1. März 2020
(monatlich in Euro)

Entgelt-gruppe	Grundentgelt		Entwicklungsstufen			
	Stufe 1	**Stufe 2**	**Stufe 3**	**Stufe 4**	**Stufe 5**	**Stufe 6**
S 18	3.900,00	4.004,30	4.521,02	4.908,52	5.489,79	5.845,01
S 17	3.580,74	3.842,85	4.262,65	4.521,02	5.037,68	5.341,24
S 16	3.502,52	3.758,90	4.043,07	4.391,82	4.779,34	5.011,85
S 15	3.370,09	3.616,78	3.875,16	4.172,25	4.650,18	4.856,83
S 14	3.335,53	3.579,69	3.866,80	4.158,86	4.481,81	4.707,85
S 13	3.251,68	3.489,70	3.810,56	4.068,88	4.391,82	4.553,28
S 12	3.242,48	3.479,83	3.787,46	4.058,71	4.394,57	4.536,66
S 11b	3.196,36	3.430,33	3.594,40	4.007,75	4.330,68	4.524,44
S 11a	3.134,84	3.364,31	3.527,32	3.939,73	4.262,65	4.456,41
S 9	2.892,66	3.104,40	3.351,85	3.711,78	4.049,22	4.307,92
S 8b	2.892,66	3.104,40	3.351,85	3.711,78	4.049,22	4.307,92
S 8a	2.829,77	3.036,91	3.250,62	3.453,09	3.649,92	3.855,19
S 7	2.755,05	2.956,72	3.157,39	3.358,02	3.508,53	3.733,06
S 4	2.632,35	2.825,04	3.000,62	3.119,76	3.232,63	3.408,47
S 3	2.476,93	2.658,24	2.826,92	2.981,80	3.052,66	3.137,31
S 2	2.285,34	2.396,40	2.478,56	2.567,76	2.668,07	2.768,42

Anlage D

D.1. Beschäftige im Betriebs- und Verkehrsdienst von nichtbundeseigenen Eisenbahnen und deren Nebenbetrieben

Für Beschäftigte im Betriebs- und Verkehrsdienst von nichtbundeseigenen Eisenbahnen und deren Nebenbetrieben können landesbezirklich besondere Vereinbarungen abgeschlossen werden.

D.2. Beschäftigte im kommunalen feuerwehrtechnischen Dienst

Zu Abschnitt I. Allgemeine Vorschriften

Nr. 1: Zu § 1 Abs. 1 – Geltungsbereich –

Diese Sonderregelungen gelten für Beschäftigte, die hauptamtlich im kommunalen feuerwehrtechnischen Dienst beschäftigt sind.

Zu Abschnitt II. Arbeitszeit und zu Abschnitt III. Eingruppierung, Entgelt und sonstige Leistungen

Nr. 2:

(1) [1]Die §§ 6 bis 9 und 19 finden keine Anwendung. [2]Es gelten die Bestimmungen für die entsprechenden Beamten. [3]§ 27 findet unbeschadet der Sätze 1 und 2 Anwendung.

(2) Beschäftige im Einsatzdienst erhalten eine monatliche Zulage (Feuerwehrzulage) in Höhe von

– 63,69 Euro nach einem Jahr Beschäftigungszeit und

– 127,38 Euro nach zwei Jahren Beschäftigungszeit.

(3) [1]Die Feuerwehrzulage wird nur für Zeiträume gezahlt, für die Entgelt, Urlaubsentgelt oder Entgelt im Krankheitsfall zusteht. [2]Sie ist bei der Bemessung des Sterbegeldes (§ 23 Abs. 3) zu berücksichtigen. [3]Die Feuerwehrzulage ist kein zusatzversorgungspflichtiges Entgelt.

Zu Abschnitt V. Befristung und Beendigung des Arbeitsverhältnisses

Nr. 3: Feuerwehrdienstuntauglichkeit

(derzeit nicht belegt)

Nr. 4: Übergangsversorgung für Beschäftigte im Einsatzdienst

1. Anspruch auf Übergangsversorgung im Einsatzdienst
   [1]Beschäftigte im feuerwehrtechnischen Einsatzdienst mit einer Tätigkeit von mindestens 35 Jahren bei demselben Arbeitgeber im feuerwehrtechnischen Einsatzdienst werden auf schriftliches Verlangen vor Vollendung des gesetzlich festgelegten Alters zum Erreichen der Regelaltersrente frühestens zu dem Zeitpunkt, zu dem vergleichbare Beamtinnen und Beamte im Einsatzdienst der Berufsfeuerwehr in den gesetzlichen Ruhestand treten, für einen Zeitraum von 36 Monaten unwiderruflich von der Arbeitsleistung unter Fortbestand des Arbeitsverhältnisses nach Maßgabe der nachfolgenden Regelungen freigestellt. [2]§§ 33, 34 bleiben unberührt. [3]Das während der Freistellung zu zahlende Entgelt wird anteilig vom Arbeitgeber und von der/dem Beschäftigten erbracht. [4]Hierzu wird ein Wertguthaben nach Maßgabe der Ziffer 3 aufgebaut. [5]Beschäftigte, die keine 35 Jahre im feuerwehrtechnischen Einsatzdienst erreichen, können einen höheren Beitrag nach Ziffer 3 Satz 3 bis 5 in das Wertguthaben einbringen. [6]Erfolgt dies nicht, erfolgt eine ratierliche kürzere Freistellung von der Arbeitsleistung nach Maßgabe der Ziffer 4 Satz 3.

   Protokollerklärung zu Ziffer 1 Satz 5:
   Zeiten einer Arbeitsunfähigkeit, einer Elternzeit, einer Familien-/Pflegezeit oder eines Sonderurlaubs im dienstlichen Interesse mindern nicht den Anspruch nach Satz 1.

2. Entgeltanspruch während der Freistellungsphase
[1]Die/Der Beschäftigte erhält während der Zeit der Freistellung als monatliches Entgelt 70 Prozent des monatlichen Durchschnitts des in den vor dem Beginn der Freistellung bezogenen rentenversicherungspflichtigen Entgelts der letzten zwölf Monate unter Aufzehrung des Wertguthabens nach Ziffer 3. [2]Kalendermonate, die nicht für jeden Tag mit Entgelt oder Entgeltfortzahlung nach § 22 Abs. 1 belegt sind, bleiben bei der Ermittlung des monatlichen Durchschnittsentgelts außer Betracht. [3]Das Entgelt nach Satz 1 verändert sich bei allgemeinen Entgeltanpassungen in dem für die jeweilige Entgeltgruppe und Stufe geltenden Umfang [4]Voraussetzung für den Entgeltanspruch ist, dass das Arbeitsverhältnis im Anschluss an die Freistellung endet.

3. Aufbau des Wertguthabens
[1]Zur Finanzierung der Aufwendungen für die Zeit der Freistellung nach Ziffer 1 mindert sich das für den Kalendermonat zustehende Entgelt der/des Beschäftigten um 2,75 Prozent; die Minderung des Entgelts unterbleibt, sobald der Beschäftigte seinen Finanzierungsanteil 35 Jahre lang erbracht hat. [2]Dieses Entgelt wird einschließlich des darauf anfallenden Arbeitgeberanteils am Gesamtsozialversicherungsbeitrag einem Wertguthaben (§ 7d SGB IV) zugeführt. [3]Sofern Beschäftigte gerechnet von ihrer Einstellung an absehbar 35 Jahre im feuerwehrtechnischen Einsatzdienst nicht erreichen können, kann die/der Beschäftigte die für eine Freistellung von 36 Monaten fehlenden Monate durch eine entsprechend höhere Beteiligung der/des Beschäftigten am Wertguthaben aufbauen, aus dem insoweit der Entgeltanspruch nach Ziffer 2 erfüllt wird. [4]An ein entsprechendes Verlangen gegenüber dem Arbeitgeber ist sie/er mindestens für den Zeitraum von zwölf Monaten gebunden. [5]Der zusätzliche Beitrag der/des Beschäftigten darf dabei 2,75 Prozent ihres/seines Entgelts nicht übersteigen und nicht zu einer geringfügig entlohnten Beschäftigung führen. [6]Als angemessener Ertrag erhöht sich das Wertguthaben bei allgemeinen Tariferhöhungen in der von den Tarifvertragsparteien jeweils festzulegenden Höhe.

Protokollerklärung zu Ziffer 3 Satz 6:

Das Wertguthaben erhöht sich am 1. März 2018 um 3,19 Prozent, am 1. April 2019 um weitere 3,09 Prozent und am 1. März 2020 um weitere 1,06 Prozent.

4. Verwendung des Wertguthabens
[1]Der Abbau des Wertguthabens erfolgt ausschließlich zur anteiligen monatlichen Finanzierung der in Ziffer 1 genannten Freistellungsphase. [2]Für jeden Monat der Freistellung werden dem Wertguthaben 1/36 entnommen. [3]Soweit Beschäftigte im Einsatzdienst zum Zeitpunkt des Verlangens nach Ziffer 1 keine 35 Jahre im feuerwehrtechnischen Einsatzdienst aufweisen, erfolgt abweichend von Ziffer 1 für je zwölf Kalendermonate, in denen die/der Beschäftigte durch Einbringen ihres/seines Anteils das Wertguthaben nach Ziffer 3 aufgebaut hat, eine Freistellung von einem Kalendermonat. [4]Die Entnahme aus dem Wertguthaben erfolgt monatlich ratierlich mit Beginn der Freistellung. [5]Hinzu kommt die Freistellung infolge einer entsprechend höheren Beteiligung am Aufbau des Wertguthabens nach Ziffer 3 Satz 3. [6]Scheidet die/der Beschäftigte aus dem feuerwehrtechnischen Einsatzdienst aus oder endet das Arbeitsverhältnis vorzeitig (Störfall), hat er/sie Anspruch auf das Wertguthaben, ausgenommen des darin enthaltenen Arbeitgeber-

anteils am Gesamtsozialversicherungsbeitrag. [7] Bei Tod der/des Beschäftigten steht dieser Anspruch den Erben zu.

5. Arbeitgeberwechsel
Wechselt eine Beschäftigte/ein Beschäftigter unter Verbleib im feuerwehrtechnischen Einsatzdienst zu einem anderen Arbeitgeber, der einem Mitgliedverband der VKA angehört, wird die bei dem vorherigen Arbeitgeber im feuerwehrtechnischen Einsatzdienst zurückgelegte Zeit auf die Zeit des nach Ziffer 1 Satz 1 geforderten feuerwehrtechnischen Einsatzdienstes angerechnet, wenn die/der Beschäftigte gemäß § 7f Abs. 1 Satz 1 Nr. 1 SGB IV durch schriftliche Erklärung gegenüber dem bisherigen Arbeitgeber die Übertragung des Wertguthabens verlangt und der neue Arbeitgeber der Übertragung zugestimmt hat.
6. Keine Notwendigkeit des Insolvenzschutzes
Die Tarifvertragsparteien gehen gem. § 7e Abs. 9 SGB IV davon aus, dass es einer Regelung zum Insolvenzschutz nicht bedarf.
7. Urlaub während der Freistellungsphase
[1] Die Freistellung erfolgt unter Anrechnung von für in der Freistellungsphase ggf. zustehenden Urlaubsansprüchen der/des Beschäftigten. [2] Einer ausdrücklichen Urlaubsgewährung durch den Arbeitgeber bedarf es nicht.
8. Nebentätigkeiten
[1] Beschäftigte dürfen während der Freistellungsphase nach Ziffer 1 Satz 1 keine Beschäftigungen oder selbständigen Tätigkeiten ausüben, die die Geringfügigkeitsgrenze des § 8 SGB IV überschreiten, es sei denn, diese Beschäftigungen oder selbständigen Tätigkeiten sind bereits innerhalb der letzten fünf Jahre vor Beginn der Freistellungsphase ausgeübt worden. [2] Bestehende tarifliche Regelungen über Nebentätigkeiten bleiben unberührt.
9. Sonderregelungen für die am 30. Juni 2015 schon und am 1. Juli 2015 noch im feuerwehrtechnischen Einsatzdienst tätigen Beschäftigten
   9.1 [1] Einem Antrag auf Vereinbarung von Altersteilzeitarbeit nach dem Tarifvertrag zu flexiblen Arbeitszeitregelungen für ältere Beschäftigte (TV FlexAZ) soll bei Beschäftigten, die bereits am 30. September 2005 (Tarifgebiet West) bzw. am 31. Dezember 2009 (Tarifgebiet Ost) schon und am 1. Juli 2015 noch im feuerwehrtechnischen Einsatzdienst beschäftigt sind, vorrangig entsprochen werden. [2] § 12 TV FlexAZ bleibt unberührt.
   9.2 [1] Bei Beschäftigten im feuerwehrtechnischen Einsatzdienst bei einem Arbeitgeber, der Mitglied eines Mitgliedverbandes der Vereinigung der kommunalen Arbeitgeberverbände (VKA) ist, deren Tätigkeit im Einsatzdienst über den 30. Juni 2015 fortbesteht, tritt an die Stelle der Freistellung nach Ziffer 1 Satz 1 eine Freistellung nach Maßgabe der Sätze 2 bis 6. [2] Der der/dem Beschäftigten bei einer Tätigkeit von mindestens 35 Jahren im feuerwehrtechnischen Einsatzdienst als Leistung nach Nr. 4 Abs. 2 oder Abs. 4 Satz 1 nach der in der bis zum 30. Juni 2015 geltenden Fassung zustehende Betrag, berechnet nach dem Stand vom 30. Juni 2015, wird durch 35 dividiert und mit der Anzahl der am 30. Juni 2015 im feuerwehrtechnischen Einsatzdienst bei demselben Arbeitgeber oder einem anderen Arbeitgeber, der Mitglied eines Mitgliedverbandes der VKA ist, zurückgelegten Jahre multipliziert. [3] Angefangene Jahre werden kaufmännisch gerundet. [4] Der nach Satz 2 ermittelte Betrag ist durch den monatlichen Arbeitgeberaufwand zu dividieren. [5] Der monatliche Arbeitgeberaufwand setzt sich zusammen aus 70 Prozent des der/dem Beschäf-

tigten zustehenden Tabellenentgelts, der Feuerwehrzulage und der auf den Kalendermonat umgerechneten anteiligen Jahressonderzahlung zuzüglich 30 Prozent hierauf als pauschaler Arbeitgeberaufwand am Gesamtsozialversicherungsbeitrag und den Aufwendungen für die betriebliche Altersversorgung. [6] Das kaufmännisch gerundete Ergebnis, das der Arbeitgeber dem Beschäftigten mitteilt, zuzüglich die für die Tätigkeit im feuerwehrtechnischen Einsatzdienst ab dem 1. Juli 2015 in entsprechender Anwendung der Ziffer 4 Satz 3 erworbenen Freistellungsansprüche bilden den Gesamtfreistellungsanspruch der/des Beschäftigten.

D.3. Beschäftigte in Forschungseinrichtungen mit kerntechnischen Forschungsanlagen

Zu Abschnitt I. Allgemeine Vorschriften

Nr. 1: Zu § 1 Abs. 1 – Geltungsbereich –

Diese Sonderregelungen gelten für Beschäftigte in Forschungseinrichtungen mit kerntechnischen Forschungsanlagen, wie Reaktoren sowie Hochenergiebeschleuniger- und Plasmaforschungsanlagen und ihre hiermit räumlich oder funktionell verbundenen Institute und Einrichtungen.

Protokollerklärung:

[1] Hochenergiebeschleunigeranlagen im Sinne dieser Sonderregelungen sind solche, deren Endenergie bei der Beschleunigung von Elektronen 100 Mill. Elektronenvolt (MeV), bei Protonen, Deuteronen und sonstigen schweren Teilchen 20 MeV überschreitet. [2] Plasmaforschungsanlagen i.S. dieser Sonderregelungen sind solche Anlagen, deren Energiespeicher mindestens 1 Million Joule aufnimmt und mindestens 1 Million VA als Impulsleistung abgibt oder die für länger als 1 msec mit Magnetfeldern von mindestens 50 000 Gauss arbeiten und in denen eine kontrollierte Kernfusion angestrebt wird.

Nr. 2: Zu § 3 – Allgemeine Arbeitsbedingungen –

(1) Der Beschäftigte hat sich auch – unbeschadet seiner Verpflichtung, sich einer aufgrund von Strahlenschutzvorschriften behördlich angeordneten Untersuchung zu unterziehen – auf Verlangen des Arbeitgebers im Rahmen von Vorschriften des Strahlenschutzrechts ärztlich untersuchen zu lassen.

(2) Der Beschäftigte ist verpflichtet, die zum Schutz Einzelner oder der Allgemeinheit vor Strahlenschäden an Leben, Gesundheit und Sachgütern getroffenen Anordnungen zu befolgen.

(3) Zur Vermeidung oder Beseitigung einer erheblichen Störung des Betriebsablaufs oder einer Gefährdung von Personen hat der Beschäftigte vorübergehend jede ihm aufgetragene Arbeit zu verrichten, auch wenn sie nicht in sein Arbeitsgebiet fällt; er hat sich – innerhalb der regelmäßigen Arbeitszeit unter Fortzahlung des Entgelts, außerhalb der regelmäßigen Arbeitszeit unter Zahlung von Überstundenentgelt – einer seinen Kräften und Fähigkeiten entsprechenden Ausbildung in der Hilfeleistung und Schadensbekämpfung zu unterziehen.

(4) [1] Ist nach den Strahlenschutzvorschriften eine Weiterbeschäftigung des Beschäftigten, durch die er ionisierenden Strahlen oder der Gefahr einer Aufnahme radioaktiver Stoffe in den Körper ausgesetzt wäre, nicht zulässig, so kann er auch dann zu anderen Aufgaben herangezogen werden, wenn der Arbeitsvertrag nur eine bestimmte Beschäftigung vorsieht. [2] Dem Beschäftigten

dürfen jedoch keine Arbeiten übertragen werden, die mit Rücksicht auf seine bisherige Tätigkeit ihm nicht zugemutet werden können.

Zu Abschnitt II. Arbeitszeit

Nr. 3: Zu §§ 7, 8 – Sonderformen der Arbeit und Ausgleich für Sonderformen der Arbeit –

(1) Die Zeit des Bereitschaftsdienstes einschließlich der geleisteten Arbeit wird bei der Bemessung des Entgelts mit 50 v.H. als Arbeitszeit gewertet.

(2) Rufbereitschaft darf bis zu höchstens zwölf Tagen im Monat, in Ausnahmefällen bis zu höchstens 30 Tagen im Vierteljahr angeordnet werden.

(3) Die Arbeitszeitdauer des Feuerwehrpersonals beträgt, wenn in erheblichem Umfang Bereitschaftsdienst vorliegt, 24 Stunden je Dienst, sofern der Gesundheitsschutz der Beschäftigten durch Gewährung gleichwertiger Ausgleichsruhezeiten in unmittelbarem Anschluss an die verlängerten Arbeitszeiten gewährleistet wird.

(4) Unter Beachtung des allgemeinen Gesundheitsschutzes kann die Arbeitszeit des Feuerwehrpersonals, sofern in die Arbeitszeit regelmäßig und in erheblichem Umfang Bereitschaftsdienst fällt, auf bis zu 65 Stunden im Siebentagezeitraum ohne Ausgleich verlängert werden, wenn dienstliche Gründe bestehen und die/der Beschäftigte schriftlich eingewilligt hat.

(5) [1]Beschäftigten, die die Einwilligung zur Verlängerung der Arbeitszeit nicht erklären oder die Einwilligung widerrufen, dürfen daraus keine Nachteile entstehen. [2]Die Einwilligung kann mit einer Frist von sechs Monaten schriftlich widerrufen werden. [3]Die Beschäftigten sind auf die Widerrufsmöglichkeit schriftlich hinzuweisen.

(6) Beschäftigte im Feuerwehrdienst erhalten eine monatliche zusatzversorgungspflichtige Zulage (Feuerwehrzulage) in Höhe von 80 Euro.

Zu Abschnitt III. Eingruppierung, Entgelt und sonstige Leistungen

Nr. 4:

(1) [1]Beschäftigten, die in Absatz 2 aufgeführt sind, kann im Einzelfall zum jeweiligen Entgelt eine jederzeit widerrufliche Zulage bis zu höchstens 14 v.H. in den Entgeltgruppen 3 bis 8 und 16 v.H. in den Entgeltgruppen 9 bis 15 des Betrages der Stufe 2 der Anlage A der Entgelttabelle zu § 15 Abs. 2 gewährt werden; die jeweils tariflich zustehende letzte Entwicklungsstufe der Entgelttabelle darf hierdurch nicht überschritten werden. [2]Die Zulage vermindert sich jeweils um den Betrag, um den sich bei einer Stufensteigerung das Entgelt erhöht, es sei denn, dass der Arbeitgeber die Zulage zu diesem Zeitpunkt anderweitig festsetzt. [3]Der Widerruf wird mit Ablauf des zweiten auf den Zugang folgenden Kalendermonats wirksam, es sei denn, die Zulage wird deswegen widerrufen, weil der Beschäftigte in eine andere Entgeltgruppe eingruppiert wird oder eine Zulage nach § 14 erhält.

(2) [1]Im Einzelfall kann eine jederzeit widerrufliche Zulage außerhalb des Absatz 1

a) an Beschäftigte mit abgeschlossener naturwissenschaftlicher, technischer oder medizinischer Hochschulbildung sowie sonstige Beschäftigte der Entgeltgruppen 13 bis 15, die aufgrund gleichwertiger Fähigkeiten und Erfahrungen entsprechende Tätigkeiten wie Beschäftigte mit abgeschlossener naturwissenschaftlicher, technischer oder medizinischer Hochschulbildung ausüben,

b) an technische Beschäftigte der Entgeltgruppen 3 bis 12, Beschäftigte im Dokumentationsdienst, im Programmierdienst, Übersetzerinnen und Übersetzer sowie Laborantinnen und Laboranten

gewährt werden, wenn sie Forschungsaufgaben vorbereiten, durchführen oder auswerten. [2]Die Zulage darf in den Entgeltgruppen 3 bis 8 14 v.H., in den Entgeltgruppen 9 bis 15 16 v.H. des Betrages der Stufe 2 der Anlage A zu § 15 Abs. 2 nicht übersteigen. [3]Der Widerruf wird mit Ablauf des zweiten auf den Zugang des Widerrufs folgenden Kalendermonats wirksam, es sei denn, die Zulage wird deswegen widerrufen, weil Beschäftigte in eine andere Entgeltgruppe eingruppiert werden oder eine Zulage nach § 14 erhalten.

(3) [1]Die Zulagen einschließlich der Abgeltung nach Nr. 3 können durch Nebenabreden zum Arbeitsvertrag ganz oder teilweise pauschaliert werden. [2]Die Nebenabrede ist mit einer Frist von zwei Wochen zum Monatsende kündbar.

D.4. Beschäftigte im forstlichen Außendienst

Zu Abschnitt I. Allgemeine Vorschriften

Nr. 1: Zu § 1 – Geltungsbereich –

Diese Sonderregelungen gelten für Beschäftigte im forstlichen Außendienst, die nicht von § 1 Abs. 2 Buchst. g erfasst werden.

Zu Abschnitt II. Arbeitszeit

Nr. 2:

(1) [1]Der tarifliche wöchentliche Arbeitszeitkorridor beträgt 48 Stunden. [2]Abweichend von § 7 Abs. 7 sind nur die Arbeitsstunden Überstunden, die über den Arbeitszeitkorridor nach Satz 1 hinaus auf Anordnung geleistet worden sind. [3]§ 10 Abs. 1 Satz 3 findet keine Anwendung; auf Antrag können Beschäftigte ein Arbeitszeitkonto in vereinfachter Form durch Selbstaufschreibung führen.

(2) Absatz 1 gilt nicht, wenn Dienstvereinbarungen zur Gleitzeit bestehen oder vereinbart werden.

D.5. Beschäftige in Hafenbetrieben, Hafenbahnbetrieben und deren Nebenbetrieben

Für Beschäftigte in Hafenbetrieben, Hafenbahnbetrieben und deren Nebenbetrieben können landesbezirklich besondere Vereinbarungen abgeschlossen werden.

D.6. Beschäftigte in landwirtschaftlichen Verwaltungen und Betrieben, Weinbau- und Obstanbaubetrieben

Zu Abschnitt I. Allgemeine Vorschriften

Nr. 1: Zu § 1 Abs. 1 – Geltungsbereich –

Diese Sonderregelungen gelten für Beschäftigte in landwirtschaftlichen Verwaltungen und Betrieben, Weinbau- und Obstanbaubetrieben.

Nr. 2: Zu § 6 – Regelmäßige Arbeitszeit –

[1]Die regelmäßige Arbeitszeit kann in vier Monaten bis auf 50 und weiteren vier Monaten des Jahres auf bis zu 56 Stunden festgesetzt werden. [2]Sie darf aber 2214 Stunden im Jahr nicht übersteigen. [3]Dies gilt nicht für Beschäftigte im

Sinne des § 38 Abs. 5 Satz 1, denen Arbeiten übertragen sind, deren Erfüllung zeitlich nicht von der Eigenart der Verwaltung oder des Betriebes abhängig ist.

D.7. Beschäftigte als Lehrkräfte

Zu Abschnitt I. Allgemeine Vorschriften

Nr. 1: Zu § 1 Abs. 1 – Geltungsbereich –

[1] Diese Sonderregelungen gelten für Beschäftigte als Lehrkräfte an allgemeinbildenden Schulen und berufsbildenden Schulen (Berufs-, Berufsfach- und Fachschulen). [2] Sie gelten nicht für Lehrkräfte an Schulen und Einrichtungen der Verwaltung, die der Ausbildung oder Fortbildung von Angehörigen des öffentlichen Dienstes dienen, sowie an Krankenpflegeschulen und ähnlichen der Ausbildung dienenden Einrichtungen.

Protokollerklärung:
Lehrkräfte im Sinne dieser Sonderregelungen sind Personen, bei denen die Vermittlung von Kenntnissen und Fertigkeiten im Rahmen eines Schulbetriebes der Tätigkeit das Gepräge gibt.

Zu Abschnitt II. Arbeitszeit

Nr. 2:

[1] Die §§ 6 bis 10 finden keine Anwendung. [2] Es gelten die Bestimmungen für die entsprechenden Beamten. [3] Sind entsprechende Beamte nicht vorhanden, so ist die Arbeitszeit im Arbeitsvertrag zu regeln.

Zu Abschnitt III.[1)] Eingruppierung, Entgelt und sonstige Leistungen

Nr. 2a:

Bei Anwendung des § 16 Abs. 4 Satz 1 gilt: Für ab 1. Januar 2011 neu begründete Arbeitsverhältnisse von Lehrkräften wird die zur Vorbereitung auf den Lehrerberuf abgeleistete Zeit des Referendariats oder des Vorbereitungsdienstes im Umfang von sechs Monaten auf die Stufenlaufzeit der Stufe 1 angerechnet.

Zu Abschnitt IV. Urlaub und Arbeitsbefreiung

Nr. 3:

(1) [1] Der Urlaub ist in den Schulferien zu nehmen. [2] Wird die Lehrkraft während der Schulferien durch Unfall oder Krankheit arbeitsunfähig, so hat sie dies unverzüglich anzuzeigen. [3] Die Lehrkraft hat sich nach Ende der Schulferien oder, wenn die Krankheit länger dauert, nach Wiederherstellung der Arbeitsfähigkeit zur Arbeitsleistung zur Verfügung zu stellen.

(2) [1] Für eine Inanspruchnahme der Lehrkraft während der den Urlaub in den Schulferien übersteigenden Zeit gelten die Bestimmungen für die entsprechenden Beamten. [2] Sind entsprechende Beamte nicht vorhanden, regeln dies die Betriebsparteien.

[1)] Entspricht der Anlage zu Abschnitt VIII Sonderregelungen § 56 Nr. 2a BT-V.

Zu Abschnitt V. Befristung und Beendigung des Arbeitsverhältnisses

Nr. 4:

Das Arbeitsverhältnis endet, ohne dass es einer Kündigung bedarf, mit Ablauf des Schulhalbjahres (31. Januar bzw. 31. Juli), in dem die Lehrkraft das gesetzlich festgelegte Alter zum Erreichen der Regelaltersgrenze vollendet hat.

D.8. Beschäftigte als Lehrkräfte an Musikschulen

Zu Abschnitt I. Allgemeine Vorschriften

Nr. 1: Zu § 1 – Geltungsbereich –

[1] Diese Sonderregelungen gelten für Beschäftigte als Musikschullehrerinnen und Musikschullehrer an Musikschulen. [2] Musikschulen sind Bildungseinrichtungen, die die Aufgabe haben, ihre Schüler an die Musik heranzuführen, ihre Begabungen frühzeitig zu erkennen, sie individuell zu fördern und bei entsprechender Begabung ihnen gegebenenfalls eine studienvorbereitende Ausbildung zu erteilen.

Zu Abschnitt II. Arbeitszeit

Nr. 2: Zu § 6 – Regelmäßige Arbeitszeit –

(1) [1] Vollbeschäftigt sind Musikschullehrerinnen und Musikschullehrer, wenn die arbeitsvertraglich vereinbarte durchschnittliche regelmäßige wöchentliche Arbeitszeit 30 Unterrichtsstunden zu je 45 Minuten (= 1350 Unterrichtsminuten) beträgt. [2] Ist die Dauer einer Unterrichtsstunde auf mehr oder weniger als 45 Minuten festgesetzt, tritt an die Stelle der 30 Unterrichtsstunden die entsprechende Zahl von Unterrichtsstunden.

Protokollerklärung zu Absatz 1:

[1] Bei der Festlegung der Zahl der Unterrichtsstunden ist berücksichtigt worden, dass Musikschullehrer neben der Erteilung von Unterricht insbesondere folgende Aufgaben zu erledigen haben:

a) Vor- und Nachbereitung des Unterrichts (Vorbereitungszeiten),
b) Abhaltung von Sprechstunden,
c) Teilnahme an Schulkonferenzen und Elternabenden,
d) Teilnahme am Vorspiel der Schülerinnen und Schüler, soweit dieses außerhalb des Unterrichts stattfindet,
e) Mitwirkung an Veranstaltungen der Musikschule sowie Mitwirkung im Rahmen der Beteiligung der Musikschule an musikalischen Veranstaltungen (z.B. Orchesteraufführungen, Musikwochen und ähnliche Veranstaltungen), die der Arbeitgeber, einer seiner wirtschaftlichen Träger oder ein Dritter, dessen wirtschaftlicher Träger der Arbeitgeber ist, durchführt,
f) Mitwirkung an Musikwettbewerben und ähnlichen Veranstaltungen,
g) Teilnahme an Musikschulfreizeiten an Wochenenden und in den Ferien.

[2] Durch Nebenabrede kann vereinbart werden, dass Musikschullehrerinnen und Musikschullehrern Aufgaben übertragen werden, die nicht durch diese Protokollerklärung erfasst sind. [3] In der Vereinbarung kann ein Zeitausgleich durch Reduzierung der arbeitsvertraglich geschuldeten Unterrichtszeiten getroffen werden. [4] Satz 3 gilt entsprechend für Unterricht in den Grundfächern (z.B. musikalische Früherziehung, musikalische Grundausbildung, Singklassen). [5] Die Nebenabrede ist mit einer Frist von 14 Tagen zum Monatsende kündbar.

(2) Für die unter Nr. 1 fallenden Beschäftigten, die seit dem 28. Februar 1987 in einem Arbeitsverhältnis zu demselben Arbeitgeber stehen, wird eine günstigere einzelvertragliche Regelung zur Arbeitszeit durch das In-Kraft-Treten dieser Regelung nicht berührt.

Zu Abschnitt IV. Urlaub und Arbeitsbefreiung

Nr. 3: Zu § 26 – Erholungsurlaub –

Musikschullehrerinnen und Musikschullehrer sind verpflichtet, den Urlaub während der unterrichtsfreien Zeit zu nehmen; außerhalb des Urlaubs können sie während der unterrichtsfreien Zeit zur Arbeit herangezogen werden.

D.9. Beschäftigte als Schulhausmeister

Zu Abschnitt I. Allgemeine Vorschriften

Nr. 1: Zu § 1 – Geltungsbereich –

Diese Sonderregelungen gelten für Beschäftigte als Schulhausmeister.

Nr. 2:

Durch landesbezirklichen Tarifvertrag können nähere Regelungen über die den Schulhausmeistern obliegenden Aufgaben unter Anwendung des Abschnitts A des Anhangs zu § 9 getroffen werden.

Protokollerklärung:

Landesbezirkliche Regelungen weitergehenden Inhalts bleiben, ungeachtet § 24 TVÜ-VKA, unberührt.

Zu Abschnitt III. Eingruppierung, Entgelt und sonstige Leistungen

(1) Durch landesbezirklichen Tarifvertrag können abweichend von § 24 Abs. 6 Rahmenregelungen zur Pauschalierung getroffen werden.

(2) [1] Soweit sich die Arbeitszeit nicht nach dem Anhang zu § 9 bestimmt, kann durch landesbezirklichen Tarifvertrag für Arbeiten außerhalb der regelmäßigen Arbeitszeit (§ 6 Abs. 1) im Zusammenhang mit der Beanspruchung der Räumlichkeiten für nichtschulische Zwecke ein Entgelt vereinbart werden. [2] Solange ein landesbezirklicher Tarifvertrag nicht abgeschlossen ist, ist das Entgelt arbeitsvertraglich oder betrieblich zu regeln.

(3) Bei der Festsetzung der Pauschale nach Absatz 1 kann ein geldwerter Vorteil aus der Gestellung einer Werkdienstwohnung berücksichtigt werden.

D.10. Beschäftigte beim Bau und Unterhaltung von Straßen

Zu Abschnitt I. Allgemeine Vorschriften

Nr. 1: Zu § 1 – Geltungsbereich –

Diese Sonderregelungen gelten für Beschäftigte beim Bau und bei der Unterhaltung von Straßen der Landkreise und der Kommunalverbände höherer Ordnung.

Nr. 2: Zu § 6 Abs. 9.1 und § 23 Abs. 3.1 – Reise- und Umzugskosten, Trennungsgeld –

Durch landesbezirklichen Tarifvertrag sind abweichend von § 6 Abs. 9.1 und § 23 Abs. 3.1 nähere Regelungen zur Ausgestaltung zu treffen.

Protokollerklärung:

Landesbezirkliche Regelungen weitergehenden Inhalts bleiben unberührt.

D.11. Beschäftigte an Theatern und Bühnen

Zu Abschnitt I. Allgemeine Vorschriften

Nr. 1: Zu § 1 – Geltungsbereich –

Diese Sonderregelungen gelten für die Beschäftigten in Theatern und Bühnen.

Nr. 2: Zu § 2 – Arbeitsvertrag, Nebenabreden, Probezeit –

Im Arbeitsvertrag kann eine Probezeit bis zur Dauer einer Spielzeit vereinbart werden.

Nr. 3: Zu § 3 – Allgemeine Arbeitsbedingungen –

Beschäftigte sind verpflichtet, an Abstechern und Gastspielreisen teilzunehmen.

Protokollerklärung:

Bei Abstechern und Gastspielreisen ist die Zeit einer aus betrieblichen Gründen angeordneten Mitfahrt auf dem Wagen, der Geräte oder Kulissen befördert, als Arbeitszeit zu bewerten.

Zu Abschnitt II. Arbeitszeit

Nr. 4:

(1) [1] Beschäftigte sind an Sonn- und Feiertagen ebenso zu Arbeitsleistungen verpflichtet wie an Werktagen. [2] Zum Ausgleich für die Arbeit an Sonntagen wird jede Woche ein ungeteilter freier Tag gewährt. [3] Dieser soll mindestens in jeder siebenten Woche auf einen Sonn- oder Feiertag fallen.

(2) Die regelmäßige Arbeitszeit der Beschäftigten, die eine Theaterbetriebszulage (Absatz 5) erhalten, kann um sechs Stunden wöchentlich verlängert werden.

(3) Beschäftigte erhalten für jede Arbeitsstunde, um die die allgemeine regelmäßige Arbeitszeit (§ 6 Abs. 1) nach Absatz 2 verlängert worden ist, 100 v.H. des auf eine Stunde entfallenden Anteils des monatlichen Entgelts der jeweiligen Entgeltgruppe und Stufe nach Maßgabe der Entgelttabelle.

(4) [1] Überstunden dürfen nur angeordnet werden, wenn ein außerordentliches dringendes betriebliches Bedürfnis besteht oder die besonderen Verhältnisse des Theaterbetriebes es erfordern. [2] Für Überstunden ist neben dem Entgelt für die tatsächliche Arbeitsleistung der Zeitzuschlag nach § 8 Abs. 1 Satz 2 Buchst. a zu zahlen. [3] Die Protokollerklärung zu § 8 Abs. 1 Satz 1 findet Anwendung.

(5) [1] § 8 Abs. 1 und § 8 Abs. 5 und 6 gelten nicht für Beschäftigte, die eine Theaterbetriebszulage nach einem landesbezirklichen Tarifvertrag erhalten. [2] Landesbezirklich kann Abweichendes geregelt werden.

Nr. 5: Zu § 44 – Reise- und Umzugskosten, Trennungsgeld –

Die Abfindung bei Abstechern und Gastspielen kann im Rahmen des für die Beamten des Arbeitgebers jeweils geltenden Reisekostenrechts landesbezirklich vereinbart werden.

Zu Abschnitt IV. Urlaub und Arbeitsbefreiung

Nr. 6:

Der Urlaub ist in der Regel während der Theaterferien zu gewähren und zu nehmen.

D.12.[1] Besondere Regelungen für Beschäftigte im Sozial- und Erziehungsdienst

Zu Abschnitt I. Allgemeine Vorschriften

Nr. 1: Zu § 3 – Allgemeine Arbeitsbedingungen – Betrieblicher Gesundheitsschutz/Betriebliche Gesundheitsförderung

(1) Die nachfolgenden Regelungen gelten für die Beschäftigten des Sozial- und Erziehungsdienstes, soweit sie nach dem Teil B Abschnitt XXIV der Anlage 1 – Entgeltordnung (VKA) eingruppiert sind.

(2) [1]Betriebliche Gesundheitsförderung zielt darauf ab, die Arbeit und die Arbeitsbedingungen so zu organisieren, dass diese nicht Ursache von Erkrankungen oder Gesundheitsschädigungen sind. [2]Sie fördert die Erhaltung bzw. Herstellung gesundheitsgerechter Verhältnisse am Arbeitsplatz sowie gesundheitsbewusstes Verhalten. [3]Zugleich werden damit die Motivation der Beschäftigten und die Qualitätsstandards der Verwaltungen und Betriebe verbessert. [4]Die betriebliche Gesundheitsförderung basiert auf einem aktiv betriebenen Arbeits- und Gesundheitsschutz. [5]Dieser reduziert Arbeitsunfälle, Berufskrankheiten sowie arbeitsbedingte Gesundheitsgefahren und verbessert durch den Abbau von Fehlzeiten und die Vermeidung von Betriebsstörungen die Wettbewerbsfähigkeit der Verwaltungen und Betriebe. [6]Der Arbeits- und Gesundheitsschutz sowie die betriebliche Gesundheitsförderung gehören zu einem zeitgemäßen Gesundheitsmanagement.

(3) [1]Die Beschäftigten haben einen individuellen Anspruch auf die Durchführung einer Gefährdungsbeurteilung. [2]Die Durchführung erfolgt nach Maßgabe des Gesetzes über die Durchführung von Maßnahmen des Arbeitsschutzes zur Verbesserung der Sicherheit und des Gesundheitsschutzes der Beschäftigten bei der Arbeit (Arbeitsschutzgesetz). [3]Die Beschäftigten sind in die Durchführung der Gefährdungsbeurteilung einzubeziehen. [4]Sie sind über das Ergebnis von Gefährdungsbeurteilungen zu unterrichten. [5]Vorgesehene Maßnahmen sind mit ihnen zu erörtern. [6]Widersprechen betroffene Beschäftigte den vorgesehenen Maßnahmen, ist die betriebliche Kommission zu befassen. [7]Die Beschäftigten können verlangen, dass eine erneute Gefährdungsbeurteilung durchgeführt wird, wenn sich die Umstände, unter denen die Tätigkeiten zu verrichten sind, wesentlich ändern, neu entstandene wesentliche Gefährdungen auftreten oder eine Gefährdung auf Grund veränderter arbeitswissenschaftlicher Erkenntnisse erkannt wird. [8]Die Wirksamkeit der Maßnahmen ist in angemessenen Abständen zu überprüfen.

(4) [1]Beim Arbeitgeber wird auf Antrag des Personalrats/Betriebsrats eine betriebliche Kommission gebildet, deren Mitglieder je zur Hälfte vom Arbeitgeber und vom Personal- bzw. Betriebsrat benannt werden. [2]Die Mitglieder müssen Beschäftigte des Arbeitgebers sein. [3]Soweit ein Arbeitsschutzausschuss gebildet ist, können Mitglieder dieses Ausschusses auch in der betrieblichen Kommission tätig werden. [4]Im Falle des Absatzes 3 Satz 6 berät die betriebliche Kommission über die erforderlichen Maßnahmen und kann Vorschläge zu den zu treffenden Maßnahmen machen. [5]Der Arbeitgeber führt die Maßnahmen durch, wenn die Mehrheit der vom Arbeitgeber benannten Mitglieder der betrieblichen Kommission im Einvernehmen mit dem Arbeitgeber dem Beschluss zugestimmt hat. [6]Gesetzliche Rechte der kommunalen Beschlussorgane

---

[1] Entspricht redaktionell angepasst §§ 2 und 3 der Anlage zu § 56 BT-V.

bleiben unberührt. [7] Wird ein Vorschlag nur von den vom Personalrat/Betriebsrat benannten Mitgliedern gemacht und folgt der Arbeitgeber diesem Vorschlag nicht, sind die Gründe darzulegen. [8] Die betriebliche Kommission ist auch für die Beratung von schriftlich begründeten Beschwerden zuständig, wenn der Arbeitgeber eine erneute Gefährdungsbeurteilung ablehnt. [9] Der Arbeitgeber entscheidet auf Vorschlag des Arbeitsschutzausschusses bzw. der betrieblichen Kommission, ob und in welchem Umfang der Beschwerde im Einzelfall abgeholfen wird. [10] Wird dem Vorschlag nicht gefolgt, sind die Gründe darzulegen.

(5) [1] Die betriebliche Kommission kann zeitlich befristet Gesundheitszirkel zur Gesundheitsförderung einrichten, deren Aufgabe es ist, Belastungen am Arbeitsplatz und deren Ursachen zu analysieren und Lösungsansätze zur Verbesserung der Arbeitssituation zu erarbeiten. [2] Sie berät über Vorschläge der Gesundheitszirkel und unterbreitet, wenn ein Arbeitsschutzausschuss gebildet ist, diesem, ansonsten dem Arbeitgeber Vorschläge. [3] Die Ablehnung eines Vorschlags ist durch den Arbeitgeber zu begründen. [4] Näheres regelt die Geschäftsordnung der betrieblichen Kommission.

(6) [1] Zur Durchführung ihrer Aufgaben sind der betrieblichen Kommission die erforderlichen, zur Verfügung stehenden Unterlagen zugänglich zu machen. [2] Die betriebliche Kommission gibt sich eine Geschäftsordnung, in der auch Regelungen über die Beteiligung der Beschäftigten bei der Gefährdungsbeurteilung, deren Bekanntgabe und Erörterung sowie über die Qualifizierung der Mitglieder der betrieblichen Kommission und von Gesundheitszirkeln zu treffen sind.

(7) Gesetzliche Bestimmungen, günstigere betriebliche Regelungen und die Rechte des Personal- bzw. Betriebsrats bleiben unberührt.

Protokollerklärungen:

1. *Sollte sich aufgrund gerichtlicher Entscheidungen erweisen, dass die über die Zusammensetzung der betrieblichen Kommission oder die Berufung ihrer Mitglieder getroffenen Regelungen mit geltendem Recht unvereinbar sind, werden die Tarifvertragsparteien Verhandlungen aufnehmen und eine ersetzende Regelung treffen, die mit geltendem Recht vereinbar ist und dem von den Tarifvertragsparteien Gewollten möglichst nahe kommt.*
2. *Die Tarifvertragsparteien stimmen darin überein, dass mit dieser Regelung außerhalb seines Geltungsbereichs der betriebliche Gesundheitsschutz/die betriebliche Gesundheitsförderung im TVöD-V und TVöD-B nicht abschließend tariflich geregelt sind und die übrigen durchgeschriebenen Fassungen des TVöD von der hier getroffenen Regelung unberührt bleiben.*

Nr. 2: Zu § 5 – Qualifizierung –

[1] Bei Beschäftigten im Erziehungsdienst im Tarifgebiet West werden – soweit gesetzliche Regelungen bestehen, zusätzlich zu diesen gesetzlichen Regelungen – im Rahmen der regelmäßigen durchschnittlichen wöchentlichen Arbeitszeit im Kalenderjahr 19,5 Stunden für Zwecke der Vorbereitung und Qualifizierung verwendet. [2] Bei Teilzeitbeschäftigten gilt Satz 1 entsprechend mit der Maßgabe, dass sich die Stundenzahl nach Satz 1 in dem Umfang, der dem Verhältnis ihrer individuell vereinbarten durchschnittlichen Arbeitszeit zu der regelmäßigen Arbeitszeit vergleichbarer Vollzeitbeschäftigter entspricht, reduziert. [3] Im Erziehungsdienst tätig sind insbesondere Beschäftigte als Kinderpflegerin/Kinderpfleger bzw. Sozialassistentin/Sozialassistent, Heilerziehungs-

pflegehelferin/Heilerziehungspflegehelfer, Erzieherin/Erzieher, Heilerziehungspflegerin/Heilerziehungspfleger, im handwerklichen Erziehungsdienst, als Leiterinnen/Leiter oder ständige Vertreterinnen/Vertreter von Leiterinnen/Leiter von Kindertagesstätten oder Erziehungsheimen sowie andere Beschäftigte mit erzieherischer Tätigkeit in der Erziehungs- oder Eingliederungshilfe.

Protokollerklärung zu Satz 3:

Soweit Berufsbezeichnungen aufgeführt sind, werden auch Beschäftigte erfasst, die eine entsprechende Tätigkeit ohne staatliche Anerkennung oder staatliche Prüfung ausüben.

Zu Abschnitt III. Entgelt

Nr. 3: *(aufgehoben)*

D.13.[1] Besondere Regelungen für Ärztinnen und Ärzte

Zu Abschnitt I. Allgemeine Vorschriften

Nr. 1: Zu § 1 – Geltungsbereich –

Diese Sonderregelungen gelten für Ärztinnen und Ärzte, soweit diese nicht unter den Geltungsbereich der Besonderen Teile Krankenhäuser (BT-K) oder Pflege- und Betreuungseinrichtungen (BT-B) fallen.

Zu Abschnitt III. Eingruppierung, Entgelt und sonstige Leistungen

Nr. 2:

Abweichend von § 16 Abs. 1 Satz 1 ist Endstufe in der Entgeltgruppe 15 die Stufe 5 bei Tätigkeiten entsprechend Teil B Abschnitt II Ziffer 1 Entgeltgruppe 15 Fallgruppe 1 und Abschnitt XXVIII Entgeltgruppe 15 Fallgruppe 1 der Anlage 1 – Entgeltordnung (VKA).

D.14.[2] Besondere Regelungen für Notfallsanitäterinnen und Notfallsanitäter

Zu Abschnitt I. Allgemeine Vorschriften

Nr. 1: Zu § 1 – Geltungsbereich –

Diese Sonderregelungen gelten für Notfallsanitäterinnen und Notfallsanitäter.

Zu Abschnitt III. Eingruppierung, Entgelt und sonstige Leistungen

Nr. 2:

(1) [1]Abweichend von § 15 Abs. 2 gelten für diese Beschäftigten folgende Tabellenwerte der Entgeltgruppe N:

	Stufe 2	Stufe 3	Stufe 4	Stufe 5	Stufe 6
gültig vom 1. März 2018 bis zum 28. Februar 2019	2.877,66	3.017,88	3.197,65	3.342,85	3.544,22
gültig vom 1. März 2019 bis zum 29. Februar 2020	2.972,44	3.117,28	3.302,97	3.452,95	3.660,96
gültig ab 1. März 2020	3.003,48	3.149,83	3.337,47	3.489,01	3.699,19

[1] Entspricht Abschnitt VIII Sonderregelungen § 57 BT-V.
[2] Entspricht Abschnitt VIII Sonderregelungen § 58 BT-V.

[2] Diese Tabellenwerte verändern sich bei allgemeinen Entgeltanpassungen um denselben Prozentsatz bzw. in demselben Umfang wie die Tabellenwerte der Entgeltgruppe P 8.

(2) Soweit im Allgemeinen Teil auf bestimmte Entgeltgruppen der Anlage A Bezug genommen wird, entspricht die Entgeltgruppe N der Entgeltgruppe 8.

Nr. 3:

Abweichend von § 16 Abs. 3 Satz 1 wird bei Notfallsanitäterinnen und Notfallsanitätern in der Entgeltgruppe N die Stufe 3 nach drei Jahren in Stufe 2 erreicht.

Niederschriftserklärungen

1. Zu § 1 Abs. 2 Buchst. b:

Bei der Bestimmung des regelmäßigen Entgelts werden Leistungsentgelt, Zulagen und Zuschläge nicht berücksichtigt.

2. Zu § 1 Abs. 2 Buchst. s:

Die Tarifvertragsparteien gehen davon aus, dass studentische Hilfskräfte Beschäftigte sind, zu deren Aufgabe es gehört, das hauptberufliche wissenschaftliche Personal in Forschung und Lehre sowie bei außeruniversitären Forschungseinrichtungen zu unterstützen.

3. Zu § 4 Abs. 1:

Der Begriff „Arbeitsort" ist ein generalisierter Oberbegriff; die Bedeutung unterscheidet sich nicht von dem bisherigen Begriff „Dienstort".

4. Zu § 8 Abs. 3:

Zur Erläuterung von § 8 Abs. 3 und der dazugehörigen Protokollerklärung sind sich die Tarifvertragsparteien über folgendes Beispiel einig:

„Beginnt eine Wochenendrufbereitschaft am Freitag um 15 Uhr und endet am Montag um 7 Uhr, so erhalten Beschäftigte folgende Pauschalen: Zwei Stunden für Freitag, je vier Stunden für Samstag und Sonntag, keine Pauschale für Montag. Sie erhalten somit zehn Stundenentgelte."

5. Zu § 10 Abs. 4:

Durch diese Regelung werden aus dem Urlaubsrecht entlehnte Ansprüche nicht begründet.

6. Zu § 14 Abs. 1:

1. Ob die vorübergehend übertragene höherwertige Tätigkeit einer höheren Entgeltgruppe entspricht, bestimmt sich im Bereich der VKA für nach einem gemäß § 2 Abs. 2 TVÜ-VKA weitergeltenden Lohngruppenverzeichnis eingruppierte Beschäftigte nach der Anlage 3 zum TVÜ-VKA.
2. Die Tarifvertragsparteien stellen klar, dass die vertretungsweise Übertragung einer höherwertigen Tätigkeit ein Unterfall der vorübergehenden Übertragung einer höherwertigen Tätigkeit ist.

7. *(nicht besetzt)*

8. Zu § 16 Abs. 2 Satz 2:

Die Tarifvertragsparteien sind sich darüber einig, dass stichtagsbezogene Verwerfungen zwischen übergeleiteten Beschäftigten und Neueinstellungen entstehen können.

8a. Zu § 16 Abs. 2a:

Die Tarifvertragsparteien sind sich darüber einig, dass die erworbene Stufe im Sinne des § 16 Abs. 2a auch eine individuelle Endstufe im Sinne des § 6 Abs. 4 Satz 1, § 7 Abs. 2 erste Alternative oder § 8 Abs. 3 Satz 2 TVÜ-VKA oder eine individuelle Zwischenstufe im Sinne des § 7 Abs. 3 Satz 1 oder § 8 Abs. 3 Satz 2 TVÜ-VKA sein kann.

9. *(nicht besetzt)*

10. Zu § 17 Abs. 4 Satz 3 (in der bis zum 31. März 2019 geltenden Fassung)

[1] Bei einer Höhergruppierung aus der Entgeltgruppe 9a Stufen 2 bis 4 in die Entgeltgruppe 9b beginnt abweichend vom ansonsten gültigen Grundsatz in der Entgeltgruppe 9b die Stufenlaufzeit nicht neu. [2] Die Anrechnung der in diesen Stufen in der Entgeltgruppe 9a zurückgelegten Stufenlaufzeiten auf die jeweils maßgebliche Stufenlaufzeit in der Entgeltgruppe 9b ist allein dem Umstand geschuldet, dass im Rahmen der Entgeltordnung (VKA) zum TVöD die bisherige Entgeltgruppe 9 in die Entgeltgruppen 9a und 9b aufgeteilt wurde und hierbei das Tabellenentgelt in der Stufe 2 der Entgeltgruppe 9b nur geringfügig über dem Tabellenentgelt der Entgeltgruppe 9a Stufe 2 liegt und die Tabellenentgelte der Stufen 3 und 4 in den Entgeltgruppen 9a und 9b identisch sind. [3] Die Mitnahme der Stufenlaufzeit in diesen Fällen vermeidet Eingriffe in der Erwerbsbiografie der Beschäftigten bis zum Erreichen der Stufe 5 in der Entgeltgruppe 9b.

11. *(nicht besetzt)*

12. Zu § 18 Abs. 3:

Das als Zielgröße zu erreichende Gesamtvolumen von 8 v.H. wird wie folgt finanziert

- Anteil aus auslaufenden Besitzständen in pauschalierter Form,
- im Rahmen zukünftiger Tarifrunden.

Die Tarifvertragsparteien führen erstmals Mitte 2008 Gespräche über den Anteil aus auslaufenden Besitzständen und über eine mögliche Berücksichtigung von Effizienzgewinnen.

13. Zu § 18:

Die Tarifvertragsparteien gehen davon aus, dass Leistungsentgelte Bezüge im Sinne des § 4 TV ATZ sind.

14. Zu § 18 Abs. 5 Satz 2:

[1] Die Tarifvertragsparteien stimmen darin überein, dass aus Motivationsgründen die Vereinbarung von Zielen freiwillig geschieht. [2] Eine freiwillige Zielvereinbarung kann auch die Verständigung auf zum Teil vorgegebene oder überge-

ordnete Ziele sein, z.B. bei der Umsetzung gesetzlicher oder haushaltsrechtlicher Vorgaben, Grundsatzentscheidungen der Verwaltungs-/Unternehmensführung.

15. Zu § 18 Abs. 5 Satz 3:

Die systematische Leistungsbewertung entspricht nicht der Regelbeurteilung.

16. Zu § 18 Abs. 7:

1. Die Mitwirkung der Kommission erfasst nicht die Vergabeentscheidung über Leistungsentgelte im Einzelfall.
2. Die nach Abs. 7 und die für Leistungsstufen nach § 17 Abs. 2 gebildeten betrieblichen Kommissionen sind identisch.

17. Zu § 18 Abs. 8:

Die Tarifvertragsparteien wirken darauf hin, dass der ATV, der ATV-K sowie die Satzungen der VBL und der kommunalen Zusatzversorgungskassen bis spätestens 31. Dezember 2006 entsprechend angepasst werden.

18. Zu § 20 Abs. 2 Satz 1:

Die Tarifvertragsparteien stimmen überein, dass die Beschäftigten der Entgeltgruppe 2Ü zu den Entgeltgrupppen 1 bis 8 und die Beschäftigten der Entgeltgruppe 15Ü zu den Entgeltgruppen 13 bis 15 gehören.

18a. Zu § 20 Abs. 4 Satz 2 Nr. 1 Buchst. c:

Dem Entgeltanspruch steht der Anspruch auf Zuschuss zum Mutterschaftsgeld gleich.

19. *(aufgehoben)*

19a. *(aufgehoben)*

20. Zu § 29 Abs. 1 Buchst. f:

Die ärztliche Behandlung erfasst auch die ärztliche Untersuchung und die ärztlich verordnete Behandlung.

21. Zur Anlage 1 – Entgeltordnung (VKA)

1. Zu der Protokollerklärung Nr. 14 im Teil B Abschnitt XXIV:
   [1] Allgemeiner Sozialer Dienst (ASD) ist eine Organisationsbezeichnung, die auch durch andere Begriffe wie z.B. Kommunaler Sozialer Dienst (KSD) ersetzt sein kann. [2] Der Begriff bezeichnet hier die Aufgabenstellung des Allgemeinen Sozialen Dienstes und muss nicht mit der Benennung der Organisationsform bei dem einzelnen Arbeitgeber übereinstimmen.
2. Zu Teil B Abschnitt XXVI:
   [1] Die Tarifvertragsparteien halten eine Neuvereinbarung der Bemerkung Nr. 7 zu allen Vergütungsgruppen der Anlage 1a zum BAT für entbehrlich. [2] Es besteht Einvernehmen, dass – wie bisher – unter „technischen Assistentinnen und technischen Assistenten mit staatlicher Anerkennung" diejenigen Personen zu verstehen sind, die nach dem Berufsordnungsrecht berechtigt sind, diese Berufsbezeichnung zu führen.

22. Zu Abschnitt D.2 Nr. 4 der Anlage D:

[1] Zur Erläuterung von Ziffer 9.2 zu Abschnitt D.2 Nr. 4 der Anlage D in der ab 1. Juli 2015 geltenden Fassung sind sich die Tarifvertragsparteien über folgendes Beispiel einig:
[2] Beispiel: Ein am 30. Juni 2015 50-jähriger Beschäftigter im Tarifgebiet West der Entgeltgruppe 8 Stufe 6 hätte nach Nr. 4 Abs. 4 Satz 1 Buchst. d der Anlage D.2 bei mindestens 35 Jahren im Einsatzdienst Anspruch auf eine Übergangszahlung in Höhe von 77,5 Prozent des 26,3-fachen des monatlichen Tabellenentgelts der Entgeltgruppe 6 Stufe 6 in Höhe von 58.120,09 Euro. [3] Dieser Betrag dividiert durch 35 und multipliziert mit am 30. Juni 2015 im feuerwehrtechnischen Einsatzdienst zurückgelegten 19 Jahren, 8 Monaten und fünf Tagen, kaufmännisch gerundet 20 Jahre, ergibt einen Wert in Höhe von 33.211,48 Euro. [4] Das zu berücksichtigende Entgelt beläuft sich auf 3.466,49 Euro (Tabellenentgelt in Höhe von 3.097,26 Euro zuzüglich Feuerwehrzulage in Höhe von 127,38 Euro und anteiliger Jahressonderzahlung in Höhe von 241,85 Euro). [5] Reduziert auf 70 Prozent und erhöht um 30 Prozent pauschaler Arbeitgeberaufwand ergibt dies einen Arbeitgeberaufwand in Höhe von 3.154,50 Euro monatlich. [6] Die Übergangszahlung in Höhe von 33.211,48 Euro dividiert durch den monatlichen Arbeitgeberaufwand in Höhe von 3.154,50 Euro ergibt 10,53, kaufmännisch gerundet 11 Freistellungsmonate. [7] Hinzu kommen die vom 1. Juli 2015 an in entsprechender Anwendung von Nr. 4 Ziffer 4 Satz 3 der Anlage D.2 erworbenen Freistellungsansprüche (je zwölf Monate Einsatzdienst ein Monat Freistellung).

23. Zu Abschnitt D.7 Nr. 2a der Anlage D:

Die Tarifvertragsparteien sind sich einig, dass der Vorbereitungsdienst/das Referendariat der Lehrkräfte wegen des dortigen Ausmaßes der eigenverantwortlichen Tätigkeit (im Vollbild der Berufstätigkeit) eine teilweise Anrechnung auf die Stufenlaufzeit der Stufe 1 rechtfertigt und deshalb mit Ausbildungsgängen anderer Berufe nicht vergleichbar ist.

24. Zu Abschnitt C.12 Satz 3 der Anlage C:

Beschäftigte im handwerklichen Erziehungsdienst müssen in Einrichtungen tätig sein, in denen auch Kinder oder Jugendliche mit wesentlichen Erziehungsschwierigkeiten zum Zwecke der Erziehung, Ausbildung und Pflege betreut werden, und für Kinder oder Jugendliche erzieherisch tätig sein.

Legende über die Entsprechungen der TVöD-V-Regelungen zu den jeweiligen Bestimmungen im TVöD-AT bzw. BT-V

TVöD-V	TVöD-AT	BT-V
§ 1 (Geltungsbereich) Absatz 1 ersetzt durch redaktionell angepassten § 40 Abs. 1 BT-V. Absatz 2 Buchst. h redaktionell angepasst.	§ 1	§ 40
Protokollerklärung zu § 1 Abs. 1 (Anwendungsverhältnis Sonderregelungen TVöD-V und Abschnitte I bis VI)		
§ 2 (Arbeitsvertrag, Nebenabreden, Probezeit)	§ 2	
§ 3 (Allgemeine Arbeitsbedingungen)	§ 3 (ist modifiziert)	§ 41

TVöD-V	TVöD-AT	BT-V
Neuer Abs. 3.1 (Allgemeine Pflichten) entspricht § 41 BT-V		
§ 4 (Versetzung, Abordnung, Zuweisung, Personalgestellung)	§ 4	
§ 5 (Qualifizierung)	§ 5	
§ 6 (Regelmäßige Arbeitszeit) Neuer Abs. 1.1 entspricht § 42 BT-V Neuer Abs. 9.1 entspricht § 44 Abs. 2 und modifiziertem § 44 Abs. 3 BT-V	§ 6 (ist modifiziert)	§ 42; § 44 Abs. 1 und 3
§ 7 (Sonderformen der Arbeit)	§ 7	
§ 8 (Ausgleich für Sonderformen der Arbeit); Protokollerklärung zu Abs. 1 Satz 1 ersetzt durch Abs. 1.1 Neuer Abs. 1.1 entspricht § 43 BT-V	§ 8 (ist modifiziert)	§ 43 BT-V
§ 9 (Bereitschaftszeiten) Absatz 2 redaktionell angepasst	§ 9 (modifiziert)	
§ 10 (Arbeitszeitkonto) Absatz 3 und Absatz 6 redaktionell angepasst	§ 10 (modifiziert)	
§ 11 (Teilzeitbeschäftigung)	§ 11	
§ 12 (Eingruppierung)	§ 12	
§ 13 (Eingruppierung in besonderen Fällen)	§ 13	
§ 14 (Vorübergehende Übertragung einer höherwertigen Tätigkeit)	§ 14	
§ 15 (Tabellenentgelt)	§ 15	
§ 16 (Stufen der Entgelttabelle)	§ 16	
§ 17 (Allgemeine Regelungen zu den Stufen)	§ 17	
§ 18 (Leistungsentgelt) Absatz 6 und Protokollerklärung zu Absatz 6 redaktionell angepasst Protokollerklärung zu § 18 redaktionell angepasst	§ 18 (modifiziert)	
§ 19 (Erschwerniszuschläge)	§ 19	
§ 20 (Jahressonderzahlung)	§ 20	
§ 21 (Bemessungsgrundlage für die Entgeltfortzahlung)	§ 21	
§ 22 (Entgelt im Krankheitsfall)	§ 22	
§ 23 (Besondere Zahlungen) Abs. 2 redaktionell angepasst Neuer Abs. 3.1 entspricht § 44 Abs. 1 und 3 BT-V	§ 23 (ist modifiziert)	§ 44 Abs. 1 und 3
§ 24 (Berechnung und Auszahlung des Entgelts)	§ 24	
§ 25 (Betriebliche Altersversorgung)	§ 25	
§ 26 (Erholungsurlaub)	§ 26	
§ 27 (Zusatzurlaub)	§ 27	
§ 28 (Sonderurlaub)	§ 28	
§ 29 (Arbeitsbefreiung)	§ 29	
§ 30 (Befristete Arbeitsverträge) Absatz 1 redaktionell angepasst	§ 30 (modifiziert)	

TVöD-V	TVöD-AT	BT-V
§ 31 (Führung auf Probe)	§ 31	
§ 32 (Führung auf Zeit)	§ 32	
§ 33 (Beendigung des Arbeitsverhältnisses ohne Kündigung)	§ 33	
§ 34 (Kündigung des Arbeitsverhältnisses)	§ 34	
§ 35 (Zeugnis)	§ 35	
§ 36 (Anwendung weiterer Tarifverträge)	§ 36	
§ 37 (Ausschlussfrist)	§ 37	
§ 38 (Begriffsbestimmungen)	§ 38	
Neuer § 39 (In-Kraft-Treten)	§ 39	
Anhang zu § 9 A. (Bereitschaftszeiten Hausmeisterinnen/ Hausmeister) B. (Bereitschaftszeiten im Rettungsdienst und in Leitstellen)	Anhang zu § 9	
Anlage 1 – Entgeltordnung (VKA)	**Anlage 1 – Entgeltordnung (VKA)**	
Anlage A (Tabellenentgelt) ist modifiziert; die Fußnoten sind nicht besetzt	**Anlage A**	
Anlage B (aufgehoben)	**Anlage B** (aufgehoben)	
Anlage C (Tabellenentgelt Beschäftigte im Sozial- und Erziehungsdienst) ist modifiziert		**Anlage C**
Anhang zu der Anlage A (aufgehoben)	Anhang zu der Anlage A (aufgehoben)	
Anhang zu der Anlage C (gestrichen)		Anhang zu der Anlage C (gestrichen)
Anlage D (Sonderregelungen)		Abschnitt VIII
D.1		§ 45
D.2		§ 46
D.3		§ 47
D.4		§ 48
D.5		§ 49
D.6		§ 50
D.7		§ 51
D.8		§ 52
D.9		§ 53
D.10		§ 54
D.11		§ 55
D.12		§ 56 und Anlage zu Abschnitt VIII
D.13		§ 57
D.14		§ 58

4a. Tarifvertrag für den öffentlichen Dienst (TVöD) – Besonderer Teil Pflege- und Betreuungseinrichtungen – (BT-B) –

Vom 1. August 2006

zuletzt geänd. durch ÄndTV Nr. 15 v. 25.10.2020

Zwischen
der Vereinigung der kommunalen Arbeitgeberverbände, vertreten durch den Vorstand, einerseits
und
[den vertragsschließenden Gewerkschaften][1], andererseits
wird Folgendes vereinbart:

Inhaltsübersicht[2]

§ 40 Geltungsbereich. (1) Dieser Besondere Teil gilt für Beschäftigte, die in einem Arbeitsverhältnis zu einem Arbeitgeber stehen, der Mitglied eines Mitgliedverbandes der VKA ist, wenn sie in

a) Heil-, Pflege- und Entbindungseinrichtungen,

b) medizinischen Instituten von Kranken-, Heil- und Pflegeeinrichtungen,

---

[1] Mit den Gewerkschaften ver.di und dbb tarifunion wurden jeweils gleich lautende Tarifverträge geschlossen.

[2] Inhaltsübersicht redaktionell eingefügt.

c) sonstigen Einrichtungen und Heimen, in denen die betreuten Personen in ärztlicher Behandlung stehen, wenn die Behandlung durch nicht in den Einrichtungen selbst beschäftigte Ärztinnen oder Ärzte stattfindet, oder in

d) Einrichtungen und Heimen, die der Förderung der Gesundheit, der Erziehung, Fürsorge oder Betreuung von Kindern und Jugendlichen, der Fürsorge oder Betreuung von obdachlosen, alten, gebrechlichen, erwerbsbeschränkten oder sonstigen hilfsbedürftigen Personen dienen, auch wenn diese Einrichtungen nicht der ärztlichen Behandlung der betreuten Personen dienen,

beschäftigt sind, soweit die Einrichtungen nicht vom Geltungsbereich des Besonderen Teils Krankenhäuser (BT-K) erfasst werden.

(2) Soweit in den nachfolgenden Bestimmungen auf die §§ 1 bis 39 verwiesen wird, handelt es sich um die Regelungen des TVöD – Allgemeiner Teil –.

Protokollerklärung zu Absatz 1:
Auf Lehrkräfte findet § 51 Besonderer Teil Verwaltung (BT-V) Anwendung.

§ 41 Besondere Regelung zum Geltungsbereich TVöD. [1] § 1 Abs. 2 Buchst. b findet auf

a) Ärztinnen und Ärzte als ständige Vertreterinnen/Vertreter der/des leitenden Ärztin/Arztes,

b) Ärztinnen und Ärzte, die einen selbständigen Funktionsbereich innerhalb einer Fachabteilung oder innerhalb eines Fachbereichs mit mindestens 10 Mitarbeiter/-innen leiten oder

c) Ärztinnen und Ärzte, denen mindestens 5 Ärzte unterstellt sind, sowie

d) ständige Vertreterinnen und Vertreter von leitenden Zahnärztinnen und Zahnärzten mit fünf unterstellten Zahnärztinnen und Zahnärzten

keine Anwendung. [2] Eine abweichende einzelvertragliche Regelung ist zulässig.

§ 42 Allgemeine Pflichten der Ärztinnen und Ärzte. (1) [1] Zu den den Ärztinnen und Ärzten obliegenden ärztlichen Pflichten gehört es auch, ärztliche Bescheinigungen auszustellen. [2] Die Ärztinnen und Ärzte können vom Arbeitgeber auch verpflichtet werden, im Rahmen einer zugelassenen Nebentätigkeit von leitenden Ärztinnen und Ärzten oder für Belegärztinnen und Belegärzte innerhalb der Einrichtung ärztlich tätig zu werden.

(2) [1] Zu den aus der Haupttätigkeit obliegenden Pflichten der Ärztinnen und Ärzte gehört es ferner, am Rettungsdienst in Notarztwagen und Hubschraubern teilzunehmen. [2] Für jeden Einsatz in diesem Rettungsdienst erhalten Ärztinnen und Ärzte einen nicht zusatzversorgungspflichtigen Einsatzzuschlag bis 31. März 2021 in Höhe von 21,46 Euro, ab 1. April 2021 in Höhe von 21,76 Euro und ab 1. April 2022 in Höhe von 22,15 Euro. [3] Dieser Betrag verändert sich zu demselben Zeitpunkt und in dem gleichen Ausmaß wie das Tabellenentgelt der Entgeltgruppe 14 Stufe 3 (Ärztinnen/Ärzte).

Protokollerklärungen zu Absatz 2:

1. *Eine Ärztin/ein Arzt, die/der nach der Approbation noch nicht mindestens ein Jahr klinisch tätig war, ist grundsätzlich nicht zum Einsatz im Rettungsdienst heranzuziehen.*

2. Eine Ärztin/ein Arzt, der/dem aus persönlichen oder fachlichen Gründen (z.B. Vorliegen einer anerkannten Minderung der Erwerbsfähigkeit, die dem Einsatz im Rettungsdienst entgegensteht, Flugunverträglichkeit, langjährige Tätigkeit als Bakteriologin) die Teilnahme am Rettungsdienst nicht zumutbar ist, darf grundsätzlich nicht zum Einsatz im Rettungsdienst herangezogen werden.

3. In Fällen, in denen kein grob fahrlässiges und kein vorsätzliches Handeln der Ärztin/des Arztes vorliegt, ist die Ärztin/der Arzt von etwaigen Haftungsansprüchen freizustellen.

4. [1] Der Einsatzzuschlag steht nicht zu, wenn der Ärztin/dem Arzt wegen der Teilnahme am Rettungsdienst außer den tariflichen Bezügen sonstige Leistungen vom Arbeitgeber oder von einem Dritten (z.B. private Unfallversicherung, für die der Arbeitgeber oder ein Träger des Rettungsdienstes die Beiträge ganz oder teilweise trägt, Liquidationsansprüche usw.) zustehen. [2] Die Ärztin/Der Arzt kann auf die sonstigen Leistungen verzichten.

(3) Die Erstellung von Gutachten, gutachtlichen Äußerungen und wissenschaftlichen Ausarbeitungen, die nicht von einem Dritten angefordert und vergütet werden, gehört zu den den Ärztinnen und Ärzten obliegenden Pflichten aus der Haupttätigkeit.

§ 43 Nebentätigkeit von Ärztinnen und Ärzten. Ärztinnen und Ärzte können vom Arbeitgeber verpflichtet werden, als Nebentätigkeit Unterricht zu erteilen.

§ 44 Zu § 5 Qualifizierung. (1) Für Beschäftigte, die sich in Facharzt-, Schwerpunktweiterbildung oder Zusatzausbildung nach dem Gesetz über befristete Arbeitsverträge mit Ärzten in der Weiterbildung befinden, ist ein Weiterbildungsplan aufzustellen, der unter Berücksichtigung des Standes der Weiterbildung die zu vermittelnden Ziele und Inhalte der Weiterbildungsabschnitte sachlich und zeitlich gegliedert festlegt.

(2) Die Weiterbildung ist vom Betrieb im Rahmen seines Versorgungsauftrags bei wirtschaftlicher Betriebsführung so zu organisieren, dass die/der Beschäftigte die festgelegten Weiterbildungsziele in der nach der jeweiligen Weiterbildungsordnung vorgesehenen Zeit erreichen kann.

(3) [1] Können Weiterbildungsziele aus Gründen, die der Arbeitgeber zu vertreten hat, in der vereinbarten Dauer des Arbeitsverhältnisses nicht erreicht werden, so ist die Dauer des Arbeitsvertrages entsprechend zu verlängern. [2] Die Regelungen des Gesetzes über befristete Arbeitsverträge mit Ärzten in der Weiterbildung bleiben hiervon unberührt und sind für den Fall lang andauernder Arbeitsunfähigkeit sinngemäß anzuwenden. [3] Absatz 2 bleibt unberührt.

(4) [1] Bei Beschäftigten im Erziehungsdienst im Tarifgebiet West werden – soweit gesetzliche Regelungen bestehen, zusätzlich zu diesen gesetzlichen Regelungen – im Rahmen der regelmäßigen durchschnittlichen wöchentlichen Arbeitszeit im Kalenderjahr 19,5 Stunden für Zwecke der Vorbereitung und Qualifizierung verwendet. [2] Bei Teilzeitbeschäftigten gilt Satz 1 entsprechend mit der Maßgabe, dass sich die Stundenzahl nach Satz 1 in dem Umfang, der dem Verhältnis ihrer individuell vereinbarten durchschnittlichen Arbeitzeit zu der regelmäßigen Arbeitszeit vergleichbarer Vollzeitbeschäftigter entspricht, reduziert. [3] Im Erziehungsdienst tätig sind insbesondere Beschäftigte als Kinderpflegerin/Kinderpfleger bzw. Sozialassistentin/Sozialassistent, Heilerziehungspflegehelferin/Heilerziehungspflegehelfer, Erzieherin/Erzieher, Heilerzie-

hungspflegerin/Heilerziehungspfleger, im handwerklichen Erziehungsdienst, als Leiterinnen/Leiter oder ständige Vertreterinnen/Vertreter von Leiterinnen/Leiter von Kindertagesstätten oder Erziehungsheimen sowie andere Beschäftigte mit erzieherischer Tätigkeit in der Erziehungs- oder Eingliederungshilfe.

Protokollerklärung zu Absatz 4 Satz 3:

Soweit Berufsbezeichnungen aufgeführt sind, werden auch Beschäftigte erfasst, die eine entsprechende Tätigkeit ohne staatliche Anerkennung oder staatliche Prüfung ausüben.

§ 45 Bereitschaftsdienst und Rufbereitschaft. (1) [1]Bereitschaftsdienst leisten die Beschäftigten, die sich auf Anordnung des Arbeitgebers außerhalb der regelmäßigen Arbeitszeit an einer vom Arbeitgeber bestimmten Stelle aufhalten, um im Bedarfsfall die Arbeit aufzunehmen. [2]Der Arbeitgeber darf Bereitschaftsdienst nur anordnen, wenn zu erwarten ist, dass zwar Arbeit anfällt, erfahrungsgemäß aber die Zeit ohne Arbeitsleistung überwiegt.

(2) Abweichend von den §§ 3, 5 und 6 Abs. 2 ArbZG kann im Rahmen des § 7 ArbZG die tägliche Arbeitszeit im Sinne des Arbeitszeitgesetzes über acht Stunden hinaus verlängert werden, wenn mindestens die acht Stunden überschreitende Zeit im Rahmen von Bereitschaftsdienst geleistet wird, und zwar wie folgt:

a) bei Bereitschaftsdiensten der Stufen A und B bis zu insgesamt maximal 16 Stunden täglich; die gesetzlich vorgeschriebene Pause verlängert diesen Zeitraum nicht,
b) bei Bereitschaftsdiensten der Stufen C und D bis zu insgesamt maximal 13 Stunden täglich; die gesetzlich vorgeschriebene Pause verlängert diesen Zeitraum nicht.

(3) [1]Im Rahmen des § 7 ArbZG kann unter den Voraussetzungen

a) einer Prüfung alternativer Arbeitszeitmodelle,
b) einer Belastungsanalyse gemäß § 5 ArbSchG und
c) ggf. daraus resultierender Maßnahmen zur Gewährleistung des Gesundheitsschutzes

aufgrund einer Betriebs-/Dienstvereinbarung von den Regelungen des Arbeitszeitgesetzes abgewichen werden. [2]Für einen Betrieb/eine Verwaltung, in dem/der ein Personalvertretungsgesetz Anwendung findet, kann eine Regelung nach Satz 1 in einem landesbezirklichen Tarifvertrag getroffen werden, wenn eine Dienstvereinbarung nicht einvernehmlich zustande kommt (§ 38 Abs. 3) und der Arbeitgeber ein Letztentscheidungsrecht hat. [3]Abweichend von den §§ 3, 5 und 6 Abs. 2 ArbZG kann die tägliche Arbeitszeit im Sinne des Arbeitszeitgesetzes über acht Stunden hinaus verlängert werden, wenn in die Arbeitszeit regelmäßig und in erheblichem Umfang Bereitschaftsdienst fällt. [4]Hierbei darf die tägliche Arbeitszeit ausschließlich der Pausen maximal 24 Stunden betragen.

(4) Unter den Voraussetzungen des Absatzes 3 Satz 1 und 2 kann die tägliche Arbeitszeit gemäß § 7 Abs. 2a ArbZG ohne Ausgleich verlängert werden, wobei

a) bei Bereitschaftsdiensten der Stufen A und B eine wöchentliche Arbeitszeit von bis zu maximal durchschnittlich 58 Stunden,
b) bei Bereitschaftsdiensten der Stufen C und D eine wöchentliche Arbeitszeit von bis zu maximal durchschnittlich 54 Stunden

zulässig ist.

(5) Für den Ausgleichszeitraum nach den Absätzen 2 bis 4 gilt § 6 Abs. 2 Satz 1.

(6) Bei Aufnahme von Verhandlungen über eine Betriebs-/Dienstvereinbarung nach den Absätzen 3 und 4 sind die Tarifvertragsparteien auf landesbezirklicher Ebene zu informieren.

(7) [1] In den Fällen, in denen Beschäftigte Teilzeitarbeit gemäß § 11 vereinbart haben, verringern sich die Höchstgrenzen der wöchentlichen Arbeitszeit nach den Absätzen 2 bis 4 in demselben Verhältnis wie die Arbeitszeit dieser Beschäftigten zu der regelmäßigen Arbeitszeit der Vollbeschäftigten. [2] Mit Zustimmung der/des Beschäftigten oder aufgrund von dringenden dienstlichen oder betrieblichen Belangen kann hiervon abgewichen werden.

(8) [1] Der Arbeitgeber darf Rufbereitschaft nur anordnen, wenn erfahrungsgemäß lediglich in Ausnahmefällen Arbeit anfällt. [2] Durch tatsächliche Arbeitsleistung innerhalb der Rufbereitschaft kann die tägliche Höchstarbeitszeit von zehn Stunden (§ 3 ArbZG) überschritten werden (§ 7 ArbZG).

(9) § 6 Abs. 4 bleibt im Übrigen unberührt.

(10) [1] Für Beschäftigte gemäß § 40 Abs. 1 Buchst. d gelten die Absätze 1 bis 9 mit der Maßgabe, dass die Grenzen für die Stufen A und B einzuhalten sind. [2] Dazu gehören auch die Beschäftigten in Einrichtungen, in denen die betreuten Personen nicht regelmäßig ärztlich behandelt und beaufsichtigt werden (Erholungsheime).

(11) Für die Ärztinnen und die Ärzte in Einrichtungen nach Absatz 10 gelten die Absätze 1 bis 9 ohne Einschränkungen.

§ 46 Bereitschaftsdienstentgelt. (1) Zum Zwecke der Entgeltberechnung wird die Zeit des Bereitschaftsdienstes einschließlich der geleisteten Arbeit wie folgt als Arbeitszeit gewertet:

a) Nach dem Maß der während des Bereitschaftsdienstes erfahrungsgemäß durchschnittlich anfallenden Arbeitsleistungen wird die Zeit des Bereitschaftsdienstes wie folgt als Arbeitszeit gewertet:

Stufe	Arbeitsleistung innerhalb des Bereitschaftsdienstes	Bewertung als Arbeitszeit
A	0 bis 10 v.H.	15 v.H.
B	mehr als 10 bis 25 v.H.	25 v.H.
C	mehr als 25 bis 40 v.H.	40 v.H.
D	mehr als 40 bis 49 v.H.	55 v.H.

Ein hiernach der Stufe A zugeordneter Bereitschaftsdienst wird der Stufe B zugeteilt, wenn der Beschäftigte während des Bereitschaftsdienstes in der Zeit von 22 bis 6 Uhr erfahrungsgemäß durchschnittlich mehr als dreimal dienstlich in Anspruch genommen wird.

b) Entsprechend der Zahl der vom Beschäftigten je Kalendermonat abgeleisteten Bereitschaftsdienste wird die Zeit eines jeden Bereitschaftsdienstes zusätzlich wie folgt als Arbeitszeit gewertet:

Zahl der Bereitschaftsdienste im Kalendermonat	Bewertung als Arbeitszeit
1. bis 8. Bereitschaftsdienst	25 v.H.

Zahl der Bereitschaftsdienste im Kalendermonat	Bewertung als Arbeitszeit
9. bis 12. Bereitschaftsdienst	35 v.H.
13. und folgende Bereitschaftsdienste	45 v.H.

(2) Die Zuweisung zu den einzelnen Stufen des Bereitschaftsdienstes erfolgt durch die Betriebsparteien.

(3) [1] Für die Beschäftigten gemäß § 45 Abs. 10 wird zum Zwecke der Entgeltberechnung die Zeit des Bereitschaftsdienstes einschließlich der geleisteten Arbeit mit 25 v.H. als Arbeitszeit bewertet. [2] Leistet die/der Beschäftigte in einem Kalendermonat mehr als acht Bereitschaftsdienste, wird die Zeit eines jeden über acht Bereitschaftsdienste hinausgehenden Bereitschaftsdienstes zusätzlich mit 15 v.H. als Arbeitszeit gewertet.

(4) [1] Das Entgelt für die nach den Absätzen 1 und 3 zum Zwecke der Entgeltberechnung als Arbeitszeit gewertete Bereitschaftsdienstzeit bestimmt sich nach der Anlage G. [2] Die Beträge der Anlage G verändern sich ab dem 1. März 2012 bei allgemeinen Entgeltanpassungen um den von den Tarifvertragsparteien für die jeweilige Entgeltgruppe festgelegten Vomhundertsatz. [3] Für die Zeit des Bereitschaftsdienstes einschließlich der geleisteten Arbeit und für die Zeit der Rufbereitschaft werden Zeitzuschläge nach § 8 nicht gezahlt.

(5) [1] Die Beschäftigten erhalten zusätzlich zu dem Entgelt nach Absatz 4 für die Zeit des Bereitschaftsdienstes in den Nachtstunden (§ 7 Abs. 5) je Stunde einen Zeitzuschlag in Höhe von 15 v.H. des Entgelts nach Absatz 4. [2] Absatz 4 Satz 3 gilt entsprechend.

(6) An Beschäftigte wird das Bereitschaftsdienstentgelt gezahlt (§ 24 Abs. 1 Satz 3), es sei denn, dass ein Freizeitausgleich im Dienstplan vorgesehen ist, oder eine entsprechende Regelung in einer Betriebs- bzw. einvernehmlichen Dienstvereinbarung getroffen wird oder die / der Beschäftigte dem Freizeitausgleich zustimmt.

§ 47 Sonderkündigungsrecht der Bereitschaftsdienst- und Rufbereitschaftsregelung. [1] Die §§ 45 und 46 können mit einer Frist von drei Monaten gekündigt werden, wenn infolge einer Änderung des Arbeitszeitgesetzes sich materiellrechtliche Auswirkungen ergeben oder weitere Regelungsmöglichkeiten für die Tarifvertragsparteien eröffnet werden. [2] Rein formelle Änderungen berechtigen nicht zu einer Ausübung des Sonderkündigungsrechts.

§ 48 Wechselschichtarbeit. (1) Abweichend von § 6 Abs. 1 Satz 2 werden die gesetzlichen Pausen bei Wechselschichtarbeit nicht in die Arbeitszeit eingerechnet.

(2) Abweichend von § 7 Abs. 1 Satz 1 ist Wechselschichtarbeit die Arbeit nach einem Schichtplan/Dienstplan, der einen regelmäßigen Wechsel der täglichen Arbeitszeit in Wechselschichten vorsieht, bei denen die/der Beschäftigte längstens nach Ablauf eines Monats erneut zu mindestens zwei Nachtschichten herangezogen wird.

§ 49 Arbeit an Sonn- und Feiertagen. Abweichend von § 6 Abs. 3 Satz 3 und in Ergänzung zu § 6 Abs. 5 gilt für Sonn- und Feiertage Folgendes:

(1) [1] Die Arbeitszeit an einem gesetzlichen Feiertag, der auf einen Werktag fällt, wird durch eine entsprechende Freistellung an einem anderen Werktag bis

zum Ende des dritten Kalendermonats – möglichst aber schon bis zum Ende des nächsten Kalendermonats – ausgeglichen, wenn es die betrieblichen Verhältnisse zulassen. [2]Kann ein Freizeitausgleich nicht gewährt werden, erhält die/der Beschäftigte je Stunde 100 v.H. des auf eine Stunde entfallenden Anteils des monatlichen Entgelts der jeweiligen Entgeltgruppe und Stufe nach Maßgabe der Entgelttabelle. [3]Ist ein Arbeitszeitkonto eingerichtet, ist eine Buchung gemäß § 10 Abs. 3 zulässig. [4]§ 8 Abs. 1 Satz 2 Buchst. d bleibt unberührt.

(2) [1]Für Beschäftigte, die regelmäßig nach einem Dienstplan eingesetzt werden, der Wechselschicht- oder Schichtdienst an sieben Tagen in der Woche vorsieht, vermindert sich die regelmäßige Wochenarbeitszeit um ein Fünftel der arbeitsvertraglich vereinbarten durchschnittlichen Wochenarbeitszeit, wenn sie an einem gesetzlichen Feiertag, der auf einen Werktag fällt,

a) Arbeitsleistung zu erbringen haben oder
b) nicht wegen des Feiertags, sondern dienstplanmäßig nicht zur Arbeit eingeteilt sind und deswegen an anderen Tagen der Woche ihre regelmäßige Arbeitszeit erbringen müssen.

[2]Absatz 1 gilt in diesen Fällen nicht. [3]§ 8 Abs. 1 Satz 2 Buchst. d bleibt unberührt.

(3) [1]Beschäftigte, die regelmäßig an Sonn- und Feiertagen arbeiten müssen, erhalten innerhalb von zwei Wochen zwei arbeitsfreie Tage. [2]Hiervon soll ein freier Tag auf einen Sonntag fallen.

§ 49a Ausgleich für Sonderformen der Arbeit. (1) Abweichend von § 8 Abs. 1 Satz 2 Buchst. f beträgt der Zeitzuschlag für Arbeiten an Samstagen von 13 bis 21 Uhr – auch im Rahmen von Wechselschicht- und Schichtarbeit – für Beschäftigte nach § 38 Abs. 5 Satz 1 20 v.H. des auf eine Stunde entfallenden Anteils des Tabellenentgelts der Stufe 3 der jeweiligen Entgeltgruppe.

(2) [1]Beschäftigte, die ständig Wechselschichtarbeit leisten, erhalten abweichend von § 8 Abs. 5 Satz 1 eine Wechselschichtzulage von 155,00 Euro monatlich. [2]Beschäftigte, die nicht ständig Wechselschichtarbeit leisten, erhalten abweichend von § 8 Abs. 5 Satz 2 eine Wechselschichtzulage von 0,93 Euro pro Stunde.

§ 50 Zu § 17 Abs. 4 Höher- und Herabgruppierung. [1]Bei Eingruppierung in eine höhere Entgeltgruppe der Anlage E werden die Beschäftigten der gleichen Stufe zugeordnet, die sie in der niedrigeren Entgeltgruppe erreicht haben. [2]Die Stufenlaufzeit in der höheren Entgeltgruppe beginnt mit dem Tag der Höhergruppierung. [3]Bei einer Eingruppierung in eine niedrigere Entgeltgruppe ist die/der Beschäftige der in der höheren Entgeltgruppe erreichten Stufe zuzuordnen; die in der bisherigen Stufe zurückgelegte Stufenlaufzeit wird auf die Stufenlaufzeit in der niedrigeren Entgeltgruppe angerechnet. [4]Die/Der Beschäftigte erhält vom Beginn des Monats an, in dem die Veränderung wirksam wird, das entsprechende Tabellenentgelt aus der in Satz 1 oder Satz 3 festgelegten Stufe der betreffenden Entgeltgruppe. [5]§ 17 Abs. 4 findet keine Anwendung.

Protokollerklärung zu § 50:
[1] Ist Beschäftigten nach § 14 Abs. 1 vorübergehend eine höherwertige Tätigkeit übertragen worden, und wird ihnen im unmittelbaren Anschluss daran eine Tätigkeit derselben höheren Entgeltgruppe dauerhaft übertragen, werden sie hinsichtlich der Stufenzuordnung so gestellt, als sei die Höhergruppierung ab dem ersten Tag der vorübergehenden Übertragung der höherwertigen Tätigkeit erfolgt. [2] Unterschreitet bei Höhergruppierungen nach Satz 1 das Tabellenentgelt nach § 50 Satz 4 die Summe aus dem Tabellenentgelt und dem Zulagenbetrag nach § 14 Abs. 3, die die / der Beschäftigte am Tag vor der Höhergruppierung erhalten hat, erhält die / der Beschäftigte dieses Entgelt solange, bis das Tabellenentgelt nach § 50 Satz 4 dieses Entgelt erreicht oder übersteigt.

§ 51 Ärztinnen und Ärzte. (1) [1] Abweichend von § 15 Abs. 2 erhalten Ärztinnen und Ärzte in der Entgeltgruppe 15 folgende gesonderte Tabellenwerte:

	Stufe 4	**Stufe 6**
gültig bis 31. März 2021	6.008,08	7.016,21
gültig ab 1. April 2021	6.092,19	7.114,44
gültig ab 1. April 2022	6.201,85	7.242,50

[2] Bei allgemeinen Entgeltanpassungen verändern sich diese Tabellenwerte um denselben Prozentsatz bzw. in demselben Umfang wie die Tabellenwerte der jeweiligen Stufe der Entgeltgruppe 15.

(2) [1] Für Ärztinnen und Ärzte gelten abweichend von § 16 (VKA) Abs. 3 folgende besondere Stufenzuordnungen:

a) in Entgeltgruppe 14:
   - Stufe 1:
     Ärztinnen und Ärzte ohne Berufserfahrung,
   - Stufe 2:
     Ärztinnen und Ärzte nach einjähriger Berufserfahrung;

b) in Entgeltgruppe 15:
   - Stufe 3:
     Fachärztinnen und Fachärzte,
   - Stufe 4:
     Fachärztinnen und Fachärzte nach fünfjähriger entsprechender Tätigkeit,
   - Stufe 5:
     Fachärztinnen und Fachärzte nach neunjähriger entsprechender Tätigkeit,
   - Stufe 6:
     Fachärztinnen und Fachärzte nach dreizehnjähriger entsprechender Tätigkeit.

[2] §§ 16 (VKA) und 17 bleiben im Übrigen unberührt.

(3) Ärztinnen und Ärzte, die als ständige Vertreter der/des leitenden Ärztin/Arztes durch ausdrückliche Anordnung bestellt sind, erhalten für die Dauer der Bestellung eine Funktionszulage bis 31. März 2021 von monatlich 478,78 Euro, ab 1. April 2021 von monatlich 485,48 Euro und ab 1. April 2022 von monatlich 494,22 Euro.

(4) Ärztinnen und Ärzte, die aufgrund ausdrücklicher Anordnung innerhalb einer Fachabteilung oder eines Fachbereichs einen selbständigen Funktionsbereich mit mindestens zehn Beschäftigten leiten, erhalten für die Dauer der Anordnung eine Funktionszulage bis 31. März 2021 von monatlich 342,89 Euro, ab 1. April 2021 von monatlich 347,69 Euro und ab 1. April 2022 von monatlich 353,95 Euro.

(5) Ärztinnen und Ärzte, denen aufgrund ausdrücklicher Anordnung mindestens fünf Ärzte unterstellt sind, erhalten für die Dauer der Anordnung eine Funktionszulage bis 31. März 2021 von monatlich 342,89 Euro, ab 1. April 2021 von monatlich 347,69 Euro und ab dem 1. April 2022 von monatlich 353,95 Euro.

(6) [1] Die Funktionszulagen nach den Absätzen 2 bis 4 sind dynamisch und entfallen mit dem Wegfall der Funktion. [2] Sind die Voraussetzungen für mehr als eine Funktionszulage erfüllt, besteht nur Anspruch auf eine Funktionszulage. [3] Bei unterschiedlicher Höhe der Funktionszulagen wird die höhere gezahlt.

(7) Die Absätze 1 bis 6 finden auf Zahnärztinnen/Zahnärzte, Apothekerinnen/Apotheker und Tierärztinnen/Tierärzte keine Anwendung.

Protokollerklärungen zu § 51:

1. *[1] Ständige Vertreterinnen/Vertreter im Sinne des Tätigkeitsmerkmals ist nur die/der Ärztin/Arzt, der die/den leitende/n Ärztin/Arzt in der Gesamtheit seiner Dienstaufgaben vertritt. [2] Das Tätigkeitsmerkmal kann daher innerhalb einer Abteilung (Klinik) nur von einer/einem Ärztin/Arzt erfüllt werden.*
2. *Ist der Anspruch auf Zahlung der Funktionszulage nach den Absätzen 2 bis 5 von der Zahl der unterstellten Ärztinnen/Ärzte abhängig, gilt folgendes:*
   - *a) Für den Anspruch auf Zahlung der Funktionszulage nach den Absätzen 2 bis 5 ist es unschädlich, wenn im Organisations- und Stellenplan zur Besetzung ausgewiesene Stellen nicht besetzt sind.*
   - *b) Bei der Zahl der unterstellten Ärztinnen/Ärzte zählen nur diejenigen unterstellten Ärzte mit, die in einem Arbeits- oder Beamtenverhältnis zu demselben Arbeitgeber (Dienstherrn) stehen oder im Krankenhaus von einem sonstigen öffentlichen Arbeitgeber (Dienstherrn) zur Krankenversorgung eingesetzt werden.*
   - *c) Teilbeschäftigte zählen entsprechend dem Verhältnis der mit ihnen im Arbeitsvertrag vereinbarten Arbeitszeit zur regelmäßigen Arbeitszeit eines Vollbeschäftigten.*
3. *Funktionsbereiche sind wissenschaftlich anerkannte Spezialgebiete innerhalb eines ärztlichen Fachgebietes, z.B. Nephrologie, Handchirurgie, Neuroradiologie, Elektroencephalographie, Herzkatheterisierung.*

§ 51a Entgelt der Beschäftigten in der Pflege. (1) [1] Beschäftigte, die nach dem Teil B Abschnitt XI Ziffern 1 und 2 der Anlage 1 – Entgeltordnung (VKA) in eine der Entgeltgruppen P 5 bis P 16 eingruppiert sind, erhalten Entgelt nach der Anlage E. [2] Soweit im Allgemeinen Teil auf bestimmte Entgeltgruppen der Anlage A (VKA) Bezug genommen wird, entspricht

die Entgeltgruppe	der Entgeltgruppe
P 5	3
P 6	4
P 7	7

P 8	8
P 9, P 10	9a
P 11	9b
P 12	9c
P 13	10
P 14, P 15	11
P 16	12.

(2) Abweichend von § 16 (VKA) Abs. 1 Satz 1 ist für die Beschäftigten im Pflegedienst nach Teil B Abschnitt XI Ziffern 1 und 2 der Anlage 1 – Entgeltordnung (VKA) Eingangsstufe in den Entgeltgruppen P 7 bis P 16 die Stufe 2.

(3) Abweichend von § 16 (VKA) Abs. 3 Satz 1 wird von den Beschäftigten im Pflegedienst nach Teil B Abschnitt XI Ziffer 1 der Anlage 1 – Entgeltordnung (VKA) in den Entgeltgruppen P 7 und P 8 die Stufe 3 nach drei Jahren in Stufe 2 erreicht.

Protokollerklärung zu Absatz 3:

Absatz 3 findet keine Anwendung auf Beschäftigte, die mindestens zur Hälfte eine oder mehrere der folgenden Tätigkeiten auszuüben haben:

- *Erfüllung von Pflegeaufgaben an Patienten von psychiatrischen oder neurologischen Krankenhäusern, die nicht in diesen Krankenhäusern untergebracht sind,*
- *dem zentralen Sterilisationsdienst vorstehen.*

(4) [1] Beschäftigte, die in eine der Entgeltgruppen P 5 bis P 16 eingruppiert sind, erhalten ab dem 1. März 2021 zuzüglich zu dem Tabellenentgelt gemäß § 15 Abs. 1 eine nicht dynamische Zulage in Höhe von monatlich 25,00 Euro. [2] Bei Beschäftigten der Mitglieder des Kommunalen Arbeitgeberverbandes Baden-Württemberg beträgt die Zulage monatlich 35,00 Euro. [3] § 24 Abs. 2 findet Anwendung.

(5) [1] Beschäftigte, die in eine der Entgeltgruppen P 5 bis P 16 eingruppiert sind, erhalten ab 1. März 2021 zuzüglich zu dem Tabellenentgelt gemäß § 15 Abs. 1 eine Pflegezulage in Höhe von monatlich 70,00 Euro. [2] Die Pflegezulage gemäß Satz 1 erhöht sich ab dem 1. März 2022 auf monatlich 120,00 Euro. [3] Ab dem 1. Januar 2023 verändert sich die Pflegezulage bei allgemeinen Entgeltanpassungen um den von den Tarifvertragsparteien vereinbarten Vomhundertsatz. [4] § 24 Abs. 2 findet Anwendung.

§ 52 Entgelt der Beschäftigten im Sozial- und Erziehungsdienst.

(1) Beschäftigte, die nach dem Teil B Abschnitt XXIV der Anlage 1 – Entgeltordnung (VKA) eingruppiert sind, erhalten abweichend von § 15 Abs. 2 Satz 2 Entgelt nach der Anlage C (VKA).

(2) Anstelle des § 16 (VKA) gilt Folgendes:
[1] Die Entgeltgruppen S 2 bis S 18 umfassen sechs Stufen. [2] Bei Einstellung werden die Beschäftigten der Stufe 1 zugeordnet, sofern keine einschlägige Berufserfahrung vorliegt. [3] Verfügt die/der Beschäftigte über eine einschlägige Berufserfahrung von mindestens einem Jahr, erfolgt die Einstellung in die Stufe 2; verfügt sie/er über eine einschlägige Berufserfahrung von mindestens vier Jahren, erfolgt in der Regel eine Zuordnung zur Stufe 3. [4] Unabhängig davon kann der Arbeitgeber bei Neueinstellungen zur Deckung des Personalbedarfs Zeiten einer vorherigen beruflichen Tätigkeit ganz oder teilweise für die

Stufenzuordnung berücksichtigen, wenn diese Tätigkeit für die vorgesehene Tätigkeit förderlich ist. [5]Bei Einstellung von Beschäftigten in unmittelbarem Anschluss an ein Arbeitsverhältnis im öffentlichen Dienst (§ 34 Abs. 3 Satz 3 und 4) oder zu einem Arbeitgeber, der einen dem TVöD vergleichbaren Tarifvertrag anwendet, kann die in dem vorhergehenden Arbeitsverhältnis erworbene Stufe bei der Stufenzuordnung ganz oder teilweise berücksichtigt werden; Satz 4 bleibt unberührt. [6]Die Beschäftigten erreichen die jeweils nächste Stufe – von Stufe 3 an in Abhängigkeit von ihrer Leistung gemäß § 17 Abs. 2 – nach folgenden Zeiten einer ununterbrochenen Tätigkeit innerhalb derselben Entgeltgruppe bei ihrem Arbeitgeber (Stufenlaufzeit):

- Stufe 2 nach einem Jahr in Stufe 1,
- Stufe 3 nach drei Jahren in Stufe 2,
- Stufe 4 nach vier Jahren in Stufe 3,
- Stufe 5 nach vier Jahren in Stufe 4 und
- Stufe 6 nach fünf Jahren in Stufe 5.

[7]Abweichend von Satz 1 ist Endstufe die Stufe 4

a) in der Entgeltgruppe S 4 bei Tätigkeiten der Fallgruppe 3 und
b) in der Entgeltgruppe S 8b bei Tätigkeiten der Fallgruppe 3.

[8]Abweichend von Satz 6 erreichen Beschäftigte, die nach dem Teil B Abschnitt XXIV der Anlage 1 – Entgeltordnung (VKA) in der Entgeltgruppe S 8b bei Tätigkeiten der Fallgruppen 1 oder 2 eingruppiert sind, die Stufe 5 nach sechs Jahren in Stufe 4 und die Stufe 6 nach acht Jahren in Stufe 5.

Protokollerklärung zu § 52 Absatz 2 Satz 3:
Ein Berufspraktikum nach dem Tarifvertrag für Praktikantinnen/Praktikanten des öffentlichen Dienstes (TVPöD) vom 27. Oktober 2009 gilt grundsätzlich als Erwerb einschlägiger Berufserfahrung.

(3) Soweit im Allgemeinen Teil auf bestimmte Entgeltgruppen Bezug genommen wird, entspricht

die Entgeltgruppe	der Entgeltgruppe
S 2	2
S 3	4
S 4	5
S 5	6
S 6 bis S 8b	8
S 9 bis S 11a	9a
S 11b bis S 13	9b
S 14	9c
S 15 und S 16	10
S 17	11
S 18	12.

(4) [1]Bei Eingruppierung in eine höhere Entgeltgruppe der Anlage C werden die Beschäftigten der gleichen Stufe zugeordnet, die sie in der niedrigeren Entgeltgruppe erreicht haben. [2]Beträgt bei Höhergruppierungen innerhalb der Anlage C der Unterschiedsbetrag zwischen dem derzeitigen Tabellenentgelt und dem Tabellenentgelt nach § 17 Abs. 4 Satz 1 in der höheren Entgeltgruppe

– in den Entgeltgruppen S 2 bis S 8b bis 31. März 2021 weniger als 63,41 Euro, ab 1. April 2021 64,30 Euro und ab 1. April 2022 65,46 Euro,

– in den Entgeltgruppen S 9 bis S 18 bis 31. März 2021 weniger als 101,47 Euro, ab 1. April 2021 102,89 Euro und ab 1. April 2022 104,74 Euro,

erhält die/der Beschäftigte während der betreffenden Stufenlaufzeit anstelle des Unterschiedsbetrages den vorgenannten jeweils zustehenden Garantiebetrag. [3]Die Stufenlaufzeit in der höheren Entgeltgruppe beginnt mit dem Tag der Höhergruppierung. [4]Bei einer Eingruppierung in eine niedrigere Entgeltgruppe ist die/der Beschäftige der in der höheren Entgeltgruppe erreichten Stufe zuzuordnen; die in der bisherigen Stufe zurückgelegte Stufenlaufzeit wird auf die Stufenlaufzeit in der niedrigeren Entgeltgruppe angerechnet. [5]Die/Der Beschäftigte erhält vom Beginn des Monats an, in dem die Veränderung wirksam wird, das entsprechende Tabellenentgelt aus der in Satz 1 oder Satz 4 festgelegten Stufe der betreffenden Entgeltgruppe. [6]§ 17 Abs. 4 findet keine Anwendung.

Protokollerklärung zu Absatz 4 Satz 2:

Die Garantiebeträge nehmen an allgemeinen Entgeltanpassungen teil.

Protokollerklärung zu Absatz 4:

[1]Ist Beschäftigten nach § 14 Abs. 1 vorübergehend eine höherwertige Tätigkeit übertragen worden, und wird ihnen im unmittelbaren Anschluss daran eine Tätigkeit derselben höheren Entgeltgruppe dauerhaft übertragen, werden sie hinsichtlich der Stufenzuordnung so gestellt, als sei die Höhergruppierung ab dem ersten Tag der vorübergehenden Übertragung der höherwertigen Tätigkeit erfolgt. [2]Unterschreitet bei Höhergruppierungen nach Satz 1 das Tabellenentgelt nach § 52 Abs. 4 Satz 5 die Summe aus dem Tabellenentgelt und dem Zulagenbetrag nach § 14 Abs. 3, die die / der Beschäftigte am Tag vor der Höhergruppierung erhalten hat, erhält die / der Beschäftigte dieses Entgelt solange, bis das Tabellenentgelt nach § 52 Abs. 4 Satz 5 dieses Entgelt erreicht oder übersteigt.

(5) Auf Beschäftigte der Entgeltgruppe S 9 findet der in § 20 (VKA) Abs. 2 Satz 1 für die Entgeltgruppen 1 bis 8 ausgewiesene Prozentsatz Anwendung.

§ 52a Jahressonderzahlung im Bereich der Pflege. Für Beschäftigte, die in eine der Entgeltgruppen P 5 bis P 16 eingruppiert sind, gilt § 20 (VKA) Abs. 2 Satz 1 in folgender Fassung:

„[1]Die Jahressonderzahlung beträgt bei Beschäftigten, für die die Regelungen des Tarifgebiets West Anwendung finden,

in den Entgeltgruppen P 5 bis P 8	bis einschließlich Kalenderjahr 2021	79,74 Prozent
	ab dem Kalenderjahr 2022	84,74 Prozent
in den Entgeltgruppen P 9 bis 16		70,48 Prozent

des der/dem Beschäftigten in den Kalendermonaten Juli, August und September durchschnittlich gezahlten monatlichen Entgelts; unberücksichtigt bleiben hierbei das zusätzlich für Überstunden und Mehrarbeit gezahlte Entgelt (mit Ausnahme der im Dienstplan vorgesehenen Überstunden und Mehrarbeit), Leistungszulagen, Leistungs- und Erfolgsprämien.“

§ 53 Betrieblicher Gesundheitsschutz/Betriebliche Gesundheitsförderung der Beschäftigten im Sozial- und Erziehungsdienst. (1) Die nachfolgenden Regelungen gelten für die Beschäftigten des Sozial- und Erziehungsdienstes, soweit sie nach dem Teil B Abschnitt XXIV der Anlage 1 – Entgeltordnung (VKA) eingruppiert sind.

(2) [1] Betriebliche Gesundheitsförderung zielt darauf ab, die Arbeit und die Arbeitsbedingungen so zu organisieren, dass diese nicht Ursache von Erkrankungen oder Gesundheitsschädigungen sind. [2] Sie fördert die Erhaltung bzw. Herstellung gesundheitsgerechter Verhältnisse am Arbeitsplatz sowie gesundheitsbewusstes Verhalten. [3] Zugleich werden damit die Motivation der Beschäftigten und die Qualitätsstandards der Verwaltungen und Betriebe verbessert. [4] Die betriebliche Gesundheitsförderung basiert auf einem aktiv betriebenen Arbeits- und Gesundheitsschutz. [5] Dieser reduziert Arbeitsunfälle, Berufskrankheiten sowie arbeitsbedingte Gesundheitsgefahren und verbessert durch den Abbau von Fehlzeiten und die Vermeidung von Betriebsstörungen die Wettbewerbsfähigkeit der Verwaltungen und Betriebe. [6] Der Arbeits- und Gesundheitsschutz sowie die betriebliche Gesundheitsförderung gehören zu einem zeitgemäßen Gesundheitsmanagement.

(3) [1] Die Beschäftigten haben einen individuellen Anspruch auf die Durchführung einer Gefährdungsbeurteilung. [2] Die Durchführung erfolgt nach Maßgabe des Gesetzes über die Durchführung von Maßnahmen des Arbeitsschutzes zur Verbesserung der Sicherheit und des Gesundheitsschutzes der Beschäftigten bei der Arbeit (Arbeitsschutzgesetz). [3] Die Beschäftigten sind in die Durchführung der Gefährdungsbeurteilung einzubeziehen. [4] Sie sind über das Ergebnis von Gefährdungsbeurteilungen zu unterrichten. [5] Vorgesehene Maßnahmen sind mit ihnen zu erörtern. [6] Widersprechen betroffene Beschäftigte den vorgesehenen Maßnahmen, ist die betriebliche Kommission zu befassen. [7] Die Beschäftigten können verlangen, dass eine erneute Gefährdungsbeurteilung durchgeführt wird, wenn sich die Umstände, unter denen die Tätigkeiten zu verrichten sind, wesentlich ändern, neu entstandene wesentliche Gefährdungen auftreten oder eine Gefährdung auf Grund veränderter arbeitswissenschaftlicher Erkenntnisse erkannt wird. [8] Die Wirksamkeit der Maßnahmen ist in angemessenen Abständen zu überprüfen.

(4) [1] Beim Arbeitgeber wird auf Antrag des Personalrats/Betriebsrats eine betriebliche Kommission gebildet, deren Mitglieder je zur Hälfte vom Arbeitgeber und vom Personal- bzw. Betriebsrat benannt werden. [2] Die Mitglieder müssen Beschäftigte des Arbeitgebers sein. [3] Soweit ein Arbeitsschutzausschuss gebildet ist, können Mitglieder dieses Ausschusses auch in der betrieblichen Kommission tätig werden. [4] Im Falle des Absatzes 3 Satz 6 berät die betriebliche Kommission über die erforderlichen Maßnahmen und kann Vorschläge zu den zu treffenden Maßnahmen machen. [5] Der Arbeitgeber führt die Maßnahmen durch, wenn die Mehrheit der vom Arbeitgeber benannten Mitglieder der betrieblichen Kommission im Einvernehmen mit dem Arbeitgeber dem Beschluss zugestimmt hat. [6] Gesetzliche Rechte der kommunalen Beschlussorgane bleiben unberührt. [7] Wird ein Vorschlag nur von den vom Personalrat/Betriebsrat benannten Mitgliedern gemacht und folgt der Arbeitgeber diesem Vorschlag nicht, sind die Gründe darzulegen. [8] Die betriebliche Kommission ist auch für die Beratung von schriftlich begründeten Beschwerden zuständig, wenn der Arbeitgeber eine erneute Gefährdungsbeurteilung ablehnt. [9] Der Arbeitgeber entscheidet auf Vorschlag des Arbeitsschutzausschusses bzw. der betrieblichen

Kommission, ob und in welchem Umfang der Beschwerde im Einzelfall abgeholfen wird. [10] Wird dem Vorschlag nicht gefolgt, sind die Gründe darzulegen.

(5) [1] Die betriebliche Kommission kann zeitlich befristet Gesundheitszirkel zur Gesundheitsförderung einrichten, deren Aufgabe es ist, Belastungen am Arbeitsplatz und deren Ursachen zu analysieren und Lösungsansätze zur Verbesserung der Arbeitssituation zu erarbeiten. [2] Sie berät über Vorschläge der Gesundheitszirkel und unterbreitet, wenn ein Arbeitsschutzausschuss gebildet ist, diesem, ansonsten dem Arbeitgeber Vorschläge. [3] Die Ablehnung eines Vorschlags ist durch den Arbeitgeber zu begründen. [4] Näheres regelt die Geschäftsordnung der betrieblichen Kommission.

(6) [1] Zur Durchführung ihrer Aufgaben sind der betrieblichen Kommission die erforderlichen, zur Verfügung stehenden Unterlagen zugänglich zu machen. [2] Die betriebliche Kommission gibt sich eine Geschäftsordnung, in der auch Regelungen über die Beteiligung der Beschäftigten bei der Gefährdungsbeurteilung, deren Bekanntgabe und Erörterung sowie über die Qualifizierung der Mitglieder der betrieblichen Kommission und von Gesundheitszirkeln zu treffen sind.

(7) Gesetzliche Bestimmungen, günstigere betriebliche Regelungen und die Rechte des Personal- bzw. Betriebsrats bleiben unberührt.

Protokollerklärungen:

1. *Sollte sich aufgrund gerichtlicher Entscheidungen erweisen, dass die über die Zusammensetzung der betrieblichen Kommission oder die Berufung ihrer Mitglieder getroffenen Regelungen mit geltendem Recht unvereinbar sind, werden die Tarifvertragsparteien Verhandlungen aufnehmen und eine ersetzende Regelung treffen, die mit geltendem Recht vereinbar ist und dem von den Tarifvertragsparteien Gewollten möglichst nahe kommt.*
2. *Die Tarifvertragsparteien stimmen darin überein, dass mit dieser Regelung außerhalb seines Geltungsbereichs der betriebliche Gesundheitsschutz/die betriebliche Gesundheitsförderung im BT-V und BT-B nicht abschließend tariflich geregelt sind und die übrigen Besonderen Teile des TVöD von der hier getroffenen Regelung unberührt bleiben.*

§ 54 Erholungsurlaub. [1] Die Beschäftigten an Heimschulen und Internaten haben den Urlaub in der Regel während der Schulferien zu nehmen. [2] Die Sonderregelungen für Lehrkräfte bleiben unberührt.

§ 55 Zusatzurlaub. (1) [1] Beschäftigte erhalten bei einer Leistung im Kalenderjahr von mindestens

150 Nachtarbeitsstunden	1 Arbeitstag
300 Nachtarbeitsstunden	2 Arbeitstage
450 Nachtarbeitsstunden	3 Arbeitstage
600 Nachtarbeitsstunden	4 Arbeitstage

Zusatzurlaub im Kalenderjahr. [2] Nachtarbeitsstunden, die in Zeiträumen geleistet werden, für die Zusatzurlaub für Wechselschicht- oder Schichtarbeit zusteht, bleiben unberücksichtigt. [3] § 27 Abs. 4 findet mit der Maßgabe Anwendung, dass Erholungsurlaub und Zusatzurlaub insgesamt im Kalenderjahr 35 Tage, bei Zusatzurlaub wegen Wechselschichtarbeit 36 Tage, nicht überschreiten. [4] § 27 Abs. 5 findet Anwendung.

(2) Bei Anwendung des Absatzes 1 werden nur die im Rahmen der regelmäßigen Arbeitszeit (§ 6) in der Zeit zwischen 21 Uhr und 6 Uhr dienstplanmäßig bzw. betriebsüblich geleisteten Nachtarbeitsstunden berücksichtigt.

(3) [1] Bei Teilzeitbeschäftigten ist die Zahl der nach Absatz 1 geforderten Nachtarbeitsstunden entsprechend dem Verhältnis ihrer individuell vereinbarten durchschnittlichen regelmäßigen Arbeitszeit zur regelmäßigen Arbeitszeit vergleichbarer Vollzeitbeschäftigter zu kürzen. [2] Ist die vereinbarte Arbeitszeit im Durchschnitt des Urlaubsjahres auf weniger als fünf Arbeitstage in der Kalenderwoche verteilt, ist der Zusatzurlaub in entsprechender Anwendung des § 26 Abs. 1 Sätze 3 und 4 zu ermitteln.

(4) [1] Die Beschäftigten erhalten für die Zeit der Bereitschaftsdienste in den Nachtstunden (§ 7 Abs. 5) einen Zusatzurlaub in Höhe von zwei Arbeitstagen pro Kalenderjahr, sofern mindestens 288 Stunden der Bereitschaftsdienste kalenderjährlich in die Zeit zwischen 21.00 bis 6.00 Uhr fallen. [2] Absatz 1 Sätze 2 und 3 und Absatz 3 gelten entsprechend.

Protokollerklärung zu § 55 Absatz 1:

Der Anspruch auf Zusatzurlaub bemisst sich nach den abgeleisteten Nachtarbeitsstunden und entsteht im laufenden Jahr, sobald die Voraussetzungen nach Satz 1 erfüllt sind.

§ 56 Reise und Umzugskosten. (1) [1] Die Erstattung von Reise- und ggf. Umzugskosten richtet sich nach den beim Arbeitgeber geltenden Grundsätzen. [2] Für Arbeitgeber, die öffentlichem Haushaltsrecht unterliegen, finden, wenn diese nicht nach eigenen Grundsätzen verfahren, die für Beamtinnen und Beamte geltenden Bestimmungen Anwendung.

(2) [1] Bei Dienstreisen gilt nur die Zeit der dienstlichen Inanspruchnahme am auswärtigen Geschäftsort als Arbeitszeit. [2] Für jeden Tag einschließlich der Reisetage wird jedoch mindestens die auf ihn entfallende regelmäßige, durchschnittliche oder dienstplanmäßige Arbeitszeit berücksichtigt, wenn diese bei Nichtberücksichtigung der Reisezeit nicht erreicht würde. [3] Überschreiten nicht anrechenbare Reisezeiten insgesamt 15 Stunden im Monat, so werden auf Antrag 25 v.H. dieser überschreitenden Zeiten bei fester Arbeitszeit als Freizeitausgleich gewährt und bei gleitender Arbeitszeit im Rahmen der jeweils geltenden Vorschriften auf die Arbeitszeit angerechnet. [4] Der besonderen Situation von Teilzeitbeschäftigten ist Rechnung zu tragen. [5] Soweit Einrichtungen in privater Rechtsform oder andere Arbeitgeber nach eigenen für die Beschäftigten günstigeren Grundsätzen oder Abmachungen verfahren, sind diese abweichend von den Sätzen 1 bis 4 maßgebend.

§ 57 In-Kraft-Treten, Laufzeit. [1] Dieser Tarifvertrag tritt am 1. Oktober 2005 in Kraft. [2] Die Bestimmungen dieses Tarifvertrages sind mit der Kündigung der entsprechenden Vorschriften des Besonderen Teils Krankenhäuser (BT-K) zum gleichen Zeitpunkt gekündigt. [3] Abweichend von Satz 2 können die §§ 52 und 53 mit einer Frist von drei Monaten zum Schluss eines Kalendervierteljahres, frühestens jedoch zum 30. Juni 2020, schriftlich gekündigt werden. [4] Für die Kündigung der Anlage C (VKA) zum TVöD gilt § 39 Abs. 4 Buchst. c entsprechend.

Anlage C (Sozial- und Erziehungsdienst) Tabelle TVöD VKA

gültig bis 31. März 2021
(monatlich in Euro)

Entgelt-gruppe	Grundentgelt		Entwicklungsstufen			
	Stufe 1	Stufe 2	Stufe 3	Stufe 4	Stufe 5	Stufe 6
S 18	3.900,00	4.004,30	4.521,02	4.908,52	5.489,79	5.845,01
S 17	3.580,74	3.842,85	4.262,65	4.521,02	5.037,68	5.341,24
S 16	3.502,52	3.758,90	4.043,07	4.391,82	4.779,34	5.011,85
S 15	3.370,09	3.616,78	3.875,16	4.172,25	4.650,18	4.856,83
S 14	3.335,53	3.579,69	3.866,80	4.158,86	4.481,81	4.707,85
S 13	3.251,68	3.489,70	3.810,56	4.068,88	4.391,82	4.553,28
S 12	3.242,48	3.479,83	3.787,46	4.058,71	4.394,57	4.536,66
S 11b	3.196,36	3.430,33	3.594,40	4.007,75	4.330,68	4.524,44
S 11a	3.134,84	3.364,31	3.527,32	3.939,73	4.262,65	4.456,41
S 10	[nicht besetzt]					
S 9	2.892,66	3.104,40	3.351,85	3.711,78	4.049,22	4.307,92
S 8b	2.892,66	3.104,40	3.351,85	3.711,78	4.049,22	4.307,92
S 8a	2.829,77	3.036,91	3.250,62	3.453,09	3.649,92	3.855,19
S 7	2.755,05	2.956,72	3.157,39	3.358,02	3.508,53	3.733,06
S 6	[nicht besetzt]					
S 5	[nicht besetzt]					
S 4	2.632,35	2.825,04	3.000,62	3.119,76	3.232,63	3.408,47
S 3	2.476,93	2.658,24	2.826,92	2.981,80	3.052,66	3.137,31
S 2	2.285,34	2.396,40	2.478,56	2.567,76	2.668,07	2.768,42

gültig vom 1. April 2021 bis 31. März 2022
(monatlich in Euro)

Entgelt-gruppe	Grundentgelt		Entwicklungsstufen			
	Stufe 1	Stufe 2	Stufe 3	Stufe 4	Stufe 5	Stufe 6
S 18	3.954,60	4.060,36	4.584,31	4.977,24	5.566,65	5.926,84
S 17	3.630,87	3.896,65	4.322,33	4.584,31	5.108,21	5.416,02
S 16	3.552,52	3.811,52	4.099,67	4.453,31	4.846,25	5.082,02
S 15	3.420,09	3.667,41	3.929,41	4.230,66	4.715,28	4.924,83
S 14	3.385,53	3.629,81	3.920,94	4.217,08	4.544,56	4.773,76
S 13	3.301,68	3.539,70	3.863,91	4.125,84	4.453,31	4.617,03
S 12	3.292,48	3.529,83	3.840,48	4.115,53	4.456,09	4.600,17
S 11b	3.246,36	3.480,33	3.644,72	4.063,86	4.391,31	4.587,78
S 11a	3.184,84	3.414,31	3.577,32	3.994,89	4.322,33	4.518,80
S 10	[nicht besetzt]					
S 9	2.942,66	3.154,40	3.401,85	3.763,74	4.105,91	4.368,23
S 8b	2.942,66	3.154,40	3.401,85	3.763,74	4.105,91	4.368,23
S 8a	2.879,77	3.086,91	3.300,62	3.503,09	3.701,02	3.909,16
S 7	2.805,05	3.006,72	3.207,39	3.408,02	3.558,53	3.785,32
S 6	[nicht besetzt]					
S 5	[nicht besetzt]					
S 4	2.682,35	2.875,04	3.050,62	3.169,76	3.282,63	3.458,47
S 3	2.526,93	2.708,24	2.876,92	3.031,80	3.102,66	3.187,31
S 2	2.335,34	2.446,40	2.528,56	2.617,76	2.718,07	2.818,42

gültig ab 1. April 2022
(monatlich in Euro)

Entgelt-gruppe	Grundentgelt		Entwicklungsstufen			
	Stufe 1	Stufe 2	Stufe 3	Stufe 4	Stufe 5	Stufe 6
S 18	4.025,78	4.133,45	4.666,83	5.066,83	5.666,85	6.033,52
S 17	3.696,23	3.966,79	4.400,13	4.666,83	5.200,16	5.513,51
S 16	3.616,47	3.880,13	4.173,46	4.533,47	4.933,48	5.173,50
S 15	3.481,65	3.733,42	4.000,14	4.306,81	4.800,16	5.013,48
S 14	3.446,47	3.695,15	3.991,52	4.292,99	4.626,36	4.859,69
S 13	3.361,11	3.603,41	3.933,46	4.200,11	4.533,47	4.700,14
S 12	3.351,74	3.593,37	3.909,61	4.189,61	4.536,30	4.682,97
S 11b	3.304,79	3.542,98	3.710,32	4.137,01	4.470,35	4.670,36
S 11a	3.242,17	3.475,77	3.641,71	4.066,80	4.400,13	4.600,14
S 10	[nicht besetzt]					
S 9	2.995,63	3.211,18	3.463,08	3.831,49	4.179,82	4.446,86
S 8b	2.995,63	3.211,18	3.463,08	3.831,49	4.179,82	4.446,86
S 8a	2.931,61	3.142,47	3.360,03	3.566,15	3.767,64	3.979,52
S 7	2.855,54	3.060,84	3.265,12	3.469,36	3.622,58	3.853,46
S 6	[nicht besetzt]					
S 5	[nicht besetzt]					
S 4	2.730,63	2.926,79	3.105,53	3.226,82	3.341,72	3.520,72
S 3	2.572,41	2.756,99	2.928,70	3.086,37	3.158,51	3.244,68
S 2	2.377,38	2.490,44	2.574,07	2.664,88	2.767,00	2.869,15

Anlage E (Pflegedienst) Tabelle TVöD VKA

gültig bis 31. März 2021
(monatlich in Euro)

Entgelt-gruppe	Grundentgelt		Entwicklungsstufen			
	Stufe 1	Stufe 2	Stufe 3	Stufe 4	Stufe 5	Stufe 6
P 16		4.350,53	4.503,05	4.995,51	5.569,57	5.822,79
P 15		4.257,10	4.396,67	4.745,61	5.163,22	5.322,71
P 14		4.154,10	4.290,31	4.630,81	5.093,43	5.177,85
P 13		4.051,12	4.183,94	4.515,99	4.755,75	4.817,65
P 12		3.845,11	3.971,19	4.286,37	4.479,97	4.570,02
P 11		3.639,13	3.758,45	4.056,75	4.254,84	4.344,90
P 10		3.433,15	3.545,70	3.860,88	4.012,84	4.108,51
P 9		3.264,30	3.433,15	3.545,70	3.759,57	3.849,62
P 8		3.003,48	3.149,83	3.337,47	3.489,01	3.699,19
P 7		2.830,56	3.003,48	3.269,54	3.402,54	3.539,56
P 6	2.379,67	2.538,09	2.697,56	3.036,75	3.123,21	3.282,80
P 5	2.284,28	2.500,89	2.564,56	2.670,95	2.750,78	2.938,30

gültig vom 1. April 2021 bis 31. März 2022
(monatlich in Euro)

Entgelt-gruppe	Grundentgelt		Entwicklungsstufen			
	Stufe 1	Stufe 2	Stufe 3	Stufe 4	Stufe 5	Stufe 6
P 16		4.411,44	4.566,09	5.065,45	5.647,54	5.904,31
P 15		4.316,70	4.458,22	4.812,05	5.235,51	5.397,23
P 14		4.212,26	4.350,37	4.695,64	5.164,74	5.250,34

Entgelt-gruppe	Grundentgelt		Entwicklungsstufen			
	Stufe 1	Stufe 2	Stufe 3	Stufe 4	Stufe 5	Stufe 6
P 13		4.107,84	4.242,52	4.579,21	4.822,33	4.885,10
P 12		3.898,94	4.026,79	4.346,38	4.542,69	4.634,00
P 11		3.690,08	3.811,07	4.113,54	4.314,41	4.405,73
P 10		3.483,15	3.595,70	3.914,93	4.069,02	4.166,03
P 9		3.314,30	3.483,15	3.595,70	3.812,20	3.903,51
P 8		3.053,48	3.199,83	3.387,47	3.539,01	3.750,98
P 7		2.880,56	3.053,48	3.319,54	3.452,54	3.589,56
P 6	2.429,67	2.588,09	2.747,56	3.086,75	3.173,21	3.332,80
P 5	2.334,28	2.550,89	2.614,56	2.720,95	2.800,78	2.988,30

gültig ab 1. April 2022
(monatlich in Euro)

Entgelt-gruppe	Grundentgelt		Entwicklungsstufen			
	Stufe 1	Stufe 2	Stufe 3	Stufe 4	Stufe 5	Stufe 6
P 16		4.490,85	4.648,28	5.156,63	5.749,20	6.010,59
P 15		4.394,40	4.538,47	4.898,67	5.329,75	5.494,38
P 14		4.288,08	4.428,68	4.780,16	5.257,71	5.344,85
P 13		4.181,78	4.318,89	4.661,64	4.909,13	4.973,03
P 12		3.969,12	4.099,27	4.424,61	4.624,46	4.717,41
P 11		3.756,50	3.879,67	4.187,58	4.392,07	4.485,03
P 10		3.545,85	3.660,42	3.985,40	4.142,26	4.241,02
P 9		3.373,96	3.545,85	3.660,42	3.880,82	3.973,77
P 8		3.108,44	3.257,43	3.448,44	3.602,71	3.818,50
P 7		2.932,41	3.108,44	3.379,29	3.514,69	3.654,17
P 6	2.473,40	2.634,68	2.797,02	3.142,31	3.230,33	3.392,79
P 5	2.376,30	2.596,81	2.661,62	2.769,93	2.851,19	3.042,09

Anlage G zu § 46 Abs. 4 BT-B

I. Beschäftigte, die Entgelt nach der Anlage A zum TVöD erhalten (ausgenommen Beschäftigte nach nachfolgender Ziffer III)

Entgeltgruppe	Stundenentgelt gültig bis 31. März 2021 (in Euro)	Stundenentgelt gültig vom 1. April 2021 bis 31. März 2022 (in Euro)	Stundenentgelt gültig ab 1. April 2022 (in Euro)
EG 15	35,65	36,15	36,80
EG 14	32,90	33,36	33,96
EG 13	30,17	30,59	31,14
EG 12	29,58	29,99	30,53
EG 11	29,19	29,60	30,13
EG 10	26,50	26,87	27,35
EG 9c	23,25	23,58	24,00
EG 9b	22,70	23,02	23,43
EG 9a	22,12	22,43	22,83
EG 8	21,10	21,40	21,79
EG 7	20,33	20,61	20,98
EG 6	19,63	19,90	20,26
EG 5	18,41	18,67	19,01
EG 4	17,83	18,08	18,41

Entgeltgruppe	Stundenentgelt gültig bis 31. März 2021 (in Euro)	Stundenentgelt gültig vom 1. April 2021 bis 31. März 2022 (in Euro)	Stundenentgelt gültig ab 1. April 2022 (in Euro)
EG 3	17,32	17,56	17,88
EG 2	16,79	17,03	17,34
EG 1	13,56	13,75	14,00

II. Anlage E

Entgeltgruppe	Stundenentgelt gültig bis 31. März 2021 (in Euro)	Stundenentgelt gültig vom 1. April 2021 bis 31. März 2022 (in Euro)	Stundenentgelt gültig ab 1. April 2022 (in Euro)
P 16	31,78	32,22	32,80
P 15	29,43	29,84	30,38
P 14	27,74	28,13	28,64
P 13	26,09	26,46	26,94
P 12	24,84	25,19	25,64
P 11	24,17	24,51	24,95
P 10	22,94	23,26	23,68
P 9	22,44	22,75	23,16
P 8	21,98	22,29	22,69
P 7	21,15	21,45	21,84
P 6	19,35	19,62	19,97
P 5	17,82	18,07	18,40

III. Beschäftigte, die nach dem Teil A Abschnitt I Ziffer 2 der Anlage 1 - Entgeltordnung (VKA) eingruppiert oder nach der Anlage 3 zum TVÜ-VKA den Entgeltgruppen der Anlage A zum TVöD zugeordnet sind

Entgeltgruppe	Stundenentgelt gültig bis 31. März 2021 (in Euro)	Stundenentgelt gültig vom 1. April 2021 bis 31. März 2022 (in Euro)	Stundenentgelt gültig ab 1. April 2022 (in Euro)
9a	22,67	22,99	23,40
8	21,85	22,16	22,56
7	20,88	21,17	21,55
6	20,07	20,35	20,72
5	19,19	19,46	19,81
4	18,31	18,57	18,90
3	17,58	17,83	18,15
2Ü	16,85	17,09	17,40
2	16,40	16,63	16,93

Niederschriftserklärungen zu dem BT-B

1. Niederschriftserklärung zur Protokollerklärung zu § 40 Abs. 1

[1] Vom Geltungsbereich des BT-B nicht erfasst werden insbesondere Lehrkräfte an Heim- und Internatsschulen. [2] Für diese gelten die Sonderregelungen des § 51 BT-V. [3] Lehrkräfte an Krankenpflegeschulen und ähnlichen der Ausbildung dienenden Einrichtungen fallen unter den BT-B, soweit diese nicht unter den BT-K fallen.

2. Niederschriftserklärung zur Protokollerklärung zu § 44 Abs. 4 Satz 3

Beschäftigte im handwerklichen Erziehungsdienst müssen in Einrichtungen tätig sein, in denen auch Kinder oder Jugendliche mit wesentlichen Erziehungsschwierigkeiten zum Zwecke der Erziehung, Ausbildung oder Pflege betreut werden, und für Kinder oder Jugendliche erzieherisch tätig sein.

3. Niederschriftserklärung zu § 48 Abs. 2

Der Anspruch auf die Wechselschichtzulage ist auch erfüllt, wenn unter Einhaltung der Monatsfrist zwei Nachtdienste geleistet wurden, die nicht zwingend unmittelbar aufeinander folgen müssen.

4. Niederschriftserklärung zu den §§ 6 bis 10 i.V.m. §§ 45 bis 50

[1] Die Dokumentation der Arbeitszeit, der Mehrarbeit, der Überstunden, der Bereitschaftsdienste etc. ist nicht mit dem Arbeitszeitkonto gem. § 10 TVöD gleichzusetzen. [2] Arbeitszeitkonten können nur auf der Grundlage des § 10 TVöD durch Betriebs- bzw. einvernehmliche Dienstvereinbarungen eingerichtet und geführt werden.

5. Niederschriftserklärung zu § 51 Abs. 6

Für die in Absatz 6 genannten Beschäftigten gelten die Regelungen des Allgemeinen Teils sowie die entsprechenden Regelungen des TVÜ-VKA.

6. Niederschriftserklärung zu der Protokollerklärung Nr. 13 im Anhang zu der Anlage C (VKA) *(aufgehoben)*

4b. Tarifvertrag für den öffentlichen Dienst (TVöD) – Besonderer Teil Krankenhäuser – (BT-K) –[1)]

Vom 1. August 2006

zuletzt geänd. durch ÄndTV Nr. 12 v. 25.10.2020

Zwischen

der Vereinigung der kommunalen Arbeitgeberverbände, vertreten durch den Vorstand, einerseits

und

[den vertragsschließenden Gewerkschaften][2)], andererseits

wird Folgendes vereinbart:

Inhaltsübersicht[3)]

§ 40 Geltungsbereich (1) Dieser Besondere Teil gilt für Beschäftigte, die in einem Arbeitsverhältnis zu einem Arbeitgeber stehen, der Mitglied eines Mitgliedverbandes der VKA ist, wenn sie in

a) Krankenhäusern, einschließlich psychiatrischen Fachkrankenhäusern,

b) medizinischen Instituten von Krankenhäusern oder

c) sonstigen Einrichtungen (z.B. Reha-Einrichtungen, Kureinrichtungen), in denen die betreuten Personen in ärztlicher Behandlung stehen, wenn die Behandlung durch in den Einrichtungen selbst beschäftigte Ärztinnen oder Ärzte stattfindet,

---

[1)] Die Änderungen durch ÄndTV Nr. 12 vom 25.10.2020 treten teilweise erst **mWv 1.1.2025** in Kraft und sind insoweit noch nicht im Text berücksichtigt.

[2)] Mit den Gewerkschaften ver.di und dbb tarifunion wurden jeweils gleich lautende Tarifverträge geschlossen.

[3)] Inhaltsübersicht redaktionell eingefügt.

beschäftigt sind.

Protokollerklärung zu Absatz 1:

[1] Von dem Geltungsbereich werden auch Fachabteilungen (z.B. Pflege-, Altenpflege- und Betreuungseinrichtungen) in psychiatrischen Zentren bzw. Rehabilitations- oder Kureinrichtungen erfasst, soweit diese mit einem psychiatrischen Fachkrankenhaus bzw. einem Krankenhaus desselben Trägers einen Betrieb bilden. [2] Von Satz 1 erfasste Einrichtungen können durch landesbezirkliche Anwendungsvereinbarung aus dem Geltungsbereich ausgenommen werden. [3] Im Übrigen werden Altenpflegeeinrichtungen eines Krankenhauses von dem Geltungsbereich des BT-K nicht erfasst, auch soweit sie mit einem Krankenhaus desselben Trägers einen Betrieb bilden. [4] Vom Geltungsbereich des BT-B erfasste Einrichtungen können durch landesbezirkliche Anwendungsvereinbarung in diesen Tarifvertrag einbezogen werden.

(2) Soweit in den nachfolgenden Bestimmungen auf die §§ 1 bis 39 verwiesen wird, handelt es sich um die Regelungen des TVöD – Allgemeiner Teil –.

§ 41 Besondere Regelung zum Geltungsbereich TVöD. [1] § 1 Abs. 2 Buchst. b findet auf Ärztinnen und Ärzte keine Anwendung. [2] Eine abweichende einzelvertragliche Regelung für Oberärztinnen und Oberärzte im Sinne des § 51 Abs. 3 und 4 ist zulässig.

Protokollerklärungen zu § 41:

1. *Ärztinnen und Ärzte nach diesem Tarifvertrag sind auch Zahnärztinnen und Zahnärzte.*
2. *[1] Für Ärztinnen und Ärzte, die sich am 1. August 2006 in der Altersteilzeit befinden, verbleibt es bei der Anwendung des BT-K in der bis zum 31. Juli 2006 geltenden Fassung. [2] Mit Ärztinnen und Ärzten, die Altersteilzeit vor dem 1. August 2006 vereinbart, diese aber am 1. August 2006 noch nicht begonnen haben, ist auf Verlangen die Aufhebung der Altersteilzeitvereinbarung zu prüfen. [3] Satz 2 gilt entsprechend in den Fällen des Satzes 1,*
   a) bei Altersteilzeit im Blockmodell, wenn am 1. August 2006 ein Zeitraum von nicht mehr als einem Drittel der Arbeitsphase,
   b) bei Altersteilzeit im Teilzeitmodell, wenn am 1. August 2006 ein Zeitraum von nicht mehr als einem Drittel der Altersteilzeit
   zurückgelegt ist.

§ 42 Allgemeine Pflichten der Ärztinnen und Ärzte. (1) [1] Zu den den Ärztinnen und Ärzten obliegenden ärztlichen Pflichten gehört es auch, ärztliche Bescheinigungen auszustellen. [2] Die Ärztinnen und Ärzte können vom Arbeitgeber auch verpflichtet werden, im Rahmen einer zugelassenen Nebentätigkeit von leitenden Ärztinnen und Ärzten oder für Belegärztinnen und Belegärzte innerhalb der Einrichtung ärztlich tätig zu werden.

(2) [1] Zu den aus der Haupttätigkeit obliegenden Pflichten der Ärztinnen und Ärzte gehört es ferner, am Rettungsdienst in Notarztwagen und Hubschraubern teilzunehmen. [2] Für jeden Einsatz in diesem Rettungsdienst erhalten Ärztinnen und Ärzte einen nicht zusatzversorgungspflichtigen Einsatzzuschlag bis 31. März 2021 in Höhe von 27,20 Euro, ab 1. April 2021 in Höhe von 27,58 Euro und ab 1. April 2022 in Höhe von 28,08 Euro. [3] Dieser Betrag verändert sich zu demselben Zeitpunkt und in dem gleichen Ausmaß wie das Tabellenentgelt der Entgeltgruppe II Stufe 1 (Ärztinnen/Ärzte).

Protokollerklärungen zu Absatz 2:

1. *Eine Ärztin/ein Arzt, die/der nach der Approbation noch nicht mindestens ein Jahr klinisch tätig war, ist grundsätzlich nicht zum Einsatz im Rettungsdienst heranzuziehen.*
2. *Eine Ärztin/ein Arzt, der/dem aus persönlichen oder fachlichen Gründen (z.B. Vorliegen einer anerkannten Minderung der Erwerbsfähigkeit, die dem Einsatz im Rettungsdienst entgegensteht, Flugunverträglichkeit) die Teilnahme am Rettungsdienst nicht zumutbar ist, darf grundsätzlich nicht zum Einsatz im Rettungsdienst herangezogen werden.*

(3) [1] Die Erstellung von Gutachten, gutachtlichen Äußerungen und wissenschaftlichen Ausarbeitungen, die nicht von einem Dritten angefordert und vergütet werden, gehört zu den den Ärztinnen und Ärzten obliegenden Pflichten aus der Haupttätigkeit.

(4) [1] Ärztinnen und Ärzte können vom Arbeitgeber verpflichtet werden, als Nebentätigkeit Unterricht zu erteilen sowie Gutachten, gutachtliche Äußerungen und wissenschaftliche Ausarbeitungen, die von einem Dritten angefordert und vergütet werden, zu erstellen, und zwar auch im Rahmen einer zugelassenen Nebentätigkeit der leitenden Ärztin/des leitenden Arztes. [2] Steht die Vergütung für das Gutachten, die gutachtliche Äußerung oder wissenschaftliche Ausarbeitung ausschließlich dem Arbeitgeber zu, haben Ärztinnen und Ärzte nach Maßgabe ihrer Beteiligung einen Anspruch auf einen Teil dieser Vergütung. [3] In allen anderen Fällen sind Ärztinnen und Ärzte berechtigt, für die Nebentätigkeit einen Anteil der von dem Dritten zu zahlenden Vergütung anzunehmen. [4] Ärztinnen und Ärzte können die Übernahme der Nebentätigkeit verweigern, wenn die angebotene Vergütung offenbar nicht dem Maß ihrer Beteiligung entspricht; im Übrigen kann die Übernahme der Nebentätigkeit nur in besonders begründeten Ausnahmefällen verweigert werden.

§ 43 Zu § 5 Qualifizierung – Ärztinnen/Ärzte. (1) Für Beschäftigte, die sich in Facharzt-, Schwerpunktweiterbildung oder Zusatzausbildung nach dem Gesetz über befristete Arbeitsverträge mit Ärzten in der Weiterbildung befinden, ist ein Weiterbildungsplan aufzustellen, der unter Berücksichtigung des Standes der Weiterbildung die zu vermittelnden Ziele und Inhalte der Weiterbildungsabschnitte sachlich und zeitlich gegliedert festlegt.

(2) Die Weiterbildung ist vom Betrieb im Rahmen seines Versorgungsauftrags bei wirtschaftlicher Betriebsführung so zu organisieren, dass die/der Beschäftigte die festgelegten Weiterbildungsziele in der nach der jeweiligen Weiterbildungsordnung vorgesehenen Zeit erreichen kann.

(3) [1] Können Weiterbildungsziele aus Gründen, die der Arbeitgeber zu vertreten hat, in der vereinbarten Dauer des Arbeitsverhältnisses nicht erreicht werden, so ist die Dauer des Arbeitsvertrages entsprechend zu verlängern. [2] Die Regelungen des Gesetzes über befristete Arbeitsverträge mit Ärzten in der Weiterbildung bleiben hiervon unberührt und sind für den Fall lang andauernder Arbeitsunfähigkeit sinngemäß anzuwenden. [3] Absatz 2 bleibt unberührt.

(4) [1] Zur Teilnahme an Arztkongressen, Fachtagungen und ähnlichen Veranstaltungen ist der Ärztin/dem Arzt Arbeitsbefreiung bis zu drei Arbeitstagen im Kalenderjahr unter Fortzahlung des Entgelts zu gewähren. [2] Die Arbeitsbefreiung wird auf einen Anspruch nach den Weiterbildungsgesetzen der Län-

der angerechnet. [3]Bei Kostenerstattung durch Dritte kann eine Freistellung für bis zu fünf Arbeitstage erfolgen.

§ 44 Zu § 6 Regelmäßige Arbeitszeit. (1) [1]Die regelmäßige Arbeitszeit beträgt für Beschäftigte der Mitglieder eines Mitgliedverbandes der VKA ausschließlich der Pausen

a) im Tarifgebiet West abweichend von § 6 Abs. 1 Satz 1 Buchst. b durchschnittlich 38,5 Stunden wöchentlich,
b) im Tarifgebiet Ost durchschnittlich 40 Stunden wöchentlich,
   – ab dem 1. Januar 2023 durchschnittlich 39,5 Stunden wöchentlich,
   – ab dem 1. Januar 2024 durchschnittlich 39,0 Stunden wöchentlich und
   – ab dem 1. Januar 2025 durchschnittlich 38,5 Stunden wöchentlich.

[2]Für Beschäftigte der Mitglieder des Kommunalen Arbeitgeberverbandes Baden-Württemberg beträgt die regelmäßige Arbeitszeit ausschließlich der Pausen abweichend von Satz 1 Buchst. a durchschnittlich 39 Stunden wöchentlich. [3]Satz 2 gilt nicht für Auszubildende, Schülerinnen/Schüler sowie Praktikantinnen/Praktikanten der Mitglieder des Kommunalen Arbeitgeberverbandes Baden-Württemberg; für sie beträgt die regelmäßige Arbeitszeit ausschließlich der Pausen durchschnittlich 38,5 Stunden wöchentlich.

(2) Für Ärztinnen und Ärzte beträgt die regelmäßige Arbeitszeit ausschließlich der Pausen durchschnittlich 40 Stunden wöchentlich.

(3) Die Arbeitszeiten der Ärztinnen und Ärzte sind durch elektronische Zeiterfassung oder auf andere Art und Weise zu dokumentieren.

(4) [1]Unter den Voraussetzungen des Arbeitszeitgesetzes und des Arbeitsschutzgesetzes, insbesondere des § 5 ArbSchG, kann die tägliche Arbeitszeit der Ärztinnen und Ärzte im Schichtdienst auf bis zu zwölf Stunden ausschließlich der Pausen ausgedehnt werden. [2]In unmittelbarer Folge dürfen nicht mehr als vier Zwölf-Stunden-Schichten und innerhalb von zwei Kalenderwochen nicht mehr als acht Zwölf-Stunden-Schichten geleistet werden. [3]Solche Schichten können nicht mit Bereitschaftsdienst kombiniert werden.

§ 45 Bereitschaftsdienst und Rufbereitschaft. (1) [1]Bereitschaftsdienst leisten die Beschäftigten, die sich auf Anordnung des Arbeitgebers außerhalb der regelmäßigen Arbeitszeit an einer vom Arbeitgeber bestimmten Stelle aufhalten, um im Bedarfsfall die Arbeit aufzunehmen. [2]Der Arbeitgeber darf Bereitschaftsdienst nur anordnen, wenn zu erwarten ist, dass zwar Arbeit anfällt, erfahrungsgemäß aber die Zeit ohne Arbeitsleistung überwiegt.

(2) Abweichend von den §§ 3, 5 und 6 Abs. 2 ArbZG kann im Rahmen des § 7 ArbZG die tägliche Arbeitszeit im Sinne des Arbeitszeitgesetzes über acht Stunden hinaus verlängert werden, wenn mindestens die acht Stunden überschreitende Zeit im Rahmen von Bereitschaftsdienst geleistet wird, und zwar wie folgt:

a) bei Bereitschaftsdiensten der Stufe I bis zu insgesamt maximal 16 Stunden täglich; die gesetzlich vorgeschriebene Pause verlängert diesen Zeitraum nicht,
b) bei Bereitschaftsdiensten der Stufen II und III bis zu insgesamt maximal 13 Stunden täglich; die gesetzlich vorgeschriebene Pause verlängert diesen Zeitraum nicht.

(3) [1] Im Rahmen des § 7 ArbZG kann unter den Voraussetzungen

a) einer Prüfung alternativer Arbeitszeitmodelle,

b) einer Belastungsanalyse gemäß § 5 ArbSchG und

c) ggf. daraus resultierender Maßnahmen zur Gewährleistung des Gesundheitsschutzes

aufgrund einer Betriebs-/Dienstvereinbarung von den Regelungen des Arbeitszeitgesetzes abgewichen werden. [2] Für einen Betrieb/eine Verwaltung, in dem/der ein Personalvertretungsgesetz Anwendung findet, kann eine Regelung nach Satz 1 in einem landesbezirklichen Tarifvertrag getroffen werden, wenn eine Dienstvereinbarung nicht einvernehmlich zustande kommt (§ 38 Abs. 3) und der Arbeitgeber ein Letztentscheidungsrecht hat. [3] Abweichend von den §§ 3, 5 und 6 Abs. 2 ArbZG kann die tägliche Arbeitszeit im Sinne des Arbeitszeitgesetzes über acht Stunden hinaus verlängert werden, wenn in die Arbeitszeit regelmäßig und in erheblichem Umfang Bereitschaftsdienst fällt. [4] Hierbei darf die tägliche Arbeitszeit ausschließlich der Pausen maximal 24 Stunden betragen.

(4) Unter den Voraussetzungen des Absatzes 3 Satz 1 und 2 kann die tägliche Arbeitszeit gemäß § 7 Abs. 2a ArbZG ohne Ausgleich verlängert werden, wobei

a) bei Bereitschaftsdiensten der Stufe I eine wöchentliche Arbeitszeit von bis zu maximal durchschnittlich 58 Stunden,

b) bei Bereitschaftsdiensten der Stufen II und III eine wöchentliche Arbeitszeit von bis zu maximal durchschnittlich 54 Stunden

zulässig ist.

(5) Für den Ausgleichszeitraum nach den Absätzen 2 bis 4 gilt § 6 Abs. 2 Satz 1.

(6) Bei Aufnahme von Verhandlungen über eine Betriebs-/Dienstvereinbarung nach den Absätzen 3 und 4 sind die Tarifvertragsparteien auf landesbezirklicher Ebene zu informieren.

(7) [1] In den Fällen, in denen Beschäftigte Teilzeitarbeit gemäß § 11 vereinbart haben, verringern sich die Höchstgrenzen der wöchentlichen Arbeitszeit nach den Absätzen 2 bis 4 in demselben Verhältnis wie die Arbeitszeit dieser Beschäftigten zu der regelmäßigen Arbeitszeit der Vollbeschäftigten. [2] Mit Zustimmung der/des Beschäftigten oder aufgrund von dringenden dienstlichen oder betrieblichen Belangen kann hiervon abgewichen werden.

(8) [1] Der Arbeitgeber darf Rufbereitschaft nur anordnen, wenn erfahrungsgemäß lediglich in Ausnahmefällen Arbeit anfällt. [2] Durch tatsächliche Arbeitsleistung innerhalb der Rufbereitschaft kann die tägliche Höchstarbeitszeit von zehn Stunden (§ 3 ArbZG) überschritten werden (§ 7 ArbZG).

(9) § 6 Abs. 4 bleibt im Übrigen unberührt.

(10) [1] Für Beschäftigte in Einrichtungen und Heimen, die der Förderung der Gesundheit, der Erziehung, Fürsorge oder Betreuung von Kindern und Jugendlichen, der Fürsorge und Betreuung von obdachlosen, alten, gebrechlichen, erwerbsbeschränkten oder sonstigen hilfsbedürftigen Personen dienen, auch wenn diese Einrichtungen nicht der ärztlichen Behandlung der betreuten Personen dienen, gelten die Absätze 1 bis 9 mit der Maßgabe, dass die Grenzen für die Stufe I einzuhalten sind. [2] Dazu gehören auch die Beschäftigten in

Einrichtungen, in denen die betreuten Personen nicht regelmäßig ärztlich behandelt und beaufsichtigt werden (Erholungsheime).

§ 46 Bereitschaftsdienstentgelt. (1) Zum Zwecke der Entgeltberechnung wird nach dem Maß der während des Bereitschaftsdienstes erfahrungsgemäß durchschnittlich anfallenden Arbeitsleistungen die Zeit des Bereitschaftsdienstes einschließlich der geleisteten Arbeit wie folgt als Arbeitszeit gewertet:

Stufe	Arbeitsleistung innerhalb des Bereitschaftsdienstes	Bewertung als Arbeitszeit
I	bis zu 25 v.H.	60 v.H.
II	mehr als 25 bis 40 v.H.	75 v.H.
III	mehr als 40 bis 49 v.H.	90 v.H.

(2) [1] Die Zuweisung zu den einzelnen Stufen des Bereitschaftsdienstes erfolgt durch die Betriebsparteien. [2] Bei Ärztinnen und Ärzten erfolgt die Zuweisung zu den einzelnen Stufen des Bereitschaftsdienstes als Nebenabrede (§ 2 Abs. 3) zum Arbeitsvertrag. [3] Die Nebenabrede ist mit einer Frist von drei Monaten jeweils zum Ende eines Kalenderhalbjahres kündbar.

(3) Für die Beschäftigten gemäß § 45 Abs. 10 wird zum Zwecke der Entgeltberechnung die Zeit des Bereitschaftsdienstes einschließlich der geleisteten Arbeit mit 28,5 v.H. als Arbeitszeit gewertet.

(4) [1] Das Entgelt für die nach den Absätzen 1 und 3 zum Zwecke der Entgeltberechnung als Arbeitszeit gewertete Bereitschaftsdienstzeit bestimmt sich nach der Anlage G. [2] Die Beträge der Anlage G verändern sich ab dem 1. März 2012 bei allgemeinen Entgeltanpassungen um den von den Tarifvertragsparteien für die jeweilige Entgeltgruppe festgelegten Vomhundertsatz.

(5) [1] Die Beschäftigten erhalten zusätzlich zu dem Entgelt nach Absatz 4 für jede nach den Absätzen 1 und 3 als Arbeitszeit gewertete Stunde, die an einem Feiertag geleistet worden ist, einen Zeitzuschlag in Höhe von 25 v.H. des Stundenentgelts ihrer jeweiligen Entgeltgruppe nach der Anlage C. [2] Im Übrigen werden für die Zeit des Bereitschaftsdienstes einschließlich der geleisteten Arbeit und für die Zeit der Rufbereitschaft Zeitzuschläge nach § 8 nicht gezahlt.

(6) [1] Die Beschäftigten erhalten zusätzlich zu dem Entgelt nach Absatz 4 für die Zeit des Bereitschaftsdienstes in den Nachtstunden (§ 7 Abs. 5) je Stunde einen Zeitzuschlag in Höhe von 15 v.H. des Entgelts nach Absatz 4. [2] Absatz 5 Satz 2 gilt entsprechend.

(7) [1] Anstelle der Auszahlung des Entgelts nach Absatz 4 für die nach den Absätzen 1 und 3 gewertete Arbeitszeit kann diese bei Ärztinnen und Ärzten bis zum Ende des dritten Kalendermonats auch durch entsprechende Freizeit abgegolten werden (Freizeitausgleich). [2] Die Möglichkeit zum Freizeitausgleich nach Satz 1 umfasst auch die den Zeitzuschlägen nach Absätzen 5 und 6 im Verhältnis 1:1 entsprechende Arbeitszeit. [3] Für die Zeit des Freizeitausgleichs werden das Entgelt (§ 15) und die in Monatsbeträgen festgelegten Zulagen fortgezahlt. [4] Nach Ablauf der drei Monate wird das Bereitschaftsdienstentgelt am Zahltag des folgenden Kalendermonats fällig.

(8) [1] An Beschäftigte, die nicht von Absatz 7 erfasst werden, wird das Bereitschaftsdienstentgelt gezahlt (§ 24 Abs. 1 Satz 3), es sei denn, dass ein Freizeitausgleich im Dienstplan vorgesehen ist, oder eine entsprechende Regelung in

einer Betriebs- bzw. einvernehmlichen Dienstvereinbarung getroffen wird oder die / der Beschäftigte dem Freizeitausgleich zustimmt. [2]In diesem Fall gilt Absatz 7 entsprechend.

(9) [1]Das Bereitschaftsdienstentgelt nach den Absätzen 1, 3, 4, 5 und 6 kann im Falle der Faktorisierung nach § 10 Abs. 3 in Freizeit abgegolten werden. [2]Dabei entspricht eine Stunde Bereitschaftsdienst

a) nach Absatz 1
   aa) in der Stufe I — 37 Minuten,
   bb) in der Stufe II — 46 Minuten und
   cc) in der Stufe III — 55 Minuten,
b) nach Absatz 3 — 17,5 Minuten und
c) bei Feiertagsarbeit nach Absatz 5 jeweils zuzüglich — 15 Minuten sowie
d) bei Nachtarbeit nach Absatz 6 jeweils zuzüglich — 9 Minuten.

§ 47 Sonderkündigungsrecht der Bereitschaftsdienst- und Rufbereitschaftsregelung. [1]Die §§ 45 und 46 können mit einer Frist von drei Monaten gekündigt werden, wenn infolge einer Änderung des Arbeitszeitgesetzes sich materiellrechtliche Auswirkungen ergeben oder weitere Regelungsmöglichkeiten für die Tarifvertragsparteien eröffnet werden. [2]Rein formelle Änderungen berechtigen nicht zu einer Ausübung des Sonderkündigungsrechts.

§ 48 Wechselschichtarbeit. (1) Abweichend von § 6 Abs. 1 Satz 2 werden die gesetzlichen Pausen bei Wechselschichtarbeit nicht in die Arbeitszeit eingerechnet.

(2) Abweichend von § 7 Abs. 1 Satz 1 ist Wechselschichtarbeit die Arbeit nach einem Schichtplan/Dienstplan, der einen regelmäßigen Wechsel der täglichen Arbeitszeit in Wechselschichten vorsieht, bei denen die/der Beschäftigte längstens nach Ablauf eines Monats erneut zu mindestens zwei Nachtschichten herangezogen wird.

§ 49 Arbeit an Sonn- und Feiertagen. Abweichend von § 6 Abs. 3 Satz 3 und in Ergänzung zu § 6 Abs. 5 gilt für Sonn- und Feiertage Folgendes:

(1) [1]Die Arbeitszeit an einem gesetzlichen Feiertag, der auf einen Werktag fällt, wird durch eine entsprechende Freistellung an einem anderen Werktag bis zum Ende des dritten Kalendermonats – möglichst aber schon bis zum Ende des nächsten Kalendermonats – ausgeglichen, wenn es die betrieblichen Verhältnisse zulassen. [2]Kann ein Freizeitausgleich nicht gewährt werden, erhält die/der Beschäftigte je Stunde 100 v.H. des auf eine Stunde entfallenden Anteils des monatlichen Entgelts der jeweiligen Entgeltgruppe und Stufe nach Maßgabe der Entgelttabelle. [3]Ist ein Arbeitszeitkonto eingerichtet, ist eine Buchung gemäß § 10 Abs. 3 zulässig. [4]§ 8 Abs. 1 Satz 2 Buchst. d bleibt unberührt.

(2) [1]Für Beschäftigte, die regelmäßig nach einem Dienstplan eingesetzt werden, der Wechselschicht- oder Schichtdienst an sieben Tagen in der Woche vorsieht, vermindert sich die regelmäßige Wochenarbeitszeit um ein Fünftel

der arbeitsvertraglich vereinbarten durchschnittlichen Wochenarbeitszeit, wenn sie an einem gesetzlichen Feiertag, der auf einen Werktag fällt,

a) Arbeitsleistung zu erbringen haben oder
b) nicht wegen des Feiertags, sondern dienstplanmäßig nicht zur Arbeit eingeteilt sind und deswegen an anderen Tagen der Woche ihre regelmäßige Arbeitszeit erbringen müssen.

[2] Absatz 1 gilt in diesen Fällen nicht. [3] § 8 Abs. 1 Satz 2 Buchst. d bleibt unberührt.

(3) [1] Beschäftigte, die regelmäßig an Sonn- und Feiertagen arbeiten müssen, erhalten innerhalb von zwei Wochen zwei arbeitsfreie Tage. [2] Hiervon soll ein freier Tag auf einen Sonntag fallen.

§ 50 Ausgleich für Sonderformen der Arbeit. (1) Abweichend von § 8 Abs. 1 Satz 2 Buchst. f beträgt der Zeitzuschlag für Arbeiten an Samstagen von 13 bis 21 Uhr – auch im Rahmen von Wechselschicht- und Schichtarbeit – für Beschäftigte nach § 38 Abs. 5 Satz 1 20 v.H. des auf eine Stunde entfallenden Anteils des Tabellenentgelts der Stufe 3 der jeweiligen Entgeltgruppe.

(2) [1] Beschäftigte, die ständig Wechselschichtarbeit leisten, erhalten abweichend von § 8 Abs. 5 Satz 1 eine Wechselschichtzulage von 155,00 Euro monatlich. [2] Beschäftigte, die nicht ständig Wechselschichtarbeit leisten, erhalten abweichend von § 8 Abs. 5 Satz 2 eine Wechselschichtzulage von 0,93 Euro pro Stunde.

§ 51 Ärztinnen und Ärzte. (1) [1] Für Ärztinnen und Ärzte, die nach dem Teil B Abschnitt II Ziffer 2 der Anlage 1 – Entgeltordnung (VKA) eingruppiert sind, gelten folgende besondere Stufenzuordnungen:

a) Entgeltgruppe I:
   - Stufe 1: weniger als einjährige ärztliche Berufserfahrung,
   - Stufe 2: nach einjähriger ärztlicher Berufserfahrung,
   - Stufe 3: nach dreijähriger ärztlicher Berufserfahrung,
   - Stufe 4: nach fünfjähriger ärztlicher Berufserfahrung,
   - Stufe 5: nach neunjähriger ärztlicher Berufserfahrung;
b) Entgeltgruppe II:
   - Stufe 1: weniger als vierjährige fachärztliche Berufserfahrung,
   - Stufe 2: nach vierjähriger fachärztlicher Berufserfahrung,
   - Stufe 3: nach achtjähriger fachärztlicher Berufserfahrung,
   - Stufe 4: nach zwölfjähriger fachärztlicher Berufserfahrung.

[2] § 17 bleibt im Übrigen unberührt.

Protokollerklärung zu Absatz 1:
(aufgehoben)

(2) [1] Bei Einstellung von Ärztinnen und Ärzten der Entgeltgruppe I werden Zeiten ärztlicher Berufserfahrung bei der Stufenzuordnung angerechnet. [2] Eine Tätigkeit als Arzt im Praktikum gilt als ärztliche Berufserfahrung. [3] Bei der Einstellung von Fachärztinnen und Fachärzten der Entgeltgruppe II werden Zeiten fachärztlicher Berufserfahrung in der Regel angerechnet. [4] Unabhängig

davon kann der Arbeitgeber bei Neueinstellungen zur Deckung des Personalbedarfs Zeiten einer vorherigen beruflichen Tätigkeit ganz oder teilweise für die Stufenzuordnung berücksichtigen, wenn diese Tätigkeit für die vorgesehene Tätigkeit förderlich ist.

Protokollerklärungen zu Absatz 2:

Zeiten ärztlicher Tätigkeit sind nur solche, die von einem gemäß § 10 BÄO oder einer vergleichbaren Qualifikation eines EU-Mitgliedstaates approbierten Beschäftigten geleistet worden sind.

(3) Fachärztinnen und Fachärzte, die als ständige Vertreter der/des leitenden Ärztin/Arztes (Chefärztin/Chefarzt) durch ausdrückliche Anordnung bestellt sind (Leitende Oberärztin/Leitender Oberarzt), erhalten für die Dauer der Bestellung eine Funktionszulage bis 31. März 2021 in Höhe von 1.035,17 Euro, ab 1. April 2021 in Höhe von monatlich 1.049,66 Euro und ab 1. April 2022 in Höhe von monatlich 1.068,55 Euro.

Protokollerklärung zu Absatz 3:

[1] Leitende Oberärztin/leitender Oberarzt im Sinne des Tätigkeitsmerkmals ist nur die/der Ärztin/Arzt, der die/den leitende/n Ärztin/Arzt in der Gesamtheit seiner Dienstaufgaben vertritt. [2] Das Tätigkeitsmerkmal kann daher innerhalb einer Abteilung (Klinik) nur von einer/einem Ärztin/Arzt erfüllt werden.

(4) Ärztinnen und Ärzte, denen aufgrund ausdrücklicher Anordnung die medizinische Verantwortung für einen selbstständigen Funktionsbereich innerhalb einer Fachabteilung oder eines Fachbereichs seit dem 1. September 2006 übertragen worden ist, erhalten für die Dauer der Anordnung eine Funktionszulage bis 31. März 2021 in Höhe von 692,27 Euro, ab 1. April 2021 in Höhe von monatlich 701,96 Euro und ab 1. April 2022 in Höhe von monatlich 714,60 Euro.

Protokollerklärung zu Absatz 4:

Funktionsbereiche sind wissenschaftlich anerkannte Spezialgebiete innerhalb eines ärztlichen Fachgebietes, z.B. Kardiologie, Unfallchirurgie, Neuroradiologie, Intensivmedizin, oder sonstige vom Arbeitgeber ausdrücklich definierte Funktionsbereiche.

(5) [1] Die Funktionszulagen nach den Absätzen 3 und 4 sind dynamisch und entfallen mit dem Wegfall der Funktion. [2] Sind die Voraussetzungen für mehr als eine Funktionszulage erfüllt, besteht nur Anspruch auf eine Funktionszulage. [3] Bei unterschiedlicher Höhe der Funktionszulagen wird die höhere gezahlt.

(6) Die Absätze 1 bis 5 finden auf Apothekerinnen/Apotheker und Tierärztinnen/Tierärzte keine Anwendung.

§ 52 Zu § 15 Tabellenentgelt. (1) [1] Beschäftigte, die nach dem Teil B Abschnitt XI Ziffern 1 und 2 der Anlage 1 – Entgeltordnung (VKA) in eine der Entgeltgruppen P 5 bis P 16 eingruppiert sind, erhalten Entgelt nach der Anlage E (VKA). [2] Soweit im Allgemeinen Teil auf bestimmte Entgeltgruppen der Anlage A (VKA) Bezug genommen wird, entspricht

die Entgeltgruppe	der Entgeltgruppe
P 5	3
P 6	4
P 7	7
P 8	8
P 9, P 10	9a

P 11	9b
P 12	9c
P 13	10
P 14, P 15	11
P 16	12.

(2) Abweichend von § 16 (VKA) Abs. 1 Satz 1 ist für die Beschäftigten im Pflegedienst nach Teil B Abschnitt XI Ziffern 1 und 2 der Anlage 1 – Entgeltordnung (VKA) Eingangsstufe in den Entgeltgruppen P 7 bis P 16 die Stufe 2.

(3) Abweichend von § 16 (VKA) Abs. 3 Satz 1 wird von den Beschäftigten im Pflegedienst nach Teil B Abschnitt XI Ziffer 1 der Anlage 1 – Entgeltordnung (VKA) in den Entgeltgruppen P 7 und P 8 die Stufe 3 nach drei Jahren in Stufe 2 erreicht.

Protokollerklärung zu Absatz 3:
Absatz 3 findet keine Anwendung auf Beschäftigte, die mindestens zur Hälfte eine oder mehrere der folgenden Tätigkeiten auszuüben haben:

- *Pflege Kranker sowie Bedienung und Überwachung der Geräte in Dialyseeinheiten,*
- *entsprechende Tätigkeiten in Blutzentralen,*
- *entsprechende Tätigkeiten in besonderen Behandlungs- und Untersuchungsräumen in mindestens zwei Teilgebieten der Endoskopie,*
- *entsprechende Tätigkeiten in Polikliniken (Ambulanzbereichen) oder Ambulanzen/Nothilfen,*
- *entsprechende Tätigkeiten im EEG-Dienst,*
- *Erfüllung von Pflegeaufgaben an Patienten von psychiatrischen oder neurologischen Krankenhäusern, die nicht in diesen Krankenhäusern untergebracht sind,*
- *Betreuung von psychisch kranken Patienten bei der Arbeitstherapie in psychiatrischen oder neurologischen Krankenhäusern,*
- *dem zentralen Sterilisationsdienst vorstehen,*
- *entsprechende Tätigkeiten im Operationsdienst als Operations- bzw. Anästhesiepflegekräfte,*
- *entsprechende Tätigkeiten mit Verantwortlichkeit für die fachgerechte Lagerung in der großen Chirurgie,*
- *Vorbereiten der Herz-Lungen-Maschine und Herangezogenwerden zur Bedienung der Maschine während der Operation,*
- *entsprechende Tätigkeiten in Einheiten für Intensivmedizin,*
- *in erheblichem Umfange der Ärztin bzw. dem Arzt bei Herzkatheterisierungen, Dilatationen oder Angiographien unmittelbar assistieren.*

(4) Ärztinnen und Ärzte erhalten Entgelt nach Anlage C.

(5) [1] Beschäftigte, die in eine der Entgeltgruppen 5 bis 15 bzw. P 5 bis P 16 eingruppiert sind, erhalten zuzüglich zu dem Tabellenentgelt gemäß § 15 Abs. 1 eine nicht dynamische Zulage ab 1. Juli 2008 in Höhe von monatlich 25,00 Euro. [2] § 24 Abs. 2 findet Anwendung.

(6) [1] Beschäftigte, die in eine der Entgeltgruppen P 5 bis P 16 eingruppiert sind, erhalten ab 1. März 2021 zuzüglich zu dem Tabellenentgelt gemäß § 15 Abs. 1 eine Pflegezulage in Höhe von monatlich 70,00 Euro. [2] Die Pflegezulage gemäß Satz 1 erhöht sich ab dem 1. März 2022 auf monatlich 120,00 Euro. [3] Ab dem 1. Januar 2023 verändert sich die Pflegezulage bei allgemeinen Entgelt-

anpassungen um den von den Tarifvertragsparteien vereinbarten Vomhundertsatz. [4] § 24 Abs. 2 findet Anwendung.

(7) [1] Beschäftigte, die in eine der Entgeltgruppen 1 bis 4 eingruppiert sind, erhalten zuzüglich zu dem Tabellenentgelt gemäß § 15 Abs. 1 einmalig im Kalenderjahr eine Einmalzahlung ab 1.1.2009 in Höhe von 8,4 v.H. der Stufe 2 ihrer jeweiligen Entgeltgruppe im Auszahlungsmonat. [2] Die Einmalzahlung nach Satz 1 wird mit dem Tabellenentgelt für den Monat Juli ausgezahlt. [3] § 24 Abs. 2 findet Anwendung.

Protokollerklärungen zu den Absätzen 5 und 7:

Abweichend von den Absätzen 5 und 7 beträgt bei Beschäftigten der Mitglieder des Kommunalen Arbeitgeberverbandes Baden-Württemberg und im Tarifgebiet Ost die Zulage nach Absatz 5 Satz 1 monatlich 35,00 Euro und die Einmalzahlung nach Absatz 7 Satz 1 12 v.H.

§ 53 Zu § 17 Allgemeine Regelungen zu den Stufen. (1) [1] Bei Eingruppierung in eine höhere Entgeltgruppe der Anlage E werden die Beschäftigten der gleichen Stufe zugeordnet, die sie in der niedrigeren Entgeltgruppe erreicht haben. [2] Die Stufenlaufzeit in der höheren Entgeltgruppe beginnt mit dem Tag der Höhergruppierung. [3] Bei einer Eingruppierung in eine niedrigere Entgeltgruppe ist die/der Beschäftige der in der höheren Entgeltgruppe erreichten Stufe zuzuordnen; die in der bisherigen Stufe zurückgelegte Stufenlaufzeit wird auf die Stufenlaufzeit in der niedrigeren Entgeltgruppe angerechnet. [4] Die/Der Beschäftigte erhält vom Beginn des Monats an, in dem die Veränderung wirksam wird, das entsprechende Tabellenentgelt aus der in Satz 1 oder Satz 3 festgelegten Stufe der betreffenden Entgeltgruppe. [5] § 17 Abs. 4 findet keine Anwendung.

Protokollerklärung zu Absatz 1:

[1] Ist Beschäftigten nach § 14 Abs. 1 vorübergehend eine höherwertige Tätigkeit übertragen worden, und wird ihnen im unmittelbaren Anschluss daran eine Tätigkeit derselben höheren Entgeltgruppe dauerhaft übertragen, werden sie hinsichtlich der Stufenzuordnung so gestellt, als sei die Höhergruppierung ab dem ersten Tag der vorübergehenden Übertragung der höherwertigen Tätigkeit erfolgt. [2] Unterschreitet bei Höhergruppierungen nach Satz 1 das Tabellenentgelt nach § 53 Abs. 1 Satz 4 die Summe aus dem Tabellenentgelt und dem Zulagenbetrag nach § 14 Abs. 3, die die / der Beschäftigte am Tag vor der Höhergruppierung erhalten hat, erhält die / der Beschäftigte dieses Entgelt solange, bis das Tabellenentgelt nach § 53 Abs. 1 Satz 4 dieses Entgelt erreicht oder übersteigt.

(2) [1] Soweit es zur regionalen Differenzierung, zur Deckung des Personalbedarfs oder zur Bindung von qualifizierten Fachkräften erforderlich ist, kann Beschäftigten im Einzelfall, abweichend von dem sich aus der nach § 16 (VKA) einschließlich des Anhangs zu § 16 (VKA), § 51 Abs. 1 und 2 sowie § 53 Abs. 1 ergebenden Stufe ihrer jeweiligen Entgeltgruppe zustehenden Entgelt, ein um bis zu zwei Stufen höheres Entgelt ganz oder teilweise vorweggewährt werden. [2] Haben Beschäftigte bereits die Endstufe ihrer jeweiligen Entgeltgruppe erreicht, kann ihnen unter den Voraussetzungen des Satzes 1 ein bis zu 20 v.H. der Stufe 2 ihrer jeweiligen Entgeltgruppe höheres Entgelt gezahlt werden. [3] Im Übrigen bleibt § 17 TVöD unberührt.

§ 53a Zu § 18 (VKA) Leistungsentgelt. [1] Das für das Leistungsentgelt zur Verfügung stehende Gesamtvolumen nach § 18 Abs. 3 Satz 1 reduziert sich um einen Prozentpunkt. [2] Satz 1 gilt nicht für Ärztinnen und Ärzte, für Beschäftigte der Mitglieder des Kommunalen Arbeitgeberverbandes Baden-Württemberg und im Tarifgebiet Ost.

Protokollerklärung zu § 53a:

[1] Abweichend von Satz 1 beträgt das für das Leistungsentgelt zur Verfügung stehende Gesamtvolumen nach § 18 Abs. 3 Satz 1 im Kalenderjahr 2010 0,00 v.H. und im Kalenderjahr 2011 0,75 v.H.. [2] Bestehende betriebliche Systeme bleiben unberührt.

§ 54 Zu § 20 (VKA) Jahressonderzahlung. (1) [1] Beschäftigte erhalten die Jahressonderzahlung auch dann, wenn ihr Arbeitsverhältnis vor dem 1. Dezember endet. [2] Bei Beschäftigten, deren Arbeitsverhältnis vor dem 1. Dezember geendet hat, tritt an die Stelle des Bemessungszeitraums nach § 20 (VKA) Abs. 2 der letzte volle Kalendermonat des Arbeitsverhältnisses mit der Maßgabe, dass Bemessungsgrundlage für die Jahressonderzahlung nur das Tabellenentgelt und die in Monatsbeträgen festgelegten Zulagen sind.

(2) § 20 (VKA) findet auf Ärztinnen und Ärzte keine Anwendung.

(3) Für Beschäftigte, die in eine der Entgeltgruppen P 5 bis P 16 eingruppiert sind, gilt § 20 (VKA) Abs. 2 Satz 1 in folgender Fassung:
„[1] Die Jahressonderzahlung beträgt bei Beschäftigten, für die die Regelungen des Tarifgebiets West Anwendung finden,

in den Entgeltgruppen P 5 bis P 8	bis einschließlich Kalenderjahr 2021	79,74 Prozent
	ab dem Kalenderjahr 2022	84,74 Prozent
in den Entgeltgruppen P 9 bis 16		70,48 Prozent

des der/dem Beschäftigten in den Kalendermonaten Juli, August und September durchschnittlich gezahlten monatlichen Entgelts; unberücksichtigt bleiben hierbei das zusätzlich für Überstunden und Mehrarbeit gezahlte Entgelt (mit Ausnahme der im Dienstplan vorgesehenen Überstunden und Mehrarbeit), Leistungszulagen, Leistungs- und Erfolgsprämien."

§ 55 Zusatzurlaub. (1) [1] Beschäftigte erhalten bei einer Leistung im Kalenderjahr von mindestens

150 Nachtarbeitsstunden	1 Arbeitstag,
300 Nachtarbeitsstunden	2 Arbeitstage,
450 Nachtarbeitsstunden	3 Arbeitstage,
600 Nachtarbeitsstunden	4 Arbeitstage

Zusatzurlaub im Kalenderjahr. [2] Nachtarbeitsstunden, die in Zeiträumen geleistet werden, für die Zusatzurlaub für Wechselschicht- oder Schichtarbeit zusteht, bleiben unberücksichtigt.

Protokollerklärung zu Absatz 1:

Der Anspruch auf Zusatzurlaub bemisst sich nach den abgeleisteten Nachtarbeitsstunden und entsteht im laufenden Jahr, sobald die Voraussetzungen nach Satz 1 erfüllt sind.

(2) Bei Anwendung des Absatzes 1 werden nur die im Rahmen der regelmäßigen Arbeitszeit (§ 6) in der Zeit zwischen 21 Uhr und 6 Uhr dienstplanmäßig bzw. betriebsüblich geleisteten Nachtarbeitsstunden berücksichtigt.

(3) [1] Bei Teilzeitbeschäftigten ist die Zahl der nach Absatz 1 geforderten Nachtarbeitsstunden entsprechend dem Verhältnis ihrer individuell vereinbarten durchschnittlichen regelmäßigen Arbeitszeit zur regelmäßigen Arbeitszeit vergleichbarer Vollzeitbeschäftigter zu kürzen. [2] Ist die vereinbarte Arbeitszeit im Durchschnitt des Urlaubsjahres auf weniger als fünf Arbeitstage in der Kalenderwoche verteilt, ist der Zusatzurlaub in entsprechender Anwendung des § 26 Abs. 1 Sätze 4 und 5 zu ermitteln.

(4) [1] Die Beschäftigten erhalten für die Zeit der Bereitschaftsdienste in den Nachtstunden (§ 7 Abs. 5) einen Zusatzurlaub in Höhe von zwei Arbeitstagen pro Kalenderjahr, sofern mindestens 288 Stunden der Bereitschaftsdienste kalenderjährlich in die Zeit zwischen 21.00 bis 6.00 Uhr fallen. [2] Absatz 1 Satz 2 und Absatz 3 gelten entsprechend.

(5) [1] § 27 Abs. 1 Buchst. a findet mit folgenden Maßgaben Anwendung: [2] Besteht im Kalenderjahr 2019 Anspruch auf mindestens drei Tage Zusatzurlaub nach § 27 Abs. 1 Buchst. a, wird ein weiterer Tag Zusatzurlaub gewährt. [3] Im Kalenderjahr 2020 wird bei einem Anspruch auf mindestens drei Tage Zusatzurlaub nach § 27 Abs. 1 Buchst. a ein weiterer Tag Zusatzurlaub gewährt; besteht Anspruch auf mindestens vier Tage Zusatzurlaub nach § 27 Abs. 1 Buchst. a, wird ein zweiter zusätzlicher Tag Zusatzurlaub gewährt. [4] Ab dem Kalenderjahr 2021 wird je zwei Tage Zusatzurlaubsanspruch nach § 27 Abs. 1 Buchst. a ein zusätzlicher Tag Zusatzurlaub gewährt.

(6) [1] § 27 Abs. 4 findet mit folgenden Maßgaben Anwendung: [2] Der Zusatzurlaub wird nur bis zu insgesamt sieben Arbeitstagen im Kalenderjahr 2019, acht Arbeitstagen im Kalenderjahr 2020, neun Arbeitstagen im Kalenderjahr 2021 und zehn Arbeitstagen ab dem Kalenderjahr 2022 gewährt. [3] Der Erholungsurlaub und der Zusatzurlaub (Gesamturlaub) dürfen im Kalenderjahr 2019 zusammen 37 Arbeitstage, im Kalenderjahr 2020 zusammen 38 Arbeitstage, im Kalenderjahr 2021 zusammen 39 Arbeitstage und ab dem Kalenderjahr 2022 zusammen 40 Arbeitstage nicht überschreiten.

(7) § 27 Abs. 5 findet Anwendung.

§ 56 *(aufgehoben)*

§ 57 Reise- und Umzugskosten. (1) [1] Die Erstattung von Reise- und ggf. Umzugskosten richtet sich nach den beim Arbeitgeber geltenden Grundsätzen. [2] Für Arbeitgeber, die öffentlichem Haushaltsrecht unterliegen, finden, wenn diese nicht nach eigenen Grundsätzen verfahren, die für Beamtinnen und Beamte geltenden Bestimmungen Anwendung.

(2) [1] Bei Dienstreisen gilt nur die Zeit der dienstlichen Inanspruchnahme am auswärtigen Geschäftsort als Arbeitszeit. [2] Für jeden Tag einschließlich der Reisetage wird jedoch mindestens die auf ihn entfallende regelmäßige, durchschnittliche oder dienstplanmäßige Arbeitszeit berücksichtigt, wenn diese bei Nichtberücksichtigung der Reisezeit nicht erreicht würde. [3] Überschreiten nicht anrechenbare Reisezeiten insgesamt 15 Stunden im Monat, so werden auf Antrag 25 v.H. dieser überschreitenden Zeiten bei fester Arbeitszeit als Freizeitausgleich gewährt und bei gleitender Arbeitszeit im Rahmen der jeweils geltenden Vorschriften auf die Arbeitszeit angerechnet. [4] Der besonderen Situation von Teilzeitbeschäftigten ist Rechnung zu tragen. [5] Soweit Einrichtungen in privater Rechtsform oder andere Arbeitgeber nach eigenen für die Beschäftig-

ten günstigeren Grundsätzen oder Abmachungen verfahren, sind diese abweichend von den Sätzen 1 bis 4 maßgebend.

§ 58 In-Kraft-Treten, Laufzeit. (1) [1] Dieser Tarifvertrag tritt am 1. August 2006 in Kraft. [2] Er kann mit einer Frist von drei Monaten zum Schluss eines Kalenderhalbjahres schriftlich gekündigt werden. [3] § 47 bleibt unberührt. [4] Abweichend von Satz 2 gilt für die Anlage C zu § 52 Abs. 4, für die Anlage E zu § 52 Abs. 1 Satz 1 sowie für die Anlage G zu § 46 Abs. 4 die Regelung in § 39 Abs. 4 Buchst. c entsprechend.

(2) [1] Bei abgeschlossenen Sanierungs- und Notlagentarifverträgen sowie Tarifverträgen zur Zukunftssicherung und anderweitigen Tarifverträgen zur Beschäftigungssicherung, einschließlich Tarifverträge nach dem TVsA, treten die Regelungen dieses Tarifvertrages erst mit Ablauf der zum Zeitpunkt des Abschlusses des jeweiligen Tarifvertrages geltenden Laufzeit bzw. im Falle einer Kündigung des jeweiligen Tarifvertrages mit Ablauf der Kündigungsfrist in Kraft. [2] Die Tarifvertragsparteien können durch landesbezirklichen Tarifvertrag ein früheres In-Kraft-Treten der Regelungen dieses Tarifvertrages ganz oder teilweise vereinbaren.

Anlage A und B zu § 52 Abs. 1 BT-K. *(aufgehoben)*

Anlage C zu § 52 Abs. 4 BT-K

Tabelle TVöD VKA Ärztinnen und Ärzte

gültig bis 31. März 2021
(monatlich in Euro)

Entgeltgruppe	Grundentgelt	Entwicklungsstufen			
	Stufe 1	Stufe 2	Stufe 3	Stufe 4	Stufe 5
II	5.964,66	6.581,71	7.130,19	7.747,22	
I	4.730,59	5.100,83	5.347,64	5.553,33	5.690,44

gültig vom 1. April 2021 bis 31. März 2022
(monatlich in Euro)

Entgeltgruppe	Grundentgelt	Entwicklungsstufen			
	Stufe 1	Stufe 2	Stufe 3	Stufe 4	Stufe 5
II	6.048,17	6.673,85	7.230,01	7.855,68	
I	4.796,82	5.172,24	5.422,51	5.631,08	5.770,11

gültig ab 1. April 2022
(monatlich in Euro)

Entgeltgruppe	Grundentgelt	Entwicklungsstufen			
	Stufe 1	Stufe 2	Stufe 3	Stufe 4	Stufe 5
II	6.157,04	6.793,98	7.360,15	7.997,08	
I	4.883,16	5.265,34	5.520,12	5.732,44	5.873,97

Anlage E

Tabelle TVöD VKA
Pflegedienst

gültig bis 31. März 2021
(monatlich in Euro)

Entgelt-gruppe	Grundentgelt		Entwicklungsstufen			
	Stufe 1	Stufe 2	Stufe 3	Stufe 4	Stufe 5	Stufe 6
P 16		4.350,53	4.503,05	4.995,51	5.569,57	5.822,79
P 15		4.257,10	4.396,67	4.745,61	5.163,22	5.322,71
P 14		4.154,10	4.290,31	4.630,81	5.093,43	5.177,85
P 13		4.051,12	4.183,94	4.515,99	4.755,75	4.817,65
P 12		3.845,11	3.971,19	4.286,37	4.479,97	4.570,02
P 11		3.639,13	3.758,45	4.056,75	4.254,84	4.344,90
P 10		3.433,15	3.545,70	3.860,88	4.012,84	4.108,51
P 9		3.264,30	3.433,15	3.545,70	3.759,57	3.849,62
P 8		3.003,48	3.149,83	3.337,47	3.489,01	3.699,19
P 7		2.830,56	3.003,48	3.269,54	3.402,54	3.539,56
P 6	2.379,67	2.538,09	2.697,56	3.036,75	3.123,21	3.282,80
P 5	2.284,28	2.500,89	2.564,56	2.670,95	2.750,78	2.938,30

gültig vom 1. April 2021 bis 31. März 2022
(monatlich in Euro)

Entgelt-gruppe	Grundentgelt		Entwicklungsstufen			
	Stufe 1	Stufe 2	Stufe 3	Stufe 4	Stufe 5	Stufe 6
P 16		4.411,44	4.566,09	5.065,45	5.647,54	5.904,31
P 15		4.316,70	4.458,22	4.812,05	5.235,51	5.397,23
P 14		4.212,26	4.350,37	4.695,64	5.164,74	5.250,34
P 13		4.107,84	4.242,52	4.579,21	4.822,33	4.885,10
P 12		3.898,94	4.026,79	4.346,38	4.542,69	4.634,00
P 11		3.690,08	3.811,07	4.113,54	4.314,41	4.405,73
P 10		3.483,15	3.595,70	3.914,93	4.069,02	4.166,03
P 9		3.314,30	3.483,15	3.595,70	3.812,20	3.903,51
P 8		3.053,48	3.199,83	3.387,47	3.539,01	3.750,98
P 7		2.880,56	3.053,48	3.319,54	3.452,54	3.589,56
P 6	2.429,67	2.588,09	2.747,56	3.086,75	3.173,21	3.332,80
P 5	2.334,28	2.550,89	2.614,56	2.720,95	2.800,78	2.988,30

gültig ab 1. April 2022
(monatlich in Euro)

Entgelt-gruppe	Grundentgelt		Entwicklungsstufen			
	Stufe 1	Stufe 2	Stufe 3	Stufe 4	Stufe 5	Stufe 6
P 16		4.490,85	4.648,28	5.156,63	5.749,20	6.010,59
P 15		4.394,40	4.538,47	4.898,67	5.329,75	5.494,38
P 14		4.288,08	4.428,68	4.780,16	5.257,71	5.344,85
P 13		4.181,78	4.318,89	4.661,64	4.909,13	4.973,03
P 12		3.969,12	4.099,27	4.424,61	4.624,46	4.717,41
P 11		3.756,50	3.879,67	4.187,58	4.392,07	4.485,03
P 10		3.545,85	3.660,42	3.985,40	4.142,26	4.241,02
P 9		3.373,96	3.545,85	3.660,42	3.880,82	3.973,77
P 8		3.108,44	3.257,43	3.448,44	3.602,71	3.818,50
P 7		2.932,41	3.108,44	3.379,29	3.514,69	3.654,17

Entgelt-gruppe	Grundentgelt		Entwicklungsstufen			
	Stufe 1	Stufe 2	Stufe 3	Stufe 4	Stufe 5	Stufe 6
P 6	2.473,40	2.634,68	2.797,02	3.142,31	3.230,33	3.392,79
P 5	2.376,30	2.596,81	2.661,62	2.769,93	2.851,19	3.042,09

Anlage G zu § 46 Abs. 4 BT-K

I. Anlage A zum TVöD

Entgeltgruppe	Stundenentgelt gültig bis 31. März 2021 (in Euro)	Stundenentgelt gültig vom 1. April 2021 bis 31. März 2022 (in Euro)	Stundenentgelt gültig ab 1. April 2022 (in Euro)
EG 15	30,53	30,96	31,52
EG 14	28,16	28,55	29,06
EG 13	26,93	27,31	27,80
EG 12	25,47	25,83	26,29
EG 11	23,29	23,62	24,05
EG 10	21,46	21,76	22,15
EG 9c	21,39	21,69	22,08
EG 9b	20,28	20,56	20,93
EG 9a	19,62	19,89	20,25
EG 8	19,22	19,49	19,84
EG 7	18,40	18,66	19,00
EG 6	17,64	17,89	18,21
EG 5	16,94	17,18	17,49
EG 4	16,14	16,37	16,66
EG 3	15,51	15,73	16,01
EG 2Ü	14,89	15,10	15,37
EG 2	14,59	14,79	15,06
EG 1	12,11	12,28	12,50

II. Ärztinnen und Ärzte

Entgeltgruppe	Stundenentgelt gültig bis 31. März 2021 (in Euro)	Stundenentgelt gültig vom 1. April 2021 bis 31. März 2022 (in Euro)	Stundenentgelt gültig ab 1. April 2022 (in Euro)
Ärztinnen und Ärzte gem. § 51 Abs. 3 BT-K	41,38	41,96	42,72
Ärztinnen und Ärzte gem. § 51 Abs. 4 BT-K	38,81	39,35	40,06
II	35,08	35,57	36,21
I	28,87	29,27	29,80

III. Anlage E

Entgeltgruppe	Stundenentgelt gültig bis 31. März 2021 (in Euro)	Stundenentgelt gültig vom 1. April 2021 bis 31. März 2022 (in Euro)	Stundenentgelt gültig ab 1. April 2022 (in Euro)
P 16	27,67	28,06	28,57

Entgeltgruppe	Stundenentgelt gültig bis 31. März 2021 (in Euro)	Stundenentgelt gültig vom 1. April 2021 bis 31. März 2022 (in Euro)	Stundenentgelt gültig ab 1. April 2022 (in Euro)
P 15	25,85	26,21	26,68
P 14	24,43	24,77	25,22
P 13	22,89	23,21	23,63
P 12	22,04	22,35	22,75
P 11	21,25	21,55	21,94
P 10	20,29	20,57	20,94
P 9	19,98	20,26	20,62
P 8	19,09	19,36	19,71
P 7	18,29	18,55	18,88
P 6	16,94	17,18	17,49
P 5	15,73	15,95	16,24

4c. Durchgeschriebene Fassung des TVöD für den Dienstleistungsbereich Krankenhäuser im Bereich der Vereinigung der kommunalen Arbeitgeberverbände (TVöD-K)[1)]

Vom 1. August 2006

zuletzt geänd. durch ÄndVereinb. Nr. 12 v. 30.8.2019

Inhaltsübersicht

[1)] Redaktioneller Hinweis für die in den Fußnoten verwendeten Abkürzungen
AT = Allgemeiner Teil TVöD
BT-K= Besonderer Teil Krankenhäuser.

Vorbemerkungen

1. Der TVöD – Allgemeiner Teil – und der jeweilige Besondere Teil Verwaltung (BT-V), Krankenhäuser (BT-K), Pflege- und Betreuungseinrichtungen (BT-B), Sparkassen (BT-S), Flughäfen (BT-F) und Entsorgung (BT-E) bilden im Zusammenhang das Tarifrecht für den jeweiligen Dienstleistungsbereich.
2. Zur besseren Übersicht und Lesbarkeit haben die Tarifvertragsparteien aus dem Allgemeinen Teil des TVöD und dem jeweiligen Besonderen Teil entsprechend der Prozessvereinbarung vom 9. Januar 2003 durchgeschriebene Fassungen für die sechs Dienstleistungsbereiche erstellt.
3. Die Kündigung eines unter Nr. 1 genannten Tarifvertrages oder einzelner Regelungen davon hat unmittelbare Rechtswirkung auf die entsprechende/n durchgeschriebene/n Fassung/en.
4. Die durchgeschriebenen Fassungen regeln nicht das Verhältnis der Tarifvertragsparteien als Normgeber zueinander (Innenverhältnis). Sie sind nicht die Grundlage für Tarifverhandlungen oder Kündigungen, denn Allgemeiner Teil und die Besonderen Teile bleiben rechtlich selbstständige Tarifverträge. Die durchgeschriebenen Fassungen enthalten ausschließlich Rechtsnormen für die Anwendungsebene im Außenverhältnis (Arbeitgeber, Beschäftigte, Gerichte etc.). Jeder durchgeschriebenen Fassung wird eine Legende angefügt, aus der sich die Entsprechungen der Regelungen des jeweiligen Besonderen Teils zu den Bestimmungen des TVöD – Allgemeiner Teil – ergeben.
5. Tarifverhandlungen zur Änderung oder Ergänzung des Tarifrechts werden auf der Grundlage der unter Nr. 1 genannten Tarifverträge geführt. Etwaige

Änderungen oder Ergänzungen ändern auch die durchgeschriebenen Fassungen.

Abschnitt I. Allgemeine Vorschriften

§ 1 Geltungsbereich (1) Die nachfolgenden Regelungen gelten für Beschäftigte, die in einem Arbeitsverhältnis zu einem Arbeitgeber stehen, der Mitglied eines Mitgliedverbandes der VKA ist, wenn sie in

a) Krankenhäusern, einschließlich psychiatrischen Fachkrankenhäusern,
b) medizinischen Instituten von Krankenhäusern oder
c) sonstigen Einrichtungen (z.B. Reha-Einrichtungen, Kureinrichtungen), in denen die betreuten Personen in ärztlicher Behandlung stehen, wenn die Behandlung durch in den Einrichtungen selbst beschäftigte Ärztinnen oder Ärzte stattfindet,

beschäftigt sind.[1)]

Protokollerklärung zu Absatz 1:

[1] Von dem Geltungsbereich werden auch Fachabteilungen (z.B. Pflege-, Altenpflege- und Betreuungseinrichtungen) in psychiatrischen Zentren bzw. Rehabilitations- oder Kureinrichtungen erfasst, soweit diese mit einem psychiatrischen Fachkrankenhaus bzw. einem Krankenhaus desselben Trägers einen Betrieb bilden. [2] Von Satz 1 erfasste Einrichtungen können durch landesbezirkliche Anwendungsvereinbarung aus dem Geltungsbereich ausgenommen werden. [3] Im Übrigen werden Altenpflegeeinrichtungen eines Krankenhauses von dem Geltungsbereich des BT-K nicht erfasst, auch soweit sie mit einem Krankenhaus desselben Trägers einen Betrieb bilden. [4] Vom Geltungsbereich des BT-B erfasste Einrichtungen können durch landesbezirkliche Anwendungsvereinbarung in diesen Tarifvertrag einbezogen werden.

Niederschriftserklärung zu § 1 Abs. 1 [2)]

Lehrkräfte an Krankenpflegeschulen und ähnlichen der Ausbildung dienenden Einrichtungen nach Absatz 1 fallen unter den TVöD-K.

(2)[3)] Diese Regelungen gelten nicht für

a) Beschäftigte als leitende Angestellte im Sinne des § 5 Abs. 3 BetrVG, wenn ihre Arbeitsbedingungen einzelvertraglich besonders vereinbart sind, sowie Chefärztinnen/Chefärzte,
b) Beschäftigte, die ein über das Tabellenentgelt der Entgeltgruppe 15 hinausgehendes regelmäßiges Entgelt erhalten,

   Niederschriftserklärung zu § 1 Abs. 2 Buchst. b:

   Bei der Bestimmung des regelmäßigen Entgelts werden Leistungsentgelt, Zulagen und Zuschläge nicht berücksichtigt.

c)–g) *(nicht besetzt)*

h) Auszubildende, Schülerinnen/Schüler in der Gesundheits- und Krankenpflege, Gesundheits- und Kinderkrankenpflege, Entbindungspflege und Altenpflege, sowie Volontärinnen/Volontäre und Praktikantinnen/Praktikanten,

---

[1)] Abs. 1 ersetzt durch redaktionell angepassten § 40 Abs. 1 BT-K; § 1 Abs. 1 AT und § 40 Abs. 2 BT-K nicht besetzt.

[2)] Entspricht Niederschriftserklärung zu § 40 Abs. 1 BT-K.

[3)] Abs. 2 redaktionell angepasst.

i) Beschäftigte, für die Eingliederungszuschüsse nach den §§ 217ff. SGB III gewährt werden,

k) Beschäftigte, die Arbeiten nach den §§ 260ff. SGB III verrichten,

l) Leiharbeitnehmerinnen/Leiharbeitnehmer von Personal-Service-Agenturen, sofern deren Rechtsverhältnisse durch Tarifvertrag geregelt sind,

m) geringfügig Beschäftigte im Sinne von § 8 Abs. 1 Nr. 2 SGB IV.

n)–t) *(nicht besetzt)*

Niederschriftserklärung zu § 1 Abs. 2 Buchst. s:
Die Tarifvertragsparteien gehen davon aus, dass studentische Hilfskräfte Beschäftigte sind, zu deren Aufgabe es gehört, das hauptberufliche wissenschaftliche Personal in Forschung und Lehre sowie bei außeruniversitären Forschungseinrichtungen zu unterstützen.

(3) *(nicht besetzt)*

(4)[1)] [1] Absatz 2 Buchst. b findet auf Ärztinnen und Ärzte keine Anwendung. [2] Eine abweichende einzelvertragliche Regelung für Oberärztinnen und Oberärzte im Sinne des § 15 Abs. 2.2 und 2.3 ist zulässig.

Protokollerklärungen zu § 1:

1. *Ärztinnen und Ärzte nach diesen Regelungen sind auch Zahnärztinnen und Zahnärzte.*

2. *[1] Für Ärztinnen und Ärzte, die sich am 1. August 2006 in der Altersteilzeit befinden, verbleibt es bei der Anwendung des TVöD-K in der bis zum 31. Juli 2006 geltenden Fassung. [2] Mit Ärztinnen und Ärzten, die Altersteilzeit vor dem 1. August 2006 vereinbart, diese aber am 1. August 2006 noch nicht begonnen haben, ist auf Verlangen die Aufhebung der Altersteilzeitvereinbarung zu prüfen. [3] Satz 2 gilt entsprechend in den Fällen des Satzes 1,*

   a) bei Altersteilzeit im Blockmodell, wenn am 1. August 2006 ein Zeitraum von nicht mehr als einem Drittel der Arbeitsphase,

   b) bei Altersteilzeit im Teilzeitmodell, wenn am 1. August 2006 ein Zeitraum von nicht mehr als einem Drittel der Altersteilzeit

   zurückgelegt ist.

§ 2 Arbeitsvertrag, Nebenabreden, Probezeit. (1) Der Arbeitsvertrag wird schriftlich abgeschlossen.

(2) [1] Mehrere Arbeitsverhältnisse zu demselben Arbeitgeber dürfen nur begründet werden, wenn die jeweils übertragenen Tätigkeiten nicht in einem unmittelbaren Sachzusammenhang stehen. [2] Andernfalls gelten sie als ein Arbeitsverhältnis.

(3) [1] Nebenabreden sind nur wirksam, wenn sie schriftlich vereinbart werden. [2] Sie können gesondert gekündigt werden, soweit dies einzelvertraglich vereinbart ist.

(4) [1] Die ersten sechs Monate der Beschäftigung gelten als Probezeit, soweit nicht eine kürzere Zeit vereinbart ist. [2] Bei Übernahme von Auszubildenden im unmittelbaren Anschluss an das Ausbildungsverhältnis in ein Arbeitsverhältnis entfällt die Probezeit.

---

1) Abs. 4 entspricht § 41 BT-K.

§ 3 Allgemeine Arbeitsbedingungen. (1) Die Beschäftigten haben über Angelegenheiten, deren Geheimhaltung durch gesetzliche Vorschriften vorgesehen oder vom Arbeitgeber angeordnet ist, Verschwiegenheit zu wahren; dies gilt auch über die Beendigung des Arbeitsverhältnisses hinaus.

(2) [1] Die Beschäftigten dürfen von Dritten Belohnungen, Geschenke, Provisionen oder sonstige Vergünstigungen in Bezug auf ihre Tätigkeit nicht annehmen. [2] Ausnahmen sind nur mit Zustimmung des Arbeitgebers möglich. [3] Werden den Beschäftigten derartige Vergünstigungen angeboten, haben sie dies dem Arbeitgeber unverzüglich anzuzeigen.

(3) [1] Nebentätigkeiten gegen Entgelt haben die Beschäftigten ihrem Arbeitgeber rechtzeitig vorher schriftlich anzuzeigen. [2] Der Arbeitgeber kann die Nebentätigkeit untersagen oder mit Auflagen versehen, wenn diese geeignet ist, die Erfüllung der arbeitsvertraglichen Pflichten der Beschäftigten oder berechtigte Interessen des Arbeitgebers zu beeinträchtigen. [3] Für Nebentätigkeiten bei demselben Arbeitgeber oder im übrigen öffentlichen Dienst (§ 34 Abs. 3 Satz 3 und 4) kann eine Ablieferungspflicht zur Auflage gemacht werden.

(4) [1] Der Arbeitgeber ist bei begründeter Veranlassung berechtigt, die/den Beschäftigte/n zu verpflichten, durch ärztliche Bescheinigung nachzuweisen, dass sie/er zur Leistung der arbeitsvertraglich geschuldeten Tätigkeit in der Lage ist. [2] Bei der beauftragten Ärztin/dem beauftragten Arzt kann es sich um eine Betriebsärztin/einen Betriebsarzt, eine Personalärztin/einen Personalarzt oder eine Amtsärztin/einen Amtsarzt handeln, soweit sich die Betriebsparteien nicht auf eine andere Ärztin/einen anderen Arzt geeinigt haben. [3] Die Kosten dieser Untersuchung trägt der Arbeitgeber.

(5) [1] Die Beschäftigten haben ein Recht auf Einsicht in ihre vollständigen Personalakten. [2] Sie können das Recht auf Einsicht auch durch eine/n hierzu schriftlich Bevollmächtigte/n ausüben lassen. [3] Sie können Auszüge oder Kopien aus ihren Personalakten erhalten.

(6) Die Schadenshaftung der Beschäftigten ist bei dienstlich oder betrieblich veranlassten Tätigkeiten auf Vorsatz und grobe Fahrlässigkeit beschränkt.

§ 3.1[1)] Allgemeine Pflichten der Ärztinnen und Ärzte. (1) [1] Zu den den Ärztinnen und Ärzten obliegenden ärztlichen Pflichten gehört es auch, ärztliche Bescheinigungen auszustellen. [2] Die Ärztinnen und Ärzte können vom Arbeitgeber auch verpflichtet werden, im Rahmen einer zugelassenen Nebentätigkeit von leitenden Ärztinnen und Ärzten oder für Belegärztinnen und Belegärzte innerhalb der Einrichtung ärztlich tätig zu werden.

(2) [1] Zu den aus der Haupttätigkeit obliegenden Pflichten der Ärztinnen und Ärzte gehört es ferner, am Rettungsdienst in Notarztwagen und Hubschraubern teilzunehmen. [2] Für jeden Einsatz in diesem Rettungsdienst erhalten Ärztinnen und Ärzte einen nicht zusatzversorgungspflichtigen Einsatzzuschlag ab 1. März 2018 in Höhe von 26,10 Euro, ab 1. April 2019 in Höhe von 26,91 Euro und ab 1. März 2020 in Höhe von 27,20 Euro. [3] Dieser Betrag verändert sich zu demselben Zeitpunkt und in dem gleichen Ausmaß wie das Tabellenentgelt der Entgeltgruppe 14 Stufe 3 (Ärztinnen/Ärzte).

[1)] Entspricht § 42 BT-K.

Protokollerklärungen zu Absatz 2:

1. *Eine Ärztin/Ein Arzt, die/der nach der Approbation noch nicht mindestens ein Jahr klinisch tätig war, ist grundsätzlich nicht zum Einsatz im Rettungsdienst heranzuziehen.*
2. *Eine Ärztin/Ein Arzt, der/dem aus persönlichen oder fachlichen Gründen (z.B. Vorliegen einer anerkannten Minderung der Erwerbsfähigkeit, die dem Einsatz im Rettungsdienst entgegensteht, Flugunverträglichkeit, langjährige Tätigkeit als Bakteriologin) die Teilnahme am Rettungsdienst nicht zumutbar ist, darf grundsätzlich nicht zum Einsatz im Rettungsdienst herangezogen werden.*

(3) Die Erstellung von Gutachten, gutachtlichen Äußerungen und wissenschaftlichen Ausarbeitungen, die nicht von einem Dritten angefordert und vergütet werden, gehört zu den den Ärztinnen und Ärzten obliegenden Pflichten aus der Haupttätigkeit.

(4) [1] Ärztinnen und Ärzte können vom Arbeitgeber verpflichtet werden, als Nebentätigkeit Unterricht zu erteilen sowie Gutachten, gutachtliche Äußerungen und wissenschaftliche Ausarbeitungen, die von einem Dritten angefordert und vergütet werden, zu erstellen, und zwar auch im Rahmen einer zugelassenen Nebentätigkeit der leitenden Ärztin/des leitenden Arztes. [2] Steht die Vergütung für das Gutachten, die gutachtliche Äußerung oder wissenschaftliche Ausarbeitung ausschließlich dem Arbeitgeber zu, haben Ärztinnen und Ärzte nach Maßgabe ihrer Beteiligung einen Anspruch auf einen Teil dieser Vergütung. [3] In allen anderen Fällen sind Ärztinnen und Ärzte berechtigt, für die Nebentätigkeit einen Anteil der von dem Dritten zu zahlenden Vergütung anzunehmen. [4] Ärztinnen und Ärzte können die Übernahme der Nebentätigkeit verweigern, wenn die angebotene Vergütung offenbar nicht dem Maß ihrer Beteiligung entspricht; im Übrigen kann die Übernahme der Nebentätigkeit nur in besonders begründeten Ausnahmefällen verweigert werden.

§ 4 Versetzung, Abordnung, Zuweisung, Personalgestellung. (1) [1] Beschäftigte können aus dienstlichen oder betrieblichen Gründen versetzt oder abgeordnet werden. [2] Sollen Beschäftigte an eine Dienststelle oder einen Betrieb außerhalb des bisherigen Arbeitsortes versetzt oder voraussichtlich länger als drei Monate abgeordnet werden, so sind sie vorher zu hören.

Protokollerklärungen zu Absatz 1:

1. *Abordnung ist die Zuweisung einer vorübergehenden Beschäftigung bei einer anderen Dienststelle oder einem anderen Betrieb desselben oder eines anderen Arbeitgebers unter Fortsetzung des bestehenden Arbeitsverhältnisses.*
2. *Versetzung ist die Zuweisung einer auf Dauer bestimmten Beschäftigung bei einer anderen Dienststelle oder einem anderen Betrieb desselben Arbeitgebers unter Fortsetzung des bestehenden Arbeitsverhältnisses.*

Niederschriftserklärung zu § 4 Abs. 1:
Der Begriff „Arbeitsort" ist ein generalisierter Oberbegriff; die Bedeutung unterscheidet sich nicht von dem bisherigen Begriff „Dienstort".

(2) [1] Beschäftigten kann im dienstlichen/betrieblichen oder öffentlichen Interesse mit ihrer Zustimmung vorübergehend eine mindestens gleich vergütete Tätigkeit bei einem Dritten zugewiesen werden. [2] Die Zustimmung kann nur aus wichtigem Grund verweigert werden. [3] Die Rechtsstellung der Beschäftig-

ten bleibt unberührt. [4]Bezüge aus der Verwendung nach Satz 1 werden auf das Entgelt angerechnet.

Protokollerklärung zu Absatz 2:

Zuweisung ist – unter Fortsetzung des bestehenden Arbeitsverhältnisses – die vorübergehende Beschäftigung bei einem Dritten im In- und Ausland, bei dem der Allgemeine Teil des TVöD nicht zur Anwendung kommt.

(3) [1]Werden Aufgaben der Beschäftigten zu einem Dritten verlagert, ist auf Verlangen des Arbeitgebers bei weiter bestehendem Arbeitsverhältnis die arbeitsvertraglich geschuldete Arbeitsleistung bei dem Dritten zu erbringen (Personalgestaltung). [2]§ 613a BGB sowie gesetzliche Kündigungsrechte bleiben unberührt.

Protokollerklärung zu Absatz 3:

[1]Personalgestellung ist – unter Fortsetzung des bestehenden Arbeitsverhältnisses – die auf Dauer angelegte Beschäftigung bei einem Dritten. [2]Die Modalitäten der Personalgestellung werden zwischen dem Arbeitgeber und dem Dritten vertraglich geregelt.

§ 5 Qualifizierung. (1) [1]Ein hohes Qualifikationsniveau und lebenslanges Lernen liegen im gemeinsamen Interesse von Beschäftigten und Arbeitgebern. [2]Qualifizierung dient der Steigerung von Effektivität und Effizienz des öffentlichen Dienstes, der Nachwuchsförderung und der Steigerung von beschäftigungsbezogenen Kompetenzen. [3]Die Tarifvertragsparteien verstehen Qualifizierung auch als Teil der Personalentwicklung.

(2) [1]Vor diesem Hintergrund stellt Qualifizierung nach diesem Tarifvertrag ein Angebot dar, aus dem für die Beschäftigten kein individueller Anspruch außer nach Absatz 4 abgeleitet, aber das durch freiwillige Betriebsvereinbarung wahrgenommen und näher ausgestaltet werden kann. [2]Entsprechendes gilt für Dienstvereinbarungen im Rahmen der personalvertretungsrechtlichen Möglichkeiten. [3]Weitergehende Mitbestimmungsrechte werden dadurch nicht berührt.

(3) [1]Qualifizierungsmaßnahmen sind

a) die Fortentwicklung der fachlichen, methodischen und sozialen Kompetenzen für die übertragenen Tätigkeiten (Erhaltungsqualifizierung),
b) der Erwerb zusätzlicher Qualifikationen (Fort- und Weiterbildung),
c) die Qualifizierung zur Arbeitsplatzsicherung (Qualifizierung für eine andere Tätigkeit; Umschulung) und
d) die Einarbeitung bei oder nach längerer Abwesenheit (Wiedereinstiegsqualifizierung).

[2]Die Teilnahme an einer Qualifizierungsmaßnahme wird dokumentiert und den Beschäftigten schriftlich bestätigt.

(4) [1]Beschäftigte haben – auch in den Fällen des Absatzes 3 Satz 1 Buchst. d – Anspruch auf ein regelmäßiges Gespräch mit der jeweiligen Führungskraft, in dem festgestellt wird, ob und welcher Qualifizierungsbedarf besteht. [2]Dieses Gespräch kann auch als Gruppengespräch geführt werden. [3]Wird nichts anderes geregelt, ist das Gespräch jährlich zu führen.

(5) [1]Die Kosten einer vom Arbeitgeber veranlassten Qualifizierungsmaßnahme – einschließlich Reisekosten – werden, soweit sie nicht von Dritten übernommen werden, grundsätzlich vom Arbeitgeber getragen. [2]Ein möglicher Eigenbeitrag wird durch eine Qualifizierungsvereinbarung geregelt. [3]Die Be-

triebsparteien sind gehalten, die Grundsätze einer fairen Kostenverteilung unter Berücksichtigung des betrieblichen und individuellen Nutzens zu regeln. [4] Ein Eigenbeitrag der Beschäftigten kann in Geld und/oder Zeit erfolgen.

(6) Zeiten von vereinbarten Qualifizierungsmaßnahmen gelten als Arbeitszeit.

(7) Gesetzliche Förderungsmöglichkeiten können in die Qualifizierungsplanung einbezogen werden.

(8) Für Beschäftigte mit individuellen Arbeitszeiten sollen Qualifizierungsmaßnahmen so angeboten werden, dass ihnen eine gleichberechtigte Teilnahme ermöglicht wird.

§ 5.1[1)] Qualifizierung der Ärztinnen und Ärzte. (1) Für Beschäftigte, die sich in Facharzt-, Schwerpunktweiterbildung oder Zusatzausbildung nach dem Gesetz über befristete Arbeitsverträge mit Ärzten in der Weiterbildung befinden, ist ein Weiterbildungsplan aufzustellen, der unter Berücksichtigung des Standes der Weiterbildung die zu vermittelnden Ziele und Inhalte der Weiterbildungsabschnitte sachlich und zeitlich gegliedert festlegt.

(2) Die Weiterbildung ist vom Betrieb im Rahmen seines Versorgungsauftrags bei wirtschaftlicher Betriebsführung so zu organisieren, dass die/der Beschäftigte die festgelegten Weiterbildungsziele in der nach der jeweiligen Weiterbildungsordnung vorgesehenen Zeit erreichen kann.

(3) [1] Können Weiterbildungsziele aus Gründen, die der Arbeitgeber zu vertreten hat, in der vereinbarten Dauer des Arbeitsverhältnisses nicht erreicht werden, so ist die Dauer des Arbeitsvertrages entsprechend zu verlängern. [2] Die Regelungen des Gesetzes über befristete Arbeitsverträge mit Ärzten in der Weiterbildung bleiben hiervon unberührt und sind für den Fall lang andauernder Arbeitsunfähigkeit sinngemäß anzuwenden. [3] Absatz 2 bleibt unberührt.

(4) [1] Zur Teilnahme an Arztkongressen, Fachtagungen und ähnlichen Veranstaltungen ist der Ärztin/dem Arzt Arbeitsbefreiung bis zu drei Arbeitstagen im Kalenderjahr unter Fortzahlung des Entgelts zu gewähren. [2] Die Arbeitsbefreiung wird auf einen Anspruch nach den Weiterbildungsgesetzen der Länder angerechnet. [3] Bei Kostenerstattung durch Dritte kann eine Freistellung für bis zu fünf Arbeitstage erfolgen.

Abschnitt II. Arbeitszeit

§ 6 Regelmäßige Arbeitszeit. (1) [1] Die regelmäßige Arbeitszeit beträgt ausschließlich der Pausen für

a) *(nicht besetzt)*

b) die Beschäftigten im Tarifgebiet West durchschnittlich 38,5 Stunden wöchentlich, im Tarifgebiet Ost durchschnittlich 40 Stunden wöchentlich.[2)]

[1.1] Für Beschäftigte der Mitglieder des Kommunalen Arbeitgeberverbandes Baden-Württemberg beträgt die regelmäßige Arbeitszeit ausschließlich der Pausen abweichend von Absatz 1 Buchst. b durchschnittlich 39 Stunden wöchentlich. [1.2] Satz 1.1 gilt nicht für Auszubildende, Schülerinnen/Schüler sowie Praktikantinnen/Praktikanten der Mitglieder des Kommunalen Arbeitgeberverbandes

---

1) Entspricht § 43 BT-K.
2) Entspricht § 44 Abs. 1 Satz 1 BT-K.

Baden-Württemberg; für sie beträgt die regelmäßige Arbeitszeit ausschließlich der Pausen durchschnittlich 38,5 Stunden wöchentlich.[1)] [2] *(nicht besetzt).*[2)] [3]Die regelmäßige Arbeitszeit kann auf fünf Tage, aus notwendigen betrieblichen/dienstlichen Gründen auch auf sechs Tage verteilt werden.

(1.1) [1]Die regelmäßige Arbeitszeit beträgt ausschließlich der Pausen für Ärztinnen und Ärzte durchschnittlich 40 Stunden wöchentlich. [2]Abs. 1 Satz 3 findet Anwendung.[3)]

(2) [1]Für die Berechnung des Durchschnitts der regelmäßigen wöchentlichen Arbeitszeit ist ein Zeitraum von bis zu einem Jahr zugrunde zu legen. [2]Abweichend von Satz 1 kann bei Beschäftigten, die ständig Wechselschicht- oder Schichtarbeit zu leisten haben, ein längerer Zeitraum zugrunde gelegt werden.

(2.1) Die Arbeitszeiten der Ärztinnen und Ärzte sind durch elektronische Zeiterfassung oder auf andere Art und Weise zu dokumentieren.[4)]

(3) [1]Soweit es die betrieblichen/dienstlichen Verhältnisse zulassen, wird die/der Beschäftigte am 24. Dezember und am 31. Dezember unter Fortzahlung des Entgelts nach § 21 von der Arbeit freigestellt. [2]Kann die Freistellung nach Satz 1 aus betrieblichen/dienstlichen Gründen nicht erfolgen, ist entsprechender Freizeitausgleich innerhalb von drei Monaten zu gewähren. [3]Die regelmäßige Arbeitszeit vermindert sich für den 24. Dezember und 31. Dezember, sofern sie auf einen Werktag fallen, um die dienstplanmäßig ausgefallenen Stunden.[5)]

Protokollerklärung zu Absatz 3 Satz 3:[6)]

Die Verminderung der regelmäßigen Arbeitszeit betrifft die Beschäftigten, die wegen des Dienstplans frei haben und deshalb ohne diese Regelung nacharbeiten müssten.

(4) Aus dringenden betrieblichen/dienstlichen Gründen kann auf der Grundlage einer Betriebs-/Dienstvereinbarung im Rahmen des § 7 Abs. 1, 2 und des § 12 ArbZG von den Vorschriften des Arbeitszeitgesetzes abgewichen werden.

Protokollerklärung zu Absatz 4:

In vollkontinuierlichen Schichtbetrieben kann an Sonn- und Feiertagen die tägliche Arbeitszeit auf bis zu zwölf Stunden verlängert werden, wenn dadurch zusätzliche freie Schichten an Sonn- und Feiertagen erreicht werden.

(4.1) [1]Unter den Voraussetzungen des Arbeitszeitgesetzes und des Arbeitsschutzgesetzes, insbesondere des § 5 ArbSchG, kann bei Ärztinnen und Ärzten die tägliche Arbeitszeit im Schichtdienst auf bis zu zwölf Stunden ausschließlich der Pausen ausgedehnt werden. [2]In unmittelbarer Folge dürfen nicht mehr als vier Zwölf-Stunden-Schichten und innerhalb von zwei Kalenderwochen nicht mehr als acht Zwölf-Stunden-Schichten geleistet werden. [3]Solche Schichten können nicht mit Bereitschaftsdienst kombiniert werden.[7)]

(5) Die Beschäftigten sind im Rahmen begründeter betrieblicher/dienstlicher Notwendigkeiten zur Leistung von Sonntags-, Feiertags-, Nacht-, Wech-

---

[1)] Sätze 1.1 und 1.2 entsprechen § 44 Abs. 1 Sätze 2 und 3 BT-K.
[2)] Entspricht § 48 Abs. 1 BT-K.
[3)] Entspricht § 44 Abs. 2 BT-K.
[4)] Entspricht § 44 Abs. 3 BT-K.
[5)] Abs. 3 Satz 3 modifiziert wegen § 6.1.
[6)] ProtErkl. zu § 6 Abs. 3 Satz 3 modifiziert wegen § 6.1.
[7)] Entspricht § 44 Abs. 4 BT-K.

selschicht-, Schichtarbeit sowie – bei Teilzeitbeschäftigung aufgrund arbeitsvertraglicher Regelung oder mit ihrer Zustimmung – zu Bereitschaftsdienst, Rufbereitschaft, Überstunden und Mehrarbeit verpflichtet.

(6) [1]Durch Betriebs-/Dienstvereinbarung kann ein wöchentlicher Arbeitszeitkorridor von bis zu 45 Stunden eingerichtet werden. [2]Die innerhalb eines Arbeitszeitkorridors geleisteten zusätzlichen Arbeitsstunden werden im Rahmen des nach Absatz 2 Satz 1 festgelegten Zeitraums ausgeglichen.

(7) [1]Durch Betriebs-/Dienstvereinbarung kann in der Zeit von 6 bis 20 Uhr eine tägliche Rahmenzeit von bis zu zwölf Stunden eingeführt werden. [2]Die innerhalb der täglichen Rahmenzeit geleisteten zusätzlichen Arbeitsstunden werden im Rahmen des nach Absatz 2 Satz 1 festgelegten Zeitraums ausgeglichen.

(8) Die Absätze 6 und 7 gelten nur alternativ und nicht bei Wechselschicht- und Schichtarbeit.

(9) Für einen Betrieb/eine Verwaltung, in dem/der ein Personalvertretungsgesetz Anwendung findet, kann eine Regelung nach den Absätzen 4, 6 und 7 in einem landesbezirklichen Tarifvertrag getroffen werden, wenn eine Dienstvereinbarung nicht einvernehmlich zustande kommt und der Arbeitgeber ein Letztentscheidungsrecht hat.

Protokollerklärung zu § 6:

[1] Gleitzeitregelungen sind unter Wahrung der jeweils geltenden Mitbestimmungsrechte unabhängig von den Vorgaben zu Arbeitszeitkorridor und Rahmenzeit (Absätze 6 und 7) möglich. [2] Sie dürfen keine Regelungen nach Absatz 4 enthalten.

§ 6.1[1)] Arbeit an Sonn- und Feiertagen. In Ergänzung zu § 6 Abs. 3 Satz 3 und Abs. 5 gilt für Sonn- und Feiertage Folgendes:

(1) [1]Die Arbeitszeit an einem gesetzlichen Feiertag, der auf einen Werktag fällt, wird durch eine entsprechende Freistellung an einem anderen Werktag bis zum Ende des dritten Kalendermonats – möglichst aber schon bis zum Ende des nächsten Kalendermonats – ausgeglichen, wenn es die betrieblichen Verhältnisse zulassen. [2]Kann ein Freizeitausgleich nicht gewährt werden, erhält die/der Beschäftigte je Stunde 100 v.H. des auf eine Stunde entfallenden Anteils des monatlichen Entgelts der jeweiligen Entgeltgruppe und Stufe nach Maßgabe der Entgelttabelle. [3]Ist ein Arbeitszeitkonto eingerichtet, ist eine Buchung gemäß § 10 Abs. 3 zulässig. [4]§ 8 Abs. 1 Satz 2 Buchst. d bleibt unberührt.

(2) [1]Für Beschäftigte, die regelmäßig nach einem Dienstplan eingesetzt werden, der Wechselschicht- oder Schichtdienst an sieben Tagen in der Woche vorsieht, vermindert sich die regelmäßige Wochenarbeitszeit um ein Fünftel der arbeitsvertraglich vereinbarten durchschnittlichen Wochenarbeitszeit, wenn sie an einem gesetzlichen Feiertag, der auf einen Werktag fällt,

a) Arbeitsleistung zu erbringen haben oder
b) nicht wegen des Feiertags, sondern dienstplanmäßig nicht zur Arbeit eingeteilt sind und deswegen an anderen Tagen der Woche ihre regelmäßige Arbeitszeit erbringen müssen.

[1)] Entspricht § 49 BT-K.

[2]Absatz 1 gilt in diesen Fällen nicht. [3]§ 8 Abs. 1 Satz 2 Buchst. d bleibt unberührt.

(3) [1]Beschäftigte, die regelmäßig an Sonn- und Feiertagen arbeiten müssen, erhalten innerhalb von zwei Wochen zwei arbeitsfreie Tage. [2]Hiervon soll ein freier Tag auf einen Sonntag fallen.

§ 7 Sonderformen der Arbeit. (1) [1]Wechselschichtarbeit ist die Arbeit nach einem Schichtplan/Dienstplan, der einen regelmäßigen Wechsel der täglichen Arbeitszeit in Wechselschichten vorsieht, bei denen die/der Beschäftigte längstens nach Ablauf eines Monats erneut zu mindestens zwei Nachtschichten herangezogen wird.[1)] [2]Wechselschichten sind wechselnde Arbeitsschichten, in denen ununterbrochen bei Tag und Nacht, werktags, sonntags und feiertags gearbeitet wird. [3]Nachtschichten sind Arbeitsschichten, die mindestens zwei Stunden Nachtarbeit umfassen.

Niederschriftserklärung zu § 7 Abs. 1 Satz 1:[2)]
Der Anspruch auf die Wechselschichtzulage ist auch erfüllt, wenn unter Einhaltung der Monatsfrist zwei Nachtdienste geleistet wurden, die nicht zwingend unmittelbar aufeinander folgen müssen.

(2) Schichtarbeit ist die Arbeit nach einem Schichtplan, der einen regelmäßigen Wechsel des Beginns der täglichen Arbeitszeit um mindestens zwei Stunden in Zeitabschnitten von längstens einem Monat vorsieht, und die innerhalb einer Zeitspanne von mindestens 13 Stunden geleistet wird.

(3) Bereitschaftsdienst leisten Beschäftigte, die sich auf Anordnung des Arbeitgebers außerhalb der regelmäßigen Arbeitszeit an einer vom Arbeitgeber bestimmten Stelle aufhalten, um im Bedarfsfall die Arbeit aufzunehmen.

(4) [1]Rufbereitschaft leisten Beschäftigte, die sich auf Anordnung des Arbeitgebers außerhalb der regelmäßigen Arbeitszeit an einer dem Arbeitgeber anzuzeigenden Stelle aufhalten, um auf Abruf die Arbeit aufzunehmen. [2]Rufbereitschaft wird nicht dadurch ausgeschlossen, dass Beschäftigte vom Arbeitgeber mit einem Mobiltelefon oder einem vergleichbaren technischen Hilfsmittel ausgestattet sind.

(5) Nachtarbeit ist die Arbeit zwischen 21 Uhr und 6 Uhr.

(6) Mehrarbeit sind die Arbeitsstunden, die Teilzeitbeschäftigte über die vereinbarte regelmäßige Arbeitszeit hinaus bis zur regelmäßigen wöchentlichen Arbeitszeit von Vollbeschäftigten (§ 6 Abs. 1 Satz 1 bzw. Abs. 1.1 Satz 1) leisten.

(7) Überstunden sind die auf Anordnung des Arbeitgebers geleisteten Arbeitsstunden, die über die im Rahmen der regelmäßigen Arbeitszeit von Vollbeschäftigten (§ 6 Abs. 1 Satz 1) für die Woche dienstplanmäßig bzw. betriebsüblich festgesetzten Arbeitsstunden hinausgehen und nicht bis zum Ende der folgenden Kalenderwoche ausgeglichen werden.

(8) Abweichend von Absatz 7 sind nur die Arbeitsstunden Überstunden, die

a) im Falle der Festlegung eines Arbeitszeitkorridors nach § 6 Abs. 6 über 45 Stunden oder über die vereinbarte Obergrenze hinaus,

---

1) Abs. 1 Satz 1 ersetzt durch § 48 Abs. 2 BT-K.
2) Entspricht Niederschriftserklärung zu § 48 Abs. 2 BT-K.

b) im Falle der Einführung einer täglichen Rahmenzeit nach § 6 Abs. 7 außerhalb der Rahmenzeit,

c) im Falle von Wechselschicht- oder Schichtarbeit über die im Schichtplan festgelegten täglichen Arbeitsstunden einschließlich der im Schichtplan vorgesehenen Arbeitsstunden, die bezogen auf die regelmäßige wöchentliche Arbeitszeit im Schichtplanturnus nicht ausgeglichen werden,

angeordnet worden sind.

§ 7.1[1] Bereitschaftsdienst und Rufbereitschaft. (1) [1] *(nicht besetzt)*[2] [2] Der Arbeitgeber darf Bereitschaftsdienst nur anordnen, wenn zu erwarten ist, dass zwar Arbeit anfällt, erfahrungsgemäß aber die Zeit ohne Arbeitsleistung überwiegt.

(2) Abweichend von den §§ 3, 5 und 6 Abs. 2 ArbZG kann im Rahmen des § 7 ArbZG die tägliche Arbeitszeit im Sinne des Arbeitszeitgesetzes über acht Stunden hinaus verlängert werden, wenn mindestens die acht Stunden überschreitende Zeit im Rahmen von Bereitschaftsdienst geleistet wird, und zwar wie folgt:

a) bei Bereitschaftsdiensten der Stufe I bis zu insgesamt maximal 16 Stunden täglich; die gesetzlich vorgeschriebene Pause verlängert diesen Zeitraum nicht,

b) bei Bereitschaftsdiensten der Stufen II und III bis zu insgesamt maximal 13 Stunden täglich; die gesetzlich vorgeschriebene Pause verlängert diesen Zeitraum nicht.

(3) [1] Im Rahmen des § 7 ArbZG kann unter den Voraussetzungen

a) einer Prüfung alternativer Arbeitszeitmodelle,

b) einer Belastungsanalyse gemäß § 5 ArbSchG und

c) ggf. daraus resultierender Maßnahmen zur Gewährleistung des Gesundheitsschutzes

aufgrund einer Betriebs-/Dienstvereinbarung von den Regelungen des Arbeitszeitgesetzes abgewichen werden. [2] Für einen Betrieb/eine Verwaltung, in dem/der ein Personalvertretungsgesetz Anwendung findet, kann eine Regelung nach Satz 1 in einem landesbezirklichen Tarifvertrag getroffen werden, wenn eine Dienstvereinbarung nicht einvernehmlich zustande kommt (§ 38 Abs. 3) und der Arbeitgeber ein Letztentscheidungsrecht hat. [3] Abweichend von den §§ 3, 5 und 6 Abs. 2 ArbZG kann die tägliche Arbeitszeit im Sinne des Arbeitszeitgesetzes über acht Stunden hinaus verlängert werden, wenn in die Arbeitszeit regelmäßig und in erheblichem Umfang Bereitschaftsdienst fällt. [4] Hierbei darf die tägliche Arbeitszeit ausschließlich der Pausen maximal 24 Stunden betragen.

(4) Unter den Voraussetzungen des Absatzes 3 Satz 1 und 2 kann die tägliche Arbeitszeit gemäß § 7 Abs. 2a ArbZG ohne Ausgleich verlängert werden, wobei

a) bei Bereitschaftsdiensten der Stufe I eine wöchentliche Arbeitszeit von bis zu maximal durchschnittlich 58 Stunden,

---

[1] Entspricht § 45 BT-K.
[2] Identisch mit § 7 Abs. 3.

b) bei Bereitschaftsdiensten der Stufen II und III eine wöchentliche Arbeitszeit von bis zu maximal durchschnittlich 54 Stunden

zulässig ist.

(5) Für den Ausgleichszeitraum nach den Absätzen 2 bis 4 gilt § 6 Abs. 2 Satz 1.

(6) Bei Aufnahme von Verhandlungen über eine Betriebs-/Dienstvereinbarung nach den Absätzen 3 und 4 sind die Tarifvertragsparteien auf landesbezirklicher Ebene zu informieren.

(7) [1] In den Fällen, in denen Beschäftigte Teilzeitarbeit gemäß § 11 vereinbart haben, verringern sich die Höchstgrenzen der wöchentlichen Arbeitszeit nach den Absätzen 2 bis 4 in demselben Verhältnis wie die Arbeitszeit dieser Beschäftigten zu der regelmäßigen Arbeitszeit der Vollbeschäftigten. [2] Mit Zustimmung der/des Beschäftigten oder aufgrund von dringenden dienstlichen oder betrieblichen Belangen kann hiervon abgewichen werden.

(8) [1] Der Arbeitgeber darf Rufbereitschaft nur anordnen, wenn erfahrungsgemäß lediglich in Ausnahmefällen Arbeit anfällt. [2] Durch tatsächliche Arbeitsleistung innerhalb der Rufbereitschaft kann die tägliche Höchstarbeitszeit von zehn Stunden (§ 3 ArbZG) überschritten werden (§ 7 ArbZG).

(9) § 6 Abs. 4 bleibt im Übrigen unberührt.

(10) [1] Für Beschäftigte in Einrichtungen und Heimen, die der Förderung der Gesundheit, der Erziehung, Fürsorge oder Betreuung von Kindern und Jugendlichen, der Fürsorge und Betreuung von obdachlosen, alten, gebrechlichen, erwerbsbeschränkten oder sonstigen hilfsbedürftigen Personen dienen, auch wenn diese Einrichtungen nicht der ärztlichen Behandlung der betreuten Personen dienen, gelten die Absätze 1 bis 9 mit der Maßgabe, dass die Grenzen für die Stufe I einzuhalten sind. [2] Dazu gehören auch die Beschäftigungen in Einrichtungen, in denen die betreuten Personen nicht regelmäßig ärztlich behandelt und beaufsichtigt werden (Erholungsheime).

§ 8 Ausgleich für Sonderformen der Arbeit. (1) [1] Der/Die Beschäftigte erhält neben dem Entgelt für die tatsächliche Arbeitsleistung Zeitzuschläge. [2] Die Zeitzuschläge betragen – auch bei Teilzeitbeschäftigten – je Stunde

a)	für Überstunden	
	in den Entgeltgruppen 1 bis 9b	30 v.H.,
	in den Entgeltgruppen 9c bis 15	15 v.H.,
b)	für Nachtarbeit	20 v.H.,
c)	für Sonntagsarbeit	25 v.H.,
d)	bei Feiertagsarbeit	
	– ohne Freizeitausgleich	135 v.H.,
	– mit Freizeitausgleich	35 v.H.,
e)	für Arbeit am 24. Dezember und am 31. Dezember jeweils ab 6 Uhr	35 v.H.,
f)	für Arbeit an Samstagen von 13 bis 21 Uhr, soweit diese nicht im Rahmen von Wechselschicht- oder Schichtarbeit anfällt	20 v.H.,

für Beschäftigte nach § 38 Abs. 5 Satz 1 für Arbeit an Samstagen von 13 bis 21 Uhr 0,64 Euro[1)]

des auf eine Stunde entfallenden Anteils des Tabellenentgelts der Stufe 3 der jeweiligen Entgeltgruppe. [3]Beim Zusammentreffen von Zeitzuschlägen nach Satz 2 Buchst. c bis f wird nur der höchste Zeitzuschlag gezahlt. [4]Auf Wunsch der/des Beschäftigten können, soweit ein Arbeitszeitkonto (§ 10) eingerichtet ist und die betrieblichen/dienstlichen Verhältnisse es zulassen, die nach Satz 2 zu zahlenden Zeitzuschläge entsprechend dem jeweiligen Vomhundertsatz einer Stunde in Zeit umgewandelt und ausgeglichen werden. [5]Dies gilt entsprechend für Überstunden als solche.

Protokollerklärung zu Absatz 1 Satz 1:

Bei Überstunden richtet sich das Entgelt für die tatsächliche Arbeitsleistung nach der jeweiligen Entgeltgruppe und der individuellen Stufe, höchstens jedoch nach der Stufe 4.

Protokollerklärung zu Absatz 1 Satz 2 Buchst. d:

[1]Der Freizeitausgleich muss im Dienstplan besonders ausgewiesen und bezeichnet werden. [2]Falls kein Freizeitausgleich gewährt wird, werden als Entgelt einschließlich des Zeitzuschlags und des auf den Feiertag entfallenden Tabellenentgelts höchstens 235 v.H. gezahlt.

(2) Für Arbeitsstunden, die keine Überstunden sind und die aus betrieblichen/dienstlichen Gründen nicht innerhalb des nach § 6 Abs. 2 Satz 1 oder 2 festgelegten Zeitraums mit Freizeit ausgeglichen werden, erhält die/der Beschäftigte je Stunde 100 v.H. des auf eine Stunde entfallenden Anteils des Tabellenentgelts der jeweiligen Entgeltgruppe und Stufe.

Protokollerklärung zu Absatz 2:

Mit dem Begriff „Arbeitsstunden" sind nicht die Stunden gemeint, die im Rahmen von Gleitzeitregelungen im Sinne der Protokollerklärung zu § 6 anfallen, es sei denn, sie sind angeordnet worden.

(3) [1]Für die Rufbereitschaft wird eine tägliche Pauschale je Entgeltgruppe bezahlt. [2]Sie beträgt für die Tage Montag bis Freitag das Zweifache, für Samstag, Sonntag sowie für Feiertage das Vierfache des tariflichen Stundenentgelts nach Maßgabe der Entgelttabelle. [3]Maßgebend für die Bemessung der Pauschale nach Satz 2 ist der Tag, an dem die Rufbereitschaft beginnt. [4]Für die Arbeitsleistung innerhalb der Rufbereitschaft außerhalb des Aufenthaltsortes im Sinne des § 7 Abs. 4 wird die Zeit jeder einzelnen Inanspruchnahme einschließlich der hierfür erforderlichen Wegezeiten jeweils auf eine volle Stunde gerundet und mit dem Entgelt für Überstunden sowie mit etwaigen Zeitzuschlägen nach Absatz 1 bezahlt. [5]Wird die Arbeitsleistung innerhalb der Rufbereitschaft am Aufenthaltsort im Sinne des § 7 Abs. 4 telefonisch (z.B. in Form einer Auskunft) oder mittels technischer Einrichtungen erbracht, wird abweichend von Satz 4 die Summe dieser Arbeitsleistungen auf die nächste volle Stunde gerundet und mit dem Entgelt für Überstunden sowie mit etwaigen Zeitzuschlägen nach Absatz 1 bezahlt. [6]Absatz 1 Satz 4 gilt entsprechend, soweit die Buchung auf das Arbeitszeitkonto nach § 10 Abs. 3 Satz 2 zulässig ist. [7]Satz 1 gilt nicht im Falle einer stundenweisen Rufbereitschaft. [8]Eine Rufbereitschaft im Sinne von Satz 7 liegt bei einer ununterbrochenen Ruf-

[1)] Entspricht § 50 BT-K.

bereitschaft von weniger als zwölf Stunden vor. [9] In diesem Fall wird abweichend von den Sätzen 2 und 3 für jede Stunde der Rufbereitschaft 12,5 v.H. des tariflichen Stundenentgelts nach Maßgabe der Entgelttabelle gezahlt.

Protokollerklärung zu Absatz 3:

Zur Ermittlung der Tage einer Rufbereitschaft, für die eine Pauschale gezahlt wird, ist auf den Tag des Beginns der Rufbereitschaft abzustellen.

Niederschriftserklärung zu § 8 Abs. 3:

[1] Zur Erläuterung von § 8 Abs. 3 und der dazugehörigen Protokollerklärung sind sich die Tarifvertragsparteien über folgendes Beispiel einig: „Beginnt eine Wochenendrufbereitschaft am Freitag um 15 Uhr und endet am Montag um 7 Uhr, so erhalten Beschäftigte folgende Pauschalen: Zwei Stunden für Freitag, je vier Stunden für Samstag und Sonntag, keine Pauschale für Montag. [2] Sie erhalten somit zehn Stundenentgelte."

(4)[1] *(nicht besetzt)*

(5) [1] Beschäftigte, die ständig Wechselschichtarbeit leisten, erhalten eine Wechselschichtzulage von 105 Euro monatlich. [2] Beschäftigte, die nicht ständig Wechselschichtarbeit leisten, erhalten eine Wechselschichtzulage von 0,63 Euro pro Stunde.

(6) [1] Beschäftigte, die ständig Schichtarbeit leisten, erhalten eine Schichtzulage von 40 Euro monatlich. [2] Beschäftigte, die nicht ständig Schichtarbeit leisten, erhalten eine Schichtzulage von 0,24 Euro pro Stunde.

§ 8.1[2] Bereitschaftsdienstentgelt. (1) Zum Zwecke der Entgeltberechnung wird nach dem Maß der während des Bereitschaftsdienstes erfahrungsgemäß durchschnittlich anfallenden Arbeitsleistungen die Zeit des Bereitschaftsdienstes einschließlich der geleisteten Arbeit wie folgt als Arbeitszeit gewertet:

Stufe	Arbeitsleistung innerhalb des Bereitschaftsdienstes	Bewertung als Arbeitszeit
I	bis zu 25 v.H.	60 v.H.
II	mehr als 25 bis 40 v.H.	75 v.H.
III	mehr als 40 bis 49 v.H.	90 v.H.

(2) [1] Die Zuweisung zu den einzelnen Stufen des Bereitschaftsdienstes erfolgt durch die Betriebsparteien. [2] Bei Ärztinnen und Ärzten erfolgt die Zuweisung zu den einzelnen Stufen des Bereitschaftsdienstes als Nebenabrede (§ 2 Abs. 3) zum Arbeitsvertrag. [3] Die Nebenabrede ist mit einer Frist von drei Monaten jeweils zum Ende eines Kalenderhalbjahres kündbar.

(3) Für die Beschäftigten gemäß § 7.1 Abs. 10[3] wird zum Zwecke der Entgeltberechnung die Zeit des Bereitschaftsdienstes einschließlich der geleisteten Arbeit mit 28,5 v.H. als Arbeitszeit gewertet.

(4) [1] Das Entgelt für die nach den Absätzen 1 und 3 zum Zwecke der Entgeltberechnung als Arbeitszeit gewertete Bereitschaftsdienstzeit bestimmt sich nach der Anlage G.[4] [2] Die Beträge der Anlage G verändern sich ab dem

[1] Ersetzt durch § 46 BT-K.
[2] Entspricht § 46 BT-K.
[3] Entspricht § 45 Abs. 10 BT-K.
[4] Entspricht Anlage C zu § 46 Abs. 4 BT-K.

1. März 2010 bei allgemeinen Entgeltanpassungen um den von den Tarifvertragsparteien für die Anlage A festgelegten Vomhundertsatz.

(5) [1] Die Beschäftigten erhalten zusätzlich zu dem Entgelt nach Absatz 4 für jede nach den Absätzen 1 und 3 als Arbeitszeit gewertete Stunde, die an einem Feiertag geleistet worden ist, einen Zeitzuschlag in Höhe von 25 v.H. des Stundenentgelts ihrer jeweiligen Entgeltgruppe nach der Anlage C. [2] Im Übrigen werden für die Zeit des Bereitschaftsdienstes einschließlich der geleisteten Arbeit und für die Zeit der Rufbereitschaft Zeitzuschläge nach § 8 nicht gezahlt.

(6) [1] Die Beschäftigten erhalten zusätzlich zu dem Entgelt nach Absatz 4 für die Zeit des Bereitschaftsdienstes in den Nachtstunden (§ 7 Abs. 5) je Stunde einen Zeitzuschlag in Höhe von 15 v.H. des Entgelts nach Absatz 4. [2] Absatz 5 Satz 2 gilt entsprechend.

(7) [1] Anstelle der Auszahlung des Entgelts nach Absatz 4 für die nach den Absätzen 1 und 3 gewertete Arbeitszeit kann diese bei Ärztinnen und Ärzten bis zum Ende des dritten Kalendermonats auch durch entsprechende Freizeit abgegolten werden (Freizeitausgleich). [2] Die Möglichkeit zum Freizeitausgleich nach Satz 1 umfasst auch die den Zeitzuschlägen nach Absätzen 5 und 6 1:1 entsprechende Arbeitszeit. [3] Für die Zeit des Freizeitausgleichs werden das Entgelt (§ 15) und die in Monatsbeträgen festgelegten Zulagen fortgezahlt. [4] Nach Ablauf der drei Monate wird das Bereitschaftsdienstentgelt am Zahltag des folgenden Kalendermonats fällig.

(8) [1] An Beschäftigte, die nicht von Absatz 7 erfasst werden, wird das Bereitschaftsdienstentgelt gezahlt (§ 24 Abs. 1 Satz 3), es sei denn, dass ein Freizeitausgleich im Dienstplan vorgesehen ist, oder eine entsprechende Regelung in einer Betriebs- bzw. einvernehmlichen Dienstvereinbarung getroffen wird oder die/der Beschäftigte dem Freizeitausgleich zustimmt. [2] In diesem Fall gilt Absatz 7 entsprechend.

(9) [1] Das Bereitschaftsdienstentgelt nach den Absätzen 1, 3, 4, 5 und 6 kann im Falle der Faktorisierung nach § 10 Abs. 3 in Freizeit abgegolten werden. [2] Dabei entspricht eine Stunde Bereitschaftsdienst

a)	nach Absatz 1	
	aa) in der Stufe I	37 Minuten,
	bb) in der Stufe II	46 Minuten und
	cc) in der Stufe III	55 Minuten,
b)	nach Absatz 3	17,5 Minuten,
c)	bei Feiertagsarbeit nach Absatz 5 jeweils zuzüglich	15 Minuten und
d)	bei Nachtarbeit nach Absatz 6 jeweils zuzüglich	9 Minuten.

§ 9 Bereitschaftszeiten. (1) [1] Bereitschaftszeiten sind die Zeiten, in denen sich die/der Beschäftigte am Arbeitsplatz oder einer anderen vom Arbeitgeber bestimmten Stelle zur Verfügung halten muss, um im Bedarfsfall die Arbeit selbständig, ggf. auch auf Anordnung, aufzunehmen und in denen die Zeiten ohne Arbeitsleistung überwiegen. [2] Für Beschäftigte, in deren Tätigkeit regelmäßig und in nicht unerheblichem Umfang Bereitschaftszeiten fallen, gelten folgende Regelungen:

a) Bereitschaftszeiten werden zur Hälfte als tarifliche Arbeitszeit gewertet (faktorisiert).

b) Sie werden innerhalb von Beginn und Ende der regelmäßigen täglichen Arbeitszeit nicht gesondert ausgewiesen.

c) Die Summe aus den faktorisierten Bereitschaftszeiten und der Vollarbeitszeit darf die Arbeitszeit nach § 6 Abs. 1 nicht überschreiten.

d) Die Summe aus Vollarbeits- und Bereitschaftszeiten darf durchschnittlich 48 Stunden wöchentlich nicht überschreiten.

[3] Ferner ist Voraussetzung, dass eine nicht nur vorübergehend angelegte Organisationsmaßnahme besteht, bei der regelmäßig und in nicht unerheblichem Umfang Bereitschaftszeiten anfallen.

(2) [1] Die Anwendung des Absatzes 1 bedarf im Geltungsbereich eines Personalvertretungsgesetzes einer einvernehmlichen Dienstvereinbarung. [2] § 6 Abs. 9 gilt entsprechend. [3] Im Geltungsbereich des Betriebsverfassungsgesetzes unterliegt die Anwendung dieser Vorschrift der Mitbestimmung im Sinne des § 87 Abs. 1 Nr. 2 BetrVG.

(3) *(nicht besetzt)*

Protokollerklärung zu § 9:
Diese Regelung gilt nicht für Wechselschicht- und Schichtarbeit.

§ 10 Arbeitszeitkonto. (1) [1] Durch Betriebs-/Dienstvereinbarung kann ein Arbeitszeitkonto eingerichtet werden. [2] Für einen Betrieb/eine Verwaltung, in dem/der ein Personalvertretungsgesetz Anwendung findet, kann eine Regelung nach Satz 1 auch in einem landesbezirklichen Tarifvertrag getroffen werden, wenn eine Dienstvereinbarung nicht einvernehmlich zustande kommt und der Arbeitgeber ein Letztentscheidungsrecht hat. [3] Soweit ein Arbeitszeitkorridor (§ 6 Abs. 6) oder eine Rahmenzeit (§ 6 Abs. 7) vereinbart wird, ist ein Arbeitszeitkonto einzurichten.

(2) [1] In der Betriebs-/Dienstvereinbarung wird festgelegt, ob das Arbeitszeitkonto im ganzen Betrieb/in der ganzen Verwaltung oder Teilen davon eingerichtet wird. [2] Alle Beschäftigten der Betriebs-/Verwaltungsteile, für die ein Arbeitszeitkonto eingerichtet wird, werden von den Regelungen des Arbeitszeitkontos erfasst.

(3) [1] Auf das Arbeitszeitkonto können Zeiten, die bei Anwendung des nach § 6 Abs. 2 festgelegten Zeitraums als Zeitguthaben oder als Zeitschuld bestehen bleiben, nicht durch Freizeit ausgeglichene Zeiten nach § 8 Abs. 1 Satz 5 und Abs. 2 sowie in Zeit umgewandelte Zuschläge nach § 8 Abs. 1 Satz 4 gebucht werden. [2] Weitere Kontingente (z.B. Rufbereitschafts-/Bereitschaftsdienstentgelte) können durch Betriebs-/Dienstvereinbarung zur Buchung freigegeben werden. [3] Die/Der Beschäftigte entscheidet für einen in der Betriebs-/Dienstvereinbarung festgelegten Zeitraum, welche der in Satz 1 genannten Zeiten auf das Arbeitszeitkonto gebucht werden.

(4) Im Falle einer unverzüglich angezeigten und durch ärztliches Attest nachgewiesenen Arbeitsunfähigkeit während eines Zeitausgleichs vom Arbeitszeitkonto (Zeiten nach Absatz 3 Satz 1 und 2) tritt eine Minderung des Zeitguthabens nicht ein.

Niederschriftserklärung zu § 10 Abs. 4:
Durch diese Regelung werden aus dem Urlaubsrecht entlehnte Ansprüche nicht begründet.

(5) In der Betriebs-/Dienstvereinbarung sind insbesondere folgende Regelungen zu treffen:

a) Die höchstmögliche Zeitschuld (bis zu 40 Stunden) und das höchstzulässige Zeitguthaben (bis zu einem Vielfachen von 40 Stunden), die innerhalb eines bestimmten Zeitraums anfallen dürfen;

b) nach dem Umfang des beantragten Freizeitausgleichs gestaffelte Fristen für das Abbuchen von Zeitguthaben oder für den Abbau von Zeitschulden durch die/den Beschäftigten;

c) die Berechtigung, das Abbuchen von Zeitguthaben zu bestimmten Zeiten (z.B. an so genannten Brückentagen) vorzusehen;

d) die Folgen, wenn der Arbeitgeber einen bereits genehmigten Freizeitausgleich kurzfristig widerruft.

(6) [1] Der Arbeitgeber kann mit der/dem Beschäftigten die Einrichtung eines Langzeitkontos vereinbaren. [2] In diesem Fall ist der Betriebs-/Personalrat zu beteiligen und – bei Insolvenzfähigkeit des Arbeitgebers – eine Regelung zur Insolvenzsicherung zu treffen.

Niederschriftserklärung zu den §§ 6 bis 10:[1)]

[1] Die Dokumentation der Arbeitszeit, der Mehrarbeit, der Überstunden, der Bereitschaftsdienste etc. ist nicht mit dem Arbeitszeitkonto gem. § 10 TVöD-K gleichzusetzen. [2] Arbeitszeitkonten können nur auf der Grundlage des § 10 TVöD-K durch Betriebs- bzw. einvernehmliche Dienstvereinbarungen eingerichtet und geführt werden.

§ 11 Teilzeitbeschäftigung. (1) [1] Mit Beschäftigten soll auf Antrag eine geringere als die vertraglich festgelegte Arbeitszeit vereinbart werden, wenn sie

a) mindestens ein Kind unter 18 Jahren oder

b) einen nach ärztlichem Gutachten pflegebedürftigen sonstigen Angehörigen

tatsächlich betreuen oder pflegen und dringende dienstliche bzw. betriebliche Belange nicht entgegenstehen. [2] Die Teilzeitbeschäftigung nach Satz 1 ist auf Antrag auf bis zu fünf Jahre zu befristen. [3] Sie kann verlängert werden; der Antrag ist spätestens sechs Monate vor Ablauf der vereinbarten Teilzeitbeschäftigung zu stellen. [4] Bei der Gestaltung der Arbeitszeit hat der Arbeitgeber im Rahmen der dienstlichen bzw. betrieblichen Möglichkeiten der besonderen persönlichen Situation der/des Beschäftigten nach Satz 1 Rechnung zu tragen.

(2) Beschäftigte, die in anderen als den in Absatz 1 genannten Fällen eine Teilzeitbeschäftigung vereinbaren wollen, können von ihrem Arbeitgeber verlangen, dass er mit ihnen die Möglichkeit einer Teilzeitbeschäftigung mit dem Ziel erörtert, zu einer entsprechenden Vereinbarung zu gelangen.

(3) Ist mit früher Vollbeschäftigten auf ihren Wunsch eine nicht befristete Teilzeitbeschäftigung vereinbart worden, sollen sie bei späterer Besetzung eines Vollzeitarbeitsplatzes bei gleicher Eignung im Rahmen der dienstlichen bzw. betrieblichen Möglichkeiten bevorzugt berücksichtigt werden.

[1)] Entspricht Niederschriftserklärung zu §§ 6 bis 10 AT i.V.m. §§ 44 bis 50 BT-K.

Protokollerklärung zu Abschnitt II:

Bei In-Kraft-Treten dieses Tarifvertrages bestehende Gleitzeitregelungen bleiben unberührt.

Abschnitt III. Eingruppierung, Entgelt und sonstige Leistungen

§ 12 Eingruppierung. (1) [1]Die Eingruppierung der/des Beschäftigten richtet sich nach den Tätigkeitsmerkmalen der Anlage 1 – Entgeltordnung (VKA). [2]Die/Der Beschäftigte erhält Entgelt nach der Entgeltgruppe, in der sie/er eingruppiert ist.

(2) [1]Die/Der Beschäftigte ist in der Entgeltgruppe eingruppiert, deren Tätigkeitsmerkmalen die gesamte von ihr/ihm nicht nur vorübergehend auszuübende Tätigkeit entspricht. [2]Die gesamte auszuübende Tätigkeit entspricht den Tätigkeitsmerkmalen einer Entgeltgruppe, wenn zeitlich mindestens zur Hälfte Arbeitsvorgänge anfallen, die für sich genommen die Anforderungen eines Tätigkeitsmerkmals oder mehrerer Tätigkeitsmerkmale dieser Entgeltgruppe erfüllen. [3]Kann die Erfüllung einer Anforderung in der Regel erst bei der Betrachtung mehrerer Arbeitsvorgänge festgestellt werden (z.B. vielseitige Fachkenntnisse), sind diese Arbeitsvorgänge für die Feststellung, ob diese Anforderung erfüllt ist, insoweit zusammen zu beurteilen. [4]Werden in einem Tätigkeitsmerkmal mehrere Anforderungen gestellt, gilt das in Satz 2 bestimmte Maß, ebenfalls bezogen auf die gesamte auszuübende Tätigkeit, für jede Anforderung. [5]Ist in einem Tätigkeitsmerkmal ein von den Sätzen 2 bis 4 abweichendes zeitliches Maß bestimmt, gilt dieses. [6]Ist in einem Tätigkeitsmerkmal als Anforderung eine Voraussetzung in der Person der/des Beschäftigten bestimmt, muss auch diese Anforderung erfüllt sein.

Protokollerklärung zu Absatz 2:

[1]Arbeitsvorgänge sind Arbeitsleistungen (einschließlich Zusammenhangsarbeiten), die, bezogen auf den Aufgabenkreis der/des Beschäftigten, zu einem bei natürlicher Betrachtung abgrenzbaren Arbeitsergebnis führen (z.B. unterschriftsreife Bearbeitung eines Aktenvorgangs, eines Widerspruchs oder eines Antrags, Erstellung eines EKG, Fertigung einer Bauzeichnung, Konstruktion einer Brücke oder eines Brückenteils, Bearbeitung eines Antrags auf eine Sozialleistung, Betreuung einer Person oder Personengruppe, Durchführung einer Unterhaltungs- oder Instandsetzungsarbeit). [2]Jeder einzelne Arbeitsvorgang ist als solcher zu bewerten und darf dabei hinsichtlich der Anforderungen zeitlich nicht aufgespalten werden. [3]Eine Anforderung im Sinne der Sätze 2 und 3 ist auch das in einem Tätigkeitsmerkmal geforderte Herausheben der Tätigkeit aus einer niedrigeren Entgeltgruppe.

(3) Die Entgeltgruppe der/des Beschäftigten ist im Arbeitsvertrag anzugeben.

§ 12.1 *(aufgehoben)*

§ 13 Eingruppierung in besonderen Fällen. (1) [1]Ist der/dem Beschäftigten eine andere, höherwertige Tätigkeit nicht übertragen worden, hat sich aber die ihr/ihm übertragene Tätigkeit (§ 12 Abs. 2 Satz 1) nicht nur vorübergehend derart geändert, dass sie den Tätigkeitsmerkmalen einer höheren als ihrer/seiner bisherigen Entgeltgruppe entspricht (§ 12 Abs. 2 Sätze 2 bis 6), und hat die/der Beschäftigte die höherwertige Tätigkeit ununterbrochen sechs Monate lang ausgeübt, ist sie/er mit Beginn des darauffolgenden Kalendermonats in der höheren Entgeltgruppe eingruppiert. [2]Für die zurückliegenden sechs Kalendermonate gilt § 14 Abs. 1 sinngemäß.

(2) [1]Ist die Zeit der Ausübung der höherwertigen Tätigkeit durch Urlaub, Arbeitsbefreiung, Arbeitsunfähigkeit, Kur- oder Heilverfahren oder Vorbereitung auf eine Fachprüfung für die Dauer von insgesamt nicht mehr als sechs Wochen unterbrochen worden, wird die Unterbrechungszeit in die Frist von sechs Monaten eingerechnet. [2]Bei einer längeren Unterbrechung oder bei einer Unterbrechung aus anderen Gründen beginnt die Frist nach der Beendigung der Unterbrechung von neuem.

(3) Wird der/dem Beschäftigten vor Ablauf der sechs Monate wieder eine Tätigkeit zugewiesen, die den Tätigkeitsmerkmalen ihrer/seiner bisherigen Entgeltgruppe entspricht, gilt § 14 Abs. 1 sinngemäß.

Protokollerklärung zu §§ 12, 13:
Die Grundsätze der korrigierenden Rückgruppierung bleiben unberührt.

§ 14 Vorübergehende Übertragung einer höherwertigen Tätigkeit.

(1) Wird der/dem Beschäftigten vorübergehend eine andere Tätigkeit übertragen, die den Tätigkeitsmerkmalen einer höheren als ihrer/seiner Eingruppierung entspricht, und hat sie/er diese mindestens einen Monat ausgeübt, erhält sie/er für die Dauer der Ausübung eine persönliche Zulage rückwirkend ab dem ersten Tag der Übertragung der Tätigkeit.

Niederschriftserklärung zu § 14 Abs. 1:

1. *Ob die vorübergehend übertragene höherwertige Tätigkeit einer höheren Entgeltgruppe entspricht, bestimmt sich im Bereich der VKA für nach einem gemäß § 2 Abs. 2 TVÜ-VKA weitergeltenden Lohngruppenverzeichnis eingruppierte Beschäftigte nach der Anlage 3 zum TVÜ-VKA.*
2. *Die Tarifvertragsparteien stellen klar, dass die vertretungsweise Übertragung einer höherwertigen Tätigkeit ein Unterfall der vorübergehenden Übertragung einer höherwertigen Tätigkeit ist.*

(2) Durch landesbezirklichen Tarifvertrag wird im Rahmen eines Kataloges, der die hierfür in Frage kommenden Tätigkeiten aufführt, bestimmt, dass die Voraussetzung für die Zahlung einer persönlichen Zulage bereits erfüllt ist, wenn die vorübergehend übertragene Tätigkeit mindestens drei Arbeitstage angedauert hat und die/der Beschäftigte ab dem ersten Tag der Vertretung in Anspruch genommen worden ist.

(3) Die persönliche Zulage bemisst sich nach dem jeweiligen Unterschiedsbetrag zu dem Tabellenentgelt, das sich bei dauerhafter Übertragung nach § 17 Abs. 4 Satz 1 ergeben hätte.[1)]

§ 15 Tabellenentgelt. (1) [1]Die/Der Beschäftigte erhält monatlich ein Tabellenentgelt. [2]Die Höhe bestimmt sich nach der Entgeltgruppe, in die sie/er eingruppiert ist, und nach der für sie/ihn geltenden Stufe.

(2) [1]Die Beschäftigten erhalten Entgelt nach den Anlagen A und E. [2]Ärztinnen und Ärzte erhalten Entgelt nach der Anlage C.

[1)] Entspricht redaktionell angepasst § 14 Abs. 3 TVöD.

(2.1)[1] [1]Beschäftigte, die nach dem Teil B Abschnitt XI Ziffern 1 und 2 der Anlage 1 – Entgeltordnung (VKA) in eine der Entgeltgruppen P 5 bis P 16 eingruppiert sind, erhalten Entgelt nach der Anlage E. [2]Soweit im Allgemeinen Teil auf bestimmte Entgeltgruppen der Anlage A Bezug genommen wird, entspricht

die Entgeltgruppe	der Entgeltgruppe
P 5	3
P 6	4
P 7	7
P 8	8
P 9, P 10	9a
P 11	9b
P 12	9c
P 13	10
P 14, P 15	11
P 16	12.

(2.2)[2] Fachärztinnen und Fachärzte, die als ständige Vertreter der/des leitenden Ärztin/Arztes (Chefärztin/Chefarzt) durch ausdrückliche Anordnung bestellt sind (Leitende Oberärztin/Leitender Oberarzt), erhalten für die Dauer der Bestellung eine Funktionszulage ab 1. März 2018 in Höhe von monatlich 993,61 Euro, ab 1. April 2019 in Höhe von monatlich 1.024,31 Euro und ab 1. März 2020 in Höhe von monatlich 1.035,17 Euro.

Protokollerklärung zu Absatz 2.2:

[1]Leitende Oberärztin/leitender Oberarzt im Sinne des Tätigkeitsmerkmals ist nur die/der Ärztin/Arzt, der die/den leitende/n Ärztin/Arzt in der Gesamtheit seiner Dienstaufgaben vertritt. [2]Das Tätigkeitsmerkmal kann daher innerhalb einer Abteilung (Klinik) nur von einer/einem Ärztin/Arzt erfüllt werden.

(2.3)[3] Ärztinnen und Ärzte, denen aufgrund ausdrücklicher Anordnung die medizinische Verantwortung für einen selbstständigen Funktionsbereich innerhalb einer Fachabteilung oder eines Fachbereichs seit dem 1. September 2006 übertragen worden ist, erhalten für die Dauer der Anordnung eine Funktionszulage ab 1. März 2018 in Höhe von monatlich 664,48 Euro, ab 1. April 2019 in Höhe von monatlich 685,01 Euro und ab 1. März 2020 in Höhe von monatlich 692,27 Euro.

Protokollerklärung zu Absatz 2.3:

Funktionsbereiche sind wissenschaftlich anerkannte Spezialgebiete innerhalb eines ärztlichen Fachgebietes, z.B. Kardiologie, Unfallchirurgie, Neuroradiologie, Intensivmedizin, oder sonstige vom Arbeitgeber ausdrücklich definierte Funktionsbereiche.

(2.4)[4] [1]Die Funktionszulagen nach den Absätzen 2.2 und 2.3 sind dynamisch und entfallen mit dem Wegfall der Funktion. [2]Sind die Voraussetzungen für mehr als eine Funktionszulage erfüllt, besteht nur Anspruch auf eine Funk-

---

[1] Entspricht § 52 Abs. 1 BT-K.
[2] Entspricht § 51 Abs. 3 BT-K.
[3] Entspricht § 51 Abs. 4 BT-K.
[4] Entspricht § 51 Abs. 5 BT-K.

tionszulage. [3]Bei unterschiedlicher Höhe der Funktionszulagen wird die höhere gezahlt.

(2.5)[1)] Die Absätze 2.2 bis 2.5 finden auf Apothekerinnen/Apotheker und Tierärztinnen/Tierärzte keine Anwendung.

Niederschriftserklärung zu § 15 Abs. 2.5:[2)]

Für die in Absatz 2.5 genannten Beschäftigten gelten die Regelungen des Allgemeinen Teils sowie die entsprechenden Regelungen des TVÜ-VKA.

(2.6)[3)] [1]Beschäftigte, die in eine der Entgeltgruppen 5 bis 15 bzw. P 5 bis P 16 eingruppiert sind, erhalten zuzüglich zu dem Tabellenentgelt gemäß § 15 Abs. 1 eine nicht dynamische Zulage ab 1. Juli 2008 in Höhe von monatlich 25,00 Euro. [2]§ 24 Abs. 2 findet Anwendung.

(2.7) *(aufgehoben)*

(2.8) [1]Beschäftigte, die in eine der Entgeltgruppen 1 bis 4 eingruppiert sind, erhalten zuzüglich zu dem Tabellenentgelt gemäß § 15 Abs. 1 einmalig im Kalenderjahr eine Einmalzahlung in Höhe von 8,4 v.H. der Stufe 2 ihrer jeweiligen Entgeltgruppe im Auszahlungsmonat. [2]Die Einmalzahlung nach Satz 1 wird mit dem Tabellenentgelt für den Monat Juli ausgezahlt. [3]§ 24 Abs. 2 findet Anwendung.[4)]

Protokollerklärung zu den Absätzen 2.6 und 2.8:[5)]

Abweichend von den Absätzen 2.6 und 2.8 beträgt bei Beschäftigten der Mitglieder des Kommunalen Arbeitgeberverbandes Baden-Württemberg und im Tarifgebiet Ost die Zulage nach Absatz 2.6 Satz 1 monatlich 35,00 Euro und die Einmalzahlung nach Absatz 2.8 Satz 1 12 v.H.

(3) [1]Im Rahmen von landesbezirklichen Regelungen können für an- und ungelernte Tätigkeiten in von Outsourcing und/oder Privatisierung bedrohten Bereichen in den Entgeltgruppen 1 bis 4 Abweichungen von der Entgelttabelle bis zu einer dort vereinbarten Untergrenze vorgenommen werden. [2]Die Untergrenze muss im Rahmen der Spannbreite des Entgelts der Entgeltgruppe 1 liegen. [3]Die Umsetzung erfolgt durch Anwendungsvereinbarung.

§ 16 Stufen der Entgelttabelle. (1) Die Entgeltgruppen 2 bis 15 umfassen sechs Stufen.

(2) [1]Bei Einstellung werden die Beschäftigten der Stufe 1 zugeordnet, sofern keine einschlägige Berufserfahrung vorliegt. [2]Verfügt die/der Beschäftigte über eine einschlägige Berufserfahrung von mindestens einem Jahr, erfolgt die Einstellung in die Stufe 2; verfügt sie/er über eine einschlägige Berufserfahrung von mindestens drei Jahren, erfolgt in der Regel eine Zuordnung zur Stufe 3. [3]Unabhängig davon kann der Arbeitgeber bei Neueinstellungen zur Deckung des Personalbedarfs Zeiten einer vorherigen beruflichen Tätigkeit ganz oder teilweise für die Stufenzuordnung berücksichtigen, wenn diese Tätigkeit für die vorgesehene Tätigkeit förderlich ist.

---

1) Entspricht redaktionell angepasst § 51 Abs. 6 BT-K.
2) Entspricht Niederschriftserklärung zu § 51 Abs. 6 BT-K.
3) Entspricht § 52 Abs. 5 BT-K.
4) Entspricht § 52 Abs. 7 BT-K.
5) Entspricht redaktionell angepasst der Protokollerklärung zu § 52 Abs. 5 und 7 BT-K.

Protokollerklärung zu Absatz 2:
Ein Berufspraktikum nach dem Tarifvertrag für Praktikantinnen/Praktikanten des öffentlichen Dienstes (TVPöD) vom 27. Oktober 2009 gilt grundsätzlich als Erwerb einschlägiger Berufserfahrung.

Niederschriftserklärung zu Abs. 2 Satz 2:
Die Tarifvertragsparteien sind sich darüber einig, dass stichtagsbezogene Verwerfungen zwischen übergeleiteten Beschäftigten und Neueinstellungen entstehen können.

(2.1)[1)] Abweichend von § 16 Abs. 1 Satz 1 ist für die Beschäftigten im Pflegedienst nach Teil B Abschnitt XI Ziffern 1 und 2 der Anlage 1 – Entgeltordnung (VKA) Eingangsstufe in den Entgeltgruppen P 7 bis P 16 die Stufe 2.

Niederschriftserklärung zu § 16 Abs. 2.1:[2)]
Von der Regelung werden alle auf der Grundlage der Tätigkeitsmerkmale nach der Anlage 1b zum BAT eingruppierten Beschäftigten erfasst.

(2a) Bei Einstellung von Beschäftigten in unmittelbarem Anschluss an ein Arbeitsverhältnis im öffentlichen Dienst (§ 34 Abs. 3 Satz 3 und 4) oder zu einem Arbeitgeber, der einen dem TVöD vergleichbaren Tarifvertrag anwendet, kann die in dem vorhergehenden Arbeitsverhältnis erworbene Stufe bei der Stufenzuordnung ganz oder teilweise berücksichtigt werden; Absatz 2 Satz 3 bleibt unberührt.

Niederschriftserklärung zu Abs. 2a:
Die Tarifvertragsparteien sind sich darüber einig, dass die erworbene Stufe im Sinne des § 16 Abs. 2a auch eine individuelle Endstufe im Sinne des § 6 Abs. 4 Satz 1, § 7 Abs. 2 erste Alt. oder § 8 Abs. 3 Satz 2 TVÜ-VKA oder eine individuelle Zwischenstufe im Sinne des § 7 Abs. 3 Satz 1 oder § 8 Abs. 3 Satz 2 TVÜ-VKA sein kann.

(2a.1)[3)] [1]Bei Einstellung von Ärztinnen und Ärzten der Entgeltgruppe I werden Zeiten ärztlicher Berufserfahrung bei der Stufenzuordnung angerechnet. [2]Eine Tätigkeit als Arzt im Praktikum gilt als ärztliche Berufserfahrung. [3]Bei der Einstellung von Fachärztinnen und Fachärzten der Entgeltgruppe II werden Zeiten fachärztlicher Berufserfahrung in der Regel angerechnet. [4]Unabhängig davon kann der Arbeitgeber bei Neueinstellungen zur Deckung des Personalbedarfs Zeiten einer vorherigen beruflichen Tätigkeit ganz oder teilweise für die Stufenzuordnung berücksichtigen, wenn diese Tätigkeit für die vorgesehene Tätigkeit förderlich ist.

Protokollerklärung zu Absatz 2a.1:
Zeiten ärztlicher Tätigkeit sind nur solche, die von einem gemäß § 10 BÄO oder einer vergleichbaren Qualifikation eines EU-Mitgliedstaates approbierten Beschäftigten geleistet worden sind.

(3) Die Beschäftigten erreichen die jeweils nächste Stufe – von Stufe 3 an in Abhängigkeit von ihrer Leistung gemäß § 17 Abs. 2 – nach folgenden Zeiten einer ununterbrochenen Tätigkeit innerhalb derselben Entgeltgruppe bei ihrem Arbeitgeber (Stufenlaufzeit):

– Stufe 2 nach einem Jahr in Stufe 1,
– Stufe 3 nach zwei Jahren in Stufe 2,

---

1) Entspricht redaktionell angepasst § 52 Abs. 2 BT-K.
2) Entspricht Niederschriftserklärung zu § 52 Abs. 3 BT-K.
3) Entspricht § 51 Abs. 2 BT-K.

– Stufe 4 nach drei Jahren in Stufe 3,
– Stufe 5 nach vier Jahren in Stufe 4 und
– Stufe 6 nach fünf Jahren in Stufe 5.

(3.1)[1)] [1] Für Ärztinnen und Ärzte, die nach dem Teil B Abschnitt II Ziffer 2 der Anlage 1 – Entgeltordnung (VKA) eingruppiert sind, gelten folgende besondere Stufenzuordnungen:

a) Entgeltgruppe I:

Stufe 1: weniger als einjährige ärztliche Berufserfahrung,
Stufe 2: nach einjähriger ärztlicher Berufserfahrung,
Stufe 3: nach dreijähriger ärztlicher Berufserfahrung,
Stufe 4: nach fünfjähriger ärztlicher Berufserfahrung,
Stufe 5: nach neunjähriger ärztlicher Berufserfahrung

b) Entgeltgruppe II:

Stufe 1: weniger als vierjährige fachärztliche Berufserfahrung,
Stufe 2: nach vierjähriger fachärztlicher Berufserfahrung,
Stufe 3: nach achtjähriger fachärztlicher Berufserfahrung,
Stufe 4: nach zwölfjähriger fachärztlicher Berufserfahrung.

[2] § 17 bleibt im Übrigen unberührt.

(3.2)[2)] Die Absätze 2a.1 bis 3.1 finden auf Apothekerinnen/Apotheker und Tierärztinnen/Tierärzte keine Anwendung.

(3.3)[3)] Abweichend von § 16 Abs. 3 Satz 1 wird von den Beschäftigten im Pflegedienst nach Teil B Abschnitt XI Ziffer 1 der Anlage 1 – Entgeltordnung (VKA) in den Entgeltgruppen P 7 und P 8 die Stufe 3 nach drei Jahren in Stufe 2 erreicht.

Protokollerklärung zu Absatz 3.3:

Absatz 3.3 findet keine Anwendung auf Beschäftigte, die mindestens zur Hälfte eine oder mehrere der folgenden Tätigkeiten auszuüben haben:

– *Pflege Kranker sowie Bedienung und Überwachung der Geräte in Dialyseeinheiten,*
– *entsprechende Tätigkeiten in Blutzentralen,*
– *entsprechende Tätigkeiten in besonderen Behandlungs- und Untersuchungsräumen in mindestens zwei Teilgebieten der Endoskopie,*
– *entsprechende Tätigkeiten in Polikliniken (Ambulanzbereichen) oder Ambulanzen/Nothilfen,*
– *entsprechende Tätigkeiten im EEG-Dienst,*
– *Erfüllung von Pflegeaufgaben an Patienten von psychiatrischen oder neurologischen Krankenhäusern, die nicht in diesen Krankenhäusern untergebracht sind,*
– *Betreuung von psychisch kranken Patienten bei der Arbeitstherapie in psychiatrischen oder neurologischen Krankenhäusern,*
– *dem zentralen Sterilisationsdienst vorstehen,*

---

1) Entspricht § 51 Abs. 1 BT-K.
2) Entspricht redaktionell angepasst § 51 Abs. 6 BT-K.
3) Entspricht redaktionell angepasst § 52 Abs. 3 BT-K.

– *entsprechende Tätigkeiten im Operationsdienst als Operations- bzw. Anästhesiepflegekräfte,*
– *entsprechende Tätigkeiten mit Verantwortlichkeit für die fachgerechte Lagerung in der großen Chirurgie,*
– *Vorbereiten der Herz-Lungen-Maschine und Herangezogenwerden zur Bedienung der Maschine während der Operation,*
– *entsprechende Tätigkeiten in Einheiten für Intensivmedizin,*
– *in erheblichem Umfange der Ärztin bzw. dem Arzt bei Herzkatheterisierungen, Dilatationen oder Angiographien unmittelbar assistieren.*

Niederschriftserklärung zu § 16 Abs. 3.3:[1]

Von § 16 Abs. 3.3 werden auch diejenigen Beschäftigten erfasst, die in Entgeltgruppe 2 Ü eingruppiert sind.

(4) [1]Die Entgeltgruppe 1 umfasst fünf Stufen. [2]Einstellungen erfolgen in der Stufe 2 (Eingangsstufe). [3]Die jeweils nächste Stufe wird nach vier Jahren in der vorangegangenen Stufe erreicht; § 17 Abs. 2 bleibt unberührt.

§ 17 Allgemeine Regelungen zu den Stufen. (1) Die Beschäftigten erhalten vom Beginn des Monats an, in dem die nächste Stufe erreicht wird, das Tabellenentgelt nach der neuen Stufe.

(2) [1]Bei Leistungen der/des Beschäftigten, die erheblich über dem Durchschnitt liegen, kann die erforderliche Zeit für das Erreichen der Stufen 4 bis 6 jeweils verkürzt werden. [2]Bei Leistungen, die erheblich unter dem Durchschnitt liegen, kann die erforderliche Zeit für das Erreichen der Stufen 4 bis 6 jeweils verlängert werden. [3]Bei einer Verlängerung der Stufenlaufzeit hat der Arbeitgeber jährlich zu prüfen, ob die Voraussetzungen für die Verlängerung noch vorliegen. [4]Für die Beratung von schriftlich begründeten Beschwerden von Beschäftigten gegen eine Verlängerung nach Satz 2 bzw. 3 ist eine betriebliche Kommission zuständig. [5]Die Mitglieder der betrieblichen Kommission werden je zur Hälfte vom Arbeitgeber und vom Betriebs-/Personalrat benannt; sie müssen dem Betrieb/der Dienststelle angehören. [6]Der Arbeitgeber entscheidet auf Vorschlag der Kommission darüber, ob und in welchem Umfang der Beschwerde abgeholfen werden soll.

Protokollerklärung zu Absatz 2:

[1]Die Instrumente der materiellen Leistungsanreize (§ 18) und der leistungsbezogene Stufenaufstieg bestehen unabhängig voneinander und dienen unterschiedlichen Zielen. [2]Leistungsbezogene Stufenaufstiege unterstützen insbesondere die Anliegen der Personalentwicklung.

Protokollerklärung zu Absatz 2 Satz 2:

Bei Leistungsminderungen, die auf einem anerkannten Arbeitsunfall oder einer Berufskrankheit gemäß §§ 8 und 9 SGB VII beruhen, ist diese Ursache in geeigneter Weise zu berücksichtigen.

Protokollerklärung zu Absatz 2 Satz 6:

Die Mitwirkung der Kommission erfasst nicht die Entscheidung über die leistungsbezogene Stufenzuordnung.

(3) [1]Den Zeiten einer ununterbrochenen Tätigkeit im Sinne des § 16 Abs. 3 Satz 1 stehen gleich:

---

[1] Entspricht Niederschriftserklärung zu § 52 Abs. 4 BT-K.

a) Schutzfristen nach dem Mutterschutzgesetz,
b) Zeiten einer Arbeitsunfähigkeit nach § 22 bis zu 39 Wochen,
c) Zeiten eines bezahlten Urlaubs,
d) Zeiten eines Sonderurlaubs, bei denen der Arbeitgeber vor dem Antritt schriftlich ein dienstliches bzw. betriebliches Interesse anerkannt hat,
e) Zeiten einer sonstigen Unterbrechung von weniger als einem Monat im Kalenderjahr,
f) Zeiten der vorübergehenden Übertragung einer höherwertigen Tätigkeit.

[2] Zeiten der Unterbrechung bis zu einer Dauer von jeweils drei Jahren, die nicht von Satz 1 erfasst werden, und Elternzeit bis zu jeweils fünf Jahren sind unschädlich, werden aber nicht auf die Stufenlaufzeit angerechnet. [3] Bei einer Unterbrechung von mehr als drei Jahren, bei Elternzeit von mehr als fünf Jahren, erfolgt eine Zuordnung zu der Stufe, die der vor der Unterbrechung erreichten Stufe vorangeht, jedoch nicht niedriger als bei einer Neueinstellung; die Stufenlaufzeit beginnt mit dem Tag der Arbeitsaufnahme. [4] Zeiten, in denen Beschäftigte mit einer kürzeren als der regelmäßigen wöchentlichen Arbeitszeit eines entsprechenden Vollbeschäftigten beschäftigt waren, werden voll angerechnet.

(4) [1] Bei Eingruppierung in eine höhere Entgeltgruppe aus den Entgeltgruppen 2 bis 14 der Anlage A werden die Beschäftigten der gleichen Stufe zugeordnet, die sie in der niedrigeren Entgeltgruppe erreicht haben, mindestens jedoch der Stufe 2. [2] Die Stufenlaufzeit in der höheren Entgeltgruppe beginnt mit dem Tag der Höhergruppierung. [3] Bei einer Eingruppierung in eine niedrigere Entgeltgruppe ist die/der Beschäftige der in der höheren Entgeltgruppe erreichten Stufe zuzuordnen; die in der bisherigen Stufe zurückgelegte Stufenlaufzeit wird auf die Stufenlaufzeit in der niedrigeren Entgeltgruppe angerechnet. [4] Die/Der Beschäftigte erhält vom Beginn des Monats an, in dem die Veränderung wirksam wird, das entsprechende Tabellenentgelt aus der in Satz 1 oder Satz 3 festgelegten Stufe der betreffenden Entgeltgruppe.

Niederschriftserklärung zu Abs. 4 Satz 3 (in der bis zum 31. März 2019 geltenden Fassung):

[1] Bei einer Höhergruppierung aus der Entgeltgruppe 9a Stufen 2 bis 4 in die Entgeltgruppe 9b beginnt abweichend vom ansonsten gültigen Grundsatz in der Entgeltgruppe 9b die Stufenlaufzeit nicht neu. [2] Die Anrechnung der in diesen Stufen in der Entgeltgruppe 9a zurückgelegten Stufenlaufzeiten auf die jeweils maßgebliche Stufenlaufzeit in der Entgeltgruppe 9b ist allein dem Umstand geschuldet, dass im Rahmen der Entgeltordnung (VKA) zum TVöD die bisherige Entgeltgruppe 9 in die Entgeltgruppen 9a und 9b aufgeteilt wurde und hierbei das Tabellenentgelt in der Stufe 2 der Entgeltgruppe 9b nur geringfügig über dem Tabellenentgelt der Entgeltgruppe 9a Stufe 2 liegt und die Tabellenentgelte der Stufen 3 und 4 in den Entgeltgruppen 9a und 9b identisch sind. [3] Die Mitnahme der Stufenlaufzeit in diesen Fällen vermeidet Eingriffe in der Erwerbsbiografie der Beschäftigten bis zum Erreichen der Stufe 5 in der Entgeltgruppe 9b.

(4a) [1] Bei Eingruppierung in eine höhere Entgeltgruppe aus der Entgeltgruppe 1 werden die Beschäftigten derjenigen Stufe zugeordnet, in der sie mindestens ihr bisheriges Tabellenentgelt erhalten, mindestens jedoch der Stufe 2. [2] Wird die/der Beschäftigte nicht in die nächsthöhere, sondern in eine darüber liegende Entgeltgruppe höhergruppiert, ist das Tabellenentgelt für jede dazwischen liegende Entgeltgruppe nach Satz 1 zu berechnen. [3] Die Stufenlaufzeit in der höheren Entgeltgruppe beginnt mit dem Tag der Höhergruppierung. [4]Die/Der Beschäftigte erhält vom Beginn des Monats an, in dem die Veränderung wirksam wird, das entsprechende Tabellenentgelt aus der in Satz 1 festgelegten Stufe der betreffenden Entgeltgruppe.

(4a.1)[1)] [1]Bei Eingruppierung in eine höhere Entgeltgruppe der Anlage E werden die Beschäftigten der gleichen Stufe zugeordnet, die sie in der niedrigeren Entgeltgruppe erreicht haben. [2]Die Stufenlaufzeit in der höheren Entgeltgruppe beginnt mit dem Tag der Höhergruppierung. [3]Bei einer Eingruppierung in eine niedrigere Entgeltgruppe ist die/der Beschäftige der in der höheren Entgeltgruppe erreichten Stufe zuzuordnen; die in der bisherigen Stufe zurückgelegte Stufenlaufzeit wird auf die Stufenlaufzeit in der niedrigeren Entgeltgruppe angerechnet. [4]Die/Der Beschäftigte erhält vom Beginn des Monats an, in dem die Veränderung wirksam wird, das entsprechende Tabellenentgelt aus der in Satz 1 oder Satz 3 festgelegten Stufe der betreffenden Entgeltgruppe. [5]§ 17 Abs. 4 findet keine Anwendung.

Protokollerklärung zu den Absätzen 4, 4a und 4a.1:

[1]Ist Beschäftigten nach § 14 Abs. 1 vorübergehend eine höherwertige Tätigkeit übertragen worden, und wird ihnen im unmittelbaren Anschluss daran eine Tätigkeit derselben höheren Entgeltgruppe dauerhaft übertragen, werden sie hinsichtlich der Stufenzuordnung so gestellt, als sei die Höhergruppierung ab dem ersten Tag der vorübergehenden Übertragung der höherwertigen Tätigkeit erfolgt. [2]Unterschreitet bei Höhergruppierungen nach Satz 1 das Tabellenentgelt nach den Sätzen 4 des § 17 Abs. 4, 4a oder 4a.1 die Summe aus dem Tabellenentgelt und dem Zulagenbetrag nach § 14 Abs. 3, die die/der Beschäftigte am Tag vor der Höhergruppierung erhalten hat, erhält die/der Beschäftigte dieses Entgelt solange, bis das Tabellenentgelt nach den Sätzen 4 des § 17 Abs. 4, 4a oder 4a.1 dieses Entgelt erreicht oder übersteigt.

(4.1)[2)] [1]Soweit es zur regionalen Differenzierung, zur Deckung des Personalbedarfs oder zur Bindung von qualifizierten Fachkräften erforderlich ist, kann Beschäftigten im Einzelfall, abweichend von dem sich aus der nach § 16 Abs. 1, 2, 2a, 2a.1, 3, 3.1 und 4 sowie § 17 Abs. 4 bis 4a.1 ergebenden Stufe ihrer jeweiligen Entgeltgruppe zustehenden Entgelt, ein um bis zu zwei Stufen höheres Entgelt ganz oder teilweise vorweggewährt werden. [2]Haben Beschäftigte bereits die Endstufe ihrer jeweiligen Entgeltgruppe erreicht, kann ihnen unter den Voraussetzungen des Satzes 1 ein bis zu 20 v.H. der Stufe 2 ihrer jeweiligen Entgeltgruppe höheres Entgelt gezahlt werden. [3]Im Übrigen bleibt § 17 TVöD unberührt.

§ 18 Leistungsentgelt. (1) [1]Die leistungs- und/oder erfolgsorientierte Bezahlung soll dazu beitragen, die öffentlichen Dienstleistungen zu verbessern. [2]Zugleich sollen Motivation, Eigenverantwortung und Führungskompetenz gestärkt werden.

(2) Das Leistungsentgelt ist eine variable und leistungsorientierte Bezahlung zusätzlich zum Tabellenentgelt.

(3) [1]Ausgehend von einer vereinbarten Zielgröße von 8 v.H. entspricht bis zu einer Vereinbarung eines höheren Vomhundertsatzes das für das Leistungsentgelt zur Verfügung stehende Gesamtvolumen 1,00 v. H. der ständigen Monatsentgelte des Vorjahres aller unter den Geltungsbereich des TVöD fallen-

---

[1)] Entspricht § 53 Abs. 1 BT-K.
[2)] Entspricht § 53 Abs. 2 BT-K.

den Beschäftigten des jeweiligen Arbeitgebers.[1)] [2]Das für das Leistungsentgelt zur Verfügung stehende Gesamtvolumen ist zweckentsprechend zu verwenden; es besteht die Verpflichtung zu jährlicher Auszahlung der Leistungsentgelte.

Protokollerklärung zu Absatz 3 Satz 1:

1. *[1] Ständige Monatsentgelte sind insbesondere das Tabellenentgelt (ohne Sozialversicherungsbeiträge des Arbeitgebers und dessen Kosten für die betriebliche Altersvorsorge), die in Monatsbeträgen festgelegten Zulagen einschließlich Besitzstandszulagen sowie Entgelt im Krankheitsfall (§ 22) und bei Urlaub, soweit diese Entgelte in dem betreffenden Kalenderjahr ausgezahlt worden sind; nicht einbezogen sind dagegen insbesondere Abfindungen, Aufwandsentschädigungen, Einmalzahlungen, Jahressonderzahlungen, Leistungsentgelte, Strukturausgleiche, unständige Entgeltbestandteile und Entgelte der außertariflichen Beschäftigten. [2] Unständige Entgeltbestandteile können betrieblich einbezogen werden.*
2. *Für Ärztinnen und Ärzte, für Beschäftigte der Mitglieder des Kommunalen Arbeitgeberverbandes Baden-Württemberg und im Tarifgebiet Ost beträgt das für das Leistungsentgelt zur Verfügung stehende Gesamtvolumen abweichend von Satz 1:*
   - *ab dem 1. Januar 2010 1,25 v.H.,*
   - *ab dem 1. Januar 2011 1,50 v.H.,*
   - *ab dem 1. Januar 2012 1,75 v.H.,*
   - *ab dem 1. Januar 2013 2,00 v.H.,*
3. *Bestehende betriebliche Systeme bleiben unberührt.*[2)]

Niederschriftserklärung zu § 18 Abs. 3:

[1]Das als Zielgröße zu erreichende Gesamtvolumen von 8 v.H. wird wie folgt finanziert:

– Anteil aus auslaufenden Besitzständen in pauschalierter Form,

– im Rahmen zukünftiger Tarifrunden.

[2]Die Tarifvertragsparteien führen erstmals Mitte 2008 Gespräche über den Anteil aus auslaufenden Besitzständen und über eine mögliche Berücksichtigung von Effizienzgewinnen.

(4) [1]Das Leistungsentgelt wird zusätzlich zum Tabellenentgelt als Leistungsprämie, Erfolgsprämie oder Leistungszulage gewährt; das Verbinden verschiedener Formen des Leistungsentgelts ist zulässig. [2]Die Leistungsprämie ist in der Regel eine einmalige Zahlung, die im Allgemeinen auf der Grundlage einer Zielvereinbarung erfolgt; sie kann auch in zeitlicher Abfolge gezahlt werden. [3]Die Erfolgsprämie kann in Abhängigkeit von einem bestimmten wirtschaftlichen Erfolg neben dem gemäß Absatz 3 vereinbarten Startvolumen gezahlt werden. [4]Die Leistungszulage ist eine zeitlich befristete, widerrufliche, in der Regel monatlich wiederkehrende Zahlung. [5]Leistungsentgelte können auch an Gruppen von Beschäftigten gewährt werden. [6]Leistungsentgelt muss grundsätzlich allen Beschäftigten zugänglich sein. [7]Für Teilzeitbeschäftigte kann von § 24 Abs. 2 abgewichen werden.

---

1) Abs. 3 Satz 1 ersetzt durch § 53a Satz 1 BT-K.
2) Entspricht Satz 2 der Protokollerklärung zu § 53a BT-K.

Protokollerklärungen zu Absatz 4:

1. [1] *Die Tarifvertragsparteien sind sich darüber einig, dass die zeitgerechte Einführung des Leistungsentgelts sinnvoll, notwendig und deshalb beiderseits gewollt ist.* [2] *Sie fordern deshalb die Betriebsparteien dazu auf, rechtzeitig vor dem 1. Januar 2007 die betrieblichen Systeme zu vereinbaren.* [3] *Kommt bis zum 30. September 2007 keine betriebliche Regelung zustande, erhalten die Beschäftigten mit dem Tabellenentgelt des Monats Dezember 2008 6 v.H. des für den Monat September jeweils zustehenden Tabellenentgelts.* [4] *Das Leistungsentgelt erhöht sich im Folgejahr um den Restbetrag des Gesamtvolumens.* [5] *Solange auch in den Folgejahren keine Einigung entsprechend Satz 2 zustande kommt, gelten die Sätze 3 und 4 ebenfalls.* [6] *Für das Jahr 2007 erhalten die Beschäftigten mit dem Tabellenentgelt des Monats Dezember 2007 12 v.H. des für den Monat September 2007 jeweils zustehenden Tabellenentgelts ausgezahlt, insgesamt jedoch nicht mehr als das Gesamtvolumen gemäß Absatz 3 Satz 1, wenn bis zum 31. Juli 2007 keine Einigung nach Satz 3 zustande gekommen ist.*
2. *Die Tarifvertragsparteien bekennen sich zur weiteren Stärkung der Leistungsorientierung im öffentlichen Dienst.*

Protokollerklärung zu Absatz 4 Satz 3:

1. [1] *Die wirtschaftlichen Unternehmensziele legt die Verwaltungs-/Unternehmensführung zu Beginn des Wirtschaftsjahres fest.* [2] *Der wirtschaftliche Erfolg wird auf der Gesamtebene der Verwaltung/des Betriebes festgestellt.*
2. *(nicht besetzt)*

(5) [1] Die Feststellung oder Bewertung von Leistungen geschieht durch das Vergleichen von Zielerreichungen mit den in der Zielvereinbarung angestrebten Zielen oder über eine systematische Leistungsbewertung. [2] Zielvereinbarung ist eine freiwillige Abrede zwischen der Führungskraft und einzelnen Beschäftigten oder Beschäftigtengruppen über objektivierbare Leistungsziele und die Bedingungen ihrer Erfüllung. [3] Leistungsbewertung ist die auf einem betrieblich vereinbarten System beruhende Feststellung der erbrachten Leistung nach möglichst messbaren oder anderweitig objektivierbaren Kriterien oder durch aufgabenbezogene Bewertung.

Niederschriftserklärung zu § 18 Abs. 5 Satz 2:

[1] *Die Tarifvertragsparteien stimmen darin überein, dass aus Motivationsgründen die Vereinbarung von Zielen freiwillig geschieht.* [2] *Eine freiwillige Zielvereinbarung kann auch die Verständigung auf zum Teil vorgegebene oder übergeordnete Ziele sein, z.B. bei der Umsetzung gesetzlicher oder haushaltsrechtlicher Vorgaben, Grundsatzentscheidungen der Verwaltungs-/Unternehmensführung.*

Niederschriftserklärung zu § 18 Abs. 5 Satz 3:

Die systematische Leistungsbewertung entspricht nicht der Regelbeurteilung.

(6) [1] Das jeweilige System der leistungsbezogenen Bezahlung wird betrieblich vereinbart. [2] Die individuellen Leistungsziele von Beschäftigten bzw. Beschäftigtengruppen müssen beeinflussbar und in der regelmäßigen Arbeitszeit erreichbar sein. [3] Die Ausgestaltung geschieht durch Betriebsvereinbarung oder einvernehmliche Dienstvereinbarung, in der insbesondere geregelt werden:

– Verfahren der Einführung von leistungs- und/oder erfolgsorientierten Entgelten,
– zulässige Kriterien für Zielvereinbarungen,

- Ziele zur Sicherung und Verbesserung der Effektivität und Effizienz, insbesondere für Mehrwertsteigerungen (z.B. Verbesserung der Wirtschaftlichkeit, – der Dienstleistungsqualität, – der Kunden-/Bürgerorientierung),
- Auswahl der Formen von Leistungsentgelten, der Methoden sowie Kriterien der systematischen Leistungsbewertung und der aufgabenbezogenen Bewertung (messbar, zählbar oder anderweitig objektivierbar), ggf. differenziert nach Arbeitsbereichen, u.U. Zielerreichungsgrade,
- Anpassung von Zielvereinbarungen bei wesentlichen Änderungen von Geschäftsgrundlagen,
- Vereinbarung von Verteilungsgrundsätzen,
- Überprüfung und Verteilung des zur Verfügung stehenden Finanzvolumens, ggf. Begrenzung individueller Leistungsentgelte aus umgewidmetem Entgelt,
- Dokumentation und Umgang mit Auswertungen über Leistungsbewertungen.

Protokollerklärung zu Absatz 6:

Besteht in einer Dienststelle/in einem Unternehmen kein Personal- oder Betriebsrat, hat der Dienststellenleiter/Arbeitgeber die jährliche Ausschüttung der Leistungsentgelte im Umfang des Vomhundertsatzes der Protokollerklärung Nr. 1 zu Absatz 4 sicherzustellen, solange eine Kommission im Sinne des Absatzes 7 nicht besteht.

(7) [1] Bei der Entwicklung und beim ständigen Controlling des betrieblichen Systems wirkt eine betriebliche Kommission mit, deren Mitglieder je zur Hälfte vom Arbeitgeber und vom Betriebs-/Personalrat aus dem Betrieb benannt werden. [2] Die betriebliche Kommission ist auch für die Beratung von schriftlich begründeten Beschwerden zuständig, die sich auf Mängel des Systems bzw. seiner Anwendung beziehen. [3] Der Arbeitgeber entscheidet auf Vorschlag der betrieblichen Kommission, ob und in welchem Umfang der Beschwerde im Einzelfall abgeholfen wird. [4] Folgt der Arbeitgeber dem Vorschlag nicht, hat er seine Gründe darzulegen. [5] Notwendige Korrekturen des Systems bzw. von Systembestandteilen empfiehlt die betriebliche Kommission. [6] Die Rechte der betrieblichen Mitbestimmung bleiben unberührt.

Niederschriftserklärung zu § 18 Abs. 7:

1. *Die Mitwirkung der Kommission erfasst nicht die Vergabeentscheidung über Leistungsentgelte im Einzelfall.*
2. *Die nach Abs. 7 und die für Leistungsstufen nach § 17 Abs. 2 gebildeten betrieblichen Kommissionen sind identisch.*

(8) Die ausgezahlten Leistungsentgelte sind zusatzversorgungspflichtiges Entgelt.

Niederschriftserklärung zu § 18 Abs. 8:

Die Tarifvertragsparteien wirken darauf hin, dass der ATV, der ATV-K sowie die Satzungen der VBL und der kommunalen Zusatzversorgungskassen bis spätestens 31. Dezember 2006 entsprechend angepasst werden.

Protokollerklärungen zu § 18:

1. *[1] Eine Nichterfüllung der Voraussetzungen für die Gewährung eines Leistungsentgelts darf für sich genommen keine arbeitsrechtlichen Maßnahmen auslösen. [2] Umgekehrt sind arbeitsrechtliche Maßnahmen nicht durch Teilnahme an einer Zielvereinbarung bzw. durch Gewährung eines Leistungsentgelts ausgeschlossen.*

2. [1] Leistungsgeminderte dürfen nicht grundsätzlich aus Leistungsentgelten ausgenommen werden. [2] Ihre jeweiligen Leistungsminderungen sollen angemessen berücksichtigt werden.

3. Die Vorschriften des § 18 sind sowohl für die Parteien der betrieblichen Systeme als auch für die Arbeitgeber und Beschäftigten unmittelbar geltende Regelungen.

4. (nicht besetzt)

5. Die landesbezirklichen Regelungen in Baden-Württemberg, in Nordrhein-Westfalen und im Saarland zu Leistungszuschlägen zu § 20 BMT-G bleiben unberührt.

Niederschriftserklärung zu § 18:
Die Tarifvertragsparteien gehen davon aus, dass Leistungsentgelte Bezüge im Sinne des § 4 TVATZ sind.

§ 19 Erschwerniszuschläge. (1) [1] Erschwerniszuschläge werden für Arbeiten gezahlt, die außergewöhnliche Erschwernisse beinhalten. [2] Dies gilt nicht für Erschwernisse, die mit dem der Eingruppierung zugrunde liegenden Berufs- oder Tätigkeitsbild verbunden sind.

(2) Außergewöhnliche Erschwernisse im Sinne des Absatzes 1 ergeben sich grundsätzlich nur bei Arbeiten

a) mit besonderer Gefährdung,
b) mit extremer nicht klimabedingter Hitzeeinwirkung,
c) mit besonders starker Schmutz- oder Staubbelastung,
d) mit besonders starker Strahlenexposition oder
e) unter sonstigen vergleichbar erschwerten Umständen.

(3) Zuschläge nach Absatz 1 werden nicht gewährt, soweit der außergewöhnlichen Erschwernis durch geeignete Vorkehrungen, insbesondere zum Arbeitsschutz, ausreichend Rechnung getragen wird.

(4) [1] Die Zuschläge betragen in der Regel 5 bis 15 v.H. – in besonderen Fällen auch abweichend – des auf eine Stunde entfallenden Anteils des monatlichen Tabellenentgelts der Stufe 2 der Entgeltgruppe 2. [2] Teilzeitbeschäftigte erhalten Erschwerniszuschläge, die nach Stunden bemessen werden, in voller Höhe; sofern sie pauschaliert gezahlt werden, gilt dagegen § 24 Abs. 2.

(5) [1] Die zuschlagspflichtigen Arbeiten und die Höhe der Zuschläge werden landesbezirklich vereinbart. [2] *(nicht besetzt)*

§ 20 Jahressonderzahlung. (1) Beschäftigte, die am 1. Dezember im Arbeitsverhältnis stehen, haben Anspruch auf eine Jahressonderzahlung.

(1.1) § 20 findet auf Ärztinnen und Ärzte keine Anwendung.[1)]

(2) [1] Die Jahressonderzahlung beträgt bei Beschäftigten, für die die Regelungen des Tarifgebiets West Anwendung finden,

in den Entgeltgruppen 1 bis 8	79,51 Prozent
in den Entgeltgruppen 9a bis 12	70,28 Prozent
in den Entgeltgruppen 13 bis 15	51,78 Prozent

des der/dem Beschäftigten in den Kalendermonaten Juli, August und September durchschnittlich gezahlten monatlichen Entgelts; unberücksichtigt bleiben

[1)] Entspricht § 54 Abs. 2 BT-K.

hierbei das zusätzlich für Überstunden und Mehrarbeit gezahlte Entgelt (mit Ausnahme der im Dienstplan vorgesehenen Überstunden und Mehrarbeit), Leistungszulagen, Leistungs- und Erfolgsprämien. [2]Der Bemessungssatz bestimmt sich nach der Entgeltgruppe am 1. September. [3]Bei Beschäftigten, deren Arbeitsverhältnis nach dem 30. September begonnen hat, tritt an die Stelle des Bemessungszeitraums der erste volle Kalendermonat des Arbeitsverhältnisses. [4]In den Fällen, in denen im Kalenderjahr der Geburt des Kindes während des Bemessungszeitraums eine elterngeldunschädliche Teilzeitbeschäftigung ausgeübt wird, bemisst sich die Jahressonderzahlung nach dem Beschäftigungsumfang am Tag vor dem Beginn der Elternzeit.

Protokollerklärung zu Absatz 2:

[1]Bei der Berechnung des durchschnittlich gezahlten monatlichen Entgelts werden die gezahlten Entgelte der drei Monate addiert und durch drei geteilt; dies gilt auch bei einer Änderung des Beschäftigungsumfangs. [2]Ist im Bemessungszeitraum nicht für alle Kalendertage Entgelt gezahlt worden, werden die gezahlten Entgelte der drei Monate addiert, durch die Zahl der Kalendertage mit Entgelt geteilt und sodann mit 30,67 multipliziert. [3]Zeiträume, für die Krankengeldzuschuss gezahlt worden ist, bleiben hierbei unberücksichtigt. [4]Besteht während des Bemessungszeitraums an weniger als 30 Kalendertagen Anspruch auf Entgelt, ist der letzte Kalendermonat, in dem für alle Kalendertage Anspruch auf Entgelt bestand, maßgeblich.

Niederschriftserklärung zu § 20 Abs. 2 Satz 1:

Die Tarifvertragsparteien stimmen überein, dass die Beschäftigten der Entgeltgruppe 2 Ü zu den Entgeltgruppen 1 bis 8 und die Beschäftigten der Entgeltgruppe 15 Ü zu den Entgeltgruppen 13 bis 15 gehören.

(2.1)[1)] Für Beschäftigte, die in eine der Entgeltgruppen P 5 bis P 16 eingruppiert sind, gilt Abs. 2 Satz 1 in folgender Fassung:

„[1]Die Jahressonderzahlung beträgt bei Beschäftigten, für die die Regelungen des Tarifgebiets West Anwendung finden,

in den Entgeltgruppen P 5 bis P 8	79,74 Prozent
in den Entgeltgruppen P 9 bis P 16	70,48 Prozent

des der/dem Beschäftigten in den Kalendermonaten Juli, August und September durchschnittlich gezahlten monatlichen Entgelts; unberücksichtigt bleiben hierbei das zusätzlich für Überstunden und Mehrarbeit gezahlte Entgelt (mit Ausnahme der im Dienstplan vorgesehenen Überstunden und Mehrarbeit), Leistungszulagen, Leistungs- und Erfolgsprämien."

(3) Für Beschäftigte, für die die Regelungen des Tarifgebiets Ost Anwendung finden, gelten Absätze 2 und 2.1 mit der Maßgabe, dass die Bemessungssätze für die Jahressonderzahlung bis zum Kalenderjahr 2018 75 Prozent, im Kalenderjahr 2019 82 Prozent, im Kalenderjahr 2020 88 Prozent, im Kalenderjahr 2021 94 Prozent und ab dem Kalenderjahr 2022 100 Prozent der dort genannten Prozentsätze betragen.

(4) [1]Der Anspruch nach den Absätzen 1 bis 3 vermindert sich um ein Zwölftel für jeden Kalendermonat, in dem Beschäftigte keinen Anspruch auf Entgelt oder Fortzahlung des Entgelts nach § 21 haben. [2]Die Verminderung unterbleibt für Kalendermonate,

1. für die Beschäftigte kein Tabellenentgelt erhalten haben wegen

---

1) Entspricht redaktionell angepasst § 54 Abs. 3 BT-K.

a) Ableistung von Grundwehrdienst oder Zivildienst, wenn sie diesen vor dem 1. Dezember beendet und die Beschäftigung unverzüglich wieder aufgenommen haben,
b) Beschäftigungsverboten nach dem Mutterschutzgesetz,
c) Inanspruchnahme der Elternzeit nach dem Bundeselterngeld- und Elternzeitgesetz bis zum Ende des Kalenderjahres, in dem das Kind geboren ist, wenn am Tag vor Antritt der Elternzeit Entgeltanspruch bestanden hat;

Niederschriftserklärung zu § 20 Abs. 4 Satz 2 Nr. 1 Buchst. c:

Dem Entgeltanspruch steht der Anspruch auf Zuschuss zum Mutterschaftsgeld gleich.

2. in denen Beschäftigten Krankengeldzuschuss gezahlt wurde oder nur wegen der Höhe des zustehenden Krankengelds ein Krankengeldzuschuss nicht gezahlt worden ist.

(5) [1]Die Jahressonderzahlung wird mit dem Tabellenentgelt für November ausgezahlt. [2]Ein Teilbetrag der Jahressonderzahlung kann zu einem früheren Zeitpunkt ausgezahlt werden.

(6) *(aufgehoben)*

(6.1) [1]Beschäftigte erhalten die Jahressonderzahlung auch dann, wenn ihr Arbeitsverhältnis vor dem 1. Dezember endet. [2]Bei Beschäftigten, deren Arbeitsverhältnis vor dem 1. Dezember geendet hat, tritt an die Stelle des Bemessungszeitraums nach § 20 Abs. 2 der letzte volle Kalendermonat des Arbeitsverhältnisses mit der Maßgabe, dass Bemessungsgrundlage für die Jahressonderzahlung nur das Tabellenentgelt und die in Monatsbeträgen festgelegten Zulagen sind.[1)]

Niederschriftserklärung zu § 20 Abs. 6.1 Satz 2:[2)]

In § 20 Abs. 6.1 Satz 2 TVöD-K tritt bei Beschäftigten, die sich in einer individuellen Zwischen- bzw. Endstufe befinden, an die Stelle des Tabellenentgelts das sich aus der jeweiligen Zwischen- bzw. Endstufe ergebende Entgelt.

§ 21 Bemessungsgrundlage für die Entgeltfortzahlung. (1) [1]In den Fällen der Entgeltfortzahlung nach § 6 Abs. 3 Satz 1, § 22 Abs. 1, § 26, § 27 und § 29 werden das Tabellenentgelt sowie die sonstigen in Monatsbeträgen festgelegten Entgeltbestandteile weitergezahlt. [2]Die nicht in Monatsbeträgen festgelegten Entgeltbestandteile werden als Durchschnitt auf Basis der dem maßgebenden Ereignis für die Entgeltfortzahlung vorhergehenden letzten drei vollen Kalendermonate (Berechnungszeitraum) gezahlt. [3]Ausgenommen hiervon sind das zusätzlich für Überstunden und Mehrarbeit gezahlte Entgelt (mit Ausnahme der im Dienstplan vorgesehenen Überstunden und Mehrarbeit), Leistungsentgelte, Jahressonderzahlungen sowie besondere Zahlungen nach § 23 Abs. 2 und 3.

Protokollerklärungen zu den Sätzen 2 und 3:

1. *[1]Volle Kalendermonate im Sinne der Durchschnittsberechnung nach Satz 2 sind Kalendermonate, in denen an allen Kalendertagen das Arbeitsverhältnis bestanden hat. [2]Hat das Arbeitsverhältnis weniger als drei Kalendermonate bestanden, sind die vollen Kalendermonate, in denen das Arbeitsverhältnis bestanden hat, zugrunde*

---

1) Entspricht § 54 Abs. 1 BT-K.
2) Entspricht Niederschriftserklärung zu § 54 Abs. 1 Satz 2 BT-K.

zu legen. [3] Bei Änderungen der individuellen Arbeitszeit werden die nach der Arbeitszeitänderung liegenden vollen Kalendermonate zugrunde gelegt.

2. *[1] Der Tagesdurchschnitt nach Satz 2 beträgt bei einer durchschnittlichen Verteilung der regelmäßigen wöchentlichen Arbeitszeit auf fünf Tage 1/65 aus der Summe der zu berücksichtigenden Entgeltbestandteile, die für den Berechnungszeitraum zugestanden haben. [2] Maßgebend ist die Verteilung der Arbeitszeit zu Beginn des Berechnungszeitraums. [3] Bei einer abweichenden Verteilung der Arbeitszeit ist der Tagesdurchschnitt entsprechend Satz 1 und 2 zu ermitteln.*
3. *[1] Liegt zwischen der Begründung des Arbeitsverhältnisses oder der Änderung der individuellen Arbeitszeit und dem maßgeblichen Ereignis für die Entgeltfortzahlung kein voller Kalendermonat, ist der Tagesdurchschnitt anhand der konkreten individuellen Daten zu ermitteln. [2] Dazu ist die Summe der zu berücksichtigenden Entgeltbestandteile, die für diesen Zeitraum zugestanden haben, durch die Zahl der tatsächlich in diesem Zeitraum erbrachten Arbeitstage zu teilen.*
4. *[1] Tritt die Fortzahlung des Entgelts nach einer allgemeinen Entgeltanpassung ein, ist die/der Beschäftigte so zu stellen, als sei die Entgeltanpassung bereits mit Beginn des Berechnungszeitraums eingetreten. [2] Der Erhöhungssatz beträgt für*
   - *vor dem 1. März 2018 zustehende Entgeltbestandteile 3,19 v.H.,*
   - *vor dem 1. April 2019 zustehende Entgeltbestandteile 3,09 v.H. und*
   - *vor dem 1. März 2020 zustehende Entgeltbestandteile 1,06 v.H.*

§ 22 Entgelt im Krankheitsfall. (1) [1] Werden Beschäftigte durch Arbeitsunfähigkeit infolge Krankheit an der Arbeitsleistung verhindert, ohne dass sie ein Verschulden trifft, erhalten sie bis zur Dauer von sechs Wochen das Entgelt nach § 21. [2] Bei erneuter Arbeitsunfähigkeit infolge derselben Krankheit sowie bei Beendigung des Arbeitsverhältnisses gelten die gesetzlichen Bestimmungen. [3] Als unverschuldete Arbeitsunfähigkeit im Sinne der Sätze 1 und 2 gilt auch die Arbeitsverhinderung in Folge einer Maßnahme der medizinischen Vorsorge und Rehabilitation im Sinne von § 9 EFZG.

Protokollerklärung zu Absatz 1 Satz 1:

Ein Verschulden liegt nur dann vor, wenn die Arbeitsunfähigkeit vorsätzlich oder grob fahrlässig herbeigeführt wurde.

(2) [1] Nach Ablauf des Zeitraums gemäß Absatz 1 erhalten die Beschäftigten für die Zeit, für die ihnen Krankengeld oder entsprechende gesetzliche Leistungen gezahlt werden, einen Krankengeldzuschuss in Höhe des Unterschiedsbetrags zwischen den tatsächlichen Barleistungen des Sozialleistungsträgers und dem Nettoentgelt. [2] Nettoentgelt ist das um die gesetzlichen Abzüge verminderte Entgelt im Sinne des § 21 (mit Ausnahme der Leistungen nach § 23 Abs. 1); bei freiwillig in der gesetzlichen Krankenversicherung versicherten Beschäftigten ist dabei deren Gesamtkranken- und Pflegeversicherungsbeitrag abzüglich Arbeitgeberzuschuss zu berücksichtigen. [3] Für Beschäftigte, die nicht der Versicherungspflicht in der gesetzlichen Krankenversicherung unterliegen und bei einem privaten Krankenversicherungsunternehmen versichert sind, ist bei der Berechnung des Krankengeldzuschusses der Krankengeldhöchstsatz, der bei Pflichtversicherung in der gesetzlichen Krankenversicherung zustünde, zugrunde zu legen. [4] Bei Teilzeitbeschäftigten ist das nach Satz 3 bestimmte fiktive Krankengeld entsprechend § 24 Abs. 2 zeitanteilig umzurechnen.

(3) [1] Der Krankengeldzuschuss wird bei einer Beschäftigungszeit (§ 34 Abs. 3)

von mehr als einem Jahr längstens bis zum Ende der 13. Woche und
von mehr als drei Jahren längstens bis zum Ende der 39. Woche

seit dem Beginn der Arbeitsunfähigkeit infolge derselben Krankheit gezahlt. [2] Maßgeblich für die Berechnung der Fristen nach Satz 1 ist die Beschäftigungszeit, die im Laufe der krankheitsbedingten Arbeitsunfähigkeit vollendet wird.

(4) [1] Entgelt im Krankheitsfall wird nicht über das Ende des Arbeitsverhältnisses hinaus gezahlt; § 8 EFZG bleibt unberührt. [2] Krankengeldzuschuss wird zudem nicht über den Zeitpunkt hinaus gezahlt, von dem an Beschäftigte eine Rente oder eine vergleichbare Leistung auf Grund eigener Versicherung aus der gesetzlichen Rentenversicherung, aus einer zusätzlichen Alters- und Hinterbliebenenversorgung oder aus einer sonstigen Versorgungseinrichtung erhalten, die nicht allein aus Mitteln der Beschäftigten finanziert ist. [3] Innerhalb eines Kalenderjahres kann das Entgelt im Krankheitsfall nach Absatz 1 und 2 insgesamt längstens bis zum Ende der in Absatz 3 Satz 1 genannten Fristen bezogen werden; bei jeder neuen Arbeitsunfähigkeit besteht jedoch mindestens der sich aus Absatz 1 ergebende Anspruch. [4] Überzahlter Krankengeldzuschuss und sonstige Überzahlungen gelten als Vorschuss auf die in demselben Zeitraum zustehenden Leistungen nach Satz 2; soweit es sich nicht um öffentlichrechtliche Sozialversicherungsansprüche auf Rente handelt, gehen die Ansprüche der Beschäftigten insoweit auf den Arbeitgeber über. [5] Der Arbeitgeber kann von der Rückforderung des Teils des überzahlten Betrags, der nicht durch die für den Zeitraum der Überzahlung zustehenden Bezüge im Sinne des Satzes 2 ausgeglichen worden ist, absehen, es sei denn, die/der Beschäftigte hat dem Arbeitgeber die Zustellung des Rentenbescheids schuldhaft verspätet mitgeteilt.

§ 23 Besondere Zahlungen. (1) [1] Nach Maßgabe des Vermögensbildungsgesetzes in seiner jeweiligen Fassung haben Beschäftigte, deren Arbeitsverhältnis voraussichtlich mindestens sechs Monate dauert, einen Anspruch auf vermögenswirksame Leistungen. [2] Für Vollbeschäftigte beträgt die vermögenswirksame Leistung für jeden vollen Kalendermonat 6,65 Euro. [3] Der Anspruch entsteht frühestens für den Kalendermonat, in dem die/der Beschäftigte dem Arbeitgeber die erforderlichen Angaben schriftlich mitteilt, und für die beiden vorangegangenen Monate desselben Kalenderjahres; die Fälligkeit tritt nicht vor acht Wochen nach Zugang der Mitteilung beim Arbeitgeber ein. [4] Die vermögenswirksame Leistung wird nur für Kalendermonate gewährt, für die den Beschäftigten Tabellenentgelt, Entgeltfortzahlung oder Krankengeldzuschuss zusteht. [5] Für Zeiten, für die Krankengeldzuschuss zusteht, ist die vermögenswirksame Leistung Teil des Krankengeldzuschusses. [6] Die vermögenswirksame Leistung ist kein zusatzversorgungspflichtiges Entgelt.

(2) [1] Beschäftigte erhalten ein Jubiläumsgeld bei Vollendung einer Beschäftigungszeit (§ 34 Abs. 3)

von 25 Jahren	in Höhe von 350 Euro,
von 40 Jahren	in Höhe von 500 Euro.

[2] Teilzeitbeschäftigte erhalten das Jubiläumsgeld in voller Höhe. [3] Durch Betriebs-/Dienstvereinbarung können günstigere Regelungen getroffen werden.

(3) [1] Beim Tod von Beschäftigten, deren Arbeitsverhältnis nicht geruht hat, wird der Ehegattin/dem Ehegatten oder der Lebenspartnerin/dem Lebenspartner im Sinne des Lebenspartnerschaftsgesetzes oder den Kindern ein Sterbegeld gewährt. [2] Als Sterbegeld wird für die restlichen Tage des Sterbemonats und –

in einer Summe – für zwei weitere Monate das Tabellenentgelt der/des Verstorbenen gezahlt. [3]Die Zahlung des Sterbegeldes an einen der Berechtigten bringt den Anspruch der Übrigen gegenüber dem Arbeitgeber zum Erlöschen; die Zahlung auf das Gehaltskonto hat befreiende Wirkung. [4]Betrieblich können eigene Regelungen getroffen werden.

(4) [1]Die Erstattung von Reise- und ggf. Umzugskosten richtet sich nach den beim Arbeitgeber geltenden Grundsätzen. [2]Für Arbeitgeber, die öffentlichem Haushaltsrecht unterliegen, finden, wenn diese nicht nach eigenen Grundsätzen verfahren, die für Beamtinnen und Beamte geltenden Bestimmungen Anwendung.[1)]

§ 24 Berechnung und Auszahlung des Entgelts. (1) [1]Bemessungszeitraum für das Tabellenentgelt und die sonstigen Entgeltbestandteile ist der Kalendermonat, soweit tarifvertraglich nicht ausdrücklich etwas Abweichendes geregelt ist. [2]Die Zahlung erfolgt am letzten Tag des Monats (Zahltag) für den laufenden Kalendermonat auf ein von der/dem Beschäftigten benanntes Konto innerhalb eines Mitgliedstaats der Europäischen Union. [3]Fällt der Zahltag auf einen Samstag, einen Wochenfeiertag oder den 31. Dezember, gilt der vorhergehende Werktag, fällt er auf einen Sonntag, gilt der zweite vorhergehende Werktag als Zahltag. [4]Entgeltbestandteile, die nicht in Monatsbeträgen festgelegt sind, sowie der Tagesdurchschnitt nach § 21, sind am Zahltag des zweiten Kalendermonats, der auf ihre Entstehung folgt, fällig.

Protokollerklärungen zu Absatz 1:

1. *Teilen Beschäftigte ihrem Arbeitgeber die für eine kostenfreie bzw. kostengünstigere Überweisung in einen anderen Mitgliedstaat der Europäischen Union erforderlichen Angaben nicht rechtzeitig mit, so tragen sie die dadurch entstehenden zusätzlichen Überweisungskosten.*
2. *Soweit Arbeitgeber die Bezüge am 15. eines jeden Monats für den laufenden Monat zahlen, können sie jeweils im Dezember eines Kalenderjahres den Zahltag vom 15. auf den letzten Tag des Monats gemäß Absatz 1 Satz 1 verschieben.*

(2) Soweit tarifvertraglich nicht ausdrücklich etwas anderes geregelt ist, erhalten Teilzeitbeschäftigte das Tabellenentgelt (§ 15) und alle sonstigen Entgeltbestandteile in dem Umfang, der dem Anteil ihrer individuell vereinbarten durchschnittlichen Arbeitszeit an der regelmäßigen Arbeitszeit vergleichbarer Vollzeitbeschäftigter entspricht.

(3) [1]Besteht der Anspruch auf das Tabellenentgelt oder die sonstigen Entgeltbestandteile nicht für alle Tage eines Kalendermonats, wird nur der Teil gezahlt, der auf den Anspruchszeitraum entfällt. [2]Besteht nur für einen Teil eines Kalendertags Anspruch auf Entgelt, wird für jede geleistete dienstplanmäßige oder betriebsübliche Arbeitsstunde der auf eine Stunde entfallende Anteil des Tabellenentgelts sowie der sonstigen in Monatsbeträgen festgelegten Entgeltbestandteile gezahlt. [3]Zur Ermittlung des auf eine Stunde entfallenden Anteils sind die in Monatsbeträgen festgelegten Entgeltbestandteile durch das 4,348fache der regelmäßigen wöchentlichen Arbeitszeit (§ 6 Abs. 1 und entsprechende Sonderregelungen) zu teilen.

(4) [1]Ergibt sich bei der Berechnung von Beträgen ein Bruchteil eines Cents von mindestens 0,5, ist er aufzurunden; ein Bruchteil von weniger als 0,5 ist

---

[1)] Entspricht § 54 BT-K.

abzurunden. [2]Zwischenrechnungen werden jeweils auf zwei Dezimalstellen durchgeführt. [3]Jeder Entgeltbestandteil ist einzeln zu runden.

(5) Entfallen die Voraussetzungen für eine Zulage im Laufe eines Kalendermonats, gilt Absatz 3 entsprechend.

(6) Einzelvertraglich können neben dem Tabellenentgelt zustehende Entgeltbestandteile (z.B. Zeitzuschläge, Erschwerniszuschläge) pauschaliert werden.

§ 25 Betriebliche Altersversorgung. (1) Die Beschäftigten haben Anspruch auf Versicherung unter eigener Beteiligung zum Zwecke einer zusätzlichen Alters- und Hinterbliebenenversorgung nach Maßgabe des Tarifvertrages über die betriebliche Altersversorgung der Beschäftigten des öffentlichen Dienstes (Tarifvertrag Altersversorgung – ATV) bzw. des Tarifvertrages über die zusätzliche Altersvorsorge der Beschäftigten des öffentlichen Dienstes – Altersvorsorge-TV-Kommunal – (ATV-K) in ihrer jeweils geltenden Fassung.

Niederschriftserklärung zu Abschnitt III *(aufgehoben)*

Abschnitt IV. Urlaub und Arbeitsbefreiung

§ 26 Erholungsurlaub. (1) [1]Beschäftigte haben in jedem Kalenderjahr Anspruch auf Erholungsurlaub unter Fortzahlung des Entgelts (§ 21). [2]Bei Verteilung der wöchentlichen Arbeitszeit auf fünf Tage in der Kalenderwoche beträgt der Urlaubsanspruch in jedem Kalenderjahr 30 Arbeitstage. [3]Bei einer anderen Verteilung der wöchentlichen Arbeitszeit als auf fünf Tage in der Woche erhöht oder vermindert sich der Urlaubsanspruch entsprechend. [4]Verbleibt bei der Berechnung des Urlaubs ein Bruchteil, der mindestens einen halben Urlaubstag ergibt, wird er auf einen vollen Urlaubstag aufgerundet; Bruchteile von weniger als einem halben Urlaubstag bleiben unberücksichtigt. [5]Der Erholungsurlaub muss im laufenden Kalenderjahr gewährt und kann auch in Teilen genommen werden.

Protokollerklärung zu Absatz 1 Satz 5:

Der Urlaub soll grundsätzlich zusammenhängend gewährt werden; dabei soll ein Urlaubsteil von zwei Wochen Dauer angestrebt werden.

Niederschriftserklärung zu Absatz 1:
(aufgehoben)

(2) Im Übrigen gilt das Bundesurlaubsgesetz mit folgenden Maßgaben:

a) Im Falle der Übertragung muss der Erholungsurlaub in den ersten drei Monaten des folgenden Kalenderjahres angetreten werden. Kann der Erholungsurlaub wegen Arbeitsunfähigkeit oder aus betrieblichen/dienstlichen Gründen nicht bis zum 31. März angetreten werden, ist er bis zum 31. Mai anzutreten.

b) Beginnt oder endet das Arbeitsverhältnis im Laufe eines Jahres, erhält die/der Beschäftigte als Erholungsurlaub für jeden vollen Monat des Arbeitsverhältnisses ein Zwölftel des Urlaubsanspruchs nach Absatz 1; § 5 BUrlG bleibt unberührt.

c) Ruht das Arbeitsverhältnis, so vermindert sich die Dauer des Erholungsurlaubs einschließlich eines etwaigen Zusatzurlaubs für jeden vollen Kalendermonat um ein Zwölftel.

d) Das nach Absatz 1 Satz 1 fortzuzahlende Entgelt wird zu dem in § 24 genannten Zeitpunkt gezahlt.

§ 27 Zusatzurlaub. (1) Beschäftigte, die ständig Wechselschichtarbeit nach § 7 Abs. 1 oder ständig Schichtarbeit nach § 7 Abs. 2 leisten und denen die Zulage nach § 8 Abs. 5 Satz 1 oder Abs. 6 Satz 1 zusteht, erhalten

a) bei Wechselschichtarbeit für je zwei zusammenhängende Monate und

b) bei Schichtarbeit für je vier zusammenhängende Monate

einen Arbeitstag Zusatzurlaub.

(1.1)[1)] [1]Besteht im Kalenderjahr 2019 Anspruch auf mindestens drei Tage Zusatzurlaub nach Absatz 1 Buchst. a, wird ein weiterer Tag Zusatzurlaub gewährt. [2]Im Kalenderjahr 2020 wird bei einem Anspruch auf mindestens drei Tage Zusatzurlaub nach Absatz 1 Buchst. a ein weiterer Tag Zusatzurlaub gewährt; besteht Anspruch auf mindestens vier Tage Zusatzurlaub nach Absatz 1 Buchst. a, wird ein zweiter zusätzlicher Tag Zusatzurlaub gewährt. [3]Ab dem Kalenderjahr 2021 wird für je zwei Tage Zusatzurlaubsanspruch nach Absatz 1 Buchst. a ein zusätzlicher Tag Zusatzurlaub gewährt.

(2) *(nicht besetzt)*

(3) Im Falle nicht ständiger Wechselschichtarbeit und nicht ständiger Schichtarbeit soll bei annähernd gleicher Belastung die Gewährung zusätzlicher Urlaubstage durch Betriebs-/Dienstvereinbarung geregelt werden.

(3.1) [1]Beschäftigte erhalten bei einer Leistung im Kalenderjahr von mindestens

150 Nachtarbeitsstunden	1 Arbeitstag
300 Nachtarbeitsstunden	2 Arbeitstage
450 Nachtarbeitsstunden	3 Arbeitstage
600 Nachtarbeitsstunden	4 Arbeitstage

Zusatzurlaub im Kalenderjahr. [2]Nachtarbeitsstunden, die in Zeiträumen geleistet werden, für die Zusatzurlaub für Wechselschicht- oder Schichtarbeit zusteht, bleiben unberücksichtigt.[2)]

Protokollerklärung zu den Absätzen 1, 2 und 3.1:[3)]

1. *[1]Der Anspruch auf Zusatzurlaub nach den Absätzen 1 und 2 bemisst sich nach der abgeleisteten Schicht- oder Wechselschichtarbeit und entsteht im laufenden Jahr, sobald die Voraussetzungen nach Absatz 1 erfüllt sind.*[4)] *[2]Für die Feststellung, ob ständige Wechselschichtarbeit oder ständige Schichtarbeit vorliegt, ist eine Unterbrechung durch Arbeitsbefreiung, Freizeitausgleich, bezahlten Urlaub oder Arbeitsunfähigkeit in den Grenzen des § 22 unschädlich.*
2. *Der Anspruch auf Zusatzurlaub nach Absatz 3.1 bemisst sich nach den abgeleisteten Nachtarbeitsstunden und entsteht im laufenden Jahr, sobald die Voraussetzungen nach Absatz 3.1 Satz 1 erfüllt sind.*

---

1) Entspricht § 55 Abs. 5 BT-K.
2) Entspricht § 53 Satz 1 und 2 BT-K.
3) ProtErkl. Nr. 1 zu Abs. 1, 2 und 3.1 redaktionell angepasst; ProtErkl. Nr. 2 entspricht ProtErkl. zu § 55 Abs. 1 BT-K.
4) Redaktionell angepasst.

(3.2) Bei Anwendung des Absatzes 3.1 werden nur die im Rahmen der regelmäßigen Arbeitszeit (§ 6) in der Zeit zwischen 21 Uhr und 6 Uhr dienstplanmäßig bzw. betriebsüblich geleisteten Nachtarbeitsstunden berücksichtigt.[1)]

(3.3) [1] Bei Teilzeitbeschäftigten ist die Zahl der nach Absatz 3.1 geforderten Nachtarbeitsstunden entsprechend dem Verhältnis ihrer individuell vereinbarten durchschnittlichen regelmäßigen Arbeitszeit zur regelmäßigen Arbeitszeit vergleichbarer Vollzeitbeschäftigter zu kürzen. [2] Ist die vereinbarte Arbeitszeit im Durchschnitt des Urlaubsjahres auf weniger als fünf Arbeitstage in der Kalenderwoche verteilt, ist der Zusatzurlaub in entsprechender Anwendung des § 26 Abs. 1 Sätze 4 und 5 zu ermitteln.[2)]

(3.4) [1] Die Beschäftigten erhalten für die Zeit der Bereitschaftsdienste in den Nachtstunden (§ 7 Abs. 5) einen Zusatzurlaub in Höhe von zwei Arbeitstagen pro Kalenderjahr, sofern mindestens 288 Stunden der Bereitschaftsdienste kalenderjährlich in die Zeit zwischen 21.00 bis 6.00 Uhr fallen. [2] Absatz 3.1 Satz 2 und Absatz 3.3 gelten entsprechend.[3)]

(4) [1] Zusatzurlaub nach diesem Tarifvertrag und sonstigen Bestimmungen mit Ausnahme des gesetzlichen zusätzlichen Urlaubs für schwerbehinderte Menschen wird nur bis zu insgesamt sechs Arbeitstagen im Kalenderjahr gewährt. [2] Erholungsurlaub und Zusatzurlaub (Gesamturlaub) dürfen im Kalenderjahr zusammen 35 Arbeitstage, bei Zusatzurlaub wegen Wechselschichtarbeit 36 Tage, nicht überschreiten.[4)] [3] Bei Beschäftigten, die das 50. Lebensjahr vollendet haben, gilt abweichend von Satz 2 eine Höchstgrenze von 36 Arbeitstagen; maßgebend für die Berechnung der Urlaubsdauer ist das Lebensjahr, das im Laufe des Kalenderjahres vollendet wird.

(4.1)[5)] [1] Der Zusatzurlaub wird nur bis zu insgesamt sieben Arbeitstagen im Kalenderjahr 2019, acht Arbeitstagen im Kalenderjahr 2020, neun Arbeitstagen im Kalenderjahr 2021 und zehn Arbeitstagen ab dem Kalenderjahr 2022 gewährt. [2] Der Erholungsurlaub und der Zusatzurlaub (Gesamturlaub) dürfen im Kalenderjahr 2019 zusammen 37 Arbeitstage, im Kalenderjahr 2020 zusammen 38 Arbeitstage, im Kalenderjahr 2021 zusammen 39 Arbeitstage und ab dem Kalenderjahr 2022 zusammen 40 Arbeitstage nicht überschreiten.

(5) Im Übrigen gilt § 26 mit Ausnahme von Absatz 2 Buchst. b entsprechend.

§ 28 Sonderurlaub. Beschäftigte können bei Vorliegen eines wichtigen Grundes unter Verzicht auf die Fortzahlung des Entgelts Sonderurlaub erhalten.

§ 29 Arbeitsbefreiung. (1) [1] Als Fälle nach § 616 BGB, in denen Beschäftigte unter Fortzahlung des Entgelts nach § 21 im nachstehend genannten Ausmaß von der Arbeit freigestellt werden, gelten nur die folgenden Anlässe:

a)	Niederkunft der Ehefrau/der Lebenspartnerin im Sinne des Lebenspartnerschaftsgesetzes	ein Arbeitstag,

[1)] Entspricht § 55 Abs. 2 BT-K.
[2)] Entspricht § 55 Abs. 3 BT-K.
[3)] Entspricht redaktionell angepasst § 55 Abs. 4 BT-K.
[4)] Entspricht § 53 Satz 3 BT-K.
[5)] Entspricht § 55 Abs. 6 BT-K.

b)	Tod der Ehegattin/des Ehegatten, der Lebenspartnerin/des Lebenspartners im Sinne des Lebenspartnerschaftsgesetzes, eines Kindes oder Elternteils	zwei Arbeitstage,
c)	Umzug aus dienstlichem oder betrieblichem Grund an einen anderen Ort	ein Arbeitstag,
d)	25- und 40-jähriges Arbeitsjubiläum	ein Arbeitstag,
e)	schwere Erkrankung	
	aa) einer/eines Angehörigen, soweit sie/er in demselben Haushalt lebt,	ein Arbeitstag im Kalenderjahr
	bb) eines Kindes, das das 12. Lebensjahr noch nicht vollendet hat, wenn im laufenden Kalenderjahr kein Anspruch nach § 45 SGB V besteht oder bestanden hat,	bis zu vier Arbeitstage im Kalenderjahr
	cc) einer Betreuungsperson, wenn Beschäftigte deshalb die Betreuung ihres Kindes, das das 8. Lebensjahr noch nicht vollendet hat oder wegen körperlicher, geistiger oder seelischer Behinderung dauernd pflegebedürftig ist, übernehmen müssen,	bis zu vier Arbeitstage im Kalenderjahr,
f)	Ärztliche Behandlung von Beschäftigten, wenn diese während der Arbeitszeit erfolgen muss,	erforderliche nachgewiesene Abwesenheitszeit einschließlich erforderlicher Wegezeiten.

[2]Eine Freistellung nach Satz 1 Buchstabe e erfolgt nur, soweit eine andere Person zur Pflege oder Betreuung nicht sofort zur Verfügung steht und die Ärztin/der Arzt in den Fällen der Doppelbuchstaben aa und bb die Notwendigkeit der Anwesenheit der/des Beschäftigten zur vorläufigen Pflege bescheinigt. [3]Die Freistellung nach Satz 1 Buchstabe e darf insgesamt fünf Arbeitstage im Kalenderjahr nicht überschreiten.

Niederschriftserklärung zu § 29 Abs. 1 Buchst. f:
Die ärztliche Behandlung erfasst auch die ärztliche Untersuchung und die ärztlich verordnete Behandlung.

(2) [1]Bei Erfüllung allgemeiner staatsbürgerlicher Pflichten nach deutschem Recht, soweit die Arbeitsbefreiung gesetzlich vorgeschrieben ist und soweit die Pflichten nicht außerhalb der Arbeitszeit, gegebenenfalls nach ihrer Verlegung, wahrgenommen werden können, besteht der Anspruch auf Fortzahlung des Entgelts nach § 21 nur insoweit, als Beschäftigte nicht Ansprüche auf Ersatz des Entgelts geltend machen können. [2]Das fortgezahlte Entgelt gilt in Höhe des Ersatzanspruchs als Vorschuss auf die Leistungen der Kostenträger. [3]Die Beschäftigten haben den Ersatzanspruch geltend zu machen und die erhaltenen Beträge an den Arbeitgeber abzuführen.

(3) [1]Der Arbeitgeber kann in sonstigen dringenden Fällen Arbeitsbefreiung unter Fortzahlung des Entgelts nach § 21 bis zu drei Arbeitstagen gewähren. [2]In begründeten Fällen kann bei Verzicht auf das Entgelt kurzfristige Arbeitsbefreiung gewährt werden, wenn die dienstlichen oder betrieblichen Verhältnisse es gestatten.

Protokollerklärung zu Absatz 3 Satz 2:
Zu den „begründeten Fällen" können auch solche Anlässe gehören, für die nach Absatz 1 kein Anspruch auf Arbeitsbefreiung besteht (z.B. Umzug aus persönlichen Gründen).

(4) [1] Zur Teilnahme an Tagungen kann den gewählten Vertreterinnen/Vertretern der Bezirksvorstände, der Landesbezirksvorstände, der Landesbezirksfachbereichsvorstände, der Bundesfachbereichsvorstände, der Bundesfachgruppenvorstände sowie des Gewerkschaftsrates bzw. entsprechender Gremien anderer vertragsschließender Gewerkschaften auf Anfordern der Gewerkschaften Arbeitsbefreiung bis zu acht Werktagen im Jahr unter Fortzahlung des Entgelts nach § 21 erteilt werden, sofern nicht dringende dienstliche oder betriebliche Interessen entgegenstehen. [2] Zur Teilnahme an Tarifverhandlungen mit dem Bund und der VKA oder ihrer Mitgliedverbände kann auf Anfordern einer der vertragsschließenden Gewerkschaften Arbeitsbefreiung unter Fortzahlung des Entgelts nach § 21 ohne zeitliche Begrenzung erteilt werden.

(5) Zur Teilnahme an Sitzungen von Prüfungs- und von Berufsbildungsausschüssen nach dem Berufsbildungsgesetz sowie für eine Tätigkeit in Organen von Sozialversicherungsträgern kann den Mitgliedern Arbeitsbefreiung unter Fortzahlung des Entgelts nach § 21 gewährt werden, sofern nicht dringende dienstliche oder betriebliche Interessen entgegenstehen.

Abschnitt V. Befristung und Beendigung des Arbeitsverhältnisses

§ 30 Befristete Arbeitsverträge. (1) [1] Befristete Arbeitsverträge sind nach Maßgabe des Teilzeit- und Befristungsgesetzes sowie anderer gesetzlicher Vorschriften über die Befristung von Arbeitsverträgen zulässig. [2] Für Beschäftigte, auf die die Regelungen des Tarifgebiets West Anwendung finden und deren Tätigkeit vor dem 1. Januar 2005 der Rentenversicherung der Angestellten unterlegen hätte, gelten die in den Absätzen 2 bis 5 geregelten Besonderheiten; dies gilt nicht für Arbeitsverhältnisse, für die die §§ 57aff. HRG, das Gesetz über befristete Arbeitsverträge in der Wissenschaft (Wissenschaftszeitvertragsgesetz) oder gesetzliche Nachfolgeregelungen unmittelbar oder entsprechend gelten.

(2) [1] Kalendermäßig befristete Arbeitsverträge mit sachlichem Grund sind nur zulässig, wenn die Dauer des einzelnen Vertrages fünf Jahre nicht übersteigt; weitergehende Regelungen im Sinne von § 23 TzBfG bleiben unberührt. [2] Beschäftigte mit einem Arbeitsvertrag nach Satz 1 sind bei der Besetzung von Dauerarbeitsplätzen bevorzugt zu berücksichtigen, wenn die sachlichen und persönlichen Voraussetzungen erfüllt sind.

(3) [1] Ein befristeter Arbeitsvertrag ohne sachlichen Grund soll in der Regel zwölf Monate nicht unterschreiten; die Vertragsdauer muss mindestens sechs Monate betragen. [2] Vor Ablauf des Arbeitsvertrages hat der Arbeitgeber zu prüfen, ob eine unbefristete oder befristete Weiterbeschäftigung möglich ist.

(4) [1] Bei befristeten Arbeitsverträgen ohne sachlichen Grund gelten die ersten sechs Wochen und bei befristeten Arbeitsverträgen mit sachlichem Grund die ersten sechs Monate als Probezeit. [2] Innerhalb der Probezeit kann der Arbeitsvertrag mit einer Frist von zwei Wochen zum Monatsschluss gekündigt werden.

(5) [1] Eine ordentliche Kündigung nach Ablauf der Probezeit ist nur zulässig, wenn die Vertragsdauer mindestens zwölf Monate beträgt. [2] Nach Ablauf der Probezeit beträgt die Kündigungsfrist in einem oder mehreren aneinandergereihten Arbeitsverhältnissen bei demselben Arbeitgeber

von insgesamt mehr als sechs Monaten	vier Wochen,
von insgesamt mehr als einem Jahr	sechs Wochen
zum Schluss eines Kalendermonats,	
von insgesamt mehr als zwei Jahren	drei Monate,
von insgesamt mehr als drei Jahren	vier Monate
zum Schluss eines Kalendervierteljahres.	

[3] Eine Unterbrechung bis zu drei Monaten ist unschädlich, es sei denn, dass das Ausscheiden von der/dem Beschäftigten verschuldet oder veranlasst war. [4] Die Unterbrechungszeit bleibt unberücksichtigt.

Protokollerklärung zu Absatz 5:

Bei mehreren aneinandergereihten Arbeitsverhältnissen führen weitere vereinbarte Probezeiten nicht zu einer Verkürzung der Kündigungsfrist.

(6) Die §§ 31, 32 bleiben von den Regelungen der Absätze 3 bis 5 unberührt.

§ 31 Führung auf Probe. (1) [1] Führungspositionen können als befristetes Arbeitsverhältnis bis zur Gesamtdauer von zwei Jahren vereinbart werden. [2] Innerhalb dieser Gesamtdauer ist eine höchstens zweimalige Verlängerung des Arbeitsvertrages zulässig. [3] Die beiderseitigen Kündigungsrechte bleiben unberührt.

(2) Führungspositionen sind die ab Entgeltgruppe 10 zugewiesenen Tätigkeiten mit Weisungsbefugnis, die vor Übertragung vom Arbeitgeber ausdrücklich als Führungspositionen auf Probe bezeichnet worden sind.

(3) [1] Besteht bereits ein Arbeitsverhältnis mit demselben Arbeitgeber, kann der/dem Beschäftigten vorübergehend eine Führungsposition bis zu der in Absatz 1 genannten Gesamtdauer übertragen werden. [2] Der/Dem Beschäftigten wird für die Dauer der Übertragung eine Zulage in Höhe des Unterschiedsbetrags zwischen den Tabellenentgelten nach der bisherigen Entgeltgruppe und dem sich bei Höhergruppierung nach § 17 Abs. 4 Satz 1 ergebenden Tabellenentgelt gewährt. [3] Nach Fristablauf endet die Erprobung. [4] Bei Bewährung wird die Führungsfunktion auf Dauer übertragen; ansonsten erhält die/der Beschäftigte eine der bisherigen Eingruppierung entsprechende Tätigkeit.

§ 32 Führung auf Zeit. (1) [1] Führungspositionen können als befristetes Arbeitsverhältnis bis zur Dauer von vier Jahren vereinbart werden. [2] Folgende Verlängerungen des Arbeitsvertrages sind zulässig:

a) in den Entgeltgruppen 10 bis 12 eine höchstens zweimalige Verlängerung bis zu einer Gesamtdauer von acht Jahren,
b) ab Entgeltgruppe 13 eine höchstens dreimalige Verlängerung bis zu einer Gesamtdauer von zwölf Jahren.

[3] Zeiten in einer Führungsposition nach Buchstabe a bei demselben Arbeitgeber können auf die Gesamtdauer nach Buchstabe b zur Hälfte angerechnet werden. [4] Die allgemeinen Vorschriften über die Probezeit (§ 2 Abs. 4) und die beiderseitigen Kündigungsrechte bleiben unberührt.

(2) Führungspositionen sind die ab Entgeltgruppe 10 zugewiesenen Tätigkeiten mit Weisungsbefugnis, die vor Übertragung vom Arbeitgeber ausdrücklich als Führungspositionen auf Zeit bezeichnet worden sind.

(3) [1]Besteht bereits ein Arbeitsverhältnis mit demselben Arbeitgeber, kann der/dem Beschäftigten vorübergehend eine Führungsposition bis zu den in Absatz 1 genannten Fristen übertragen werden. [2]Der/Dem Beschäftigten wird für die Dauer der Übertragung eine Zulage gewährt in Höhe des Unterschiedsbetrags zwischen den Tabellenentgelten nach der bisherigen Entgeltgruppe und dem sich bei Höhergruppierung nach § 17 Abs. 4 Satz 1 ergebenden Tabellenentgelt, zuzüglich eines Zuschlags von 75 v.H. des Unterschiedsbetrags zwischen den Tabellenentgelten der Entgeltgruppe, die der übertragenen Funktion entspricht, zur nächsthöheren Entgeltgruppe nach § 17 Abs. 4 Satz 1. [3]Nach Fristablauf erhält die/der Beschäftigte eine der bisherigen Eingruppierung entsprechende Tätigkeit; der Zuschlag entfällt.

§ 33 Beendigung des Arbeitsverhältnisses ohne Kündigung. (1) Das Arbeitsverhältnis endet, ohne dass es einer Kündigung bedarf,

a) mit Ablauf des Monats, in dem die/der Beschäftigte das gesetzlich festgelegte Alter zum Erreichen der Regelaltersrente vollendet hat, es sei denn, zwischen dem Arbeitgeber und dem/der Beschäftigten ist während des Arbeitsverhältnisses vereinbart worden, den Beendigungszeitpunkt nach § 41 Satz 3 SGB VI hinauszuschieben,

b) jederzeit im gegenseitigen Einvernehmen (Auflösungsvertrag).

(2) [1]Das Arbeitsverhältnis endet ferner sofern der/dem Beschäftigten der Bescheid eines Rentenversicherungsträgers (Rentenbescheid) zugestellt wird, wonach die/der Beschäftigte eine Rente auf unbestimmte Dauer wegen voller oder teilweiser Erwerbsminderung erhält. [2]Die/Der Beschäftigte hat den Arbeitgeber von der Zustellung des Rentenbescheids unverzüglich zu unterrichten. [3]Das Arbeitsverhältnis endet mit Ablauf des dem Rentenbeginn vorangehenden Tages; frühestens jedoch zwei Wochen nach Zugang der schriftlichen Mitteilung des Arbeitgebers über den Zeitpunkt des Eintritts der auflösenden Bedingung. [4]Liegt im Zeitpunkt der Beendigung des Arbeitsverhältnisses eine nach § 175 SGB IX erforderliche Zustimmung des Integrationsamtes noch nicht vor, endet das Arbeitsverhältnis mit Ablauf des Tages der Zustellung des Zustimmungsbescheids des Integrationsamtes. [5]Das Arbeitsverhältnis endet nicht, wenn nach dem Bescheid des Rentenversicherungsträgers eine Rente auf Zeit gewährt wird. [6]In diesem Fall ruht das Arbeitsverhältnis für den Zeitraum, für den eine Rente auf Zeit gewährt wird; für den Beginn des Ruhens des Arbeitsverhältnisses gilt Satz 3 entsprechend.

(3) Im Falle teilweiser Erwerbsminderung endet bzw. ruht das Arbeitsverhältnis nicht, wenn die/der Beschäftigte nach ihrem/seinem vom Rentenversicherungsträger festgestellten Leistungsvermögen auf ihrem/seinem bisherigen oder einem anderen geeigneten und freien Arbeitsplatz weiterbeschäftigt werden könnte, soweit dringende dienstliche bzw. betriebliche Gründe nicht entgegenstehen, und die/der Beschäftigte innerhalb von zwei Wochen nach Zugang des Rentenbescheids ihre/seine Weiterbeschäftigung schriftlich beantragt.

(4) [1]Verzögert die/der Beschäftigte schuldhaft den Rentenantrag oder bezieht sie/er Altersrente nach § 236 oder § 236a SGB VI oder ist sie/er nicht in der gesetzlichen Rentenversicherung versichert, so tritt an die Stelle des Ren-

tenbescheids das Gutachten einer Amtsärztin/eines Amtsarztes oder einer/eines nach § 3 Abs. 4 Satz 2 bestimmten Ärztin/Arztes. [2] Das Arbeitsverhältnis endet in diesem Fall mit Ablauf des Monats, in dem der/dem Beschäftigten das Gutachten bekannt gegeben worden ist; frühestens jedoch zwei Wochen nach Zugang der schriftlichen Mitteilung des Arbeitgebers über den Zeitpunkt des Eintritts der auflösenden Bedingung.

(5) [1] Soll die/der Beschäftigte, deren/dessen Arbeitsverhältnis nach Absatz 1 Buchst. a geendet hat, weiterbeschäftigt werden, ist ein neuer schriftlicher Arbeitsvertrag abzuschließen. [2] Das Arbeitsverhältnis kann jederzeit mit einer Frist von vier Wochen zum Monatsende gekündigt werden, wenn im Arbeitsvertrag nichts anderes vereinbart ist.

§ 34 Kündigung des Arbeitsverhältnisses. (1) [1] Bis zum Ende des sechsten Monats seit Beginn des Arbeitsverhältnisses beträgt die Kündigungsfrist zwei Wochen zum Monatsschluss. [2] Im Übrigen beträgt die Kündigungsfrist bei einer Beschäftigungszeit (Absatz 3 Satz 1 und 2)

bis zu einem Jahr	ein Monat zum Monatsschluss,
von mehr als einem Jahr	6 Wochen,
von mindestens 5 Jahren	3 Monate,
von mindestens 8 Jahren	4 Monate,
von mindestens 10 Jahren	5 Monate,
von mindestens 12 Jahren	6 Monate

zum Schluss eines Kalendervierteljahres.

(2) [1] Arbeitsverhältnisse von Beschäftigten, die das 40. Lebensjahr vollendet haben und für die die Regelungen des Tarifgebiets West Anwendung finden, können nach einer Beschäftigungszeit (Absatz 3 Satz 1 und 2) von mehr als 15 Jahren durch den Arbeitgeber nur aus einem wichtigen Grund gekündigt werden. [2] Soweit Beschäftigte nach den bis zum 30. September 2005 geltenden Tarifregelungen unkündbar waren, verbleibt es dabei.

(3) [1] Beschäftigungszeit ist die bei demselben Arbeitgeber im Arbeitsverhältnis zurückgelegte Zeit, auch wenn sie unterbrochen ist. [2] Unberücksichtigt bleibt die Zeit eines Sonderurlaubs gemäß § 28, es sei denn, der Arbeitgeber hat vor Antritt des Sonderurlaubs schriftlich ein dienstliches oder betriebliches Interesse anerkannt. [3] Wechseln Beschäftigte zwischen Arbeitgebern, die vom Geltungsbereich dieses Tarifvertrages erfasst werden, werden die Zeiten bei dem anderen Arbeitgeber als Beschäftigungszeit anerkannt. [4] Satz 3 gilt entsprechend bei einem Wechsel von einem anderen öffentlich-rechtlichen Arbeitgeber.

§ 35 Zeugnis. (1) Bei Beendigung des Arbeitsverhältnisses haben die Beschäftigten Anspruch auf ein schriftliches Zeugnis über Art und Dauer ihrer Tätigkeit, das sich auch auf Führung und Leistung erstrecken muss (Endzeugnis).

(2) Aus triftigen Gründen können Beschäftigte auch während des Arbeitsverhältnisses ein Zeugnis verlangen (Zwischenzeugnis).

(3) Bei bevorstehender Beendigung des Arbeitsverhältnisses können die Beschäftigten ein Zeugnis über Art und Dauer ihrer Tätigkeit verlangen (vorläufiges Zeugnis).

(4) Die Zeugnisse gemäß den Absätzen 1 bis 3 sind unverzüglich auszustellen.

Abschnitt VI. Übergangs- und Schlussvorschriften

§ 36 Anwendung weiterer Tarifverträge. (1) Neben diesem Tarifvertrag sind die nachfolgend aufgeführten Tarifverträge in ihrer jeweils geltenden Fassung anzuwenden:

a) Tarifverträge über die Bewertung der Personalunterkünfte vom 16. März 1974,
b) Tarifverträge über den Rationalisierungsschutz vom 9. Januar 1987,
c) Tarifvertrag zur sozialen Absicherung (TVsA) vom 13. September 2005,
d) Tarifvertrag zur Regelung der Altersteilzeitarbeit (TV ATZ) vom 5. Mai 1998,
e) Altersteilzeittarifvertrag vom 27. Februar 2010,
f) *(nicht besetzt)*
g) Tarifvertrag zur Entgeltumwandlung für Arbeitnehmer/-innen im kommunalen öffentlichen Dienst (TV-EUmw/VKA) vom 18. Februar 2003
h) *(nicht besetzt)*.

(2) Auf Beschäftigte im Sozial- und Erziehungsdienst finden die Regelungen der §§ 15 Abs. 2 Sätze 2 und 3, 16 Abs. 2.1, 3.1 und 4.1 sowie 17 Abs. 4a.1 und 20 Abs. 3.1 TVöD-V sowie die Anlage C zum TVöD-V auch dann Anwendung, wenn sie außerhalb des Geltungsbereichs des TVöD-V oder des TVöD-B tätig sind.

§ 37 Ausschlussfrist. (1) [1] Ansprüche aus dem Arbeitsverhältnis verfallen, wenn sie nicht innerhalb einer Ausschlussfrist von sechs Monaten nach Fälligkeit von der/dem Beschäftigten oder vom Arbeitgeber in Textform geltend gemacht werden. [2] Für denselben Sachverhalt reicht die einmalige Geltendmachung des Anspruchs auch für später fällige Leistungen aus.

(2) Absatz 1 gilt nicht für Ansprüche aus einem Sozialplan sowie für Ansprüche, soweit sie kraft Gesetzes einer Ausschlussfrist entzogen sind.

§ 38 Begriffsbestimmungen. (1) Sofern auf die Tarifgebiete Ost und West Bezug genommen wird, gilt Folgendes:

a) Die Regelungen für das Tarifgebiet Ost gelten für die Beschäftigen, deren Arbeitsverhältnis in dem in Art. 3 des Einigungsvertrages genannten Gebiet begründet worden ist und bei denen der Bezug des Arbeitsverhältnisses zu diesem Gebiet fortbesteht.
b) Für die übrigen Beschäftigten gelten die Regelungen für das Tarifgebiet West.

(2) Sofern auf die Begriffe „Betrieb“, „betrieblich“ oder „Betriebspartei“ Bezug genommen wird, gilt die Regelung für Verwaltungen sowie für Parteien nach dem Personalvertretungsrecht entsprechend, es sei denn, es ist etwas anderes bestimmt.

(3) Eine einvernehmliche Dienstvereinbarung liegt nur ohne Entscheidung der Einigungsstelle vor.

(4) Leistungsgeminderte Beschäftigte sind Beschäftigte, die ausweislich einer Bescheinigung des beauftragten Arztes (§ 3 Abs. 4) nicht mehr in der Lage sind, auf Dauer die vertraglich geschuldete Arbeitsleistung in vollem Umfang zu erbringen, ohne deswegen zugleich teilweise oder in vollem Umfang erwerbsgemindert im Sinne des SGB VI zu sein.

Protokollerklärung zu Absatz 4:

Die auf leistungsgeminderte Beschäftigte anzuwendenden Regelungen zur Entgeltsicherung bestimmen sich nach § 16a TVÜ-VKA.[1)]

(5) [1]Die Regelungen für Angestellte finden Anwendung auf Beschäftigte, deren Tätigkeit vor dem 1. Januar 2005 der Rentenversicherung der Angestellten unterlegen hätte. [2]Die Regelungen für Arbeiterinnen und Arbeiter finden Anwendung auf Beschäftigte, deren Tätigkeit vor dem 1. Januar 2005 der Rentenversicherung der Arbeiter unterlegen hätte.

§ 38a Übergangsvorschriften. (1) [nicht besetzt]

(2) [nicht besetzt]

§ 39 In-Kraft-Treten. (1)[2)] [1]Diese Regelungen treten am 1. August 2006 in Kraft und ersetzen in ihrem Geltungsbereich zu diesem Zeitpunkt die Durchgeschriebene Fassung des TVöD für den Dienstleistungsbereich Krankenhäuser, Pflege- und Betreuungseinrichtungen im Bereich der Vereinigung der kommunalen Arbeitgeberverbände (TVöD-K) in der Fassung vom 7. Februar 2006. [2]Abweichend von Satz 1 tritt § 20 am 1. Januar 2007 in Kraft.

(1.1) [1]Bei abgeschlossenen Sanierungs- und Notlagentarifverträgen sowie Tarifverträgen zur Zukunftssicherung und anderweitigen Tarifverträgen zur Beschäftigungssicherung, einschließlich Tarifverträge nach dem TVsA, treten diese Regelungen erst mit Ablauf der zum Zeitpunkt des Abschlusses des jeweiligen Tarifvertrages geltenden Laufzeit bzw. im Falle einer Kündigung des jeweiligen Tarifvertrages mit Ablauf der Kündigungsfrist in Kraft. [2]Die Tarifvertragsparteien können durch landesbezirklichen Tarifvertrag ein früheres In-Kraft-Treten dieser Regelungen ganz oder teilweise vereinbaren.[3)]

Anhang zu § 6

Arbeitszeit von Cheffahrerinnen und Cheffahrern

(1) Cheffahrerinnen und Cheffahrer sind die persönlichen Fahrer von Oberbürgermeisterinnen/Oberbürgermeistern, Bürgermeisterinnen/Bürgermeistern, Landrätinnen/Landräten, Beigeordneten/Dezernentinnen/Dezernenten, Geschäftsführerinnen/Geschäftsführern, Vorstandsmitgliedern und vergleichbaren Leitungskräften.

(2) [1]Abweichend von § 3 Satz 1 ArbZG kann die tägliche Arbeitszeit im Hinblick auf die in ihr enthaltenen Wartezeiten auf bis zu 15 Stunden täglich ohne Ausgleich verlängert werden (§ 7 Abs. 2a ArbZG). [2]Die höchstzulässige Arbeitszeit soll 288 Stunden im Kalendermonat ohne Freizeitausgleich nicht übersteigen.

[1)] Protokollerklärung zu Absatz 4 redaktionell angepasst.

[2)] § 39 Abs. 1 AT redaktionell angepasst an § 58 Abs. 1 Satz 1 BT-K; ergänzt durch § 22 Abs. 1 Ziff. 1 TVÜ-VKA.

[3)] Entspricht § 58 Abs. 2 BT-K.

(3) Die tägliche Ruhezeit kann auf bis zu neun Stunden verkürzt werden, wenn spätestens bis zum Ablauf der nächsten Woche ein Zeitausgleich erfolgt.

(4) Eine Verlängerung der Arbeitszeit nach Absatz 2 und die Verkürzung der Ruhezeit nach Absatz 3 sind nur zulässig, wenn

1. geeignete Maßnahmen zur Gewährleistung des Gesundheitsschutzes getroffen sind, wie insbesondere das Recht der Cheffahrerin/des Cheffahrers auf eine jährliche, für die Beschäftigten kostenfreie arbeitsmedizinische Untersuchung bei einem Betriebsarzt oder bei einem Arzt mit entsprechender arbeitsmedizinischer Fachkunde, auf den sich die Betriebsparteien geeinigt haben, und/oder die Gewährung eines Freizeitausgleichs möglichst durch ganze Tage oder durch zusammenhängende arbeitsfreie Tage zur Regenerationsförderung,
2. die Cheffahrerin/der Cheffahrer gemäß § 7 Abs. 7 ArbZG schriftlich in die Arbeitszeitverlängerung eingewilligt hat.

(5) § 9 TVöD bleibt unberührt.

Anhang zu § 9

A. Bereitschaftszeiten Hausmeisterinnen/Hausmeister

[1] Für Hausmeisterinnen/Hausmeister, in deren Tätigkeit regelmäßig und in nicht unerheblichem Umfang Bereitschaftszeiten fallen, gelten folgende besondere Regelungen zu § 6 Abs. 1 Satz 1 TVöD:

[2] Die Summe aus den faktorisierten Bereitschaftszeiten und der Vollarbeitszeit darf die Arbeitszeit nach § 6 Abs. 1 nicht überschreiten. [3] Die Summe aus Vollarbeits- und Bereitschaftszeiten darf durchschnittlich 48 Stunden wöchentlich nicht überschreiten. [4] Bereitschaftszeiten sind die Zeiten, in denen sich die Hausmeisterin/der Hausmeister am Arbeitsplatz oder einer anderen vom Arbeitgeber bestimmten Stelle zur Verfügung halten muss, um im Bedarfsfall die Arbeit selbständig, ggf. auch auf Anordnung, aufzunehmen und in denen die Zeiten ohne Arbeitsleistung überwiegen. [5] Bereitschaftszeiten werden zur Hälfte als Arbeitszeit gewertet (faktorisiert). [6] Bereitschaftszeiten werden innerhalb von Beginn und Ende der regelmäßigen täglichen Arbeitszeit nicht gesondert ausgewiesen.

B. Bereitschaftszeiten im Rettungsdienst und in Leitstellen

(1) [1] Für Beschäftigte im Rettungsdienst und in den Leitstellen, in deren Tätigkeit regelmäßig und in nicht unerheblichem Umfang Bereitschaftszeiten fallen, gelten folgende besondere Regelungen zu § 6 Abs. 1 Satz 1 TVöD:
[2] Die Summe aus den faktorisierten Bereitschaftszeiten und der Vollarbeitszeit darf die Arbeitszeit nach § 6 Abs. 1 nicht überschreiten. [3] Die Summe aus Vollarbeits- und Bereitschaftszeiten darf durchschnittlich 48 Stunden wöchentlich nicht überschreiten. [4] Bereitschaftszeiten sind die Zeiten, in denen sich die/der Beschäftigte am Arbeitsplatz oder einer anderen vom Arbeitgeber bestimmten Stelle zur Verfügung halten muss, um im Bedarfsfall die Arbeit selbständig, ggf. auch auf Anordnung, aufzunehmen und in denen die Zeiten ohne Arbeitsleistung überwiegen. [5] Bereitschaftszeiten werden zur Hälfte als tarifliche Arbeitszeit gewertet (faktorisiert). [6] Bereitschaftszeiten werden innerhalb von Beginn und Ende der regelmäßigen täglichen Arbeitszeit nicht gesondert ausgewiesen.

(2) Die zulässige tägliche Höchstarbeitszeit beträgt zwölf Stunden zuzüglich der gesetzlichen Pausen.

(3) Die allgemeinen Regelungen des TVöD zur Arbeitszeit bleiben im Übrigen unberührt.

(4) Für Beschäftigte, die unter die Sonderregelungen für den kommunalen feuerwehrtechnischen Dienst fallen, gilt § 46 Nr. 2 Abs. 1 BT-V, auch soweit sie in Leitstellen tätig sind.

Anlage 1. Entgeltordnung (VKA)

(Siehe Anlage 1 zum TVöD [Nr. 2] mit Ausnahme von Teil B Abschnitte II Nr. 1, III-X und XII–XXXII, die insoweit nicht besetzt sind.)

Anlage A

Tabelle TVöD-K

gültig vom 1. März 2018 bis 31. März 2019
(monatlich in Euro)

Entgelt-gruppe	Grundentgelt		Entwicklungsstufen			
	Stufe 1	Stufe 2	Stufe 3	Stufe 4	Stufe 5	Stufe 6
15	4.584,49	5.000,77	5.260,14	5.840,78	6.339,54	6.667,67
14	4.151,65	4.528,23	4.841,03	5.245,42	5.788,30	6.119,17
13	3.827,03	4.196,02	4.479,41	4.893,73	5.433,88	5.683,28
12	3.430,90	3.796,05	4.276,90	4.741,63	5.315,77	5.578,27
11	3.312,60	3.656,01	3.941,33	4.311,77	4.836,69	5.099,20
10	3.194,27	3.497,22	3.775,33	4.064,56	4.501,99	4.620,12
9c	3.099,42	3.349,91	3.637,10	3.888,65	4.214,62	4.392,69
9b	2.865,63	3.126,71	3.273,66	3.685,60	3.975,34	4.245,23
9a	2.818,96	3.049,32	3.234,09	3.647,35	3.739,87	3.975,66
8	2.656,52	2.890,09	3.017,56	3.137,78	3.269,20	3.343,02
7	2.493,12	2.729,06	2.877,36	3.004,81	3.111,25	3.189,58
6	2.446,41	2.662,97	2.788,15	2.909,22	3.007,98	3.081,00
5	2.347,55	2.555,40	2.673,48	2.794,54	2.894,01	2.955,27
4	2.236,29	2.438,63	2.587,48	2.676,80	2.766,11	2.818,41
3	2.201,29	2.407,15	2.462,55	2.564,71	2.641,37	2.711,60
2	2.037,85	2.234,74	2.290,29	2.354,37	2.495,22	2.642,56
1		1.827,17	1.858,18	1.896,96	1.933,11	2.026,15

gültig vom 1. April 2019 bis 29. Februar 2020
(monatlich in Euro)

Entgelt-gruppe	Grundentgelt		Entwicklungsstufen			
	Stufe 1	Stufe 2	Stufe 3	Stufe 4	Stufe 5	Stufe 6
15	4.788,35	5.141,23	5.481,38	6.004,84	6.517,61	6.854,95
14	4.335,98	4.655,42	5.025,89	5.451,94	5.950,88	6.293,73
13	3.996,72	4.335,42	4.685,32	5.093,03	5.586,51	5.842,91
12	3.582,23	3.956,45	4.407,89	4.890,86	5.465,08	5.734,95
11	3.457,10	3.803,91	4.119,43	4.477,63	4.972,55	5.242,43
10	3.331,93	3.613,93	3.915,01	4.238,32	4.628,44	4.749,89
9c	3.233,21	3.480,40	3.750,80	4.026,57	4.337,53	4.545,92
9b	3.020,16	3.258,72	3.403,99	3.824,85	4.085,40	4.370,07

Entgelt-gruppe	Grundentgelt		Entwicklungsstufen			
	Stufe 1	Stufe 2	Stufe 3	Stufe 4	Stufe 5	Stufe 6
9a	2.926,82	3.133,75	3.324,85	3.748,35	3.843,43	4.086,04
8	2.769,15	2.971,27	3.102,32	3.231,30	3.370,30	3.439,92
7	2.598,38	2.822,59	2.958,18	3.089,21	3.209,21	3.279,17
6	2.549,58	2.739,94	2.866,46	2.990,93	3.107,94	3.173,47
5	2.445,99	2.630,06	2.748,57	2.873,03	2.985,28	3.045,87
4	2.329,99	2.514,19	2.663,27	2.755,21	2.847,13	2.900,97
3	2.293,39	2.488,41	2.537,24	2.642,50	2.721,49	2.793,85
2	2.122,60	2.316,97	2.366,14	2.432,35	2.577,86	2.730,08
1		1.903,09	1.935,39	1.975,78	2.013,43	2.110,33

gültig ab 1. März 2020
(monatlich in Euro)

Entgelt-gruppe	Grundentgelt		Entwicklungsstufen			
	Stufe 1	Stufe 2	Stufe 3	Stufe 4	Stufe 5	Stufe 6
15	4.860,31	5.190,81	5.559,47	6.062,74	6.580,45	6.921,06
14	4.401,04	4.700,31	5.091,13	5.524,82	6.008,27	6.355,34
13	4.056,62	4.384,61	4.757,99	5.163,37	5.640,38	5.899,26
12	3.635,65	4.013,07	4.454,13	4.943,53	5.517,78	5.790,26
11	3.508,11	3.856,11	4.182,29	4.536,17	5.020,49	5.292,98
10	3.380,51	3.655,13	3.964,32	4.299,65	4.673,08	4.795,69
9c	3.280,42	3.526,45	3.790,94	4.075,26	4.380,90	4.600,00
9b	3.074,70	3.305,30	3.450,00	3.874,00	4.124,25	4.414,13
9a	2.964,89	3.163,55	3.356,89	3.784,00	3.879,97	4.125,00
8	2.808,91	2.999,92	3.132,23	3.264,31	3.405,98	3.474,11
7	2.635,53	2.855,60	2.986,70	3.119,00	3.243,78	3.310,79
6	2.586,00	2.767,11	2.894,11	3.019,78	3.143,22	3.206,10
5	2.480,74	2.656,42	2.775,08	2.900,74	3.017,50	3.077,85
4	2.363,07	2.540,85	2.690,02	2.782,88	2.875,73	2.930,10
3	2.325,89	2.517,08	2.563,61	2.669,96	2.749,76	2.822,87
2	2.152,51	2.346,00	2.392,92	2.459,87	2.607,03	2.760,98
1		1.929,88	1.962,63	2.003,59	2.041,77	2.140,05

Anlage B. *(aufgehoben)*

Anlage C[1)]

Tabelle TVöD Ärztinnen und Ärzte

gültig vom 1. März 2018 bis 31. März 2019
(monatlich in Euro)

Entgeltgruppe	Grundentgelt	Entwicklungsstufen			
	Stufe 1	Stufe 2	Stufe 3	Stufe 4	Stufe 5
II	5.725,19	6.317,47	6.843,92	7.436,18	
I	4.540,66	4.896,04	5.132,94	5.330,37	5.461,97

1) Entspricht Anlage C zum BT-K.

gültig vom 1. April 2019 bis zum 29. Februar 2020
(monatlich in Euro)

Entgeltgruppe	Grundentgelt	Entwicklungsstufen			
	Stufe 1	Stufe 2	Stufe 3	Stufe 4	Stufe 5
II	5.902,10	6.512,68	7.055,40	7.665,96	
I	4.680,97	5.047,33	5.291,55	5.495,08	5.630,75

gültig ab 1. März 2020
(monatlich in Euro)

Entgeltgruppe	Grundentgelt	Entwicklungsstufen			
	Stufe 1	Stufe 2	Stufe 3	Stufe 4	Stufe 5
II	5.964,66	6.581,71	7.130,19	7.747,22	
I	4.730,59	5.100,83	5.347,64	5.553,33	5.690,44

Anlage E[1)]

Tabelle TVöD VKA
Anlage E (Pflegedienst)

gültig ab 1. März 2018 bis 28. Februar 2019
(monatlich in Euro)

EG	Stufe 1	Stufe 2	Stufe 3	Stufe 4	Stufe 5	Stufe 6
P 16		4.168,28	4.314,41	4.786,24	5.336,25	5.578,86
P 15		4.078,76	4.212,48	4.546,81	4.946,92	5.099,73
P 14		3.980,08	4.110,58	4.436,82	4.880,06	4.960,94
P 13		3.881,41	4.008,67	4.326,80	4.556,52	4.615,83
P 12		3.684,03	3.804,83	4.106,80	4.292,29	4.378,57
P 11		3.486,68	3.601,00	3.886,80	4.076,60	4.162,88
P 10		3.289,33	3.397,17	3.699,14	3.844,73	3.936,40
P 9		3.127,55	3.289,33	3.397,17	3.602,07	3.688,35
P 8		2.877,66	3.017,88	3.197,65	3.342,85	3.544,22
P 7		2.711,98	2.877,66	3.132,57	3.260,00	3.391,28
P 6	2.273,18	2.431,68	2.584,55	2.909,53	2.992,37	3.145,28
P 5	2.177,82	2.394,49	2.457,13	2.559,06	2.635,55	2.815,21

gültig ab 1. März 2019 bis 29. Februar 2020
(monatlich in Euro)

EG	Stufe 1	Stufe 2	Stufe 3	Stufe 4	Stufe 5	Stufe 6
P 16		4.305,57	4.456,51	4.943,88	5.512,01	5.762,61
P 15		4.213,10	4.351,23	4.696,57	5.109,85	5.267,70
P 14		4.111,17	4.245,97	4.582,95	5.040,79	5.124,34
P 13		4.009,25	4.140,70	4.469,31	4.706,60	4.767,86
P 12		3.805,37	3.930,15	4.242,07	4.433,67	4.522,79
P 11		3.601,52	3.719,60	4.014,82	4.210,87	4.299,99
P 10		3.397,67	3.509,06	3.820,98	3.971,36	4.066,05
P 9		3.230,56	3.397,67	3.509,06	3.720,71	3.809,83
P 8		2.972,44	3.117,28	3.302,97	3.452,95	3.660,96
P 7		2.801,30	2.972,44	3.235,75	3.367,37	3.502,98
P 6	2.353,39	2.511,84	2.669,68	3.005,36	3.090,93	3.248,88
P 5	2.258,01	2.474,64	2.538,06	2.643,35	2.722,35	2.907,93

1) Entspricht Anlage E zum BT-K.

gültig ab 1. März 2020
(monatlich in Euro)

EG	Stufe 1	Stufe 2	Stufe 3	Stufe 4	Stufe 5	Stufe 6
P 16		4.350,53	4.503,05	4.995,51	5.569,57	5.822,79
P 15		4.257,10	4.396,67	4.745,61	5.163,22	5.322,71
P 14		4.154,10	4.290,31	4.630,81	5.093,43	5.177,85
P 13		4.051,12	4.183,94	4.515,99	4.755,75	4.817,65
P 12		3.845,11	3.971,19	4.286,37	4.479,97	4.570,02
P 11		3.639,13	3.758,45	4.056,75	4.254,84	4.344,90
P 10		3.433,15	3.545,70	3.860,88	4.012,84	4.108,51
P 9		3.264,30	3.433,15	3.545,70	3.759,57	3.849,62
P 8		3.003,48	3.149,83	3.337,47	3.489,01	3.699,19
P 7		2.830,56	3.003,48	3.269,54	3.402,54	3.539,56
P 6	2.379,67	2.538,09	2.697,56	3.036,75	3.123,21	3.282,80
P 5	2.284,28	2.500,89	2.564,56	2.670,95	2.750,78	2.938,30

Anlage F. *(aufgehoben)*

Anlage G[1)]

I. Anlage A zum TVöD

Entgeltgruppe	Stundenentgelt gültig vom 1. März 2018 bis zum 31. März 2019	Stundenentgelt gültig vom 1. April 2019 bis zum 29. Februar 2020	Stundenentgelt gültig ab 1. März 2020
15	29,37 €	30,23 €	30,53 €
14	27,05 €	27,87 €	28,16 €
13	25,85 €	26,65 €	26,93 €
12	24,50 €	25,22 €	25,47 €
11	22,36 €	23,05 €	23,29 €
10	20,61 €	21,24 €	21,46 €
9c	20,44 €	21,14 €	21,39 €
9b	19,45 €	20,06 €	20,28 €
9a	18,90 €	19,43 €	19,62 €
8	18,48 €	19,03 €	19,22 €
7	17,70 €	18,22 €	18,40 €
6	16,95 €	17,46 €	17,64 €
5	16,27 €	16,77 €	16,94 €
4	15,52 €	15,98 €	16,14 €
3	14,89 €	15,35 €	15,51 €
2Ü	14,29 €	14,73 €	14,89 €
2	13,96 €	14,43 €	14,59 €
1	11,46 €	11,94 €	12,11 €

1) Entspricht Anlage G zum BT-K.

II. Ärztinnen und Ärzte

Entgeltgruppe	Stundenentgelt gültig vom 1. März 2018 bis zum 31. März 2019	Stundenentgelt gültig vom 1. April 2019 bis zum 29. Februar 2020	Stundenentgelt gültig ab 1. März 2020
Ärztinnen und Ärzte gem. § 51 Abs. 3 BT-K	39,72 €	40,95 €	41,38 €
Ärztinnen und Ärzte gem. § 51 Abs. 4 BT-K	37,25 €	38,40 €	38,81 €
II	33,67 €	34,71 €	35,08 €
I	27,71 €	28,57 €	28,87 €

III. Anlage E

Entgeltgruppe	Stundenentgelt gültig vom 1. März 2018 bis zum 28. Februar 2019	Stundenentgelt gültig vom 1. März 2019 bis zum 29. Februar 2020	Stundenentgelt gültig ab 1. März 2020
P 16	26,52 €	27,39 €	27,67 €
P 15	24,77 €	25,58 €	25,85 €
P 14	23,41 €	24,18 €	24,43 €
P 13	21,93 €	22,65 €	22,89 €
P 12	21,12 €	21,81 €	22,04 €
P 11	20,36 €	21,03 €	21,25 €
P 10	19,44 €	20,08 €	20,29 €
P 9	19,14 €	19,77 €	19,98 €
P 8	18,29 €	18,89 €	19,09 €
P 7	17,52 €	18,10 €	18,29 €
P 6	16,23 €	16,77 €	16,94 €
P 5	15,07 €	15,57 €	15,73 €

4d. Durchgeschriebene Fassung des TVöD für den Dienstleistungsbereich Pflege- und Betreuungseinrichtungen im Bereich der Vereinigung der kommunalen Arbeitgeberverbände (TVöD-B)[1)]

Vom 1. August 2006

zuletzt geänd. durch ÄndVereinb Nr. 13 v. 30.8.2019

Inhaltsübersicht

[1)] Redaktioneller Hinweis für die in den Fußnoten verwendeten Abkürzungen:
AT = Allgemeiner Teil TVöD
BT-B = Besonderer Teil Pflege- und Betreuungseinrichtungen.

Vorbemerkungen

1. Der TVöD – Allgemeiner Teil – und der jeweilige Besondere Teil Verwaltung (BT-V), Krankenhäuser (BT-K), Pflege- und Betreuungseinrichtungen (BT-B), Sparkassen (BT-S), Flughäfen (BT-F) und Entsorgung (BT-E) bilden im Zusammenhang das Tarifrecht für den jeweiligen Dienstleistungsbereich.
2. Zur besseren Übersicht und Lesbarkeit haben die Tarifvertragsparteien aus dem Allgemeinen Teil des TVöD und dem jeweiligen Besonderen Teil entsprechend der Prozessvereinbarung vom 9. Januar 2003 durchgeschriebene Fassungen für die sechs Dienstleistungsbereiche erstellt.
3. Die Kündigung eines unter Nr. 1 genannten Tarifvertrages oder einzelner Regelungen davon hat unmittelbare Rechtswirkung auf die entsprechende/n durchgeschriebene/n Fassung/en.
4. Die durchgeschriebenen Fassungen regeln nicht das Verhältnis der Tarifvertragsparteien als Normgeber zueinander (Innenverhältnis). Sie sind nicht die Grundlage für Tarifverhandlungen oder Kündigungen, denn Allgemeiner Teil und die Besonderen Teile bleiben rechtlich selbstständige Tarifverträge. Die durchgeschriebenen Fassungen enthalten ausschließlich Rechtsnormen für die Anwendungsebene im Außenverhältnis (Arbeitgeber, Beschäftigte, Gerichte etc.). Jeder durchgeschriebenen Fassung wird eine Legende angefügt, aus der sich die Entsprechungen der Regelungen des jeweiligen Besonderen Teils zu den Bestimmungen des TVöD – Allgemeiner Teil – ergeben.
5. Tarifverhandlungen zur Änderung oder Ergänzung des Tarifrechts werden auf der Grundlage der unter Nr. 1 genannten Tarifverträge geführt. Etwaige

Änderungen oder Ergänzungen ändern auch die durchgeschriebenen Fassungen.

Abschnitt I. Allgemeine Vorschriften

§ 1 Geltungsbereich (1)[1] Die nachfolgenden Regelungen gelten für Beschäftigte, die in einem Arbeitsverhältnis zu einem Arbeitgeber stehen, der Mitglied eines Mitgliedverbandes der VKA ist, wenn sie in

a) Heil-, Pflege- und Entbindungseinrichtungen,
b) medizinischen Instituten von Heil- und Pflegeeinrichtungen,
c) sonstigen Einrichtungen und Heimen, in denen die betreuten Personen in ärztlicher Behandlung stehen, wenn die Behandlung durch nicht in den Einrichtungen selbst beschäftigte Ärztinnen oder Ärzte stattfindet, oder in
d) Einrichtungen und Heimen, die der Förderung der Gesundheit, der Erziehung, der Fürsorge oder Betreuung von Kindern und Jugendlichen, der Fürsorge und Betreuung von obdachlosen, alten, gebrechlichen, erwerbsbeschränkten oder sonstigen hilfsbedürftigen Personen dienen, auch wenn diese Einrichtungen nicht der ärztlichen Behandlung der betreuten Personen dienen,

beschäftigt sind, soweit die Einrichtungen nicht vom Geltungsbereich des § 1 Abs. 1 TVöD-K erfasst werden.

Protokollerklärung zu Absatz 1:

Auf Lehrkräfte findet § 51 BT-V [entspricht Anlage C.7 zum TVöD-V] Anwendung.

Niederschriftserklärung zur Protokollerklärung zu § 1 Abs. 1:[2]

[1] Vom Geltungsbereich des BT-B nicht erfasst werden insbesondere Lehrkräfte an Heim- und Internatsschulen. [2] Für diese gelten die Sonderregelungen des § 51 BT-V. [3] Lehrkräfte an Krankenpflegeschulen und ähnlichen der Ausbildung dienenden Einrichtungen fallen unter den BT-B, soweit diese nicht unter den BT-K fallen.

(2)[3] Diese Regelungen gelten nicht für

a) Beschäftigte als leitende Angestellte im Sinne des § 5 Abs. 3 BetrVG, wenn ihre Arbeitsbedingungen einzelvertraglich besonders vereinbart sind, sowie Chefärztinnen/Chefärzte,
b) Beschäftigte, die ein über das Tabellenentgelt der Entgeltgruppe 15 hinausgehendes regelmäßiges Entgelt erhalten.

Niederschriftserklärung zu § 1 Abs. 2 Buchst. b:

Bei der Bestimmung des regelmäßigen Entgelts werden Leistungsentgelt, Zulagen und Zuschläge nicht berücksichtigt.

c)–g) *(nicht besetzt)*
h) Auszubildende, Schülerinnen/Schüler in der Gesundheits- und Krankenpflege, Gesundheits- und Kinderkrankenpflege, Entbindungspflege und Altenpflege, sowie Volontärinnen/Volontäre und Praktikantinnen/Praktikanten,

---

[1] Abs. 1 ersetzt durch redaktionell angepassten § 40 Abs. 1 BT-B; § 1 Abs. 1 AT und § 40 Abs. 2 BT-B nicht besetzt.
[2] Entspricht Niederschriftserklärung zu § 40 Abs. 1 BT-B.
[3] Abs. 2 redaktionell angepasst.

i) Beschäftigte, für die Eingliederungszuschüsse nach den §§ 217ff. SGB III gewährt werden,

k) Beschäftigte, die Arbeiten nach den §§ 260ff. SGB III verrichten,

l) Leiharbeitnehmerinnen/Leiharbeitnehmer von Personal-Service-Agenturen, sofern deren Rechtsverhältnisse durch Tarifvertrag geregelt sind,

m) geringfügig Beschäftigte im Sinne von § 8 Abs. 1 Nr. 2 SGB IV.

n)–t) *(nicht besetzt)*

Niederschriftserklärung zu § 1 Abs. 2 Buchst. s:

Die Tarifvertragsparteien gehen davon aus, dass studentische Hilfskräfte Beschäftigte sind, zu deren Aufgabe es gehört, das hauptberufliche wissenschaftliche Personal in Forschung und Lehre sowie bei außeruniversitären Forschungseinrichtungen zu unterstützen.

(3) *(nicht besetzt)*

(4)[1)] [1] Absatz 2 Buchst. b findet auf

a) Ärztinnen und Ärzte als ständige Vertreterinnen/Vertreter der/des leitenden Ärztin/Arztes,

b) Ärztinnen und Ärzte, die einen selbständigen Funktionsbereich innerhalb einer Fachabteilung oder innerhalb eines Fachbereichs mit mindestens zehn Mitarbeiter/-innen leiten oder

c) Ärztinnen und Ärzte, denen mindestens fünf Ärzte unterstellt sind, sowie

d) ständige Vertreterinnen und Vertreter von leitenden Zahnärztinnen und Zahnärzten mit fünf unterstellten Zahnärztinnen und Zahnärzten

keine Anwendung. [2] Eine abweichende einzelvertragliche Regelung ist zulässig.

§ 2 Arbeitsvertrag, Nebenabreden, Probezeit. (1) Der Arbeitsvertrag wird schriftlich abgeschlossen.

(2) [1] Mehrere Arbeitsverhältnisse zu demselben Arbeitgeber dürfen nur begründet werden, wenn die jeweils übertragenen Tätigkeiten nicht in einem unmittelbaren Sachzusammenhang stehen. [2] Andernfalls gelten sie als ein Arbeitsverhältnis.

(3) [1] Nebenabreden sind nur wirksam, wenn sie schriftlich vereinbart werden. [2] Sie können gesondert gekündigt werden, soweit dies einzelvertraglich vereinbart ist.

(4) [1] Die ersten sechs Monate der Beschäftigung gelten als Probezeit, soweit nicht eine kürzere Zeit vereinbart ist. [2] Bei Übernahme von Auszubildenden im unmittelbaren Anschluss an das Ausbildungsverhältnis in ein Arbeitsverhältnis entfällt die Probezeit.

§ 3 Allgemeine Arbeitsbedingungen. (1) Die Beschäftigten haben über Angelegenheiten, deren Geheimhaltung durch gesetzliche Vorschriften vorgesehen oder vom Arbeitgeber angeordnet ist, Verschwiegenheit zu wahren; dies gilt auch über die Beendigung des Arbeitsverhältnisses hinaus.

(2) [1] Die Beschäftigten dürfen von Dritten Belohnungen, Geschenke, Provisionen oder sonstige Vergünstigungen in Bezug auf ihre Tätigkeit nicht annehmen. [2] Ausnahmen sind nur mit Zustimmung des Arbeitgebers möglich.

---

1) Abs. 4 entspricht § 41 BT-B.

[3]Werden den Beschäftigten derartige Vergünstigungen angeboten, haben sie dies dem Arbeitgeber unverzüglich anzuzeigen.

(3) [1]Nebentätigkeiten gegen Entgelt haben die Beschäftigten ihrem Arbeitgeber rechtzeitig vorher schriftlich anzuzeigen. [2]Der Arbeitgeber kann die Nebentätigkeit untersagen oder mit Auflagen versehen, wenn diese geeignet ist, die Erfüllung der arbeitsvertraglichen Pflichten der Beschäftigten oder berechtigte Interessen des Arbeitgebers zu beeinträchtigen. [3]Für Nebentätigkeiten bei demselben Arbeitgeber oder im übrigen öffentlichen Dienst (§ 34 Abs. 3 Satz 3 und 4) kann eine Ablieferungspflicht zur Auflage gemacht werden.

(3.1)[1)] Ärztinnen und Ärzte können vom Arbeitgeber verpflichtet werden, als Nebentätigkeit Unterricht zu erteilen.

(4) [1]Der Arbeitgeber ist bei begründeter Veranlassung berechtigt, die/den Beschäftigte/n zu verpflichten, durch ärztliche Bescheinigung nachzuweisen, dass sie/er zur Leistung der arbeitsvertraglich geschuldeten Tätigkeit in der Lage ist. [2]Bei der beauftragten Ärztin/dem beauftragten Arzt kann es sich um eine Betriebsärztin/einen Betriebsarzt, eine Personalärztin/einen Personalarzt oder eine Amtsärztin/einen Amtsarzt handeln, soweit sich die Betriebsparteien nicht auf eine andere Ärztin/einen anderen Arzt geeinigt haben. [3]Die Kosten dieser Untersuchung trägt der Arbeitgeber.

(5) [1]Die Beschäftigten haben ein Recht auf Einsicht in ihre vollständigen Personalakten. [2]Sie können das Recht auf Einsicht auch durch eine/n hierzu schriftlich Bevollmächtigte/n ausüben lassen. [3]Sie können Auszüge oder Kopien aus ihren Personalakten erhalten.

(6) Die Schadenshaftung der Beschäftigten ist bei dienstlich oder betrieblich veranlassten Tätigkeiten auf Vorsatz und grobe Fahrlässigkeit beschränkt.

§ 3.1[2)] Allgemeine Pflichten der Ärztinnen und Ärzte. (1) [1]Zu den den Ärztinnen und Ärzten obliegenden ärztlichen Pflichten gehört es auch, ärztliche Bescheinigungen auszustellen. [2]Die Ärztinnen und Ärzte können vom Arbeitgeber auch verpflichtet werden, im Rahmen einer zugelassenen Nebentätigkeit von leitenden Ärztinnen und Ärzten oder für Belegärztinnen und Belegärzte innerhalb der Einrichtung ärztlich tätig zu werden.

(2) [1]Zu den aus der Haupttätigkeit obliegenden Pflichten der Ärztinnen und Ärzte gehört es ferner, am Rettungsdienst in Notarztwagen und Hubschraubern teilzunehmen. [2]Für jeden Einsatz in diesem Rettungsdienst erhalten Ärztinnen und Ärzte einen nicht zusatzversorgungspflichtigen Einsatzzuschlag ab 1. März 2018 in Höhe von 20,40 Euro, ab 1. April 2019 in Höhe von 21,18 Euro und ab 1. März 2020 in Höhe von 21,46 Euro. [3]Dieser Betrag verändert sich zu demselben Zeitpunkt und in dem gleichen Ausmaß wie das Tabellenentgelt der Entgeltgruppe 14 Stufe 3 (Ärztinnen/Ärzte).

Protokollerklärungen zu Absatz 2:

1. *Eine Ärztin/Ein Arzt, die/der nach der Approbation noch nicht mindestens ein Jahr klinisch tätig war, ist grundsätzlich nicht zum Einsatz im Rettungsdienst heranzuziehen.*
2. *Eine Ärztin/Ein Arzt, der/dem aus persönlichen oder fachlichen Gründen (z.B. Vorliegen einer anerkannten Minderung der Erwerbsfähigkeit, die dem Einsatz im*

---

1) Abs. 3.1 entspricht § 43 BT-B.
2) Entspricht § 42 BT-B.

Rettungsdienst entgegensteht, Flugunverträglichkeit, langjährige Tätigkeit als Bakteriologin) die Teilnahme am Rettungsdienst nicht zumutbar ist, darf grundsätzlich nicht zum Einsatz im Rettungsdienst herangezogen werden.

3. *In Fällen, in denen kein grob fahrlässiges und kein vorsätzliches Handeln der Ärztin/des Arztes vorliegt, ist die Ärztin/der Arzt von etwaigen Haftungsansprüchen freizustellen.*
4. *[1] Der Einsatzzuschlag steht nicht zu, wenn der Ärztin/dem Arzt wegen der Teilnahme am Rettungsdienst außer den tariflichen Bezügen sonstige Leistungen vom Arbeitgeber oder von einem Dritten (z.B. private Unfallversicherung, für die der Arbeitgeber oder ein Träger des Rettungsdienstes die Beiträge ganz oder teilweise trägt, Liquidationsansprüche usw.) zustehen. [2] Die Ärztin/Der Arzt kann auf die sonstigen Leistungen verzichten.*

(3) Die Erstellung von Gutachten, gutachtlichen Äußerungen und wissenschaftlichen Ausarbeitungen, die nicht von einem Dritten angefordert und vergütet werden, gehört zu den den Ärztinnen und Ärzten obliegenden Pflichten aus der Haupttätigkeit.

§ 3.2[1)] Betrieblicher Gesundheitsschutz/Betriebliche Gesundheitsförderung der Beschäftigten im Sozial- und Erziehungsdienst. (1) Die nachfolgenden Regelungen gelten für die Beschäftigten des Sozial- und Erziehungsdienstes, soweit sie nach dem Teil B Abschnitt XXIV der Anlage 1 – Entgeltordnung (VKA) eingruppiert sind.

(2) [1] Betriebliche Gesundheitsförderung zielt darauf ab, die Arbeit und die Arbeitsbedingungen so zu organisieren, dass diese nicht Ursache von Erkrankungen oder Gesundheitsschädigungen sind. [2] Sie fördert die Erhaltung bzw. Herstellung gesundheitsgerechter Verhältnisse am Arbeitsplatz sowie gesundheitsbewusstes Verhalten. [3] Zugleich werden damit die Motivation der Beschäftigten und die Qualitätsstandards der Verwaltungen und Betriebe verbessert. [4] Die betriebliche Gesundheitsförderung basiert auf einem aktiv betriebenen Arbeits- und Gesundheitsschutz. [5] Dieser reduziert Arbeitsunfälle, Berufskrankheiten sowie arbeitsbedingte Gesundheitsgefahren und verbessert durch den Abbau von Fehlzeiten und die Vermeidung von Betriebsstörungen die Wettbewerbsfähigkeit der Verwaltungen und Betriebe. [6] Der Arbeits- und Gesundheitsschutz sowie die betriebliche Gesundheitsförderung gehören zu einem zeitgemäßen Gesundheitsmanagement.

(3) [1] Die Beschäftigten haben einen individuellen Anspruch auf die Durchführung einer Gefährdungsbeurteilung. [2] Die Durchführung erfolgt nach Maßgabe des Gesetzes über die Durchführung von Maßnahmen des Arbeitsschutzes zur Verbesserung der Sicherheit und des Gesundheitsschutzes der Beschäftigten bei der Arbeit (Arbeitsschutzgesetz). [3] Die Beschäftigten sind in die Durchführung der Gefährdungsbeurteilung einzubeziehen. [4] Sie sind über das Ergebnis von Gefährdungsbeurteilungen zu unterrichten. [5] Vorgesehene Maßnahmen sind mit ihnen zu erörtern. [6] Widersprechen betroffene Beschäftigte den vorgesehenen Maßnahmen, ist die betriebliche Kommission zu befassen. [7] Die Beschäftigten können verlangen, dass eine erneute Gefährdungsbeurteilung durchgeführt wird, wenn sich die Umstände, unter denen die Tätigkeiten zu verrichten sind, wesentlich ändern, neu entstandene wesentliche Gefährdungen

---

1) Entspricht § 53 BT-B.

auftreten oder eine Gefährdung auf Grund veränderter arbeitswissenschaftlicher Erkenntnisse erkannt wird. [8]Die Wirksamkeit der Maßnahmen ist in angemessenen Abständen zu überprüfen.

(4) [1]Beim Arbeitgeber wird auf Antrag des Personalrats/Betriebsrats eine betriebliche Kommission gebildet, deren Mitglieder je zur Hälfte vom Arbeitgeber und vom Personal- bzw. Betriebsrat benannt werden. [2]Die Mitglieder müssen Beschäftigte des Arbeitgebers sein. [3]Soweit ein Arbeitsschutzausschuss gebildet ist, können Mitglieder dieses Ausschusses auch in der betrieblichen Kommission tätig werden. [4]Im Falle des Absatzes 3 Satz 6 berät die betriebliche Kommission über die erforderlichen Maßnahmen und kann Vorschläge zu den zu treffenden Maßnahmen machen. [5]Der Arbeitgeber führt die Maßnahmen durch, wenn die Mehrheit der vom Arbeitgeber benannten Mitglieder der betrieblichen Kommission im Einvernehmen mit dem Arbeitgeber dem Beschluss zugestimmt hat. [6]Gesetzliche Rechte der kommunalen Beschlussorgane bleiben unberührt. [7]Wird ein Vorschlag nur von den vom Personalrat/Betriebsrat benannten Mitgliedern gemacht und folgt der Arbeitgeber diesem Vorschlag nicht, sind die Gründe darzulegen. [8]Die betriebliche Kommission ist auch für die Beratung von schriftlich begründeten Beschwerden zuständig, wenn der Arbeitgeber eine erneute Gefährdungsbeurteilung ablehnt. [9]Der Arbeitgeber entscheidet auf Vorschlag des Arbeitsschutzausschusses bzw. der betrieblichen Kommission, ob und in welchem Umfang der Beschwerde im Einzelfall abgeholfen wird. [10]Wird dem Vorschlag nicht gefolgt, sind die Gründe darzulegen.

(5) [1]Die betriebliche Kommission kann zeitlich befristet Gesundheitszirkel zur Gesundheitsförderung einrichten, deren Aufgabe es ist, Belastungen am Arbeitsplatz und deren Ursachen zu analysieren und Lösungsansätze zur Verbesserung der Arbeitssituation zu erarbeiten. [2]Sie berät über Vorschläge der Gesundheitszirkel und unterbreitet, wenn ein Arbeitsschutzausschuss gebildet ist, diesem, ansonsten dem Arbeitgeber Vorschläge. [3]Die Ablehnung eines Vorschlags ist durch den Arbeitgeber zu begründen. [4]Näheres regelt die Geschäftsordnung der betrieblichen Kommission.

(6) [1]Zur Durchführung ihrer Aufgaben sind der betrieblichen Kommission die erforderlichen, zur Verfügung stehenden Unterlagen zugänglich zu machen. [2]Die betriebliche Kommission gibt sich eine Geschäftsordnung, in der auch Regelungen über die Beteiligung der Beschäftigten bei der Gefährdungsbeurteilung, deren Bekanntgabe und Erörterung sowie über die Qualifizierung der Mitglieder der betrieblichen Kommission und von Gesundheitszirkeln zu treffen sind.

(7) Gesetzliche Bestimmungen, günstigere betriebliche Regelungen und die Rechte des Personal- bzw. Betriebsrats bleiben unberührt.

Protokollerklärungen:

1. *Sollte sich aufgrund gerichtlicher Entscheidungen erweisen, dass die über die Zusammensetzung der betrieblichen Kommission oder die Berufung ihrer Mitglieder getroffenen Regelungen mit geltendem Recht unvereinbar sind, werden die Tarifvertragsparteien Verhandlungen aufnehmen und eine ersetzende Regelung treffen, die mit geltendem Recht vereinbar ist und dem von den Tarifvertragsparteien Gewollten möglichst nahe kommt.*
2. *Die Tarifvertragsparteien stimmen darin überein, dass mit dieser Regelung außerhalb seines Geltungsbereichs der betriebliche Gesundheitsschutz/die betriebliche Gesundheitsförderung im TVöD-V und TVöD-B nicht abschließend tariflich*

geregelt sind und die übrigen durchgeschriebenen Fassungen des TVöD von der hier getroffenen Regelung unberührt bleiben.

§ 4 Versetzung, Abordnung, Zuweisung, Personalgestellung. (1) [1]Beschäftigte können aus dienstlichen oder betrieblichen Gründen versetzt oder abgeordnet werden. [2]Sollen Beschäftigte an eine Dienststelle oder einen Betrieb außerhalb des bisherigen Arbeitsortes versetzt oder voraussichtlich länger als drei Monate abgeordnet werden, so sind sie vorher zu hören.

Protokollerklärungen zu Absatz 1:

1. *Abordnung ist die Zuweisung einer vorübergehenden Beschäftigung bei einer anderen Dienststelle oder einem anderen Betrieb desselben oder eines anderen Arbeitgebers unter Fortsetzung des bestehenden Arbeitsverhältnisses.*
2. *Versetzung ist die Zuweisung einer auf Dauer bestimmten Beschäftigung bei einer anderen Dienststelle oder einem anderen Betrieb desselben Arbeitgebers unter Fortsetzung des bestehenden Arbeitsverhältnisses.*

Niederschriftserklärung zu § 4 Abs. 1:

Der Begriff „Arbeitsort" ist ein generalisierter Oberbegriff; die Bedeutung unterscheidet sich nicht von dem bisherigen Begriff „Dienstort".

(2) [1]Beschäftigten kann im dienstlichen/betrieblichen oder öffentlichen Interesse mit ihrer Zustimmung vorübergehend eine mindestens gleich vergütete Tätigkeit bei einem Dritten zugewiesen werden. [2]Die Zustimmung kann nur aus wichtigem Grund verweigert werden. [3]Die Rechtsstellung der Beschäftigten bleibt unberührt. [4]Bezüge aus der Verwendung nach Satz 1 werden auf das Entgelt angerechnet.

Protokollerklärung zu Absatz 2:

Zuweisung ist – unter Fortsetzung des bestehenden Arbeitsverhältnisses – die vorübergehende Beschäftigung bei einem Dritten im In- und Ausland, bei dem der Allgemeine Teil des TVöD nicht zur Anwendung kommt.

(3) [1]Werden Aufgaben der Beschäftigten zu einem Dritten verlagert, ist auf Verlangen des Arbeitgebers bei weiter bestehendem Arbeitsverhältnis die arbeitsvertraglich geschuldete Arbeitsleistung bei dem Dritten zu erbringen (Personalgestellung). [2]§ 613a BGB sowie gesetzliche Kündigungsrechte bleiben unberührt.

Protokollerklärung zu Absatz 3:

[1]Personalgestellung ist – unter Fortsetzung des bestehenden Arbeitsverhältnisses – die auf Dauer angelegte Beschäftigung bei einem Dritten. [2]Die Modalitäten der Personalgestellung werden zwischen dem Arbeitgeber und dem Dritten vertraglich geregelt.

§ 5 Qualifizierung. (1) [1]Ein hohes Qualifikationsniveau und lebenslanges Lernen liegen im gemeinsamen Interesse von Beschäftigten und Arbeitgebern. [2]Qualifizierung dient der Steigerung von Effektivität und Effizienz des öffentlichen Dienstes, der Nachwuchsförderung und der Steigerung von beschäftigungsbezogenen Kompetenzen. [3]Die Tarifvertragsparteien verstehen Qualifizierung auch als Teil der Personalentwicklung.

(2) [1]Vor diesem Hintergrund stellt Qualifizierung nach diesem Tarifvertrag ein Angebot dar, aus dem für die Beschäftigten kein individueller Anspruch außer nach Absatz 4 abgeleitet, aber das durch freiwillige Betriebsvereinbarung wahrgenommen und näher ausgestaltet werden kann. [2]Entsprechendes gilt für

Dienstvereinbarungen im Rahmen der personalvertretungsrechtlichen Möglichkeiten. [3]Weitergehende Mitbestimmungsrechte werden dadurch nicht berührt.

(3) [1]Qualifizierungsmaßnahmen sind

a) die Fortentwicklung der fachlichen, methodischen und sozialen Kompetenzen für die übertragenen Tätigkeiten (Erhaltungsqualifizierung),
b) der Erwerb zusätzlicher Qualifikationen (Fort- und Weiterbildung),
c) die Qualifizierung zur Arbeitsplatzsicherung (Qualifizierung für eine andere Tätigkeit; Umschulung) und
d) die Einarbeitung bei oder nach längerer Abwesenheit (Wiedereinstiegsqualifizierung).

[2]Die Teilnahme an einer Qualifizierungsmaßnahme wird dokumentiert und den Beschäftigten schriftlich bestätigt.

(4) [1]Beschäftigte haben – auch in den Fällen des Absatzes 3 Satz 1 Buchst. d – Anspruch auf ein regelmäßiges Gespräch mit der jeweiligen Führungskraft, in dem festgestellt wird, ob und welcher Qualifizierungsbedarf besteht. [2]Dieses Gespräch kann auch als Gruppengespräch geführt werden. [3]Wird nichts anderes geregelt, ist das Gespräch jährlich zu führen.

(5) [1]Die Kosten einer vom Arbeitgeber veranlassten Qualifizierungsmaßnahme – einschließlich Reisekosten – werden, soweit sie nicht von Dritten übernommen werden, grundsätzlich vom Arbeitgeber getragen. [2]Ein möglicher Eigenbeitrag wird durch eine Qualifizierungsvereinbarung geregelt. [3]Die Betriebsparteien sind gehalten, die Grundsätze einer fairen Kostenverteilung unter Berücksichtigung des betrieblichen und individuellen Nutzens zu regeln. [4]Ein Eigenbeitrag der Beschäftigten kann in Geld und/oder Zeit erfolgen.

(6) Zeiten von vereinbarten Qualifizierungsmaßnahmen gelten als Arbeitszeit.

(7) Gesetzliche Förderungsmöglichkeiten können in die Qualifizierungsplanung einbezogen werden.

(8) Für Beschäftigte mit individuellen Arbeitszeiten sollen Qualifizierungsmaßnahmen so angeboten werden, dass ihnen eine gleichberechtigte Teilnahme ermöglicht wird.

§ 5.1[1)] Qualifizierung in besonderen Fällen. (1) Für Beschäftigte, die sich in Facharzt-, Schwerpunktweiterbildung oder Zusatzausbildung nach dem Gesetz über befristete Arbeitsverträge mit Ärzten in der Weiterbildung befinden, ist ein Weiterbildungsplan aufzustellen, der unter Berücksichtigung des Standes der Weiterbildung die zu vermittelnden Ziele und Inhalte der Weiterbildungsabschnitte sachlich und zeitlich gegliedert festlegt.

(2) Die Weiterbildung ist vom Betrieb im Rahmen seines Versorgungsauftrags bei wirtschaftlicher Betriebsführung so zu organisieren, dass die/der Beschäftigte die festgelegten Weiterbildungsziele in der nach der jeweiligen Weiterbildungsordnung vorgesehenen Zeit erreichen kann.

(3) [1]Können Weiterbildungsziele aus Gründen, die der Arbeitgeber zu vertreten hat, in der vereinbarten Dauer des Arbeitsverhältnisses nicht erreicht werden, so ist die Dauer des Arbeitsvertrages entsprechend zu verlängern. [2]Die

---

1) Entspricht § 44 BT-B.

Regelungen des Gesetzes über befristete Arbeitsverträge mit Ärzten in der Weiterbildung bleiben hiervon unberührt und sind für den Fall lang andauernder Arbeitsunfähigkeit sinngemäß anzuwenden. [3] Absatz 2 bleibt unberührt.

(4) [1] Bei Beschäftigten im Erziehungsdienst im Tarifgebiet West werden – soweit gesetzliche Regelungen bestehen, zusätzlich zu diesen gesetzlichen Regelungen – im Rahmen der regelmäßigen durchschnittlichen wöchentlichen Arbeitszeit im Kalenderjahr 19,5 Stunden für Zwecke der Vorbereitung und Qualifizierung verwendet. [2] Bei Teilzeitbeschäftigten gilt Satz 1 entsprechend mit der Maßgabe, dass sich die Stundenzahl nach Satz 1 in dem Umfang, der dem Verhältnis ihrer individuell vereinbarten durchschnittlichen Arbeitszeit zu der regelmäßigen Arbeitszeit vergleichbarer Vollzeitbeschäftigter entspricht, reduziert. [3] Im Erziehungsdienst tätig sind insbesondere Beschäftigte als Kinderpflegerin/Kinderpfleger bzw. Sozialassistentin/Sozialassistent, Heilerziehungspflegehelferin/Heilerziehungspflegehelfer, Erzieherin/Erzieher, Heilerziehungspflegerin/Heilerziehungspfleger, im handwerklichen Erziehungsdienst, als Leiterinnen/Leiter oder ständige Vertreterinnen/Vertreter von Leiterinnen/Leiter von Kindertagesstätten oder Erziehungsheimen sowie andere Beschäftigte mit erzieherischer Tätigkeit in der Erziehungs- oder Eingliederungshilfe.

Protokollerklärung zu Absatz 4 Satz 3:

Soweit Berufsbezeichnungen aufgeführt sind, werden auch Beschäftigte erfasst, die eine entsprechende Tätigkeit ohne staatliche Anerkennung oder staatliche Prüfung ausüben.

Niederschriftserklärung zu § 5.1 Abs. 4 Satz 3:

Beschäftigte im handwerklichen Erziehungsdienst müssen in Einrichtungen tätig sein, in denen auch Kinder oder Jugendliche mit wesentlichen Erziehungsschwierigkeiten zum Zwecke der Erziehung, Ausbildung oder Pflege betreut werden, und für Kinder oder Jugendliche erzieherisch tätig sein.

Abschnitt II. Arbeitszeit

§ 6 Regelmäßige Arbeitszeit. (1) [1] Die regelmäßige Arbeitszeit beträgt ausschließlich der Pausen für

a) *(nicht besetzt)*

b) die Beschäftigten im Tarifgebiet West durchschnittlich 39 Stunden wöchentlich, im Tarifgebiet Ost durchschnittlich 40 Stunden wöchentlich.

[2] *(nicht besetzt)*[1)] [3] Die regelmäßige Arbeitszeit kann auf fünf Tage, aus notwendigen betrieblichen/dienstlichen Gründen auch auf sechs Tage verteilt werden.

(2) [1] Für die Berechnung des Durchschnitts der regelmäßigen wöchentlichen Arbeitszeit ist ein Zeitraum von bis zu einem Jahr zugrunde zu legen. [2] Abweichend von Satz 1 kann bei Beschäftigten, die ständig Wechselschicht- oder Schichtarbeit zu leisten haben, ein längerer Zeitraum zugrunde gelegt werden.

(3) [1] Soweit es die betrieblichen/dienstlichen Verhältnisse zulassen, wird die/der Beschäftigte am 24. Dezember und am 31. Dezember unter Fortzahlung des Entgelts nach § 21 von der Arbeit freigestellt. [2] Kann die Freistellung nach Satz 1 aus betrieblichen/dienstlichen Gründen nicht erfolgen, ist entsprechender Freizeitausgleich innerhalb von drei Monaten zu gewähren. [3] Die regelmäßige Arbeitszeit vermindert sich für den 24. Dezember und 31. Dezember,

---

1) Entspricht § 48 Abs. 1 BT-B.

sofern sie auf einen Werktag fallen, um die dienstplanmäßig ausgefallenen Stunden.[1)]

Protokollerklärung zu Absatz 3 Satz 3:[2)]

Die Verminderung der regelmäßigen Arbeitszeit betrifft die Beschäftigten, die wegen des Dienstplans frei haben und deshalb ohne diese Regelung nacharbeiten müssten.

(4) Aus dringenden betrieblichen/dienstlichen Gründen kann auf der Grundlage einer Betriebs-/Dienstvereinbarung im Rahmen des § 7 Abs. 1, 2 und des § 12 ArbZG von den Vorschriften des Arbeitszeitgesetzes abgewichen werden.

Protokollerklärung zu Absatz 4:

In vollkontinuierlichen Schichtbetrieben kann an Sonn- und Feiertagen die tägliche Arbeitszeit auf bis zu zwölf Stunden verlängert werden, wenn dadurch zusätzliche freie Schichten an Sonn- und Feiertagen erreicht werden.

(5) Die Beschäftigten sind im Rahmen begründeter betrieblicher/dienstlicher Notwendigkeiten zur Leistung von Sonntags-, Feiertags-, Nacht-, Wechselschicht-, Schichtarbeit sowie – bei Teilzeitbeschäftigung aufgrund arbeitsvertraglicher Regelung oder mit ihrer Zustimmung – zu Bereitschaftsdienst, Rufbereitschaft, Überstunden und Mehrarbeit verpflichtet.

(6) [1] Durch Betriebs-/Dienstvereinbarung kann ein wöchentlicher Arbeitszeitkorridor von bis zu 45 Stunden eingerichtet werden. [2] Die innerhalb eines Arbeitszeitkorridors geleisteten zusätzlichen Arbeitsstunden werden im Rahmen des nach Absatz 2 Satz 1 festgelegten Zeitraums ausgeglichen.

(7) [1] Durch Betriebs-/Dienstvereinbarung kann in der Zeit von 6 bis 20 Uhr eine tägliche Rahmenzeit von bis zu zwölf Stunden eingeführt werden. [2] Die innerhalb der täglichen Rahmenzeit geleisteten zusätzlichen Arbeitsstunden werden im Rahmen des nach Absatz 2 Satz 1 festgelegten Zeitraums ausgeglichen.

(8) Die Absätze 6 und 7 gelten nur alternativ und nicht bei Wechselschicht- und Schichtarbeit.

(9) Für einen Betrieb/eine Verwaltung, in dem/der ein Personalvertretungsgesetz Anwendung findet, kann eine Regelung nach den Absätzen 4, 6 und 7 in einem landesbezirklichen Tarifvertrag getroffen werden, wenn eine Dienstvereinbarung nicht einvernehmlich zustande kommt und der Arbeitgeber ein Letztentscheidungsrecht hat.

Protokollerklärung zu § 6:

[1] Gleitzeitregelungen sind unter Wahrung der jeweils geltenden Mitbestimmungsrechte unabhängig von den Vorgaben zu Arbeitszeitkorridor und Rahmenzeit (Absätze 6 und 7) möglich. [2] Sie dürfen keine Regelungen nach Absatz 4 enthalten.

§ 6.1[3)] **Arbeit an Sonn- und Feiertagen.** In Ergänzung zu § 6 Abs. 3 Satz 3 und Abs. 5 gilt für Sonn- und Feiertage Folgendes:

(1) [1] Die Arbeitszeit an einem gesetzlichen Feiertag, der auf einen Werktag fällt, wird durch eine entsprechende Freistellung an einem anderen Werktag bis zum Ende des dritten Kalendermonats – möglichst aber schon bis zum Ende des nächsten Kalendermonats – ausgeglichen, wenn es die betrieblichen Ver-

---

[1)] Satz 3 modifiziert wegen § 6.1.
[2)] Protokollerklärung modifiziert wegen § 6.1.
[3)] Entspricht § 49 BT-B.

hältnisse zulassen. [2]Kann ein Freizeitausgleich nicht gewährt werden, erhält die/der Beschäftigte je Stunde 100 v.H. des auf eine Stunde entfallenden Anteils des monatlichen Entgelts der jeweiligen Entgeltgruppe und Stufe nach Maßgabe der Entgelttabelle. [3]Ist ein Arbeitszeitkonto eingerichtet, ist eine Buchung gemäß § 10 Abs. 3 zulässig. [4]§ 8 Abs. 1 Satz 2 Buchst. d bleibt unberührt.

(2) [1]Für Beschäftigte, die regelmäßig nach einem Dienstplan eingesetzt werden, der Wechselschicht- oder Schichtdienst an sieben Tagen in der Woche vorsieht, vermindert sich die regelmäßige Wochenarbeitszeit um ein Fünftel der arbeitsvertraglich vereinbarten durchschnittlichen Wochenarbeitszeit, wenn sie an einem gesetzlichen Feiertag, der auf einen Werktag fällt,

a) Arbeitsleistung zu erbringen haben oder
b) nicht wegen des Feiertags, sondern dienstplanmäßig nicht zur Arbeit eingeteilt sind und deswegen an anderen Tagen der Woche ihre regelmäßige Arbeitszeit erbringen müssen.

[2]Absatz 1 gilt in diesen Fällen nicht. [3]§ 8 Abs. 1 Satz 2 Buchst. d bleibt unberührt.

(3) [1]Beschäftigte, die regelmäßig an Sonn- und Feiertagen arbeiten müssen, erhalten innerhalb von zwei Wochen zwei arbeitsfreie Tage. [2]Hiervon soll ein freier Tag auf einen Sonntag fallen.

§ 7 Sonderformen der Arbeit. (1) [1]Wechselschichtarbeit ist die Arbeit nach einem Schichtplan/Dienstplan, der einen regelmäßigen Wechsel der täglichen Arbeitszeit in Wechselschichten vorsieht, bei denen die/der Beschäftigte längstens nach Ablauf eines Monats erneut zu mindestens zwei Nachtschichten herangezogen wird.[1)] [2]Wechselschichten sind wechselnde Arbeitsschichten, in denen ununterbrochen bei Tag und Nacht, werktags, sonntags und feiertags gearbeitet wird. [3]Nachtschichten sind Arbeitsschichten, die mindestens zwei Stunden Nachtarbeit umfassen.

Niederschriftserklärung zu § 7 Abs. 1 Satz 1:[2)]
Der Anspruch auf die Wechselschichtzulage ist auch erfüllt, wenn unter Einhaltung der Monatsfrist zwei Nachtdienste geleistet wurden, die nicht zwingend unmittelbar aufeinander folgen müssen.

(2) Schichtarbeit ist die Arbeit nach einem Schichtplan, der einen regelmäßigen Wechsel des Beginns der täglichen Arbeitszeit um mindestens zwei Stunden in Zeitabschnitten von längstens einem Monat vorsieht, und die innerhalb einer Zeitspanne von mindestens 13 Stunden geleistet wird.

(3) Bereitschaftsdienst leisten Beschäftigte, die sich auf Anordnung des Arbeitgebers außerhalb der regelmäßigen Arbeitszeit an einer vom Arbeitgeber bestimmten Stelle aufhalten, um im Bedarfsfall die Arbeit aufzunehmen.

(4) [1]Rufbereitschaft leisten Beschäftigte, die sich auf Anordnung des Arbeitgebers außerhalb der regelmäßigen Arbeitszeit an einer dem Arbeitgeber anzuzeigenden Stelle aufhalten, um auf Abruf die Arbeit aufzunehmen. [2]Rufbereitschaft wird nicht dadurch ausgeschlossen, dass Beschäftigte vom Arbeitgeber mit einem Mobiltelefon oder einem vergleichbaren technischen Hilfsmittel ausgestattet sind.

---

1) Satz 1 ersetzt durch § 48 Abs. 2 BT-B.
2) Entspricht Niederschriftserklärung zu § 48 Abs. 2 BT-B.

(5) Nachtarbeit ist die Arbeit zwischen 21 Uhr und 6 Uhr.

(6) Mehrarbeit sind die Arbeitsstunden, die Teilzeitbeschäftigte über die vereinbarte regelmäßige Arbeitszeit hinaus bis zur regelmäßigen wöchentlichen Arbeitszeit von Vollbeschäftigten (§ 6 Abs. 1 Satz 1) leisten.

(7) Überstunden sind die auf Anordnung des Arbeitgebers geleisteten Arbeitsstunden, die über die im Rahmen der regelmäßigen Arbeitszeit von Vollbeschäftigten (§ 6 Abs. 1 Satz 1) für die Woche dienstplanmäßig bzw. betriebsüblich festgesetzten Arbeitsstunden hinausgehen und nicht bis zum Ende der folgenden Kalenderwoche ausgeglichen werden.

(8) Abweichend von Absatz 7 sind nur die Arbeitsstunden Überstunden, die

a) im Falle der Festlegung eines Arbeitszeitkorridors nach § 6 Abs. 6 über 45 Stunden oder über die vereinbarte Obergrenze hinaus,
b) im Falle der Einführung einer täglichen Rahmenzeit nach § 6 Abs. 7 außerhalb der Rahmenzeit,
c) im Falle von Wechselschicht- oder Schichtarbeit über die im Schichtplan festgelegten täglichen Arbeitsstunden einschließlich der im Schichtplan vorgesehenen Arbeitsstunden, die bezogen auf die regelmäßige wöchentliche Arbeitszeit im Schichtplanturnus nicht ausgeglichen werden,

angeordnet worden sind.

§ 7.1[1] **Bereitschaftsdienst und Rufbereitschaft.** (1) [1] *(nicht besetzt)*[2] [2] Der Arbeitgeber darf Bereitschaftsdienst nur anordnen, wenn zu erwarten ist, dass zwar Arbeit anfällt, erfahrungsgemäß aber die Zeit ohne Arbeitsleistung überwiegt.

(2) Abweichend von den §§ 3, 5 und 6 Abs. 2 ArbZG kann im Rahmen des § 7 ArbZG die tägliche Arbeitszeit im Sinne des Arbeitszeitgesetzes über acht Stunden hinaus verlängert werden, wenn mindestens die acht Stunden überschreitende Zeit im Rahmen von Bereitschaftsdienst geleistet wird, und zwar wie folgt:

a) bei Bereitschaftsdiensten der Stufen A und B bis zu insgesamt maximal 16 Stunden täglich; die gesetzlich vorgeschriebene Pause verlängert diesen Zeitraum nicht,
b) bei Bereitschaftsdiensten der Stufen C und D bis zu insgesamt maximal 13 Stunden täglich; die gesetzlich vorgeschriebene Pause verlängert diesen Zeitraum nicht.

(3) [1] Im Rahmen des § 7 ArbZG kann unter den Voraussetzungen

a) einer Prüfung alternativer Arbeitszeitmodelle,
b) einer Belastungsanalyse gemäß § 5 ArbSchG und
c) ggf. daraus resultierender Maßnahmen zur Gewährleistung des Gesundheitsschutzes

aufgrund einer Betriebs-/Dienstvereinbarung von den Regelungen des Arbeitszeitgesetzes abgewichen werden. [2] Für einen Betrieb/eine Verwaltung, in dem/der ein Personalvertretungsgesetz Anwendung findet, kann eine Regelung nach Satz 1 in einem landesbezirklichen Tarifvertrag getroffen werden, wenn eine Dienstvereinbarung nicht einvernehmlich zustande kommt (§ 38

---

[1] Entspricht § 45 BT-B.
[2] Identisch mit § 7 Abs. 3.

Abs. 3) und der Arbeitgeber ein Letztentscheidungsrecht hat. [3]Abweichend von den §§ 3, 5 und 6 Abs. 2 ArbZG kann die tägliche Arbeitszeit im Sinne des Arbeitszeitgesetzes über acht Stunden hinaus verlängert werden, wenn in die Arbeitszeit regelmäßig und in erheblichem Umfang Bereitschaftsdienst fällt. [4]Hierbei darf die tägliche Arbeitszeit ausschließlich der Pausen maximal 24 Stunden betragen.

(4) Unter den Voraussetzungen des Absatzes 3 Satz 1 und 2 kann die tägliche Arbeitszeit gemäß § 7 Abs. 2a ArbZG ohne Ausgleich verlängert werden, wobei

a) bei Bereitschaftsdiensten der Stufen A und B eine wöchentliche Arbeitszeit von bis zu maximal durchschnittlich 58 Stunden,
b) bei Bereitschaftsdiensten der Stufen C und D eine wöchentliche Arbeitszeit von bis zu maximal durchschnittlich 54 Stunden

zulässig ist.

(5) Für den Ausgleichszeitraum nach den Absätzen 2 bis 4 gilt § 6 Abs. 2 Satz 1.

(6) Bei Aufnahme von Verhandlungen über eine Betriebs-/Dienstvereinbarung nach den Absätzen 3 und 4 sind die Tarifvertragsparteien auf landesbezirklicher Ebene zu informieren.

(7) [1]In den Fällen, in denen Beschäftigte Teilzeitarbeit gemäß § 11 vereinbart haben, verringern sich die Höchstgrenzen der wöchentlichen Arbeitszeit nach den Absätzen 2 bis 4 in demselben Verhältnis wie die Arbeitszeit dieser Beschäftigten zu der regelmäßigen Arbeitszeit der Vollbeschäftigten. [2]Mit Zustimmung der/des Beschäftigten oder aufgrund von dringenden dienstlichen oder betrieblichen Belangen kann hiervon abgewichen werden.

(8) [1]Der Arbeitgeber darf Rufbereitschaft nur anordnen, wenn erfahrungsgemäß lediglich in Ausnahmefällen Arbeit anfällt. [2]Durch tatsächliche Arbeitsleistung innerhalb der Rufbereitschaft kann die tägliche Höchstarbeitszeit von zehn Stunden (§ 3 ArbZG) überschritten werden (§ 7 ArbZG).

(9) § 6 Abs. 4 bleibt im Übrigen unberührt.

(10) [1]Für Beschäftigte gemäß § 1 Abs. 1 Buchst. d[1)] gelten die Absätze 1 bis 9 mit der Maßgabe, dass die Grenzen für die Stufen A und B einzuhalten sind. [2]Dazu gehören auch die Beschäftigten in Einrichtungen, in denen die betreuten Personen nicht regelmäßig ärztlich behandelt und beaufsichtigt werden (Erholungsheime).

(11) Für die Ärztinnen und die Ärzte in Einrichtungen nach Absatz 10 gelten die Absätze 1 bis 9 ohne Einschränkungen.

§ 8 Ausgleich für Sonderformen der Arbeit. (1) [1]Der/Die Beschäftigte erhält neben dem Entgelt für die tatsächliche Arbeitsleistung Zeitzuschläge. [2]Die Zeitzuschläge betragen – auch bei Teilzeitbeschäftigten – je Stunde

a)	für Überstunden	
	in den Entgeltgruppen 1 bis 9b	30 v.H.,
	in den Entgeltgruppen 9c bis 15	15 v.H.,
b)	für Nachtarbeit	20 v.H.,

[1)] Entspricht § 40 Abs. 1 Buchst. d BT-B.

c) für Sonntagsarbeit 25 v.H.,
d) bei Feiertagsarbeit
– ohne Freizeitausgleich 135 v.H.,
– mit Freizeitausgleich 35 v.H.,
e) für Arbeit am 24. Dezember und am 31. Dezember jeweils ab 6 Uhr 35 v.H.,
f) für Arbeit an Samstagen von 13 bis 21 Uhr, soweit diese nicht im Rahmen von Wechselschicht- oder Schichtarbeit anfällt 20 v.H.,

des auf eine Stunde entfallenden Anteils des Tabellenentgelts der Stufe 3 der jeweiligen Entgeltgruppe. [3]Beim Zusammentreffen von Zeitzuschlägen nach Satz 2 Buchst. c bis f wird nur der höchste Zeitzuschlag gezahlt. [4]Auf Wunsch der/des Beschäftigten können, soweit ein Arbeitszeitkonto (§ 10) eingerichtet ist und die betrieblichen/dienstlichen Verhältnisse es zulassen, die nach Satz 2 zu zahlenden Zeitzuschläge entsprechend dem jeweiligen Vomhundertsatz einer Stunde in Zeit umgewandelt und ausgeglichen werden. [5]Dies gilt entsprechend für Überstunden als solche.

Protokollerklärung zu Absatz 1 Satz 1:

Bei Überstunden richtet sich das Entgelt für die tatsächliche Arbeitsleistung nach der jeweiligen Entgeltgruppe und der individuellen Stufe, höchstens jedoch nach der Stufe 4.

Protokollerklärung zu Absatz 1 Satz 2 Buchst. d:

[1]Der Freizeitausgleich muss im Dienstplan besonders ausgewiesen und bezeichnet werden. [2]Falls kein Freizeitausgleich gewährt wird, werden als Entgelt einschließlich des Zeitzuschlags und des auf den Feiertag entfallenden Tabellenentgelts höchstens 235 v.H. gezahlt.

(2) Für Arbeitsstunden, die keine Überstunden sind und die aus betrieblichen/dienstlichen Gründen nicht innerhalb des nach § 6 Abs. 2 Satz 1 oder 2 festgelegten Zeitraums mit Freizeit ausgeglichen werden, erhält die/der Beschäftigte je Stunde 100 v.H. des auf eine Stunde entfallenden Anteils des Tabellenentgelts der jeweiligen Entgeltgruppe und Stufe.

Protokollerklärung zu Absatz 2:

Mit dem Begriff „Arbeitsstunden" sind nicht die Stunden gemeint, die im Rahmen von Gleitzeitregelungen im Sinne der Protokollerklärung zu § 6 anfallen, es sei denn, sie sind angeordnet worden.

(3) [1]Für die Rufbereitschaft wird eine tägliche Pauschale je Entgeltgruppe bezahlt. [2]Sie beträgt für die Tage Montag bis Freitag das Zweifache, für Samstag, Sonntag sowie für Feiertage das Vierfache des tariflichen Stundenentgelts nach Maßgabe der Entgelttabelle. [3]Maßgebend für die Bemessung der Pauschale nach Satz 2 ist der Tag, an dem die Rufbereitschaft beginnt. [4]Für die Arbeitsleistung innerhalb der Rufbereitschaft außerhalb des Aufenthaltsortes im Sinne des § 7 Abs. 4 wird die Zeit jeder einzelnen Inanspruchnahme einschließlich der hierfür erforderlichen Wegezeiten jeweils auf eine volle Stunde gerundet und mit dem Entgelt für Überstunden sowie mit etwaigen Zeitzuschlägen nach Absatz 1 bezahlt. [5]Wird die Arbeitsleistung innerhalb der Rufbereitschaft am Aufenthaltsort im Sinne des § 7 Abs. 4 telefonisch (z.B. in Form einer Auskunft) oder mittels technischer Einrichtungen erbracht, wird abweichend von Satz 4 die Summe dieser Arbeitsleistungen auf die nächste

volle Stunde gerundet und mit dem Entgelt für Überstunden sowie mit etwaigen Zeitzuschlägen nach Absatz 1 bezahlt. [6] Absatz 1 Satz 4 gilt entsprechend, soweit die Buchung auf das Arbeitszeitkonto nach § 10 Abs. 3 Satz 2 zulässig ist. [7] Satz 1 gilt nicht im Falle einer stundenweisen Rufbereitschaft. [8] Eine Rufbereitschaft im Sinne von Satz 7 liegt bei einer ununterbrochenen Rufbereitschaft von weniger als zwölf Stunden vor. [9] In diesem Fall wird abweichend von den Sätzen 2 und 3 für jede Stunde der Rufbereitschaft 12,5 v.H. des tariflichen Stundenentgelts nach Maßgabe der Entgelttabelle gezahlt.

Protokollerklärung zu Absatz 3:

Zur Ermittlung der Tage einer Rufbereitschaft, für die eine Pauschale gezahlt wird, ist auf den Tag des Beginns der Rufbereitschaft abzustellen.

Niederschriftserklärung zu § 8 Abs. 3:

[1] Zur Erläuterung von § 8 Abs. 3 und der dazugehörigen Protokollerklärung sind sich die Tarifvertragsparteien über folgendes Beispiel einig: „Beginnt eine Wochenendrufbereitschaft am Freitag um 15 Uhr und endet am Montag um 7 Uhr, so erhalten Beschäftigte folgende Pauschalen: Zwei Stunden für Freitag, je vier Stunden für Samstag und Sonntag, keine Pauschale für Montag. [2] Sie erhalten somit zehn Stundenentgelte."

(4)[1)] *(nicht besetzt)*

(5) [1] Beschäftigte, die ständig Wechselschichtarbeit leisten, erhalten eine Wechselschichtzulage von 105 Euro monatlich. [2] Beschäftigte, die nicht ständig Wechselschichtarbeit leisten, erhalten eine Wechselschichtzulage von 0,63 Euro pro Stunde.

(6) [1] Beschäftigte, die ständig Schichtarbeit leisten, erhalten eine Schichtzulage von 40 Euro monatlich. [2] Beschäftigte, die nicht ständig Schichtarbeit leisten, erhalten eine Schichtzulage von 0,24 Euro pro Stunde.

§ 8.1[2)] Bereitschaftsdienstentgelt. (1) Zum Zwecke der Entgeltberechnung wird die Zeit des Bereitschaftsdienstes einschließlich der geleisteten Arbeit wie folgt als Arbeitszeit gewertet:

a) Nach dem Maß der während des Bereitschaftsdienstes erfahrungsgemäß durchschnittlich anfallenden Arbeitsleistungen wird die Zeit des Bereitschaftsdienstes wie folgt als Arbeitszeit gewertet:

Stufe	Arbeitsleistung innerhalb des Bereitschaftsdienstes	Bewertung als Arbeitszeit
A	0 bis 10 v.H.	15 v.H.
B	mehr als 10 bis 25 v.H.	25 v.H.
C	mehr als 25 bis 40 v.H.	40 v.H.
D	mehr als 40 bis 49 v.H.	55 v.H.

Ein hiernach der Stufe A zugeordneter Bereitschaftsdienst wird der Stufe B zugeteilt, wenn der Beschäftigte während des Bereitschaftsdienstes in der Zeit von 22 bis 6 Uhr erfahrungsgemäß durchschnittlich mehr als dreimal dienstlich in Anspruch genommen wird.

1) Ersetzt durch § 46 BT-B.
2) Entspricht § 46 BT-B.

b) Entsprechend der Zahl der vom Beschäftigten je Kalendermonat abgeleisteten Bereitschaftsdienste wird die Zeit eines jeden Bereitschaftsdienstes zusätzlich wie folgt als Arbeitszeit gewertet:

Zahl der Bereitschaftsdienste im Kalendermonat	Bewertung als Arbeitszeit
1. bis 8. Bereitschaftsdienst	25 v.H.
9. bis 12. Bereitschaftsdienst	35 v.H.
13. und folgende Bereitschaftsdienste	45 v.H.

(2) Die Zuweisung zu den einzelnen Stufen des Bereitschaftsdienstes erfolgt durch die Betriebsparteien.

(3) [1] Für die Beschäftigten gemäß § 7.1 Abs. 10[1)] wird zum Zwecke der Entgeltberechnung die Zeit des Bereitschaftsdienstes einschließlich der geleisteten Arbeit mit 25 v.H. als Arbeitszeit bewertet. [2] Leistet die/der Beschäftigte in einem Kalendermonat mehr als acht Bereitschaftsdienste, wird die Zeit eines jeden über acht Bereitschaftsdienste hinausgehenden Bereitschaftsdienstes zusätzlich mit 15 v.H. als Arbeitszeit gewertet.

(4) [1] Das Entgelt für die nach den Absätzen 1 und 3 zum Zwecke der Entgeltberechnung als Arbeitszeit gewertete Bereitschaftsdienstzeit bestimmt sich nach der Anlage G.[2)] [2] Die Beträge der Anlage G verändern sich ab dem 1. März 2012 bei allgemeinen Entgeltanpassungen um den von den Tarifvertragsparteien für die jeweilige Entgeltgruppe festgelegten Vomhundertsatz. [3] Für die Zeit des Bereitschaftsdienstes einschließlich der geleisteten Arbeit und für die Zeit der Rufbereitschaft werden Zeitzuschläge nach § 8 nicht gezahlt.

(5) [1] Die Beschäftigten erhalten zusätzlich zu dem Entgelt nach Absatz 4 für die Zeit des Bereitschaftsdienstes in den Nachtstunden (§ 7 Abs. 5) je Stunde einen Zeitzuschlag in Höhe von 15 v.H. des Entgelts nach Absatz 4. [2] Absatz 4 Satz 3 gilt entsprechend.

(6) An Beschäftigte wird das Bereitschaftsdienstentgelt gezahlt (§ 24 Abs. 1 Satz 3), es sei denn, dass ein Freizeitausgleich im Dienstplan vorgesehen ist, oder eine entsprechende Regelung in einer Betriebs- bzw. einvernehmlichen Dienstvereinbarung getroffen wird oder die/der Beschäftigte dem Freizeitausgleich zustimmt.

§ 9 Bereitschaftszeiten. (1) [1] Bereitschaftszeiten sind die Zeiten, in denen sich die/der Beschäftigte am Arbeitsplatz oder einer anderen vom Arbeitgeber bestimmten Stelle zur Verfügung halten muss, um im Bedarfsfall die Arbeit selbständig, ggf. auch auf Anordnung, aufzunehmen und in denen die Zeiten ohne Arbeitsleistung überwiegen. [2] Für Beschäftigte, in deren Tätigkeit regelmäßig und in nicht unerheblichem Umfang Bereitschaftszeiten fallen, gelten folgende Regelungen:

a) Bereitschaftszeiten werden zur Hälfte als tarifliche Arbeitszeit gewertet (faktorisiert).

b) Sie werden innerhalb von Beginn und Ende der regelmäßigen täglichen Arbeitszeit nicht gesondert ausgewiesen.

---

1) Entspricht § 45 Abs. 10 BT-B.
2) Entspricht Anlage G zu § 46 BT-B.

c) Die Summe aus den faktorisierten Bereitschaftszeiten und der Vollarbeitszeit darf die Arbeitszeit nach § 6 Abs. 1 nicht überschreiten.

d) Die Summe aus Vollarbeits- und Bereitschaftszeiten darf durchschnittlich 48 Stunden wöchentlich nicht überschreiten.

[3] Ferner ist Voraussetzung, dass eine nicht nur vorübergehend angelegte Organisationsmaßnahme besteht, bei der regelmäßig und in nicht unerheblichem Umfang Bereitschaftszeiten anfallen.

(2) [1] Die Anwendung des Absatzes 1 bedarf im Geltungsbereich eines Personalvertretungsgesetzes einer einvernehmlichen Dienstvereinbarung. [2] § 6 Abs. 9 gilt entsprechend. [3] Im Geltungsbereich des Betriebsverfassungsgesetzes unterliegt die Anwendung dieser Vorschrift der Mitbestimmung im Sinne des § 87 Abs. 1 Nr. 2 BetrVG.

(3) *(nicht besetzt)*

Protokollerklärung zu § 9:
Diese Regelung gilt nicht für Wechselschicht- und Schichtarbeit.

§ 10 Arbeitszeitkonto. (1) [1] Durch Betriebs-/Dienstvereinbarung kann ein Arbeitszeitkonto eingerichtet werden. [2] Für einen Betrieb/eine Verwaltung, in dem/der ein Personalvertretungsgesetz Anwendung findet, kann eine Regelung nach Satz 1 auch in einem landesbezirklichen Tarifvertrag getroffen werden, wenn eine Dienstvereinbarung nicht einvernehmlich zustande kommt und der Arbeitgeber ein Letztentscheidungsrecht hat. [3] Soweit ein Arbeitszeitkorridor (§ 6 Abs. 6) oder eine Rahmenzeit (§ 6 Abs. 7) vereinbart wird, ist ein Arbeitszeitkonto einzurichten.

(2) [1] In der Betriebs-/Dienstvereinbarung wird festgelegt, ob das Arbeitszeitkonto im ganzen Betrieb/in der ganzen Verwaltung oder Teilen davon eingerichtet wird. [2] Alle Beschäftigten der Betriebs-/Verwaltungsteile, für die ein Arbeitszeitkonto eingerichtet wird, werden von den Regelungen des Arbeitszeitkontos erfasst.

(3) [1] Auf das Arbeitszeitkonto können Zeiten, die bei Anwendung des nach § 6 Abs. 2 festgelegten Zeitraums als Zeitguthaben oder als Zeitschuld bestehen bleiben, nicht durch Freizeit ausgeglichene Zeiten nach § 8 Abs. 1 Satz 5 und Abs. 2 sowie in Zeit umgewandelte Zuschläge nach § 8 Abs. 1 Satz 4 gebucht werden. [2] Weitere Kontingente (z.B. Rufbereitschafts-/Bereitschaftsdienstentgelte) können durch Betriebs-/Dienstvereinbarung zur Buchung freigegeben werden. [3] Die/Der Beschäftigte entscheidet für einen in der Betriebs-/Dienstvereinbarung festgelegten Zeitraum, welche der in Satz 1 genannten Zeiten auf das Arbeitszeitkonto gebucht werden.

(4) Im Falle einer unverzüglich angezeigten und durch ärztliches Attest nachgewiesenen Arbeitsunfähigkeit während eines Zeitausgleichs vom Arbeitszeitkonto (Zeiten nach Absatz 3 Satz 1 und 2) tritt eine Minderung des Zeitguthabens nicht ein.

Niederschriftserklärung zu § 10 Abs. 4:
Durch diese Regelung werden aus dem Urlaubsrecht entlehnte Ansprüche nicht begründet.

(5) In der Betriebs-/Dienstvereinbarung sind insbesondere folgende Regelungen zu treffen:

a) Die höchstmögliche Zeitschuld (bis zu 40 Stunden) und das höchstzulässige Zeitguthaben (bis zu einem Vielfachen von 40 Stunden), die innerhalb eines bestimmten Zeitraums anfallen dürfen;

b) nach dem Umfang des beantragten Freizeitausgleichs gestaffelte Fristen für das Abbuchen von Zeitguthaben oder für den Abbau von Zeitschulden durch die/den Beschäftigten;

c) die Berechtigung, das Abbuchen von Zeitguthaben zu bestimmten Zeiten (z.B. an so genannten Brückentagen) vorzusehen;

d) die Folgen, wenn der Arbeitgeber einen bereits genehmigten Freizeitausgleich kurzfristig widerruft.

(6) [1] Der Arbeitgeber kann mit der/dem Beschäftigten die Einrichtung eines Langzeitkontos vereinbaren. [2] In diesem Fall ist der Betriebs-/Personalrat zu beteiligen und – bei Insolvenzfähigkeit des Arbeitgebers – eine Regelung zur Insolvenzsicherung zu treffen.

Niederschriftserklärung zu den §§ 6 bis 10:[1)]

[1] Die Dokumentation der Arbeitszeit, der Mehrarbeit, der Überstunden, der Bereitschaftsdienste etc. ist nicht mit dem Arbeitszeitkonto gem. § 10 TVöD gleichzusetzen. [2] Arbeitszeitkonten können nur auf der Grundlage des § 10 TVöD durch Betriebs- bzw. einvernehmliche Dienstvereinbarungen eingerichtet und geführt werden.

§ 11 Teilzeitbeschäftigung. (1) [1] Mit Beschäftigten soll auf Antrag eine geringere als die vertraglich festgelegte Arbeitszeit vereinbart werden, wenn sie

a) mindestens ein Kind unter 18 Jahren oder

b) einen nach ärztlichem Gutachten pflegebedürftigen sonstigen Angehörigen

tatsächlich betreuen oder pflegen und dringende dienstliche bzw. betriebliche Belange nicht entgegenstehen. [2] Die Teilzeitbeschäftigung nach Satz 1 ist auf Antrag auf bis zu fünf Jahre zu befristen. [3] Sie kann verlängert werden; der Antrag ist spätestens sechs Monate vor Ablauf der vereinbarten Teilzeitbeschäftigung zu stellen. [4] Bei der Gestaltung der Arbeitszeit hat der Arbeitgeber im Rahmen der dienstlichen bzw. betrieblichen Möglichkeiten der besonderen persönlichen Situation der/des Beschäftigten nach Satz 1 Rechnung zu tragen.

(2) Beschäftigte, die in anderen als den in Absatz 1 genannten Fällen eine Teilzeitbeschäftigung vereinbaren wollen, können von ihrem Arbeitgeber verlangen, dass er mit ihnen die Möglichkeit einer Teilzeitbeschäftigung mit dem Ziel erörtert, zu einer entsprechenden Vereinbarung zu gelangen.

(3) Ist mit früher Vollbeschäftigten auf ihren Wunsch eine nicht befristete Teilzeitbeschäftigung vereinbart worden, sollen sie bei späterer Besetzung eines Vollzeitarbeitsplatzes bei gleicher Eignung im Rahmen der dienstlichen bzw. betrieblichen Möglichkeiten bevorzugt berücksichtigt werden.

Protokollerklärung zu Abschnitt II:

Bei In-Kraft-Treten dieses Tarifvertrages bestehende Gleitzeitregelungen bleiben unberührt.

[1)] Entspricht Niederschriftserklärung zu §§ 6 bis 10 AT i.V.m. §§ 45 bis 50 BT-B.

Abschnitt III. Eingruppierung, Entgelt und sonstige Leistungen

§ 12 Eingruppierung. (1) [1]Die Eingruppierung der/des Beschäftigten richtet sich nach den Tätigkeitsmerkmalen der Anlage 1 – Entgeltordnung (VKA). [2]Die/Der Beschäftigte erhält Entgelt nach der Entgeltgruppe, in der sie/er eingruppiert ist.

(2) [1]Die/Der Beschäftigte ist in der Entgeltgruppe eingruppiert, deren Tätigkeitsmerkmalen die gesamte von ihr/ihm nicht nur vorübergehend auszuübende Tätigkeit entspricht. [2]Die gesamte auszuübende Tätigkeit entspricht den Tätigkeitsmerkmalen einer Entgeltgruppe, wenn zeitlich mindestens zur Hälfte Arbeitsvorgänge anfallen, die für sich genommen die Anforderungen eines Tätigkeitsmerkmals oder mehrerer Tätigkeitsmerkmale dieser Entgeltgruppe erfüllen. [3]Kann die Erfüllung einer Anforderung in der Regel erst bei der Betrachtung mehrerer Arbeitsvorgänge festgestellt werden (z.B. vielseitige Fachkenntnisse), sind diese Arbeitsvorgänge für die Feststellung, ob diese Anforderung erfüllt ist, insoweit zusammen zu beurteilen. [4]Werden in einem Tätigkeitsmerkmal mehrere Anforderungen gestellt, gilt das in Satz 2 bestimmte Maß, ebenfalls bezogen auf die gesamte auszuübende Tätigkeit, für jede Anforderung. [5]Ist in einem Tätigkeitsmerkmal ein von den Sätzen 2 bis 4 abweichendes zeitliches Maß bestimmt, gilt dieses. [6]Ist in einem Tätigkeitsmerkmal als Anforderung eine Voraussetzung in der Person der/des Beschäftigten bestimmt, muss auch diese Anforderung erfüllt sein.

Protokollerklärung zu Absatz 2:

[1]Arbeitsvorgänge sind Arbeitsleistungen (einschließlich Zusammenhangsarbeiten), die, bezogen auf den Aufgabenkreis der/des Beschäftigten, zu einem bei natürlicher Betrachtung abgrenzbaren Arbeitsergebnis führen (z.B. unterschriftsreife Bearbeitung eines Aktenvorgangs, eines Widerspruchs oder eines Antrags, Erstellung eines EKG, Fertigung einer Bauzeichnung, Konstruktion einer Brücke oder eines Brückenteils, Bearbeitung eines Antrags auf eine Sozialleistung, Betreuung einer Person oder Personengruppe, Durchführung einer Unterhaltungs- oder Instandsetzungsarbeit). [2]Jeder einzelne Arbeitsvorgang ist als solcher zu bewerten und darf dabei hinsichtlich der Anforderungen zeitlich nicht aufgespalten werden. [3]Eine Anforderung im Sinne der Sätze 2 und 3 ist auch das in einem Tätigkeitsmerkmal geforderte Herausheben der Tätigkeit aus einer niedrigeren Entgeltgruppe.

(3) Die Entgeltgruppe der/des Beschäftigten ist im Arbeitsvertrag anzugeben.

§§ 12.1–12.3 *(aufgehoben)*

§ 13 Eingruppierung in besonderen Fällen. (1) [1]Ist der/dem Beschäftigten eine andere, höherwertige Tätigkeit nicht übertragen worden, hat sich aber die ihr/ihm übertragene Tätigkeit (§ 12 Abs. 2 Satz 1) nicht nur vorübergehend derart geändert, dass sie den Tätigkeitsmerkmalen einer höheren als ihrer/seiner bisherigen Entgeltgruppe entspricht (§ 12 Abs. 2 Sätze 2 bis 6), und hat die/der Beschäftigte die höherwertige Tätigkeit ununterbrochen sechs Monate lang ausgeübt, ist sie/er mit Beginn des darauffolgenden Kalendermonats in der höheren Entgeltgruppe eingruppiert. [2]Für die zurückliegenden sechs Kalendermonate gilt § 14 Abs. 1 sinngemäß.

(2) [1]Ist die Zeit der Ausübung der höherwertigen Tätigkeit durch Urlaub, Arbeitsbefreiung, Arbeitsunfähigkeit, Kur- oder Heilverfahren oder Vorbereitung auf eine Fachprüfung für die Dauer von insgesamt nicht mehr als sechs Wochen unterbrochen worden, wird die Unterbrechungszeit in die Frist von sechs Monaten eingerechnet. [2]Bei einer längeren Unterbrechung oder bei einer Unterbrechung aus anderen Gründen beginnt die Frist nach der Beendigung der Unterbrechung von Neuem.

(3) Wird der/dem Beschäftigten vor Ablauf der sechs Monate wieder eine Tätigkeit zugewiesen, die den Tätigkeitsmerkmalen ihrer/seiner bisherigen Entgeltgruppe entspricht, gilt § 14 Abs. 1 sinngemäß.

Protokollerklärung zu §§ 12, 13:

Die Grundsätze der korrigierenden Rückgruppierung bleiben unberührt.

§ 14 Vorübergehende Übertragung einer höherwertigen Tätigkeit.

(1) Wird der/dem Beschäftigten vorübergehend eine andere Tätigkeit übertragen, die den Tätigkeitsmerkmalen einer höheren als ihrer/seiner Eingruppierung entspricht, und hat sie/er diese mindestens einen Monat ausgeübt, erhält sie/er für die Dauer der Ausübung eine persönliche Zulage rückwirkend ab dem ersten Tag der Übertragung der Tätigkeit.

Niederschriftserklärung zu § 14 Abs. 1:

1. *Ob die vorübergehend übertragene höherwertige Tätigkeit einer höheren Entgeltgruppe entspricht, bestimmt sich im Bereich der VKA für nach einem gemäß § 2 Abs. 2 TVÜ-VKA weitergeltenden Lohngruppenverzeichnis eingruppierte Beschäftigte nach der Anlage 3 zum TVÜ-VKA.*
2. *Die Tarifvertragsparteien stellen klar, dass die vertretungsweise Übertragung einer höherwertigen Tätigkeit ein Unterfall der vorübergehenden Übertragung einer höherwertigen Tätigkeit ist.*

(2) Durch landesbezirklichen Tarifvertrag wird im Rahmen eines Kataloges, der die hierfür in Frage kommenden Tätigkeiten aufführt, bestimmt, dass die Voraussetzung für die Zahlung einer persönlichen Zulage bereits erfüllt ist, wenn die vorübergehend übertragene Tätigkeit mindestens drei Arbeitstage angedauert hat und die/der Beschäftigte ab dem ersten Tag der Vertretung in Anspruch genommen worden ist.

(3) Die persönliche Zulage bemisst sich nach dem jeweiligen Unterschiedsbetrag zu dem Tabellenentgelt, das sich bei dauerhafter Übertragung nach § 17 Abs. 4 Satz 1 ergeben hätte.[1)]

§ 15 Tabellenentgelt. (1) [1]Die/Der Beschäftigte erhält monatlich ein Tabellenentgelt. [2]Die Höhe bestimmt sich nach der Entgeltgruppe, in die sie/er eingruppiert ist, und nach der für sie/ihn geltenden Stufe.

(2) [1]Die Beschäftigten erhalten Entgelt nach der Anlage A. [2]Abweichend von Satz 1 erhalten Beschäftigte, die nach dem Teil B Abschnitt XXIV der Anlage 1 – Entgeltordnung (VKA) eingruppiert sind, Entgelt nach der Anlage C. [3]Abweichend von Satz 1 erhalten Beschäftigte, die nach dem Teil B Abschnitt XI Ziffern 1 und 2 der Anlage 1 – Entgeltordnung (VKA) in eine der Entgeltgruppen P 5 bis P 16 eingruppiert sind, Entgelt nach der Anlage E.

---

1) Entspricht redaktionell angepasst § 14 Abs. 3 TVöD.

[4] Ärztinnen und Ärzte erhalten abweichend von Satz 1 Entgelt nach der Anlage D.

(2.1) [1] Bei Beschäftigten nach § 15 Abs. 2 Satz 2 entspricht, soweit im Allgemeinen Teil auf bestimmte Entgeltgruppen Bezug genommen wird,

die Entgeltgruppe	der Entgeltgruppe
S 2	2
S 3	4
S 4	5
S 5	6
S 6 bis S 8b	8
S 9 bis S 11a	9a
S 11b bis S 13	9b
S 14	9c
S 15 und S 16	10
S 17	11
S 18	12.

[2] Bei Beschäftigten nach § 15 Abs. 2 Satz 3 entspricht, soweit im Allgemeinen Teil auf bestimmte Entgeltgruppen der Anlage A Bezug genommen wird,

die Entgeltgruppe	der Entgeltgruppe
P 5	3
P 6	4
P 7	7
P 8	8
P 9, P 10	9a
P 11	9b
P 12	9c
P 13	10
P 14, P 15	11
P 16	12.

(2.2) [1] Abweichend von § 15 Abs. 2 erhalten Ärztinnen und Ärzte in der Entgeltgruppe 15 folgende gesonderte Tabellenwerte:

	Stufe 4	Stufe 6
gültig ab 1. März 2018	5.788,30	6.759,55
gültig ab 1. April 2019	5.950,95	6.949,49
gültig ab 1. März 2020	6.008,08	7.016,21

[2] Bei allgemeinen Entgeltanpassungen verändern sich diese Tabellenwerte um denselben Prozentsatz bzw. in demselben Umfang wie die Tabellenwerte der jeweiligen Stufe der Entgeltgruppe 15.

(2.2a) Ärztinnen und Ärzte, die als ständige Vertreter der/des leitenden Ärztin/Arztes durch ausdrückliche Anordnung bestellt sind, erhalten für die Dauer der Bestellung eine Funktionszulage ab 1. März 2018 von monatlich 459,56 Euro, ab 1. April 2019 von monatlich 473,76 Euro und ab dem 1. März 2020 monatlich 478,78 Euro.

(2.2b) Ärztinnen und Ärzte, die aufgrund ausdrücklicher Anordnung innerhalb einer Fachabteilung oder eines Fachbereichs einen selbständigen Funktionsbereich mit mindestens zehn Beschäftigten leiten, erhalten für die Dauer der Anordnung eine Funktionszulage ab 1. März 2018 von monatlich 329,12 Euro, ab 1. April 2019 von monatlich 339,29 Euro und ab dem 1. März 2020 von monatlich 342,89 Euro.

(2.2c) Ärztinnen und Ärzte, denen aufgrund ausdrücklicher Anordnung mindestens fünf Ärzte unterstellt sind, erhalten für die Dauer der Anordnung eine Funktionszulage ab 1. März 2018 von monatlich 329,12 Euro, ab 1. April 2019 von monatlich 339,29 Euro und ab dem 1. März 2020 von monatlich 342,89 Euro.

(2.2d) [1]Die Funktionszulagen nach den Absätzen 2.2a bis 2.2c sind dynamisch und entfallen mit dem Wegfall der Funktion. [2]Sind die Voraussetzungen für mehr als eine Funktionszulage erfüllt, besteht nur Anspruch auf eine Funktionszulage. [3]Bei unterschiedlicher Höhe der Funktionszulagen wird die höhere gezahlt.

Niederschriftserklärung zu § 15 Abs. 2.2d:[1)]

Für die in Absatz 2.2d genannten Beschäftigten gelten die Regelungen des Allgemeinen Teils sowie die entsprechenden Regelungen des TVÜ-VKA.

(2.2e) Die Absätze 2.2a bis 2.2d finden auf Zahnärztinnen/Zahnärzte, Apothekerinnen/Apotheker und Tierärztinnen/Tierärzte keine Anwendung.

Protokollerklärungen zu den Absätzen 2.2 bis 2.2e:

1. *Ständige Vertreterinnen/Vertreter im Sinne des Tätigkeitsmerkmals ist nur die/der Ärztin/Arzt, der die/den leitende/n Ärztin/Arzt in der Gesamtheit seiner Dienstaufgaben vertritt. Das Tätigkeitsmerkmal kann daher innerhalb einer Abteilung (Klinik) nur von einer/einem Ärztin/Arzt erfüllt werden.*
2. *Ist der Anspruch auf Zahlung der Funktionszulage nach den Absätzen 2.2a bis 2.2d von der Zahl der unterstellten Ärztinnen/Ärzte abhängig, gilt folgendes:*
   a) *Für den Anspruch auf Zahlung der Funktionszulage nach den Absätzen 2.2a bis 2.2d ist es unschädlich, wenn im Organisations- und Stellenplan zur Besetzung ausgewiesene Stellen nicht besetzt sind.*
   b) *Bei der Zahl der unterstellten Ärztinnen/Ärzte zählen nur diejenigen unterstellten Ärzte mit, die in einem Arbeits- oder Beamtenverhältnis zu demselben Arbeitgeber (Dienstherrn) stehen oder im Krankenhaus von einem sonstigen öffentlichen Arbeitgeber (Dienstherrn) zur Krankenversorgung eingesetzt werden.*
   c) *Teilbeschäftigte zählen entsprechend dem Verhältnis der mit ihnen im Arbeitsvertrag vereinbarten Arbeitszeit zur regelmäßigen Arbeitszeit eines Vollbeschäftigten.*
3. *Funktionsbereiche sind wissenschaftlich anerkannte Spezialgebiete innerhalb eines ärztlichen Fachgebietes, z.B. Nephrologie, Handchirurgie, Neuroradiologie, Elektroencephalographie, Herzkatheterisierung.*

(3) [1]Im Rahmen von landesbezirklichen Regelungen können für an- und ungelernte Tätigkeiten in von Outsourcing und/oder Privatisierung bedrohten Bereichen in den Entgeltgruppen 1 bis 4 Abweichungen von der Entgelttabelle bis zu einer dort vereinbarten Untergrenze vorgenommen werden. [2]Die Un-

---

[1)] Entspricht Niederschriftserklärung zu § 51 Abs. 6 BT-B.

tergrenze muss im Rahmen der Spannbreite des Entgelts der Entgeltgruppe 1 liegen. [3]Die Umsetzung erfolgt durch Anwendungsvereinbarung.

§ 16 Stufen der Entgelttabelle. (1) Die Entgeltgruppen 2 bis 15 umfassen sechs Stufen.

(2) [1]Bei Einstellung werden die Beschäftigten der Stufe 1 zugeordnet, sofern keine einschlägige Berufserfahrung vorliegt. [2]Verfügt die/der Beschäftigte über eine einschlägige Berufserfahrung von mindestens einem Jahr, erfolgt die Einstellung in die Stufe 2; verfügt sie/er über eine einschlägige Berufserfahrung von mindestens drei Jahren, erfolgt in der Regel eine Zuordnung zur Stufe 3. [3]Unabhängig davon kann der Arbeitgeber bei Neueinstellungen zur Deckung des Personalbedarfs Zeiten einer vorherigen beruflichen Tätigkeit ganz oder teilweise für die Stufenzuordnung berücksichtigen, wenn diese Tätigkeit für die vorgesehene Tätigkeit förderlich ist.

(2.1)[1)] [1]Die Entgeltgruppen S 2 bis S 18 umfassen sechs Stufen. [2]Bei Einstellung werden die Beschäftigten der Stufe 1 zugeordnet, sofern keine einschlägige Berufserfahrung vorliegt. [3]Verfügt die/der Beschäftigte über eine einschlägige Berufserfahrung von mindestens einem Jahr, erfolgt die Einstellung in die Stufe 2; verfügt sie/er über eine einschlägige Berufserfahrung von mindestens vier Jahren, erfolgt in der Regel eine Zuordnung zur Stufe 3. [4]Unabhängig davon kann der Arbeitgeber bei Neueinstellungen zur Deckung des Personalbedarfs Zeiten einer vorherigen beruflichen Tätigkeit ganz oder teilweise für die Stufenzuordnung berücksichtigen, wenn diese Tätigkeit für die vorgesehene Tätigkeit förderlich ist. [5]Bei Einstellung von Beschäftigten in unmittelbarem Anschluss an ein Arbeitsverhältnis im öffentlichen Dienst (§ 34 Abs. 3 Satz 3 und 4) oder zu einem Arbeitgeber, der einen dem TVöD vergleichbaren Tarifvertrag anwendet, kann die in dem vorhergehenden Arbeitsverhältnis erworbene Stufe bei der Stufenzuordnung ganz oder teilweise berücksichtigt werden; Satz 4 bleibt unberührt.

Protokollerklärung zu Absatz 2.1:
Ein Berufspraktikum nach dem Tarifvertrag für Praktikantinnen/Praktikanten des öffentlichen Dienstes (TVPöD) vom 27. Oktober 2009 gilt grundsätzlich als Erwerb einschlägiger Berufserfahrung.

(2.2) Abweichend von § 16 Abs. 1 Satz 1 ist für die Beschäftigten nach § 15 Abs. 2 Satz 3 Eingangsstufe in den Entgeltgruppen P 7 bis P 16 die Stufe 2.

(2a) Bei Einstellung von Beschäftigten in unmittelbarem Anschluss an ein Arbeitsverhältnis im öffentlichen Dienst (§ 34 Abs. 3 Satz 3 und 4) oder zu einem Arbeitgeber, der einen dem TVöD vergleichbaren Tarifvertrag anwendet, kann die in dem vorhergehenden Arbeitsverhältnis erworbene Stufe bei der Stufenzuordnung ganz oder teilweise berücksichtigt werden; Absatz 2 Satz 3 bleibt unberührt.

Protokollerklärung zu Absatz 2:
Ein Berufspraktikum nach dem Tarifvertrag für Praktikantinnen/Praktikanten des öffentlichen Dienstes (TVPöD) vom 27. Oktober 2009 gilt grundsätzlich als Erwerb einschlägiger Berufserfahrung.

[1)] Entspricht redaktionell angepasst § 52 Abs. 2 Sätze 1 bis 5 BT-B.

Niederschriftserklärung zu § 16 Abs. 2 Satz 2:
Die Tarifvertragsparteien sind sich darüber einig, dass stichtagsbezogene Verwerfungen zwischen übergeleiteten Beschäftigten und Neueinstellungen entstehen können.

Niederschriftserklärung zu § 16 Abs. 2a:
Die Tarifvertragsparteien sind sich darüber einig, dass die erworbene Stufe im Sinne des § 16 Abs. 2a auch eine individuelle Endstufe im Sinne des § 6 Abs. 1 Satz 1, § 7 Abs. 3 Satz 1 oder § 8 Abs. 3 Satz 2 TVÜ-VKA oder eine individuelle Zwischenstufe im Sinne des § 7 Abs. 3 Satz 1 oder § 8 Abs. 3 Satz 2 TVÜ-VKA sein kann.

(3) Die Beschäftigten erreichen die jeweils nächste Stufe – von Stufe 3 an in Abhängigkeit von ihrer Leistung gemäß § 17 Abs. 2 – nach folgenden Zeiten einer ununterbrochenen Tätigkeit innerhalb derselben Entgeltgruppe bei ihrem Arbeitgeber (Stufenlaufzeit):
- Stufe 2 nach einem Jahr in Stufe 1,
- Stufe 3 nach zwei Jahren in Stufe 2,
- Stufe 4 nach drei Jahren in Stufe 3,
- Stufe 5 nach vier Jahren in Stufe 4 und
- Stufe 6 nach fünf Jahren in Stufe 5.

(3.1)[1)] Die Beschäftigten nach § 15 Abs. 2 Satz 2 erreichen abweichend von Absatz 3 die jeweils nächste Stufe – von Stufe 3 an in Abhängigkeit von ihrer Leistung gemäß § 17 Abs. 2 – nach folgenden Zeiten einer ununterbrochenen Tätigkeit innerhalb derselben Entgeltgruppe bei ihrem Arbeitgeber (Stufenlaufzeit):
- Stufe 2 nach einem Jahr in Stufe 1,
- Stufe 3 nach drei Jahren in Stufe 2,
- Stufe 4 nach vier Jahren in Stufe 3,
- Stufe 5 nach vier Jahren in Stufe 4 und
- Stufe 6 nach fünf Jahren in Stufe 5.

(3.2) Abweichend von § 16 Abs. 3 Satz 1 wird von den Beschäftigten nach § 15 Abs. 2 Satz 3 in den Entgeltgruppen P 7 und P 8 die Stufe 3 nach drei Jahren in Stufe 2 erreicht.

Protokollerklärung zu Absatz 3.2:
Absatz 3.2 findet keine Anwendung auf Beschäftigte, die mindestens zur Hälfte eine oder mehrere der folgenden Tätigkeiten auszuüben haben:
- *Erfüllung von Pflegeaufgaben an Patienten von psychiatrischen oder neurologischen Krankenhäusern, die nicht in diesen Krankenhäusern untergebracht sind,*
- *dem zentralen Sterilisationsdienst vorstehen.*

(3.3) [1] Für Ärztinnen und Ärzte gelten abweichend von § 16 Abs. 3 folgende besondere Stufenzuordnungen:

a) in Entgeltgruppe 14:
   - Stufe 1:
     Ärztinnen und Ärzte ohne Berufserfahrung,
   - Stufe 2:

[1)] Entspricht redaktionell angepasst § 52 Abs. 2 Satz 6 BT-B.

Ärztinnen und Ärzte nach einjähriger Berufserfahrung;

b) in Entgeltgruppe 15:
   - Stufe 3:
     Fachärztinnen und Fachärzte,
   - Stufe 4:
     Fachärztinnen und Fachärzte nach fünfjähriger entsprechender Tätigkeit,
   - Stufe 5:
     Fachärztinnen und Fachärzte nach neunjähriger entsprechender Tätigkeit,
   - Stufe 6:
     Fachärztinnen und Fachärzte nach dreizehnjähriger entsprechender Tätigkeit.

[2] §§ 16 und 17 bleiben im Übrigen unberührt.

(4) [1] Die Entgeltgruppe 1 umfasst fünf Stufen. [2] Einstellungen erfolgen in der Stufe 2 (Eingangsstufe). [3] Die jeweils nächste Stufe wird nach vier Jahren in der vorangegangenen Stufe erreicht; § 17 Abs. 2 bleibt unberührt.

(4.1)[1)] [1] Abweichend von Abs. 2.1 Satz 1 ist bei Beschäftigten nach § 15 Abs. 2 Satz 2 Endstufe die Stufe 4

a) in der Entgeltgruppe S 4 bei Tätigkeiten der Fallgruppe 3 und

b) in der Entgeltgruppe S 8b bei Tätigkeiten der Fallgruppe 3.

[2] Abweichend von Abs. 3.1 erreichen Beschäftigte nach § 15 Abs. 2 Satz 2, die nach dem Teil B Abschnitt XXIV der Anlage 1 – Entgeltordnung (VKA) in der Entgeltgruppe S 8b bei Tätigkeiten der Fallgruppen 1 oder 2 eingruppiert sind, die Stufe 5 nach sechs Jahren in Stufe 4 und die Stufe 6 nach acht Jahren in Stufe 5.

§ 17 Allgemeine Regelungen zu den Stufen. (1) Die Beschäftigten erhalten vom Beginn des Monats an, in dem die nächste Stufe erreicht wird, das Tabellenentgelt nach der neuen Stufe.

(2) [1] Bei Leistungen der/des Beschäftigten, die erheblich über dem Durchschnitt liegen, kann die erforderliche Zeit für das Erreichen der Stufen 4 bis 6 jeweils verkürzt werden. [2] Bei Leistungen, die erheblich unter dem Durchschnitt liegen, kann die erforderliche Zeit für das Erreichen der Stufen 4 bis 6 jeweils verlängert werden. [3] Bei einer Verlängerung der Stufenlaufzeit hat der Arbeitgeber jährlich zu prüfen, ob die Voraussetzungen für die Verlängerung noch vorliegen. [4] Für die Beratung von schriftlich begründeten Beschwerden von Beschäftigten gegen eine Verlängerung nach Satz 2 bzw. 3 ist eine betriebliche Kommission zuständig. [5] Die Mitglieder der betrieblichen Kommission werden je zur Hälfte vom Arbeitgeber und vom Betriebs-/Personalrat benannt; sie müssen dem Betrieb/der Dienststelle angehören. [6] Der Arbeitgeber entscheidet auf Vorschlag der Kommission darüber, ob und in welchem Umfang der Beschwerde abgeholfen werden soll.

[1)] Entspricht redaktionell angepasst § 52 Abs. 2 Sätze 7 und 8 BT-B.

Protokollerklärung zu Absatz 2:

[1] Die Instrumente der materiellen Leistungsanreize (§ 18) und der leistungsbezogene Stufenaufstieg bestehen unabhängig voneinander und dienen unterschiedlichen Zielen. [2] Leistungsbezogene Stufenaufstiege unterstützen insbesondere die Anliegen der Personalentwicklung.

Protokollerklärung zu Absatz 2 Satz 2:

Bei Leistungsminderungen, die auf einem anerkannten Arbeitsunfall oder einer Berufskrankheit gemäß §§ 8 und 9 SGB VII beruhen, ist diese Ursache in geeigneter Weise zu berücksichtigen.

Protokollerklärung zu Absatz 2 Satz 6:

Die Mitwirkung der Kommission erfasst nicht die Entscheidung über die leistungsbezogene Stufenzuordnung.

(3) [1] Den Zeiten einer ununterbrochenen Tätigkeit im Sinne des § 16 Abs. 3 Satz 1 stehen gleich:

a) Schutzfristen nach dem Mutterschutzgesetz,
b) Zeiten einer Arbeitsunfähigkeit nach § 22 bis zu 39 Wochen,
c) Zeiten eines bezahlten Urlaubs,
d) Zeiten eines Sonderurlaubs, bei denen der Arbeitgeber vor dem Antritt schriftlich ein dienstliches bzw. betriebliches Interesse anerkannt hat,
e) Zeiten einer sonstigen Unterbrechung von weniger als einem Monat im Kalenderjahr,
f) Zeiten der vorübergehenden Übertragung einer höherwertigen Tätigkeit.

[2] Zeiten der Unterbrechung bis zu einer Dauer von jeweils drei Jahren, die nicht von Satz 1 erfasst werden, und Elternzeit bis zu jeweils fünf Jahren sind unschädlich, werden aber nicht auf die Stufenlaufzeit angerechnet. [3] Bei einer Unterbrechung von mehr als drei Jahren, bei Elternzeit von mehr als fünf Jahren, erfolgt eine Zuordnung zu der Stufe, die der vor der Unterbrechung erreichten Stufe vorangeht, jedoch nicht niedriger als bei einer Neueinstellung; die Stufenlaufzeit beginnt mit dem Tag der Arbeitsaufnahme. [4] Zeiten, in denen Beschäftigte mit einer kürzeren als der regelmäßigen wöchentlichen Arbeitszeit eines entsprechenden Vollbeschäftigten beschäftigt waren, werden voll angerechnet.

(4) [1] Bei Eingruppierung in eine höhere Entgeltgruppe aus den Entgeltgruppen 2 bis 14 der Anlage A werden die Beschäftigten der gleichen Stufe zugeordnet, die sie in der niedrigeren Entgeltgruppe erreicht haben, mindestens jedoch der Stufe 2. [2] Die Stufenlaufzeit in der höheren Entgeltgruppe beginnt mit dem Tag der Höhergruppierung. [3] Bei einer Eingruppierung in eine niedrigere Entgeltgruppe ist die/der Beschäftige der in der höheren Entgeltgruppe erreichten Stufe zuzuordnen; die in der bisherigen Stufe zurückgelegte Stufenlaufzeit wird auf die Stufenlaufzeit in der niedrigeren Entgeltgruppe angerechnet. [4] Die/Der Beschäftigte erhält vom Beginn des Monats an, in dem die Veränderung wirksam wird, das entsprechende Tabellenentgelt aus der in Satz 1 oder Satz 3 festgelegten Stufe der betreffenden Entgeltgruppe.

Niederschriftserklärung zu § 17 Absatz 4 Satz 3 (in der bis zum 31. März 2019 geltenden Fassung):

[1] Bei einer Höhergruppierung aus der Entgeltgruppe 9a Stufen 2 bis 4 in die Entgeltgruppe 9b beginnt abweichend vom ansonsten gültigen Grundsatz in der Entgeltgruppe 9b die Stufenlaufzeit nicht neu. [2] Die Anrechnung der in diesen Stufen in der

Entgeltgruppe 9a zurückgelegten Stufenlaufzeiten auf die jeweils maßgebliche Stufenlaufzeit in der Entgeltgruppe 9b ist allein dem Umstand geschuldet, dass im Rahmen der Entgeltordnung (VKA) zum TVöD die bisherige Entgeltgruppe 9 in die Entgeltgruppen 9a und 9b aufgeteilt wurde und hierbei das Tabellenentgelt in der Stufe 2 der Entgeltgruppe 9b nur geringfügig über dem Tabellenentgelt der Entgeltgruppe 9a Stufe 2 liegt und die Tabellenentgelte der Stufen 3 und 4 in den Entgeltgruppen 9a und 9b identisch sind. [3] Die Mitnahme der Stufenlaufzeit in diesen Fällen vermeidet Eingriffe in der Erwerbsbiografie der Beschäftigten bis zum Erreichen der Stufe 5 in der Entgeltgruppe 9b.

(4a) [1] Bei Eingruppierung in eine höhere Entgeltgruppe aus der Entgeltgruppe 1 werden die Beschäftigten derjenigen Stufe zugeordnet, in der sie mindestens ihr bisheriges Tabellenentgelt erhalten, mindestens jedoch der Stufe 2. [2] Wird die/der Beschäftigte nicht in die nächsthöhere, sondern in eine darüber liegende Entgeltgruppe höhergruppiert, ist das Tabellenentgelt für jede dazwischen liegende Entgeltgruppe nach Satz 1 zu berechnen. [3] Die Stufenlaufzeit in der höheren Entgeltgruppe beginnt mit dem Tag der Höhergruppierung. [4] Die/Der Beschäftigte erhält vom Beginn des Monats an, in dem die Veränderung wirksam wird, das entsprechende Tabellenentgelt aus der in Satz 1 festgelegten Stufe der betreffenden Entgeltgruppe.

(4a.1)[1)] [1] Bei Eingruppierung in eine höhere Entgeltgruppe der Anlage C werden die Beschäftigten der gleichen Stufe zugeordnet, die sie in der niedrigeren Entgeltgruppe erreicht haben. [2] Beträgt bei Höhergruppierungen innerhalb der Anlage C der Unterschiedsbetrag zwischen dem derzeitigen Tabellenentgelt und dem Tabellenentgelt nach § 17 Abs. 4 Satz 1 in der höheren Entgeltgruppe

- in den Entgeltgruppen S 2 bis S 8b
  - vom 1. März 2018 bis 31. März 2019 weniger als 60,86 Euro,
  - vom 1. April 2019 bis 29. Februar 2020 weniger als 62,74 Euro und
  - ab 1. März 2020 weniger als 63,41 Euro,
- in den Entgeltgruppen S 9 bis S 18
  - vom 1. März 2018 bis 31. März 2019 weniger als 97,40 Euro,
  - vom 1. April 2019 bis 29. Februar 2020 weniger als 100,41 Euro und
  - ab 1. März 2020 weniger als 101,48 Euro,

so erhält die/der Beschäftigte während der betreffenden Stufenlaufzeit anstelle des Unterschiedsbetrages den vorgenannten jeweils zustehenden Garantiebetrag. [3] Die Stufenlaufzeit in der höheren Entgeltgruppe beginnt mit dem Tag der Höhergruppierung. [4] Bei einer Eingruppierung in eine niedrigere Entgeltgruppe ist die/der Beschäftige der in der höheren Entgeltgruppe erreichten Stufe zuzuordnen; die in der bisherigen Stufe zurückgelegte Stufenlaufzeit wird auf die Stufenlaufzeit in der niedrigeren Entgeltgruppe angerechnet. [5] Die/Der Beschäftigte erhält vom Beginn des Monats an, in dem die Veränderung wirksam wird, das entsprechende Tabellenentgelt aus der in Satz 1 oder Satz 4 festgelegten Stufe der betreffenden Entgeltgruppe. [6] § 17 Abs. 4 findet keine Anwendung.

Protokollerklärung zu Absatz 4a.1 Satz 2:
Die Garantiebeträge nehmen an allgemeinen Entgeltanpassungen teil.

---

1) Entspricht redaktionell angepasst § 52 Abs. 4 BT-B.

(4a.2)[1] [1]Bei Eingruppierung in eine höhere Entgeltgruppe der Anlage E werden die Beschäftigten der gleichen Stufe zugeordnet, die sie in der niedrigeren Entgeltgruppe erreicht haben. [2]Die Stufenlaufzeit in der höheren Entgeltgruppe beginnt mit dem Tag der Höhergruppierung. [3]Bei einer Eingruppierung in eine niedrigere Entgeltgruppe ist die/der Beschäftige der in der höheren Entgeltgruppe erreichten Stufe zuzuordnen; die in der bisherigen Stufe zurückgelegte Stufenlaufzeit wird auf die Stufenlaufzeit in der niedrigeren Entgeltgruppe angerechnet. [4]Die/Der Beschäftigte erhält vom Beginn des Monats an, in dem die Veränderung wirksam wird, das entsprechende Tabellenentgelt aus der in Satz 1 oder Satz 3 festgelegten Stufe der betreffenden Entgeltgruppe. [5]§ 17 Abs. 4 findet keine Anwendung.

Protokollerklärung zu den Absätzen 4, 4a, 4a.1 und 4a.2:

[1]Ist Beschäftigten nach § 14 Abs. 1 vorübergehend eine höherwertige Tätigkeit übertragen worden, und wird ihnen im unmittelbaren Anschluss daran eine Tätigkeit derselben höheren Entgeltgruppe dauerhaft übertragen, werden sie hinsichtlich der Stufenzuordnung so gestellt, als sei die Höhergruppierung ab dem ersten Tag der vorübergehenden Übertragung der höherwertigen Tätigkeit erfolgt. [2]Unterschreitet bei Höhergruppierungen nach Satz 1 das Tabellenentgelt nach den Sätzen 4 des § 17 Abs. 4, 4a oder 4a.2 bzw. nach dem Satz 5 des § 17 Abs. 4a.1 die Summe aus dem Tabellenentgelt und dem Zulagenbetrag nach § 14 Abs. 3, die die/der Beschäftigte am Tag vor der Höhergruppierung erhalten hat, erhält die/der Beschäftigte dieses Entgelt solange, bis das Tabellenentgelt nach den Sätzen 4 des § 17 Abs. 4, 4a oder 4a.2 bzw. nach dem Satz 5 des § 17 Abs. 4a.1 dieses Entgelt erreicht oder übersteigt.

§ 18 Leistungsentgelt. (1) [1]Die leistungs- und/oder erfolgsorientierte Bezahlung soll dazu beitragen, die öffentlichen Dienstleistungen zu verbessern. [2]Zugleich sollen Motivation, Eigenverantwortung und Führungskompetenz gestärkt werden.

(2) Das Leistungsentgelt ist eine variable und leistungsorientierte Bezahlung zusätzlich zum Tabellenentgelt.

(3) [1]Ausgehend von einer vereinbarten Zielgröße von 8 v.H. entspricht bis zu einer Vereinbarung eines höheren Vomhundertsatzes das für das Leistungsentgelt zur Verfügung stehende Gesamtvolumen 2,00 v.H. der ständigen Monatsentgelte des Vorjahres aller unter den Geltungsbereich des TVöD fallenden Beschäftigten des jeweiligen Arbeitgebers. [2]Das für das Leistungsentgelt zur Verfügung stehende Gesamtvolumen ist zweckentsprechend zu verwenden; es besteht die Verpflichtung zu jährlicher Auszahlung der Leistungsentgelte.

Protokollerklärung zu Absatz 3 Satz 1:

[1]Ständige Monatsentgelte sind insbesondere das Tabellenentgelt (ohne Sozialversicherungsbeiträge des Arbeitgebers und dessen Kosten für die betriebliche Altersvorsorge), die in Monatsbeträgen festgelegten Zulagen einschließlich Besitzstandszulagen sowie Entgelt im Krankheitsfall (§ 22) und bei Urlaub, soweit diese Entgelte in dem betreffenden Kalenderjahr ausgezahlt worden sind; nicht einbezogen sind dagegen insbesondere Abfindungen, Aufwandsentschädigungen, Einmalzahlungen, Jahressonderzahlungen, Leistungsentgelte, Strukturausgleiche, unständige Entgeltbestandteile und Entgelte der außertariflichen Beschäftigten. [2]Unständige Entgeltbestandteile können betrieblich einbezogen werden.

---

[1] Entspricht § 50 BT-B.

Niederschriftserklärung zu § 18 Abs. 3:

[1] Das als Zielgröße zu erreichende Gesamtvolumen von 8 v.H. wird wie folgt finanziert

– Anteil aus auslaufenden Besitzständen in pauschalierter Form,

– im Rahmen zukünftiger Tarifrunden.

[2] Die Tarifvertragsparteien führen erstmals Mitte 2008 Gespräche über den Anteil aus auslaufenden Besitzständen und über eine mögliche Berücksichtigung von Effizienzgewinnen.

(4) [1] Das Leistungsentgelt wird zusätzlich zum Tabellenentgelt als Leistungsprämie, Erfolgsprämie oder Leistungszulage gewährt; das Verbinden verschiedener Formen des Leistungsentgelts ist zulässig. [2] Die Leistungsprämie ist in der Regel eine einmalige Zahlung, die im Allgemeinen auf der Grundlage einer Zielvereinbarung erfolgt; sie kann auch in zeitlicher Abfolge gezahlt werden. [3] Die Erfolgsprämie kann in Abhängigkeit von einem bestimmten wirtschaftlichen Erfolg neben dem gemäß Absatz 3 vereinbarten Startvolumen gezahlt werden. [4] Die Leistungszulage ist eine zeitlich befristete, widerrufliche, in der Regel monatlich wiederkehrende Zahlung. [5] Leistungsentgelte können auch an Gruppen von Beschäftigten gewährt werden. [6] Leistungsentgelt muss grundsätzlich allen Beschäftigten zugänglich sein. [7] Für Teilzeitbeschäftigte kann von § 24 Abs. 2 abgewichen werden.

Protokollerklärungen zu Absatz 4:

1. *[1] Die Tarifvertragsparteien sind sich darüber einig, dass die zeitgerechte Einführung des Leistungsentgelts sinnvoll, notwendig und deshalb beiderseits gewollt ist. [2] Sie fordern deshalb die Betriebsparteien dazu auf, rechtzeitig vor dem 1. Januar 2007 die betrieblichen Systeme zu vereinbaren. [3] Kommt bis zum 30. September 2007 keine betriebliche Regelung zustande, erhalten die Beschäftigten mit dem Tabellenentgelt des Monats Dezember 2008 6 v.H. des für den Monat September jeweils zustehenden Tabellenentgelts. [4] Das Leistungsentgelt erhöht sich im Folgejahr um den Restbetrag des Gesamtvolumens. [5] Solange auch in den Folgejahren keine Einigung entsprechend Satz 2 zustande kommt, gelten die Sätze 3 und 4 ebenfalls. [6] Für das Jahr 2007 erhalten die Beschäftigten mit dem Tabellenentgelt des Monats Dezember 2007 12 v.H. des für den Monat September 2007 jeweils zustehenden Tabellenentgelts ausgezahlt, insgesamt jedoch nicht mehr als das Gesamtvolumen gemäß Absatz 3 Satz 1, wenn bis zum 31. Juli 2007 keine Einigung nach Satz 3 zustande gekommen ist.*
2. *Die Tarifvertragsparteien bekennen sich zur weiteren Stärkung der Leistungsorientierung im öffentlichen Dienst.*

Protokollerklärung zu Absatz 4 Satz 3:

1. *[1] Die wirtschaftlichen Unternehmensziele legt die Verwaltungs-/Unternehmensführung zu Beginn des Wirtschaftsjahres fest. [2] Der wirtschaftliche Erfolg wird auf der Gesamtebene der Verwaltung/des Betriebes festgestellt.*
2. *(nicht besetzt)*

(5) [1] Die Feststellung oder Bewertung von Leistungen geschieht durch das Vergleichen von Zielerreichungen mit den in der Zielvereinbarung angestrebten Zielen oder über eine systematische Leistungsbewertung. [2] Zielvereinbarung ist eine freiwillige Abrede zwischen der Führungskraft und einzelnen Beschäftigten oder Beschäftigtengruppen über objektivierbare Leistungsziele

und die Bedingungen ihrer Erfüllung. [3]Leistungsbewertung ist die auf einem betrieblich vereinbarten System beruhende Feststellung der erbrachten Leistung nach möglichst messbaren oder anderweitig objektivierbaren Kriterien oder durch aufgabenbezogene Bewertung.

Niederschriftserklärung zu § 18 Abs. 5 Satz 2:

[1]Die Tarifvertragsparteien stimmen darin überein, dass aus Motivationsgründen die Vereinbarung von Zielen freiwillig geschieht. [2]Eine freiwillige Zielvereinbarung kann auch die Verständigung auf zum Teil vorgegebene oder übergeordnete Ziele sein, z.B. bei der Umsetzung gesetzlicher oder haushaltsrechtlicher Vorgaben, Grundsatzentscheidungen der Verwaltungs-/Unternehmensführung.

Niederschriftserklärung zu § 18 Abs. 5 Satz 3:

Die systematische Leistungsbewertung entspricht nicht der Regelbeurteilung.

(6) [1]Das jeweilige System der leistungsbezogenen Bezahlung wird betrieblich vereinbart. [2]Die individuellen Leistungsziele von Beschäftigten bzw. Beschäftigtengruppen müssen beeinflussbar und in der regelmäßigen Arbeitszeit erreichbar sein. [3]Die Ausgestaltung geschieht durch Betriebsvereinbarung oder einvernehmliche Dienstvereinbarung, in der insbesondere geregelt werden:

- Verfahren der Einführung von leistungs- und/oder erfolgsorientierten Entgelten,
- zulässige Kriterien für Zielvereinbarungen,
- Ziele zur Sicherung und Verbesserung der Effektivität und Effizienz, insbesondere für Mehrwertsteigerungen (z.B. Verbesserung der Wirtschaftlichkeit, – der Dienstleistungsqualität, – der Kunden-/Bürgerorientierung),
- Auswahl der Formen von Leistungsentgelten, der Methoden sowie Kriterien der systematischen Leistungsbewertung und der aufgabenbezogenen Bewertung (messbar, zählbar oder anderweitig objektivierbar), ggf. differenziert nach Arbeitsbereichen, u.U. Zielerreichungsgrade,
- Anpassung von Zielvereinbarungen bei wesentlichen Änderungen von Geschäftsgrundlagen,
- Vereinbarung von Verteilungsgrundsätzen,
- Überprüfung und Verteilung des zur Verfügung stehenden Finanzvolumens, ggf. Begrenzung individueller Leistungsentgelte aus umgewidmetem Entgelt,
- Dokumentation und Umgang mit Auswertungen über Leistungsbewertungen.

Protokollerklärung zu Absatz 6:

Besteht in einer Dienststelle/in einem Unternehmen kein Personal- oder Betriebsrat, hat der Dienststellenleiter/Arbeitgeber die jährliche Ausschüttung der Leistungsentgelte im Umfang des Vomhundertsatzes der Protokollerklärung Nr. 1 zu Absatz 4 sicherzustellen, solange eine Kommission im Sinne des Absatzes 7 nicht besteht.

(7) [1]Bei der Entwicklung und beim ständigen Controlling des betrieblichen Systems wirkt eine betriebliche Kommission mit, deren Mitglieder je zur Hälfte vom Arbeitgeber und vom Betriebs-/Personalrat aus dem Betrieb benannt werden. [2]Die betriebliche Kommission ist auch für die Beratung von schriftlich begründeten Beschwerden zuständig, die sich auf Mängel des Systems bzw. seiner Anwendung beziehen. [3]Der Arbeitgeber entscheidet auf Vorschlag der betrieblichen Kommission, ob und in welchem Umfang der Beschwerde im Einzelfall abgeholfen wird. [4]Folgt der Arbeitgeber dem Vorschlag nicht, hat er seine Gründe darzulegen. [5]Notwendige Korrekturen des Systems bzw. von

Systembestandteilen empfiehlt die betriebliche Kommission. [6]Die Rechte der betrieblichen Mitbestimmung bleiben unberührt.

Niederschriftserklärung zu § 18 Abs. 7:

1. *Die Mitwirkung der Kommission erfasst nicht die Vergabeentscheidung über Leistungsentgelte im Einzelfall.*
2. *Die nach Abs. 7 und die für Leistungsstufen nach § 17 Abs. 2 gebildeten betrieblichen Kommissionen sind identisch.*

(8) Die ausgezahlten Leistungsentgelte sind zusatzversorgungspflichtiges Entgelt.

Niederschriftserklärung zu § 18 Abs. 8:

Die Tarifvertragsparteien wirken darauf hin, dass der ATV, der ATV-K sowie die Satzungen der VBL und der kommunalen Zusatzversorgungskassen bis spätestens 31. Dezember 2006 entsprechend angepasst werden.

Protokollerklärungen zu § 18:

1. [1]*Eine Nichterfüllung der Voraussetzungen für die Gewährung eines Leistungsentgelts darf für sich genommen keine arbeitsrechtlichen Maßnahmen auslösen.* [2]*Umgekehrt sind arbeitsrechtliche Maßnahmen nicht durch Teilnahme an einer Zielvereinbarung bzw. durch Gewährung eines Leistungsentgelts ausgeschlossen.*
2. [1]*Leistungsgeminderte dürfen nicht grundsätzlich aus Leistungsentgelten ausgenommen werden.* [2]*Ihre jeweiligen Leistungsminderungen sollen angemessen berücksichtigt werden.*
3. *Die Vorschriften des § 18 sind sowohl für die Parteien der betrieblichen Systeme als auch für die Arbeitgeber und Beschäftigten unmittelbar geltende Regelungen.*
4. *(nicht besetzt)*
5. *Die landesbezirklichen Regelungen in Baden-Württemberg, in Nordrhein-Westfalen und im Saarland zu Leistungszuschlägen zu § 20 BMT-G bleiben unberührt.*

Niederschriftserklärung zu § 18:

Die Tarifvertragsparteien gehen davon aus, dass Leistungsentgelte Bezüge im Sinne des § 4 TV ATZ sind.

§ 19 Erschwerniszuschläge. (1) [1]Erschwerniszuschläge werden für Arbeiten gezahlt, die außergewöhnliche Erschwernisse beinhalten. [2]Dies gilt nicht für Erschwernisse, die mit dem der Eingruppierung zugrunde liegenden Berufs- oder Tätigkeitsbild verbunden sind.

(2) Außergewöhnliche Erschwernisse im Sinne des Absatzes 1 ergeben sich grundsätzlich nur bei Arbeiten

a) mit besonderer Gefährdung,
b) mit extremer nicht klimabedingter Hitzeeinwirkung,
c) mit besonders starker Schmutz- oder Staubbelastung,
d) mit besonders starker Strahlenexposition oder
e) unter sonstigen vergleichbar erschwerten Umständen.

(3) Zuschläge nach Absatz 1 werden nicht gewährt, soweit der außergewöhnlichen Erschwernis durch geeignete Vorkehrungen, insbesondere zum Arbeitsschutz, ausreichend Rechnung getragen wird.

(4) [1]Die Zuschläge betragen in der Regel 5 bis 15 v.H. – in besonderen Fällen auch abweichend – des auf eine Stunde entfallenden Anteils des monatlichen Tabellenentgelts der Stufe 2 der Entgeltgruppe 2. [2]Teilzeitbeschäftigte erhalten Erschwerniszuschläge, die nach Stunden bemessen werden, in voller Höhe; sofern sie pauschaliert gezahlt werden, gilt dagegen § 24 Abs. 2.

(5) [1]Die zuschlagspflichtigen Arbeiten und die Höhe der Zuschläge werden landesbezirklich vereinbart. [2]*(nicht besetzt)*

§ 20 Jahressonderzahlung. (1) Beschäftigte, die am 1. Dezember im Arbeitsverhältnis stehen, haben Anspruch auf eine Jahressonderzahlung.

(2) [1]Die Jahressonderzahlung beträgt bei Beschäftigten, für die die Regelungen des Tarifgebiets West Anwendung finden,

in den Entgeltgruppen 1 bis 8	79,51 Prozent
in den Entgeltgruppen 9a bis 12	70,28 Prozent
in den Entgeltgruppen 13 bis 15	51,78 Prozent

des der/dem Beschäftigten in den Kalendermonaten Juli, August und September durchschnittlich gezahlten monatlichen Entgelts; unberücksichtigt bleiben hierbei das zusätzlich für Überstunden und Mehrarbeit gezahlte Entgelt (mit Ausnahme der im Dienstplan vorgesehenen Überstunden und Mehrarbeit), Leistungszulagen, Leistungs- und Erfolgsprämien. [2]Der Bemessungssatz bestimmt sich nach der Entgeltgruppe am 1. September. [3]Bei Beschäftigten, deren Arbeitsverhältnis nach dem 30. September begonnen hat, tritt an die Stelle des Bemessungszeitraums der erste volle Kalendermonat des Arbeitsverhältnisses. [4]In den Fällen, in denen im Kalenderjahr der Geburt des Kindes während des Bemessungszeitraums eine elterngeldunschädliche Teilzeitbeschäftigung ausgeübt wird, bemisst sich die Jahressonderzahlung nach dem Beschäftigungsumfang am Tag vor dem Beginn der Elternzeit.

Protokollerklärung zu Absatz 2:

[1]Bei der Berechnung des durchschnittlich gezahlten monatlichen Entgelts werden die gezahlten Entgelte der drei Monate addiert und durch drei geteilt; dies gilt auch bei einer Änderung des Beschäftigungsumfangs. [2]Ist im Bemessungszeitraum nicht für alle Kalendertage Entgelt gezahlt worden, werden die gezahlten Entgelte der drei Monate addiert, durch die Zahl der Kalendertage mit Entgelt geteilt und sodann mit 30,67 multipliziert. [3]Zeiträume, für die Krankengeldzuschuss gezahlt worden ist, bleiben hierbei unberücksichtigt. [4]Besteht während des Bemessungszeitraums an weniger als 30 Kalendertagen Anspruch auf Entgelt, ist der letzte Kalendermonat, in dem für alle Kalendertage Anspruch auf Entgelt bestand, maßgeblich.

Niederschriftserklärung zu § 20 Abs. 2 Satz 1:

Die Tarifvertragsparteien stimmen überein, dass die Beschäftigten der Entgeltgruppe 2Ü zu den Entgeltgruppen 1 bis 8 und die Beschäftigten der Entgeltgruppe 15Ü zu den Entgeltgruppen 13 bis 15 gehören.

(2.1) Für Beschäftigte, die in eine der Entgeltgruppen P 5 bis P 16 eingruppiert sind, gilt Absatz 2 Satz 1 in folgender Fassung:

„[1]Die Jahressonderzahlung beträgt bei Beschäftigten, für die die Regelungen des Tarifgebiets West Anwendung finden,

in den Entgeltgruppen P 5 bis P 8	79,74 Prozent
in den Entgeltgruppen P 9 bis P 16	70,48 Prozent

des der/dem Beschäftigten in den Kalendermonaten Juli, August und September durchschnittlich gezahlten monatlichen Entgelts; unberücksichtigt bleiben hierbei das zusätzlich für Überstunden und Mehrarbeit gezahlte Entgelt (mit Ausnahme der im Dienstplan vorgesehenen Überstunden und Mehrarbeit), Leistungszulagen, Leistungs- und Erfolgsprämien."

Protokollerklärung zu Absatz 2.1:

Die Protokollerklärung zu Absatz 2 gilt entsprechend.

(2.2)[1] Auf Beschäftigte der Entgeltgruppe S 9 findet der in § 20 Abs. 2 Satz 1 für die Entgeltgruppen 1 bis 8 ausgewiesene Prozentsatz Anwendung.

(3) Für Beschäftigte, für die die Regelungen des Tarifgebiets Ost Anwendung finden, gelten Absätze 2 bis 2.2 mit der Maßgabe, dass die Bemessungssätze für die Jahressonderzahlung bis zum Kalenderjahr 2018 75 Prozent, im Kalenderjahr 2019 82 Prozent, im Kalenderjahr 2020 88 Prozent, im Kalenderjahr 2021 94 Prozent und ab dem Kalenderjahr 2022 100 Prozent der dort genannten Prozentsätze betragen.

(4) [1]Der Anspruch nach den Absätzen 1 bis 3 vermindert sich um ein Zwölftel für jeden Kalendermonat, in dem Beschäftigte keinen Anspruch auf Entgelt oder Fortzahlung des Entgelts nach § 21 haben. [2]Die Verminderung unterbleibt für Kalendermonate,

1. für die Beschäftigte kein Tabellenentgelt erhalten haben wegen
   a) Ableistung von Grundwehrdienst oder Zivildienst, wenn sie diesen vor dem 1. Dezember beendet und die Beschäftigung unverzüglich wieder aufgenommen haben,
   b) Beschäftigungsverboten nach dem Mutterschutzgesetz,
   c) Inanspruchnahme der Elternzeit nach dem Bundeselterngeld- und Elternzeitgesetz bis zum Ende des Kalenderjahres, in dem das Kind geboren ist, wenn am Tag vor Antritt der Elternzeit Entgeltanspruch bestanden hat;

      Niederschriftserklärung zu § 20 Abs. 4 Satz 2 Nr. 1 Buchst. c:

      Dem Entgeltanspruch steht der Anspruch auf Zuschuss zum Mutterschaftsgeld gleich.
2. in denen Beschäftigten Krankengeldzuschuss gezahlt wurde oder nur wegen der Höhe des zustehenden Krankengelds ein Krankengeldzuschuss nicht gezahlt worden ist.

(5) [1]Die Jahressonderzahlung wird mit dem Tabellenentgelt für November ausgezahlt. [2]Ein Teilbetrag der Jahressonderzahlung kann zu einem früheren Zeitpunkt ausgezahlt werden.

(6) *(aufgehoben)*

§ 21 Bemessungsgrundlage für die Entgeltfortzahlung. [1]In den Fällen der Entgeltfortzahlung nach § 6 Abs. 3 Satz 1, § 22 Abs. 1, § 26, § 27 und § 29 werden das Tabellenentgelt sowie die sonstigen in Monatsbeträgen festgelegten Entgeltbestandteile weitergezahlt. [2]Die nicht in Monatsbeträgen festgelegten Entgeltbestandteile werden als Durchschnitt auf Basis der dem maßgebenden Ereignis für die Entgeltfortzahlung vorhergehenden letzten drei vollen Kalendermonate (Berechnungszeitraum) gezahlt. [3]Ausgenommen hiervon sind das zusätzlich für Überstunden und Mehrarbeit gezahlte Entgelt (mit Ausnahme

[1] Entspricht redaktionell angepasst § 52 Abs. 4 BT-B.

der im Dienstplan vorgesehenen Überstunden und Mehrarbeit), Leistungsentgelte, Jahressonderzahlungen sowie besondere Zahlungen nach § 23 Abs. 2 und 3.

Protokollerklärungen zu den Sätzen 2 und 3:

1. [1] Volle Kalendermonate im Sinne der Durchschnittsberechnung nach Satz 2 sind Kalendermonate, in denen an allen Kalendertagen das Arbeitsverhältnis bestanden hat. [2] Hat das Arbeitsverhältnis weniger als drei Kalendermonate bestanden, sind die vollen Kalendermonate, in denen das Arbeitsverhältnis bestanden hat, zugrunde zu legen. [3] Bei Änderungen der individuellen Arbeitszeit werden die nach der Arbeitszeitänderung liegenden vollen Kalendermonate zugrunde gelegt.

2. [1] Der Tagesdurchschnitt nach Satz 2 beträgt bei einer durchschnittlichen Verteilung der regelmäßigen wöchentlichen Arbeitszeit auf fünf Tage 1/65 aus der Summe der zu berücksichtigenden Entgeltbestandteile, die für den Berechnungszeitraum zugestanden haben. [2] Maßgebend ist die Verteilung der Arbeitszeit zu Beginn des Berechnungszeitraums. [3] Bei einer abweichenden Verteilung der Arbeitszeit ist der Tagesdurchschnitt entsprechend Satz 1 und 2 zu ermitteln.

3. [1] Liegt zwischen der Begründung des Arbeitsverhältnisses oder der Änderung der individuellen Arbeitszeit und dem maßgeblichen Ereignis für die Entgeltfortzahlung kein voller Kalendermonat, ist der Tagesdurchschnitt anhand der konkreten individuellen Daten zu ermitteln. [2] Dazu ist die Summe der zu berücksichtigenden Entgeltbestandteile, die für diesen Zeitraum zugestanden haben, durch die Zahl der tatsächlich in diesem Zeitraum erbrachten Arbeitstage zu teilen.

4. [1] Tritt die Fortzahlung des Entgelts nach einer allgemeinen Entgeltanpassung ein, ist die/der Beschäftigte so zu stellen, als sei die Entgeltanpassung bereits mit Beginn des Berechnungszeitraums eingetreten. [2] Der Erhöhungssatz beträgt für

– vor dem 1. März 2018 zustehende Entgeltbestandteile 3,19 v.H.,

– vor dem 1. April 2019 zustehende Entgeltbestandteile 3,09 v.H. und

– vor dem 1. März 2020 zustehende Entgeltbestandteile 1,06 v.H.

§ 22 Entgelt im Krankheitsfall. (1) [1] Werden Beschäftigte durch Arbeitsunfähigkeit infolge Krankheit an der Arbeitsleistung verhindert, ohne dass sie ein Verschulden trifft, erhalten sie bis zur Dauer von sechs Wochen das Entgelt nach § 21. [2] Bei erneuter Arbeitsunfähigkeit infolge derselben Krankheit sowie bei Beendigung des Arbeitsverhältnisses gelten die gesetzlichen Bestimmungen. [3] Als unverschuldete Arbeitsunfähigkeit im Sinne der Sätze 1 und 2 gilt auch die Arbeitsverhinderung in Folge einer Maßnahme der medizinischen Vorsorge und Rehabilitation im Sinne von § 9 EFZG.

Protokollerklärung zu Absatz 1 Satz 1:

Ein Verschulden liegt nur dann vor, wenn die Arbeitsunfähigkeit vorsätzlich oder grob fahrlässig herbeigeführt wurde.

(2) [1] Nach Ablauf des Zeitraums gemäß Absatz 1 erhalten die Beschäftigten für die Zeit, für die ihnen Krankengeld oder entsprechende gesetzliche Leistungen gezahlt werden, einen Krankengeldzuschuss in Höhe des Unterschiedsbetrags zwischen den tatsächlichen Barleistungen des Sozialleistungsträgers und dem Nettoentgelt. [2] Nettoentgelt ist das um die gesetzlichen Abzüge verminderte Entgelt im Sinne des § 21 (mit Ausnahme der Leistungen nach § 23 Abs. 1); bei freiwillig in der gesetzlichen Krankenversicherung versicherten Beschäftigten ist dabei deren Gesamtkranken- und Pflegeversicherungsbeitrag

abzüglich Arbeitgeberzuschuss zu berücksichtigen. [3]Für Beschäftigte, die nicht der Versicherungspflicht in der gesetzlichen Krankenversicherung unterliegen und bei einem privaten Krankenversicherungsunternehmen versichert sind, ist bei der Berechnung des Krankengeldzuschusses der Krankengeldhöchstsatz, der bei Pflichtversicherung in der gesetzlichen Krankenversicherung zustünde, zugrunde zu legen. [4]Bei Teilzeitbeschäftigten ist das nach Satz 3 bestimmte fiktive Krankengeld entsprechend § 24 Abs. 2 zeitanteilig umzurechnen.

(3) [1]Der Krankengeldzuschuss wird bei einer Beschäftigungszeit (§ 34 Abs. 3)

von mehr als einem Jahr längstens bis zum Ende der 13. Woche und
von mehr als drei Jahren längstens bis zum Ende der 39. Woche

seit dem Beginn der Arbeitsunfähigkeit infolge derselben Krankheit gezahlt. [2]Maßgeblich für die Berechnung der Fristen nach Satz 1 ist die Beschäftigungszeit, die im Laufe der krankheitsbedingten Arbeitsunfähigkeit vollendet wird.

(4) [1]Entgelt im Krankheitsfall wird nicht über das Ende des Arbeitsverhältnisses hinaus gezahlt; § 8 EFZG bleibt unberührt. [2]Krankengeldzuschuss wird zudem nicht über den Zeitpunkt hinaus gezahlt, von dem an Beschäftigte eine Rente oder eine vergleichbare Leistung auf Grund eigener Versicherung aus der gesetzlichen Rentenversicherung, aus einer zusätzlichen Alters- und Hinterbliebenenversorgung oder aus einer sonstigen Versorgungseinrichtung erhalten, die nicht allein aus Mitteln der Beschäftigten finanziert ist. [3]Innerhalb eines Kalenderjahres kann das Entgelt im Krankheitsfall nach Absatz 1 und 2 insgesamt längstens bis zum Ende der in Absatz 3 Satz 1 genannten Fristen bezogen werden; bei jeder neuen Arbeitsunfähigkeit besteht jedoch mindestens der sich aus Absatz 1 ergebende Anspruch. [4]Überzahlter Krankengeldzuschuss und sonstige Überzahlungen gelten als Vorschuss auf die in demselben Zeitraum zustehenden Leistungen nach Satz 2; soweit es sich nicht um öffentlich-rechtliche Sozialversicherungsansprüche auf Rente handelt, gehen die Ansprüche der Beschäftigten insoweit auf den Arbeitgeber über. [5]Der Arbeitgeber kann von der Rückforderung des Teils des überzahlten Betrags, der nicht durch die für den Zeitraum der Überzahlung zustehenden Bezüge im Sinne des Satzes 2 ausgeglichen worden ist, absehen, es sei denn, die/der Beschäftigte hat dem Arbeitgeber die Zustellung des Rentenbescheids schuldhaft verspätet mitgeteilt.

§ 23 Besondere Zahlungen. (1) [1]Nach Maßgabe des Vermögensbildungsgesetzes in seiner jeweiligen Fassung haben Beschäftigte, deren Arbeitsverhältnis voraussichtlich mindestens sechs Monate dauert, einen Anspruch auf vermögenswirksame Leistungen. [2]Für Vollbeschäftigte beträgt die vermögenswirksame Leistung für jeden vollen Kalendermonat 6,65 Euro. [3]Der Anspruch entsteht frühestens für den Kalendermonat, in dem die/der Beschäftigte dem Arbeitgeber die erforderlichen Angaben schriftlich mitteilt, und für die beiden vorangegangenen Monate desselben Kalenderjahres; die Fälligkeit tritt nicht vor acht Wochen nach Zugang der Mitteilung beim Arbeitgeber ein. [4]Die vermögenswirksame Leistung wird nur für Kalendermonate gewährt, für die den Beschäftigten Tabellenentgelt, Entgeltfortzahlung oder Krankengeldzuschuss zusteht. [5]Für Zeiten, für die Krankengeldzuschuss zusteht, ist die vermögenswirksame Leistung Teil des Krankengeldzuschusses. [6]Die vermögenswirksame Leistung ist kein zusatzversorgungspflichtiges Entgelt.

(2) [1]Beschäftigte erhalten ein Jubiläumsgeld bei Vollendung einer Beschäftigungszeit (§ 34 Abs. 3)

a) von 25 Jahren in Höhe von 350 Euro,

b) von 40 Jahren in Höhe von 500 Euro.

[2]Teilzeitbeschäftigte erhalten das Jubiläumsgeld in voller Höhe. [3]Durch Betriebs-/Dienstvereinbarung können günstigere Regelungen getroffen werden.

(3) [1]Beim Tod von Beschäftigten, deren Arbeitsverhältnis nicht geruht hat, wird der Ehegattin/dem Ehegatten oder der Lebenspartnerin/dem Lebenspartner im Sinne des Lebenspartnerschaftsgesetzes oder den Kindern ein Sterbegeld gewährt. [2]Als Sterbegeld wird für die restlichen Tage des Sterbemonats und – in einer Summe – für zwei weitere Monate das Tabellenentgelt der/des Verstorbenen gezahlt. [3]Die Zahlung des Sterbegeldes an einen der Berechtigten bringt den Anspruch der Übrigen gegenüber dem Arbeitgeber zum Erlöschen; die Zahlung auf das Gehaltskonto hat befreiende Wirkung. [4]Betrieblich können eigene Regelungen getroffen werden.

(4) [1]Die Erstattung von Reise- und ggf. Umzugskosten richtet sich nach den beim Arbeitgeber geltenden Grundsätzen. [2]Für Arbeitgeber, die öffentlichem Haushaltsrecht unterliegen, finden, wenn diese nicht nach eigenen Grundsätzen verfahren, die für Beamtinnen und Beamte geltenden Bestimmungen Anwendung.[1)]

§ 24 Berechnung und Auszahlung des Entgelts. (1) [1]Bemessungszeitraum für das Tabellenentgelt und die sonstigen Entgeltbestandteile ist der Kalendermonat, soweit tarifvertraglich nicht ausdrücklich etwas Abweichendes geregelt ist. [2]Die Zahlung erfolgt am letzten Tag des Monats (Zahltag) für den laufenden Kalendermonat auf ein von der/dem Beschäftigten benanntes Konto innerhalb eines Mitgliedstaats der Europäischen Union. [3]Fällt der Zahltag auf einen Samstag, einen Wochenfeiertag oder den 31. Dezember, gilt der vorhergehende Werktag, fällt er auf einen Sonntag, gilt der zweite vorhergehende Werktag als Zahltag. [4]Entgeltbestandteile, die nicht in Monatsbeträgen festgelegt sind, sowie der Tagesdurchschnitt nach § 21 sind am Zahltag des zweiten Kalendermonats, der auf ihre Entstehung folgt, fällig.

Protokollerklärungen zu Absatz 1:

1. *Teilen Beschäftigte ihrem Arbeitgeber die für eine kostenfreie bzw. kostengünstigere Überweisung in einen anderen Mitgliedstaat der Europäischen Union erforderlichen Angaben nicht rechtzeitig mit, so tragen sie die dadurch entstehenden zusätzlichen Überweisungskosten.*
2. *Soweit Arbeitgeber die Bezüge am 15. eines jeden Monats für den laufenden Monat zahlen, können sie jeweils im Dezember eines Kalenderjahres den Zahltag vom 15. auf den letzten Tag des Monats gemäß Absatz 1 Satz 1 verschieben.*

(2) Soweit tarifvertraglich nicht ausdrücklich etwas anderes geregelt ist, erhalten Teilzeitbeschäftigte das Tabellenentgelt (§ 15) und alle sonstigen Entgeltbestandteile in dem Umfang, der dem Anteil ihrer individuell vereinbarten durchschnittlichen Arbeitszeit an der regelmäßigen Arbeitszeit vergleichbarer Vollzeitbeschäftigter entspricht.

(3) [1]Besteht der Anspruch auf das Tabellenentgelt oder die sonstigen Entgeltbestandteile nicht für alle Tage eines Kalendermonats, wird nur der Teil gezahlt, der auf den Anspruchszeitraum entfällt. [2]Besteht nur für einen Teil

[1)] Entspricht § 54 BT-B.

eines Kalendertags Anspruch auf Entgelt, wird für jede geleistete dienstplanmäßige oder betriebsübliche Arbeitsstunde der auf eine Stunde entfallende Anteil des Tabellenentgelts sowie der sonstigen in Monatsbeträgen festgelegten Entgeltbestandteile gezahlt. [3] Zur Ermittlung des auf eine Stunde entfallenden Anteils sind die in Monatsbeträgen festgelegten Entgeltbestandteile durch das 4,348-fache der regelmäßigen wöchentlichen Arbeitszeit (§ 6 Abs. 1 und entsprechende Sonderregelungen) zu teilen.

(4) [1] Ergibt sich bei der Berechnung von Beträgen ein Bruchteil eines Cents von mindestens 0,5, ist er aufzurunden; ein Bruchteil von weniger als 0,5 ist abzurunden. [2] Zwischenrechnungen werden jeweils auf zwei Dezimalstellen durchgeführt. [3] Jeder Entgeltbestandteil ist einzeln zu runden.

(5) Entfallen die Voraussetzungen für eine Zulage im Laufe eines Kalendermonats, gilt Absatz 3 entsprechend.

(6) Einzelvertraglich können neben dem Tabellenentgelt zustehende Entgeltbestandteile (z.B. Zeitzuschläge, Erschwerniszuschläge) pauschaliert werden.

§ 25 Betriebliche Altersversorgung. Die Beschäftigten haben Anspruch auf Versicherung unter eigener Beteiligung zum Zwecke einer zusätzlichen Alters- und Hinterbliebenenversorgung nach Maßgabe des Tarifvertrages über die betriebliche Altersversorgung der Beschäftigten des öffentlichen Dienstes (Tarifvertrag Altersversorgung – ATV) bzw. des Tarifvertrages über die zusätzliche Altersvorsorge der Beschäftigten des öffentlichen Dienstes – Altersvorsorge-TV-Kommunal – (ATV-K) in ihrer jeweils geltenden Fassung.

Niederschriftserklärung zu Abschnitt III *(aufgehoben)*

Abschnitt IV. Urlaub und Arbeitsbefreiung

§ 26 Erholungsurlaub. (1) [1] Beschäftigte haben in jedem Kalenderjahr Anspruch auf Erholungsurlaub unter Fortzahlung des Entgelts (§ 21). [2] Bei Verteilung der wöchentlichen Arbeitszeit auf fünf Tage in der Kalenderwoche beträgt der Urlaubsanspruch in jedem Kalenderjahr 30 Arbeitstage. [3] Bei einer anderen Verteilung der wöchentlichen Arbeitszeit als auf fünf Tage in der Woche erhöht oder vermindert sich der Urlaubsanspruch entsprechend. [4] Verbleibt bei der Berechnung des Urlaubs ein Bruchteil, der mindestens einen halben Urlaubstag ergibt, wird er auf einen vollen Urlaubstag aufgerundet; Bruchteile von weniger als einem halben Urlaubstag bleiben unberücksichtigt. [5] Der Erholungsurlaub muss im laufenden Kalenderjahr gewährt und kann auch in Teilen genommen werden. [6] Die Beschäftigten an Heimschulen und Internaten haben den Urlaub in der Regel während der Schulferien zu nehmen. [7] Die Sonderregelungen für Lehrkräfte bleiben unberührt.[1)]

Protokollerklärung zu Absatz 1 Satz 5:

Der Urlaub soll grundsätzlich zusammenhängend gewährt werden; dabei soll ein Urlaubsteil von zwei Wochen Dauer angestrebt werden.

Niederschriftserklärung zu Abs. 1:

(aufgehoben)

(2) Im Übrigen gilt das Bundesurlaubsgesetz mit folgenden Maßgaben:

[1)] Abs. 1 Sätze 7 und 8 entsprechen § 52 BT-B.

a) Im Falle der Übertragung muss der Erholungsurlaub in den ersten drei Monaten des folgenden Kalenderjahres angetreten werden. Kann der Erholungsurlaub wegen Arbeitsunfähigkeit oder aus betrieblichen/dienstlichen Gründen nicht bis zum 31. März angetreten werden, ist er bis zum 31. Mai anzutreten.
b) Beginnt oder endet das Arbeitsverhältnis im Laufe eines Jahres, erhält die/der Beschäftigte als Erholungsurlaub für jeden vollen Monat des Arbeitsverhältnisses ein Zwölftel des Urlaubsanspruchs nach Absatz 1; § 5 BUrlG bleibt unberührt.
c) Ruht das Arbeitsverhältnis, so vermindert sich die Dauer des Erholungsurlaubs einschließlich eines etwaigen Zusatzurlaubs für jeden vollen Kalendermonat um ein Zwölftel.
d) Das nach Absatz 1 Satz 1 fort zu zahlende Entgelt wird zu dem in § 24 genannten Zeitpunkt gezahlt.

§ 27 Zusatzurlaub. (1) Beschäftigte, die ständig Wechselschichtarbeit nach § 7 Abs. 1 oder ständig Schichtarbeit nach § 7 Abs. 2 leisten und denen die Zulage nach § 8 Abs. 5 Satz 1 oder Abs. 6 Satz 1 zusteht, erhalten

a) bei Wechselschichtarbeit für je zwei zusammenhängende Monate und
b) bei Schichtarbeit für je vier zusammenhängende Monate

einen Arbeitstag Zusatzurlaub.

(2) *(nicht besetzt)*

(3) Im Falle nicht ständiger Wechselschichtarbeit und nicht ständiger Schichtarbeit soll bei annähernd gleicher Belastung die Gewährung zusätzlicher Urlaubstage durch Betriebs-/Dienstvereinbarung geregelt werden.

(3.1) [1] Beschäftigte erhalten bei einer Leistung im Kalenderjahr von mindestens

150 Nachtarbeitsstunden	1 Arbeitstag
300 Nachtarbeitsstunden	2 Arbeitstage
450 Nachtarbeitsstunden	3 Arbeitstage
600 Nachtarbeitsstunden	4 Arbeitstage

Zusatzurlaub im Kalenderjahr. [2] Nachtarbeitsstunden, die in Zeiträumen geleistet werden, für die Zusatzurlaub für Wechselschicht- oder Schichtarbeit zusteht, bleiben unberücksichtigt.[1)]

(3.2) Bei Anwendung des Absatzes 3.1 werden nur die im Rahmen der regelmäßigen Arbeitszeit (§ 6) in der Zeit zwischen 21 Uhr und 6 Uhr dienstplanmäßig bzw. betriebsüblich geleisteten Nachtarbeitsstunden berücksichtigt.[2)]

(3.3) [1] Bei Teilzeitbeschäftigten ist die Zahl der nach Absatz 3.1 geforderten Nachtarbeitsstunden entsprechend dem Verhältnis ihrer individuell vereinbarten durchschnittlichen regelmäßigen Arbeitszeit zur regelmäßigen Arbeitszeit vergleichbarer Vollzeitbeschäftigter zu kürzen. [2] Ist die vereinbarte Arbeitszeit im Durchschnitt des Urlaubsjahres auf weniger als fünf Arbeitstage in der Kalenderwoche verteilt, ist der Zusatzurlaub in entsprechender Anwendung des § 26 Abs. 1 Sätze 3 und 4 zu ermitteln.[3)]

[1)] Entspricht § 53 Satz 1 und 2 BT-B.
[2)] Entspricht § 53 Abs. 2 BT-B.
[3)] Entspricht § 53 Abs. 3 BT-B.

(3.4) [1] Die Beschäftigten erhalten für die Zeit der Bereitschaftsdienste in den Nachtstunden (§ 7 Abs. 5) einen Zusatzurlaub in Höhe von zwei Arbeitstagen pro Kalenderjahr, sofern mindestens 288 Stunden der Bereitschaftsdienste kalenderjährlich in die Zeit zwischen 21.00 bis 6.00 Uhr fallen. [2] Absatz 3.1 Satz 2 und Absatz 3.3 gelten entsprechend.[1)]

(4) [1] Zusatzurlaub nach diesem Tarifvertrag und sonstigen Bestimmungen mit Ausnahme des gesetzlichen zusätzlichen Urlaubs für schwerbehinderte Menschen wird nur bis zu insgesamt sechs Arbeitstagen im Kalenderjahr gewährt. [2] Erholungsurlaub und Zusatzurlaub (Gesamturlaub) dürfen im Kalenderjahr zusammen 35 Arbeitstage, bei Zusatzurlaub wegen Wechselschichtarbeit 36 Tage, nicht überschreiten.[2)] [3] Bei Beschäftigten, die das 50. Lebensjahr vollendet haben, gilt abweichend von Satz 2 eine Höchstgrenze von 36 Arbeitstagen; maßgebend für die Berechnung der Urlaubsdauer ist das Lebensjahr, das im Laufe des Kalenderjahres vollendet wird.

(5) Im Übrigen gilt § 26 mit Ausnahme von Absatz 2 Buchst. b entsprechend.

Protokollerklärung zu den Absätzen 1, 2 und 3.1:[3)]

1. *[1] Der Anspruch auf Zusatzurlaub nach den Absätzen 1 und 2 bemisst sich nach der abgeleisteten Schicht- oder Wechselschichtarbeit und entsteht im laufenden Jahr, sobald die Voraussetzungen nach Absatz 1 erfüllt sind. [2] Für die Feststellung, ob ständige Wechselschichtarbeit oder ständige Schichtarbeit vorliegt, ist eine Unterbrechung durch Arbeitsbefreiung, Freizeitausgleich, bezahlten Urlaub oder Arbeitsunfähigkeit in den Grenzen des § 22 unschädlich.*
2. *Der Anspruch auf Zusatzurlaub nach Absatz 3.1 bemisst sich nach den abgeleisteten Nachtarbeitsstunden und entsteht im laufenden Jahr, sobald die Voraussetzungen nach Absatz 3.1 Satz 1 erfüllt sind.*

§ 28 Sonderurlaub. Beschäftigte können bei Vorliegen eines wichtigen Grundes unter Verzicht auf die Fortzahlung des Entgelts Sonderurlaub erhalten.

§ 29 Arbeitsbefreiung. (1) [1] Als Fälle nach § 616 BGB, in denen Beschäftigte unter Fortzahlung des Entgelts nach § 21 im nachstehend genannten Ausmaß von der Arbeit freigestellt werden, gelten nur die folgenden Anlässe:

a)	Niederkunft der Ehefrau/der Lebenspartnerin im Sinne des Lebenspartnerschaftsgesetzes	ein Arbeitstag,
b)	Tod der Ehegattin/des Ehegatten, der Lebenspartnerin/des Lebenspartners im Sinne des Lebenspartnerschaftsgesetzes, eines Kindes oder Elternteils	zwei Arbeitstage,
c)	Umzug aus dienstlichem oder betrieblichem Grund an einen anderen Ort	ein Arbeitstag,
d)	25- und 40-jähriges Arbeitsjubiläum	ein Arbeitstag,
e)	schwere Erkrankung	
	aa) einer/eines Angehörigen, soweit sie/er in demselben Haushalt lebt,	ein Arbeitstag im Kalenderjahr,

1) Entspricht redaktionell angepasst § 55 Abs. 4 BT-B.

2) Entspricht § 53 Satz 3 BT-B.

3) Nr. 1 Protokollerklärung redaktionell angepasst; Nr. 2 Protokollerklärung entspricht Protokollerklärung zu § 53 Abs. 1 BT-B.

bb) eines Kindes, das das 12. Lebensjahr noch nicht vollendet hat, wenn im laufenden Kalenderjahr kein Anspruch nach § 45 SGB V besteht oder bestanden hat,	bis zu vier Arbeitstage im Kalenderjahr,
cc) einer Betreuungsperson, wenn Beschäftigte deshalb die Betreuung ihres Kindes, das das 8. Lebensjahr noch nicht vollendet hat oder wegen körperlicher, geistiger oder seelischer Behinderung dauernd pflegebedürftig ist, übernehmen müssen,	bis zu vier Arbeitstage im Kalenderjahr,
f) Ärztliche Behandlung von Beschäftigten, wenn diese während der Arbeitszeit erfolgen muss,	erforderliche nachgewiesene Abwesenheitszeit einschließlich erforderlicher Wegezeiten.

Niederschriftserklärung zu § 29 Abs. 1 Buchst. f:
Die ärztliche Behandlung erfasst auch die ärztliche Untersuchung und die ärztlich verordnete Behandlung.

[2]Eine Freistellung nach Satz 1 Buchstabe e erfolgt nur, soweit eine andere Person zur Pflege oder Betreuung nicht sofort zur Verfügung steht und die Ärztin/der Arzt in den Fällen der Doppelbuchstaben aa und bb die Notwendigkeit der Anwesenheit der/des Beschäftigten zur vorläufigen Pflege bescheinigt. [3]Die Freistellung nach Satz 1 Buchstabe e darf insgesamt fünf Arbeitstage im Kalenderjahr nicht überschreiten.

(2) [1]Bei Erfüllung allgemeiner staatsbürgerlicher Pflichten nach deutschem Recht, soweit die Arbeitsbefreiung gesetzlich vorgeschrieben ist und soweit die Pflichten nicht außerhalb der Arbeitszeit, gegebenenfalls nach ihrer Verlegung, wahrgenommen werden können, besteht der Anspruch auf Fortzahlung des Entgelts nach § 21 nur insoweit, als Beschäftigte nicht Ansprüche auf Ersatz des Entgelts geltend machen können. [2]Das fortgezahlte Entgelt gilt in Höhe des Ersatzanspruchs als Vorschuss auf die Leistungen der Kostenträger. [3]Die Beschäftigten haben den Ersatzanspruch geltend zu machen und die erhaltenen Beträge an den Arbeitgeber abzuführen.

(3) [1]Der Arbeitgeber kann in sonstigen dringenden Fällen Arbeitsbefreiung unter Fortzahlung des Entgelts nach § 21 bis zu drei Arbeitstagen gewähren. [2]In begründeten Fällen kann bei Verzicht auf das Entgelt kurzfristige Arbeitsbefreiung gewährt werden, wenn die dienstlichen oder betrieblichen Verhältnisse es gestatten.

Protokollerklärung zu Absatz 3 Satz 2:
Zu den „begründeten Fällen" können auch solche Anlässe gehören, für die nach Absatz 1 kein Anspruch auf Arbeitsbefreiung besteht (z.B. Umzug aus persönlichen Gründen).

(4) [1]Zur Teilnahme an Tagungen kann den gewählten Vertreterinnen/Vertretern der Bezirksvorstände, der Landesbezirksvorstände, der Landesbezirksfachbereichsvorstände, der Bundesfachbereichsvorstände, der Bundesfachgruppenvorstände sowie des Gewerkschaftsrates bzw. entsprechender Gremien anderer vertragsschließender Gewerkschaften auf Anfordern der Gewerkschaften Arbeitsbefreiung bis zu acht Werktagen im Jahr unter Fortzahlung des Entgelts

nach § 21 erteilt werden, sofern nicht dringende dienstliche oder betriebliche Interessen entgegenstehen. [2] Zur Teilnahme an Tarifverhandlungen mit dem Bund und der VKA oder ihrer Mitgliedverbände kann auf Anfordern einer der vertragsschließenden Gewerkschaften Arbeitsbefreiung unter Fortzahlung des Entgelts nach § 21 ohne zeitliche Begrenzung erteilt werden.

(5) Zur Teilnahme an Sitzungen von Prüfungs- und von Berufsbildungsausschüssen nach dem Berufsbildungsgesetz sowie für eine Tätigkeit in Organen von Sozialversicherungsträgern kann den Mitgliedern Arbeitsbefreiung unter Fortzahlung des Entgelts nach § 21 gewährt werden, sofern nicht dringende dienstliche oder betriebliche Interessen entgegenstehen.

Abschnitt V. Befristung und Beendigung des Arbeitsverhältnisses

§ 30 Befristete Arbeitsverträge. (1) [1] Befristete Arbeitsverträge sind nach Maßgabe des Teilzeit- und Befristungsgesetzes sowie anderer gesetzlicher Vorschriften über die Befristung von Arbeitsverträgen zulässig. [2] Für Beschäftigte, auf die die Regelungen des Tarifgebiets West Anwendung finden und deren Tätigkeit vor dem 1. Januar 2005 der Rentenversicherung der Angestellten unterlegen hätte, gelten die in den Absätzen 2 bis 5 geregelten Besonderheiten; dies gilt nicht für Arbeitsverhältnisse, für die die §§ 57aff. HRG, das Gesetz über befristete Arbeitsverträge in der Wissenschaft (Wissenschaftszeitvertragsgesetz) oder gesetzliche Nachfolgeregelungen unmittelbar oder entsprechend gelten.

(2) [1] Kalendermäßig befristete Arbeitsverträge mit sachlichem Grund sind nur zulässig, wenn die Dauer des einzelnen Vertrages fünf Jahre nicht übersteigt; weitergehende Regelungen im Sinne von § 23 TzBfG bleiben unberührt. [2] Beschäftigte mit einem Arbeitsvertrag nach Satz 1 sind bei der Besetzung von Dauerarbeitsplätzen bevorzugt zu berücksichtigen, wenn die sachlichen und persönlichen Voraussetzungen erfüllt sind.

(3) [1] Ein befristeter Arbeitsvertrag ohne sachlichen Grund soll in der Regel zwölf Monate nicht unterschreiten; die Vertragsdauer muss mindestens sechs Monate betragen. [2] Vor Ablauf des Arbeitsvertrages hat der Arbeitgeber zu prüfen, ob eine unbefristete oder befristete Weiterbeschäftigung möglich ist.

(4) [1] Bei befristeten Arbeitsverträgen ohne sachlichen Grund gelten die ersten sechs Wochen und bei befristeten Arbeitsverträgen mit sachlichem Grund die ersten sechs Monate als Probezeit. [2] Innerhalb der Probezeit kann der Arbeitsvertrag mit einer Frist von zwei Wochen zum Monatsschluss gekündigt werden.

(5) [1] Eine ordentliche Kündigung nach Ablauf der Probezeit ist nur zulässig, wenn die Vertragsdauer mindestens zwölf Monate beträgt. [2] Nach Ablauf der Probezeit beträgt die Kündigungsfrist in einem oder mehreren aneinandergereihten Arbeitsverhältnissen bei demselben Arbeitgeber

von insgesamt mehr als sechs Monaten	vier Wochen,
von insgesamt mehr als einem Jahr	sechs Wochen
zum Schluss eines Kalendermonats,	
von insgesamt mehr als zwei Jahren	drei Monate,
von insgesamt mehr als drei Jahren	vier Monate
zum Schluss eines Kalendervierteljahres.	

[3] Eine Unterbrechung bis zu drei Monaten ist unschädlich, es sei denn, dass das Ausscheiden von der/dem Beschäftigten verschuldet oder veranlasst war. [4] Die Unterbrechungszeit bleibt unberücksichtigt.

Protokollerklärung zu Absatz 5:

Bei mehreren aneinandergereihten Arbeitsverhältnissen führen weitere vereinbarte Probezeiten nicht zu einer Verkürzung der Kündigungsfrist.

(6) Die §§ 31, 32 bleiben von den Regelungen der Absätze 3 bis 5 unberührt.

§ 31 Führung auf Probe. (1) [1] Führungspositionen können als befristetes Arbeitsverhältnis bis zur Gesamtdauer von zwei Jahren vereinbart werden. [2] Innerhalb dieser Gesamtdauer ist eine höchstens zweimalige Verlängerung des Arbeitsvertrages zulässig. [3] Die beiderseitigen Kündigungsrechte bleiben unberührt.

(2) Führungspositionen sind die ab Entgeltgruppe 10 zugewiesenen Tätigkeiten mit Weisungsbefugnis, die vor Übertragung vom Arbeitgeber ausdrücklich als Führungspositionen auf Probe bezeichnet worden sind.

(3) [1] Besteht bereits ein Arbeitsverhältnis mit demselben Arbeitgeber, kann der/dem Beschäftigten vorübergehend eine Führungsposition bis zu der in Absatz 1 genannten Gesamtdauer übertragen werden. [2] Der/Dem Beschäftigten wird für die Dauer der Übertragung eine Zulage in Höhe des Unterschiedsbetrags zwischen den Tabellenentgelten nach der bisherigen Entgeltgruppe und dem sich bei Höhergruppierung nach § 17 Abs. 4 Satz 1 ergebenden Tabellenentgelt gewährt. [3] Nach Fristablauf endet die Erprobung. [4] Bei Bewährung wird die Führungsfunktion auf Dauer übertragen; ansonsten erhält die/der Beschäftigte eine der bisherigen Eingruppierung entsprechende Tätigkeit.

§ 32 Führung auf Zeit. (1) [1] Führungspositionen können als befristetes Arbeitsverhältnis bis zur Dauer von vier Jahren vereinbart werden. [2] Folgende Verlängerungen des Arbeitsvertrages sind zulässig:

a) in den Entgeltgruppen 10 bis 12 eine höchstens zweimalige Verlängerung bis zu einer Gesamtdauer von acht Jahren,
b) ab Entgeltgruppe 13 eine höchstens dreimalige Verlängerung bis zu einer Gesamtdauer von zwölf Jahren.

[3] Zeiten in einer Führungsposition nach Buchstabe a bei demselben Arbeitgeber können auf die Gesamtdauer nach Buchstabe b zur Hälfte angerechnet werden. [4] Die allgemeinen Vorschriften über die Probezeit (§ 2 Abs. 4) und die beiderseitigen Kündigungsrechte bleiben unberührt.

(2) Führungspositionen sind die ab Entgeltgruppe 10 zugewiesenen Tätigkeiten mit Weisungsbefugnis, die vor Übertragung vom Arbeitgeber ausdrücklich als Führungspositionen auf Zeit bezeichnet worden sind.

(3) [1] Besteht bereits ein Arbeitsverhältnis mit demselben Arbeitgeber, kann der/dem Beschäftigten vorübergehend eine Führungsposition bis zu den in Absatz 1 genannten Fristen übertragen werden. [2] Der/Dem Beschäftigten wird für die Dauer der Übertragung eine Zulage gewährt in Höhe des Unterschiedsbetrags zwischen den Tabellenentgelten nach der bisherigen Entgeltgruppe und dem sich bei Höhergruppierung nach § 17 Abs. 4 Satz 1 ergebenden Tabellenentgelt, zuzüglich eines Zuschlags von 75 v.H. des Unterschiedsbetrags zwischen den Tabellenentgelten der Entgeltgruppe, die der übertragenen Funktion

entspricht, zur nächsthöheren Entgeltgruppe nach § 17 Abs. 4 Satz 1. [3]Nach Fristablauf erhält die/der Beschäftigte eine der bisherigen Eingruppierung entsprechende Tätigkeit; der Zuschlag entfällt.

§ 33 Beendigung des Arbeitsverhältnisses ohne Kündigung. (1) Das Arbeitsverhältnis endet, ohne dass es einer Kündigung bedarf,

a) mit Ablauf des Monats, in dem die/der Beschäftigte das gesetzlich festgelegte Alter zum Erreichen der Regelaltersrente vollendet hat, es sei denn, zwischen dem Arbeitgeber und dem/der Beschäftigten ist während des Arbeitsverhältnisses vereinbart worden, den Beendigungszeitpunkt nach § 41 Satz 3 SGB VI hinauszuschieben,

b) jederzeit im gegenseitigen Einvernehmen (Auflösungsvertrag).

(2) [1]Das Arbeitsverhältnis endet ferner sofern der/dem Beschäftigten der Bescheid eines Rentenversicherungsträgers (Rentenbescheid) zugestellt wird, wonach die/der Beschäftigte eine Rente auf unbestimmte Dauer wegen voller oder teilweiser Erwerbsminderung erhält. [2]Die/Der Beschäftigte hat den Arbeitgeber von der Zustellung des Rentenbescheids unverzüglich zu unterrichten. [3]Das Arbeitsverhältnis endet mit Ablauf des dem Rentenbeginn vorangehenden Tages; frühestens jedoch zwei Wochen nach Zugang der schriftlichen Mitteilung des Arbeitgebers über den Zeitpunkt des Eintritts der auflösenden Bedingung. [4]Liegt im Zeitpunkt der Beendigung des Arbeitsverhältnisses eine nach § 175 SGB IX erforderliche Zustimmung des Integrationsamtes noch nicht vor, endet das Arbeitsverhältnis mit Ablauf des Tages der Zustellung des Zustimmungsbescheids des Integrationsamtes. [5]Das Arbeitsverhältnis endet nicht, wenn nach dem Bescheid des Rentenversicherungsträgers eine Rente auf Zeit gewährt wird. [6]In diesem Fall ruht das Arbeitsverhältnis für den Zeitraum, für den eine Rente auf Zeit gewährt wird; für den Beginn des Ruhens des Arbeitsverhältnisses gilt Satz 3 entsprechend.

(3) Im Falle teilweiser Erwerbsminderung endet bzw. ruht das Arbeitsverhältnis nicht, wenn die/der Beschäftigte nach ihrem/seinem vom Rentenversicherungsträger festgestellten Leistungsvermögen auf ihrem/seinem bisherigen oder einem anderen geeigneten und freien Arbeitsplatz weiterbeschäftigt werden könnte, soweit dringende dienstliche bzw. betriebliche Gründe nicht entgegenstehen, und die/der Beschäftigte innerhalb von zwei Wochen nach Zugang des Rentenbescheids ihre/seine Weiterbeschäftigung schriftlich beantragt.

(4) [1]Verzögert die/der Beschäftigte schuldhaft den Rentenantrag oder bezieht sie/er Altersrente nach § 236 oder § 236a SGB VI oder ist sie/er nicht in der gesetzlichen Rentenversicherung versichert, so tritt an die Stelle des Rentenbescheids das Gutachten einer Amtsärztin/eines Amtsarztes oder einer/eines nach § 3 Abs. 4 Satz 2 bestimmten Ärztin/Arztes. [2]Das Arbeitsverhältnis endet in diesem Fall mit Ablauf des Monats, in dem der/dem Beschäftigten das Gutachten bekannt gegeben worden ist; frühestens jedoch zwei Wochen nach Zugang der schriftlichen Mitteilung des Arbeitgebers über den Zeitpunkt des Eintritts der auflösenden Bedingung.

(5) [1]Soll die/der Beschäftigte, deren/dessen Arbeitsverhältnis nach Absatz 1 Buchst. a geendet hat, weiterbeschäftigt werden, ist ein neuer schriftlicher Arbeitsvertrag abzuschließen. [2]Das Arbeitsverhältnis kann jederzeit mit einer Frist von vier Wochen zum Monatsende gekündigt werden, wenn im Arbeitsvertrag nichts anderes vereinbart ist.

§ 34 Kündigung des Arbeitsverhältnisses. (1) [1]Bis zum Ende des sechsten Monats seit Beginn des Arbeitsverhältnisses beträgt die Kündigungsfrist zwei Wochen zum Monatsschluss. [2]Im Übrigen beträgt die Kündigungsfrist bei einer Beschäftigungszeit (Absatz 3 Satz 1 und 2)

bis zu einem Jahr	ein Monat zum Monatsschluss,
von mehr als einem Jahr	6 Wochen,
von mindestens 5 Jahren	3 Monate,
von mindestens 8 Jahren	4 Monate,
von mindestens 10 Jahren	5 Monate,
von mindestens 12 Jahren	6 Monate

zum Schluss eines Kalendervierteljahres.

(2) [1]Arbeitsverhältnisse von Beschäftigten, die das 40. Lebensjahr vollendet haben und für die die Regelungen des Tarifgebiets West Anwendung finden, können nach einer Beschäftigungszeit (Absatz 3 Satz 1 und 2) von mehr als 15 Jahren durch den Arbeitgeber nur aus einem wichtigen Grund gekündigt werden. [2]Soweit Beschäftigte nach den bis zum 30. September 2005 geltenden Tarifregelungen unkündbar waren, verbleibt es dabei.

(3) [1]Beschäftigungszeit ist die bei demselben Arbeitgeber im Arbeitsverhältnis zurückgelegte Zeit, auch wenn sie unterbrochen ist. [2]Unberücksichtigt bleibt die Zeit eines Sonderurlaubs gemäß § 28, es sei denn, der Arbeitgeber hat vor Antritt des Sonderurlaubs schriftlich ein dienstliches oder betriebliches Interesse anerkannt. [3]Wechseln Beschäftigte zwischen Arbeitgebern, die vom Geltungsbereich dieses Tarifvertrages erfasst werden, werden die Zeiten bei dem anderen Arbeitgeber als Beschäftigungszeit anerkannt. [4]Satz 3 gilt entsprechend bei einem Wechsel von einem anderen öffentlich-rechtlichen Arbeitgeber.

§ 35 Zeugnis. (1) Bei Beendigung des Arbeitsverhältnisses haben die Beschäftigten Anspruch auf ein schriftliches Zeugnis über Art und Dauer ihrer Tätigkeit, das sich auch auf Führung und Leistung erstrecken muss (Endzeugnis).

(2) Aus triftigen Gründen können Beschäftigte auch während des Arbeitsverhältnisses ein Zeugnis verlangen (Zwischenzeugnis).

(3) Bei bevorstehender Beendigung des Arbeitsverhältnisses können die Beschäftigten ein Zeugnis über Art und Dauer ihrer Tätigkeit verlangen (vorläufiges Zeugnis).

(4) Die Zeugnisse gemäß den Absätzen 1 bis 3 sind unverzüglich auszustellen.

Abschnitt VI. Übergangs- und Schlussvorschriften

§ 36 Anwendung weiterer Tarifverträge. (1) Neben diesem Tarifvertrag sind die nachfolgend aufgeführten Tarifverträge in ihrer jeweils geltenden Fassung anzuwenden:

a) Tarifverträge über die Bewertung der Personalunterkünfte vom 16. März 1974,
b) Tarifverträge über den Rationalisierungsschutz vom 9. Januar 1987,
c) Tarifvertrag zur sozialen Absicherung (TVsA) vom 13. September 2005,

d) Tarifvertrag zur Regelung der Altersteilzeitarbeit (TV ATZ) vom 5. Mai 1998,
e) Tarifvertrag zu flexiblen Arbeitszeitregelungen für ältere Beschäftigte (– TV FlexAZ –) vom 27. Februar 2010,
f) *(nicht besetzt),*
g) Tarifvertrag zur Entgeltumwandlung für Arbeitnehmer/-innen im kommunalen öffentlichen Dienst (TV-EUmw/VKA) vom 18. Februar 2003
h) *(nicht besetzt).*

(2) (unbesetzt)[1)]

§ 37 Ausschlussfrist. (1) [1]Ansprüche aus dem Arbeitsverhältnis verfallen, wenn sie nicht innerhalb einer Ausschlussfrist von sechs Monaten nach Fälligkeit von der/dem Beschäftigten oder vom Arbeitgeber in Textform geltend gemacht werden. [2]Für denselben Sachverhalt reicht die einmalige Geltendmachung des Anspruchs auch für später fällige Leistungen aus.

(2) Absatz 1 gilt nicht für Ansprüche aus einem Sozialplan sowie für Ansprüche, soweit sie kraft Gesetzes einer Ausschlussfrist entzogen sind.

§ 38 Begriffsbestimmungen. (1) Sofern auf die Tarifgebiete Ost und West Bezug genommen wird, gilt folgendes:
a) Die Regelungen für das Tarifgebiet Ost gelten für die Beschäftigen, deren Arbeitsverhältnis in dem in Art. 3 des Einigungsvertrages genannten Gebiet begründet worden ist und bei denen der Bezug des Arbeitsverhältnisses zu diesem Gebiet fortbesteht.
b) Für die übrigen Beschäftigten gelten die Regelungen für das Tarifgebiet West.

(2) Sofern auf die Begriffe „Betrieb", „betrieblich" oder „Betriebspartei" Bezug genommen wird, gilt die Regelung für Verwaltungen sowie für Parteien nach dem Personalvertretungsrecht entsprechend, es sei denn, es ist etwas anderes bestimmt.

(3) Eine einvernehmliche Dienstvereinbarung liegt nur ohne Entscheidung der Einigungsstelle vor.

(4) Leistungsgeminderte Beschäftigte sind Beschäftigte, die ausweislich einer Bescheinigung des beauftragten Arztes (§ 3 Abs. 4) nicht mehr in der Lage sind, auf Dauer die vertraglich geschuldete Arbeitsleistung in vollem Umfang zu erbringen, ohne deswegen zugleich teilweise oder in vollem Umfang erwerbsgemindert im Sinne des SGB VI zu sein.

Protokollerklärung zu Absatz 4:

Die auf leistungsgeminderte Beschäftigte anzuwendenden Regelungen zur Entgeltsicherung bestimmen sich nach § 16a TVÜ-VKA.[2)]

(5) [1]Die Regelungen für Angestellte finden Anwendung auf Beschäftigte, deren Tätigkeit vor dem 1. Januar 2005 der Rentenversicherung der Angestellten unterlegen hätte. [2]Die Regelungen für Arbeiterinnen und Arbeiter finden Anwendung auf Beschäftigte, deren Tätigkeit vor dem 1. Januar 2005 der Rentenversicherung der Arbeiter unterlegen hätte.

[1)] Absatz 2 findet aufgrund von Paragraph 12.3 TVöD-B keine Anwendung.
[2)] Protokollerklärung zu Absatz 4 redaktionell angepasst.

§ 38a Übergangsvorschriften. (1) Für Beschäftigte, die sich in einem Altersteilzeitarbeitsverhältnis befinden oder deren Altersteilzeitarbeitsverhältnis spätestens am 1. Juli 2008 beginnt, gilt § 6 Abs. 1 Satz 1 Buchst. b 1. Halbsatz in der bis zum 30. Juni 2008 geltenden Fassung bei der Berechnung des Tabellenentgelts und von in Monatsbeträgen zustehenden Zulagen.

Protokollerklärung zu Absatz 1:
Dem Tabellenentgelt stehen individuelle Zwischen- und Endstufen gleich.

(2) *(nicht besetzt)*

§ 39 In-Kraft-Treten. (1) [1]Diese Regelungen treten am 1. August 2006 in Kraft und ersetzen in ihrem Geltungsbereich zu diesem Zeitpunkt die Durchgeschriebene Fassung des TVöD für den Dienstleistungsbereich Krankenhäuser, Pflege- und Betreuungseinrichtungen im Bereich der Vereinigung der kommunalen Arbeitgeberverbände (TVöD-K) in der Fassung vom 7. Februar 2006. [2]Abweichend von Satz 1 tritt § 20 am 1. Januar 2007 in Kraft.[1)]

(1.1) [1]Bei abgeschlossenen Sanierungs- und Notlagentarifverträgen sowie Tarifverträgen zur Zukunftssicherung und anderweitigen Tarifverträgen zur Beschäftigungssicherung, einschließlich Tarifverträge nach dem TVsA, treten diese Regelungen erst mit Ablauf der zum Zeitpunkt des Abschlusses des jeweiligen Tarifvertrages geltenden Laufzeit bzw. im Falle einer Kündigung des jeweiligen Tarifvertrages mit Ablauf der Kündigungsfrist in Kraft. [2]Die Tarifvertragsparteien können durch landesbezirklichen Tarifvertrag ein früheres In-Kraft-Treten dieser Regelungen ganz oder teilweise vereinbaren.[2)]

Anhang zu § 6

Arbeitszeit von Cheffahrerinnen und Cheffahrern

(1) Cheffahrerinnen und Cheffahrer sind die persönlichen Fahrer von Oberbürgermeisterinnen/Oberbürgermeistern, Bürgermeisterinnen/Bürgermeistern, Landrätinnen/Landräten, Beigeordneten/Dezernentinnen/Dezernenten, Geschäftsführerinnen/Geschäftsführern, Vorstandsmitgliedern und vergleichbaren Leitungskräften.

(2) [1]Abweichend von § 3 Satz 1 ArbZG kann die tägliche Arbeitszeit im Hinblick auf die in ihr enthaltenen Wartezeiten auf bis zu 15 Stunden täglich ohne Ausgleich verlängert werden (§ 7 Abs. 2a ArbZG). [2]Die höchstzulässige Arbeitszeit soll 288 Stunden im Kalendermonat ohne Freizeitausgleich nicht übersteigen.

(3) Die tägliche Ruhezeit kann auf bis zu neun Stunden verkürzt werden, wenn spätestens bis zum Ablauf der nächsten Woche ein Zeitausgleich erfolgt.

(4) Eine Verlängerung der Arbeitszeit nach Absatz 2 und die Verkürzung der Ruhezeit nach Absatz 3 sind nur zulässig, wenn

1. geeignete Maßnahmen zur Gewährleistung des Gesundheitsschutzes getroffen sind, wie insbesondere das Recht der Cheffahrerin/des Cheffahrers auf eine jährliche, für die Beschäftigten kostenfreie arbeitsmedizinische Untersuchung bei einem Betriebsarzt oder bei einem Arzt mit entsprechender arbeitsmedizinischer Fachkunde, auf den sich die Betriebsparteien geeinigt

---

1) § 39 Abs. 1 AT angepasst aufgrund § 4 Abs. 1 Änderungstarifvertrag Nr. 1 zum BT-K.
2) Entspricht § 4 Abs. 2 Änderungstarifvertrag Nr. 1 zum BT-K.

haben, und/oder die Gewährung eines Freizeitausgleichs möglichst durch ganze Tage oder durch zusammenhängende arbeitsfreie Tage zur Regenerationsförderung,

2. die Cheffahrerin/der Cheffahrer gemäß § 7 Abs. 7 ArbZG schriftlich in die Arbeitszeitverlängerung eingewilligt hat.

(5) § 9 TVöD bleibt unberührt.

Anhang zu § 9

A. Bereitschaftszeiten Hausmeisterinnen/Hausmeister

[1] Für Hausmeisterinnen/Hausmeister, in deren Tätigkeit regelmäßig und in nicht unerheblichem Umfang Bereitschaftszeiten fallen, gelten folgende besondere Regelungen zu § 6 Abs. 1 Satz 1 TVöD:
[2] Die Summe aus den faktorisierten Bereitschaftszeiten und der Vollarbeitszeit darf die Arbeitszeit nach § 6 Abs. 1 nicht überschreiten. [3] Die Summe aus Vollarbeits- und Bereitschaftszeiten darf durchschnittlich 48 Stunden wöchentlich nicht überschreiten. [4] Bereitschaftszeiten sind die Zeiten, in denen sich die Hausmeisterin/der Hausmeister am Arbeitsplatz oder einer anderen vom Arbeitgeber bestimmten Stelle zur Verfügung halten muss, um im Bedarfsfall die Arbeit selbständig, ggf. auch auf Anordnung, aufzunehmen und in denen die Zeiten ohne Arbeitsleistung überwiegen. [5] Bereitschaftszeiten werden zur Hälfte als Arbeitszeit gewertet (faktorisiert). [6] Bereitschaftszeiten werden innerhalb von Beginn und Ende der regelmäßigen täglichen Arbeitszeit nicht gesondert ausgewiesen.

B. Bereitschaftszeiten im Rettungsdienst und in Leitstellen

(1) [1] Für Beschäftigte im Rettungsdienst und in den Leitstellen, in deren Tätigkeit regelmäßig und in nicht unerheblichem Umfang Bereitschaftszeiten fallen, gelten folgende besondere Regelungen zu § 6 Abs. 1 Satz 1:
[2] Die Summe aus den faktorisierten Bereitschaftszeiten und der Vollarbeitszeit darf die Arbeitszeit nach § 6 Abs. 1 nicht überschreiten. [3] Die Summe aus Vollarbeits- und Bereitschaftszeiten darf durchschnittlich 48 Stunden wöchentlich nicht überschreiten. [4] Bereitschaftszeiten sind die Zeiten, in denen sich die/der Beschäftigte am Arbeitsplatz oder einer anderen vom Arbeitgeber bestimmten Stelle zur Verfügung halten muss, um im Bedarfsfall die Arbeit selbständig, ggf. auch auf Anordnung, aufzunehmen und in denen die Zeiten ohne Arbeitsleistung überwiegen. [5] Bereitschaftszeiten werden zur Hälfte als tarifliche Arbeitszeit gewertet (faktorisiert). [6] Bereitschaftszeiten werden innerhalb von Beginn und Ende der regelmäßigen täglichen Arbeitszeit nicht gesondert ausgewiesen.

(2) Die zulässige tägliche Höchstarbeitszeit beträgt zwölf Stunden zuzüglich der gesetzlichen Pausen.

(3) Die allgemeinen Regelungen des TVöD zur Arbeitszeit bleiben im Übrigen unberührt.

(4) Für Beschäftigte, die unter die Sonderregelungen für den kommunalen feuerwehrtechnischen Dienst fallen, gilt § 46 Nr. 2 Abs. 1 BT-V, auch soweit sie in Leitstellen tätig sind.

Anlage 1. Entgeltordnung (VKA)

*(Siehe Anlage 1 zum TVöD [Nr. **2**] mit Ausnahme von Teil B Abschnitte I, II Nr. 2, III–X, XI Nr. 3, 4, 7, 8, 10–15, 17–19, XII–XXIII und XXV–XXXII, die insoweit nicht besetzt sind; siehe ferner Niederschriftserklärung Nr. 21 zum TVöD.)*

Anlage A

Tabelle TVöD-B

gültig vom 1. März 2018 bis 31. März 2019
(monatlich in Euro)

Entgelt-gruppe	Grundentgelt		Entwicklungsstufen			
	Stufe 1	Stufe 2	Stufe 3	Stufe 4	Stufe 5	Stufe 6
15	4.584,49	5.000,77	5.260,14	5.840,78	6.339,54	6.667,67
14	4.151,65	4.528,23	4.841,03	5.245,42	5.788,30	6.119,17
13	3.827,03	4.196,02	4.479,41	4.893,73	5.433,88	5.683,28
12	3.430,90	3.796,05	4.276,90	4.741,63	5.315,77	5.578,27
11	3.312,60	3.656,01	3.941,33	4.311,77	4.836,69	5.099,20
10	3.194,27	3.497,22	3.775,33	4.064,56	4.501,99	4.620,12
9c	3.099,42	3.349,91	3.637,10	3.888,65	4.214,62	4.392,69
9b	2.865,63	3.126,71	3.273,66	3.685,60	3.975,34	4.245,23
9a	2.818,96	3.049,32	3.234,09	3.647,35	3.739,87	3.975,66
8	2.656,52	2.890,09	3.017,56	3.137,78	3.269,20	3.343,02
7	2.493,12	2.729,06	2.877,36	3.004,81	3.111,25	3.189,58
6	2.446,41	2.662,97	2.788,15	2.909,22	3.007,98	3.081,00
5	2.347,55	2.555,40	2.673,48	2.794,54	2.894,01	2.955,27
4	2.236,29	2.438,63	2.587,48	2.676,80	2.766,11	2.818,41
3	2.201,29	2.407,15	2.462,55	2.564,71	2.641,37	2.711,60
2	2.037,85	2.234,74	2.290,29	2.354,37	2.495,22	2.642,56
1		1.827,17	1.858,18	1.896,96	1.933,11	2.026,15

gültig vom 1. April 2019 bis 29. Februar 2020
(monatlich in Euro)

Entgelt-gruppe	Grundentgelt		Entwicklungsstufen			
	Stufe 1	Stufe 2	Stufe 3	Stufe 4	Stufe 5	Stufe 6
15	4.788,35	5.141,23	5.481,38	6.004,84	6.517,61	6.854,95
14	4.335,98	4.655,42	5.025,89	5.451,94	5.950,88	6.293,73
13	3.996,72	4.335,42	4.685,32	5.093,03	5.586,51	5.842,91
12	3.582,23	3.956,45	4.407,89	4.890,86	5.465,08	5.734,95
11	3.457,10	3.803,91	4.119,43	4.477,63	4.972,55	5.242,43
10	3.331,93	3.613,93	3.915,01	4.238,32	4.628,44	4.749,89
9c	3.233,21	3.480,40	3.750,80	4.026,57	4.337,53	4.545,92
9b	3.020,16	3.258,72	3.403,99	3.824,85	4.085,40	4.370,07
9a	2.926,82	3.133,75	3.324,85	3.748,35	3.843,43	4.086,04
8	2.769,15	2.971,27	3.102,32	3.231,30	3.370,30	3.439,92
7	2.598,38	2.822,59	2.958,18	3.089,21	3.209,21	3.279,17
6	2.549,58	2.739,94	2.866,46	2.990,93	3.107,94	3.173,47
5	2.445,99	2.630,06	2.748,57	2.873,03	2.985,28	3.045,87
4	2.329,99	2.514,19	2.663,27	2.755,21	2.847,13	2.900,97
3	2.293,39	2.488,41	2.537,24	2.642,50	2.721,49	2.793,85
2	2.122,60	2.316,97	2.366,14	2.432,35	2.577,86	2.730,08

Entgelt-gruppe	Grundentgelt		Entwicklungsstufen			
	Stufe 1	Stufe 2	Stufe 3	Stufe 4	Stufe 5	Stufe 6
1		1.903,09	1.935,39	1.975,78	2.013,43	2.110,33

gültig ab 1. März 2020
(monatlich in Euro)

Entgelt-gruppe	Grundentgelt		Entwicklungsstufen			
	Stufe 1	Stufe 2	Stufe 3	Stufe 4	Stufe 5	Stufe 6
15	4.860,31	5.190,81	5.559,47	6.062,74	6.580,45	6.921,06
14	4.401,04	4.700,31	5.091,13	5.524,82	6.008,27	6.355,34
13	4.056,62	4.384,61	4.757,99	5.163,37	5.640,38	5.899,26
12	3.635,65	4.013,07	4.454,13	4.943,53	5.517,78	5.790,26
11	3.508,11	3.856,11	4.182,29	4.536,17	5.020,49	5.292,98
10	3.380,51	3.655,13	3.964,32	4.299,65	4.673,08	4.795,69
9c	3.280,42	3.526,45	3.790,94	4.075,26	4.380,90	4.600,00
9b	3.074,70	3.305,30	3.450,00	3.874,00	4.124,25	4.414,13
9a	2.964,89	3.163,55	3.356,89	3.784,00	3.879,97	4.125,00
8	2.808,91	2.999,92	3.132,23	3.264,31	3.405,98	3.474,11
7	2.635,53	2.855,60	2.986,70	3.119,00	3.243,78	3.310,79
6	2.586,00	2.767,11	2.894,11	3.019,78	3.143,22	3.206,10
5	2.480,74	2.656,42	2.775,08	2.900,74	3.017,50	3.077,85
4	2.363,07	2.540,85	2.690,02	2.782,88	2.875,73	2.930,10
3	2.325,89	2.517,08	2.563,61	2.669,96	2.749,76	2.822,87
2	2.152,51	2.346,00	2.392,92	2.459,87	2.607,03	2.760,98
1		1.929,88	1.962,63	2.003,59	2.041,77	2.140,05

Anlage B. *(aufgehoben)*

Anlage C (Sozial- und Erziehungsdienst)

Tabelle TVöD/VKA

gültig ab 1. März 2018 bis 31. März 2019
(monatlich in Euro)

Entgelt-gruppe	Grundentgelt		Entwicklungsstufen			
	1	2	3	4	5	6
S 18	3.733,74	3.847,26	4.343,71	4.716,01	5.274,49	5.615,77
S 17	3.391,53	3.692,14	4.095,47	4.343,71	4.840,10	5.131,76
S 16	3.311,26	3.611,48	3.884,50	4.219,58	4.591,90	4.815,29
S 15	3.187,77	3.474,93	3.723,18	4.008,62	4.467,80	4.666,35
S 14	3.171,02	3.439,30	3.715,15	3.995,76	4.306,04	4.523,21
S 13	3.117,30	3.352,84	3.661,11	3.909,30	4.219,58	4.374,70
S 12	3.074,50	3.343,35	3.638,92	3.899,53	4.222,22	4.358,74
S 11b	2.994,79	3.295,80	3.453,43	3.850,57	4.160,84	4.347,00
S 11a	2.933,26	3.232,36	3.388,98	3.785,22	4.095,47	4.281,63
S 9	2.723,92	2.982,65	3.220,39	3.566,21	3.890,41	4.138,97
S 8b	2.723,92	2.982,65	3.220,39	3.566,21	3.890,41	4.138,97
S 8a	2.685,14	2.917,80	3.123,13	3.317,66	3.506,77	3.703,99
S 7	2.620,66	2.840,76	3.033,56	3.226,32	3.370,93	3.586,65
S 4	2.481,17	2.714,24	2.882,94	2.997,41	3.105,85	3.274,79

Entgelt-gruppe	Grundentgelt		Entwicklungsstufen			
	1	2	3	4	5	6
S 3	2.321,05	2.553,99	2.716,05	2.864,86	2.932,94	3.014,27
S 2	2.182,40	2.293,44	2.375,39	2.467,05	2.563,43	2.659,84

gültig ab 1. April 2019 bis 29. Februar 2020
(monatlich in Euro)

Entgelt-gruppe	Grundentgelt		Entwicklungsstufen			
	1	2	3	4	5	6
S 18	3.856,63	3.963,34	4.474,77	4.858,30	5.433,63	5.785,20
S 17	3.531,38	3.803,54	4.219,03	4.474,77	4.986,13	5.286,59
S 16	3.452,63	3.720,44	4.001,70	4.346,89	4.730,45	4.960,57
S 15	3.322,52	3.579,77	3.835,51	4.129,57	4.602,60	4.807,14
S 14	3.292,62	3.543,07	3.827,24	4.116,32	4.435,96	4.659,68
S 13	3.216,63	3.454,00	3.771,57	4.027,25	4.346,89	4.506,69
S 12	3.198,66	3.444,22	3.748,71	4.017,18	4.349,61	4.490,25
S 11b	3.143,77	3.395,24	3.557,62	3.966,75	4.286,38	4.478,16
S 11a	3.082,25	3.329,88	3.491,23	3.899,43	4.219,03	4.410,81
S 9	2.848,64	3.072,64	3.317,55	3.673,81	4.007,79	4.263,85
S 8b	2.848,64	3.072,64	3.317,55	3.673,81	4.007,79	4.263,85
S 8a	2.792,04	3.005,83	3.217,36	3.417,76	3.612,57	3.815,74
S 7	2.719,99	2.926,47	3.125,09	3.323,66	3.472,64	3.694,86
S 4	2.592,92	2.796,13	2.969,92	3.087,85	3.199,56	3.373,59
S 3	2.436,27	2.631,05	2.798,00	2.951,30	3.021,43	3.105,22
S 2	2.258,49	2.369,54	2.451,65	2.541,48	2.640,77	2.740,09

gültig ab 1. März 2020
(monatlich in Euro)

Entgelt-gruppe	Grundentgelt		Entwicklungsstufen			
	1	2	3	4	5	6
S 18	3.900,00	4.004,30	4.521,02	4.908,52	5.489,79	5.845,01
S 17	3.580,74	3.842,85	4.262,65	4.521,02	5.037,68	5.341,24
S 16	3.502,52	3.758,90	4.043,07	4.391,82	4.779,34	5.011,85
S 15	3.370,09	3.616,78	3.875,16	4.172,25	4.650,18	4.856,83
S 14	3.335,53	3.579,69	3.866,80	4.158,86	4.481,81	4.707,85
S 13	3.251,68	3.489,70	3.810,56	4.068,88	4.391,82	4.553,28
S 12	3.242,48	3.479,83	3.787,46	4.058,71	4.394,57	4.536,66
S 11b	3.196,36	3.430,33	3.594,40	4.007,75	4.330,68	4.524,44
S 11a	3.134,84	3.364,31	3.527,32	3.939,73	4.262,65	4.456,41
S 9	2.892,66	3.104,40	3.351,85	3.711,78	4.049,22	4.307,92
S 8b	2.892,66	3.104,40	3.351,85	3.711,78	4.049,22	4.307,92
S 8a	2.829,77	3.036,91	3.250,62	3.453,09	3.649,92	3.855,19
S 7	2.755,05	2.956,72	3.157,39	3.358,02	3.508,53	3.733,06
S 4	2.632,35	2.825,04	3.000,62	3.119,76	3.232,63	3.408,47
S 3	2.476,93	2.658,24	2.826,92	2.981,80	3.052,66	3.137,31
S 2	2.285,34	2.396,40	2.478,56	2.567,76	2.668,07	2.768,42

Anlage D[1)]

Tabelle TVöD VKA
Ärztinnen und Ärzte

gültig vom 1. März 2018 bis 31. März 2019
(monatlich in Euro)

Entgelt-gruppe	Grund-entgelt	Entwicklungsstufen				
	Stufe 1	Stufe 2	Stufe 3	Stufe 4	Stufe 5	Stufe 6
15	–	–	5.260,14	5.788,30	6.339,54	6.759,55
14	4.151,65	4.528,23	–	–	–	–

gültig vom 1. April 2019 bis 29. Februar 2020
(monatlich in Euro)

Entgelt-gruppe	Grund-entgelt	Entwicklungsstufen				
	Stufe 1	Stufe 2	Stufe 3	Stufe 4	Stufe 5	Stufe 6
15	–	–	5.481,38	5.950,95	6.517,61	6.949,49
14	4.335,98	4.655,42	–	–	–	–

gültig ab 1. März 2020
(monatlich in Euro)

Entgelt-gruppe	Grund-entgelt	Entwicklungsstufen				
	Stufe 1	Stufe 2	Stufe 3	Stufe 4	Stufe 5	Stufe 6
15	–	–	5.559,47	6.008,08	6.580,45	7.016,21
14	4.401,04	4.700,31	–	–	–	–

Anlage E (Pflegedienst)[2)]

Tabelle TVöD VKA

gültig ab 1. März 2018 bis 28. Februar 2019
(monatlich in Euro)

EG	Stufe 1	Stufe 2	Stufe 3	Stufe 4	Stufe 5	Stufe 6
P 16		4.168,28	4.314,41	4.786,24	5.336,25	5.578,86
P 15		4.078,76	4.212,48	4.546,81	4.946,92	5.099,73
P 14		3.980,08	4.110,58	4.436,82	4.880,06	4.960,94
P 13		3.881,41	4.008,67	4.326,80	4.556,52	4.615,83
P 12		3.684,03	3.804,83	4.106,80	4.292,29	4.378,57
P 11		3.486,68	3.601,00	3.886,80	4.076,60	4.162,88
P 10		3.289,33	3.397,17	3.699,14	3.844,73	3.936,40
P 9		3.127,55	3.289,33	3.397,17	3.602,07	3.688,35
P 8		2.877,66	3.017,88	3.197,65	3.342,85	3.544,22
P 7		2.711,98	2.877,66	3.132,57	3.260,00	3.391,28
P 6	2.273,18	2.431,68	2.584,55	2.909,53	2.992,37	3.145,28
P 5	2.177,82	2.394,49	2.457,13	2.559,06	2.635,55	2.815,21

[1)] Tabellenwerte nachrichtlich aufgeführt.
[2)] Entspricht Anlage E zum BT-B.

gültig ab 1. März 2019 bis 29. Februar 2020
(monatlich in Euro)

EG	Stufe 1	Stufe 2	Stufe 3	Stufe 4	Stufe 5	Stufe 6
P 16	–	4.305,57	4.456,51	4.943,88	5.512,01	5.762,61
P 15		4.213,10	4.351,23	4.696,57	5.109,85	5.267,70
P 14		4.111,17	4.245,97	4.582,95	5.040,79	5.124,34
P 13		4.009,25	4.140,70	4.469,31	4.706,60	4.767,86
P 12		3.805,37	3.930,15	4.242,07	4.433,67	4.522,79
P 11		3.601,52	3.719,60	4.014,82	4.210,87	4.299,99
P 10		3.397,67	3.509,06	3.820,98	3.971,36	4.066,05
P 9		3.230,56	3.397,67	3.509,06	3.720,71	3.809,83
P 8		2.972,44	3.117,28	3.302,97	3.452,95	3.660,96
P 7		2.801,30	2.972,44	3.235,75	3.367,37	3.502,98
P 6	2.353,39	2.511,84	2.669,68	3.005,36	3.090,93	3.248,88
P 5	2.258,01	2.474,64	2.538,06	2.643,35	2.722,35	2.907,93

gültig ab 1. März 2020
(monatlich in Euro)

EG	Stufe 1	Stufe 2	Stufe 3	Stufe 4	Stufe 5	Stufe 6
P 16		4.350,53	4.503,05	4.995,51	5.569,57	5.822,79
P 15		4.257,10	4.396,67	4.745,61	5.163,22	5.322,71
P 14		4.154,10	4.290,31	4.630,81	5.093,43	5.177,85
P 13		4.051,12	4.183,94	4.515,99	4.755,75	4.817,65
P 12		3.845,11	3.971,19	4.286,37	4.479,97	4.570,02
P 11		3.639,13	3.758,45	4.056,75	4.254,84	4.344,90
P 10		3.433,15	3.545,70	3.860,88	4.012,84	4.108,51
P 9		3.264,30	3.433,15	3.545,70	3.759,57	3.849,62
P 8		3.003,48	3.149,83	3.337,47	3.489,01	3.699,19
P 7		2.830,56	3.003,48	3.269,54	3.402,54	3.539,56
P 6	2.379,67	2.538,09	2.697,56	3.036,75	3.123,21	3.282,80
P 5	2.284,28	2.500,89	2.564,56	2.670,95	2.750,78	2.938,30

Anlage F. *(aufgehoben)*

Anlage G[1)]

I. Anlage A zum TVöD (ausgenommen Beschäftigte nach nachfolgender Ziffer III)

Entgeltgruppe	Stundenentgelt gültig vom 1. März 2018 bis zum 31. März 2019	Stundenentgelt gültig vom 1. April 2019 bis zum 29. Februar 2020	Stundenentgelt gültig ab 1. März 2020
15	34,30 €	35,30 €	35,65 €
14	31,60 €	32,56 €	32,90 €
13	28,96 €	29,85 €	30,17 €
12	28,45 €	29,28 €	29,58 €
11	28,02 €	28,88 €	29,19 €
10	25,45 €	26,23 €	26,50 €
9c	22,22 €	22,98 €	23,25 €

[1)] Entspricht Anlage G zum BT-B.

Entgeltgruppe	Stundenentgelt gültig vom 1. März 2018 bis zum 31. März 2019	Stundenentgelt gültig vom 1. April 2019 bis zum 29. Februar 2020	Stundenentgelt gültig ab 1. März 2020
9b	21,77 €	22,46 €	22,70 €
9a	21,31 €	21,91 €	22,12 €
8	20,29 €	20,89 €	21,10 €
7	19,56 €	20,13 €	20,33 €
6	18,86 €	19,43 €	19,63 €
5	17,68 €	18,22 €	18,41 €
4	17,14 €	17,65 €	17,83 €
3	16,63 €	17,14 €	17,32 €
2	16,06 €	16,60 €	16,79 €
1	12,84 €	13,37 €	13,56 €

II. Anlage E

Entgeltgruppe	Stundenentgelt gültig vom 1. März 2018 bis zum 28. Februar 2019	Stundenentgelt gültig vom 1. März 2019 bis zum 29. Februar 2020	Stundenentgelt gültig ab 1. März 2020
P 16	30,45 €	31,45 €	31,78 €
P 15	28,20 €	29,13 €	29,43 €
P 14	26,58 €	27,45 €	27,74 €
P 13	25,00 €	25,82 €	26,09 €
P 12	23,80 €	24,58 €	24,84 €
P 11	23,16 €	23,92 €	24,17 €
P 10	21,98 €	22,70 €	22,94 €
P 9	21,50 €	22,21 €	22,44 €
P 8	21,06 €	21,75 €	21,98 €
P 7	20,26 €	20,93 €	21,15 €
P 6	18,54 €	19,15 €	19,35 €
P 5	17,07 €	17,63 €	17,82 €

III. Beschäftigte, die nach dem Teil A Abschnitt I Ziffer 2 der Anlage 1 – Entgeltordnung (VKA) eingruppiert oder nach der Anlage 3 zum TVÜ-VKA den Entgeltgruppen der Anlage A zum TVöD zugeordnet sind

Entgeltgruppe	Stundenentgelt gültig vom 1. März 2018 bis zum 31. März 2019	Stundenentgelt gültig vom 1. April 2019 bis zum 29. Februar 2020	Stundenentgelt gültig ab 1. März 2020
9a	21,84 €	22,45 €	22,67 €
8	21,01 €	21,63 €	21,85 €
7	20,09 €	20,67 €	20,88 €
6	19,28 €	19,86 €	20,07 €
5	18,43 €	18,99 €	19,19 €
4	17,61 €	18,13 €	18,31 €
3	16,88 €	17,40 €	17,58 €
2Ü	16,17 €	16,67 €	16,85 €
2	15,69 €	16,22 €	16,40 €

5a. Tarifvertrag für den öffentlichen Dienst (TVöD) – Besonderer Teil Entsorgung – (BT-E) –

Vom 13. September 2005[1)]

zuletzt geänd. durch ÄndTV Nr. 3 v. 25.10.2020

Zwischen

der Vereinigung der kommunalen Arbeitgeberverbände, vertreten durch den Vorstand, einerseits

und

[den vertragsschließenden Gewerkschaften][2)], andererseits

wird Folgendes vereinbart:

§ 40 Geltungsbereich. (1) [1] Dieser Tarifvertrag gilt für Beschäftigte der Entsorgungsbetriebe, unabhängig von deren Rechtsform. [2] Er bildet im Zusammenhang mit dem Allgemeinen Teil des Tarifvertrages für den öffentlichen Dienst (TVöD) den Tarifvertrag für die Sparte Entsorgung.

(2) Soweit in den nachfolgenden Bestimmungen auf die §§ 1 bis 39 verwiesen wird, handelt es sich um die Regelungen des TVöD – Allgemeiner Teil –.

§ 41 Tägliche Rahmenzeit. Die tägliche Rahmenzeit kann auf bis zu zwölf Stunden in der Zeitspanne von 6 bis 22 Uhr vereinbart werden.

§ 42 Öffnungsregelung zu § 14 TzBfG. (1) Die kalendermäßige Befristung eines Arbeitsvertrages ohne Vorliegen eines sachlichen Grundes ist nach Maßgabe der Absätze 2 bis 4 bis zur Dauer von vier Jahren zulässig; bis zu dieser Gesamtdauer ist auch die höchstens dreimalige Verlängerung eines kalendermäßig befristeten Arbeitsvertrages möglich.

(2) Die Befristung nach Absatz 1 über die Dauer von zwei Jahren hinaus bedarf der vorherigen Zustimmung des Personalrats/Betriebsrats.

(3) Die Befristung nach Absatz 1 über die Dauer von zwei Jahren hinaus ist unzulässig, wenn mit dem Abschluss des Arbeitsvertrages mehr als 40 v.H. der bei dem Arbeitgeber begründeten Arbeitsverhältnisse ohne Vorliegen eines sachlichen Grundes abgeschlossen wären.

(4) [1] Soweit von der Befristung nach Absatz 1 über die Dauer von zwei Jahren hinaus Gebrauch gemacht wird, ist die Beschäftigung von Leiharbeitnehmerinnen/Leiharbeitnehmern nicht zulässig. [2] In begründeten Einzelfällen kann mit Zustimmung des Personalrats/Betriebsrats von Satz 1 abgewichen werden.

(5) Beschäftigte, mit denen eine Befristung nach Absatz 1 über die Dauer von zwei Jahren hinaus vereinbart ist, sind nach Ablauf der vereinbarten Zeit in ein Arbeitsverhältnis auf unbestimmte Dauer zu übernehmen, sofern im Falle

---

1) Die Tarifvertragsparteien haben mit Datum vom 24. November 2005 rückwirkend zum Zeitpunkt des Inkrafttretens redaktionelle Änderungen vereinbart; diese Fassung berücksichtigt die dort getroffenen Vereinbarungen.

2) Mit den Gewerkschaften ver.di und dbb tarifunion wurden jeweils gleich lautende Tarifverträge geschlossen.

des Ausscheidens dieser Beschäftigten für den betreffenden Funktionsbereich ein befristetes Arbeitsverhältnis mit anderen Beschäftigten begründet würde.

(6) Beim Abschluss von nach Absatz 1 befristeten Arbeitsverträgen über die Dauer von zwei Jahren hinaus sind Auszubildende, die bei demselben Arbeitgeber ausgebildet worden sind, nach erfolgreich abgeschlossener Abschlussprüfung bei gleicher Eignung und Befähigung vorrangig zu berücksichtigen.

§ 43 Betrieblicher Gesundheits- und Arbeitsschutz. (1) Arbeiten in der Abfall- und Entsorgungswirtschaft verpflichten Arbeitgeber und Beschäftigte in besonders hohem Maße zur Einhaltung aller einschlägigen Arbeitsschutz- und Sicherheitsvorschriften.

(2) Es sind ein sicherheitsgerechter Arbeitsplatz und eine Arbeitsumgebung zur Verfügung zu stellen, die eine Gefährdung nach Möglichkeit ausschließen, wobei gesicherte arbeitswissenschaftliche Erkenntnisse über menschengerechte Arbeitsplatzgestaltung berücksichtigt werden.

(3) [1] Neben den allgemeinen Bestimmungen der gesetzlichen Unfallversicherungsträger, den Rechten und Pflichten, die sich aus dem Betriebsverfassungsgesetz und den Personalvertretungsgesetzen sowie dem Arbeitssicherheitsgesetz ergeben, hat der Arbeitgeber dafür Sorge zu tragen, dass

1. die Beschäftigten mindestens im Turnus von einem Jahr über die zu beachtenden Gesetze, Verordnungen und Unfallverhütungsvorschriften unterrichtet werden sowie bei Einführung neuer Arbeitsverfahren und neuer Arbeitsstoffe bzw. vor der Arbeitsaufnahme an einem neuen Arbeitsplatz. [2] Bei Bedarf sind Unterweisungen öfter durchzuführen. [3] Beschäftigte, die der deutschen Sprache nicht ausreichend mächtig sind, müssen in einer ihnen verständlichen Sprache unterwiesen werden. [4] Dieses kann auch in schriftlicher Form in der jeweiligen Landessprache erfolgen,
2. die für die Beschäftigten und die Ausführung der Arbeiten erforderlichen Schutzausrüstungen, Werkzeuge, Maschinen und Fahrzeuge im betriebssicheren Zustand zur Verfügung gestellt werden,
3. Arbeits- und Schutzkleidung den Witterungsbedingungen entsprechend zur Verfügung gestellt, gereinigt und instand gesetzt wird.

(4) [1] Die Beschäftigten sind verpflichtet, die sicherheitstechnischen Vorschriften und die turnusmäßigen betrieblichen Belehrungen zu beachten. [2] Sie sind ferner dazu verpflichtet, die ihnen vom Betrieb gestellten Schutzausrüstungen, Werkzeuge, Maschinen und Fahrzeuge zur Herstellung der Arbeitssicherheit zu verwenden und sich vor dem Einsatz von dem ordnungsgemäßen Zustand zu überzeugen. [3] Weitergehende Arbeitsschutzvorschriften der jeweiligen Arbeitgeber sind vorrangig einzuhalten.

(5) Beschäftigte, die sich über die Arbeitssicherheit zur Ausführung eines bestimmten Auftrages nicht ausreichend belehrt fühlen, haben das Recht und die Pflicht, dies dem betrieblich Verantwortlichen vor der Arbeitsaufnahme zu melden.

(6) In den Betriebsstätten und festen Baustellen haben die allgemeinen und für die jeweilige Arbeit speziellen Unfallverhütungsvorschriften der gesetzlichen Unfallversicherungsträger den Beschäftigten während der Arbeitszeit zugänglich zu sein.

(7) Näheres soll durch Betriebs-/Dienstvereinbarung zum betrieblichen Arbeits- und Gesundheitsschutz geregelt werden.

§ 44 Erfolgsbeteiligung. [1]Die Beschäftigten können an einem auf ihrer Mehrleistung beruhenden Betriebsergebnis im Abrechnungszeitraum beteiligt werden. [2]Qualität und Menge der erbrachten Mehrleistung sind nachzuweisen. [3]Die Kriterien für diese Erfolgsbeteiligung und das Verfahren werden in einem betrieblich zu vereinbarenden System festgelegt. [4]Die Erfolgsbeteiligung ist kein zusatzversorgungspflichtiges Entgelt.

§ 45 Qualifizierung. (1) [1]Ein hohes Qualifikationsniveau und lebenslanges Lernen liegen im gemeinsamen Interesse von Beschäftigten und Arbeitgebern. [2]Qualifizierung dient der Steigerung von Effektivität und Effizienz des Betriebes, der Nachwuchsförderung und der Steigerung von beschäftigungsbezogenen Kompetenzen. [3]Die Tarifvertragsparteien verstehen Qualifizierung auch als Teil der Personalentwicklung.

(2) [1]Vor diesem Hintergrund stellt Qualifizierung nach diesem Tarifvertrag ein Angebot dar, aus dem für die Beschäftigten kein individueller Anspruch außer nach Absatz 4 abgeleitet werden kann. [2]Das Angebot kann durch freiwillige Betriebsvereinbarung/Dienstvereinbarung wahrgenommen und näher ausgestaltet werden. [3]Weitergehende Mitbestimmungsrechte werden dadurch nicht berührt.

(3) [1]Qualifizierungsmaßnahmen sind

a) die Fortentwicklung der fachlichen, methodischen und sozialen Kompetenzen für die übertragenen Tätigkeiten (Erhaltungsqualifizierung),
b) der Erwerb zusätzlicher Qualifikationen (Fort- und Weiterbildung),
c) die Qualifizierung zur Arbeitsplatzsicherung (Qualifizierung für eine andere Tätigkeit; Umschulung),
d) die Einarbeitung bei längerer Abwesenheit (Wiedereinstiegsqualifizierung).

[2]Die Teilnahme an einer Qualifizierungsmaßnahme wird dokumentiert und den Beschäftigten schriftlich bestätigt.

(4) [1]Beschäftigte haben – auch in den Fällen des Absatzes 3 Satz 1 Buchst. d – Anspruch auf ein regelmäßiges Gespräch mit der jeweiligen Führungskraft, in dem festgestellt wird, ob und welcher Qualifizierungsbedarf besteht. [2]Dieses Gespräch kann auch als Gruppengespräch geführt werden. [3]Wird nichts anderes geregelt, ist das Gespräch jährlich zu führen.

(5) [1]Die Kosten einer vom Arbeitgeber veranlassten Qualifizierungsmaßnahme – einschließlich Reisekosten – werden, soweit sie nicht von Dritten übernommen werden, grundsätzlich vom Arbeitgeber getragen. [2]Ein möglicher Eigenbeitrag und eventuelle Rückzahlungspflichten bei vorzeitigem Ausscheiden werden in einer Qualifizierungsvereinbarung geregelt. [3]Die Betriebsparteien sind gehalten, die Grundsätze einer fairen Kostenverteilung unter Berücksichtigung des betrieblichen und individuellen Nutzens zu regeln. [4]Ein Eigenbeitrag der/des Beschäftigten kann in Geld und/oder Zeit erfolgen.

(6) [1]Zeiten von vereinbarten Qualifizierungsmaßnahmen gelten als Arbeitszeit. [2]Absatz 5 Sätze 2 bis 4 bleiben unberührt.

(7) Gesetzliche Förderungsmöglichkeiten können in die Qualifizierungsplanung einbezogen werden.

(8) Für Beschäftigte mit individuellen Arbeitszeiten sollen Qualifizierungsmaßnahmen so angeboten werden, dass ihnen eine gleichberechtigte Teilnahme ermöglicht werden kann.

§ 46 Reise- und Umzugskosten. (1) [1]Die Erstattung von Reise- und Umzugskosten richtet sich nach den beim Arbeitgeber geltenden Grundsätzen. [2]Für Arbeitgeber, die dem öffentlichen Haushaltsrecht unterliegen, finden, wenn diese nicht nach eigenen Grundsätzen verfahren, die für Beamtinnen und Beamten geltenden Bestimmungen Anwendung.

(2) [1]Bei Dienstreisen gilt nur die Zeit der dienstlichen Inanspruchnahme am auswärtigen Geschäftsort als Arbeitszeit. [2]Für jeden Tag einschließlich der Reisetage wird jedoch mindestens die auf ihn entfallende regelmäßige, durchschnittliche oder dienstplanmäßige Arbeitszeit berücksichtigt, wenn diese bei Nichtberücksichtigung der Reisezeit nicht erreicht würde. [3]Überschreiten nicht anrechenbare Reisezeiten insgesamt 15 Stunden im Monat, so werden auf Antrag 25 v.H. dieser überschreitenden Zeiten bei fester Arbeitszeit als Freizeitausgleich gewährt und bei gleitender Arbeitszeit im Rahmen der jeweils geltenden Vorschriften auf die Arbeitszeit angerechnet. [4]Der besonderen Situation von Teilzeitbeschäftigten ist Rechnung zu tragen. [5]Soweit Einrichtungen in privater Rechtsform oder andere Arbeitgeber nach eigenen für die Beschäftigten günstigeren Grundsätzen oder Abmachungen verfahren, sind diese abweichend von den Sätzen 1 bis 4 maßgebend.

§ 47 In-Kraft-Treten, Laufzeit. [1]Dieser Tarifvertrag tritt am 1. Oktober 2005 in Kraft. [2]Er kann mit einer Frist von drei Monaten zum Schluss eines Kalenderhalbjahres schriftlich gekündigt werden.

5b. Durchgeschriebene Fassung des TVöD für den Dienstleistungsbereich Entsorgung im Bereich der Vereinigung der kommunalen Arbeitgeberverbände (TVöD-E)

Vom 7. Februar 2006

zuletzt geänd. durch ÄndVereinb. Nr. 12 v. 30.8.2019

Inhaltsübersicht

Vorbemerkungen

1. Der TVöD – Allgemeiner Teil – und der jeweilige Besondere Teil Verwaltung (BT-V), Krankenhäuser (BT-K), Pflege- und Betreuungseinrichtungen (BT-B), Sparkassen (BT-S), Flughäfen (BT-F) und Entsorgung (BT-E) bilden im Zusammenhang das Tarifrecht für den jeweiligen Dienstleistungsbereich.
2. Zur besseren Übersicht und Lesbarkeit haben die Tarifvertragsparteien aus dem Allgemeinen Teil des TVöD und dem jeweiligen Besonderen Teil entsprechend der Prozessvereinbarung vom 9. Januar 2003 durchgeschriebene Fassungen für die sechs Dienstleistungsbereiche erstellt.
3. Die Kündigung eines unter Nr. 1 genannten Tarifvertrages oder einzelner Regelungen davon hat unmittelbare Rechtswirkung auf die entsprechende/n durchgeschriebene/n Fassung/en.
4. Die durchgeschriebenen Fassungen regeln nicht das Verhältnis der Tarifvertragsparteien als Normgeber zueinander (Innenverhältnis). Sie sind nicht die Grundlage für Tarifverhandlungen oder Kündigungen, denn Allgemeiner Teil und die Besonderen Teile bleiben rechtlich selbstständige Tarifverträge. Die durchgeschriebenen Fassungen enthalten ausschließlich Rechtsnormen für die Anwendungsebene im Außenverhältnis (Arbeitgeber, Beschäftigte, Gerichte etc.). Jeder durchgeschriebenen Fassung wird eine Legende angefügt, aus der sich die Entsprechungen der Regelungen des jeweiligen Besonderen Teils zu den Bestimmungen des TVöD – Allgemeiner Teil – ergeben.
5. Tarifverhandlungen zur Änderung oder Ergänzung des Tarifrechts werden auf der Grundlage der unter Nr. 1 genannten Tarifverträge geführt. Etwaige Änderungen oder Ergänzungen ändern auch die durchgeschriebenen Fassungen.

Abschnitt I. Allgemeine Vorschriften

§ 1 Geltungsbereich (1) Die nachfolgenden Regelungen gelten für Beschäftigte der Entsorgungsbetriebe unabhängig von deren Rechtsform, die in einem Arbeitsverhältnis zu einem Arbeitgeber stehen, der Mitglied eines Mitgliedverbandes der VKA ist.[1)]

(2) Diese Regelungen gelten nicht für

[1)] Abs. 1 ersetzt durch redaktionell angepassten § 40 Abs. 1 Satz 1 BT-E, § 40 Abs. 1 Satz 2 und Abs. 2 BT-E nicht besetzt.

a) Beschäftigte als leitende Angestellte im Sinne des § 5 Abs. 3 BetrVG, wenn ihre Arbeitsbedingungen einzelvertraglich besonders vereinbart sind,

b) Beschäftigte, die ein über das Tabellenentgelt der Entgeltgruppe 15 hinausgehendes regelmäßiges Entgelt erhalten,

c)–g) *(nicht besetzt)*

h) Auszubildende, sowie Volontärinnen/Volontäre und Praktikantinnen/Praktikanten,[1)]

i) Beschäftigte, für die Eingliederungszuschüsse nach den §§ 217ff. SGB III gewährt werden,

k) Beschäftigte, die Arbeiten nach den §§ 260ff. SGB III verrichten,

l) Leiharbeitnehmerinnen/Leiharbeitnehmer von Personal-Service-Agenturen, sofern deren Rechtsverhältnisse durch Tarifvertrag geregelt sind,

m) geringfügig Beschäftigte im Sinne von § 8 Abs. 1 Nr. 2 SGB IV,

n)–t) *(nicht besetzt)*[2)]

(3) *(nicht besetzt)*

§ 2 Arbeitsvertrag, Nebenabreden, Probezeit. (1) Der Arbeitsvertrag wird schriftlich abgeschlossen.

(2) [1]Mehrere Arbeitsverhältnisse zu demselben Arbeitgeber dürfen nur begründet werden, wenn die jeweils übertragenen Tätigkeiten nicht in einem unmittelbaren Sachzusammenhang stehen. [2]Andernfalls gelten sie als ein Arbeitsverhältnis.

(3) [1]Nebenabreden sind nur wirksam, wenn sie schriftlich vereinbart werden. [2]Sie können gesondert gekündigt werden, soweit dies einzelvertraglich vereinbart ist.

(4) [1]Die ersten sechs Monate der Beschäftigung gelten als Probezeit, soweit nicht eine kürzere Zeit vereinbart ist. [2]Bei Übernahme von Auszubildenden im unmittelbaren Anschluss an das Ausbildungsverhältnis in ein Arbeitsverhältnis entfällt die Probezeit.

§ 3 Allgemeine Arbeitsbedingungen. (1) Die Beschäftigten haben über Angelegenheiten, deren Geheimhaltung durch gesetzliche Vorschriften vorgesehen oder vom Arbeitgeber angeordnet ist, Verschwiegenheit zu wahren; dies gilt auch über die Beendigung des Arbeitsverhältnisses hinaus.

(2) [1]Die Beschäftigten dürfen von Dritten Belohnungen, Geschenke, Provisionen oder sonstige Vergünstigungen in Bezug auf ihre Tätigkeit nicht annehmen. [2]Ausnahmen sind nur mit Zustimmung des Arbeitgebers möglich. [3]Werden den Beschäftigten derartige Vergünstigungen angeboten, haben sie dies dem Arbeitgeber unverzüglich anzuzeigen.

(3) [1]Nebentätigkeiten gegen Entgelt haben die Beschäftigten ihrem Arbeitgeber rechtzeitig vorher schriftlich anzuzeigen. [2]Der Arbeitgeber kann die Nebentätigkeit untersagen oder mit Auflagen versehen, wenn diese geeignet ist, die Erfüllung der arbeitsvertraglichen Pflichten der Beschäftigten oder berechtigte Interessen des Arbeitgebers zu beeinträchtigen. [3]Für Nebentätigkeiten bei

---

[1)] Redaktionell angepasst.
[2)] Abs. 2 redaktionell angepasst.

demselben Arbeitgeber oder im übrigen öffentlichen Dienst (§ 34 Abs. 3 Satz 3 und 4) kann eine Ablieferungspflicht zur Auflage gemacht werden.

(4) [1] Der Arbeitgeber ist bei begründeter Veranlassung berechtigt, die/den Beschäftigte/n zu verpflichten, durch ärztliche Bescheinigung nachzuweisen, dass sie/er zur Leistung der arbeitsvertraglich geschuldeten Tätigkeit in der Lage ist. [2] Bei der beauftragten Ärztin/dem beauftragten Arzt kann es sich um eine Betriebsärztin/einen Betriebsarzt, eine Personalärztin/einen Personalarzt oder eine Amtsärztin/einen Amtsarzt handeln, soweit sich die Betriebsparteien nicht auf eine andere Ärztin/einen Arzt geeinigt haben. [3] Die Kosten dieser Untersuchung trägt der Arbeitgeber.

(5) [1] Die Beschäftigten haben ein Recht auf Einsicht in ihre vollständigen Personalakten. [2] Sie können das Recht auf Einsicht auch durch eine/n hierzu schriftlich Bevollmächtigte/n ausüben lassen. [3] Sie können Auszüge oder Kopien aus ihren Personalakten erhalten.

(6) Die Schadenshaftung der Beschäftigten ist bei dienstlich oder betrieblich veranlassten Tätigkeiten auf Vorsatz und grobe Fahrlässigkeit beschränkt.

§ 3.1[1)] Betrieblicher Gesundheits- und Arbeitsschutz. (1) Arbeiten in der Abfall- und Entsorgungswirtschaft verpflichten Arbeitgeber und Beschäftigte in besonders hohem Maße zur Einhaltung aller einschlägigen Arbeitsschutz- und Sicherheitsvorschriften.

(2) Es sind ein sicherheitsgerechter Arbeitsplatz und eine Arbeitsumgebung zur Verfügung zu stellen, die eine Gefährdung nach Möglichkeit ausschließen, wobei gesicherte arbeitswissenschaftliche Erkenntnisse über menschengerechte Arbeitsplatzgestaltung berücksichtigt werden.

(3) [1] Neben den allgemeinen Bestimmungen der gesetzlichen Unfallversicherungsträger, den Rechten und Pflichten, die sich aus dem Betriebsverfassungsgesetz und den Personalvertretungsgesetzen sowie dem Arbeitssicherheitsgesetz ergeben, hat der Arbeitgeber dafür Sorge zu tragen, dass

1. die Beschäftigten mindestens im Turnus von einem Jahr über die zu beachtenden Gesetze, Verordnungen und Unfallverhütungsvorschriften unterrichtet werden sowie bei Einführung neuer Arbeitsverfahren und neuer Arbeitsstoffe bzw. vor der Arbeitsaufnahme an einem neuen Arbeitsplatz. [2] Bei Bedarf sind Unterweisungen öfter durchzuführen. [3] Beschäftigte, die der deutschen Sprache nicht ausreichend mächtig sind, müssen in einer ihnen verständlichen Sprache unterwiesen werden. [4] Dieses kann auch in schriftlicher Form in der jeweiligen Landessprache erfolgen,
2. die für die Beschäftigten und die Ausführung der Arbeiten erforderlichen Schutzausrüstungen, Werkzeuge, Maschinen und Fahrzeuge im betriebssicheren Zustand zur Verfügung gestellt werden,
3. Arbeits- und Schutzkleidung den Witterungsbedingungen entsprechend zur Verfügung gestellt, gereinigt und instand gesetzt wird.

(4) [1] Die Beschäftigten sind verpflichtet, die sicherheitstechnischen Vorschriften und die turnusmäßigen betrieblichen Belehrungen zu beachten. [2] Sie sind ferner dazu verpflichtet, die ihnen vom Betrieb gestellten Schutzausrüstungen, Werkzeuge, Maschinen und Fahrzeuge zur Herstellung der Arbeitssicherheit zu verwenden und sich vor dem Einsatz von dem ordnungsgemäßen

---

1) Entspricht § 43 BT-E.

Zustand zu überzeugen. [3] Weitergehende Arbeitsschutzvorschriften der jeweiligen Arbeitgeber sind vorrangig einzuhalten.

(5) Beschäftigte, die sich über die Arbeitssicherheit zur Ausführung eines bestimmten Auftrages nicht ausreichend belehrt fühlen, haben das Recht und die Pflicht, dies dem betrieblich Verantwortlichen vor der Arbeitsaufnahme zu melden.

(6) In den Betriebsstätten und festen Baustellen haben die allgemeinen und für die jeweilige Arbeit speziellen Unfallverhütungsvorschriften der gesetzlichen Unfallversicherungsträger den Beschäftigten während der Arbeitszeit zugänglich zu sein.

(7) Näheres soll durch Betriebs-/Dienstvereinbarung zum betrieblichen Arbeits- und Gesundheitsschutz geregelt werden.

§ 4 Versetzung, Abordnung, Zuweisung, Personalgestellung. (1) [1] Beschäftigte können aus dienstlichen oder betrieblichen Gründen versetzt oder abgeordnet werden. [2] Sollen Beschäftigte an eine Dienststelle oder einen Betrieb außerhalb des bisherigen Arbeitsortes versetzt oder voraussichtlich länger als drei Monate abgeordnet werden, so sind sie vorher zu hören.

Protokollerklärungen zu Absatz 1:

1. *Abordnung ist die Zuweisung einer vorübergehenden Beschäftigung bei einer anderen Dienststelle oder einem anderen Betrieb desselben oder eines anderen Arbeitgebers unter Fortsetzung des bestehenden Arbeitsverhältnisses.*
2. *Versetzung ist die Zuweisung einer auf Dauer bestimmten Beschäftigung bei einer anderen Dienststelle oder einem anderen Betrieb desselben Arbeitgebers unter Fortsetzung des bestehenden Arbeitsverhältnisses.*

(2) [1] Beschäftigten kann im dienstlichen/betrieblichen oder öffentlichen Interesse mit ihrer Zustimmung vorübergehend eine mindestens gleich vergütete Tätigkeit bei einem Dritten zugewiesen werden. [2] Die Zustimmung kann nur aus wichtigem Grund verweigert werden. [3] Die Rechtsstellung der Beschäftigten bleibt unberührt. [4] Bezüge aus der Verwendung nach Satz 1 werden auf das Entgelt angerechnet.

Protokollerklärung zu Absatz 2:

Zuweisung ist – unter Fortsetzung des bestehenden Arbeitsverhältnisses – die vorübergehende Beschäftigung bei einem Dritten im In- und Ausland, bei dem der Allgemeine Teil des TVöD nicht zur Anwendung kommt.

(3) [1] Werden Aufgaben der Beschäftigten zu einem Dritten verlagert, ist auf Verlangen des Arbeitgebers bei weiter bestehendem Arbeitsverhältnis die arbeitsvertraglich geschuldete Arbeitsleistung bei dem Dritten zu erbringen (Personalgestellung). [2] § 613a BGB sowie gesetzliche Kündigungsrechte bleiben unberührt.

Protokollerklärung zu Absatz 3:

[1] Personalgestellung ist – unter Fortsetzung des bestehenden Arbeitsverhältnisses – die auf Dauer angelegte Beschäftigung bei einem Dritten. [2] Die Modalitäten der Personalgestellung werden zwischen dem Arbeitgeber und dem Dritten vertraglich geregelt.

§ 5[1)] Qualifizierung. (1) [1]Ein hohes Qualifikationsniveau und lebenslanges Lernen liegen im gemeinsamen Interesse von Beschäftigten und Arbeitgebern. [2]Qualifizierung dient der Steigerung von Effektivität und Effizienz des Betriebes, der Nachwuchsförderung und der Steigerung von beschäftigungsbezogenen Kompetenzen. [3]Die Tarifvertragsparteien verstehen Qualifizierung auch als Teil der Personalentwicklung.

(2) [1]Vor diesem Hintergrund stellt Qualifizierung nach diesen Regelungen ein Angebot dar, aus dem für die Beschäftigten kein individueller Anspruch außer nach Absatz 4 abgeleitet werden kann. [2]Das Angebot kann durch freiwillige Betriebsvereinbarung/Dienstvereinbarung wahrgenommen und näher ausgestaltet werden. [3]Weitergehende Mitbestimmungsrechte werden dadurch nicht berührt.

(3) [1]Qualifizierungsmaßnahmen sind

a) die Fortentwicklung der fachlichen, methodischen und sozialen Kompetenzen für die übertragenen Tätigkeiten (Erhaltungsqualifizierung),
b) der Erwerb zusätzlicher Qualifikationen (Fort- und Weiterbildung),
c) die Qualifizierung zur Arbeitsplatzsicherung (Qualifizierung für eine andere Tätigkeit; Umschulung),
d) die Einarbeitung bei längerer Abwesenheit (Wiedereinstiegsqualifizierung).

[2]Die Teilnahme an einer Qualifizierungsmaßnahme wird dokumentiert und den Beschäftigten schriftlich bestätigt.

(4) [1]Beschäftigte haben – auch in den Fällen des Absatzes 3 Satz 1 Buchst. d – Anspruch auf ein regelmäßiges Gespräch mit der jeweiligen Führungskraft, in dem festgestellt wird, ob und welcher Qualifizierungsbedarf besteht. [2]Dieses Gespräch kann auch als Gruppengespräch geführt werden. [3]Wird nichts anderes geregelt, ist das Gespräch jährlich zu führen.

(5) [1]Die Kosten einer vom Arbeitgeber veranlassten Qualifizierungsmaßnahme – einschließlich Reisekosten – werden, soweit sie nicht von Dritten übernommen werden, grundsätzlich vom Arbeitgeber getragen. [2]Ein möglicher Eigenbeitrag und eventuelle Rückzahlungspflichten bei vorzeitigem Ausscheiden werden in einer Qualifizierungsvereinbarung geregelt. [3]Die Betriebsparteien sind gehalten, die Grundsätze einer fairen Kostenverteilung unter Berücksichtigung des betrieblichen und individuellen Nutzens zu regeln. [4]Ein Eigenbeitrag der/des Beschäftigten kann in Geld und/oder Zeit erfolgen.

(6) [1]Zeiten von vereinbarten Qualifizierungsmaßnahmen gelten als Arbeitszeit. [2]Absatz 5 Sätze 2 bis 4 bleiben unberührt.

(7) Gesetzliche Förderungsmöglichkeiten können in die Qualifizierungsplanung einbezogen werden.

(8) Für Beschäftigte mit individuellen Arbeitszeiten sollen Qualifizierungsmaßnahmen so angeboten werden, dass ihnen eine gleichberechtigte Teilnahme ermöglicht werden kann.

Abschnitt II. Arbeitszeit

§ 6 Regelmäßige Arbeitszeit. (1) [1]Die regelmäßige Arbeitszeit beträgt ausschließlich der Pausen

[1)] § 5 AT redaktionell angepasst durch § 45 BT-E.

a) *(nicht besetzt)*

b) im Tarifgebiet West durchschnittlich 39 Stunden wöchentlich, im Tarifgebiet Ost durchschnittlich 40 Stunden wöchentlich.

[2]Bei Wechselschichtarbeit werden die gesetzlich vorgeschriebenen Pausen in die Arbeitszeit eingerechnet. [3]Die regelmäßige Arbeitszeit kann auf fünf Tage, aus notwendigen betrieblichen/dienstlichen Gründen auch auf sechs Tage verteilt werden.

(2) [1]Für die Berechnung des Durchschnitts der regelmäßigen wöchentlichen Arbeitszeit ist ein Zeitraum von bis zu einem Jahr zugrunde zu legen. [2]Abweichend von Satz 1 kann bei Beschäftigten, die ständig Wechselschicht- oder Schichtarbeit zu leisten haben, ein längerer Zeitraum zugrunde gelegt werden.

(3) [1]Soweit es die betrieblichen/dienstlichen Verhältnisse zulassen, wird die/der Beschäftigte am 24. Dezember und am 31. Dezember unter Fortzahlung des Entgelts nach § 21 von der Arbeit freigestellt. [2]Kann die Freistellung nach Satz 1 aus betrieblichen/dienstlichen Gründen nicht erfolgen, ist entsprechender Freizeitausgleich innerhalb von drei Monaten zu gewähren. [3]Die regelmäßige Arbeitszeit vermindert sich für jeden gesetzlichen Feiertag, sowie für den 24. Dezember und 31. Dezember, sofern sie auf einen Werktag fallen, um die dienstplanmäßig ausgefallenen Stunden.

Protokollerklärung zu Absatz 3 Satz 3:
Die Verminderung der regelmäßigen Arbeitszeit betrifft die Beschäftigten, die wegen des Dienstplans am Feiertag frei haben und deshalb ohne diese Regelung nacharbeiten müssten.

(4) Aus dringenden betrieblichen/dienstlichen Gründen kann auf der Grundlage einer Betriebs-/Dienstvereinbarung im Rahmen des § 7 Abs. 1, 2 und des § 12 ArbZG von den Vorschriften des Arbeitszeitgesetzes abgewichen werden.

Protokollerklärung zu Absatz 4:
In vollkontinuierlichen Schichtbetrieben kann an Sonn- und Feiertagen die tägliche Arbeitszeit auf bis zu zwölf Stunden verlängert werden, wenn dadurch zusätzliche freie Schichten an Sonn- und Feiertagen erreicht werden.

(5) Die Beschäftigten sind im Rahmen begründeter betrieblicher/dienstlicher Notwendigkeiten zur Leistung von Sonntags-, Feiertags-, Nacht-, Wechselschicht-, Schichtarbeit sowie – bei Teilzeitbeschäftigung aufgrund arbeitsvertraglicher Regelung oder mit ihrer Zustimmung – zu Bereitschaftsdienst, Rufbereitschaft, Überstunden und Mehrarbeit verpflichtet.

(6) [1]Durch Betriebs-/Dienstvereinbarung kann ein wöchentlicher Arbeitszeitkorridor von bis zu 45 Stunden eingerichtet werden. [2]Die innerhalb eines Arbeitszeitkorridors geleisteten zusätzlichen Arbeitsstunden werden im Rahmen des nach Absatz 2 Satz 1 festgelegten Zeitraums ausgeglichen.

(7) [1]Durch Betriebs-/Dienstvereinbarung kann in der Zeit von 6 bis 22 Uhr eine tägliche Rahmenzeit von bis zu zwölf Stunden eingeführt werden.[1)] [2]Die innerhalb der täglichen Rahmenzeit geleisteten zusätzlichen Arbeitsstunden werden im Rahmen des nach Absatz 2 Satz 1 festgelegten Zeitraums ausgeglichen.

[1)] Abs. 7 Satz 1 ersetzt durch § 41 BT-E.

(8) Die Absätze 6 und 7 gelten nur alternativ und nicht bei Wechselschicht- und Schichtarbeit.

(9) Für einen Betrieb/eine Verwaltung, in dem/der ein Personalvertretungsgesetz Anwendung findet, kann eine Regelung nach den Absätzen 4, 6 und 7 in einem landesbezirklichen Tarifvertrag getroffen werden, wenn eine Dienstvereinbarung nicht einvernehmlich zustande kommt und der Arbeitgeber ein Letztentscheidungsrecht hat.

Protokollerklärung zu § 6:
[1] Gleitzeitregelungen sind unter Wahrung der jeweils geltenden Mitbestimmungsrechte unabhängig von den Vorgaben zu Arbeitszeitkorridor und Rahmenzeit (Absätze 6 und 7) möglich. [2] Sie dürfen keine Regelungen nach Absatz 4 enthalten.

§ 7 Sonderformen der Arbeit. (1) [1] Wechselschichtarbeit ist die Arbeit nach einem Schichtplan, der einen regelmäßigen Wechsel der täglichen Arbeitszeit in Wechselschichten vorsieht, bei denen Beschäftigte durchschnittlich längstens nach Ablauf eines Monats erneut zur Nachtschicht herangezogen werden. [2] Wechselschichten sind wechselnde Arbeitsschichten, in denen ununterbrochen bei Tag und Nacht, werktags, sonntags und feiertags gearbeitet wird. [3] Nachtschichten sind Arbeitsschichten, die mindestens zwei Stunden Nachtarbeit umfassen.

(2) Schichtarbeit ist die Arbeit nach einem Schichtplan, der einen regelmäßigen Wechsel des Beginns der täglichen Arbeitszeit um mindestens zwei Stunden in Zeitabschnitten von längstens einem Monat vorsieht, und die innerhalb einer Zeitspanne von mindestens 13 Stunden geleistet wird.

(3) Bereitschaftsdienst leisten Beschäftigte, die sich auf Anordnung des Arbeitgebers außerhalb der regelmäßigen Arbeitszeit an einer vom Arbeitgeber bestimmten Stelle aufhalten, um im Bedarfsfall die Arbeit aufzunehmen.

(4) [1] Rufbereitschaft leisten Beschäftigte, die sich auf Anordnung des Arbeitgebers außerhalb der regelmäßigen Arbeitszeit an einer dem Arbeitgeber anzuzeigenden Stelle aufhalten, um auf Abruf die Arbeit aufzunehmen. [2] Rufbereitschaft wird nicht dadurch ausgeschlossen, dass Beschäftigte vom Arbeitgeber mit einem Mobiltelefon oder einem vergleichbaren technischen Hilfsmittel ausgestattet sind.

(5) Nachtarbeit ist die Arbeit zwischen 21 Uhr und 6 Uhr.

(6) Mehrarbeit sind die Arbeitsstunden, die Teilzeitbeschäftigte über die vereinbarte regelmäßige Arbeitszeit hinaus bis zur regelmäßigen wöchentlichen Arbeitszeit von Vollbeschäftigten (§ 6 Abs. 1 Satz 1) leisten.

(7) Überstunden sind die auf Anordnung des Arbeitgebers geleisteten Arbeitsstunden, die über die im Rahmen der regelmäßigen Arbeitszeit von Vollbeschäftigten (§ 6 Abs. 1 Satz 1) für die Woche dienstplanmäßig bzw. betriebsüblich festgesetzten Arbeitsstunden hinausgehen und nicht bis zum Ende der folgenden Kalenderwoche ausgeglichen werden.

(8) Abweichend von Absatz 7 sind nur die Arbeitsstunden Überstunden, die

a) im Falle der Festlegung eines Arbeitszeitkorridors nach § 6 Abs. 6 über 45 Stunden oder über die vereinbarte Obergrenze hinaus,

b) im Falle der Einführung einer täglichen Rahmenzeit nach § 6 Abs. 7 außerhalb der Rahmenzeit,

c) im Falle von Wechselschicht- oder Schichtarbeit über die im Schichtplan festgelegten täglichen Arbeitsstunden einschließlich der im Schichtplan vorgesehenen Arbeitsstunden, die bezogen auf die regelmäßige wöchentliche Arbeitszeit im Schichtplanturnus nicht ausgeglichen werden,

angeordnet worden sind.

§ 8 Ausgleich für Sonderformen der Arbeit. (1) [1] Der/Die Beschäftigte erhält neben dem Entgelt für die tatsächliche Arbeitsleistung Zeitzuschläge. [2] Die Zeitzuschläge betragen – auch bei Teilzeitbeschäftigten – je Stunde

a)	für Überstunden	
	in den Entgeltgruppen 1 bis 9b	30 v.H.,
	in den Entgeltgruppen 9c bis 15	15 v.H.,
b)	für Nachtarbeit	20 v.H.,
c)	für Sonntagsarbeit	25 v.H.,
d)	bei Feiertagsarbeit	
	– ohne Freizeitausgleich	135 v.H.,
	– mit Freizeitausgleich	35 v.H.,
e)	für Arbeit am 24. Dezember und am 31. Dezember jeweils ab 6 Uhr	35 v.H.,
f)	für Arbeit an Samstagen von 13 bis 21 Uhr, soweit diese nicht im Rahmen von Wechselschicht oder Schichtarbeit anfällt	20 v.H.

des auf eine Stunde entfallenden Anteils des Tabellenentgelts der Stufe 3 der jeweiligen Entgeltgruppe. [3] Beim Zusammentreffen von Zeitzuschlägen nach Satz 2 Buchst. c bis f wird nur der höchste Zeitzuschlag gezahlt. [4] Auf Wunsch der/des Beschäftigten können, soweit ein Arbeitszeitkonto (§ 10) eingerichtet ist und die betrieblichen/dienstlichen Verhältnisse es zulassen, die nach Satz 2 zu zahlenden Zeitzuschläge entsprechend dem jeweiligen Vomhundertsatz einer Stunde in Zeit umgewandelt und ausgeglichen werden. [5] Dies gilt entsprechend für Überstunden als solche.

Protokollerklärung zu Absatz 1 Satz 1:
Bei Überstunden richtet sich das Entgelt für die tatsächliche Arbeitsleistung nach der jeweiligen Entgeltgruppe und der individuellen Stufe, höchstens jedoch nach der Stufe 4.

Protokollerklärung zu Absatz 1 Satz 2 Buchst. d:
[1] Der Freizeitausgleich muss im Dienstplan besonders ausgewiesen und bezeichnet werden. [2] Falls kein Freizeitausgleich gewährt wird, werden als Entgelt einschließlich des Zeitzuschlags und des auf den Feiertag entfallenden Tabellenentgelts höchstens 235 v.H. gezahlt.

(2) Für Arbeitsstunden, die keine Überstunden sind und die aus betrieblichen/dienstlichen Gründen nicht innerhalb des nach § 6 Abs. 2 Satz 1 oder 2 festgelegten Zeitraums mit Freizeit ausgeglichen werden, erhält die/der Beschäftigte je Stunde 100 v.H. des auf eine Stunde entfallenden Anteils des Tabellenentgelts der jeweiligen Entgeltgruppe und Stufe.

Protokollerklärung zu Absatz 2:

Mit dem Begriff „Arbeitsstunden" sind nicht die Stunden gemeint, die im Rahmen von Gleitzeitregelungen im Sinne der Protokollerklärung zu § 6 anfallen, es sei denn, sie sind angeordnet worden.

(3) [1]Für die Rufbereitschaft wird eine tägliche Pauschale je Entgeltgruppe bezahlt. [2]Sie beträgt für die Tage Montag bis Freitag das Zweifache, für Samstag, Sonntag sowie für Feiertage das Vierfache des tariflichen Stundenentgelts nach Maßgabe der Entgelttabelle. [3]Maßgebend für die Bemessung der Pauschale nach Satz 2 ist der Tag, an dem die Rufbereitschaft beginnt. [4]Für die Arbeitsleistung innerhalb der Rufbereitschaft außerhalb des Aufenthaltsortes im Sinne des § 7 Abs. 4 wird die Zeit jeder einzelnen Inanspruchnahme einschließlich der hierfür erforderlichen Wegezeiten jeweils auf eine volle Stunde gerundet und mit dem Entgelt für Überstunden sowie mit etwaigen Zeitzuschlägen nach Absatz 1 bezahlt. [5]Wird die Arbeitsleistung innerhalb der Rufbereitschaft am Aufenthaltsort im Sinne des § 7 Abs. 4 telefonisch (z.B. in Form einer Auskunft) oder mittels technischer Einrichtungen erbracht, wird abweichend von Satz 4 die Summe dieser Arbeitsleistungen auf die nächste volle Stunde gerundet und mit dem Entgelt für Überstunden sowie mit etwaigen Zeitzuschlägen nach Absatz 1 bezahlt. [6]Absatz 1 Satz 4 gilt entsprechend, soweit die Buchung auf das Arbeitszeitkonto nach § 10 Abs. 3 Satz 2 zulässig ist. [7]Satz 1 gilt nicht im Falle einer stundenweisen Rufbereitschaft. [8]Eine Rufbereitschaft im Sinne von Satz 7 liegt bei einer ununterbrochenen Rufbereitschaft von weniger als zwölf Stunden vor. [9]In diesem Fall wird abweichend von den Sätzen 2 und 3 für jede Stunde der Rufbereitschaft 12,5 v.H. des tariflichen Stundenentgelts nach Maßgabe der Entgelttabelle gezahlt.

Protokollerklärung zu Absatz 3:

Zur Ermittlung der Tage einer Rufbereitschaft, für die eine Pauschale gezahlt wird, ist auf den Tag des Beginns der Rufbereitschaft abzustellen.

(4) [1]Das Entgelt für Bereitschaftsdienst wird landesbezirklich geregelt. [2]Bis zum In-Kraft-Treten einer Regelung nach Satz 1 gelten die in dem jeweiligen Betrieb am 30. September 2005 jeweils geltenden Bestimmungen fort.

(5) [1]Beschäftigte, die ständig Wechselschichtarbeit leisten, erhalten eine Wechselschichtzulage von 105 Euro[1)] monatlich. [2]Beschäftigte, die nicht ständig Wechselschichtarbeit leisten, erhalten eine Wechselschichtzulage von 0,63 Euro[2)] pro Stunde.

(6) [1]Beschäftigte, die ständig Schichtarbeit leisten, erhalten eine Schichtzulage von 40 Euro[3)] monatlich. [2]Beschäftigte, die nicht ständig Schichtarbeit leisten, erhalten eine Schichtzulage von 0,24 Euro[4)] pro Stunde.

§ 9 Bereitschaftszeiten. (1) [1]Bereitschaftszeiten sind die Zeiten, in denen sich die/der Beschäftigte am Arbeitsplatz oder einer anderen vom Arbeitgeber bestimmten Stelle zur Verfügung halten muss, um im Bedarfsfall die Arbeit selbständig, ggf. auch auf Anordnung, aufzunehmen und in denen die Zeiten ohne Arbeitsleistung überwiegen. [2]Für Beschäftigte, in deren Tätigkeit regel-

---

1) Tarifgebiet Ost: In EG 10 bis 15: 101, 85 €.
2) Tarifgebiet Ost: In EG 10 bis 15: 0,61 €.
3) Tarifgebiet Ost: In EG 10 bis 15: 38,80 €.
4) Tarifgebiet Ost: In EG 10 bis 15: 0,23 €.

mäßig und in nicht unerheblichem Umfang Bereitschaftszeiten fallen, gelten folgende Regelungen:

a) Bereitschaftszeiten werden zur Hälfte als tarifliche Arbeitszeit gewertet (faktorisiert).
b) Sie werden innerhalb von Beginn und Ende der regelmäßigen täglichen Arbeitszeit nicht gesondert ausgewiesen.
c) Die Summe aus den faktorisierten Bereitschaftszeiten und der Vollarbeitszeit darf die Arbeitszeit nach § 6 Abs. 1 nicht überschreiten.
d) Die Summe aus Vollarbeits- und Bereitschaftszeiten darf durchschnittlich 48 Stunden wöchentlich nicht überschreiten.

[3] Ferner ist Voraussetzung, dass eine nicht nur vorübergehend angelegte Organisationsmaßnahme besteht, bei der regelmäßig und in nicht unerheblichem Umfang Bereitschaftszeiten anfallen.

(2) [1] Die Anwendung des Absatzes 1 bedarf im Geltungsbereich eines Personalvertretungsgesetzes einer einvernehmlichen Dienstvereinbarung. [2] § 6 Abs. 9 gilt entsprechend. [3] Im Geltungsbereich des Betriebsverfassungsgesetzes unterliegt die Anwendung dieser Vorschrift der Mitbestimmung im Sinne des § 87 Abs. 1 Nr. 2 BetrVG.

(3) *(nicht besetzt)*

Protokollerklärung zu § 9:
Diese Regelung gilt nicht für Wechselschicht- und Schichtarbeit.

§ 10 Arbeitszeitkonto. (1) [1] Durch Betriebs-/Dienstvereinbarung kann ein Arbeitszeitkonto eingerichtet werden. [2] Für einen Betrieb/eine Verwaltung, in dem/der ein Personalvertretungsgesetz Anwendung findet, kann eine Regelung nach Satz 1 auch in einem landesbezirklichen Tarifvertrag getroffen werden, wenn eine Dienstvereinbarung nicht einvernehmlich zustande kommt und der Arbeitgeber ein Letztentscheidungsrecht hat. [3] Soweit ein Arbeitszeitkorridor (§ 6 Abs. 6) oder eine Rahmenzeit (§ 6 Abs. 7) vereinbart wird, ist ein Arbeitszeitkonto einzurichten.

(2) [1] In der Betriebs-/Dienstvereinbarung wird festgelegt, ob das Arbeitszeitkonto im ganzen Betrieb/in der ganzen Verwaltung oder Teilen davon eingerichtet wird. [2] Alle Beschäftigten der Betriebs-/Verwaltungsteile, für die ein Arbeitszeitkonto eingerichtet wird, werden von den Regelungen des Arbeitszeitkontos erfasst.

(3) [1] Auf das Arbeitszeitkonto können Zeiten, die bei Anwendung des nach § 6 Abs. 2 festgelegten Zeitraums als Zeitguthaben oder als Zeitschuld bestehen bleiben, nicht durch Freizeit ausgeglichene Zeiten nach § 8 Abs. 1 Satz 5 und Abs. 2 sowie in Zeit umgewandelte Zuschläge nach § 8 Abs. 1 Satz 4 gebucht werden. [2] Weitere Kontingente (z.B. Rufbereitschafts-/Bereitschaftsdienstentgelte) können durch Betriebs-/Dienstvereinbarung zur Buchung freigegeben werden. [3] Die/Der Beschäftigte entscheidet für einen in der Betriebs-/Dienstvereinbarung festgelegten Zeitraum, welche der in Satz 1 genannten Zeiten auf das Arbeitszeitkonto gebucht werden.

(4) Im Falle einer unverzüglich angezeigten und durch ärztliches Attest nachgewiesenen Arbeitsunfähigkeit während eines Zeitausgleichs vom Arbeitszeitkonto (Zeiten nach Absatz 3 Satz 1 und 2) tritt eine Minderung des Zeitguthabens nicht ein.

(5) In der Betriebs-/Dienstvereinbarung sind insbesondere folgende Regelungen zu treffen:

a) Die höchstmögliche Zeitschuld (bis zu 40 Stunden) und das höchstzulässige Zeitguthaben (bis zu einem Vielfachen von 40 Stunden), die innerhalb eines bestimmten Zeitraums anfallen dürfen;
b) nach dem Umfang des beantragten Freizeitausgleichs gestaffelte Fristen für das Abbuchen von Zeitguthaben oder für den Abbau von Zeitschulden durch die/den Beschäftigten;
c) die Berechtigung, das Abbuchen von Zeitguthaben zu bestimmten Zeiten (z.B. an so genannten Brückentagen) vorzusehen;
d) die Folgen, wenn der Arbeitgeber einen bereits genehmigten Freizeitausgleich kurzfristig widerruft.

(6) [1] Der Arbeitgeber kann mit der/dem Beschäftigten die Einrichtung eines Langzeitkontos vereinbaren. [2] In diesem Fall ist der Betriebs-/Personalrat zu beteiligen und – bei Insolvenzfähigkeit des Arbeitgebers – eine Regelung zur Insolvenzsicherung zu treffen.

§ 11 Teilzeitbeschäftigung. (1) [1] Mit Beschäftigten soll auf Antrag eine geringere als die vertraglich festgelegte Arbeitszeit vereinbart werden, wenn sie

a) mindestens ein Kind unter 18 Jahren oder
b) einen nach ärztlichem Gutachten pflegebedürftigen sonstigen Angehörigen

tatsächlich betreuen oder pflegen und dringende dienstliche bzw. betriebliche Belange nicht entgegenstehen. [2] Die Teilzeitbeschäftigung nach Satz 1 ist auf Antrag auf bis zu fünf Jahre zu befristen. [3] Sie kann verlängert werden; der Antrag ist spätestens sechs Monate vor Ablauf der vereinbarten Teilzeitbeschäftigung zu stellen. [4] Bei der Gestaltung der Arbeitszeit hat der Arbeitgeber im Rahmen der dienstlichen bzw. betrieblichen Möglichkeiten der besonderen persönlichen Situation der/des Beschäftigten nach Satz 1 Rechnung zu tragen.

(2) Beschäftigte, die in anderen als den in Absatz 1 genannten Fällen eine Teilzeitbeschäftigung vereinbaren wollen, können von ihrem Arbeitgeber verlangen, dass er mit ihnen die Möglichkeit einer Teilzeitbeschäftigung mit dem Ziel erörtert, zu einer entsprechenden Vereinbarung zu gelangen.

(3) Ist mit früher Vollbeschäftigten auf ihren Wunsch eine nicht befristete Teilzeitbeschäftigung vereinbart worden, sollen sie bei späterer Besetzung eines Vollzeitarbeitsplatzes bei gleicher Eignung im Rahmen der dienstlichen bzw. betrieblichen Möglichkeiten bevorzugt berücksichtigt werden.

Protokollerklärung zu Abschnitt II:
Bei In-Kraft-Treten dieses Tarifvertrages bestehende Gleitzeitregelungen bleiben unberührt.

Abschnitt III. Eingruppierung, Entgelt und sonstige Leistungen

§ 12 Eingruppierung. (1) [1] Die Eingruppierung der/des Beschäftigten richtet sich nach den Tätigkeitsmerkmalen der Anlage 1 – Entgeltordnung (VKA). [2] Die/Der Beschäftigte erhält Entgelt nach der Entgeltgruppe, in der sie/er eingruppiert ist.

(2) [1] Die/Der Beschäftigte ist in der Entgeltgruppe eingruppiert, deren Tätigkeitsmerkmalen die gesamte von ihr/ihm nicht nur vorübergehend aus-

zuübende Tätigkeit entspricht. [2]Die gesamte auszuübende Tätigkeit entspricht den Tätigkeitsmerkmalen einer Entgeltgruppe, wenn zeitlich mindestens zur Hälfte Arbeitsvorgänge anfallen, die für sich genommen die Anforderungen eines Tätigkeitsmerkmals oder mehrerer Tätigkeitsmerkmale dieser Entgeltgruppe erfüllen. [3]Kann die Erfüllung einer Anforderung in der Regel erst bei der Betrachtung mehrerer Arbeitsvorgänge festgestellt werden (z.B. vielseitige Fachkenntnisse), sind diese Arbeitsvorgänge für die Feststellung, ob diese Anforderung erfüllt ist, insoweit zusammen zu beurteilen. [4]Werden in einem Tätigkeitsmerkmal mehrere Anforderungen gestellt, gilt das in Satz 2 bestimmte Maß, ebenfalls bezogen auf die gesamte auszuübende Tätigkeit, für jede Anforderung. [5]Ist in einem Tätigkeitsmerkmal ein von den Sätzen 2 bis 4 abweichendes zeitliches Maß bestimmt, gilt dieses. [6]Ist in einem Tätigkeitsmerkmal als Anforderung eine Voraussetzung in der Person der/des Beschäftigten bestimmt, muss auch diese Anforderung erfüllt sein.

Protokollerklärung zu Absatz 2:
[1]Arbeitsvorgänge sind Arbeitsleistungen (einschließlich Zusammenhangsarbeiten), die, bezogen auf den Aufgabenkreis der/des Beschäftigten, zu einem bei natürlicher Betrachtung abgrenzbaren Arbeitsergebnis führen (z.B. unterschriftsreife Bearbeitung eines Aktenvorgangs, eines Widerspruchs oder eines Antrags, Erstellung eines EKG, Fertigung einer Bauzeichnung, Konstruktion einer Brücke oder eines Brückenteils, Bearbeitung eines Antrags auf eine Sozialleistung, Betreuung einer Person oder Personengruppe, Durchführung einer Unterhaltungs- oder Instandsetzungsarbeit). [2]Jeder einzelne Arbeitsvorgang ist als solcher zu bewerten und darf dabei hinsichtlich der Anforderungen zeitlich nicht aufgespalten werden. [3]Eine Anforderung im Sinne der Sätze 2 und 3 ist auch das in einem Tätigkeitsmerkmal geforderte Herausheben der Tätigkeit aus einer niedrigeren Entgeltgruppe.

(3) Die Entgeltgruppe der/des Beschäftigten ist im Arbeitsvertrag anzugeben.

§ 13 Eingruppierung in besonderen Fällen. (1) [1]Ist der/dem Beschäftigten eine andere, höherwertige Tätigkeit nicht übertragen worden, hat sich aber die ihr/ihm übertragene Tätigkeit (§ 12 Abs. 2 Satz 1) nicht nur vorübergehend derart geändert, dass sie den Tätigkeitsmerkmalen einer höheren als ihrer/seiner bisherigen Entgeltgruppe entspricht (§ 12 Abs. 2 Sätze 2 bis 6), und hat die/der Beschäftigte die höherwertige Tätigkeit ununterbrochen sechs Monate lang ausgeübt, ist sie/er mit Beginn des darauffolgenden Kalendermonats in der höheren Entgeltgruppe eingruppiert. [2]Für die zurückliegenden sechs Kalendermonate gilt § 14 Abs. 1 sinngemäß.

(2) [1]Ist die Zeit der Ausübung der höherwertigen Tätigkeit durch Urlaub, Arbeitsbefreiung, Arbeitsunfähigkeit, Kur- oder Heilverfahren oder Vorbereitung auf eine Fachprüfung für die Dauer von insgesamt nicht mehr als sechs Wochen unterbrochen worden, wird die Unterbrechungszeit in die Frist von sechs Monaten eingerechnet. [2]Bei einer längeren Unterbrechung oder bei einer Unterbrechung aus anderen Gründen beginnt die Frist nach der Beendigung der Unterbrechung von neuem.

(3) Wird der/dem Beschäftigten vor Ablauf der sechs Monate wieder eine Tätigkeit zugewiesen, die den Tätigkeitsmerkmalen ihrer/seiner bisherigen Entgeltgruppe entspricht, gilt § 14 Abs. 1 sinngemäß.

Protokollerklärung zu §§ 12, 13:

Die Grundsätze der korrigierenden Rückgruppierung bleiben unberührt.

§ 14 Vorübergehende Übertragung einer höherwertigen Tätigkeit.

(1) Wird der/dem Beschäftigten vorübergehend eine andere Tätigkeit übertragen, die den Tätigkeitsmerkmalen einer höheren als ihrer/seiner Eingruppierung entspricht, und hat sie/er diese mindestens einen Monat ausgeübt, erhält sie/er für die Dauer der Ausübung eine persönliche Zulage rückwirkend ab dem ersten Tag der Übertragung der Tätigkeit.

(2) Durch landesbezirklichen Tarifvertrag wird im Rahmen eines Kataloges, der die hierfür in Frage kommenden Tätigkeiten aufführt, bestimmt, dass die Voraussetzung für die Zahlung einer persönlichen Zulage bereits erfüllt ist, wenn die vorübergehend übertragene Tätigkeit mindestens drei Arbeitstage angedauert hat und die/der Beschäftigte ab dem ersten Tag der Vertretung in Anspruch genommen worden ist.

(3) Die persönliche Zulage bemisst sich nach dem jeweiligen Unterschiedsbetrag zu dem Tabellenentgelt, das sich bei dauerhafter Übertragung nach § 17 Abs. 4 Satz 1 ergeben hätte.[1)]

§ 15 Tabellenentgelt. (1) [1] Die/Der Beschäftigte erhält monatlich ein Tabellenentgelt. [2] Die Höhe bestimmt sich nach der Entgeltgruppe, in die sie/er eingruppiert ist, und nach der für sie/ihn geltenden Stufe.

Protokollerklärungen zu Absatz 1:
(gestrichen)

(2) Die Beschäftigten erhalten Entgelt nach der Anlage A.

(3) [1] Im Rahmen von landesbezirklichen Regelungen können für an- und ungelernte Tätigkeiten in von Outsourcing und/oder Privatisierung bedrohten Bereichen in den Entgeltgruppen 1 bis 4 Abweichungen von der Entgelttabelle bis zu einer dort vereinbarten Untergrenze vorgenommen werden. [2] Die Untergrenze muss im Rahmen der Spannbreite des Entgelts der Entgeltgruppe 1 liegen. [3] Die Umsetzung erfolgt durch Anwendungsvereinbarung.

§ 16 Stufen der Entgelttabelle. (1) Die Entgeltgruppen 2 bis 15 umfassen sechs Stufen.

(2) [1] Bei Einstellung werden die Beschäftigten der Stufe 1 zugeordnet, sofern keine einschlägige Berufserfahrung vorliegt. [2] Verfügt die/der Beschäftigte über eine einschlägige Berufserfahrung von mindestens einem Jahr, erfolgt die Einstellung in die Stufe 2; verfügt sie/er über eine einschlägige Berufserfahrung von mindestens drei Jahren, erfolgt in der Regel eine Zuordnung zur Stufe 3. [3] Unabhängig davon kann der Arbeitgeber bei Neueinstellungen zur Deckung des Personalbedarfs Zeiten einer vorherigen beruflichen Tätigkeit ganz oder teilweise für die Stufenzuordnung berücksichtigen, wenn diese Tätigkeit für die vorgesehene Tätigkeit förderlich ist.

Protokollerklärung zu Absatz 2:

Ein Berufspraktikum nach dem Tarifvertrag für Praktikantinnen/Praktikanten des öffentlichen Dienstes (TVPöD) vom 27. Oktober 2009 gilt grundsätzlich als Erwerb einschlägiger Berufserfahrung.

[1)] Entspricht redaktionell angepasst § 14 Abs. 3 TVöD.

(2a) Bei Einstellung von Beschäftigten in unmittelbarem Anschluss an ein Arbeitsverhältnis im öffentlichen Dienst (§ 34 Abs. 3 Satz 3 und 4) oder zu einem Arbeitgeber, der einen dem TVöD vergleichbaren Tarifvertrag anwendet, kann die in dem vorhergehenden Arbeitsverhältnis erworbene Stufe bei der Stufenzuordnung ganz oder teilweise berücksichtigt werden; Absatz 2 Satz 3 bleibt unberührt.

(3) Die Beschäftigten erreichen die jeweils nächste Stufe – von Stufe 3 an in Abhängigkeit von ihrer Leistung gemäß § 17 Abs. 2 – nach folgenden Zeiten einer ununterbrochenen Tätigkeit innerhalb derselben Entgeltgruppe bei ihrem Arbeitgeber (Stufenlaufzeit):
- Stufe 2 nach einem Jahr in Stufe 1,
- Stufe 3 nach zwei Jahren in Stufe 2,
- Stufe 4 nach drei Jahren in Stufe 3,
- Stufe 5 nach vier Jahren in Stufe 4 und
- Stufe 6 nach fünf Jahren in Stufe 5.

(4) [1] Die Entgeltgruppe 1 umfasst fünf Stufen. [2] Einstellungen erfolgen in der Stufe 2 (Eingangsstufe). [3] Die jeweils nächste Stufe wird nach vier Jahren in der vorangegangenen Stufe erreicht; § 17 Abs. 2 bleibt unberührt.

§ 17 Allgemeine Regelungen zu den Stufen. (1) Die Beschäftigten erhalten vom Beginn des Monats an, in dem die nächste Stufe erreicht wird, das Tabellenentgelt nach der neuen Stufe.

(2) [1] Bei Leistungen der/des Beschäftigten, die erheblich über dem Durchschnitt liegen, kann die erforderliche Zeit für das Erreichen der Stufen 4 bis 6 jeweils verkürzt werden. [2] Bei Leistungen, die erheblich unter dem Durchschnitt liegen, kann die erforderliche Zeit für das Erreichen der Stufen 4 bis 6 jeweils verlängert werden. [3] Bei einer Verlängerung der Stufenlaufzeit hat der Arbeitgeber jährlich zu prüfen, ob die Voraussetzungen für die Verlängerung noch vorliegen. [4] Für die Beratung von schriftlich begründeten Beschwerden von Beschäftigten gegen eine Verlängerung nach Satz 2 bzw. 3 ist eine betriebliche Kommission zuständig. [5] Die Mitglieder der betrieblichen Kommission werden je zur Hälfte vom Arbeitgeber und vom Betriebs-/Personalrat benannt; sie müssen dem Betrieb/der Dienststelle angehören. [6] Der Arbeitgeber entscheidet auf Vorschlag der Kommission darüber, ob und in welchem Umfang der Beschwerde abgeholfen werden soll.

Protokollerklärung zu Absatz 2:

[1] Die Instrumente der materiellen Leistungsanreize (§ 18) und der leistungsbezogene Stufenaufstieg bestehen unabhängig voneinander und dienen unterschiedlichen Zielen. [2] Leistungsbezogene Stufenaufstiege unterstützen insbesondere die Anliegen der Personalentwicklung.

Protokollerklärung zu Absatz 2 Satz 2:

Bei Leistungsminderungen, die auf einem anerkannten Arbeitsunfall oder einer Berufskrankheit gemäß §§ 8 und 9 SGB VII beruhen, ist diese Ursache in geeigneter Weise zu berücksichtigen.

Protokollerklärung zu Absatz 2 Satz 6:

Die Mitwirkung der Kommission erfasst nicht die Entscheidung über die leistungsbezogene Stufenzuordnung.

(3) [1] Den Zeiten einer ununterbrochenen Tätigkeit im Sinne des § 16 Abs. 3 Satz 1 stehen gleich:

a) Schutzfristen nach dem Mutterschutzgesetz,
b) Zeiten einer Arbeitsunfähigkeit nach § 22 bis zu 39 Wochen,
c) Zeiten eines bezahlten Urlaubs,
d) Zeiten eines Sonderurlaubs, bei denen der Arbeitgeber vor dem Antritt schriftlich ein dienstliches bzw. betriebliches Interesse anerkannt hat,
e) Zeiten einer sonstigen Unterbrechung von weniger als einem Monat im Kalenderjahr,
f) Zeiten der vorübergehenden Übertragung einer höherwertigen Tätigkeit.

[2] Zeiten der Unterbrechung bis zu einer Dauer von jeweils drei Jahren, die nicht von Satz 1 erfasst werden, und Elternzeit bis zu jeweils fünf Jahren sind unschädlich, werden aber nicht auf die Stufenlaufzeit angerechnet. [3] Bei einer Unterbrechung von mehr als drei Jahren, bei Elternzeit von mehr als fünf Jahren, erfolgt eine Zuordnung zu der Stufe, die der vor der Unterbrechung erreichten Stufe vorangeht, jedoch nicht niedriger als bei einer Neueinstellung; die Stufenlaufzeit beginnt mit dem Tag der Arbeitsaufnahme. [4] Zeiten, in denen Beschäftigte mit einer kürzeren als der regelmäßigen wöchentlichen Arbeitszeit eines entsprechenden Vollbeschäftigten beschäftigt waren, werden voll angerechnet.

(4) [1] Bei Eingruppierung in eine höhere Entgeltgruppe aus den Entgeltgruppen 2 bis 14 der Anlage A werden die Beschäftigten der gleichen Stufe zugeordnet, die sie in der niedrigeren Entgeltgruppe erreicht haben, mindestens jedoch der Stufe 2. [2] Die Stufenlaufzeit in der höheren Entgeltgruppe beginnt mit dem Tag der Höhergruppierung. [3] Bei einer Eingruppierung in eine niedrigere Entgeltgruppe ist die/der Beschäftige der in der höheren Entgeltgruppe erreichten Stufe zuzuordnen; die in der bisherigen Stufe zurückgelegte Stufenlaufzeit wird auf die Stufenlaufzeit in der niedrigeren Entgeltgruppe angerechnet. [4] Die/Der Beschäftigte erhält vom Beginn des Monats an, in dem die Veränderung wirksam wird, das entsprechende Tabellenentgelt aus der in Satz 1 oder Satz 3 festgelegten Stufe der betreffenden Entgeltgruppe.

(4a) [1] Bei Eingruppierung in eine höhere Entgeltgruppe aus der Entgeltgruppe 1 werden die Beschäftigten im Bereich der VKA derjenigen Stufe zugeordnet, in der sie mindestens ihr bisheriges Tabellenentgelt erhalten, mindestens jedoch der Stufe 2. [2] Wird die/der Beschäftigte nicht in die nächsthöhere, sondern in eine darüber liegende Entgeltgruppe höhergruppiert, ist das Tabellenentgelt für jede dazwischen liegende Entgeltgruppe nach Satz 1 zu berechnen. [3] Die Stufenlaufzeit in der höheren Entgeltgruppe beginnt mit dem Tag der Höhergruppierung. [4] Die/Der Beschäftigte erhält vom Beginn des Monats an, in dem die Veränderung wirksam wird, das entsprechende Tabellenentgelt aus der in Satz 1 festgelegten Stufe der betreffenden Entgeltgruppe.

Protokollerklärung zu den Absätzen 4 und 4a:

[1] Ist Beschäftigten nach § 14 Abs. 1 vorübergehend eine höherwertige Tätigkeit übertragen worden, und wird ihnen im unmittelbaren Anschluss daran eine Tätigkeit derselben höheren Entgeltgruppe dauerhaft übertragen, werden sie hinsichtlich der Stufenzuordnung so gestellt, als sei die Höhergruppierung ab dem ersten Tag der vorübergehenden Übertragung der höherwertigen Tätigkeit erfolgt. [2] Unterschreitet bei Höhergruppierungen nach Satz 1 das Tabellenentgelt nach den Sätzen 4 des § 17

Abs. 4 oder 4a die Summe aus dem Tabellenentgelt und dem Zulagenbetrag nach § 14 Abs. 3, die die/der Beschäftigte am Tag vor der Höhergruppierung erhalten hat, erhält die/der Beschäftigte dieses Entgelt solange, bis das Tabellenentgelt nach den Sätzen 4 des § 17 Abs. 4 oder 4a dieses Entgelt erreicht oder übersteigt.

§ 18 Leistungsentgelt. (1) [1]Die leistungs- und/oder erfolgsorientierte Bezahlung soll dazu beitragen, die öffentlichen Dienstleistungen zu verbessern. [2]Zugleich sollen Motivation, Eigenverantwortung und Führungskompetenz gestärkt werden.

(2) Das Leistungsentgelt ist eine variable und leistungsorientierte Bezahlung zusätzlich zum Tabellenentgelt.

(3) [1]Ausgehend von einer vereinbarten Zielgröße von 8 v.H. entspricht bis zu einer Vereinbarung eines höheren Vomhundertsatzes das für das Leistungsentgelt zur Verfügung stehende Gesamtvolumen 2,00 v.H. der ständigen Monatsentgelte des Vorjahres aller unter den Geltungsbereich des TVöD fallenden Beschäftigten des jeweiligen Arbeitgebers. [2]Das für das Leistungsentgelt zur Verfügung stehende Gesamtvolumen ist zweckentsprechend zu verwenden; es besteht die Verpflichtung zu jährlicher Auszahlung der Leistungsentgelte.

Protokollerklärung zu Absatz 3 Satz 1:

[1]Ständige Monatsentgelte sind insbesondere das Tabellenentgelt (ohne Sozialversicherungsbeiträge des Arbeitgebers und dessen Kosten für die betriebliche Altersvorsorge), die in Monatsbeträgen festgelegten Zulagen einschließlich Besitzstandszulagen sowie Entgelt im Krankheitsfall (§ 22) und bei Urlaub, soweit diese Entgelte in dem betreffenden Kalenderjahr ausgezahlt worden sind; nicht einbezogen sind dagegen insbesondere Abfindungen, Aufwandsentschädigungen, Einmalzahlungen, Jahressonderzahlungen, Leistungsentgelte, Strukturausgleiche, unständige Entgeltbestandteile und Entgelte der außertariflichen Beschäftigten. [2]Unständige Entgeltbestandteile können betrieblich einbezogen werden.

(4) [1]Das Leistungsentgelt wird zusätzlich zum Tabellenentgelt als Leistungsprämie, Erfolgsprämie oder Leistungszulage gewährt; das Verbinden verschiedener Formen des Leistungsentgelts ist zulässig. [2]Die Leistungsprämie ist in der Regel eine einmalige Zahlung, die im Allgemeinen auf der Grundlage einer Zielvereinbarung erfolgt; sie kann auch in zeitlicher Abfolge gezahlt werden. [3]Die Erfolgsprämie kann in Abhängigkeit von einem bestimmten wirtschaftlichen Erfolg neben dem gemäß Absatz 3 vereinbarten Startvolumen gezahlt werden. [4]Die Leistungszulage ist eine zeitlich befristete, widerrufliche, in der Regel monatlich wiederkehrende Zahlung. [5]Leistungsentgelte können auch an Gruppen von Beschäftigten gewährt werden. [6]Leistungsentgelt muss grundsätzlich allen Beschäftigten zugänglich sein. [7]Für Teilzeitbeschäftigte kann von § 24 Abs. 2 abgewichen werden.

Protokollerklärungen zu Absatz 4:

1. [1]Die Tarifvertragsparteien sind sich darüber einig, dass die zeitgerechte Einführung des Leistungsentgelts sinnvoll, notwendig und deshalb beiderseits gewollt ist. [2]Sie fordern deshalb die Betriebsparteien dazu auf, rechtzeitig vor dem 1. Januar 2007 die betrieblichen Systeme zu vereinbaren. [3]Kommt bis zum 30. September 2007 keine betriebliche Regelung zustande, erhalten die Beschäftigten mit dem Tabellenentgelt des Monats Dezember 2008 6 v.H. des für den Monat September jeweils zustehenden Tabellenentgelts. [4]Das Leistungsentgelt erhöht sich im Folgejahr um den Restbetrag des Gesamtvolumens. [5]Solange auch in den Folgejahren keine

Einigung entsprechend Satz 2 zustande kommt, gelten die Sätze 3 und 4 ebenfalls. [6]Für das Jahr 2007 erhalten die Beschäftigten mit dem Tabellenentgelt des Monats Dezember 2007 12 v.H. des für den Monat September 2007 jeweils zustehenden Tabellenentgelts ausgezahlt, insgesamt jedoch nicht mehr als das Gesamtvolumen gemäß Absatz 3 Satz 1, wenn bis zum 31. Juli 2007 keine Einigung nach Satz 3 zustande gekommen ist.

2. Die Tarifvertragsparteien bekennen sich zur weiteren Stärkung der Leistungsorientierung im öffentlichen Dienst

Protokollerklärung zu Absatz 4 Satz 3:

1. [1]Die wirtschaftlichen Unternehmensziele legt die Verwaltungs-/Unternehmensführung zu Beginn des Wirtschaftsjahres fest. [2]Der wirtschaftliche Erfolg wird auf der Gesamtebene der Verwaltung/des Betriebes festgestellt.

2. (nicht besetzt)

(5) [1]Die Feststellung oder Bewertung von Leistungen geschieht durch das Vergleichen von Zielerreichungen mit den in der Zielvereinbarung angestrebten Zielen oder über eine systematische Leistungsbewertung. [2]Zielvereinbarung ist eine freiwillige Abrede zwischen der Führungskraft und einzelnen Beschäftigten oder Beschäftigtengruppen über objektivierbare Leistungsziele und die Bedingungen ihrer Erfüllung. [3]Leistungsbewertung ist die auf einem betrieblich vereinbarten System beruhende Feststellung der erbrachten Leistung nach möglichst messbaren oder anderweitig objektivierbaren Kriterien oder durch aufgabenbezogene Bewertung.

(6) [1]Das jeweilige System der leistungsbezogenen Bezahlung wird betrieblich vereinbart. [2]Die individuellen Leistungsziele von Beschäftigten bzw. Beschäftigtengruppen müssen beeinflussbar und in der regelmäßigen Arbeitszeit erreichbar sein. [3]Die Ausgestaltung geschieht durch Betriebsvereinbarung oder einvernehmliche Dienstvereinbarung, in der insbesondere geregelt werden:

- Verfahren der Einführung von leistungs- und/oder erfolgsorientierten Entgelten,
- zulässige Kriterien für Zielvereinbarungen,
- Ziele zur Sicherung und Verbesserung der Effektivität und Effizienz, insbesondere für Mehrwertsteigerungen (z.B. Verbesserung der Wirtschaftlichkeit, – der Dienstleistungsqualität, – der Kunden-/Bürgerorientierung),
- Auswahl der Formen von Leistungsentgelten, der Methoden sowie Kriterien der systematischen Leistungsbewertung und der aufgabenbezogenen Bewertung (messbar, zählbar oder anderweitig objektivierbar), ggf. differenziert nach Arbeitsbereichen, u.U. Zielerreichungsgrade,
- Anpassung von Zielvereinbarungen bei wesentlichen Änderungen von Geschäftsgrundlagen,
- Vereinbarung von Verteilungsgrundsätzen,
- Überprüfung und Verteilung des zur Verfügung stehenden Finanzvolumens, ggf. Begrenzung individueller Leistungsentgelte aus umgewidmetem Entgelt,
- Dokumentation und Umgang mit Auswertungen über Leistungsbewertungen.

Protokollerklärung zu Absatz 6:

Besteht in einer Dienststelle/in einem Unternehmen kein Personal- oder Betriebsrat, hat der Dienststellenleiter/Arbeitgeber die jährliche Ausschüttung der Leistungsentgelte im Umfang des Vomhundertsatzes der Protokollerklärung Nr. 1 zu Absatz 4 sicherzustellen, solange eine Kommission im Sinne des Absatzes 7 nicht besteht.

(7) [1]Bei der Entwicklung und beim ständigen Controlling des betrieblichen Systems wirkt eine betriebliche Kommission mit, deren Mitglieder je zur Hälfte vom Arbeitgeber und vom Betriebs-/Personalrat aus dem Betrieb benannt werden. [2]Die betriebliche Kommission ist auch für die Beratung von schriftlich begründeten Beschwerden zuständig, die sich auf Mängel des Systems bzw. seiner Anwendung beziehen. [3]Der Arbeitgeber entscheidet auf Vorschlag der betrieblichen Kommission, ob und in welchem Umfang der Beschwerde im Einzelfall abgeholfen wird. [4]Folgt der Arbeitgeber dem Vorschlag nicht, hat er seine Gründe darzulegen. [5]Notwendige Korrekturen des Systems bzw. von Systembestandteilen empfiehlt die betriebliche Kommission. [6]Die Rechte der betrieblichen Mitbestimmung bleiben unberührt.

(8) Die ausgezahlten Leistungsentgelte sind zusatzversorgungspflichtiges Entgelt.

Protokollerklärungen zu § 18:

1. *[1]Eine Nichterfüllung der Voraussetzungen für die Gewährung eines Leistungsentgelts darf für sich genommen keine arbeitsrechtlichen Maßnahmen auslösen. [2]Umgekehrt sind arbeitsrechtliche Maßnahmen nicht durch Teilnahme an einer Zielvereinbarung bzw. durch Gewährung eines Leistungsentgelts ausgeschlossen.*
2. *[1]Leistungsgeminderte dürfen nicht grundsätzlich aus Leistungsentgelten ausgenommen werden. [2]Ihre jeweiligen Leistungsminderungen sollen angemessen berücksichtigt werden.*
3. *Die Vorschriften des § 18 sind sowohl für die Parteien der betrieblichen Systeme als auch für die Arbeitgeber und Beschäftigten unmittelbar geltende Regelungen.*
4. *(nicht besetzt)*
5. *Die landesbezirklichen Regelungen in Baden-Württemberg, in Nordrhein-Westfalen und im Saarland zu Leistungszuschlägen zu § 20 BMT-G bleiben unberührt.*

§ 18.1[1)] Erfolgsbeteiligung. [1]Die Beschäftigten können an einem auf ihrer Mehrleistung beruhenden Betriebsergebnis im Abrechnungszeitraum beteiligt werden. [2]Qualität und Menge der erbrachten Mehrleistung sind nachzuweisen. [3]Die Kriterien für diese Erfolgsbeteiligung und das Verfahren werden in einem betrieblich zu vereinbarenden System festgelegt. [4]Die Erfolgsbeteiligung ist kein zusatzversorgungspflichtiges Entgelt.

§ 19 Erschwerniszuschläge. (1) [1]Erschwerniszuschläge werden für Arbeiten gezahlt, die außergewöhnliche Erschwernisse beinhalten. [2]Dies gilt nicht für Erschwernisse, die mit dem der Eingruppierung zugrunde liegenden Berufs- oder Tätigkeitsbild verbunden sind.

(2) Außergewöhnliche Erschwernisse im Sinne des Absatzes 1 ergeben sich grundsätzlich nur bei Arbeiten

a) mit besonderer Gefährdung,
b) mit extremer nicht klimabedingter Hitzeeinwirkung,
c) mit besonders starker Schmutz- oder Staubbelastung,

[1)] Entspricht § 44 BT-E.

d) mit besonders starker Strahlenexposition oder

e) unter sonstigen vergleichbar erschwerten Umständen.

(3) Zuschläge nach Absatz 1 werden nicht gewährt, soweit der außergewöhnlichen Erschwernis durch geeignete Vorkehrungen, insbesondere zum Arbeitsschutz, ausreichend Rechnung getragen wird.

(4) [1]Die Zuschläge betragen in der Regel 5 bis 15 v.H. – in besonderen Fällen auch abweichend – des auf eine Stunde entfallenden Anteils des monatlichen Tabellenentgelts der Stufe 2 der Entgeltgruppe 2. [2]Teilzeitbeschäftigte erhalten Erschwerniszuschläge, die nach Stunden bemessen werden, in voller Höhe; sofern sie pauschaliert gezahlt werden, gilt dagegen § 24 Abs. 2.

(5) [1]Die zuschlagspflichtigen Arbeiten und die Höhe der Zuschläge werden landesbezirklich vereinbart. [2] *(nicht besetzt).*

§ 20 Jahressonderzahlung. (1) Beschäftigte, die am 1. Dezember im Arbeitsverhältnis stehen, haben Anspruch auf eine Jahressonderzahlung.

(2) [1]Die Jahressonderzahlung beträgt bei Beschäftigten, für die die Regelungen des Tarifgebiets West Anwendung finden

in den Entgeltgruppen 1 bis 8	79,51 Prozent
in den Entgeltgruppen 9a bis 12	70,28 Prozent
in den Entgeltgruppen 13 bis 15	51,78 Prozent

des der/dem Beschäftigten in den Kalendermonaten Juli, August und September durchschnittlich gezahlten monatlichen Entgelts; unberücksichtigt bleiben hierbei das zusätzlich für Überstunden und Mehrarbeit gezahlte Entgelt (mit Ausnahme der im Dienstplan vorgesehenen Überstunden und Mehrarbeit), Leistungszulagen, Leistungs- und Erfolgsprämien. [2]Der Bemessungssatz bestimmt sich nach der Entgeltgruppe am 1. September. [3]Bei Beschäftigten, deren Arbeitsverhältnis nach dem 30. September begonnen hat, tritt an die Stelle des Bemessungszeitraums der erste volle Kalendermonat des Arbeitsverhältnisses. [4]In den Fällen, in denen im Kalenderjahr der Geburt des Kindes während des Bemessungszeitraums eine elterngeldunschädliche Teilzeitbeschäftigung ausgeübt wird, bemisst sich die Jahressonderzahlung nach dem Beschäftigungsumfang am Tag vor dem Beginn der Elternzeit.

Protokollerklärung zu Absatz 2:

[1]Bei der Berechnung des durchschnittlich gezahlten monatlichen Entgelts werden die gezahlten Entgelte der drei Monate addiert und durch drei geteilt; dies gilt auch bei einer Änderung des Beschäftigungsumfangs. [2]Ist im Bemessungszeitraum nicht für alle Kalendertage Entgelt gezahlt worden, werden die gezahlten Entgelte der drei Monate addiert, durch die Zahl der Kalendertage mit Entgelt geteilt und sodann mit 30,67 multipliziert. [3]Zeiträume, für die Krankengeldzuschuss gezahlt worden ist, bleiben hierbei unberücksichtigt. [4]Besteht während des Bemessungszeitraums an weniger als 30 Kalendertagen Anspruch auf Entgelt, ist der letzte Kalendermonat, in dem für alle Kalendertage Anspruch auf Entgelt bestand, maßgeblich.

(3) Für Beschäftigte, für die die Regelungen des Tarifgebiets Ost Anwendung finden, gilt Absatz 2 mit der Maßgabe, dass die Bemessungssätze für die Jahressonderzahlung bis zum Kalenderjahr 2018 75 Prozent, im Kalenderjahr 2019 82 Prozent, im Kalenderjahr 2020 88 Prozent, im Kalenderjahr 2021 94 Prozent und ab dem Kalenderjahr 2022 100 Prozent der dort genannten Prozentsätze betragen.

(4) [1]Der Anspruch nach den Absätzen 1 bis 3 vermindert sich um ein Zwölftel für jeden Kalendermonat, in dem Beschäftigte keinen Anspruch auf Entgelt oder Fortzahlung des Entgelts nach § 21 haben. [2]Die Verminderung unterbleibt für Kalendermonate,

1. für die Beschäftigte kein Tabellenentgelt erhalten haben wegen
   a) Ableistung von Grundwehrdienst oder Zivildienst, wenn sie diesen vor dem 1. Dezember beendet und die Beschäftigung unverzüglich wieder aufgenommen haben,
   b) Beschäftigungsverboten nach dem Mutterschutzgesetz,
   c) Inanspruchnahme der Elternzeit nach dem Bundeselterngeld- und Elternzeitgesetz bis zum Ende des Kalenderjahres, in dem das Kind geboren ist, wenn am Tag vor Antritt der Elternzeit Entgeltanspruch bestanden hat;
2. in denen Beschäftigten Krankengeldzuschuss gezahlt wurde oder nur wegen der Höhe des zustehenden Krankengelds ein Krankengeldzuschuss nicht gezahlt worden ist.

(5) [1]Die Jahressonderzahlung wird mit dem Tabellenentgelt für November ausgezahlt. [2]Ein Teilbetrag der Jahressonderzahlung kann zu einem früheren Zeitpunkt ausgezahlt werden.

(6) *(aufgehoben)*

§ 21 Bemessungsgrundlage für die Entgeltfortzahlung. [1]In den Fällen der Entgeltfortzahlung nach § 6 Abs. 3 Satz 1, § 22 Abs. 1, § 26, § 27 und § 29 werden das Tabellenentgelt sowie die sonstigen in Monatsbeträgen festgelegten Entgeltbestandteile weitergezahlt. [2]Die nicht in Monatsbeträgen festgelegten Entgeltbestandteile werden als Durchschnitt auf Basis der dem maßgebenden Ereignis für die Entgeltfortzahlung vorhergehenden letzten drei vollen Kalendermonate (Berechnungszeitraum) gezahlt. [3]Ausgenommen hiervon sind das zusätzlich für Überstunden und Mehrarbeit gezahlte Entgelt (mit Ausnahme der im Dienstplan vorgesehenen Überstunden und Mehrarbeit), Leistungsentgelte, Jahressonderzahlungen sowie besondere Zahlungen nach § 23 Abs. 2 und 3.

Protokollerklärungen zu den Sätzen 2 und 3:

1. *[1]Volle Kalendermonate im Sinne der Durchschnittsberechnung nach Satz 2 sind Kalendermonate, in denen an allen Kalendertagen das Arbeitsverhältnis bestanden hat. [2]Hat das Arbeitsverhältnis weniger als drei Kalendermonate bestanden, sind die vollen Kalendermonate, in denen das Arbeitsverhältnis bestanden hat, zugrunde zu legen. [3]Bei Änderungen der individuellen Arbeitszeit werden die nach der Arbeitszeitänderung liegenden vollen Kalendermonate zugrunde gelegt.*
2. *[1]Der Tagesdurchschnitt nach Satz 2 beträgt bei einer durchschnittlichen Verteilung der regelmäßigen wöchentlichen Arbeitszeit auf fünf Tage 1/65 aus der Summe der zu berücksichtigenden Entgeltbestandteile, die für den Berechnungszeitraum zugestanden haben. [2]Maßgebend ist die Verteilung der Arbeitszeit zu Beginn des Berechnungszeitraums. [3]Bei einer abweichenden Verteilung der Arbeitszeit ist der Tagesdurchschnitt entsprechend Satz 1 und 2 zu ermitteln.*
3. *[1]Liegt zwischen der Begründung des Arbeitsverhältnisses oder der Änderung der individuellen Arbeitszeit und dem maßgeblichen Ereignis für die Entgeltfortzahlung kein voller Kalendermonat, ist der Tagesdurchschnitt anhand der konkreten individuellen Daten zu ermitteln. [2]Dazu ist die Summe der zu berücksichtigenden*

Entgeltbestandteile, die für diesen Zeitraum zugestanden haben, durch die Zahl der tatsächlich in diesem Zeitraum erbrachten Arbeitstage zu teilen.

4. *[1] Tritt die Fortzahlung des Entgelts nach einer allgemeinen Entgeltanpassung ein, ist die/der Beschäftigte so zu stellen, als sei die Entgeltanpassung bereits mit Beginn des Berechnungszeitraums eingetreten. [2] Der Erhöhungssatz beträgt für*

   – vor dem 1. März 2018 zustehende Entgeltbestandteile 3,19 v.H.,

   – vor dem 1. April 2019 zustehende Entgeltbestandteile 3,09 v.H. und

   – vor dem 1. März 2020 zustehende Entgeltbestandteile 1,06 v.H.

§ 22 Entgelt im Krankheitsfall. (1) [1] Werden Beschäftigte durch Arbeitsunfähigkeit infolge Krankheit an der Arbeitsleistung verhindert, ohne dass sie ein Verschulden trifft, erhalten sie bis zur Dauer von sechs Wochen das Entgelt nach § 21. [2] Bei erneuter Arbeitsunfähigkeit infolge derselben Krankheit sowie bei Beendigung des Arbeitsverhältnisses gelten die gesetzlichen Bestimmungen. [3] Als unverschuldete Arbeitsunfähigkeit im Sinne der Sätze 1 und 2 gilt auch die Arbeitsverhinderung in Folge einer Maßnahme der medizinischen Vorsorge und Rehabilitation im Sinne von § 9 EFZG.

Protokollerklärung zu Absatz 1 Satz 1:

Ein Verschulden liegt nur dann vor, wenn die Arbeitsunfähigkeit vorsätzlich oder grob fahrlässig herbeigeführt wurde.

(2) [1] Nach Ablauf des Zeitraums gemäß Absatz 1 erhalten die Beschäftigten für die Zeit, für die ihnen Krankengeld oder entsprechende gesetzliche Leistungen gezahlt werden, einen Krankengeldzuschuss in Höhe des Unterschiedsbetrags zwischen den tatsächlichen Barleistungen des Sozialleistungsträgers und dem Nettoentgelt. [2] Nettoentgelt ist das um die gesetzlichen Abzüge verminderte Entgelt im Sinne des § 21 (mit Ausnahme der Leistungen nach § 23 Abs. 1); bei freiwillig in der gesetzlichen Krankenversicherung versicherten Beschäftigten ist dabei deren Gesamtkranken- und Pflegeversicherungsbeitrag abzüglich Arbeitgeberzuschuss zu berücksichtigen. [3] Für Beschäftigte, die nicht der Versicherungspflicht in der gesetzlichen Krankenversicherung unterliegen und bei einem privaten Krankenversicherungsunternehmen versichert sind, ist bei der Berechnung des Krankengeldzuschusses der Krankengeldhöchstsatz, der bei Pflichtversicherung in der gesetzlichen Krankenversicherung zustünde, zugrunde zu legen. [4] Bei Teilzeitbeschäftigten ist das nach Satz 3 bestimmte fiktive Krankengeld entsprechend § 24 Abs. 2 zeitanteilig umzurechnen.

(3) [1] Der Krankengeldzuschuss wird bei einer Beschäftigungszeit (§ 34 Abs. 3)

– von mehr als einem Jahr längstens bis zum Ende der 13. Woche und

– von mehr als drei Jahren längstens bis zum Ende der 39. Woche

seit dem Beginn der Arbeitsunfähigkeit infolge derselben Krankheit gezahlt. [2] Maßgeblich für die Berechnung der Fristen nach Satz 1 ist die Beschäftigungszeit, die im Laufe der krankheitsbedingten Arbeitsunfähigkeit vollendet wird.

(4) [1] Entgelt im Krankheitsfall wird nicht über das Ende des Arbeitsverhältnisses hinaus gezahlt; § 8 EFZG bleibt unberührt. [2] Krankengeldzuschuss wird zudem nicht über den Zeitpunkt hinaus gezahlt, von dem an Beschäftigte eine Rente oder eine vergleichbare Leistung auf Grund eigener Versicherung aus der gesetzlichen Rentenversicherung, aus einer zusätzlichen Alters- und Hinterbliebenenversorgung oder aus einer sonstigen Versorgungseinrichtung erhal-

ten, die nicht allein aus Mitteln der Beschäftigten finanziert ist. [3]Innerhalb eines Kalenderjahres kann das Entgelt im Krankheitsfall nach Absatz 1 und 2 insgesamt längstens bis zum Ende der in Absatz 3 Satz 1 genannten Fristen bezogen werden; bei jeder neuen Arbeitsunfähigkeit besteht jedoch mindestens der sich aus Absatz 1 ergebende Anspruch. [4]Überzahlter Krankengeldzuschuss und sonstige Überzahlungen gelten als Vorschuss auf die in demselben Zeitraum zustehenden Leistungen nach Satz 2; soweit es sich nicht um öffentlich-rechtliche Sozialversicherungsansprüche auf Rente handelt, gehen die Ansprüche der Beschäftigten insoweit auf den Arbeitgeber über. [5]Der Arbeitgeber kann von der Rückforderung des Teils des überzahlten Betrags, der nicht durch die für den Zeitraum der Überzahlung zustehenden Bezüge im Sinne des Satzes 2 ausgeglichen worden ist, absehen, es sei denn, die/der Beschäftigte hat dem Arbeitgeber die Zustellung des Rentenbescheids schuldhaft verspätet mitgeteilt.

§ 23 Besondere Zahlungen. (1) [1]Nach Maßgabe des Vermögensbildungsgesetzes in seiner jeweiligen Fassung haben Beschäftigte, deren Arbeitsverhältnis voraussichtlich mindestens sechs Monate dauert, einen Anspruch auf vermögenswirksame Leistungen. [2]Für Vollbeschäftigte beträgt die vermögenswirksame Leistung für jeden vollen Kalendermonat 6,65 Euro. [3]Der Anspruch entsteht frühestens für den Kalendermonat, in dem die/der Beschäftigte dem Arbeitgeber die erforderlichen Angaben schriftlich mitteilt, und für die beiden vorangegangenen Monate desselben Kalenderjahres; die Fälligkeit tritt nicht vor acht Wochen nach Zugang der Mitteilung beim Arbeitgeber ein. [4]Die vermögenswirksame Leistung wird nur für Kalendermonate gewährt, für die den Beschäftigten Tabellenentgelt, Entgeltfortzahlung oder Krankengeldzuschuss zusteht. [5]Für Zeiten, für die Krankengeldzuschuss zusteht, ist die vermögenswirksame Leistung Teil des Krankengeldzuschusses. [6]Die vermögenswirksame Leistung ist kein zusatzversorgungspflichtiges Entgelt.

(2) [1]Beschäftigte erhalten ein Jubiläumsgeld bei Vollendung einer Beschäftigungszeit (§ 34 Abs. 3)

a) von 25 Jahren in Höhe von 350 Euro,

b) von 40 Jahren in Höhe von 500 Euro.

[2]Teilzeitbeschäftigte erhalten das Jubiläumsgeld in voller Höhe. [3]Durch Betriebs-/Dienstvereinbarung können günstigere Regelungen getroffen werden.

(3) [1]Beim Tod von Beschäftigten, deren Arbeitsverhältnis nicht geruht hat, wird der Ehegattin/dem Ehegatten oder der Lebenspartnerin/dem Lebenspartner im Sinne des Lebenspartnerschaftsgesetzes oder den Kindern ein Sterbegeld gewährt. [2]Als Sterbegeld wird für die restlichen Tage des Sterbemonats und – in einer Summe – für zwei weitere Monate das Tabellenentgelt der/des Verstorbenen gezahlt. [3]Die Zahlung des Sterbegeldes an einen der Berechtigten bringt den Anspruch der Übrigen gegenüber dem Arbeitgeber zum Erlöschen; die Zahlung auf das Gehaltskonto hat befreiende Wirkung. [4]Betrieblich können eigene Regelungen getroffen werden.

(3.1) [1]Die Erstattung von Reise- und Umzugskosten richtet sich nach den beim Arbeitgeber geltenden Grundsätzen. [2]Für Arbeitgeber, die dem öffentlichen Haushaltsrecht unterliegen, finden, wenn diese nicht nach eigenen

Grundsätzen verfahren, die für Beamtinnen und Beamten geltenden Bestimmungen Anwendung.[1)]

§ 24 Berechnung und Auszahlung des Entgelts. (1) [1]Bemessungszeitraum für das Tabellenentgelt und die sonstigen Entgeltbestandteile ist der Kalendermonat, soweit tarifvertraglich nicht ausdrücklich etwas Abweichendes geregelt ist. [2]Die Zahlung erfolgt am letzten Tag des Monats (Zahltag) für den laufenden Kalendermonat auf ein von der/dem Beschäftigten benanntes Konto innerhalb eines Mitgliedstaats der Europäischen Union. [3]Fällt der Zahltag auf einen Samstag, einen Wochenfeiertag oder den 31. Dezember, gilt der vorhergehende Werktag, fällt er auf einen Sonntag, gilt der zweite vorhergehende Werktag als Zahltag. [4]Entgeltbestandteile, die nicht in Monatsbeträgen festgelegt sind, sowie der Tagesdurchschnitt nach § 21 sind am Zahltag des zweiten Kalendermonats, der auf ihre Entstehung folgt, fällig.

Protokollerklärungen zu Absatz 1:

1. *Teilen Beschäftigte ihrem Arbeitgeber die für eine kostenfreie bzw. kostengünstigere Überweisung in einen anderen Mitgliedstaat der Europäischen Union erforderlichen Angaben nicht rechtzeitig mit, so tragen sie die dadurch entstehenden zusätzlichen Überweisungskosten.*
2. *Soweit Arbeitgeber die Bezüge am 15. eines jeden Monats für den laufenden Monat zahlen, können sie jeweils im Dezember eines Kalenderjahres den Zahltag vom 15. auf den letzten Tag des Monats gemäß Absatz 1 Satz 1 verschieben.*

(2) Soweit tarifvertraglich nicht ausdrücklich etwas anderes geregelt ist, erhalten Teilzeitbeschäftigte das Tabellenentgelt (§ 15) und alle sonstigen Entgeltbestandteile in dem Umfang, der dem Anteil ihrer individuell vereinbarten durchschnittlichen Arbeitszeit an der regelmäßigen Arbeitszeit vergleichbarer Vollzeitbeschäftigter entspricht.

(3) [1]Besteht der Anspruch auf das Tabellenentgelt oder die sonstigen Entgeltbestandteile nicht für alle Tage eines Kalendermonats, wird nur der Teil gezahlt, der auf den Anspruchszeitraum entfällt. [2]Besteht nur für einen Teil eines Kalendertags Anspruch auf Entgelt, wird für jede geleistete dienstplanmäßige oder betriebsübliche Arbeitsstunde der auf eine Stunde entfallende Anteil des Tabellenentgelts sowie der sonstigen in Monatsbeträgen festgelegten Entgeltbestandteile gezahlt. [3]Zur Ermittlung des auf eine Stunde entfallenden Anteils sind die in Monatsbeträgen festgelegten Entgeltbestandteile durch das 4,348-fache der regelmäßigen wöchentlichen Arbeitszeit (§ 6 Abs. 1 und entsprechende Sonderregelungen) zu teilen.

(4) [1]Ergibt sich bei der Berechnung von Beträgen ein Bruchteil eines Cents von mindestens 0,5, ist er aufzurunden; ein Bruchteil von weniger als 0,5 ist abzurunden. [2]Zwischenrechnungen werden jeweils auf zwei Dezimalstellen durchgeführt. [3]Jeder Entgeltbestandteil ist einzeln zu runden.

(5) Entfallen die Voraussetzungen für eine Zulage im Laufe eines Kalendermonats, gilt Absatz 3 entsprechend.

(6) Einzelvertraglich können neben dem Tabellenentgelt zustehende Entgeltbestandteile (z.B. Zeitzuschläge, Erschwerniszuschläge) pauschaliert werden.

[1)] Entspricht § 46 BT-E.

§ 25 Betriebliche Altersversorgung. Die Beschäftigten haben Anspruch auf Versicherung unter eigener Beteiligung zum Zwecke einer zusätzlichen Alters- und Hinterbliebenenversorgung nach Maßgabe des Tarifvertrages über die betriebliche Altersversorgung der Beschäftigten des öffentlichen Dienstes (Tarifvertrag Altersversorgung – ATV) bzw. des Tarifvertrages über die zusätzliche Altersvorsorge der Beschäftigten des öffentlichen Dienstes – Altersvorsorge-TV-Kommunal – (ATV-K) in ihrer jeweils geltenden Fassung.

Abschnitt IV. Urlaub und Arbeitsbefreiung

§ 26 Erholungsurlaub. (1) [1]Beschäftigte haben in jedem Kalenderjahr Anspruch auf Erholungsurlaub unter Fortzahlung des Entgelts (§ 21). [2]Bei Verteilung der wöchentlichen Arbeitszeit auf fünf Tage in der Kalenderwoche beträgt der Urlaubsanspruch in jedem Kalenderjahr 30 Arbeitstage. [3]Bei einer anderen Verteilung der wöchentlichen Arbeitszeit als auf fünf Tage in der Woche erhöht oder vermindert sich der Urlaubsanspruch entsprechend. [4]Verbleibt bei der Berechnung des Urlaubs ein Bruchteil, der mindestens einen halben Urlaubstag ergibt, wird er auf einen vollen Urlaubstag aufgerundet; Bruchteile von weniger als einem halben Urlaubstag bleiben unberücksichtigt. [5]Der Erholungsurlaub muss im laufenden Kalenderjahr gewährt und kann auch in Teilen genommen werden.

Protokollerklärung zu Absatz 1 Satz 5:

Der Urlaub soll grundsätzlich zusammenhängend gewährt werden; dabei soll ein Urlaubsteil von zwei Wochen Dauer angestrebt werden.

(2) Im Übrigen gilt das Bundesurlaubsgesetz mit folgenden Maßgaben:

a) Im Falle der Übertragung muss der Erholungsurlaub in den ersten drei Monaten des folgenden Kalenderjahres angetreten werden. Kann der Erholungsurlaub wegen Arbeitsunfähigkeit oder aus betrieblichen/dienstlichen Gründen nicht bis zum 31. März angetreten werden, ist er bis zum 31. Mai anzutreten.

b) Beginnt oder endet das Arbeitsverhältnis im Laufe eines Jahres, erhält die/der Beschäftigte als Erholungsurlaub für jeden vollen Monat des Arbeitsverhältnisses ein Zwölftel des Urlaubsanspruchs nach Absatz 1; § 5 BUrlG bleibt unberührt.

c) Ruht das Arbeitsverhältnis, so vermindert sich die Dauer des Erholungsurlaubs einschließlich eines etwaigen Zusatzurlaubs für jeden vollen Kalendermonat um ein Zwölftel.

d) Das nach Absatz 1 Satz 1 fortzuzahlende Entgelt wird zu dem in § 24 genannten Zeitpunkt gezahlt.

§ 27 Zusatzurlaub. (1) Beschäftigte, die ständig Wechselschichtarbeit nach § 7 Abs. 1 oder ständig Schichtarbeit nach § 7 Abs. 2 leisten und denen die Zulage nach § 8 Abs. 5 Satz 1 oder Abs. 6 Satz 1 zusteht, erhalten

a) bei Wechselschichtarbeit für je zwei zusammenhängende Monate und

b) bei Schichtarbeit für je vier zusammenhängende Monate

einen Arbeitstag Zusatzurlaub.

(2) *(nicht besetzt)*

(3) Im Falle nicht ständiger Wechselschichtarbeit und nicht ständiger Schichtarbeit soll bei annähernd gleicher Belastung die Gewährung zusätzlicher Urlaubstage durch Betriebs-/Dienstvereinbarung geregelt werden.

(4) [1] Zusatzurlaub nach diesem Tarifvertrag und sonstigen Bestimmungen mit Ausnahme des gesetzlichen zusätzlichen Urlaubs für schwerbehinderte Menschen wird nur bis zu insgesamt sechs Arbeitstagen im Kalenderjahr gewährt. [2] Erholungsurlaub und Zusatzurlaub (Gesamturlaub) dürfen im Kalenderjahr zusammen 35 Arbeitstage nicht überschreiten. [3] Satz 2 ist für Zusatzurlaub nach den Absätzen 1 und 2 hierzu nicht anzuwenden. [4] Bei Beschäftigten, die das 50. Lebensjahr vollendet haben, gilt abweichend von Satz 2 eine Höchstgrenze von 36 Arbeitstagen; maßgebend für die Berechnung der Urlaubsdauer ist das Lebensjahr, das im Laufe des Kalenderjahres vollendet wird.

(5) Im Übrigen gilt § 26 mit Ausnahme von Absatz 2 Buchst. b entsprechend.

Protokollerklärung zu den Absätzen 1 und 2:

[1] Der Anspruch auf Zusatzurlaub bemisst sich nach der abgeleisteten Schicht- oder Wechselschichtarbeit und entsteht im laufenden Jahr, sobald die Voraussetzungen nach Absatz 1 oder 2 erfüllt sind. [2] Für die Feststellung, ob ständige Wechselschichtarbeit oder ständige Schichtarbeit vorliegt, ist eine Unterbrechung durch Arbeitsbefreiung, Freizeitausgleich, bezahlten Urlaub oder Arbeitsunfähigkeit in den Grenzen des § 22 unschädlich.

§ 28 Sonderurlaub. Beschäftigte können bei Vorliegen eines wichtigen Grundes unter Verzicht auf die Fortzahlung des Entgelts Sonderurlaub erhalten.

§ 29 Arbeitsbefreiung. (1) [1] Als Fälle nach § 616 BGB, in denen Beschäftigte unter Fortzahlung des Entgelts nach § 21 im nachstehend genannten Ausmaß von der Arbeit freigestellt werden, gelten nur die folgenden Anlässe:

a)	Niederkunft der Ehefrau/der Lebenspartnerin im Sinne des Lebenspartnerschaftsgesetzes	ein Arbeitstag,
b)	Tod der Ehegattin/des Ehegatten, der Lebenspartnerin/des Lebenspartners im Sinne des Lebenspartnerschaftsgesetzes, eines Kindes oder Elternteils	zwei Arbeitstage,
c)	Umzug aus dienstlichem oder betrieblichem Grund an einen anderen Ort	ein Arbeitstag,
d)	25- und 40-jähriges Arbeitsjubiläum	ein Arbeitstag,
e)	schwere Erkrankung	
aa)	einer/eines Angehörigen, soweit sie/er in demselben Haushalt lebt,	ein Arbeitstag im Kalenderjahr,
bb)	eines Kindes, das das 12. Lebensjahr noch nicht vollendet hat, wenn im laufenden Kalenderjahr kein Anspruch nach § 45 SGB V besteht oder bestanden hat,	bis zu vier Arbeitstage im Kalenderjahr,
cc)	einer Betreuungsperson, wenn Beschäftigte deshalb die Betreuung ihres Kindes, das das 8. Lebensjahr noch nicht vollendet hat oder wegen körperlicher, geistiger oder seelischer Behinderung dauernd pflegebedürftig ist, übernehmen müssen,	bis zu vier Arbeitstage im Kalenderjahr,

f)	Ärztliche Behandlung von Beschäftigten, wenn diese während der Arbeitszeit erfolgen muss,	erforderliche nachgewiesene Abwesenheitszeit einschließlich erforderlicher Wegezeiten.

[2] Eine Freistellung nach Satz 1 Buchstabe e erfolgt nur, soweit eine andere Person zur Pflege oder Betreuung nicht sofort zur Verfügung steht und die Ärztin/der Arzt in den Fällen der Doppelbuchstaben aa und bb die Notwendigkeit der Anwesenheit der/des Beschäftigten zur vorläufigen Pflege bescheinigt. [3] Die Freistellung nach Satz 1 Buchstabe e darf insgesamt fünf Arbeitstage im Kalenderjahr nicht überschreiten.

(2) [1] Bei Erfüllung allgemeiner staatsbürgerlicher Pflichten nach deutschem Recht, soweit die Arbeitsbefreiung gesetzlich vorgeschrieben ist und soweit die Pflichten nicht außerhalb der Arbeitszeit, gegebenenfalls nach ihrer Verlegung, wahrgenommen werden können, besteht der Anspruch auf Fortzahlung des Entgelts nach § 21 nur insoweit, als Beschäftigte nicht Ansprüche auf Ersatz des Entgelts geltend machen können. [2] Das fortgezahlte Entgelt gilt in Höhe des Ersatzanspruchs als Vorschuss auf die Leistungen der Kostenträger. [3] Die Beschäftigten haben den Ersatzanspruch geltend zu machen und die erhaltenen Beträge an den Arbeitgeber abzuführen.

(3) [1] Der Arbeitgeber kann in sonstigen dringenden Fällen Arbeitsbefreiung unter Fortzahlung des Entgelts nach § 21 bis zu drei Arbeitstagen gewähren. [2] In begründeten Fällen kann bei Verzicht auf das Entgelt kurzfristige Arbeitsbefreiung gewährt werden, wenn die dienstlichen oder betrieblichen Verhältnisse es gestatten.

Protokollerklärung zu Absatz 3 Satz 2:
Zu den „begründeten Fällen“ können auch solche Anlässe gehören, für die nach Absatz 1 kein Anspruch auf Arbeitsbefreiung besteht (z.B. Umzug aus persönlichen Gründen).

(4) [1] Zur Teilnahme an Tagungen kann den gewählten Vertreterinnen/Vertretern der Bezirksvorstände, der Landesbezirksvorstände, der Landesbezirksfachbereichsvorstände, der Bundesfachbereichsvorstände, der Bundesfachgruppenvorstände sowie des Gewerkschaftsrates bzw. entsprechender Gremien anderer vertragsschließender Gewerkschaften auf Anfordern der Gewerkschaften Arbeitsbefreiung bis zu acht Werktagen im Jahr unter Fortzahlung des Entgelts nach § 21 erteilt werden, sofern nicht dringende dienstliche oder betriebliche Interessen entgegenstehen. [2] Zur Teilnahme an Tarifverhandlungen mit dem Bund und der VKA oder ihrer Mitgliedverbände kann auf Anfordern einer der vertragsschließenden Gewerkschaften Arbeitsbefreiung unter Fortzahlung des Entgelts nach § 21 ohne zeitliche Begrenzung erteilt werden.

(5) Zur Teilnahme an Sitzungen von Prüfungs- und von Berufsbildungsausschüssen nach dem Berufsbildungsgesetz sowie für eine Tätigkeit in Organen von Sozialversicherungsträgern kann den Mitgliedern Arbeitsbefreiung unter Fortzahlung des Entgelts nach § 21 gewährt werden, sofern nicht dringende dienstliche oder betriebliche Interessen entgegenstehen.

Abschnitt V. Befristung und Beendigung des Arbeitsverhältnisses

§ 30 Befristete Arbeitsverträge. (1) [1]Befristete Arbeitsverträge sind nach Maßgabe des Teilzeit- und Befristungsgesetzes sowie anderer gesetzlicher Vorschriften über die Befristung von Arbeitsverträgen zulässig. [2]Für Beschäftigte, auf die die Regelungen des Tarifgebiets West Anwendung finden und deren Tätigkeit vor dem 1. Januar 2005 der Rentenversicherung der Angestellten unterlegen hätte, gelten die in den Absätzen 2 bis 5 geregelten Besonderheiten; dies gilt nicht für Arbeitsverhältnisse, für die die §§ 57aff. HRG, das Gesetz über befristete Arbeitsverträge in der Wissenschaft (Wissenschaftszeitvertragsgesetz) oder gesetzliche Nachfolgeregelungen unmittelbar oder entsprechend gelten.

(2) [1]Kalendermäßig befristete Arbeitsverträge mit sachlichem Grund sind nur zulässig, wenn die Dauer des einzelnen Vertrages fünf Jahre nicht übersteigt; weitergehende Regelungen im Sinne von § 23 TzBfG bleiben unberührt. [2]Beschäftigte mit einem Arbeitsvertrag nach Satz 1 sind bei der Besetzung von Dauerarbeitsplätzen bevorzugt zu berücksichtigen, wenn die sachlichen und persönlichen Voraussetzungen erfüllt sind.

(3) [1]Ein befristeter Arbeitsvertrag ohne sachlichen Grund soll in der Regel zwölf Monate nicht unterschreiten; die Vertragsdauer muss mindestens sechs Monate betragen. [2]Vor Ablauf des Arbeitsvertrages hat der Arbeitgeber zu prüfen, ob eine unbefristete oder befristete Weiterbeschäftigung möglich ist.

(4) [1]Bei befristeten Arbeitsverträgen ohne sachlichen Grund gelten die ersten sechs Wochen und bei befristeten Arbeitsverträgen mit sachlichem Grund die ersten sechs Monate als Probezeit. [2]Innerhalb der Probezeit kann der Arbeitsvertrag mit einer Frist von zwei Wochen zum Monatsschluss gekündigt werden.

(5) [1]Eine ordentliche Kündigung nach Ablauf der Probezeit ist nur zulässig, wenn die Vertragsdauer mindestens zwölf Monate beträgt. [2]Nach Ablauf der Probezeit beträgt die Kündigungsfrist in einem oder mehreren aneinandergereihten Arbeitsverhältnissen bei demselben Arbeitgeber

- von insgesamt mehr als sechs Monaten vier Wochen,
- von insgesamt mehr als einem Jahr sechs Wochen

zum Schluss eines Kalendermonats,

- von insgesamt mehr als zwei Jahren drei Monate,
- von insgesamt mehr als drei Jahren vier Monate

zum Schluss eines Kalendervierteljahres.

[3]Eine Unterbrechung bis zu drei Monaten ist unschädlich, es sei denn, dass das Ausscheiden von der/dem Beschäftigten verschuldet oder veranlasst war. [4]Die Unterbrechungszeit bleibt unberücksichtigt.

Protokollerklärung zu Absatz 5:

Bei mehreren aneinandergereihten Arbeitsverhältnissen führen weitere vereinbarte Probezeiten nicht zu einer Verkürzung der Kündigungsfrist.

(6) Die §§ 31, 32 bleiben von den Regelungen der Absätze 3 bis 5 unberührt.

§ 30.1[1)] Öffnungsregelungen zu § 14 TzBfG. (1) Die kalendermäßige Befristung eines Arbeitsvertrages ohne Vorliegen eines sachlichen Grundes ist nach Maßgabe der Absätze 2 bis 4 bis zur Dauer von vier Jahren zulässig; bis zu dieser Gesamtdauer ist auch die höchstens dreimalige Verlängerung eines kalendermäßig befristeten Arbeitsvertrages möglich.

(2) Die Befristung nach Absatz 1 über die Dauer von zwei Jahren hinaus bedarf der vorherigen Zustimmung des Personalrats/Betriebsrats.

(3) Die Befristung nach Absatz 1 über die Dauer von zwei Jahren hinaus ist unzulässig, wenn mit dem Abschluss des Arbeitsvertrages mehr als 40 v.H. der bei dem Arbeitgeber begründeten Arbeitsverhältnisse ohne Vorliegen eines sachlichen Grundes abgeschlossen wären.

(4) [1] Soweit von der Befristung nach Absatz 1 über die Dauer von zwei Jahren hinaus Gebrauch gemacht wird, ist die Beschäftigung von Leiharbeitnehmerinnen/Leiharbeitnehmern nicht zulässig. [2] In begründeten Einzelfällen kann mit Zustimmung des Personalrats/Betriebsrats von Satz 1 abgewichen werden.

(5) Beschäftigte, mit denen eine Befristung nach Absatz 1 über die Dauer von zwei Jahren hinaus vereinbart ist, sind nach Ablauf der vereinbarten Zeit in ein Arbeitsverhältnis auf unbestimmte Dauer zu übernehmen, sofern im Falle des Ausscheidens dieser Beschäftigten für den betreffenden Funktionsbereich ein befristetes Arbeitsverhältnis mit anderen Beschäftigten begründet würde.

(6) Beim Abschluss von nach Absatz 1 befristeten Arbeitsverträgen über die Dauer von zwei Jahren hinaus sind Auszubildende, die bei demselben Arbeitgeber ausgebildet worden sind, nach erfolgreich abgeschlossener Abschlussprüfung bei gleicher Eignung und Befähigung vorrangig zu berücksichtigen.

§ 31 Führung auf Probe. (1) [1] Führungspositionen können als befristetes Arbeitsverhältnis bis zur Gesamtdauer von zwei Jahren vereinbart werden. [2] Innerhalb dieser Gesamtdauer ist eine höchstens zweimalige Verlängerung des Arbeitsvertrages zulässig. [3] Die beiderseitigen Kündigungsrechte bleiben unberührt.

(2) Führungspositionen sind die ab Entgeltgruppe 10 zugewiesenen Tätigkeiten mit Weisungsbefugnis, die vor Übertragung vom Arbeitgeber ausdrücklich als Führungspositionen auf Probe bezeichnet worden sind.

(3) [1] Besteht bereits ein Arbeitsverhältnis mit demselben Arbeitgeber, kann der/dem Beschäftigten vorübergehend eine Führungsposition bis zu der in Absatz 1 genannten Gesamtdauer übertragen werden. [2] Der/Dem Beschäftigten wird für die Dauer der Übertragung eine Zulage in Höhe des Unterschiedsbetrags zwischen den Tabellenentgelten nach der bisherigen Entgeltgruppe und dem sich bei Höhergruppierung nach § 17 Abs. 4 Satz 1 ergebenden Tabellenentgelt gewährt. [3] Nach Fristablauf endet die Erprobung. [4] Bei Bewährung wird die Führungsfunktion auf Dauer übertragen; ansonsten erhält die/der Beschäftigte eine der bisherigen Eingruppierung entsprechende Tätigkeit.

§ 32 Führung auf Zeit. (1) [1] Führungspositionen können als befristetes Arbeitsverhältnis bis zur Dauer von vier Jahren vereinbart werden. [2] Folgende Verlängerungen des Arbeitsvertrages sind zulässig:

[1)] Entspricht § 42 BT-E.

a) in den Entgeltgruppen 10 bis 12 eine höchstens zweimalige Verlängerung bis zu einer Gesamtdauer von acht Jahren,

b) ab Entgeltgruppe 13 eine höchstens dreimalige Verlängerung bis zu einer Gesamtdauer von zwölf Jahren.

[3] Zeiten in einer Führungsposition nach Buchstabe a bei demselben Arbeitgeber können auf die Gesamtdauer nach Buchstabe b zur Hälfte angerechnet werden. [4] Die allgemeinen Vorschriften über die Probezeit (§ 2 Abs. 4) und die beiderseitigen Kündigungsrechte bleiben unberührt.

(2) Führungspositionen sind die ab Entgeltgruppe 10 zugewiesenen Tätigkeiten mit Weisungsbefugnis, die vor Übertragung vom Arbeitgeber ausdrücklich als Führungspositionen auf Zeit bezeichnet worden sind.

(3) [1] Besteht bereits ein Arbeitsverhältnis mit demselben Arbeitgeber, kann der/dem Beschäftigten vorübergehend eine Führungsposition bis zu den in Absatz 1 genannten Fristen übertragen werden. [2] Der/Dem Beschäftigten wird für die Dauer der Übertragung eine Zulage gewährt in Höhe des Unterschiedsbetrags zwischen den Tabellenentgelten nach der bisherigen Entgeltgruppe und dem sich bei Höhergruppierung nach § 17 Abs. 4 Satz 1 ergebenden Tabellenentgelt, zuzüglich eines Zuschlags von 75 v.H. des Unterschiedsbetrags zwischen den Tabellenentgelten der Entgeltgruppe, die der übertragenen Funktion entspricht, zur nächsthöheren Entgeltgruppe nach § 17 Abs. 4 Satz 1. [3] Nach Fristablauf erhält die/der Beschäftigte eine der bisherigen Eingruppierung entsprechende Tätigkeit; der Zuschlag entfällt.

§ 33 Beendigung des Arbeitsverhältnisses ohne Kündigung. (1) Das Arbeitsverhältnis endet, ohne dass es einer Kündigung bedarf,

a) mit Ablauf des Monats, in dem die/der Beschäftigte das gesetzlich festgelegte Alter zum Erreichen der Regelaltersrente vollendet hat, es sei denn, zwischen dem Arbeitgeber und dem/der Beschäftigten ist während des Arbeitsverhältnisses vereinbart worden, den Beendigungszeitpunkt nach § 41 Satz 3 SGB VI hinauszuschieben,

b) jederzeit im gegenseitigen Einvernehmen (Auflösungsvertrag).

(2) [1] Das Arbeitsverhältnis endet ferner sofern der/dem Beschäftigten der Bescheid eines Rentenversicherungsträgers (Rentenbescheid) zugestellt wird, wonach die/der Beschäftigte eine Rente auf unbestimmte Dauer wegen voller oder teilweiser Erwerbsminderung erhält. [2] Die/Der Beschäftigte hat den Arbeitgeber von der Zustellung des Rentenbescheids unverzüglich zu unterrichten. [3] Das Arbeitsverhältnis endet mit Ablauf des dem Rentenbeginn vorangehenden Tages; frühestens jedoch zwei Wochen nach Zugang der schriftlichen Mitteilung des Arbeitgebers über den Zeitpunkt des Eintritts der auflösenden Bedingung. [4] Liegt im Zeitpunkt der Beendigung des Arbeitsverhältnisses eine nach § 175 SGB IX erforderliche Zustimmung des Integrationsamtes noch nicht vor, endet das Arbeitsverhältnis mit Ablauf des Tages der Zustellung des Zustimmungsbescheids des Integrationsamtes. [5] Das Arbeitsverhältnis endet nicht, wenn nach dem Bescheid des Rentenversicherungsträgers eine Rente auf Zeit gewährt wird. [6] In diesem Fall ruht das Arbeitsverhältnis für den Zeitraum, für den eine Rente auf Zeit gewährt wird; für den Beginn des Ruhens des Arbeitsverhältnisses gilt Satz 3 entsprechend.

(3) Im Falle teilweiser Erwerbsminderung endet bzw. ruht das Arbeitsverhältnis nicht, wenn die/der Beschäftigte nach ihrem/seinem vom Rentenver-

sicherungsträger festgestellten Leistungsvermögen auf ihrem/seinem bisherigen oder einem anderen geeigneten und freien Arbeitsplatz weiterbeschäftigt werden könnte, soweit dringende dienstliche bzw. betriebliche Gründe nicht entgegenstehen, und die/der Beschäftigte innerhalb von zwei Wochen nach Zugang des Rentenbescheids ihre/seine Weiterbeschäftigung schriftlich beantragt.

(4) [1] Verzögert die/der Beschäftigte schuldhaft den Rentenantrag oder bezieht sie/er Altersrente nach § 236 oder § 236a SGB VI oder ist sie/er nicht in der gesetzlichen Rentenversicherung versichert, so tritt an die Stelle des Rentenbescheids das Gutachten einer Amtsärztin/eines Amtsarztes oder einer/eines nach § 3 Abs. 4 Satz 2 bestimmten Ärztin/Arztes. [2] Das Arbeitsverhältnis endet in diesem Fall mit Ablauf des Monats, in dem der/dem Beschäftigten das Gutachten bekannt gegeben worden ist; frühestens jedoch zwei Wochen nach Zugang der schriftlichen Mitteilung des Arbeitgebers über den Zeitpunkt des Eintritts der auflösenden Bedingung.

(5) [1] Soll die/der Beschäftigte, deren/dessen Arbeitsverhältnis nach Absatz 1 Buchst. a geendet hat, weiterbeschäftigt werden, ist ein neuer schriftlicher Arbeitsvertrag abzuschließen. [2] Das Arbeitsverhältnis kann jederzeit mit einer Frist von vier Wochen zum Monatsende gekündigt werden, wenn im Arbeitsvertrag nichts anderes vereinbart ist.

§ 34 Kündigung des Arbeitsverhältnisses. (1) [1] Bis zum Ende des sechsten Monats seit Beginn des Arbeitsverhältnisses beträgt die Kündigungsfrist zwei Wochen zum Monatsschluss. [2] Im Übrigen beträgt die Kündigungsfrist bei einer Beschäftigungszeit (Absatz 3 Satz 1 und 2)

– bis zu einem Jahr	ein Monat zum Monatsschluss,
– von mehr als einem Jahr	6 Wochen,
– von mindestens 5 Jahren	3 Monate,
– von mindestens 8 Jahren	4 Monate,
– von mindestens 10 Jahren	5 Monate,
– von mindestens 12 Jahren	6 Monate

zum Schluss eines Kalendervierteljahres.

(2) Arbeitsverhältnisse von Beschäftigten, die das 40. Lebensjahr vollendet haben und für die die Regelungen des Tarifgebiets West Anwendung finden, können nach einer Beschäftigungszeit (Absatz 3 Satz 1 und 2) von mehr als 15 Jahren durch den Arbeitgeber nur aus einem wichtigen Grund gekündigt werden. 2Soweit Beschäftigte nach den bis zum 30. September 2005 geltenden Tarifregelungen unkündbar waren, verbleibt es dabei.

(3) [1] Beschäftigungszeit ist die bei demselben Arbeitgeber im Arbeitsverhältnis zurückgelegte Zeit, auch wenn sie unterbrochen ist. [2] Unberücksichtigt bleibt die Zeit eines Sonderurlaubs gemäß § 28, es sei denn, der Arbeitgeber hat vor Antritt des Sonderurlaubs schriftlich ein dienstliches oder betriebliches Interesse anerkannt. [3] Wechseln Beschäftigte zwischen Arbeitgebern, die vom Geltungsbereich dieses Tarifvertrages erfasst werden, werden die Zeiten bei dem anderen Arbeitgeber als Beschäftigungszeit anerkannt. [4] Satz 3 gilt entsprechend bei einem Wechsel von einem anderen öffentlich-rechtlichen Arbeitgeber.

§ 35 Zeugnis. (1) Bei Beendigung des Arbeitsverhältnisses haben die Beschäftigten Anspruch auf ein schriftliches Zeugnis über Art und Dauer ihrer Tätigkeit, das sich auch auf Führung und Leistung erstrecken muss (Endzeugnis).

(2) Aus triftigen Gründen können Beschäftigte auch während des Arbeitsverhältnisses ein Zeugnis verlangen (Zwischenzeugnis).

(3) Bei bevorstehender Beendigung des Arbeitsverhältnisses können die Beschäftigten ein Zeugnis über Art und Dauer ihrer Tätigkeit verlangen (vorläufiges Zeugnis).

(4) Die Zeugnisse gemäß den Absätzen 1 bis 3 sind unverzüglich auszustellen.

Abschnitt VI. Übergangs- und Schlussvorschriften

§ 36 Anwendung weiterer Tarifverträge. (1) Neben diesem Tarifvertrag sind die nachfolgend aufgeführten Tarifverträge in ihrer jeweils geltenden Fassung anzuwenden:

a) Tarifverträge über die Bewertung der Personalunterkünfte vom 16. März 1974,
b) Tarifverträge über den Rationalisierungsschutz vom 9. Januar 1987,
c) Tarifvertrag zur sozialen Absicherung (TVsA) vom 13. September 2005,
d) Tarifvertrag zur Regelung der Altersteilzeitarbeit (TV ATZ) vom 5. Mai 1998,
e) Altersteilzeittarifvertrag vom 27. Februar 2010,
f) *(nicht besetzt)*
g) Tarifvertrag zur Entgeltumwandlung für Arbeitnehmer/-innen im kommunalen öffentlichen Dienst (TV-EUmw/VKA) vom 18. Februar 2003
h) *(nicht besetzt)*.

(2) Auf Beschäftigte im Sozial- und Erziehungsdienst finden die Regelungen der §§ 15 Abs. 2 Sätze 2 und 3, 16 Abs. 2.1, 3.1 und 4.1 sowie 17 Abs. 4a.1 und 20 Abs. 3.1 TVöD-V sowie die Anlage C zum TVöD-V auch dann Anwendung, wenn sie außerhalb des Geltungsbereichs des TVöD-V oder des TVöD-B tätig sind.

§ 37 Ausschlussfrist. (1) [1] Ansprüche aus dem Arbeitsverhältnis verfallen, wenn sie nicht innerhalb einer Ausschlussfrist von sechs Monaten nach Fälligkeit von der/dem Beschäftigten oder vom Arbeitgeber in Textform geltend gemacht werden. [2] Für denselben Sachverhalt reicht die einmalige Geltendmachung des Anspruchs auch für später fällige Leistungen aus.

(2) Absatz 1 gilt nicht für Ansprüche aus einem Sozialplan sowie für Ansprüche, soweit sie kraft Gesetzes einer Ausschlussfrist entzogen sind.

§ 38 Begriffsbestimmungen. (1) Sofern auf die Tarifgebiete Ost und West Bezug genommen wird, gilt Folgendes:

a) Die Regelungen für das Tarifgebiet Ost gelten für die Beschäftigten, deren Arbeitsverhältnis in dem in Art. 3 des Einigungsvertrages genannten Gebiet begründet worden ist und bei denen der Bezug des Arbeitsverhältnisses zu diesem Gebiet fortbesteht.

b) Für die übrigen Beschäftigten gelten die Regelungen für das Tarifgebiet West.

(2) Sofern auf die Begriffe „Betrieb", „betrieblich" oder „Betriebspartei" Bezug genommen wird, gilt die Regelung für Verwaltungen sowie für Parteien nach dem Personalvertretungsrecht entsprechend, es sei denn, es ist etwas anderes bestimmt.

(3) Eine einvernehmliche Dienstvereinbarung liegt nur ohne Entscheidung der Einigungsstelle vor.

(4) Leistungsgeminderte Beschäftigte sind Beschäftigte, die ausweislich einer Bescheinigung des beauftragten Arztes (§ 3 Abs. 4) nicht mehr in der Lage sind, auf Dauer die vertraglich geschuldete Arbeitsleistung in vollem Umfang zu erbringen, ohne deswegen zugleich teilweise oder in vollem Umfang erwerbsgemindert im Sinne des SGB VI zu sein.

Protokollerklärung zu Absatz 4:

Die auf leistungsgeminderte Beschäftigte anzuwendenden Regelungen zur Entgeltsicherung bestimmen sich nach § 16a TVÜ-VKA.[1)]

(5) [1]Die Regelungen für Angestellte finden Anwendung auf Beschäftigte, deren Tätigkeit vor dem 1. Januar 2005 der Rentenversicherung der Angestellten unterlegen hätte. [2]Die Regelungen für Arbeiterinnen und Arbeiter finden Anwendung auf Beschäftigte, deren Tätigkeit vor dem 1. Januar 2005 der Rentenversicherung der Arbeiter unterlegen hätte.

§ 38a Übergangsvorschriften. (1) Für Beschäftigte, die sich in einem Altersteilzeitarbeitsverhältnis befinden oder deren Altersteilzeitarbeitsverhältnis spätestens am 1. Juli 2008 beginnt, gilt § 6 Abs. 1 Satz 1 Buchst. b 1. Halbsatz in der bis zum 30. Juni 2008 geltenden Fassung bei der Berechnung des Tabellenentgelts und von in Monatsbeträgen zustehenden Zulagen.

Protokollerklärung zu Absatz 1:

Dem Tabellenentgelt stehen individuelle Zwischen- und Endstufen gleich.

(2) [nicht besetzt]

§ 39[2)] **In-Kraft-Treten.** [1]Diese Regelungen treten am 1. Oktober 2005 in Kraft. [2]Abweichend von Satz 1 treten

a) § 20 am 1. Januar 2007

b) § 26 Abs. 1 und Abs. 2 Buchst. b und c sowie § 27 am 1. Januar 2006

in Kraft.

Anhang zu § 6

Arbeitszeit von Cheffahrerinnen und Cheffahrern

(1) Cheffahrerinnen und Cheffahrer sind die persönlichen Fahrer von Oberbürgermeisterinnen/Oberbürgermeistern, Bürgermeisterinnen/Bürgermeistern, Landrätinnen/Landräten, Beigeordneten/Dezernentinnen/Dezernenten, Geschäftsführerinnen/Geschäftsführern, Vorstandsmitgliedern und vergleichbaren Leitungskräften.

---

1) Protokollerklärung zu Absatz 4 redaktionell angepasst.
2) § 39 Abs. 1 AT redaktionell angepasst.

(2) [1]Abweichend von § 3 Satz 1 ArbZG kann die tägliche Arbeitszeit im Hinblick auf die in ihr enthaltenen Wartezeiten auf bis zu 15 Stunden täglich ohne Ausgleich verlängert werden (§ 7 Abs. 2a ArbZG). [2]Die höchstzulässige Arbeitszeit soll 288 Stunden im Kalendermonat ohne Freizeitausgleich nicht übersteigen.

(3) Die tägliche Ruhezeit kann auf bis zu neun Stunden verkürzt werden, wenn spätestens bis zum Ablauf der nächsten Woche ein Zeitausgleich erfolgt.

(4) Eine Verlängerung der Arbeitszeit nach Absatz 2 und die Verkürzung der Ruhezeit nach Absatz 3 sind nur zulässig, wenn

1. geeignete Maßnahmen zur Gewährleistung des Gesundheitsschutzes getroffen sind, wie insbesondere das Recht der Cheffahrerin/des Cheffahrers auf eine jährliche, für die Beschäftigten kostenfreie arbeitsmedizinische Untersuchung bei einem Betriebsarzt oder bei einem Arzt mit entsprechender arbeitsmedizinischer Fachkunde, auf den sich die Betriebsparteien geeinigt haben, und/oder die Gewährung eines Freizeitausgleichs möglichst durch ganze Tage oder durch zusammenhängende arbeitsfreie Tage zur Regenerationsförderung,
2. die Cheffahrerin/der Cheffahrer gemäß § 7 Abs. 7 ArbZG schriftlich in die Arbeitszeitverlängerung eingewilligt hat.

(5) § 9 TVöD bleibt unberührt.

Anhang zu § 9

A. Bereitschaftszeiten Hausmeisterinnen/Hausmeister

[1]Für Hausmeisterinnen/Hausmeister, in deren Tätigkeit regelmäßig und in nicht unerheblichem Umfang Bereitschaftszeiten fallen, gelten folgende besondere Regelungen zu § 6 Abs. 1 Satz 1 TVöD:

[2]Die Summe aus den faktorisierten Bereitschaftszeiten und der Vollarbeitszeit darf die Arbeitszeit nach § 6 Abs. 1 nicht überschreiten. [3]Die Summe aus Vollarbeits- und Bereitschaftszeiten darf durchschnittlich 48 Stunden wöchentlich nicht überschreiten. [4]Bereitschaftszeiten sind die Zeiten, in denen sich die Hausmeisterin/der Hausmeister am Arbeitsplatz oder einer anderen vom Arbeitgeber bestimmten Stelle zur Verfügung halten muss, um im Bedarfsfall die Arbeit selbständig, ggf. auch auf Anordnung, aufzunehmen und in denen die Zeiten ohne Arbeitsleistung überwiegen. [5]Bereitschaftszeiten werden zur Hälfte als Arbeitszeit gewertet (faktorisiert). [6]Bereitschaftszeiten werden innerhalb von Beginn und Ende der regelmäßigen täglichen Arbeitszeit nicht gesondert ausgewiesen.

B. Bereitschaftszeiten im Rettungsdienst und in Leitstellen

(nicht besetzt)

Anlage 1. Entgeltordnung (VKA)

[Siehe Anlage 1 zum TVöD mit Ausnahme von Teil B Abschnitte I–XV, XVII, XVIII, XX–XXV und XXVII–XXXII, die insoweit nicht besetzt sind.]

Anlage A

Entgelttabelle TVöD-E

gültig ab 1. März 2018 bis 31. März 2019
(monatlich in Euro)

Entgelt-gruppe	Grundentgelt		Entwicklungsstufen			
	Stufe 1	Stufe 2	Stufe 3	Stufe 4	Stufe 5	Stufe 6
15	4.584,49	5.000,77	5.260,14	5.840,78	6.339,54	6.667,67
14	4.151,65	4.528,23	4.841,03	5.245,42	5.788,30	6.119,17
13	3.827,03	4.196,02	4.479,41	4.893,73	5.433,88	5.683,28
12	3.430,90	3.796,05	4.276,90	4.741,63	5.315,77	5.578,27
11	3.312,60	3.656,01	3.941,33	4.311,77	4.836,69	5.099,20
10	3.194,27	3.497,22	3.775,33	4.064,56	4.501,99	4.620,12
9c	3.099,42	3.349,91	3.637,10	3.888,65	4.214,62	4.392,69
9b	2.865,63	3.126,71	3.273,66	3.685,60	3.975,34	4.245,23
9a	2.818,96	3.049,32	3.234,09	3.647,35	3.739,87	3.975,66
8	2.656,52	2.890,09	3.017,56	3.137,78	3.269,20	3.343,02
7	2.493,12	2.729,06	2.877,36	3.004,81	3.111,25	3.189,58
6	2.446,41	2.662,97	2.788,15	2.909,22	3.007,98	3.081,00
5	2.347,55	2.555,40	2.673,48	2.794,54	2.894,01	2.955,27
4	2.236,29	2.438,63	2.587,48	2.676,80	2.766,11	2.818,41
3	2.201,29	2.407,15	2.462,55	2.564,71	2.641,37	2.711,60
2	2.037,85	2.234,74	2.290,29	2.354,37	2.495,22	2.642,56
1	–	1.827,17	1.858,18	1.896,96	1.933,11	2.026,15

gültig ab 1. April 2019 bis 29. Februar 2020
(monatlich in Euro)

Entgelt-gruppe	Grundentgelt		Entwicklungsstufen			
	Stufe 1	Stufe 2	Stufe 3	Stufe 4	Stufe 5	Stufe 6
15	4.788,35	5.141,23	5.481,38	6.004,84	6.517,61	6.854,95
14	4.335,98	4.655,42	5.025,89	5.451,94	5.950,88	6.293,73
13	3.996,72	4.335,42	4.685,32	5.093,03	5.586,51	5.842,91
12	3.582,23	3.956,45	4.407,89	4.890,86	5.465,08	5.734,95
11	3.457,10	3.803,91	4.119,43	4.477,63	4.972,55	5.242,43
10	3.331,93	3.613,93	3.915,01	4.238,32	4.628,44	4.749,89
9c	3.233,21	3.480,40	3.750,80	4.026,57	4.337,53	4.545,92
9b	3.020,16	3.258,72	3.403,99	3.824,85	4.085,40	4.370,07
9a	2.926,82	3.133,75	3.324,85	3.748,35	3.843,43	4.086,04
8	2.769,15	2.971,27	3.102,32	3.231,30	3.370,30	3.439,92
7	2.598,38	2.822,59	2.958,18	3.089,21	3.209,21	3.279,17
6	2.549,58	2.739,94	2.866,46	2.990,93	3.107,94	3.173,47
5	2.445,99	2.630,06	2.748,57	2.873,03	2.985,28	3.045,87
4	2.329,99	2.514,19	2.663,27	2.755,21	2.847,13	2.900,97
3	2.293,39	2.488,41	2.537,24	2.642,50	2.721,49	2.793,85
2	2.122,60	2.316,97	2.366,14	2.432,35	2.577,86	2.730,08
1	–	1.903,09	1.935,39	1.975,78	2.013,43	2.110,33

gültig ab 1. März 2020
(monatlich in Euro)

Entgelt-gruppe	Grundentgelt		Entwicklungsstufen			
	Stufe 1	Stufe 2	Stufe 3	Stufe 4	Stufe 5	Stufe 6
15	4.860,31	5.190,81	5.559,47	6.062,74	6.580,45	6.921,06

Entgelt-gruppe	Grundentgelt		Entwicklungsstufen			
	Stufe 1	Stufe 2	Stufe 3	Stufe 4	Stufe 5	Stufe 6
14	4.401,04	4.700,31	5.091,13	5.524,82	6.008,27	6.355,34
13	4.056,62	4.384,61	4.757,99	5.163,37	5.640,38	5.899,26
12	3.635,65	4.013,07	4.454,13	4.943,53	5.517,78	5.790,26
11	3.508,11	3.856,11	4.182,29	4.536,17	5.020,49	5.292,98
10	3.380,51	3.655,13	3.964,32	4.299,65	4.673,08	4.795,69
9c	3.280,42	3.526,45	3.790,94	4.075,26	4.380,90	4.600,00
9b	3.074,70	3.305,30	3.450,00	3.874,00	4.124,25	4.414,13
9a	2.964,89	3.163,55	3.356,89	3.784,00	3.879,97	4.125,00
8	2.808,91	2.999,92	3.132,23	3.264,31	3.405,98	3.474,11
7	2.635,53	2.855,60	2.986,70	3.119,00	3.243,78	3.310,79
6	2.586,00	2.767,11	2.894,11	3.019,78	3.143,22	3.206,10
5	2.480,74	2.656,42	2.775,08	2.900,74	3.017,50	3.077,85
4	2.363,07	2.540,85	2.690,02	2.782,88	2.875,73	2.930,10
3	2.325,89	2.517,08	2.563,61	2.669,96	2.749,76	2.822,87
2	2.152,51	2.346,00	2.392,92	2.459,87	2.607,03	2.760,98
1	–	1.929,88	1.962,63	2.003,59	2.041,77	2.140,05

Anlage B. *(aufgehoben)*

Niederschriftserklärungen

1. Zu § 1 Abs. 2 Buchst. b:

Bei der Bestimmung des regelmäßigen Entgelts werden Leistungsentgelt, Zulagen und Zuschläge nicht berücksichtigt.

2. Zu § 1 Abs. 2 Buchst. s:

Die Tarifvertragsparteien gehen davon aus, dass studentische Hilfskräfte Beschäftigte sind, zu deren Aufgabe es gehört, das hauptberufliche wissenschaftliche Personal in Forschung und Lehre sowie bei außeruniversitären Forschungseinrichtungen zu unterstützen.

3. Zu § 4 Abs. 1:

Der Begriff „Arbeitsort" ist ein generalisierter Oberbegriff; die Bedeutung unterscheidet sich nicht von dem bisherigen Begriff „Dienstort".

4. Zu § 8 Abs. 3:

Zur Erläuterung von § 8 Abs. 3 und der dazugehörigen Protokollerklärung sind sich die Tarifvertragsparteien über folgendes Beispiel einig: „Beginnt eine Wochenendrufbereitschaft am Freitag um 15 Uhr und endet am Montag um 7 Uhr, so erhalten Beschäftigte folgende Pauschalen: Zwei Stunden für Freitag, je vier Stunden für Samstag und Sonntag, keine Pauschale für Montag. Sie erhalten somit zehn Stundenentgelte."

5. Zu § 10 Abs. 4:

Durch diese Regelung werden aus dem Urlaubsrecht entlehnte Ansprüche nicht begründet.

6. Zu § 14 Abs. 1:

1. Ob die vorübergehend übertragene höherwertige Tätigkeit einer höheren Entgeltgruppe entspricht, bestimmt sich im Bereich der VKA für nach einem gemäß § 2 Abs. 2 TVÜ-VKA weitergeltenden Lohngruppenverzeichnis eingruppierte Beschäftigte nach der Anlage 3 zum TVÜ-VKA.
2. Die Tarifvertragsparteien stellen klar, dass die vertretungsweise Übertragung einer höherwertigen Tätigkeit ein Unterfall der vorübergehenden Übertragung einer höherwertigen Tätigkeit ist.

7. *(nicht besetzt)*

8. Zu § 16 Abs. 2 Satz 2:

Die Tarifvertragsparteien sind sich darüber einig, dass stichtagsbezogene Verwerfungen zwischen übergeleiteten Beschäftigten und Neueinstellungen entstehen können.

8a. Zu § 16 Abs. 2a:

Die Tarifvertragsparteien sind sich darüber einig, dass die erworbene Stufe im Sinne des § 16 Abs. 2a auch eine individuelle Endstufe im Sinne des § 6 Abs. 1 Satz 1, § 7 Abs. 3 Satz 1 oder § 8 Abs. 3 Satz 2 TVÜ-VKA oder eine individuelle Zwischenstufe im Sinne des § 7 Abs. 3 Satz 1 oder § 8 Abs. 3 Satz 2 TVÜ-VKA sein kann.

9. *(nicht besetzt)*

10. *(aufgehoben)*

11. *(nicht besetzt)*

12. Zu § 18 Abs. 3:

Das als Zielgröße zu erreichende Gesamtvolumen von 8 v.H. wird wie folgt finanziert

– Anteil aus auslaufenden Besitzständen in pauschalierter Form,
– im Rahmen zukünftiger Tarifrunden.

Die Tarifvertragsparteien führen erstmals Mitte 2008 Gespräche über den Anteil aus auslaufenden Besitzständen und über eine mögliche Berücksichtigung von Effizienzgewinnen.

13. Zu § 18:

Die Tarifvertragsparteien gehen davon aus, dass Leistungsentgelte Bezüge im Sinne des § 4 TV ATZ sind.

14. Zu § 18 Abs. 5 Satz 2:

[1] Die Tarifvertragsparteien stimmen darin überein, dass aus Motivationsgründen die Vereinbarung von Zielen freiwillig geschieht. [2] Eine freiwillige Zielvereinbarung kann auch die Verständigung auf zum Teil vorgegebene oder übergeordnete Ziele sein, z.B. bei der Umsetzung gesetzlicher oder haushaltsrechtlicher Vorgaben, Grundsatzentscheidungen der Verwaltungs-/Unternehmensführung.

15. Zu § 18 Abs. 5 Satz 3:

Die systematische Leistungsbewertung entspricht nicht der Regelbeurteilung.

16. Zu § 18 Abs. 7:

1. Die Mitwirkung der Kommission erfasst nicht die Vergabeentscheidung über Leistungsentgelte im Einzelfall.
2. Die nach Abs. 7 und die für Leistungsstufen nach § 17 Abs. 2 gebildeten betrieblichen Kommissionen sind identisch.

17. Zu § 18 Abs. 8:

Die Tarifvertragsparteien wirken darauf hin, dass der ATV, der ATV-K sowie die Satzungen der VBL und der kommunalen Zusatzversorgungskassen bis spätestens 31. Dezember 2006 entsprechend angepasst werden.

18. Zu § 20 Abs. 2 Satz 1:

Die Tarifvertragsparteien stimmen überein, dass die Beschäftigten der Entgeltgruppe 2Ü zu den Entgeltgruppen 1 bis 8 und die Beschäftigten der Entgeltgruppe 15Ü zu den Entgeltgruppen 13 bis 15 gehören.

18a. Zu § 20 Abs. 4 Satz 2 Nr. 1 Buchst. c:

Dem Entgeltanspruch steht der Anspruch auf Zuschuss zum Mutterschaftsgeld gleich.

19. *(aufgehoben)*

19a. *(aufgehoben)*

20. Zu § 29 Abs. 1 Buchst. f:

Die ärztliche Behandlung erfasst auch die ärztliche Untersuchung und die ärztlich verordnete Behandlung.

Legende über die Entsprechungen der TVöD-E-Regelungen zu den jeweiligen Bestimmungen im TVöD-AT bzw. BT-E

TVöD-E	TVöD-AT	BT-E
§ 1 (Geltungsbereich) In Absatz 1 ist § 40 Abs. 1 Satz 1 BT-E redaktionell integriert, der § 1 Abs. 2a) 2. HS ist nicht besetzt. § 40 Abs. 1 Satz 2 und Abs. 2 BT-E sind nicht besetzt.	§ 1 (ist modifiziert)	§ 40
§ 2 (Arbeitsvertrag, Nebenabreden, Probezeit)	§ 2	
§ 3 (Allgemeine Arbeitsbedingungen)	§ 3	
Neuer § 3.1 (Betrieblicher Gesundheits- und Arbeitsschutz) entspricht § 43 BT-E		§ 43
§ 4 (Versetzung, Abordnung, Zuweisung, Personalgestellung)	§ 4	
§ 5 (Qualifizierung) entspricht § 45 BT-E	§ 5 (ist modifiziert)	§ 45
§ 6 (Regelmäßige Arbeitszeit) Abs. 7 Satz 1 AT entsprechend § 41 BT-E geändert.	§ 6 (ist modifiziert)	§ 41
§ 7 (Sonderformen der Arbeit)	§ 7	
§ 8 (Ausgleich für Sonderformen der Arbeit)	§ 8	
§ 9 (Bereitschaftszeiten)	§ 9	

TVöD-E	TVöD-AT	BT-E
§ 10 (Arbeitszeitkonto)	§ 10	
§ 11 (Teilzeitbeschäftigung)	§ 11	
§ 12 (Eingruppierung)	§ 12	
§ 13 (Eingruppierung in besonderen Fällen)	§ 13	
§ 14 (Vorübergehende Übertragung einer höherwertigen Tätigkeit)	§ 14	
§ 15 (Tabellenentgelt)	§ 15	
§ 16 (Stufen der Entgelttabelle)	§ 16	
§ 17 (Allgemeine Regelungen zu den Stufen)	§ 17	
§ 18 (Leistungsentgelt)	§ 18	
Neuer § 18.1 (Erfolgsbeteiligung) entspricht § 44 BT-E		§ 44 BT-E
§ 19 (Erschwerniszuschläge)	§ 19	
§ 20 (Jahressonderzahlung)	§ 20	
§ 21 (Bemessungsgrundlage für die Entgeltfortzahlung)	§ 21	
§ 22 (Entgelt im Krankheitsfall)	§ 22	
§ 23 (Besondere Zahlungen)	§ 23	
§ 24 (Berechnung und Auszahlung des Entgelts)	§ 24	
§ 25 (Betriebliche Altersversorgung)	§ 25	
§ 26 (Erholungsurlaub)	§ 26	
§ 27 (Zusatzurlaub)	§ 27	
§ 28 (Sonderurlaub)	§ 28	
§ 29 (Arbeitsbefreiung)	§ 29	
§ 30 (Befristete Arbeitsverträge)	§ 30	
Neuer § 30.1 (Öffnungsregelungen zu § 14 TzBfG)		§ 42 BT-E
§ 31 (Führung auf Probe)	§ 31	
§ 32 (Führung auf Zeit)	§ 32	
§ 33 (Beendigung des Arbeitsverhältnisses ohne Kündigung)	§ 33	
§ 34 (Kündigung des Arbeitsverhältnisses)	§ 34	
§ 35 (Zeugnis)	§ 35	
§ 36 (Anwendung weiterer Tarifverträge)	§ 36	
§ 37 (Ausschlussfrist)	§ 37	
§ 38 (Begriffsbestimmungen)	§ 38	
Neuer § 39 (In-Kraft-Treten) Satz 2 Buchst. a redaktionell angepasst durch § 22 Abs. 1 Ziffer 1 TVÜ-VKA	§ 39 (ist modifiziert)	§ 22 Abs. 1 Ziffer 1 TVÜ-VKA
Anhang zu § 9 A. (Bereitschaftszeiten Hausmeisterinnen/Hausmeister)	Anhang zu § 9	
Anlage 1 – Entgeltordnung (VKA)	**Anlage 1 – Entgeltordnung (VKA)**	
Anlage A (Tabellenentgelt)	**Anlage A**	
Anlage B (aufgehoben)	**Anlage B** (aufgehoben)	

6a. Tarifvertrag für den öffentlichen Dienst (TVöD) – Besonderer Teil Flughäfen – (BT-F) –

Vom 13. September 2005[1)]

zuletzt geänd. durch ÄndTV Nr. 4 v. 25.10.2020

Zwischen

der Vereinigung der kommunalen Arbeitgeberverbände, vertreten durch den Vorstand, einerseits

und

[den vertragsschließenden Gewerkschaften][2)], andererseits

wird Folgendes vereinbart:

§ 40 Geltungsbereich. (1) [1] Dieser Tarifvertrag gilt für Beschäftigte der Verkehrsflughäfen. [2] Er bildet im Zusammenhang mit dem Allgemeinen Teil des Tarifvertrages für den öffentlichen Dienst (TVöD) den Tarifvertrag für die Sparte Flughäfen.

(2) Soweit in den nachfolgenden Bestimmungen auf die §§ 1 bis 39 verwiesen wird, handelt es sich um die Regelungen des TVöD – Allgemeiner Teil –.

§ 41 Wechselschichtarbeit. Durch landesbezirklichen Tarifvertrag kann bestimmt werden, dass abweichend von

a) § 6 Abs. 1 Satz 2 die gesetzlichen Pausen bei Wechselschichtarbeit nicht in die Arbeitszeit einzurechnen sind und
b) § 7 Abs. 1 Satz 1 Wechselschichtarbeit erst dann vorliegt, wenn die/der Beschäftigte längstens nach Ablauf eines Monats erneut zu mindestens zwei Nachtschichten herangezogen wird.

§ 42 Rampendienst. (1) [1] Beschäftigten im Rampendienst wird für je sechs Arbeitstage ein freier Arbeitstag gewährt. [2] Im Jahresdurchschnitt soll mindestens jeder dritte freie Tag auf einen Sonntag fallen.

(2) [1] Als freier Tag gilt in der Regel eine arbeitsfreie Zeit von 36 Stunden. [2] Diese kann in Ausnahmefällen auf 32 Stunden verringert werden, wenn die Betriebsverhältnisse es erfordern. [3] Werden zwei zusammenhängende freie Tage gewährt, gilt in der Regel eine arbeitsfreie Zeit von 60 Stunden, die in Ausnahmefällen auf 56 Stunden verringert werden kann, als zwei freie Tage. [4] Für weitere freie Tage erhöhen sich die Zeiten um jeweils 24 Stunden für einen Tag.

(3) Die Zeitzuschläge nach § 8 Abs. 1 werden pauschal mit einem Zuschlag von 12 v.H. des auf eine Stunde entfallenden Anteils des monatlichen Entgelts der Stufe 3 der jeweiligen Entgeltgruppe nach Maßgabe der Entgelttabelle abgegolten.

[1)] Die Tarifvertragsparteien haben mit Datum vom 24. November 2005 rückwirkend zum Zeitpunkt des Inkrafttretens redaktionelle Änderungen vereinbart; diese Fassung berücksichtigt die dort getroffenen Vereinbarungen.

[2)] Mit den Gewerkschaften ver.di und dbb tarifunion wurden jeweils gleich lautende Tarifverträge geschlossen.

§ 43 Feuerwehr- und Sanitätspersonal. (1) Für das Feuerwehr- und Sanitätspersonal wird – unter Einbeziehung der Zeitzuschläge nach § 8 Abs. 1 – das monatliche Entgelt landesbezirklich oder betrieblich geregelt.

(2) Wenn das Feuerwehr- und Sanitätspersonal in Ausnahmefällen aus der zusammenhängenden Ruhezeit zur Arbeit gerufen wird, ist diese – einschließlich etwaiger Zeitzuschläge – neben dem Tabellenentgelt besonders zu vergüten.

(3) [1] Für den Gesundheitsschutz der Beschäftigten von Flughafenfeuerwehren im Einsatzdienst gelten die in der Anlage G aufgeführten Regelungen. [2] Von den Vorschriften der Anlage G kann durch Tarifvertrag auf landesbezirklicher Ebene abgewichen werden.

§ 44 Reise- und Umzugskosten. (1) Die Erstattung von Reise- und Umzugskosten richtet sich nach den beim Arbeitgeber geltenden Grundsätzen.

(2) [1] Bei Dienstreisen gilt nur die Zeit der dienstlichen Inanspruchnahme am auswärtigen Geschäftsort als Arbeitszeit. [2] Für jeden Tag einschließlich der Reisetage wird jedoch mindestens die auf ihn entfallende regelmäßige, durchschnittliche oder dienstplanmäßige Arbeitszeit berücksichtigt, wenn diese bei Nichtberücksichtigung der Reisezeit nicht erreicht würde. [3] Überschreiten nicht anrechenbare Reisezeiten insgesamt 15 Stunden im Monat, so werden auf Antrag 25 v.H. dieser überschreitenden Zeiten bei fester Arbeitszeit als Freizeitausgleich gewährt und bei gleitender Arbeitszeit im Rahmen der jeweils geltenden Vorschriften auf die Arbeitszeit angerechnet. [4] Der besonderen Situation von Teilzeitbeschäftigten ist Rechnung zu tragen. [5] Soweit Einrichtungen in privater Rechtsform oder andere Arbeitgeber nach eigenen für die Beschäftigten günstigeren Grundsätzen oder Abmachungen verfahren, sind diese abweichend von den Sätzen 1 bis 4 maßgebend.

§ 45 In-Kraft-Treten, Laufzeit. [1] Dieser Tarifvertrag tritt am 1. Oktober 2005 in Kraft. [2] Er kann mit einer Frist von drei Monaten zum Schluss eines Kalenderhalbjahres schriftlich gekündigt werden.

Anlage G zu § 43 Abs. 3 TVöD – BT-F

Präambel. [1] Die Tarifvertragsparteien sind sich darüber einig, dass dem Gesundheitsschutz der Beschäftigten von Flughafenfeuerwehren, die im Einsatzfall besonderen Risiken ausgesetzt sind, eine hohe Bedeutung zukommt. [2] Der Gesundheitsschutz hat die Erhaltung gesundheitsgerechter Verhältnisse am Arbeitsplatz sowie gesundheitsbewusstes Verhalten zu fördern. [3] Er basiert auf einem von den Unternehmen und den Beschäftigten aktiv betriebenen Gesundheitsschutz.

§ 1 Geltungsbereich. (1) Diese Anlage gilt für Beschäftigte bei Flughafenfeuerwehren, die im Einsatzdienst tätig sind.

(2) Sofern bei einem Flughafen aufgrund örtlichen Tarifvertrags Regelungen zu Regelungsgegenständen aus Abschnitt I (Sportangebot), aus Abschnitt II (Informations- und Vorsorgeangebot) oder aus Abschnitt III (Atemschutzuntauglichkeit) dieser Anlage bestehen, finden die Regelungen des jeweiligen Abschnitts keine Anwendung.

Protokollerklärung zu Absatz 2
Die Verdrängungswirkung der örtlichen Regelung gegenüber der Anlage G tritt immer dann ein, wenn die örtliche Regelung eine konkrete inhaltliche Festlegung zum jeweiligen Regelungsgegenstand beinhaltet, ohne dass diese deckungsgleich sein muss.

(3) Sind in einer Betriebsvereinbarung Arbeitsbedingungen geregelt, die Gegenstand dieses Tarifvertrags sind, ist für eine solche Betriebsvereinbarung die Verdrängungswirkung des Tarifvertrags gemäß § 77 Abs. 3 BetrVG bis zum 31. August 2019 ausgesetzt.

(4) Landesbezirklich können abweichende Tarifregelungen vereinbart werden.

Abschnitt I: Sportangebot

§ 2 Sportangebot. (1) Der Arbeitgeber hat vier Stunden je Kalenderwoche Sport, davon mindestens zwei Stunden während der Vollarbeitszeit, in geeigneten Räumlichkeiten und unter Anleitung durch eine ausreichend dafür qualifizierte Person anzubieten.

Protokollerklärung zu Absatz 1
[1] Die Räumlichkeiten sind geeignet, wenn die zuständige Unfallkasse der Nutzung zum Dienstsport zustimmt. [2] Ausreichend qualifiziert zur Anleitung von Beschäftigten während des Dienstsports sind Personen, die mindestens die Lizenz als Übungsleiter B „Sport in der Prävention" des DOSB besitzen.

(2) [1] Bei der Planung und Durchführung des Sports ist den Erfordernissen körperlicher Fitness zur Erhaltung der Einsatzfähigkeit bei der Flughafenfeuerwehr Rechnung zu tragen; die jederzeitige Einsatzbereitschaft der Teilnehmenden muss gewährleistet sein. [2] Hochverletzungsgefährdende Sportarten entsprechend den DGUV-Empfehlungen sollen ausgeschlossen werden. [3] Hinweise der Betriebsärztin/des Betriebsarztes sollen berücksichtigt werden. [4] Das betriebliche Gesundheitsmanagement ist einzubeziehen.

Abschnitt II: Informations- und Vorsorgeangebote

§ 3 Informationsangebote. (1) [1] Der Arbeitgeber hat als Bestandteil des betrieblichen Gesundheitsmanagements in der Bereitschaftszeit regelmäßig Informationsveranstaltungen zur Aufklärung über präventive, gesundheitserhaltende oder -fördernde Verhaltensweisen und Maßnahmen anzubieten. [2] Die Beschäftigten haben in ihrer eigenverantwortlichen Pflicht zur Erhaltung ihrer Gesundheit und Arbeitsfähigkeit an entsprechenden Veranstaltungen teilzunehmen.

(2) Die Informationsangebote sind so zu planen und durchzuführen, dass die jederzeitige Einsatzbereitschaft der Teilnehmenden gewährleistet ist.

(3) Die Informationsangebote nach Absatz 1 werden in regelmäßigen Abständen evaluiert und gegebenenfalls angepasst.

§ 4 Vorsorgeangebote. [1] Der Arbeitgeber hat die sich aus dem Anhang ergebenden Vorsorgeuntersuchungen sowie weitere Maßnahmen, deren Notwendigkeit sich aus einer Vorsorgeuntersuchung ergibt, anzubieten, soweit solche nicht von den Krankenkassen, der Deutschen Rentenversicherung, den Unfallversicherungsträgern oder anderen Stellen unter Übernahme der Kosten angeboten werden. [2]Die Inanspruchnahme solcher Vorsorgeuntersuchungen nach Satz 1 erfolgt in Abstimmung mit der Betriebsärztin/dem Betriebsarzt. [3]Die Untersuchungsergebnisse werden ausschließlich der/dem Beschäftigten und der beauftragten Ärztin/dem beauftragten Arzt (§ 3 Abs. 4 Satz 2 TVöD) zugänglich gemacht. [4]Der/die Beschäftigte kann der Weitergabe der Untersuchungsergebnisse an die beauftragte Ärztin/den beauftragten Arzt (§ 3 Abs. 4 Satz 2 TVöD) widersprechen. [5]Die Untersuchungen finden während der Freizeit der Beschäftigten statt. [6]Die Kosten der Vorsorgeuntersuchungen trägt der Arbeitgeber, soweit kein anderer Kostenträger zuständig ist.

Abschnitt III: Atemschutzuntauglichkeit

§ 5 Zeitlich begrenzte Atemschutzuntauglichkeit. (1) [1]Bei einer zeitlich begrenzten Atemschutzuntauglichkeit (§ 7 Nr. 2) hat die Betriebsärztin/der Betriebsarzt ggf. in Zusammenwirken mit Fachärztinnen/Fachärzten zumutbare Maßnahmen zur Wiederherstellung der Atemschutztauglichkeit zu planen und zu veranlassen. [2]Die/Der Beschäftigte ist verpflichtet, bei diesen Maßnahmen aktiv mitzuwirken. [3]Die Kosten entsprechender Maßnahmen trägt der Arbeitgeber, soweit kein anderer Kostenträger zuständig ist.

(2) [1]Für die Dauer einer zeitlich begrenzten Atemschutzuntauglichkeit erhält die/der Beschäftigte, wenn sie/er an allen Maßnahmen, die zur Wiederherstellung der Atemschutztauglichkeit nach Absatz 1 ergriffen werden, aktiv mitwirkt, Entgeltsicherung nach Maßgabe des Absatzes 3, wenn

1. die/der Beschäftigte eine ununterbrochene Beschäftigungszeit bei der Flughafenfeuerwehr von mindestens 15 Jahren aufweist und nachweislich an mindestens 85 Prozent der angebotenen Sportstunden aktiv teilgenommen hat, oder
2. die Atemschutzuntauglichkeit auf einem nicht selbst verschuldeten Arbeitsunfall (§ 7 Nr. 1) oder auf einer Berufskrankheit (§ 7 Nr. 3) im bestehenden Arbeitsverhältnis beruht. [2]Als Verschulden gelten insoweit nur Vorsatz und grobe Fahrlässigkeit.

Protokollerklärung zu Absatz 2 Satz 1 Nr. 1

[1]Die Teilnahmequote bezieht sich auf die Zeit ab der betrieblichen Geltung des Abschnitts III. [2]Die aus dienstlichen Gründen, wegen Arbeitsunfähigkeit, Erholungsurlaubs, Sonderurlaubs oder Arbeitsbefreiung nicht mögliche Teilnahme ist als Teilnahme zu werten.

[3]Hat die/der Beschäftigte zuvor eine Nebentätigkeit ausgeübt, so entsteht der Anspruch auf Entgeltsicherung nach Satz 1 Nr. 1 nur, wenn die Nebentätigkeit innerhalb einer Woche nach Feststellung der Atemschutzuntauglichkeit beendet und dies dem Arbeitgeber nachgewiesen wird, es sei denn, die Ausübung der Nebentätigkeit steht der Wiederherstellung der Atemschutztauglichkeit nicht entgegen. [4]Der Anspruch auf Entgeltsicherung nach Satz 1 Nr. 1 bzw. Nr. 2 entfällt, sobald während der zeitlich begrenzten Atemschutzuntauglichkeit eine schädliche Nebentätigkeit im Sinne von Satz 3 ausgeübt wird.

(3) [1]Die/Der Beschäftigte erhält, soweit keine Arbeitsunfähigkeit vorliegt, für die Dauer von vier Monaten nach Feststellung ihrer/seiner Atemschutzuntauglichkeit Entgelt wie bei einer Entgeltfortzahlung nach § 22 Abs. 1 Satz 1 TVöD. [2]Nach Ablauf der Frist nach Satz 1 erhält die/der Beschäftigte das ihr/ihm aus der vorübergehend übertragenen Tätigkeit zustehende Entgelt. [3]Liegt

während der Atemschutzuntauglichkeit Arbeitsunfähigkeit vor, wird abweichend von § 22 Abs. 2 TVöD der Krankengeldzuschuss in Höhe des Unterschiedsbetrages zwischen dem festgesetzten Nettokrankengeld oder der entsprechenden gesetzlichen Nettoleistung und dem Nettoentgelt (§ 22 Abs. 2 Satz 2 und 3 TVöD) gezahlt. [4]Nettokrankengeld ist das um die Arbeitnehmeranteile zur Sozialversicherung reduzierte Krankengeld. [5]§ 22 Abs. 2 Satz 4 TVöD findet Anwendung.

§ 6 Dauerhafte Atemschutzuntauglichkeit. (1) [1]Bei einer dauerhaften Atemschutzuntauglichkeit (§ 7 Nr. 2) prüft der Arbeitgeber, ob die/der Beschäftigte auf einem anderen Arbeitsplatz weiterbeschäftigt werden kann, vorzugsweise im Bereich der Feuerwehr. [2]Für die Prüfung der Weiterbeschäftigungsmöglichkeiten gilt folgende Reihenfolge:

1. Weiterbeschäftigung im Einsatzdienst der Flughafenfeuerwehr,
2. Weiterbeschäftigung im Feuerwehrdienst der Flughafenfeuerwehr,
3. Weiterbeschäftigung beim Flughafen.

[3]Bei der Prüfung der Möglichkeiten zur Weiterbeschäftigung ist der Betriebsrat beratend einzubeziehen.

(2) Die/Der Beschäftigte erhält, wenn sie/er an allen Maßnahmen, die zur Wiederherstellung der Atemschutztauglichkeit nach § 5 Abs. 1 ergriffen wurden, aktiv mitgewirkt hat, bei einer Weiterbeschäftigung auf einem anderen Arbeitsplatz Entgeltsicherung nach Maßgabe des Absatzes 3, wenn

1. die/der Beschäftigte eine ununterbrochene Beschäftigungszeit bei der Flughafenfeuerwehr von mindestens 18 Jahren aufweist und nachweislich an mindestens 90 Prozent der angebotenen Sportstunden aktiv teilgenommen hat, oder
2. die Atemschutzuntauglichkeit auf einem nicht selbst verschuldeten Arbeitsunfall (§ 7 Nr. 1) oder auf einer Berufskrankheit (§ 7 Nr. 3) im bestehenden Arbeitsverhältnis beruht. [2]Als Verschulden gelten insoweit nur Vorsatz und grobe Fahrlässigkeit.

Protokollerklärung zu Absatz 2 Satz 1 Nr. 1

[1]Die Teilnahmequote bezieht sich auf die Zeit ab der betrieblichen Geltung des Abschnitts III. [2]Die aus dienstlichen Gründen, wegen Arbeitsunfähigkeit, Erholungsurlaubs, Sonderurlaubs oder Arbeitsbefreiung nicht mögliche Teilnahme ist als Teilnahme zu werten.

(3) [1]Die/der Beschäftigte erhält neben ihrem/seinem Entgelt aus der neuen Tätigkeit eine monatliche Zulage in Höhe von 70 Prozent der Differenz zwischen dem in entsprechender Anwendung des § 5 Abs. 3 Satz 1 ermittelten Entgelt vor Eintritt der Atemschutzuntauglichkeit (Vergleichsentgelt) und dem Entgelt aus der neuen Tätigkeit. [2]Der Betrag der Zulage ist zum Zeitpunkt allgemeiner Entgelterhöhungen neu zu berechnen; dabei verändert sich das Vergleichsentgelt zu demselben Zeitpunkt und um denselben Prozentsatz wie die höchste Stufe der Entgeltgruppe vor Eintritt der Atemschutzuntauglichkeit. [3]Bei Veränderungen der individuellen regelmäßigen Arbeitszeit der/des Beschäftigten ändert sich die Zulage entsprechend.

§ 7 Begriffsbestimmungen.

1. Arbeitsunfall:
   Ein Arbeitsunfall ist ein im bestehenden Arbeitsverhältnis erlittener Arbeitsunfall gemäß § 8 SGB VII.
2. Atemschutzuntauglichkeit:
   [1]Atemschutzuntauglichkeit liegt vor, sobald die jeweiligen Anforderungen an Atemschutzgeräteträger nach dem DGUV-Grundsatz G 26.3 nicht erfüllt werden; die Feststellungen hierzu trifft die beauftragte Ärztin/der beauftragte Arzt gemäß § 3 Abs. 4 Satz 2 TVöD. [2]Bis zum Ablauf der auf diese Feststellung der Ärztin/des Arztes folgenden sechs vollen Kalendermonate gilt sie als zeitlich begrenzte Atemschutzuntauglichkeit, sofern die Wiederherstellung der Atemschutztauglichkeit nach Beurteilung der Ärztin/des Arztes möglich erscheint.
3. Berufskrankheit:
   Eine Berufskrankheit ist eine Berufskrankheit gemäß § 9 SGB VII, die die/der Beschäftigte sich im bestehenden Arbeitsverhältnis zugezogen hat.

Anhang zu § 4 der Anlage G

Die Tarifvertragsparteien gehen davon aus, dass zum Beispiel folgende Untersuchungen bei der betriebsärztlichen Planung zu berücksichtigen sind:

a) Ultraschalluntersuchung des Bauchraumes zur Beurteilung der dort liegenden Organe,

b) Echokardiographie und Farbdoppleruntersuchung des Herzens zur Erkennung von Durchblutungsstörungen sowie Veränderungen des Herzmuskels, der Herzklappen und des Blutstromes innerhalb des Herzens,

c) Farbdoppleruntersuchung der Halsschlagadern zur Früherkennung von Ablagerungen,

d) Endoskopische Untersuchung des Dickdarmes zur Früherkennung von entzündlichen oder bösartigen Veränderungen,

e) Untersuchung von Prostata[1)] und Hoden[1)], Nieren und Blase,

f) Test zur Früherkennung von Blasenkrebs,

g) Bestimmung des PSA-Wertes (Prostatakrebs-Früherkennung)[1)],

h) Hämoccult-Test (Darmkrebsfrüherkennung),

i) Untersuchung des Augenhintergrundes zur Beurteilung der Netzhaut und der Augengefäße,

j) Messung des Augeninnendruckes zur Früherkennung des grünen Stars (Glaukom).

[1)] **Amtl. Anm.:** Nur für Männer

6b. Durchgeschriebene Fassung des TVöD für den Dienstleistungsbereich Flughäfen im Bereich der Vereinigung der kommunalen Arbeitgeberverbände (TVöD-F)

Vom 7. Februar 2006

zuletzt geänd. durch ÄndVereinb. Nr. 13 v. 30.8.2019

Inhaltsübersicht

Vorbemerkungen

1. Der TVöD – Allgemeiner Teil – und der jeweilige Besondere Teil Verwaltung (BT-V), Krankenhäuser (BT-K), Pflege- und Betreuungseinrichtungen (BT-B), Sparkassen (BT-S), Flughäfen (BT-F) und Entsorgung (BT-E) bilden im Zusammenhang das Tarifrecht für den jeweiligen Dienstleistungsbereich.
2. Zur besseren Übersicht und Lesbarkeit haben die Tarifvertragsparteien aus dem Allgemeinen Teil des TVöD und dem jeweiligen Besonderen Teil entsprechend der Prozessvereinbarung vom 9. Januar 2003 durchgeschriebene Fassungen für die sechs Dienstleistungsbereiche erstellt.
3. Die Kündigung eines unter Nr. 1 genannten Tarifvertrages oder einzelner Regelungen davon hat unmittelbare Rechtswirkung auf die entsprechende/n durchgeschriebene/n Fassung/en.
4. Die durchgeschriebenen Fassungen regeln nicht das Verhältnis der Tarifvertragsparteien als Normgeber zueinander (Innenverhältnis). Sie sind nicht die Grundlage für Tarifverhandlungen oder Kündigungen, denn Allgemeiner Teil und die Besonderen Teile bleiben rechtlich selbstständige Tarifverträge. Die durchgeschriebenen Fassungen enthalten ausschließlich Rechtsnormen für die Anwendungsebene im Außenverhältnis (Arbeitgeber, Beschäftigte, Gerichte etc.). Jeder durchgeschriebenen Fassung wird eine Legende angefügt, aus der sich die Entsprechungen der Regelungen des jeweiligen Besonderen Teils zu den Bestimmungen des TVöD – Allgemeiner Teil – ergeben.
5. Tarifverhandlungen zur Änderung oder Ergänzung des Tarifrechts werden auf der Grundlage der unter Nr. 1 genannten Tarifverträge geführt. Etwaige Änderungen oder Ergänzungen ändern auch die durchgeschriebenen Fassungen.

Abschnitt I. Allgemeine Vorschriften

§ 1 Geltungsbereich (1) Die nachfolgenden Regelungen gelten für Beschäftigte der Verkehrsflughäfen, die in einem Arbeitsverhältnis zu einem Arbeitgeber stehen, der Mitglied eines Mitgliedverbandes der Vereinigung der kommunalen Arbeitgeberverbände (VKA) ist.[1)]

(2) Diese Regelungen gelten nicht für

[1)] Abs. 1 ersetzt durch redaktionell angepassten § 40 Abs. 1 Satz 1 BT-F, § 40 Abs. 1 Satz 2 und Abs. 2 BT-F nicht besetzt.

a) Beschäftigte als leitende Angestellte im Sinne des § 5 Abs. 3 BetrVG, wenn ihre Arbeitsbedingungen einzelvertraglich besonders vereinbart sind,

b) Beschäftigte, die ein über das Tabellenentgelt der Entgeltgruppe 15 hinausgehendes regelmäßiges Entgelt erhalten,

c)–g) *(nicht besetzt)*

h) Auszubildende, sowie Volontärinnen/Volontäre und Praktikantinnen/Praktikanten,[1)]

i) Beschäftigte, für die Eingliederungszuschüsse nach den §§ 217ff. SGB III gewährt werden,

k) Beschäftigte, die Arbeiten nach den §§ 260ff. SGB III verrichten,

l) Leiharbeitnehmerinnen/Leiharbeitnehmer von Personal-Service-Agenturen, sofern deren Rechtsverhältnisse durch Tarifvertrag geregelt sind,

m) geringfügig Beschäftigte im Sinne von § 8 Abs. 1 Nr. 2 SGB IV,

n)–t) *(nicht besetzt)*[1)]

(3) *(nicht besetzt)*

§ 2 Arbeitsvertrag, Nebenabreden, Probezeit. (1) Der Arbeitsvertrag wird schriftlich abgeschlossen.

(2) [1] Mehrere Arbeitsverhältnisse zu demselben Arbeitgeber dürfen nur begründet werden, wenn die jeweils übertragenen Tätigkeiten nicht in einem unmittelbaren Sachzusammenhang stehen. [2] Andernfalls gelten sie als ein Arbeitsverhältnis.

(3) [1] Nebenabreden sind nur wirksam, wenn sie schriftlich vereinbart werden. [2] Sie können gesondert gekündigt werden, soweit dies einzelvertraglich vereinbart ist.

(4) [1] Die ersten sechs Monate der Beschäftigung gelten als Probezeit, soweit nicht eine kürzere Zeit vereinbart ist. [2] Bei Übernahme von Auszubildenden im unmittelbaren Anschluss an das Ausbildungsverhältnis in ein Arbeitsverhältnis entfällt die Probezeit.

§ 3 Allgemeine Arbeitsbedingungen. (1) Die Beschäftigten haben über Angelegenheiten, deren Geheimhaltung durch gesetzliche Vorschriften vorgesehen oder vom Arbeitgeber angeordnet ist, Verschwiegenheit zu wahren; dies gilt auch über die Beendigung des Arbeitsverhältnisses hinaus.

(2) [1] Die Beschäftigten dürfen von Dritten Belohnungen, Geschenke, Provisionen oder sonstige Vergünstigungen in Bezug auf ihre Tätigkeit nicht annehmen. [2] Ausnahmen sind nur mit Zustimmung des Arbeitgebers möglich. [3] Werden den Beschäftigten derartige Vergünstigungen angeboten, haben sie dies dem Arbeitgeber unverzüglich anzuzeigen.

(3) [1] Nebentätigkeiten gegen Entgelt haben die Beschäftigten ihrem Arbeitgeber rechtzeitig vorher schriftlich anzuzeigen. [2] Der Arbeitgeber kann die Nebentätigkeit untersagen oder mit Auflagen versehen, wenn diese geeignet ist, die Erfüllung der arbeitsvertraglichen Pflichten der Beschäftigten oder berechtigte Interessen des Arbeitgebers zu beeinträchtigen. [3] Für Nebentätigkeiten bei

---

[1)] Redaktionell angepasst.

demselben Arbeitgeber oder im übrigen öffentlichen Dienst (§ 34 Abs. 3 Satz 3 und 4) kann eine Ablieferungspflicht zur Auflage gemacht werden.

(4) [1]Der Arbeitgeber ist bei begründeter Veranlassung berechtigt, die/den Beschäftigte/n zu verpflichten, durch ärztliche Bescheinigung nachzuweisen, dass sie/er zur Leistung der arbeitsvertraglich geschuldeten Tätigkeit in der Lage ist. [2]Bei der beauftragten Ärztin/dem beauftragten Arzt kann es sich um eine Betriebsärztin/einen Betriebsarzt, eine Personalärztin/einen Personalarzt oder eine Amtsärztin/einen Amtsarzt handeln, soweit sich die Betriebsparteien nicht auf eine andere Ärztin/einen anderen Arzt geeinigt haben. [3]Die Kosten dieser Untersuchung trägt der Arbeitgeber.

(5) [1]Die Beschäftigten haben ein Recht auf Einsicht in ihre vollständigen Personalakten. [2]Sie können das Recht auf Einsicht auch durch eine/n hierzu schriftlich Bevollmächtigte/n ausüben lassen. [3]Sie können Auszüge oder Kopien aus ihren Personalakten erhalten.

(6) Die Schadenshaftung der Beschäftigten ist bei dienstlich oder betrieblich veranlassten Tätigkeiten auf Vorsatz und grobe Fahrlässigkeit beschränkt.

§ 4 Versetzung, Abordnung, Zuweisung, Personalgestellung. (1) [1]Beschäftigte können aus dienstlichen oder betrieblichen Gründen versetzt oder abgeordnet werden. [2]Sollen Beschäftigte an eine Dienststelle oder einen Betrieb außerhalb des bisherigen Arbeitsortes versetzt oder voraussichtlich länger als drei Monate abgeordnet werden, so sind sie vorher zu hören.

Protokollerklärungen zu Absatz 1:

1. *Abordnung ist die Zuweisung einer vorübergehenden Beschäftigung bei einer anderen Dienststelle oder einem anderen Betrieb desselben oder eines anderen Arbeitgebers unter Fortsetzung des bestehenden Arbeitsverhältnisses.*
2. *Versetzung ist die Zuweisung einer auf Dauer bestimmten Beschäftigung bei einer anderen Dienststelle oder einem anderen Betrieb desselben Arbeitgebers unter Fortsetzung des bestehenden Arbeitsverhältnisses.*

(2) [1]Beschäftigten kann im dienstlichen/betrieblichen oder öffentlichen Interesse mit ihrer Zustimmung vorübergehend eine mindestens gleich vergütete Tätigkeit bei einem Dritten zugewiesen werden. [2]Die Zustimmung kann nur aus wichtigem Grund verweigert werden. [3]Die Rechtsstellung der Beschäftigten bleibt unberührt. [4]Bezüge aus der Verwendung nach Satz 1 werden auf das Entgelt angerechnet.

Protokollerklärung zu Absatz 2:

Zuweisung ist – unter Fortsetzung des bestehenden Arbeitsverhältnisses – die vorübergehende Beschäftigung bei einem Dritten im In- und Ausland, bei dem der Allgemeine Teil des TVöD nicht zur Anwendung kommt.

(3) [1]Werden Aufgaben der Beschäftigten zu einem Dritten verlagert, ist auf Verlangen des Arbeitgebers bei weiter bestehendem Arbeitsverhältnis die arbeitsvertraglich geschuldete Arbeitsleistung bei dem Dritten zu erbringen (Personalgestellung). [2]§ 613a BGB sowie gesetzliche Kündigungsrechte bleiben unberührt.

Protokollerklärung zu Absatz 3:

[1]Personalgestellung ist – unter Fortsetzung des bestehenden Arbeitsverhältnisses – die auf Dauer angelegte Beschäftigung bei einem Dritten. [2]Die Modalitäten der Personalgestellung werden zwischen dem Arbeitgeber und dem Dritten vertraglich geregelt.

§ 5 Qualifizierung. (1) [1]Ein hohes Qualifikationsniveau und lebenslanges Lernen liegen im gemeinsamen Interesse von Beschäftigten und Arbeitgebern. [2]Qualifizierung dient der Steigerung von Effektivität und Effizienz des öffentlichen Dienstes, der Nachwuchsförderung und der Steigerung von beschäftigungsbezogenen Kompetenzen. [3]Die Tarifvertragsparteien verstehen Qualifizierung auch als Teil der Personalentwicklung.

(2) [1]Vor diesem Hintergrund stellt Qualifizierung nach diesem Tarifvertrag ein Angebot dar, aus dem für die Beschäftigten kein individueller Anspruch außer nach Absatz 4 abgeleitet, aber das durch freiwillige Betriebsvereinbarung wahrgenommen und näher ausgestaltet werden kann. [2]Entsprechendes gilt für Dienstvereinbarungen im Rahmen der personalvertretungsrechtlichen Möglichkeiten. [3]Weitergehende Mitbestimmungsrechte werden dadurch nicht berührt.

(3) [1]Qualifizierungsmaßnahmen sind

a) die Fortentwicklung der fachlichen, methodischen und sozialen Kompetenzen für die übertragenen Tätigkeiten (Erhaltungsqualifizierung),
b) der Erwerb zusätzlicher Qualifikationen (Fort- und Weiterbildung),
c) die Qualifizierung zur Arbeitsplatzsicherung (Qualifizierung für eine andere Tätigkeit; Umschulung) und
d) die Einarbeitung bei oder nach längerer Abwesenheit (Wiedereinstiegsqualifizierung).

[2]Die Teilnahme an einer Qualifizierungsmaßnahme wird dokumentiert und den Beschäftigten schriftlich bestätigt.

(4) [1]Beschäftigte haben – auch in den Fällen des Absatzes 3 Satz 1 Buchst. d – Anspruch auf ein regelmäßiges Gespräch mit der jeweiligen Führungskraft, in dem festgestellt wird, ob und welcher Qualifizierungsbedarf besteht. [2]Dieses Gespräch kann auch als Gruppengespräch geführt werden. [3]Wird nichts anderes geregelt, ist das Gespräch jährlich zu führen.

(5) [1]Die Kosten einer vom Arbeitgeber veranlassten Qualifizierungsmaßnahme – einschließlich Reisekosten – werden, soweit sie nicht von Dritten übernommen werden, grundsätzlich vom Arbeitgeber getragen. [2]Ein möglicher Eigenbeitrag wird durch eine Qualifizierungsvereinbarung geregelt. [3]Die Betriebsparteien sind gehalten, die Grundsätze einer fairen Kostenverteilung unter Berücksichtigung des betrieblichen und individuellen Nutzens zu regeln. [4]Ein Eigenbeitrag der Beschäftigten kann in Geld und/oder Zeit erfolgen.

(6) Zeiten von vereinbarten Qualifizierungsmaßnahmen gelten als Arbeitszeit.

(7) Gesetzliche Förderungsmöglichkeiten können in die Qualifizierungsplanung einbezogen werden.

(8) Für Beschäftigte mit individuellen Arbeitszeiten sollen Qualifizierungsmaßnahmen so angeboten werden, dass ihnen eine gleichberechtigte Teilnahme ermöglicht wird.

Abschnitt II. Arbeitszeit

§ 6 Regelmäßige Arbeitszeit. (1) [1]Die regelmäßige Arbeitszeit beträgt ausschließlich der Pausen

a) *(nicht besetzt)*

b) im Tarifgebiet West durchschnittlich 39 Stunden wöchentlich, im Tarifgebiet Ost durchschnittlich 40 Stunden wöchentlich.

[2]Bei Wechselschichtarbeit werden die gesetzlich vorgeschriebenen Pausen in die Arbeitszeit eingerechnet. [3]Die regelmäßige Arbeitszeit kann auf fünf Tage, aus notwendigen betrieblichen/dienstlichen Gründen auch auf sechs Tage verteilt werden.

(1.1) Durch landesbezirklichen Tarifvertrag kann bestimmt werden, dass abweichend von Absatz 1 Satz 2 die gesetzlichen Pausen nicht in die Arbeitszeit einzurechnen sind.[1)]

(2) [1]Für die Berechnung des Durchschnitts der regelmäßigen wöchentlichen Arbeitszeit ist ein Zeitraum von bis zu einem Jahr zugrunde zu legen. [2]Abweichend von Satz 1 kann bei Beschäftigten, die ständig Wechselschicht- oder Schichtarbeit zu leisten haben, ein längerer Zeitraum zugrunde gelegt werden.

(3) [1]Soweit es die betrieblichen/dienstlichen Verhältnisse zulassen, wird die/der Beschäftigte am 24. Dezember und am 31. Dezember unter Fortzahlung des Entgelts nach § 21 von der Arbeit freigestellt. [2]Kann die Freistellung nach Satz 1 aus betrieblichen/dienstlichen Gründen nicht erfolgen, ist entsprechender Freizeitausgleich innerhalb von drei Monaten zu gewähren. [3]Die regelmäßige Arbeitszeit vermindert sich für jeden gesetzlichen Feiertag, sowie für den 24. Dezember und 31. Dezember, sofern sie auf einen Werktag fallen, um die dienstplanmäßig ausgefallenen Stunden.

Protokollerklärung zu Absatz 3 Satz 3:
Die Verminderung der regelmäßigen Arbeitszeit betrifft die Beschäftigten, die wegen des Dienstplans am Feiertag frei haben und deshalb ohne diese Regelung nacharbeiten müssten.

(4) Aus dringenden betrieblichen/dienstlichen Gründen kann auf der Grundlage einer Betriebs-/Dienstvereinbarung im Rahmen des § 7 Abs. 1, 2 und des § 12 ArbZG von den Vorschriften des Arbeitszeitgesetzes abgewichen werden.

Protokollerklärung zu Absatz 4:
In vollkontinuierlichen Schichtbetrieben kann an Sonn- und Feiertagen die tägliche Arbeitszeit auf bis zu zwölf Stunden verlängert werden, wenn dadurch zusätzliche freie Schichten an Sonn- und Feiertagen erreicht werden.

(5) Die Beschäftigten sind im Rahmen begründeter betrieblicher/dienstlicher Notwendigkeiten zur Leistung von Sonntags-, Feiertags-, Nacht-, Wechselschicht-, Schichtarbeit sowie – bei Teilzeitbeschäftigung aufgrund arbeitsvertraglicher Regelung oder mit ihrer Zustimmung – zu Bereitschaftsdienst, Rufbereitschaft, Überstunden und Mehrarbeit verpflichtet.

(6) [1]Durch Betriebs-/Dienstvereinbarung kann ein wöchentlicher Arbeitszeitkorridor von bis zu 45 Stunden eingerichtet werden. [2]Die innerhalb eines Arbeitszeitkorridors geleisteten zusätzlichen Arbeitsstunden werden im Rahmen des nach Absatz 2 Satz 1 festgelegten Zeitraums ausgeglichen.

(7) [1]Durch Betriebs-/Dienstvereinbarung kann in der Zeit von 6 bis 20 Uhr eine tägliche Rahmenzeit von bis zu zwölf Stunden eingeführt werden. [2]Die innerhalb der täglichen Rahmenzeit geleisteten zusätzlichen Arbeitsstunden

---

[1)] Redaktionell angepasst an § 41a BT-F.

werden im Rahmen des nach Absatz 2 Satz 1 festgelegten Zeitraums ausgeglichen.

(8) Die Absätze 6 und 7 gelten nur alternativ und nicht bei Wechselschicht- und Schichtarbeit.

(9) Für einen Betrieb/eine Verwaltung, in dem/der ein Personalvertretungsgesetz Anwendung findet, kann eine Regelung nach den Absätzen 4, 6 und 7 in einem landesbezirklichen Tarifvertrag getroffen werden, wenn eine Dienstvereinbarung nicht einvernehmlich zustande kommt und der Arbeitgeber ein Letztentscheidungsrecht hat.

Protokollerklärung zu § 6:
Gleitzeitregelungen sind unter Wahrung der jeweils geltenden Mitbestimmungsrechte unabhängig von den Vorgaben zu Arbeitszeitkorridor und Rahmenzeit (Absätze 6 und 7) möglich. Sie dürfen keine Regelungen nach Absatz 4 enthalten.

§ 7 Sonderformen der Arbeit. (1) [1] Wechselschichtarbeit ist die Arbeit nach einem Schichtplan, der einen regelmäßigen Wechsel der täglichen Arbeitszeit in Wechselschichten vorsieht, bei denen Beschäftigte durchschnittlich längstens nach Ablauf eines Monats erneut zur Nachtschicht herangezogen werden. [2] Wechselschichten sind wechselnde Arbeitsschichten, in denen ununterbrochen bei Tag und Nacht, werktags, sonntags und feiertags gearbeitet wird. [3] Nachtschichten sind Arbeitsschichten, die mindestens zwei Stunden Nachtarbeit umfassen.

(1.1) Durch landesbezirklichen Tarifvertrag kann bestimmt werden, dass abweichend von Absatz 1 Satz 1 Wechselschichtarbeit erst dann vorliegt, wenn die/der Beschäftigte längstens nach Ablauf eines Monats erneut zu mindestens zwei Nachtschichten herangezogen wird.[1)]

(2) Schichtarbeit ist die Arbeit nach einem Schichtplan, der einen regelmäßigen Wechsel des Beginns der täglichen Arbeitszeit um mindestens zwei Stunden in Zeitabschnitten von längstens einem Monat vorsieht, und die innerhalb einer Zeitspanne von mindestens 13 Stunden geleistet wird.

(3) Bereitschaftsdienst leisten Beschäftigte, die sich auf Anordnung des Arbeitgebers außerhalb der regelmäßigen Arbeitszeit an einer vom Arbeitgeber bestimmten Stelle aufhalten, um im Bedarfsfall die Arbeit aufzunehmen.

(4) [1] Rufbereitschaft leisten Beschäftigte, die sich auf Anordnung des Arbeitgebers außerhalb der regelmäßigen Arbeitszeit an einer dem Arbeitgeber anzuzeigenden Stelle aufhalten, um auf Abruf die Arbeit aufzunehmen. [2] Rufbereitschaft wird nicht dadurch ausgeschlossen, dass Beschäftigte vom Arbeitgeber mit einem Mobiltelefon oder einem vergleichbaren technischen Hilfsmittel ausgestattet sind.

(5) Nachtarbeit ist die Arbeit zwischen 21 Uhr und 6 Uhr.

(6) Mehrarbeit sind die Arbeitsstunden, die Teilzeitbeschäftigte über die vereinbarte regelmäßige Arbeitszeit hinaus bis zur regelmäßigen wöchentlichen Arbeitszeit von Vollbeschäftigten (§ 6 Abs. 1 Satz 1) leisten.

(7) Überstunden sind die auf Anordnung des Arbeitgebers geleisteten Arbeitsstunden, die über die im Rahmen der regelmäßigen Arbeitszeit von Vollbeschäftigten (§ 6 Abs. 1 Satz 1) für die Woche dienstplanmäßig bzw. betriebs-

---

1) Redaktionell angepasst an § 41b BT-F.

üblich festgesetzten Arbeitsstunden hinausgehen und nicht bis zum Ende der folgenden Kalenderwoche ausgeglichen werden.

(8) Abweichend von Absatz 7 sind nur die Arbeitsstunden Überstunden, die

a) im Falle der Festlegung eines Arbeitszeitkorridors nach § 6 Abs. 6 über 45 Stunden oder über die vereinbarte Obergrenze hinaus,

b) im Falle der Einführung einer täglichen Rahmenzeit nach § 6 Abs. 7 außerhalb der Rahmenzeit,

c) im Falle von Wechselschicht- oder Schichtarbeit über die im Schichtplan festgelegten täglichen Arbeitsstunden einschließlich der im Schichtplan vorgesehenen Arbeitsstunden, die bezogen auf die regelmäßige wöchentliche Arbeitszeit im Schichtplanturnus nicht ausgeglichen werden,

angeordnet worden sind.

§ 7.1[1)] Rampendienst. (1) [1]Beschäftigten im Rampendienst wird für je sechs Arbeitstage ein freier Arbeitstag gewährt. [2]Im Jahresdurchschnitt soll mindestens jeder dritte freie Tag auf einen Sonntag fallen.

(2) [1]Als freier Tag gilt in der Regel eine arbeitsfreie Zeit von 36 Stunden. [2]Diese kann in Ausnahmefällen auf 32 Stunden verringert werden, wenn die Betriebsverhältnisse es erfordern. [3]Werden zwei zusammenhängende freie Tage gewährt, gilt in der Regel eine arbeitsfreie Zeit von 60 Stunden, die in Ausnahmefällen auf 56 Stunden verringert werden kann, als zwei freie Tage. [4]Für weitere freie Tage erhöhen sich die Zeiten um jeweils 24 Stunden für einen Tag.

(3) Die Zeitzuschläge nach § 8 Abs. 1 werden pauschal mit einem Zuschlag von 12 v.H. des auf eine Stunde entfallenden Anteils des monatlichen Entgelts der Stufe 3 der jeweiligen Entgeltgruppe nach Maßgabe der Entgelttabelle abgegolten.

§ 8 Ausgleich für Sonderformen der Arbeit. (1) [1]Der/Die Beschäftigte erhält neben dem Entgelt für die tatsächliche Arbeitsleistung Zeitzuschläge. [2]Die Zeitzuschläge betragen – auch bei Teilzeitbeschäftigten – je Stunde

a)	für Überstunden	
	in den Entgeltgruppen 1 bis 9b	30 v.H.,
	in den Entgeltgruppen 9c bis 15	15 v.H.,
b)	für Nachtarbeit	20 v.H.,
c)	für Sonntagsarbeit	25 v.H.,
d)	bei Feiertagsarbeit	
	– ohne Freizeitausgleich	135 v.H.,
	– mit Freizeitausgleich	35 v.H.,
e)	für Arbeit am 24. Dezember und am 31. Dezember jeweils ab 6 Uhr	35 v.H.,
f)	für Arbeit an Samstagen von 13 bis 21 Uhr, soweit diese nicht im Rahmen von Wechselschicht- oder Schichtarbeit anfällt	20 v.H.,

[1)] Entspricht § 42 BT-F.

des auf eine Stunde entfallenden Anteils des Tabellenentgelts der Stufe 3 der jeweiligen Entgeltgruppe. [3]Beim Zusammentreffen von Zeitzuschlägen nach Satz 2 Buchst. c bis f wird nur der höchste Zeitzuschlag gezahlt. [4]Auf Wunsch der/des Beschäftigten können, soweit ein Arbeitszeitkonto (§ 10) eingerichtet ist und die betrieblichen/dienstlichen Verhältnisse es zulassen, die nach Satz 2 zu zahlenden Zeitzuschläge entsprechend dem jeweiligen Vomhundertsatz einer Stunde in Zeit umgewandelt und ausgeglichen werden. [5]Dies gilt entsprechend für Überstunden als solche.

Protokollerklärung zu Absatz 1 Satz 1:

Bei Überstunden richtet sich das Entgelt für die tatsächliche Arbeitsleistung nach der jeweiligen Entgeltgruppe und der individuellen Stufe, höchstens jedoch nach der Stufe 4.

Protokollerklärung zu Absatz 1 Satz 2 Buchst. d:

[1]Der Freizeitausgleich muss im Dienstplan besonders ausgewiesen und bezeichnet werden. [2]Falls kein Freizeitausgleich gewährt wird, werden als Entgelt einschließlich des Zeitzuschlags und des auf den Feiertag entfallenden Tabellenentgelts höchstens 235 v.H. gezahlt.

(2) Für Arbeitsstunden, die keine Überstunden sind und die aus betrieblichen/dienstlichen Gründen nicht innerhalb des nach § 6 Abs. 2 Satz 1 oder 2 festgelegten Zeitraums mit Freizeit ausgeglichen werden, erhält die/der Beschäftigte je Stunde 100 v.H. des auf eine Stunde entfallenden Anteils des Tabellenentgelts der jeweiligen Entgeltgruppe und Stufe.

Protokollerklärung zu Absatz 2:

Mit dem Begriff „Arbeitsstunden" sind nicht die Stunden gemeint, die im Rahmen von Gleitzeitregelungen im Sinne der Protokollerklärung zu § 6 anfallen, es sei denn, sie sind angeordnet worden.

(3) [1]Für die Rufbereitschaft wird eine tägliche Pauschale je Entgeltgruppe bezahlt. [2]Sie beträgt für die Tage Montag bis Freitag das Zweifache, für Samstag, Sonntag sowie für Feiertage das Vierfache des tariflichen Stundenentgelts nach Maßgabe der Entgelttabelle. [3]Maßgebend für die Bemessung der Pauschale nach Satz 2 ist der Tag, an dem die Rufbereitschaft beginnt. [4]Für die Arbeitsleistung innerhalb der Rufbereitschaft außerhalb des Aufenthaltsortes im Sinne des § 7 Abs. 4 wird die Zeit jeder einzelnen Inanspruchnahme einschließlich der hierfür erforderlichen Wegezeiten jeweils auf eine volle Stunde gerundet und mit dem Entgelt für Überstunden sowie mit etwaigen Zeitzuschlägen nach Absatz 1 bezahlt. [5]Wird die Arbeitsleistung innerhalb der Rufbereitschaft am Aufenthaltsort im Sinne des § 7 Abs. 4 telefonisch (z.B. in Form einer Auskunft) oder mittels technischer Einrichtungen erbracht, wird abweichend von Satz 4 die Summe dieser Arbeitsleistungen auf die nächste volle Stunde gerundet und mit dem Entgelt für Überstunden sowie mit etwaigen Zeitzuschlägen nach Absatz 1 bezahlt. [6]Absatz 1 Satz 4 gilt entsprechend, soweit die Buchung auf das Arbeitszeitkonto nach § 10 Abs. 3 Satz 2 zulässig ist. [7]Satz 1 gilt nicht im Falle einer stundenweisen Rufbereitschaft. [8]Eine Rufbereitschaft im Sinne von Satz 7 liegt bei einer ununterbrochenen Rufbereitschaft von weniger als zwölf Stunden vor. [9]In diesem Fall wird abweichend von den Sätzen 2 und 3 für jede Stunde der Rufbereitschaft 12,5 v.H. des tariflichen Stundenentgelts nach Maßgabe der Entgelttabelle gezahlt.

Protokollerklärung zu Absatz 3:
Zur Ermittlung der Tage einer Rufbereitschaft, für die eine Pauschale gezahlt wird, ist auf den Tag des Beginns der Rufbereitschaft abzustellen.

(4) [1]Das Entgelt für Bereitschaftsdienst wird landesbezirklich geregelt. [2]Bis zum In-Kraft-Treten einer Regelung nach Satz 1 gelten die in dem jeweiligen Betrieb/der jeweiligen Verwaltung/Dienststelle am 30. September 2005 jeweils geltenden Bestimmungen fort.

(5) [1]Beschäftigte, die ständig Wechselschichtarbeit leisten, erhalten eine Wechselschichtzulage von 105 Euro[1)] monatlich. [2]Beschäftigte, die nicht ständig Wechselschichtarbeit leisten, erhalten eine Wechselschichtzulage von 0,63 Euro[2)] pro Stunde.

(6) [1]Beschäftigte, die ständig Schichtarbeit leisten, erhalten eine Schichtzulage von 40 Euro[3)] monatlich. [2]Beschäftigte, die nicht ständig Schichtarbeit leisten, erhalten eine Schichtzulage von 0,24 Euro[4)] pro Stunde.

§ 9 Bereitschaftszeiten. (1) [1]Bereitschaftszeiten sind die Zeiten, in denen sich die/der Beschäftigte am Arbeitsplatz oder einer anderen vom Arbeitgeber bestimmten Stelle zur Verfügung halten muss, um im Bedarfsfall die Arbeit selbständig, ggf. auch auf Anordnung, aufzunehmen und in denen die Zeiten ohne Arbeitsleistung überwiegen. [2]Für Beschäftigte, in deren Tätigkeit regelmäßig und in nicht unerheblichem Umfang Bereitschaftszeiten fallen, gelten folgende Regelungen:

a) Bereitschaftszeiten werden zur Hälfte als tarifliche Arbeitszeit gewertet (faktorisiert).
b) Sie werden innerhalb von Beginn und Ende der regelmäßigen täglichen Arbeitszeit nicht gesondert ausgewiesen.
c) Die Summe aus den faktorisierten Bereitschaftszeiten und der Vollarbeitszeit darf die Arbeitszeit nach § 6 Abs. 1 nicht überschreiten.
d) Die Summe aus Vollarbeits- und Bereitschaftszeiten darf durchschnittlich 48 Stunden wöchentlich nicht überschreiten.

[3]Ferner ist Voraussetzung, dass eine nicht nur vorübergehend angelegte Organisationsmaßnahme besteht, bei der regelmäßig und in nicht unerheblichem Umfang Bereitschaftszeiten anfallen.

(2) [1]Die Anwendung des Absatzes 1 bedarf im Geltungsbereich eines Personalvertretungsgesetzes einer einvernehmlichen Dienstvereinbarung. [2]§ 6 Abs. 9 gilt entsprechend. [3]Im Geltungsbereich des Betriebsverfassungsgesetzes unterliegt die Anwendung dieser Vorschrift der Mitbestimmung im Sinne des § 87 Abs. 1 Nr. 2 BetrVG.

(3) *(nicht besetzt)*

Protokollerklärung zu § 9:
Diese Regelung gilt nicht für Wechselschicht- und Schichtarbeit.

§ 10 Arbeitszeitkonto. (1) [1]Durch Betriebs-/Dienstvereinbarung kann ein Arbeitszeitkonto eingerichtet werden. [2]Für einen Betrieb/eine Verwaltung, in

---

1) Tarifgebiet Ost: In EG 10 bis 15: 101,85 €.
2) Tarifgebiet Ost: In EG 10 bis 15: 0,61 €.
3) Tarifgebiet Ost: In EG 10 bis 15: 38,80 €.
4) Tarifgebiet Ost: In EG 10 bis 15: 0,23 €.

dem/der ein Personalvertretungsgesetz Anwendung findet, kann eine Regelung nach Satz 1 auch in einem landesbezirklichen Tarifvertrag getroffen werden, wenn eine Dienstvereinbarung nicht einvernehmlich zustande kommt und der Arbeitgeber ein Letztentscheidungsrecht hat. [3]Soweit ein Arbeitszeitkorridor (§ 6 Abs. 6) oder eine Rahmenzeit (§ 6 Abs. 7) vereinbart wird, ist ein Arbeitszeitkonto einzurichten.

(2) [1]In der Betriebs-/Dienstvereinbarung wird festgelegt, ob das Arbeitszeitkonto im ganzen Betrieb/in der ganzen Verwaltung oder Teilen davon eingerichtet wird. [2]Alle Beschäftigten der Betriebs-/Verwaltungsteile, für die ein Arbeitszeitkonto eingerichtet wird, werden von den Regelungen des Arbeitszeitkontos erfasst.

(3) [1]Auf das Arbeitszeitkonto können Zeiten, die bei Anwendung des nach § 6 Abs. 2 festgelegten Zeitraums als Zeitguthaben oder als Zeitschuld bestehen bleiben, nicht durch Freizeit ausgeglichene Zeiten nach § 8 Abs. 1 Satz 5 und Abs. 2 sowie in Zeit umgewandelte Zuschläge nach § 8 Abs. 1 Satz 4 gebucht werden. [2]Weitere Kontingente (z.B. Rufbereitschafts-/Bereitschaftsdienstentgelte) können durch Betriebs-/Dienstvereinbarung zur Buchung freigegeben werden. [3]Die/Der Beschäftigte entscheidet für einen in der Betriebs-/Dienstvereinbarung festgelegten Zeitraum, welche der in Satz 1 genannten Zeiten auf das Arbeitszeitkonto gebucht werden.

(4) Im Falle einer unverzüglich angezeigten und durch ärztliches Attest nachgewiesenen Arbeitsunfähigkeit während eines Zeitausgleichs vom Arbeitszeitkonto (Zeiten nach Absatz 3 Satz 1 und 2) tritt eine Minderung des Zeitguthabens nicht ein.

(5) In der Betriebs-/Dienstvereinbarung sind insbesondere folgende Regelungen zu treffen:

a) Die höchstmögliche Zeitschuld (bis zu 40 Stunden) und das höchstzulässige Zeitguthaben (bis zu einem Vielfachen von 40 Stunden), die innerhalb eines bestimmten Zeitraums anfallen dürfen;
b) nach dem Umfang des beantragten Freizeitausgleichs gestaffelte Fristen für das Abbuchen von Zeitguthaben oder für den Abbau von Zeitschulden durch die/den Beschäftigten;
c) die Berechtigung, das Abbuchen von Zeitguthaben zu bestimmten Zeiten (z.B. an so genannten Brückentagen) vorzusehen;
d) die Folgen, wenn der Arbeitgeber einen bereits genehmigten Freizeitausgleich kurzfristig widerruft.

(6) [1]Der Arbeitgeber kann mit der/dem Beschäftigten die Einrichtung eines Langzeitkontos vereinbaren. [2]In diesem Fall ist der Betriebs-/Personalrat zu beteiligen und – bei Insolvenzfähigkeit des Arbeitgebers – eine Regelung zur Insolvenzsicherung zu treffen.

§ 11 Teilzeitbeschäftigung. (1) [1]Mit Beschäftigten soll auf Antrag eine geringere als die vertraglich festgelegte Arbeitszeit vereinbart werden, wenn sie

a) mindestens ein Kind unter 18 Jahren oder
b) einen nach ärztlichem Gutachten pflegebedürftigen sonstigen Angehörigen

tatsächlich betreuen oder pflegen und dringende dienstliche bzw. betriebliche Belange nicht entgegenstehen. [2]Die Teilzeitbeschäftigung nach Satz 1 ist auf Antrag auf bis zu fünf Jahre zu befristen. [3]Sie kann verlängert werden; der

Antrag ist spätestens sechs Monate vor Ablauf der vereinbarten Teilzeitbeschäftigung zu stellen. [4]Bei der Gestaltung der Arbeitszeit hat der Arbeitgeber im Rahmen der dienstlichen bzw. betrieblichen Möglichkeiten der besonderen persönlichen Situation der/des Beschäftigten nach Satz 1 Rechnung zu tragen.

(2) Beschäftigte, die in anderen als den in Absatz 1 genannten Fällen eine Teilzeitbeschäftigung vereinbaren wollen, können von ihrem Arbeitgeber verlangen, dass er mit ihnen die Möglichkeit einer Teilzeitbeschäftigung mit dem Ziel erörtert, zu einer entsprechenden Vereinbarung zu gelangen.

(3) Ist mit früher Vollbeschäftigten auf ihren Wunsch eine nicht befristete Teilzeitbeschäftigung vereinbart worden, sollen sie bei späterer Besetzung eines Vollzeitarbeitsplatzes bei gleicher Eignung im Rahmen der dienstlichen bzw. betrieblichen Möglichkeiten bevorzugt berücksichtigt werden.

Protokollerklärung zu Abschnitt II:
Bei In-Kraft-Treten dieses Tarifvertrages bestehende Gleitzeitregelungen bleiben unberührt.

Abschnitt III. Eingruppierung, Entgelt und sonstige Leistungen

§ 12 Eingruppierung. (1) [1]Die Eingruppierung der/des Beschäftigten richtet sich nach den Tätigkeitsmerkmalen der Anlage 1 – Entgeltordnung (VKA). [2]Die/Der Beschäftigte erhält Entgelt nach der Entgeltgruppe, in der sie/er eingruppiert ist.

(2) [1]Die/Der Beschäftigte ist in der Entgeltgruppe eingruppiert, deren Tätigkeitsmerkmalen die gesamte von ihr/ihm nicht nur vorübergehend auszuübende Tätigkeit entspricht. [2]Die gesamte auszuübende Tätigkeit entspricht den Tätigkeitsmerkmalen einer Entgeltgruppe, wenn zeitlich mindestens zur Hälfte Arbeitsvorgänge anfallen, die für sich genommen die Anforderungen eines Tätigkeitsmerkmals oder mehrerer Tätigkeitsmerkmale dieser Entgeltgruppe erfüllen. [3]Kann die Erfüllung einer Anforderung in der Regel erst bei der Betrachtung mehrerer Arbeitsvorgänge festgestellt werden (z.B. vielseitige Fachkenntnisse), sind diese Arbeitsvorgänge für die Feststellung, ob diese Anforderung erfüllt ist, insoweit zusammen zu beurteilen. [4]Werden in einem Tätigkeitsmerkmal mehrere Anforderungen gestellt, gilt das in Satz 2 bestimmte Maß, ebenfalls bezogen auf die gesamte auszuübende Tätigkeit, für jede Anforderung. [5]Ist in einem Tätigkeitsmerkmal ein von den Sätzen 2 bis 4 abweichendes zeitliches Maß bestimmt, gilt dieses. [6]Ist in einem Tätigkeitsmerkmal als Anforderung eine Voraussetzung in der Person der/des Beschäftigten bestimmt, muss auch diese Anforderung erfüllt sein.

Protokollerklärung zu Absatz 2:
[1]Arbeitsvorgänge sind Arbeitsleistungen (einschließlich Zusammenhangsarbeiten), die, bezogen auf den Aufgabenkreis der/des Beschäftigten, zu einem bei natürlicher Betrachtung abgrenzbaren Arbeitsergebnis führen (z.B. unterschriftsreife Bearbeitung eines Aktenvorgangs, eines Widerspruchs oder eines Antrags, Erstellung eines EKG, Fertigung einer Bauzeichnung, Konstruktion einer Brücke oder eines Brückenteils, Bearbeitung eines Antrags auf eine Sozialleistung, Betreuung einer Person oder Personengruppe, Durchführung einer Unterhaltungs- oder Instandsetzungsarbeit). [2]Jeder einzelne Arbeitsvorgang ist als solcher zu bewerten und darf dabei hinsichtlich der Anforderungen zeitlich nicht aufgespalten werden. [3]Eine Anforderung im Sinne

der Sätze 2 und 3 ist auch das in einem Tätigkeitsmerkmal geforderte Herausheben der Tätigkeit aus einer niedrigeren Entgeltgruppe.

(3) Die Entgeltgruppe der/des Beschäftigten ist im Arbeitsvertrag anzugeben.

§ 13 Eingruppierung in besonderen Fällen. (1) [1] Ist der/dem Beschäftigten eine andere, höherwertige Tätigkeit nicht übertragen worden, hat sich aber die ihr/ihm übertragene Tätigkeit (§ 12 Abs. 2 Satz 1) nicht nur vorübergehend derart geändert, dass sie den Tätigkeitsmerkmalen einer höheren als ihrer/seiner bisherigen Entgeltgruppe entspricht (§ 12 Abs. 2 Sätze 2 bis 6), und hat die/der Beschäftigte die höherwertige Tätigkeit ununterbrochen sechs Monate lang ausgeübt, ist sie/er mit Beginn des darauffolgenden Kalendermonats in der höheren Entgeltgruppe eingruppiert. [2] Für die zurückliegenden sechs Kalendermonate gilt § 14 Abs. 1 sinngemäß.

(2) [1] Ist die Zeit der Ausübung der höherwertigen Tätigkeit durch Urlaub, Arbeitsbefreiung, Arbeitsunfähigkeit, Kur- oder Heilverfahren oder Vorbereitung auf eine Fachprüfung für die Dauer von insgesamt nicht mehr als sechs Wochen unterbrochen worden, wird die Unterbrechungszeit in die Frist von sechs Monaten eingerechnet. [2] Bei einer längeren Unterbrechung oder bei einer Unterbrechung aus anderen Gründen beginnt die Frist nach der Beendigung der Unterbrechung von neuem.

(3) Wird der/dem Beschäftigten vor Ablauf der sechs Monate wieder eine Tätigkeit zugewiesen, die den Tätigkeitsmerkmalen ihrer/seiner bisherigen Entgeltgruppe entspricht, gilt § 14 Abs. 1 sinngemäß.

Protokollerklärung zu §§ 12, 13:

Die Grundsätze der korrigierenden Rückgruppierung bleiben unberührt.

§ 14 Vorübergehende Übertragung einer höherwertigen Tätigkeit. (1) Wird der/dem Beschäftigten vorübergehend eine andere Tätigkeit übertragen, die den Tätigkeitsmerkmalen einer höheren als ihrer/seiner Eingruppierung entspricht, und hat sie/er diese mindestens einen Monat ausgeübt, erhält sie/er für die Dauer der Ausübung eine persönliche Zulage rückwirkend ab dem ersten Tag der Übertragung der Tätigkeit.

(2) Durch landesbezirklichen Tarifvertrag wird im Rahmen eines Kataloges, der die hierfür in Frage kommenden Tätigkeiten aufführt, bestimmt, dass die Voraussetzung für die Zahlung einer persönlichen Zulage bereits erfüllt ist, wenn die vorübergehend übertragene Tätigkeit mindestens drei Arbeitstage angedauert hat und die/der Beschäftigte ab dem ersten Tag der Vertretung in Anspruch genommen worden ist.

(3) Die persönliche Zulage bemisst sich nach dem jeweiligen Unterschiedsbetrag zu dem Tabellenentgelt, das sich bei dauerhafter Übertragung nach § 17 Abs. 4 Satz 1 ergeben hätte.[1)]

§ 15 Tabellenentgelt. (1) [1] Die/Der Beschäftigte erhält monatlich ein Tabellenentgelt. [2] Die Höhe bestimmt sich nach der Entgeltgruppe, in die sie/er eingruppiert ist, und nach der für sie/ihn geltenden Stufe.

[1)] Entspricht redaktionell angepasst § 14 Abs. 3 TVöD.

Protokollerklärungen zu Absatz 1:
(gestrichen)

(2) Die Beschäftigten erhalten Entgelt nach der Anlage A.

(3) [1] Im Rahmen von landesbezirklichen Regelungen können für an- und ungelernte Tätigkeiten in von Outsourcing und/oder Privatisierung bedrohten Bereichen in den Entgeltgruppen 1 bis 4 Abweichungen von der Entgelttabelle bis zu einer dort vereinbarten Untergrenze vorgenommen werden. [2] Die Untergrenze muss im Rahmen der Spannbreite des Entgelts der Entgeltgruppe 1 liegen. [3] Die Umsetzung erfolgt durch Anwendungsvereinbarung.

§ 15.1[1)] Feuerwehr- und Sanitätspersonal. (1) Für das Feuerwehr- und Sanitätspersonal wird – unter Einbeziehung der Zeitzuschläge nach § 8 Abs. 1 – das monatliche Entgelt landesbezirklich oder betrieblich geregelt.

(2) Wenn das Feuerwehr- und Sanitätspersonal in Ausnahmefällen aus der zusammenhängenden Ruhezeit zur Arbeit gerufen wird, ist diese – einschließlich etwaiger Zeitzuschläge – neben dem Tabellenentgelt besonders zu vergüten.

(3) [1] Für den Gesundheitsschutz der Beschäftigten von Flughafenfeuerwehren im Einsatzdienst gelten die in der Anlage G aufgeführten Regelungen. [2] Von den Vorschriften der Anlage G kann durch Tarifvertrag auf landesbezirklicher Ebene abgewichen werden.

§ 16 Stufen der Entgelttabelle. (1) Die Entgeltgruppen 2 bis 15 umfassen sechs Stufen.

(2) [1] Bei Einstellung werden die Beschäftigten der Stufe 1 zugeordnet, sofern keine einschlägige Berufserfahrung vorliegt. [2] Verfügt die/der Beschäftigte über eine einschlägige Berufserfahrung von mindestens einem Jahr, erfolgt die Einstellung in die Stufe 2; verfügt sie/er über eine einschlägige Berufserfahrung von mindestens drei Jahren, erfolgt in der Regel eine Zuordnung zur Stufe 3. [3] Unabhängig davon kann der Arbeitgeber bei Neueinstellungen zur Deckung des Personalbedarfs Zeiten einer vorherigen beruflichen Tätigkeit ganz oder teilweise für die Stufenzuordnung berücksichtigen, wenn diese Tätigkeit für die vorgesehene Tätigkeit förderlich ist.

Protokollerklärung zu Absatz 2:
Ein Berufspraktikum nach dem Tarifvertrag für Praktikantinnen/Praktikanten des öffentlichen Dienstes (TVPöD) vom 27. Oktober 2009 oder nach dem Tarifvertrag über die vorläufige Weitergeltung der Regelungen für die Praktikantinnen/Praktikanten vom 13. September 2005 gilt grundsätzlich als Erwerb einschlägiger Berufserfahrung.

(2a) Bei Einstellung von Beschäftigten in unmittelbarem Anschluss an ein Arbeitsverhältnis im öffentlichen Dienst (§ 34 Abs. 3 Satz 3 und 4) oder zu einem Arbeitgeber, der einen dem TVöD vergleichbaren Tarifvertrag anwendet, kann die in dem vorhergehenden Arbeitsverhältnis erworbene Stufe bei der Stufenzuordnung ganz oder teilweise berücksichtigt werden; Absatz 2 Satz 3 bleibt unberührt.

(3) Die Beschäftigten erreichen die jeweils nächste Stufe – von Stufe 3 an in Abhängigkeit von ihrer Leistung gemäß § 17 Abs. 2 – nach folgenden Zeiten

---

[1)] Entspricht § 43 BT-F.

einer ununterbrochenen Tätigkeit innerhalb derselben Entgeltgruppe bei ihrem Arbeitgeber (Stufenlaufzeit):

– Stufe 2 nach einem Jahr in Stufe 1,
– Stufe 3 nach zwei Jahren in Stufe 2,
– Stufe 4 nach drei Jahren in Stufe 3,
– Stufe 5 nach vier Jahren in Stufe 4 und
– Stufe 6 nach fünf Jahren in Stufe 5.

(4) [1] Die Entgeltgruppe 1 umfasst fünf Stufen. [2] Einstellungen erfolgen in der Stufe 2 (Eingangsstufe). [3] Die jeweils nächste Stufe wird nach vier Jahren in der vorangegangenen Stufe erreicht; § 17 Abs. 2 bleibt unberührt.

§ 17 Allgemeine Regelungen zu den Stufen. (1) Die Beschäftigten erhalten vom Beginn des Monats an, in dem die nächste Stufe erreicht wird, das Tabellenentgelt nach der neuen Stufe.

(2) [1] Bei Leistungen der/des Beschäftigten, die erheblich über dem Durchschnitt liegen, kann die erforderliche Zeit für das Erreichen der Stufen 4 bis 6 jeweils verkürzt werden. [2] Bei Leistungen, die erheblich unter dem Durchschnitt liegen, kann die erforderliche Zeit für das Erreichen der Stufen 4 bis 6 jeweils verlängert werden. [3] Bei einer Verlängerung der Stufenlaufzeit hat der Arbeitgeber jährlich zu prüfen, ob die Voraussetzungen für die Verlängerung noch vorliegen. [4] Für die Beratung von schriftlich begründeten Beschwerden von Beschäftigten gegen eine Verlängerung nach Satz 2 bzw. 3 ist eine betriebliche Kommission zuständig. [5] Die Mitglieder der betrieblichen Kommission werden je zur Hälfte vom Arbeitgeber und vom Betriebs-/Personalrat benannt; sie müssen dem Betrieb/der Dienststelle angehören. [6] Der Arbeitgeber entscheidet auf Vorschlag der Kommission darüber, ob und in welchem Umfang der Beschwerde abgeholfen werden soll.

Protokollerklärung zu Absatz 2:

[1] Die Instrumente der materiellen Leistungsanreize (§ 18) und der leistungsbezogene Stufenaufstieg bestehen unabhängig voneinander und dienen unterschiedlichen Zielen. [2] Leistungsbezogene Stufenaufstiege unterstützen insbesondere die Anliegen der Personalentwicklung.

Protokollerklärung zu Absatz 2 Satz 2:

Bei Leistungsminderungen, die auf einem anerkannten Arbeitsunfall oder einer Berufskrankheit gemäß §§ 8 und 9 SGB VII beruhen, ist diese Ursache in geeigneter Weise zu berücksichtigen.

Protokollerklärung zu Absatz 2 Satz 6:

Die Mitwirkung der Kommission erfasst nicht die Entscheidung über die leistungsbezogene Stufenzuordnung.

(3) [1] Den Zeiten einer ununterbrochenen Tätigkeit im Sinne des § 16 Abs. 3 Satz 1 stehen gleich:

a) Schutzfristen nach dem Mutterschutzgesetz,
b) Zeiten einer Arbeitsunfähigkeit nach § 22 bis zu 39 Wochen,
c) Zeiten eines bezahlten Urlaubs,
d) Zeiten eines Sonderurlaubs, bei denen der Arbeitgeber vor dem Antritt schriftlich ein dienstliches bzw. betriebliches Interesse anerkannt hat,

e) Zeiten einer sonstigen Unterbrechung von weniger als einem Monat im Kalenderjahr,

f) Zeiten der vorübergehenden Übertragung einer höherwertigen Tätigkeit.

[2] Zeiten der Unterbrechung bis zu einer Dauer von jeweils drei Jahren, die nicht von Satz 1 erfasst werden, und Elternzeit bis zu jeweils fünf Jahren sind unschädlich, werden aber nicht auf die Stufenlaufzeit angerechnet. [3] Bei einer Unterbrechung von mehr als drei Jahren, bei Elternzeit von mehr als fünf Jahren, erfolgt eine Zuordnung zu der Stufe, die der vor der Unterbrechung erreichten Stufe vorangeht, jedoch nicht niedriger als bei einer Neueinstellung; die Stufenlaufzeit beginnt mit dem Tag der Arbeitsaufnahme. [4] Zeiten, in denen Beschäftigte mit einer kürzeren als der regelmäßigen wöchentlichen Arbeitszeit eines entsprechenden Vollbeschäftigten beschäftigt waren, werden voll angerechnet.

(4) [1] Bei Eingruppierung in eine höhere Entgeltgruppe aus den Entgeltgruppen 2 bis 14 der Anlage A werden die Beschäftigten der gleichen Stufe zugeordnet, die sie in der niedrigeren Entgeltgruppe erreicht haben, mindestens jedoch der Stufe 2. [2] Die Stufenlaufzeit in der höheren Entgeltgruppe beginnt mit dem Tag der Höhergruppierung. [3] Bei einer Eingruppierung in eine niedrigere Entgeltgruppe ist die/der Beschäftige der in der höheren Entgeltgruppe erreichten Stufe zuzuordnen; die in der bisherigen Stufe zurückgelegte Stufenlaufzeit wird auf die Stufenlaufzeit in der niedrigeren Entgeltgruppe angerechnet. [4] Die/Der Beschäftigte erhält vom Beginn des Monats an, in dem die Veränderung wirksam wird, das entsprechende Tabellenentgelt aus der in Satz 1 oder Satz 3 festgelegten Stufe der betreffenden Entgeltgruppe.

(4a) [1] Bei Eingruppierung in eine höhere Entgeltgruppe aus der Entgeltgruppe 1 werden die Beschäftigten derjenigen Stufe zugeordnet, in der sie mindestens ihr bisheriges Tabellenentgelt erhalten, mindestens jedoch der Stufe 2. [2] Wird die/der Beschäftigte nicht in die nächsthöhere, sondern in eine darüber liegende Entgeltgruppe höhergruppiert, ist das Tabellenentgelt für jede dazwischen liegende Entgeltgruppe nach Satz 1 zu berechnen. [3] Die Stufenlaufzeit in der höheren Entgeltgruppe beginnt mit dem Tag der Höhergruppierung. [4] Die/Der Beschäftigte erhält vom Beginn des Monats an, in dem die Veränderung wirksam wird, das entsprechende Tabellenentgelt aus der in Satz 1 festgelegten Stufe der betreffenden Entgeltgruppe.

Protokollerklärung zu den Absätzen 4 und 4a:
[1] Ist Beschäftigten nach § 14 Abs. 1 vorübergehend eine höherwertige Tätigkeit übertragen worden, und wird ihnen im unmittelbaren Anschluss daran eine Tätigkeit derselben höheren Entgeltgruppe dauerhaft übertragen, werden sie hinsichtlich der Stufenzuordnung so gestellt, als sei die Höhergruppierung ab dem ersten Tag der vorübergehenden Übertragung der höherwertigen Tätigkeit erfolgt. [2] Unterschreitet bei Höhergruppierungen nach Satz 1 das Tabellenentgelt nach den Sätzen 4 des § 17 Abs. 4 oder 4a die Summe aus dem Tabellenentgelt und dem Zulagenbetrag nach § 14 Abs. 3, die die/der Beschäftigte am Tag vor der Höhergruppierung erhalten hat, erhält die/der Beschäftigte dieses Entgelt solange, bis das Tabellenentgelt nach den Sätzen 4 des § 17 Abs. 4 oder 4a dieses Entgelt erreicht oder übersteigt.

§ 18 Leistungsentgelt. (1) [1] Die leistungs- und/oder erfolgsorientierte Bezahlung soll dazu beitragen, die öffentlichen Dienstleistungen zu verbessern.

[2]Zugleich sollen Motivation, Eigenverantwortung und Führungskompetenz gestärkt werden.

(2) Das Leistungsentgelt ist eine variable und leistungsorientierte Bezahlung zusätzlich zum Tabellenentgelt.

(3) [1]Ausgehend von einer vereinbarten Zielgröße von 8 v.H. entspricht bis zu einer Vereinbarung eines höheren Vomhundertsatzes das für das Leistungsentgelt zur Verfügung stehende Gesamtvolumen 2,00 v.H. der ständigen Monatsentgelte des Vorjahres aller unter den Geltungsbereich des TVöD fallenden Beschäftigten des jeweiligen Arbeitgebers. [2]Das für das Leistungsentgelt zur Verfügung stehende Gesamtvolumen ist zweckentsprechend zu verwenden; es besteht die Verpflichtung zu jährlicher Auszahlung der Leistungsentgelte.

Protokollerklärung zu Absatz 3 Satz 1:

[1]Ständige Monatsentgelte sind insbesondere das Tabellenentgelt (ohne Sozialversicherungsbeiträge des Arbeitgebers und dessen Kosten für die betriebliche Altersvorsorge), die in Monatsbeträgen festgelegten Zulagen einschließlich Besitzstandszulagen sowie Entgelt im Krankheitsfall (§ 22) und bei Urlaub, soweit diese Entgelte in dem betreffenden Kalenderjahr ausgezahlt worden sind; nicht einbezogen sind dagegen insbesondere Abfindungen, Aufwandsentschädigungen, Einmalzahlungen, Jahressonderzahlungen, Leistungsentgelte, Strukturausgleiche, unständige Entgeltbestandteile und Entgelte der außertariflichen Beschäftigten. [2]Unständige Entgeltbestandteile können betrieblich einbezogen werden.

(4) [1]Das Leistungsentgelt wird zusätzlich zum Tabellenentgelt als Leistungsprämie, Erfolgsprämie oder Leistungszulage gewährt; das Verbinden verschiedener Formen des Leistungsentgelts ist zulässig. [2]Die Leistungsprämie ist in der Regel eine einmalige Zahlung, die im Allgemeinen auf der Grundlage einer Zielvereinbarung erfolgt; sie kann auch in zeitlicher Abfolge gezahlt werden. [3]Die Erfolgsprämie kann in Abhängigkeit von einem bestimmten wirtschaftlichen Erfolg neben dem gemäß Absatz 3 vereinbarten Startvolumen gezahlt werden. [4]Die Leistungszulage ist eine zeitlich befristete, widerrufliche, in der Regel monatlich wiederkehrende Zahlung. [5]Leistungsentgelte können auch an Gruppen von Beschäftigten gewährt werden. [6]Leistungsentgelt muss grundsätzlich allen Beschäftigten zugänglich sein. [7]Für Teilzeitbeschäftigte kann von § 24 Abs. 2 abgewichen werden.

Protokollerklärungen zu Absatz 4:

1. *[1]Die Tarifvertragsparteien sind sich darüber einig, dass die zeitgerechte Einführung des Leistungsentgelts sinnvoll, notwendig und deshalb beiderseits gewollt ist. [2]Sie fordern deshalb die Betriebsparteien dazu auf, rechtzeitig vor dem 1. Januar 2007 die betrieblichen Systeme zu vereinbaren. [3]Kommt bis zum 30. September 2007 keine betriebliche Regelung zustande, erhalten die Beschäftigten mit dem Tabellenentgelt des Monats Dezember 2008 6 v.H. des für den Monat September jeweils zustehenden Tabellenentgelts. [4]Das Leistungsentgelt erhöht sich im Folgejahr um den Restbetrag des Gesamtvolumens. [5]Solange auch in den Folgejahren keine Einigung entsprechend Satz 2 zustande kommt, gelten die Sätze 3 und 4 ebenfalls. [6]Für das Jahr 2007 erhalten die Beschäftigten mit dem Tabellenentgelt des Monats Dezember 2007 12 v.H. des für den Monat September 2007 jeweils zustehenden Tabellenentgelts ausgezahlt, insgesamt jedoch nicht mehr als das Gesamtvolumen gemäß Absatz 3 Satz 1, wenn bis zum 31. Juli 2007 keine Einigung nach Satz 3 zustande gekommen ist.*

2. Die Tarifvertragsparteien bekennen sich zur weiteren Stärkung der Leistungsorientierung im öffentlichen Dienst.

Protokollerklärung zu Absatz 4 Satz 3:

1. [1] Die wirtschaftlichen Unternehmensziele legt die Verwaltungs-/Unternehmensführung zu Beginn des Wirtschaftsjahres fest. [2] Der wirtschaftliche Erfolg wird auf der Gesamtebene der Verwaltung/des Betriebes festgestellt.

2. (nicht besetzt)

(5) [1] Die Feststellung oder Bewertung von Leistungen geschieht durch das Vergleichen von Zielerreichungen mit den in der Zielvereinbarung angestrebten Zielen oder über eine systematische Leistungsbewertung. [2] Zielvereinbarung ist eine freiwillige Abrede zwischen der Führungskraft und einzelnen Beschäftigten oder Beschäftigtengruppen über objektivierbare Leistungsziele und die Bedingungen ihrer Erfüllung. [3] Leistungsbewertung ist die auf einem betrieblich vereinbarten System beruhende Feststellung der erbrachten Leistung nach möglichst messbaren oder anderweitig objektivierbaren Kriterien oder durch aufgabenbezogene Bewertung.

(6) [1] Das jeweilige System der leistungsbezogenen Bezahlung wird betrieblich vereinbart. [2] Die individuellen Leistungsziele von Beschäftigten bzw. Beschäftigtengruppen müssen beeinflussbar und in der regelmäßigen Arbeitszeit erreichbar sein. [3] Die Ausgestaltung geschieht durch Betriebsvereinbarung oder einvernehmliche Dienstvereinbarung, in der insbesondere geregelt werden:

- Verfahren der Einführung von leistungs- und/oder erfolgsorientierten Entgelten,
- zulässige Kriterien für Zielvereinbarungen,
- Ziele zur Sicherung und Verbesserung der Effektivität und Effizienz, insbesondere für Mehrwertsteigerungen (z.B. Verbesserung der Wirtschaftlichkeit, – der Dienstleistungsqualität, – der Kunden-/Bürgerorientierung),
- Auswahl der Formen von Leistungsentgelten, der Methoden sowie Kriterien der systematischen Leistungsbewertung und der aufgabenbezogenen Bewertung (messbar, zählbar oder anderweitig objektivierbar), ggf. differenziert nach Arbeitsbereichen, u.U. Zielerreichungsgrade,
- Anpassung von Zielvereinbarungen bei wesentlichen Änderungen von Geschäftsgrundlagen,
- Vereinbarung von Verteilungsgrundsätzen,
- Überprüfung und Verteilung des zur Verfügung stehenden Finanzvolumens, ggf. Begrenzung individueller Leistungsentgelte aus umgewidmetem Entgelt,
- Dokumentation und Umgang mit Auswertungen über Leistungsbewertungen.

Protokollerklärung zu Absatz 6:
Besteht in einer Dienststelle/in einem Unternehmen kein Personal- oder Betriebsrat, hat der Dienststellenleiter/Arbeitgeber die jährliche Ausschüttung der Leistungsentgelte im Umfang des Vomhundertsatzes der Protokollerklärung Nr. 1 zu Absatz 4 sicherzustellen, solange eine Kommission im Sinne des Absatzes 7 nicht besteht.

(7) [1] Bei der Entwicklung und beim ständigen Controlling des betrieblichen Systems wirkt eine betriebliche Kommission mit, deren Mitglieder je zur Hälfte vom Arbeitgeber und vom Betriebs-/Personalrat aus dem Betrieb benannt werden. [2] Die betriebliche Kommission ist auch für die Beratung von schriftlich

begründeten Beschwerden zuständig, die sich auf Mängel des Systems bzw. seiner Anwendung beziehen. [3]Der Arbeitgeber entscheidet auf Vorschlag der betrieblichen Kommission, ob und in welchem Umfang der Beschwerde im Einzelfall abgeholfen wird. [4]Folgt der Arbeitgeber dem Vorschlag nicht, hat er seine Gründe darzulegen. [5]Notwendige Korrekturen des Systems bzw. von Systembestandteilen empfiehlt die betriebliche Kommission. [6]Die Rechte der betrieblichen Mitbestimmung bleiben unberührt.

(8) Die ausgezahlten Leistungsentgelte sind zusatzversorgungspflichtiges Entgelt.

Protokollerklärungen zu § 18:

1. *[1]Eine Nichterfüllung der Voraussetzungen für die Gewährung eines Leistungsentgelts darf für sich genommen keine arbeitsrechtlichen Maßnahmen auslösen. [2]Umgekehrt sind arbeitsrechtliche Maßnahmen nicht durch Teilnahme an einer Zielvereinbarung bzw. durch Gewährung eines Leistungsentgelts ausgeschlossen.*
2. *[1]Leistungsgeminderte dürfen nicht grundsätzlich aus Leistungsentgelten ausgenommen werden. [2]Ihre jeweiligen Leistungsminderungen sollen angemessen berücksichtigt werden.*
3. *Die Vorschriften des § 18 sind sowohl für die Parteien der betrieblichen Systeme als auch für die Arbeitgeber und Beschäftigten unmittelbar geltende Regelungen.*
4. *(nicht besetzt)*
5. *Die landesbezirklichen Regelungen in Baden-Württemberg, in Nordrhein-Westfalen und im Saarland zu Leistungszuschlägen zu § 20 BMT-G bleiben unberührt.*

§ 19 Erschwerniszuschläge. (1) [1]Erschwerniszuschläge werden für Arbeiten gezahlt, die außergewöhnliche Erschwernisse beinhalten. [2]Dies gilt nicht für Erschwernisse, die mit dem der Eingruppierung zugrunde liegenden Berufs- oder Tätigkeitsbild verbunden sind.

(2) Außergewöhnliche Erschwernisse im Sinne des Absatzes 1 ergeben sich grundsätzlich nur bei Arbeiten

a) mit besonderer Gefährdung,
b) mit extremer nicht klimabedingter Hitzeeinwirkung,
c) mit besonders starker Schmutz- oder Staubbelastung,
d) mit besonders starker Strahlenexposition oder
e) unter sonstigen vergleichbar erschwerten Umständen.

(3) Zuschläge nach Absatz 1 werden nicht gewährt, soweit der außergewöhnlichen Erschwernis durch geeignete Vorkehrungen, insbesondere zum Arbeitsschutz, ausreichend Rechnung getragen wird.

(4) [1]Die Zuschläge betragen in der Regel 5 bis 15 v.H. – in besonderen Fällen auch abweichend – des auf eine Stunde entfallenden Anteils des monatlichen Tabellenentgelts der Stufe 2 der Entgeltgruppe 2. [2]Teilzeitbeschäftigte erhalten Erschwerniszuschläge, die nach Stunden bemessen werden, in voller Höhe; sofern sie pauschaliert gezahlt werden, gilt dagegen § 24 Abs. 2.

(5) [1]Die zuschlagspflichtigen Arbeiten und die Höhe der Zuschläge werden landesbezirklich vereinbart. [2]*(nicht besetzt).*

§ 20 Jahressonderzahlung. (1) Beschäftigte, die am 1. Dezember im Arbeitsverhältnis stehen, haben Anspruch auf eine Jahressonderzahlung.

(2) [1] Die Jahressonderzahlung beträgt bei Beschäftigten, für die die Regelungen des Tarifgebiets West Anwendung finden

in den Entgeltgruppen 1 bis 8	79,51 Prozent
in den Entgeltgruppen 9a bis 12	70,28 Prozent
in den Entgeltgruppen 13 bis 15	51,78 Prozent

des der/dem Beschäftigten in den Kalendermonaten Juli, August und September durchschnittlich gezahlten monatlichen Entgelts; unberücksichtigt bleiben hierbei das zusätzlich für Überstunden und Mehrarbeit gezahlte Entgelt (mit Ausnahme der im Dienstplan vorgesehenen Überstunden und Mehrarbeit), Leistungszulagen, Leistungs- und Erfolgsprämien. [2] Der Bemessungssatz bestimmt sich nach der Entgeltgruppe am 1. September. [3] Bei Beschäftigten, deren Arbeitsverhältnis nach dem 30. September begonnen hat, tritt an die Stelle des Bemessungszeitraums der erste volle Kalendermonat des Arbeitsverhältnisses. [4] In den Fällen, in denen im Kalenderjahr der Geburt des Kindes während des Bemessungszeitraums eine elterngeldunschädliche Teilzeitbeschäftigung ausgeübt wird, bemisst sich die Jahressonderzahlung nach dem Beschäftigungsumfang am Tag vor dem Beginn der Elternzeit.

Protokollerklärung zu Absatz 2:

[1] Bei der Berechnung des durchschnittlich gezahlten monatlichen Entgelts werden die gezahlten Entgelte der drei Monate addiert und durch drei geteilt; dies gilt auch bei einer Änderung des Beschäftigungsumfangs. [2] Ist im Bemessungszeitraum nicht für alle Kalendertage Entgelt gezahlt worden, werden die gezahlten Entgelte der drei Monate addiert, durch die Zahl der Kalendertage mit Entgelt geteilt und sodann mit 30,67 multipliziert. [3] Zeiträume, für die Krankengeldzuschuss gezahlt worden ist, bleiben hierbei unberücksichtigt. [4] Besteht während des Bemessungszeitraums an weniger als 30 Kalendertagen Anspruch auf Entgelt, ist der letzte Kalendermonat, in dem für alle Kalendertage Anspruch auf Entgelt bestand, maßgeblich.

(3) Für Beschäftigte, für die die Regelungen des Tarifgebiets Ost Anwendung finden, gilt Absatz 2 mit der Maßgabe, dass die Bemessungssätze für die Jahressonderzahlung bis zum Kalenderjahr 2018 75 Prozent, im Kalenderjahr 2019 82 Prozent, im Kalenderjahr 2020 88 Prozent, im Kalenderjahr 2021 94 Prozent und ab dem Kalenderjahr 2022 100 Prozent der dort genannten Prozentsätze betragen.

(4) [1] Der Anspruch nach den Absätzen 1 bis 3 vermindert sich um ein Zwölftel für jeden Kalendermonat, in dem Beschäftigte keinen Anspruch auf Entgelt oder Fortzahlung des Entgelts nach § 21 haben. [2] Die Verminderung unterbleibt für Kalendermonate,

1. für die Beschäftigte kein Tabellenentgelt erhalten haben wegen
   a) Ableistung von Grundwehrdienst oder Zivildienst, wenn sie diesen vor dem 1. Dezember beendet und die Beschäftigung unverzüglich wieder aufgenommen haben,
   b) Beschäftigungsverboten nach dem Mutterschutzgesetz,
   c) Inanspruchnahme der Elternzeit nach dem Bundeselterngeld- und Elternzeitgesetz bis zum Ende des Kalenderjahres, in dem das Kind geboren ist, wenn am Tag vor Antritt der Elternzeit Entgeltanspruch bestanden hat;
2. in denen Beschäftigten Krankengeldzuschuss gezahlt wurde oder nur wegen der Höhe des zustehenden Krankengelds ein Krankengeldzuschuss nicht gezahlt worden ist.

(5) [1] Die Jahressonderzahlung wird mit dem Tabellenentgelt für November ausgezahlt. [2] Ein Teilbetrag der Jahressonderzahlung kann zu einem früheren Zeitpunkt ausgezahlt werden.

(6) *(aufgehoben)*

§ 21 Bemessungsgrundlage für die Entgeltfortzahlung. [1] In den Fällen der Entgeltfortzahlung nach § 6 Abs. 3 Satz 1, § 22 Abs. 1, § 26, § 27 und § 29 werden das Tabellenentgelt sowie die sonstigen in Monatsbeträgen festgelegten Entgeltbestandteile weitergezahlt. [2] Die nicht in Monatsbeträgen festgelegten Entgeltbestandteile werden als Durchschnitt auf Basis der dem maßgebenden Ereignis für die Entgeltfortzahlung vorhergehenden letzten drei vollen Kalendermonate (Berechnungszeitraum) gezahlt. [3] Ausgenommen hiervon sind das zusätzlich für Überstunden und Mehrarbeit gezahlte Entgelt (mit Ausnahme der im Dienstplan vorgesehenen Überstunden und Mehrarbeit), Leistungsentgelte, Jahressonderzahlungen sowie besondere Zahlungen nach § 23 Abs. 2 und 3.

Protokollerklärungen zu den Sätzen 2 und 3:

1. *[1] Volle Kalendermonate im Sinne der Durchschnittsberechnung nach Satz 2 sind Kalendermonate, in denen an allen Kalendertagen das Arbeitsverhältnis bestanden hat. [2] Hat das Arbeitsverhältnis weniger als drei Kalendermonate bestanden, sind die vollen Kalendermonate, in denen das Arbeitsverhältnis bestanden hat, zugrunde zu legen. [3] Bei Änderungen der individuellen Arbeitszeit werden die nach der Arbeitszeitänderung liegenden vollen Kalendermonate zugrunde gelegt.*
2. *[1] Der Tagesdurchschnitt nach Satz 2 beträgt bei einer durchschnittlichen Verteilung der regelmäßigen wöchentlichen Arbeitszeit auf fünf Tage 1/65 aus der Summe der zu berücksichtigenden Entgeltbestandteile, die für den Berechnungszeitraum zugestanden haben. [2] Maßgebend ist die Verteilung der Arbeitszeit zu Beginn des Berechnungszeitraums. [3] Bei einer abweichenden Verteilung der Arbeitszeit ist der Tagesdurchschnitt entsprechend Satz 1 und 2 zu ermitteln.*
3. *[1] Liegt zwischen der Begründung des Arbeitsverhältnisses oder der Änderung der individuellen Arbeitszeit und dem maßgeblichen Ereignis für die Entgeltfortzahlung kein voller Kalendermonat, ist der Tagesdurchschnitt anhand der konkreten individuellen Daten zu ermitteln. [2] Dazu ist die Summe der zu berücksichtigenden Entgeltbestandteile, die für diesen Zeitraum zugestanden haben, durch die Zahl der tatsächlich in diesem Zeitraum erbrachten Arbeitstage zu teilen.*
4. *[1] Tritt die Fortzahlung des Entgelts nach einer allgemeinen Entgeltanpassung ein, ist die/der Beschäftigte so zu stellen, als sei die Entgeltanpassung bereits mit Beginn des Berechnungszeitraums eingetreten. [2] Der Erhöhungssatz beträgt für*
   - *vor dem 1. März 2018 zustehende Entgeltbestandteile 3,19 v.H.,*
   - *vor dem 1. April 2019 zustehende Entgeltbestandteile 3,09 v.H. und*
   - *vor dem 1. März 2020 zustehende Entgeltbestandteile 1,06 v.H.*

§ 22 Entgelt im Krankheitsfall. (1) [1] Werden Beschäftigte durch Arbeitsunfähigkeit infolge Krankheit an der Arbeitsleistung verhindert, ohne dass sie ein Verschulden trifft, erhalten sie bis zur Dauer von sechs Wochen das Entgelt nach § 21 (mit Ausnahme der Leistungen nach § 23 Abs. 1); bei freiwillig in der gesetzlichen Krankenversicherung versicherten Beschäftigten ist dabei deren Gesamtkranken- und Pflegeversicherungsbeitrag abzüglich Arbeitgeberzuschuss zu berücksichtigen. [2] Für Beschäftigte, die nicht der Versicherungspflicht in der gesetzlichen Krankenversicherung unterliegen und bei einem privaten Krankenversicherungsunternehmen versichert sind, ist bei der Berechnung des Krankengeldzuschusses der Krankengeldhöchstsatz, der bei Pflichtversicherung in der gesetzlichen Krankenversicherung zustünde, zugrunde zu legen. [3] Bei Teilzeitbeschäftigten ist das nach Satz 3 bestimmte fiktive Krankengeld entsprechend § 24 Abs. 2 zeitanteilig umzurechnen. [4] Bei erneuter Arbeitsunfähigkeit infolge derselben Krankheit sowie bei Beendigung des Arbeitsverhältnisses gelten die gesetzlichen Bestimmungen. [5] Als unverschuldete Arbeitsunfähigkeit im Sinne der Sätze 1 und 2 gilt auch die Arbeitsverhinderung in Folge einer Maßnahme der medizinischen Vorsorge und Rehabilitation im Sinne von § 9 EFZG.

Protokollerklärung zu Absatz 1 Satz 1:
Ein Verschulden liegt nur dann vor, wenn die Arbeitsunfähigkeit vorsätzlich oder grob fahrlässig herbeigeführt wurde.

(2) [1] Nach Ablauf des Zeitraums gemäß Absatz 1 erhalten die Beschäftigten für die Zeit, für die ihnen Krankengeld oder entsprechende gesetzliche Leistungen gezahlt werden, einen Krankengeldzuschuss in Höhe des Unterschiedsbetrags zwischen den tatsächlichen Barleistungen des Sozialleistungsträgers und dem Nettoentgelt. [2] Nettoentgelt ist das um die gesetzlichen Abzüge verminderte Entgelt im Sinne des § 21 (mit Ausnahme der Leistungen nach § 23 Abs. 1); bei freiwillig Krankenversicherten ist dabei deren Gesamtkranken- und Pflegeversicherungsbeitrag abzüglich Arbeitgeberzuschuss zu berücksichtigen. [3] Für Beschäftigte, die nicht der Versicherungspflicht in der gesetzlichen Krankenversicherung unterliegen und bei einem privaten Krankenversicherungsunternehmen versichert sind, ist bei der Berechnung des Krankengeldzuschusses der Krankengeldhöchstsatz, der bei Pflichtversicherung in der gesetzlichen Krankenversicherung zustünde, zugrunde zu legen. [4] Bei Teilzeitbeschäftigten ist das nach Satz 3 bestimmte fiktive Krankengeld entsprechend § 24 Abs. 2 zeitanteilig umzurechnen.

(3) [1] Der Krankengeldzuschuss wird bei einer Beschäftigungszeit (§ 34 Abs. 3)

von mehr als einem Jahr längstens bis zum Ende der 13. Woche und

von mehr als drei Jahren längstens bis zum Ende der 39. Woche

seit dem Beginn der Arbeitsunfähigkeit infolge derselben Krankheit gezahlt. [2] Maßgeblich für die Berechnung der Fristen nach Satz 1 ist die Beschäftigungszeit, die im Laufe der krankheitsbedingten Arbeitsunfähigkeit vollendet wird.

(4) [1] Entgelt im Krankheitsfall wird nicht über das Ende des Arbeitsverhältnisses hinaus gezahlt; § 8 EFZG bleibt unberührt. [2] Krankengeldzuschuss wird zudem nicht über den Zeitpunkt hinaus gezahlt, von dem an Beschäftigte eine Rente oder eine vergleichbare Leistung auf Grund eigener Versicherung aus der gesetzlichen Rentenversicherung, aus einer zusätzlichen Alters- und Hinterbliebenenversorgung oder aus einer sonstigen Versorgungseinrichtung erhalten, die nicht allein aus Mitteln der Beschäftigten finanziert ist. [3] Innerhalb eines Kalenderjahres kann das Entgelt im Krankheitsfall nach Absatz 1 und 2 insgesamt längstens bis zum Ende der in Absatz 3 Satz 1 genannten Fristen bezogen werden; bei jeder neuen Arbeitsunfähigkeit besteht jedoch mindestens der sich aus Absatz 1 ergebende Anspruch. [4] Überzahlter Krankengeldzuschuss und sonstige Überzahlungen gelten als Vorschuss auf die in demselben Zeitraum zustehenden Leistungen nach Satz 2; soweit es sich nicht um öffentlich-

rechtliche Sozialversicherungsansprüche auf Rente handelt, gehen die Ansprüche der Beschäftigten insoweit auf den Arbeitgeber über. [5]Der Arbeitgeber kann von der Rückforderung des Teils des überzahlten Betrags, der nicht durch die für den Zeitraum der Überzahlung zustehenden Bezüge im Sinne des Satzes 2 ausgeglichen worden ist, absehen, es sei denn, die/der Beschäftigte hat dem Arbeitgeber die Zustellung des Rentenbescheids schuldhaft verspätet mitgeteilt.

§ 23 Besondere Zahlungen. (1) [1]Nach Maßgabe des Vermögensbildungsgesetzes in seiner jeweiligen Fassung haben Beschäftigte, deren Arbeitsverhältnis voraussichtlich mindestens sechs Monate dauert, einen Anspruch auf vermögenswirksame Leistungen. [2]Für Vollbeschäftigte beträgt die vermögenswirksame Leistung für jeden vollen Kalendermonat 6,65 Euro. [3]Der Anspruch entsteht frühestens für den Kalendermonat, in dem die/der Beschäftigte dem Arbeitgeber die erforderlichen Angaben schriftlich mitteilt, und für die beiden vorangegangenen Monate desselben Kalenderjahres; die Fälligkeit tritt nicht vor acht Wochen nach Zugang der Mitteilung beim Arbeitgeber ein. [4]Die vermögenswirksame Leistung wird nur für Kalendermonate gewährt, für die den Beschäftigten Tabellenentgelt, Entgeltfortzahlung oder Krankengeldzuschuss zusteht. [5]Für Zeiten, für die Krankengeldzuschuss zusteht, ist die vermögenswirksame Leistung Teil des Krankengeldzuschusses. [6]Die vermögenswirksame Leistung ist kein zusatzversorgungspflichtiges Entgelt.

(2) [1]Beschäftigte erhalten ein Jubiläumsgeld bei Vollendung einer Beschäftigungszeit (§ 34 Abs. 3)

a) von 25 Jahren in Höhe von 350 Euro,

b) von 40 Jahren in Höhe von 500 Euro.

[2]Teilzeitbeschäftigte erhalten das Jubiläumsgeld in voller Höhe. [3]Durch Betriebs-/Dienstvereinbarung können günstigere Regelungen getroffen werden.

(3) [1]Beim Tod von Beschäftigten, deren Arbeitsverhältnis nicht geruht hat, wird der Ehegattin/dem Ehegatten oder der Lebenspartnerin/dem Lebenspartner im Sinne des Lebenspartnerschaftsgesetzes oder den Kindern ein Sterbegeld gewährt. [2]Als Sterbegeld wird für die restlichen Tage des Sterbemonats und – in einer Summe – für zwei weitere Monate das Tabellenentgelt der/des Verstorbenen gezahlt. [3]Die Zahlung des Sterbegeldes an einen der Berechtigten bringt den Anspruch der Übrigen gegenüber dem Arbeitgeber zum Erlöschen; die Zahlung auf das Gehaltskonto hat befreiende Wirkung. [4]Betrieblich können eigene Regelungen getroffen werden.

(3.1) Die Erstattung von Reise- und Umzugskosten richtet sich nach den beim Arbeitgeber geltenden Grundsätzen.[1)]

§ 24 Berechnung und Auszahlung des Entgelts. (1) [1]Bemessungszeitraum für das Tabellenentgelt und die sonstigen Entgeltbestandteile ist der Kalendermonat, soweit tarifvertraglich nicht ausdrücklich etwas Abweichendes geregelt ist. [2]Die Zahlung erfolgt am letzten Tag des Monats (Zahltag) für den laufenden Kalendermonat auf ein von der/dem Beschäftigten benanntes Konto innerhalb eines Mitgliedstaats der Europäischen Union. [3]Fällt der Zahltag auf einen Samstag, einen Wochenfeiertag oder den 31. Dezember, gilt der vorhergehende Werktag, fällt er auf einen Sonntag, gilt der zweite vorhergehende

[1)] Entspricht § 44 BT-F.

Werktag als Zahltag. [4]Entgeltbestandteile, die nicht in Monatsbeträgen festgelegt sind, sowie der Tagesdurchschnitt nach § 21, sind am Zahltag des zweiten Kalendermonats, der auf ihre Entstehung folgt, fällig.

Protokollerklärungen zu Absatz 1:

1. *Teilen Beschäftigte ihrem Arbeitgeber die für eine kostenfreie bzw. kostengünstigere Überweisung in einen anderen Mitgliedstaat der Europäischen Union erforderlichen Angaben nicht rechtzeitig mit, so tragen sie die dadurch entstehenden zusätzlichen Überweisungskosten.*
2. *Soweit Arbeitgeber die Bezüge am 15. eines jeden Monats für den laufenden Monat zahlen, können sie jeweils im Dezember eines Kalenderjahres den Zahltag vom 15. auf den letzten Tag des Monats gemäß Absatz 1 Satz 1 verschieben.*

(2) Soweit tarifvertraglich nicht ausdrücklich etwas anderes geregelt ist, erhalten Teilzeitbeschäftigte das Tabellenentgelt (§ 15) und alle sonstigen Entgeltbestandteile in dem Umfang, der dem Anteil ihrer individuell vereinbarten durchschnittlichen Arbeitszeit an der regelmäßigen Arbeitszeit vergleichbarer Vollzeitbeschäftigter entspricht.

(3) [1]Besteht der Anspruch auf das Tabellenentgelt oder die sonstigen Entgeltbestandteile nicht für alle Tage eines Kalendermonats, wird nur der Teil gezahlt, der auf den Anspruchszeitraum entfällt. [2]Besteht nur für einen Teil eines Kalendertags Anspruch auf Entgelt, wird für jede geleistete dienstplanmäßige oder betriebsübliche Arbeitsstunde der auf eine Stunde entfallende Anteil des Tabellenentgelts sowie der sonstigen in Monatsbeträgen festgelegten Entgeltbestandteile gezahlt. [3]Zur Ermittlung des auf eine Stunde entfallenden Anteils sind die in Monatsbeträgen festgelegten Entgeltbestandteile durch das 4,348-fache der regelmäßigen wöchentlichen Arbeitszeit (§ 6 Abs. 1 und entsprechende Sonderregelungen) zu teilen.

(4) [1]Ergibt sich bei der Berechnung von Beträgen ein Bruchteil eines Cents von mindestens 0,5, ist er aufzurunden; ein Bruchteil von weniger als 0,5 ist abzurunden. [2]Zwischenrechnungen werden jeweils auf zwei Dezimalstellen durchgeführt. [3]Jeder Entgeltbestandteil ist einzeln zu runden.

(5) Entfallen die Voraussetzungen für eine Zulage im Laufe eines Kalendermonats, gilt Absatz 3 entsprechend.

(6) Einzelvertraglich können neben dem Tabellenentgelt zustehende Entgeltbestandteile (z.B. Zeitzuschläge, Erschwerniszuschläge) pauschaliert werden.

§ 25 Betriebliche Altersversorgung. Die Beschäftigten haben Anspruch auf Versicherung unter eigener Beteiligung zum Zwecke einer zusätzlichen Alters- und Hinterbliebenenversorgung nach Maßgabe des Tarifvertrages über die betriebliche Altersversorgung der Beschäftigten des öffentlichen Dienstes (Tarifvertrag Altersversorgung – ATV) bzw. des Tarifvertrages über die zusätzliche Altersvorsorge der Beschäftigten des öffentlichen Dienstes – Altersvorsorge-TV-Kommunal – (ATV-K) in ihrer jeweils geltenden Fassung.

Abschnitt IV. Urlaub und Arbeitsbefreiung

§ 26 Erholungsurlaub. (1) [1]Beschäftigte haben in jedem Kalenderjahr Anspruch auf Erholungsurlaub unter Fortzahlung des Entgelts (§ 21). [2]Bei Verteilung der wöchentlichen Arbeitszeit auf fünf Tage in der Kalenderwoche beträgt der Urlaubsanspruch in jedem Kalenderjahr 30 Arbeitstage. [3]Bei einer anderen Verteilung der wöchentlichen Arbeitszeit als auf fünf Tage in der Woche erhöht oder vermindert sich der Urlaubsanspruch entsprechend. [4]Verbleibt bei der Berechnung des Urlaubs ein Bruchteil, der mindestens einen halben Urlaubstag ergibt, wird er auf einen vollen Urlaubstag aufgerundet; Bruchteile von weniger als einem halben Urlaubstag bleiben unberücksichtigt. [5]Der Erholungsurlaub muss im laufenden Kalenderjahr gewährt und kann auch in Teilen genommen werden.

Protokollerklärungen zu Absatz 1 Satz 5:

Der Urlaub soll grundsätzlich zusammenhängend gewährt werden; dabei soll ein Urlaubsteil von zwei Wochen Dauer angestrebt werden.

(2) Im Übrigen gilt das Bundesurlaubsgesetz mit folgenden Maßgaben:

a) Im Falle der Übertragung muss der Erholungsurlaub in den ersten drei Monaten des folgenden Kalenderjahres angetreten werden. Kann der Erholungsurlaub wegen Arbeitsunfähigkeit oder aus betrieblichen/dienstlichen Gründen nicht bis zum 31. März angetreten werden, ist er bis zum 31. Mai anzutreten.

b) Beginnt oder endet das Arbeitsverhältnis im Laufe eines Jahres, erhält die/der Beschäftigte als Erholungsurlaub für jeden vollen Monat des Arbeitsverhältnisses ein Zwölftel des Urlaubsanspruchs nach Absatz 1; § 5 BUrlG bleibt unberührt.

c) Ruht das Arbeitsverhältnis, so vermindert sich die Dauer des Erholungsurlaubs einschließlich eines etwaigen Zusatzurlaubs für jeden vollen Kalendermonat um ein Zwölftel.

d) Das nach Absatz 1 Satz 1 fort zu zahlende Entgelt wird zu dem in § 24 genannten Zeitpunkt gezahlt.

§ 27 Zusatzurlaub. (1) Beschäftigte, die ständig Wechselschichtarbeit nach § 7 Abs. 1 oder ständig Schichtarbeit nach § 7 Abs. 2 leisten und denen die Zulage nach § 8 Abs. 5 Satz 1 oder Abs. 6 Satz 1 zusteht, erhalten

a) bei Wechselschichtarbeit für je zwei zusammenhängende Monate und

b) bei Schichtarbeit für je vier zusammenhängende Monate

einen Arbeitstag Zusatzurlaub.

(2) *(nicht besetzt)*

(3) Im Falle nicht ständiger Wechselschichtarbeit und nicht ständiger Schichtarbeit soll bei annähernd gleicher Belastung die Gewährung zusätzlicher Urlaubstage durch Betriebs-/Dienstvereinbarung geregelt werden.

(4) [1]Zusatzurlaub nach diesem Tarifvertrag und sonstigen Bestimmungen mit Ausnahme des gesetzlichen zusätzlichen Urlaubs für schwerbehinderte Menschen wird nur bis zu insgesamt sechs Arbeitstagen im Kalenderjahr gewährt. [2]Erholungsurlaub und Zusatzurlaub (Gesamturlaub) dürfen im Kalenderjahr zusammen 35 Arbeitstage nicht überschreiten. [3]Satz 2 ist für Zusatzurlaub nach den Absätzen 1 und 2 hierzu nicht anzuwenden. [4]Bei Beschäftigten, die das 50. Lebensjahr vollendet haben, gilt abweichend von Satz 2 eine Höchstgrenze von 36 Arbeitstagen; maßgebend für die Berechnung der Urlaubsdauer ist das Lebensjahr, das im Laufe des Kalenderjahres vollendet wird.

(5) Im Übrigen gilt § 26 mit Ausnahme von Absatz 2 Buchst. b entsprechend.

Protokollerklärungen zu den Absätzen 1 und 2:
[1] Der Anspruch auf Zusatzurlaub bemisst sich nach der abgeleisteten Schicht- oder Wechselschichtarbeit und entsteht im laufenden Jahr, sobald die Voraussetzungen nach Absatz 1 oder 2 erfüllt sind. [2] Für die Feststellung, ob ständige Wechselschichtarbeit oder ständige Schichtarbeit vorliegt, ist eine Unterbrechung durch Arbeitsbefreiung, Freizeitausgleich, bezahlten Urlaub oder Arbeitsunfähigkeit in den Grenzen des § 22 unschädlich.

§ 28 Sonderurlaub. Beschäftigte können bei Vorliegen eines wichtigen Grundes unter Verzicht auf die Fortzahlung des Entgelts Sonderurlaub erhalten.

§ 29 Arbeitsbefreiung. (1) [1] Als Fälle nach § 616 BGB, in denen Beschäftigte unter Fortzahlung des Entgelts nach § 21 im nachstehend genannten Ausmaß von der Arbeit freigestellt werden, gelten nur die folgenden Anlässe:

a)	Niederkunft der Ehefrau/der Lebenspartnerin im Sinne des Lebenspartnerschaftsgesetzes	ein Arbeitstag,
b)	Tod der Ehegattin/des Ehegatten, der Lebenspartnerin/des Lebenspartners im Sinne des Lebenspartnerschaftsgesetzes, eines Kindes oder Elternteils	zwei Arbeitstage,
c)	Umzug aus dienstlichem oder betrieblichem Grund an einen anderen Ort	ein Arbeitstag,
d)	25- und 40-jähriges Arbeitsjubiläum	ein Arbeitstag,
e)	schwere Erkrankung	
	aa) einer/eines Angehörigen, soweit sie/er in demselben Haushalt lebt,	ein Arbeitstag im Kalenderjahr,
	bb) eines Kindes, das das 12. Lebensjahr noch nicht vollendet hat, wenn im laufenden Kalenderjahr kein Anspruch nach § 45 SGB V besteht oder bestanden hat,	bis zu vier Arbeitstage im Kalenderjahr,
	cc) einer Betreuungsperson, wenn Beschäftigte deshalb die Betreuung ihres Kindes, das das 8. Lebensjahr noch nicht vollendet hat oder wegen körperlicher, geistiger oder seelischer Behinderung dauernd pflegebedürftig ist, übernehmen müssen,	bis zu vier Arbeitstage im Kalenderjahr,
f)	Ärztliche Behandlung von Beschäftigten, wenn diese während der Arbeitszeit erfolgen muss,	erforderliche nachgewiesene Abwesenheitszeit einschließlich erforderlicher Wegezeiten.

[2] Eine Freistellung nach Satz 1 Buchstabe e erfolgt nur, soweit eine andere Person zur Pflege oder Betreuung nicht sofort zur Verfügung steht und die Ärztin/der Arzt in den Fällen der Doppelbuchstaben aa und bb die Notwendigkeit der Anwesenheit der/des Beschäftigten zur vorläufigen Pflege bescheinigt. [3] Die Freistellung nach Satz 1 Buchstabe e darf insgesamt fünf Arbeitstage im Kalenderjahr nicht überschreiten.

(2) [1] Bei Erfüllung allgemeiner staatsbürgerlicher Pflichten nach deutschem Recht, soweit die Arbeitsbefreiung gesetzlich vorgeschrieben ist und soweit die

Pflichten nicht außerhalb der Arbeitszeit, gegebenenfalls nach ihrer Verlegung, wahrgenommen werden können, besteht der Anspruch auf Fortzahlung des Entgelts nach § 21 nur insoweit, als Beschäftigte nicht Ansprüche auf Ersatz des Entgelts geltend machen können. [2]Das fortgezahlte Entgelt gilt in Höhe des Ersatzanspruchs als Vorschuss auf die Leistungen der Kostenträger. [3]Die Beschäftigten haben den Ersatzanspruch geltend zu machen und die erhaltenen Beträge an den Arbeitgeber abzuführen.

(3) [1]Der Arbeitgeber kann in sonstigen dringenden Fällen Arbeitsbefreiung unter Fortzahlung des Entgelts nach § 21 bis zu drei Arbeitstagen gewähren. [2]In begründeten Fällen kann bei Verzicht auf das Entgelt kurzfristige Arbeitsbefreiung gewährt werden, wenn die dienstlichen oder betrieblichen Verhältnisse es gestatten.

Protokollerklärung zu Absatz 3 Satz 2:

Zu den „begründeten Fällen“ können auch solche Anlässe gehören, für die nach Absatz 1 kein Anspruch auf Arbeitsbefreiung besteht (z.B. Umzug aus persönlichen Gründen).

(4) [1]Zur Teilnahme an Tagungen kann den gewählten Vertreterinnen/Vertretern der Bezirksvorstände, der Landesbezirksvorstände, der Landesbezirksfachbereichsvorstände, der Bundesfachbereichsvorstände, der Bundesfachgruppenvorstände sowie des Gewerkschaftsrates bzw. entsprechender Gremien anderer vertragsschließender Gewerkschaften auf Anfordern der Gewerkschaften Arbeitsbefreiung bis zu acht Werktagen im Jahr unter Fortzahlung des Entgelts nach § 21 erteilt werden, sofern nicht dringende dienstliche oder betriebliche Interessen entgegenstehen. [2]Zur Teilnahme an Tarifverhandlungen mit dem Bund und der VKA oder ihrer Mitgliedverbände kann auf Anfordern einer der vertragsschließenden Gewerkschaften Arbeitsbefreiung unter Fortzahlung des Entgelts nach § 21 ohne zeitliche Begrenzung erteilt werden.

(5) Zur Teilnahme an Sitzungen von Prüfungs- und von Berufsbildungsausschüssen nach dem Berufsbildungsgesetz sowie für eine Tätigkeit in Organen von Sozialversicherungsträgern kann den Mitgliedern Arbeitsbefreiung unter Fortzahlung des Entgelts nach § 21 gewährt werden, sofern nicht dringende dienstliche oder betriebliche Interessen entgegenstehen.

Abschnitt V. Befristung und Beendigung des Arbeitsverhältnisses

§ 30 Befristete Arbeitsverträge. (1) [1]Befristete Arbeitsverträge sind nach Maßgabe des Teilzeit- und Befristungsgesetzes sowie anderer gesetzlicher Vorschriften über die Befristung von Arbeitsverträgen zulässig. [2]Für Beschäftigte, auf die die Regelungen des Tarifgebiets West Anwendung finden und deren Tätigkeit vor dem 1. Januar 2005 der Rentenversicherung der Angestellten unterlegen hätte, gelten die in den Absätzen 2 bis 5 geregelten Besonderheiten; dies gilt nicht für Arbeitsverhältnisse, für die die §§ 57aff. HRG, das Gesetz über befristete Arbeitsverträge in der Wissenschaft (Wissenschaftszeitvertragsgesetz) oder gesetzliche Nachfolgeregelungen unmittelbar oder entsprechend gelten.[1)]

(2) [1]Kalendermäßig befristete Arbeitsverträge mit sachlichem Grund sind nur zulässig, wenn die Dauer des einzelnen Vertrages fünf Jahre nicht übersteigt;

[1)] Redaktionell angepasst.

weitergehende Regelungen im Sinne von § 23 TzBfG bleiben unberührt. [2] Beschäftigte mit einem Arbeitsvertrag nach Satz 1 sind bei der Besetzung von Dauerarbeitsplätzen bevorzugt zu berücksichtigen, wenn die sachlichen und persönlichen Voraussetzungen erfüllt sind.

(3) [1] Ein befristeter Arbeitsvertrag ohne sachlichen Grund soll in der Regel zwölf Monate nicht unterschreiten; die Vertragsdauer muss mindestens sechs Monate betragen. [2] Vor Ablauf des Arbeitsvertrages hat der Arbeitgeber zu prüfen, ob eine unbefristete oder befristete Weiterbeschäftigung möglich ist.

(4) [1] Bei befristeten Arbeitsverträgen ohne sachlichen Grund gelten die ersten sechs Wochen und bei befristeten Arbeitsverträgen mit sachlichem Grund die ersten sechs Monate als Probezeit. [2] Innerhalb der Probezeit kann der Arbeitsvertrag mit einer Frist von zwei Wochen zum Monatsschluss gekündigt werden.

(5) [1] Eine ordentliche Kündigung nach Ablauf der Probezeit ist nur zulässig, wenn die Vertragsdauer mindestens zwölf Monate beträgt. [2] Nach Ablauf der Probezeit beträgt die Kündigungsfrist in einem oder mehreren aneinandergereihten Arbeitsverhältnissen bei demselben Arbeitgeber

von insgesamt mehr als sechs Monaten	vier Wochen,
von insgesamt mehr als einem Jahr	sechs Wochen
zum Schluss eines Kalendermonats,	
von insgesamt mehr als zwei Jahren	drei Monate,
von insgesamt mehr als drei Jahren	vier Monate
zum Schluss eines Kalendervierteljahres.	

[3] Eine Unterbrechung bis zu drei Monaten ist unschädlich, es sei denn, dass das Ausscheiden von der/dem Beschäftigten verschuldet oder veranlasst war. [4] Die Unterbrechungszeit bleibt unberücksichtigt.

Protokollerklärung zu Absatz 5:

Bei mehreren aneinandergereihten Arbeitsverhältnissen führen weitere vereinbarte Probezeiten nicht zu einer Verkürzung der Kündigungsfrist.

(6) Die §§ 31, 32 bleiben von den Regelungen der Absätze 3 bis 5 unberührt.

§ 31 Führung auf Probe. (1) [1] Führungspositionen können als befristetes Arbeitsverhältnis bis zur Gesamtdauer von zwei Jahren vereinbart werden. [2] Innerhalb dieser Gesamtdauer ist eine höchstens zweimalige Verlängerung des Arbeitsvertrages zulässig. [3] Die beiderseitigen Kündigungsrechte bleiben unberührt.

(2) Führungspositionen sind die ab Entgeltgruppe 10 zugewiesenen Tätigkeiten mit Weisungsbefugnis, die vor Übertragung vom Arbeitgeber ausdrücklich als Führungspositionen auf Probe bezeichnet worden sind.

(3) [1] Besteht bereits ein Arbeitsverhältnis mit demselben Arbeitgeber, kann der/dem Beschäftigten vorübergehend eine Führungsposition bis zu der in Absatz 1 genannten Gesamtdauer übertragen werden. [2] Der/Dem Beschäftigten wird für die Dauer der Übertragung eine Zulage in Höhe des Unterschiedsbetrags zwischen den Tabellenentgelten nach der bisherigen Entgeltgruppe und dem sich bei Höhergruppierung nach § 17 Abs. 4 Satz 1 ergebenden Tabellenentgelt gewährt. [3] Nach Fristablauf endet die Erprobung. [4] Bei Bewährung wird

die Führungsfunktion auf Dauer übertragen; ansonsten erhält die/der Beschäftigte eine der bisherigen Eingruppierung entsprechende Tätigkeit.

§ 32 Führung auf Zeit. (1) [1] Führungspositionen können als befristetes Arbeitsverhältnis bis zur Dauer von vier Jahren vereinbart werden. [2] Folgende Verlängerungen des Arbeitsvertrages sind zulässig:

a) in den Entgeltgruppen 10 bis 12 eine höchstens zweimalige Verlängerung bis zu einer Gesamtdauer von acht Jahren,

b) ab Entgeltgruppe 13 eine höchstens dreimalige Verlängerung bis zu einer Gesamtdauer von zwölf Jahren.

[3] Zeiten in einer Führungsposition nach Buchstabe a bei demselben Arbeitgeber können auf die Gesamtdauer nach Buchstabe b zur Hälfte angerechnet werden. [4] Die allgemeinen Vorschriften über die Probezeit (§ 2 Abs. 4) und die beiderseitigen Kündigungsrechte bleiben unberührt.

(2) Führungspositionen sind die ab Entgeltgruppe 10 zugewiesenen Tätigkeiten mit Weisungsbefugnis, die vor Übertragung vom Arbeitgeber ausdrücklich als Führungspositionen auf Zeit bezeichnet worden sind.

(3) [1] Besteht bereits ein Arbeitsverhältnis mit demselben Arbeitgeber, kann der/dem Beschäftigten vorübergehend eine Führungsposition bis zu den in Absatz 1 genannten Fristen übertragen werden. [2] Der/Dem Beschäftigten wird für die Dauer der Übertragung eine Zulage gewährt in Höhe des Unterschiedsbetrags zwischen den Tabellenentgelten nach der bisherigen Entgeltgruppe und dem sich bei Höhergruppierung nach § 17 Abs. 4 Satz 1 ergebenden Tabellenentgelt, zuzüglich eines Zuschlags von 75 v.H. des Unterschiedsbetrags zwischen den Tabellenentgelten der Entgeltgruppe, die der übertragenen Funktion entspricht, zur nächsthöheren Entgeltgruppe nach § 17 Abs. 4 Satz 1. [3] Nach Fristablauf erhält die/der Beschäftigte eine der bisherigen Eingruppierung entsprechende Tätigkeit; der Zuschlag entfällt.

§ 33 Beendigung des Arbeitsverhältnisses ohne Kündigung. (1) Das Arbeitsverhältnis endet, ohne dass es einer Kündigung bedarf,

a) mit Ablauf des Monats, in dem die/der Beschäftigte das gesetzlich festgelegte Alter zum Erreichen der Regelaltersrente vollendet hat, es sei denn, zwischen dem Arbeitgeber und dem/der Beschäftigten ist während des Arbeitsverhältnisses vereinbart worden, den Beendigungszeitpunkt nach § 41 Satz 3 SGB VI hinauszuschieben,

b) jederzeit im gegenseitigen Einvernehmen (Auflösungsvertrag).

(2) [1] Das Arbeitsverhältnis endet ferner sofern der/dem Beschäftigten der Bescheid eines Rentenversicherungsträgers (Rentenbescheid) zugestellt wird, wonach die/der Beschäftigte eine Rente auf unbestimmte Dauer wegen voller oder teilweiser Erwerbsminderung erhält. [2] Die/Der Beschäftigte hat den Arbeitgeber von der Zustellung des Rentenbescheids unverzüglich zu unterrichten. [3] Das Arbeitsverhältnis endet mit Ablauf des dem Rentenbeginn vorangehenden Tages; frühestens jedoch zwei Wochen nach Zugang der schriftlichen Mitteilung des Arbeitgebers über den Zeitpunkt des Eintritts der auflösenden Bedingung. [4] Liegt im Zeitpunkt der Beendigung des Arbeitsverhältnisses eine nach § 175 SGB IX erforderliche Zustimmung des Integrationsamtes noch nicht vor, endet das Arbeitsverhältnis mit Ablauf des Tages der Zustellung des Zustimmungsbescheids des Integrationsamtes. [5] Das Arbeitsverhältnis endet

nicht, wenn nach dem Bescheid des Rentenversicherungsträgers eine Rente auf Zeit gewährt wird. [6]In diesem Fall ruht das Arbeitsverhältnis für den Zeitraum, für den eine Rente auf Zeit gewährt wird; für den Beginn des Ruhens des Arbeitsverhältnisses gilt Satz 3 entsprechend

(3) Im Falle teilweiser Erwerbsminderung endet bzw. ruht das Arbeitsverhältnis nicht, wenn die/der Beschäftigte nach ihrem/seinem vom Rentenversicherungsträger festgestellten Leistungsvermögen auf ihrem/seinem bisherigen oder einem anderen geeigneten und freien Arbeitsplatz weiterbeschäftigt werden könnte, soweit dringende dienstliche bzw. betriebliche Gründe nicht entgegenstehen, und die/der Beschäftigte innerhalb von zwei Wochen nach Zugang des Rentenbescheids ihre/seine Weiterbeschäftigung schriftlich beantragt.

(4) [1]Verzögert die/der Beschäftigte schuldhaft den Rentenantrag oder bezieht sie/er Altersrente nach § 236 oder § 236a SGB VI oder ist sie/er nicht in der gesetzlichen Rentenversicherung versichert, so tritt an die Stelle des Rentenbescheids das Gutachten einer Amtsärztin/eines Amtsarztes oder einer/eines nach § 3 Abs. 4 Satz 2 bestimmten Ärztin/Arztes. [2]Das Arbeitsverhältnis endet in diesem Fall mit Ablauf des Monats, in dem der/dem Beschäftigten das Gutachten bekannt gegeben worden ist; frühestens jedoch zwei Wochen nach Zugang der schriftlichen Mitteilung des Arbeitgebers über den Zeitpunkt des Eintritts der auflösenden Bedingung.

(5) [1]Soll die/der Beschäftigte, deren/dessen Arbeitsverhältnis nach Absatz 1 Buchst. a geendet hat, weiterbeschäftigt werden, ist ein neuer schriftlicher Arbeitsvertrag abzuschließen. [2]Das Arbeitsverhältnis kann jederzeit mit einer Frist von vier Wochen zum Monatsende gekündigt werden, wenn im Arbeitsvertrag nichts anderes vereinbart ist.

§ 34 Kündigung des Arbeitsverhältnisses. (1) [1]Bis zum Ende des sechsten Monats seit Beginn des Arbeitsverhältnisses beträgt die Kündigungsfrist zwei Wochen zum Monatsschluss. [2]Im Übrigen beträgt die Kündigungsfrist bei einer Beschäftigungszeit (Absatz 3 Satz 1 und 2)

bis zu einem Jahr	ein Monat zum Monatsschluss,
von mehr als einem Jahr	6 Wochen,
von mindestens 5 Jahren	3 Monate,
von mindestens 8 Jahren	4 Monate,
von mindestens 10 Jahren	5 Monate,
von mindestens 12 Jahren	6 Monate

zum Schluss eines Kalendervierteljahres.

(2) [1]Arbeitsverhältnisse von Beschäftigten, die das 40. Lebensjahr vollendet haben und für die die Regelungen des Tarifgebiets West Anwendung finden, können nach einer Beschäftigungszeit (Absatz 3 Satz 1 und 2) von mehr als 15 Jahren durch den Arbeitgeber nur aus einem wichtigen Grund gekündigt werden. [2]Soweit Beschäftigte nach den bis zum 30. September 2005 geltenden Tarifregelungen unkündbar waren, verbleibt es dabei.

(3) [1]Beschäftigungszeit ist die bei demselben Arbeitgeber im Arbeitsverhältnis zurückgelegte Zeit, auch wenn sie unterbrochen ist. [2]Unberücksichtigt bleibt die Zeit eines Sonderurlaubs gemäß § 28, es sei denn, der Arbeitgeber hat vor Antritt des Sonderurlaubs schriftlich ein dienstliches oder betriebliches Interesse anerkannt. [3]Wechseln Beschäftigte zwischen Arbeitgebern, die vom

Geltungsbereich dieses Tarifvertrages erfasst werden, werden die Zeiten bei dem anderen Arbeitgeber als Beschäftigungszeit anerkannt. [4] Satz 3 gilt entsprechend bei einem Wechsel von einem anderen öffentlich-rechtlichen Arbeitgeber.

§ 35 Zeugnis. (1) Bei Beendigung des Arbeitsverhältnisses haben die Beschäftigten Anspruch auf ein schriftliches Zeugnis über Art und Dauer ihrer Tätigkeit, das sich auch auf Führung und Leistung erstrecken muss (Endzeugnis).

(2) Aus triftigen Gründen können Beschäftigte auch während des Arbeitsverhältnisses ein Zeugnis verlangen (Zwischenzeugnis).

(3) Bei bevorstehender Beendigung des Arbeitsverhältnisses können die Beschäftigten ein Zeugnis über Art und Dauer ihrer Tätigkeit verlangen (vorläufiges Zeugnis).

(4) Die Zeugnisse gemäß den Absätzen 1 bis 3 sind unverzüglich auszustellen.

Abschnitt VI. Übergangs- und Schlussvorschriften

§ 36 Anwendung weiterer Tarifverträge. (1) Neben diesem Tarifvertrag sind die nachfolgend aufgeführten Tarifverträge in ihrer jeweils geltenden Fassung anzuwenden:

a) Tarifverträge über die Bewertung der Personalunterkünfte vom 16. März 1974,
b) Tarifverträge über den Rationalisierungsschutz vom 9. Januar 1987,
c) Tarifvertrag zur sozialen Absicherung (TVsA) vom 13. September 2005,
d) Tarifvertrag zur Regelung der Altersteilzeitarbeit (TV ATZ) vom 5. Mai 1998,
e) Altersteilzeittarifvertrag vom 27. Februar 2010,
f) Tarifvertrag zur Regelung des Übergangs in den Ruhestand für Angestellte im Flugverkehrskontrolldienst durch Altersteilzeitarbeit vom 26. März 1999,
g) Tarifvertrag zur Entgeltumwandlung für Arbeitnehmer/-innen im kommunalen öffentlichen Dienst (TV-EUmw/VKA) vom 18. Februar 2003,
h) Rahmentarifvertrag zur Regelung der Arbeitszeit der Beschäftigten des Feuerwehr- und Sanitätspersonals an Flughäfen vom 8. September 2004.

(2) Auf Beschäftigte im Sozial- und Erziehungsdienst finden die Regelungen der §§ 15 Abs. 2 Sätze 2 und 3, 16 Abs. 2.1, 3.1 und 4.1 sowie 17 Abs. 4a.1 und 20 Abs. 3.1 TVöD-V sowie die Anlage C zum TVöD-V auch dann Anwendung, wenn sie außerhalb des Geltungsbereichs des TVöD-V oder des TVöD-B tätig sind.

§ 37 Ausschlussfrist. (1) [1] Ansprüche aus dem Arbeitsverhältnis verfallen, wenn sie nicht innerhalb einer Ausschlussfrist von sechs Monaten nach Fälligkeit von der/dem Beschäftigten oder vom Arbeitgeber in Textform geltend gemacht werden. [2] Für denselben Sachverhalt reicht die einmalige Geltendmachung des Anspruchs auch für später fällige Leistungen aus.

(2) Absatz 1 gilt nicht für Ansprüche aus einem Sozialplan sowie für Ansprüche, soweit sie kraft Gesetzes einer Ausschlussfrist entzogen sind.

§ 38 Begriffsbestimmungen. (1) Sofern auf die Tarifgebiete Ost und West Bezug genommen wird, gilt folgendes:

a) Die Regelungen für das Tarifgebiet Ost gelten für die Beschäftigen, deren Arbeitsverhältnis in dem in Art. 3 des Einigungsvertrages genannten Gebiet begründet worden ist und bei denen der Bezug des Arbeitsverhältnisses zu diesem Gebiet fortbesteht.

b) Für die übrigen Beschäftigten gelten die Regelungen für das Tarifgebiet West.

(2) Sofern auf die Begriffe „Betrieb", „betrieblich" oder „Betriebspartei" Bezug genommen wird, gilt die Regelung für Verwaltungen sowie für Parteien nach dem Personalvertretungsrecht entsprechend, es sei denn, es ist etwas anderes bestimmt.

(3) Eine einvernehmliche Dienstvereinbarung liegt nur ohne Entscheidung der Einigungsstelle vor.

(4) Leistungsgeminderte Beschäftigte sind Beschäftigte, die ausweislich einer Bescheinigung des beauftragten Arztes (§ 3 Abs. 4) nicht mehr in der Lage sind, auf Dauer die vertraglich geschuldete Arbeitsleistung in vollem Umfang zu erbringen, ohne deswegen zugleich teilweise oder in vollem Umfang erwerbsgemindert im Sinne des SGB VI zu sein.

Protokollerklärung zu Absatz 4:

Die auf leistungsgeminderte Beschäftigte anzuwendenden Regelungen zur Entgeltsicherung bestimmen sich nach § 16a TVÜ-VKA.[1]

(5) [1]Die Regelungen für Angestellte finden Anwendung auf Beschäftigte, deren Tätigkeit vor dem 1. Januar 2005 der Rentenversicherung der Angestellten unterlegen hätte. [2]Die Regelungen für Arbeiterinnen und Arbeiter finden Anwendung auf Beschäftigte, deren Tätigkeit vor dem 1. Januar 2005 der Rentenversicherung der Arbeiter unterlegen hätte.

§ 38a Übergangsvorschriften. (1) Für Beschäftigte, die sich in einem Altersteilzeitarbeitsverhältnis befinden oder deren Altersteilzeitarbeitsverhältnis spätestens am 1. Juli 2008 beginnt, gilt § 6 Abs. 1 Satz 1 Buchst. b 1. Halbsatz in der bis zum 30. Juni 2008 geltenden Fassung bei der Berechnung des Tabellenentgelts und von in Monatsbeträgen zustehenden Zulagen.

Protokollerklärung zu Absatz 1:

Dem Tabellenentgelt stehen individuelle Zwischen- und Endstufen gleich.

(2) [nicht besetzt]

§ 39[2] In-Kraft-Treten. [1]Diese Regelungen treten am 1. Oktober 2005 in Kraft. [2]Abweichend von Satz 1 treten

a) § 20 am 1. Januar 2007

b) § 26 Abs. 1 und Abs. 2 Buchst. b und c sowie § 27 am 1. Januar 2006

in Kraft.

---

[1] Protokollerklärung zu Absatz 4 redaktionell angepasst.

[2] § 39 Abs. 1 AT ersetzt durch redaktionell angepassten § 44 BT-F.

Anhang zu § 6

Arbeitszeit von Cheffahrerinnen und Cheffahrern

(1) Cheffahrerinnen und Cheffahrer sind die persönlichen Fahrer von Oberbürgermeisterinnen/Oberbürgermeistern, Bürgermeisterinnen/Bürgermeistern, Landrätinnen/Landräten, Beigeordneten/Dezernentinnen/Dezernenten, Geschäftsführerinnen/Geschäftsführern, Vorstandsmitgliedern und vergleichbaren Leitungskräften.

(2) [1] Abweichend von § 3 Satz 1 ArbZG kann die tägliche Arbeitszeit im Hinblick auf die in ihr enthaltenen Wartezeiten auf bis zu 15 Stunden täglich ohne Ausgleich verlängert werden (§ 7 Abs. 2a ArbZG). [2] Die höchstzulässige Arbeitszeit soll 288 Stunden im Kalendermonat ohne Freizeitausgleich nicht übersteigen.

(3) Die tägliche Ruhezeit kann auf bis zu neun Stunden verkürzt werden, wenn spätestens bis zum Ablauf der nächsten Woche ein Zeitausgleich erfolgt.

(4) Eine Verlängerung der Arbeitszeit nach Absatz 2 und die Verkürzung der Ruhezeit nach Absatz 3 sind nur zulässig, wenn

1. geeignete Maßnahmen zur Gewährleistung des Gesundheitsschutzes getroffen sind, wie insbesondere das Recht der Cheffahrerin/des Cheffahrers auf eine jährliche, für die Beschäftigten kostenfreie arbeitsmedizinische Untersuchung bei einem Betriebsarzt oder bei einem Arzt mit entsprechender arbeitsmedizinischer Fachkunde, auf den sich die Betriebsparteien geeinigt haben, und/oder die Gewährung eines Freizeitausgleichs möglichst durch ganze Tage oder durch zusammenhängende arbeitsfreie Tage zur Regenerationsförderung,
2. die Cheffahrerin/der Cheffahrer gemäß § 7 Abs. 7 ArbZG schriftlich in die Arbeitszeitverlängerung eingewilligt hat.

(5) § 9 TVöD bleibt unberührt.

Anhang zu § 9

A. Bereitschaftszeiten Hausmeisterinnen/Hausmeister

[1] Für Hausmeisterinnen/Hausmeister, in deren Tätigkeit regelmäßig und in nicht unerheblichem Umfang Bereitschaftszeiten fallen, gelten folgende besondere Regelungen zu § 6 Abs. 1 Satz 1 TVöD:

[2] Die Summe aus den faktorisierten Bereitschaftszeiten und der Vollarbeitszeit darf die Arbeitszeit nach § 6 Abs. 1 nicht überschreiten. [3] Die Summe aus Vollarbeits- und Bereitschaftszeiten darf durchschnittlich 48 Stunden wöchentlich nicht überschreiten. [4] Bereitschaftszeiten sind die Zeiten, in denen sich die Hausmeisterin/der Hausmeister am Arbeitsplatz oder einer anderen vom Arbeitgeber bestimmten Stelle zur Verfügung halten muss, um im Bedarfsfall die Arbeit selbständig, ggf. auch auf Anordnung, aufzunehmen und in denen die Zeiten ohne Arbeitsleistung überwiegen. [5] Bereitschaftszeiten werden zur Hälfte als Arbeitszeit gewertet (faktorisiert). [6] Bereitschaftszeiten werden innerhalb von Beginn und Ende der regelmäßigen täglichen Arbeitszeit nicht gesondert ausgewiesen.

B. Bereitschaftszeiten im Rettungsdienst und in Leitstellen

(nicht besetzt)

Anlage 1. Entgeltordnung (VKA)

*[Siehe Anlage 1 zum TVöD [Nr. **2**] mit Ausnahme von Teil B Abschnitte I–XVIII und XX–XXXII, die insoweit nicht besetzt sind.]*

Anlage A

Entgelttabelle TVöD-F

gültig vom 1. März 2018 bis 31. März 2019
(monatlich in Euro)

Entgelt-gruppe	Grundentgelt		Entwicklungsstufen			
	Stufe 1	Stufe 2	Stufe 3	Stufe 4	Stufe 5	Stufe 6
15	4.584,49	5.000,77	5.260,14	5.840,78	6.339,54	6.667,67
14	4.151,65	4.528,23	4.841,03	5.245,42	5.788,30	6.119,17
13	3.827,03	4.196,02	4.479,41	4.893,73	5.433,88	5.683,28
12	3.430,90	3.796,05	4.276,90	4.741,63	5.315,77	5.578,27
11	3.312,60	3.656,01	3.941,33	4.311,77	4.836,69	5.099,20
10	3.194,27	3.497,22	3.775,33	4.064,56	4.501,99	4.620,12
9c	3.099,42	3.349,91	3.637,10	3.888,65	4.214,62	4.392,69
9b	2.865,63	3.126,71	3.273,66	3.685,60	3.975,34	4.245,23
9a	2.818,96	3.049,32	3.234,09	3.647,35	3.739,87	3.975,66
8	2.656,52	2.890,09	3.017,56	3.137,78	3.269,20	3.343,02
7	2.493,12	2.729,06	2.877,36	3.004,81	3.111,25	3.189,58
6	2.446,41	2.662,97	2.788,15	2.909,22	3.007,98	3.081,00
5	2.347,55	2.555,40	2.673,48	2.794,54	2.894,01	2.955,27
4	2.236,29	2.438,63	2.587,48	2.676,80	2.766,11	2.818,41
3	2.201,29	2.407,15	2.462,55	2.564,71	2.641,37	2.711,60
2	2.037,85	2.234,74	2.290,29	2.354,37	2.495,22	2.642,56
1		1.827,17	1.858,18	1.896,96	1.933,11	2.026,15

gültig vom 1. April 2019 bis 29. Februar 2020
(monatlich in Euro)

Entgelt-gruppe	Grundentgelt		Entwicklungsstufen			
	Stufe 1	Stufe 2	Stufe 3	Stufe 4	Stufe 5	Stufe 6
15	4.788,35	5.141,23	5.481,38	6.004,84	6.517,61	6.854,95
14	4.335,98	4.655,42	5.025,89	5.451,94	5.950,88	6.293,73
13	3.996,72	4.335,42	4.685,32	5.093,03	5.586,51	5.842,91
12	3.582,23	3.956,45	4.407,89	4.890,86	5.465,08	5.734,95
11	3.457,10	3.803,91	4.119,43	4.477,63	4.972,55	5.242,43
10	3.331,93	3.613,93	3.915,01	4.238,32	4.628,44	4.749,89
9c	3.233,21	3.480,40	3.750,80	4.026,57	4.337,53	4.545,92
9b	3.020,16	3.258,72	3.403,99	3.824,85	4.085,40	4.370,07
9a	2.926,82	3.133,75	3.324,85	3.748,35	3.843,43	4.086,04
8	2.769,15	2.971,27	3.102,32	3.231,30	3.370,30	3.439,92
7	2.598,38	2.822,59	2.958,18	3.089,21	3.209,21	3.279,17
6	2.549,58	2.739,94	2.866,46	2.990,93	3.107,94	3.173,47
5	2.445,99	2.630,06	2.748,57	2.873,03	2.985,28	3.045,87
4	2.329,99	2.514,19	2.663,27	2.755,21	2.847,13	2.900,97
3	2.293,39	2.488,41	2.537,24	2.642,50	2.721,49	2.793,85
2	2.122,60	2.316,97	2.366,14	2.432,35	2.577,86	2.730,08
1		1.903,09	1.935,39	1.975,78	2.013,43	2.110,33

gültig ab 1. März 2020
(monatlich in Euro)

Entgelt-gruppe	Grundentgelt		Entwicklungsstufen			
	Stufe 1	Stufe 2	Stufe 3	Stufe 4	Stufe 5	Stufe 6
15	4.860,31	5.190,81	5.559,47	6.062,74	6.580,45	6.921,06
14	4.401,04	4.700,31	5.091,13	5.524,82	6.008,27	6.355,34
13	4.056,62	4.384,61	4.757,99	5.163,37	5.640,38	5.899,26
12	3.635,65	4.013,07	4.454,13	4.943,53	5.517,78	5.790,26
11	3.508,11	3.856,11	4.182,29	4.536,17	5.020,49	5.292,98
10	3.380,51	3.655,13	3.964,32	4.299,65	4.673,08	4.795,69
9c	3.280,42	3.526,45	3.790,94	4.075,26	4.380,90	4.600,00
9b	3.074,70	3.305,30	3.450,00	3.874,00	4.124,25	4.414,13
9a	2.964,89	3.163,55	3.356,89	3.784,00	3.879,97	4.125,00
8	2.808,91	2.999,92	3.132,23	3.264,31	3.405,98	3.474,11
7	2.635,53	2.855,60	2.986,70	3.119,00	3.243,78	3.310,79
6	2.586,00	2.767,11	2.894,11	3.019,78	3.143,22	3.206,10
5	2.480,74	2.656,42	2.775,08	2.900,74	3.017,50	3.077,85
4	2.363,07	2.540,85	2.690,02	2.782,88	2.875,73	2.930,10
3	2.325,89	2.517,08	2.563,61	2.669,96	2.749,76	2.822,87
2	2.152,51	2.346,00	2.392,92	2.459,87	2.607,03	2.760,98
1		1.929,88	1.962,63	2.003,59	2.041,77	2.140,05

Anlage B. *(aufgehoben)*

Anlage G zu § 15.1 Abs. 3 TVöD-F

Präambel

[1] Die Tarifvertragsparteien sind sich darüber einig, dass dem Gesundheitsschutz der Beschäftigten von Flughafenfeuerwehren, die im Einsatzfall besonderen Risiken ausgesetzt sind, eine hohe Bedeutung zukommt. [2] Der Gesundheitsschutz hat die Erhaltung gesundheitsgerechter Verhältnisse am Arbeitsplatz sowie gesundheitsbewusstes Verhalten zu fördern. [3] Er basiert auf einem von den Unternehmen und den Beschäftigten aktiv betriebenen Gesundheitsschutz.

§ 1 Geltungsbereich. (1) Diese Anlage gilt für Beschäftigte bei Flughafenfeuerwehren, die im Einsatzdienst tätig sind.

(2) Sofern bei einem Flughafen aufgrund örtlichen Tarifvertrags Regelungen zu Regelungsgegenständen aus Abschnitt I (Sportangebot), aus Abschnitt II (Informations- und Vorsorgeangebot) oder aus Abschnitt III (Atemschutzuntauglichkeit) dieser Anlage bestehen, finden die Regelungen des jeweiligen Abschnitts keine Anwendung.

Protokollerklärung zu Absatz 2:
Die Verdrängungswirkung der örtlichen Regelung gegenüber der Anlage G tritt immer dann ein, wenn die örtliche Regelung eine konkrete inhaltliche Festlegung zum jeweiligen Regelungsgegenstand beinhaltet, ohne dass diese deckungsgleich sein muss.

(3) Sind in einer Betriebsvereinbarung Arbeitsbedingungen geregelt, die Gegenstand dieses Tarifvertrags sind, ist für eine solche Betriebsvereinbarung

die Verdrängungswirkung des Tarifvertrags gemäß § 77 Abs. 3 BetrVG bis zum 31. August 2019 ausgesetzt.

(4) Landesbezirklich können abweichende Tarifregelungen vereinbart werden.

Abschnitt I. Sportangebot

§ 2 Sportangebot. (1) Der Arbeitgeber hat vier Stunden je Kalenderwoche Sport, davon mindestens zwei Stunden während der Vollarbeitszeit, in geeigneten Räumlichkeiten und unter Anleitung durch eine ausreichend dafür qualifizierte Person anzubieten.

Protokollerklärung zu Absatz 1:

[1] Die Räumlichkeiten sind geeignet, wenn die zuständige Unfallkasse der Nutzung zum Dienstsport zustimmt. [2] Ausreichend qualifiziert zur Anleitung von Beschäftigten während des Dienstsports sind Personen, die mindestens die Lizenz als Übungsleiter B „Sport in der Prävention" des DOSB besitzen.

(2) [1] Bei der Planung und Durchführung des Sports ist den Erfordernissen körperlicher Fitness zur Erhaltung der Einsatzfähigkeit bei der Flughafenfeuerwehr Rechnung zu tragen; die jederzeitige Einsatzbereitschaft der Teilnehmenden muss gewährleistet sein. [2] Hochverletzungsgefährdende Sportarten entsprechend den DGUV-Empfehlungen sollen ausgeschlossen werden. [3] Hinweise der Betriebsärztin/des Betriebsarztes sollen berücksichtigt werden. [4] Das betriebliche Gesundheitsmanagement ist einzubeziehen.

Abschnitt II. Informations- und Vorsorgeangebote

§ 3 Informationsangebote. (1) [1] Der Arbeitgeber hat als Bestandteil des betrieblichen Gesundheitsmanagements in der Bereitschaftszeit regelmäßig Informationsveranstaltungen zur Aufklärung über präventive, gesundheitserhaltende oder -fördernde Verhaltensweisen und Maßnahmen anzubieten. [2] Die Beschäftigten haben in ihrer eigenverantwortlichen Pflicht zur Erhaltung ihrer Gesundheit und Arbeitsfähigkeit an entsprechenden Veranstaltungen teilzunehmen.

(2) Die Informationsangebote sind so zu planen und durchzuführen, dass die jederzeitige Einsatzbereitschaft der Teilnehmenden gewährleistet ist.

(3) Die Informationsangebote nach Absatz 1 werden in regelmäßigen Abständen evaluiert und gegebenenfalls angepasst.

§ 4 Vorsorgeangebote. [1] Der Arbeitgeber hat die sich aus dem Anhang ergebenden Vorsorgeuntersuchungen sowie weitere Maßnahmen, deren Notwendigkeit sich aus einer Vorsorgeuntersuchung ergibt, anzubieten, soweit solche nicht von den Krankenkassen, der Deutschen Rentenversicherung, den Unfallversicherungsträgern oder anderen Stellen unter Übernahme der Kosten angeboten werden. [2] Die Inanspruchnahme solcher Vorsorgeuntersuchungen nach Satz 1 erfolgt in Abstimmung mit der Betriebsärztin/dem Betriebsarzt. [3] Die Untersuchungsergebnisse werden ausschließlich der/dem Beschäftigten und der beauftragten Ärztin/dem beauftragten Arzt (§ 3 Abs. 4 Satz 2 TVöD) zugänglich gemacht. [4] Der/die Beschäftigte kann der Weitergabe der Untersuchungsergebnisse an die beauftragte Ärztin/den beauftragten Arzt (§ 3 Abs. 4 Satz 2 TVöD) widersprechen. [5] Die Untersuchungen finden während der Freizeit der Beschäftigten statt. [6] Die Kosten der Vorsorgeuntersuchungen trägt der Arbeitgeber, soweit kein anderer Kostenträger zuständig ist.

Abschnitt III. Atemschutzuntauglichkeit

§ 5 Zeitlich begrenzte Atemschutzuntauglichkeit. (1) [1] Bei einer zeitlich begrenzten Atemschutzuntauglichkeit (§ 7 Nr. 2) hat die Betriebsärztin/der Betriebsarzt ggf. in Zusammenwirken mit Fachärztinnen/Fachärzten zumutbare Maßnahmen zur Wiederherstellung der Atemschutztauglichkeit zu planen und zu veranlassen. [2] Die/Der Beschäftigte ist verpflichtet, bei diesen Maßnahmen aktiv mitzuwirken. [3] Die Kosten entsprechender Maßnahmen trägt der Arbeitgeber, soweit kein anderer Kostenträger zuständig ist.

(2) [1] Für die Dauer einer zeitlich begrenzten Atemschutzuntauglichkeit erhält die/der Beschäftigte, wenn sie/er an allen Maßnahmen, die zur Wiederherstellung der Atemschutztauglichkeit nach Absatz 1 ergriffen werden, aktiv mitwirkt, Entgeltsicherung nach Maßgabe des Absatzes 3, wenn

1. die/der Beschäftigte eine ununterbrochene Beschäftigungszeit bei der Flughafenfeuerwehr von mindestens 15 Jahren aufweist und nachweislich an mindestens 85 Prozent der angebotenen Sportstunden aktiv teilgenommen hat, oder
2. die Atemschutzuntauglichkeit auf einem nicht selbst verschuldeten Arbeitsunfall (§ 7 Nr. 1) oder auf einer Berufskrankheit (§ 7 Nr. 3) im bestehenden Arbeitsverhältnis beruht.

[2] Als Verschulden gelten insoweit nur Vorsatz und grobe Fahrlässigkeit. [3] Hat die/der Beschäftigte zuvor eine Nebentätigkeit ausgeübt, so entsteht der Anspruch auf Entgeltsicherung nach Satz 1 Nr. 1 nur, wenn die Nebentätigkeit innerhalb einer Woche nach Feststellung der Atemschutzuntauglichkeit beendet und dies dem Arbeitgeber nachgewiesen wird, es sei denn, die Ausübung der Nebentätigkeit steht der Wiederherstellung der Atemschutztauglichkeit nicht entgegen. [4] Der Anspruch auf Entgeltsicherung nach Satz 1 Nr. 1 bzw. Nr. 2 entfällt, sobald während der zeitlich begrenzten Atemschutzuntauglichkeit eine schädliche Nebentätigkeit im Sinne von Satz 3 ausgeübt wird.

Protokollerklärung zu Absatz 2 Satz 1 Nr. 1:

[1] Die Teilnahmequote bezieht sich auf die Zeit ab der betrieblichen Geltung des Abschnitts III. [2] Die aus dienstlichen Gründen, wegen Arbeitsunfähigkeit, Erholungsurlaubs, Sonderurlaubs oder Arbeitsbefreiung nicht mögliche Teilnahme ist als Teilnahme zu werten.

(3) [1] Die/Der Beschäftigte erhält, soweit keine Arbeitsunfähigkeit vorliegt, für die Dauer von vier Monaten nach Feststellung ihrer/seiner Atemschutzuntauglichkeit Entgelt wie bei einer Entgeltfortzahlung nach § 22 Abs. 1 Satz 1 TVöD. [2] Nach Ablauf der Frist nach Satz 1 erhält die/der Beschäftigte das ihr/ihm aus der vorübergehend übertragenen Tätigkeit zustehende Entgelt. [3] Liegt während der Atemschutzuntauglichkeit Arbeitsunfähigkeit vor, wird abweichend von § 22 Abs. 2 TVöD der Krankengeldzuschuss in Höhe des Unterschiedsbetrages zwischen dem festgesetzten Nettokrankengeld oder der entsprechenden gesetzlichen Nettoleistung und dem Nettoentgelt (§ 22 Abs. 2 Satz 2 und 3 TVöD) gezahlt. [4] Nettokrankengeld ist das um die Arbeitnehmeranteile zur Sozialversicherung reduzierte Krankengeld. [5] § 22 Abs. 2 Satz 4 TVöD findet Anwendung.

§ 6 Dauerhafte Atemschutzuntauglichkeit. (1) [1]Bei einer dauerhaften Atemschutzuntauglichkeit (§ 7 Nr. 2) prüft der Arbeitgeber, ob die/der Beschäftigte auf einem anderen Arbeitsplatz weiterbeschäftigt werden kann, vorzugsweise im Bereich der Feuerwehr. [2]Für die Prüfung der Weiterbeschäftigungsmöglichkeiten gilt folgende Reihenfolge:

1. Weiterbeschäftigung im Einsatzdienst der Flughafenfeuerwehr,
2. Weiterbeschäftigung im Feuerwehrdienst der Flughafenfeuerwehr,
3. Weiterbeschäftigung beim Flughafen.

[3]Bei der Prüfung der Möglichkeiten zur Weiterbeschäftigung ist der Betriebsrat beratend einzubeziehen.

(2) [1]Die/Der Beschäftigte erhält, wenn sie/er an allen Maßnahmen, die zur Wiederherstellung der Atemschutztauglichkeit nach § 5 Abs. 1 ergriffen wurden, aktiv mitgewirkt hat, bei einer Weiterbeschäftigung auf einem anderen Arbeitsplatz Entgeltsicherung nach Maßgabe des Absatzes 3, wenn

1. die/der Beschäftigte eine ununterbrochene Beschäftigungszeit bei der Flughafenfeuerwehr von mindestens 18 Jahren aufweist und nachweislich an mindestens 90 Prozent der angebotenen Sportstunden aktiv teilgenommen hat, oder
2. die Atemschutzuntauglichkeit auf einem nicht selbst verschuldeten Arbeitsunfall (§ 7 Nr. 1) oder auf einer Berufskrankheit (§ 7 Nr. 3) im bestehenden Arbeitsverhältnis beruht.

[2]Als Verschulden gelten insoweit nur Vorsatz und grobe Fahrlässigkeit.

Protokollerklärung zu Absatz 2 Satz 1 Nr. 1:

[1]Die Teilnahmequote bezieht sich auf die Zeit ab der betrieblichen Geltung des Abschnitts III. [2]Die aus dienstlichen Gründen, wegen Arbeitsunfähigkeit, Erholungsurlaubs, Sonderurlaubs oder Arbeitsbefreiung nicht mögliche Teilnahme ist als Teilnahme zu werten.

(3) [1]Die/der Beschäftigte erhält neben ihrem/seinem Entgelt aus der neuen Tätigkeit eine monatliche Zulage in Höhe von 70 Prozent der Differenz zwischen dem in entsprechender Anwendung des § 5 Abs. 3 Satz 1 ermittelten Entgelt vor Eintritt der Atemschutzuntauglichkeit (Vergleichsentgelt) und dem Entgelt aus der neuen Tätigkeit. [2]Der Betrag der Zulage ist zum Zeitpunkt allgemeiner Entgelterhöhungen neu zu berechnen; dabei verändert sich das Vergleichsentgelt zu demselben Zeitpunkt und um denselben Prozentsatz wie die höchste Stufe der Entgeltgruppe vor Eintritt der Atemschutzuntauglichkeit. [3]Bei Veränderungen der individuellen regelmäßigen Arbeitszeit der/des Beschäftigten ändert sich die Zulage entsprechend.

§ 7 Begriffsbestimmungen.

1. Arbeitsunfall:
   Ein Arbeitsunfall ist ein im bestehenden Arbeitsverhältnis erlittener Arbeitsunfall gemäß § 8 SGB VII.
2. Atemschutzuntauglichkeit:
   [1]Atemschutzuntauglichkeit liegt vor, sobald die jeweiligen Anforderungen an Atemschutzgeräteträger nach dem DGUV-Grundsatz G 26.3 nicht erfüllt werden; die Feststellungen hierzu trifft die beauftragte Ärztin/der beauftragte Arzt gemäß § 3 Abs. 4 Satz 2 TVöD. [2]Bis zum Ablauf der auf diese Feststellung der Ärztin/des Arztes folgenden sechs vollen Kalendermonate gilt sie

als zeitlich begrenzte Atemschutzuntauglichkeit, sofern die Wiederherstellung der Atemschutztauglichkeit nach Beurteilung der Ärztin/des Arztes möglich erscheint.

3. Berufskrankheit:
Eine Berufskrankheit ist eine Berufskrankheit gemäß § 9 SGB VII, die die/der Beschäftigte sich im bestehenden Arbeitsverhältnis zugezogen hat.

Anhang zu § 4 der Anlage G

Die Tarifvertragsparteien gehen davon aus, dass zum Beispiel folgende Untersuchungen bei der betriebsärztlichen Planung zu berücksichtigen sind:

a) Ultraschalluntersuchung des Bauchraumes zur Beurteilung der dort liegenden Organe,
b) Echokardiographie und Farbdoppleruntersuchung des Herzens zur Erkennung von Durchblutungsstörungen sowie Veränderungen des Herzmuskels, der Herzklappen und des Blutstromes innerhalb des Herzens,
c) Farbdoppleruntersuchung der Halsschlagadern zur Früherkennung von Ablagerungen,
d) Endoskopische Untersuchung des Dickdarmes zur Früherkennung von entzündlichen oder bösartigen Veränderungen,
e) Untersuchung von Prostata) und Hoden), Nieren und Blase,
f) Test zur Früherkennung von Blasenkrebs,
g) Bestimmung des PSA-Wertes (Prostatakrebs-Früherkennung)),
h) Hämoccult-Test (Darmkrebsfrüherkennung),
i) Untersuchung des Augenhintergrundes zur Beurteilung der Netzhaut und der Augengefäße,
j) Messung des Augeninnendruckes zur Früherkennung des grünen Stars (Glaukom).

Niederschriftserklärungen

1. Zu § 1 Abs. 2 Buchst. b:

Bei der Bestimmung des regelmäßigen Entgelts werden Leistungsentgelt, Zulagen und Zuschläge nicht berücksichtigt.

2. Zu § 1 Abs. 2 Buchst. s:

Die Tarifvertragsparteien gehen davon aus, dass studentische Hilfskräfte Beschäftigte sind, zu deren Aufgabe es gehört, das hauptberufliche wissenschaftliche Personal in Forschung und Lehre sowie bei außeruniversitären Forschungseinrichtungen zu unterstützen.

3. Zu § 4 Abs. 1:

Der Begriff „Arbeitsort" ist ein generalisierter Oberbegriff; die Bedeutung unterscheidet sich nicht von dem bisherigen Begriff „Dienstort".

) **Amtl. Anm.:** Nur für Männer.

4. Zu § 8 Abs. 3:

Zur Erläuterung von § 8 Abs. 3 und der dazugehörigen Protokollerklärung sind sich die Tarifvertragsparteien über folgendes Beispiel einig: „Beginnt eine Wochenendrufbereitschaft am Freitag um 15 Uhr und endet am Montag um 7 Uhr, so erhalten Beschäftigte folgende Pauschalen: Zwei Stunden für Freitag, je vier Stunden für Samstag und Sonntag, keine Pauschale für Montag. Sie erhalten somit zehn Stundenentgelte."

5. Zu § 10 Abs. 4:

Durch diese Regelung werden aus dem Urlaubsrecht entlehnte Ansprüche nicht begründet.

6. Zu § 14 Abs. 1:

1. Ob die vorübergehend übertragene höherwertige Tätigkeit einer höheren Entgeltgruppe entspricht, bestimmt sich im Bereich der VKA für nach einem gemäß § 2 Abs. 2 TVÜ-VKA weitergeltenden Lohngruppenverzeichnis eingruppierte Beschäftigte nach der Anlage 3 zum TVÜ-VKA.
2. Die Tarifvertragsparteien stellen klar, dass die vertretungsweise Übertragung einer höherwertigen Tätigkeit ein Unterfall der vorübergehenden Übertragung einer höherwertigen Tätigkeit ist.

7. *(nicht besetzt)*

8. Zu § 16 Abs. 2 Satz 2:

Die Tarifvertragsparteien sind sich darüber einig, dass stichtagsbezogene Verwerfungen zwischen übergeleiteten Beschäftigten und Neueinstellungen entstehen können.

8a. Zu § 16 Abs. 2a:

Die Tarifvertragsparteien sind sich darüber einig, dass die erworbene Stufe im Sinne des § 16 Abs. 2a auch eine individuelle Endstufe im Sinne des § 6 Abs. 1 Satz 1, § 7 Abs. 3 Satz 1 oder § 8 Abs. 3 Satz 2 TVÜ-VKA oder eine individuelle Zwischenstufe im Sinne des § 7 Abs. 3 Satz 1 oder § 8 Abs. 3 Satz 2 TVÜ-VKA sein kann.

9. *(nicht besetzt)*

10. Zu § 17 Abs. 4 Satz 3 (in der bis zum 31. März 2019 geltenden Fassung):

[1] Bei einer Höhergruppierung aus der Entgeltgruppe 9a Stufen 2 bis 4 in die Entgeltgruppe 9b beginnt abweichend vom ansonsten gültigen Grundsatz in der Entgeltgruppe 9b die Stufenlaufzeit nicht neu. [2] Die Anrechnung der in diesen Stufen in der Entgeltgruppe 9a zurückgelegten Stufenlaufzeiten auf die jeweils maßgebliche Stufenlaufzeit in der Entgeltgruppe 9b ist allein dem Umstand geschuldet, dass im Rahmen der Entgeltordnung (VKA) zum TVöD die bisherige Entgeltgruppe 9 in die Entgeltgruppen 9a und 9b aufgeteilt wurde und hierbei das Tabellenentgelt in der Stufe 2 der Entgeltgruppe 9b nur geringfügig über dem Tabellenentgelt der Entgeltgruppe 9a Stufe 2 liegt und die Tabellenentgelte der Stufen 3 und 4 in den Entgeltgruppen 9a und 9b identisch sind. [3] Die Mitnahme der Stufenlaufzeit in diesen Fällen vermeidet Eingriffe in

der Erwerbsbiografie der Beschäftigten bis zum Erreichen der Stufe 5 in der Entgeltgruppe 9b.

11. *(nicht besetzt)*

12. Zu § 18 Abs. 3:

Das als Zielgröße zu erreichende Gesamtvolumen von 8 v.H. wird wie folgt finanziert

– Anteil aus auslaufenden Besitzständen in pauschalierter Form,
– im Rahmen zukünftiger Tarifrunden.

Die Tarifvertragsparteien führen erstmals Mitte 2008 Gespräche über den Anteil aus auslaufenden Besitzständen und über eine mögliche Berücksichtigung von Effizienzgewinnen.

13. Zu § 18:

Die Tarifvertragsparteien gehen davon aus, dass Leistungsentgelte Bezüge im Sinne des § 4 TV ATZ sind.

14. Zu § 18 Abs. 5 Satz 2:

[1] Die Tarifvertragsparteien stimmen darin überein, dass aus Motivationsgründen die Vereinbarung von Zielen freiwillig geschieht. [2] Eine freiwillige Zielvereinbarung kann auch die Verständigung auf zum Teil vorgegebene oder übergeordnete Ziele sein, z.B. bei der Umsetzung gesetzlicher oder haushaltsrechtlicher Vorgaben, Grundsatzentscheidungen der Verwaltungs-/Unternehmensführung.

15. Zu § 18 Abs. 5 Satz 3:

Die systematische Leistungsbewertung entspricht nicht der Regelbeurteilung.

16. Zu § 18 Abs. 7:

1. Die Mitwirkung der Kommission erfasst nicht die Vergabeentscheidung über Leistungsentgelte im Einzelfall.
2. Die nach Abs. 7 und die für Leistungsstufen nach § 17 Abs. 2 gebildeten betrieblichen Kommissionen sind identisch.

17. Zu § 18 Abs. 8:

Die Tarifvertragsparteien wirken darauf hin, dass der ATV, der ATV-K sowie die Satzungen der VBL und der kommunalen Zusatzversorgungskassen bis spätestens 31. Dezember 2006 entsprechend angepasst werden.

18. Zu § 20 Abs. 2 Satz 1:

Die Tarifvertragsparteien stimmen überein, dass die Beschäftigten der Entgeltgruppe 2Ü zu den Entgeltgruppen 1 bis 8 und die Beschäftigten der Entgeltgruppe 15Ü zu den Entgeltgruppen 13 bis 15 gehören.

18a. Zu § 20 Abs. 4 Satz 2 Nr. 1 Buchst. c:

Dem Entgeltanspruch steht der Anspruch auf Zuschuss zum Mutterschaftsgeld gleich.

19. *(aufgehoben)*

19a. *(aufgehoben)*

20. Zu § 29 Abs. 1 Buchst. f:

Die ärztliche Behandlung erfasst auch die ärztliche Untersuchung und die ärztlich verordnete Behandlung.

Legende über die Entsprechungen der TVöD-F-Regelungen zu den jeweiligen Bestimmungen im TVöD-AT bzw. BT-F

TVöD-F	TVöD-AT	BT-F
§ 1 (Geltungsbereich) In Absatz 1 ist § 40 Abs. 1 Satz 1 BT-F redaktionell integriert	§ 1 (ist modifiziert)	§ 40
§ 2 (Arbeitsvertrag, Nebenabreden, Probezeit)	§ 2	
§ 3 (Allgemeine Arbeitsbedingungen)	§ 3	
§ 4 (Versetzung, Abordnung, Zuweisung, Personalgestellung)	§ 4	
§ 5 (Qualifizierung)	§ 5	
§ 6 (Regelmäßige Arbeitszeit) Neuer § 6 (1.1) entsprechend § 41a) BT-F geändert	§ 6 (ist modifiziert)	§ 41a)
§ 7 (Sonderformen der Arbeit) Neuer § 7 (1.1) entsprechend § 41b) BT-F geändert	§ 7 (ist modifiziert)	§ 41b)
Neuer § 7.1 (Rampendienst) entspricht § 42 BT-F		§ 42
§ 8 (Ausgleich für Sonderformen der Arbeit)	§ 8	
§ 9 (Bereitschaftszeiten)	§ 9	
§ 10 (Arbeitszeitkonto)	§ 10	
§ 11 (Teilzeitbeschäftigung)	§ 11	
§ 12 (Eingruppierung)	§ 12	
§ 13 (Eingruppierung in besonderen Fällen)	§ 13	
§ 14 (Vorübergehende Übertragung einer höherwertigen Tätigkeit)	§ 14	
§ 15 (Tabellenentgelt)	§ 15	
Neuer § 15.1 (Feuerwehr- und Sanitätspersonal) entspricht § 43 BT-F		§ 43
§ 16 (Stufen der Entgelttabelle)	§ 16	
§ 17 (Allgemeine Regelungen zu den Stufen)	§ 17	
§ 18 (Leistungsentgelt)	§ 18	
§ 19 (Erschwerniszuschläge)	§ 19	
§ 20 (Jahressonderzahlung)	§ 20	
§ 21 (Bemessungsgrundlage für die Entgeltfortzahlung)	§ 21	
§ 22 (Entgelt im Krankheitsfall)	§ 22	
§ 23 (Besondere Zahlungen)	§ 23	
§ 24 (Berechnung und Auszahlung des Entgelts)	§ 24	

TVöD-F	TVöD-AT	BT-F
§ 25 (Betriebliche Altersversorgung)	§ 25	
§ 26 (Erholungsurlaub)	§ 26	
§ 27 (Zusatzurlaub)	§ 27	
§ 28 (Sonderurlaub)	§ 28	
§ 29 (Arbeitsbefreiung)	§ 29	
§ 30 (Befristete Arbeitsverträge)	§ 30	
§ 31 (Führung auf Probe)	§ 31	
§ 32 (Führung auf Zeit)	§ 32	
§ 33 (Beendigung des Arbeitsverhältnisses ohne Kündigung)	§ 33	
§ 34 (Kündigung des Arbeitsverhältnisses)	§ 34	
§ 35 (Zeugnis)	§ 35	
§ 36 (Anwendung weiterer Tarifverträge)	§ 36	
§ 37 (Ausschlussfrist)	§ 37	
§ 38 (Begriffsbestimmungen)	§ 38	
Neuer § 39 (In-Kraft-Treten)	§ 39	
Anhang zu § 9 A. (Bereitschaftszeiten Hausmeisterinnen/Hausmeister)	Anhang zu § 9	
Anlage 1 – Entgeltordnung (VKA)	**Anlage 1 – Entgeltordnung (VKA)**	
Anlage A (Tabellenentgelt)	**Anlage A**	
Anlage B (aufgehoben)	**Anlage B** (aufgehoben)	

7a. Tarifvertrag für den öffentlichen Dienst (TVöD) – Besonderer Teil Sparkassen – (BT-S) –

Vom 13. September 2005[1)]

zuletzt geänd. durch ÄndTV Nr. 7 v. 25.10.2020

Zwischen

der Vereinigung der kommunalen Arbeitgeberverbände, vertreten durch den Vorstand, einerseits

und

[den vertragsschließenden Gewerkschaften][2)], andererseits

wird Folgendes vereinbart:

§ 40 Geltungsbereich. (1) [1]Dieser Tarifvertrag gilt für Beschäftigte der Sparkassen. [2]Er bildet im Zusammenhang mit dem Allgemeinen Teil des Tarifvertrages für den öffentlichen Dienst (TVöD) den Tarifvertrag für die Sparte Sparkassen.

(2) Soweit in den nachfolgenden Bestimmungen auf die §§ 1 bis 39 verwiesen wird, handelt es sich um die Regelungen des TVöD – Allgemeiner Teil –.

§ 40a Entgelt. Die Beschäftigten erhalten zwischen dem 1. September 2020 und dem 30. November 2022 abweichend von § 15 Abs. 2 ein Entgelt nach der Anlage Sparkassen – Anlage A zu § 15 TVöD.

§ 41 Grundsätze für leistungs- und erfolgsorientierte variable Entgelte. (1) [1]Durch einvernehmliche Dienstvereinbarung (befristet, unter Ausschluss der Nachwirkung) können individuelle und/oder teambezogene leistungs- und/oder erfolgsorientierte Prämien und/oder Zulagen als betriebliche Systeme eingeführt werden. [2]Bemessungsmethoden sind die Zielvereinbarung (§ 42) und die systematische Leistungsbewertung (§ 43).

(2) Bei der Entwicklung, Einführung und dem Controlling der betrieblichen Systeme (Kriterien und Verfahren einschl. Weiterentwicklung/Plausibilitätsprüfung) nach Absatz 1 und § 44 wirkt ein Gemeinsamer Ausschuss mit, dessen Mitglieder je zur Hälfte vom Arbeitgeber und vom Personalrat aus dem Betrieb benannt werden.

(3) [1]Der Gemeinsame Ausschuss ist auch für die Beratung von schriftlich begründeten Beschwerden zuständig, die sich auf Mängel des Systems bzw. seiner Anwendung beziehen. [2]Der Arbeitgeber entscheidet auf Vorschlag des Gemeinsamen Ausschusses darüber, ob und in welchem Umfang der Beschwerde im Wege der Korrektur des Systems bzw. von Systembestandteilen oder auch von einzelnen konkreten Anwendungsfällen abgeholfen werden soll. [3]Die Rechte der betrieblichen Mitbestimmung bleiben unberührt.

[1)] Die Tarifvertragsparteien haben mit Datum vom 24. November 2005 rückwirkend zum Zeitpunkt des Inkrafttretens redaktionelle Änderungen vereinbart; diese Fassung berücksichtigt die dort getroffenen Vereinbarungen.

[2)] Mit den Gewerkschaften ver.di und dbb tarifunion wurden jeweils gleich lautende Tarifverträge geschlossen.

§ 42 Zielvereinbarung. (1) [1]In Zielvereinbarungen legen Arbeitgeber und Beschäftigte gemeinsam für einen bestimmten Zeitraum die anzustrebenden Ergebnisse fest, welche insbesondere mit Leistungsprämien honoriert werden. [2]Pro Zielvereinbarungszeitraum sollten mehrere Ziele vereinbart werden. [3]Quantitative und qualitative Ziele sind möglich. [4]Sie können unterschiedlich gewichtet werden. [5]Für einzelne Ziele können Zielerreichungsstufen festgelegt werden. [6]Die Ziele und die Kriterien der Zielerreichung müssen sich auf den Arbeitsplatz/das Team und die damit verbundenen Arbeitsaufgaben beziehen. [7]Die Erfüllung der Ziele muss in der vertraglich geschuldeten Arbeitszeit möglich sein.

(2) Im Ausnahmefall sind Korrekturen der Zielvereinbarung einvernehmlich dann möglich, wenn sich maßgebliche Rahmenbedingungen gravierend geändert haben.

(3) [1]Die jeweilige Zielerreichung wird auf der Grundlage eines Soll-Ist-Vergleichs festgestellt und auf Wunsch den Beschäftigten erläutert. [2]Die Feststellung, dass Ziele nicht erreicht wurden, darf für sich allein nicht zu arbeitsrechtlichen Maßnahmen führen. [3]Umgekehrt schließt die Teilnahme an einer Zielvereinbarung arbeitsrechtliche Maßnahmen nicht aus.

§ 43 Systematische Leistungsbewertung. (1) Die Leistungsbewertung knüpft im Rahmen eines Systems an konkrete Tatsachen und Verhaltensweisen an; sie begründet insbesondere Leistungszulagen.

(2) [1]Bewertungskriterien (z.B. Arbeitsquantität, Arbeitsqualität, Kundenorientierung, Teamfähigkeit, Führungsverhalten) sowie deren ggf. unterschiedlich gewichtete Abstufung werden in einer einvernehmlichen Dienstvereinbarung festgelegt. [2]Es können nur Kriterien herangezogen werden, die für den Arbeitsplatz relevant und von der/dem Beschäftigten beeinflussbar sind. [3]Die Leistungsbewertung nimmt die zuständige Führungskraft vor. [4]Der Bewertungsentwurf wird mit der/dem Beschäftigten besprochen, von der Führungskraft begründet und entschieden.

Niederschriftserklärung:
Regelbeurteilungen sind für die Feststellung von Leistungszulagen ausgeschlossen.

§ 44 Sparkassensonderzahlung. (1) [1]Bankspezifisch Beschäftigte haben in jedem Kalenderjahr Anspruch auf eine Sparkassensonderzahlung (SSZ). [2]Sie besteht aus einem garantierten und einem variablen Anteil. [3]Der garantierte Anteil in Höhe eines Monatstabellenentgelts bis zum Kalenderjahr 2016 und in Höhe von 96 v.H. eines Monatstabellenentgelts ab dem Kalenderjahr 2017 steht jedem Beschäftigten zu. [4]Der variable Anteil ist individuell-leistungsbezogen und unternehmenserfolgsbezogen. [5]Er bestimmt sich nach den Absätzen 3 und 4. [6]Alle ausgezahlten Anteile sind zusatzversorgungspflichtiges Entgelt. [7]Voraussetzung für die SSZ ist, dass der Beschäftigte am 1. Dezember des jeweiligen Kalenderjahres im Arbeitsverhältnis steht. [8]Die SSZ vermindert sich um ein Zwölftel für jeden Kalendermonat, in dem Beschäftigte keinen Anspruch auf Entgelt, Entgelt im Krankheitsfall (§ 22) oder Fortzahlung des Entgelts während des Erholungsurlaubs (§ 26) haben. [9]Die Verminderung unterbleibt für Kalendermonate,

1. für die Beschäftigte kein Entgelt erhalten haben wegen

a) Ableistung von Grundwehrdienst oder Zivildienst, wenn sie diesen vor dem 1. Dezember beendet und die Beschäftigung unverzüglich wieder aufgenommen haben,

b) Beschäftigungsverboten nach dem Mutterschutzgesetz,

c) Inanspruchnahme der Elternzeit nach dem Bundeselterngeld- und Elternzeitgesetz bis zum Ende des Kalenderjahres, in dem das Kind geboren ist, wenn am Tag vor Antritt der Elternzeit Entgeltanspruch bestanden hat,

2. in denen Beschäftigten Krankengeldzuschuss gezahlt wurde oder nur wegen der Höhe des zustehenden Krankengeldes ein Krankengeldzuschuss nicht gezahlt worden ist.

Protokollerklärungen zu § 44 Abs. 1:

1. [1] Bankspezifisch Beschäftigte im Sinne von § 44 Abs. 1 Satz 1 sind Beschäftige gemäß § 38 Abs. 5 Satz 1. [2] Die übrigen Beschäftigten haben Anspruch auf den garantierten Anteil der SSZ gemäß Absatz 1 Sätze 2 und 3; eigene leistungsdifferenzierende Systeme für diese Beschäftigten sind nicht ausgeschlossen.

2. Der variable Anteil der SSZ wird abhängig von der Ausweitung der Leistungsbezahlung im TVöD – Allgemeiner Teil – wie folgt wachsen (Grundlage: 14 Monatstabellenentgelte pro Jahr):

a) Solange bis der Zuwachs der Variabilität in der SSZ 1,36 v.H. (= 8,5 v.H. insgesamt) nicht erreicht, wird dieser dem individuell-leistungsbezogenen Anteil der SSZ zugeschlagen.

b) Hat der Zuwachs 1,36 v.H. erreicht, werden darüber hinaus gehende Zuwächse jeweils zur Hälfte dem garantierten Anteil und zur Hälfte dem variablen Anteil zugeordnet (¼ individuell-leistungsbezogen, ¼ unternehmenserfolgsbezogen).

c) Eine ggf.. andere Verteilung der Anteile bleibt späteren Tarifverhandlungen vorbehalten.

3. (aufgehoben)

4. [1] Wegen der am 29. April 2016 vereinbarten Festschreibung des garantierten Anteils der Sparkassensonderzahlung beträgt abweichend von Satz 3 der Bemessungssatz für den garantierten Anteil der Sparkassensonderzahlung im Kalenderjahr 2016 97,66 v.H. und im Kalenderjahr 2017 91,60 v.H. [2] Der garantierte Anteil beträgt ab dem Kalenderjahr 2018 88,77 v.H., im Kalenderjahr 2021 81,77 v.H. und ab dem Kalenderjahr 2022 74,77 v.H.

(2) Das Monatstabellenentgelt gemäß Absatz 1 Satz 3 ist das Entgelt des Beschäftigten für den Monat Oktober, das sich aufgrund der individuell für diesen Monat vereinbarten durchschnittlichen regelmäßigen Arbeitszeit ergibt.

Protokollerklärung zu § 44 Abs. 2:

Das für die Berechnung des garantierten und der variablen Anteile der Sparkassensonderzahlung maßgebliche Monatstabellenentgelt beträgt im Kalenderjahr 2021 98,62 v.H., im Kalenderjahr 2022 97,64 v.H. und ab Kalenderjahr 2023 96,88 v.H. des Entgeltes der/des Beschäftigten für den Monat Oktober, das sich aufgrund der individuell für diesen Monat vereinbarten durchschnittlichen regelmäßigen Arbeitszeit ergibt.

(3) [1] Der individuell-leistungsbezogene Teil des variablen Anteils der SSZ bestimmt sich wie folgt: [2] Für jeden Beschäftigten wird jährlich ein Betrag in Höhe von 64 v.H. eines Monatstabellenentgelts (Absatz 2) in ein Leistungsentgelt eingestellt.

Niederschriftserklärungen zu § 44 Abs. 3:

1. [1] *Wann immer praktizierbar und zweckmäßig, sind Zielvereinbarungen abzuschließen.* [2] *Ansonsten werden systematische Leistungsbewertungen durchgeführt.* [3] *Mischformen sind möglich.*
2. *Bei noch ausstehender Dienstvereinbarung werden die vorerst nicht auszuzahlenden 25 v.H. eines Monatstabellenentgelts gestundet.*

(4) [1] Der unternehmenserfolgsbezogene Teil des variablen Anteils der SSZ bestimmt sich wie folgt: [2] Für jeden Beschäftigten wird jährlich ein Betrag in Höhe eines halben Monatstabellenentgelts (Absatz 2) in ein Unternehmenserfolgsbudget eingestellt. [3] Die Höhe des Ausschüttungsvolumens bestimmt sich nach der Erreichung von institutsindividuellen Geschäftszielen der Sparkasse. [4] Die Definition der Geschäftsziele erfolgt vor Beginn des Kalenderjahres durch den Arbeitgeber im Rahmen der Unternehmensplanung. [5] Die für den unternehmenserfolgsabhängigen Anteil relevanten Ziele müssen den definierten Geschäftszielen entsprechen. [6] Die weiteren Einzelheiten, insbesondere der/ein Katalog relevanter Ziele und Kriterien für die Geschäftszielerreichung und die Fälligkeit (in der Regel im Monat nach der Schlussbesprechung), werden in einer einvernehmlichen Dienstvereinbarung geregelt. [7] Bei Zielerreichung ist jeder/m Beschäftigten das halbe Monatstabellenentgelt auszuzahlen. [8] Eine teilweise Zielerreichung kann nach den Maßgaben der Dienstvereinbarung zur anteiligen Ausschüttung führen. [9] Zielübererfüllungen können zu einer höheren Ausschüttung führen. [10] Kommt bis zum Ende des zu bewertenden Kalenderjahres keine Einigung über die Dienstvereinbarung zustande, besteht abweichend von Satz 2 nur Anspruch auf 25 v.H. eines Monatstabellenentgelts; der restliche Anteil verfällt.

Niederschriftserklärung zu § 44 Abs. 4:

[1] *Zeichnet sich ab, dass keine Dienstvereinbarung zu dem unternehmenserfolgsbezogenen Teil der SSZ zustande kommt, wird auf Antrag einer Betriebspartei der Gemeinsame Ausschuss um jeweils einen Vertreter der Landesbezirkstarifvertragsparteien ergänzt.* [2] *Der ergänzte Gemeinsame Ausschuss unterbreitet den für die Vereinbarung zuständigen Betriebsparteien einen Konsensvorschlag spätestens bis zum 30. Juni.*

(5) Der garantierte Anteil der SSZ wird mit dem Entgelt des Monats November, der variable Anteil gemäß Absatz 3 wird spätestens mit dem Entgelt für den Monat April des folgenden Kalenderjahres ausgezahlt.

(6) Im Übergangsjahr – in der Regel im Jahr 2006 – ist sicherzustellen, dass durch Abschlagszahlung auf die nach Absatz 1 Sätze 2 bis 4 zustehenden Anteile der SSZ 1,75 Monatstabellenentgelte (= 87,5 v.H. der SSZ) zur Ausschüttung kommen; die Einzelheiten werden in der Dienstvereinbarung geregelt.

(7) Die Beschäftigten haben keinen tarifvertraglichen Anspruch auf weitere Jahressonder- bzw. mantelrechtliche Einmalzahlungen.

Niederschriftserklärungen zu § 44:

1. [1] *Die Tarifvertragsparteien gehen davon aus, dass es aus Anlass der Einführung dieser neuen Regelungen nicht zu einer Verrechnung von bestehenden Hausregelungen kommt.* [2] *Sie erheben keine Bedenken gegen eine Volumen erhöhende Einbeziehung in die SSZ gemäß den Absätzen 3 und 4.*
2. *Die Vereinbarung der SSZ dient nicht zur Einsparung von Personalkosten.*

3. Um insbesondere eine ausreichende Einführungs- oder Übergangsphase für die SSZ zu ermöglichen, können – das Einvernehmen der Betriebsparteien vorausgesetzt – die betrieblichen Systeme auch eine undifferenzierte Verteilung der variablen Entgeltbestandteile vorsehen.

4. Die Tarifvertragsparteien gehen davon aus, dass die Sparkassensonderzahlungsentgelte Bezüge im Sinne des § 4 TV ATZ sind.

§ 45 Beschäftigte der Entgeltgruppe 15. Mit Beschäftigten der Entgeltgruppe 15 können einzelarbeitsvertraglich vom Tarifrecht abweichende Regelungen zum Entgelt und zur Arbeitszeit getroffen werden.

§ 46 Bankgeheimnis, Schweigepflicht. [1] Die Beschäftigten haben über Angelegenheiten, deren Geheimhaltung durch gesetzliche Vorschriften vorgesehen oder vom Arbeitgeber angeordnet worden ist, Verschwiegenheit zu wahren; dies gilt auch über die Beendigung des Arbeitsverhältnisses hinaus. [2] Der Beschäftigte hat das Bankgeheimnis auch dann zu wahren, wenn dies nicht ausdrücklich vom Arbeitgeber angeordnet ist.

Niederschriftserklärung zu Beihilfen in Krankheitsfällen:

Der TVöD bzw. der TV-S greift in bei dem Arbeitgeber geltende Bestimmungen nicht ein, wenn Beschäftigte vor der Überleitung Beihilfe in Krankheitsfällen wie Beamte erhalten hätten.

§ 47 Qualifizierung. (1) [1] Ein hohes Qualifikationsniveau und lebenslanges Lernen liegen im gemeinsamen Interesse von Beschäftigten und Arbeitgebern. [2] Qualifizierung dient der Steigerung von Effektivität und Effizienz der Sparkassen, der Nachwuchsförderung und der Steigerung von beschäftigungsbezogenen Kompetenzen. [3] Die Tarifvertragsparteien verstehen Qualifizierung auch als Teil der Personalentwicklung.

(2) [1] Vor diesem Hintergrund stellt Qualifizierung nach diesem Tarifvertrag ein Angebot dar, aus dem für die Beschäftigten kein individueller Anspruch außer nach Absatz 4 abgeleitet werden kann. [2] Das Angebot kann durch einvernehmliche Dienstvereinbarung wahrgenommen und näher ausgestaltet werden. [3] Weitergehende Mitbestimmungsrechte werden dadurch nicht berührt.

(3) [1] Qualifizierungsmaßnahmen sind

a) die Fortentwicklung der fachlichen, methodischen und sozialen Kompetenzen für die übertragenen Tätigkeiten (Erhaltungsqualifizierung),
b) der Erwerb zusätzlicher Qualifikationen (Fort- und Weiterbildung),
c) die Qualifizierung zur Arbeitsplatzsicherung (Qualifizierung für eine andere Tätigkeit; Umschulung),
d) die Einarbeitung bei längerer Abwesenheit (Wiedereinstiegsqualifizierung).

[2] Die Teilnahme an einer Qualifizierungsmaßnahme wird dokumentiert und den Beschäftigten schriftlich bestätigt.

(4) [1] Beschäftigte haben – auch in den Fällen des Absatzes 3 Satz 1 Buchst. d – Anspruch auf ein regelmäßiges Gespräch mit der jeweiligen Führungskraft, in dem festgestellt wird, ob und welcher Qualifizierungsbedarf besteht. [2] Dieses Gespräch kann auch als Gruppengespräch geführt werden. [3] Wird nichts anderes geregelt, ist das Gespräch jährlich zu führen.

(5) [1] Die Kosten einer vom Arbeitgeber veranlassten Qualifizierungsmaßnahme – einschließlich Reisekosten – werden, soweit sie nicht von Dritten über-

nommen werden, grundsätzlich vom Arbeitgeber getragen. [2]Ein möglicher Eigenbeitrag und eventuelle Rückzahlungspflichten bei vorzeitigem Ausscheiden werden in einer Qualifizierungsvereinbarung geregelt. [3]Die Betriebsparteien sind gehalten, die Grundsätze einer fairen Kostenverteilung unter Berücksichtigung des betrieblichen und individuellen Nutzens zu regeln. [4]Ein Eigenbeitrag der/des Beschäftigten kann in Geld und/oder Zeit erfolgen.

(6) [1]Zeiten von vereinbarten Qualifizierungsmaßnahmen gelten als Arbeitszeit. [2]Absatz 5 Sätze 2 bis 4 bleiben unberührt.

(7) Gesetzliche Förderungsmöglichkeiten können in die Qualifizierungsplanung einbezogen werden.

(8) Für Beschäftigte mit individuellen Arbeitszeiten sollen Qualifizierungsmaßnahmen so angeboten werden, dass ihnen eine gleichberechtigte Teilnahme ermöglicht wird.

§ 48 Entgelt für Auszubildende. Die unter den Tarifvertrag für Auszubildende des öffentlichen Dienstes (TVAöD) vom 13. September 2005 fallenden Auszubildenden der Sparkassen erhalten im ersten, zweiten und dritten Ausbildungsjahr das nach dem TVAöD maßgebende Ausbildungsentgelt für das zweite, dritte bzw. vierte Ausbildungsjahr.

§ 49 Vermögenswirksame Leistungen. (1) [1]Nach Maßgabe des Vermögensbildungsgesetzes in seiner jeweiligen Fassung haben Beschäftigte, deren Arbeitsverhältnis voraussichtlich mindestens sechs Monate dauert, einen Anspruch auf vermögenswirksame Leistungen. [2]Für Vollbeschäftigte beträgt die vermögenswirksame Leistung für jeden vollen Kalendermonat 40 Euro. [3]Der Anspruch entsteht frühestens für den Kalendermonat, in dem Beschäftigte dem Arbeitgeber die erforderlichen Angaben schriftlich mitteilen, und für die beiden vorangegangenen Monate desselben Kalenderjahres; die Fälligkeit tritt nicht vor acht Wochen nach Zugang der Mitteilung beim Arbeitgeber ein. [4]Die vermögenswirksame Leistung wird nur für Kalendermonate gewährt, für die den Beschäftigten Tabellenentgelt, Entgeltfortzahlung oder Krankengeldzuschuss zusteht. [5]Für Zeiten, für die Krankengeldzuschuss zusteht, ist die vermögenswirksame Leistung Teil des Krankengeldzuschusses. [6]Die vermögenswirksame Leistung ist kein zusatzversorgungspflichtiges Entgelt.

(2) Absatz 1 gilt auch für die Auszubildenden der Sparkassen.

Protokollerklärung:
(aufgehoben)

§ 50 Reise- und Umzugskosten. (1) Die Erstattung von Reise- und Umzugskosten richtet sich nach den beim Arbeitgeber geltenden Grundsätzen.

(2) [1]Bei Dienstreisen gilt nur die Zeit der dienstlichen Inanspruchnahme am auswärtigen Geschäftsort als Arbeitszeit. [2]Für jeden Tag einschließlich der Reisetage wird jedoch mindestens die auf ihn entfallende regelmäßige, durchschnittliche oder dienstplanmäßige Arbeitszeit berücksichtigt, wenn diese bei Nichtberücksichtigung der Reisezeit nicht erreicht würde. [3]Überschreiten nicht anrechenbare Reisezeiten insgesamt 15 Stunden im Monat, so werden auf Antrag 25 v.H. dieser überschreitenden Zeiten bei fester Arbeitszeit als Freizeitausgleich gewährt und bei gleitender Arbeitszeit im Rahmen der jeweils geltenden Vorschriften auf die Arbeitszeit angerechnet. [4]Der besonderen Situation von Teilzeitbeschäftigten ist Rechnung zu tragen. [5]Soweit Einrichtungen in

privater Rechtsform oder andere Arbeitgeber nach eigenen für die Beschäftigten günstigeren Grundsätzen oder Abmachungen verfahren, sind diese abweichend von den Sätzen 1 bis 4 maßgebend.

§ 50a Erholungsurlaub. (1) Unbeschadet der bestehenden tariflichen und gesetzlichen Regelungen zum Erholungsurlaub erhöht sich der tarifliche Urlaubsanspruch für Beschäftigte, die Anspruch auf eine Sparkassensonderzahlung nach § 44 haben, bei Verteilung der wöchentlichen Arbeitszeit auf fünf Tage

– ab dem Kalenderjahr 2021 um einen zusätzlichen Arbeitstag und
– ab dem Kalenderjahr 2022 um einen weiteren zusätzlichen Arbeitstag.

Protokollerklärung:

[1] Durch einvernehmliche Dienstvereinbarung kann der Urlaubsanspruch nach Absatz 1 ab dem Kalenderjahr 2021 erhöht werden, wobei für jeden zusätzlichen Urlaubstag eine Absenkung des garantierten Anteils der Sparkassensonderzahlung (§ 44 Abs. 1 Satz 3) um 7 Prozentpunkte erfolgt. [2] Die Summe der zusätzlichen Urlaubstage gemäß Absatz 1 und der durch die einvernehmliche Dienstvereinbarung vereinbarten zusätzlichen Urlaubstage darf (bei Verteilung der wöchentlichen Arbeitszeit auf fünf Tage) maximal vier betragen. [3] Bestehende Dienstvereinbarungen bleiben davon unberührt.

(2) Die Werte des § 27 Abs. 4 Satz 2 bis 4 werden entsprechend erhöht.

§ 51 In-Kraft-Treten, Laufzeit. (1) [1] Dieser Tarifvertrag tritt am 1. Oktober 2005 in Kraft. [2] Er kann mit einer Frist von drei Monaten zum Schluss eines Kalenderhalbjahres schriftlich gekündigt werden.

(2) Abweichend von Absatz 1 kann § 49 mit einer Frist von einem Monat zum Schluss eines Kalendermonats schriftlich gekündigt werden.

Anlage A zu § 15 TVöD
Tabelle TVöD VKA

gültig bis 30. Juni 2021
(monatlich in Euro)

Entgelt-gruppe	Grundentgelt		Entwicklungsstufen			
	Stufe 1	Stufe 2	Stufe 3	Stufe 4	Stufe 5	Stufe 6
15	4.860,31	5.190,81	5.559,47	6.062,74	6.580,45	6.921,06
14	4.401,04	4.700,31	5.091,13	5.524,82	6.008,27	6.355,34
13	4.056,62	4.384,61	4.757,99	5.163,37	5.640,38	5.899,26
12	3.635,65	4.013,07	4.454,13	4.943,53	5.517,78	5.790,26
11	3.508,11	3.856,11	4.182,29	4.536,17	5.020,49	5.292,98
10	3.380,51	3.655,13	3.964,32	4.299,65	4.673,08	4.795,69
9c	3.280,42	3.526,45	3.790,94	4.075,26	4.380,90	4.600,00
9b	3.074,70	3.305,30	3.450,00	3.874,00	4.124,25	4.414,13
9a	2.964,89	3.163,55	3.356,89	3.784,00	3.879,97	4.125,00
8	2.808,91	2.999,92	3.132,23	3.264,31	3.405,98	3.474,11
7	2.635,53	2.855,60	2.986,70	3.119,00	3.243,78	3.310,79
6	2.586,00	2.767,11	2.894,11	3.019,78	3.143,22	3.206,10
5	2.480,74	2.656,42	2.775,08	2.900,74	3.017,50	3.077,85
4	2.363,07	2.540,85	2.690,02	2.782,88	2.875,73	2.930,10
3	2.325,89	2.517,08	2.563,61	2.669,96	2.749,76	2.822,87
2	2.152,51	2.346,00	2.392,92	2.459,87	2.607,03	2.760,98

Entgelt-gruppe	Grundentgelt		Entwicklungsstufen			
	Stufe 1	Stufe 2	Stufe 3	Stufe 4	Stufe 5	Stufe 6
1		1.929,88	1.962,63	2.003,59	2.041,77	2.140,05

gültig vom 1. Juli 2021 bis 30. Juni 2022
(monatlich in Euro)

Entgelt-gruppe	Grundentgelt		Entwicklungsstufen			
	Stufe 1	Stufe 2	Stufe 3	Stufe 4	Stufe 5	Stufe 6
15	4.928,35	5.263,48	5.637,30	6.147,62	6.672,58	7.017,95
14	4.462,65	4.766,11	5.162,41	5.602,17	6.092,39	6.444,31
13	4.113,41	4.445,99	4.824,60	5.235,66	5.719,35	5.981,85
12	3.686,55	4.069,25	4.516,49	5.012,74	5.595,03	5.871,32
11	3.558,11	3.910,10	4.240,84	4.599,68	5.090,78	5.367,08
10	3.430,51	3.706,30	4.019,82	4.359,85	4.738,50	4.862,83
9c	3.330,42	3.576,45	3.844,01	4.132,31	4.442,23	4.664,40
9b	3.124,70	3.355,30	3.500,00	3.928,24	4.181,99	4.475,93
9a	3.014,89	3.213,55	3.406,89	3.836,98	3.934,29	4.182,75
8	2.858,91	3.049,92	3.182,23	3.314,31	3.455,98	3.524,11
7	2.685,53	2.905,60	3.036,70	3.169,00	3.293,78	3.360,79
6	2.636,00	2.817,11	2.944,11	3.069,78	3.193,22	3.256,10
5	2.530,74	2.706,42	2.825,08	2.950,74	3.067,50	3.127,85
4	2.413,07	2.590,85	2.740,02	2.832,88	2.925,73	2.980,10
3	2.375,89	2.567,08	2.613,61	2.719,96	2.799,76	2.872,87
2	2.202,51	2.396,00	2.442,92	2.509,87	2.657,03	2.810,98
1		1.979,88	2.012,63	2.053,59	2.091,77	2.190,05

gültig vom 1. Juli 2022 bis 30. November 2022
(monatlich in Euro)

Entgelt-gruppe	Grundentgelt		Entwicklungsstufen			
	Stufe 1	Stufe 2	Stufe 3	Stufe 4	Stufe 5	Stufe 6
15	4.977,63	5.316,11	5.693,67	6.209,10	6.739,31	7.088,13
14	4.507,28	4.813,77	5.214,03	5.658,19	6.153,31	6.508,75
13	4.154,54	4.490,45	4.872,85	5.288,02	5.776,54	6.041,67
12	3.723,42	4.109,94	4.561,65	5.062,87	5.650,98	5.930,03
11	3.593,69	3.949,20	4.283,25	4.645,68	5.141,69	5.420,75
10	3.464,82	3.743,36	4.060,02	4.403,45	4.785,89	4.911,46
9c	3.363,72	3.612,21	3.882,45	4.173,63	4.486,65	4.711,04
9b	3.155,95	3.388,85	3.535,00	3.967,52	4.223,81	4.520,69
9a	3.045,04	3.245,69	3.440,96	3.875,35	3.973,63	4.224,58
8	2.887,50	3.080,42	3.214,05	3.347,45	3.490,54	3.559,35
7	2.712,39	2.934,66	3.067,07	3.200,69	3.326,72	3.394,40
6	2.662,36	2.845,28	2.973,55	3.100,48	3.225,15	3.288,66
5	2.556,05	2.733,48	2.853,33	2.980,25	3.098,18	3.159,13
4	2.437,20	2.616,76	2.767,42	2.861,21	2.954,99	3.009,90
3	2.399,65	2.592,75	2.639,75	2.747,16	2.827,76	2.901,60
2	2.224,54	2.419,96	2.467,35	2.534,97	2.683,60	2.839,09
1		1.999,68	2.032,76	2.074,13	2.112,69	2.211,95

7b. Durchgeschriebene Fassung des TVöD für den Dienstleistungsbereich Sparkassen im Bereich der Vereinigung der kommunalen Arbeitgeberverbände (TVöD-S)[1)]

Vom 7. Februar 2006

zuletzt geänd. durch ÄndVereinb. Nr. 12 v. 30.8.2019

Inhaltsübersicht

[1)] Redaktioneller Hinweis für die in den Fußnoten verwendeten Abkürzungen
AT = Allgemeiner Teil TVöD
BT-S = Besonderer Teil Sparkassen.

Die durchgeschriebene Fassung für die Sparte Sparkassen integriert den BT-S in den AT, vgl. im Einzelnen Niederschriftserklärung Nr. 21.

Vorbemerkungen

1. Der TVöD – Allgemeiner Teil – und der jeweilige Besondere Teil Verwaltung (BT-V), Krankenhäuser (BT-K), Pflege- und Betreuungseinrichtungen (BT-B), Sparkassen (BT-S), Flughäfen (BT-F) und Entsorgung (BT-E) bilden im Zusammenhang das Tarifrecht für den jeweiligen Dienstleistungsbereich.
2. Zur besseren Übersicht und Lesbarkeit haben die Tarifvertragsparteien aus dem Allgemeinen Teil des TVöD und dem jeweiligen Besonderen Teil entsprechend der Prozessvereinbarung vom 9. Januar 2003 durchgeschriebene Fassungen für die sechs Dienstleistungsbereiche erstellt.
3. Die Kündigung eines unter Nr. 1 genannten Tarifvertrages oder einzelner Regelungen davon hat unmittelbare Rechtswirkung auf die entsprechende/n durchgeschriebene/n Fassung/en.
4. Die durchgeschriebenen Fassungen regeln nicht das Verhältnis der Tarifvertragsparteien als Normgeber zueinander (Innenverhältnis). Sie sind nicht die Grundlage für Tarifverhandlungen oder Kündigungen, denn Allgemeiner Teil und die Besonderen Teile bleiben rechtlich selbstständige Tarifverträge. Die durchgeschriebenen Fassungen enthalten ausschließlich Rechtsnormen für die Anwendungsebene im Außenverhältnis (Arbeitgeber, Beschäftigte, Gerichte etc.). Jeder durchgeschriebenen Fassung wird eine Legende angefügt, aus der sich die Entsprechungen der Regelungen des jeweiligen Besonderen Teils zu den Bestimmungen des TVöD – Allgemeiner Teil – ergeben.
5. Tarifverhandlungen zur Änderung oder Ergänzung des Tarifrechts werden auf der Grundlage der unter Nr. 1 genannten Tarifverträge geführt. Etwaige Änderungen oder Ergänzungen ändern auch die durchgeschriebenen Fassungen.

Abschnitt I. Allgemeine Vorschriften

§ 1 Geltungsbereich (1)[1] Die nachfolgenden Regelungen gelten für Arbeitnehmerinnen und Arbeitnehmer – nachfolgend Beschäftigte –, der Sparkassen, die Mitglied eines Mitgliedverbandes der Vereinigung der kommunalen Arbeitgeberverbände (VKA) sind.

(2) Diese Regelungen gelten nicht für

a) Beschäftigte als leitende Angestellte im Sinne des § 5 Abs. 3 BetrVG, wenn ihre Arbeitsbedingungen einzelvertraglich besonders vereinbart sind,

b) Beschäftigte, die ein über das Tabellenentgelt der Entgeltgruppe 15 hinausgehendes regelmäßiges Entgelt erhalten,

c)–g) *(nicht besetzt)*

h) Auszubildende sowie Volontärinnen/Volontäre und Praktikantinnen/Praktikanten,

i) Beschäftigte, für die Eingliederungszuschüsse nach den §§ 217ff. SGB III gewährt werden,

k) Beschäftigte, die Arbeiten nach den §§ 260ff. SGB III verrichten,

l) Leiharbeitnehmerinnen/Leiharbeitnehmer von Personal-Service-Agenturen, sofern deren Rechtsverhältnisse durch Tarifvertrag geregelt sind,

m) geringfügig Beschäftigte im Sinne von § 8 Abs. 1 Nr. 2 SGB IV,

n)–r) *(nicht besetzt)*

s) Hochschullehrerinnen/Hochschullehrer, wissenschaftliche und studentische Hilfskräfte und Lehrbeauftragte an Hochschulen, Akademien und wissenschaftlichen Forschungsinstituten.

Protokollerklärung zu Absatz 2 Buchst. s:

Ausgenommen sind auch wissenschaftliche Assistentinnen/Assistenten, Verwalterinnen/Verwalter von Stellen wissenschaftlicher Assistentinnen/Assistenten und Lektorinnen/Lektoren, soweit und solange entsprechende Arbeitsverhältnisse am 1. Oktober 2005 bestehen oder innerhalb der Umsetzungsfrist des § 72 Abs. 1 Satz 7 HRG begründet werden (gilt auch für Forschungseinrichtungen); dies gilt auch für nachfolgende Verlängerungen solcher Arbeitsverhältnisse.

t) *(nicht besetzt)*

(3) *(nicht besetzt)*

(4)[2] Mit Beschäftigten der Entgeltgruppe 15 können einzelarbeitsvertraglich vom Tarifvertrag abweichende Regelungen zum Entgelt und zur Arbeitszeit getroffen werden.

§ 2 Arbeitsvertrag, Nebenabreden, Probezeit. (1) Der Arbeitsvertrag wird schriftlich abgeschlossen.

(2) [1]Mehrere Arbeitsverhältnisse zu demselben Arbeitgeber dürfen nur begründet werden, wenn die jeweils übertragenen Tätigkeiten nicht in einem

---

[1] In Abs. 1 ist § 40 Abs. 1 BT-S redaktionell integriert.

[2] Entspricht § 45 BT-S.

unmittelbaren Sachzusammenhang stehen. [2]Andernfalls gelten sie als ein Arbeitsverhältnis.

(3) [1]Nebenabreden sind nur wirksam, wenn sie schriftlich vereinbart werden. [2]Sie können gesondert gekündigt werden, soweit dies einzelvertraglich vereinbart ist.

(4) [1]Die ersten sechs Monate der Beschäftigung gelten als Probezeit, soweit nicht eine kürzere Zeit vereinbart ist. [2]Bei Übernahme von Auszubildenden im unmittelbaren Anschluss an das Ausbildungsverhältnis in ein Arbeitsverhältnis entfällt die Probezeit.

§ 3 Allgemeine Arbeitsbedingungen, Bankgeheimnis. (1)[1)] [1]Die Beschäftigten haben über Angelegenheiten, deren Geheimhaltung durch gesetzliche Vorschriften vorgesehen oder vom Arbeitgeber angeordnet ist, Verschwiegenheit zu wahren; dies gilt auch über die Beendigung des Arbeitsverhältnisses hinaus. [2]Der Beschäftigte hat das Bankgeheimnis auch dann zu wahren, wenn dies nicht ausdrücklich vom Arbeitgeber angeordnet ist.

(2) [1]Die Beschäftigten dürfen von Dritten Belohnungen, Geschenke, Provisionen oder sonstige Vergünstigungen in Bezug auf ihre Tätigkeit nicht annehmen. [2]Ausnahmen sind nur mit Zustimmung des Arbeitgebers möglich. [3]Werden den Beschäftigten derartige Vergünstigungen angeboten, haben sie dies dem Arbeitgeber unverzüglich anzuzeigen.

(3) [1]Nebentätigkeiten gegen Entgelt haben die Beschäftigten ihrem Arbeitgeber rechtzeitig vorher schriftlich anzuzeigen. [2]Der Arbeitgeber kann die Nebentätigkeit untersagen oder mit Auflagen versehen, wenn diese geeignet ist, die Erfüllung der arbeitsvertraglichen Pflichten der Beschäftigten oder berechtigte Interessen des Arbeitgebers zu beeinträchtigen. [3]Für Nebentätigkeiten bei demselben Arbeitgeber oder im übrigen öffentlichen Dienst (§ 34 Abs. 3 Satz 3 und 4) kann eine Ablieferungspflicht zur Auflage gemacht werden.

(4) [1]Der Arbeitgeber ist bei begründeter Veranlassung berechtigt, die/den Beschäftigte/n zu verpflichten, durch ärztliche Bescheinigung nachzuweisen, dass sie/er zur Leistung der arbeitsvertraglich geschuldeten Tätigkeit in der Lage ist. [2]Bei der beauftragten Ärztin/dem beauftragten Arzt kann es sich um eine Betriebsärztin/einen Betriebsarzt, eine Personalärztin/einen Personalarzt oder eine Amtsärztin/einen Amtsarzt handeln, soweit sich die Betriebsparteien nicht auf eine andere Ärztin/einen anderen Arzt geeinigt haben. [3]Die Kosten dieser Untersuchung trägt der Arbeitgeber.

(5) [1]Die Beschäftigten haben ein Recht auf Einsicht in ihre vollständigen Personalakten. [2]Sie können das Recht auf Einsicht auch durch eine/n hierzu schriftlich Bevollmächtigte/n ausüben lassen. [3]Sie können Auszüge oder Kopien aus ihren Personalakten erhalten.

(6) Die Schadenshaftung der Beschäftigten ist bei dienstlich oder betrieblich veranlassten Tätigkeiten auf Vorsatz und grobe Fahrlässigkeit beschränkt.

§ 4 Versetzung, Abordnung, Zuweisung, Personalgestellung. (1) [1]Beschäftigte können aus dienstlichen oder betrieblichen Gründen versetzt oder abgeordnet werden. [2]Sollen Beschäftigte an eine Dienststelle oder einen Be-

---

[1)] Abs. 1 entspricht § 46 BT-S.

trieb außerhalb des bisherigen Arbeitsortes versetzt oder voraussichtlich länger als drei Monate abgeordnet werden, so sind sie vorher zu hören.

Protokollerklärungen zu Absatz 1:

1. *Abordnung ist die Zuweisung einer vorübergehenden Beschäftigung bei einer anderen Dienststelle oder einem anderen Betrieb desselben oder eines anderen Arbeitgebers unter Fortsetzung des bestehenden Arbeitsverhältnisses.*
2. *Versetzung ist die Zuweisung einer auf Dauer bestimmten Beschäftigung bei einer anderen Dienststelle oder einem anderen Betrieb desselben Arbeitgebers unter Fortsetzung des bestehenden Arbeitsverhältnisses.*

(2) [1] Beschäftigten kann im dienstlichen/betrieblichen oder öffentlichen Interesse mit ihrer Zustimmung vorübergehend eine mindestens gleich vergütete Tätigkeit bei einem Dritten zugewiesen werden. [2] Die Zustimmung kann nur aus wichtigem Grund verweigert werden. [3] Die Rechtsstellung der Beschäftigten bleibt unberührt. [4] Bezüge aus der Verwendung nach Satz 1 werden auf das Entgelt angerechnet.

Protokollerklärung zu Absatz 2:

Zuweisung ist – unter Fortsetzung des bestehenden Arbeitsverhältnisses – die vorübergehende Beschäftigung bei einem Dritten im In- und Ausland, bei dem der Allgemeine Teil des TVöD nicht zur Anwendung kommt.

(3) [1] Werden Aufgaben der Beschäftigten zu einem Dritten verlagert, ist auf Verlangen des Arbeitgebers bei weiter bestehendem Arbeitsverhältnis die arbeitsvertraglich geschuldete Arbeitsleistung bei dem Dritten zu erbringen (Personalgestellung). [2] § 613a BGB sowie gesetzliche Kündigungsrechte bleiben unberührt.

Protokollerklärung zu Absatz 3:

[1] Personalgestellung ist – unter Fortsetzung des bestehenden Arbeitsverhältnisses – die auf Dauer angelegte Beschäftigung bei einem Dritten. [2] Die Modalitäten der Personalgestellung werden zwischen dem Arbeitgeber und dem Dritten vertraglich geregelt.

§ 5 *(nicht besetzt)*

§ 5.1[1)] Qualifizierung. (1) [1] Ein hohes Qualifikationsniveau und lebenslanges Lernen liegen im gemeinsamen Interesse von Beschäftigten und Arbeitgebern. [2] Qualifizierung dient der Steigerung von Effektivität und Effizienz der Sparkassen, der Nachwuchsförderung und der Steigerung von beschäftigungsbezogenen Kompetenzen. [3] Die Tarifvertragsparteien verstehen Qualifizierung auch als Teil der Personalentwicklung.

(2) [1] Vor diesem Hintergrund stellt Qualifizierung nach diesem Tarifvertrag ein Angebot dar, aus dem für die Beschäftigten kein individueller Anspruch außer nach Absatz 4 abgeleitet werden kann. [2] Das Angebot kann durch einvernehmliche Dienstvereinbarung wahrgenommen und näher ausgestaltet werden. [3] Weitergehende Mitbestimmungsrechte werden dadurch nicht berührt.

(3) [1] Qualifizierungsmaßnahmen sind

a) die Fortentwicklung der fachlichen, methodischen und sozialen Kompetenzen für die übertragenen Tätigkeiten (Erhaltungsqualifizierung),
b) der Erwerb zusätzlicher Qualifikationen (Fort- und Weiterbildung),

---

[1)] Entspricht § 47 BT-S.

c) die Qualifizierung zur Arbeitsplatzsicherung (Qualifizierung für eine andere Tätigkeit; Umschulung),

d) die Einarbeitung bei längerer Abwesenheit (Wiedereinstiegsqualifizierung).

[2] Die Teilnahme an einer Qualifizierungsmaßnahme wird dokumentiert und den Beschäftigten schriftlich bestätigt.

(4) [1] Beschäftigte haben – auch in den Fällen des Absatzes 3 Satz 1 Buchst. d – Anspruch auf ein regelmäßiges Gespräch mit der jeweiligen Führungskraft, in dem festgestellt wird, ob und welcher Qualifizierungsbedarf besteht. [2] Dieses Gespräch kann auch als Gruppengespräch geführt werden. [3] Wird nichts anderes geregelt, ist das Gespräch jährlich zu führen.

(5) [1] Die Kosten einer vom Arbeitgeber veranlassten Qualifizierungsmaßnahme – einschließlich Reisekosten – werden, soweit sie nicht von Dritten übernommen werden, grundsätzlich vom Arbeitgeber getragen. [2] Ein möglicher Eigenbeitrag und eventuelle Rückzahlungspflichten bei vorzeitigem Ausscheiden werden in einer Qualifizierungsvereinbarung geregelt. [3] Die Betriebsparteien sind gehalten, die Grundsätze einer fairen Kostenverteilung unter Berücksichtigung des betrieblichen und individuellen Nutzens zu regeln. [4] Ein Eigenbeitrag der/des Beschäftigten kann in Geld und/oder Zeit erfolgen.

(6) [1] Zeiten von vereinbarten Qualifizierungsmaßnahmen gelten als Arbeitszeit. [2] Absatz 5 Sätze 2 bis 4 bleiben unberührt.

(7) Gesetzliche Förderungsmöglichkeiten können in die Qualifizierungsplanung einbezogen werden.

(8) Für Beschäftigte mit individuellen Arbeitszeiten sollen Qualifizierungsmaßnahmen so angeboten werden, dass ihnen eine gleichberechtigte Teilnahme ermöglicht wird.

Abschnitt II. Arbeitszeit

§ 6 Regelmäßige Arbeitszeit. (1) [1] Die regelmäßige Arbeitszeit beträgt ausschließlich der Pausen für

a) *(nicht besetzt)*

b) im Tarifgebiet West durchschnittlich 39 Stunden wöchentlich, im Tarifgebiet Ost durchschnittlich 40 Stunden wöchentlich.

[2] Bei Wechselschichtarbeit werden die gesetzlich vorgeschriebenen Pausen in die Arbeitszeit eingerechnet. [3] Die regelmäßige Arbeitszeit kann auf fünf Tage, aus notwendigen betrieblichen/dienstlichen Gründen auch auf sechs Tage verteilt werden.

(2) [1] Für die Berechnung des Durchschnitts der regelmäßigen wöchentlichen Arbeitszeit ist ein Zeitraum von bis zu einem Jahr zugrunde zu legen. [2] Abweichend von Satz 1 kann bei Beschäftigten, die ständig Wechselschicht- oder Schichtarbeit zu leisten haben, ein längerer Zeitraum zugrunde gelegt werden.

(3) [1] Soweit es die betrieblichen/dienstlichen Verhältnisse zulassen, wird die/der Beschäftigte am 24. Dezember und am 31. Dezember unter Fortzahlung des Entgelts nach § 21 von der Arbeit freigestellt. [2] Kann die Freistellung nach Satz 1 aus betrieblichen/dienstlichen Gründen nicht erfolgen, ist entsprechender Freizeitausgleich innerhalb von drei Monaten zu gewähren. [3] Die regelmäßige Arbeitszeit vermindert sich für jeden gesetzlichen Feiertag sowie für

den 24. Dezember und 31. Dezember, sofern sie auf einen Werktag fallen, um die dienstplanmäßig ausgefallenen Stunden.

Protokollerklärungen zu Absatz 3 Satz 3:

Die Verminderung der regelmäßigen Arbeitszeit betrifft die Beschäftigten, die wegen des Dienstplans am Feiertag frei haben und deshalb ohne diese Regelung nacharbeiten müssten.

(4) Aus dringenden betrieblichen/dienstlichen Gründen kann auf der Grundlage einer Betriebs-/Dienstvereinbarung im Rahmen des § 7 Abs. 1, 2 und des § 12 ArbZG von den Vorschriften des Arbeitszeitgesetzes abgewichen werden.[1)]

(5) Die Beschäftigten sind im Rahmen begründeter betrieblicher/dienstlicher Notwendigkeiten zur Leistung von Sonntags-, Feiertags-, Nacht-, Wechselschicht-, Schichtarbeit sowie – bei Teilzeitbeschäftigung aufgrund arbeitsvertraglicher Regelung oder mit ihrer Zustimmung – zu Bereitschaftsdienst, Rufbereitschaft, Überstunden und Mehrarbeit verpflichtet.

(6) [1] Durch Betriebs-/Dienstvereinbarung kann ein wöchentlicher Arbeitszeitkorridor von bis zu 45 Stunden eingerichtet werden. [2] Die innerhalb eines Arbeitszeitkorridors geleisteten zusätzlichen Arbeitsstunden werden im Rahmen des nach Absatz 2 Satz 1 festgelegten Zeitraums ausgeglichen.

(7) [1] Durch Betriebs-/Dienstvereinbarung kann in der Zeit von 6 bis 20 Uhr eine tägliche Rahmenzeit von bis zu zwölf Stunden eingeführt werden. [2] Die innerhalb der täglichen Rahmenzeit geleisteten zusätzlichen Arbeitsstunden werden im Rahmen des nach Absatz 2 Satz 1 festgelegten Zeitraums ausgeglichen.

(8) Die Absätze 6 und 7 gelten nur alternativ und nicht bei Wechselschicht- und Schichtarbeit.

(9) Für einen Betrieb/eine Verwaltung, in dem/der ein Personalvertretungsgesetz Anwendung findet, kann eine Regelung nach den Absätzen 4, 6 und 7 in einem landesbezirklichen Tarifvertrag getroffen werden, wenn eine Dienstvereinbarung nicht einvernehmlich zustande kommt und der Arbeitgeber ein Letztentscheidungsrecht hat.

Protokollerklärungen zu § 6:

[1] Gleitzeitregelungen sind unter Wahrung der jeweils geltenden Mitbestimmungsrechte unabhängig von den Vorgaben zu Arbeitszeitkorridor und Rahmenzeit (Absätze 6 und 7) möglich. [2] Sie dürfen keine Regelungen nach Absatz 4 enthalten.

§ 7 Sonderformen der Arbeit. (1) [1] Wechselschichtarbeit ist die Arbeit nach einem Schichtplan, der einen regelmäßigen Wechsel der täglichen Arbeitszeit in Wechselschichten vorsieht, bei denen Beschäftigte durchschnittlich längstens nach Ablauf eines Monats erneut zur Nachtschicht herangezogen werden. [2] Wechselschichten sind wechselnde Arbeitsschichten, in denen ununterbrochen bei Tag und Nacht, werktags, sonntags und feiertags gearbeitet wird. [3] Nachtschichten sind Arbeitsschichten, die mindestens zwei Stunden Nachtarbeit umfassen.

(2) Schichtarbeit ist die Arbeit nach einem Schichtplan, der einen regelmäßigen Wechsel des Beginns der täglichen Arbeitszeit um mindestens zwei

[1)] ProtErkl. zu Abs. 4 AT nicht besetzt.

Stunden in Zeitabschnitten von längstens einem Monat vorsieht, und die innerhalb einer Zeitspanne von mindestens 13 Stunden geleistet wird.

(3) Bereitschaftsdienst leisten Beschäftigte, die sich auf Anordnung des Arbeitgebers außerhalb der regelmäßigen Arbeitszeit an einer vom Arbeitgeber bestimmten Stelle aufhalten, um im Bedarfsfall die Arbeit aufzunehmen.

(4) [1] Rufbereitschaft leisten Beschäftigte, die sich auf Anordnung des Arbeitgebers außerhalb der regelmäßigen Arbeitszeit an einer dem Arbeitgeber anzuzeigenden Stelle aufhalten, um auf Abruf die Arbeit aufzunehmen. [2] Rufbereitschaft wird nicht dadurch ausgeschlossen, dass Beschäftigte vom Arbeitgeber mit einem Mobiltelefon oder einem vergleichbaren technischen Hilfsmittel ausgestattet sind.

(5) Nachtarbeit ist die Arbeit zwischen 21 Uhr und 6 Uhr.

(6) Mehrarbeit sind die Arbeitsstunden, die Teilzeitbeschäftigte über die vereinbarte regelmäßige Arbeitszeit hinaus bis zur regelmäßigen wöchentlichen Arbeitszeit von Vollbeschäftigten (§ 6 Abs. 1 Satz 1) leisten.

(7) Überstunden sind die auf Anordnung des Arbeitgebers geleisteten Arbeitsstunden, die über die im Rahmen der regelmäßigen Arbeitszeit von Vollbeschäftigten (§ 6 Abs. 1 Satz 1) für die Woche dienstplanmäßig bzw. betriebsüblich festgesetzten Arbeitsstunden hinausgehen und nicht bis zum Ende der folgenden Kalenderwoche ausgeglichen werden.

(8) Abweichend von Absatz 7 sind nur die Arbeitsstunden Überstunden, die

a) im Falle der Festlegung eines Arbeitszeitkorridors nach § 6 Abs. 6 über 45 Stunden oder über die vereinbarte Obergrenze hinaus,
b) im Falle der Einführung einer täglichen Rahmenzeit nach § 6 Abs. 7 außerhalb der Rahmenzeit,
c) im Falle von Wechselschicht- oder Schichtarbeit über die im Schichtplan festgelegten täglichen Arbeitsstunden einschließlich der im Schichtplan vorgesehenen Arbeitsstunden, die bezogen auf die regelmäßige wöchentliche Arbeitszeit im Schichtplanturnus nicht ausgeglichen werden,

angeordnet worden sind.

§ 8 Ausgleich für Sonderformen der Arbeit. (1) [1] Die/Der Beschäftigte erhält neben dem Entgelt für die tatsächliche Arbeitsleistung Zeitzuschläge. [2] Die Zeitzuschläge betragen – auch bei Teilzeitbeschäftigten – je Stunde

a)	für Überstunden	
	in den Entgeltgruppen 1 bis 9b	30 v.H.,
	in den Entgeltgruppen 9c bis 15	15 v.H.,
b)	für Nachtarbeit	20 v.H.,
c)	für Sonntagsarbeit	25 v.H.,
d)	bei Feiertagsarbeit	
	– ohne Freizeitausgleich	135 v.H.,
	– mit Freizeitausgleich	35 v.H.,
e)	für Arbeit am 24. Dezember und am 31. Dezember jeweils ab 6 Uhr	35 v.H.,
f)	für Arbeit an Samstagen von 13 bis 21 Uhr, soweit diese nicht im Rahmen von Wechselschicht- oder Schichtarbeit anfällt	20 v.H.,

des auf eine Stunde entfallenden Anteils des Tabellenentgelts der Stufe 3 der jeweiligen Entgeltgruppe. [3]Beim Zusammentreffen von Zeitzuschlägen nach Satz 2 Buchst. c bis f wird nur der höchste Zeitzuschlag gezahlt. [4]Auf Wunsch der/des Beschäftigten können, soweit ein Arbeitszeitkonto (§ 10) eingerichtet ist und die betrieblichen/dienstlichen Verhältnisse es zulassen, die nach Satz 2 zu zahlenden Zeitzuschläge entsprechend dem jeweiligen Vomhundertsatz einer Stunde in Zeit umgewandelt und ausgeglichen werden. [5]Dies gilt entsprechend für Überstunden als solche.

Protokollerklärung zu Absatz 1 Satz 1:
Bei Überstunden richtet sich das Entgelt für die tatsächliche Arbeitsleistung nach der jeweiligen Entgeltgruppe und der individuellen Stufe, höchstens jedoch nach der Stufe 4.

Protokollerklärung zu Absatz 1 Satz 2 Buchst. d:
[1]Der Freizeitausgleich muss im Dienstplan besonders ausgewiesen und bezeichnet werden. [2]Falls kein Freizeitausgleich gewährt wird, werden als Entgelt einschließlich des Zeitzuschlags und des auf den Feiertag entfallenden Tabellenentgelts höchstens 235 v.H. gezahlt.

(2) Für Arbeitsstunden, die keine Überstunden sind und die aus betrieblichen/dienstlichen Gründen nicht innerhalb des nach § 6 Abs. 2 Satz 1 oder 2 festgelegten Zeitraums mit Freizeit ausgeglichen werden, erhält die/der Beschäftigte je Stunde 100 v.H. des auf eine Stunde entfallenden Anteils des Tabellenentgelts der jeweiligen Entgeltgruppe und Stufe.

Protokollerklärung zu Absatz 2:
Mit dem Begriff „Arbeitsstunden" sind nicht die Stunden gemeint, die im Rahmen von Gleitzeitregelungen im Sinne der Protokollerklärung zu § 6 anfallen, es sei denn, sie sind angeordnet worden.

(3) [1]Für die Rufbereitschaft wird eine tägliche Pauschale je Entgeltgruppe bezahlt. [2]Sie beträgt für die Tage Montag bis Freitag das Zweifache, für Samstag, Sonntag sowie für Feiertage das Vierfache des tariflichen Stundenentgelts nach Maßgabe der Entgelttabelle. [3]Maßgebend für die Bemessung der Pauschale nach Satz 2 ist der Tag, an dem die Rufbereitschaft beginnt. [4]Für die Arbeitsleistung innerhalb der Rufbereitschaft außerhalb des Aufenthaltsortes im Sinne des § 7 Abs. 4 wird die Zeit jeder einzelnen Inanspruchnahme einschließlich der hierfür erforderlichen Wegezeiten jeweils auf eine volle Stunde gerundet und mit dem Entgelt für Überstunden sowie mit etwaigen Zeitzuschlägen nach Absatz 1 bezahlt. [5]Wird die Arbeitsleistung innerhalb der Rufbereitschaft am Aufenthaltsort im Sinne des § 7 Abs. 4 telefonisch (z.B. in Form einer Auskunft) oder mittels technischer Einrichtungen erbracht, wird abweichend von Satz 4 die Summe dieser Arbeitsleistungen auf die nächste volle Stunde gerundet und mit dem Entgelt für Überstunden sowie mit etwaigen Zeitzuschlägen nach Absatz 1 bezahlt. [6]Absatz 1 Satz 4 gilt entsprechend, soweit die Buchung auf das Arbeitszeitkonto nach § 10 Abs. 3 Satz 2 zulässig ist. [7]Satz 1 gilt nicht im Falle einer stundenweisen Rufbereitschaft. [8]Eine Rufbereitschaft im Sinne von Satz 7 liegt bei einer ununterbrochenen Rufbereitschaft von weniger als zwölf Stunden vor. [9]In diesem Fall wird abweichend von den Sätzen 2 und 3 für jede Stunde der Rufbereitschaft 12,5 v.H. des tariflichen Stundenentgelts nach Maßgabe der Entgelttabelle gezahlt.

Protokollerklärung zu Absatz 3:
Zur Ermittlung der Tage einer Rufbereitschaft, für die eine Pauschale gezahlt wird, ist auf den Tag des Beginns der Rufbereitschaft abzustellen.

(4) [1] Das Entgelt für Bereitschaftsdienst wird landesbezirklich geregelt. [2] Bis zum In-Kraft-Treten einer Regelung nach Satz 1 gelten die in dem jeweiligen Betrieb/der jeweiligen Verwaltung/Dienststelle am 30. September 2005 jeweils geltenden Bestimmungen fort.

(5) [1] Beschäftigte, die ständig Wechselschichtarbeit leisten, erhalten eine Wechselschichtzulage von 105 Euro monatlich. [2] Beschäftigte, die nicht ständig Wechselschichtarbeit leisten, erhalten eine Wechselschichtzulage von 0,63 Euro pro Stunde.

(6) [1] Beschäftigte, die ständig Schichtarbeit leisten, erhalten eine Schichtzulage von 40 Euro monatlich. [2] Beschäftigte, die nicht ständig Schichtarbeit leisten, erhalten eine Schichtzulage von 0,24 Euro pro Stunde.

§ 9 Bereitschaftszeiten. (1) [1] Bereitschaftszeiten sind die Zeiten, in denen sich die/der Beschäftigte am Arbeitsplatz oder einer anderen vom Arbeitgeber bestimmten Stelle zur Verfügung halten muss, um im Bedarfsfall die Arbeit selbständig, ggf. auch auf Anordnung, aufzunehmen und in denen die Zeiten ohne Arbeitsleistung überwiegen. [2] Für Beschäftigte, in deren Tätigkeit regelmäßig und in nicht unerheblichem Umfang Bereitschaftszeiten fallen, gelten folgende Regelungen:

a) Bereitschaftszeiten werden zur Hälfte als tarifliche Arbeitszeit gewertet (faktorisiert).
b) Sie werden innerhalb von Beginn und Ende der regelmäßigen täglichen Arbeitszeit nicht gesondert ausgewiesen.
c) Die Summe aus den faktorisierten Bereitschaftszeiten und der Vollarbeitszeit darf die Arbeitszeit nach § 6 Abs. 1 nicht überschreiten.
d) Die Summe aus Vollarbeits- und Bereitschaftszeiten darf durchschnittlich 48 Stunden wöchentlich nicht überschreiten.

[3] Ferner ist Voraussetzung, dass eine nicht nur vorübergehend angelegte Organisationsmaßnahme besteht, bei der regelmäßig und in nicht unerheblichem Umfang Bereitschaftszeiten anfallen.

(2) [1] Die Anwendung des Absatzes 1 bedarf im Geltungsbereich eines Personalvertretungsgesetzes einer einvernehmlichen Dienstvereinbarung. [2] § 6 Abs. 9 gilt entsprechend. [3] Im Geltungsbereich des Betriebsverfassungsgesetzes unterliegt die Anwendung dieser Vorschrift der Mitbestimmung im Sinne des § 87 Abs. 1 Nr. 2 BetrVG.

(3) *(nicht besetzt)*

Protokollerklärung zu § 9:
Diese Regelung gilt nicht für Wechselschicht- und Schichtarbeit.

§ 10 Arbeitszeitkonto. (1) [1] Durch Betriebs-/Dienstvereinbarung kann ein Arbeitszeitkonto eingerichtet werden. [2] Für einen Betrieb/eine Verwaltung, in dem/der ein Personalvertretungsgesetz Anwendung findet, kann eine Regelung nach Satz 1 auch in einem landesbezirklichen Tarifvertrag getroffen werden, wenn eine Dienstvereinbarung nicht einvernehmlich zustande kommt und der Arbeitgeber ein Letztentscheidungsrecht hat. [3] Soweit ein Arbeitszeitkorridor (§ 6 Abs. 6) oder eine Rahmenzeit (§ 6 Abs. 7) vereinbart wird, ist ein Arbeitszeitkonto einzurichten.

(2) [1] In der Betriebs-/Dienstvereinbarung wird festgelegt, ob das Arbeitszeitkonto im ganzen Betrieb/in der ganzen Verwaltung oder Teilen davon eingerichtet wird. [2] Alle Beschäftigten der Betriebs-/Verwaltungsteile, für die ein Arbeitszeitkonto eingerichtet wird, werden von den Regelungen des Arbeitszeitkontos erfasst.

(3) [1] Auf das Arbeitszeitkonto können Zeiten, die bei Anwendung des nach § 6 Abs. 2 festgelegten Zeitraums als Zeitguthaben oder als Zeitschuld bestehen bleiben, nicht durch Freizeit ausgeglichene Zeiten nach § 8 Abs. 1 Satz 5 und Abs. 2 sowie in Zeit umgewandelte Zuschläge nach § 8 Abs. 1 Satz 4 gebucht werden. [2] Weitere Kontingente (z.B. Rufbereitschafts-/Bereitschaftsdienstentgelte) können durch Betriebs-/Dienstvereinbarung zur Buchung freigegeben werden. [3] Die/Der Beschäftigte entscheidet für einen in der Betriebs-/Dienstvereinbarung festgelegten Zeitraum, welche der in Satz 1 genannten Zeiten auf das Arbeitszeitkonto gebucht werden.

(4) Im Falle einer unverzüglich angezeigten und durch ärztliches Attest nachgewiesenen Arbeitsunfähigkeit während eines Zeitausgleichs vom Arbeitszeitkonto (Zeiten nach Absatz 3 Satz 1 und 2) tritt eine Minderung des Zeitguthabens nicht ein.

(5) In der Betriebs-/Dienstvereinbarung sind insbesondere folgende Regelungen zu treffen:

a) Die höchstmögliche Zeitschuld (bis zu 40 Stunden) und das höchstzulässige Zeitguthaben (bis zu einem Vielfachen von 40 Stunden), die innerhalb eines bestimmten Zeitraums anfallen dürfen;
b) nach dem Umfang des beantragten Freizeitausgleichs gestaffelte Fristen für das Abbuchen von Zeitguthaben oder für den Abbau von Zeitschulden durch die/den Beschäftigten;
c) die Berechtigung, das Abbuchen von Zeitguthaben zu bestimmten Zeiten (z.B. an so genannten Brückentagen) vorzusehen;
d) die Folgen, wenn der Arbeitgeber einen bereits genehmigten Freizeitausgleich kurzfristig widerruft.

(6) [1] Der Arbeitgeber kann mit der/dem Beschäftigten die Einrichtung eines Langzeitkontos vereinbaren. [2] In diesem Fall ist der Betriebs-/Personalrat zu beteiligen und – bei Insolvenzfähigkeit des Arbeitgebers – eine Regelung zur Insolvenzsicherung zu treffen.

§ 11 Teilzeitbeschäftigung. (1) [1] Mit Beschäftigten soll auf Antrag eine geringere als die vertraglich festgelegte Arbeitszeit vereinbart werden, wenn sie

a) mindestens ein Kind unter 18 Jahren oder
b) einen nach ärztlichem Gutachten pflegebedürftigen sonstigen Angehörigen

tatsächlich betreuen oder pflegen und dringende dienstliche bzw. betriebliche Belange nicht entgegenstehen. [2] Die Teilzeitbeschäftigung nach Satz 1 ist auf Antrag auf bis zu fünf Jahre zu befristen. [3] Sie kann verlängert werden; der Antrag ist spätestens sechs Monate vor Ablauf der vereinbarten Teilzeitbeschäftigung zu stellen. [4] Bei der Gestaltung der Arbeitszeit hat der Arbeitgeber im Rahmen der dienstlichen bzw. betrieblichen Möglichkeiten der besonderen persönlichen Situation der/des Beschäftigten nach Satz 1 Rechnung zu tragen.

(2) Beschäftigte, die in anderen als den in Absatz 1 genannten Fällen eine Teilzeitbeschäftigung vereinbaren wollen, können von ihrem Arbeitgeber verlangen, dass er mit ihnen die Möglichkeit einer Teilzeitbeschäftigung mit dem Ziel erörtert, zu einer entsprechenden Vereinbarung zu gelangen.

(3) Ist mit früher Vollbeschäftigten auf ihren Wunsch eine nicht befristete Teilzeitbeschäftigung vereinbart worden, sollen sie bei späterer Besetzung eines Vollzeitarbeitsplatzes bei gleicher Eignung im Rahmen der dienstlichen bzw. betrieblichen Möglichkeiten bevorzugt berücksichtigt werden.

Protokollerklärung zu Abschnitt II:

Bei In-Kraft-Treten dieses Tarifvertrages bestehende Gleitzeitregelungen bleiben unberührt.

Abschnitt III. Eingruppierung, Entgelt und sonstige Leistungen

§ 12 Eingruppierung. (1) [1] Die Eingruppierung der/des Beschäftigten richtet sich nach den Tätigkeitsmerkmalen der Anlage 1 – Entgeltordnung (VKA). [2] Die/Der Beschäftigte erhält Entgelt nach der Entgeltgruppe, in der sie/er eingruppiert ist.

(2) [1] Die/Der Beschäftigte ist in der Entgeltgruppe eingruppiert, deren Tätigkeitsmerkmalen die gesamte von ihr/ihm nicht nur vorübergehend auszuübende Tätigkeit entspricht. [2] Die gesamte auszuübende Tätigkeit entspricht den Tätigkeitsmerkmalen einer Entgeltgruppe, wenn zeitlich mindestens zur Hälfte Arbeitsvorgänge anfallen, die für sich genommen die Anforderungen eines Tätigkeitsmerkmals oder mehrerer Tätigkeitsmerkmale dieser Entgeltgruppe erfüllen. [3] Kann die Erfüllung einer Anforderung in der Regel erst bei der Betrachtung mehrerer Arbeitsvorgänge festgestellt werden (z.B. vielseitige Fachkenntnisse), sind diese Arbeitsvorgänge für die Feststellung, ob diese Anforderung erfüllt ist, insoweit zusammen zu beurteilen. [4] Werden in einem Tätigkeitsmerkmal mehrere Anforderungen gestellt, gilt das in Satz 2 bestimmte Maß, ebenfalls bezogen auf die gesamte auszuübende Tätigkeit, für jede Anforderung. [5] Ist in einem Tätigkeitsmerkmal ein von den Sätzen 2 bis 4 abweichendes zeitliches Maß bestimmt, gilt dieses. [6] Ist in einem Tätigkeitsmerkmal als Anforderung eine Voraussetzung in der Person der/des Beschäftigten bestimmt, muss auch diese Anforderung erfüllt sein.

Protokollerklärung zu Absatz 2:

[1] Arbeitsvorgänge sind Arbeitsleistungen (einschließlich Zusammenhangsarbeiten), die, bezogen auf den Aufgabenkreis der/des Beschäftigten, zu einem bei natürlicher Betrachtung abgrenzbaren Arbeitsergebnis führen (z.B. unterschriftsreife Bearbeitung eines Aktenvorgangs, eines Widerspruchs oder eines Antrags, Erstellung eines EKG, Fertigung einer Bauzeichnung, Konstruktion einer Brücke oder eines Brückenteils, Bearbeitung eines Antrags auf eine Sozialleistung, Betreuung einer Person oder Personengruppe, Durchführung einer Unterhaltungs- oder Instandsetzungsarbeit). [2] Jeder einzelne Arbeitsvorgang ist als solcher zu bewerten und darf dabei hinsichtlich der Anforderungen zeitlich nicht aufgespalten werden. [3] Eine Anforderung im Sinne der Sätze 2 und 3 ist auch das in einem Tätigkeitsmerkmal geforderte Herausheben der Tätigkeit aus einer niedrigeren Entgeltgruppe.

(3) Die Entgeltgruppe der/des Beschäftigten ist im Arbeitsvertrag anzugeben.

§ 13 Eingruppierung in besonderen Fällen. (1) [1] Ist der/dem Beschäftigten eine andere, höherwertige Tätigkeit nicht übertragen worden, hat sich aber die ihr/ihm übertragene Tätigkeit (§ 12 Abs. 2 Satz 1) nicht nur vorübergehend derart geändert, dass sie den Tätigkeitsmerkmalen einer höheren als ihrer/seiner bisherigen Entgeltgruppe entspricht (§ 12 Abs. 2 Sätze 2 bis 6), und hat die/der Beschäftigte die höherwertige Tätigkeit ununterbrochen sechs Monate lang ausgeübt, ist sie/er mit Beginn des darauffolgenden Kalendermonats in der höheren Entgeltgruppe eingruppiert. [2] Für die zurückliegenden sechs Kalendermonate gilt § 14 Abs. 1 sinngemäß.

(2) [1] Ist die Zeit der Ausübung der höherwertigen Tätigkeit durch Urlaub, Arbeitsbefreiung, Arbeitsunfähigkeit, Kur- oder Heilverfahren oder Vorbereitung auf eine Fachprüfung für die Dauer von insgesamt nicht mehr als sechs Wochen unterbrochen worden, wird die Unterbrechungszeit in die Frist von sechs Monaten eingerechnet. [2] Bei einer längeren Unterbrechung oder bei einer Unterbrechung aus anderen Gründen beginnt die Frist nach der Beendigung der Unterbrechung von neuem.

(3) Wird der/dem Beschäftigten vor Ablauf der sechs Monate wieder eine Tätigkeit zugewiesen, die den Tätigkeitsmerkmalen ihrer/seiner bisherigen Entgeltgruppe entspricht, gilt § 14 Abs. 1 sinngemäß.

Protokollerklärung zu §§ 12, 13:

Die Grundsätze der korrigierenden Rückgruppierung bleiben unberührt.

§ 14 Vorübergehende Übertragung einer höherwertigen Tätigkeit.

(1) Wird der/dem Beschäftigten vorübergehend eine andere Tätigkeit übertragen, die den Tätigkeitsmerkmalen einer höheren als ihrer/seiner Eingruppierung entspricht, und hat sie/er diese mindestens einen Monat ausgeübt, erhält sie/er für die Dauer der Ausübung eine persönliche Zulage rückwirkend ab dem ersten Tag der Übertragung der Tätigkeit.

(2) Durch landesbezirklichen Tarifvertrag wird im Rahmen eines Kataloges, der die hierfür in Frage kommenden Tätigkeiten aufführt, bestimmt, dass die Voraussetzung für die Zahlung einer persönlichen Zulage bereits erfüllt ist, wenn die vorübergehend übertragene Tätigkeit mindestens drei Arbeitstage angedauert hat und die/der Beschäftigte ab dem ersten Tag der Vertretung in Anspruch genommen worden ist.

(3) Die persönliche Zulage bemisst sich nach dem jeweiligen Unterschiedsbetrag zu dem Tabellenentgelt, das sich bei dauerhafter Übertragung nach § 17 Abs. 4 Satz 1 ergeben hätte.[1)]

§ 15 Tabellenentgelt. (1) [1] Die/Der Beschäftigte erhält monatlich ein Tabellenentgelt. [2] Die Höhe bestimmt sich nach der Entgeltgruppe, in die sie/er eingruppiert ist, und nach der für sie/ihn geltenden Stufe.

(2) Die Beschäftigten erhalten Entgelt nach der Anlage A.

(3) [1] Im Rahmen von landesbezirklichen tarifvertraglichen Regelungen können für an- und ungelernte Tätigkeiten in von Outsourcing und/oder Privatisierung bedrohten Bereichen in den Entgeltgruppen 1 bis 4 Abweichungen von der Entgelttabelle bis zu einer dort vereinbarten Untergrenze vorgenom-

---

[1)] Entspricht redaktionell angepasst § 14 Abs. 3 TVöD.

men werden. [2]Die Untergrenze muss im Rahmen der Spannbreite des Entgelts der Entgeltgruppe 1 liegen. [3]Die Umsetzung erfolgt durch Anwendungsvereinbarung.

§ 16 Stufen der Entgelttabelle. (1) Die Entgeltgruppen 2 bis 15 umfassen sechs Stufen.

(2) [1]Bei Einstellung werden die Beschäftigten der Stufe 1 zugeordnet, sofern keine einschlägige Berufserfahrung vorliegt. [2]Verfügt die/der Beschäftigte über eine einschlägige Berufserfahrung von mindestens einem Jahr, erfolgt die Einstellung in die Stufe 2; verfügt sie/er über eine einschlägige Berufserfahrung von mindestens drei Jahren, erfolgt in der Regel eine Zuordnung zur Stufe 3. [3]Unabhängig davon kann der Arbeitgeber bei Neueinstellungen zur Deckung des Personalbedarfs Zeiten einer vorherigen beruflichen Tätigkeit ganz oder teilweise für die Stufenzuordnung berücksichtigen, wenn diese Tätigkeit für die vorgesehene Tätigkeit förderlich ist.

Protokollerklärung zu Absatz 2:

Ein Berufspraktikum nach dem Tarifvertrag für Praktikantinnen/Praktikanten des öffentlichen Dienstes (TVPöD) vom 27. Oktober 2009 gilt grundsätzlich als Erwerb einschlägiger Berufserfahrung.

(2a) Bei Einstellung von Beschäftigten in unmittelbarem Anschluss an ein Arbeitsverhältnis im öffentlichen Dienst (§ 34 Abs. 3 Satz 3 und 4) oder zu einem Arbeitgeber, der einen dem TVöD vergleichbaren Tarifvertrag anwendet, kann die in dem vorhergehenden Arbeitsverhältnis erworbene Stufe bei der Stufenzuordnung ganz oder teilweise berücksichtigt werden; Absatz 2 Satz 3 bleibt unberührt.

(3) Die Beschäftigten erreichen die jeweils nächste Stufe – von Stufe 3 an in Abhängigkeit von ihrer Leistung gemäß § 17 Abs. 2 – nach folgenden Zeiten einer ununterbrochenen Tätigkeit innerhalb derselben Entgeltgruppe bei ihrem Arbeitgeber (Stufenlaufzeit):

- Stufe 2 nach einem Jahr in Stufe 1,
- Stufe 3 nach zwei Jahren in Stufe 2,
- Stufe 4 nach drei Jahren in Stufe 3,
- Stufe 5 nach vier Jahren in Stufe 4 und
- Stufe 6 nach fünf Jahren in Stufe 5.

(4) [1]Die Entgeltgruppe 1 umfasst fünf Stufen. [2]Einstellungen erfolgen in der Stufe 2 (Eingangsstufe). [3]Die jeweils nächste Stufe wird nach vier Jahren in der vorangegangenen Stufe erreicht; § 17 Abs. 2 bleibt unberührt.

§ 17 Allgemeine Regelungen zu den Stufen. (1) Die Beschäftigten erhalten vom Beginn des Monats an, in dem die nächste Stufe erreicht wird, das Tabellenentgelt nach der neuen Stufe.

(2) [1]Bei Leistungen der/des Beschäftigten, die erheblich über dem Durchschnitt liegen, kann die erforderliche Zeit für das Erreichen der Stufen 4 bis 6 jeweils verkürzt werden. [2]Bei Leistungen, die erheblich unter dem Durchschnitt liegen, kann die erforderliche Zeit für das Erreichen der Stufen 4 bis 6 jeweils verlängert werden. [3]Bei einer Verlängerung der Stufenlaufzeit hat der Arbeitgeber jährlich zu prüfen, ob die Voraussetzungen für die Verlängerung noch vorliegen. [4]Für die Beratung von schriftlich begründeten Beschwerden von Beschäftigten gegen eine Verlängerung nach Satz 2 bzw. 3 ist ein Gemein-

samer Ausschuss[1)] zuständig. [5]Die Mitglieder des Gemeinsamen Ausschusses[1)] werden je zur Hälfte vom Arbeitgeber und vom Betriebs-/Personalrat benannt; sie müssen dem Betrieb/der Dienststelle angehören. [6]Der Arbeitgeber entscheidet auf Vorschlag des Gemeinsamen Ausschusses[1)] darüber, ob und in welchem Umfang der Beschwerde abgeholfen werden soll.

Protokollerklärung zu Absatz 2:

[1]Die Instrumente der materiellen Leistungsanreize (§§ 18.1 bis 18.4) und der leistungsbezogene Stufenaufstieg bestehen unabhängig voneinander und dienen unterschiedlichen Zielen. [2]Leistungsbezogene Stufenaufstiege unterstützen insbesondere die Anliegen der Personalentwicklung.

Protokollerklärung zu Absatz 2 Satz 2:

Bei Leistungsminderungen, die auf einem anerkannten Arbeitsunfall oder einer Berufskrankheit gemäß §§ 8 und 9 SGB VII beruhen, ist diese Ursache in geeigneter Weise zu berücksichtigen.

Protokollerklärung zu Absatz 2 Satz 6:

Die Mitwirkung des Gemeinsamen Ausschusses[1)] erfasst nicht die Entscheidung über die leistungsbezogene Stufenzuordnung.

(3) [1]Den Zeiten einer ununterbrochenen Tätigkeit im Sinne des § 16 Abs. 3 Satz 1 stehen gleich:

a) Schutzfristen nach dem Mutterschutzgesetz,
b) Zeiten einer Arbeitsunfähigkeit nach § 22 bis zu 39 Wochen,
c) Zeiten eines bezahlten Urlaubs,
d) Zeiten eines Sonderurlaubs, bei denen der Arbeitgeber vor dem Antritt schriftlich ein dienstliches bzw. betriebliches Interesse anerkannt hat,
e) Zeiten einer sonstigen Unterbrechung von weniger als einem Monat im Kalenderjahr,
f) Zeiten der vorübergehenden Übertragung einer höherwertigen Tätigkeit.

[2]Zeiten der Unterbrechung bis zu einer Dauer von jeweils drei Jahren, die nicht von Satz 1 erfasst werden, und Elternzeit bis zu jeweils fünf Jahren sind unschädlich, werden aber nicht auf die Stufenlaufzeit angerechnet. [3]Bei einer Unterbrechung von mehr als drei Jahren, bei Elternzeit von mehr als fünf Jahren, erfolgt eine Zuordnung zu der Stufe, die der vor der Unterbrechung erreichten Stufe vorangeht, jedoch nicht niedriger als bei einer Neueinstellung; die Stufenlaufzeit beginnt mit dem Tag der Arbeitsaufnahme. [4]Zeiten, in denen Beschäftigte mit einer kürzeren als der regelmäßigen wöchentlichen Arbeitszeit eines entsprechenden Vollbeschäftigten beschäftigt waren, werden voll angerechnet.

(4) [1]Bei Eingruppierung in eine höhere Entgeltgruppe aus den Entgeltgruppen 2 bis 14 der Anlage A werden die Beschäftigten der gleichen Stufe zugeordnet, die sie in der niedrigeren Entgeltgruppe erreicht haben, mindestens jedoch der Stufe 2. [2]Die Stufenlaufzeit in der höheren Entgeltgruppe beginnt mit dem Tag der Höhergruppierung. [3]Bei einer Eingruppierung in eine niedrigere Entgeltgruppe ist die/der Beschäftige der in der höheren Entgeltgruppe erreichten Stufe zuzuordnen; die in der bisherigen Stufe zurückgelegte Stufenlaufzeit wird auf die Stufenlaufzeit in der niedrigeren Entgeltgruppe angerechnet. [4]Die/Der Beschäftigte erhält vom Beginn des Monats an,

---

[1)] Begrifflichkeit des § 41 Abs. 2 BT-S für die „Betriebliche Kommission".

in dem die Veränderung wirksam wird, das entsprechende Tabellenentgelt aus der in Satz 1 oder Satz 3 festgelegten Stufe der betreffenden Entgeltgruppe.

(4a) [1]Bei Eingruppierung in eine höhere Entgeltgruppe aus der Entgeltgruppe 1 werden die Beschäftigten derjenigen Stufe zugeordnet, in der sie mindestens ihr bisheriges Tabellenentgelt erhalten, mindestens jedoch der Stufe 2. [2]Wird die/der Beschäftigte nicht in die nächsthöhere, sondern in eine darüber liegende Entgeltgruppe höhergruppiert, ist das Tabellenentgelt für jede dazwischen liegende Entgeltgruppe nach Satz 1 zu berechnen. [3]Die Stufenlaufzeit in der höheren Entgeltgruppe beginnt mit dem Tag der Höhergruppierung. [4]Die/Der Beschäftigte erhält vom Beginn des Monats an, in dem die Veränderung wirksam wird, das entsprechende Tabellenentgelt aus der in Satz 1 festgelegten Stufe der betreffenden Entgeltgruppe.

Protokollerklärung zu den Absätzen 4 und 4a:

[1]Ist Beschäftigten nach § 14 Abs. 1 vorübergehend eine höherwertige Tätigkeit übertragen worden, und wird ihnen im unmittelbaren Anschluss daran eine Tätigkeit derselben höheren Entgeltgruppe dauerhaft übertragen, werden sie hinsichtlich der Stufenzuordnung so gestellt, als sei die Höhergruppierung ab dem ersten Tag der vorübergehenden Übertragung der höherwertigen Tätigkeit erfolgt. [2]Unterschreitet bei Höhergruppierungen nach Satz 1 das Tabellenentgelt nach den Sätzen 4 des § 17 Abs. 4 oder 4a die Summe aus dem Tabellenentgelt und dem Zulagenbetrag nach § 14 Abs. 3, die die/der Beschäftigte am Tag vor der Höhergruppierung erhalten hat, erhält die/der Beschäftigte dieses Entgelt solange, bis das Tabellenentgelt nach den Sätzen 4 des § 17 Abs. 4 oder 4a dieses Entgelt erreicht oder übersteigt.

§ 17.1[1)] Entgelt für Auszubildende. Die unter den Tarifvertrag für Auszubildende des öffentlichen Dienstes (TVAöD) vom 13. September 2005 fallenden Auszubildenden der Sparkassen erhalten im ersten, zweiten und dritten Ausbildungsjahr das nach dem TVAöD maßgebende Ausbildungsentgelt für das zweite, dritte bzw. vierte Ausbildungsjahr.

§ 18[2)] *(nicht besetzt)*

§ 18.1[3)] Grundsätze für leistungs- und erfolgsorientierte variable Entgelte. (1) [1]Durch einvernehmliche Dienstvereinbarung (befristet, unter Ausschluss der Nachwirkung) können individuelle und/oder teambezogene leistungs- und/oder erfolgsorientierte Prämien und/oder Zulagen als betriebliche Systeme eingeführt werden. [2]Bemessungsmethoden sind die Zielvereinbarung (§ 18.2) und die systematische Leistungsbewertung (§ 18.3).

(2) Bei der Entwicklung, Einführung und dem Controlling der betrieblichen Systeme (Kriterien und Verfahren einschl. Weiterentwicklung/Plausibilitätsprüfung) nach Absatz 1 und § 18.4 wirkt ein Gemeinsamer Ausschuss mit, dessen Mitglieder je zur Hälfte vom Arbeitgeber und vom Personalrat aus dem Betrieb benannt werden.

(3) [1]Der Gemeinsame Ausschuss ist auch für die Beratung von schriftlich begründeten Beschwerden zuständig, die sich auf Mängel des Systems bzw. seiner Anwendung beziehen. [2]Der Arbeitgeber entscheidet auf Vorschlag des Gemeinsamen Ausschusses darüber, ob und in welchem Umfang der Beschwer-

---

[1)] Entspricht § 48 BT-S.

[2)] Die Beschäftigten in Sparkassen sind von § 18 AT ausgenommen, ProtErkl. Nr. 4 zu § 18 AT.

[3)] Entspricht § 41 BT-S.

de im Wege der Korrektur des Systems bzw. von Systembestandteilen oder auch von einzelnen konkreten Anwendungsfällen abgeholfen werden soll. [3]Die Rechte der betrieblichen Mitbestimmung bleiben unberührt.

§ 18.2[1)] Zielvereinbarung. (1) [1]In Zielvereinbarungen legen Arbeitgeber und Beschäftigte gemeinsam für einen bestimmten Zeitraum die anzustrebenden Ergebnisse fest, welche insbesondere mit Leistungsprämien honoriert werden. [2]Pro Zielvereinbarungszeitraum sollten mehrere Ziele vereinbart werden. [3]Quantitative und qualitative Ziele sind möglich. [4]Sie können unterschiedlich gewichtet werden. [5]Für einzelne Ziele können Zielerreichungsstufen festgelegt werden. [6]Die Ziele und die Kriterien der Zielerreichung müssen sich auf den Arbeitsplatz/das Team und die damit verbundenen Arbeitsaufgaben beziehen. [7]Die Erfüllung der Ziele muss in der vertraglich geschuldeten Arbeitszeit möglich sein.

(2) Im Ausnahmefall sind Korrekturen der Zielvereinbarung einvernehmlich dann möglich, wenn sich maßgebliche Rahmenbedingungen gravierend geändert haben.

(3) [1]Die jeweilige Zielerreichung wird auf der Grundlage eines Soll-Ist-Vergleichs festgestellt und auf Wunsch den Beschäftigten erläutert. [2]Die Feststellung, dass Ziele nicht erreicht wurden, darf für sich allein nicht zu arbeitsrechtlichen Maßnahmen führen. [3]Umgekehrt schließt die Teilnahme an einer Zielvereinbarung arbeitsrechtliche Maßnahmen nicht aus.

§ 18.3[2)] Systematische Leistungsbewertung. (1) Die Leistungsbewertung knüpft im Rahmen eines Systems an konkrete Tatsachen und Verhaltensweisen an; sie begründet insbesondere Leistungszulagen.

(2) [1]Bewertungskriterien (z.B. Arbeitsquantität, Arbeitsqualität, Kundenorientierung, Teamfähigkeit, Führungsverhalten) sowie deren ggf. unterschiedlich gewichtete Abstufung werden in einer einvernehmlichen Dienstvereinbarung festgelegt. [2]Es können nur Kriterien herangezogen werden, die für den Arbeitsplatz relevant und von der/dem Beschäftigten beeinflussbar sind. [3]Die Leistungsbewertung nimmt die zuständige Führungskraft vor. [4]Der Bewertungsentwurf wird mit der/dem Beschäftigten besprochen, von der Führungskraft begründet und entschieden.

§ 18.4[3)] Sparkassensonderzahlung. (1) [1]Bankspezifisch Beschäftigte haben in jedem Kalenderjahr Anspruch auf eine Sparkassensonderzahlung (SSZ). [2]Sie besteht aus einem garantierten und einem variablen Anteil. [3]Der garantierte Anteil in Höhe eines Monatstabellenentgelts bis zum Kalenderjahr 2016 und in Höhe von 96 v.H. eines Monatstabellenentgelts ab dem Kalenderjahr 2017 steht jedem Beschäftigten zu. [4]Der variable Anteil ist individuell-leistungsbezogen und unternehmenserfolgsbezogen. [5]Er bestimmt sich nach den Absätzen 3 und 4. [6]Alle ausgezahlten Anteile sind zusatzversorgungspflichtiges Entgelt. [7]Voraussetzung für die SSZ ist, dass der Beschäftigte am 1. Dezember des jeweiligen Kalenderjahres im Arbeitsverhältnis steht. [8]Die SSZ vermindert sich um ein Zwölftel für jeden Kalendermonat, in dem Beschäftigte keinen Anspruch auf Entgelt, Entgelt im Krankheitsfall (§ 22) oder Fortzahlung des

---

[1)] Entspricht § 42 BT-S.
[2)] Entspricht § 43 BT-S.
[3)] Entspricht § 44 BT-S.

Entgelts während des Erholungsurlaubs (§ 26) haben. [9]Die Verminderung unterbleibt für Kalendermonate,

1. für die Beschäftigte kein Entgelt erhalten haben wegen
   a) Ableistung von Grundwehrdienst oder Zivildienst, wenn sie diesen vor dem 1. Dezember beendet und die Beschäftigung unverzüglich wieder aufgenommen haben,
   b) Beschäftigungsverboten nach § 3 Abs. 2 und § 6 Abs. 1 des Mutterschutzgesetzes,
   c) Inanspruchnahme der Elternzeit nach dem Bundeselterngeld- und Elternzeitgesetz bis zum Ende des Kalenderjahres, in dem das Kind geboren ist, wenn am Tag vor Antritt der Elternzeit Entgeltanspruch bestanden hat,
2. in denen Beschäftigten Krankengeldzuschuss gezahlt wurde oder nur wegen der Höhe des zustehenden Krankengeldes ein Krankengeldzuschuss nicht gezahlt worden ist.

Protokollerklärungen zu § 18.4 Abs. 1:

1. *[1]Bankspezifisch Beschäftigte im Sinne von § 18.4 Abs. 1 Satz 1 sind Beschäftige gemäß § 38 Abs. 5 Satz 1. [2]Die übrigen Beschäftigten haben Anspruch auf den garantierten Anteil der SSZ gemäß Absatz 1 Sätze 2 und 3; eigene leistungsdifferenzierende Systeme für diese Beschäftigten sind nicht ausgeschlossen.*
2. *Der variable Anteil der SSZ wird abhängig von der Ausweitung der Leistungsbezahlung im TVöD – Allgemeiner Teil – wie folgt wachsen (Grundlage: 14 Monatstabellenentgelte pro Jahr):*
   a) Solange bis der Zuwachs der Variabilität in der SSZ 1,36 v.H. (= 8,5 v.H. insgesamt) nicht erreicht, wird dieser dem individuell-leistungsbezogenen Anteil der SSZ zugeschlagen.
   b) Hat der Zuwachs 1,36 v.H. erreicht, werden darüber hinaus gehende Zuwächse jeweils zur Hälfte dem garantierten Anteil und zur Hälfte dem variablen Anteil zugeordnet (¼ individuell-leistungsbezogen, ¼ unternehmenserfolgsbezogen).
   c) Eine ggf. andere Verteilung der Anteile bleibt späteren Tarifverhandlungen vorbehalten.
3. *[1]Beschäftigte, die bis zum 31. März 2005 Altersteilzeitarbeit vereinbart haben, erhalten die SSZ auch dann, wenn das Arbeitsverhältnis wegen Rentenbezugs vor dem 1. Dezember endet. [2]In diesem Fall tritt an die Stelle des Bemessungsmonats Oktober der letzte Kalendermonat vor Beendigung des Arbeitsverhältnisses.*
4. *[1]Wegen der am 29. April 2016 vereinbarten Festschreibung des garantierten Anteils der Sparkassensonderzahlung beträgt abweichend von Satz 3 der Bemessungssatz für den garantierten Anteil der Sparkassensonderzahlung im Kalenderjahr 2016 97,66 Prozent und im Kalenderjahr 2017 91,60 Prozent. [2]Ab dem Kalenderjahr 2018 beträgt der garantierte Anteil 88,77 Prozent.*

(2) Das Monatstabellenentgelt gemäß Absatz 1 Satz 3 ist das Entgelt des Beschäftigten für den Monat Oktober, das sich aufgrund der individuell für diesen Monat vereinbarten durchschnittlichen regelmäßigen Arbeitszeit ergibt.

(3) [1]Der individuell-leistungsbezogene Teil des variablen Anteils der SSZ bestimmt sich wie folgt:
[2]Für jeden Beschäftigten wird

– für das Jahr 2010 ein Betrag in Höhe von 53,5 v.H.,

– für das Jahr 2011 ein Betrag in Höhe von 57 v.H.,

– für das Jahr 2012 ein Betrag in Höhe von 60,5 v.H. und
– ab dem Jahr 2013 jährlich ein Betrag in Höhe von 64 v.H.

eines Monatstabellenentgelts (Absatz 2) in ein Leistungsbudget eingestellt. [3]Die Form von Leistungszulagen und/oder Leistungsprämien auf der Grundlage individueller und/oder teambezogener Leistungskriterien. [4]Bemessungsmethode für Leistungszulagen ist die systematische Leistungsbewertung (§ 18.3) und für Leistungsprämien die Zielvereinbarung (§ 18.2). [5]Es ist sicherzustellen, dass das jeweilige Auszahlungsvolumen den beteiligten Beschäftigten nach einem ratierlichen auf alle anzuwendenden Maßstab zugeordnet wird. [6]Bei teilweiser Zielerreichung können Teilzahlungen erfolgen, wenn es die Zielvereinbarung vorsieht. [7]Die vollständige Ausschüttung des Gesamtbudgets ist zu gewährleisten. [8]Die weiteren Einzelheiten werden in einer einvernehmlichen Dienstvereinbarung geregelt. [9]Bis zu dem Abschluss und der Anwendung der Dienstvereinbarung werden 25 v.H. eines Monatstabellenentgelts gezahlt.

(4) [1]Der unternehmenserfolgsbezogene Teil des variablen Anteils der SSZ bestimmt sich wie folgt: [2]Für jeden Beschäftigten wird jährlich ein Betrag in Höhe eines halben Monatstabellenentgelts (Absatz 2) in ein Unternehmenserfolgsbudget eingestellt. [3]Die Höhe des Ausschüttungsvolumens bestimmt sich nach der Erreichung von institutsindividuellen Geschäftszielen der Sparkasse. [4]Die Definition der Geschäftsziele erfolgt vor Beginn des Kalenderjahres durch den Arbeitgeber im Rahmen der Unternehmensplanung. [5]Die für den unternehmenserfolgsabhängigen Anteil relevanten Ziele müssen den definierten Geschäftszielen entsprechen. [6]Die weiteren Einzelheiten, insbesondere der/ein Katalog relevanter Ziele und Kriterien für die Geschäftszielerreichung und die Fälligkeit (in der Regel im Monat nach der Schlussbesprechung), werden in einer einvernehmlichen Dienstvereinbarung geregelt. [7]Bei Zielerreichung ist jeder/m Beschäftigten das halbe Monatstabellenentgelt auszuzahlen. [8]Eine teilweise Zielerreichung kann nach den Maßgaben der Dienstvereinbarung zur anteiligen Ausschüttung führen. [9]Zielübererfüllungen können zu einer höheren Ausschüttung führen. [10]Kommt bis zum Ende des zu bewertenden Kalenderjahres keine Einigung über die Dienstvereinbarung zustande, besteht abweichend von Satz 2 nur Anspruch auf 25 v.H. eines Monatstabellenentgelts; der restliche Anteil verfällt.

(5) Der garantierte Anteil der SSZ wird mit dem Entgelt des Monats November, der variable Anteil gemäß Absatz 3 wird spätestens mit dem Entgelt für den Monat April des folgenden Kalenderjahres ausgezahlt.

(6) Im Übergangsjahr – in der Regel im Jahr 2006 – ist sicherzustellen, dass durch Abschlagszahlung auf die nach Absatz 1 Sätze 2 bis 4 zustehenden Anteile der SSZ 1,75 Monatstabellenentgelte (= 87,5 v.H. der SSZ) zur Ausschüttung kommen; die Einzelheiten werden in der Dienstvereinbarung geregelt.

(7) Die Beschäftigten haben keinen tarifvertraglichen Anspruch auf weitere Jahressonder- bzw. mantelrechtliche Einmalzahlungen.

§ 19 Erschwerniszuschläge. 1) [1]Erschwerniszuschläge werden für Arbeiten gezahlt, die außergewöhnliche Erschwernisse beinhalten. [2]Dies gilt nicht für Erschwernisse, die mit dem der Eingruppierung zugrunde liegenden Berufs- oder Tätigkeitsbild verbunden sind.

(2) Außergewöhnliche Erschwernisse im Sinne des Absatzes 1 ergeben sich grundsätzlich nur bei Arbeiten

a) mit besonderer Gefährdung,
b) mit extremer nicht klimabedingter Hitzeeinwirkung,
c) mit besonders starker Schmutz- oder Staubbelastung,
d) mit besonders starker Strahlenexposition oder
e) unter sonstigen vergleichbar erschwerten Umständen.

(3) Zuschläge nach Absatz 1 werden nicht gewährt, soweit der außergewöhnlichen Erschwernis durch geeignete Vorkehrungen, insbesondere zum Arbeitsschutz, ausreichend Rechnung getragen wird.

(4) [1] Die Zuschläge betragen in der Regel 5 bis 15 v.H. – in besonderen Fällen auch abweichend – des auf eine Stunde entfallenden Anteils des monatlichen Tabellenentgelts der Stufe 2 der Entgeltgruppe 2. [2] Teilzeitbeschäftigte erhalten Erschwerniszuschläge, die nach Stunden bemessen werden, in voller Höhe; sofern sie pauschaliert gezahlt werden, gilt dagegen § 24 Abs. 2.

(5) [1] Die zuschlagspflichtigen Arbeiten und die Höhe der Zuschläge werden landesbezirklich vereinbart. [2] *(nicht besetzt)*.

§ 20[1)] *(nicht besetzt)*

§ 21 Bemessungsgrundlage für die Entgeltfortzahlung. [1] In den Fällen der Entgeltfortzahlung nach § 6 Abs. 3 Satz 1, § 22 Abs. 1, § 26, § 27 und § 29 werden das Tabellenentgelt sowie die sonstigen in Monatsbeträgen festgelegten Entgeltbestandteile weitergezahlt. [2] Die nicht in Monatsbeträgen festgelegten Entgeltbestandteile werden als Durchschnitt auf Basis der dem maßgebenden Ereignis für die Entgeltfortzahlung vorhergehenden letzten drei vollen Kalendermonate (Berechnungszeitraum) gezahlt. [3] Ausgenommen hiervon sind das zusätzlich für Überstunden und Mehrarbeit gezahlte Entgelt (mit Ausnahme der im Dienstplan vorgesehenen Überstunden und Mehrarbeit), Leistungsentgelte, die Sparkassensonderzahlung[2)] sowie besondere Zahlungen nach § 23 Abs. 2 und 3.

Protokollerklärungen zu den Sätzen 2 und 3:

1. *[1] Volle Kalendermonate im Sinne der Durchschnittsberechnung nach Satz 2 sind Kalendermonate, in denen an allen Kalendertagen das Arbeitsverhältnis bestanden hat. [2] Hat das Arbeitsverhältnis weniger als drei Kalendermonate bestanden, sind die vollen Kalendermonate, in denen das Arbeitsverhältnis bestanden hat, zugrunde zu legen. [3] Bei Änderungen der individuellen Arbeitszeit werden die nach der Arbeitszeitänderung liegenden vollen Kalendermonate zugrunde gelegt.*
2. *[1] Der Tagesdurchschnitt nach Satz 2 beträgt bei einer durchschnittlichen Verteilung der regelmäßigen wöchentlichen Arbeitszeit auf fünf Tage 1/65 aus der Summe der zu berücksichtigenden Entgeltbestandteile, die für den Berechnungszeitraum zugestanden haben. [2] Maßgebend ist die Verteilung der Arbeitszeit zu Beginn des Berechnungszeitraums. [3] Bei einer abweichenden Verteilung der Arbeitszeit ist der Tagesdurchschnitt entsprechend Satz 1 und 2 zu ermitteln.*
3. *[1] Liegt zwischen der Begründung des Arbeitsverhältnisses oder der Änderung der individuellen Arbeitszeit und dem maßgeblichen Ereignis für die Entgeltfortzahlung kein voller Kalendermonat, ist der Tagesdurchschnitt anhand der konkreten indivi-*

[1)] Beschäftigte in Sparkassen sind von der Jahressonderzahlung ausgenommen; für sie gilt die Sparkassensonderzahlung (§§ 18.1 bis 18.4); vgl. § 44 Abs. 7 BT-S.
[2)] Sparkassensonderzahlung (§ 18.4) anstelle der Jahressonderzahlung (§ 20 AT).

duellen Daten zu ermitteln. [2]Dazu ist die Summe der zu berücksichtigenden Entgeltbestandteile, die für diesen Zeitraum zugestanden haben, durch die Zahl der tatsächlich in diesem Zeitraum erbrachten Arbeitstage zu teilen.

4. [1]Tritt die Fortzahlung des Entgelts nach einer allgemeinen Entgeltanpassung ein, ist die/der Beschäftigte so zu stellen, als sei die Entgeltanpassung bereits mit Beginn des Berechnungszeitraums eingetreten. [2]Der Erhöhungssatz beträgt für

– vor dem 1. März 2018 zustehende Entgeltbestandteile 3,19 v.H.,

– vor dem 1. April 2019 zustehende Entgeltbestandteile 3,09 v.H. und

– vor dem 1. März 2020 zustehende Entgeltbestandteile 1,06 v.H.

§ 22 Entgelt im Krankheitsfall. (1) [1]Werden Beschäftigte durch Arbeitsunfähigkeit infolge Krankheit an der Arbeitsleistung verhindert, ohne dass sie ein Verschulden trifft, erhalten sie bis zur Dauer von sechs Wochen das Entgelt nach § 21. [2]Bei erneuter Arbeitsunfähigkeit infolge derselben Krankheit sowie bei Beendigung des Arbeitsverhältnisses gelten die gesetzlichen Bestimmungen. [3]Als unverschuldete Arbeitsunfähigkeit im Sinne der Sätze 1 und 2 gilt auch die Arbeitsverhinderung in Folge einer Maßnahme der medizinischen Vorsorge und Rehabilitation im Sinne von § 9 EFZG.

Protokollerklärungen zu Absatz 1 Satz 1:

Ein Verschulden liegt nur dann vor, wenn die Arbeitsunfähigkeit vorsätzlich oder grob fahrlässig herbeigeführt wurde.

(2) [1]Nach Ablauf des Zeitraums gemäß Absatz 1 erhalten die Beschäftigten für die Zeit, für die ihnen Krankengeld oder entsprechende gesetzliche Leistungen gezahlt werden, einen Krankengeldzuschuss in Höhe des Unterschiedsbetrags zwischen den tatsächlichen Barleistungen des Sozialleistungsträgers und dem Nettoentgelt. [2]Nettoentgelt ist das um die gesetzlichen Abzüge verminderte Entgelt im Sinne des § 21 (mit Ausnahme der Leistungen nach § 23 Abs. 1); bei freiwillig in der gesetzlichen Krankenversicherung versicherten Beschäftigten ist dabei deren Gesamtkranken- und Pflegeversicherungsbeitrag abzüglich Arbeitgeberzuschuss zu berücksichtigen. [3]Für Beschäftigte, die nicht der Versicherungspflicht in der gesetzlichen Krankenversicherung unterliegen und bei einem privaten Krankenversicherungsunternehmen versichert sind, ist bei der Berechnung des Krankengeldzuschusses der Krankengeldhöchstsatz, der bei Pflichtversicherung in der gesetzlichen Krankenversicherung zustünde, zugrunde zu legen. [4]Bei Teilzeitbeschäftigten ist das nach Satz 3 bestimmte fiktive Krankengeld entsprechend § 24 Abs. 2 zeitanteilig umzurechnen.

(3) [1]Der Krankengeldzuschuss wird bei einer Beschäftigungszeit (§ 34 Abs. 3) von mehr als einem Jahr längstens bis zum Ende der 13. Woche und von mehr als drei Jahren längstens bis zum Ende der 39. Woche seit dem Beginn der Arbeitsunfähigkeit infolge derselben Krankheit gezahlt. [2]Maßgeblich für die Berechnung der Fristen nach Satz 1 ist die Beschäftigungszeit, die im Laufe der krankheitsbedingten Arbeitsunfähigkeit vollendet wird.

(4) [1]Entgelt im Krankheitsfall wird nicht über das Ende des Arbeitsverhältnisses hinaus gezahlt; § 8 EFZG bleibt unberührt. [2]Krankengeldzuschuss wird zudem nicht über den Zeitpunkt hinaus gezahlt, von dem an Beschäftigte eine Rente oder eine vergleichbare Leistung auf Grund eigener Versicherung aus der gesetzlichen Rentenversicherung, aus einer zusätzlichen Alters- und Hinterbliebenenversorgung oder aus einer sonstigen Versorgungseinrichtung erhalten, die nicht allein aus Mitteln der Beschäftigten finanziert ist. [3]Innerhalb eines

Kalenderjahres kann das Entgelt im Krankheitsfall nach Absatz 1 und 2 insgesamt längstens bis zum Ende der in Absatz 3 Satz 1 genannten Fristen bezogen werden; bei jeder neuen Arbeitsunfähigkeit besteht jedoch mindestens der sich aus Absatz 1 ergebende Anspruch. [4]Überzahlter Krankengeldzuschuss und sonstige Überzahlungen gelten als Vorschuss auf die in demselben Zeitraum zustehenden Leistungen nach Satz 2; soweit es sich nicht um öffentlich-rechtliche Sozialversicherungsansprüche auf Rente handelt, gehen die Ansprüche der Beschäftigten insoweit auf den Arbeitgeber über. [5]Der Arbeitgeber kann von der Rückforderung des Teils des überzahlten Betrags, der nicht durch die für den Zeitraum der Überzahlung zustehenden Bezüge im Sinne des Satzes 2 ausgeglichen worden ist, absehen, es sei denn, die/der Beschäftigte hat dem Arbeitgeber die Zustellung des Rentenbescheids schuldhaft verspätet mitgeteilt.

§ 23 Besondere Zahlungen. (1) [1]Nach Maßgabe des Vermögensbildungsgesetzes in seiner jeweiligen Fassung haben Beschäftigte, deren Arbeitsverhältnis voraussichtlich mindestens sechs Monate dauert, einen Anspruch auf vermögenswirksame Leistungen. [2]Für Vollbeschäftigte beträgt die vermögenswirksame Leistung für jeden vollen Kalendermonat 40,00[1)] Euro. [3]Der Anspruch entsteht frühestens für den Kalendermonat, in dem die/der Beschäftigte dem Arbeitgeber die erforderlichen Angaben schriftlich mitteilt, und für die beiden vorangegangenen Monate desselben Kalenderjahres; die Fälligkeit tritt nicht vor acht Wochen nach Zugang der Mitteilung beim Arbeitgeber ein. [4]Die vermögenswirksame Leistung wird nur für Kalendermonate gewährt, für die den Beschäftigten Tabellenentgelt, Entgeltfortzahlung oder Krankengeldzuschuss zusteht. [5]Für Zeiten, für die Krankengeldzuschuss zusteht, ist die vermögenswirksame Leistung Teil des Krankengeldzuschusses. [6]Die vermögenswirksame Leistung ist kein zusatzversorgungspflichtiges Entgelt. [7]Die Sätze 1 bis 6 gelten auch für die Auszubildenden.[2)]

Protokollerklärung zu Absatz 1:
(aufgehoben)

(2) [1]Beschäftigte erhalten ein Jubiläumsgeld bei Vollendung einer Beschäftigungszeit (§ 34 Abs. 3)

a) von 25 Jahren in Höhe von 350 Euro,

b) von 40 Jahren in Höhe von 500 Euro.

[2]Teilzeitbeschäftigte erhalten das Jubiläumsgeld in voller Höhe. [3]Durch Betriebs-/Dienstvereinbarung können günstigere Regelungen getroffen werden.

(3) [1]Beim Tod von Beschäftigten, deren Arbeitsverhältnis nicht geruht hat, wird der Ehegattin/dem Ehegatten oder der Lebenspartnerin/dem Lebenspartner im Sinne des Lebenspartnerschaftsgesetzes oder den Kindern ein Sterbegeld gewährt. [2]Als Sterbegeld wird für die restlichen Tage des Sterbemonats und – in einer Summe – für zwei weitere Monate das Tabellenentgelt der/des Verstorbenen gezahlt. [3]Die Zahlung des Sterbegeldes an einen der Berechtigten bringt den Anspruch der Übrigen gegenüber dem Arbeitgeber zum Erlöschen; die Zahlung auf das Gehaltskonto hat befreiende Wirkung. [4]Betrieblich können eigene Regelungen getroffen werden.

[1)] Betrag entspricht § 49 Abs. 1 Satz 2 BT-S.
[2)] Entspricht § 49 Abs. 2 BT-S.

(3.1) Die Erstattung von Reise- und Umzugskosten richtet sich nach den beim Arbeitgeber geltenden Grundsätzen.[1)]

§ 24 Berechnung und Auszahlung des Entgelts. (1) [1]Bemessungszeitraum für das Tabellenentgelt und die sonstigen Entgeltbestandteile ist der Kalendermonat, soweit tarifvertraglich nicht ausdrücklich etwas Abweichendes geregelt ist. [2]Die Zahlung erfolgt am letzten Tag des Monats (Zahltag) für den laufenden Kalendermonat auf ein von der/dem Beschäftigten benanntes Konto innerhalb eines Mitgliedstaats der Europäischen Union. [3]Fällt der Zahltag auf einen Samstag, einen Wochenfeiertag oder den 31. Dezember, gilt der vorhergehende Werktag, fällt er auf einen Sonntag, gilt der zweite vorhergehende Werktag als Zahltag. [4]Entgeltbestandteile, die nicht in Monatsbeträgen festgelegt sind, sowie der Tagesdurchschnitt nach § 21, sind am Zahltag des zweiten Kalendermonats, der auf ihre Entstehung folgt, fällig.

Protokollerklärungen zu Absatz 1:

1. *Teilen Beschäftigte ihrem Arbeitgeber die für eine kostenfreie bzw. kostengünstigere Überweisung in einen anderen Mitgliedstaat der Europäischen Union erforderlichen Angaben nicht rechtzeitig mit, so tragen sie die dadurch entstehenden zusätzlichen Überweisungskosten.*
2. *Soweit Arbeitgeber die Bezüge am 15. eines jeden Monats für den laufenden Monat zahlen, können sie jeweils im Dezember eines Kalenderjahres den Zahltag vom 15. auf den letzten Tag des Monats gemäß Absatz 1 Satz 1 verschieben.*

(2) Soweit tarifvertraglich nicht ausdrücklich etwas anderes geregelt ist, erhalten Teilzeitbeschäftigte das Tabellenentgelt (§ 15) und alle sonstigen Entgeltbestandteile in dem Umfang, der dem Anteil ihrer individuell vereinbarten durchschnittlichen Arbeitszeit an der regelmäßigen Arbeitszeit vergleichbarer Vollzeitbeschäftigter entspricht.

(3) [1]Besteht der Anspruch auf das Tabellenentgelt oder die sonstigen Entgeltbestandteile nicht für alle Tage eines Kalendermonats, wird nur der Teil gezahlt, der auf den Anspruchszeitraum entfällt. [2]Besteht nur für einen Teil eines Kalendertags Anspruch auf Entgelt, wird für jede geleistete dienstplanmäßige oder betriebsübliche Arbeitsstunde der auf eine Stunde entfallende Anteil des Tabellenentgelts sowie der sonstigen in Monatsbeträgen festgelegten Entgeltbestandteile gezahlt. [3]Zur Ermittlung des auf eine Stunde entfallenden Anteils sind die in Monatsbeträgen festgelegten Entgeltbestandteile durch das 4,348-fache der regelmäßigen wöchentlichen Arbeitszeit (§ 6 Abs. 1 und entsprechende Sonderregelungen) zu teilen.

(4) [1]Ergibt sich bei der Berechnung von Beträgen ein Bruchteil eines Cents von mindestens 0,5, ist er aufzurunden; ein Bruchteil von weniger als 0,5 ist abzurunden. [2]Zwischenrechnungen werden jeweils auf zwei Dezimalstellen durchgeführt. [3]Jeder Entgeltbestandteil ist einzeln zu runden.

(5) Entfallen die Voraussetzungen für eine Zulage im Laufe eines Kalendermonats, gilt Absatz 3 entsprechend.

(6) Einzelvertraglich können neben dem Tabellenentgelt zustehende Entgeltbestandteile (z.B. Zeitzuschläge, Erschwerniszuschläge) pauschaliert werden.

[1)] Entspricht § 50 BT-S.

§ 25 Betriebliche Altersversorgung. Die Beschäftigten haben Anspruch auf Versicherung unter eigener Beteiligung zum Zwecke einer zusätzlichen Alters- und Hinterbliebenenversorgung nach Maßgabe des Tarifvertrages über die betriebliche Altersversorgung der Beschäftigten des öffentlichen Dienstes (Tarifvertrag Altersversorgung – ATV) bzw. des Tarifvertrages über die zusätzliche Altersvorsorge der Beschäftigten des öffentlichen Dienstes – Altersvorsorge-TV-Kommunal – (ATV-K) in ihrer jeweils geltenden Fassung.

Abschnitt IV. Urlaub und Arbeitsbefreiung

§ 26 Erholungsurlaub. (1) [1]Beschäftigte haben in jedem Kalenderjahr Anspruch auf Erholungsurlaub unter Fortzahlung des Entgelts (§ 21). [2]Bei Verteilung der wöchentlichen Arbeitszeit auf fünf Tage in der Kalenderwoche beträgt der Urlaubsanspruch in jedem Kalenderjahr 30 Arbeitstage. [3]Bei einer anderen Verteilung der wöchentlichen Arbeitszeit als auf fünf Tage in der Woche erhöht oder vermindert sich der Urlaubsanspruch entsprechend. [4]Verbleibt bei der Berechnung des Urlaubs ein Bruchteil, der mindestens einen halben Urlaubstag ergibt, wird er auf einen vollen Urlaubstag aufgerundet; Bruchteile von weniger als einem halben Urlaubstag bleiben unberücksichtigt. [5]Der Erholungsurlaub muss im laufenden Kalenderjahr gewährt und kann auch in Teilen genommen werden.

Protokollerklärungen zu Absatz 1 Satz 5:

Der Urlaub soll grundsätzlich zusammenhängend gewährt werden; dabei soll ein Urlaubsteil von zwei Wochen Dauer angestrebt werden.

(2) Im Übrigen gilt das Bundesurlaubsgesetz mit folgenden Maßgaben:

a) Im Falle der Übertragung muss der Erholungsurlaub in den ersten drei Monaten des folgenden Kalenderjahres angetreten werden. Kann der Erholungsurlaub wegen Arbeitsunfähigkeit oder aus betrieblichen/dienstlichen Gründen nicht bis zum 31. März angetreten werden, ist er bis zum 31. Mai anzutreten.

b) Beginnt oder endet das Arbeitsverhältnis im Laufe eines Jahres, erhält die/der Beschäftigte als Erholungsurlaub für jeden vollen Monat des Arbeitsverhältnisses ein Zwölftel des Urlaubsanspruchs nach Absatz 1; § 5 BUrlG bleibt unberührt.

c) Ruht das Arbeitsverhältnis, so vermindert sich die Dauer des Erholungsurlaubs einschließlich eines etwaigen Zusatzurlaubs für jeden vollen Kalendermonat um ein Zwölftel.

d) Das nach Absatz 1 Satz 1 fort zu zahlende Entgelt wird zu dem in § 24 genannten Zeitpunkt gezahlt.

§ 27 Zusatzurlaub. (1) Beschäftigte, die ständig Wechselschichtarbeit nach § 7 Abs. 1 oder ständig Schichtarbeit nach § 7 Abs. 2 leisten und denen die Zulage nach § 8 Abs. 5 Satz 1 oder Abs. 6 Satz 1 zusteht, erhalten

a) bei Wechselschichtarbeit für je zwei zusammenhängende Monate und

b) bei Schichtarbeit für je vier zusammenhängende Monate

einen Arbeitstag Zusatzurlaub.

(2) *(nicht besetzt)*

Protokollerklärung zu den Absätzen 1 und 2:

[1] Der Anspruch auf Zusatzurlaub bemisst sich nach der abgeleisteten Schicht- oder Wechselschichtarbeit und entsteht im laufenden Jahr, sobald die Voraussetzungen nach Absatz 1 oder 2 erfüllt sind. [2] Für die Feststellung, ob ständige Wechselschichtarbeit oder ständige Schichtarbeit vorliegt, ist eine Unterbrechung durch Arbeitsbefreiung, Freizeitausgleich, bezahlten Urlaub oder Arbeitsunfähigkeit in den Grenzen des § 22 unschädlich.

(3) Im Falle nicht ständiger Wechselschichtarbeit und nicht ständiger Schichtarbeit soll bei annähernd gleicher Belastung die Gewährung zusätzlicher Urlaubstage durch Betriebs-/Dienstvereinbarung geregelt werden.

(4) [1] Zusatzurlaub nach diesem Tarifvertrag und sonstigen Bestimmungen mit Ausnahme des gesetzlichen zusätzlichen Urlaubs für schwerbehinderte Menschen wird nur bis zu insgesamt sechs Arbeitstagen im Kalenderjahr gewährt. [2] Erholungsurlaub und Zusatzurlaub (Gesamturlaub) dürfen im Kalenderjahr zusammen 35 Arbeitstage nicht überschreiten. [3] Satz 2 ist für Zusatzurlaub nach den Absätzen 1 und 2 hierzu nicht anzuwenden. [4] Bei Beschäftigten, die das 50. Lebensjahr vollendet haben, gilt abweichend von Satz 2 eine Höchstgrenze von 36 Arbeitstagen; maßgebend für die Berechnung der Urlaubsdauer ist das Lebensjahr, das im Laufe des Kalenderjahres vollendet wird.

(5) Im Übrigen gilt § 26 mit Ausnahme von Absatz 2 Buchst. b entsprechend.

§ 28 Sonderurlaub. Beschäftigte können bei Vorliegen eines wichtigen Grundes unter Verzicht auf die Fortzahlung des Entgelts Sonderurlaub erhalten.

§ 29 Arbeitsbefreiung. (1) [1] Als Fälle nach § 616 BGB, in denen Beschäftigte unter Fortzahlung des Entgelts nach § 21 im nachstehend genannten Ausmaß von der Arbeit freigestellt werden, gelten nur die folgenden Anlässe:

a) Niederkunft der Ehefrau/der Lebenspartnerin im Sinne des Lebenspartnerschaftsgesetzes — ein Arbeitstag,
b) Tod der Ehegattin/des Ehegatten, der Lebenspartnerin/des Lebenspartners im Sinne des Lebenspartnerschaftsgesetzes, eines Kindes oder Elternteils — zwei Arbeitstage,
c) Umzug aus dienstlichem oder betrieblichem Grund an einen anderen Ort — ein Arbeitstag,
d) 25- und 40-jähriges Arbeitsjubiläum — ein Arbeitstag,
e) schwere Erkrankung
   aa) einer/eines Angehörigen, soweit sie/er in demselben Haushalt lebt, — ein Arbeitstag im Kalenderjahr,
   bb) eines Kindes, das das 12. Lebensjahr noch nicht vollendet hat, wenn im laufenden Kalenderjahr kein Anspruch nach § 45 SGB V besteht oder bestanden hat, — bis zu vier Arbeitstage im Kalenderjahr,
   cc) einer Betreuungsperson, wenn Beschäftigte deshalb die Betreuung ihres Kindes, das das 8. Lebensjahr noch nicht vollendet hat oder wegen körperlicher, geistiger oder seelischer Behinderung dauernd pflegebedürftig ist, übernehmen müssen, — bis zu vier Arbeitstage im Kalenderjahr,

f) Ärztliche Behandlung von Beschäftigten, wenn diese während der Arbeitszeit erfolgen muss,	erforderliche nachgewiesene Abwesenheitszeit einschließlich erforderlicher Wegezeiten.

[2] Eine Freistellung nach Satz 1 Buchstabe e erfolgt nur, soweit eine andere Person zur Pflege oder Betreuung nicht sofort zur Verfügung steht und die Ärztin/der Arzt in den Fällen der Doppelbuchstaben aa und bb die Notwendigkeit der Anwesenheit der/des Beschäftigten zur vorläufigen Pflege bescheinigt. [3] Die Freistellung nach Satz 1 Buchstabe e darf insgesamt fünf Arbeitstage im Kalenderjahr nicht überschreiten.

(2) [1] Bei Erfüllung allgemeiner staatsbürgerlicher Pflichten nach deutschem Recht, soweit die Arbeitsbefreiung gesetzlich vorgeschrieben ist und soweit die Pflichten nicht außerhalb der Arbeitszeit, gegebenenfalls nach ihrer Verlegung, wahrgenommen werden können, besteht der Anspruch auf Fortzahlung des Entgelts nach § 21 nur insoweit, als Beschäftigte nicht Ansprüche auf Ersatz des Entgelts geltend machen können. [2] Das fortgezahlte Entgelt gilt in Höhe des Ersatzanspruchs als Vorschuss auf die Leistungen der Kostenträger. [3] Die Beschäftigten haben den Ersatzanspruch geltend zu machen und die erhaltenen Beträge an den Arbeitgeber abzuführen.

(3) [1] Der Arbeitgeber kann in sonstigen dringenden Fällen Arbeitsbefreiung unter Fortzahlung des Entgelts nach § 21 bis zu drei Arbeitstagen gewähren. [2] In begründeten Fällen kann bei Verzicht auf das Entgelt kurzfristige Arbeitsbefreiung gewährt werden, wenn die dienstlichen oder betrieblichen Verhältnisse es gestatten.

Protokollerklärungen zu Absatz 3 Satz 2:

Zu den „begründeten Fällen" können auch solche Anlässe gehören, für die nach Absatz 1 kein Anspruch auf Arbeitsbefreiung besteht (z.B. Umzug aus persönlichen Gründen).

(4) [1] Zur Teilnahme an Tagungen kann den gewählten Vertreterinnen/Vertretern der Bezirksvorstände, der Landesbezirksvorstände, der Landesbezirksfachbereichsvorstände, der Bundesfachbereichsvorstände, der Bundesfachgruppenvorstände sowie des Gewerkschaftsrates bzw. entsprechender Gremien anderer vertragsschließender Gewerkschaften auf Anfordern der Gewerkschaften Arbeitsbefreiung bis zu acht Werktagen im Jahr unter Fortzahlung des Entgelts nach § 21 erteilt werden, sofern nicht dringende dienstliche oder betriebliche Interessen entgegenstehen. [2] Zur Teilnahme an Tarifverhandlungen mit dem Bund und der VKA oder ihrer Mitgliedverbände kann auf Anfordern einer der vertragsschließenden Gewerkschaften Arbeitsbefreiung unter Fortzahlung des Entgelts nach § 21 ohne zeitliche Begrenzung erteilt werden.

(5) Zur Teilnahme an Sitzungen von Prüfungs- und von Berufsbildungsausschüssen nach dem Berufsbildungsgesetz sowie für eine Tätigkeit in Organen von Sozialversicherungsträgern kann den Mitgliedern Arbeitsbefreiung unter Fortzahlung des Entgelts nach § 21 gewährt werden, sofern nicht dringende dienstliche oder betriebliche Interessen entgegenstehen.

Abschnitt V. Befristung und Beendigung des Arbeitsverhältnisses

§ 30 Befristete Arbeitsverträge. (1) [1]Befristete Arbeitsverträge sind nach Maßgabe des Teilzeit- und Befristungsgesetzes sowie anderer gesetzlicher Vorschriften über die Befristung von Arbeitsverträgen zulässig. [2]Für Beschäftigte, auf die die Regelungen des Tarifgebiets West Anwendung finden und deren Tätigkeit vor dem 1. Januar 2005 der Rentenversicherung der Angestellten unterlegen hätte, gelten die in den Absätzen 2 bis 5 geregelten Besonderheiten; dies gilt nicht für Arbeitsverhältnisse, für die die §§ 57aff. HRG, das Gesetz über befristete Arbeitsverträge in der Wissenschaft (Wissenschaftszeitvertragsgesetz) oder gesetzliche Nachfolgeregelungen unmittelbar oder entsprechend gelten.

(2) [1]Kalendermäßig befristete Arbeitsverträge mit sachlichem Grund sind nur zulässig, wenn die Dauer des einzelnen Vertrages fünf Jahre nicht übersteigt; weitergehende Regelungen im Sinne von § 23 TzBfG bleiben unberührt. [2]Beschäftigte mit einem Arbeitsvertrag nach Satz 1 sind bei der Besetzung von Dauerarbeitsplätzen bevorzugt zu berücksichtigen, wenn die sachlichen und persönlichen Voraussetzungen erfüllt sind.

(3) [1]Ein befristeter Arbeitsvertrag ohne sachlichen Grund soll in der Regel zwölf Monate nicht unterschreiten; die Vertragsdauer muss mindestens sechs Monate betragen. [2]Vor Ablauf des Arbeitsvertrages hat der Arbeitgeber zu prüfen, ob eine unbefristete oder befristete Weiterbeschäftigung möglich ist.

(4) [1]Bei befristeten Arbeitsverträgen ohne sachlichen Grund gelten die ersten sechs Wochen und bei befristeten Arbeitsverträgen mit sachlichem Grund die ersten sechs Monate als Probezeit. [2]Innerhalb der Probezeit kann der Arbeitsvertrag mit einer Frist von zwei Wochen zum Monatsschluss gekündigt werden.

(5) [1]Eine ordentliche Kündigung nach Ablauf der Probezeit ist nur zulässig, wenn die Vertragsdauer mindestens zwölf Monate beträgt. [2]Nach Ablauf der Probezeit beträgt die Kündigungsfrist in einem oder mehreren aneinandergereihten Arbeitsverhältnissen bei demselben Arbeitgeber

von insgesamt mehr als sechs Monaten	vier Wochen,
von insgesamt mehr als einem Jahr	sechs Wochen
zum Schluss eines Kalendermonats,	
von insgesamt mehr als zwei Jahren	drei Monate,
von insgesamt mehr als drei Jahren	vier Monate
zum Schluss eines Kalendervierteljahres.	

[3]Eine Unterbrechung bis zu drei Monaten ist unschädlich, es sei denn, dass das Ausscheiden von der/dem Beschäftigten verschuldet oder veranlasst war. [4]Die Unterbrechungszeit bleibt unberücksichtigt.

Protokollerklärungen zu Absatz 5:

Bei mehreren aneinandergereihten Arbeitsverhältnissen führen weitere vereinbarte Probezeiten nicht zu einer Verkürzung der Kündigungsfrist.

(6) Die §§ 31, 32 bleiben von den Regelungen der Absätze 3 bis 5 unberührt.

§ 31 Führung auf Probe. (1) [1]Führungspositionen können als befristetes Arbeitsverhältnis bis zur Gesamtdauer von zwei Jahren vereinbart werden. [2]Innerhalb dieser Gesamtdauer ist eine höchstens zweimalige Verlängerung des Arbeitsvertrages zulässig. [3]Die beiderseitigen Kündigungsrechte bleiben unberührt.

(2) Führungspositionen sind die ab Entgeltgruppe 10 zugewiesenen Tätigkeiten mit Weisungsbefugnis, die vor Übertragung vom Arbeitgeber ausdrücklich als Führungspositionen auf Probe bezeichnet worden sind.

(3) [1]Besteht bereits ein Arbeitsverhältnis mit demselben Arbeitgeber, kann der/dem Beschäftigten vorübergehend eine Führungsposition bis zu der in Absatz 1 genannten Gesamtdauer übertragen werden. [2]Der/Dem Beschäftigten wird für die Dauer der Übertragung eine Zulage in Höhe des Unterschiedsbetrags zwischen den Tabellenentgelten nach der bisherigen Entgeltgruppe und dem sich bei Höhergruppierung nach § 17 Abs. 4 Satz 1 ergebenden Tabellenentgelt gewährt. [3]Nach Fristablauf endet die Erprobung. [4]Bei Bewährung wird die Führungsfunktion auf Dauer übertragen; ansonsten erhält die/der Beschäftigte eine der bisherigen Eingruppierung entsprechende Tätigkeit.

§ 32 Führung auf Zeit. (1) [1]Führungspositionen können als befristetes Arbeitsverhältnis bis zur Dauer von vier Jahren vereinbart werden. [2]Folgende Verlängerungen des Arbeitsvertrages sind zulässig:

a) in den Entgeltgruppen 10 bis 12 eine höchstens zweimalige Verlängerung bis zu einer Gesamtdauer von acht Jahren,

b) ab Entgeltgruppe 13 eine höchstens dreimalige Verlängerung bis zu einer Gesamtdauer von zwölf Jahren.

[3]Zeiten in einer Führungsposition nach Buchstabe a bei demselben Arbeitgeber können auf die Gesamtdauer nach Buchstabe b zur Hälfte angerechnet werden. [4]Die allgemeinen Vorschriften über die Probezeit (§ 2 Abs. 4) und die beiderseitigen Kündigungsrechte bleiben unberührt.

(2) Führungspositionen sind die ab Entgeltgruppe 10 zugewiesenen Tätigkeiten mit Weisungsbefugnis, die vor Übertragung vom Arbeitgeber ausdrücklich als Führungspositionen auf Zeit bezeichnet worden sind.

(3) [1]Besteht bereits ein Arbeitsverhältnis mit demselben Arbeitgeber, kann der/dem Beschäftigten vorübergehend eine Führungsposition bis zu den in Absatz 1 genannten Fristen übertragen werden. [2]Der/Dem Beschäftigten wird für die Dauer der Übertragung eine Zulage gewährt in Höhe des Unterschiedsbetrags zwischen den Tabellenentgelten nach der bisherigen Entgeltgruppe und dem sich bei Höhergruppierung nach § 17 Abs. 4 Satz 1 ergebenden Tabellenentgelt, zuzüglich eines Zuschlags von 75 v.H. des Unterschiedsbetrags zwischen den Tabellenentgelten der Entgeltgruppe, die der übertragenen Funktion entspricht, zur nächsthöheren Entgeltgruppe nach § 17 Abs. 4 Satz 1. [3]Nach Fristablauf erhält die/der Beschäftigte eine der bisherigen Eingruppierung entsprechende Tätigkeit; der Zuschlag entfällt.

§ 33 Beendigung des Arbeitsverhältnisses ohne Kündigung. (1) Das Arbeitsverhältnis endet, ohne dass es einer Kündigung bedarf,

a) mit Ablauf des Monats, in dem die/der Beschäftigte das gesetzlich festgelegte Alter zum Erreichen der Regelaltersrente vollendet hat, es sei denn, zwischen dem Arbeitgeber und dem/der Beschäftigten ist während des Arbeitsverhältnisses vereinbart worden, den Beendigungszeitpunkt nach § 41 Satz 3 SGB VI hinauszuschieben,

b) jederzeit im gegenseitigen Einvernehmen (Auflösungsvertrag).

(2) [1] Das Arbeitsverhältnis endet ferner sofern der/dem Beschäftigten der Bescheid eines Rentenversicherungsträgers (Rentenbescheid) zugestellt wird, wonach die/der Beschäftigte eine Rente auf unbestimmte Dauer wegen voller oder teilweiser Erwerbsminderung erhält. [2] Die/Der Beschäftigte hat den Arbeitgeber von der Zustellung des Rentenbescheids unverzüglich zu unterrichten. [3] Das Arbeitsverhältnis endet mit Ablauf des dem Rentenbeginn vorangehenden Tages; frühestens jedoch zwei Wochen nach Zugang der schriftlichen Mitteilung des Arbeitgebers über den Zeitpunkt des Eintritts der auflösenden Bedingung. [4] Liegt im Zeitpunkt der Beendigung des Arbeitsverhältnisses eine nach § 175 SGB IX erforderliche Zustimmung des Integrationsamtes noch nicht vor, endet das Arbeitsverhältnis mit Ablauf des Tages der Zustellung des Zustimmungsbescheids des Integrationsamtes. [5] Das Arbeitsverhältnis endet nicht, wenn nach dem Bescheid des Rentenversicherungsträgers eine Rente auf Zeit gewährt wird. [6] In diesem Fall ruht das Arbeitsverhältnis für den Zeitraum, für den eine Rente auf Zeit gewährt wird; für den Beginn des Ruhens des Arbeitsverhältnisses gilt Satz 3 entsprechend

(3) Im Falle teilweiser Erwerbsminderung endet bzw. ruht das Arbeitsverhältnis nicht, wenn die/der Beschäftigte nach ihrem/seinem vom Rentenversicherungsträger festgestellten Leistungsvermögen auf ihrem/seinem bisherigen oder einem anderen geeigneten und freien Arbeitsplatz weiterbeschäftigt werden könnte, soweit dringende dienstliche bzw. betriebliche Gründe nicht entgegenstehen, und die/der Beschäftigte innerhalb von zwei Wochen nach Zugang des Rentenbescheids ihre/seine Weiterbeschäftigung schriftlich beantragt.

(4) [1] Verzögert die/der Beschäftigte schuldhaft den Rentenantrag oder bezieht sie/er Altersrente nach § 236 oder § 236a SGB VI oder ist sie/er nicht in der gesetzlichen Rentenversicherung versichert, so tritt an die Stelle des Rentenbescheids das Gutachten einer Amtsärztin/eines Amtsarztes oder einer/eines nach § 3 Abs. 4 Satz 2 bestimmten Ärztin/Arztes. [2] Das Arbeitsverhältnis endet in diesem Fall mit Ablauf des Monats, in dem der/dem Beschäftigten das Gutachten bekannt gegeben worden ist; frühestens jedoch zwei Wochen nach Zugang der schriftlichen Mitteilung des Arbeitgebers über den Zeitpunkt des Eintritts der auflösenden Bedingung.

(5) [1] Soll die/der Beschäftigte, deren/dessen Arbeitsverhältnis nach Absatz 1 Buchst. a geendet hat, weiterbeschäftigt werden, ist ein neuer schriftlicher Arbeitsvertrag abzuschließen. [2] Das Arbeitsverhältnis kann jederzeit mit einer Frist von vier Wochen zum Monatsende gekündigt werden, wenn im Arbeitsvertrag nichts anderes vereinbart ist.

§ 34 Kündigung des Arbeitsverhältnisses. (1) [1] Bis zum Ende des sechsten Monats seit Beginn des Arbeitsverhältnisses beträgt die Kündigungsfrist zwei Wochen zum Monatsschluss. [2] Im Übrigen beträgt die Kündigungsfrist bei einer Beschäftigungszeit (Absatz 3 Satz 1 und 2)

bis zu einem Jahr	ein Monat zum Monatsschluss,
von mehr als einem Jahr	6 Wochen,
von mindestens 5 Jahren	3 Monate,
von mindestens 8 Jahren	4 Monate,

von mindestens 10 Jahren 5 Monate,
von mindestens 12 Jahren 6 Monate
zum Schluss eines Kalendervierteljahres.

(2) [1] Arbeitsverhältnisse von Beschäftigten, die das 40. Lebensjahr vollendet haben und für die die Regelungen des Tarifgebiets West Anwendung finden, können nach einer Beschäftigungszeit (Absatz 3 Satz 1 und 2) von mehr als 15 Jahren durch den Arbeitgeber nur aus einem wichtigen Grund gekündigt werden. [2] Soweit Beschäftigte nach den bis zum 30. September 2005 geltenden Tarifregelungen unkündbar waren, verbleibt es dabei.

(3) [1] Beschäftigungszeit ist die bei demselben Arbeitgeber im Arbeitsverhältnis zurückgelegte Zeit, auch wenn sie unterbrochen ist. [2] Unberücksichtigt bleibt die Zeit eines Sonderurlaubs gemäß § 28, es sei denn, der Arbeitgeber hat vor Antritt des Sonderurlaubs schriftlich ein dienstliches oder betriebliches Interesse anerkannt. [3] Wechseln Beschäftigte zwischen Arbeitgebern, die vom Geltungsbereich dieses Tarifvertrages erfasst werden, werden die Zeiten bei dem anderen Arbeitgeber als Beschäftigungszeit anerkannt. [4] Satz 3 gilt entsprechend bei einem Wechsel von einem anderen öffentlich-rechtlichen Arbeitgeber.

§ 35 Zeugnis. (1) Bei Beendigung des Arbeitsverhältnisses haben die Beschäftigten Anspruch auf ein schriftliches Zeugnis über Art und Dauer ihrer Tätigkeit, das sich auch auf Führung und Leistung erstrecken muss (Endzeugnis).

(2) Aus triftigen Gründen können Beschäftigte auch während des Arbeitsverhältnisses ein Zeugnis verlangen (Zwischenzeugnis).

(3) Bei bevorstehender Beendigung des Arbeitsverhältnisses können die Beschäftigten ein Zeugnis über Art und Dauer ihrer Tätigkeit verlangen (vorläufiges Zeugnis).

(4) Die Zeugnisse gemäß den Absätzen 1 bis 3 sind unverzüglich auszustellen.

Abschnitt VI. Übergangs- und Schlussvorschriften

§ 36 Anwendung weiterer Tarifverträge. (1) Neben diesem Tarifvertrag sind die nachfolgend aufgeführten Tarifverträge in ihrer jeweils geltenden Fassung anzuwenden:

a) Tarifverträge über die Bewertung der Personalunterkünfte vom 16. März 1974,
b) Tarifverträge über den Rationalisierungsschutz vom 9. Januar 1987,
c) Tarifvertrag zur sozialen Absicherung (TVsA) vom 13. September 2005,
d) Tarifvertrag zur Regelung der Altersteilzeitarbeit (TV ATZ) vom 5. Mai 1998,
e) Tarifvertrag zu flexiblen Arbeitszeitregelungen für ältere Beschäftigte – TV FlexAZ – vom 27. Februar 2010,
f) *(nicht besetzt)*
g) Tarifvertrag zur Entgeltumwandlung für Arbeitnehmer/innen im kommunalen öffentlichen Dienst (TV-Eumw/VKA) vom 18. Februar 2003,
h) *(nicht besetzt).*

(2) Auf Beschäftigte im Sozial- und Erziehungsdienst finden die Regelungen der §§ 15 Abs. 2 Sätze 2 und 3, 16 Abs. 2.1, 3.1 und 4.1 sowie 17 Abs. 4a.1 und 20 Abs. 3.1 TVöD-V sowie die Anlage C zum TVöD-V auch dann Anwendung, wenn sie außerhalb des Geltungsbereichs des TVöD-V oder des TVöD-B tätig sind.

§ 37 Ausschlussfrist. (1) [1]Ansprüche aus dem Arbeitsverhältnis verfallen, wenn sie nicht innerhalb einer Ausschlussfrist von sechs Monaten nach Fälligkeit von der/dem Beschäftigten oder vom Arbeitgeber in Textform geltend gemacht werden. [2]Für denselben Sachverhalt reicht die einmalige Geltendmachung des Anspruchs auch für später fällige Leistungen aus.

(2) Absatz 1 gilt nicht für Ansprüche aus einem Sozialplan sowie für Ansprüche, soweit sie kraft Gesetzes einer Ausschlussfrist entzogen sind.

§ 38 Begriffsbestimmungen. (1) Sofern auf die Tarifgebiete Ost und West Bezug genommen wird, gilt folgendes:

a) Die Regelungen für das Tarifgebiet Ost gelten für die Beschäftigen, deren Arbeitsverhältnis in dem in Art. 3 des Einigungsvertrages genannten Gebiet begründet worden ist und bei denen der Bezug des Arbeitsverhältnisses zu diesem Gebiet fortbesteht.

b) Für die übrigen Beschäftigten gelten die Regelungen für das Tarifgebiet West.

(2) Sofern auf die Begriffe „Betrieb", „betrieblich" oder „Betriebspartei" Bezug genommen wird, gilt die Regelung für Verwaltungen sowie für Parteien nach dem Personalvertretungsrecht entsprechend, es sei denn, es ist etwas anderes bestimmt.

(3) Eine einvernehmliche Dienstvereinbarung liegt nur ohne Entscheidung der Einigungsstelle vor.

(4) Leistungsgeminderte Beschäftigte sind Beschäftigte, die ausweislich einer Bescheinigung des beauftragten Arztes (§ 3 Abs. 4) nicht mehr in der Lage sind, auf Dauer die vertraglich geschuldete Arbeitsleistung in vollem Umfang zu erbringen, ohne deswegen zugleich teilweise oder in vollem Umfang erwerbsgemindert im Sinne des SGB VI zu sein.

Protokollerklärung zu Absatz 4:

Die auf leistungsgeminderte Beschäftigte anzuwendenden Regelungen zur Entgeltsicherung bestimmen sich nach § 16a TVÜ-VKA.[1)]

(5) [1]Die Regelungen für Angestellte finden Anwendung auf Beschäftigte, deren Tätigkeit vor dem 1. Januar 2005 der Rentenversicherung der Angestellten unterlegen hätte. [2]Die Regelungen für Arbeiterinnen und Arbeiter finden Anwendung auf Beschäftigte, deren Tätigkeit vor dem 1. Januar 2005 der Rentenversicherung der Arbeiter unterlegen hätte.

§ 38a Übergangsvorschriften. (1) Für Beschäftigte, die sich in einem Altersteilzeitarbeitsverhältnis befinden oder deren Altersteilzeitarbeitsverhältnis spätestens am 1. Juli 2008 beginnt, gilt § 6 Abs. 1 Satz 1 Buchst. b 1. Halbsatz in der bis zum 30. Juni 2008 geltenden Fassung bei der Berechnung des Tabellenentgelts und von in Monatsbeträgen zustehenden Zulagen.

---

1) Protokollerklärung zu Absatz 4 redaktionell angepasst.

Protokollerklärung zu Absatz 1:
Dem Tabellenentgelt stehen individuelle Zwischen- und Endstufen gleich.

(2) [nicht besetzt]

§ 39[1)] In-Kraft-Treten. [1]Diese Regelungen treten am 1. Oktober 2005 in Kraft. [2]Abweichend von Satz 1 treten

a) § 18.4[2)] am 1. Januar 2006,

b) § 26 Abs. 1 und Abs. 2 Buchst. b und c sowie § 27 am 1. Januar 2006

in Kraft.

Anhang zu § 6

Arbeitszeit von Cheffahrerinnen und Cheffahrern

(1) Cheffahrerinnen und Cheffahrer sind die persönlichen Fahrer von Oberbürgermeisterinnen/Oberbürgermeistern, Bürgermeisterinnen/Bürgermeistern, Landrätinnen/Landräten, Beigeordneten/Dezernentinnen/Dezernenten, Geschäftsführerinnen/Geschäftsführern, Vorstandsmitgliedern und vergleichbaren Leitungskräften.

(2) [1]Abweichend von § 3 Satz 1 ArbZG kann die tägliche Arbeitszeit im Hinblick auf die in ihr enthaltenen Wartezeiten auf bis zu 15 Stunden täglich ohne Ausgleich verlängert werden (§ 7 Abs. 2a ArbZG). [2]Die höchstzulässige Arbeitszeit soll 288 Stunden im Kalendermonat ohne Freizeitausgleich nicht übersteigen.

(3) Die tägliche Ruhezeit kann auf bis zu neun Stunden verkürzt werden, wenn spätestens bis zum Ablauf der nächsten Woche ein Zeitausgleich erfolgt.

(4) Eine Verlängerung der Arbeitszeit nach Absatz 2 und die Verkürzung der Ruhezeit nach Absatz 3 sind nur zulässig, wenn

1. geeignete Maßnahmen zur Gewährleistung des Gesundheitsschutzes getroffen sind, wie insbesondere das Recht der Cheffahrerin/des Cheffahrers auf eine jährliche, für die Beschäftigten kostenfreie arbeitsmedizinische Untersuchung bei einem Betriebsarzt oder bei einem Arzt mit entsprechender arbeitsmedizinischer Fachkunde, auf den sich die Betriebsparteien geeinigt haben, und/oder die Gewährung eines Freizeitausgleichs möglichst durch ganze Tage oder durch zusammenhängende arbeitsfreie Tage zur Regenerationsförderung,
2. die Cheffahrerin/der Cheffahrer gemäß § 7 Abs. 7 ArbZG schriftlich in die Arbeitszeitverlängerung eingewilligt hat.

(5) § 9 TVöD bleibt unberührt.

Anhang zu § 9

A. Bereitschaftszeiten Hausmeisterinnen/Hausmeister

[1]Für Hausmeisterinnen/Hausmeister, in deren Tätigkeit regelmäßig und in nicht unerheblichem Umfang Bereitschaftszeiten fallen, gelten folgende besondere Regelungen zu § 6 Abs. 1 Satz 1 TVöD:

[1)] Niederschrift vom 20. Dezember 2005 (II.1 Ziff. 6).

[2)] Sparkassensonderzahlung (§ 18.4) anstelle der Jahressonderzahlung (§ 20 AT) tritt früher in Kraft.

[2]Die Summe aus den faktorisierten Bereitschaftszeiten und der Vollarbeitszeit darf die Arbeitszeit nach § 6 Abs. 1 nicht überschreiten. [3]Die Summe aus Vollarbeits- und Bereitschaftszeiten darf durchschnittlich 48 Stunden wöchentlich nicht überschreiten. [4]Bereitschaftszeiten sind die Zeiten, in denen sich die Hausmeisterin/der Hausmeister am Arbeitsplatz oder einer anderen vom Arbeitgeber bestimmten Stelle zur Verfügung halten muss, um im Bedarfsfall die Arbeit selbständig, ggf. auch auf Anordnung, aufzunehmen und in denen die Zeiten ohne Arbeitsleistung überwiegen. [5]Bereitschaftszeiten werden zur Hälfte als Arbeitszeit gewertet (faktorisiert). [6]Bereitschaftszeiten werden innerhalb von Beginn und Ende der regelmäßigen täglichen Arbeitszeit nicht gesondert ausgewiesen.

B.

(nicht besetzt)

Anlage 1. Entgeltordnung (VKA)

[Siehe Anlage 1 zum TVöD [Nr. ***2****] mit Ausnahme von Teil A Abschnitt I Nr. 3 und Teil B Abschnitte I–XXIV und XXVI–XXXII, die insoweit nicht besetzt sind.]*

Anlage A

Entgelttabelle TVöD-S

gültig vom 1. März 2018 bis 31. März 2019
(monatlich in Euro)

Entgelt-gruppe	Grundentgelt		Entwicklungsstufen			
	Stufe 1	Stufe 2	Stufe 3	Stufe 4	Stufe 5	Stufe 6
15	4.584,49	5.000,77	5.260,14	5.840,78	6.339,54	6.667,67
14	4.151,65	4.528,23	4.841,03	5.245,42	5.788,30	6.119,17
13	3.827,03	4.196,02	4.479,41	4.893,73	5.433,88	5.683,28
12	3.430,90	3.796,05	4.276,90	4.741,63	5.315,77	5.578,27
11	3.312,60	3.656,01	3.941,33	4.311,77	4.836,69	5.099,20
10	3.194,27	3.497,22	3.775,33	4.064,56	4.501,99	4.620,12
9c	3.099,42	3.349,91	3.637,10	3.888,65	4.214,62	4.392,69
9b	2.865,63	3.126,71	3.273,66	3.685,60	3.975,34	4.245,23
9a	2.818,96	3.049,32	3.234,09	3.647,35	3.739,87	3.975,66
8	2.656,52	2.890,09	3.017,56	3.137,78	3.269,20	3.343,02
7	2.493,12	2.729,06	2.877,36	3.004,81	3.111,25	3.189,58
6	2.446,41	2.662,97	2.788,15	2.909,22	3.007,98	3.081,00
5	2.347,55	2.555,40	2.673,48	2.794,54	2.894,01	2.955,27
4	2.236,29	2.438,63	2.587,48	2.676,80	2.766,11	2.818,41
3	2.201,29	2.407,15	2.462,55	2.564,71	2.641,37	2.711,60
2	2.037,85	2.234,74	2.290,29	2.354,37	2.495,22	2.642,56
1		1.827,17	1.858,18	1.896,96	1.933,11	2.026,15

gültig vom 1. April 2019 bis 29. Februar 2020
(monatlich in Euro)

Entgelt-gruppe	Grundentgelt		Entwicklungsstufen			
	Stufe 1	Stufe 2	Stufe 3	Stufe 4	Stufe 5	Stufe 6
15	4.788,35	5.141,23	5.481,38	6.004,84	6.517,61	6.854,95

Entgelt-gruppe	Grundentgelt		Entwicklungsstufen			
	Stufe 1	Stufe 2	Stufe 3	Stufe 4	Stufe 5	Stufe 6
14	4.335,98	4.655,42	5.025,89	5.451,94	5.950,88	6.293,73
13	3.996,72	4.335,42	4.685,32	5.093,03	5.586,51	5.842,91
12	3.582,23	3.956,45	4.407,89	4.890,86	5.465,08	5.734,95
11	3.457,10	3.803,91	4.119,43	4.477,63	4.972,55	5.242,43
10	3.331,93	3.613,93	3.915,01	4.238,32	4.628,44	4.749,89
9c	3.233,21	3.480,40	3.750,80	4.026,57	4.337,53	4.545,92
9b	3.020,16	3.258,72	3.403,99	3.824,85	4.085,40	4.370,07
9a	2.926,82	3.133,75	3.324,85	3.748,35	3.843,43	4.086,04
8	2.769,15	2.971,27	3.102,32	3.231,30	3.370,30	3.439,92
7	2.598,38	2.822,59	2.958,18	3.089,21	3.209,21	3.279,17
6	2.549,58	2.739,94	2.866,46	2.990,93	3.107,94	3.173,47
5	2.445,99	2.630,06	2.748,57	2.873,03	2.985,28	3.045,87
4	2.329,99	2.514,19	2.663,27	2.755,21	2.847,13	2.900,97
3	2.293,39	2.488,41	2.537,24	2.642,50	2.721,49	2.793,85
2	2.122,60	2.316,97	2.366,14	2.432,35	2.577,86	2.730,08
1		1.903,09	1.935,39	1.975,78	2.013,43	2.110,33

gültig ab 1. März 2020
(monatlich in Euro)

Entgelt-gruppe	Grundentgelt		Entwicklungsstufen			
	Stufe 1	Stufe 2	Stufe 3	Stufe 4	Stufe 5	Stufe 6
15	4.860,31	5.190,81	5.559,47	6.062,74	6.580,45	6.921,06
14	4.401,04	4.700,31	5.091,13	5.524,82	6.008,27	6.355,34
13	4.056,62	4.384,61	4.757,99	5.163,37	5.640,38	5.899,26
12	3.635,65	4.013,07	4.454,13	4.943,53	5.517,78	5.790,26
11	3.508,11	3.856,11	4.182,29	4.536,17	5.020,49	5.292,98
10	3.380,51	3.655,13	3.964,32	4.299,65	4.673,08	4.795,69
9c	3.280,42	3.526,45	3.790,94	4.075,26	4.380,90	4.600,00
9b	3.074,70	3.305,30	3.450,00	3.874,00	4.124,25	4.414,13
9a	2.964,89	3.163,55	3.356,89	3.784,00	3.879,97	4.125,00
8	2.808,91	2.999,92	3.132,23	3.264,31	3.405,98	3.474,11
7	2.635,53	2.855,60	2.986,70	3.119,00	3.243,78	3.310,79
6	2.586,00	2.767,11	2.894,11	3.019,78	3.143,22	3.206,10
5	2.480,74	2.656,42	2.775,08	2.900,74	3.017,50	3.077,85
4	2.363,07	2.540,85	2.690,02	2.782,88	2.875,73	2.930,10
3	2.325,89	2.517,08	2.563,61	2.669,96	2.749,76	2.822,87
2	2.152,51	2.346,00	2.392,92	2.459,87	2.607,03	2.760,98
1		1.929,88	1.962,63	2.003,59	2.041,77	2.140,05

Anlage B. *(aufgehoben)*

Niederschriftserklärungen

1. Zu § 1 Abs. 2 Buchst. b:

Bei der Bestimmung des regelmäßigen Entgelts werden Leistungsentgelt, Zulagen und Zuschläge nicht berücksichtigt.

2. Zu § 1 Abs. 2 Buchst. s:

Die Tarifvertragsparteien gehen davon aus, dass studentische Hilfskräfte Beschäftigte sind, zu deren Aufgabe es gehört, das hauptberufliche wissenschaftliche Personal in Forschung und Lehre sowie bei außeruniversitären Forschungseinrichtungen zu unterstützen.

2.1. Zu § 3:

Die Niederschriftserklärung zu § 46 BT-S (Beihilfen in Krankheitsfällen) ist durch die Protokollerklärung zu § 13 TVÜ-VKA entsprechend ersetzt.

3. Zu § 4 Abs. 1:

Der Begriff „Arbeitsort" ist ein generalisierter Oberbegriff; die Bedeutung unterscheidet sich nicht von dem bisherigen Begriff „Dienstort".

4. Zu § 8 Abs. 3:

Zur Erläuterung von § 8 Abs. 3 und der dazugehörigen Protokollerklärung sind sich die Tarifvertragsparteien über folgendes Beispiel einig: „Beginnt eine Wochenendrufbereitschaft am Freitag um 15 Uhr und endet am Montag um 7 Uhr, so erhalten Beschäftigte folgende Pauschalen: Zwei Stunden für Freitag, je vier Stunden für Samstag und Sonntag, keine Pauschale für Montag. Sie erhalten somit zehn Stundenentgelte."

5. Zu § 10 Abs. 4:

Durch diese Regelung werden aus dem Urlaubsrecht entlehnte Ansprüche nicht begründet.

6. Zu § 14 Abs. 1:

1. Ob die vorübergehend übertragene höherwertige Tätigkeit einer höheren Entgeltgruppe entspricht, bestimmt sich im Bereich der VKA für nach einem gemäß § 2 Abs. 2 TVÜ-VKA weitergeltenden Lohngruppenverzeichnis eingruppierte Beschäftigte nach der Anlage 3 zum TVÜ-VKA.
2. Die Tarifvertragsparteien stellen klar, dass die vertretungsweise Übertragung einer höherwertigen Tätigkeit ein Unterfall der vorübergehenden Übertragung einer höherwertigen Tätigkeit ist.

7. *(nicht besetzt)*

8. Zu § 16 Abs. 2 Satz 2:

Die Tarifvertragsparteien sind sich darüber einig, dass stichtagsbezogene Verwerfungen zwischen übergeleiteten Beschäftigten und Neueinstellungen entstehen können.

8a. Zu § 16 Abs. 2a:

Die Tarifvertragsparteien sind sich darüber einig, dass die erworbene Stufe im Sinne des § 16 Abs. 2a auch eine individuelle Endstufe im Sinne des § 6 Abs. 1 Satz 1, § 7 Abs. 3 Satz 1 oder § 8 Abs. 3 Satz 2 TVÜ-VKA oder eine individuelle Zwischenstufe im Sinne des § 7 Abs. 3 Satz 1 oder § 8 Abs. 3 Satz 2 TVÜ-VKA sein kann.

9. *(nicht besetzt)*

10. Zu § 17 Abs. 4 Satz 3 (in der bis zum 31. März 2019 geltenden Fassung):

[1] Bei einer Höhergruppierung aus der Entgeltgruppe 9a Stufen 2 bis 4 in die Entgeltgruppe 9b beginnt abweichend vom ansonsten gültigen Grundsatz in der Entgeltgruppe 9b die Stufenlaufzeit nicht neu. [2] Die Anrechnung der in diesen Stufen in der Entgeltgruppe 9a zurückgelegten Stufenlaufzeiten auf die jeweils maßgebliche Stufenlaufzeit in der Entgeltgruppe 9b ist allein dem Umstand geschuldet, dass im Rahmen der Entgeltordnung (VKA) zum TVöD die bisherige Entgeltgruppe 9 in die Entgeltgruppen 9a und 9b aufgeteilt wurde und hierbei das Tabellenentgelt in der Stufe 2 der Entgeltgruppe 9b nur geringfügig über dem Tabellenentgelt der Entgeltgruppe 9a Stufe 2 liegt und die Tabellenentgelte der Stufen 3 und 4 in den Entgeltgruppen 9a und 9b identisch sind. [3] Die Mitnahme der Stufenlaufzeit in diesen Fällen vermeidet Eingriffe in der Erwerbsbiografie der Beschäftigten bis zum Erreichen der Stufe 5 in der Entgeltgruppe 9b.

11.–13. *(nicht besetzt)*

14. Zu § 18.2:

[1] Die Tarifvertragsparteien stimmen darin überein, dass aus Motivationsgründen die Vereinbarung von Zielen freiwillig geschieht. [2] Eine freiwillige Zielvereinbarung kann auch die Verständigung auf zum Teil vorgegebene oder übergeordnete Ziele sein, z.B. bei der Umsetzung gesetzlicher oder haushaltsrechtlicher Vorgaben, Grundsatzentscheidungen der Verwaltungs-/Unternehmensführung.

15. Zu § 18.3:

[1] Die systematische Leistungsbewertung entspricht nicht der Regelbeurteilung. [2] Regelbeurteilungen sind für die Feststellung von Leistungszulagen ausgeschlossen.[1)]

16. Zu § 18.1 Abs. 2:

Die nach Abs. 2 und die für Leistungsstufen nach § 17 Abs. 2 gebildeten Gemeinsamen Ausschüsse sind identisch.

17. Zu § 18.4 Abs. 1 Satz 6:

Die Tarifvertragsparteien wirken darauf hin, dass der ATV, der ATV-K sowie die Satzungen der VBL und der kommunalen Zusatzversorgungskassen bis spätestens 31. Dezember 2006 entsprechend angepasst werden.

17.1. Zu § 18.4:

1. [1] Die Tarifvertragsparteien gehen davon aus, dass es aus Anlass der Einführung dieser neuen Regelungen nicht zu einer Verrechnung von bestehenden Hausregelungen kommt. [2] Sie erheben keine Bedenken gegen eine Volumen erhöhende Einbeziehung in die SSZ gemäß den Absätzen 3 und 4.
2. Die Vereinbarung der SSZ dient nicht zur Einsparung von Personalkosten.

---

1) Satz 2 entspricht der Niederschriftserklärung zu § 43 BT-S.

3. Um insbesondere eine ausreichende Einführungs- oder Übergangsphase für die SSZ zu ermöglichen, können – das Einvernehmen der Betriebsparteien vorausgesetzt – die betrieblichen Systeme auch eine undifferenzierte Verteilung der variablen Entgeltbestandteile vorsehen.
4. Die Tarifvertragsparteien gehen davon aus, dass die Sparkassensonderzahlungsentgelte Bezüge im Sinne des § 4 TV ATZ sind.

17.2. Zu § 18.4 Abs. 3:

1. [1] Wann immer praktizierbar und zweckmäßig, sind Zielvereinbarungen abzuschließen. [2] Ansonsten werden systematische Leistungsbewertungen durchgeführt. [3] Mischformen sind möglich.
2. Bei noch ausstehender Dienstvereinbarung werden die vorerst nicht auszuzahlenden 25 v.H. eines Monatstabellenentgelts gestundet.

17.3. Zu § 18.4 Abs. 4:

[1] Zeichnet sich ab, dass keine Dienstvereinbarung zu dem unternehmenserfolgsbezogenen Teil der SSZ zustande kommt, wird auf Antrag einer Betriebspartei der Gemeinsame Ausschuss um jeweils einen Vertreter der Landesbezirkstarifvertragsparteien ergänzt. [2] Der ergänzte Gemeinsame Ausschuss unterbreitet den für die Vereinbarung zuständigen Betriebsparteien einen Konsensvorschlag spätestens bis zum 30. Juni.

18. *(nicht besetzt)*

18a. Zu § 20 Abs. 4 Satz 2 Nr. 1 Buchst. c:

Dem Entgeltanspruch steht der Anspruch auf Zuschuss zum Mutterschaftsgeld gleich.

19. *(aufgehoben)*

19a. *(aufgehoben)*

20. Zu § 29 Abs. 1 Buchst. f:

Die ärztliche Behandlung erfasst auch die ärztliche Untersuchung und die ärztlich verordnete Behandlung.

21. Zum TVöD-S (Durchgeschriebene Fassung):

Legende über die Entsprechungen der TVöD-S-Regelungen zu den jeweiligen Bestimmungen im TVöD-AT bzw. BT-S

TVöD-S	TVöD-AT	BT-S
§ 1 (Geltungsbereich) In Absatz 1 ist § 40 Abs. 1 BT-S redaktionell integriert.	§ 1	§ 40
Neuer § 1 Abs. 4 (Beschäftigte der EG 15) entspricht § 45 BT-S		§ 45
§ 2 (Arbeitsvertrag, Nebenabreden, Probezeit)	§ 2	
§ 3 (Allgemeine Arbeitsbedingungen, Bankgeheimnis) Neuer Abs. 1 Satz 2 entspricht § 46 Satz 2 BT-S	§ 3 (ist modifiziert)	§ 46 Satz 2

TVöD-S	TVöD-AT	BT-S
§ 4 (Versetzung, Abordnung, Zuweisung, Personalgestellung)	§ 4	
§ 5 *(nicht besetzt)*	§ 5	
§ 5.1 (Qualifizierung) entspricht § 47 BT-S		
§ 6 (Regelmäßige Arbeitszeit) Protokollerklärung zu Abs. 4 AT nicht besetzt	§ 6 (ist modifiziert)	
§ 7 (Sonderformen der Arbeit)	§ 7	
§ 8 (Ausgleich für Sonderformen der Arbeit)	§ 8	
§ 9 (Bereitschaftszeiten)	§ 9	
§ 10 (Arbeitszeitkonto)	§ 10	
§ 11 (Teilzeitbeschäftigung)	§ 11	
§ 12 (Eingruppierung)	§ 12	
§ 13 (Eingruppierung in besonderen Fällen)	§ 13	
§ 14 (Vorübergehende Übertragung einer höherwertigen Tätigkeit)	§ 14	
§ 15 (Tabellenentgelt)	§ 15	
§ 16 (Stufen der Entgelttabelle)	§ 16	
§ 17 (Allgemeine Regelungen zu den Stufen) Begrifflichkeit des § 41 Abs. 2 BT-S (= Gemeinsamer Ausschuss) für die „Betriebliche Kommission"	§ 17 (ist modifiziert)	§ 41 Abs. 2
§ 17.1 (Entgelt für Auszubildende)		§ 48
§ 18 *(nicht besetzt)*	§ 18 (Leistungsentgelt) Die Beschäftigten in Sparkassen sind von § 18 AT ausgenommen, Protokollerklärung Nr. 4 zu § 18 AT	
§ 18.1 (Grundsätze für leistungs- und erfolgsorientierte variable Entgelte)		§ 41
§ 18.2 (Zielvereinbarung)		§ 42
§ 18.3 (Systematische Leistungsbewertung)		§ 43
§ 18.4 (Sparkassensonderzahlung (SSZ))		§ 44
§ 19 (Erschwerniszuschläge)	§ 19	
§ 20 [nicht besetzt] (Beschäftigte in Sparkassen wegen SSZ ausgenommen)	§ 20 (Jahressonderzahlung)	§ 44 Abs. 7
§ 21 (Bemessungsgrundlage für die Entgeltfortzahlung) Sparkassensonderzahlung (§ 18.4) anstelle der Jahressonderzahlung (§ 20 AT)	§ 21 (ist modifiziert)	
§ 22 (Entgelt im Krankheitsfall)	§ 22	
§ 23 (Besondere Zahlungen) Abs. 1 Satz 2, Vermögenswirksame Leistung	§ 23 Abs. 1 Satz 2 (ist modifiziert)	§ 49 Abs. 1 Satz 2
§ 23 (Besondere Zahlungen)		§ 49 Abs. 2

TVöD-S	**TVöD-AT**	**BT-S**
Abs. 1 Satz 7 Vermögenswirksame Leistung für Auszubildende		
§ 23 (Besondere Zahlungen) Abs. 3.1 Reise- und Umzugskosten		§ 50
§ 24 (Berechnung und Auszahlung des Entgelts)	§ 24	
§ 25 (Betriebliche Altersversorgung)	§ 25	
§ 26 (Erholungsurlaub)	§ 26	
§ 27 (Zusatzurlaub)	§ 27	
§ 28 (Sonderurlaub)	§ 28	
§ 29 (Arbeitsbefreiung)	§ 29	
§ 30 (Befristete Arbeitsverträge)	§ 30	
§ 31 (Führung auf Probe)	§ 31	
§ 32 (Führung auf Zeit)	§ 32	
§ 33 (Beendigung des Arbeitsverhältnisses ohne Kündigung)	§ 33	
§ 34 (Kündigung des Arbeitsverhältnisses)	§ 34	
§ 35 (Zeugnis)	§ 35	
§ 36 (Anwendung weiterer Tarifverträge)	§ 36	
§ 37 (Ausschlussfrist)	§ 37	
§ 38 (Begriffsbestimmungen)	§ 38	
§ 39 (In-Kraft-Treten) Sparkassensonderzahlung (§ 18.4) anstelle der Jahressonderzahlung (§ 20 AT) tritt früher in Kraft	§ 39 (ist modifiziert)	§ 50
Anhang zu § 9 A. Bereitschaftszeiten Hausmeisterinnen/Hausmeister B. *(nicht besetzt)*	Anhang zu § 9	
Anlage 1 – Entgeltordnung (VKA)	**Anlage 1 – Entgeltordnung (VKA)**	
Anlage A (Tabellenentgelt)	**Anlage A**	
Anlage B (aufgehoben)	**Anlage B** (aufgehoben)	

8a. Tarifvertrag für Auszubildende des öffentlichen Dienstes (TVAöD) – Allgemeiner Teil –

Vom 13. September 2005[1)]

zuletzt geänd. durch ÄndTV Nr. 10 v. 25.10.2020

Zwischen

der Bundesrepublik Deutschland, vertreten durch das Bundesministerium des Innern, und der Vereinigung der kommunalen Arbeitgeberverbände, vertreten durch den Vorstand, einerseits

und

[den vertragsschließenden Gewerkschaften][2)], andererseits

wird Folgendes vereinbart:

§ 1 Geltungsbereich. (1) Dieser Tarifvertrag gilt für

a) Personen, die in Verwaltungen und Betrieben, die unter den Geltungsbereich des TVöD fallen, in einem staatlich anerkannten oder als staatlich anerkannt geltenden Ausbildungsberuf ausgebildet werden,

b) Schülerinnen/Schüler

   – in der Gesundheits- und Krankenpflege, Gesundheits- und Kinderkrankenpflege, Entbindungspflege, Altenpflege,

   – in der Operationstechnischen Assistenz und der Anästhesietechnischen Assistenz, jeweils nach der Empfehlung der Deutschen Krankenhausgesellschaft vom 17. September 2013,

   – nach dem Notfallsanitätergesetz,

   – in praxisintegrierten Ausbildungsgängen zur Erzieherin/zum Erzieher nach landesrechtlichen Regelungen und

   – für Auszubildende in der Pflege nach dem Gesetz über Pflegeberufe (Pflegeberufegesetz),

   die in Verwaltungen und Betrieben, die unter den Geltungsbereich des TVöD fallen, ausgebildet werden,

c) Auszubildende in betrieblich-schulischen Gesundheitsberufen, die in Verwaltungen und Betrieben, die unter den Geltungsbereich des TVöD fallen, ausgebildet werden, nach folgenden Maßgaben:

	Berufsausbildung	Gesetzliche Vorschriften in der jeweils aktuellen Fassung
1.	Orthoptistinnen und Orthoptisten	Orthoptistengesetz vom 28. November 1989 (BGBl. I S. 2061) Ausbildungs- und Prüfungsverordnung für Orthoptistinnen und Orthoptisten vom 21. März 1990 (BGBl. I S. 563)
2.	Logopädinnen und Logopäden	Gesetz über den Beruf des Logopäden vom 7. Mai 1980 (BGBl. I S. 529)

---

1) Die Tarifvertragsparteien haben mit Datum vom 24. November 2005 rückwirkend zum Zeitpunkt des Inkrafttretens redaktionelle Änderungen vereinbart; diese Fassung berücksichtigt die dort getroffenen Vereinbarungen.

2) Mit den Gewerkschaften ver.di und dbb tarifunion wurden jeweils gleich lautende Tarifverträge geschlossen.

	Berufsausbildung	Gesetzliche Vorschriften in der jeweils aktuellen Fassung
		Ausbildungs- und Prüfungsordnung für Logopäden vom 1. Oktober 1980 (BGBl. I S. 1892)
3.	a) Medizinisch-technische Laboratoriumsassistentinnen und Medizinisch-technische Laboratoriumsassistenten b) Medizinisch-technische Radiologieassistentinnen und Medizinisch-technische Radiologieassistenten c) Medizinisch-technische Assistentinnen für Funktionsdiagnostik und Medizinisch-technische Assistenten für Funktionsdiagnostik	MTA-Gesetz vom 2. August 1993 (BGBl. I S. 1402) Ausbildungs- und Prüfungsverordnung für technische Assistenten in der Medizin vom 25. April 1994 (BGBl. I S. 922)
4.	Ergotherapeutinnen und Ergotherapeuten	Ergotherapeutengesetz vom 25. Mai 1976 (BGBl. I S. 1246) Ergotherapeuten-Ausbildungs- und Prüfungsverordnung vom 2. August 1999 (BGBl. I S. 1731)
5.	Physiotherapeutinnen und Physiotherapeuten	Masseur- und Physiotherapeutengesetz vom 26. Mai 1994 (BGBl. I S. 1084) Ausbildungs- und Prüfungsverordnung für Physiotherapeuten vom 6. Dezember 1994 (BGBl. I S. 3786)
6.	Diätassistentinnen und Diätassistenten	Diätassistentengesetz vom 8. März 1994 (BGBl. I S. 446) Ausbildungs- und Prüfungsverordnung für Diätassistentinnen und Diätassistenten vom 1. August 1994 (BGBl. I S. 2088)

d) Auszubildende in Betrieben oder Betriebsteilen, auf deren Arbeitnehmerinnen/Arbeitnehmer der TV-V oder der TV-WW/NW Anwendung findet,

e) Auszubildende in Betrieben oder Betriebsteilen, auf deren Arbeitnehmerinnen/Arbeitnehmer ein TV-N Anwendung findet, soweit und solange nicht eine anderweitige landesbezirkliche Regelung getroffen wurde (Auszubildende).

(2) Dieser Tarifvertrag gilt nicht für

a) Schülerinnen/Schüler in der Krankenpflegehilfe und Altenpflegehilfe sowie Heilerziehungspflegeschüler/innen,

b) Praktikantinnen/Praktikanten und Volontärinnen/Volontäre,

c) Auszubildende, die in Ausbildungsberufen der Landwirtschaft, des Weinbaues oder der Forstwirtschaft ausgebildet werden, es sei denn, dass die Beschäftigten des Ausbildenden unter den Tarifvertrag für den öffentlichen Dienst (TVöD) fallen,

d) körperlich, geistig oder seelisch behinderte Personen, die aufgrund ihrer Behinderung in besonderen Ausbildungswerkstätten, Berufsförderungswerkstätten oder in Lebenshilfeeinrichtungen ausgebildet werden sowie

e) für Studierende in einem ausbildungsintegrierten dualen Studium, die vom Geltungsbereich des Tarifvertrages für Studierende in ausbildungsintegrierten dualen Studiengängen im öffentlichen Dienst (TVSöD) erfasst sind.

(3) Soweit in diesem Tarifvertrag nichts anderes geregelt ist, gelten die jeweils einschlägigen gesetzlichen Vorschriften.

Niederschriftserklärung zu § 1:
Ausbildender im Sinne dieses Tarifvertrages ist, wer andere Personen zur Ausbildung einstellt.

§ 1a Geltungsbereich des Besonderen Teils. [In den Besonderen Teilen[1)] geregelt]

§ 2 Ausbildungsvertrag, Nebenabreden. (1) [1] Vor Beginn des Ausbildungsverhältnisses ist ein schriftlicher Ausbildungsvertrag zu schließen, der neben der Bezeichnung des Ausbildungsberufs mindestens Angaben enthält über

a) die maßgebliche Ausbildungs- und Prüfungsordnung in der jeweils geltenden Fassung sowie Art, sachliche und zeitliche Gliederung der Ausbildung,
b) Beginn und Dauer der Ausbildung,
c) Dauer der regelmäßigen täglichen oder wöchentlichen Ausbildungszeit,
d) Dauer der Probezeit,
e) Zahlung und Höhe des Ausbildungsentgelts,
f) Dauer des Urlaubs,
g) Voraussetzungen, unter denen der Ausbildungsvertrag gekündigt werden kann,
h) die Geltung des Tarifvertrages für Auszubildende im öffentlichen Dienst (TVAöD) sowie einen in allgemeiner Form gehaltenen Hinweis auf die auf das Ausbildungsverhältnis anzuwendenden Betriebs-/Dienstvereinbarungen.

[2] Bei Auszubildenden in der Pflege nach dem Pflegeberufegesetz muss der Ausbildungsvertrag darüber hinaus folgende Angaben enthalten:

a) den gewählten Vertiefungseinsatz einschließlich einer Ausrichtung nach § 7 Abs. 4 Satz 2 Pflegeberufegesetz,
b) Verpflichtung der Auszubildenden/des Auszubildenden zum Besuch der Ausbildungsveranstaltungen der Pflegeschule,
c) Umfang etwaiger Sachbezüge,
d) Hinweis auf die Rechte als Arbeitnehmerin/Arbeitnehmer im Sinne von § 5 des Betriebsverfassungsgesetzes oder von § 4 des Bundespersonalvertretungsgesetzes des Trägers der praktischen Ausbildung.

(2) [1] Nebenabreden sind nur wirksam, wenn sie schriftlich vereinbart werden. [2] Sie können gesondert gekündigt werden, soweit dies einzelvertraglich vereinbart ist.

§ 3 Probezeit. [In den Besonderen Teilen[1)] geregelt]

§ 4 Ärztliche Untersuchungen. (1) [1] Auszubildende haben auf Verlangen des Ausbildenden vor ihrer Einstellung ihre gesundheitliche Eignung durch das Zeugnis einer Betriebsärztin/eines Betriebsarztes, einer Personalärztin/eines Personalarztes oder einer Amtsärztin/eines Amtsarztes nachzuweisen, soweit sich die Betriebsparteien nicht auf eine andere Ärztin/einen anderen Arzt geeinigt haben. [2] Für Auszubildende, die unter das Jugendarbeitsschutzgesetz fallen, ist ergänzend § 32 Abs. 1 JArbSchG zu beachten.

(2) [1] Der Ausbildende ist bei begründeter Veranlassung berechtigt, Auszubildende zu verpflichten, durch ärztliche Bescheinigung nachzuweisen, dass sie in

---

[1)] Siehe den Besonderen Teil BBiG und den Besonderen Teil Pflege.

der Lage sind, die nach dem Ausbildungsvertrag übernommenen Verpflichtungen zu erfüllen. [2] Bei der beauftragten Ärztin/dem beauftragten Arzt kann es sich um eine Betriebsärztin/einen Betriebsarzt, eine Personalärztin/einen Personalarzt oder eine Amtsärztin/einen Amtsarzt handeln, soweit sich die Betriebsparteien nicht auf eine andere Ärztin/einen anderen Arzt geeinigt haben. [3] Die Kosten dieser Untersuchung trägt der Ausbildende.

(3) Auszubildende, die besonderen Ansteckungsgefahren ausgesetzt, mit gesundheitsgefährdenden Tätigkeiten beschäftigt oder mit der Zubereitung von Speisen beauftragt sind, sind in regelmäßigen Zeitabständen oder auf ihren Antrag bei Beendigung des Ausbildungsverhältnisses ärztlich zu untersuchen.

§ 5 Schweigepflicht, Nebentätigkeiten, Schadenshaftung. (1) Auszubildende haben in demselben Umfang Verschwiegenheit zu wahren wie die Beschäftigten des Ausbildenden.

(2) [1] Nebentätigkeiten gegen Entgelt haben Auszubildende ihrem Ausbildenden rechtzeitig vorher schriftlich anzuzeigen. [2] Der Ausbildende kann die Nebentätigkeit untersagen oder mit Auflagen versehen, wenn diese geeignet ist, die nach dem Ausbildungsvertrag übernommenen Verpflichtungen der Auszubildenden oder berechtigte Interessen des Ausbildenden zu beeinträchtigen.

(3) Für die Schadenshaftung der Auszubildenden finden die für die Beschäftigten des Ausbildenden geltenden tariflichen Bestimmungen entsprechende Anwendung.

§ 6 Personalakten. (1) [1] Die Auszubildenden haben ein Recht auf Einsicht in ihre vollständigen Personalakten. [2] Sie können das Recht auf Einsicht durch einen hierzu schriftlich Bevollmächtigten ausüben lassen. [3] Sie können Auszüge oder Kopien aus ihren Personalakten erhalten.

(2) [1] Beurteilungen sind Auszubildenden unverzüglich bekannt zu geben. [2] Die Bekanntgabe ist aktenkundig zu machen.

§ 7 Wöchentliche und tägliche Ausbildungszeit. (1) Die wöchentliche und tägliche Ausbildungszeit ist in den Besonderen Teilen[1)] geregelt.

(2) Für Auszubildende der Mitglieder des Kommunalen Arbeitgeberverbandes Baden-Württemberg im Geltungsbereich des BT-K ist eine abweichende Regelung vereinbart.

§ 8 Ausbildungsentgelt. [In den Besonderen Teilen[1)] geregelt]

§ 8a Unständige Entgeltbestandteile. Für die Ausbildung an Samstagen, Sonntagen, Feiertagen und Vorfesttagen, für den Bereitschaftsdienst und die Rufbereitschaft, für die Überstunden und für die Zeitzuschläge gelten die für die Beschäftigten des Ausbildenden geltenden Regelungen sinngemäß.

§ 8b Sonstige Entgeltregelungen. [In den Besonderen Teilen[1)] geregelt]

§ 9 Urlaub. [In den Besonderen Teilen[1)] geregelt]

§ 10 Ausbildungsmaßnahmen außerhalb der Ausbildungsstätte. [In den Besonderen Teilen[1)] geregelt]

[1)] Siehe den Besonderen Teil BBiG und den Besonderen Teil Pflege.

§ 10a Familienheimfahrten. [In den Besonderen Teilen[1] geregelt]

§ 11 Schutzkleidung, Ausbildungsmittel. [In den Besonderen Teilen[1] geregelt]

§ 12 Entgelt im Krankheitsfall. (1) Werden Auszubildende durch Arbeitsunfähigkeit infolge Krankheit ohne ihr Verschulden verhindert, ihre Verpflichtungen aus dem Ausbildungsvertrag zu erfüllen, erhalten sie für die Zeit der Arbeitsunfähigkeit für die Dauer von bis zu sechs Wochen sowie nach Maßgabe der gesetzlichen Bestimmungen bei Wiederholungserkrankungen das Ausbildungsentgelt (§ 8) in entsprechender Anwendung der für die Beschäftigten des Ausbildenden geltenden Regelungen fortgezahlt.

(2) Im Übrigen gilt das Entgeltfortzahlungsgesetz.

(3) Bei der jeweils ersten Arbeitsunfähigkeit, die durch einen bei dem Ausbildenden erlittenen Arbeitsunfall oder durch eine bei dem Ausbildenden zugezogene Berufskrankheit verursacht ist, erhalten Auszubildende nach Ablauf des nach Absatz 1 maßgebenden Zeitraums bis zum Ende der 26. Woche seit dem Beginn der Arbeitsunfähigkeit einen Krankengeldzuschuss in Höhe des Unterschiedsbetrages zwischen dem Bruttokrankengeld und dem sich nach Absatz 1 ergebenden Nettoausbildungsentgelt, wenn der zuständige Unfallversicherungsträger den Arbeitsunfall oder die Berufskrankheit anerkennt.

§ 12a Entgeltfortzahlung in anderen Fällen. (1) Auszubildenden ist das Ausbildungsentgelt (§ 8) für insgesamt fünf Ausbildungstage fortzuzahlen, um sich vor den in den Ausbildungsordnungen vorgeschriebenen Abschlussprüfungen ohne Bindung an die planmäßige Ausbildung auf die Prüfung vorbereiten zu können; bei der Sechstagewoche besteht dieser Anspruch für sechs Ausbildungstage.

(2) Der Freistellungsanspruch nach Absatz 1 verkürzt sich um die Zeit, für die Auszubildende zur Vorbereitung auf die Abschlussprüfung besonders zusammengefasst werden; es besteht jedoch mindestens ein Anspruch auf zwei Ausbildungstage.

(3) Im Übrigen gelten die für die Beschäftigten des Ausbildenden maßgebenden Regelungen zur Arbeitsbefreiung entsprechend.

§ 13 Vermögenswirksame Leistungen. (1) [1] Nach Maßgabe des Vermögensbildungsgesetzes in seiner jeweiligen Fassung erhalten Auszubildende eine vermögenswirksame Leistung in Höhe von 13,29 Euro monatlich. [2] Der Anspruch auf vermögenswirksame Leistungen entsteht frühestens für den Kalendermonat, in dem den Ausbildenden die erforderlichen Angaben mitgeteilt werden, und für die beiden vorangegangenen Monate desselben Kalenderjahres.

(2) Die vermögenswirksamen Leistungen sind kein zusatzversorgungspflichtiges Entgelt.

(3) Der in Absatz 1 Satz 1 genannte Betrag gilt nicht für die Auszubildenden der Sparkassen.

§ 14 Jahressonderzahlung. [In den Besonderen Teilen[1] geregelt]

---

[1] Siehe den Besonderen Teil BBiG und den Besonderen Teil Pflege.

§ 15 Zusätzliche Altersversorgung. Die Versicherung zum Zwecke einer zusätzlichen Altersversorgung wird durch besonderen Tarifvertrag geregelt.

§ 16 Beendigung des Ausbildungsverhältnisses. (1) [1]Das Ausbildungsverhältnis endet mit Ablauf der Ausbildungszeit; abweichende gesetzliche Regelungen bleiben unberührt. [2]Im Falle des Nichtbestehens der Abschlussprüfung verlängert sich das Ausbildungsverhältnis auf Verlangen der Auszubildenden bis zur nächstmöglichen Wiederholungsprüfung, höchstens um ein Jahr.

(2) Können Auszubildende ohne eigenes Verschulden die Abschlussprüfung erst nach beendeter Ausbildungszeit ablegen, gilt Absatz 1 Satz 2 entsprechend.

(3) Beabsichtigt der Ausbildende keine Übernahme in ein befristetes oder unbefristetes Arbeitsverhältnis, hat er dies den Auszubildenden drei Monate vor dem voraussichtlichen Ende der Ausbildungszeit schriftlich mitzuteilen.

(4) Nach der Probezeit (§ 3) kann das Ausbildungsverhältnis unbeschadet der gesetzlichen Kündigungsgründe nur gekündigt werden

a) aus einem sonstigen wichtigen Grund ohne Einhalten einer Kündigungsfrist,
b) von Auszubildenden mit einer Kündigungsfrist von vier Wochen.

(5) Werden Auszubildende im Anschluss an das Ausbildungsverhältnis beschäftigt, ohne dass hierüber ausdrücklich etwas vereinbart worden ist, so gilt ein Arbeitsverhältnis auf unbestimmte Zeit als begründet.

§ 16a[1)] Übernahme von Auszubildenden. [1]Auszubildende werden nach erfolgreich bestandener Abschlussprüfung bei dienstlichem bzw. betrieblichem Bedarf im unmittelbaren Anschluss an das Ausbildungsverhältnis für die Dauer von zwölf Monaten in ein Arbeitsverhältnis übernommen, sofern nicht im Einzelfall personenbedingte, verhaltensbedingte, betriebsbedingte oder gesetzliche Gründe entgegenstehen. [2]Im Anschluss daran werden diese Beschäftigten bei entsprechender Bewährung in ein unbefristetes Arbeitsverhältnis übernommen. [3]Der dienstliche bzw. betriebliche Bedarf muss zum Zeitpunkt der Beendigung der Ausbildung nach Satz 1 vorliegen und setzt zudem eine freie und besetzbare Stelle bzw. einen freien und zu besetzenden Arbeitsplatz voraus, die/der eine ausbildungsadäquate Beschäftigung auf Dauer ermöglicht. [4]Bei einer Auswahlentscheidung sind die Ergebnisse der Abschlussprüfung und die persönliche Eignung zu berücksichtigen. [5]Bestehende Mitbestimmungsrechte bleiben unberührt.

Protokollerklärung zu § 16a:
Besteht kein dienstlicher bzw. betrieblicher Bedarf für eine unbefristete Beschäftigung, ist eine befristete Beschäftigung außerhalb von § 16a möglich.

§ 17 Abschlussprämie. (1) [1]Bei Beendigung des Ausbildungsverhältnisses aufgrund erfolgreich abgeschlossener Abschlussprüfung bzw. staatlicher Prüfung erhalten Auszubildende eine Abschlussprämie als Einmalzahlung in Höhe von 400 Euro. [2]Die Abschlussprämie ist kein zusatzversorgungspflichtiges Entgelt. [3]Sie ist nach Bestehen der Abschlussprüfung bzw. der staatlichen Prüfung fällig.

(2) [1]Absatz 1 gilt nicht für Auszubildende, die ihre Ausbildung nach erfolgloser Prüfung aufgrund einer Wiederholungsprüfung abschließen. [2]Im Einzelfall kann der Ausbildende von Satz 1 abweichen.

(3) *(aufgehoben)*

[1)] § 16a tritt mit Ablauf des 31. Dezember 2022 außer Kraft, vgl. § 20 Abs. 6.

§ 18 Zeugnis. [In dem Besonderen Teil BBiG geregelt]

§ 19 Ausschlussfrist. Ansprüche aus dem Ausbildungsverhältnis verfallen, wenn sie nicht innerhalb einer Ausschlussfrist von sechs Monaten nach Fälligkeit von den Auszubildenden oder vom Ausbildenden schriftlich geltend gemacht werden.

§ 20 In-Kraft-Treten, Laufzeit. (1) Dieser Tarifvertrag tritt am 1. Oktober 2005 in Kraft.

(2) Dieser Tarifvertrag kann mit einer Frist von drei Monaten zum Ende eines Kalenderhalbjahres schriftlich gekündigt werden.

(3) Abweichend von Absatz 2 kann § 17 gesondert zum 31. Dezember eines jeden Jahres schriftlich gekündigt werden.

(4) [1] Dieser Tarifvertrag ersetzt für den Bereich des Bundes die in Anlage 2 aufgeführten Tarifverträge. [2] Die Ersetzung erfolgt mit Wirkung vom 1. Oktober 2005, soweit in Anlage 2 kein abweichender Termin bestimmt ist.

(5) Mit In-Kraft-Treten dieses Tarifvertrages finden im Bereich der Mitgliedverbände der VKA die in Anlage 3 aufgeführten Tarifverträge auf die in § 1 Abs. 1 genannten Personen keine Anwendung mehr.

(6) § 16a tritt mit Ablauf des 31. Dezember 2022 außer Kraft.

§ 20a In-Kraft-Treten, Laufzeit des Besonderen Teils. [In den Besonderen Teilen[1)] geregelt]

Anlage 1 (Bund) *(aufgehoben)*

Anlage 1 (VKA) *(aufgehoben)*

Anlage 2 (zu § 20 Abs. 4 – Bund –)

1. Manteltarifvertrag für Auszubildende vom 6. Dezember 1974,
2. Manteltarifvertrag für Auszubildende (Mantel-TV Azubi-O) vom 5. März 1991,
3. Ausbildungsvergütungstarifvertrag Nr. 22 für Auszubildende vom 31. Januar 2003,
4. Ausbildungsvergütungstarifvertrag Nr. 7 für Auszubildende (Ost) vom 31. Januar 2003,
5. Tarifvertrag über vermögenswirksame Leistungen an Auszubildende vom 17. Dezember 1970,
6. Tarifvertrag über vermögenswirksame Leistungen an Auszubildende (TV VL Azubi-O) vom 8. Mai 1991,
7. Tarifvertrag über ein Urlaubsgeld für Auszubildende (Bund) vom 16. März 1977, mit Wirkung ab 1. Januar 2006,
8. Tarifvertrag über ein Urlaubsgeld für Auszubildende (TV Urlaubsgeld Azubi-O) vom 5. März 1991, mit Wirkung ab 1. Januar 2006,
9. Tarifvertrag über eine Zuwendung für Auszubildende (Bund) vom 12. Oktober 1973, mit Wirkung ab 1. Januar 2006,

---

[1)] Siehe den Besonderen Teil BBiG und den Besonderen Teil Pflege.

10. Tarifvertrag über eine Zuwendung für Auszubildende (TV Zuwendung Azubi-O) vom 5. März 1991, mit Wirkung ab 1. Januar 2006,
11. Tarifvertrag zur Regelung der Rechtsverhältnisse der Schülerinnen/Schüler, die nach Maßgabe des Krankenpflegegesetzes oder des Hebammengesetzes ausgebildet werden, vom 28. Februar 1986,
12. Tarifvertrag zur Regelung der Rechtsverhältnisse der Schülerinnen/Schüler, die nach Maßgabe des Krankenpflegegesetzes oder des Hebammengesetzes ausgebildet werden (Mantel-TV Schü-O), vom 5. März 1991,
13. Ausbildungsvergütungstarifvertrag Nr. 12 für Schülerinnen/Schüler, die nach Maßgabe des Krankenpflegegesetzes oder des Hebammengesetzes ausgebildet werden, vom 31. Januar 2003,
14. Ausbildungsvergütungstarifvertrag Nr. 7 für Schülerinnen/Schüler, die nach Maßgabe des Krankenpflegegesetzess oder des Hebammengesetzes ausgebildet werden (Ost), vom 31. Januar 2003,
15. Tarifvertrag über ein Urlaubsgeld für Schülerinnen/Schüler, die nach Maßgabe des Krankenpflegegesetzes in der Krankenpflege oder in der Kinderkrankenpflege oder nach Maßgabe des Hebammengesetzes ausgebildet werden, vom 21. April 1986, mit Wirkung ab 1. Januar 2006,
16. Tarifvertrag über ein Urlaubsgeld für Schülerinnen/Schüler, die nach Maßgabe des Krankenpflegegesetzes in der Krankenpflege oder in der Kinderkrankenpflege oder nach Maßgabe des Hebammengesetzes ausgebildet werden (TV Urlaubsgeld Schü-O), vom 5. März 1991, mit Wirkung ab 1. Januar 2006,
17. Tarifvertrag über eine Zuwendung für Schülerinnen/Schüler, die nach Maßgabe des Krankenpflegegesetzes oder des Hebammengesetzes ausgebildet werden, vom 21. April 1986, mit Wirkung ab 1. Januar 2006,
18. Tarifvertrag über eine Zuwendung für Schülerinnen/Schüler, die nach Maßgabe des Krankenpflegegesetzes oder des Hebammengesetzes ausgebildet werden (TV Zuwendung Schü-O), vom 5. März 1991, mit Wirkung ab 1. Januar 2006.

Anlage 3 (zu § 20 Abs. 5 – VKA –)

1. Manteltarifvertrag für Auszubildende vom 6. Dezember 1974,
2. Manteltarifvertrag für Auszubildende (Mantel-TV Azubi-O) vom 5. März 1991,
3. Manteltarifvertrag für Auszubildende (Mantel-TV Azubi-Ostdeutsche Sparkassen) vom 16. Mai 1991,
4. Ausbildungsvergütungstarifvertrag Nr. 22 für Auszubildende vom 31. Januar 2003,
5. Ausbildungsvergütungstarifvertrag Nr. 7 für Auszubildende (Ost) vom 31. Januar 2003,
6. Ausbildungsvergütungstarifvertrag Nr. 7 für Auszubildende der ostdeutschen Sparkassen vom 31. Januar 2003,
7. Tarifvertrag über vermögenswirksame Leistungen an Auszubildende vom 17. Dezember 1970,
8. Tarifvertrag über vermögenswirksame Leistungen an Auszubildende (TV VL Azubi-O) vom 8. Mai 1991,

9. Tarifvertrag über ein Urlaubsgeld für Auszubildende vom 16. März 1977,
10. Tarifvertrag über ein Urlaubsgeld für Auszubildende (TV Urlaubsgeld Azubi-O) vom 5. März 1991,
11. Tarifvertrag über ein Urlaubsgeld für Auszubildende (TV Urlaubsgeld Azubi-Ostdeutsche Sparkassen) vom 25. Oktober 1990,
12. Tarifvertrag zur Regelung der Rechtsverhältnisse der Schülerinnen/Schüler, die nach Maßgabe des Krankenpflegegesetzes oder des Hebammengesetzes ausgebildet werden, vom 28. Februar 1986,
13. Tarifvertrag zur Regelung der Rechtsverhältnisse der Schülerinnen/Schüler, die nach Maßgabe des Krankenpflegegesetzes oder des Hebammengesetzes ausgebildet werden (Mantel-TV Schü-O), vom 5. März 1991,
14. Ausbildungsvergütungstarifvertrag Nr. 12 für Schülerinnen/Schüler, die nach Maßgabe des Krankenpflegegesetzes oder des Hebammengesetzes ausgebildet werden, vom 31. Januar 2003,
15. Ausbildungsvergütungstarifvertrag Nr. 7 für Schülerinnen/Schüler, die nach Maßgabe des Krankenpflegegesetzes oder des Hebammengesetzes ausgebildet werden (Ost), vom 31. Januar 2003,
16. Tarifvertrag über ein Urlaubsgeld für Schülerinnen/Schüler, die nach Maßgabe des Krankenpflegegesetzes in der Krankenpflege oder in der Kinderkrankenpflege oder nach Maßgabe des Hebammengesetzes ausgebildet werden, vom 21. April 1986,
17. Tarifvertrag über ein Urlaubsgeld für Schülerinnen/Schüler, die nach Maßgabe des Krankenpflegegesetzes in der Krankenpflege oder in der Kinderkrankenpflege oder nach Maßgabe des Hebammengesetzes ausgebildet werden (TV Urlaubsgeld Schü-O), vom 5. März 1991.

Anlage 4 (VKA) *(aufgehoben)*

Anlage 5. Übergangsregelungen für Schülerinnen/Schüler in der Altenpflege

[Regelung im Besonderen Teil Pflege]

1. Für Schülerinnen/Schüler in der Altenpflege, deren Ausbildungsverhältnis vor dem 1. Oktober 2005 begonnen hat, gelten die jeweils einzelvertraglich vereinbarten Ausbildungsentgelte bis zur Beendigung des Ausbildungsverhältnisses weiter, soweit einzelvertraglich nichts Abweichendes vereinbart wird.
2. Soweit Ausbildende von Schülerinnen/Schülern in der Altenpflege bis zum 30. September 2005 ein Ausbildungsentgelt gezahlt haben, das niedriger ist als die in § 8 Abs. 1 geregelten Ausbildungsentgelte, gelten für die Ausbildungsentgelte bei Ausbildungsverhältnissen, die nach dem 30. September 2005 beginnen, spätestens ab 1. Januar 2008 die in § 8 Abs. 1 geregelten Beträge.

8b. Tarifvertrag für Auszubildende des öffentlichen Dienstes (TVAöD) – Besonderer Teil BBiG –

Vom 13. September 2005[1)]

zuletzt geänd. durch ÄndTV Nr. 11 v. 25.10.2020

Zwischen

der Bundesrepublik Deutschland, vertreten durch das Bundesministerium des Innern, und der Vereinigung der kommunalen Arbeitgeberverbände, vertreten durch den Vorstand, einerseits

und

[den vertragsschließenden Gewerkschaften][2)], andererseits

wird Folgendes vereinbart:

§ 1a Geltungsbereich des Besonderen Teils. (1) [1] Dieser Tarifvertrag gilt nur für die in § 1 Abs. 1 des Tarifvertrages für Auszubildende des öffentlichen Dienstes (TVAöD) – Allgemeiner Teil unter Buchst. a, d und e aufgeführten Auszubildenden. [2] Er bildet im Zusammenhang mit dem Allgemeinen Teil des TVAöD den Tarifvertrag für die Auszubildenden des öffentlichen Dienstes nach BBiG (TVAöD – BBiG).

(2) Soweit in den nachfolgenden Bestimmungen auf die §§ 12 und 16 verwiesen wird, handelt es sich um die Regelungen des TVAöD – Allgemeiner Teil.

§ 3 Probezeit. (1) Die Probezeit beträgt drei Monate.

(2) Während der Probezeit kann das Ausbildungsverhältnis von beiden Seiten jederzeit ohne Einhalten einer Kündigungsfrist gekündigt werden.

§ 7 Wöchentliche und tägliche Ausbildungszeit. (1) [1] Die regelmäßige durchschnittliche wöchentliche Ausbildungszeit und die tägliche Ausbildungszeit der Auszubildenden, die nicht unter das Jugendarbeitsschutzgesetz fallen, richten sich nach den für die Beschäftigten des Ausbildenden maßgebenden Vorschriften über die Arbeitszeit. [2] Für Auszubildende der Mitglieder des Kommunalen Arbeitgeberverbandes Baden-Württemberg im Geltungsbereich des BT-K ist eine abweichende Regelung vereinbart.

(2) Wird das Führen von Berichtsheften (Ausbildungsnachweisen) verlangt, ist den Auszubildenden dazu Gelegenheit während der Ausbildungszeit zu geben.

(3) An Tagen, an denen Auszubildende an einem theoretischen betrieblichen Unterricht von mindestens 270 tatsächlichen Unterrichtsminuten teilnehmen, dürfen sie nicht zur praktischen Ausbildung herangezogen werden.

[1)] Die Tarifvertragsparteien haben mit Datum vom 24. November 2005 rückwirkend zum Zeitpunkt des Inkrafttretens redaktionelle Änderungen vereinbart; diese Fassung berücksichtigt die dort getroffenen Vereinbarungen.

[2)] Mit den Gewerkschaften ver.di und dbb tarifunion wurden jeweils gleich lautende Tarifverträge geschlossen.

(4) [1] Unterrichtszeiten einschließlich der Pausen gelten als Ausbildungszeit. [2] Dies gilt auch für die notwendige Wegezeit zwischen Unterrichtsort und Ausbildungsstätte, sofern die Ausbildung nach dem Unterricht fortgesetzt wird.

(5) Auszubildende dürfen an Sonn- und Wochenfeiertagen und in der Nacht zur Ausbildung nur herangezogen werden, wenn dies nach dem Ausbildungszweck erforderlich ist.

(6) [1] Auszubildende dürfen nicht über die nach Absatz 1 geregelte Ausbildungszeit hinaus zu Mehrarbeit herangezogen und nicht mit Akkordarbeit beschäftigt werden. [2] §§ 21, 23 JArbSchG und § 17 Abs. 7 BBiG bleiben unberührt.

§ 8 Ausbildungsentgelt. (1) Das monatliche Ausbildungsentgelt beträgt:

	bis 31. März 2021	ab 1. April 2021	ab 1. April 2022
im ersten Ausbildungsjahr	1.018,26 Euro	1.043,26 Euro	1.068,26 Euro
im zweiten Ausbildungsjahr	1.068,20 Euro	1.093,20 Euro	1.118,20 Euro
im dritten Ausbildungsjahr	1.114,02 Euro	1.139,02 Euro	1.164,02 Euro
im vierten Ausbildungsjahr	1.177,59 Euro	1.202,59 Euro	1.227,59 Euro.

(2) Das Ausbildungsentgelt ist zu demselben Zeitpunkt fällig wie das den Beschäftigten des Ausbildenden gezahlte Entgelt.

(3) Im Geltungsbereich des TVöD – Besonderer Teil Sparkassen wird eine von Absatz 1 abweichende Regelung getroffen.

(4) Ist wegen des Besuchs einer weiterführenden oder einer berufsbildenden Schule oder wegen einer Berufsausbildung in einer sonstigen Einrichtung die Ausbildungszeit verkürzt, gilt für die Höhe des Ausbildungsentgelts der Zeitraum, um den die Ausbildungszeit verkürzt wird, als abgeleistete Ausbildungszeit.

(5) Wird die Ausbildungszeit

a) gemäß § 16 Abs. 1 Satz 2 verlängert oder
b) auf Antrag der Auszubildenden nach § 8 Abs. 2 BBiG von der zuständigen Stelle oder nach § 27c Abs. 2 der Handwerksordnung von der Handwerkskammer verlängert, wenn die Verlängerung erforderlich ist, um das Ausbildungsziel zu erreichen,

wird während des Zeitraums der Verlängerung das Ausbildungsentgelt des letzten regelmäßigen Ausbildungsabschnitts gezahlt.

(6) In den Fällen des § 16 Abs. 2 erhalten Auszubildende bis zur Ablegung der Abschlussprüfung das Ausbildungsentgelt des letzten regelmäßigen Ausbildungsabschnitts, bei Bestehen der Prüfung darüber hinaus rückwirkend von dem Zeitpunkt an, an dem das Ausbildungsverhältnis geendet hat, den Unterschiedsbetrag zwischen dem ihnen gezahlten Ausbildungsentgelt und dem für das vierte Ausbildungsjahr maßgebenden Ausbildungsentgelt.

(7) *(aufgehoben)*

§ 8b Sonstige Entgeltregelungen. (1a) Auszubildenden im Bereich des Bundes können bei Vorliegen der geforderten Voraussetzungen 50 v.H. der Zulagen gewährt werden, die für Beschäftigte im Sinne des § 38 Abs. 5 Satz 1

TVöD gemäß § 19 Abs. 5 TVöD in Verbindung mit § 33 Abs. 1 Buchst. c und Abs. 6 BAT/BAT-O jeweils vereinbart sind.

(1b) Auszubildenden, die in einem Ausbildungsverhältnis zu einem Ausbildenden stehen, der Mitglied eines Mitgliedverbandes der VKA ist, können bei Vorliegen der geforderten Voraussetzungen 50 v.H. der Zulagen gewährt werden, die für Beschäftigte im Sinne des § 38 Abs. 5 Satz 1 TVöD gemäß § 23 Abs. 1 Satz 1 dritter bzw. vierter Spiegelstrich TVÜ-VKA in Verbindung mit § 33 Abs. 1 Buchst. c und Abs. 6 BAT/BAT-O jeweils vereinbart sind.

(2a) [1] Auszubildenden im Bereich des Bundes, die im Rahmen ihrer Ausbildung in erheblichem Umfang mit Arbeiten beschäftigt werden, für die Beschäftigten im Sinne des § 38 Abs. 5 Satz 2 TVöD nach Maßgabe des § 19 Abs. 5 TVöD Erschwerniszuschläge zustehen, kann im zweiten bis vierten Ausbildungsjahr ein monatlicher Pauschalzuschlag in Höhe von 10 € gezahlt werden.

(2b) Auszubildenden, die in einem Ausbildungsverhältnis zu einem Ausbildenden stehen, der Mitglied eines Mitgliedverbandes der VKA ist, und die im Rahmen ihrer Ausbildung in erheblichem Umfang mit Arbeiten beschäftigt werden, für die Beschäftigten im Sinne des § 38 Abs. 5 Satz 2 TVöD nach Maßgabe des § 23 Abs. 1 Satz 1 erster bzw. zweiter Spiegelstrich TVÜ-VKA Erschwerniszuschläge zustehen, kann im zweiten bis vierten Ausbildungsjahr ein monatlicher Pauschalzuschlag in Höhe von 10 € gezahlt werden.

§ 9 Urlaub. (1) Auszubildende erhalten Erholungsurlaub unter Fortzahlung ihres Ausbildungsentgelts (§ 8) in entsprechender Anwendung der für die Beschäftigten des Ausbildenden geltenden Regelungen mit der Maßgabe, dass der Urlaubsanspruch bei Verteilung der wöchentlichen Ausbildungszeit auf fünf Tage in der Kalenderwoche in jedem Kalenderjahr 30 Ausbildungstage beträgt.

(2) Auszubildende in Betrieben oder Betriebsteilen, auf deren Arbeitnehmer der TV-V oder ein TV-N Anwendung findet, erhalten abweichend von Absatz 1 Erholungsurlaub in entsprechender Anwendung der für die Arbeitnehmer des Ausbildenden geltenden Regelungen.

(3) Der Erholungsurlaub ist nach Möglichkeit zusammenhängend während der unterrichtsfreien Zeit zu erteilen und in Anspruch zu nehmen.

§ 10 Ausbildungsmaßnahmen außerhalb der Ausbildungsstätte.

(1) Bei Dienstreisen und Reisen zur Ablegung der in den Ausbildungsordnungen vorgeschriebenen Prüfungen erhalten Auszubildende eine Entschädigung in entsprechender Anwendung der für die Beschäftigten des Ausbildenden geltenden Reisekostenbestimmungen in der jeweiligen Fassung.

(2) [1] Bei Reisen zur Teilnahme an überbetrieblichen Ausbildungsmaßnahmen im Sinne des § 5 Abs. 2 Satz 1 Nr. 6 BBiG außerhalb der politischen Gemeindegrenze der Ausbildungsstätte werden die entstandenen notwendigen Fahrtkosten bis zur Höhe der Kosten der Fahrkarte der jeweils niedrigsten Klasse des billigsten regelmäßig verkehrenden Beförderungsmittels (im Bahnverkehr ohne Zuschläge) erstattet; Möglichkeiten zur Erlangung von Fahrpreisermäßigungen (z.B. Schülerfahrkarten, Monatsfahrkarten, BahnCard) sind auszunutzen. [2] Beträgt die Entfernung zwischen den Ausbildungsstätten hierbei mehr als 100 km, werden im Bahnverkehr Zuschläge bzw. besondere Fahrpreise (z.B. für ICE) erstattet. [3] Die nachgewiesenen notwendigen Kosten einer Unterkunft am auswärtigen Ort werden, soweit nicht eine unentgeltliche Unter-

kunft zur Verfügung steht, erstattet. [4]Zu den Auslagen des bei notwendiger auswärtiger Unterbringung entstehenden Verpflegungsmehraufwands wird für volle Kalendertage der Anwesenheit am auswärtigen Ausbildungsort ein Verpflegungszuschuss in Höhe der nach der Sozialversicherungsentgeltverordnung maßgebenden Sachbezugswerte für Frühstück, Mittagessen und Abendessen gewährt. [5]Bei unentgeltlicher Verpflegung wird der jeweilige Sachbezugswert einbehalten. [6]Bei einer über ein Wochenende oder einen Feiertag hinaus andauernden Ausbildungsmaßnahme werden die dadurch entstandenen Mehrkosten für Unterkunft und Verpflegungsmehraufwand nach Maßgabe der Sätze 3 bis 5 erstattet.

(3) [1]Für den Besuch einer auswärtigen Berufsschule werden die notwendigen Fahrtkosten nach Maßgabe von Absatz 2 Satz 1 erstattet, soweit sie monatlich 6 v.H. des Ausbildungsentgelts für das erste Ausbildungsjahr übersteigen. [2]Satz 1 gilt nicht, soweit die Fahrtkosten nach landesrechtlichen Vorschriften von einer Körperschaft des öffentlichen Rechts getragen werden. [3]Die notwendigen Auslagen für Unterkunft und Verpflegungsmehraufwand werden bei Besuch der regulären auswärtigen Berufsschule im Blockunterricht entsprechend Absatz 2 Sätze 3 bis 6 erstattet. [4]Leistungen Dritter sind anzurechnen.

(4) Bei Abordnungen und Zuweisungen werden die Kosten nach Maßgabe des Absatzes 2 erstattet.

§ 10a Familienheimfahrten. [1]Für Familienheimfahrten vom jeweiligen Ort der Ausbildungsstätte oder vom Ort der auswärtigen Berufsschule, deren Besuch vom Ausbildenden veranlasst wurde, zum Wohnort der Eltern, der Erziehungsberechtigten oder der Ehegattin/des Ehegatten oder der Lebenspartnerin/des Lebenspartners werden den Auszubildenden monatlich einmal die im Bundesgebiet entstandenen notwendigen Fahrtkosten bis zur Höhe der Kosten der Fahrkarte der jeweils niedrigsten Klasse des billigsten regelmäßig verkehrenden Beförderungsmittels (im Bahnverkehr ohne Zuschläge) erstattet; Möglichkeiten zur Erlangung von Fahrpreisermäßigungen (z.B. Schülerfahrkarten, Monatsfahrkarten, BahnCard) sind auszunutzen. [2]Beträgt die Entfernung mehr als 300 km, können im Bahnverkehr Zuschläge bzw. besondere Fahrpreise (z.B. für ICE) erstattet werden. [3]Die Sätze 1 und 2 gelten nicht, wenn aufgrund geringer Entfernung eine tägliche Rückkehr möglich und zumutbar ist oder der Aufenthalt am jeweiligen Ort der Ausbildungsstätte oder der auswärtigen Berufsschule weniger als vier Wochen beträgt.

§ 11 Schutzkleidung, Ausbildungsmittel, Lernmittelzuschuss.

(1) Soweit das Tragen von Schutzkleidung gesetzlich vorgeschrieben oder angeordnet ist, wird sie unentgeltlich zur Verfügung gestellt und bleibt Eigentum des Ausbildenden.

(2) Der Ausbildende hat den Auszubildenden kostenlos die Ausbildungsmittel zur Verfügung zu stellen, die zur Berufsausbildung und zum Ablegen von Zwischen- und Abschlussprüfungen erforderlich sind.

(3) [1]In jedem Ausbildungsjahr erhalten die Auszubildenden einen Lernmittelzuschuss in Höhe von 50,00 Euro brutto. [2]Absatz 2 bleibt unberührt. [3]Der Lernmittelzuschuss ist möglichst mit dem Ausbildungsentgelt des ersten Monats des jeweiligen Ausbildungsjahres zu zahlen, er ist spätestens im Zahlungsmonat September des betreffenden Ausbildungsjahres fällig.

§ 14 Jahressonderzahlung. (1) [1]Auszubildende, die am 1. Dezember in einem Ausbildungsverhältnis stehen, haben Anspruch auf eine Jahressonderzahlung. [2]Im Bereich des Bundes beträgt diese im

Tarifgebiet West	Tarifgebiet Ost im Kalenderjahr				
	2016	2017	2018	2019	ab 2020
90 v.H.	72 v.H.	76,5 v.H.	81 v.H.	85,5 v.H.	90 v.H.

des den Auszubildenden für November zustehenden Ausbildungsentgelts (§ 8). [3]Im Bereich der VKA beträgt die Jahressonderzahlung bei Auszubildenden, für die die Regelungen des Tarifgebiets West Anwendung finden, und für Auszubildende der ostdeutschen Sparkassen 90,00 Prozent des den Auszubildenden für November zustehenden Ausbildungsentgelts (§ 8). [4]Für Auszubildende, für die die Regelungen des Tarifgebiets Ost Anwendung finden, gilt Satz 3 mit der Maßgabe, dass die Bemessungssätze für die Jahressonderzahlung bis zum Kalenderjahr 2018 67,50 Prozent, im Kalenderjahr 2019 73,80 Prozent, im Kalenderjahr 2020 79,20 Prozent, im Kalenderjahr 2021 84,60 Prozent und ab dem Kalenderjahr 2022 90,00 Prozent des den Auszubildenden für November zustehenden Ausbildungsentgelts (§ 8) betragen. [5]§ 30 Abs. 6 TVÜ-VKA findet auf Auszubildende im Bereich der VKA, die im Abrechnungsverband Ost der Versorgungsanstalt des Bundes und der Länder (VBL) pflichtversichert sind, entsprechende Anwendung.

(2) [1]Der Anspruch ermäßigt sich um ein Zwölftel für jeden Kalendermonat, in dem Auszubildende keinen Anspruch auf Ausbildungsentgelt (§ 8), Fortzahlung des Entgelts während des Erholungsurlaubs (§ 9) oder im Krankheitsfall (§ 12) haben. [2]Die Verminderung unterbleibt für Kalendermonate, für die Auszubildende wegen Beschäftigungsverboten nach § 3 Abs. 1 und 2 Mutterschutzgesetz kein Ausbildungsentgelt erhalten haben. [3]Die Verminderung unterbleibt ferner für Kalendermonate der Inanspruchnahme der Elternzeit nach dem Bundeselterngeld- und Elternzeitgesetz bis zum Ende des Kalenderjahres, in dem das Kind geboren ist, wenn am Tag vor Antritt der Elternzeit Entgeltanspruch bestanden hat.

(3) [1]Die Jahressonderzahlung wird mit dem für November zustehenden Ausbildungsentgelt ausgezahlt. [2]Ein Teilbetrag der Jahressonderzahlung kann zu einem früheren Zeitpunkt ausgezahlt werden.

(4) Auszubildende, die im unmittelbaren Anschluss an die Ausbildung von ihrem Ausbildenden in ein Arbeitsverhältnis übernommen werden und am 1. Dezember noch in diesem Arbeitsverhältnis stehen, erhalten zusammen mit der anteiligen Jahressonderzahlung aus dem Arbeitsverhältnis eine anteilige Jahressonderzahlung aus dem Ausbildungsverhältnis.

(5) *(aufgehoben)*

§ 16a *(aufgehoben)*

§ 18 Zeugnis. [1]Der Ausbildende hat den Auszubildenden bei Beendigung des Berufsausbildungsverhältnisses ein Zeugnis auszustellen. [2]Das Zeugnis muss Angaben über Art, Dauer und Ziel der Berufsausbildung sowie über die erworbenen Fertigkeiten und Kenntnisse der Auszubildenden enthalten. [3]Auf deren Verlangen sind auch Angaben über Führung, Leistung und besondere fachliche Fähigkeiten aufzunehmen.

§ 20a In-Kraft-Treten, Laufzeit des Besonderen Teils. (1) Dieser Tarifvertrag tritt am 1. Oktober 2005 in Kraft.

(2) Er kann mit einer Frist von drei Monaten zum Ende eines Kalenderhalbjahres schriftlich gekündigt werden.

(3) Abweichend von Absatz 2 kann

a) § 8 Abs. 1 mit einer Frist von einem Monat zum Schluss eines Kalendermonats, frühestens jedoch zum 31. Dezember 2022,

b) § 14 zum 31. Dezember eines jeden Jahres

gesondert gekündigt werden.

8c. Tarifvertrag für Auszubildende des öffentlichen Dienstes (TVAöD) – Besonderer Teil Pflege –

Vom 13. September 2005[1)]

zuletzt geänd. durch ÄndTV Nr. 15 v. 25.10.2020

Zwischen

der Bundesrepublik Deutschland, vertreten durch das Bundesministerium des Innern, und der Vereinigung der kommunalen Arbeitgeberverbände, vertreten durch den Vorstand, einerseits

und

[den vertragsschließenden Gewerkschaften][2)], andererseits

wird Folgendes vereinbart:

§ 1a Geltungsbereich des Besonderen Teils. (1) [1]Dieser Tarifvertrag gilt nur für die in § 1 Abs. 1 des Tarifvertrages für Auszubildende des öffentlichen Dienstes (TVAöD) – Allgemeiner Teil unter Buchst. b und c aufgeführten Auszubildenden. [2]Er bildet im Zusammenhang mit dem Allgemeinen Teil des TVAöD den Tarifvertrag für die Auszubildenden des öffentlichen Dienstes in Pflegeberufen (TVAöD – Pflege).

(2) Soweit in den nachfolgenden Bestimmungen auf die §§ 1, 8a und 12 verwiesen wird, handelt es sich um die Regelungen des TVAöD – Allgemeiner Teil.

§ 3 Probezeit. (1) Die Probezeit beträgt sechs Monate.

(2) Während der Probezeit kann das Ausbildungsverhältnis von beiden Seiten jederzeit ohne Einhalten einer Kündigungsfrist gekündigt werden.

§ 7 Wöchentliche und tägliche Ausbildungszeit. (1) [1]Die regelmäßige durchschnittliche wöchentliche Ausbildungszeit und die tägliche Ausbildungszeit der Auszubildenden, die nicht unter das Jugendarbeitsschutzgesetz fallen, richten sich nach den für die Beschäftigten des Ausbildenden maßgebenden Vorschriften über die Arbeitszeit. [2]Für Auszubildende der Mitglieder des Kommunalen Arbeitgeberverbandes Baden-Württemberg im Geltungsbereich des BT-K ist eine abweichende Regelung vereinbart.

(2) Auszubildende dürfen im Rahmen des Ausbildungszwecks auch an Sonntagen und Wochenfeiertagen und in der Nacht ausgebildet werden.

(3) Eine über die durchschnittliche regelmäßige wöchentliche Ausbildungszeit hinausgehende Beschäftigung ist nur ausnahmsweise zulässig.

§ 8 Ausbildungsentgelt. (1) Das monatliche Ausbildungsentgelt beträgt für Auszubildende nach § 1 Abs. 1 Buchst. b

---

[1)] Die Tarifvertragsparteien haben mit Datum vom 24. November 2005 rückwirkend zum Zeitpunkt des Inkrafttretens redaktionelle Änderungen vereinbart; diese Fassung berücksichtigt die dort getroffenen Vereinbarungen.

[2)] Mit den Gewerkschaften ver.di und dbb tarifunion wurden jeweils gleich lautende Tarifverträge geschlossen.

	bis 31. März 2021	ab 1. April 2021	ab 1. April 2022
im ersten Ausbildungsjahr	1.140,69 Euro	1.165,69 Euro	1.190,69 Euro
im zweiten Ausbildungsjahr	1.202,07 Euro	1.227,07 Euro	1.252,07 Euro
im dritten Ausbildungsjahr	1.303,38 Euro	1.328,38 Euro	1.353,38 Euro.

(2) Das monatliche Ausbildungsentgelt beträgt für Auszubildende nach § 1 Abs. 1 Buchst. c

	bis 31. März 2021	ab 1. April 2021	ab 1. April 2022
im ersten Ausbildungsjahr	1.015,24 Euro	1.040,24 Euro	1.065,24 Euro
im zweiten Ausbildungsjahr	1.075,30 Euro	1.100,30 Euro	1.125,30 Euro
im dritten Ausbildungsjahr	1.172,03 Euro	1.197,03 Euro	1.222,03 Euro.

(3) Das Ausbildungsentgelt ist zu demselben Zeitpunkt fällig wie das den Beschäftigten des Ausbildenden gezahlte Entgelt.

§ 8b Sonstige Entgeltregelungen. (1) [1] § 8a findet mit der Maßgabe Anwendung, dass der Zeitzuschlag für Nachtarbeit mindestens 1,28 Euro pro Stunde beträgt. [2] Auszubildende erhalten unter denselben Voraussetzungen wie die beim Ausbildenden Beschäftigten im Sinne des § 38 Abs. 5 Satz 1 TVöD 75 v.H. der Zulagenbeträge gemäß § 8 Abs. 5 und 6 TVöD.

(2) [1] Soweit Beschäftigten des Bundes gemäß den Protokollerklärungen Nr. 1 bis 3 des Teils IV Abschnitt 25 Unterabschnitt 25.1 der Anlage 1 zum TV EntgO Bund oder gemäß § 19 Abs. 5 Satz 2 TVöD in Verbindung mit § 33 Abs. 1 Buchst. c und Abs. 6 BAT/BAT-O eine Zulage zusteht, erhalten Auszubildende des Bundes unter denselben Voraussetzungen 50 v.H. des entsprechenden Zulagenbetrages. [2] Soweit Beschäftigten im Sinne von § 38 Abs. 5 Satz 1 TVöD im Bereich der VKA gemäß der Protokollerklärung Nr. 1 zu Teil B Abschnitt XI Ziffer 1 der Anlage 1 – Entgeltordnung (VKA) zum TVöD oder gemäß § 19 Abs. 5 Satz 2 TVöD bzw. § 23 Abs. 1 TVÜ-VKA in Verbindung mit § 33 Abs. 1 Buchst. c und Abs. 6 BAT/BAT-O eine Zulage zusteht, erhalten Auszubildende im Bereich der VKA unter denselben Voraussetzungen 50 v.H. des entsprechenden Zulagenbetrages.

Protokollerklärung zu Absatz 2 Satz 2:

Für den Anspruch der Auszubildenden auf eine Zulage nach Satz 2 ist es unbeachtlich, wenn den Beschäftigten des Ausbildenden aufgrund der Protokollerklärung Nr. 5 des Teil B Abschnitt XI Ziffer 1 (Beschäftigte in der Pflege) der Anlage 1 zum TVöD – Entgeltordnung (VKA), der Protokollerklärung zu § 29a Abs. 4 TVÜ-VKA oder § 29d Abs. 2 TVÜ-VKA keine Zulage oder eine Zulage in verminderter Höhe zusteht.

(3) [1] Falls im Bereich der Mitgliedverbände der VKA im Rahmen des Ausbildungsvertrages eine Vereinbarung über die Gewährung einer Personalunterkunft getroffen wird, ist dies in einer gesondert kündbaren Nebenabrede (§ 2 Abs. 2) festzulegen. [2] Der Wert der Personalunterkunft wird im Bereich der Mitgliedverbände der VKA im Tarifgebiet West nach dem Tarifvertrag über die Bewertung der Personalunterkünfte für Angestellte vom 16. März 1974 in der jeweils geltenden Fassung auf das Ausbildungsentgelt mit der Maßgabe ange-

rechnet, dass der nach § 3 Abs. 1 Unterabs. 1 des genannten Tarifvertrages maßgebende Quadratmetersatz um 15 v.H. zu kürzen ist.

(4) *(aufgehoben)*

§ 9 Urlaub. (1) [1] Auszubildende erhalten Erholungsurlaub unter Fortzahlung ihres Ausbildungsentgelts (§ 8) in entsprechender Anwendung der für die Beschäftigten des Ausbildenden geltenden Regelungen mit der Maßgabe, dass der Urlaubsanspruch bei Verteilung der wöchentlichen Ausbildungszeit auf fünf Tage in der Kalenderwoche in jedem Kalenderjahr 30 Ausbildungstage beträgt. [2] Im zweiten und dritten Ausbildungsjahr erhalten Auszubildende im Schichtdienst pauschal jeweils einen Tag Zusatzurlaub.

(2) Der Erholungsurlaub ist nach Möglichkeit zusammenhängend während der unterrichtsfreien Zeit zu erteilen und in Anspruch zu nehmen.

§ 10 Ausbildungsmaßnahmen außerhalb der Ausbildungsstätte.

(1) Bei Dienstreisen erhalten die Auszubildenden eine Entschädigung in entsprechender Anwendung der für die Beschäftigten des Ausbildenden geltenden Reisekostenbestimmungen in der jeweiligen Fassung.

(2) Bei Reisen zur vorübergehenden Ausbildung an einer anderen Einrichtung außerhalb der politischen Gemeindegrenze der Ausbildungsstätte sowie zur Teilnahme an Vorträgen, an Arbeitsgemeinschaften oder an Übungen werden die entstandenen notwendigen Fahrtkosten bis zur Höhe der Kosten für die Fahrkarte der jeweils niedrigsten Klasse des billigsten regelmäßig verkehrenden Beförderungsmittels (im Bahnverkehr ohne Zuschläge) erstattet; Möglichkeiten zur Erlangung von Fahrpreisermäßigungen (z.B. Schülerfahrkarten, Monatsfahrkarten, BahnCard) sind auszunutzen.

§ 10a Familienheimfahrten. [1] Für Familienheimfahrten vom jeweiligen Ort der Ausbildungsstätte zum Wohnort der Eltern, der Erziehungsberechtigten oder der Ehegattin/des Ehegatten oder der Lebenspartnerin/des Lebenspartners werden den Auszubildenden monatlich einmal die im Bundesgebiet entstandenen notwendigen Fahrtkosten bis zur Höhe der Kosten der Fahrkarte der jeweils niedrigsten Klasse des billigsten regelmäßig verkehrenden Beförderungsmittels (im Bahnverkehr ohne Zuschläge) erstattet; Möglichkeiten zur Erlangung von Fahrpreisermäßigungen (z.B. Schülerfahrkarten, Monatsfahrkarten, BahnCard) sind auszunutzen. [2] Satz 1 gilt nicht, wenn aufgrund geringer Entfernung eine tägliche Rückkehr möglich und zumutbar ist oder der Aufenthalt am jeweiligen Ort der Ausbildungsstätte weniger als vier Wochen beträgt.

§ 11 Schutzkleidung, Ausbildungsmittel. (1) Für die Gewährung von Schutzkleidung gelten die für die in dem Beruf beim Ausbildenden tätigen Beschäftigten jeweils maßgebenden Bestimmungen, in dem die Auszubildenden ausgebildet werden.

(2) Der Ausbildende hat den Auszubildenden kostenlos die Ausbildungsmittel zur Verfügung zu stellen, die zur Ausbildung und zum Ablegen der staatlichen Prüfung erforderlich sind.

§ 14 Jahressonderzahlung. (1) [1] Auszubildende, die am 1. Dezember in einem Ausbildungsverhältnis stehen, haben Anspruch auf eine Jahressonderzahlung. [2] Im Bereich des Bundes beträgt diese im

Tarifgebiet West	Tarifgebiet Ost im Kalenderjahr				
	2016	2017	2018	2019	ab 2020
90 v.H.	72 v.H.	76,5 v.H.	81 v.H.	85,5 v.H.	90 v.H.

des den Auszubildenden in den Kalendermonaten August, September und Oktober durchschnittlich gezahlten Entgelts (Ausbildungsentgelt, in Monatsbeträgen gezahlte Zulagen und unständige Entgeltbestandteile gemäß § 8a und § 8b, soweit diese nicht gemäß § 20 (Bund) Abs. 3 Satz 1 TVöD von der Bemessung ausgenommen sind). [3] Im Bereich der VKA beträgt die Jahressonderzahlung bei Auszubildenden, für die die Regelungen des Tarifgebiets West Anwendung finden, 90,00 Prozent des den Auszubildenden in den Kalendermonaten August, September und Oktober durchschnittlich gezahlten Entgelts (Ausbildungsentgelt, in Monatsbeträgen gezahlte Zulagen und unständige Entgeltbestandteile gemäß § 8a und § 8b, soweit diese nicht gemäß § 20 Abs. 2 Satz 1 TVöD von der Bemessung ausgenommen sind). [4] Für Auszubildende, für die die Regelungen des Tarifgebiets Ost Anwendung finden, gilt Satz 3 mit der Maßgabe, dass die Bemessungssätze für die Jahressonderzahlung bis zum Kalenderjahr 2018 67,50 Prozent, im Kalenderjahr 2019 73,80 Prozent, im Kalenderjahr 2020 79,20 Prozent, im Kalenderjahr 2021 84,60 Prozent und ab dem Kalenderjahr 2022 90,00 Prozent des in Satz 3 genannten Entgelts betragen. [5] Für Auszubildende im Bereich der VKA, die im Abrechnungsverband Ost der Versorgungsanstalt des Bundes und der Länder (VBL) pflichtversichert sind, findet § 30 Abs. 6 TVÜ-VKA entsprechende Anwendung. [6] Bei Auszubildenden, deren Ausbildungsverhältnis nach dem 31. Oktober begonnen hat, tritt an die Stelle des Bemessungszeitraums nach Satz 2, Satz 3 bzw. Satz 4 der erste volle Kalendermonat.

(1a) *(aufgehoben)*

(2) [1] Der Anspruch ermäßigt sich um ein Zwölftel für jeden Kalendermonat, in dem Auszubildende keinen Anspruch auf Ausbildungsentgelt (§ 8), Fortzahlung des Entgelts während des Erholungsurlaubs (§ 9) oder im Krankheitsfall (§ 12) haben. [2] Die Verminderung unterbleibt für Kalendermonate, für die Auszubildende wegen Beschäftigungsverboten nach § 3 Abs. 1 und 2 des Mutterschutzgesetzes kein Ausbildungsentgelt erhalten haben. [3] Die Verminderung unterbleibt ferner für Kalendermonate der Inanspruchnahme der Elternzeit nach dem Bundeselterngeld- und Elternzeitgesetz bis zum Ende des Kalenderjahres, in dem das Kind geboren ist, wenn am Tag vor Antritt der Elternzeit Entgeltanspruch bestanden hat.

(3) [1] Die Jahressonderzahlung wird mit dem für November zustehenden Ausbildungsentgelt ausgezahlt. [2] Ein Teilbetrag der Jahressonderzahlung kann zu einem früheren Zeitpunkt ausgezahlt werden.

(4) Auszubildende, die im unmittelbaren Anschluss an die Ausbildung von ihrem Ausbildenden in ein Arbeitsverhältnis übernommen werden und am 1. Dezember noch in diesem Arbeitsverhältnis stehen, erhalten zusammen mit der anteiligen Jahressonderzahlung aus dem Arbeitsverhältnis eine anteilige Jahressonderzahlung aus dem Ausbildungsverhältnis.

§ 16a *(aufgehoben)*

§ 20a In-Kraft-Treten, Laufzeit des Besonderen Teils. (1) Dieser Tarifvertrag tritt am 1. Oktober 2005 in Kraft.

(2) Er kann mit einer Frist von drei Monaten zum Ende eines Kalenderhalbjahres schriftlich gekündigt werden.

(3) Abweichend von Absatz 2 kann

a) § 8 Abs. 1 und Abs. 2 mit einer Frist von einem Monat zum Schluss eines Kalendermonats, frühestens jedoch zum 31. Dezember 2022,

b) § 14 zum 31. Dezember eines jeden Jahres

gesondert schriftlich gekündigt werden.

Niederschriftserklärung zu § 10a TVAöD – BT Pflege –

Die Fahrtkosten für Familienheimfahrten umfassen die Kosten für die Hin- und Rückfahrt.

8d. Tarifvertrag für Praktikantinnen/Praktikanten des öffentlichen Dienstes (TVPöD)

Vom 27. Oktober 2009

zuletzt geänd. durch ÄndTV Nr. 8 v. 25.10.2020

Zwischen
der Bundesrepublik Deutschland, vertreten durch das Bundesministerium des Innern, und der Vereinigung der kommunalen Arbeitgeberverbände, vertreten durch den Vorstand, einerseits
und
[den vertragsschließenden Gewerkschaften][1], andererseits
wird Folgendes vereinbart:

§ 1 Geltungsbereich. (1) Dieser Tarifvertrag gilt für Praktikantinnen/Praktikanten für den Beruf

a) der Sozialarbeiterin/des Sozialarbeiters, der Sozialpädagogin/des Sozialpädagogen und der Heilpädagogin/des Heilpädagogen während der praktischen Tätigkeit, die nach Abschluss des Fachhochschulstudiums der staatlichen Anerkennung als Sozialarbeiter/in, Sozialpädagogin/Sozialpädagoge oder Heilpädagogin/Heilpädagoge vorauszugehen hat,
b) der pharmazeutisch-technischen Assistentin/des pharmazeutisch-technischen Assistenten während der praktischen Tätigkeit nach § 6 des Gesetzes über den Beruf des pharmazeutisch-technischen Assistenten in der Neufassung vom 23. September 1997 (BGBl. I S. 2349),
c) der Erzieherin/des Erziehers und der Kinderpflegerin/des Kinderpflegers während der praktischen Tätigkeit, die nach den geltenden Ausbildungsordnungen der staatlichen Anerkennung als Erzieherin/Erzieher oder Kinderpflegerin/Kinderpfleger vorauszugehen hat,
d) der Masseurin und medizinischen Bademeisterin/des Masseurs und medizinischen Bademeisters während der praktischen Tätigkeit nach § 7 des Gesetzes über die Berufe in der Physiotherapie (Masseur- und Physiotherapeutengesetz) vom 26. Mai 1994 (BGBl. I S. 1084),
e) der Rettungsassistentin/des Rettungsassistenten während der praktischen Tätigkeit nach § 7 des Gesetzes über den Beruf der Rettungsassistentin und des Rettungsassistenten (Rettungsassistentengesetz) vom 10. Juli 1989 (BGBl. I S. 1384),

die in einem Praktikantenverhältnis zu einem Arbeitgeber stehen, dessen Beschäftigte unter den Geltungsbereich des TVöD fallen.

(2) Dieser Tarifvertrag gilt nicht für Praktikantinnen/Praktikanten, deren praktische Tätigkeit in die schulische Ausbildung oder die Hochschulausbildung integriert ist.

§ 2 Praktikantenvertrag, Nebenabreden. (1) Vor Beginn des Praktikantenverhältnisses ist ein schriftlicher Praktikantenvertrag zu schließen.

---

[1] Mit den Gewerkschaften ver.di und dbb tarifunion wurden jeweils gleich lautende Tarifverträge geschlossen.

(2) [1] Nebenabreden sind nur wirksam, wenn sie schriftlich vereinbart werden. [2] Sie können gesondert gekündigt werden, soweit dies einzelvertraglich vereinbart ist.

§ 3 Probezeit. (1) Die Probezeit beträgt drei Monate.

(2) Während der Probezeit kann das Praktikantenverhältnis von beiden Seiten jederzeit ohne Einhalten einer Kündigungsfrist gekündigt werden.

§ 4 Ärztliche Untersuchungen. (1) [1] Der Arbeitgeber ist bei begründeter Veranlassung berechtigt, Praktikantinnen/Praktikanten zu verpflichten, durch ärztliche Bescheinigung nachzuweisen, dass sie in der Lage sind, die nach § 1 Abs. 1 erforderliche praktische Tätigkeit auszuüben. [2] Bei der beauftragten Ärztin/dem beauftragten Arzt kann es sich um eine Betriebsärztin/einen Betriebsarzt, eine Personalärztin/einen Personalarzt oder eine Amtsärztin/einen Amtsarzt handeln, soweit sich die Betriebsparteien nicht auf eine andere Ärztin/einen anderen Arzt geeinigt haben. [3] Die Kosten dieser Untersuchung trägt der Arbeitgeber.

(2) Praktikantinnen/Praktikanten, die besonderen Ansteckungsgefahren ausgesetzt, mit gesundheitsgefährdenden Tätigkeiten beschäftigt oder mit der Zubereitung von Speisen beauftragt sind, sind auf ihren Antrag bei Beendigung des Praktikantenverhältnisses ärztlich zu untersuchen.

§ 5 Schweigepflicht, Nebentätigkeiten, Haftung, Schutzkleidung.

(1) Praktikantinnen/Praktikanten haben in demselben Umfang Verschwiegenheit zu wahren wie die Beschäftigten des Arbeitgebers.

(2) [1] Nebentätigkeiten gegen Entgelt haben Praktikantinnen/Praktikanten ihrem Arbeitgeber rechtzeitig vorher schriftlich anzuzeigen. [2] Der Arbeitgeber kann die Nebentätigkeit untersagen oder mit Auflagen versehen, wenn diese geeignet ist, die nach § 1 Abs. 1 erforderliche praktische Tätigkeit der Praktikantinnen/Praktikanten oder berechtigte Interessen des Arbeitgebers zu beeinträchtigen.

(3) Für die Schadenshaftung der Praktikantinnen/Praktikanten finden die für die Beschäftigten des Arbeitgebers geltenden Bestimmungen des TVöD entsprechende Anwendung.

(4) Soweit das Tragen von Schutzkleidung gesetzlich vorgeschrieben oder angeordnet ist, wird sie unentgeltlich zur Verfügung gestellt und bleibt Eigentum des Arbeitgebers.

§ 6 Personalakten. [1] Die Praktikantinnen/Praktikanten haben ein Recht auf Einsicht in ihre vollständigen Personalakten. [2] Sie können das Recht auf Einsicht durch eine/n hierzu schriftlich Bevollmächtigte/n ausüben lassen. [3] Sie können Auszüge oder Kopien aus ihren Personalakten erhalten.

§ 7 Wöchentliche und tägliche Arbeitszeit. Die durchschnittliche regelmäßige wöchentliche Arbeitszeit und die tägliche Arbeitszeit der Praktikantinnen/Praktikanten richten sich nach den Bestimmungen, die für die Arbeitszeit der bei dem Arbeitgeber in dem künftigen Beruf der Praktikantinnen/Praktikanten Beschäftigten gelten; § 44 Abs. 1 Satz 3 BT-K bleibt unberührt.

§ 8 Entgelt. (1) Das monatliche Entgelt beträgt für Praktikantinnen/Praktikanten für den Beruf der Sozialarbeiterin/des Sozialarbeiters, der Sozialpädagogin/des Sozialpädagogen, der Heilpädagogin/des Heilpädagogen

bis 31. März 2021	ab 1. April 2021	ab 1. April 2022
1.826,21 Euro	1.851,21 Euro	1.876,21 Euro,

der pharmazeutisch-technischen Assistentin/des pharmazeutisch-technischen Assistenten, der Erzieherin/des Erziehers

bis 31. März 2021	ab 1. April 2021	ab 1. April 2022
1.602,02 Euro	1.627,02 Euro	1.652,02 Euro,

der Kinderpflegerin/des Kinderpflegers, der Masseurin und medizinischen Bademeisterin/des Masseurs und medizinischen Bademeisters, der Rettungsassistentin/des Rettungsassistenten

bis 31. März 2021	ab 1. April 2021	ab 1. April 2022
1.545,36 Euro	1.570,36 Euro	1.595,36 Euro.

(2) Das Entgelt nach Absatz 1 ist zu demselben Zeitpunkt fällig wie das den Beschäftigten des Arbeitgebers gezahlte Entgelt.

§ 9 Sonstige Entgeltregelungen. (1) [1] Für die praktische Tätigkeit an Samstagen, Sonntagen, Feiertagen und Vorfesttagen, für den Bereitschaftsdienst und die Rufbereitschaft, für die Überstunden und für die Zeitzuschläge gelten die für die Beschäftigten des Arbeitgebers geltenden Regelungen sinngemäß. [2] Der Zeitzuschlag für Nachtarbeit beträgt mindestens 1,28 Euro pro Stunde.

(2) Soweit Beschäftigten im Sinne von § 38 Abs. 5 Satz 1 TVöD gemäß § 19 Abs. 5 Satz 2 TVöD bzw. § 23 Abs. 1 TVÜ-VKA in Verbindung mit § 33 Abs. 1 Buchst. c und Abs. 6 BAT/BAT-O eine Zulage zusteht, erhalten Praktikantinnen und Praktikanten unter denselben Voraussetzungen die entsprechende Zulage in voller Höhe.

(3) Soweit Beschäftigten, die im Heimerziehungsdienst tätig sind, eine Zulage nach Teil B Abschnitt XXIV der Anlage 1 – Entgeltordnung (VKA) zum TVöD zusteht, erhalten Praktikantinnen und Praktikanten unter denselben Voraussetzungen die entsprechende Zulage in voller Höhe.

(4) Soweit Beschäftigten gemäß § 8 Abs. 5 bzw. 6 TVöD eine Wechselschicht- bzw. Schichtzulage zusteht, erhalten Praktikantinnen und Praktikanten unter denselben Voraussetzungen 75 v.H. des entsprechenden Zulagenbetrages.

(5) [1] Falls im Bereich der Mitgliedverbände der VKA im Rahmen des Praktikantenvertrages eine Vereinbarung über die Gewährung einer Personalunterkunft getroffen wird, ist dies in einer gesondert kündbaren Nebenabrede (§ 2 Abs. 2) festzulegen. [2] Der Wert der Personalunterkunft wird im Bereich der Mitgliedverbände der VKA im Tarifgebiet West nach dem Tarifvertrag über die Bewertung der Personalunterkünfte für Angestellte vom 16. März 1974 in der jeweils geltenden Fassung auf das Entgelt (§ 8) mit der Maßgabe angerechnet, dass der nach § 3 Abs. 1 Unterabs. 1 des genannten Tarifvertrages maßgebende Quadratmetersatz um 15 v.H. zu kürzen ist.

§ 10 Urlaub. Praktikantinnen/Praktikanten erhalten Erholungsurlaub unter Fortzahlung ihres Entgelts (§ 8 Abs. 1) in entsprechender Anwendung der für die Beschäftigten des Arbeitgebers geltenden Regelungen mit der Maßgabe, dass der Urlaubsanspruch bei Verteilung der wöchentlichen Arbeitszeit auf fünf Tage in der Kalenderwoche in jedem Kalenderjahr 30 Arbeitstage beträgt.

§ 11 Entgelt im Krankheitsfall. (1) Werden Praktikantinnen/Praktikanten durch Arbeitsunfähigkeit infolge Krankheit ohne ihr Verschulden verhindert, die nach § 1 Abs. 1 erforderliche praktische Tätigkeit auszuüben, erhalten sie für die Zeit der Arbeitsunfähigkeit für die Dauer von bis zu sechs Wochen sowie nach Maßgabe der gesetzlichen Bestimmungen bei Wiederholungserkrankungen das Entgelt (§ 8 Abs. 1) in entsprechender Anwendung der für die Beschäftigten des Arbeitgebers geltenden Regelungen fortgezahlt.

(2) Im Übrigen gilt das Entgeltfortzahlungsgesetz.

(3) Bei der jeweils ersten Arbeitsunfähigkeit, die durch einen bei dem Arbeitgeber erlittenen Arbeitsunfall oder durch eine bei dem Arbeitgeber zugezogene Berufskrankheit verursacht ist, erhält die Praktikantin/der Praktikant nach Ablauf des nach Absatz 1 maßgebenden Zeitraums bis zum Ende der 26. Woche seit dem Beginn der Arbeitsunfähigkeit einen Krankengeldzuschuss in Höhe des Unterschiedsbetrages zwischen dem Bruttokrankengeld und dem sich nach Absatz 1 ergebenden Nettoentgelt, wenn der zuständige Unfallversicherungsträger den Arbeitsunfall oder die Berufskrankheit anerkennt.

§ 12 Entgeltfortzahlung in anderen Fällen. Praktikantinnen/Praktikanten haben Anspruch auf Arbeitsbefreiung unter Fortzahlung ihres Entgelts (§ 8 Abs. 1) unter denselben Voraussetzungen wie die Beschäftigten des Arbeitgebers.

§ 13 Vermögenswirksame Leistungen. [1] Nach Maßgabe des Vermögensbildungsgesetzes in seiner jeweiligen Fassung erhalten Praktikantinnen/Praktikanten eine vermögenswirksame Leistung in Höhe von 13,29 Euro monatlich. [2] Der Anspruch auf vermögenswirksame Leistungen entsteht frühestens für den Kalendermonat, in dem dem Arbeitgeber die erforderlichen Angaben mitgeteilt werden, und für die beiden vorangegangenen Monate desselben Kalenderjahres.

§ 14 Jahressonderzahlung. (1) [1] Praktikantinnen/Praktikanten, die am 1. Dezember in einem Praktikantenverhältnis stehen, haben Anspruch auf eine Jahressonderzahlung. [2] Im Bereich des Bundes beträgt diese im

Tarifgebiet West	Tarifgebiet Ost im Kalenderjahr				
	2016	2017	2018	2019	ab 2020
82,14 v.H.	65,71 v.H.	69,82 v.H.	73,93 v.H.	78,04 v.H.	82,14 v.H.

des den Praktikantinnen/Praktikanten für November zustehenden Entgelts (§ 8 Abs. 1). [3] Im Bereich der VKA beträgt die Jahressonderzahlung bei Praktikantinnen/Praktikanten, für die die Regelungen des Tarifgebiets West Anwendung finden 82,14 Prozent des den Praktikanten/Praktikantinnen für November zustehenden Entgelts (§ 8 Abs. 1). [4] Für Praktikantinnen/Praktikanten, für die die Regelungen des Tarifgebiets Ost Anwendung finden, gilt Satz 3 mit der Maßgabe, dass die Bemessungssätze für die Jahressonderzahlung bis zum Kalenderjahr 2018 61,61 Prozent, im Kalenderjahr 2019 67,35 Prozent, im Kalenderjahr 2020 72,28 Prozent, im Kalenderjahr 2021 77,21 Prozent und ab dem Kalenderjahr 2022 82,14 Prozent des den Praktikantinnen/Praktikanten für November zustehenden Ausbildungsentgelts (§ 8 Abs. 1) betragen. [5] § 38 Abs. 1 TVöD gilt entsprechend.

(2) [1] Der Anspruch ermäßigt sich um ein Zwölftel für jeden Kalendermonat, in dem Praktikantinnen/Praktikanten keinen Anspruch auf Entgelt (§ 8 Abs. 1), Fortzahlung des Entgelts während des Erholungsurlaubs (§ 10) oder im Krankheitsfall (§ 11) haben. [2] Die Verminderung unterbleibt für Kalendermonate, für die Praktikantinnen wegen Beschäftigungsverboten nach § 3 Abs. 2 und § 6 Abs. 1 des Mutterschutzgesetzes kein Entgelt erhalten haben, sowie für Kalendermonate der Inanspruchnahme der Elternzeit nach dem Bundeselterngeld- und Elternzeitgesetz (BEEG) bis zum Ende des Kalenderjahres, in dem das Kind geboren ist, wenn am Tag vor Antritt der Elternzeit Entgeltanspruch bestanden hat.

(3) Die Jahressonderzahlung wird mit dem für November zustehenden Entgelt ausgezahlt.

(4) [1] Praktikantinnen/Praktikanten, die im unmittelbaren Anschluss an das Praktikantenverhältnis von ihrem Arbeitgeber in ein Arbeitsverhältnis übernommen werden und am 1. Dezember noch in diesem Arbeitsverhältnis stehen, erhalten zusammen mit der anteiligen Jahressonderzahlung aus dem Arbeitsverhältnis eine anteilige Jahressonderzahlung aus dem Praktikantenverhältnis. [2] Erfolgt die Übernahme im Laufe eines Kalendermonats, wird für diesen Monat nur die anteilige Jahressonderzahlung aus dem Arbeitsverhältnis gezahlt.

§ 15 Beendigung des Praktikantenverhältnisses. (1) Das Praktikantenverhältnis endet mit dem im Praktikantenvertrag vereinbarten Zeitpunkt, ohne dass es einer Kündigung bedarf.

(2) Nach der Probezeit (§ 3) kann das Praktikantenverhältnis unbeschadet der gesetzlichen Kündigungsgründe nur gekündigt werden

a) aus einem sonstigen wichtigen Grund ohne Einhalten einer Kündigungsfrist,
b) von der Praktikantin/dem Praktikanten mit einer Kündigungsfrist von vier Wochen.

§ 16 Zeugnis. [1] Der Arbeitgeber hat den Praktikantinnen/Praktikanten bei Beendigung des Praktikantenverhältnisses ein Zeugnis auszustellen. [2] Das Zeugnis muss Angaben über Art, Dauer und Ziel des Praktikums sowie über die erworbenen Fertigkeiten und Kenntnisse enthalten. [3] Auf Verlangen der Praktikantinnen/Praktikanten sind auch Angaben über Führung, Leistung und besondere fachliche Fähigkeiten aufzunehmen.

§ 17 Ausschlussfrist. Ansprüche aus dem Praktikantenverhältnis verfallen, wenn sie nicht innerhalb einer Ausschlussfrist von sechs Monaten nach Fälligkeit von der Praktikantin/dem Praktikanten oder vom Arbeitgeber schriftlich geltend gemacht werden.

§ 18 Inkrafttreten, Laufzeit. (1) Dieser Tarifvertrag tritt am 1. Dezember 2009 in Kraft.

(2) Dieser Tarifvertrag kann mit einer Frist von drei Monaten zum Ende eines Kalenderhalbjahres schriftlich gekündigt werden.

(3) Abweichend von Absatz 2 können

a) § 8 Abs. 1 mit einer Frist von einem Monat zum Schluss eines Kalendermonats, frühestens jedoch zum 31. Dezember 2022,

b) § 14 zum 31. Dezember eines jeden Jahres,
schriftlich gekündigt werden.

(4) [1] Dieser Tarifvertrag ersetzt für den Bereich des Bundes mit Wirkung vom 1. Dezember 2009 die in der Anlage aufgeführten Tarifverträge. [2] Im Bereich der Mitgliedverbände der VKA finden die in der Anlage aufgeführten Tarifverträge mit dem Inkrafttreten dieses Tarifvertrages auf die in § 1 Abs. 1 genannten Personen keine Anwendung mehr.

Anlage (zu § 18 Abs. 4)

1. Tarifvertrag über die vorläufige Weitergeltung der Regelungen für die Praktikantinnen/Praktikanten vom 13. September 2005 in der Fassung des Änderungstarifvertrages Nr. 1 vom 31. März 2008.
2. Tarifvertrag über die Regelung der Arbeitsbedingungen der Praktikantinnen/Praktikanten (TV Prakt) vom 22. März 1991.
3. Tarifvertrag über die Regelung der Arbeitsbedingungen der Praktikantinnen/Praktikanten (TV Prakt-O) vom 5. März 1991.
4. Tarifvertrag über eine Zuwendung für Praktikantinnen (Praktikanten) vom 12. Oktober 1973.
5. Tarifvertrag über eine Zuwendung für Praktikantinnen/Praktikanten (TV Zuwendung Prakt-O) vom 5. März 1991.
6. Tarifvertrag über vermögenswirksame Leistungen an Auszubildende vom 17. Dezember 1970.
7. Tarifvertrag über vermögenswirksame Leistungen an Auszubildende (TV VL Azubi-O) vom 8. Mai 1991.

9. Tarifvertrag über das Leistungsentgelt für die Beschäftigten des Bundes (LeistungsTV-Bund)

Vom 25. August 2006

Zwischen
der Bundesrepublik Deutschland, vertreten durch das Bundesministerium des Innern, einerseits
und
[den vertragsschließenden Gewerkschaften][1)], andererseits
wird Folgendes vereinbart:

Inhaltsverzeichnis

Präambel

[1]Das Leistungsentgelt soll dazu beitragen, die Effizienz der öffentlichen Verwaltung zu stärken und die öffentlichen Dienstleistungen zu verbessern. [2]Zugleich sollen Motivation, Eigenverantwortung und Führungskompetenz gestärkt werden. [3]Bei Anwendung und Ausfüllung dieses Tarifvertrages sind die Diskriminierungsfreiheit und Transparenz der Bewertungs- und Feststellungsregelungen sicherzustellen. [4]Bei der Gestaltung der Leistungsanforderungen und -bewertungen ist dem Grundsatz der Vereinbarkeit von Familie und Beruf

---

[1)] Mit den Gewerkschaften ver.di und dbb tarifunion wurden jeweils gleich lautende Tarifverträge geschlossen.

Rechnung zu tragen und das Leitprinzip der Gleichstellung von Frauen und Männern (Gender-Mainstreaming) zu verwirklichen.

I. Abschnitt. Allgemeine Vorschriften

§ 1 Geltungsbereich. Dieser Tarifvertrag gilt für alle Beschäftigten des Bundes, die unter den Geltungsbereich des Tarifvertrages für den öffentlichen Dienst (TVöD) fallen.

§ 2 Regelungsstruktur. [1]Dieser Tarifvertrag regelt den Rahmen und legt wesentliche Details für die Gewährung des Leistungsentgelts nach § 18 TVöD fest. [2]Die weitere Ausgestaltung erfolgt durch einvernehmliche Dienstvereinbarung oder durch einvernehmliche Betriebsvereinbarung.

II. Abschnitt. Leistungsfeststellung

§ 3 Instrumente der Leistungsfeststellung. (1) [1]Die Feststellung von Leistungen erfolgt anhand von Zielvereinbarungen (§ 4) oder systematischen Leistungsbewertungen (§ 5). [2]Beide Instrumente können auch miteinander verbunden werden (§ 6). [3]Für die Leistungsfeststellung kann sowohl an die individuelle Leistung als auch an die Leistung einer Gruppe von Beschäftigten (Teamleistung) angeknüpft werden.

(2) [1]Für die Leistungsfeststellung dürfen nur Ziele oder Kriterien herangezogen werden, die auf die auszuübende Tätigkeit der/des Beschäftigten bezogen sind, von der/dem Beschäftigten beeinflusst und in der regelmäßigen Arbeitszeit erreicht werden können. [2]Voraussetzung der Leistungsfeststellung sind Transparenz und Nachvollziehbarkeit der auf die Tätigkeit bezogenen Leistungskriterien.

(3) [1]Die Leistungsfeststellung erfolgt jährlich. [2]Durch kürzere oder längere Laufzeiten von Zielvereinbarungen dürfen Beschäftigte oder Beschäftigtengruppen nicht von dem Leistungsentgelt ausgenommen werden; § 11 bleibt unberührt. [3]Beginn und Ende des maßgeblichen Leistungs- und Feststellungszeitraums werden in der Dienstvereinbarung geregelt.

(4) [1]Die Leistungsfeststellung erfolgt durch die jeweilige Führungskraft. [2]Der Arbeitgeber bestimmt zu Beginn des Leistungszeitraums die jeweils zuständige Führungsebene.

Protokollerklärung zu § 3:

[1]Bei schwerbehinderten Menschen ist eine durch die Schwerbehinderung bedingte Minderung der Arbeitsleistung angemessen zu berücksichtigen. [2]Die Protokollerklärung Nr. 2 zu § 18 TVöD bleibt unberührt.

§ 4 Zielvereinbarung. (1) [1]Eine Zielvereinbarung ist eine schriftlich niedergelegte, freiwillige und verbindliche Abrede zwischen der Führungskraft und einzelnen Beschäftigten oder Beschäftigtengruppen für einen festgelegten Zeitraum über objektivierbare Leistungsziele und die Bedingungen ihrer Erfüllung. [2]Die Leistungsziele sind eindeutig, konkret und präzise zu bestimmen. [3]Das gilt auch für den Zeitraum bzw. den Zeitpunkt der Zielerreichung. [4]Die Leistungsziele müssen realistisch, messbar und nachvollziehbar sein.

(2) [1]In der Zielvereinbarung sind ein oder mehrere Leistungsziele und die Bedingungen ihrer Erfüllung zu vereinbaren. [2]Für die Zielvereinbarung kön-

nen bis zu 5 Ziele festgelegt werden; sie können unterschiedlich gewichtet werden. [3] Für jedes Ziel sind bis zu 5 Zielerreichungsgrade festzulegen. [4] Näheres regelt die Dienstvereinbarung.

(3) [1] Erklärt die/der Beschäftigte oder eine Beschäftigtengruppe bzw. die jeweilige Führungskraft ihren Wunsch nach Abschluss einer Zielvereinbarung, ist ein Gespräch zu führen, um die Möglichkeit des Abschlusses einer Zielvereinbarung zu prüfen; ein Anspruch auf Abschluss einer Zielvereinbarung besteht nicht. [2] Kommt eine Zielvereinbarung mit einzelnen Beschäftigten oder Beschäftigtengruppen nicht zu Stande, erfolgt eine Leistungsfeststellung jeder/jedes dieser Beschäftigten auf Grundlage einer systematischen Leistungsbewertung.

(4) [1] Eine Zielvereinbarung mit einer Beschäftigtengruppe erfolgt in Form einer Abrede zwischen der jeweiligen Führungskraft und jeder/jedem Beschäftigten der Gruppe. [2] Eine Zielvereinbarung für die Gruppe kommt zustande, wenn sich alle Beschäftigten der Gruppe und die jeweilige Führungskraft für den Abschluss der Gruppenzielvereinbarung entscheiden.

(5) [1] Während der Laufzeit von Zielvereinbarungen sollen Gespräche zum Zwischenstand der Zielerreichung zwischen der jeweiligen Führungskraft und der/dem Beschäftigten geführt werden. [2] Bei relevanten Änderungen, die die Zielerreichung gefährden, sind die Gespräche zeitnah zu führen. [3] Ist ein Zielerreichungsgrad zu erwarten, der ein Leistungsentgelt ausschließt, ist ein Gespräch mit der/dem Beschäftigten zu führen, um gemeinsam Wege zur Zielerreichung zu erörtern. [4] Die Initiative für ein Gespräch kann von der/dem Beschäftigten oder der jeweiligen Führungskraft ausgehen.

Protokollerklärung zu Absatz 5 Satz 2:

[1] Eine relevante Änderung ist zum Beispiel ein Arbeitsplatzwechsel. [2] Ein Tätigkeitswechsel, die Reduzierung oder der Wegfall personeller oder materieller Ressourcen können relevante Änderungen sein.

(6) Die Leistungsfeststellung erfolgt nach § 3 Abs. 4 durch den Vergleich der vereinbarten Ziele mit dem Grad der Zielerreichung (Soll-Ist Vergleich).

§ 5 Systematische Leistungsbewertung. (1) Systematische Leistungsbewertung ist die auf einem festgelegten System beruhende Feststellung der erbrachten Leistung nach möglichst messbaren oder anderweitig objektivierbaren Kriterien.

(2) [1] Für die Bewertung ist ein System mit bis zu fünf Bewertungsstufen zu bilden. [2] Die Bewertungsstufen können textlich oder auf andere Weise bezeichnet werden. [3] Die Bewertung erfolgt nach Leistungskriterien, die durch Dienstvereinbarung festgelegt werden. [4] Die Leistungskriterien sind aus den Merkmalen Adressatenorientierung, Arbeitsqualität (einschließlich z.B. Arbeitsweise und Prioritätensetzung), Arbeitsquantität, Führungsverhalten, Wirtschaftlichkeit und Zusammenarbeit in ausfüllenden Dienstvereinbarungen zu konkretisieren. [5] Dabei müssen nicht alle Merkmale abgebildet werden; die Merkmale und Kriterien können unterschiedlich gewichtet und nach Arbeitsbereichen differenziert werden.

(3) [1] Grundlage einer Leistungsbewertung ist eine Aufgabenbenennung des zurückliegenden Bewertungszeitraums von bis zu 5 Aufgaben, die im Wesentlichen den Arbeitsplatz tragen. [2] Beim Bewertungsgespräch der systematischen Leistungsbewertung sollen die voraussichtlichen Schwerpunkte des künftigen

Bewertungszeitraums erörtert werden. [3] Sie ersetzen nicht die für die systematische Leistungsbewertung relevanten Aufgabenbenennungen aus Satz 1. [4] Ist aufgrund der Leistungen der/des Beschäftigten absehbar, dass die Bewertung so ausfallen wird, dass ein Leistungsentgelt nicht zustehen wird, ist mit der/dem Beschäftigten ein Gespräch zu führen, um gemeinsam Wege zur Leistungssteigerung (z.B. Qualifizierungsbedarf, regelmäßige Gespräche als Zwischenschritte zur jährlichen Leistungsbewertung, Veränderungen der Arbeitsabläufe) zu erörtern.

Protokollerklärung zu § 5:

[1] Die systematische Leistungsbewertung entspricht nicht der Regelbeurteilung. [2] Quoten dürfen nicht vereinbart werden.

§ 6 Verbindung der Instrumente. [1] Werden systematische Leistungsbewertung und Zielvereinbarung verbunden (§ 3 Abs. 1 Satz 2), erfolgt die Feststellung der Leistung anhand beider Instrumente (Gesamtleistungsfeststellung). [2] Der Anteil der Zielvereinbarung an der Gesamtleistungsfeststellung wird in der Zielvereinbarung vereinbart. [3] Entsprechendes gilt bei der Verbindung einer Zielvereinbarung, die auf die individuelle Leistung der/des Beschäftigten bezogen ist, mit einer Zielvereinbarung, die auf die Leistungen einer Beschäftigtengruppe bezogen sind.

§ 7 Verhältnis der Instrumente. (1) Der mögliche Höchstauszahlungsbetrag ist unabhängig von der Wahl der Instrumente der Leistungsfeststellung gleich.

(2) [1] Für die Stufen der Leistungsbewertung bzw. die Zielerreichungsgrade sind Punktwerte festzulegen; die Differenz der Punktwerte darf von Stufe zu Stufe nicht höher sein als die Differenz zwischen den ersten beiden Stufen. [2] Näheres regelt die Dienstvereinbarung.

(3) [1] In einem System mit ungerader Stufenanzahl entspricht die volle Erfüllung („Erfüllt die Anforderungen in vollem Umfang“) des jeweiligen Leistungsmerkmals oder -kriteriums der systematischen Leistungsbewertung der mittleren Stufe (Normalleistung); es sind gleich viele Stufen unterhalb und oberhalb der Normalleistung zu bilden. [2] Die volle Zielerreichung (100 v.H.) bei der Zielvereinbarung entspricht wertmäßig der mittleren Stufe der systematischen Leistungsbewertung, es sei denn, in der Dienstvereinbarung wird eine andere Zuordnung festgelegt.

(4) [1] In einem System mit gerader Stufenanzahl sind Stufen ober- und unterhalb der Normalleistung zu bilden. [2] Die Normalleistung und die volle Zielerreichung (100 v.H.) entsprechen wertmäßig der gleichen Stufe, es sei denn, in der Dienstvereinbarung wird eine andere Zuordnung festgelegt.

III. Abschnitt. Leistungsentgelt

§ 8 Formen und Auszahlung des Leistungsentgelts. (1) [1] Das Leistungsentgelt wird als Leistungsprämie oder Leistungszulage ausgezahlt. [2] Die Leistungsprämie ist eine einmalige Zahlung. [3] Die Leistungszulage ist eine zeitlich befristete, widerrufliche, in der Regel monatlich wiederkehrende Zahlung.

(2) Die Auszahlung des Leistungsentgelts soll spätestens im vierten Monat nach Abschluss der Leistungsfeststellung in der Verwaltung bzw. in dem Verwaltungsteil im Sinne des § 9 Abs. 1 zu dem in § 24 Abs. 1 Satz 2 TVöD bestimmten Zahltag erfolgen.

§ 9 Aufteilung des Entgeltvolumens nach § 18 TVöD. (1) [1] Grundsätzlich steht das Volumen des Leistungsentgelts den Beschäftigten jeder Verwaltung, für die im jeweiligen Einzelplan des Haushalts ein Kapitel ausgebracht ist, zur Verfügung. [2] Das Volumen entspricht dem Entgeltvolumen der ständigen Monatsentgelte des Vorjahres der Beschäftigten, das sich bei Anwendung des in § 18 Abs. 2 Satz 1 TVöD bestimmten Vomhundertsatzes ergibt. [3] Weitere Aufteilungen auf Teile der Verwaltung nach Satz 1 innerhalb der Kapitel (Verwaltungsteile, z.B. auf Behörden oder Dienststellen) erfolgen unter Beteiligung der zuständigen Personalvertretungen nach Maßgabe des Bundespersonalvertretungsgesetzes.

Protokollerklärung zu Absatz 1:

Nr. 1: Soweit kapitelübergreifend Planstellen und Stellen zur Verstärkung herangezogen werden, können durch Dienstvereinbarung die zur Verfügung stehenden Volumina der betroffenen Verwaltungen festgelegt werden; Pauschalierungen (z.B. nach Anzahl der Beschäftigten zu einem bestimmten Stichtag) sind dabei zulässig.

Nr. 2: Absatz 1 gilt entsprechend für Beschäftigte sonstiger Einrichtungen, bei denen das Tarifrecht des Bundes zur Anwendung kommt.

Nr. 3: Durch Dienstvereinbarung kann bestimmt werden, dass – zur vereinfachten Erfassung und Berechnung – die weitere Aufteilung in pauschalierter Form (z.B. nach Anzahl der Beschäftigten zu einem bestimmten Stichtag) erfolgt.

(2) [1] Für die Ermittlung der ständigen Monatsentgelte des Vorjahres (§ 18 Abs. 2 Satz 1 TVöD) wird jeweils der Zeitraum vom 1. Januar bis zum 31. Dezember zu Grunde gelegt. [2] Das Gesamtvolumen nach Absatz 1 Satz 1 ist jeweils bis zum 30. April eines jeden Jahres zu ermitteln.

(3) [1] Wird das Gesamtvolumen der Verwaltung bzw. des Verwaltungsteils nicht ausgeschöpft, so erhöht sich das betreffende Volumen im Folgejahr um die verbleibenden Restanteile. [2] Überschreitungen eines Volumens werden im Folgejahr auf das betreffende Volumen angerechnet.

(4) [1] Der zuständigen Personalvertretung ist das ermittelte Gesamtvolumen nach Absatz 1 (SOLL) sowie das ausgezahlte Volumen (IST) mitzuteilen. [2] Über- oder Unterschreitungen sind auszuweisen und darzulegen.

§ 10 Berechnung des Leistungsentgelts. (1) [1] Die Höhe des individuellen Leistungsentgeltes der/des Beschäftigten ergibt sich aus dem durch Dienstvereinbarung festzulegenden Schlüssel, der das Ergebnis der individuellen Leistungsfeststellung der/des Beschäftigten mit der Höhe des jeweils zur Verfügung stehenden Gesamtvolumens nach Absatz 2 verknüpft. [2] Durch Dienstvereinbarung kann eine Obergrenze für das individuelle Leistungsentgelt festgelegt werden.

(2) [1] Das Gesamtvolumen für eine Verwaltung bzw. einen Verwaltungsteil ist grundsätzlich nach Entgeltgruppen getrennt aufzuteilen. [2] Durch Dienstvereinbarung kann auf eine Trennung nach Entgeltgruppen verzichtet und/oder eine Zusammenfassung von Entgeltgruppen vorgenommen werden; in dieser kann auch eine Aufteilung nach organisatorischen Gesichtspunkten erfolgen.

Protokollerklärung zu Absatz 2:

Nr. 1: Wird das Gesamtvolumen nach Entgeltgruppen aufgeteilt, ist bei der Bildung der Teilvolumina unter Berücksichtigung der Protokollerklärung Nr. 4 zu gewährleisten, dass das betreffende Volumen in den einzelnen Entgeltgruppen verbleibt.

Nr. 2: *Wird das Gesamtvolumen nach Gruppen von Entgeltgruppen aufgeteilt, ist bei der Bildung der Teilvolumina unter Berücksichtigung der Protokollerklärung Nr. 4 zu gewährleisten, dass das betreffende Volumen in den einzelnen Gruppen von Entgeltgruppen verbleibt.*

Nr. 3: [1] *Wird das Gesamtvolumen nach organisatorischen Gesichtpunkten aufgeteilt, ist bei der Bildung der Teilvolumina unter Berücksichtigung der Protokollerklärung Nr. 4 zu gewährleisten, dass das betreffende Volumen in den einzelnen organisatorischen Bereichen verbleibt.* [2] *Bei einer Aufteilung nach organisatorischen Gesichtspunkten ist innerhalb des jeweiligen Teilvolumens eine Differenzierung zwischen den Entgeltgruppen im Sinne von Nr. 1 im Rahmen des Schlüssels sicherzustellen.*

Nr. 4: *Pauschalierungen und Rundungen sind zulässig (z.B. nach Anzahl der Beschäftigten zu einem bestimmten Stichtag).*

IV. Abschnitt. Gemeinsame Vorschriften

§ 11 Unterjährige Veränderungen, besondere Situationen. (1) Eine Leistungsfeststellung findet nicht statt, wenn die/der Beschäftigte während des Leistungszeitraums weniger als 2 Kalendermonate tätig war.

(2) [1] Beschäftigte, für die gemäß Absatz 1 keine Leistungsfeststellung erfolgt, erhalten kein Leistungsentgelt. [2] Bestand nicht während des gesamten Leistungszeitraums ein Entgeltanspruch, wird das Leistungsentgelt der/des Beschäftigten für jeden Kalendermonat, in dem kein Entgeltanspruch bestand, um ein Zwölftel gekürzt.

Protokollerklärung zu Absatz 1 und 2:

Verstirbt die/der Beschäftigte vor einer Leistungsfeststellung erhöht sich die Zahlung nach § 23 Abs. 3 TVöD um ein pauschales Leistungsentgelt in Höhe des in § 18 Abs. 2 Satz 1 TVöD bestimmten Vomhundertsatzes des jeweiligen Jahrestabellenentgelts.

(3) Ein Leistungsentgelt wird nicht gezahlt, wenn das Arbeitsverhältnis aus einem Grund, den die/der Beschäftigte durch eigenes Verschulden verursacht hat, beendet wurde.

(4) [1] Im Fall eines Arbeitsplatzwechsels oder eines Wechsels der Führungskraft erhält die/der Beschäftigte grundsätzlich ein Zwischenergebnis zur Feststellung der bisherigen Leistungen. [2] Durch Dienstvereinbarung kann bestimmt werden, dass anstelle eines Zwischenergebnisses eine gemeinschaftliche Leistungsfeststellung der früheren und der aktuellen Führungskraft der/des Beschäftigten erfolgt. [3] Näheres regelt die Dienstvereinbarung.

Protokollerklärung zu Absatz 4:

Stichtag für die Zuordnung zu einer Entgeltgruppe bei der Berechnung der Höhe des Leistungsentgelts ist der letzte Tag des Leistungszeitraums.

(5) [1] Beschäftigte, die nach Bundesgleichstellungsgesetz, Bundespersonalvertretungsgesetz oder Sozialgesetzbuch Neuntes Buch von der Erbringung ihrer Arbeitsleistung zu 75 v.H. und mehr ihrer individuellen durchschnittlichen Arbeitszeit freigestellt worden sind, erhalten ohne Leistungsfeststellung ein Leistungsentgelt in Höhe des Durchschnittsbetrages der Beschäftigten ihrer

jeweiligen Entgeltgruppe. [2] Für Beschäftigte, die nach Satz 1 zu 50 v.H. und weniger freigestellt sind, erfolgt eine Leistungsfeststellung auf Grundlage der erbrachten Arbeitsleistungen in den nicht freigestellten Zeiten. [3] Für die Berechnung des Leistungsentgelts ist dieses Ergebnis auf den freigestellten Anteil der Arbeitsleistung zu übertragen. [4] Beschäftigte, die nach Satz 1 zu weniger als 75 v.H. und mehr als 50 v.H. freigestellt sind, können zwischen der Regelung nach Satz 1 und Satz 2 wählen; das Wahlrecht muss zu Beginn des Leistungszeitraums, bei einer entsprechenden Freistellung während des Leistungszeitraums am ersten Tag dieser Freistellung ausgeübt werden.

Protokollerklärung zu Absatz 5:

Bei der Leistungsfeststellung von teilweise freigestellten Beschäftigten ist sicherzustellen, dass diese wegen ihrer Tätigkeit weder benachteiligt noch begünstigt werden.

(6) [1] Bei Teilzeitbeschäftigten beziehen sich die Leistungsanforderungen auf die individuell vereinbarte durchschnittliche Arbeitszeit. [2] Für die Höhe des Leistungsentgelts findet § 24 Abs. 2 TVöD Anwendung; Stichtag für den maßgeblichen Arbeitszeitumfang ist der letzte Tag des Leistungszeitraums. [3] Bei Beschäftigten, die in Altersteilzeit im Blockmodell beschäftigt sind, bemisst sich das Leistungsentgelt nach der Arbeitszeit, die während der jeweiligen Phase der Altersteilzeit geschuldet wird.

Protokollerklärung zu Absatz 6 Satz 2:

Leistungsentgelt wird neben den Aufstockungsleistungen nach § 5 TV ATZ gezahlt und bleibt bei der Berechnung von Aufstockungsleistungen nach § 5 TV ATZ unberücksichtigt.

§ 12 Dokumentation. (1) Das Ergebnis der individuellen Leistungsfeststellung wird in schriftlicher Form zur Personalakte genommen; eine Kopie ist der/dem Beschäftigten auszuhändigen.

(2) [1] Die Ergebnisse der Leistungsfeststellung und des Leistungsentgelts sind innerhalb jeder Verwaltung im Sinne von § 9 Abs. 1 Satz 1 statistisch zu erfassen und bekannt zu machen. [2] Im Fall einer Aufteilung nach § 9 Abs. 1 Satz 3 erfolgt die Erfassung und Bekanntmachung nach Satz 1 in dem jeweiligen Verwaltungsteil. [3] Näheres regelt die Dienstvereinbarung.

§ 13 Konfliktlösung. (1) Jede/jeder Beschäftigte kann das Ergebnis seiner Leistungsfeststellung gegenüber der zuständigen Personalstelle unter Beifügung einer schriftlichen Begründung innerhalb von drei Wochen nach Eröffnung des Ergebnisses der Leistungsfeststellung beanstanden (Beschwerde).

(2) [1] Wird der Beschwerde nicht abgeholfen, wird sie der paritätischen Kommission (§ 14) zur Beratung zugeleitet. [2] Die Beratung bezieht sich auf die Einhaltung der durch diesen Tarifvertrag und die jeweils maßgeblichen ihn ausfüllenden Dienstvereinbarungen vorgegebenen Verfahren und auf die Einhaltung der sachlichen Grenzen einer Bewertung; die Mitwirkung erfasst nicht die Leistungsbewertung oder die Entscheidung über die Vergabe von Leistungsentgelten im Einzelfall. [3] Der Arbeitgeber entscheidet auf Vorschlag der Kommission, ob und in welchem Umfang der Beschwerde im Einzelfall abgeholfen wird. [4] Folgt der Arbeitgeber dem Vorschlag nicht, hat er seine Gründe darzulegen.

Protokollerklärung zu Absatz 2 Satz 2:
Die Einhaltung der sachlichen Grenzen einer Bewertung umfasst eine Kontrolle hinsichtlich eines Bewertungsausfalls, eines Bewertungsfehlgebrauchs, einer Überschreitung des Bewertungsrahmens und das Zugrundelegen unrichtiger Tatsachen.

(3) [1] Durch Dienstvereinbarung kann vorgesehen werden, dass nach einer Beschwerde gemäß Absatz 1 zunächst ein gestuftes Verfahren unter Einbeziehung von z.B. der nächst höheren Führungskraft und/oder einem Mitglied der Personalvertretung einsetzt. [2] Erledigt sich die Beschwerde dadurch nicht, steht das Verfahren gemäß Absatz 2 offen.

§ 14 Paritätische Kommission. (1) [1] Die Anzahl der Mitglieder der Paritätischen Kommission ist durch Dienstvereinbarung festzulegen; jeweils die Hälfte der Mitglieder wird vom Arbeitgeber und von der Personalvertretung in der Regel aus dessen Mitte benannt; jedes Mitglied der Paritätischen Kommission muss der Verwaltung bzw. dem Verwaltungsteil, bei der/dem die Paritätische Kommission gebildet wird, angehören. [2] Die Gleichstellungsbeauftragte und die Vertrauensperson schwerbehinderter Menschen können auf ihren Wunsch an den Beratungen der Kommission teilnehmen; sie haben kein Stimmrecht. [3] Beteiligte i.S.d. § 13 Abs. 1 sind in eigenen Angelegenheiten von der Mitwirkung in der paritätischen Kommission ausgeschlossen. [4] Ein Mitglied der Paritätischen Kommission kann von der Partei, welche es benannt hat, jederzeit durch Benennung einer anderen Person nach Satz 1 ersetzt werden. [5] Eine Paritätische Kommission ist für jede Verwaltung im Sinne des § 9 Abs. 1 Satz 1 zu bilden. [6] Durch Dienstvereinbarung kann vorgesehen werden, dass im Fall einer Aufteilung nach § 9 Abs. 1 Satz 3 die Paritätische Kommission in dem jeweiligen Verwaltungsteil gebildet wird.

(2) [1] Unabhängig von der Beteiligung nach § 13 wirkt die Paritätische Kommission bei der ständigen Kontrolle des durch Dienstvereinbarung ausgestalteten Systems der Leistungsfeststellung und -bezahlung mit. [2] Sie kann Empfehlungen zur Weiterentwicklung und zu Korrekturen des Systems bzw. von Systembestandteilen geben.

(3) Die Rechte der Personalvertretungen, der Gleichstellungsbeauftragten und der Vertrauenspersonen schwerbehinderter Menschen bleiben unberührt.

§ 15 Dienstvereinbarungen zur Ausgestaltung dieses Tarifvertrages. [1] Das in den Dienststellen anzuwendende System der Leistungsfeststellung und der Gewährung eines Leistungsentgelts wird im Rahmen dieses Tarifvertrages durch Dienstvereinbarungen nach § 2 Satz 2 festgelegt. [2] In diesen Dienstvereinbarungen sollen insbesondere

– der Beginn und das Ende des maßgeblichen Leistungs- und Feststellungszeitraums (§ 3 Abs. 3 Satz 3),
– die Ausgestaltung von und mögliche konkrete Anforderungen an Zielvereinbarungen (§ 4 Abs. 2),
– das Bewertungssystem der systematischen Leistungsbewertung einschließlich der Gewichtung der Kriterien (§ 5 Abs. 2),
– die Punktwerte der Stufen der Leistungsbewertung bzw. der Zielerreichungsgrade (§ 7 Abs. 2),
– die Anzahl der Stufen der systematischen Leistungsbewertung, die Anzahl der Zielerreichungsgrade und die Festlegung, welcher Stufe der systematischen

Leistungsbewertung die volle Zielerreichung zugeordnet wird (§ 7 Abs. 3 und 4),
- das Berechnungsverfahren für das jeweilige Leistungsentgelt einschließlich einer etwaigen Obergrenze für das individuelle Leistungsentgelt (§ 10 Abs. 1),
- eine gegebenenfalls von der Aufteilung nach Entgeltgruppen abweichende Aufteilung des Leistungsentgeltvolumens (§ 10 Abs. 2),
- die Leistungsfeststellung im Fall eines Arbeitsplatzwechsels oder eines Wechsels der Führungskraft (§ 11 Abs. 4),
- die statistische Erfassung der Ergebnisse von Leistungsfeststellung und Leistungsentgelt (§ 12 Abs. 2),
- ein etwaiges gestuftes Verfahren vor Eröffnung der Beschwerde zur Paritätischen Kommission (§ 13 Abs. 3),
- die Anzahl der Mitglieder der Paritätischen Kommission (§ 14 Abs. 1),
- gegebenenfalls die Bildung einer Paritätischen Kommission in dem jeweiligen Verwaltungsteil (§ 14 Abs. 1 Satz 6)

geregelt werden.

V. Abschnitt. Schlussvorschriften

§ 16 Einführungs- und Übergangsregelungen. (1) [1] Im Jahr 2007 erhalten alle Beschäftigten mit dem Tabellenentgelt des Monats Juli 2007 ein Leistungsentgelt in Höhe von 6 v.H. des ihnen für den Monat März 2007 jeweils gezahlten Tabellenentgelts. [2] Soweit Beschäftigte im März 2007 kein Tabellenentgelt beziehen, wird auf das zuletzt bezogene Tabellenentgelt abgestellt, es sei denn für die Beschäftigte/den Beschäftigten hätte nach § 11 keine Leistungsfeststellung stattgefunden. [3] Das danach verbleibende Entgeltvolumen für das Jahr 2007 erhöht das Gesamtvolumen der Verwaltung nach § 9 Abs. 1 Satz 1 für das Jahr 2008. [4] Der erste Leistungszeitraum beginnt am 1. Juli 2007 und dauert mindestens sechs, höchstens neun Monate. [5] Der daran anschließende Leistungszeitraum kann abweichend von § 3 Abs. 3 Satz 1 um bis zu drei Monate verlängert werden.

(2) [1] Kommt bis zum 30. Juni 2007 keine Dienstvereinbarung nach § 15 zustande, erhalten die Beschäftigten mit dem Tabellenentgelt des Monats April 2008 6 v.H. des für den Monat Dezember 2007 jeweils zustehenden Tabellenentgelts. [2] Das Leistungsentgelt erhöht sich im Folgejahr um den verbleibenden Betrag des Gesamtvolumens der Verwaltung bzw. des Verwaltungsteils. [3] Solange auch in den Folgejahren keine Dienstvereinbarung zustande kommt, gelten Satz 1 und 2 entsprechend.

Protokollerklärung zu Absatz 1 und 2:
Dem Tabellenentgelt stehen Entgelt aus einer individuellen Zwischenstufe oder individuellen Endstufe gleich.

§ 17 Begriffsbestimmungen. (1) In Betrieben, in denen dieser Tarifvertrag zur Anwendung kommt, erfolgt die Ausgestaltung dieses Tarifvertrages durch Betriebsvereinbarung; an die Stelle der Begriffe „Dienstvereinbarung" und „Personalvertretung" treten in diesem Fall die Begriffe „Betriebsvereinbarung" und „Betriebsrat".

(2) Leistungszeitraum ist der Zeitraum, welcher für die Feststellung der Leistungen der Beschäftigten berücksichtigt wird.

(3) Feststellungszeitraum ist der Zeitraum, in welchem die Leistungen der Beschäftigten festgestellt werden.

(4) Wird in diesem Tarifvertrag auf Regelungen des TVöD Bezug genommen, sind die für den Bund geltenden Vorschriften gemeint.

§ 18 In-Kraft-Treten. (1) Dieser Tarifvertrag tritt am 1. Januar 2007 in Kraft.

(2) Dieser Tarifvertrag kann von jeder Tarifvertragspartei mit einer Frist von drei Monaten zum Schluss eines Kalenderhalbjahres schriftlich gekündigt werden, frühestens jedoch zum 31. Dezember 2009.

Niederschriftserklärungen

Niederschriftserklärung zu § 8 Abs. 1 Satz 1:

[1] Die Tarifvertragsparteien sind sich einig, dass das Leistungsentgelt bis auf weiteres als Leistungsprämie ausgezahlt wird. [2] Vor der Einführung einer Leistungszulage werden die Tarifvertragsparteien ergänzende Regelungen zur Auszahlung vereinbaren.

Niederschriftserklärung zu § 8 Abs. 2:

[1] Die Tarifvertragsparteien sind sich einig, dass Beschwerden (§ 13 Abs. 1) und das Fehlen einzelner Leistungsfeststellungen (z.B. auf Grund von Krankheit) dem Auszahlungsverfahren für die übrigen Beschäftigten nicht entgegen stehen. [2] Bei Beschwerden wird das auf den unstreitigen Teil der Leistungsfeststellung entfallende Leistungsentgelt ausgezahlt.

Niederschriftserklärung zu Abschnitt III:

Die Tarifvertragsparteien sind sich einig, spätestens im Jahr 2008 die praktische Umsetzung der Bestimmung und Aufteilung des Entgeltvolumens zu prüfen und etwaige notwendige Anpassungen für die Folgezeit im Tarifvertrag vorzunehmen.

Niederschriftserklärung zu § 11 Abs. 2 Satz 2:

Die Tarifvertragsparteien sind sich einig, dass ein Entgeltanspruch auch bei Entgeltfortzahlung im Krankheitsfall nach § 22 TVöD besteht.

Niederschriftserklärung zu § 11 Abs. 4:

Die Tarifvertragsparteien sind sich einig, dass ein Arbeitsplatzwechsel auch bei einem Wechsel der/des Beschäftigten zu einer anderen Behörde oder Dienststelle gegeben ist.

Niederschriftserklärung zu § 11 Abs. 5 Satz 2:

Die Tarifvertragsparteien werden den TV ATZ entsprechend anpassen.

Niederschriftserklärung zu § 13 Abs. 2 Satz 4:

Die Gründe werden der/dem Beschäftigten und der Paritätischen Kommission mitgeteilt.

Niederschriftserklärung zu § 16:

Die Tarifvertragsparteien werden die Umsetzung dieses Tarifvertrages im Jahr 2009 analysieren und gegebenenfalls notwendige Folgerungen ziehen.

Niederschriftserklärung zu § 16 Abs. 1:

[1] Im Bewusstsein um ihre Verantwortung für den Einführungsprozess haben sich die Tarifvertragsparteien entschlossen, den ersten Leistungszeitraum am 1. Juli 2007

beginnen zu lassen und das Leistungsentgelt für die erste Jahreshälfte 2007 anteilig pauschal auszukehren. [2] *Sie haben sich dabei von folgenden Maßgaben leiten lassen:*

Nr. 1: [1] *Die Tarifvertragsparteien haben sich seit In-Kraft-Treten des TVöD intensiv mit der Konzeption und Ausgestaltung eines Systems der Leistungsbezahlung auseinandergesetzt.* [2] *Im Wissen, dass die Beschäftigten die wichtigste Ressource des öffentlichen Dienstes sind, haben sie sich bei den Verhandlungen von dem Ziel leiten lassen, im Interesse der erfolgreichen Einführung des Leistungsentgelts der Qualität den Vorrang vor der Schnelligkeit der Einführung zu geben.*

Nr. 2: [1] *Die Tarifvertragsparteien sehen die Verantwortung für die erfolgreiche Umsetzung dieses Tarifvertrages auch bei den Parteien der noch abzuschließenden Dienstvereinbarungen.* [2] *Auch in Anbetracht der mit der EU-Ratspräsidentschaft der Bundesrepublik Deutschland im ersten Halbjahr 2007 verbundenen Mehrbelastung geben sie den Beteiligten mit den Bestimmungen des Absatzes 1 zusätzliche Zeit, um die erfolgreiche Einführung des Leistungsentgelts vorzubereiten.*

Nr. 3: Mit Blick auf das Bestreben der Bundesregierung, auch für die Beamtinnen und Beamten des Bundes ein System einer leistungsorientierten Bezahlung einzuführen, wollen die Tarifvertragsparteien mit den Bestimmungen zum ersten Leistungszeitraum die Möglichkeit eröffnen, sowohl für Tarifbeschäftigte als auch für Beamtinnen und Beamte zum gleichen Zeitpunkt ein leistungsorientiertes Bezahlungssystem einzuführen.

50. Tarifvertrag zur Überleitung der Ärztinnen und Ärzte an kommunalen Krankenhäusern in den TV-Ärzte/VKA und zur Regelung des Übergangsrechts (TVÜ-Ärzte/VKA)

Vom 17. August 2006

zuletzt geänd. durch ÄndTV Nr. 8 v. 22.5.2019

Zwischen

der Vereinigung der kommunalen Arbeitgeberverbände, vertreten durch den Vorstand, einerseits

und

dem Marburger Bund, vertreten durch den 1. und 2. Vorsitzenden, andererseits wird Folgendes vereinbart:

Inhaltsübersicht[1]

Abschnitt I. Allgemeine Vorschriften

§ 1 Geltungsbereich. (1) Dieser Tarifvertrag gilt für Ärztinnen und Ärzte sowie Zahnärztinnen und Zahnärzte, deren Arbeitsverhältnis zu einem tarifgebundenen Arbeitgeber, der Mitglied eines Mitgliedverbandes der Vereinigung der kommunalen Arbeitgeberverbände (VKA) ist, über den 31. Juli 2006 hinaus fortbesteht, und die am 1. August 2006 unter den Geltungsbereich des Tarifvertrages für Ärztinnen und Ärzte an kommunalen Krankenhäusern (TV-Ärzte/

[1] Inhaltsübersicht redaktionell eingefügt.

VKA) fallen, für die Dauer des ununterbrochen fortbestehenden Arbeitsverhältnisses.

Protokollerklärung zu Absatz 1 Satz 1:

Unterbrechungen von bis zu einem Monat sind unschädlich.

(2) Die Bestimmungen des TV-Ärzte/VKA gelten, soweit dieser Tarifvertrag keine abweichenden Regelungen trifft.

§ 2 Ablösung bisheriger Tarifverträge durch den TV-Ärzte/VKA.

(1) [1]Der TV-Ärzte/VKA ersetzt in Verbindung mit diesem Tarifvertrag bei tarifgebundenen Arbeitgebern, die Mitglied eines Mitgliedverbandes der VKA sind, den

- Tarifvertrag für den öffentlichen Dienst (TVöD) und den Besonderen Teil Krankenhäuser, Pflege- und Betreuungseinrichtungen (BT-K) jeweils vom 13. September 2005,
- Bundes-Angestelltentarifvertrag (BAT) vom 23. Februar 1961,
- Tarifvertrag zur Anpassung des Tarifrechts – Manteltarifliche Vorschriften – (BAT-O) vom 10. Dezember 1990,

sowie die diese Tarifverträge ergänzenden Tarifverträge der VKA, soweit in diesem Tarifvertrag oder im TV-Ärzte/VKA nicht ausdrücklich etwas anderes bestimmt ist. [2]Die Ersetzung erfolgt mit Wirkung vom 1. August 2006, soweit kein abweichender Termin bestimmt ist.

(2) [1]Die von den Marburger Bund Landesverbänden oder mit Vollmacht für diese mit den Mitgliedverbänden der VKA abgeschlossenen Tarifverträge sind durch diese Tarifvertragsparteien hinsichtlich ihrer Weitergeltung zu prüfen und bei Bedarf bis zum 31. Dezember 2007 an den TV-Ärzte/VKA anzupassen. [2]Die Tarifvertragsparteien nach Satz 1 können diese Frist verlängern. [3]Das Recht zur Kündigung der in Satz 1 genannten Tarifverträge bleibt unberührt.

Abschnitt II. Überleitungsregelungen

§ 3 Überleitung in den TV-Ärzte/VKA. Die von § 1 Abs. 1 erfassten Ärztinnen und Ärzte werden am 1. August 2006 gemäß den nachfolgenden Regelungen aus dem TVöD und den BT-K bzw. BAT/BAT-O in den TV-Ärzte/VKA übergeleitet.

Protokollerklärung zu § 3:

Änderungen des TVöD und des BT-K (TVöD-K) nach dem 31. Juli 2006 bleiben bei der Überleitung unberücksichtigt.

§ 4 Zuordnung zu den Entgeltgruppen. (1) [1]Für die Überleitung werden Ärztinnen und Ärzte, die sich am 31. Juli 2006 nicht in einer individuellen Zwischenstufe oder individuellen Endstufe befunden und Entgelt

- der Entgeltgruppe 14 Stufen 1 und 2 gem. § 51 BT-K erhalten haben, der Entgeltgruppe I,
- der Entgeltgruppe 14 Stufen 3 und 4 gem. § 51 BT-K sowie Entgeltgruppe 15 Stufen 5 und 6 gem. § 51 BT-K erhalten haben, der Entgeltgruppe II

zugeordnet. [2]Ärztinnen und Ärzte ohne Facharztanerkennung, die am 31. Juli 2006 einer individuellen Zwischenstufe oder individuellen Endstufe zugeordnet waren, werden der Entgeltgruppe I, Fachärztinnen und Fachärzte, die am 31. Juli

2006 einer individuellen Zwischenstufe oder individuellen Endstufe zugeordnet waren, werden der Entgeltgruppe II zugeordnet.

(2) Ärztinnen und Ärzte ohne Facharztanerkennung, die am 31. Juli 2006 Vergütung nach einer Vergütungsgruppe des BAT/BAT-O erhalten haben, werden der Entgeltgruppe I, Fachärztinnen und Fachärzte, die am 31. Juli 2006 Vergütung nach einer Vergütungsgruppe des BAT/BAT-O erhalten haben, werden der Entgeltgruppe II zugeordnet.

§ 5 Vergleichsentgelt. (1) [1] Bei der Überleitung aus dem TVöD und dem BT-K wird in den Fällen des § 4 Abs. 1 Satz 2 ein dem Betrag der individuellen Zwischen- bzw. Endstufe entsprechendes Vergleichsentgelt gebildet. [2] In den Fällen des § 4 Abs. 1 Satz 1 wird ein Vergleichsentgelt nicht gebildet.

(2) [1] Bei Ärztinnen und Ärzten nach § 4 Abs. 2 wird für die Zuordnung zu den Stufen der Entgelttabelle des TV-Ärzte/VKA ein Vergleichsentgelt auf der Grundlage der im Juli 2006 erhaltenen Bezüge gebildet. [2] Das Vergleichsentgelt nach Satz 1 setzt sich aus der Grundvergütung, der allgemeinen Zulage und – nach den Verhältnissen am 31. Juli 2006 – dem Ortszuschlag der Stufe 1 oder 2 zusammen. [3] Ist auch eine andere Person im Sinne von § 29 Abschn. B Abs. 5 BAT/BAT-O ortszuschlagsberechtigt oder nach beamtenrechtlichen Grundsätzen familienzuschlagsberechtigt, wird nur die Stufe 1 zugrunde gelegt; findet der TV-Ärzte/VKA am 1. August 2006 auch auf die andere Person Anwendung, geht der jeweils individuell zustehende Teil des Unterschiedsbetrages zwischen den Stufen 1 und 2 des Ortszuschlages in das Vergleichsentgelt ein.

(3) [1] Bei teilzeitbeschäftigten Ärztinnen und Ärzten wird das Vergleichsentgelt auf der Grundlage einer/s vergleichbaren vollzeitbeschäftigten Ärztin/Arztes bestimmt. [2] Satz 1 gilt für Ärztinnen und Ärzte, deren Arbeitszeit nach § 3 des Tarifvertrages zur sozialen Absicherung vom 6. Juli 1992 herabgesetzt ist, entsprechend.

Protokollerklärung zu Absatz 3:

[1] Lediglich das Vergleichsentgelt wird auf der Grundlage einer/s entsprechenden vollzeitbeschäftigten Ärztin/Arztes ermittelt; sodann wird nach der Stufenzuordnung das zustehende Entgelt zeitratierlich berechnet. [2] Bei Ärztinnen und Ärzten, die am 31. Juli 2006 Vergütung nach einer Vergütungsgruppe des BAT/BAT-O erhalten haben, unterbleibt diese zeitratierliche Kürzung beim auf den Ehegattenanteil im Ortszuschlag entfallenden Betrag nach Maßgabe des § 29 Abschn. B Abs. 5 Satz 2 BAT/BAT-O. [3] Neue Ansprüche entstehen hierdurch nicht.

(4) [1] Für Ärztinnen und Ärzte, die nicht für alle Tage im Juli 2006 oder für keinen Tag dieses Monats Bezüge erhalten haben, wird das Vergleichsentgelt so bestimmt, als hätten sie für alle Tage dieses Monats Bezüge erhalten. [2] Ärztinnen und Ärzte, die am 31. Juli 2006 Vergütung nach einer Vergütungsgruppe des BAT/BAT-O erhalten haben, werden in den Fällen des § 27 Abschn. A Abs. 3 Unterabs. 6 und Abschn. B Abs. 3 Unterabs. 4 BAT/BAT-O für das Vergleichsentgelt so gestellt, als hätten sie am 1. Juli 2006 die Arbeit wieder aufgenommen.

(5) [1] Das Vergleichsentgelt wird in den Fällen des § 4 Abs. 1 Satz 2 um den Höhergruppierungsgewinn erhöht, der sich bei Weiteranwendung des BAT/BAT-O durch einen bis zum 31. Juli 2006 eingetretenen Fallgruppenaufstieg (Tätigkeits- oder Zeitaufstieg) ergeben hätte. [2] Voraussetzung dafür ist, dass

– zum individuellen Aufstiegszeitpunkt keine Anhaltspunkte vorliegen, die bei Weiteranwendung des BAT/BAT-O einer Höhergruppierung entgegengestanden hätten, und
– bis zum individuellen Aufstiegszeitpunkt nach Satz 1 weiterhin eine Tätigkeit auszuüben gewesen wäre bzw. ist, die diesen Aufstieg ermöglicht hätte.

[3] Satz 1 findet auf Stufensteigerungen, die bei Weiteranwendung des BAT/BAT-O bis zum 31. Juli 2006 erfolgt wären, entsprechende Anwendung.

(6) Für die Stufenzuordnung wird das Vergleichsentgelt im Tarifgebiet West um den Faktor 0,05 bzw. im Tarifgebiet Ost den Faktor 0,0375 erhöht.

§ 6 Stufenzuordnung der Angestellten. (1) [1] Ärztinnen und Ärzte werden nach den Regeln des TV-Ärzte/VKA der zutreffenden Stufe der gemäß § 4 bestimmten Entgeltgruppe zugeordnet. [2] Übersteigt das Vergleichsentgelt das Entgelt der sich nach Satz 1 ergebenden Stufe, werden sie einer diesem Vergleichsentgelt entsprechenden individuellen Zwischenstufe zugeordnet. [3] Der weitere Stufenaufstieg richtet sich nach den Regelungen des TV-Ärzte/VKA. [4] Liegt das Vergleichsentgelt über der höchsten Stufe ihrer/seiner jeweiligen Entgeltgruppe, wird die Ärztin/der Arzt einer diesem Vergleichsentgelt entsprechenden individuellen Endstufe zugeordnet. [5] Das Entgelt der individuellen Zwischenstufe bzw. individuellen Endstufe nach den Sätzen 2 und 4 wird für Ärztinnen und Ärzte, auf die die Regelungen des Tarifgebiets Ost Anwendung finden, am 1. Juli 2007 um den Faktor 0,01571 erhöht.

(2) [1] Soweit die Ärztin/der Arzt die Voraussetzungen der Entgeltgruppe III oder IV erfüllt, erfolgt zunächst die Zuordnung in die Entgeltgruppe II nach den Regeln der §§ 4 bis 6 und anschließend die Höhergruppierung nach den Regeln des TV-Ärzte/VKA. [2] Befindet sich die Ärztin/der Arzt in einer individuellen Zwischen- oder Endstufe, so erhält sie/er in der höheren Entgeltgruppe Entgelt nach der regulären Stufe, deren Betrag mindestens der individuellen Zwischenbzw. Endstufe entspricht. [3] Der weitere Stufenaufstieg richtet sich nach den Regelungen des TV-Ärzte/VKA.

Niederschriftserklärung zu § 6 Absatz 2:

[1] Die Tarifvertragsparteien gehen davon aus, dass Ärzte, die am 31. Juli 2006 die Bezeichnung „Oberärztin/Oberarzt“ führen, ohne die Voraussetzungen für eine Eingruppierung als Oberärztin/Oberarzt nach § 16 TV-Ärzte/VKA zu erfüllen, die Berechtigung zur Führung ihrer bisherigen Bezeichnung nicht verlieren. [2] Eine Eingruppierung in die Entgeltgruppe III ist hiermit nicht verbunden.

(3) [1] Werden Ärztinnen und Ärzte, die sich nach dem 1. August 2006 in einer individuellen Zwischen- oder Endstufe befinden, höher gruppiert, so erhält sie/er in der höheren Entgeltgruppe Entgelt nach der regulären Stufe, deren Betrag mindestens der individuellen Zwischen- bzw. Endstufe entspricht. [2] Werden Ärztinnen und Ärzte, die sich nach dem 1. August 2006 in einer individuellen Zwischen- oder Endstufe befinden, herabgruppiert, werden sie in der niedrigeren Entgeltgruppe derjenigen individuellen Zwischenstufe zugeordnet, die sich bei Herabgruppierung im Juli 2006 ergeben hätte. [3] Der weitere Stufenaufstieg richtet sich nach Regelungen des TV-Ärzte/VKA.

(4) Die individuelle Zwischen- bzw. Endstufe verändert sich um denselben Vomhundertsatz bzw. in demselben Umfang wie die nächst höhere bzw. die höchste Stufe der jeweiligen Entgeltgruppe.

Protokollerklärung zu Abschnitt II

Die bis zum 31. Juli 2006 erbrachten Arbeitsleistungen sind nach den bis zu diesem Zeitpunkt geltenden Regelungen abzurechnen.

Abschnitt III. Besitzstandsregelungen

§ 7 Arbeitszeit. (1) Ärztinnen und Ärzte im Tarifgebiet West, die bis zum 31. Juli 2006 vollbeschäftigt waren, haben bis zum 15. Januar 2007 die Möglichkeit eine Teilzeitbeschäftigung im Umfang ihrer bisherigen Vollbeschäftigung zu vereinbaren.

(2) [1] Teilzeitbeschäftigte Ärztinnen und Ärzte, deren Arbeitsvertrag die Vereinbarung einer festen Wochenstundenzahl enthält, können mit dem Arbeitgeber individuell vereinbaren, die Wochenstundenzahl so zu erhöhen, dass das Verhältnis der neu vereinbarten Wochenstundenzahl zur regelmäßigen Wochenarbeitszeit dem Verhältnis zwischen ihrer bisherigen Wochenstundenzahl und ihrer früher geltenden Wochenarbeitszeit entspricht. [2] Die sich daraus rechnerisch ergebende Wochenarbeitszeit kann im Wege der Anwendung der kaufmännischen Rundungsregelungen auf- oder abgerundet werden.

(3) Zur Erleichterung der Nachholung der auf 40 Stunden erhöhten Arbeitszeit im Tarifgebiet West kann abweichend von § 7 Abs. 2 Satz 1 TV-Ärzte/VKA ein längerer Zeitraum zugrunde gelegt werden.

(4) Bestehende Regelungen zur Anrechnung von Wege- und Umkleidezeiten auf die Arbeitszeit bleiben durch das In-Kraft-Treten des TV-Ärzte/VKA unberührt.

§ 8 Fortführung vorübergehend übertragener höherwertiger Tätigkeit. [1] Auf Ärztinnen und Ärzte, denen am 31. Juli 2006 bei Weitergeltung des BAT eine Zulage nach § 24 BAT/BAT-O zugestanden hätte bzw. hat, finden mit Wirkung ab dem 1. August 2006 die Regelungen des TV-Ärzte/VKA über die vorübergehende Übertragung einer höherwertigen Tätigkeit Anwendung. [2] Für eine vor dem 1. August 2006 vorübergehend übertragene höherwertige Tätigkeit, für die am 31. Juli 2006 wegen der zeitlichen Voraussetzungen des § 24 Abs. 1 bzw. 2 BAT/BAT-O noch keine Zulage gezahlt worden wäre bzw. wird, ist die Zulage ab dem Zeitpunkt zu zahlen, zu dem nach bisherigem Recht die Zulage zu zahlen gewesen wäre.

§ 9 Kinderbezogene Entgeltbestandteile. (1) [1] Für im September 2005 zu berücksichtigende Kinder werden die kinderbezogenen Entgeltbestandteile des BAT/BAT-O in der für September 2005 zustehenden Höhe als Besitzstandszulage fortgezahlt, solange für diese Kinder Kindergeld nach dem Einkommensteuergesetz (EStG) oder nach dem Bundeskindergeldgesetz (BKGG) ununterbrochen gezahlt wird oder ohne Berücksichtigung des § 64 oder § 65 EStG oder des § 3 oder § 4 BKGG gezahlt würde. [2] Die Besitzstandszulage entfällt ab dem Zeitpunkt, zu dem einer anderen Person, die im öffentlichen Dienst steht oder auf Grund einer Tätigkeit im öffentlichen Dienst nach beamtenrechtlichen Grundsätzen oder nach einer Ruhelohnordnung versorgungsberechtigt ist, für ein Kind, für welches die Besitzstandszulage gewährt wird, das Kindergeld gezahlt wird; die Änderung der Kindergeldberechtigung hat die Ärztin/der Arzt dem Arbeitgeber unverzüglich schriftlich anzuzeigen. [3] Unterbrechungen wegen der Ableistung von Grundwehrdienst, Zivildienst oder Wehrübungen sowie die Ableistung eines freiwilligen sozialen oder ökologischen Jahres sind unschädlich; soweit die unschädliche Unterbrechung bereits im Monat September 2005 vorliegt, wird die Besitzstandszulage ab dem Zeitpunkt des Wiederauflebens der Kindergeldzahlung gewährt.

Protokollerklärungen zu Absatz 1:

1. *[1] Die Unterbrechung der Entgeltzahlung im September 2005 wegen Elternzeit, Wehr- oder Zivildienstes, Sonderurlaubs, bei dem der Arbeitgeber vor Antritt ein dienstliches oder betriebliches Interesse an der Beurlaubung anerkannt hat, Bezuges einer Rente auf Zeit wegen verminderter Erwerbsfähigkeit oder wegen des Ablaufs der Krankenbezugsfristen ist für das Entstehen des Anspruchs auf die Besitzstandzulage unschädlich. [2] Für die Höhe der Besitzstandzulage nach Satz 1 gilt § 5 Abs. 4 entsprechend.*
2. *Ist die andere Person im September 2005 aus dem öffentlichen Dienst ausgeschieden und entfiel aus diesem Grund der kinderbezogene Entgeltbestandteil, entsteht der Anspruch auf die Besitzstandzulage bei der/dem in den TV-Ärzte/VKA übergeleiteten Ärztin/Arzt.*
3. *[1] Ärzinnen und Ärzte mit mehr als zwei Kindern, die im September 2005 für das dritte und jedes weitere Kind keinen kinderbezogenen Entgeltanteil erhalten haben, weil sie nicht zum Kindergeldberechtigten bestimmt waren, haben Anspruch auf die Besitzstandzulage für das dritte und jedes weitere Kind, sofern und solange sie für diese Kinder Kindergeld erhalten, wenn sie bis zum 31. Dezember 2008 einen Berechtigtenwechsel beim Kindergeld zu ihren Gunsten vornehmen und der Beschäftigungsumfang der kindergeldberechtigten anderen Person am 30. September 2005 30 Wochenstunden nicht überstieg. [2] Die Höhe der Besitzstandszulage ist so zu bemessen, als hätte die Ärztin/der Arzt bereits im September 2005 Anspruch auf Kindergeld gehabt.*
4. *[1] Bei Tod der/des Kindergeldberechtigten wird ein Anspruch nach Absatz 1 für die/den anderen in den TV-Ärzte/VKA übergeleitete/n Ärztin/Arzt auch nach dem 1. Oktober 2005 begründet. [2] Die Höhe der Besitzstandzulage ist so zu bemessen, als hätte sie/er bereits im September 2005 Anspruch auf Kindergeld gehabt.*
5. *[1] Endet eine Unterbrechung aus den in Nr. 1 Satz 1 genannten Gründen vor dem 1. Juli 2008, wird die Besitzstandszulage vom 1. Juli 2008 an gezahlt, wenn bis zum 31. Dezember 2008 ein entsprechender schriftlicher Antrag (Ausschlussfrist) gestellt worden ist. [2] Wird die Arbeit nach dem 30. Juni 2008 wieder aufgenommen oder erfolgt die Unterbrechung aus den in Nr. 1 Satz 1 genannten Gründen nach dem 30. Juni, wird die Besitzstandszulage nach Wiederaufnahme der Arbeit auf schriftlichen Antrag gezahlt. [3] In den Fällen der Nrn. 2 und 3 wird die Besitzstandzulage auf einen bis zum 31. Dezember 2008 zu stellenden schriftlichen Antrag (Ausschlussfrist) vom 1. Juli 2008 an gezahlt. [4] Ist eine den Nrn. 1 bis 3 entsprechende Leistung bis zum 31. März 2008 schriftlich geltend gemacht worden, erfolgt die Zahlung vom 1. Juni 2008 an. [5] In den Fällen der Nr. 4 wird die Besitzstandszulage auf schriftlichen Antrag ab dem ersten Tag den Monats, der dem Sterbemonat folgt, frühestens jedoch ab dem 1. Juli 2008, gezahlt. [6] Die Ärztin/der Arzt hat das Vorliegen der Voraussetzungen der Nrn. 1 bis 4 nachzuweisen und Änderungen anzuzeigen.*

(2) [1] § 25 Abs. 2 TV-Ärzte/VKA ist anzuwenden. [2] Die Besitzstandszulage nach Absatz 1 Satz 1 verändert sich bei allgemeinen Entgeltanpassungen um den von den Tarifvertragsparteien für die jeweilige Entgeltgruppe festgelegten Vomhundertsatz. [3] Ansprüche nach Absatz 1 können für Kinder ab dem vollendeten

16. Lebensjahr durch Vereinbarung mit der Ärztin/dem Arzt abgefunden werden. [4] § 6 Abs. 1 Satz 4 findet entsprechende Anwendung.

Protokollerklärung zu Absatz 2 Satz 2:

Die Besitzstandszulage beträgt ab 1. Januar 2019 119,43 Euro, ab 1. Januar 2020 121,82 Euro und ab 1. Januar 2021 124,26 Euro.

(3) Die Absätze 1 und 2 gelten entsprechend für zwischen dem 1. Oktober 2005 und dem 31. Dezember 2005 geborene Kinder der übergeleiteten Ärztinnen und Ärzte.

§ 10 Strukturausgleich, Einmalzahlung. (1) Ein Strukturausgleich ist nicht vereinbart.

(2) [1] Eine Einmalzahlung wird nicht gewährt. [2] § 16 bleibt unberührt.

§ 11 Entgeltfortzahlung im Krankheitsfall. [1] Bei Ärztinnen und Ärzten, für die bis zum 31. Juli 2006 § 71 BAT bei Weitergeltung des BAT Anwendung gefunden hat, wird abweichend von § 23 Abs. 2 TV-Ärzte/VKA für die Dauer des über den 31. Juli 2006 hinaus ununterbrochen fortbestehenden Arbeitsverhältnisses der Krankengeldzuschuss in Höhe des Unterschiedsbetrages zwischen dem festgesetzten Nettokrankengeld oder der entsprechenden gesetzlichen Nettoleistung und dem Nettoentgelt (§ 23 Abs. 2 Satz 2 und 3 TV-Ärzte/VKA) gezahlt. [2] Nettokrankengeld ist das um die Arbeitnehmeranteile zur Sozialversicherung reduzierte Krankengeld. [3] Für Ärztinnen und Ärzte, die nicht der Versicherungspflicht in der gesetzlichen Krankenversicherung unterliegen, ist bei der Berechnung des Krankengeldzuschusses der Höchstsatz des Nettokrankengeldes, der bei Pflichtversicherung in der gesetzlichen Krankenversicherung zustünde, zugrunde zu legen.

Protokollerklärung zu § 11:

[1] Ansprüche aufgrund von beim Arbeitgeber am 31. Juli 2006 geltenden Regelungen für die Gewährung von Beihilfen an Arbeitnehmerinnen und Arbeitnehmer im Krankheitsfall bleiben für die von § 1 Abs. 1 erfassten Ärztinnen und Ärzten unberührt. [2] Änderungen von Beihilfevorschriften für Beamte kommen zur Anwendung, soweit auf Landes- bzw. Bundesvorschriften Bezug genommen wird.

§ 12 Beschäftigungszeit. (1) Für die Dauer des über den 31. Juli 2006 hinaus fortbestehenden Arbeitsverhältnisses werden die vor dem 1. August 2006 nach Maßgabe der jeweiligen tarifrechtlichen Vorschriften anerkannten Beschäftigungszeiten als Beschäftigungszeit im Sinne des § 35 Abs. 3 TV-Ärzte/VKA berücksichtigt.

(2) Für die Anwendung des § 24 Abs. 2 TV-Ärzte/VKA werden die bis zum 31. Juli 2006 zurückgelegten Zeiten, die nach Maßgabe

– des BAT anerkannte Dienstzeit,

– des BAT-O anerkannte Beschäftigungszeit sind,

als Beschäftigungszeit im Sinne des § 35 Abs. 3 TV-Ärzte/VKA berücksichtigt.

§ 13 Urlaub. [1] Für die Dauer und die Bewilligung des Erholungsurlaubs für das Urlaubsjahr 2006 gelten die im Juli 2006 jeweils maßgebenden Vorschriften bis zum 31. Dezember 2006 fort. [2] Die Regelungen des TV-Ärzte/VKA gelten für die Bemessung des Urlaubsentgelts sowie für eine Übertragung von Urlaub auf das Kalenderjahr 2007.

§ 14 Abgeltung. [1] Durch Vereinbarungen mit der Ärztin/dem Arzt können Entgeltbestandteile aus Besitzständen pauschaliert bzw. abgefunden werden. [2] § 9 Abs. 2 Satz 3 bleibt unberührt.

Abschnitt IV. Sonstige vom TV-Ärzte/VKA abweichende oder ihn ergänzende Bestimmungen

§ 15 Anteilige Zuwendung für das Jahr 2006. [1] Ärztinnen und Ärzte erhalten mit dem Entgelt für den Monat Dezember 2006 eine anteilige Zuwendung nach den Zuwendungstarifverträgen für Angestellte. [2] Die Zuwendung ist mit folgenden Maßgaben so zu ermitteln, als wenn sie bereits am 31. Juli 2006 zugestanden hätte:

1. Der Bemessungssatz der Zuwendung beträgt in allen Entgeltgruppen
   a) bei Ärztinnen und Ärzten, für die die Regelungen des Tarifgebiets West Anwendung finden, 82,14 v.H.
   b) bei Ärztinnen und Ärzten, für die die Regelungen des Tarifgebiets Ost Anwendung finden, 61,60 v.H.
2. [1] § 2 Abs. 1 der Zuwendungstarifverträge findet mit der Maßgabe Anwendung, dass Bemessungszeitraum anstelle des Monats September der Monat Juli ist. [2] Etwaig gezahltes Urlaubsgeld und die Einmalzahlung nach § 21 TVÜ-VKA bleiben bei der Berechnung der Zuwendung unberücksichtigt.
3. [1] Von der hiernach ermittelten Zuwendung erhält die Ärztin/der Arzt für jeden der Monate Januar bis Juli 2006 ein Zwölftel für jeden Kalendermonat, in dem die Ärztin/der Arzt Anspruch auf Entgelt/Vergütung oder Fortzahlung des Entgelts/der Vergütung hatte. [2] Eine anteilige Zuwendung steht auch für die Kalendermonate Januar bis Juli 2006 zu, in denen
   a) Ärztinnen und Ärzte kein Tabellenentgelt/keine Vergütung erhalten haben wegen
      (1) Ableistung von Grundwehrdienst oder Zivildienst, wenn sie diesen vor dem 1. Dezember beendet und die Beschäftigung unverzüglich wieder aufgenommen haben,
      (2) Beschäftigungsverboten nach § 3 Abs. 2 und § 6 Abs. 1 MuSchG,
      (3) Inanspruchnahme der Elternzeit nach dem Bundeserziehungsgeldgesetz bis zum Ende des Kalenderjahres, in dem das Kind geboren ist, wenn am Tag vor Antritt der Elternzeit Entgeltanspruch bestanden hat;
   b) Ärztinnen und Ärzte nur wegen der Höhe des zustehenden Krankengelds ein Krankengeldzuschuss nicht gezahlt worden ist.

Protokollerklärung zu § 15:
Soweit für das Kalenderjahr 2005 eine Berechnung des Aufschlags nach § 47 Abs. 2 BAT/BAT-O nicht erfolgt ist oder hierauf nicht mehr zurückgegriffen werden kann, gilt für die Herleitung der Urlaubsvergütung im Sinne der Zuwendungstarifverträge § 22 Satz 2 TV-Ärzte/VKA (Bemessungsgrundlage) entsprechend.

§ 16 Einmalbetrag. (1) Ärztinnen und Ärzte gemäß § 16 Buchst. a und b TV-Ärzte/VKA im Tarifgebiet West, deren Vergleichsentgelt oberhalb der höchsten Stufe ihrer Entgeltgruppe liegt, erhalten mit den Bezügen für den Monat Dezember 2006 einen Einmalbetrag in Höhe von 300,00 Euro und mit den Bezügen für den Monat Oktober 2007 einen Einmalbetrag in Höhe von 600,00 Euro.

(2) [1]Der Anspruch auf die Einmalbeträge nach Absatz 1 besteht, wenn die Ärztin/der Arzt an mindestens einem Tag des jeweiligen Fälligkeitsmonats Anspruch auf Bezüge (Entgelt, Urlaubsentgelt oder Entgelt im Krankheitsfall) gegen einen Arbeitgeber im Sinne des § 1 Abs. 1 hat; dies gilt auch für Kalendermonate, in denen nur wegen der Höhe der Barleistungen des Sozialversicherungsträgers Krankengeldzuschuss nicht gezahlt wird. [2]Die jeweiligen Einmalbeträge werden auch gezahlt, wenn eine Ärztin wegen der Beschäftigungsverbote nach § 3 Abs. 2 und § 6 Abs. 1 des Mutterschutzgesetzes in dem jeweiligen Fälligkeitsmonat keine Bezüge erhalten hat.

(3) [1]Teilzeitbeschäftigte Ärztinnen und Ärzte erhalten den jeweiligen Einmalbetrag, der dem Verhältnis der mit ihnen vereinbarten durchschnittlichen Arbeitszeit zu der regelmäßigen wöchentlichen Arbeitszeit einer/s entsprechenden vollbeschäftigten Ärztin/Arztes entspricht. [2]Maßgebend sind die jeweiligen Verhältnisse am 1. Dezember 2006 bzw. 1. Oktober 2007.

(4) [1]Die Einmalbeträge sind bei der Bemessung sonstiger Leistungen nicht zu berücksichtigen. [2]Sie sind kein zusatzversorgungspflichtiges Entgelt.

§ 16a AV Hamburg. Auf die Ärztinnen und Ärzte der Asklepios Kliniken Hamburg GmbH, der Universitätsklinikum Hamburg-Eppendorf KöR, der Universitäres Herzzentrum Hamburg GmbH und der Asklepios Westklinikum Hamburg GmbH als Mitglieder der Arbeitsrechtlichen Vereinigung Hamburg e.V. findet das Tarifrecht der VKA ab dem 1. August 2018 mit den Maßgaben des landesverbandlichen Tarifvertrages zur Überleitung der Ärztinnen und Ärzte der Hamburger Krankenhäuser in das Tarifrecht der VKA vom 1. August 2018 Anwendung.

Abschnitt V. Übergangs- und Schlussvorschriften

§ 17 In-Kraft-Treten, Laufzeit. (1) Dieser Tarifvertrag tritt am 1. August 2006 in Kraft.

(2) [1]Abweichend von Absatz 1 tritt dieser Tarifvertrag bei vom Marburger Bund oder mit Vollmacht für ihn mit den Mitgliedverbänden der VKA auf Landesebene sowie von der VKA anstelle landesbezirklicher Regelungen abgeschlossenen Sanierungs- bzw. Notlagentarifverträgen, Tarifverträgen zur Zukunftssicherung und anderweitigen Tarifverträgen zur Beschäftigungssicherung erst mit Ablauf der zum Zeitpunkt des Abschlusses des jeweiligen Tarifvertrages geltenden Laufzeit in Kraft. [2]Im Falle der Kündigung eines der unter Satz 1 fallenden Tarifverträge findet Satz 1 mit der Maßgabe Anwendung, dass anstelle des Ablaufs der zum Zeitpunkt des Abschlusses des jeweiligen Tarifvertrages geltenden Laufzeit der Ablauf der Kündigungsfrist tritt. [3]In denjenigen Fällen, in denen Tarifverträge nach Satz 1 ausschließlich mit anderen Gewerkschaften abgeschlossen worden sind, ist durch die Tarifvertragsparteien auf Landesebene bis zum 31. Januar 2007 über die vollständige oder teilweise Anwendung dieses Tarifvertrages zu verhandeln. [4]Für Tarifverträge nach Satz 1, deren Laufzeit über den 31. Dezember 2007 hinausgeht, ist ab dem 1. Januar 2008 über die vollständige oder teilweise Anwendung dieses Tarifvertrages bis zum 1. Juli 2008 zu verhandeln.

(3) Der Tarifvertrag kann ohne Einhaltung einer Frist jederzeit schriftlich gekündigt werden, frühestens zum 31. Dezember 2007.

51. Tarifvertrag für Ärztinnen und Ärzte an kommunalen Krankenhäusern im Bereich der Vereinigung der kommunalen Arbeitgeberverbände (TV-Ärzte/VKA)

Vom 17. August 2006

zuletzt geänd. durch ÄndTV Nr. 7 v. 22.5.2019

Zwischen

der Vereinigung der kommunalen Arbeitgeberverbände, vertreten durch den Vorstand, einerseits

und

dem Marburger Bund, vertreten durch den 1. und 2. Vorsitzenden, andererseits wird Folgendes vereinbart:

Inhaltsübersicht

Abschnitt I. Allgemeine Vorschriften

§ 1 Geltungsbereich (1) Dieser Tarifvertrag gilt für Ärztinnen und Ärzte sowie Zahnärztinnen und Zahnärzte, die in einem Arbeitsverhältnis zu einem Arbeitgeber stehen, der Mitglied eines Mitgliedverbandes der VKA ist, wenn sie in

a) Krankenhäusern einschließlich psychiatrischer Kliniken und psychiatrischer Krankenhäuser,

b) medizinischen Instituten von Krankenhäusern/Kliniken (z.B. pathologischen Instituten, Röntgeninstituten oder Institutsambulanzen) oder in

c) sonstigen Einrichtungen und Heimen (z.B. Reha-Einrichtungen), in denen die betreuten Personen in teilstationärer oder stationärer ärztlicher Behandlung stehen, wenn die ärztliche Behandlung in den Einrichtungen selbst stattfindet,

beschäftigt sind.

(2) Dieser Tarifvertrag gilt nicht für Chefärztinnen und Chefärzte, wenn deren Arbeitsbedingungen einzelvertraglich vereinbart worden sind oder werden.

Protokollerklärung zu Absatz 2:

[1] Dieser Tarifvertrag gilt ferner nicht für Ärztinnen und Ärzte, die sich am 1. August 2006 in der Arbeits- bzw. Freistellungsphase eines Altersteilzeitarbeitsverhältnisses befunden haben. [2] Mit Ärztinnen und Ärzten, die Altersteilzeit vor dem 1. August 2006 vereinbart, diese aber am 1. August 2006 noch nicht begonnen haben, ist auf Verlangen die Aufhebung der Altersteilzeitvereinbarung zu prüfen. [3] Satz 2 gilt entsprechend in den Fällen des Satzes 1,

a) bei Altersteilzeit im Blockmodell, wenn am 1. August 2006 ein Zeitraum von nicht mehr als einem Drittel der Arbeitsphase

b) bei Altersteilzeit im Teilzeitmodell, wenn am 1. August 2006 ein Zeitraum von nicht mehr als einem Drittel der Altersteilzeit

zurückgelegt ist.

§ 2 Arbeitsvertrag, Nebenabreden, Probezeit. (1) Der Arbeitsvertrag wird schriftlich abgeschlossen.

(2) [1] Mehrere Arbeitsverhältnisse zu demselben Arbeitgeber dürfen nur begründet werden, wenn die jeweils übertragenen Tätigkeiten nicht in einem unmittelbaren Sachzusammenhang stehen. [2] Andernfalls gelten sie als ein Arbeitsverhältnis.

(3) [1] Nebenabreden sind nur wirksam, wenn sie schriftlich vereinbart werden. [2] Sie können gesondert gekündigt werden, soweit dies einzelvertraglich vereinbart ist.

(4) Die ersten sechs Monate der Beschäftigung gelten als Probezeit, soweit nicht eine kürzere Zeit vereinbart ist.

§ 3 Allgemeine Arbeitsbedingungen. (1) Ärztinnen und Ärzte haben über Angelegenheiten, deren Geheimhaltung durch gesetzliche Vorschriften vorgesehen oder vom Arbeitgeber angeordnet ist, Verschwiegenheit zu wahren; dies gilt auch über die Beendigung des Arbeitsverhältnisses hinaus.

(2) [1] Ärztinnen und Ärzte dürfen von Dritten Belohnungen, Geschenke, Provisionen oder sonstige Vergünstigungen in Bezug auf ihre Tätigkeit nicht annehmen. [2] Ausnahmen sind nur mit Zustimmung des Arbeitgebers möglich. [3] Werden Ärztinnen und Ärzten derartige Vergünstigungen angeboten, haben sie dies dem Arbeitgeber unverzüglich anzuzeigen.

(3) [1] Nebentätigkeiten gegen Entgelt haben Ärztinnen und Ärzte ihrem Arbeitgeber rechtzeitig vorher schriftlich anzuzeigen. [2] Der Arbeitgeber kann die Nebentätigkeit untersagen oder mit Auflagen versehen, wenn diese geeignet ist, die Erfüllung der arbeitsvertraglichen Pflichten von Ärztinnen und Ärzten oder berechtigte Interessen des Arbeitgebers zu beeinträchtigen.

(4) [1] Der Arbeitgeber hat Ärztinnen und Ärzte von etwaigen im Zusammenhang mit dem Arbeitsverhältnis entstandenen Schadensersatzansprüchen Dritter freizustellen, sofern der Eintritt des Schadens nicht durch die Ärztin/den Arzt vorsätzlich oder grob fahrlässig herbeigeführt worden ist. [2] Im Übrigen bleiben die allgemeinen Grundsätze zur Arbeitnehmerhaftung unberührt.

(5) [1] Der Arbeitgeber ist bei begründeter Veranlassung berechtigt, Ärztinnen und Ärzte zu verpflichten, durch ärztliche Bescheinigung nachzuweisen, dass sie/er zur Leistung der arbeitsvertraglich geschuldeten Tätigkeit in der Lage ist. [2] Bei der beauftragten Ärztin/dem beauftragten Arzt kann es sich um eine Betriebsärztin/einen Betriebsarzt handeln, soweit sich die Betriebsparteien nicht auf eine andere Ärztin/einen anderen Arzt geeinigt haben. [3] Die Kosten dieser Untersuchung trägt der Arbeitgeber.

(6) [1] Ärztinnen und Ärzte haben ein Recht auf Einsicht in ihre vollständigen Personalakten. [2] Sie können das Recht auf Einsicht auch durch eine/n hierzu schriftlich Bevollmächtigte/n ausüben lassen. [3] Sie können Auszüge oder Kopien aus ihren Personalakten erhalten.

§ 4 Allgemeine Pflichten. (1) [1] Zu den den Ärztinnen und Ärzten obliegenden ärztlichen Pflichten gehört es auch, ärztliche Bescheinigungen auszustellen. [2] Die Ärztinnen und Ärzte können vom Arbeitgeber auch verpflichtet werden, im Rahmen einer zugelassenen Nebentätigkeit von leitenden Ärztinnen und Ärzten oder für Belegärztinnen und Belegärzte innerhalb der Einrichtung ärztlich tätig zu werden.

(2) [1] Zu den aus der Haupttätigkeit obliegenden Pflichten der Ärztinnen und Ärzte gehört es ferner, am Rettungsdienst in Notarztwagen und Hubschraubern teilzunehmen. [2] Für jeden Einsatz in diesem Rettungsdienst erhalten Ärztinnen und Ärzte einen nicht zusatzversorgungspflichtigen Einsatzzuschlag ab 1. Januar 2019 in Höhe von 26,77 Euro, ab 1. Januar 2020 in Höhe von 27,31 Euro und ab 1. Januar 2021 in Höhe von 27,86 Euro. [3] Dieser Betrag

verändert sich zu demselben Zeitpunkt und in dem gleichen Ausmaß wie das Tabellenentgelt der Entgeltgruppe II Stufe 1.

Protokollerklärungen zu Absatz 2:

1. *Eine Ärztin/Ein Arzt, die/der nach der Approbation noch nicht mindestens ein Jahr klinisch tätig war, ist grundsätzlich nicht zum Einsatz im Rettungsdienst heranzuziehen.*
2. *Eine Ärztin/Ein Arzt, der/dem aus persönlichen oder fachlichen Gründen (z.B. Vorliegen einer anerkannten Minderung der Erwerbsfähigkeit, die dem Einsatz im Rettungsdienst entgegensteht, Flugunverträglichkeit, langjährige Tätigkeit als Bakteriologin/Bakteriologe) die Teilnahme am Rettungsdienst nicht zumutbar ist, darf grundsätzlich nicht zum Einsatz im Rettungsdienst herangezogen werden.*

(3) Die Erstellung von Gutachten, gutachtlichen Äußerungen und wissenschaftlichen Ausarbeitungen, die nicht von einem Dritten angefordert und vergütet werden, gehört zu den den Ärztinnen und Ärzten obliegenden Pflichten aus der Haupttätigkeit.

(4) [1]Die Ärztin/Der Arzt kann vom Arbeitgeber verpflichtet werden, als Nebentätigkeit Unterricht zu erteilen sowie Gutachten, gutachtliche Äußerungen und wissenschaftliche Ausarbeitungen, die von einem Dritten angefordert und vergütet werden, zu erstellen, und zwar auch im Rahmen einer zugelassenen Nebentätigkeit der leitenden Ärztin/des leitenden Arztes. [2]Steht die Vergütung für das Gutachten, die gutachtliche Äußerung oder wissenschaftliche Ausarbeitung ausschließlich dem Arbeitgeber zu, hat die Ärztin/der Arzt nach Maßgabe ihrer/seiner Beteiligung einen Anspruch auf einen Teil dieser Vergütung. [3]In allen anderen Fällen ist die Ärztin/der Arzt berechtigt, für die Nebentätigkeit einen Anteil der von dem Dritten zu zahlenden Vergütung anzunehmen. [4]Die Ärztin/Der Arzt kann die Übernahme der Nebentätigkeit verweigern, wenn die angebotene Vergütung offenbar nicht dem Maß ihrer/seiner Beteiligung entspricht. [5]Im Übrigen kann die Übernahme der Nebentätigkeit nur in besonders begründeten Ausnahmefällen verweigert werden.

§ 5 Versetzung, Abordnung, Zuweisung, Personalgestellung. (1) [1]Ärztinnen und Ärzte können aus dienstlichen oder betrieblichen Gründen versetzt oder abgeordnet werden. [2]Sollen Ärztinnen und Ärzte an eine Dienststelle oder einen Betrieb außerhalb des bisherigen Arbeitsortes versetzt oder voraussichtlich länger als drei Monate abgeordnet werden, so sind sie vorher zu hören.

Protokollerklärungen zu Absatz 1:

1. *Abordnung ist die Zuweisung einer vorübergehenden Beschäftigung bei einer anderen Dienststelle oder einem anderen Betrieb desselben oder eines anderen Arbeitgebers unter Fortsetzung des bestehenden Arbeitsverhältnisses.*
2. *Versetzung ist die Zuweisung einer auf Dauer bestimmten Beschäftigung bei einer anderen Dienststelle oder einem anderen Betrieb desselben Arbeitgebers unter Fortsetzung des bestehenden Arbeitsverhältnisses.*

Niederschriftserklärung zu § 5 Abs. 1:

Der Begriff „Arbeitsort" ist ein generalisierter Oberbegriff; die Bedeutung unterscheidet sich nicht von dem bisherigen Begriff „Dienstort".

(2) [1]Ärztinnen und Ärzten kann im dienstlichen/betrieblichen oder öffentlichen Interesse mit ihrer Zustimmung vorübergehend eine mindestens gleich vergütete Tätigkeit bei einem Dritten zugewiesen werden. [2]Die Zustimmung

kann nur aus wichtigem Grund verweigert werden. [3]Die Rechtsstellung der Ärztinnen und Ärzte bleibt unberührt. [4]Bezüge aus der Verwendung nach Satz 1 werden auf das Entgelt angerechnet.

Protokollerklärung zu Absatz 2:

Zuweisung ist – unter Fortsetzung des bestehenden Arbeitsverhältnisses – die vorübergehende Beschäftigung bei einem Dritten im In- und Ausland, bei dem dieser Tarifvertrag nicht zur Anwendung kommt.

(3) [1]Werden Aufgaben der Ärztinnen und Ärzte zu einem Dritten verlagert, ist auf Verlangen des Arbeitgebers bei weiter bestehendem Arbeitsverhältnis die arbeitsvertraglich geschuldete Arbeitsleistung bei dem Dritten zu erbringen (Personalgestellung). [2]§ 613a BGB sowie gesetzliche Kündigungsrechte bleiben unberührt.

Protokollerklärung zu Absatz 3:

[1]Personalgestellung ist – unter Fortsetzung des bestehenden Arbeitsverhältnisses – die auf Dauer angelegte Beschäftigung bei einem Dritten. [2]Die Modalitäten der Personalgestellung werden zwischen dem Arbeitgeber und dem Dritten vertraglich geregelt.

(4) Durch Tarifvertrag auf Landesebene kann eine über § 1 Abs. 1b AÜG hinausgehende Überlassungshöchstdauer vereinbart werden.

§ 6 Qualifizierung. (1) [1]Ein hohes Qualifikationsniveau und lebenslanges Lernen liegen im gemeinsamen Interesse von Arbeitnehmern und Arbeitgebern. [2]Qualifizierung dient der Steigerung von Effektivität und Effizienz des öffentlichen Dienstes, der Nachwuchsförderung und der Steigerung von beschäftigungsbezogenen Kompetenzen. [3]Die Tarifvertragsparteien verstehen Qualifizierung auch als Teil der Personalentwicklung.

(2) [1]Vor diesem Hintergrund stellt Qualifizierung nach diesem Tarifvertrag ein Angebot dar, aus dem für die Ärztinnen und Ärzte kein individueller Anspruch außer nach Absatz 4 und Absatz 9 abgeleitet, aber das durch freiwillige Betriebsvereinbarung wahrgenommen und näher ausgestaltet werden kann. [2]Entsprechendes gilt für Dienstvereinbarungen im Rahmen der personalvertretungsrechtlichen Möglichkeiten. [3]Weitergehende Mitbestimmungsrechte werden dadurch nicht berührt.

(3) [1]Qualifizierungsmaßnahmen sind

a) die Fortentwicklung der fachlichen, methodischen und sozialen Kompetenzen für die übertragenen Tätigkeiten (Erhaltungsqualifizierung),
b) der Erwerb zusätzlicher Qualifikationen (Fort- und Weiterbildung),
c) die Qualifizierung zur Arbeitsplatzsicherung (Qualifizierung für eine andere Tätigkeit; Umschulung) und
d) die Einarbeitung bei oder nach längerer Abwesenheit (Wiedereinstiegsqualifizierung).

[2]Die Teilnahme an einer Qualifizierungsmaßnahme wird dokumentiert und den Ärztinnen und Ärzten schriftlich bestätigt.

(4) [1]Ärztinnen und Ärzte haben – auch in den Fällen des Absatzes 3 Satz 1 Buchst. d – Anspruch auf ein regelmäßiges Gespräch mit der jeweiligen Führungskraft, in dem festgestellt wird, ob und welcher Qualifizierungsbedarf besteht. [2]Dieses Gespräch kann auch als Gruppengespräch geführt werden. [3]Wird nichts anderes geregelt, ist das Gespräch jährlich zu führen.

(5) [1]Die Kosten einer vom Arbeitgeber veranlassten Qualifizierungsmaßnahme – einschließlich Reisekosten – werden, soweit sie nicht von Dritten übernommen werden, grundsätzlich vom Arbeitgeber getragen. [2]Ein möglicher Eigenbeitrag wird durch eine Qualifizierungsvereinbarung geregelt. [3]Die Betriebsparteien sind gehalten, die Grundsätze einer fairen Kostenverteilung unter Berücksichtigung des betrieblichen und individuellen Nutzens zu regeln. [4]Ein Eigenbeitrag der Ärztinnen und Ärzte kann in Geld und/oder Zeit erfolgen.

(6) Zeiten von vereinbarten Qualifizierungsmaßnahmen gelten als Arbeitszeit.

(7) Gesetzliche Förderungsmöglichkeiten können in die Qualifizierungsplanung einbezogen werden.

(8) Für Ärztinnen und Ärzte mit individuellen Arbeitszeiten sollen Qualifizierungsmaßnahmen so angeboten werden, dass ihnen eine gleichberechtigte Teilnahme ermöglicht wird.

(9) [1]Zur Teilnahme an medizinisch wissenschaftlichen Kongressen, ärztlichen Fortbildungsveranstaltungen und ähnlichen Veranstaltungen ist der Ärztin/dem Arzt Arbeitsbefreiung bis zu drei Arbeitstagen im Kalenderjahr unter Fortzahlung des Entgelts zu gewähren. [2]Die Arbeitsbefreiung wird auf einen Anspruch nach den Weiterbildungsgesetzen der Länder angerechnet. [3]Bei Kostenerstattung durch Dritte kann eine Freistellung für bis zu fünf Arbeitstage erfolgen.

Abschnitt II. Arbeitszeit

§ 7 Regelmäßige Arbeitszeit. (1) [1]Die regelmäßige Arbeitszeit beträgt ausschließlich der Pausen durchschnittlich 40 Stunden wöchentlich. [2]Die regelmäßige Arbeitszeit kann auf fünf Tage, aus notwendigen betrieblichen/dienstlichen Gründen auch auf sechs Tage verteilt werden.

(2) [1]Für die Berechnung des Durchschnitts der regelmäßigen wöchentlichen Arbeitszeit ist ein Zeitraum von einem Jahr zugrunde zu legen. [2]Abweichend von Satz 1 kann bei Ärztinnen und Ärzten, die ständig Wechselschicht- oder Schichtarbeit zu leisten haben, ein längerer Zeitraum zugrunde gelegt werden.

(3) [1]Soweit es die betrieblichen/dienstlichen Verhältnisse zulassen, wird die Ärztin/der Arzt am 24. Dezember und am 31. Dezember unter Fortzahlung des Entgelts nach § 22 von der Arbeit freigestellt. [2]Kann die Freistellung nach Satz 1 aus betrieblichen/dienstlichen Gründen nicht erfolgen, ist entsprechender Freizeitausgleich innerhalb von drei Monaten zu gewähren. [3]Die regelmäßige Arbeitszeit vermindert sich für den 24. Dezember und 31. Dezember, sofern sie auf einen Werktag fallen, um die dienstplanmäßig ausgefallenen Stunden.

Protokollerklärung zu Absatz 3 Satz 3:
Die Verminderung der regelmäßigen Arbeitszeit betrifft die Ärztinnen und Ärzte, die wegen des Dienstplans frei haben und deshalb ohne diese Regelung nacharbeiten müssten.

(4) Aus dringenden betrieblichen/dienstlichen Gründen kann auf der Grundlage einer Betriebs-/Dienstvereinbarung im Rahmen des § 7 Abs. 1, 2 und des § 12 ArbZG von den Vorschriften des Arbeitszeitgesetzes abgewichen werden.

(5) [1]Die tägliche Arbeitszeit kann im Schichtdienst auf bis zu zwölf Stunden ausschließlich der Pausen ausgedehnt werden. [2]In unmittelbarer Folge dürfen nicht mehr als vier über zehn Stunden dauernde Schichten und in einem Zeitraum von zwei Kalenderwochen nicht mehr als insgesamt acht über zehn Stunden dauernde Schichten geleistet werden. [3]Zwischen der Ableistung von Bereitschaftsdienst und einer Schicht i.S.d. Satz 1 muss jeweils ein Zeitraum von 72 Stunden liegen.

(6) Ärztinnen und Ärzte sind im Rahmen begründeter betrieblicher/dienstlicher Notwendigkeiten zur Leistung von Sonntags-, Feiertags-, Nacht-, Wechselschicht-, Schichtarbeit sowie – bei Teilzeitbeschäftigung aufgrund arbeitsvertraglicher Regelung oder mit ihrer Zustimmung – zu Bereitschaftsdienst, Rufbereitschaft, Überstunden und Mehrarbeit verpflichtet.

(7) [1]Durch Betriebs-/Dienstvereinbarung kann ein wöchentlicher Arbeitszeitkorridor von bis zu 45 Stunden eingerichtet werden. [2]Die innerhalb eines Arbeitszeitkorridors geleisteten zusätzlichen Arbeitsstunden werden im Rahmen des nach Absatz 2 Satz 1 festgelegten Zeitraums ausgeglichen.

(8) [1]Durch Betriebs-/Dienstvereinbarung kann in der Zeit von 6 bis 20 Uhr eine tägliche Rahmenzeit von bis zu zwölf Stunden eingeführt werden. [2]Die innerhalb der täglichen Rahmenzeit geleisteten zusätzlichen Arbeitsstunden werden im Rahmen des nach Absatz 2 Satz 1 festgelegten Zeitraums ausgeglichen.

(9) [1]Über den Abschluss einer Dienst- bzw. Betriebsvereinbarung nach den Absätzen 4, 7 und 8 sind der jeweilige kommunale Arbeitgeberverband und der entsprechende Landesverband des Marburger Bundes unverzüglich zu informieren. [2]Sie haben im Einzelfall innerhalb von vier Wochen die Möglichkeit, dem In-Kraft-Treten der Dienst- bzw. Betriebsvereinbarung im Hinblick auf die Ärztinnen und Ärzte im Geltungsbereich dieses Tarifvertrages zu widersprechen. [3]In diesem Fall wird für Ärztinnen und Ärzte nach Satz 2 die Wirksamkeit der Dienst- bzw. Betriebsvereinbarung ausgesetzt und es sind innerhalb von vier Wochen Tarifverhandlungen zwischen dem jeweiligen kommunalen Arbeitgeberverband und dem Landesverband des Marburger Bundes über diesen Einzelfall aufzunehmen. [4]Satz 3 gilt entsprechend, wenn eine Dienst- bzw. Betriebsvereinbarung im Hinblick auf die vom Geltungsbereich dieses Tarifvertrages erfassten Ärztinnen und Ärzte nicht zustande kommt und der jeweilige kommunale Arbeitgeberverband oder der jeweilige Landesverband des Marburger Bundes die Aufnahme von Tarifverhandlungen verlangt.

Protokollerklärungen zu § 7:

Gleitzeitregelungen sind unter Wahrung der jeweils geltenden Mitbestimmungsrechte unabhängig von den Vorgaben zu Arbeitszeitkorridor und Rahmenzeit (Absätze 7 und 8) möglich.

§ 8 Arbeit an Sonn- und Feiertagen. In Ergänzung zu § 7 Abs. 3 Satz 3 und Abs. 6 gilt für Sonn- und Feiertage Folgendes:

(1) [1]Die Arbeitszeit an einem gesetzlichen Feiertag, der auf einen Werktag fällt, wird durch eine entsprechende Freistellung an einem anderen Werktag bis zum Ende des dritten Kalendermonats – möglichst aber schon bis zum Ende des nächsten Kalendermonats – ausgeglichen, wenn es die betrieblichen Verhältnisse zulassen. [2]Kann ein Freizeitausgleich nicht gewährt werden, erhält die Ärztin/der Arzt je Stunde 100 v.H. des auf eine Stunde entfallenden Anteils des

monatlichen Entgelts der jeweiligen Entgeltgruppe und Stufe nach Maßgabe der Entgelttabelle. [3] § 11 Abs. 1 Satz 2 Buchst. d bleibt unberührt.

(2) [1] Für Ärztinnen und Ärzte, die regelmäßig nach einem Dienstplan eingesetzt werden, der Wechselschicht- oder Schichtdienst an sieben Tagen in der Woche vorsieht, vermindert sich die regelmäßige Wochenarbeitszeit um ein Fünftel der arbeitsvertraglich vereinbarten durchschnittlichen Wochenarbeitszeit, wenn sie an einem gesetzlichen Feiertag, der auf einen Werktag fällt,

a) Arbeitsleistung zu erbringen haben oder
b) nicht wegen des Feiertags, sondern dienstplanmäßig nicht zur Arbeit eingeteilt sind und deswegen an anderen Tagen der Woche ihre regelmäßige Arbeitszeit erbringen müssen.

[2] Absatz 1 gilt in diesen Fällen nicht. [3] § 11 Abs. 1 Satz 2 Buchst. d bleibt unberührt.

(3) [1] Ärztinnen und Ärzte, die regelmäßig an Sonn- und Feiertagen arbeiten müssen, erhalten innerhalb von zwei Wochen zwei arbeitsfreie Tage. [2] Hiervon soll ein freier Tag auf einen Sonntag fallen.

§ 9 Sonderformen der Arbeit. (1) [1] Wechselschichtarbeit ist die Arbeit nach einem Schichtplan/Dienstplan, der einen regelmäßigen Wechsel der täglichen Arbeitszeit in Wechselschichten vorsieht, bei denen die Ärztin/der Arzt längstens nach Ablauf eines Monats erneut zu mindestens zwei Nachtschichten herangezogen wird. [2] Wechselschichten sind wechselnde Arbeitsschichten, in denen ununterbrochen bei Tag und Nacht, werktags, sonntags und feiertags gearbeitet wird. [3] Nachtschichten sind Arbeitsschichten, die mindestens zwei Stunden Nachtarbeit umfassen.

(2) Schichtarbeit ist die Arbeit nach einem Schichtplan, der einen regelmäßigen Wechsel des Beginns der täglichen Arbeitszeit um mindestens zwei Stunden in Zeitabschnitten von längstens einem Monat vorsieht, und die innerhalb einer Zeitspanne von mindestens 13 Stunden geleistet wird.

(3) Nachtarbeit ist die Arbeit zwischen 21 Uhr und 6 Uhr.

(4) Mehrarbeit sind die Arbeitsstunden, die teilzeitbeschäftigte Ärztinnen und Ärzte über die vereinbarte regelmäßige Arbeitszeit hinaus bis zur regelmäßigen wöchentlichen Arbeitszeit von vollbeschäftigten Ärztinnen und Ärzten (§ 7 Abs. 1 Satz 1) leisten.

(5) Überstunden sind die auf Anordnung des Arbeitgebers geleisteten Arbeitsstunden, die über die im Rahmen der regelmäßigen Arbeitszeit von vollbeschäftigten Ärztinnen und Ärzten (§ 7 Abs. 1 Satz 1) für die Woche dienstplanmäßig bzw. betriebsüblich festgesetzten Arbeitsstunden hinausgehen und nicht bis zum Ende der folgenden Kalenderwoche ausgeglichen werden.

(6) Abweichend von Absatz 5 sind nur die Arbeitsstunden Überstunden, die

a) im Falle der Festlegung eines Arbeitszeitkorridors nach § 7 Abs. 7 über 45 Stunden oder über die vereinbarte Obergrenze hinaus,
b) im Falle der Einführung einer täglichen Rahmenzeit nach § 7 Abs. 8 außerhalb der Rahmenzeit,
c) im Falle von Wechselschicht- oder Schichtarbeit über die im Schichtplan festgelegten täglichen Arbeitsstunden einschließlich der im Schichtplan vorgesehenen Arbeitsstunden, die bezogen auf die regelmäßige wöchentliche Arbeitszeit im Schichtplanturnus nicht ausgeglichen werden,

angeordnet worden sind.

§ 10 Bereitschaftsdienst und Rufbereitschaft. (1) [1]Die Ärztin/Der Arzt ist verpflichtet, sich auf Anordnung des Arbeitgebers außerhalb der regelmäßigen Arbeitszeit an einer vom Arbeitgeber bestimmten Stelle aufzuhalten, um im Bedarfsfall die Arbeit aufzunehmen (Bereitschaftsdienst). [2]Der Arbeitgeber darf Bereitschaftsdienst nur anordnen, wenn zu erwarten ist, dass zwar Arbeit anfällt, erfahrungsgemäß aber die Zeit ohne Arbeitsleistung überwiegt.

(2) Wenn in die Arbeitszeit regelmäßig und in erheblichem Umfang Bereitschaftsdienst fällt, kann unter den Voraussetzungen einer

- Prüfung alternativer Arbeitszeitmodelle unter Einbeziehung des Betriebsarztes und
- ggf. daraus resultierender Maßnahmen zur Gewährleistung des Gesundheitsschutzes

im Rahmen des § 7 Abs. 1 Nr. 1 und 4, Abs. 2 Nr. 3 ArbZG die tägliche Arbeitszeit im Sinne des Arbeitszeitgesetzes abweichend von den §§ 3, 5 Abs. 1 und 2 und 6 Abs. 2 ArbZG über acht Stunden hinaus auf bis zu 24 Stunden verlängert werden, wenn mindestens die acht Stunden überschreitende Zeit als Bereitschaftsdienst abgeleistet wird.

(3) [1]Die Verlängerung der werktäglichen Arbeitszeit im Sinne von Absatz 2 ist auf Fälle beschränkt, in denen sich die Leistung von Bereitschaftsdienst an einen maximal acht Stunden dauernden Arbeitsabschnitt im Rahmen der regelmäßigen Arbeitszeit anschließt. [2]Ein sich unmittelbar an den Bereitschaftsdienst anschließender Arbeitsabschnitt im Rahmen der regelmäßigen Arbeitszeit ist beispielsweise zum Zwecke der Übergabe zulässig, sofern dieser nicht länger als 60 Minuten dauert und sich der dem Bereitschaftsdienst vorangegangene Arbeitsabschnitt entsprechend verkürzt.

(4) Die tägliche Arbeitszeit darf bei Ableistung ausschließlich von Bereitschaftsdienst an Samstagen, Sonn- und Feiertagen max. 24 Stunden betragen, wenn dadurch für die einzelne Ärztin/den einzelnen Arzt mehr Wochenenden und Feiertage frei sind.

(5) [1]Wenn in die Arbeitszeit regelmäßig und in erheblichem Umfang Bereitschaftsdienst fällt, kann im Rahmen des § 7 Abs. 2a ArbZG und innerhalb der Grenzwerte nach Absatz 2 eine Verlängerung der täglichen Arbeitszeit über acht Stunden hinaus auch ohne Ausgleich erfolgen. [2]Die wöchentliche Arbeitszeit darf dabei durchschnittlich bis zu 56 Stunden betragen. [3]Durch Tarifvertrag auf Landesebene kann in begründeten Einzelfällen eine durchschnittliche wöchentliche Höchstarbeitszeit von bis zu 66 Stunden vereinbart werden.

Protokollerklärung zu Absatz 1 bis 5:
Übergaben können auch im Bereitschaftsdienst erfolgen.

(6) Für die Berechnung des Durchschnitts der wöchentlichen Arbeitszeit nach den Absätzen 2 bis 5 ist ein Zeitraum von sechs Monaten zugrunde zu legen.

(7) [1]Soweit Ärztinnen und Ärzte Teilzeitarbeit gemäß § 13 vereinbart haben, verringern sich die Höchstgrenzen der wöchentlichen Arbeitszeit nach den Absätzen 2 bis 5 in demselben Verhältnis, wie die Arbeitszeit dieser Ärztinnen und Ärzte zu der regelmäßigen Arbeitszeit vollbeschäftigter Ärztinnen und Ärzte. [2]Mit Zustimmung der Ärztin/des Arztes oder aufgrund von dringenden dienstlichen oder betrieblichen Belangen kann hiervon abgewichen werden.

(8) [1] Der Arzt hat sich auf Anordnung des Arbeitgebers außerhalb der regelmäßigen Arbeitszeit an einer dem Arbeitgeber anzuzeigenden Stelle aufzuhalten, um auf Abruf die Arbeit aufzunehmen (Rufbereitschaft). [2] Rufbereitschaft wird nicht dadurch ausgeschlossen, dass der Arzt vom Arbeitgeber mit einem Mobiltelefon oder einem vergleichbaren technischen Hilfsmittel zur Gewährleistung der Erreichbarkeit ausgestattet wird. [3] Der Arbeitgeber darf Rufbereitschaft nur anordnen, wenn erfahrungsgemäß lediglich in Ausnahmefällen Arbeit anfällt. [4] Durch tatsächliche Arbeitsleistung innerhalb der Rufbereitschaft kann die tägliche Höchstarbeitszeit von zehn Stunden (§ 3 ArbZG) überschritten werden (§ 7 ArbZG).

(9) § 7 Abs. 4 bleibt im Übrigen unberührt.

(10) [1] Bei der Anordnung von Bereitschaftsdiensten gemäß der Absätze 2 bis 5 hat die Ärztin / der Arzt grundsätzlich innerhalb eines Kalenderhalbjahres monatlich im Durchschnitt nur bis zu vier Bereitschaftsdienste zu leisten. [2] Darüber hinausgehende Bereitschaftsdienste sind nur zu leisten, wenn andernfalls eine Gefährdung der Patientensicherheit droht. [3] Die Bewertung der die Grenze nach Satz 1 überschreitenden Dienste richtet sich nach § 12 Abs. 3 Satz 3.

Protokollerklärungen zu Absatz 10:

1. *Bei der Teilung von Wochenenddiensten werden Bereitschaftsdienste bis zu maximal zwölf Stunden mit 0,5 eines Dienstes gewertet.*
2. *[1] Der Beginn des Ausgleichszeitraumes nach Satz 1 kann innerhalb des Jahres durch Betriebs- oder Dienstvereinbarung abweichend festgelegt werden. [2] Der Beginn der sich daran anschließenden Ausgleichszeiträume verändert sich entsprechend.*

(11) [1] Die Lage der Dienste der Ärztinnen und Ärzte wird in einem Dienstplan geregelt, der spätestens einen Monat vor Beginn des jeweiligen Planungszeitraumes aufgestellt wird. [2] Wird die vorstehende Frist nicht eingehalten, so erhöht sich die Bewertung des Bereitschaftsdienstes gemäß § 12 Abs. 1 Satz 1 für jeden Dienst des zu planenden Folgemonats um 10 Prozentpunkte bzw. wird zusätzlich zum Rufbereitschaftsentgelt ein Zuschlag von 10 Prozent des Entgelts gemäß § 11 Abs. 3 auf jeden Dienst des zu planenden Folgemonats gezahlt. [3] Ergeben sich nach der Aufstellung des Dienstplanes Gründe für eine Änderung des Dienstplanes, die in der Person einer Ärztin / eines Arztes begründet sind oder die auf nicht vorhersehbaren Umständen beruhen, kann der Dienstplan nach Aufstellung geändert werden. [4] Die Mitbestimmung nach der Aufstellung des Dienstplanes bleibt unberührt. [5] Liegen bei einer notwendigen Dienstplanänderung nach Satz 3 zwischen der Dienstplanänderung und dem Antritt des Dienstes weniger als drei Tage, erhöht sich die Bewertung des Bereitschaftsdienstes gemäß § 12 Abs. 1 Satz 1 um 10 Prozentpunkte bzw. wird zusätzlich zum Rufbereitschaftsentgelt ein Zuschlag von 10 Prozent des Entgelts gemäß § 11 Abs. 3 gezahlt.

(12) [1] Bei der Anordnung von Bereitschaftsdienst oder Rufbereitschaft gemäß der Absätze 2 bis 9 hat die Ärztin / der Arzt an mindestens zwei Wochenenden (Freitag ab 21 Uhr bis Montag 5 Uhr) pro Monat im Durchschnitt innerhalb eines Kalenderhalbjahres keine Arbeitsleistung (regelmäßige Arbeit, Bereitschaftsdienst oder Rufbereitschaft) zu leisten. [2] Darüber hinausgehende Arbeitsleistung (regelmäßige Arbeit, Bereitschaftsdienst oder Rufbereitschaft) sind nur zu leisten, wenn andernfalls eine Gefährdung der Patientensicherheit droht. [3] Auf Antrag der Ärztin / des Arztes sind die nach Satz 2 nicht gewährten

freien Wochenenden innerhalb des nächsten Kalenderhalbjahres zusätzlich zu gewähren, jede weitere Übertragung auf das darauffolgende Kalenderhalbjahr ist nicht möglich. [4]Am Ende dieses zweiten Kalenderhalbjahres müssen alle freien Wochenenden gewährt sein. [5]Der Antrag nach Satz 3 ist innerhalb von vier Wochen nach Ablauf des Ausgleichszeitraumes nach Satz 1 zu stellen. [6]Jedenfalls ein freies Wochenende pro Monat ist zu gewährleisten.

Protokollerklärung zu Absatz 12:

Der Beginn der Ausgleichszeiträume nach den Sätzen 1 und 3 kann durch Betriebs- oder Dienstvereinbarung abweichend festgelegt werden.

§ 11 Ausgleich für Sonderformen der Arbeit. (1) [1]Die Ärztin/Der Arzt erhält neben dem Entgelt für die tatsächliche Arbeitsleistung Zeitzuschläge. [2]Die Zeitzuschläge betragen – auch bei teilzeitbeschäftigten Ärztinnen und Ärzten – je Stunde

a) für Überstunden 15 v.H.,
b) für Nachtarbeit 15 v.H.,
c) für Sonntagsarbeit 25 v.H.,
d) für Feiertagsarbeit
– ohne Freizeitausgleich 135 v.H.,
– mit Freizeitausgleich 35 v.H.,
e) für Arbeit am 24. Dezember und am 31. Dezember jeweils ab 6 Uhr 35 v.H.,

des auf eine Stunde entfallenden Anteils des Tabellenentgelts der Stufe 3 der jeweiligen Entgeltgruppe; bei Ärztinnen und Ärzten gemäß § 16 Buchst. c und d der höchsten tariflichen Stufe. [3]Für Arbeit an Samstagen von 13 bis 21 Uhr, soweit diese nicht im Rahmen von Wechselschicht- oder Schichtarbeit anfällt, beträgt der Zeitzuschlag 0,64 Euro je Stunde. [4]Beim Zusammentreffen von Zeitzuschlägen nach Satz 2 Buchst. c bis e sowie Satz 3 wird nur der höchste Zeitzuschlag gezahlt.

Protokollerklärung zu Absatz 1 Satz 1:

Bei Überstunden richtet sich das Entgelt für die tatsächliche Arbeitsleistung nach der individuellen Stufe der jeweiligen Entgeltgruppe, höchstens jedoch nach der Stufe 4.

Protokollerklärung zu Absatz 1 Satz 2 Buchst. d:

[1]Der Freizeitausgleich muss im Dienstplan besonders ausgewiesen und bezeichnet werden. [2]Falls kein Freizeitausgleich gewährt wird, werden als Entgelt einschließlich des Zeitzuschlags und des auf den Feiertag entfallenden Tabellenentgelts höchstens 235 v.H. gezahlt.

(2) Für Arbeitsstunden, die keine Überstunden sind und die aus betrieblichen/dienstlichen Gründen nicht innerhalb des nach § 7 Abs. 2 Satz 1 oder 2 festgelegten Zeitraums mit Freizeit ausgeglichen werden, erhält die Ärztin/der Arzt je Stunde 100 v.H. des auf eine Stunde entfallenden Anteils des Tabellenentgelts der jeweiligen Entgeltgruppe und Stufe.

Protokollerklärung zu Absatz 2 Satz 1:

Mit dem Begriff „Arbeitsstunden" sind nicht die Stunden gemeint, die im Rahmen von Gleitzeitregelungen im Sinne der Protokollerklärung zu § 7 anfallen, es sei denn, sie sind angeordnet worden.

(3) [1] Für die Rufbereitschaft wird eine tägliche Pauschale je Entgeltgruppe bezahlt. [2] Sie beträgt für die Tage Montag bis Freitag das Zweifache, für Samstag, Sonntag sowie für Feiertage das Vierfache des auf eine Stunde entfallenden Anteils des Tabellenentgelts der jeweiligen Entgeltgruppe und Stufe. [3] Maßgebend für die Bemessung der Pauschale nach Satz 2 ist der Tag, an dem die Rufbereitschaft beginnt. [4] Hinsichtlich der Arbeitsleistung wird jede einzelne Inanspruchnahme innerhalb der Rufbereitschaft mit einem Einsatz im Krankenhaus einschließlich der hierfür erforderlichen Wegezeiten auf eine volle Stunde gerundet. [5] Für die Inanspruchnahme wird das Entgelt für Überstunden sowie etwaige Zeitzuschläge nach Absatz 1 gezahlt. [6] Wird die Arbeitsleistung innerhalb der Rufbereitschaft am Aufenthaltsort im Sinne des § 10 Abs. 8 telefonisch (z.B. in Form einer Auskunft) oder mittels technischer Einrichtungen erbracht, wird abweichend von Satz 4 die Summe dieser Arbeitsleistungen auf die nächste volle Stunde gerundet und mit dem Entgelt für Überstunden sowie mit etwaigen Zeitzuschlägen nach Absatz 1 bezahlt. [7] Satz 1 gilt nicht im Falle einer stundenweisen Rufbereitschaft. [8] Eine Rufbereitschaft im Sinne von Satz 7 liegt bei einer ununterbrochenen Rufbereitschaft von weniger als zwölf Stunden vor. [9] In diesem Fall wird abweichend von den Sätzen 2 und 3 für jede angefangene Stunde der Rufbereitschaft 12,5 v.H. des auf eine Stunde entfallenden Anteils des Tabellenentgelts der jeweiligen Entgeltgruppe und Stufe gezahlt.

Protokollerklärung zu Absatz 3:

Zur Ermittlung der Tage einer Rufbereitschaft, für die eine Pauschale gezahlt wird, ist auf den Tag des Beginns der Rufbereitschaft abzustellen.

Niederschriftserklärung zu Abs. 3:

Zur Erläuterung von § 11 Abs. 3 und der dazugehörigen Protokollerklärung sind sich die Tarifvertragsparteien über folgendes Beispiel einig: „Beginnt eine Wochenendrufbereitschaft am Freitag um 15 Uhr und endet am Montag um 7 Uhr, so erhalten Ärztinnen und Ärzte folgende Pauschalen: Zwei Stunden für Freitag, je vier Stunden für Samstag und Sonntag, keine Pauschale für Montag. Sie erhalten somit zehn Stundenentgelte."

(4) [1] Beschäftigte, die ständig Wechselschichtarbeit leisten, erhalten eine Wechselschichtzulage von 105 Euro monatlich. [2] Beschäftigte, die nicht ständig Wechselschichtarbeit leisten, erhalten eine Wechselschichtzulage von 0,63 Euro pro Stunde.

(5) [1] Beschäftigte, die ständig Schichtarbeit leisten, erhalten eine Schichtzulage von 40 Euro monatlich. [2] Beschäftigte, die nicht ständig Schichtarbeit leisten, erhalten eine Schichtzulage von 0,24 Euro pro Stunde.

§ 12 Bereitschaftsdienstentgelt. (1) [1] Zum Zwecke der Entgeltberechnung wird die Zeit des Bereitschaftsdienstes einschließlich der geleisteten Arbeit nach dem Maß der während des Bereitschaftsdienstes erfahrungsgemäß durchschnittlich anfallenden Arbeitsleistungen wie folgt als Arbeitszeit gewertet:

Stufe	Arbeitsleistung innerhalb des Bereitschaftsdienstes	Bewertung als Arbeitszeit
I	bis zu 25 Prozent	70 Prozent
II	mehr als 25 bis 40 Prozent	85 Prozent
III	mehr als 40 bis 49 Prozent	100 Prozent

[2] Die Zuweisung zu den einzelnen Stufen des Bereitschaftsdienstes erfolgt als Nebenabrede (§ 2 Abs. 3) zum Arbeitsvertrag. [3] Die Nebenabrede ist abweichend von § 2 Abs. 3 Satz 2 mit einer Frist von drei Monaten jeweils zum Ende eines Kalenderhalbjahres kündbar.

(2) [1] Für die als Arbeitszeit gewertete Zeit des Bereitschaftsdienstes wird das nachstehende Entgelt (in Euro) je Stunde gezahlt:

a) vom 1. Januar 2019 bis zum 31. Dezember 2019

EG	Stufe 1	Stufe 2	Stufe 3	Stufe 4	Stufe 5	Stufe 6
I	29,08	29,08	30,17	30,17	31,27	31,27
II	34,57	34,57	35,67	35,67	36,78	36,78
III	37,32	37,32	38,42	–	–	–
IV	40,61	40,61	–	–	–	–

b) vom 1. Januar 2020 bis zum 31. Dezember 2020

EG	Stufe 1	Stufe 2	Stufe 3	Stufe 4	Stufe 5	Stufe 6
I	29,66	29,66	30,77	30,77	31,90	31,90
II	35,26	35,26	36,38	36,38	37,52	37,52
III	38,07	38,07	39,19	–	–	–
IV	41,42	41,42	–	–	–	–

c) ab 1. Januar 2021

EG	Stufe 1	Stufe 2	Stufe 3	Stufe 4	Stufe 5	Stufe 6
I	30,25	30,25	31,39	31,39	32,54	32,54
II	35,97	35,97	37,11	37,11	38,27	38,27
III	38,83	38,83	39,97	–	–	–
IV	42,25	42,25	–	–	–	–

[2] § 19 Abs. 1 gilt entsprechend. [3] Die Bereitschaftsdienstentgelte nach Satz 1 verändern sich bei nach dem 30. September 2021 wirksam werdenden allgemeinen Entgeltanpassungen um den für die jeweilige Entgeltgruppe vereinbarten Vomhundertsatz.

(3) [1] Die Ärztin / Der Arzt erhält zusätzlich zum Stundenentgelt gemäß § 12 Abs. 2 Satz 1 für die Zeit des Bereitschaftsdienstes je Stunde einen Zuschlag in Höhe von 15 Prozent des Stundenentgelts gemäß § 12 Abs. 2 Satz 1. [2] Dieser Zuschlag kann nicht in Freizeit abgegolten werden. [3] Ab mehr als monatlich vier Diensten im Sinne von § 10 Abs. 10 Satz 1 erhöht sich die Bewertung des Bereitschaftsdienstes gem. § 12 Abs. 1 um 10 Prozentpunkte; dieser Zuschlag erhöht sich bei jedem weiteren Bereitschaftsdienst um weitere 10 Prozentpunkte. [4] Die Auszahlung erfolgt halbjährlich.

(4) [1] Die Ärztin/Der Arzt erhält zusätzlich zu dem Entgelt nach den Absätzen 1 und 2 für jede nach Absatz 1 als Arbeitszeit gewertete Stunde, die an einem Feiertag geleistet worden ist, einen Zeitzuschlag in Höhe von 25 v.H. des Stundenentgelts nach Absatz 2 Satz 1. [2] Weitergehende Ansprüche auf Zeitzuschläge bestehen nicht.

(5) [1] Die Ärztin/Der Arzt erhält zusätzlich zu dem Stundenentgelt gemäß der Tabelle in § 12 Abs. 2 Satz 1 für die Zeit des Bereitschaftsdienstes in den Nachtstunden (§ 9 Abs. 3) je Stunde einen Zeitzuschlag in Höhe von 15 v.H. des Stundenentgelts gemäß der Tabelle in § 12 Abs. 2 Satz 1. [2] Dieser Zeitzuschlag kann nicht in Freizeit abgegolten werden. [3] Absatz 4 Satz 2 gilt entsprechend.

(6) [1] Für die nach Absatz 1 für einen Dienst errechnete Arbeitszeit kann bei Ärztinnen und Ärzten zum Zweck der Einhaltung des Arbeitszeitgesetzes anstelle der Auszahlung der sich nach den Absätzen 1 und 2 ergebenden Vergütung dieses Dienstes zum Zwecke der Gewährung der gesetzlichen Ruhezeit für diesen Dienst in dem erforderlichen Umfang Freizeit (Freizeitausgleich) gewährt werden. [2] Im Einvernehmen mit der Ärztin/dem Arzt kann weitergehender Freizeitausgleich für Bereitschaftsdienste gewährt werden, soweit dies nicht aufgrund anderer Bestimmungen dieses Tarifvertrages ausgeschlossen ist. [3] Für die Zeit des Freizeitausgleichs werden das Entgelt (§ 18) und die in Monatsbeträgen festgelegten Zulagen fortgezahlt.

Protokollerklärung zu Absatz 6 Satz 2:
(aufgehoben)

§ 13 Teilzeitbeschäftigung. (1) [1] Mit Ärztinnen und Ärzten soll auf Antrag eine geringere als die vertraglich festgelegte Arbeitszeit vereinbart werden, wenn sie

a) mindestens ein Kind unter 18 Jahren oder

b) einen nach ärztlichem Gutachten pflegebedürftigen sonstigen Angehörigen

tatsächlich betreuen oder pflegen und dringende dienstliche bzw. betriebliche Belange nicht entgegenstehen. [2] Die Teilzeitbeschäftigung nach Satz 1 ist auf Antrag auf bis zu fünf Jahre zu befristen. [3] Sie kann verlängert werden; der Antrag ist spätestens sechs Monate vor Ablauf der vereinbarten Teilzeitbeschäftigung zu stellen. [4] Bei der Gestaltung der Arbeitszeit hat der Arbeitgeber im Rahmen der dienstlichen bzw. betrieblichen Möglichkeiten der besonderen persönlichen Situation der Ärztin/des Arztes nach Satz 1 Rechnung zu tragen.

(2) Ärztinnen und Ärzte, die in anderen als den in Absatz 1 genannten Fällen eine Teilzeitbeschäftigung vereinbaren wollen, können von ihrem Arbeitgeber verlangen, dass er mit ihnen die Möglichkeit einer Teilzeitbeschäftigung mit dem Ziel erörtert, zu einer entsprechenden Vereinbarung zu gelangen.

(3) Ist mit früher vollbeschäftigten Ärztinnen und Ärzten auf ihren Wunsch eine nicht befristete Teilzeitbeschäftigung vereinbart worden, sollen sie bei späterer Besetzung eines Vollzeitarbeitsplatzes bei gleicher Eignung im Rahmen der dienstlichen bzw. betrieblichen Möglichkeiten bevorzugt berücksichtigt werden.

§ 14 Arbeitszeitdokumentation. [1] Die Arbeitszeiten der Ärztinnen und Ärzte sind durch elektronische Verfahren oder auf andere Art mit gleicher Genauigkeit so zu erfassen, dass die gesamte Anwesenheit am Arbeitsplatz dokumentiert ist. [2] Dabei gilt die gesamte Anwesenheit der Ärztinnen und Ärzte abzüglich der tatsächlich gewährten Pausen als Arbeitszeit. [3] Eine abweichende Bewertung ist nur bei Nebentätigkeiten zulässig, die keine Dienstaufgaben sind, und bei privaten Tätigkeiten des Arztes / der Ärztin. [4] Die Ärztin / Der Arzt hat insbesondere zur Überprüfung der dokumentierten Anwesenheitszeiten nach Satz 1 ein persönliches Einsichtsrecht in die Arbeitszeitdokumentation. [5] Die Einsicht ist unverzüglich zu gewähren.

Protokollerklärungen:

1. *Bei einer außerplanmäßigen Überschreitung der täglichen Höchstarbeitszeit von zehn Stunden haben die Ärztinnen und Ärzte dem Arbeitgeber auf dessen Verlangen den Grund der Überschreitung mitzuteilen.*

2. Für die private Veranlassung gemäß Satz 3 trägt der Arbeitgeber nach den allgemeinen Regeln des Arbeitsrechts die Darlegungs- und Beweislast.

Protokollerklärung zu Abschnitt II

Bei In-Kraft-Treten dieses Tarifvertrages bestehende Gleitzeitregelungen bleiben unberührt.

Abschnitt III. Eingruppierung und Entgelt

§ 15 Allgemeine Eingruppierungsregelungen. (1) [1]Die Eingruppierung der Ärztinnen und Ärzte richtet sich nach den Tätigkeitsmerkmalen des § 16. [2]Die Ärztin/Der Arzt erhält Entgelt nach der Entgeltgruppe, in der sie/er eingruppiert ist.

(2) [1]Die Ärztin/Der Arzt ist in der Entgeltgruppe eingruppiert, deren Tätigkeitsmerkmalen die gesamte von ihr/ihm nicht nur vorübergehend auszuübende Tätigkeit entspricht. [2]Die gesamte auszuübende Tätigkeit entspricht den Tätigkeitsmerkmalen einer Entgeltgruppe, wenn zeitlich mindestens zur Hälfte Arbeitsvorgänge anfallen, die für sich genommen die Anforderungen eines Tätigkeitsmerkmals oder mehrerer Tätigkeitsmerkmale dieser Entgeltgruppe erfüllen. [3]Kann die Erfüllung einer Anforderung in der Regel erst bei der Betrachtung mehrerer Arbeitsvorgänge festgestellt werden, sind diese Arbeitsvorgänge für die Feststellung, ob diese Anforderung erfüllt ist, insoweit zusammen zu beurteilen. [4]Ist in einem Tätigkeitsmerkmal als Anforderung eine Voraussetzung in der Person des Angestellten bestimmt, muss auch diese Anforderung erfüllt sein.

Protokollerklärungen zu § 15 Abs. 2:

1. [1]Arbeitsvorgänge sind Arbeitsleistungen (einschließlich Zusammenhangsarbeiten), die, bezogen auf den Aufgabenkreis der Ärztin/des Arztes, zu einem bei natürlicher Betrachtung abgrenzbaren Arbeitsergebnis führen (z.B. Erstellung eines EKG). [2]Jeder einzelne Arbeitsvorgang ist als solcher zu bewerten und darf dabei hinsichtlich der Anforderungen zeitlich nicht aufgespalten werden.

2. Eine Anforderung im Sinne des Unterabsatzes 2 ist auch das in einem Tätigkeitsmerkmal geforderte Herausheben der Tätigkeit aus einer niedrigeren Vergütungsgruppe.

(3) Die Entgeltgruppe der Ärztin/des Arztes ist im Arbeitsvertrag anzugeben.

§ 16 Eingruppierung. Ärztinnen und Ärzte sind wie folgt eingruppiert:

a) Entgeltgruppe I:
Ärztin/Arzt mit entsprechender Tätigkeit

b) Entgeltgruppe II:
Fachärztin/Facharzt mit entsprechender Tätigkeit

Protokollerklärung zu Buchst. b:

Fachärztin/Facharzt ist diejenige Ärztin/derjenige Arzt, die/der aufgrund abgeschlossener Facharztweiterbildung in ihrem/seinem Fachgebiet tätig ist.

c) Entgeltgruppe III:
Oberärztin/Oberarzt

Protokollerklärung zu Buchst. c:

Oberärztin/Oberarzt ist diejenige Ärztin/derjenige Arzt, der/dem die medizinische Verantwortung für selbstständige Teil- oder Funktionsbereiche der Klinik bzw. Abteilung vom Arbeitgeber ausdrücklich übertragen worden ist.

d) Entgeltgruppe IV:
Leitende Oberärztin/Leitender Oberarzt, ist diejenige Ärztin/derjenige Arzt, der/dem die ständige Vertretung der leitenden Ärztin/des leitenden Arztes (Chefärztin/Chefarzt) vom Arbeitgeber ausdrücklich übertragen worden ist.

Protokollerklärung zu Buchst. d:

[1] Leitende Oberärztin/Leitender Oberarzt ist nur diejenige Ärztin/derjenige Arzt, die/der die leitende Ärztin/den leitenden Arzt in der Gesamtheit ihrer/seiner Dienstaufgaben vertritt. [2] Das Tätigkeitsmerkmal kann daher innerhalb einer Klinik in der Regel nur von einer Ärztin/einem Arzt erfüllt werden.

§ 17 Vorübergehende Übertragung einer höherwertigen Tätigkeit.
(1) Wird der Ärztin/dem Arzt vorübergehend eine andere Tätigkeit übertragen, die den Tätigkeitsmerkmalen einer höheren als ihrer/seiner Eingruppierung entspricht, und hat sie/er diese mindestens einen Monat ausgeübt, erhält sie/er für die Dauer der Ausübung eine persönliche Zulage rückwirkend ab dem ersten Tag der Übertragung der Tätigkeit.

Niederschriftserklärung zu § 17 Abs. 1:

Die Tarifvertragsparteien stellen klar, dass die vertretungsweise Übertragung einer höherwertigen Tätigkeit ein Unterfall der vorübergehenden Übertragung einer höherwertigen Tätigkeit ist.

(2) Die persönliche Zulage bemisst sich für Ärztinnen und Ärzte, die in eine der Entgeltgruppen I bis IV eingruppiert sind, aus dem Unterschiedsbetrag zu dem Tabellenentgelt, das sich für die Ärztin/den Arzt bei dauerhafter Übertragung nach § 20 Abs. 4 ergeben hätte.

§ 18 Tabellenentgelt. (1) [1] Die Ärztin/Der Arzt erhält monatlich ein Tabellenentgelt nach der Anlage. [2] Die Höhe bestimmt sich nach der Entgeltgruppe, in die sie/er eingruppiert ist, und nach der für sie/ihn geltenden Stufe.

Protokollerklärungen zu Absatz 1:

(aufgehoben)

(2) Für Ärztinnen und Ärzte gemäß § 16 Buchst. c und d ist die Vereinbarung eines außertariflichen Entgelts jeweils nach Ablauf einer angemessenen, in der letzten tariflich ausgewiesenen Stufe verbrachten Zeit zulässig.

§ 19 Stufen der Entgelttabelle. (1) Ärztinnen und Ärzte erreichen die jeweils nächste Stufe – in Abhängigkeit von ihrer Leistung gemäß § 20 Abs. 2 – nach den Zeiten einer Tätigkeit innerhalb derselben Entgeltgruppe bei ihrem Arbeitgeber (Stufenlaufzeit) und zwar in

a) Entgeltgruppe I

Stufe 2: nach einjähriger ärztlicher Tätigkeit
Stufe 3: nach zweijähriger ärztlicher Tätigkeit
Stufe 4: nach dreijähriger ärztlicher Tätigkeit
Stufe 5: nach vierjähriger ärztlicher Tätigkeit
Stufe 6: nach fünfjähriger ärztlicher Tätigkeit,

b) Entgeltgruppe II

Stufe 2: nach dreijähriger fachärztlicher Tätigkeit
Stufe 3: nach sechsjähriger fachärztlicher Tätigkeit
Stufe 4: nach achtjähriger fachärztlicher Tätigkeit
Stufe 5: nach zehnjähriger fachärztlicher Tätigkeit
Stufe 6: nach zwölfjähriger fachärztlicher Tätigkeit,

c) Entgeltgruppe III

Stufe 2: nach dreijähriger oberärztlicher Tätigkeit
Stufe 3: nach sechsjähriger oberärztlicher Tätigkeit,

d) Entgeltgruppe IV

Stufe 2: nach dreijähriger Tätigkeit als leitende Oberärztin / leitender Oberarzt.

(2) [1]Bei der Anrechnung von Vorbeschäftigungen werden in der Entgeltgruppe I Zeiten ärztlicher Tätigkeit angerechnet. [2]Eine Tätigkeit als Ärztin/Arzt im Praktikum gilt als ärztliche Tätigkeit. [3]In der Entgeltgruppe II werden Zeiten fachärztlicher Tätigkeit in der Regel angerechnet. [4]Zeiten einer vorhergehenden beruflichen Tätigkeit können angerechnet werden, wenn sie für die vorgesehene Tätigkeit förderlich sind.

Protokollerklärung zu Absatz 2:

Zeiten ärztlicher Tätigkeit im Sinne der Sätze 1 bis 3, die im Ausland abgeleistet worden sind, sind nur solche, die von einer Ärztekammer im Gebiet der Bundesrepublik Deutschland als der inländischen ärztlichen Tätigkeit gleichwertig anerkannt werden.

§ 20 Allgemeine Regelungen zu den Stufen. (1) Ärztinnen und Ärzte erhalten vom Beginn des Monats an, in dem die nächste Stufe erreicht wird, das Tabellenentgelt nach der neuen Stufe.

(2) [1]Bei Leistungen der Ärztin/des Arztes, die erheblich über dem Durchschnitt liegen, kann die erforderliche Zeit für das Erreichen der Stufen 2 bis 5 jeweils verkürzt werden. [2]Bei Leistungen, die erheblich unter dem Durchschnitt liegen, kann die erforderliche Zeit für das Erreichen der Stufen 2 bis 5 jeweils verlängert werden. [3]Bei einer Verlängerung der Stufenlaufzeit hat der Arbeitgeber jährlich zu prüfen, ob die Voraussetzungen für die Verlängerung noch vorliegen. [4]Für die Beratung von schriftlich begründeten Beschwerden von Ärztinnen und Ärzten gegen eine Verlängerung nach Satz 2 bzw. 3 ist eine betriebliche Kommission zuständig. [5]Die Mitglieder der betrieblichen Kommission werden je zur Hälfte vom Arbeitgeber und vom Betriebs-/Personalrat benannt; sie müssen dem Betrieb/der Dienststelle angehören und, soweit sie vom Betriebs-/Personalrat benannt werden, unter diesen Tarifvertrag fallen. [6]Der Arbeitgeber entscheidet auf Vorschlag der Kommission darüber, ob und in welchem Umfang der Beschwerde abgeholfen werden soll.

Protokollerklärung zu Absatz 2:

Leistungsbezogene Stufenaufstiege unterstützen insbesondere die Anliegen der Personalentwicklung.

Protokollerklärung zu Absatz 2 Satz 2:

Bei Leistungsminderungen, die auf einem anerkannten Arbeitsunfall oder einer Berufskrankheit gemäß §§ 8 und 9 SGB VII beruhen, ist diese Ursache in geeigneter Weise zu berücksichtigen.

Protokollerklärung zu Absatz 2 Satz 6:

Die Mitwirkung der Kommission erfasst nicht die Entscheidung über die leistungsbezogene Stufenzuordnung.

(3) [1] Den Zeiten einer ärztlichen Tätigkeit im Sinne des § 19 Abs. 1 stehen gleich:

a) Schutzfristen nach dem Mutterschutzgesetz,
b) Zeiten einer Arbeitsunfähigkeit nach § 23 bis zu 39 Wochen,
c) Zeiten eines bezahlten Urlaubs,
d) Zeiten eines Sonderurlaubs, bei denen der Arbeitgeber vor dem Antritt schriftlich ein dienstliches bzw. betriebliches Interesse anerkannt hat,
e) Zeiten der vorübergehenden Übertragung einer höherwertigen Tätigkeit.

[2] Zeiten, in denen Ärztinnen und Ärzte mit einer kürzeren als der regelmäßigen wöchentlichen Arbeitszeit eines entsprechenden Vollbeschäftigten beschäftigt waren, werden voll angerechnet.

(4) [1] Bei einer Eingruppierung in eine höhere oder niedrigere Entgeltgruppe erhält die Ärztin/der Arzt vom Beginn des Monats an, in dem die Veränderung wirksam wird, das Tabellenentgelt der sich aus § 19 Abs. 1 ergebenden Stufe. [2] Ist eine Ärztin/ein Arzt, die/der in der Entgeltgruppe II eingruppiert und der Stufe 6 zugeordnet ist (§ 19 Abs. 1 Buchst. b), in die Entgeltgruppe III höhergruppiert und dort der Stufe 1 zugeordnet (§ 16 Buchst. c, § 19 Abs. 1) worden, erhält die Ärztin/der Arzt so lange das Tabellenentgelt der Entgeltgruppe II Stufe 6, bis sie/er Anspruch auf ein Entgelt hat, das das Tabellenentgelt der Entgeltgruppe II Stufe 6 übersteigt.

(5) [1] Soweit es zur regionalen Differenzierung, zur Deckung des Personalbedarfs oder zur Bindung von qualifizierten Fachkräften erforderlich ist, kann Ärztinnen und Ärzten im Einzelfall, abweichend von dem sich aus der nach § 19 und § 20 Abs. 4 ergebenden Stufe ihrer/seiner jeweiligen Entgeltgruppe zustehendem Entgelt, ein um bis zu zwei Stufen höheres Entgelt ganz oder teilweise vorweg gewährt werden. [2] Haben Ärztinnen und Ärzte bereits die Endstufe ihrer jeweiligen Entgeltgruppe erreicht, kann ihnen unter den Voraussetzungen des Satz 1 ein bis zu 20 v.H. der Stufe 2 ihrer jeweiligen Entgeltgruppe höheres Entgelt gezahlt werden.

§ 21 Leistungs- und erfolgsorientierte Entgelte bei Ärztinnen und Ärzten (Vario-Ä) (1) [1] Ärztinnen und Ärzte können auf der Grundlage einer Zielvereinbarung eine Leistungsprämie erhalten. [2] Zielvereinbarungen können auch mit Gruppen von Ärztinnen und Ärzten abgeschlossen werden. [3] Eine Zielvereinbarung in diesem Sinne ist eine freiwillig eingegangene verbindliche Abrede zwischen dem Arbeitgeber bzw. in seinem Auftrag dem Vorgesetzten einerseits und der Ärztin/dem Arzt bzw. allen Mitgliedern einer Gruppe von Ärztinnen und/oder Ärzten andererseits; sie bedarf der Schriftform.

Protokollerklärungen zu Absatz 1:

1. *[1] Zielvereinbarungen können insbesondere in Bezug auf abteilungs- oder klinikspezifische Fort- oder Weiterbildungen abgeschlossen werden. [2] Soweit eine Zielver-*

einbarung in Bezug auf Fort- und Weiterbildung abgeschlossen wird, ist die Kostenübernahme durch den Arbeitgeber oder einen Dritten sowie die zusätzliche Freistellung unter Fortzahlung der Bezüge zu regeln.

2. *Wird vom Arbeitgeber bzw. der Ärztin/dem Arzt der Wunsch nach Abschluss einer Zielvereinbarung geäußert, ist ein Gespräch zu führen, um die Möglichkeit des Abschlusses einer Zielvereinbarung zu prüfen; ein Anspruch auf Abschluss einer Zielvereinbarung besteht nicht.*

(2) [1] An Ärztinnen und Ärzte können am Unternehmenserfolg orientierte Erfolgsprämien gezahlt werden. [2] Die für die Erfolgsprämie relevanten wirtschaftlichen Unternehmensziele legt die Unternehmensführung zu Beginn des Wirtschaftsjahres fest.

(3) Zur Umsetzung der Absätze 1 und 2 kann der Arbeitgeber ein klinik- oder abteilungsbezogenes Budget zur Verfügung stellen.

(4) Die nach den Absätzen 1 und 2 gewährten Leistungs- und Erfolgsprämien sind nicht zusatzversorgungspflichtig.

§ 22 Bemessungsgrundlage für die Entgeltfortzahlung. [1] In den Fällen der Entgeltfortzahlung nach § 7 Abs. 3 Satz 1, § 23 Abs. 1, § 27, § 28 und § 30 werden das Tabellenentgelt sowie die sonstigen in Monatsbeträgen festgelegten Entgeltbestandteile weitergezahlt. [2] Die nicht in Monatsbeträgen festgelegten Entgeltbestandteile werden als Durchschnitt auf Basis der dem maßgebenden Ereignis für die Entgeltfortzahlung vorhergehenden letzten drei vollen Kalendermonate (Berechnungszeitraum) gezahlt. [3] Ausgenommen hiervon sind das zusätzlich für Überstunden gezahlte Entgelt (mit Ausnahme der im Dienstplan vorgesehenen Überstunden) sowie besondere Zahlungen nach § 24.

Protokollerklärungen zu den Sätzen 2 und 3:

1. *[1] Volle Kalendermonate im Sinne der Durchschnittsberechnung nach Satz 2 sind Kalendermonate, in denen an allen Kalendertagen das Arbeitsverhältnis bestanden hat. [2] Hat das Arbeitsverhältnis weniger als drei Kalendermonate bestanden, sind die vollen Kalendermonate, in denen das Arbeitsverhältnis bestanden hat, zugrunde zu legen. [3] Bei Änderungen der individuellen Arbeitszeit werden die nach der Arbeitszeitänderung liegenden vollen Kalendermonate zugrunde gelegt.*
2. *[1] Der Tagesdurchschnitt nach Satz 2 beträgt bei einer durchschnittlichen Verteilung der regelmäßigen wöchentlichen Arbeitszeit auf fünf Tage 1/65 aus der Summe der zu berücksichtigenden Entgeltbestandteile, die für den Berechnungszeitraum zugestanden haben. [2] Maßgebend ist die Verteilung der Arbeitszeit zu Beginn des Berechnungszeitraums. [3] Bei einer abweichenden Verteilung der Arbeitszeit ist der Tagesdurchschnitt entsprechend Satz 1 und 2 zu ermitteln. [4] Sofern während des Berechnungszeitraums bereits Fortzahlungstatbestände vorlagen, bleiben die in diesem Zusammenhang auf Basis der Tagesdurchschnitte zustehenden Beträge bei der Ermittlung des Durchschnitts nach Satz 2 unberücksichtigt.*
3. *Tritt die Fortzahlung des Entgelts nach einer allgemeinen Entgeltanpassung ein, ist die Ärztin/der Arzt so zu stellen, als sei die Entgeltanpassung bereits mit Beginn des Berechnungszeitraums eingetreten.*
4. *Bei der Bemessungsgrundlage nach Satz 2 ist der Zuschlag gemäß § 12 Abs. 3 Sätze 3 und 4 in jedem Monat des Berechnungszeitraumes mit einem Sechstel zu berücksichtigen.*

Niederschriftserklärung zu § 22:

[1] Bereitschaftsdienst- und Rufbereitschaftsentgelte, einschließlich der Entgelte für Arbeit in der Rufbereitschaft, fallen unter die Regelung des § 22 Satz 2. [2] Arbeitsvertraglich hierfür vereinbarte Pauschalen werden von Satz 1 erfasst.

§ 23 Entgelt im Krankheitsfall. (1) [1] Werden Ärztinnen und Ärzte durch Arbeitsunfähigkeit infolge Krankheit an der Arbeitsleistung verhindert, ohne dass sie ein Verschulden trifft, erhalten sie bis zur Dauer von sechs Wochen das Entgelt nach § 22. [2] Bei erneuter Arbeitsunfähigkeit infolge derselben Krankheit sowie bei Beendigung des Arbeitsverhältnisses gelten die gesetzlichen Bestimmungen. [3] Als unverschuldete Arbeitsunfähigkeit im Sinne der Sätze 1 und 2 gilt auch die Arbeitsverhinderung in Folge einer Maßnahme der medizinischen Vorsorge und Rehabilitation im Sinne von § 9 EFZG.

Protokollerklärung zu Absatz 1 Satz 1:

Ein Verschulden liegt nur dann vor, wenn die Arbeitsunfähigkeit vorsätzlich oder grob fahrlässig herbeigeführt wurde.

(2) [1] Nach Ablauf des Zeitraums gemäß Absatz 1 erhalten die Ärztinnen und Ärzte für die Zeit, für die ihnen Krankengeld oder entsprechende gesetzliche Leistungen gezahlt werden, einen Krankengeldzuschuss in Höhe des Unterschiedsbetrags zwischen den tatsächlichen Barleistungen des Sozialleistungsträgers und dem Nettoentgelt. [2] Nettoentgelt ist das um die gesetzlichen Abzüge verminderte Entgelt im Sinne des § 22; bei freiwillig Krankenversicherten ist dabei deren Gesamtkranken- und Pflegeversicherungsbeitrag abzüglich Arbeitgeberzuschuss zu berücksichtigen. [3] Für Ärztinnen und Ärzte, die wegen Übersteigens der Jahresarbeitsentgeltgrenze nicht der Versicherungspflicht in der gesetzlichen Krankenversicherung unterliegen, ist bei der Berechnung des Krankengeldzuschusses der Krankengeldhöchstsatz, der bei Pflichtversicherung in der gesetzlichen Krankenversicherung zustünde, zugrunde zu legen.

(3) [1] Der Krankengeldzuschuss wird bei einer Beschäftigungszeit (§ 35 Abs. 3)

von mehr als einem Jahr längstens bis zum Ende der 13. Woche und

von mehr als drei Jahren längstens bis zum Ende der 39. Woche

seit dem Beginn der Arbeitsunfähigkeit infolge derselben Krankheit gezahlt. [2] Maßgeblich für die Berechnung der Fristen nach Satz 1 ist die Beschäftigungszeit, die im Laufe der krankheitsbedingten Arbeitsunfähigkeit vollendet wird.

(4) [1] Entgelt im Krankheitsfall wird nicht über das Ende des Arbeitsverhältnisses hinaus gezahlt; § 8 EFZG bleibt unberührt. [2] Krankengeldzuschuss wird zudem nicht über den Zeitpunkt hinaus gezahlt, von dem an Ärztinnen und Ärzte eine Rente oder eine vergleichbare Leistung auf Grund eigener Versicherung aus der gesetzlichen Rentenversicherung, einem berufsständischen Versorgungswerk der Ärzte/Zahnärzte, aus einer zusätzlichen Alters- und Hinterbliebenenversorgung oder aus einer sonstigen Versorgungseinrichtung erhalten, die nicht allein aus Mitteln der Ärztinnen und Ärzte finanziert ist. [3] Überzahlter Krankengeldzuschuss und sonstige Überzahlungen gelten als Vorschuss auf die in demselben Zeitraum zustehenden Leistungen nach Satz 2; die Ansprüche der Ärztinnen und Ärzte gehen insoweit auf den Arbeitgeber über. [4] Der Arbeitgeber kann von der Rückforderung des Teils des überzahlten Betrags, der nicht durch die für den Zeitraum der Überzahlung zustehenden Bezüge im Sinne des Satzes 2 ausgeglichen worden ist, absehen, es sei denn, die

Ärztin/der Arzt hat dem Arbeitgeber die Zustellung des Rentenbescheids schuldhaft verspätet mitgeteilt.

§ 24 Besondere Zahlungen. (1) [1]Nach Maßgabe des Vermögensbildungsgesetzes in seiner jeweiligen Fassung haben Ärztinnen und Ärzte, deren Arbeitsverhältnis voraussichtlich mindestens sechs Monate dauert, einen Anspruch auf vermögenswirksame Leistungen. [2]Für vollbeschäftigte Ärztinnen und Ärzte beträgt die vermögenswirksame Leistung für jeden vollen Kalendermonat 6,65 Euro. [3]Der Anspruch entsteht frühestens für den Kalendermonat, in dem die Ärztin/der Arzt dem Arbeitgeber die erforderlichen Angaben schriftlich mitteilt, und für die beiden vorangegangenen Monate desselben Kalenderjahres; die Fälligkeit tritt nicht vor acht Wochen nach Zugang der Mitteilung beim Arbeitgeber ein. [4]Die vermögenswirksame Leistung wird nur für Kalendermonate gewährt, für die den Ärztinnen und Ärzten Tabellenentgelt, Entgeltfortzahlung oder Krankengeldzuschuss zusteht. [5]Für Zeiten, für die Krankengeldzuschuss zusteht, ist die vermögenswirksame Leistung Teil des Krankengeldzuschusses. [6]Die vermögenswirksame Leistung ist kein zusatzversorgungspflichtiges Entgelt.

(2) [1]Ärztinnen und Ärzte erhalten ein Jubiläumsgeld bei Vollendung einer Beschäftigungszeit (§ 35 Abs. 3)

a) von 25 Jahren in Höhe von 350 Euro,
b) von 40 Jahren in Höhe von 500 Euro.

[2]Teilzeitbeschäftigte Ärztinnen und Ärzte erhalten das Jubiläumsgeld in voller Höhe. [3]Durch Betriebs-/Dienstvereinbarung können günstigere Regelungen getroffen werden.

(3) [1]Beim Tod von Ärztinnen und Ärzten, deren Arbeitsverhältnis nicht geruht hat, wird der Ehegattin/dem Ehegatten oder der Lebenspartnerin/dem Lebenspartner im Sinne des Lebenspartnerschaftsgesetzes oder den Kindern ein Sterbegeld gewährt. [2]Als Sterbegeld wird für die restlichen Tage des Sterbemonats und – in einer Summe – für zwei weitere Monate das Tabellenentgelt der/des Verstorbenen gezahlt. [3]Die Zahlung des Sterbegeldes an einen der Berechtigten bringt den Anspruch der Übrigen gegenüber dem Arbeitgeber zum Erlöschen; die Zahlung auf das Gehaltskonto hat befreiende Wirkung. [4]Betrieblich können eigene Regelungen getroffen werden.

(4) [1]Die Erstattung von Reise- und ggf. Umzugskosten richtet sich nach den beim Arbeitgeber geltenden Grundsätzen. [2]Für Arbeitgeber, die öffentlichem Haushaltsrecht unterliegen, finden, wenn diese nicht nach eigenen Grundsätzen verfahren, die für Beamtinnen und Beamte geltenden Bestimmungen Anwendung.

§ 25 Berechnung und Auszahlung des Entgelts. (1) [1]Bemessungszeitraum für das Tabellenentgelt und die sonstigen Entgeltbestandteile ist der Kalendermonat, soweit tarifvertraglich nicht ausdrücklich etwas Abweichendes geregelt ist. [2]Die Zahlung erfolgt am letzten Tag des Monats (Zahltag) für den laufenden Kalendermonat auf ein von der Ärztin/dem Arzt benanntes Konto innerhalb eines Mitgliedstaats der Europäischen Union. [3]Entgeltbestandteile, die nicht in Monatsbeträgen festgelegt sind, sowie der Tagesdurchschnitt nach § 22, sind am Zahltag des zweiten Kalendermonats, der auf ihre Entstehung folgt, fällig.

Protokollerklärungen zu Absatz 1:

1. *Teilen Ärztinnen und Ärzte ihrem Arbeitgeber die für eine kostenfreie bzw. kostengünstigere Überweisung in einen anderen Mitgliedstaat der Europäischen Union erforderlichen Angaben nicht rechtzeitig mit, so tragen sie die dadurch entstehenden zusätzlichen Überweisungskosten.*
2. *Soweit Arbeitgeber die Bezüge am 15. eines jeden Monats für den laufenden Monat zahlen, können sie jeweils im Dezember eines Kalenderjahres den Zahltag vom 15. auf den letzten Tag des Monats gemäß Absatz 1 Satz 1 verschieben.*

(2) Soweit tarifvertraglich nicht ausdrücklich etwas anderes geregelt ist, erhalten teilzeitbeschäftigte Ärztinnen und Ärzte das Tabellenentgelt (§ 18) und alle sonstigen Entgeltbestandteile in dem Umfang, der dem Anteil ihrer individuell vereinbarten durchschnittlichen Arbeitszeit an der regelmäßigen Arbeitszeit vergleichbarer vollzeitbeschäftigter Ärztinnen und Ärzte entspricht.

(3) [1] Besteht der Anspruch auf das Tabellenentgelt oder die sonstigen Entgeltbestandteile nicht für alle Tage eines Kalendermonats, wird nur der Teil gezahlt, der auf den Anspruchszeitraum entfällt. [2] Besteht nur für einen Teil eines Kalendertags Anspruch auf Entgelt, wird für jede geleistete dienstplanmäßige oder betriebsübliche Arbeitsstunde der auf eine Stunde entfallende Anteil des Tabellenentgelts sowie der sonstigen in Monatsbeträgen festgelegten Entgeltbestandteile gezahlt. [3] Zur Ermittlung des auf eine Stunde entfallenden Anteils sind die in Monatsbeträgen festgelegten Entgeltbestandteile durch das 4,348-fache der regelmäßigen wöchentlichen Arbeitszeit (§ 7 Abs. 1 und entsprechende Sonderregelungen) zu teilen.

(4) [1] Ergibt sich bei der Berechnung von Beträgen ein Bruchteil eines Cents von mindestens 0,5, ist er aufzurunden; ein Bruchteil von weniger als 0,5 ist abzurunden. [2] Zwischenrechnungen werden jeweils auf zwei Dezimalstellen durchgeführt. [3] Jeder Entgeltbestandteil ist einzeln zu runden.

(5) Entfallen die Voraussetzungen für eine Zulage im Laufe eines Kalendermonats, gilt Absatz 3 entsprechend.

(6) Einzelvertraglich können neben dem Tabellenentgelt zustehende Entgeltbestandteile (z.B. Zeitzuschläge, Erschwerniszuschläge) pauschaliert werden.

(7) Durch Tarifvertrag auf Landesebene kann geregelt werden, dass Bestandteile des Entgelts zur Nutzung steuerlicher Vorteile für die Ärzte einzelvertraglich auch zu anderen Zwecken als zur betrieblichen Altersvorsorge umgewandelt werden.

§ 26 Betriebliche Altersversorgung. Die Ärztinnen und Ärzte haben Anspruch auf Versicherung unter eigener Beteiligung zum Zwecke einer zusätzlichen Alters- und Hinterbliebenenversorgung nach Maßgabe des Tarifvertrages über die betriebliche Altersversorgung der Ärztinnen und Ärzte (Tarifvertrag Altersversorgung Ärzte – ATV – Ärzte/VKA) bzw. des Tarifvertrages über die zusätzliche Altersvorsorge der Ärztinnen und Ärzte – Altersvorsorge-TV-Kommunal Ärzte – (ATV-K-Ärzte/VKA) in ihrer jeweils geltenden Fassung.

Niederschriftserklärung zu Abschnitt III

Die Tarifvertragsparteien werden zeitnah Tarifverhandlungen zur Regelung der Entgeltsicherung bei Leistungsminderung in Ergänzung des TV-Ärzte/VKA aufnehmen.

Abschnitt IV. Urlaub und Arbeitsbefreiung

§ 27 Erholungsurlaub. (1) [1]Ärztinnen und Ärzte haben in jedem Kalenderjahr Anspruch auf Erholungsurlaub unter Fortzahlung des Entgelts (§ 22). [2]Bei Verteilung der wöchentlichen Arbeitszeit auf fünf Tage in der Kalenderwoche beträgt der Urlaubsanspruch in jedem Kalenderjahr 30 Arbeitstage. [3]Bei einer anderen Verteilung der wöchentlichen Arbeitszeit als auf fünf Tage in der Woche erhöht oder vermindert sich der Urlaubsanspruch entsprechend. [4]Verbleibt bei der Berechnung des Urlaubs ein Bruchteil, der mindestens einen halben Urlaubstag ergibt, wird er auf einen vollen Urlaubstag aufgerundet; Bruchteile von weniger als einem halben Urlaubstag bleiben unberücksichtigt. [5]Der Erholungsurlaub muss im laufenden Kalenderjahr gewährt und kann auch in Teilen genommen werden.

Niederschriftserklärung zu Absatz 1:
(aufgehoben)

(2) Im Übrigen gilt das Bundesurlaubsgesetz mit folgenden Maßgaben:

a) Im Falle der Übertragung muss der Erholungsurlaub in den ersten drei Monaten des folgenden Kalenderjahres angetreten werden. Kann der Erholungsurlaub wegen Arbeitsunfähigkeit oder aus betrieblichen/dienstlichen Gründen nicht bis zum 31. März angetreten werden, ist er bis zum 31. Mai anzutreten.

b) Beginnt oder endet das Arbeitsverhältnis im Laufe eines Jahres, erhält die Ärztin/der Arzt als Erholungsurlaub für jeden vollen Monat des Arbeitsverhältnisses ein Zwölftel des Urlaubsanspruchs nach Absatz 1; § 5 BUrlG bleibt unberührt.

c) Ruht das Arbeitsverhältnis, so vermindert sich die Dauer des Erholungsurlaubs einschließlich eines etwaigen Zusatzurlaubs für jeden vollen Kalendermonat um ein Zwölftel.

d) Das nach Absatz 1 Satz 1 fortzuzahlende Entgelt wird zu dem in § 25 genannten Zeitpunkt gezahlt.

§ 28 Zusatzurlaub. (1) Ärztinnen und Ärzte, die ständig Wechselschichtarbeit nach § 9 Abs. 1 oder ständig Schichtarbeit nach § 9 Abs. 2 leisten und denen die Zulage nach § 11 Abs. 4 Satz 1 oder Abs. 5 Satz 1 zusteht, erhalten

a) bei Wechselschichtarbeit für je zwei zusammenhängende Monate und

b) bei Schichtarbeit für je vier zusammenhängende Monate

einen Arbeitstag Zusatzurlaub.

(2) Im Falle nicht ständiger Wechselschichtarbeit und nicht ständiger Schichtarbeit soll bei annähernd gleicher Belastung die Gewährung zusätzlicher Urlaubstage durch Betriebs-/Dienstvereinbarung geregelt werden.

(3) [1]Ärztinnen und Ärzte erhalten bei einer Leistung im Kalenderjahr von mindestens

150 Nachtarbeitsstunden	1 Arbeitstag
300 Nachtarbeitsstunden	2 Arbeitstage
450 Nachtarbeitsstunden	3 Arbeitstage
600 Nachtarbeitsstunden	4 Arbeitstage

Zusatzurlaub im Kalenderjahr. [2] Nachtarbeitsstunden, die in Zeiträumen geleistet werden, für die Zusatzurlaub für Wechselschicht- oder Schichtarbeit zusteht, bleiben unberücksichtigt.

(4) [1] Die Ärztin/Der Arzt erhält für die Zeit der Bereitschaftsdienste in den Nachtstunden (§ 9 Abs. 3) einen Zusatzurlaub in Höhe von zwei Arbeitstagen pro Kalenderjahr, sofern mindestens 288 Stunden der Bereitschaftsdienste kalenderjährlich in die Zeit zwischen 21.00 bis 6.00 Uhr fallen. [2] Absatz 3 Satz 2 gilt entsprechend. [3] Bei Teilzeitkräften ist die Zahl der nach Satz 1 geforderten Bereitschaftsdienststunden entsprechend dem Verhältnis ihrer individuell vereinbarten durchschnittlichen regelmäßigen Arbeitszeit zur regelmäßigen Arbeitszeit vergleichbarer vollzeitbeschäftigter Ärztinnen und Ärzte zu kürzen. [4] Ist die vereinbarte Arbeitszeit im Durchschnitt des Urlaubsjahres auf weniger als fünf Arbeitstage in der Kalenderwoche verteilt, ist der Zusatzurlaub in entsprechender Anwendung des § 27 Abs. 1 Sätze 3 und 4 zu ermitteln.

(5) [1] Zusatzurlaub nach diesem Tarifvertrag und sonstigen Bestimmungen mit Ausnahme von § 125 SGB IX wird nur bis zu insgesamt sechs Arbeitstagen im Kalenderjahr gewährt. [2] Erholungsurlaub und Zusatzurlaub (Gesamturlaub) dürfen im Kalenderjahr zusammen 35 Arbeitstage, bei Zusatzurlaub wegen Wechselschichtarbeit 36 Tage, nicht überschreiten. [3] Bei Ärztinnen und Ärzten, die das 50. Lebensjahr vollendet haben, gilt abweichend von Satz 2 eine Höchstgrenze von 36 Arbeitstagen; maßgeblich für die höhere Urlaubsdauer ist das Kalenderjahr, in dem das 50. Lebensjahr vollendet wird.

(6) Im Übrigen gilt § 27 mit Ausnahme von Absatz 2 Buchst. b entsprechend.

Protokollerklärung zu den Absätzen 1 und 2:

[1] Der Anspruch auf Zusatzurlaub bemisst sich nach der abgeleisteten Schicht- oder Wechselschichtarbeit und entsteht im laufenden Jahr, sobald die Voraussetzungen nach Absatz 1 erfüllt sind. [2] Für die Feststellung, ob ständige Wechselschichtarbeit oder ständige Schichtarbeit vorliegt, ist eine Unterbrechung durch Arbeitsbefreiung, Freizeitausgleich, bezahlten Urlaub oder Arbeitsunfähigkeit in den Grenzen des § 23 unschädlich.

§ 29 Sonderurlaub. Ärztinnen und Ärzte können bei Vorliegen eines wichtigen Grundes unter Verzicht auf die Fortzahlung des Entgelts Sonderurlaub erhalten.

§ 30 Arbeitsbefreiung. (1) [1] Als Fälle nach § 616 BGB, in denen Ärztinnen und Ärzte unter Fortzahlung des Entgelts nach § 22 im nachstehend genannten Ausmaß von der Arbeit freigestellt werden, gelten nur die folgenden Anlässe:

a)	Niederkunft der Ehefrau/der Lebenspartnerin im Sinne des Lebenspartnerschaftsgesetzes	ein Arbeitstag,
b)	Tod der Ehegattin/des Ehegatten, der Lebenspartnerin/des Lebenspartners im Sinne des Lebenspartnerschaftsgesetzes, eines Kindes oder Elternteils	zwei Arbeitstage,
c)	Umzug aus dienstlichem oder betrieblichem Grund an einen anderen Ort	ein Arbeitstag,
d)	25- und 40-jähriges Arbeitsjubiläum	ein Arbeitstag,
e)	schwere Erkrankung	

aa)	einer/eines Angehörigen, soweit sie/er in demselben Haushalt lebt,	ein Arbeitstag im Kalenderjahr,
bb)	eines Kindes, das das 12. Lebensjahr noch nicht vollendet hat, wenn im laufenden Kalenderjahr kein Anspruch nach § 45 SGB V besteht oder bestanden hat,	bis zu vier Arbeitstage im Kalenderjahr,
cc)	einer Betreuungsperson, wenn Ärztinnen und Ärzte deshalb die Betreuung ihres Kindes, das das 8. Lebensjahr noch nicht vollendet hat oder wegen körperlicher, geistiger oder seelischer Behinderung dauernd pflegebedürftig ist, übernehmen muss,	bis zu vier Arbeitstage im Kalenderjahr.

[2]Eine Freistellung erfolgt nur, soweit eine andere Person zur Pflege oder Betreuung nicht sofort zur Verfügung steht und die Ärztin/der Arzt in den Fällen der Doppelbuchstaben aa und bb die Notwendigkeit der Anwesenheit der/des Beschäftigten zur vorläufigen Pflege bescheinigt. [3]Die Freistellung darf insgesamt fünf Arbeitstage im Kalenderjahr nicht überschreiten.

f)	Ärztliche Behandlung von Ärztinnen und Ärzten, wenn diese während der Arbeitszeit erfolgen muss,	erforderliche nachgewiesene Abwesenheitszeit einschließlich erforderlicher Wegezeiten.

Niederschriftserklärung zu § 30 Abs. 1 Buchst. f:
Die ärztliche Behandlung erfasst auch die ärztliche Untersuchung und die ärztlich verordnete Behandlung.

(2) [1]Bei Erfüllung allgemeiner staatsbürgerlicher Pflichten nach deutschem Recht, soweit die Arbeitsbefreiung gesetzlich vorgeschrieben ist und soweit die Pflichten nicht außerhalb der Arbeitszeit, gegebenenfalls nach ihrer Verlegung, wahrgenommen werden können, besteht der Anspruch auf Fortzahlung des Entgelts nach § 22 nur insoweit, als Ärztinnen und Ärzte nicht Ansprüche auf Ersatz des Entgelts geltend machen können. [2]Das fortgezahlte Entgelt gilt in Höhe des Ersatzanspruchs als Vorschuss auf die Leistungen der Kostenträger. [3]Die Ärztinnen und Ärzte haben den Ersatzanspruch geltend zu machen und die erhaltenen Beträge an den Arbeitgeber abzuführen.

(3) [1]Der Arbeitgeber kann in sonstigen dringenden Fällen Arbeitsbefreiung unter Fortzahlung des Entgelts nach § 22 bis zu drei Arbeitstagen gewähren. [2]In begründeten Fällen kann bei Verzicht auf das Entgelt kurzfristige Arbeitsbefreiung gewährt werden, wenn die dienstlichen oder betrieblichen Verhältnisse es gestatten.

Protokollerklärung zu Absatz 3 Satz 2:
Zu den „begründeten Fällen“ können auch solche Anlässe gehören, für die nach Absatz 1 kein Anspruch auf Arbeitsbefreiung besteht (z.B. Umzug aus persönlichen Gründen).

(4) [1]Zur Teilnahme an Tagungen kann den gewählten Vertreterinnen/Vertretern der Bezirksvorstände, der Landesvorstände, des Bundesvorstandes sowie der Hauptversammlung auf Anfordern des Marburger Bundes Arbeitsbefreiung bis zu acht Werktagen im Jahr unter Fortzahlung des Entgelts nach § 23 erteilt werden, sofern nicht dringende dienstliche oder betriebliche Interessen ent-

gegenstehen. [2]Zur Teilnahme an Tarifverhandlungen mit der VKA oder ihrer Mitgliedverbände kann auf Anfordern des Marburger Bundes Arbeitsbefreiung unter Fortzahlung des Entgelts nach § 22 ohne zeitliche Begrenzung erteilt werden.

(5) Zur Teilnahme an Sitzungen von Prüfungs- und von Berufsbildungsausschüssen nach dem Berufsbildungsgesetz, für eine Tätigkeit in Organen von Sozialversicherungsträgern sowie berufsständischer Versorgungswerke für Ärzte/Zahnärzte kann den Mitgliedern Arbeitsbefreiung unter Fortzahlung des Entgelts nach § 22 gewährt werden, sofern nicht dringende dienstliche oder betriebliche Interessen entgegenstehen.

Abschnitt V. Befristung und Beendigung des Arbeitsverhältnisses

§ 31 Befristete Arbeitsverträge. (1) [1]Befristete Arbeitsverträge sind nach Maßgabe des Teilzeit- und Befristungsgesetzes sowie anderer gesetzlicher Vorschriften über die Befristung von Arbeitsverträgen zulässig. [2]Für Ärztinnen und Ärzte, auf die die Regelungen des Tarifgebiets West Anwendung finden, gelten die in den Absätzen 2 bis 5 geregelten Besonderheiten.

(2) [1]Kalendermäßig befristete Arbeitsverträge mit sachlichem Grund sind nur zulässig, wenn die Dauer des einzelnen Vertrages fünf Jahre nicht übersteigt; weitergehende Regelungen im Sinne von § 23 TzBfG bleiben unberührt. [2]Ärztinnen und Ärzte mit einem Arbeitsvertrag nach Satz 1 sind bei der Besetzung von Dauerarbeitsplätzen bevorzugt zu berücksichtigen, wenn die sachlichen und persönlichen Voraussetzungen erfüllt sind.

(3) [1]Ein befristeter Arbeitsvertrag ohne sachlichen Grund soll in der Regel zwölf Monate nicht unterschreiten; die Vertragsdauer muss mindestens sechs Monate betragen. [2]Vor Ablauf des Arbeitsvertrages hat der Arbeitgeber zu prüfen, ob eine unbefristete oder befristete Weiterbeschäftigung möglich ist.

(4) [1]Bei befristeten Arbeitsverträgen ohne sachlichen Grund gelten die ersten sechs Wochen und bei befristeten Arbeitsverträgen mit sachlichem Grund die ersten sechs Monate als Probezeit. [2]Innerhalb der Probezeit kann der Arbeitsvertrag mit einer Frist von zwei Wochen zum Monatsschluss gekündigt werden.

(5) [1]Eine ordentliche Kündigung nach Ablauf der Probezeit ist nur zulässig, wenn die Vertragsdauer mindestens zwölf Monate beträgt. [2]Nach Ablauf der Probezeit beträgt die Kündigungsfrist in einem oder mehreren aneinander gereihten Arbeitsverhältnissen bei demselben Arbeitgeber

von insgesamt mehr als sechs Monaten	vier Wochen,
von insgesamt mehr als einem Jahr	sechs Wochen

zum Schluss eines Kalendermonats,

on insgesamt mehr als zwei Jahren	drei Monate,
von insgesamt mehr als drei Jahren	vier Monate

zum Schluss eines Kalendervierteljahres. [3]Eine Unterbrechung bis zu drei Monaten ist unschädlich, es sei denn, dass das Ausscheiden von der Ärztin/dem Arzt verschuldet oder veranlasst war. [4]Die Unterbrechungszeit bleibt unberücksichtigt.

Protokollerklärung zu Absatz 5:
Bei mehreren aneinander gereihten Arbeitsverhältnissen führen weitere vereinbarte Probezeiten nicht zu einer Verkürzung der Kündigungsfrist.

(6) Die §§ 32, 33 bleiben von den Regelungen der Absätze 3 bis 5 unberührt.

§ 32 Führung auf Probe. (1) [1]Führungspositionen können als befristetes Arbeitsverhältnis bis zur Gesamtdauer von zwei Jahren vereinbart werden. [2]Innerhalb dieser Gesamtdauer ist eine höchstens zweimalige Verlängerung des Arbeitsvertrages zulässig. [3]Die beiderseitigen Kündigungsrechte bleiben unberührt.

(2) Führungspositionen sind die zugewiesenen Tätigkeiten mit Weisungsbefugnis.

(3) [1]Besteht bereits ein Arbeitsverhältnis mit demselben Arbeitgeber, kann der Ärztin/dem Arzt vorübergehend eine Führungsposition bis zu der in Absatz 1 genannten Gesamtdauer übertragen werden. [2]Der Ärztin/Dem Arzt wird für die Dauer der Übertragung eine Zulage in Höhe des Unterschiedsbetrags zwischen den Tabellenentgelten nach der bisherigen Entgeltgruppe und dem sich bei Höhergruppierung nach § 20 Abs. 4 Satz 1 und 2 ergebenden Tabellenentgelt gewährt. [3]Nach Fristablauf endet die Erprobung. [4]Bei Bewährung wird die Führungsfunktion auf Dauer übertragen; ansonsten erhält die Ärztin/der Arzt eine der bisherigen Eingruppierung entsprechende Tätigkeit.

§ 33 *(aufgehoben)*

§ 34 Beendigung des Arbeitsverhältnisses ohne Kündigung. (1) Das Arbeitsverhältnis endet, ohne dass es einer Kündigung bedarf,

a) mit Ablauf des Monats, in dem die Ärztin/der Arzt das gesetzlich festgelegte Alter zum Erreichen einer abschlagsfreien Regelaltersrente vollendet hat,
b) jederzeit im gegenseitigen Einvernehmen (Auflösungsvertrag).

(2) [1]Das Arbeitsverhältnis endet ferner mit Ablauf des Monats, in dem der Bescheid eines Rentenversicherungsträgers (Rentenbescheid) oder eines berufständischen Versorgungswerks für Ärzte/Zahnärzte zugestellt wird, wonach die Ärztin/der Arzt voll oder teilweise erwerbsgemindert ist. [2]Die Ärztin/Der Arzt hat den Arbeitgeber von der Zustellung des Rentenbescheids unverzüglich zu unterrichten. [3]Beginnt die Rente erst nach der Zustellung des Rentenbescheids, endet das Arbeitsverhältnis mit Ablauf des dem Rentenbeginn vorangehenden Tages. [4]Liegt im Zeitpunkt der Beendigung des Arbeitsverhältnisses eine nach § 92 SGB IX erforderliche Zustimmung des Integrationsamtes noch nicht vor, endet das Arbeitsverhältnis mit Ablauf des Tages der Zustellung des Zustimmungsbescheids des Integrationsamtes. [5]Das Arbeitsverhältnis endet nicht, wenn nach dem Bescheid des Rentenversicherungsträgers oder eines berufständischen Versorgungswerks für Ärzte/Zahnärzte eine Rente auf Zeit gewährt wird. [6]In diesem Fall ruht das Arbeitsverhältnis für den Zeitraum, für den eine Rente auf Zeit gewährt wird.

(3) Im Falle teilweiser Erwerbsminderung endet bzw. ruht das Arbeitsverhältnis nicht, wenn die Ärztin/der Arzt nach seinem vom Rentenversicherungsträger bzw. in einem berufsständischen Versorgungswerk für Ärzte/Zahnärzte festgestellten Leistungsvermögen auf seinem bisherigen oder einem anderen geeigneten und freien Arbeitsplatz weiterbeschäftigt werden könnte, soweit

dringende dienstliche bzw. betriebliche Gründe nicht entgegenstehen, und die Ärztin/der Arzt innerhalb von zwei Wochen nach Zugang des Rentenbescheids ihre/seine Weiterbeschäftigung schriftlich beantragt.

(4) [1] Verzögert die Ärztin/der Arzt schuldhaft den Rentenantrag oder bezieht sie/er Altersrente nach § 236 oder § 236a SGB VI oder ist sie/er nicht in der gesetzlichen Rentenversicherung versichert, so tritt an die Stelle des Rentenbescheids das Gutachten einer Amtsärztin/eines Amtsarztes oder einer/eines nach § 3 Abs. 5 Satz 2 bestimmten Ärztin/Arztes. [2] Das Arbeitsverhältnis endet in diesem Fall mit Ablauf des Monats, in dem der Ärztin/dem Arzt das Gutachten bekannt gegeben worden ist.

(5) [1] Soll die Ärztin/der Arzt, deren/dessen Arbeitsverhältnis nach Absatz 1 Buchst. a geendet hat, weiterbeschäftigt werden, ist ein neuer schriftlicher Arbeitsvertrag abzuschließen. [2] Das Arbeitsverhältnis kann jederzeit mit einer Frist von vier Wochen zum Monatsende gekündigt werden, wenn im Arbeitsvertrag nichts anderes vereinbart ist.

§ 35 Kündigung des Arbeitsverhältnisses. (1) [1] Bis zum Ende des sechsten Monats seit Beginn des Arbeitsverhältnisses beträgt die Kündigungsfrist zwei Wochen zum Monatsschluss. [2] Im Übrigen beträgt die Kündigungsfrist bei einer Beschäftigungszeit (Absatz 3 Satz 1 und 2) bis zu einem Jahr ein Monat zum Monatsschluss,

von mehr als einem Jahr	6 Wochen,
von mindestens 5 Jahren	3 Monate,
von mindestens 8 Jahren	4 Monate,
von mindestens 10 Jahren	5 Monate,
von mindestens 12 Jahren	6 Monate

zum Schluss eines Kalendervierteljahres.

(2) [1] Arbeitsverhältnisse von Ärztinnen und Ärzten, die das 40. Lebensjahr vollendet haben und für die die Regelungen des Tarifgebiets West Anwendung finden, können nach einer Beschäftigungszeit (Absatz 3 Satz 1 und 2) von mehr als 15 Jahren durch den Arbeitgeber nur aus einem wichtigen Grund gekündigt werden. [2] Soweit Ärztinnen und Ärzte nach den bis zum 30. September 2005 geltenden Tarifregelungen unkündbar waren, verbleibt es dabei.

(3) [1] Beschäftigungszeit ist die bei demselben Arbeitgeber im Arbeitsverhältnis zurückgelegte Zeit, auch wenn sie unterbrochen ist. [2] Unberücksichtigt bleibt die Zeit eines Sonderurlaubs gemäß § 29, es sei denn, der Arbeitgeber hat vor Antritt des Sonderurlaubs schriftlich ein dienstliches oder betriebliches Interesse anerkannt. [3] Wechseln Ärztinnen und Ärzte zwischen Arbeitgebern, die vom Geltungsbereich dieses Tarifvertrages erfasst werden, werden die Zeiten bei dem anderen Arbeitgeber als Beschäftigungszeit anerkannt. [4] Satz 3 gilt entsprechend bei einem Wechsel von einem anderen öffentlich-rechtlichen Arbeitgeber.

§ 36 Zeugnis. (1) Bei Beendigung des Arbeitsverhältnisses haben die Ärztinnen und Ärzte Anspruch auf ein schriftliches Zeugnis über Art und Dauer ihrer Tätigkeit, das sich auch auf Führung und Leistung erstrecken muss (Endzeugnis).

(2) Aus triftigen Gründen können Ärztinnen und Ärzte auch während des Arbeitsverhältnisses ein Zeugnis verlangen (Zwischenzeugnis).

(3) Bei bevorstehender Beendigung des Arbeitsverhältnisses können die Ärztinnen und Ärzte ein Zeugnis über Art und Dauer ihrer Tätigkeit verlangen (vorläufiges Zeugnis).

(4) [1] Die Zeugnisse gemäß den Absätzen 1 bis 3 sind unverzüglich auszustellen. [2] Das Endzeugnis und Zwischenzeugnis sind von der leitenden Ärztin/dem leitenden Arzt und einer vertretungsberechtigten Person des Arbeitgebers zu unterzeichnen.

Abschnitt VI. Übergangs- und Schlussvorschriften

§ 37 Ausschlussfrist. (1) [1] Ansprüche aus dem Arbeitsverhältnis verfallen, wenn sie nicht innerhalb einer Ausschlussfrist von sechs Monaten nach Fälligkeit von der Ärztin/dem Arzt oder vom Arbeitgeber schriftlich geltend gemacht werden. [2] Für denselben Sachverhalt reicht die einmalige Geltendmachung des Anspruchs auch für später fällige Leistungen aus.

(2) Absatz 1 gilt nicht für Ansprüche aus einem Sozialplan.

§ 38 Begriffsbestimmungen, Übergangsregelungen. (1) Sofern auf die Tarifgebiete Ost und West Bezug genommen wird, gilt Folgendes:

a) Die Regelungen für das Tarifgebiet Ost gelten für die Ärztinnen und Ärzte, deren Arbeitsverhältnis in dem in Art. 3 des Einigungsvertrages genannten Gebiet begründet worden ist und bei denen der Bezug des Arbeitsverhältnisses zu diesem Gebiet fortbesteht.

b) Für die übrigen Ärztinnen und Ärzte gelten die Regelungen für das Tarifgebiet West.

(2) Sofern auf die Begriffe „Betrieb“, „betrieblich“ oder „Betriebspartei“ Bezug genommen wird, gilt die Regelung für Verwaltungen sowie für Parteien nach dem Personalvertretungsrecht entsprechend, es sei denn, es ist etwas anderes bestimmt.

(3) Eine einvernehmliche Dienstvereinbarung liegt nur ohne Entscheidung der Einigungsstelle vor.

(4) Leistungsgeminderte Ärztinnen und Ärzte sind Beschäftigte, die ausweislich einer Bescheinigung des beauftragten Arztes (§ 3 Abs. 5 Satz 2) nicht mehr in der Lage sind, auf Dauer die vertraglich geschuldete Arbeitsleistung in vollem Umfang zu erbringen, ohne deswegen zugleich teilweise oder in vollem Umfang erwerbsgemindert im Sinne des SGB VI zu sein.

(5) [1] Bei Ärztinnen und Ärzten, die Pflichtmitglieder der Baden-Württembergischen Versorgungsanstalt für Ärzte, Zahnärzte und Tierärzte, der Sächsischen Ärzteversorgung, der Versorgungseinrichtung der Bezirksärztekammer Trier oder der Ärzteversorgung Westfalen-Lippe sind, endet das Arbeitsverhältnis abweichend von § 34 Absatz 1 Buchst. a mit Erreichen der für das jeweilige ärztliche Versorgungswerk nach dem Stand vom 1. März 2013 geltenden Altersgrenze für eine abschlagsfreie Altersrente, sofern dies zu einem späteren Zeitpunkt als nach § 34 Absatz 1 Buchst. a erfolgt. [2] Nach dem 1. März 2013 wirksam werdende Änderungen der satzungsmäßigen Bestimmungen der in Satz 1 genannten Versorgungswerke im Hinblick auf das Erreichen der Altersgrenze für eine abschlagsfreie Altersrente sind nur dann maßgeblich, wenn die sich daraus ergebende Altersgrenze mit der gesetzlich festgelegten Altersgrenze zum Erreichen einer abschlagsfreien Regelaltersrente übereinstimmt.

§ 39 Existenz- und Beschäftigungssicherung. Zur Vermeidung bzw. Beseitigung wirtschaftlicher Probleme eines Krankenhauses, zu dessen Existenzsicherung oder zur Vermeidung eines Personalabbaus können für Ärztinnen und Ärzte an einzelnen Krankenhäusern durch einen Tarifvertrag zwischen dem jeweiligen kommunalen Arbeitgeberverband und dem Marburger Bund auf Landesebene befristet Abweichungen von den Regelungen dieses Tarifvertrages vereinbart werden.

§ 40 In-Kraft-Treten. (1) [1]Dieser Tarifvertrag tritt am 1. August 2006 in Kraft.

(2) [1]Abweichend von Absatz 1 tritt dieser Tarifvertrag bei vom Marburger Bund oder mit Vollmacht für ihn mit den Mitgliedverbänden der VKA auf Landesebene oder mit der VKA anstelle landesbezirklicher Regelungen abgeschlossenen Sanierungs- bzw. Notlagentarifverträgen, Tarifverträgen zur Zukunftssicherung und anderweitigen Tarifverträgen zur Beschäftigungssicherung erst mit Ablauf der zum Zeitpunkt des Abschlusses des jeweiligen Tarifvertrages geltenden Laufzeit in Kraft. [2]Im Falle der Kündigung eines der unter Satz 1 fallenden Tarifverträge findet Satz 1 mit der Maßgabe Anwendung, dass anstelle des Ablaufs der zum Zeitpunkt des Abschlusses des jeweiligen Tarifvertrages geltenden Laufzeit der Ablauf der Kündigungsfrist tritt. [3]In denjenigen Fällen, in denen Tarifverträge nach Satz 1 ausschließlich mit anderen Gewerkschaften abgeschlossen worden sind, ist durch die Tarifvertragsparteien auf Landesebene bis zum 31. Januar 2007 über die vollständige oder teilweise Anwendung dieses Tarifvertrages zu verhandeln. [4]Für Tarifverträge nach Satz 1, deren Laufzeit über den 31. Dezember 2007 hinausgeht, ist ab dem 1. Januar 2008 über die vollständige oder teilweise Anwendung dieses Tarifvertrages bis zum 1. Juli 2008 zu verhandeln.

(3) Dieser Tarifvertrag kann von jeder Tarifvertragspartei mit einer Frist von drei Monaten zum Schluss eines Kalenderhalbjahres schriftlich gekündigt werden, frühestens jedoch zum 31. Dezember 2009.

(4) Abweichend von Absatz 3 können schriftlich gekündigt werden

a) § 10 Abs. 1 bis 4 mit einer Frist von drei Monaten zum Schluss eines Kalendermonats, frühestens jedoch zum 30. September 2021;
b) § 10 Abs. 5 mit einer Frist von drei Monaten zum Schluss eines Kalendermonats, frühestens jedoch zum 30. September 2021;
c) § 10 Abs. 8, Abs. 10 bis 12 und § 11 Abs. 3 mit einer Frist von drei Monaten zum Schluss eines Kalendermonats, frühestens jedoch zum 30. September 2021;
d) §§ 10, 11 Abs. 3 und 12 mit einer Frist von drei Monaten, wenn infolge einer Änderung des Arbeitszeitgesetzes sich materiellrechtliche Auswirkungen ergeben oder weitere Regelungsmöglichkeiten für die Tarifvertragsparteien eröffnet werden; rein formelle Änderungen berechtigen nicht zu einer Ausübung des Kündigungsrechts;
e) § 12 Abs. 2 ohne Einhaltung einer Frist, frühestens jedoch zum 30. September 2021;
f) § 12 Abs. 3 ohne Einhaltung einer Frist, frühestens jedoch zum 30. September 2021;
g) § 19 Abs. 1 Buchst. a mit einer Frist von drei Monaten zum Schluss eines Kalendermonats, frühestens jedoch zum 30. September 2021;

h) die Anlage zu § 18 ohne Einhaltung einer Frist, frühestens jedoch zum 30. September 2021.

Anlage zu § 18 TV-Ärzte/VKA

Tabelle TV-Ärzte/VKA

gültig 1. Januar 2019 bis 31. Dezember 2019
(monatlich in Euro)

Entgelt-gruppe	Grund-entgelt	Entwicklungsstufen				
	Stufe 1	Stufe 2	Stufe 3	Stufe 4	Stufe 5	Stufe 6
I	4.512,45	4.768,25	4.950,92	5.267,58	5.645,15	5.800,44
II	5.955,71	6.455,07	6.893,54	7.149,31	7.398,96	7.648,64
III	7.459,89	7.898,33	8.525,60	–	–	–
IV	8.775,23	9.402,53	–	–	–	–

gültig 1. Januar 2020 bis 31. Dezember 2020
(monatlich in Euro)

Entgelt-gruppe	Grund-entgelt	Entwicklungsstufen				
	Stufe 1	Stufe 2	Stufe 3	Stufe 4	Stufe 5	Stufe 6
I	4.602,70	4.863,62	5.049,94	5.372,93	5.758,05	5.916,45
II	6.074,82	6.584,17	7.031,41	7.292,30	7.546,94	7.801,61
III	7.609,09	8.056,30	8.696,11	–	–	–
IV	8.950,73	9.590,58	–	–	–	–

gültig ab 1. Januar 2021
(monatlich in Euro)

Entgelt-gruppe	Grund-entgelt	Entwicklungsstufen				
	Stufe 1	Stufe 2	Stufe 3	Stufe 4	Stufe 5	Stufe 6
I	4.694,75	4.960,89	5.150,94	5.480,39	5.873,21	6.034,78
II	6.196,32	6.715,85	7.172,04	7.438,15	7.697,88	7.957,64
III	7.761,27	8.217,43	8.870,03	–	–	–
IV	9.129,74	9.782,39	–	–	–	–

Sachverzeichnis

Die fetten Zahlen bezeichnen die Tarifverträge, die mageren Zahlen bezeichnen deren Paragraphen. Die Buchstaben ä, ö und ü sind wie a, o und i in das Alphabet eingeordnet.

Klein
Eheverträge
Sicherheit für die Zukunft.
Rechtsberater
6. Aufl. 2020. 276 S.
€ 19,90. dtv 51244
Auch als **ebook** erhältlich.

Dieser Rechtsberater gibt **wertvolle Tipps anhand von vielen Beispielsfällen und Mustern** für die Regelungen im Ehevertrag – vor Schließung der Ehe, während der Ehe und im Fall von Trennung und Scheidung.

Dahmen-Lösche
Ehevertrag – Vorteil oder Falle?
So finden Sie Ihre perfekte Regelung.
Rechtsberater
3. Aufl. 2017. 164 S.
€ 13,90. dtv 51216
Auch als **ebook** erhältlich.

Mit zahlreichen Mustern und Beispielen.

Lütkehaus/Matthäus
Guter Umgang für Eltern und Kinder
Ein Ratgeber bei Trennung und Scheidung
Rechtsberater
2018. 249 S.
€ 18,90. dtv 51227
Auch als **ebook** erhältlich.

Beispielsfälle aus der langjährigen Praxis der Autoren, Erfahrungsberichte, Info-Kästen, Checklisten, Übungen und Muster bieten **konkrete Hilfestellungen.**

Heiß/Heiß
Die Höhe des Unterhalts von A–Z
Mehr als 400 Stichwörter zum aktuellen Unterhaltsrecht.
Rechtsberater
12. Aufl. 2018. 536 S.
€ 21,90. dtv 51217
Auch als **ebook** erhältlich.

Peyerl
Vermögensteilung bei Scheidung
So sichern Sie Ihre Ansprüche.
Rechtsberater
3. Aufl. 2016. 132 S.
€ 11,90. dtv 50786
Auch als **ebook** erhältlich.

Zimmermann
Ratgeber Betreuungsrecht
Hilfe für Betreute, Betreuer
und Angehörige.
Rechtsberater TOPTITEL
11. Aufl. 2020. 335 S.
€ 21,90. dtv 51240
Auch als **ebook** erhältlich.

Dieser Rechtsberater informiert umfassend über Rechte und Pflichten der Beteiligten bei einer Betreuung. Beantwortet sind alle wesentlichen Fragen zum Betreuungsrecht, u. a.:

- Wann und wie wird ein Betreuer bestellt?
- Was kann ich mit einer Patientenverfügung regeln?
- Welche Kosten entstehen und wer muss sie tragen?

Mit praxisnahen Beispielen, tabellarischen Übersichten und Lösungsvorschlägen.

Putz/Steldinger/Unger
Patientenrechte am Ende des Lebens
Vorsorgevollmacht · Patientenverfügung ·
Selbstbestimmtes Sterben.
Rechtsberater TOPTITEL
7. Aufl. 2021. 379 S.
€ 19,90. dtv 51242
Auch als **ebook** erhältlich.

Der Ratgeber konzentriert sich auf den Aspekt der Vorsorge, auf **Patientenverfügung und Vorsorgevollmacht** und damit auf die Themen und Fragen:

- Selbstbestimmung und Vorsorge bei Krankheit und Tod, Durchsetzung Ihrer Rechte
- Recht auf Leben, Recht auf Sterben, Pflicht zu leben?
- Welche Behandlung wünsche ich in bestimmten Situation – und welche nicht?
- Wer vertritt meine Rechte, wenn ich nicht mehr in der Lage bin?

Lindemann-Hinz/Wabbel
Elternunterhalt
Das müssen Kinder für ihre Eltern zahlen.
Rechtsberater **TOPTITEL**
4. Aufl. 2020. XIV, 163 S.
€ 15,90. dtv 51246
Auch als **ebook** erhältlich.

Erfahren Sie hier, wie viel Unterhalt Sie für Ihre Eltern zahlen müssen, wenn diese sich nicht mehr selbst unterhalten können. Von der Erteilung der Auskunft über das eigene Einkommen und Vermögen über die Freibeträge und die eigene Altersvorsorge bis zum Zugriff auf Immobilienvermögen behandelt der Band alle relevanten Themen.

Zahlreiche Tipps lassen den Betroffenen nicht im Regen stehen. Viele Beispiele mit **Musterberechnungen** machen die Ausführungen anschaulich.

Kempchen/Krahmer
Mein Recht bei Pflegebedürftigkeit
Leitfaden zu Leistungen der Pflegeversicherung.
Rechtsberater
4. Aufl. 2018. 296 S.
€ 18,90. dtv 50775
Auch als **ebook** erhältlich.

Behandelt das Thema leicht verständlich und erklärt es anhand von vielen Beispielen.

Winkler
Betreuung in Frage und Antwort
Alle wichtigen rechtlichen Aspekte für Betreute und Betreuer
Rechtsberater
2. Aufl. 2017. 250 S.
€ 15,90. dtv 51203
Auch als **ebook** erhältlich.

Mit zahlreichen Beispielen und Checklisten.

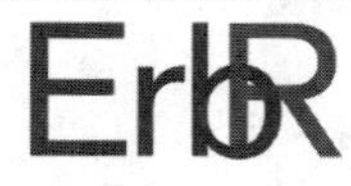

Erben und Vererben

ErbR · Erbrecht
Bürgerliches Gesetzbuch, Europäische ErbrechtsVO, Zivilprozessordnung, Familienverfahrensgesetz, Beurkundungsgesetz, Höfeordnung, Erbschaftsteuer- und Schenkungsteuergesetz, Einkommensteuergesetz, Bewertungsgesetz, Sozialrecht und aktuelle Sterbetafeln. Mit Auszügen aus dem RPflG.
Textausgabe TOPTITEL
5. Aufl. 2020. 703 S.
€ 24,90. dtv 5779

Ritter
Ratgeber Erbrecht
Erben und Vererben.
Rechtsberater TOPTITEL
4. Aufl. 2021. 224 S.
€ 18,90. dtv 51249
Auch als **ebook** erhältlich.

Umfassender Überblick über das deutsche Erbrecht: von der richtigen **Vorsorge zu Lebzeiten** (wie beispielsweise Testament, Erbvertrag, Schenkung) bis hin zu den **Besonderheiten bei Ehepaaren** (mit oder ohne Kinder), **Alleinstehenden, Lebensgemeinschaften oder Geschiedenen.**

Mit vielen **Beispielen, Musterformulierungen, Checklisten** und Tipps.